D1690712

Polytechnisches Wörterbuch
Französisch—Deutsch

Polytechnisches Wörterbuch

Französisch—Deutsch

**Herausgegeben
von Dr. phil. Aribert Schlegelmilch**

Max Hueber Verlag

MITARBEITERVERZEICHNIS

Dr. phil. *Walter Bachmann*, Freiberg; Ing. *Horst Bauschke*, Berlin; Dr. rer. nat. habil. *Hans Jürgen Behr*, Leipzig; Dr.-Ing. *Hermann Franz*, Freiberg; *Heinz Galgan*, Werdau; Dr. rer. nat. *Hermann Gengnagel*, Jena; Dr. rer. nat. *Gerhard Götz*, Jena; Dipl.-Phys. *Helmut Günther*, Jena; Dipl.-Phys. *Wolfgang Hoch*, Jena; Ing. *Karl H. Jenisch*, Berlin; *Wolfgang Kassner*, Berlin; Dipl. phil. *Thea Klostermann*, Jena; Dipl.-Ing. *Fritz Lau*, Graal-Müritz; Dipl.-Ing. *Siegfried Leutzsch*, Berlin; Ing. *Kurt Meyer*, Karl-Marx-Stadt; Dipl.-Ing. *Rudolf Miethig*, Ludwigsfelde; Dipl.-Phys. *Konrad Moras*, Freiberg; Dipl.-Phys. *Hans-Rainer Müller*, Jena; Dipl.-Phys. *Jürgen Müller*, Jena; Dipl. phil. *Sidi Müller*, Jena; *Wolfgang Müller*, Leipzig; *Kriemhild Pachal*, Weimar; Dipl. oec. *Karl H. Radde*, Leipzig; Dipl.-Ing. *Jens Peter Rehan*, Berlin; Dipl. phil. *Gisela Rütz*, Berlin; Dr. phil. *Aribert Schlegelmilch*, Jena; *Günter Schuster*, Burgstädt; Dipl.-Chem. *Ingrid Schwandt*, Berlin; Dipl.-Math. *Ralf Sube*, Berlin; Dr. rer. nat. *Heinz Toparkus*, Jena; *Adelheid Wittig*, Dresden

ISBN 3-19-00.6299-4
2., verbesserte Auflage 1976
© VEB Verlag Technik, Berlin, 1971
Lizenzausgabe des Max Hueber Verlags, München
Satz: Grafischer Großbetrieb Völkerfreundschaft Dresden
Offsetdruck: VEB Druckerei „Thomas Müntzer", 582 Bad Langensalza
Printed in German Democratic Republic

VORWORT

Höchstleistungen auf wissenschaftlich-technischem Gebiet kann heute nur noch vollbringen, wer sich umfassend und gründlich über den neuesten Stand der internationalen Forschung informiert. Hierbei kommt den französischsprachigen Veröffentlichungen große Bedeutung zu, weil in Frankreich z. B. auf dem Gebiet der Elektronik, des Verkehrs, der Büromaschinen, des Werkzeugmaschinen- und Kraftfahrzeugbaus Spitzenleistungen vollbracht werden. Darüber hinaus erscheint ein Teil der internationalen Fachliteratur des Verkehrs- und Fernmeldewesens und anderer Zweige in Französisch. Bei der Auswertung dieser Publikationen kann der Fachmann jedoch nicht ohne ein modernes Fachwörterbuch auskommen.
Da ganze Disziplinen, wie z. B. Meßtechnik, Automatisierung, Datenverarbeitung und Elektronik, wesentliche Bestandteile vieler Wissenschafts- und Produktionszweige sind, zum anderen ein Fachwort mehrere Bedeutungen haben kann, werden die terminologischen Grenzen fließend. Dieser Tatsache trägt das vorliegende polytechnische Wörterbuch Rechnung, da es sowohl den polyvalenten Wortschatz als auch die den einzelnen Fachbereichen eigenen Spezialbegriffe in hohem Maße berücksichtigt.
Die Erarbeitung eines so vielseitigen Werkes konnte aber nicht mehr von einem Philologen oder Techniker allein bewältigt werden. Daher wurde aus technisch gebildeten Philologen einerseits und Naturwissenschaftlern und Technikern mit französischen Sprachkenntnissen andererseits ein Autorenkollektiv gebildet, das anhand moderner französischer und deutscher Fachliteratur den vorliegenden Wortschatz ermittelt hat.
Der Herausgeber hat mit Hilfe des „Grand Larousse Encyclopédique" und anderer französisch- und deutschsprachiger Quellen die von den einzelnen Autoren gelieferten Teilmanuskripte bearbeitet, d. h. die Äquivalenz der Zielsprache überprüft, zu spezielle Begriffe ausgesondert und fehlende Termini ergänzt. Hinweise, die zur Verbesserung weiterer Auflagen beitragen können, sind an den VEB Verlag Technik, DDR-102 Berlin, Oranienburger Straße 13/14 oder an den Max Hueber Verlag, D-8045 Ismaning bei München, Krausstraße 30, zu richten.

BENUTZUNGSHINWEISE

Beispiele für die alphabetische Ordnung

étage
    à deux étages
    à plusieurs étages
    à un é.
    sans étages
    é. d'aérage
    é. amplificateur
    é. de comptage, é. compteur
    é. haute pression
    é. mélangeur
    é. en push-pull
    é. séparateur
    é. de sortie lignes
    é. symétrique
étagé
étager
étagère
    é. de trempage
étages en corbellement
étai

frein
fréquence
    à basse f.
    à haute f.
    f. d'absorption
    f. acoustique
    f. Doppler
    f. hétérodyne
    f. limite
    f. moyenne
    f. de pompage
    f. de résonance
    f. vocale
    basse f.
    haute f.
    ultra-basse f.
fréquence-image
fréquencemètre
    f. à lames vibrantes
fréquent

Bedeutung der Zeichen

( )   câblage long (de même sens) = câblage long *ou* câblage de même sens

       fonte de (en) laiton = fonte de laiton *ou* fonte en laiton

       unabhängige Veränderliche (Variable) = unabhängige Veränderliche *oder* unabhängige Variable

       verlorener (nichtgezählter) Impuls = verlorener Impuls *oder* nichtgezählter Impuls

[ ]   formal[déhyde] = formal *ou* formaldéhyde

       largeur totale [du niveau] = largeur totale *ou* largeur totale du niveau

       Flamm[en]faden = Flammfaden *oder* Flammenfaden

       [geografische] Breite = Breite *oder* geografische Breite

( )   Diese Klammern enthalten Fachgebietsangaben oder Erklärungen

ABKÜRZUNGEN

⟨Astr⟩   Astronomie / astronomie
⟨BMSR⟩ Steuer- und Regelungstechnik / technique de la commande et du réglage
⟨Brg⟩   Bergbau, Bergbautechnik / mines, technique minière
⟨Büro⟩   Bürotechnik / machines et articles de bureau
⟨Bw⟩   Bauwesen / bâtiment
⟨Ch⟩   Chemie, chemische Technik / chimie, technique chimique
⟨Dat⟩   Datenverarbeitung / traitement des données
⟨Eb⟩   Eisenbahnwesen / chemins de fer
⟨El⟩   Elektrotechnik, Elektronik / électrotechnique, électronique
⟨engl.⟩ englisch
⟨Flg⟩   Flugwesen / aéronautique
⟨Fmt⟩   Fernmeldetechnik / télécommunications
⟨Fs⟩   Fernsehtechnik / télévision
⟨Geol⟩   Geologie / géologie
⟨Holz⟩   Holz- und Papierindustrie / industrie du bois et du papier
⟨Kern⟩   Kernphysik, Kerntechnik / physique et technique nucléaires
⟨Kfz⟩   Kraftfahrzeugtechnik / automobile
⟨lat.⟩   lateinisch
⟨Lw⟩   Landtechnik / machines agricoles
⟨Masch⟩ Maschinenbau / construction de machines
⟨Math⟩   Mathematik / mathématiques
⟨Mech⟩   Mechanik / mécanique
⟨Met⟩   Metallurgie, Werkstoffprüfung / métallurgie, essais de matériaux
⟨Min⟩   Mineralogie / minéralogie
⟨Opt⟩   Optik, optische Geräte / optique, appareils optiques
⟨Ph⟩   Physik / physique
⟨Rak⟩   Raketentechnik / engins spéciaux
s.   siehe / voir
s. a.   siehe auch / voir aussi
⟨Schiff⟩ Schiffbau, Schiffahrt, Fischereitechnik / construction navale, navigation, technique de pêche
⟨Text⟩   Textiltechnik / textiles
⟨Typ⟩   Typografie / imprimerie

A

abaissable senkbar
abaissement m Abnahme f, Erniedrigung f, Verminderung f; ⟨Bw⟩ Sacken n, Senkung f, Setzen n, Sinken n; Absenkung f
 a. **des eaux souterraines** Senkung f des Grundwasserspiegels
 a. **du niveau de la mer** Senkung f des Meeresspiegels
 a. **permanent** bleibende Senkung f ⟨bei Mauerwerk⟩
 a. **du point de congélation** Gefrierpunktserniedrigung f
 a. **de pression** Druckverminderung f, Druckerniedrigung f ⟨z. B. bei Dampf⟩
 a. **de température** Temperaturabnahme f
abaisser vermindern; senken, erniedrigen; hinablassen, herunterlassen; ⟨El⟩ abspannen
 s'a. abnehmen; nachrutschen, nachsacken; sinken
abaisseur senkend, mindernd
abaisseur m:
 a. **de fréquence** Frequenzminderer m
 a. **de tension** Spannungsminderer m
abandon m Abgabe f ⟨z. B. von Sauerstoff⟩; Abandonierung f, Aufgabe f, Preisgabe f ⟨z. B. eines Schiffes⟩; Abtreten n von Rechten an einem havarierten Schiff
abandonner abgeben ⟨z. B. Sauerstoff⟩; abandonieren, aufgeben, preisgeben ⟨z. B. ein Schiff⟩; Rechte an einem havarierten Schiff abtreten
 a. **un forage** eine Bohrung einstellen
abaque m 1. Abakus m, Deckplatte f, Kapitellplatte f; 2. Fluchtlinientafel f; 3. Rechenbrett n
 a. **barométrique** Barogramm n
 a. **de la loi de Poisson** Wahrscheinlichkeitspapier n (für die Poisson-Verteilung), Poisson-Papier n
abatage m s. abattage
abatée f s. abattée
abatis m s. abattis
abat-jour m Lampenschirm m; Dachfenster n; Deckenoberlicht n
abat-son m Schallkammer f; Schallöffnung f; schallableitende Platte f
abattage m 1. Abbauen n, Abreißen n, Abtragen n ⟨z. B. eines Gebäudes⟩; 2. ⟨Brg⟩ Hereingewinnung f, Abbau m ⟨s. a. exploitation 3.⟩; 3. Holzschlag m, Fällen n; 4. Ausheben n ⟨von Gruben⟩

 a. **de bois** Holzfällung f, Holzeinschlag m
 a. **de bois en feuilles** Sommerfällung f
 a. **de bois en hiver** Winterfällung f
 a. **de bois en sève** Sommerfällung f
 a. **en carrières** Abbau m in Steinbrüchen
 a. **à ciel ouvert** Gewinnung f (Abbau m) im Tagebau
 a. **à l'eau** hydraulische Gewinnung f
 a. **à l'explosif** Gewinnung f durch Schießarbeit
 a. **de front** Strebbau m
 a. **par gradins droits** Strossenbau m
 a. **par grand front aligné** Langfrontstrebbau m
 a. **au jour** Gewinnung f (Abbau m) über Tage
 a. **mécanique** maschinelle Gewinnung f
 a. **au tir** Gewinnung f durch Schießen
abattant m 1. Falladen m; Klappe f ⟨an Möbeln⟩; 2. Bodenplatte f ⟨eines Gerätes⟩
 a. **de cuvette** (W.-C.) Klosettsitz m, WC-Sitz m
abattée f 1. Abdrehen n, Kursänderung f; 2. Drehbewegung f; 3. Abfallen n ⟨Segelschiffahrt⟩; 4. Abstürzen n ⟨eines Flugzeuges aus dem Horizontalflug durch Geschwindigkeitsverlust⟩
abatteuse f Abbaumaschine f
 a. **de fanes** Krautschläger m ⟨bei der Kartoffelernte⟩
abatteuse-chargeuse f Gewinnungs- und Lademaschine f
abattis m 1. Abbrechen n, Abbruch m; 2. Bauschutt m; 3. Holzeinschlag m; 4. Barrikade f; Verhau m
abattre 1. abbauen, abtragen; abreißen, niederreißen, zum Einsturz bringen ⟨ein Gebäude⟩; 2. ⟨Brg⟩ abbauen, hereingewinnen; 3. abholzen, fällen; 4. ausheben ⟨Gruben⟩; 5. ⟨Schiff⟩ abdrehen, ausweichen; Kurs ändern; abfallen ⟨Segelschiffahrt⟩
 a. **à l'explosif** hereinschießen
abat-vent m 1. Fensterladen m; 2. Schornsteinaufsatz m; 3. Wetterdach n, Wetterschutz m
abducteur abziehend; herunterziehend
abducteur m Abzugsrohr n, Abzugsschacht m
abée f Rinne f; Zuführungsrinne f, Speisungsrinne f; Zuführungskanal m
aberration f Aberration f, Abweichung f; Abbildungsfehler m

aberration

a. de charge d'espace Raumladungsfehler *m*
a. chromatique chromatische Aberration *f*, Farbfehler *m*
a. chromatique latérale chromatische Queraberration *f*, Farbquerfehler *m*
a. chromatique longitudinale chromatische Längsaberration *f*, Farblängsfehler *m*, Farbortsfehler *m*
a. chromatique de rotation Farbfehler *m* infolge Bilddrehung
a. de diffraction Beugungsfehler *m*
a. géométrique geometrische Aberration *f*
a. latérale de sphéricité sphärische Queraberration *f*
a. de la lumière Aberration *f* des Lichtes; Fixsternaberration *f*
a. d'ouverture Öffnungsfehler *m*
a. de relativité relativistischer Abbildungsfehler *m*
a. de sphéricité, a. sphérique sphärische Aberration *f*
a. de zone Zonenfehler *m*
abiétate *m* Abietat *n*
abimer verderben; beschädigen
ablation *f* **éolienne** äolische Ablation *f*
abloc *m* Stützpfeiler *m*, Träger *m*
ablocage *m* Abstützen *n*; Befestigen *n*; Befestigung *f*
abloquer abstützen; befestigen
abondance *f*:
  a. cosmique kosmische Häufigkeit *f*
  a. naturelle natürliche Häufigkeit *f*
abondant reichlich
abonné *m* Abnehmer *m* (Gas, Strom); (Fmt) Teilnehmer *m*; Zeitkarteninhaber *m*
  a. demandé angerufener Teilnehmer *m*
  a. demandeur anrufender Teilnehmer *m*
  a. local Ortsteilnehmer *m*
  a. à plusieurs lignes Sammelanschlußteilnehmer *m*
  a. régional Ortsteilnehmer *m*
  a. au service télex Fernschreibteilnehmer *m*
  a. au téléphone Fernsprechteilnehmer *m*
abord *m* Auffahrt *f*; Zugang *m*; **en abord** außenbords
  a. facile leichte Zugänglichkeit *f*
  a. du puits Schachtzugang *m*
abordable befahrbar, zugänglich
abordage *m* 1. Landen *n*; Anlaufen *n*; Anlegen *n*; 2. Kollision *f*
aborder 1. landen; anlaufen; anlegen; 2. kollidieren

about *m* Ende *n*; Balkenkopf *m*; Stirnseite *f*; Stoß *m*; angesetztes Endstück *n*; Einlaßzapfen *m*
  a. d'arêtier Gratendziegel *m*
  a. du rail Schienenende *n*
  a. de tôles Plattenstoß *m* (Blech, Bewehrung)
  a. de wagon Stirnwand *f* (eines Waggons)
aboutement *m* Aneinanderfügen *n*, Stoßen *n*, Herstellen *n* einer Stoßverbindung
abouter aneinanderfügen, eine Stoßverbindung herstellen; stumpf stoßen
aboutir angrenzen, auslaufen, endigen; münden
abraser abschleifen
abrasif schleifend, Schleif-
abrasif *m* Schleifmittel *n*; Scheuermittel *n*
  a. de douçissage Schleifmittel *n* (Glas)
  a. à liant métallique metallgebundenes Schleifmittel *n*
abrasimètre *m* Abriebfestigkeitsmesser *m*, Scheuerfestigkeitsprüfgerät *n*, Scheuerfestigkeitsmesser *m*
abrasion *f* Abrasion *f*, Abschleifen *n*, Abscheuern *n*; Abrieb *m*, Abnutzung *f*; Ausschleifung *f*
  a. par frottement Abrieb *m*
abréger kürzen, vereinfachen
abreuver befeuchten, benetzen (z. B. Mauerwerk); eindringen (von flüssigem Metall in den Formstoff)
abreuvoir *m*:
  a. automatique (Lw) Selbsttränk(e)becken *n*
  a. automatique de pâture Viehweidepumpe *f*
abréviation *f* Vereinfachung *f*, Kürzung *f*, Abkürzung *f*
abri *m* 1. Deckung *f*, Schutz *m*; 2. Bunker *m*, Schutzraum *m*, Luftschutzraum *m*; 3. Schutzdach *n*; Wartehalle *f*, Wartehäuschen *n*; 4. Flugzeughalle *f*, Hangar *m*
  a. antiatomique Atombunker *m*
  a. du mécanicien Führerstand *m*
abscisse *f* Abszisse *f*
absence *f*:
  a. de courant Stromunterbrechung *f*
  a. de gravité Schwerelosigkeit *f*
  a. de microphonicité Klingfestigkeit *f*
  a. de pesanteur Schwerelosigkeit *f*
abside *f* (Astr) Apside *f*
absolu absolut
absorbabilité Absorbierbarkeit *f*
absorbant absorbierend

absorbant m 1. Absorbens n, Absorptionsmittel n; 2. Absorber m ⟨Kernphysik, s. a. absorbeur⟩
absorber absorbieren, aufsaugen; schlukken
absorbeur m Absorber m, Absorptionsapparat m
 a. **de neutrons** Neutronenabsorber m
 a. **de queue** Schlußabsorber m
absorptif Absorptions-
absorptiomètre m Absorptionsmesser m
absorption f 1. Absorption f, Aufnahme f; Entzug m; 2. Schluckung f, Schlucken n ⟨von Schall⟩; 3. Dämpfung f ⟨Stoß⟩; 4. Tilgung f ⟨einer Schwingung⟩; 5. ⟨Kern⟩ Einfang m
 a. **adiabatique** adiabatische Absorption f
 a. **atmosphérique** atmosphärische Absorption f
 a. **atomique** atomare Absorption f
 a. **de carbone** Kohlenstoffaufnahme f
 a. **de chaleur** Wärmeabsorption f, Wärmeaufnahme f, Wärmebindung f; Wärmeentzug m
 a. **de courant** Stromaufnahme f
 a. **d'eau** Wasseraufnahme f
 a. **d'énergie** Energieabsorption f, Energieaufnahme f
 a. **exponentielle** exponentielle Absorption f
 a. **du gaz** Gasaufnahme f
 a. **globale** Gesamtabsorption f
 a. **d'humidité** Feuchtigkeitsaufnahme f
 a. **de la lumière** Lichtabsorption f
 a. **moléculaire** molekulare Absorption f
 a. **de neutrons** Neutronenabsorption f; Neutroneneinfang m
 a. **nucléaire** Kernabsorption f; Kerneinfang m
 a. **aux parois** Wandabsorption f
 a. **rayonnement** Strahlungsabsorption f
 a. **réelle** echte Absorption f
 a. **par résonance** Resonanzabsorption f
 a. **sélective** selektive Absorption f
 a. **du son** Schallabsorption f
 a. **successive** stufenweise Absorption f
 a. **thermale** Wärmeabsorption f
 a. **totale** Gesamtabsorption f
absorptivité f Absorptionsvermögen n, Aufnahmevermögen n, Aufnahmefähigkeit f
abstraire abstrahieren; ⟨Ch⟩ entziehen
abstrait abstrakt
abyssal abyssisch
accastillage m Überwasserteil m des Schiffskörpers; Überwasserschiff n
accélérateur beschleunigend

accélérateur m 1. ⟨Kern⟩ Beschleuniger m, Akzelerator m, Beschleunigungsvorrichtung f; ⟨Ch⟩ Katalysator m; Kontaktstoff m; 3. ⟨Kfz⟩ Gaspedal n; 4. ⟨Bw⟩ Abbindebeschleuniger m; 5. Warmwasserpumpe f ⟨Heizungstechnik⟩
 a. **de cémentation** Aufkohlungsbeschleuniger m
 a. **à champ fixe et à gradient alterné** FFAG-Beschleuniger m
 a. **circulaire** Kreisbeschleuniger m, Zirkularbeschleuniger m
 a. **Cockcroft et Walton** s. a. Greinacher
 a. **du développement** Entwicklungsbeschleuniger m
 a. **d'électrons** Elektronenbeschleuniger m
 a. **électrostatique** elektrostatischer Generator m
 a. **FFAG** s. a. à champ fixe et à gradient alterné
 a. **à focalisation forte, a. à gradient alterné** Beschleuniger m mit starker Fokussierung, AG-Beschleuniger m; Beschleuniger mit alternierendem Gradienten
 a. **Greinacher** [Greinacher-]Kaskadengenerator m, Cockcroft-Walton-Generator m
 a. **à impulsions** Impulsbeschleuniger m
 a. **à induction** Betatron n, Elektronenschleuder f, Induktionsbeschleuniger m
 a. **ionique (d'ions)** Ionenbeschleuniger m
 a. **linéaire** Linearbeschleuniger m
 a. **magnétique à résonance** Zyklotron n
 a. **à main** ⟨Kfz⟩ Handgas n
 a. **de particules** Teilchenbeschleuniger m
 a. **Van de Graaff** Van-de-Graaff-Beschleuniger m, Van-de-Graaff-Generator m, Bandgenerator m
accélération f Beschleunigen n; Beschleunigung f; Zeitraffung f
 a. **angulaire** Winkelbeschleunigung f
 a. **centrifuge** Zentrifugalbeschleunigung f
 a. **centripète** Zentripetalbeschleunigung f
 a. **au démarrage** Anfahrbeschleunigung f
 a. **de la gravité** Schwerebeschleunigung f
 a. **d'impact** ⟨Flg⟩ Landestoßbeschleunigung f
 a. **le long du parcours** Bahnbeschleunigung f

accélération

a. multiple Vielfachbeschleunigung f
a. négative negative Beschleunigung f, Verzögerung f, Geschwindigkeitsabnahme f
a. normale Normalbeschleunigung f
a. de particules Teilchenbeschleunigung f
a. de la pesanteur Schwerebeschleunigung f
a. radiale Radialbeschleunigung f
a. tangentielle Tangentialbeschleunigung f
a. uniforme gleichförmige Beschleunigung f
accéléré m Zeitraffer m
accélérer beschleunigen; ⟨Kfz⟩ Gas geben
accélérocompteur m Beschleunigungszähler m
accélérographe m Beschleunigungs(meß)schreiber m
accéléromètre m Beschleunigungsmesser m
a. d'impact ⟨Flg⟩ Landestoßbeschleunigungsmesser m
accentuation f:
a. des aiguës Höhenanhebung f ⟨Radio⟩
a. des basses Baßanhebung f ⟨Radio⟩
a. des graves Tiefenanhebung f ⟨Radio⟩
accentuée f Akzentbuchstabe m
accentuer anheben ⟨z. B. Tonlage⟩
accepter annehmen, abnehmen, entgegennehmen
accepteur m Akzeptor m ⟨Störstelle im Halbleiter⟩
accès m Eingang m, Einlaß m, Zugang m, Einfahrt f; Einstieg m; ⟨Dat⟩ Zugriff m
a. double Doppelzugriff m
a. immédiat unmittelbarer Zugriff m
a. manuel manueller Zugriff m
a. parallèle paralleler Zugriff m
a. du port Hafeneinfahrt f
a. quasi instantané quasidirekter Zugriff m
a. en série serienweiser Zugriff m
accessibilité f Zugänglichkeit f
accessible zugänglich
accessoire zusätzlich; untergeordnet, abgeleitet, Neben-; akzessorisch
accessoire m Zubehör n, Ausstattung f, Zubehörteil n; Zusatzgerät n ⟨s. a. accessoires⟩
a. d'ablocage Spannzeug n
accessoires mpl 1. Ausrüstung f; Reserveteile npl; Zubehör n; 2. Bewehrung f ⟨Beton⟩; 3. Requisiten npl

a. et appareils mpl, **a. auxiliaires de coque** s. a. de coque
a. de chaudières Dampfkesselzubehörteile npl
a. de coque schiffbauliche Ausrüstung f; Hilfsanlagen fpl für den allgemeinen Schiffsbetrieb
a. du filet Netzzubehör n
a. de four Ofenzubehör n
a. de pont Decksausrüstung f
accident m 1. Unfall m, Zwischenfall m; 2. Defekt m; 3. s. faille
a. au démarrage Anfahrunfall m, Startzwischenfall m ⟨beim Reaktor⟩
a. du travail Betriebsunfall m, Arbeitsunfall m
accidentel zufällig
accolade f Akkolade f, geschweifte Klammer f
accoler anbauen, zusammenfügen, verbinden
accommodation f Akkommodation f; Angleichung f; Anpassung f
accommoder akkommodieren; angleichen; anpassen
accommodomètre m Akkommodometer n, Nahpunktmesser m
acconage m Stauen n
acconier m 1. Stauer m; 2. Stauerei f, Stauereibetrieb m
accord m 1. Abstimmen n, Abstimmung f; Abgleich m ⟨Filter⟩; 2. Akkord m; 3. Haftfestigkeit f ⟨einer Glasur⟩
a. aigu Scharfabstimmung f
a. d'antenne Antennenabgleich m, Antennenabstimmung f
a. automatique automatische Abstimmung f
a. à bouton-poussoirs Drucktastenabstimmung f
a. à bruit minimum Rauschabstimmung f
a. du circuit de grille Gitterkreisabstimmung f
a. sur deux réglages Zweipunktabstimmung f
a. des fréquences Frequenzabstimmung f
a. gros Grobabstimmung f
a. imparfait ungenaue Abstimmung f
a. inductif induktive Abstimmung f
a. de longueur d'onde Wellenlängenabstimmung f
a. manuel Handabstimmung f
a. de plaque Anodenkreisabstimmung f
a. précis Feinabstimmung f
a. par résistance Widerstandsabstimmung f

a. **silencieux** Stummabstimmung f
a. **par variation de perméabilité** Permeabilitätsabstimmung f
a. **par vernier** Feinabstimmung f; Feinabgleich m
triple a. Dreiklang m
accordéon m ⟨Eb⟩ Faltenbalg m, Ziehharmonika f
accorder abstimmen, abgleichen
a. **précisément** fein abstimmen
a. **à résonance aiguë** scharf abstimmen
a. **à résonance aplatie** unscharf abstimmen
accore m Abstrebung f; Pfeiler m, Stütze f; Tragbalken m
accostage m Anlegen n
accoster ⟨Schiff⟩ anlegen; ⟨Bw⟩ anhaften
accot m [feuerfeste] Stütze f ⟨Keramik⟩
accotement m Randschutzstreifen m, Seitenschotterung f
accouplage m ⟨El⟩ Koppeln n; ⟨Masch⟩ Kuppeln n
accouplement m ⟨El⟩ Ankoppeln n, Kopplung f, Ankopplung f; ⟨Masch⟩ Kuppeln n, Ankuppeln n; Kupplung f ⟨s. a. manchon⟩
a. **d'arbres** Wellenkupplung f
a. **articulé** Gelenkkupplung f
a. **articulé à galet** Gelenksteinkupplung f
a. **à billes** Kugelkupplung f
a. **à boulons** Bolzenkupplung f
a. **à brides** Flanschkupplung f
a. **à cardan** Kardangelenk n; Gelenkkupplung f
a. **de chauffage** Heizkupplung f
a. **à clavette** Keilkupplung f
a. **à clavette à tirette** Ziehkeilkupplung f
a. **à clavette tournante** Drehkeilkupplung f, Drehriegelkupplung f
a. **à clavettes annulaires** Ringkeilkupplung f
a. **à cône de friction, a. à conique** Reibkegelkupplung f
a. **à coquilles** Schalenkupplung f
a. **à clabots (crabots)** Klauenkupplung f
a. **à croisillon** Kreuzgelenk[kupplung f] n
a. **denté** Zahnkupplung f
a. **élastique** elastische Kupplung f
a. **électrique** Zusammenschalten n; elektrische Kopplung f
a. **par engrenages planétaires** Planetengetriebekupplung f

a. **d'équilibrage électrique** elektrische Ausgleichswelle f
a. **extensible** Ausdehnungskupplung f
a. **fixe** feste (nicht schaltbare) Kupplung f
a. **à force centrifuge** Fliehkraftkupplung f
a. **à friction** Rutschkupplung f, Reibungskupplung f
a. **à glissement** Rutschkupplung f
a. **à griffes** Klauenkupplung f
a. **hydraulique** hydraulische Kupplung f
a. **hydrodynamique** Flüssigkeitskupplung f, Strömungskupplung f
a. **instantané** s. a. momentané
a. **magnétique à poudre** Magnetpulverkupplung f
a. **à manchon** Muffenkupplung f
a. **de mise en marche** Anlaufkupplung f
a. **mobile** bewegliche Kupplung f
a. **momentané** Momentkupplung f, Sicherheitskupplung f, Überlastkupplung f
a. **perforateur** ⟨Dat⟩ Locherkupplung f
a. **à plusieurs disques** Mehrscheibenkupplung f, Lamellenkupplung f
a. **à poudre** Pulverkupplung f
a. **à ressorts** Federkupplung f
a. **à ruban** Bandkupplung f
a. **à segments extensibles** Spreizringkupplung f
a. **de surcharge, a. à sûreté** s. a. momentané
a. **de tiges de pistons** Kolbenstangenkupplung f
a. **par transformateurs** Transformatorkupplung f
a. **à vis** Schraubenkupplung f
accoupler ⟨El⟩ koppeln; ⟨Masch⟩ anhängen, [an]kuppeln
accoutumer akklimatisieren; ⟨Ch⟩ anpassen
accrochable einhängbar
accrochage m 1. Anhängen n, Aufhängen n, Einhängen n, Anbringen n, Montage f, Anbau m; 2. Haften n; 3. Hängestange f; 4. ⟨Met⟩ Hängen n (z. B. der Gicht); Versetzung f ⟨des Hochofens⟩; 5. ⟨El⟩ Intrittfallen n; 6. Störschwingung f; 7. ⟨Text⟩ Harnisch m; 8. Anschlagen n
a. **de la charge** 1. ⟨Masch⟩ Lastaufnahme f; 2. ⟨Met⟩ Hängen n
accrocher anhängen, aufhängen, einhängen ⟨Telefon⟩

accrocher

a. le récepteur Hörer auflegen
s'a. in Tritt kommen (fallen)
accroissement m Zunahme f, Zuwachs m, Vergrößerung f, Anstieg m
  a. de brillance Glanzaufbau m
  a. de courant Stromanstieg m
  a. du delta Deltawachstum n
  a. d'énergie Energiegewinn m
  a. de masse Massenzunahme f
  a. périodique (de la charge du toit) (Brg) Periodendruck m
  a. du potentiel Potentialanstieg m
  a. de température Temperaturzunahme f
accroitre zunehmen, wachsen, sich vergrößern, steigen
s'a. zunehmen; sich aufschaukeln
accu m s. accumulateur
accul m Einbuchtung f; Sackgasse f
accumulateur m 1. ⟨El⟩ Akku(mulator) m, Sammler m; 2. ⟨Bw⟩ Speicher m, Bunker m; 3. ⟨Dat⟩ Speicher(werk n) m; 4. Speicher, Wärmespeicher
  a. additionnel Zusatzakkumulator m
  a. alcalin alkalischer Akkumulator m
  a. auxiliaire Hilfsakkumulator m
  a. au cadmium-nickel Nickel-Kadmium-Akkumulator m
  a. de chaleur Wärmespeicher m, Speicher m ⟨Dampferzeugung⟩
  a. à charbon Kohlenbunker m
  a. à charge d'air comprimé Druckluftakkumulator m, Druckluftspeicher m
  a. de chargement Ladebunker m
  a. de chauffage Heizakkumulator m
  a. à chute Gefällespeicher m ⟨Dampferzeugung⟩
  a. de départ Kraftstoffspeicher m
  a. à double longueur Akkumulator m mit doppelter Stellenzahl
  a. d'eau chaude Heißwasserspeicher m
  a. électrique Akkumulator m
  a. fer-nickel Eisen-Nickel-Akkumulator m, Edison-Akkumulator m, NiFe-Akkumulator m
  a. d'huile sous pression Druckölakkumulator m, Druckölspeicher m
  a. hydraulique Druckwasserspeicher m, Druckwassersammler m
  a. à liquide immobilisé Akkumulator m mit gelatiniertem Elektrolyt
  a. oléopneumatique Druckölspeicher m
  a. au plomb Bleiakkumulator m
  a. portatif transportabler Akkumulator m
  a. à pression constante Gleichdruckspeicher m ⟨Dampferzeugung⟩
  a. stationnaire stationärer Akkumulator m
  a. thermique Wärmespeicher m
  a. transportable s. a. portatif
  a. de vapeur Dampfspeicher m
accumulation f Ansammlung f, Aufspeicherung f, Speicherung f, Bunkern n; Stauung f; ⟨Dat⟩ Summierung f
  a. de chaleur Wärmestau(ung f) m
  a. de pétrole Ölanreicherung f
  a. des porteurs (supports) Trägerspeicherung f
accumuler akkumulieren, speichern, bunkern; stauen; ⟨Dat⟩ (auf)summieren
acénaphtène m Azenaphthen n
acéré spitz (zulaufend)
acescence f Neigung f zum Sauerwerden
acétal m Azetal n
  a. éthylique Diäthylazetal n
  a. polyvinylique Polyvinylazetal n
acétaldéhyde m Azetaldehyd m
acétalisation f Azetalisierung f
acétate m Azetat n
  a. d'alumine essigsaure Tonerde f
  a. d'aluminium Aluminiumazetat n
  a. d'ammonium Ammoniumazetat n
  a. d'amyle Amylazetat n
  a. d'argent Silberazetat n
  a. de benzyle Essigsäurebenzylester m, Benzylazetat n
  a. de bornyle Bornylazetat n
  a. de butyle Butylazetat n, Butylessigsäureester m
  a. de cellulose Azetylzellulose f, Zelluloseazetat n
  a. de cuivre Kupferazetat n
  a. de cyclohexanol Zyklohexanolazetat n
  a. d'éthyle Äthylazetat n, Essigsäureäthylester m
  a. ferreux Eisen(II)-azetat n
  a. ferrique Eisen(III)-azetat n
  a. d'isoamyle Isoamylazetat n, Essigsäureisoamylester m
  a. de méthyle Essigsäuremethylester m, Methylazetat n
  a. de plomb Bleiazetat n
  a. de polyvinyle Polyvinylazetat n
  a. de potassium Kaliumazetat n
  a. de sodium Natriumazetat n
acétocellulose f Azetylzellulose f
acétoïne f Azetoin n
acétone f Azeton n
acétophénone f Azetophenon n
acétylacétone f Azetylazeton n
acétylation f Azetylierung f
acétylcellulose f s. acétate de cellulose
acétylène m Azetylen n

acétyler azetylieren
acétylurée f Azetylharnstoff m
achat m **d'énergie** Energiebezug m
acheminement m Beförderung f; Fortbewegung f; Inbewegungsetzen n; Zuführung f (eines Werkstückes)
acheminer leiten, befördern (eine Nachricht); zuführen (ein Werkstück)
a. incorrectement fehlleiten
achevage m Vollendung f; Innenausbau m
achèvement m Fertigstellen n; Fertigstellung f; Ausbau[arbeiten fpl] m; Endausrüstung f (als technologischer Vorgang); **en a.** in der Endausrüstung (Bauzustand)
achever fertigstellen; ausbauen; ausrüsten (als technologischer Vorgang)
a. la construction ausbauen (innen)
a. le soufflage fertigblasen (Konverter)
achromat m Achromat m
a. à deux lentilles Zweilinsenachromat m
achromatique achromatisch
achromatisation f Achromatisierung f
achromatiser achromatisieren
achromatisme m Achromasie f
aciculaire nadelförmig, nadelig
acidage m (Text) Säuern n
acide sauer
acide m Säure f
 a. abiétique Abietinsäure f
 a. pour accumulateurs Akkumulatorensäure f
 a. acétique Essigsäure f, Eisessig m
 a. acétique dichloré Dichloressigsäure f
 a. acétylacétique Azetessigsäure f
 a. acétylsalicylique Azetylsalizylsäure f
 a. aconitique Akonitsäure f
 a. acrylique Akrylsäure f
 a. adipique Adipinsäure f
 a. alginique Alginsäure f
 a. d'ambre Bernsteinsäure f
 a. aminé Aminosäure f
 a. aminoacétique Aminoessigsäure f, Glyzin n
 a. aminobenzoïque Aminobenzoesäure f
 a. anthranilique Anthranilsäure f
 a. arachidonique Arachidonsäure f
 a. arsénique Arsensäure f
 a. ascorbique Askorbinsäure f
 a. asparaginique Asparaginsäure f
 a. atropique Atropasäure f
 a. azotique Salpetersäure f
 a. barbiturique Barbitursäure f

 a. de benjoin s. **a. benzoïque**
 a. benzaminique Benzaminsäure f
 a. benzène monosulfonique Benzolmonosulfonsäure f
 a. benzoïque Benzoesäure f
 a. bisulfonique de naphtol Naphtholdisulfonsäure f
 a. borique Borsäure f
 a. borofluorhydrique Borfluorwasserstoffsäure f
 a. bromhydrique Bromwasserstoffsäure f
 a. butyrique Buttersäure f, Butyrilsäure f
 a. caféique Kaffeesäure f
 a. camphorique Kampfersäure f
 a. caprique Kaprinsäure f
 a. capronique Kapronsäure f
 a. caprylique Kaprylsäure f
 a. carbamique Karbaminsäure f
 a. carbolique Karbolsäure f
 a. carbonique Kohlensäure f
 a. de Caro Carosche Säure f
 a. chlorhydrique Salzsäure f
 a. chlorique Chlorsäure f
 a. chlorobenzoïque Chlorbenzoesäure f
 a. chlorosulfonique Chlorsulfonsäure f
 a. cinnamique Zimtsäure f
 a. citrique Zitronensäure f
 a. coumarinique Kumarinsäure f, o-Hydroxyzimtsäure f
 a. crotonique Krotonsäure f
 a. cyanacétique Zyanessigsäure f
 a. cyanhydrique Zyanwasserstoffsäure f, Blausäure f
 a. cyanique Zyansäure f
 a. déhydracétique Dehydrazetsäure f
 a. diperoxysulfurique Peroxydischwefelsäure f
 a. dithiocarbamique Dithiokarbaminsäure f
 a. faible schwache Säure f
 a. fluoborique Fluorborsäure t
 a. fluorhydrique Fluorwasserstoffsäure f
 a. fluorhydrique liquide wäßrige Flußsäure f
 a. fluosilicique Fluorkieselsäure f, Hexafluorkieselsäure f, Silikofluorwasserstoffsäure f
 a. fluosulfonique Fluorsulfonsäure f
 a. formique Ameisensäure f
 a. fort starke Säure f
 a. frais Frischsäure f
 a. fumarique Fumarsäure f
 a. gallique Gallussäure f
 a. glutaminique Glutaminsäure f

a. gras Fettsäure f
a. hippurique Hippursäure f
a. hydrocinnamique Hydrozimtsäure f
a. hypochloreux unterchlorige Säure f
a. iodique Jodsäure f
a. isocyanique Isozyansäure f
a. isothiocyanique Isothiozyansäure f
a. lactique Milchsäure f
a. laveur Waschsäure f
a. libre freie Säure f
a. mandélique Mandelsäure f
a. mésoxalique Mesoxalsäure f
a. métaborique Metaborsäure f
a. mét(h)acrylique Methakrylsäure f
a. minéral Mineralsäure f
a. monochloracétique Monochloressigsäure f
a. mucique Schleimsäure f
a. nicotinique Nikotinsäure f
a. nitrique Salpetersäure f
a. oléique Ölsäure f
a. organique organische Säure f
a. oxalique Oxalsäure f
a. palmitique Palmitinsäure f
a. pélargonique Pelargonsäure f
a. perchlorique Perchlorsäure f
a. peroxyacétique Peroxyessigsäure f
a. peroxydibenzoique Peroxydibenzoesäure f
a. peroxydisulfurique Peroxydischwefelsäure f
a. peroxyformique Peroxyameisensäure f
a. peroxymonosulfurique Peroxymonoschwefelsäure f
a. peroxymonotungstique Peroxymonowolframsäure f
a. phénique Karbolsäure f
a. phénylacétique Phenylessigsäure f
a. phénylpropiolique Phenylpropiolsäure f
a. phosphoreux phosphorige Säure f
a. phosphorique Phosphorsäure f
a. phosphorique anhydre Phosphorsäureanhydrid n
a. picramique Pikraminsäure f
a. picrique Pikrinsäure f
a. polyacrylique Polyakrylsäure f
a. propionique Propionsäure f
a. prussique Blausäure f
a. pyridino-carbonique Pyridinkarbonsäure f
a. pyrogallique Pyrogallol n, Pyrogallussäure f
a. pyroligneux Holzessig m
a. pyrophosphorique Pyrophosphorsäure f
a. pyrosulfurique Pyroschwefelsäure f

a. pyruvique Brenztraubensäure f
a. quinoléique Chinolinkarbonsäure f
a. résiduaire Rückstandssäure f
a. ricinoléique Rizinusölsäure f
a. salicylique Salizylsäure f
a. sébacique Sebazinsäure f
a. silicique Kieselsäure f
a. stannique Zinnsäure f
a. stéarique Stearinsäure f
a. succinique Bernsteinsäure f
a. sulfamique Sulfaminsäure f
a. sulfanilique Sulfanilsäure f
a. sulfhydrique Schwefelwasserstoff m
a. sulfureux schweflige Säure f
a. sulfurique Schwefelsäure f
a. sulfurique anhydre Schwefelsäureanhydrid n
a. sulfurique fumant rauchende Schwefelsäure f
a. sulfurique résiduaire Abfallschwefelsäure f
a. tannique Tannin n, Gallusgerbsäure f
a. tartrique Weinsäure f
a. de tête Vorlaufsäure f
a. thiocyanique Thiozyansäure f, Rhodanwasserstoffsäure f
a. titanosulfurique Titanschwefelsäure f
a. tungstique Wolframsäure f
a. urique Harnsäure f
a. valér(ian)ique Valeriansäure f
a. vanadique Vanadinsäure f
acide-alcool m Alkoholsäure f
acide-aldéhyde m Aldehydsäure f
acidification f Ansäuern n; Säuern n; Säurebildung f; ⟨Text⟩ Absäuern n
acidifier (an)säuern; sauer werden; ⟨Text⟩ absäuern
acidimètre m Säuremesser m
acidimétrie f Säuremessung f
acidité f Azidität f
acidolyse f Azidolyse f
acido-résistance f Säurefestigkeit f
acido-résistant säurefest
acidulé angesäuert, schwach sauer
acier m Stahl m
a. acide saurer Stahl m
a. affiné Herdfrischstahl m
a. affiné au vent Windfrischstahl m
a. à aimant Magnetstahl m
a. d'alliage, a. allié legierter Stahl m; Edelstahl m
a. austénitique Austenitstahl m, austenitischer Stahl m
a. autotrempant lufthärtender Stahl m
a. en barres Stabstahl m

acier

a. à bas carbone niedriggekohlter (kohlenstoffarmer) Stahl *m*
a. Bessemer Bessemerstahl *m*
a. à béton Betonformstahl *m*, Bewehrungsstahl *m*
a. blanc Blankstahl *m*
a. au bore Borstahl *m*
a. brut Rohstahl *m*
a. calmé beruhigter Stahl *m*
a. calorisé alitierter Stahl *m*
a. au carbone Kohlenstoffstahl *m*
a. de cémentation, a. à cémenter Einsatzstahl *m*
a. au chrome Chromstahl *m*
a. chrome-molybdène Chrom-Molybdän-Stahl *m*
a. au chrome-nickel Chrom-Nickel-Stahl *m*
a. composite Verbundstahl *m*
a. de construction Baustahl *m*
a. de construction au carbone unlegierter Baustahl *m*
a. pour constructions mécaniques Maschinenbaustahl *m*
a. au convertisseur Konverterstahl *m*
a. coque Schiffbaustahl *m*
a. corroyé Gerbstahl *m*
a. coulé s. a. moulé
a. à coupe rapide Schnelldrehstahl *m*
a. courant Massenstahl *m*
a. au creuset Tiegelstahl *m*
a. cru Schmelzstahl *m*
a. de décolletage Abstechstahl *m*; Automatenstahl *m*
a. doux Flußstahl *m*, niedriggekohlter (kohlenstoffarmer) Stahl *m*, Weichstahl *m*
a. dur harter Stahl *m*, Werkzeugstahl *m*
a. pour dynamos Dynamostahl *m*
a. écroui kaltverfestigter Stahl *m*
a. effervescent unberuhigter Stahl *m*
a. élaboré à l'état liquide Flußstahl *m*
a. électrique Elektrostahl *m*
a. d'estampage Gesenkschmiedestahl *m*
a. eutectoïde eutektoider Stahl *m*
a. de façonnage Formstahl *m*
a. faiblement allié niedriglegierter Stahl *m*
a. faiblement carburé niedriggekohlter (kohlenstoffarmer) Stahl *m*
a. feuillard Bandstahl *m*
a. fin Qualitätsstahl *m*
a. fin au carbone Kohlenstoffeinstahl *m*
a. à fleurets Bohrstahl *m*
a. fondu Flußstahl *m*, Gußstahl *m*
a. pour forets Hohlbohrstahl *m*

a. forgé Schmiedestahl *m*
a. fortement allié hochlegierter Stahl *m*
a. fritté Sinterstahl *m*
a. à grain fin Feinkornstahl *m*
a. à haute teneur en alliages hochlegierter Stahl *m*
a. à haute teneur en carbone hochgekohlter (kohlenstoffreicher) Stahl *m*
a. hypereutectoïde übereutektoider Stahl *m*
a. hypoeutectoïde untereutektoider Stahl *m*
a. inoxydable nichtrostender (rostfreier) Stahl *m*, Nirostastahl *m*
a. laminé Walzstahl *m*
a. en lingots Blockstahl *m*
a. magnétique Magnetstahl *m*
a. au manganèse Manganstahl *m*
a. martensitique martensitischer Stahl *m*
a. Martin Siemens-Martin-Stahl *m*
a. pour matrices Matrizenstahl *m*, Gesenkstahl *m*
a. mi-dur Flußstahl *m*
a. au molybdène Molybdänstahl *m*
a. moulé Stahl(form)guß *m*, Gußstahl *m*
a. moulé allié legierter Stahlguß *m*
a. moulé électrique Elektrostahlguß *m*
a. naturel Rennstahl *m*
a. au nickel Nickelstahl *m*
a. de nitruration (nitruré) Nitrierstahl *m*
a. non allié unlegierter Stahl *m*
a. non calmé unberuhigter Stahl *m*
a. à outil(s) Werkzeugstahl *m*
a. pour outils tranchants Schneidstahl *m*
a. à l'oxygène O_2-Stahl *m*
a. précontraint Spannstahl *m*, vorgespannter Stahl *m*; vorgespannter Stahlbewehrungsstab *m*
a. profilé Profilstahl *m*
a. puddlé Puddelstahl *m*
a. rapide Schnell(arbeits)stahl *m*, Schnelldrehstahl *m*
a. rapide surcarburé hochlegierter Schnell(arbeits)stahl *m*
a. de remplacement Austauschstahl *m*
a. à résistance élevée hochfester Stahl *m*
a. résistant à chaud warmfester Stahl *m*
a. résistant à l'usure verschleißfester Stahl *m*
a. à ressort Federstahl *m*
a. riche en carbone hochgekohlter (kohlenstoffreicher) Stahl *m*
a. pour rivets Nietstahl *m*
a. rond Rundstahl *m*
a. sauvage unberuhigter Stahl *m*
a. semi-calmé halbberuhigter Stahl *m*

acier

   a. siliceux Siliziumstahl *m*
   a. soudé Schweißstahl *m*
   a. spécial Edelstahl *m*, Sonderstahl *m*
   a. super-rapide Superschnellstahl *m*
   a. Thomas Thomasstahl *m*
   a. au titane Titanstahl *m*
   a. de traitement Vergütungsstahl *m*
   a. pour travail à chaud Warmarbeitsstahl *m*
   a. pour travail à froid Kaltarbeitsstahl *m*
   a. trempé gehärteter Stahl *m*
   a. triplex Dreilagenstahl *m*
   a. au tungstène Wolframstahl *m*
   a. d'usage courant Massenstahl *m*
acier-alliage *m* **coulé** Stahlgußlegierung *f*
aciérer verstählen
aciéreux stählern
aciérie *f* Stahlwerk *n*
   a. Bessemer Bessemerstahlwerk *n*
   a. électrique Elektrostahlwerk *n*
   a. Martin Siemens-Martin-Stahlwerk *n*
   a. Thomas Thomasstahlwerk *n*
aciers *mpl* Bewehrung *f*; Bewehrungsstäbe *mpl*
aconage *m s.* acconage
aconier *m s.* acconier
à-coup *m* Stoß *m*; **par à-coups** ruckweise, schrittweise; **sans à-coups** stufenlos, stetig
   à. de charge Belastungsstoß *m*
acoustique akustisch
acoustique *f* Akustik *f*
   a. architecturale Schallehre *f*; Schallverhältnisse *npl*
   a. des salles Raumakustik *f*
acquérir erfassen, gewinnen ⟨Daten⟩
acquisition *f* **des données** Datenerfassung *f*, Datengewinnung *f*
acribomètre *m* Akribometer *n*
acrobatie *f* **(en vol)** Kunstflug *m*
acroléine *f* Akrolein *n*
acrotère *m* Akroterion *n*, Akroter(ium) *n*; Fuß *m*, Sockel *m*; Firstschmuck *m*
acrylate *m* Akrylat *n*
acte *m*:
   a. de désintégration ⟨Kern⟩ Zerfall(sakt) *m*, Zerfallsereignis *n*
   a. de fission ⟨Kern⟩ Spaltung *f*, Spaltakt *m*
actif aktiv; ⟨Kern⟩ [radio]aktiv; ⟨El⟩ stromführend, spannungführend, unter Strom (Spannung)
actinique aktinisch, chemisch wirksam ⟨von Strahlungen⟩
actinité *f* Aktinität *f*
actinium *m* Aktinium *n*

actinographe *m* Aktinograf *m*
actinomètre *m* Aktinometer *n*, Strahlungsmesser *m*
action *f* Wirkung *f*; Einwirkung *f*; Aktion *f*; Vorgang *m*; Verhalten *n*; **à a. directe** direktbetätigt
   a. de blanchiment Bleichwirkung *f*
   a. capillaire Kapillarwirkung *f*
   a. composée Regelung *f* mit mehreren Regelungsarten; gemischte Wirkung *f*
   a. de coupe Schnittbewegung *f*
   a. dérivée (par dérivation) Differentialverhalten *n*, D-Verhalten *n*, Differentialwirkung *f*, D-Wirkung *f*, Vorhalt *m*
   a. à deux échelons Zweipunktverhalten *n*
   a. diélectrique dielektrische Einwirkung *f*
   a. discontinue de régulateur unstetiges Reglerverhalten *n*
   a. à distance Fernwirkung *f*
   a. par échelons multiples Mehrstufenwirkung *f*
   a. explosive Sprengwirkung *f*
   a. flottante Pufferverhalten *n*
   a. du frein Bremswirkung *f*
   a. intégrale (par intégration) Integralverhalten *n*, I-Verhalten *n*; Integralwirkung *f*, I-Wirkung *f*
   a. de la lumière Lichteinwirkung *f*
   a. de masse Massenwirkung *f*
   a. mutuelle Wechselwirkung *f*
   a. oxydante Oxydationsvorgang *m*, oxydierende Wirkung *f*
   a. permanente Dauerbetrieb *m*
   a. permanente du régulateur kontinuierliche Reglerwirkung *f*
   a. plastifiante weichmachende Wirkung *f*
   a. proportionnelle Proportionsverhalten *n*, P-Verhalten *n*, Proportionalwirkung *f*, P-Wirkung *f*
   a. protectrice Schutzwirkung *f*
   a. réciproque Wechselwirkung *f*
   a. réductrice Reduktionswirkung *f*, Reduktionsvorgang *m*
   a. de réglage Regelwirkung *f*, Regelverhalten *n*
   a. de régulateur par dérivation Differentialreglerwirkung *f*, D-Reglerwirkung *f*
   a. en retour Rückwirkung *f*
   a. rigide Lageregelung *f*, Lageverhalten *n*
   a. par tout ou rien Ein-Aus-Regelung *f*, Zweipunktregelung *f*
   a. à trois échelons Dreistufenregelung *f*

a. du vent Windtätigkeit *f*
actionné betätigt, angetrieben
  a. par chaîne kettengetrieben
  a. par courroie riemengetrieben
  a. par engrenages zahnradgetrieben
  a. par pression druckbetätigt
actionnement *m* Betätigung *f*, Antrieb *m*
actionner betätigen, antreiben
actionneur *m* Steuermotor *m*
  a. hydraulique de compensation Trimmarbeitszylinder *m*
activant aktivierend
activant *m* Aktivator *m*, Aktivierungsmittel *n*
activateur *m* Aktivator *m*, Aktivierungsmittel *n*; Beschleuniger *m*
activation *f* Aktivierung *f*
  a. par pile Reaktoraktivierung *f*
  a. par résonance Resonanzaktivierung *f*
activé aktiviert; belebt
activer aktivieren; beschleunigen; ⟨Kern⟩ radioaktiv machen
activimètre *m* Aktivitätsmesser *m*
activité *f* Aktivität *f*; Radioaktivität *f*
  a. effusive effusive Tätigkeit *f*
  a. éruptive Eruptivtätigkeit *f*
  a. de forage Bohrtätigkeit *f*
  a. fumerollienne Fumarolentätigkeit *f*
  a. gamma Gammaaktivität *f*
  a. interfaciale Grenzflächenaktivität *f*
  a. nucléaire massique spezifische Aktivität *f*
  a. nucléaire volumique Aktivitätskonzentration *f*, Aktivitätsdichte *f*
  a. optique optische Aktivität *f*
  a. principale Haupttätigkeit *f*
  a. pyroclastique pyroklastische Tätigkeit *f*
  a. résiduelle Restaktivität *f*
  a. à saturation Sättigungsaktivität *f*
  a. solaire Sonnentätigkeit *f*, Sonnenaktivität *f*
  a. solfatarienne Solfatarentätigkeit *f*
  a. spasmodique unregelmäßige Tätigkeit *f*
  a. superficielle Oberflächenaktivität *f*
acuité *f* Schärfe *f*
  a. d'ouïe Gehörschärfe *f*
  a. visuelle Sehschärfe *f*
acutangle spitzwinklig ⟨Dreieck⟩
acutangulaire scharfeckig, scharfkantig; spitzwinklig
acutangulé scharfkantig; spitzwinklig
acyclique azyklisch
acylation *f* Azylierung *f*
acyle *m* Azylradikal *n*
acyler azylieren

adaptateur *m* Adapter *m*, Anpassungsglied *n*, Röhrenzwischensockel *m*
  a. de contrôle Prüfzwischensockel *m*
  a. pour ondes courtes Kurzwellenvorsatz *m*
adaptation *f* Adaptation *f*, Anpassung *f*
  a. automatique à la lumière ambiante automatische Raumlichtanpassung *f*, Raumlichtautomatik *f*
  a. bruit Rauschanpassung *f*
  a. d'impédance Impedanzanpassung *f*
  a. incorrecte Fehlanpassung *f*
  a. à la lumière Helladaptation *f*
  a. à l'obscurité Dunkeladaptation *f*
  a. de puissance Leistungsanpassung *f*
  a. de résistance Widerstandsanpassung *f*
adapter adaptieren, anpassen, einpassen; passend machen
adaptomètre *m* Adaptometer *n*
  a. enregistreur Registrieradaptometer *n*
addeur *m* Addierer *m*, Addierwerk *n*, Adder *m*
  a. algébrique algebraischer Addierer *m*
  a. binaire Binäraddierer *m*
  a. complet Volladdierer *m*
  a. parallèle Paralleladdierer *m*
  a. série Serienaddierer *m*
additeur *m* Addierer *m*, Addierwerk *n*, Adder *m* ⟨s. a. addeur⟩
additif additiv
additif *m* Streckmittel *n*; Zusatzmittel *n*, Additiv *n* ⟨s. a. adjuvant⟩
addition *f* 1. Addition *f*, Summierung *f*; 2. Anlagerung *f*, Zugabe *f*, Zusatz *m*, Zuschlag *m*; Hinzufügen *n*; 3. Zusatzmittel *n*
  a. d'alliage Legierungszusatz *m*
  a. des charges Zusetzen *n* der Füllstoffe
  a. de coupage, a. d'extinction Löschzusatz *m* ⟨Zählrohr⟩
  a. logique logische Addition *f*
  a. de minerai Erzzusatz *m*
  a. de scories Schlackenzuschlag *m*
  a. en virgule fixe Festkommaaddition *f*
  a. en virgule flottante Gleitkommaaddition *f*
additionnel zusätzlich, Zusatz-
additionner addieren; hinzufügen, versetzen, zusetzen
additionneur *m* Addierer *m*, Addierwerk *n*, Adder *m* ⟨s. a. addeur⟩
additionneur-soustracteur *m* ⟨Dat⟩ Vor- und Rückwärtszähler *m*
additionneuse *f* Addiermaschine *f*, Saldiermaschine *f*

additions

additions fpl **en poche** Pfannenzusätze mpl
additivité f Additivität f, additive Eigenschaft f
adduction f **d'eau** 1. Zuleitung f von Wasser; Wasserzufuhr f; 2. Wasserversorgung f
　a. d'énergie Energiezufuhr f
adent m Zahneinschnitt m; Verzapfung f ⟨von Holz⟩
adéquat adäquat, vollständig, angemessen
adhérence f 1. Adhäsion f, Anhaften n; Haftvermögen n, Haftfähigkeit f; Kleben n, Haften n; 2. ⟨Math⟩ abgeschlossene Hülle f
　a. de la salissure Schmutzhaftfestigkeit f
adhérer [an]haften, kleben
adhésiv adhäsiv, [an]haftend, klebend
adhésif m Klebstoff m, Klebemittel n, Kleber m, klebend wirkendes Bindemittel n
　a. pour couchage Bindemittel n für die Streichmasse
adhésion f Adhäsion f, Haftung f
adhésivité f Adhäsionsvermögen n, Haftvermögen n; Klebrigkeit f
adiabatique adiabatisch, wärmeundurchlässig
adiabatique f Adiabate f
adipeux fett[halt]ig, schmierig
adjacent anliegend, angrenzend; nebeneinanderliegend, Neben-
adjoindre zuordnen
adjoint adjungiert, zugeordnet
adjoint m ⟨Math⟩ Adjungierte f
adjonction f Adjunktion f
adjuvant m Adjuvans n, Zusatz m; Hilfsmittel n
　a. antimousse Antischaummittel n
　a. de filtration Filterhilfsmittel n
　a. tannant Härtezusatz m
　a. de teinture Färbereihilfsmittel n
　a. textile Textilhilfsmittel n
admettre einlassen, einströmen lassen, zuführen; beaufschlagen ⟨Turbine⟩
administration f 1. Leitung f, Verwaltung f; 2. Wirtschaftsgebäude n[pl]
admissible zulässig; gültig; statthaft
admission f 1. Einlaß m, Eintritt m, Einströmen n, Einlauf m, Zuführung f, Zufuhr f; Beaufschlagung f ⟨Turbine⟩; 2. Einlaßöffnung f, Einlaßkanal m; 3. ⟨Kfz⟩ Ansaugen n, Ansaugtakt m
　a. d'air Lufteintritt m, Luftzufuhr f
　a. anticipée Voreinströmung f
　a. de chaleur Wärmezufuhr f
　a. radiale Radialbeaufschlagung f
　a. de vapeur Dampfzufuhr f
　a. du vent Windzuführung f
admittance f Scheinleitwert m, Admittanz f
　a. cyclique Drehfeldadmittanz f
　a. d'entrée Eingangsadmittanz f, Eingangsscheinleitwert m
adobe m ungebrannter Ziegel m
ados[sement] m Böschung f
adosser anlehnen; abschrägen
adoucir 1. enthärten; weichmachen; 2. abschwächen, dämpfen; 3. ⟨Met⟩ erweichen, tempern, weichglühen; anlassen ⟨Stahl⟩; 4. abschleifen, abstumpfen; glätten, polieren; verreiben
adoucissage m Glätten n, Polieren n ⟨s. a. adoucissement⟩
adoucissant m Weichmacher m
adoucissement m 1. Enthärtung f, Enthärten n; Weichmachen n; 2. Abschwächen n, Dämpfen n; Abschwächung f, Dämpfung f; 3. ⟨Met⟩ Weichmachen n, Tempern n, Weichglühen n; Anlassen n ⟨Stahl⟩; 4. Abschleifen n, Glätten n, Polieren n
adoucisseur m Glasschleifer m
adressage m Adressierung f
　a. absolu absolute Adressierung f
　a. indirect indirekte Adressierung f
adresse f Adresse f; **à a. définie** Einadreß-; **à deux adresses** Zweiadreß-; **à quatre adresses** Vieradreß-; **à trois adresses** Dreiadreß-
　a. absolue absolute Adresse f
　a. d'aiguillage Verzweigungsadresse f
　a. d'appel Rufadresse f
　a. de bloc Blockadresse f
　a. clé Schlüsseladresse f
　a. des données Datenadresse f
　a. effective wirkliche Adresse f
　a. fictive Scheinadresse f
　a. flottante Pseudoadresse f
　a. indirecte indirekte Adresse f, Adresse von Adresse
　a. initiale Anfangsadresse f
　a. d'instruction Befehlsadresse f
　a. origine Ausgangsadresse f
　a. relative relative Adresse f
　a. de retour Rückkehradresse f
　a. de saut Sprungadresse f
　a. symbolique symbolische Adresse f
　a. télégraphique Telegrammadresse f
　a. variable variable (veränderliche) Adresse f
adresser adressieren
adresseuse f Adressiermaschine f
adsorbable adsorbierbar

adsorbant m Adsorbens n, Adsorptionsmittel n, adsorbierender Stoff m, Sorbens n
adsorbat m Adsorbat n
adsorber adsorbieren, ansaugen, aufnehmen; anlagern; anreichern
adsorbeur m Adsorber m
  a. **pour l'acétylène** Azetylenadsorber m
adsorption f Adsorption f, Anlagerung f; Anreicherung f
  a. **mixte** Mischadsorption f
  a. **physique** physikalische Adsorption f
  a. **en plusieurs couches** Mehrschichtenadsorption f
adultérer verfälschen
advection f Advektion f
aérage m Lüftung f, Ventilation f; Auslüften n, Durchlüften n; ⟨Brg⟩ Bewetterung f, Wetterführung f ⟨s. a. aération⟩
  a. **ascensionnel** Aufwärtsbewetterung f, aufsteigende Wetterführung f
  a. **descendant** Abwärtsbewetterung f, abfallende Wetterführung f
  a. **en flèche** s. a. ascensionnel
  a. **soufflant** blasende Bewetterung f
aérateur Lüftungs-, Belüftungs-; Entlüftungs-
aérateur m Ventilator m; Entlüfter m; Belüfter m; Belüftungsanlage f
  a. **d'andains** ⟨Lw⟩ Schwadlüfter m
  a. **du type champignon** Pilzkopflüfter m
aération f Lüftung f, Belüftung f; Entlüftung f; Luftzufuhr f; Ventilation f; ⟨Brg⟩ Bewetterung f, Wetterzuführung f ⟨s. a. aérage⟩
  a. **de la pâte** Lufteinschlag m in den Stoff ⟨Zellstoffherstellung⟩
aérer [be]lüften; ⟨Brg⟩ bewettern
aérien 1. Überflur-, Hänge- ⟨Fördertechnik⟩; 2. ⟨Brg⟩ übertägig, Übertage-
aérien m 1. Oberleitung f; 2. s. antenne 1.
aériforme luftförmig, gasförmig ⟨Medium⟩
aérobie aerob
aérocâble m Kabelkran m, Kabelkrananlage f
aérochauffeur m Lufterhitzer m
aérocondenseur m Luftkühler m
aérodrome m Flughafen m
  a. **de dégagement** Ausweichflughafen m
  a. **supplémentaire** Hilfsflughafen m
aérodynamique aerodynamisch, stromlinienförmig
aérodynamique f Aerodynamik f

aérodyne m Luftfahrzeug n schwerer als Luft, strömungsgetragenes Luftfahrzeug n
aéroélasticité f, **aéro-élasticité** f Aeroelastizität f
aéro-électronique f Luftfahrtelektronik f
aéroengrangeur m, **aéro-engrangeur** m Abladegebläse n, Garbengebläse n
aérofrein m 1. Bremsklappe f; 2. Luftbremse f
aérogare f Flughafen m
aérogel m Aerogel n
aéroglisseur m Bodeneffektfahrzeug n, Luftkissenfahrzeug n
aérogramme m Luftpostbrief m
aérologie f Aerologie f ⟨Meteorologie⟩
aéromètre m Aerometer n, Luftdichtigkeitsmesser m
aéromoteur m 1. Windmotor m, Windkraftmaschine f; 2. Flugzeugmotor m
aéronautique Flug-, Luftfahrt-, Flieger-
aéronautique f Luftfahrt f
aéronavigation f Aeronavigation f
aéronef m Luftfahrzeug n
aérophotogramme m Luftvermessungsbild n, Luft[meß]bild n
aéroport m Flughafen m, Flugplatz m
aéroscope m Aeroskop n
aéroscopie f Aeroskopie f
aérosol m Aerosol n
aérostat m Luftfahrzeug n leichter als Luft, gasgetragenes Luftfahrzeug n
aérostation f Luftschiffahrt f
aérostatique aerostatisch
aérostatique f Aerostatik f
aérotechnique f Luftfahrttechnik f
aérotherme m 1. Luftheizkörper m, Lufterhitzer m; 2. thermostatischer Regulator m
aérotopographie f Lufttopografie f, Luftvermessung f
aérotriangulation f Lufttriangulation f
aéroventilation f natürliche Belüftung f
affaiblir dämpfen; [ab]schwächen; abblenden, ausblenden
affaiblissement m Dämpfung f, Schwächung f; Abblendung f, Ausblendung f
  a. **des aiguës** Höhenabsenkung f ⟨Radio⟩
  a. **caractéristique** Dämpfungsmaß n
  a. **du champ** Feldschwächung f
  a. **de diaphonie** Übersprechdämpfung f
  a. **de distorsion harmonique** Klirrdämpfung f
  a. **du rayonnement** Strahlungsdämpfung f
  a. **résiduel** Restdämpfung f

affaiblisseur m Abschwächer m
  a. au bichromate de potassium Kaliumdichromatabschwächer m
  a. de couleur Farbabschwächer m
  a. au cyanure d'iode Jodyanabschwächer m
  a. de Farmer Farmerscher Abschwächer m
  a. au permanganate de potassium Kaliumpermanganatabschwächer m
  a. photographique fotografischer Abschwächer m
  a. au sulfate ferrique Eisensulfatabschwächer m
affaissement m Sacken n, Sackung f; Senkung f, Absenkung f, Setzung f
  a. méthodique ⟨Brg⟩ planmäßige Absenkung f
  a. séculaire ⟨Geol⟩ säkulare Senkung f
  a. de surface ⟨Brg⟩ Senkung f der Tagesoberfläche
  a. du toit ⟨Brg⟩ Absenkung f der Firste, Setzen n des Hangenden
  a. de la voie Gleissenkung f
  a. de voûte Gewölbesenkung f
affaisser eindrücken, einsacken lassen, absenken
  s'a. ⟨Geol⟩ sich senken (setzen)
affaler wegfieren; schnell wegfieren
affectation f ⟨Dat⟩ Zuweisung f
affecter ⟨Dat⟩ zuweisen
affermissement m Befestigen n; Verfestigung f ⟨z. B. des Bodens⟩
affichage m Anzeige f
  a. décimal dekadische Anzeige f
  a. à distance Fernanzeige f
  a. lumineux Leuchtanzeige f
  a. numérique numerische Anzeige f; Ziffernanzeige f
  a. de signe Vorzeichenanzeige f
affiche f Plakat n
  a. horaire Aushangfahrplan m
afficher anzeigen
affilage m 1. Wetzen n, Schärfen n; Scharfschleifen n; 2. Drahtziehen n
affiler 1. wetzen, [an]schärfen, scharfschleifen, abziehen; 2. drahtziehen
affiloir m Wetzstein m; Streichriemen m
affinage m 1. Veredelung f, Verfeinerung f; 2. ⟨Met⟩ Frischen n; 3. Scheidung f, Reinigung f von Beimengungen; Raffination f ⟨z.B. von Zucker⟩; Läuterung f
  a. au bas foyer, a. à découvert Herdfrischen n
  a. électrolytique elektrolytische Raffination f
  a. de la fonte Roheisenfrischung f, Frischen n des Eisens
  a. sur sole Herdfrischen n
  a. de surface Glätten n der Oberfläche, Oberflächenveredelung f
  a. au vent Windfrischen n
affine affin
affiné 1. veredelt, verfeinert; 2. ⟨Met⟩ gefrischt; 3. scharf, schlank ⟨Schiffsform⟩
affiner 1. veredeln, verfeinern; 2. ⟨Met⟩ frischen; scheiden; läutern; 3. schlank machen ⟨Schiffslinien⟩
  a. au vent windfrischen
affinerie f Scheideanlage f
affinité f affine Transformation f; Affinität f
  a. électronique Elektronenaffinität f
  a. tinctoriale Farbstoffaffinität f, Aufziehvermögen n
affleurage m Einweichen n der Papiermasse
affleurement m 1. Einebnung f, Nivellierung f; Abgleichen n; Ausfluchten n; 2. ⟨Geol⟩ Ausbiß m, Aufschluß m
affleurer 1. ausgleichen, ebnen, nivellieren; abgleichen; ausfluchten; 2. ⟨Geol⟩ ausbeißen; 3. gleichmäßig im Holländer mahlen ⟨mit leicht aufgesetzter Walze⟩
affluence f Andrang m, Zustrom m; Zufuhr f
afflux m Andrang m, Zustrom m
affouillement m Auskolkung f; Auswaschen n, Unterspülung f
affouiller auswaschen, unterspülen
affourcher 1. ⟨Schiff⟩ vertäuen; 2. ⟨Bw⟩ Versatz herstellen
affrètement m Charter m, Charterung f
  a. de longue durée Langzeitcharter m
  a. en lumpsum Pauschalcharter m
  a. à temps Zeitcharter m
  a. en travers Pauschalcharter m
  a. au voyage Reisecharter m
affréter chartern, in Charter nehmen; in Charter geben, verchartern
affréteur m Befrachter m, Charterer m; Vercharterer m, Verfrachter m
affûtage m Scharfschleifen n, Schärfen n, Anschleifen n, Schleifen n; Anspitzen n, Spitzschleifen n
  a. à l'eau Naßschleifen n
  a. électrolytique elektrolytisches Scharfschleifen n
  a. normalisé Normalschliff m
  a. à sec Trockenschleifen n
affûtage-finition m Feinschleifen n
affûter scharfschleifen, schärfen; anspitzen, spitz schleifen

affûteuse f Schleifmaschine f, Schärfmaschine f
a. électrolytique elektrolytische Schleifmaschine f, Elysierschleifmaschine f
a. de lames Messerschleifmaschine f
a. de racles Rakelmesserschleifmaschine f
a. de sections Mähmesserschleifmaschine f
afocal afokal
agar-agar m Agar-Agar m ⟨n⟩
agate f Achat m
age m Grindel m ⟨Pflug⟩
âge m Alter n
â. absolu absolutes Alter n
â. de Fermi, â. du neutron Fermi-Alter n
â. radio-actif radioaktives Alter n
agencement m Antrieb m
agent m 1. Mittel n; Agens n ⟨s. a. produit⟩ ; 2. Angestellter m
a. abrasif Schleifmittel n
a. accélérateur Beschleuniger m, Beschleunigungsmittel n
a. d'accrochage Haftmittel n ⟨Plast⟩
a. activant Aktivator m
a. d'addition Zusatz m, Zusatzmittel n, Streckmittel n
a. d'adsorption Adsorptionsmittel n
a. aérateur Luftporenerzeugungsmittel n
a. amollissant Weichmacher m
a. antigel Frostschutzmittel n
a. antiglissant Antigleitmittel n
a. antimite Mottenschutzmittel n
a. antipoussières Staubbindemittel n
a. d'apprêt(age) Appreturmittel n
a. d'attaque Aufschlußmittel n
a. auxiliaire Hilfsstoff m, Hilfsmittel n
a. d'avivage ⟨Text⟩ Avivagemittel n
a. d'avivage (azurage) optique optischer Aufheller m, Weißtöner m
a. de blanchiment Bleichmittel n
a. de broyage Schleifmittel n, Mahlmittel n
a. caustique alkalisches Agens n ⟨Natron-, Kalilauge⟩
a. clarifiant (de clarification) Klärmittel n
a. de coalescence Filmbildner m ⟨Lack⟩
a. colorant Farbstoff m, Pigment n
a. complexant Komplexbildner m
a. de conservation Konservierungsmittel n
a. corrosif Korrosionsmittel n
a. de crémage Aufrahmungsmittel n
a. de décomposition Zersetzungsmittel n
a. délignifiant Delignifizierungsmittel n, chemisches Aufschlußmittel n

a. de démontage Abziehmittel n ⟨von Färbungen⟩
a. de démoulage Entformungsmittel n
a. de désencrage Entfärber m
a. dessicateur Trockenmittel n
a. de détachage ⟨Text⟩ Detachurmittel n
a. de dispersion Dispersionsmittel n
a. durcissant Härtungsmittel n
a. d'encollage Schlichtemittel n
a. d'ennoblissement Hochveredlungsmittel n
a. d'extinction Feuerlöschmittel n
a. d'extraction Extraktionsmittel n
a. de flottation Flotationsmittel n, Schwimmittel n
a. frigorifique Kältemittel n
a. gélifiant Gelbildner m
a. gonflant (de gonflement) Quellmittel n, Treibmittel n
a. humectant Netzmittel n
a. ignifuge Flammschutzmittel n, feuerhemmendes Mittel n
a. d'imprégnation Imprägniermittel n
a. de manœuvre Rangierer m
a. maritime Schiffsmakler m
a. de matage Mattierungsmittel n
a. minéralisateur Mineralbildner m
a. mouillant Netzmittel n
a. moussant Schaumbildner m
a. du navire s. a. maritime
a. oxydant (d'oxydation) Oxydationsmittel n
a. de passivation Passivierungsmittel n
a. peptisant Peptisiermittel n
a. à polir, a. de polissage Poliermittel n
a. propulseur Treibmittel n, Treibstoff m
a. de protection des plantes Pflanzenschutzmittel n
a. de récarburation Rückkohlmittel n
a. réducteur Reduktionsmittel n
a. réfrigérant, (de réfrigération, de refroidissement) Kältemittel n, Kühlmittel n
a. de remplissage Füllstoff m
a. renforçant Verstärker m
a. retardant Verzögerungsmittel n
a. de rinçage Spülmittel n
a. de séparation Scheidemittel n
a. siccatif Trockenmittel n
a. de soutènement Stützmedium n
a. stabilisateur Sedimentationsverzögerer m
a. de stabilité à la lumière Lichtschutzmittel n
a. de surface, a. tensio-actif grenzflächenaktiver (kapillaraktiver, oberflächenaktiver) Stoff m, Netzmittel n

agent 24

a. suspenseur Sedimentationsverzögerer m
a. de train Zugbegleiter m; Zugschaffner m
a. de transmission d'énergie Energieträger m
a. de trempage Einweichmittel n
a. véhiculeur Färbebeschleuniger m, Carrier m
agglomérant m Bindemittel n, Bindung f ⟨Schleifkörper⟩
a. organique organische Bindung f
a. silicate mineralische Bindung f
a. vitrifié keramische Bindung f
agglomérat m Agglomerat n; Anhäufung f; Sintererzeugnis n, Sinterkuchen m
a. de molécules Molekülkomplex m
agglomération f 1. Agglomerieren n, Anhäufen n; Zusammenballung f, Agglomeration f, Agglomerierung f; 2. Sinteranlage f; 3. geschlossene Ortschaft f, Siedlung f
a. en briquettes Brikettierung f
a. par frittage Sinterung f
a. linéaire Bandstadt f
aggloméré m Trümmerstein m, Preßstein m; Schlackenbaustein m; künstlicher Stein m
a. de béton Betonformstein m, Leichtbetonstein m
a. creux Hohlblockstein m
a. perforé Wabenstein m
agglomérer agglomerieren, anhäufen, zusammenballen; zusammenbacken; verkitten
a. à chaud, a. par frittage sintern
s'a. zusammenbacken
agglutinant klebend, [an]haftend
agglutinant m Bindemittel n, Klebemittel
agglutination f 1. Agglutination f; 2. Bindung f; 3. Zusammenbacken n; 4. Nestbildung f, Verkittung f; 5. ⟨Text⟩ Balligwerden n
agglutiner agglutinieren; binden; zusammenbacken; verkitten; ⟨Text⟩ balligwerden
agir [ein]wirken
agitateur m Rührwerk n, Rührwelle f, Rührgerät n; Rührspatel m, Rührkelle f; Mischmaschine f, Mischer m
a. pour acide Säurerührer m
a. Dorst Dorst-Rührer m
a. à froid Kaltrührer m
a. pendulaire Schwenkrührwerk n
a. planétaire Planetenrührwerk n
a. rapide Schnellrührer m
agitation f Bewegung f; Rühren n; Schütteln n

a. brownienne, (moléculaire) Brownsche Bewegung (Molekularbewegung) f
a. rapide Schnellrühren n
agité bewegt; unruhig ⟨See⟩
agiter bewegen; rühren; schütteln
agrafage m Heften n ⟨mit Klammern⟩
a. de sûreté Klammersicherung f
agrafe f 1. Haken m, Spange f; Verbindungsstück n; 2. Verbindungsfalz m; Falz m; 3. Heftklammer f
a. de construction Bauklammer f, Klammer f, Bügel m, Haken m, Spange f; Verklammerung f; Falz m
a. de courroie Riemenverbinder m, Bandverbinder m
a. longitudinale Längsfalz m
agrafer anhaken, zusammenhaken; heften, verbinden, [ver]klammern, zuklammern; falzen
agrafeuse f Heftmaschine f ⟨s. a. machine à agrafer⟩
agrandir vergrößern
agrandissement m Vergrößerung f
a. angulaire Winkelverhältnis n, Winkelvergrößerung f, Angularvergrößerung f
a. axial Tiefenverhältnis n, Tiefenmaßstab m
a. à l'échelle maßstäbliche Vergrößerung f
a. inutile leere Vergrößerung f, Übervergrößerung f
a. latéral Abbildungsmaßstab m, Seitenmaßstab m, Seitenverhältnis n
a. longitudinal Längsverhältnis n, Längsmaßstab m
a. en profondeur s. a. axial
agrandisseur m Vergrößerungsapparat m
a. à colonne Säulenvergrößerungsapparat m
agrégat m 1. Aggregat n, Einheit f; 2. Zuschlag[stoff] m ⟨Betontechnologie⟩
a. de charge Ladeaggregat n
a. cristallin kristallines Aggregat n
a. tout venant Zuschlag m im Gewinnungszustand
gros a. de laitier Schlackenschotter m
agrégation f Aggregation f, Zusammensetzung f, Zusammenballung; ⟨Min⟩ Verwachsung f
agrès mpl Geschirr n, Hebezeug n; Takelage f
agressif aggressiv
agressivité f Aggressivität f
aide-mémoire m de[s] construction[s] navale[s] schiffbautechnisches Handbuch n

aide-radio f **à la navigation** Funknavigationshilfsmittel n
aigre sauer; scharf
aigrette f Büschelentladung f, Sprühentladung f
   a. lumineuse Büschelentladung f, Büschellicht n
aigu spitz
aiguës fpl Höhen fpl ⟨akustisch⟩
aiguillage m 1. Abzweigung f, Abzweigen n, Verteiler m; 2. Weiche f; Weichenstellen n, Weichenstellung f
   a. à impulsions Impulsweiche f
aiguille f 1. Zeiger m, Nadel f ⟨auch Tonabnehmer⟩; 2. ⟨Eb⟩ Weiche(nzunge) f; 3. Kanüle f; **en aiguilles** nadelförmig
   a. d'accompagnement Schleppzeiger m
   a. aimantée Magnetnadel f
   a. à bec Hakennadel f, Spitzennadel f
   a. de bifurcation Trennungsweiche f, Abzweigungsweiche f
   a. de boussole Magnetnadel f
   a. à clapet Zungennadel f
   a. à contrepoids Rückfallweiche f [mit Gegengewicht]
   a. à coulisse Schiebernadel f ⟨Wirkmaschine⟩
   a. courbe Bogenweiche f
   a. creuse Röhrennadel f, Hohlnadel f
   a. cristalline Kristallnadel f
   a. de dédoublement Teilungsweiche f
   a. de distribution Verteilungsweiche f
   a. droite gerade Weichenzunge f
   a. enclenchée Stellwerksweiche f
   a. d'évitement Schutzweiche f
   a. à filet Netznadel f
   a. des heures Stundenzeiger m
   a. d'injection Einspritzdüsennadel f
   a. de manœuvre Rangierweiche f
   a. manœuvrée Handweiche f
   a. manœuvrée à distance fernbediente Weiche f
   a. des minutes Minutenzeiger m
   a. à moteur électrique elektrische Weiche f
   a. du nouage Knüpfernadel f ⟨Mähbinder⟩
   a. prise en pointe spitzbefahrene Weiche f
   a. prise en talon stumpfbefahrene Weiche f
   a. de protection Entgleisungsweiche f
   a. de rabattement Klappweiche f
   a. de raccordement Anschlußweiche f
   a. à ressort Federrückfallweiche f
   a. roulante Schiebeweiche f
   a. de roulement Lagernadel f
   a. en saphir Saphirnadel f ⟨Tonabnehmer⟩
   a. de sécurité Schutzweiche f
   a. à talon bas ⟨Text⟩ Niederfußnadel f
   a. à talon haut ⟨Text⟩ Hochfußnadel f
   a. de transfèrement ⟨Text⟩ Aufstoßnadel f
   a. à trou ⟨Text⟩ Lochnadel f
   a. à tube ⟨Text⟩ Röhrennadel f
   a. de tuyère Düsennadel f
   a. verrouillée verriegelte Weiche f
aiguilles fpl **accouplées** gekuppelte Weichen fpl
aiguilletage m Nadelung f, Nadeln n
aiguilleteuse f Nadelfilzmaschine f
aiguilleur m Weichensteller m
aiguillot m Fingerling m
aiguiseuse f **pour les garnitures de cardes** Kratzenschleifmaschine f
aile f 1. Flansch m; 2. Flügel m, Schaufel f; Schenkel m; 3. Tragfläche f; Netzflügel m; 4. Kotflügel m; 5. Seitengebäude n, Seitenflügel m
   a. de l'anticlinal Sattelflügel m
   a. arrière hinterer Kotflügel m
   a. axiale Axialschaufel f
   a. avant vorderer Kotflügel m
   a. delta ⟨Flg⟩ Deltaflügel m
   a. effilée Trapezflügel m
   a. à fente Spaltflügel m
   a. en flèche Pfeilflügel m
   a. d'hélice Propellerflügel m
   a. de (la) passerelle (de navigation) Brückennock n (f)
   a. radiale Radialschaufel f
   a. repliable Klappflügel m
   a. de ventilateur Lüftungspropeller m
aileron m 1. ⟨Flg⟩ Querruder n; 2. ⟨Schiff⟩ Wellenhose f
   a. de courbure ⟨Flg⟩ Wölbungsklappe f
   a. à fente Spaltquerruder n
   a. stabilisateur Stabilisierungsflosse f
   a. du type Denny-Brown Denny-Brown-Stabilisierungsflosse f
ailes fpl **d'un pont** Brückenausgänge mpl
ailetage m Beschaufelung f
ailette f 1. Rippe f; 2. Flügel m
   a. hydrométrique Strömungsgeschwindigkeitsmesser m
   a. d'isolateur Isolatorrippe f
   a. de radiateur Heizkörperrippe f
   a. de réfrigération (refroidissement) Kühlrippe f; Kühlflügel m
   a. du rotor Laufschaufel f
   a. de ventilation Kühlrippe f
aimant m Magnet m
   a. d'acier Stahlmagnet m

aimant

a. **aggloméré** Sintermagnet m
a. **amortisseur** Dämpfungsmagnet m
a. **en anneau,** a. **annulaire** Ringmagnet m, ringförmiger Magnet m
a. **à armature mobile** Drehankermagnet m
a. **artificiel** künstlicher Magnet m
a. **de commutation** Kompensationsmagnet m
a. **compensateur** Kompensationsmagnet m
a. **de contrôle,** a. **correcteur** Richtmagnet m
a. **à courant triphasé** Drehstrommagnet m
a. **cuit** Sintermagnet m
a. **à culasse** Topfmagnet m
a. **de démagnétisation** Löschmagnet m
a. **directeur** Richtmagnet m
a. **droit** Stabmagnet m
a. **élémentaire** Elementarmagnet m
a. **en fer à cheval** Hufeisenmagnet m
a. **feuilleté** Lamellenmagnet m
a. **de focalisation** Fokussiermagnet m
a. **frein** Bremsmagnet m
a. **fritté (métal-céramique)** Sintermagnet m
a. **naturel** natürlicher Magnet m
a. **permanent** Dauermagnet m, Permanentmagnet m, permanenter Magnet m
a. **porte-charge** Lasthebemagnet m
a. **en poudre agglomérée** Sintermagnet m
a. **de relais** Relaismagnet m
a. **de sélecteur** Wählermagnet m
a. **de suspension** Lasthebemagnet m
a. **tournant** Drehmagnet m
aimantabilité f Magnetisierbarkeit f
aimantable magnetisierbar
aimantation f Magnetisierung f; Magnetismus m
a. **initiale** Erstmagnetisierung f
a. **longitudinale** Längsmagnetisierung f
a. **profonde** Durchmagnetisierung f
a. **rémanente (résiduelle)** Restmagnetisierung f
a. **des roches** Gesteinsmagnetismus m
a. **de saturation** Sättigungsmagnetisierung f
a. **spontanée** spontane Magnetisierung f
a. **superficielle** Oberflächenmagnetisierung f
a. **transversale** Quermagnetisierung f
aimanter magnetisieren
air m Luft f; ⟨Brg⟩ Wetter n; ⟨Met⟩ Wind m
a. **additionnel** Zusatzluft f
a. **ambiant** umgebende Luft f
a. **d'aspiration,** a. **aspiré** Ansaugluft f, Saugluft f
a. **de balayage** Spülluft f
a. **chaud** Heißluft f, Warmluft f; heißer Wind m
a. **de combustion** Verbrennungsluft f
a. **complémentaire** Zweitluft f, Zusatzluft f
a. **comprimé** Druckluft f, Preßluft f
a. **de démarrage** Anlaßluft f
a. **détendu** entspannte Luft f
a. **excédant** Luftüberschuß m
a. **faible tension** Niederdruckluft f
a. **de la filtration** Filterluft f
a. **frais** Frischluft f; ⟨Brg⟩ frische Wetter npl
a. **froid** kalte Luft f, Kaltluft f; ⟨Met⟩ Kaltwind m
a. **grisouteux** Schlagwetter npl, schlagende Wetter npl
a. **de haut fourneau** Hochofenwind m
a. **à haute pression** Hochdruckluft f
a. **humide** feuchte Luft f; ⟨Met⟩ Naßblasen n
a. **infect** verbrauchte Luft f
a. **de lancement** Anlaßluft f
a. **liquide** flüssige Luft f, Flüssigluft f
a. **lourd** matte Wetter npl
a. **de mine** Grubenwetter npl
a. **primaire** Erstluft f, Förderluft f, Trägerluft f (Kohlenstaubfeuerung)
a. **de réfrigération (refroidissement)** Kühlluft f
a. **de régulation** Regelluft f, Steuerluft f
a. **secondaire** s. a. complémentaire
a. **de service** Betriebsluft f, Hilfsluft f ⟨im Gegensatz zur Anlaßluft⟩; Wirtschaftsluft f
a. **sortant** Abwetter npl
a. **soufflé** Gebläseluft f
a. **vicié** verbrauchte Luft f
airbag m **sectionnel** Teilheizschlauch m
aire f 1. Gebiet n; Oberfläche f; Schicht f; 2. Areal n, Fläche f, Flächenraum m; 3. Dreschdiele f, Tenne f; freier Platz m; Estrich m; 4. Bahn f, Fahrbahn f; 5. Inhalt m
a. **d'alimentation** Einzugsgebiet n
a. **d'approche** Anflugsektor m
a. **en argile** Lehmestrich m
a. **en asphalte** Asphalt[fuß]boden m
a. **d'atterrissage** Landebereich m
a. **en béton** 1. Betonschicht f; 2. Betonestrich m
a. **de boutisses** ⟨Bw⟩ Binderschicht f
a. **consolidée** konsolidierter Raum m
a. **de démoulage** Entschalungsplatz m
a. **d'effondrements** Bruchgebiet n

a. isallobarique Fall- und Steigegebiet n des Luftdruckes
a. latérale du cylindre Zylindermantel m
a. de manœuvre Rollfeld n
a. de mouvement Rollfläche f ⟨Flughafen⟩
a. précontrainte vorgespannter Sektor m, vorgespannte Zone f; vorgespanntes Stützfeld (Feld) n
a. de régulation des compas Kompensierscheibe f
a. de sable Sandbett[ung f] n; Sandschicht f
a. à signaux Signalfläche f
a. de stationnement Vorfeld n
a. de stockage Ladeplatz m, Laderaum m
ais m Brett n, Bohle f; Diele f
aisselle f **de la voûte** Bogenachsel f, Gewölbeschenkel m
aisselier m Kopfband n; Strebe f
ajourer durchbrechen, mit kleinen Öffnungen versehen
ajoutage m ⟨Ch, Met⟩ Zusatz m
ajouter addieren, summieren; hinzufügen, zusetzen
a. goutte à goutte hinzutropfen
ajustable einstellbar, regulierbar
ajustage m 1. Anpassung f; 2. Einstellen n, Justieren n; Einstellung f, Justierung f; 3. Aneinanderfügen n; 4. Aufstellung f; Errichtung f; Montage f; 5. Ausbau m; Vollendung f; 6. Trieb m ⟨Mikroskop⟩; **à a. automatique** selbstjustierend
a. par condensateur Kondensatorabgleich m
a. lent Feintrieb m
a. à la pièce s. **a. singulier**
a. rapide Grobtrieb m
a. singulier Einzeleinstellung f
ajustement m 1. Anpassung f; Einpassung f; 2. Einrichtung f; 3. Einstellung f ⟨Apparat⟩; 4. Befestigung f; Montage f; 5. Vollendung f; 6. Passung f; Sitz m
a. appuyé Schiebesitz m
a. appuyé à cheval Haftsitz m
a. assez précis Schlichtpassung f
a. à cheval Treibsitz m
a. fretté Schrumpfsitz m
a. glissant Gleitsitz m
a. avec jeu Spielpassung f, Laufsitz m
a. avec jeu faible enger Laufsitz m
a. avec jeu plus grand leichter Laufsitz m
a. mobile Bewegungssitz m

a. moyen Grobpassung f
a. précis Feinpassung f
a. avec serrage Übermaßsitz m, Preßsitz m
a. avec serrage léger leichter Preßsitz m
a. serré Festsitz m
a. de station Sendereinstellung f
a. tournant s. **a. avec jeu**
a. de transition Übergangspassung f
a. très précis, a. de haute précision Edelpassung f
ajuster 1. anpassen, einpassen; 2. einstellen, regulieren, justieren, nachstellen, nachregeln; 3. aufstellen, errichten, montieren; befestigen; 4. vollenden
ajusteur m 1. Einsteller m; Einrichter m; 2. Monteur m, Schlosser m
a. de tension Umsteller m
ajusteur-mécanicien m Schlosser m; Mechaniker m; Maschinenschlosser m
ajutage m Düse f, Rohr n, Stutzen m; Verbindungsrohr n, Ansatzrohr n, Rohransatz m
a. d'air Luftdüse f
a. de carburant Kraftstoffdüse f
a. coudé gekrümmter Rohransatz m
a. droit gerader Rohransatz m
alaire zur Tragfläche gehörig
alambic m **(de distillation)** Destillierblase f, Destillierkolben m; Destillierapparat m
alanine f Alanin n
alarme f Alarmsignal n; Warnung f, Alarm[gebung f] m
a. audible akustischer Alarm m
a. au-delà d'un certain seuil, a. de dépassement de seuil élaboré Grenzwertalarm m
a. de groupe Gruppenalarm m, Sammelalarm m
a. individuelle Einzelalarm m
a. lumineuse optischer Alarm m
a. sonore akustischer Alarm m; akustische Alarmvorrichtung f
a. visible (visuelle) optischer Alarm m
albâtre m **gypseux** Alabaster m
albédo m Albedo f, Rückstrahlungsvermögen n
alcali m Alkali n
a. caustique Ätzkali n, Kaliumhydroxid n
a. faible schwaches Alkali n
a. fort starkes Alkali n
a. volatil Salmiakgeist m
alcalicellulose f Alkalizellulose f
alcalimètre m Alkalimesser m

alcalimétrie

alcalimétrie f Alkalimetrie f, Alkalimessung f
alcalimétrique akalimetrisch
alcalin alkalisch, basisch
alcalinité f Alkalinität f
alcalino-terreux erdalkalisch
alcaliser alkalisieren
alcaloïde m Alkaloid n
alcane f Alkan n (gesättigter Kohlenwasserstoff), Grenzkohlenwasserstoff m
alcène f Alken n (ungesättigter Kohlenwasserstoff mit C=C-Doppelbindung)
alcool m Alkohol m
  a. absolu absoluter Alkohol m
  a. aliphatique aliphatischer Alkohol m
  a. allylique Allylalkohol m
  a. amylique Amylalkohol m
  a. benzylique Benzylalkohol m
  a. bivalent zweiwertiger Alkohol m
  a. de bois Holzgeist m
  a. à brûler Brennspiritus m
  a. butylique Butylalkohol m, Butanol n
  a. dénaturé denaturierter (vergällter) Alkohol m, Brennspiritus m
  a. diacétonique Diazetonalkohol m
  a. diatomique s. a. bivalent
  a. diéthylénique Diäthylenglykol n
  a. éthylhexylique Äthylhexylalkohol m
  a. éthylique Äthylalkohol m
  a. furfurylique Furfurylalkohol m
  a. hexylique Hexylalkohol m
  a. inférieur niederer Alkohol m
  a. isoamylique Isoamylalkohol m
  a. isopropylique Isopropylalkohol m
  a. méthylique Methylalkohol m
  a. monovalent einwertiger Alkohol m
  a. non saturé ungesättigter Alkohol m
  a. nonylique Nonylalkohol m
  a. polyvalent mehrwertiger Alkohol m
  a. polyvinylique Polyvinylalkohol m
  a. primaire primärer Alkohol m
  a. propylique Propylalkohol m
  a. secondaire sekundärer Alkohol m
  a. tertiaire tertiärer Alkohol m
  a. tétravalent vierwertiger Alkohol m
  a. trivalent dreiwertiger Alkohol m
alcoolate m Alkoholat n
alcoolification f alkoholische Gärung f
alcoolique alkoholisch
alcoolisation f 1. Alkoholbildung f; 2. Alkoholzusatz m
alcooliser 1. Alkohol bilden; 2. mit Alkohol versetzen
alcoolyse f Sättigung f mit Alkohol
alcoolyser mit Alkohol sättigen
alcoomètre m Alkoholmeter n, Alkoholwaage f, Senkwaage f
alcoylaromatique alkylaromatisch

alcoylation f Alkylierung f
alcoyler alkylieren
aldéhyde m Aldehyd m
  a. benzoïque Benzaldehyd m
aldolisation f Aldolkondensation f
aléatoire zufällig, Zufalls-
alène f Ahle f, Pfriem m
alerte f Alarm m; Alarmsignal n
alésage m 1. Ausbohren n, Aufbohren n; 2. Aufreiben n, Reiben n; 3. Bohrung f, Bohrungsdurchmesser m; 4. lichte Rohrweite f
  a. en (à la) barre Stangenbohren n
  a. conique Kegelbohren n
  a. étagé abgesetzte Bohrung f
  a. finition Feinbohren n
  a. normal Einheitsbohrung f
  a. de superfinition Feinstbohren n
aléser 1. ausbohren, aufbohren; 2. (auf)reiben
aléseuse f Ausbohrmaschine f, Bohrwerk n, Bohrmaschine f
  a. à axe horizontal Waagerechtbohrwerk n, Horizontalbohrwerk n
  a. à cylindres Zylinderbohrmaschine f
  a. à deux branches opposées Duplexbohrmaschine f
  a. monobroche Einspindelbohrwerk n
  a. à socle et table mobile Bohrwerk n mit beweglichem Ständer
  a. à table en croix Quertischbohrwerk n
  a. verticale à deux broches Zweispindelvertikalbohrmaschine f
aléseuse-finisseuse f Feinbohrwerk n
aléseuse-fraiseuse f Fräs- und Bohrmaschine f
alésoir m Ahle f; Reibahle f; Nachräumer m
  a. creux Aufsteckreibahle f
  a. non réglable feste Reibahle f
  a. réglable verstellbare Reibahle f
  a. à trous borgnes Grundreibahle f
alésures fpl **en métal** Metallspäne mpl
algèbre f Algebra f
  a. de Boole Boolesche Algebra f
  a. logique logische Algebra f
algébrique algebraisch
alginate m ⟨Ch⟩ Alginat n
algonkien m ⟨Geol⟩ Algonkium n
algorithme m Rechenvorschrift f, Algorithmus m
alicyclique alizyklisch
alidade f 1. Alhidade f; 2. Peilaufsatz m, Peilvorrichtung f
  a. tachygraphique pour le levé des profils Profilzeichner m mit Kippregel ⟨Vermessungswesen⟩

alignement m 1. Flucht(ung) f, Bauflucht f, Fluchtlinie f; 2. Ausrichten n, Herstellen n der Mittigkeit; 3. Richtlinie f; 4. Angleichung f, Abgleich m; 5. Regeleinstellung f; 6. Aneinanderreihung f
 a. **de cratères** Kraterreihe f
 a. **droit** gerader Strang m
 a. **faux** Fehlabgleichung f
 a. **d'oscillateur** Oszillatorabgleich m
 a. **du récepteur** Empfängerabgleich m
 a. **de la rue** Straßenflucht f
 faux a. Fehlabgleich m
alignements mpl **de calamine** Zunderstreifen mpl
aligner ausrichten, (aus)fluchten, Mittigkeit herstellen, trassieren; abgleichen; einpegeln; aneinanderreihen
aliment m 1. Nahrung f; 2. Heizmaterial n, Brennstoff m
alimentaire Speise- ⟨z. B. Pumpe⟩
alimentateur s. alimentaire
alimentateur m Zubringer m
 a. **d'antenne** Antennenspeiseleitung f, Energieleitung f
 a. **automatique** automatischer Wasserstandsregler m
alimentation f 1. Speisung f, Zuführung f, Zufuhr f; Zuleitung f; 2. Versorgung f, Beschickung f; Lieferung f; 3. Werkstückzuführung f; Vorschub m; 4. Beaufschlagung f ⟨Turbine⟩; 5. Nachspeisung f ⟨Gießen⟩
 a. **en air comprimé** Druckluftversorgung f
 a. **anodique** Anodenspeisung f
 a. **automatique** automatische Beschickkung f
 a. **bilatérale** zweiseitige Speisung f ⟨einer Oberleitung⟩
 a. **en cartes** Kartenzuführung f, Kartenvorschub m
 a. **au centre** Mittelpunktspeisung f
 a. **en charbon** Bekohlung f
 a. **par circuit normalement fermé** Ruhestromschaltung f
 a. **par circuit normalement ouvert** Arbeitsstromschaltung f
 a. **en courant** Stromversorgung f
 a. **en courant constant** Konstantstromversorgung f
 a. **en courant continu** Gleichstromspeisung f
 a. **par cylindres** Walzenzuführung f
 a. **directe** direkte Speisung f ⟨Wasserversorgung⟩
 a. **discontinue** schichtweise Belieferung f
 a. **en eau** Wasserversorgung f
 a. **en eau de réfrigération** Kühlwasserversorgung f
 a. **en énergie** Energieversorgung f
 a. **excessive** Überspeisung f
 a. **en gaz** Gasversorgung f
 a. **par gravité** Schüttfeuerung f
 a. **hydraulique** Wasserversorgung f
 a. **de la ligne de contact** Fahrleitungsspeisung f
 a. **manuelle** Beschickung f von Hand
 a. **mécanique** mechanische Speisung f, maschinelle Speisung f
 a. **du microphone** Mikrofonspeisung f
 a. **plaque** Anodenstromversorgung f
 a. **en porte-à-faux** freitragende (einseitige) Speisung f ⟨einer Oberleitung⟩
 a. **en retour** Wasserversorgung f aus Hochbehältern
 a. **rotorique** Läuferspeisung f
 a. **de secours** Notversorgung f
 a. **secteur** Netzspeisung f, Netzbetrieb m
 a. **statorique** Ständerspeisung f
 a. **THT** Höchstspannungsversorgung f
alimenté beschickt, betrieben, gespeist, versorgt
 a. **à l'eau** wassergetrieben
 a. **au gaz** mit Gas betrieben
 a. **à la vapeur** dampfgetrieben
alimenter 1. speisen, zuführen; zuleiten; 2. versorgen, beschicken; liefern; 3. vorlegen; vorschieben; Vorschub geben ⟨Werkstück⟩; 4. beaufschlagen ⟨Turbine⟩; 5. anlegen ⟨Spannung⟩; 6. nachspeisen ⟨Gießen⟩
alimenteur m Speisevorrichtung f; Speisezylinder m
alinéa m ⟨Typ⟩ Absatz m
aliphatique ⟨Ch⟩ aliphatisch, azyklisch
aliquante nicht aufgehend
aliquote ohne Rest aufgehend
alizarine f Alizarin n, Krapprot n ⟨Farbstoff⟩
alizé m Passat m
alkylation f Alkylierung f
alkyle m Alkyl n
alkyler alkylieren
allée f 1. Allee f; Durchgang m; Gang m; 2. ⟨Brg⟩ Feld n
 a. **à remblais** Versatzfeld n
allège f 1. Brüstung(smauer) f; Schutzmauer f; 2. ⟨Schiff⟩ Leichter m; 3. ⟨Eb⟩ Tender m
alléger erleichtern; ⟨Schiff⟩ [ab]leichtern

aller

aller:
  a. sur l'arrière Fahrt achteraus machen, zurücklaufen
  a. sur l'avant Fahrt voraus machen, vorauslaufen
  a. à la côte auf Strand laufen, stranden
  a. à la dérive abtreiben
  a. en direction de ⟨Geol⟩ streichen
alliable legierbar
alliage m Legierung f; Schriftlegierung f
  a. d'acier Stahllegierung f
  a. d'aluminium Aluminiumlegierung f
  a. d'apport Aufschweißlegierung f
  a. coulé Gußlegierung f
  a. de cuivre, a. cuivreux Kupferlegierung f
  a. de cuivre et d'étain Kupfer-Zinn-Legierung f
  a. de cuivre et de zinc Kupfer-Zink-Legierung f
  a. cupro-nickel Kupfer-Nickel-Legierung f
  a. désoxydant Desoxydationslegierung f
  a. dur fritté Hartmetallegierung f
  a. d'(à l')étain Zinnlegierung f
  a. ferrométallique Ferrometallegierung f
  a. forgeable Knetlegierung f
  a. de fusion Gußlegierung f
  a. léger Leichtmetallegierung f
  a. de métaux durs Hartmetallverbindung f
  a. de plomb Bleilegierung f
  a. plomb-étain Blei-Zinn-Legierung f
  a. réfractaire hochwarmfeste Legierung f
  a. de soudure Lot n ⟨zum Löten⟩
  a. de substitution Substitutionsverbindung f
  a. de (au) zinc Zinklegierung f
allié legiert
  non a. unlegiert
allier legieren
allocation f 1. Zuteilung f; Anordnung f, Aufstellung f; 2. Speicherverteilung f; Zuweisung f ⟨z. B. von Adressen⟩
allochromatique allochromatisch, fremdfarbig
allomorphe allomorph
allomorphie f Allomorphie f
allonge f 1. Verlängerung(sstück n) f, Ansatz m; 2. ⟨Ch⟩ Ansatzrohr n; 3. ⟨Met⟩ Spindel f, Zwischenspindel f; 4. ⟨Schiff⟩ Vorstoß m; 5. Fleischhaken m
  a. à robinets Hahnvorstoß m

allongement m Dehnung f, Verlängerung f, Streckung f
  a. correspondant à la limite d'élasticité Dehnung f an der Elastizitätsgrenze
  a. élastique elastische Dehnung f
  a. de fluage 1. ⟨Met⟩ Kriechdehnung f; ⟨Opt⟩ Zeitdehnung f
  a. forcé erzwungene Dehnung f
  a. géométrique Flügelstreckung f
  a. à la lampe de sûreté Aureole f der Wetterlampe
  a. longitudinal Längsdehnung f
  a. au moment de la rupture Bruchdehnung f
  a. permanent bleibende Dehnung f
  a. de pliage Biegedehnung f
  a. rémanent bleibende Dehnung f
  a. de rupture Bruchdehnung f
  a. à la rupture au mouillé Naßbruchdehnung f
  a. à la rupture à sec Trockenbruchdehnung f
  a. dans le sens machine Dehnung f in Längsrichtung
  a. à la traction Zugdehnung f; Zugverformung f
  a. transversal Querdehnung f
allonger dehnen, strecken; ausdehnen, verlängern
  a. l'encre Farbe verdünnen
allotriomorphe allotriomorph
allotropie f Allotropie f
allotropique allotrop
allouer 1. zuteilen; anordnen, aufstellen; 2. ⟨Dat⟩ zuweisen
alluchon m auf einen Radkranz gesetzter Zahn m
allumage m 1. Anzünden n; Entzündung f; Zündung f; 2. Aufhellung f ⟨z. B. Bildschirm⟩
  a. d'un arc Zündung f einer Bogenentladung, Lichtbogenzündung f
  a. par balancement Kippzündung f
  a. par batterie Batteriezündung f
  a. défectueux Fehlzündung f
  a. électronique elektronische Zündung f
  a. par étincelles Funkenzündung f
  a. ininterrompu Dauerlicht n
  a. initial Initialzündung f
  a. irrégulier Fehlzündung f
  a. jumelé Doppelzündung f ⟨durch zwei Kerzen je Zylinder⟩
  a. par magnéto Magnetzündung f
  a. raté Fehlzündung f
  a. retardé Spätzündung f
  a. en retour Rückzündung f
  a. spontané Selbstzündung f

a. du spot Hellsteuerung f, Helligkeitssteuerung f, Helltastung f
a. par transistor Transistorzündung f
double a. Doppelzündung f
allumer 1. anzünden, entzünden, anfeuern; einschalten ⟨Licht⟩; 2. aufhellen ⟨z. B. Bildschirm⟩
allumeur m 1. Zünder m; Fackelzünder m ⟨Gasturbine⟩; 2. ⟨Kfz⟩ Zündverteiler m
allure f 1. ⟨Brg⟩ Streichen n; 2. Gang m ⟨Hochofen⟩; 3. Geschwindigkeit f
a. de chalutage Schleppbetrieb m, Schleppzustand m ⟨Fischfang⟩
a. du courant Stromverlauf m
a. de la courbe Kurvenverlauf m, Kurvenform f
a. de pêche Fangbetrieb m, Fischereibetrieb m
faible a. Teillastbetrieb m
alluvial alluvial; angeschwemmt
alluvionnaire s. alluvial
alluvionnement m Anlandung f; Verlandung f, Anschwemmung f
alluvions fpl Alluvionen fpl
a. fluviales Flußablagerung f; Flußanschwemmung f
a. récentes Alluvionen fpl
alpaca m Alpaka n
alphabet m:
a. à cinq éléments Fünferalphabet n
a. Morse Morsealphabet n
a. télégraphique Telegrafenalphabet n
alphanumérique alphanumerisch
alphatisation f Alphatisierung f ⟨Oberflächenaufchromungsverfahren⟩
alphatiser alphatisieren
altazimut m Altazimut m (n)
altération f 1. Änderung f, Veränderung f, Umwandlung f; 2. Entstellung f; Verschlechterung f; 3. ⟨Geol⟩ Verwittern n, Verwitterung f; 4. Ausbleichen n
a. chimique chemische Verwitterung f
a. de la couleur Entfärben n; Verfärben n; Ausbleichen n; Verwittern n der Farbe; Mißfärbung f ⟨Glas⟩
a. hydrothermale hydrothermale Verdrängung f
a. pneumatolytique pneumatolytische Umwandlung (Verdrängung) f
a. de la teinte s. a. de la couleur
altérer 1. (ver)ändern, umwandeln; 2. verschlechtern, verderben; entstellen; 3. verwittern; 4. bleichen
alternance f 1. Polwechsel m; 2. Halbperiode f, Halbwelle f; 3. ⟨Geol⟩ Wechsel m, Schichtenwechsel m
a. de couches Schichtenwechsel m
a. de débit leitende Halbwelle f

a. d'état Zustandsänderung f
a. gel-dégel Gefrier- und Auftauzyklus m, Wechsel m von Frost- und Tauwetter, Frost-Tau-Wechsel m
a. polaire Polwechsel m
alternat m Standseilbahn f
alternateur m Wechselstromgenerator m, Wechselstrommaschine f
a. asynchrone Asynchrongenerator m
a. diphasé Zweiphasengenerator m
a. à fer tournant Induktormaschine f
a. à haute fréquence Hochfrequenzgenerator m
a. homopolaire Gleichpolgenerator m
a. de ligne d'arbre(s) Wellengenerator m ⟨für Drehstrom⟩
a. monophasé Einphasengenerator m
a. à moyenne fréquence Mittelfrequenzgenerator m
a. pilote (à aimants permanents) Pendelgenerator m
a. polyphasé Mehrphasengenerator m, Drehstromgenerator m
a. synchrone Synchrongenerator m
a. synchrone polyphasé Mehrphasensynchrongenerator m
a. triphasé Drehstromgenerator m
alternatif abwechselnd, Wechsel-
alterner alternieren, [ab]wechseln, aufeinanderfolgen
altimètre m Höhenmesser m
a. barométrique barometrischer Höhenmesser m
a. à contact Kontakthöhenmesser m
a. enregistreur Höhenschreiber m
altimétrie f Höhenmessung f
altitude f:
a. absolue Flughöhe f über Grund
a. minimum de sécurité Mindestflughöhe f
a. réelle wahre Höhe f
a. de rétablissement Volldruckhöhe f; kritische Höhe f
a. de sécurité Sicherheitshöhe f
a. de séparation Stufentrennungshöhe f ⟨Raketen⟩
a. du terrain Flughafenhöhe f
altocumulus m Altokumulus m
altostratus m Altostratus m
Aludur m Aludur n ⟨Al-Mg-Legierung⟩
Alumag m Alumag n ⟨Al-Mn-Legierung⟩
Alumel m Alumel n ⟨Al-Ni-Legierung⟩
aluminate m Aluminat n
a. de sodium (soude) Natriumaluminat n
alumine f Tonerde f
a. anhydre Aluminiumoxid n
a. hydratée Aluminiumhydroxid n

aluminiage *m* Aluminieren *n*
  a. à chaud Aluminieren *n* durch Tauchen in Aluminiumschmelze
  a. par métallisation au pistolet Aluminieren *n* (Aufspritzen *n* von Aluminium) mit der Spritzpistole
  a. au trempé Aluminieren *n* durch Tauchen in Aluminiumschmelze
aluminier aluminieren
aluminium *m* Aluminium *n*
  a. électrolytique Elektrolytaluminium *n*
  a. extra pur Reinstaluminium *n*
  a. pur Reinaluminium *n*
aluminothermie *f* Aluminothermie *f*, Thermitverfahren *n*
aluminure *f* s. aluminiage
alun *m* Alaun *m*
  a. de chrome Chromalaun *m*
  a. de papetiers Papiermacheralaun *m*
alunage *m* Alaunen *n*, Alaunung *f*
alunation Alaunbildung *f*
aluner alaunen
alvéolaire zellenartig, Zellen- Hohl-; Alveolen-, alveolär; wabenförmig
alvéole *f* Zelle *f*; kleine Aushöhlung *f*; Hohlraum *m*; Alveole *f*
  a. de l'ancre Ankertasche *f*
amagnétique unmagnetisch
amalgamation *f* Amalgamieren *n*
amalgame *m* Amalgam *n*
amalgamer amalgamieren
amarrage *m* Befestigung *f*, Einband *m* ⟨Drahtseil⟩; ⟨Schiff⟩ Festmachen *n*, Vertäuen *n*
  a. des câbles Kabelverankerung *f*
amarre *f* Festmacher[leine *f*] *m*; Festmachertrosse *f*, Verholtrosse *f*, Vertäutrosse *f*
  a. de l'arrière Achterleine *f*
  a. de l'avant Vorleine *f*
amarrer [mit einem Tau] festbinden, festzurren; ⟨Schiff⟩ festmachen, vertäuen
  a. un fil Bewehrungsdraht befestigen
amas *m* 1. Anhäufung *f*; Cluster *m*, Haufen *m*, Nest *n*; 2. Lager *n* ⟨Gesteine⟩
  a. de fibrilles Fibrillenbündel *n*
  a. lenticulaire linsenförmiger Körper *m*
  a. de minerai riche Gangmittel *n*; Erzfall *m*
  a. de résine Harznest *n*
  a. stellaire Sternhaufen *m*
amassement *m* Anhäufung *f*, Stapelung *f*; Speicherung *f*
amasser anhäufen, stapeln; speichern
ambiance *f* Umgebung *f*, Milieu *n*; Atmosphäre *f*
ambiant umgebend, Umgebungs-; einschließend

ambigu zweideutig; mehrdeutig, vieldeutig
ambiguité *f* Mehrdeutigkeit *f*
ambipolaire ambipolar
amblyocorrecteur *m* Amblyokorrektor *m*
amblyoscope *m* Amblyoskop *n* ⟨Instrument für Fusionsübungen⟩
ambre *f* 1. Bernstein *m*; 2. Ambra *f*, Amber *m*
  a. gris Ambra *f*, Amber *m*
  a. jaune Bernstein *m*
ambré Bernstein-, bernsteinartig
âme *f* Seele *f* ⟨z. B. Drahtseil⟩, Einlage *f*, Kern *m*; Steg *m* ⟨Profil⟩; Mittellage *f*, Mittelschicht *f*; **à â. pleine** vollwandig.
  â. du câble Seilseele *f*, Seilherz *n*, Seilkern *m*, Kabelseele *f*, Kabelkern *m*
  â. en cuivre Kupferader *f*
  â. d'une poutre Trägersteg *m*; Herz *n* eines Balkens
  â. du rail Schienensteg *m*
  â. en textile Fasereinlage *f*, Faserseele *f*
amélioration *f* Verbesserung *f*; Vergütung *f* ⟨Holz⟩; Melioration *f*
  a. du contraste Kontraststeigerung *f*
  a. du facteur de puissance Leistungsfaktorverbesserung *f*
  a. des surfaces Oberflächenveredlung *f*
améliorer verbessern; vergüten ⟨Holz⟩; meliorieren
amenage *m* Zuführvorrichtung *f*, Zuführeinrichtung *f* ⟨Werkzeugmaschine⟩; Zustellung *f*
  a. rapide Schnellzustellung *f*
  a. rapide automatique selbsttätige (automatische) Schnellzustellung *f*
aménagement *m* 1. Einrichtung *f*; Erschließung *f*; 2. Bebauung *f*; Ausbau *m*; Anlage *f*; 3. Nutzung *f*; Bewirtschaftung *f*; 4. Planung *f*; 5. Ausrüstung *f*; 6. ⟨Brg⟩ Ausrichtung *f*
  a. des cours d'eau Flußbau *m*
  a. des eaux Wasserwirtschaft *f*
  a. des émissaires Vorfluterinstandhaltung *f*
  a. de l'espace Raumordnung *f*, Raumplanung *f*
  a. au fil de l'eau Laufwerk *n*
  a. hydraulique hydrotechnische Anlage *f*; Wasserbau *m*; Wasserwirtschaft *f*
  a. en îlots fermés geschlossene Bebauung *f*
  a. intérieur Gebäudeeinteilung *f*; Innenausbau *m*
  a. régional Gebietsplanung *f*

a. à retenue Speicherwerk n ⟨Wasser⟩
a. de la ventilation Wetterführung f
a. de(s) ville(s) Stadtplanung f, Städteplanung f
aménager 1. einrichten, erschließen; 2. bebauen; ausbauen; anlegen ⟨eine Straße⟩; 3. (aus)nutzen; bewirtschaften; 4. planen, für etwas bestimmen, vorsehen; 5. versehen, ausrüsten; 6. ⟨Brg⟩ ausrichten
amenée f Zuleitung f, Zufuhr f
   a. d'air Luftzufuhr f
   a. d'eau Wasserzufuhr f
amener herbeiführen, zubringen, zuleiten, zuführen
   a. une interférence par une station voisine durchschlagen ⟨Sender⟩
   a. en position einbauen
   a. à quai anlanden ⟨z. B. Fisch⟩
amer bitter
amer m Landmarke f
américium m Amerizium n, Americium n
amerrissage m Wasserung f; Wassern n
   a. forcé Notlandung f auf dem Wasser
ameublir auflockern, durchgraben
ameublissement m Auflockerung f ⟨des Bodens⟩
ameublisseur m **de traces** Spurlockerer m
amiante m Asbest m
   a. béton Asbestbeton m
   a. ciment Asbestzement m
   a. platiné Platinasbest m
amide m Amid n
amidon m Stärke f, Kartoffelstärke f; Kraftmehl n
   a. de maïs Maisstärke f
amidonnage m Stärken n
amidonner stärken
amincir verdünnen, abtragen (auf geringe Stärke); herunterwalzen
s'a. dünner werden; scharflaufen ⟨von Rädern⟩
amincissement m Verdünnung f, Abdünnen n ⟨Verringerung der Dimension eines Körpers⟩; Herunterwalzen n; Scharflaufen n ⟨von Rädern⟩
   a. électrolytique elektrolytisches Abdünnen (Abtragen) n
   a. mécanique mechanisches Abdünnen n
amine f Amin n
   a. aliphatique aliphatisches Amin n
aminer aminieren
amines fpl **primaires** primäre Amine npl
aminoacide m Aminosäure f
aminoalcool m Aminoalkohol m
aminoaldéhyde m Aminoaldehyd m
aminocétone f Aminoketon n

aminophénol m Aminophenol n
aminoplaste m Aminoplast m
aminopyridine f Aminopyridin n
ammoniac m Ammoniak n
ammoniacal ammoniakalisch
ammoniaque f s. ammoniac
ammonium m Ammonium n
amollir aufweichen, erweichen, weichmachen; erschlaffen, entspannen
amollissant weichmachend
amollissement m Aufweichen n
amont m höher gelegener Teil m ⟨einer Talsperre⟩; Oberwasser n; Bergrichtung f ⟨eines Flusses⟩; Oberlauf m ⟨eines Flusses⟩; **en a.** flußaufwärts (stromaufwärts) gelegen, oberhalb
   a. d'un signal Gleisabschnitt m vor einem Signal
amorçage m 1. Initiierung f; 2. Zünden n, Zündung f; 3. Einschwingen n
   a. d'(un) arc Zündung f einer Bogenentladung, Lichtbogenzündung f
   a. par basculement Kippzündung f
   a. par contact liquide Tauchzündung f
   a. par étincelle Funkenzündung f
   a. d'une oscillation Aufschaukeln n einer Schwingung
amorce f 1. Beginn m, erster Durchbruch m; Anschluß m; 2. Zündung f, Zündkapsel f; 3. Anriß m, Einriß m; Verzahnung f; 4. Eckstein m; 5. Filmanfang m, Weißfilm m; 6. Markierung f
   a. de cristallisation Keimkristall m
   a. finale Nachspann m, Filmende n, Auslaufband n
   a. à incandescence Glühzünder m
   a. initiale Vorspann m
   a. à percussion Schlagzünder m
   a. d'une route Anfangsstück n einer Straße
amorcer 1. initiieren; 2. ⟨Met⟩ anblasen; 3. zünden
   a. une rue einen Straßendurchbruch vornehmen
amorphe amorph
amorti gedämpft
   fortement a. stark gedämpft
   légèrement a. schwach gedämpft
   non a. ungedämpft
amortir dämpfen
amortissement m 1. Dämpfung f; Stoßdämpfung f; Drosselung f; Abklingen n; 2. Krönung f ⟨eines Bauwerkes⟩; **à faible a.** dämpfungsarm
   a. par air Luftdämpfung f
   a. d'antenne Antennendämpfung f
   a. apériodique aperiodische Dämpfung f

amortissement

a. de bruit Schalldämmung f, Schalldämpfung f; Rauschunterdrückung f
a. par courant de grille Gitterstromdämpfung f
a. par courants de Foucault Wirbelstromdämpfung f
a. critique kritische Dämpfung f
a. interne innere Dämpfung f
a. par liquide Flüssigkeitsdämpfung f
a. de perditance Ableitungsdämpfung f
a. de perte Verlustdämpfung f
a. du roulis Rollschwingungsdämpfung f, Schlingerdämpfung f
a. du son Schalldämmung f, Schalldämpfung f
amortisseur m 1. Puffer m, Dämpfer m; Abschwächer m; 2. Stoßdämpfer m; 3. Schalldämpfer m ⟨s. a. stabilisateur⟩
a. de bruit Schalldämpfer m
a. de bruits d'admission Ansauggeräuschdämpfer m
a. de chocs Stoßdämpfer m
a. à friction Reibungsstoßdämpfer m
a. hydraulique hydraulischer Stoßdämpfer m
a. hydraulique à levier hydraulischer Hebelstoßdämpfer m
a. à piston Bremszylinder m; hydraulischer Dämpfer m
a. de roulis Schlingerdämpfungsanlage f
a. de roulis à aileron Flossenstabilisator m ⟨zur Schlingerdämpfung⟩
a. télescopique Teleskopstoßdämpfer m
a. de vibrations Schwingungsdämpfer m
amovible abnehmbar, lösbar, auswechselbar, austauschbar
ampérage m Stromstärke f; Amperezahl f
ampère m Ampere n
  a. international internationales Ampere n
ampère-conducteur m Ampereleiter m
ampère-heure m Amperestunde f ⟨Einheit der Elektrizitätsmenge oder der elektrischen Ladung⟩
ampère-heuremètre m Amperestundenzähler m
ampèremètre m Amperemeter n, Strommesser m
  a. à cadre mobile Drehspulamperemeter n
  a. pour courant alternatif Wechselstrommesser m
  a. pour courant continu Gleichstrommesser m
  a. à encastrer Einbaustrommesser m

a. enregistreur Stromschreiber m
a. à fer mobile Dreheisenstrommesser m
a. à fil chaud s. a. thermique
a. optique optisches Amperemeter n
a. à pince Zangenstrommesser m, Strommeßzange f
a. thermique Hitzdrahtamperemeter n
a. à zéro buté Strommesser m mit unterdrücktem Nullpunkt
ampère-seconde m Amperesekunde f ⟨internationale Einheit der Elektrizitätsmenge oder der elektrischen Ladung⟩
ampèretour m Amperewindung f ⟨veraltet⟩
  a. transversal Queramperewindung f
ampèretours mpl **antagonistes** Gegenamperewindungen fpl
amphibie m Amphibienflugzeug n
amphotère ⟨Ch⟩ amphoter
ample weit, geräumig, umfassend
amplidyne m Amplidyne f, Querfeldmaschine f, Verstärkermaschine f, Elektromaschinenverstärker m, Zwischenbürstenverstärker m
a. excitateur Erregeramplidyne f
amplificateur verstärkend, Verstärker-, Verstärkungs-; vergrößernd, Vergrößerungs-
amplificateur m Verstärker m
  a. alternatif Wechselstromverstärker m
  a. d'antenne Antennenverstärker m
  a. apériodique aperiodischer Verstärker m
  a. de balayage Kippverstärker m
  a. à basse fréquence Niederfrequenzverstärker m, NF-Verstärker m
  a. bicanal Zweikanalverstärker m
  a. de canal Kanalverstärker m, Fensterverstärker m
  a. à canaux multiples Mehrkanalverstärker m
  a. à cathode commune Katodenbasisverstärker m
  a. cathodique Katodenverstärker m
  a. de cellule photo-électrique Fotozellenverstärker m
  a. de chrominance Farbverstärker m
  a. à circuit oscillant Schwingkreisverstärker m
  a. classe A A-Verstärker m
  a. classe AB AB-Verstärker m
  a. classe B B-Verstärker m
  a. classe C C-Verstärker m
  a. de commande Steuerverstärker m
  a. de communications téléphoniques Telefonverstärker m

amplificateur

a. de contraste Kontrastverstärker *m*
a. à (de) contre-réaction Gegenkopplungsverstärker *m*, gegengekoppelter Verstärker *m*
a. à couplage cathodique katodengekoppelter Verstärker *m*
a. à couplage direct Gleichstromverstärker *m*
a. de couple Drehmomentverstärker *m*
a. de courant Stromverstärker *m*
a. à (de) courant continu Gleichstromverstärker *m*
a. à courant porteur Trägerfrequenzverstärker *m*
a. à deux étages zweistufiger Verstärker *m*
a. de déviation Ablenkverstärker *m*
a. différentiel Differentialverstärker *m*
a. d'écriture Schreibverstärker *m*
a. d'émission Sendeverstärker *m*
a. d'enregistrement Aufnahmeverstärker *m*
a. d'entrée Eingangsverstärker *m*
a. à faible bruit rauscharmer Verstärker *m*
a. à fenêtre Fensterverstärker *m*
a. final Endverstärker *m*, Fernleitungsendverstärker *m*
a. final de l'émetteur Senderendverstärker *m*
a. final en push-pull Gegentaktendverstärker *m*
a. fréquence intermédiaire (moyenne) Zwischenfrequenzverstärker *m*, ZF-Verstärker *m*
a. de grande puissance Hochleistungsverstärker *m*
a. à haute fréquence Hochfrequenzverstärker *m*, HF-Verstärker *m*
a. Hi-Fi HiFi-Verstärker *m*
a. horizontal Horizontalverstärker *m*
a. à impulsion à large bande Breitbandimpulsverstärker *m*
a. d'impulsions Impulsverstärker *m*
a. inséré eingebauter Verstärker *m*
a. intégrateur integrierender Verstärker *m*
a. intermédiaire Zwischenverstärker *m*, Pufferverstärker *m*
a. à lampes Röhrenverstärker *m*
a. (à) large bande Breitbandverstärker *m*
a. de lecture Leseverstärker *m*
a. lecture-écriture Lese-Schreib-Verstärker *m*
a. de ligne Leitungsverstärker *m*
a. linéaire Linearverstärker *m*
a. logarithmique logarithmischer Verstärker *m*
a. magnétique Magnetverstärker *m*, magnetischer Verstärker *m*
a. de mesure Meßverstärker *m*
a. de microphone, a. microphonique Mikrofonverstärker *m*
a. de modulation Modulationsverstärker *m*
a. monophasé Eintaktverstärker *m*
a. à moyenne fréquence Zwischenfrequenzverstärker *m*, ZF-Verstärker *m*
a. d'octave Oktavverstärker *m*
a. pour ondes décimétriques Dezimeterwellenverstärker *m*
a. opérationnel Rechenverstärker *m*, Operationsverstärker *m*
a. paramétrique parametrischer Verstärker *m*
a. passe-bande Bandpaßverstärker *m*
a. photo-électrique Fotozellenverstärker *m*
a. de pick-up Plattenspielerverstärker *m*
a. à plusieurs étages mehrstufiger Verstärker *m*
a. à plusieurs étages en cascade Kaskadenverstärker *m*
a. de pont de mesure Meßbrückenverstärker *m*
a. proportionnel Proportionalverstärker *m*
a. de puissance Leistungsverstärker *m*
a. push-pull Push-Pull-Verstärker *m*, Gegentaktverstärker *m*
a. à quatre canaux Vierkanalverstärker *m*
a. à réaction Rückkopplungsverstärker *m*, rückgekoppelter Verstärker *m*
a. de récepteur (réception) Empfangsverstärker *m*
a. réflexe Reflexverstärker *m*
a. régulateur automatique de niveau automatischer Regelverstärker *m*
a. de reproduction Wiedergabeverstärker *m*
a. à résistance Widerstandsverstärker *m*
a. à résonance abgestimmter Verstärker *m*, Resonanzverstärker *m*
a. de réverbération Nachhallverstärker *m*
a. rotatif Maschinenverstärker *m*
a. sélectif Selektivverstärker *m*, selektiver Verstärker *m*
a. de signaux Signalverstärker *m*
a. du son Tonverstärker *m*
a. stéréo(phonique) Stereoverstärker *m*
a. de studio Studioverstärker *m*

amplificateur 36

   a. synchrone Synchronverstärker *m*
   a. tampon Pufferverstärker *m*
   a. téléphonique Fernsprechverstärker *m*
   a. de télévision Fernsehverstärker *m*
   a. de tension Spannungsverstärker *m*
   a. pour tension continue Gleichspannungsverstärker *m*
   a. terminal vidéo Bildendverstärker *m*
   a. à transistors transistorisierter Verstärker *m*, Transistorverstärker *m*
   a. à tubes Röhrenverstärker *m*
   a. vidéo Videoverstärker *m*, Bildsignalverstärker *m*
amplification *f* Verstärkung *f*
   a. (à) basse fréquence Niederfrequenzverstärkung *f*
   a. de courant Stromverstärkung *f*
   a. critique kritische Verstärkung *f*
   a. due au gaz, a. gazeuse Gasverstärkung *f*
   a. à haute fréquence Hochfrequenzverstärkung *f*
   a. à large bande Breitbandverstärkung *f*
   a. push-pull Gegentaktverstärkung *f*
   a. à réaction, a. réactive Rückkopplungsverstärkung *f*
   a. réflexe Reflexverstärkung *f*
   a. à résonance Resonanzverstärkung *f*
   a. du son Tonverstärkung *f*
   a. en tension Spannungsverstärkung *f*
   a. totale Gesamtverstärkung *f*
   a. à vide Leerlaufverstärkung *f*
amplifier verstärken
amplitude *f* Amplitude *f*; Umfang *m*; Weite *f*; Breite *f*
   a. d'adaptation Adaptationsbreite *f*
   a. de courant Stromamplitude *f*
   a. de déviation Ablenkamplitude *f*
   a. de diffusion Streuamplitude *f*
   a. image Bildamplitude *f*
   a. d'impulsion Impulsamplitude *f*
   a. de ligne Zeilenamplitude *f*
   a. de la marée Tidenhub *m*
   a. d'oscillation Schwingungsamplitude *f*
   a. porteuse Trägeramplitude *f*
   a. de pression Druckamplitude *f*
   a. de relaxation Kippamplitude *f*
   a. du roulis Rollamplitude *f*, Schlingeramplitude *f*
   a. d'un signal Signalamplitude *f*
   a. des tangages Stampfamplitude *f*
ampoule *f* 1. ⟨Ch⟩ Ampulle *f*; Röhrenkolben *m*; 2. Elektronenröhre *f*; 3. Glühlampe *f*; 4. ⟨Met⟩ Kolben *m*; Blase *f*

   a. à filament métallique Metallfadenlampe *f*
   a. pour lampe à incandescence Glühlampenkolben *m*
   a. de lampe de poche Taschenlampenbirne *f*
   a. au xénon Xenonlampe *f*
amygdaloïde mandelförmig
amygdaloïde *m* Mandelstein *m*
amylacé stärkeartig
amylase *f* Amylase *f*
anachromatique anachromatisch
anaérobie anaerob
analogique, analogue analog
analogue *m* Analogon *n*
   a. de tension Spannungsanalogon *n* ⟨der Zahlen⟩
analysable analysierbar
analysateur *m* s. analyseur
analyse *f* 1. Analyse *f*; 2. Analysis *f*
   a. par activation Aktivierungsanalyse *f*
   a. par activation neutronique Neutronenaktivierungsanalyse *f*
   a. de l'air ⟨Brg⟩ Wetteranalyse *f*
   a. d'amplitude d'impulsions Impulshöhenanalyse *f*
   a. des caractères Zeichenanalyse *f*
   a. chimique chemische Analyse *f*
   a. combinatoire Kombinatorik *f*
   a. de contrôle Kontrollanalyse *f*
   a. de coulée Analyse *f* der Schmelze, Analyse des Schmelzbades
   a. au creuset Tiegelprobe *f*
   a. par désorption Desorptionsanalyse *f*
   a. par diffraction des rayons X Röntgenbeugungsuntersuchung *f*, Röntgenfeinstrukturuntersuchung *f*
   a. discriminante Diskriminanzanalyse *f*
   a. électrolytique Elektroanalyse *f*, elektrolytische Analyse *f*
   a. élémentaire Elementaranalyse *f*
   a. par élutriation (à l'eau) Schlämmanalyse *f*
   a. fonctionnelle Funktionalanalysis *f*
   a. de Fourier Fourier-Analyse *f*
   a. du (des) gaz Gasanalyse *f*
   a. granulométrique Siebanalyse *f*; Analyse *f* der Kornzusammensetzung; Korngrößenbestimmung *f*, granulometrische Analyse
   a. gravimétrique Gewichtsanalyse *f*, gravimetrische Analyse *f*
   a. des groupes Gruppenanalyse *f*
   a. harmonique harmonische Analyse *f*
   a. au hasard Stückanalyse *f*
   a. des impulsions Impulsanalyse *f*; Impulshöhenanalyse *f*
   a. isotopique Isotopenanalyse *f*

a. numérique numerische Mathematik f
a. organique organische Analyse f
a. de papier Papierprüfung f
a. de Patterson Patterson-Analyse f
a. des pollens Pollenanalyse f
a. qualitative qualitative Analyse f
a. quantitative quantitative Analyse f
a. radiocristallographique röntgenografische Phasenanalyse f
a. radiométrique radiometrische Analyse f
a. rapide ⟨Met⟩ Schnellanalyse f
a. aux (par) rayons X Röntgenanalyse f
a. spectrale Spektralanalyse f
a. spectrale absorptive Absorptionsspektralanalyse f
a. spectrale émissive Emissionsspektralanalyse f
a. spectroscopique Spektralanalyse f
a. spectrographique spektrografische Analyse f
a. de stockage Theorie f der Lagerhaltung
a. du système Systemanalyse f
a. de tamisage Siebanalyse f
a. thermique thermische Analyse f
a. de valeurs Wertanalyse f
a. vectorielle Vektoranalysis f
a. volumétrique Maßanalyse f
analyser analysieren
analyseur m Analysator m
a. d'amplitude Impulshöhenanalysator m
a. d'amplitude 400 canaux 400-Kanalanalysator m
a. d'amplitude d'impulsions Impulshöhenanalysator m, Impulsamplitudenanalysator m
a. d'amplitude multicanal Vielkanalanalysator m
a. à canal unique Einkanalanalysator m
a. différentiel Differentialanalysator m, Anlage f zum Lösen von Differentialgleichungen
a. différentiel arithmétique arithmetischer Differentialanalysator m
a. différentiel digital digitaler Differentialanalysator m
a. des fumées de foyer Rauchgasprüfer m
a. d'image Bildzerleger m
a. de lampes Röhrenprüfgerät n
a. d'onde Frequenzanalysator m
a. de réseau(x) Netzanalysator m
a. de son Klanganalysator m
a. spectral Spektralanalysator m

a. de temps de vol Laufzeitanalysator m
a. de vibration Schwingungsanalysator m
a. de vitesse électrostatique elektrostatischer Geschwindigkeitsanalysator m
analytique analytisch
anamorphose f ⟨Opt⟩ Anamorphose f
anamorphoseur m ⟨Opt⟩ Anamorphot m
anamorphotique ⟨Opt⟩ anamorphotisch
anastigmat anastigmatisch
anastigmat m Anastigmat m
a. asymétrique asymmetrischer Anastigmat m
a. dédoublable Satzanastigmat m
a. semi-symétrique halbsymmetrischer Anastigmat m
anatexie f ⟨Geol⟩ Anatexis f
ancrage m 1. Verankerung f; 2. ⟨Schiff⟩ Ankergrund m, Ankerplatz m ⟨s. a. mouillage⟩; 3. Hängen n ⟨der Gicht⟩
a. de poutre(s) Balkenverankerung f
a. des rails Schienenverankerung f
a. de la voie Gleisverankerung f
ancre f 1. Anker m, Schiffsanker m; 2. Anker m, Mauer(werks)anker m, Klammer f; 3. Verklammerung f, Verankerung f, Verbindung f
a. arrière Heckanker m
a. de l'avant Buganker m
a. aveugle Blindanker m
a. de cheminée Schornsteinanker m
a. Danforth Danforth-Anker m
a. de détroit Stromanker m
a. flottante Treibanker m
a. à fourchette Gabelanker m
a. à jas Admiralitätsanker m, Stockanker m
a. de jet Warpanker m
a. à pattes articulées stockloser Anker m, Patentanker m
a. à repos Ruhanker m ⟨in Uhren⟩
a. de touée Warpanker m
a. du type Danforth Danforth-Anker m
a. du type Hall Hall-Anker m
ancrer verankern, verklammern, befestigen, zusammenhalten ⟨s. a. mouiller⟩
andainage m Einschwaden m
andaineuse f **frontale** Frontschwadmäher m
âne m Gestell n, Gerüst n, Bock m
anémogramme m Anemogramm n
anémographe m Anemograf m, Schreibanemometer n
anémologie f Anemologie f
anémomètre m Anemometer n, Wind(stärke)messer m, Windgeschwindigkeitsmesser m, Fahrtmesser m

anémomètre

a. à coquilles Schalenkreuzanemometer n, Schalenkreuzwindmesser m
a. hydrostatique Staurohranemometer n
a. à indication de vitesse critique Sicherheitshöchstfahrtmesser m
a. à main tragbarer Windmesser m
a. à tube de Pitot Staurohrwindmesser m
anémométrie f Anemometrie f, Wind[stärke]messung f
anémométrique anemometrisch, Anemometer-, Staudruck-
anéroïde aneroid
anéroïde m Aneroidbarometer n, Metallbarometer n
anesthésique m Betäubungsmittel n
anéthol m Anethol n
angle m Winkel m; Ecke f; Kante f; Knie n; Vorsprung m
a. d'abattée Drehwinkel m
a. d'aberration Aberrationswinkel m, Abweichungswinkel m
a. adjacent Nebenwinkel m, anliegender Winkel m
a. aigu spitzer Winkel m
a. alpha-un Alpha-eins-Winkel m ⟨Hubschrauberrotor⟩
a. d'attaque Auftreffwinkel m, Einfall[s]winkel m; Einstellwinkel m ⟨Werkzeug⟩; Anstellwinkel m ⟨Tragfläche⟩; Greifwinkel m ⟨Walze⟩; Scharschneidenwinkel m ⟨Pflug⟩
a. d'attaque du taraud Anschnittwinkel m ⟨beim Gewinde⟩
a. des aubes Schaufelwinkel m
a. d'avance Voreilungswinkel m
a. des axes optiques optischer Achsenwinkel m
a. axial Achsenwinkel m
a. azimutal Azimut m (n)
a. de bande Krängungswinkel m
a. de barre Ruderwinkel m
a. de basculement du disque balayé Schlagwinkel m ⟨Rotor⟩
a. à la base Basiswinkel m
a. de bord Kantenwinkel m
a. de Bragg Braggscher Winkel m, Glanzwinkel m
a. de braquage Klappenausschlag m; Ruderausschlag m
a. de Brewster Brewster-Winkel m, Polarisationswinkel m
a. de brillance s. a. de Bragg
a. de calage de l'empennage horizontal Höhenflosseneinstellwinkel m
a. de calage de la pale Blatt[einstell]winkel m ⟨Luftschraube⟩
a. de calage des plans Einstellwinkel m ⟨des Tragflügels oder der Höhenflosse in Aufrüstposition eines Flugzeuges⟩
a. de cassure Bruchwinkel m
a. cathédrale Kathedralenwinkel m
a. au centre Zentriwinkel m
a. de chavirement Kenterwinkel m
a. de cintrage Biegewinkel m
a. de coin Keilwinkel m
a. complet Vollwinkel m
a. compris entre les arêtes Kantenwinkel m ⟨Polyeder⟩
a. de cône Konuswinkel m
a. de conicité d'un diffuseur Diffusorwinkel m
a. de contact Kontaktwinkel m, Randwinkel m; Greifwinkel m ⟨einer Walze⟩
a. contigu Nebenwinkel m
a. de coupe Schnittwinkel m ⟨Schneidwerkzeug⟩; Keilwinkel m ⟨Schneidwerkzeug⟩
a. de cuve Schachtwinkel m ⟨Hochofen⟩
a. de débit des anodes Anodenbrenndauer f
a. de décalage Verschiebungswinkel m
a. de décalage des balais Bürstenverstellwinkel m
a. de déclivité Neigungswinkel m
a. de décrochage kritischer Anstellwinkel m
a. de défroissement Knitter[erholungs]winkel m
a. de défroissement au mouillé Naßknitterwinkel m
a. de défroissement à sec Trockenknitterwinkel m
a. de dégagement Spanwinkel m ⟨Schneidwerkzeug⟩
a. delta-trois Delta-drei-Winkel m ⟨Hubschrauberrotor⟩
a. de déphasage Phasen[verschiebungs]winkel m
a. de déphasage interne Polradwinkel m
a. de dépouille Freiwinkel m, Hauptfreiwinkel m ⟨Schneidwerkzeug⟩
a. de dérapage Schiebewinkel m
a. de dérive Abtriftwinkel m
a. de déversement Schüttwinkel m
a. de déviation Ausschlag[s]winkel m, Ausschlag m; Ablenkwinkel m
a. dièdre Flächenwinkel m, V-Winkel m ⟨der Tragflächen⟩
a. de diffraction Beugungswinkel m
a. de diffusion Streuwinkel m
a. de direction Einstellwinkel m ⟨Schneidwerkzeug⟩

a. de dispersion (divergence) Streuwinkel m, Divergenzwinkel m; Austrittswinkel m eines divergenten Strahlenbündels
a. droit rechter Winkel m
a. d'éboulement s. a. de pente
a. d'écoutille Lukenecke f
a. d'élévation Erhöhungswinkel m
a. d'enroulement Umschlingungswinkel m
a. d'entrée Eintrittswinkel m
a. d'envahissement par l'eau Einströmwinkel m, Wassereinbruchswinkel m
a. extérieur (externe) Außenwinkel m
a. d'extinction Auslöschungswinkel m
a. des flancs Flankenwinkel m
a. formé par les tuyères Düsenwinkel m
a. de frottement Reibungswinkel m
a. de glissement Gleitwinkel m
a. gras-maigre ⟨Typ⟩ verlaufende runde Ecke f
a. d'hélice Schrägungswinkel m
a. horaire local (origine) Stundenwinkel m
a. d'incidence Einfall(s)winkel m, Inzidenzwinkel m; Ausstellwinkel m
a. d'incidence principale Haupteinfall(s)winkel m
a. d'inclinaison 1. Einfall(s)winkel m, Neigungswinkel m; Fallwinkel m; 2. ⟨Schiff⟩ Krängungswinkel m
a. d'inclinaison d'arête Einstellwinkel m ⟨Schneidwerkzeug⟩
a. de lancement Wurfwinkel m
a. de liaison Valenzwinkel m
a. limite Grenzwinkel m
a. mort 1. toter Winkel m; Totbereich m, tote (unempfindliche) Zone f; 2. Luftschatten m ⟨bei der Belüftung⟩
a. naturel Böschungswinkel m
a. d'observation Beobachtungswinkel m
a. opposé Gegenwinkel m
a. d'orientation du gouvernail Ruderwinkel m
a. d'ouverture Aperturwinkel m, Öffnungswinkel m
a. de pas Steigungswinkel m; Blattwinkel m
a. de pente Böschungswinkel m, Abfallwinkel m; Schüttwinkel m
a. de pente vers l'arrière Neigungswinkel m ⟨Schneidwerkzeug⟩
a. de pente latérale Spanwinkel m
a. de pertes Verlustwinkel m
a. de phase Phasenwinkel m
a. de plané Gleitwinkel m
a. de pliage Biegewinkel m

a. de pointe Eckenwinkel m, Spitzenwinkel m ⟨Schneidwerkzeug⟩
a. de polarisation s. a. de Brewster
a. de pression Druckwinkel m; Eingriffswinkel m ⟨eines Zahnrades⟩
a. principal azimutal Hauptazimut m (n)
a. de prise de vue Aufnahmewinkel m
a. de prise de vues Kameraeinstellung f
a. de raccordement Randwinkel m
a. de rayonnement Strahlungswinkel m
a. de réflexion Reflexionswinkel m
a. de réfraction Brechungswinkel m
a. de réfraction de prisme brechender Winkel m eines Prismas
a. rentrant zurückspringende Ecke f
a. de retard Steuerwinkel m, Zündverzögerung f
a. de rotation Dreh(ungs)winkel m, Rotationswinkel m
a. de (du) roulis Rollwinkel m, Schlingerwinkel m
a. de route (au compas, géographique, magnétique, vraie) Kurswinkel m
a. sidéral local (origine) Stundenwinkel m
a. de site Zielhöhenwinkel m
a. de sortie Austrittswinkel m
a. stéréoscopique Stereowinkel m
a. de surélévation Überhöhungswinkel m
a. du taillant Keilwinkel m
a. de taille Anschliffwinkel m
a. de talus Böschungswinkel m
a. de tangage Stampfwinkel m
a. de torsion Verdrehwinkel m; Steigungswinkel m, Flechtwinkel m ⟨Seil⟩
a. de trajectoire Gleitwinkel m, Steigwinkel m
a. de tranchant Keilwinkel m ⟨Schneidwerkzeug⟩
a. de valence Valenzwinkel m
a. vertical Scheitelwinkel m
a. visuel Sehwinkel m
angledozer m Planierraupe f mit Schwenkschild
angles mpl:
a. alternes internes innere Wechselwinkel mpl
a. caractéristiques ⟨Sammelbegriff für die vier Hauptschneidewinkel eines Werkzeugs⟩
a. correspondants Gegenwinkel mpl
anglésite f Anglesit m, Bleiglas n, Bleisulfat n, Bleivitriol n, Vitriolbleierz n
Angstrœm m, Angström m Angströmeinheit f ⟨10^{-10} Meter⟩

angulaire Eck-, eckig; kantig; winklig, winkelförmig
anguleux winklig; eckig; kantig
angulomètre m Angulometer n
anharmonique anharmonisch, unharmonisch
anhydre wasserfrei
anhydride m Anhydrid n
  a. acétique Essigsäureanhydrid n
  a. d'acide Säureanhydrid n
  a. arsénique Arsenpentoxid n
  a. chromique Chromsäureanhydrid n
  a. sulfurique Schwefelsäureanhydrid n
anhydrite f Anhydrit m, wasserfreier Gips m
aniline f Anilin n
anion m Anion n, negatives Ion n
anisotrope anisotrop
anisotropie f Anisotropie f
  a. magnétocristalline magnetokristalline Anisotropie f
anisotropique anisotrop
anneau m Ring m; Öse f; Kranz m; Ringfläche f; Dicht(ungs)ring m; Raute f; Räute f ⟨Schlüssel⟩
  a. d'ancrage Ankerring m
  a. circulaire Kreisring m
  a. de commutateur Kommutatorring m, Kollektorring m
  a. de contact Kontaktring m
  a. de court-circuit Kurzschlußring m ⟨Käfigwicklung⟩
  a. de cuvelage Schachtring m, Tübbingring m
  a. de Debye Debye-Ring m
  a. Debye-Scherrer Debye-Scherrer-Ring m
  a. de diffraction Beugungsring m
  a. époxy Epoxi(d)ring m
  a. d'étanchéité de turbine Turbinendeckband n
  a. en fer Eisenring m
  a. de fermeture Abschlußring m
  a. fixe fester Dichtungsring m
  a. de garde Schutzring m
  a. de garniture Dichtungsring m
  a. gradué Skalenschraube f
  a. de Gramme Grammescher Ring m
  a. d'interférence Interferenzring m
  a. INTOS INTOS-Ring m
  a. de laminage Walzring m
  a. de lave Lavaring m
  a. de levage Öse f; Hubring m
  a. mobile loser Dichtungsring m
  a. oculaire Austrittspupille f
  a. de porcelaine Porzellanöse f, Porzellanring m
  a. porteur Tragring m, Stützring m
  a. de puits s. a. de cuvelage
  a. de refroidissement Kühlring m
  a. résiduaire Restklassenring m
  a. de retenue Sprengring m, Sicherungsring m, Seegerring m
  a. serre-tôle Blechhaltering m
  a. sans soudure nahtloser Ring m
  a. sphérique Kugelabschnitt m
  a. de stockage Speicherring m
  a. de support s. a. porteur
  a. de tubage s. a. de cuvelage
anneau-lisseur m Ringglätter m
anneau-ressort m Federring m
anneaux mpl:
  a. d'égale épaisseur s. a. de Newton
  a. d'égale inclinaison Haidingersche Ringe mpl, Ringe gleicher Neigung
  a. de Newton Newtonsche Ringe mpl, Ringe gleicher Dicke
  a. de Nobili Nobilische Farbenringe mpl
  a. Raschig Raschigringe mpl
  a. de Saturne Saturnringe mpl
année f:
  a. d'installation Baujahr n
  a. de lumière Lichtjahr n
annexe f 1. Anbau m; 2. Boot n, Beiboot n; 3. Nebengebäude n
annihilation f Annihilation f; Zerstrahlung f
annonce f:
  a. d'arrivée d'un train Zugrückmeldung f
  a. de départ d'un train Zugabmeldung f
  a. en retour Rückmeldung f
annonciateur m 1. Anzeigetafel f; 2. Fallklappe f
annuaire m:
  a. des marées Gezeitenkalender m, Tidenkalender m
  a. téléphonique Telefonverzeichnis n, Fernsprechbuch n
annulaire ringförmig, Ring-
annulation f Löschung f
  a. automatique automatische Löschung f
  a. du parcours Fahrstraßenauflösung f
  a. sélective wahlweise Löschung f
annuler löschen; zurückziehen ⟨z. B. eine Gesprächsanmeldung⟩
anode f Anode f
  a. accélératrice Beschleunigungsanode f
  a. d'allumage Zündanode f
  a. auxiliaire Hilfsanode f
  a. consommable selbstverzehrende Anode f, Opferanode f

a. **creuse** Hohlanode f
a. **divisée** Schlitzanode f
a. **énergisée** Fremdstromanode f
a. **d'entretien** Halteanode f
a. **d'excitation** Erregeranode f
a. **fendue** Schlitzanode f
a. **en graphite** Graphitanode f
a. **en iridium** Iridiumanode f
a. **en magnétite** Magnetitanode f
a. **principale** Hauptanode f
a. **de redresseur** Gleichrichteranode f
a. **rotative** Drehanode f
a. **sacrificielle** s. a. consommable
a. **tournante** Drehanode f
a. **de transfert** Kommutierungsanode f
a. **en vrac** Schüttanode f
première a. Sauganode f
anodique anodisch, Anoden-
anodisation f Eloxieren n, anodische Oxydation f, Aloxydieren n
anodiser eloxieren, anodisch oxydieren, aloxydieren
anolyte m Anolyt m
anomalie f Anomalie f
   a. de la gravité (pesanteur) Schwereanomalie f
anormal anomal, anormal
anse f 1. Bogen m; Bügel m; Griff m, Henkel m; 2. Bucht f, Einbuchtung f
   a. de panier gedrückter Bogen m, Korbbogen m, Renaissancebogen m
anspect m Hebebaum m, Brechstange f
antagonisme m Gegenwirkung f ⟨der Kräfte⟩
antagoniste entgegenwirkend, Gegenante f 1. vorspringender viereckiger Eckpfeiler m, Pilaster m; 2. Pinselgriff m
antébois m Stoßleiste f, Schutzleiste f; Scheuerleiste f
antécédent m:
   a. de „for" Laufangabe f
   a. de „if" Bedingung f
antécristallin präkristallin
antéfixe f Antefix n, Stirnziegel m
antenne f 1. Antenne f; 2. Anschlußgleis n; 3. Fernleitung f ⟨z. B. für Gas⟩
   a. accordée abgestimmte Antenne f
   a. anémométrique Staudruckmesser m; [statisches] Pitot-Rohr n
   a. anticollision Notstoppbügel m ⟨Gehschlepper⟩
   a. apériodique aperiodische Antenne f
   a. auxiliaire Behelfsantenne f, Hilfsantenne f
   a. d'avion Flugzeugantenne f
   a. bâton Stabantenne f
   a. biconique Doppelkonusantenne f
   a. bifilaire Bifilarantenne f

a. **blindée** abgeschirmte Antenne f
a. **de bord** Bordantenne f
a. **en boudin** Spiralantenne f
a. **à cadre croisé** Kreuzrahmenantenne f
a. **en cage** Käfigantenne f
a. **capacitive** kapazitive Antenne f
a. **circulaire** Kreisantenne f
a. **collective** Gemeinschaftsantenne f
a. **à condensateur** Kondensatorantenne f
a. **en cône, a. conique** Kegelantenne f, Konusantenne f
a. **croisée** Kreuzantenne f
a. **cylindrique à fente** Hohlraumschlitzantenne f
a. **demi-onde** Halbwellenantenne f
a. **à deux conducteurs** Doppelantenne f
a. **diélectrique** dielektrische Antenne f
a. **dipôle** Dipolantenne f
a. **dirigée** Richtantenne f
a. **double** Doppelantenne f
a. **émettrice (d'émission)** Sendeantenne f
a. **enterrée** Erdantenne f
a. **étalon** Normalantenne f
a. **en éventail** Fächerantenne f
a. **extérieure** Außenantenne f, Hochantenne f
a. **à fente** Schlitzantenne f
a. **fermée** geschlossene Antenne f
a. **ferrite** Ferritantenne f
a. **fouet** Peitschenantenne f
a. **guide d'ondes** Hohlleiterantenne f
a. **imaginaire** Scheinantenne f
a. **immergée** Unterwasserantenne f
a. **incorporée** eingebaute Antenne f
a. **intérieure** Innenantenne f
a. **à large bande** Breitbandantenne f
a. **à lentille** Linsenantenne f
a. **à long fil** Langdrahtantenne f
a. **de losange** Rautenantenne f
a. **de mât** Mastantenne f
a. **de mesure** Meßantenne f
a. **muette** verstimmte Antenne f
a. **multifilaire** Vieldrahtantenne f
a. **multiple** Mehrfachantenne f
a. **en nappe** Flächenantenne f
a. **non accordée** aperiodische (nicht abgestimmte) Antenne f
a. **noyée** versenkte Antenne f
a. **en onde entière** Ganzwellenantenne f
a. **pour ondes courtes** Kurzwellenantenne f
a. **OTC (OUC)** UKW-Antenne f
a. **papillon** Schmetterlingsantenne f

a. **parabolique** Parabolantenne f
a. **en parapluie** Schirmantenne f
a. **pendante** Schleppantenne f
a. **de Pitot** Staudruckmesser m, (statisches) Pitot-Rohr n
a. **pliante** Faltantenne f
a. **à plusieurs fils** Mehrdrahtantenne f
a. **en pylône** Funkturmantenne f
a. **quart d'onde** Viertelwellenantenne f
a. **radiogoniométrique** Peilantenne f
a. **de réception** Empfangsantenne f
a. **réceptrice pour télévision** Fernsehempfangsantenne f
a. **à réflecteur parabolique** Parabolspiegelantenne f
a. **réflexe** Reflexantenne f
a. **rhombique (rhomboïdale)** Rautenantenne f, Rhombusantenne f
a. **rotative** rotierende Antenne f
a. **de secours** Notantenne f
a. **secteur** Netzantenne f
a. **simultanée** Simultanantenne f
a. **de sol** Erdantenne f
a. **de sonde** Tastantenne f
a. **souterraine** Untergrundantenne f
a. **en spirale** Spiralantenne f
a. **submergée** Unterwasserantenne f
a. **en T** T-Antenne f
a. **télescopique** Teleskopantenne f
a. **pour télévision** Fernsehantenne f
a. **à tige de ferrite** Ferritstabantenne f
a. **toutes ondes** Allwellenantenne f
a. **traînante** Schleppantenne f
a. **en trèfle** Kleeblattantenne f
a. **en V** V-Antenne f
a. **verticale** Vertikalantenne f
a. **VHF** UKW-Antenne f
a. **voiture** Autoantenne f
a. **Yagi** Yagi-Antenne f
antennifère antennentragend
antenniforme antennenförmig
anter stumpf zusammensetzen, aneinandersetzen ⟨Hölzer⟩; zusammenstoßen
anthracène m Anthrazen m
anthracite m Anthrazit m, Glanzkohle f
anthranol n Anthranol m
anthraquinone f Anthrachinon n
anthroporadiamètre m Ganzkörperzähler m
antiacide säurebeständig, säurefest, alkalisch
antibactérien bakterizid
antibalançant m Fahrdrahtseitenhalter m
antibélier m Windkessel m
antibiotique antibiotisch
antibiotique m Antibiotikum n
antibois m s. antébois
anticalcaire m Wasserenthärtungsmittel

anticapacité kapazitätsarm
anticatalyse f s. inhibition
anticathode f Antikatode f
antichlore m Antichlor n
antichoc stoßsicher, stoßfest
anticlinal m ⟨Geol⟩ Antiklinale f, Sattel m
faux a. Pseudoantiklinale f
anticlinorium m ⟨Geol⟩ Antiklinorium n
anticoïncidence f Antikoinzidenz f
anticompound Gegenkompound-
anticompoundage m Gegenkompoundierung f
anticorrosif korrosionsverhindernd, korrosionsfest, rosthindernd, rostfest
anticorrosif m Korrosionsschutzmittel n, Rostschutzmittel n, Inhibitor m
anti-court-circuit kurzschlußsicher
anticyclone m Hochdruckgebiet n
antidéflagrant explosionsgeschützt; schlagwettergeschützt
antidérapant rutschfest
antidérapant m Gleitschutz m
antidétonant klopffest
antidétonant m Antiklopfmittel n
antiéraillant schiebefest
antifading schwundmindernd
antifading m automatische Verstärkungsregelung f
antiferment m gärungsverhinderndes Ferment n
antiferro-électrique antiferroelektrisch
antiferromagnétique antiferromagnetisch
antiferromagnétisme m Antiferromagnetismus m
antifouling Antifouling- ⟨Unterwasserschutzanstrich⟩
antifriction reibsicher; Lager-
antifriction m Lagermetall n
antigel Frostschutz-, Gefrierung verhindernd
antigel m Frostschutzmittel n
antigiratoire drallfrei ⟨von Kabeln⟩
antigivrage m Enteisung f
antigivreur eisbildungshemmend
antiglissant rutschfest, schiebefest
antigrilleur m Vorvulkanisationsverzögerer m
antigrisouteux schlagwettersicher, schlagwettergeschützt
antihalo lichthoffrei
antihistamine f Antihistamin n
antihyperon m Antihyperon n
anti-induction f, **antiinduction** f Induktionsschutz m
anti-inflammatoire, antiinflammatoire feuerhemmend
antilueur m Mündungsfeuerdämpfer m

antimatière f Antimaterie f
antimite mottenecht, mottenfest
antimoine m Antimon n
antimoniate m Antimoniat n
antimousse m Demulgator m
antineutrino m Antineutrino n
antineutron m Antineutron n
antinomie f Widerspruch m
antinucléon m Antinukleon n
antioxydant oxydationshemmend
antioxydant m Oxydationshemmer m
antiparallèle antiparallel ⟨z. B. die Seiten eines gleichseitigen Dreiecks⟩
antiparasitage m Entstörung f
antiparasite entstörend
antiparticule f Antiteilchen n
antiplastique festigend, hartmachend
antipode m **optique** optischer Antipode m
antipoussière staubschützend, gegen Staub schützend; nichtstaubend
antiproton m Antiproton n
antiputride fäulnisverhütend; konservierend
antiradar Radarschutz-
antiréactivité f negative Reaktivität f
antireflet reflexfrei
antirésonance f Antiresonanz f
antirouille nichtrostend, rostbeständig, Rostschutz-
antisalissant schmutzabweisend
antisalissure f s. antifouling
antisiccatif trocknungshemmend
antisiccatif m Antitrockner m, Trocknungsverzögerer m
antispasmodique m Spasmolytikum n
antistatique antistatisch
antistatique m Antistatikum n
antitartre m Kesselsteinverhütungsmittel n, Lösungsmittel n gegen Kesselstein, Wasserenthärter n
antiusure verschleißfest
antivieillisseur m Alterungsschutzmittel n
antivoile m Schleierschutzmittel n
apériodicité f Aperiodizität f
apériodique aperiodisch
  complètement a. eigenschwingungsfrei
apertomètre m ⟨Opt⟩ Apertometer n
aperture f Öffnung f
apex m Apex m ⟨Zielpunkt der Bewegung eines Systems⟩
aphake aphakisch ⟨Auge⟩
aphone schalldicht
apiquage m Auftoppen n
apiquer auftoppen
aplanat m ⟨Opt⟩ Aplanat m
aplanétique ⟨Opt⟩ aplanatisch
aplanir abtragen; einebnen, planieren

aplanissement m Abtragung f; Einebnen n, Planieren n, Richten n; Einebnung f, Planierung f
aplanisseur m, **aplanisseuse** f Planierwalze f, Planierraupe f, Planierscharre f
aplat m ⟨1. gleichmäßige Farbe ohne A-6-Schattierung; 2. Schraffierung mit gleich breiten Zwischenräumen⟩
aplati abgeflacht, platt, flach
aplatir 1. abplatten, abflachen; 2. Flachrand schleifen
aplatissage (aplatissement) m **de l'impulsion** Abflachung f, Abplattung f; Flachheit f; Impulsabflachung f
aplatisseur m Quetschmühle f
  a. d'avoine Haferquetsche f
  a. à grains Quetschmühle f
aplatissoir[e f] m ⟨Met⟩ Streckhammer m
aplitique ⟨Min⟩ aplitisch
aplomb m 1. Lot n, senkrechte Richtung f; 2. Gleichgewicht n; Symmetrie f; 3. s. fil à plomb; **d'a.** senkrecht, lotrecht; ⟨Brg⟩ seiger
apochromatique apochromatisch
apochromatique m Apochromat m
apochromatisme m Apochromasie f
apogée m Apogäum n, Erdferne f
appairage m Paaren n ⟨z. B. von Strümpfen⟩
appairer paaren ⟨z. B. Strümpfe⟩
apparaux mpl Einrichtung f; Gerät[e] n [pl], Geschirr n ⟨auf Schiffen⟩
  a. d'amarrage Festmacheinrichtung f, Vertäueinrichtung f
  a. de chargement Ladeeinrichtung f
  a. de manutention Umschlaggerät n
  a. de mouillage Ankereinrichtung f, Ankergeschirr n
  a. de pêche Fischereigeräte npl, Fischfanggeräte npl
  a. de remorque Schleppeinrichtung f, Schleppgeschirr n
appareil m 1. Gerät n, Apparat m; Vorrichtung f (s. a. dispositif); 2. Meßgerät n (s. a. a. de mesure); 3. Mechanismus m; 4. Maschine f (s. a. machine); 5. Werkzeug n; 6. Mauerverband m; 7. Fotoapparat m, Kamera f; 8. Flugzeug n
  a. d'absorption Absorptionsapparat m
  a. acoustique Hörapparat m
  a. additionnel Zusatzvorrichtung f
  a. aérophotogrammétrique Luftbildmeßkamera f
  a. à agiter Schüttelgerät n
  a. à aiguille Zeigerinstrument n
  a. à ailes battantes Schwingenflügler

appareil

a. à aimant mobile Drehmagnetinstrument n
a. à air chaud Lufterhitzer m; Winderhitzer m
a. alimentaire (d'alimentation) 1. Speisevorrichtung f; Zufuhrvorrichtung f; 2. ⟨El⟩ Netz[versorgungs]gerät n; 3. ⟨Dat⟩ Eingabegerät n
a. d'analyse Analysengerät n
a. anglais englischer Blockverband m ⟨Ziegel⟩
a. anglais croisé Kreuzverband m
a. apériodique aperiodisch gedämpftes Instrument n
a. d'appui Stützkonstruktion f; Stütze f
a. d'arc Bogenverband m
a. en arête(s) de poisson ⟨Bw⟩ Fischgrätenverband m
a. à assises réglées regelmäßiges Schichtenmauerwerk n
a. auto-alarme automatischer Alarmzeichenempfänger m, Autoalarmgerät n ⟨Funkempfang⟩
a. automatique Automat m
a. auxiliaire Hilfseinrichtung f
a. d'avancement Vorschubvorrichtung f
a. d'avancement à rouleaux Walzenvorschubvorrichtung f
a. à bande Bandgerät n
a. bimétallique Bimetallmeßgerät n
a. blindé gekapseltes Gerät n
a. en boutisses Binderverband m, Kopfverband m
a. en boutisses et carreaux gotischer Verband m
a. de brique(s) Ziegelsteinverband m
a. à cadre mobile Drehspulmeßgerät n
a. à calciner Kalzinierapparat m
a. à calquer Lichtpausgerät n
a. de catalyse Kontaktapparat m
a. de catalyse traversé par un gaz gasdurchströmter Kontaktapparat m
a. centrifuge Zentrifuge f
a. à champ tournant Drehfeldmeßgerät n
a. de chargement, a. chargeur Beschickungsvorrichtung f, Begichtungsvorrichtung f
a. de chauffage Heizapparat m, Heizkörper m, Heizvorrichtung f
a. de cheminée Kaminverband m, Schornsteinverband m
a. chiffreur Chiffriergerät n
a. à chlorer Chlorierer m
a. à cintrage à froid Kaltbiegemaschine f
a. à cintrer les rails Schienenbiegemaschine f

a. climatiseur Klimagerät n
a. à colonne d'ombre Schattenzeigermeßgerät n
a. de commande Steuergerät n
a. à composer sur films Filmsetzgerät n
a. de conditionnement Konditionierapparat m
a. de congélation par contact Kontaktgefrierapparat m
a. à contacts Kontaktgerät n ⟨eines Kontaktstromrichters⟩
a. de contrôle Kontrollgerät n, Überwachungsgerät n, Kontrolleinrichtung f, Prüfgerät n ⟨s. a. machine d'essai⟩
a. de contrôle pour arbres à cames Nockenwellenmeßgerät n
a. de contrôle de couleurs Farbprüfgerät n
a. de contrôle d'engrenages Zahnradprüfgerät n
a. de contrôle d'engrenages par déroulement sur deux flancs Zweiflankenwälzprüfgerät n
a. de contrôle du faux-rond Schrägungswinkelmeßgerät n
a. de contrôle pour fraises-mères Walzfräsermeßgerät n
a. de contrôle de haute précision Feinprüfgerät n
a. de contrôle optique optisches Prüfgerät n
a. à contrôler la développante Evolventenprüfgerät n
a. contrôleur s. a. de contrôle
a. à copier Kopiergerät n, Kopierapparat m, Kopiervorrichtung f
a. de correction auditive Hörapparat m
a. de correction de couleurs Farbkorrekturgerät n
a. pour correction des photographies aériennes Entzerrungsgerät n für Luftbilder
a. de couplage Schaltgerät n
a. à crible Siebanlage f, Siebmaschine f
a. à croisettes Kreuzverband m
a. cuirassé eisengeschirmtes Meßgerät n
a. à culbuter les lingots Kantvorrichtung f für die Blöcke
a. cyclopéen Zyklopenmauerverband m
a. à décalque Abziehapparat m
a. de défournement Ausziehvorrichtung f ⟨für Blöcke⟩
a. de dépoussiérage Staubabscheider m
a. de déraillement Entgleisungsvorrichtung f

44

appareil

a. de déshydratation Entfeuchtungsgerät n
a. à dessiner Zeichengerät n, Zeichenapparat m, Zeichenmaschine f
a. détecteur Detektorinstrument n, Suchgerät n
a. détecteur de neutrons Neutronennachweisgerät n, Neutronendetektor m
a. déterminer le point d'inflammation Flammpunktprüfer m
a. à dicter Diktiergerät n
a. à dilatation Hitzdrahtinstrument n
a. de distillation Destillierapparat m
a. à échelle projectée Projektionsskalenmeßgerät n
a. éclair Blitzgerät n
a. d'éclairage Beleuchtungsapparat m
a. d'écoute Mithörapparat m
a. à écran électromagnétique Instrument n mit elektromagnetischer Abschirmung
a. électrique de mesure elektrisches Meßgerät n
a. d'électrophorèse Elektrophoresegerät n
a. d'électropolissage Elektropoliergerät n
a. élutriateur Schlämmapparat m
a. à embrayage Einschaltvorrichtung f
a. émetteur Sendegerät n
a. d'empaquetage Pack(färbe)apparat
a. à encastrer Einbauinstrument n
a. enregistreur Registriergerät n, Registriervorrichtung f, Registrierinstrument n, Schreiber m ⟨s. a. enregistreur⟩
a. enregistreur à bande Bandaufnahmegerät n
a. enregistreur à bande vidéo Fernsehbandaufnahmegerät n
a. enregistreur de données Datenregistriervorrichtung f, Datenregistriergerät n, Datenerfassungsgerät n
a. enregistreur de l'extinction Extinktionsregistriergerät n
a. enregistreur de température Temperaturschreiber m, Temperaturschreibgerät n
a. enregistreur de vitesse Geschwindigkeitsmesser m, Geschwindigkeitsmeßgerät n
a. enrouleur Wiederaufrollapparat m
a. d'entrée Eingabegerät n
a. en épi ⟨Bw⟩ Fischgrätenverband m
a. Epstein Epstein-Gerät n, Epstein-Rahmen m
a. à équipage mobile buté Instrument (Meßgerät) n mit unterdrücktem Nullpunkt

a. d'essai Prüfgerät n
a. étalon Eichinstrument n, Eichgerät n
a. étêteur Köpfvorrichtung f
a. d'évaporation de carbone Kohleverdampfungsapparatur f
a. extincteur Löschgerät n
a. à faisceau électronique Elektronenstrahlinstrument n
a. de fenaison Heuerntemaschine f
a. à fer mobile Dreheisenmeßgerät n
a. flash Fotoblitzgerät n, Blitzgerät n
a. à fonctionnement autoredressé Halbwellengerät n
a. fumivore Rauchkappe f
a. à gouverner Ruderanlage f, Rudergeschirr n; Rudermaschine f
a. à gouverner auxiliaire Notruderanlage f
a. à gouverner à drosses Ruderanlage f mit Kettenantrieb
a. à gouverner des presses à simple effet Tauchkolbenruderanlage f
a. à gouverner de secours Notruderanlage f
a. à gouverner à secteur Quadrantruderanlage f
a. à gouverner à vis Spindelruderanlage f
a. à grande vitesse Schnelläufer m
a. de halage des lignes Leineneinholmaschine f
a. à impulsion-écho ultrasonore Ultraschallechoimpulsgerät n
a. indicateur Detektorinstrument n, Suchgerät n
a. industriel Betriebsinstrument n, Betriebsmeßgerät n
a. à injection de ciment Injiziergerät n für Zement, Torkretinjektor m, Betoneinpreßgerät n
a. d'inscription Beschriftungsgerät n
a. intégrateur integrierendes Meßgerät n
a. isodomon regelmäßiger Schichtenmauerverband m
a. à jet de sable Sandstrahlgebläse n
a. de laboratoire Laborinstrument n
a. à lames vibrantes Zungenfrequenzmesser m
a. à lampe à fente Spaltleuchtengerät n
a. lance-amarre Leinenwurfapparat m
a. lecteur de microfilms Mikrofilmlesegerät n
a. de lecture Lesegerät n; Anzeigegerät n
a. de lecture agrandisseur Reader Printer m

appareil

a. à lecture directe direkt anzeigendes Meßgerät n
a. de lecture de microscopies opaques Mikrokartenlesegerät n
a. de levage Hebezeug n, Hebemittel
a. en liaison Schichtenmauerverband m (abwechselnd hohe und niedrige Schichten)
a. à lit fluidisable (fluidisé) Fluid-Bed-Vorrichtung f, Fluid-Bed-Maschine f, Fließbettvorrichtung f, Fließbettmaschine f
a. de maçonnerie Mauerwerksverband m
a. de manœuvre Schaltgerät n; ⟨El⟩ Befehlsschalter m
a. de manœuvre d'aiguilles Weichenstellvorrichtung f
a. de manutention Fördermittel n, Förderer m; Umschlaggerät n
a. de manutention continue Stetigförderer m
a. à marche lente Langsamläufer m
a. à marquer des axes Achsenmarkiergerät n
a. à marquer les lisières Kantenmarkiermaschine f ⟨für Stoffe⟩
a. de maturation de (la) cellulose Zellulosereifer m
a. de mélange et de circulation de l'eau de mouillage Wischwassermisch- und -zirkulationsgerät n
a. ménager universel Universalküchenmaschine f
a. de mesure Meßgerät n, Meßinstrument n
a. de mesure des couplages Kopplungsmesser m
a. de mesure des couples Drehmomentmesser m
a. de mesure par différence Unterschiedsmeßgerät n
a. de mesure pour diodes Diodenmeßgerät n
a. de mesure électrique Meßgerät n für elektrische Größen
a. de mesure enregistreur Registriermeßgerät n
a. de mesure indicateur anzeigendes Meßgerät n
a. de mesure optique optisches Meßgerät n
a. de mesure portatif tragbares Meßgerät n
a. de mesure du taux de distorsion Klirrfaktormeßgerät n
a. de mesure pour temps courts Kurzzeitmeßgerät n

a. à mesurer le degré d'humidité Feuchtigkeitsgradmesser m
a. à mesurer l'interférence Funkstörmeßgerät n
a. pour mesures intérieures Innenmeßgerät n ⟨für Bohrungen⟩
a. de métrologie Meßapparatur f, Meßvorrichtung f
a. de microprojection Mikroprojektionsgerät n
a. à miroir Lichtzeigerinstrument n, Spiegelinstrument n
a. de mise en marche Anlaßgerät n
a. de mise en place de béton Betoneinbringer m
a. de mise en registre ⟨Typ⟩ Standmachapparat m
a. de mise en tension Spanngerät n
a. de montage Montagegerät n
a. Morse Morseapparat m
a. moteur Antriebsanlage f
a. moteur de fusée Raketentriebwerk n
a. mural Wandapparat m ⟨Telefon⟩
a. nautique (de navigation) Navigationsgerät n
a. à ombre de corde Fadenschatteninstrument n
a. à oxygène Sauerstoffgerät n
a. en panneresses Läuferverband m
a. de parement Blendverband m
a. périodique amorti gedämpft schwingendes Instrument n
a. périphérique peripheres Gerät n, Zusatzgerät n
a. photographique Fotoapparat m
a. photographique de photogrammétrie Meßbildkamera f
a. photographique à plaques rabattantes Fallplattenkamera f
a. photographique à soufflet Balgenkamera f
a. à piquer les cartons Kartenschlagmaschine f
a. de planigraphie stéréoscopique Stereoplanigraf m
a. de pliage, a. à plier, a. plieur Falzapparat m
a. plieur rotatif Rotationsfalzapparat m
a. à plusieurs gammes Instrument n mit mehreren Meßbereichen
a. de polissage Poliergerät n
a. polygonal Zyklopenmauerverband m
a. de poussée transversale Querschubanlage f
a. de préparation et de transport des cylindres d'impression Druckzylindervorbereitungs- und -transportgerät n
a. sous pression Druckgefäß n

467

appareil

a. **principal** Hauptapparat m
a. **de prise de vue statique** Schrittgerät n
a. **de projection** 1. Projektionsapparat m; 2. Farbspritzgerät n
a. **propulsif** 1. Antriebsanlage f; 2. Vortriebsanlage f, Vortriebseinrichtung f
a. **propulsif diesel-électrique** dieselelektrischer Antrieb m
a. **propulsif turbo-électrique** turboelektrischer Antrieb m
a. **propulsif du type père et fils** Vater- und-Sohn-Antrieb[sanlage f] m
a. **protecteur antigaz** Gasschutzgerät n
a. **en quartz** Quarzapparat m
a. **(de) radar** Radargerät n
a. **radar de détection de nuages** Wolkenradar n
a. **de radio** Radio[apparat m] n
a. **radio-électrique** Funkgerät n
a. **radiologique** Röntgenapparat m
a. **de radionavigation** Funknavigationsgerät n
a. **à rayons X multicanal** Röntgenmehrkanalgerät n, Röntgenvielkanalgerät n
a. **à redresseur** Gleichrichterinstrument n
a. **de réfrigération par évaporation** Verdunstungskühlwerk n
a. **réglé en largeur** Quadermauerverband m
a. **de rejet** Abflußvorrichtung f
a. **de repêchage des tiges de sonde** Fangvorrichtung f ⟨Bohren⟩
a. **de repérage acoustique** Horchgerät n
a. **de repérage de sources de perturbations** Störquellensuchgerät n
a. **respiratoire** Atemschutzgerät n; Gasschutzgerät n; Rettungsgerät n
a. **respiratoire à oxygène** Sauerstoffatmungsgerät n
a. **respiratoire de secours** Selbstretter m
a. **à retoucher** Retuschiergerät n
a. **à retourner les brames** Brammenwendevorrichtung f
a. **rotatif** Rotationsapparat m
a. **de sauvetage** Rettungsvorrichtung f, Rettungsapparat m
a. **de sécurité** Sicherheitsvorrichtung f, Schutzvorrichtung f
a. **à sécurité intrinsèque** eigensicheres Gerät n
a. **de sélection de couleurs** Farbauszugsgerät n
a. **à sélectionner** Wählapparat m

a. **de séparation** Trennapparat m
a. **de sondage** Lotmaschine f
a. **de sortie** Ausgabegerät n
a. **de soudage** Schweißapparat m, Schweißgerät n; Schweißgenerator m
a. **stéréophotogrammétrique** Stereomeßkamera f
a. **stérilisateur** Einkochapparat m
a. **contre la surdité** Schwerhörigengerät n, Hörgerät n, Hörhilfe f
a. **de surveillance** Kontrollgerät n, Überwachungsgerät n
a. **de syntonisation à distance** Fernabstimmgerät n
a. **à teindre les fils de chaîne sur ensouples** Kettbaumfärbeapparat m
a. **à teindre en ruban de peigné** Kammzugfärbeapparat m
a. **de teinture en fil** Garnfärbeapparat m
a. **de teinture du type fermé** Schrankfärbeapparat m
a. **de télécommunication** Fernmeldeapparat m
a. **télégraphique** Telegrafenapparat m
a. **téléphonique** Fernsprechapparat m
a. **téléphonique publique** öffentlicher Fernsprecher m
a. **de télévision** Fernsehapparat m
a. **thermique à fil chaud** Hitzdrahtinstrument n
a. **thermique à résistance** bolometrisches Instrument n
a. **pour tirage de plans** Lichtpausgerät n
a. **de titrage** Titriergerät n
a. **totalisateur** summierendes Meßgerät n
a. **pour le traçage des courbes** Auswerter m; Plotter m
a. **de traitement** Verarbeitungsmaschine f ⟨Fischverarbeitung⟩
a. **de traitement des données** Datenverarbeitungsgerät n
a. **à transistors** Transistorgerät n
a. **de transport** Fördergerät n, Transportgerät n, Transportvorrichtung f
a. **tressé** Flechtverband m, Gratverband m
a. **de tri(age)** Sortiergerät n
a. **de triage des lingots** Ausschußsortierapparat m
a. **tubulaire** Röhrenapparat m
a. **type tableau** Schalttafelinstrument n
a. **ultrasonore** Ultraschallgerät n
a. **d'utilisation de l'électricité** elektrisches Verbrauchergerät
a. **de ventilation** Ventilator m

appareil

a. pour la vérification de la vision de près Nachsichtprüfgerät *n*
a. vertical Vertikalreproduktionskamera *f*
a. de vibration Rüttelvorrichtung *f*
a. à vide Vakuumgerät *n*, Vakuumapparat *m*, Vakuumapparatur *f*, Vakuumeinrichtung *f*
a. à zéro central Instrument *n* mit Nullpunkt in der Mitte
a. à zéro supprimé Instrument *n* mit unterdrücktem Nullpunkt

appareillage *m* 1. Apparatur *f*; Ausrüstung *f*, Anlage *f*, Einrichtung *f*; Armatur *f*; Versuchsapparatur *f*; 2. Klarmachen *n*
a. à basse tension Niederspannungsschaltgeräte *npl*
a. d'éclairage Beleuchtungskörper *m(pl)*; Beleuchtungsarmatur *f*
a. électrique Beleuchtungseinrichtung *f*; elektrische Armatur *f*
a. expérimental Prüfapparatur *f*; Versuchsapparatur *f*
a. haute tension Hochspannungsschaltgeräte *npl*
a. de mesure Meßapparatur *f*
a. d'oxydation Oxydationsapparatur *f*
a. sanitaire sanitäre Ausrüstung (Einrichtung, Apparatur) *f*
a. de saturation Sättigungsapparatur *f*
a. de surface Übertageanlage *f*
a. (de) treuils Windenschaltgeräte *npl*
a. de vol sans visibilité Blindflugausrüstung *f*

appareiller 1. bestücken; 2. ⟨Schiff⟩ den Anker lichten; ablegen; loswerfen; verholen

appareilleur *m* 1. Installateur *m*; Rohrleger *m*; 2. Schwermontagearbeiter *m*; 3. Steinmetz *m*; 4. Werkmeister *m*

appareils *mpl*:
a. auxiliaires de coque schiffbauliche Ausrüstung *f*; Hilfsanlagen *fpl* für den allgemeinen Schiffsbetrieb
a. de pont Decksmaschinen *fpl*

apparent 1. ⟨El⟩ Schein-; 2. relativ
apparié ⟨Kern⟩ paarig
apparition *f* de fissures Rißbildung *f*
appartenance *f* Zugehörigkeit *f*
appauvrir abreichern, abnehmen; verarmen; verbrauchen, aufbrauchen
appauvrissement *m* Abreicherung *f*; Verarmung *f*
appel *m* Anruf *m* ⟨Telefon⟩; Aufruf *m*, Abruf *m* ⟨eines Programmes⟩; Zuführung *f* ⟨z. B. eines Fadens⟩

a. d'air Luftzug *m*; Luftzufuhr *f*
a. de central Amtsanruf *m*
a. d'un cordage Seilzug *m*
a. de courant Stromstoß *m*
a. de courant de démarrage Einschaltstromstoß *m*
a. de détresse Notruf *m*
a. aux freins Bremssignal *n*
a. interurbain Ferngespräch *n*
a. de note Anmerkungszeichen *n* ⟨im Text⟩
a. de nuit Nachtanruf *m*
a. permanent Dauerruf *m*
faux a. Fehlanruf *m*

appeler anrufen ⟨Telefon⟩; abrufen, aufrufen ⟨ein Programm⟩

appendice *m* Ansatz *m*; Ansatzstück *n*; Füllansatz *m*; Anhang *m*

appendices *mpl* Anhänge *mpl* ⟨des Schiffskörpers, z. B. Ruder⟩

applicable 1. anwendbar; 2. abwickelbar ⟨Fläche⟩

applicateur *m* d'ammoniac Flüssiggasdüngegerät *n* ⟨Ammoniak⟩

application *f* 1. Anwendung *f*; 2. Aufbringen *n*; Auftragen *n*; 3. Anlegen *n* ⟨einer Spannung oder Kraft⟩; 4. Applikation *f*; 5. ⟨Math⟩ Abbildung *f*
a. biunivoque eineindeutige (umkehrbar eindeutige) Abbildung *f*
a. à la brosse Anmalen *n*, Bemalen *n*, Streichen *n*; Streichverfahren *n*
a. à chaud heißes Aufbringen *n*
a. de couleur Farbanstrich *m*, Auftragen *n* von Farbe
a. fermée abgeschlossene Abbildung *f*
a. liquide Naßauftrag *m*
a. de peinture Farbauftragung *f*, Beschichten *n*, Überziehen *n*
a. au pistolet Spritzen *n*
a. de la première couche Grundierung *f*
a. par pulvérisation Spritzverfahren *n*
a. à sec Trockenauftrag *m*
a. par trempage Tauchauftrag *m*
a. uniforme (univoque) eindeutige Abbildung *f*
a. de vernis Lackauftrag[ung *f*] *m*

appliquer 1. anwenden; 2. anbringen, aufbringen, auftragen; 3. aufgeben, anlegen ⟨Spannung oder Kraft⟩; 4. applizieren; 5. ⟨Math⟩ abbilden
a. un couple inclinant ein krängendes Moment aufbringen
a. au pistolet aufspritzen
a. les sabots de frein Bremsklötze anlegen
a. une tension Spannung anlegen

appointage *m* s. appointissage
appointer, appointir anspitzen, zuspitzen
appointissage *m* Anspitzen *n*, Zuspitzen *n*
appontage *m* Aufsetzen *n* ⟨auf dem Landedeck eines Flugzeugträgers⟩
appontement *m* Kai *m*, Pier *f*, Landungsbrücke *f*
  a. céréalier Getreidekai *m*, Getreidepier *f*
  a. minéralier Erzkai *m*, Erzpier *f*
  a. pétrolier Ölpier *f* ⟨Umschlag⟩
apponter landen ⟨auf dem Landedeck eines Flugzeugträgers⟩
apport *m* Zufuhr *f*, Zusatz *m*; Anschwemmung *f*; Einsatz *m*, Einlage *f*; Auftrag *m* ⟨Schweißen⟩; Fang(ertrag) *m* ⟨z. B. Fischfang⟩
  a. de chaleur Wärmezufuhr *f*
apporter zuführen, zusetzen; auftragen ⟨Schweißen⟩; einschleppen ⟨Farbstoff⟩
  a. par soudure anschweißen
apprécier (ab)schätzen
apprêt *m* 1. ⟨Text⟩ Ausrüsten *n*; Ausrüstung *f*; Veredlung *f*; Appretur(mittel *n*) *f*; 2. ⟨Bw⟩ Grundierung *f*
  a. antifeutrant Antifilzausrüstung *f*
  a. antifroisse Knitterarmausrüstung *f*
  a. antistatique Antistatikausrüstung *f*
  a. brillant Glanzappretur *f*
  a. complet Vollappretur *f*
  a. des couleurs Grundierung *f*, erster Farbanstrich *m*
  a. envers Rückenappretur *f*
  a. à façon Lohnausrüstung *f*
  a. du fil en écheveau Stranggarnveredlung *f*
  a. glacé Glanzappretur *f*
  a. de haute qualité Hochveredlung *f*
  a. de haute résistance au lavage waschbeständige Ausrüstung *f*
  a. hydrofuge wasserabweisende Ausrüstung *f*
  a. d'infroissabilisation, a. d'infroissabilité, a. infroissable Knitterarmausrüstung *f*
  a. inputrescible Verrottungsfestausrüstung *f*
  a. irrétrécissable Schrumpfechtausrüstung *f*
  a. au mouillé Naßveredlung *f*
  a. noble Hochveredlung *f*
  a. du papier Glättung (Glanzgebung) *f* des Papiers
  a. permanent Permanentausrüstung *f*
  a. à la résine Kunstharzausrüstung *f*, Ausrüstung *f* mit Kunstharz
  a. sec Trockenappretur *f*

apprêtage *m* Ausrüsten *n*, Appretieren *n*
  a. du papier Nachbehandlung *f* des Papiers; Maschinenglätte *f* des Papiers
apprêté résistant aux mites mottenecht (mottenfest) ausgerüstet
apprêter ausrüsten, appretieren
apprêteuse *f* **pour tapis** Teppichappreturmaschine *f*
apprêture *f* Zurichtung *f* ⟨Buchbinderei⟩
approche *f* 1. Annäherung *f*; Zugang *m*; 2. Anflug *m*; 3. Rampe *f*; 4. Kehlstein *m* ⟨Dachkehle⟩; 5. Schriftweite *f*, Bunzenweite *f*, Abstand *m* zwischen den Buchstaben
  a. directe Geradeausanflug *m*
  a. sur faisceau Leitstrahlanflug *m*
  a. finale Endanflug *m*
  a. initiale Anflugbeginn *m*
  a. intermédiaire Zwischenverfahren *n* ⟨Teil des Anfluges vor Einleitung des Landeverfahrens⟩
  a. manquée Fehlanflug *m*
  a. PAR PAR-Anflug *m*, Präzisionsanflug *m* ⟨Anflug mittels Präzisionsradars⟩
  a. PPI PPI-Anflug *m* ⟨radarüberwachter Anflug auf die Landebahn⟩
  a. précise Feinzustellung *f*; Mikrometereinstellung *f*
  a. sur radar de précision Präzisionsanflug *m* (mit Radar)
  a. rapide Schnellzustellung *f*
approches *fpl* Zufahrtsstraßen *fpl*
approfondir vertiefen, tiefer machen; ausbaggern
approfondissement *m* Vertiefen *n*; Vertiefung *f*
approvisionnement *m* Versorgung *f*; Beschicken *n*, Speisen *n*
  a. en eau Wasserversorgung *f*; Wasservorrat *m*
  a. en énergie électrique Energieversorgung *f*
  a. en matières premières Rohstoffversorgung *f*
  a. d'usine sidérurgique Hüttenbedarf *m*
approvisionnements *mpl* Vorräte *mpl*
  a. des matériaux Materialbereitstellung *f*
approvisionner versorgen; beschicken, speisen
approximation *f* Näherung *f*, Annäherung *f*, Approximation *f*
  a. successive schrittweise Näherung *f*, sukzessive Approximation *f*
appui *m* 1. Stütze *f*, Pfeiler *m*; Auflager *n*; 2. Abstützung *f*, Halt *m*; Unterstützung *f*; 3. Brüstung *f*, Geländer *n*, Lehne *f*;

appui 50

Riegel *m*; 4. Lagerstelle *f* ⟨einer Maschine⟩; 5. Deckstütze *f*, Balkenstütze
a. aérien Luftstützpunkt *m*
a. encastré eingespanntes Auflager *n*
a. de fenêtre Fensterbank *f*, Fensterbrüstung *f*, Sohlbank *f*
a. de ferme Binderauflagerung *f*
a. latéral seitliches Auflager *n*
a. libre Gleitlager *n* ⟨einer Brücke⟩
a. mural Wandauflager *n*
a. pendulaire (à pendule) Pendelstütze *f*; Pendellager *n*
a. des poutres Balkenauflager *n*
a. à rouleaux Rollenauflager *n*
appuyer 1. (ab)stützen; auflagern; 2. unterstützen; 3. (an)lehnen
âpre rauh, uneben
après-traitement *m* Nachbehandlung *f*
âpreté *f* Rauhigkeit *f*
aptitude *f*:
  a. au collage Klebbarkeit *f*
  a. à la corrosion Korrosionsneigung *f*
  a. à la déformation Verformbarkeit *f*
  a. à la déformation à chaud Warmverarbeitbarkeit *f*
  a. à l'écrouissage Kalthärtbarkeit *f*
  a. à l'emboutissage Tiefziehfähigkeit *f*
  a. au façonnage Bearbeitbarkeit *f*, Formbarkeit *f*
  a. à l'inscription en courbe Bogenläufigkeit *f*
  a. au laminage Walzbarkeit *f*
  a. au polissage Polierfähigkeit *f*
  a. au rebullage Bläh(ungs)vermögen *n*
  a. à la teinture Auffärbbarkeit *f*
  a. à la trempe Härtbarkeit *f*
  a. à l'usinage Bearbeitbarkeit *f*
apyre unverbrennbar
aqueduc *m* Aquädukt *m*, Wasserleitung *f* ⟨über dem Erdboden⟩, Freispiegelleitung *f*
  a. d'écluse Schleusendurchlaß *m*
aqueux wäßrig
aquifère wasserführend
aquosité *f* Wäßrigkeit *f*
araire *m* Schwingpflug *m*
arase *f* ⟨Bw⟩ Ausgleichschicht *f*; Abgleichstein *m*
arasement *m* Abgleichung *f*
araser abgleichen, gleiche Höhe geben
arbalétrier *m* Sparren *m*, Dachsparren *m*; Strebe *f*; Bindersparren *m*
arbitrage *m* **de qualité** Qualitätsgutachten *n*
arbitraire willkürlich, beliebig
arbre *m* 1. Baum *m* ⟨Graphentheorie⟩; 2. Welle *f*; Achse *f*; Bolzen *m*, Drehbolzen *m*; Spindel *f*

a. d'accouplement Kupplungswelle *f*
a. de l'armature ⟨El⟩ Ankerwelle *f*
a. articulé Gelenkwelle *f*
a. d'avance Vorschubwelle *f*
a. de butée Druckwelle *f*
a. du cabestan Spillwelle *f*
a. à cames Nockenwelle *f*, Steuerwelle *f*
a. à cames par le haut, a. à cames en tête obenliegende Nockenwelle *f*
a. cannelé Keilwelle *f*
a. à cardan Kardanwelle *f*, Gelenkwelle *f*
a. de commande Antriebswelle *f*; Schaltwelle *f*; Treibachse *f*, Triebachse *f*; Antriebsspindel *f*
a. creux Hohlwelle *f*
a. débiteur Abwickelwelle *f*
a. de déclenchement Auslösewelle *f*
a. du distributeur Verteilerachse *f*
a. d'entrainement (entraîneur) s. a. moteur
a. à (d')excentrique Exzenterwelle *f*
a. fileté Spindel *f*, Schraubspindel *f*
a. flexible biegsame Welle *f*
a. flottant nichttragende Achse *f*
a. de la fourche Gabelbolzen *m*
a. d'hélice Propellerwelle *f*, Schraubenwelle *f*
a. d'induit Ankerwelle *f* ⟨z. B. eines Elektromotors⟩
a. intermédiaire Laufwelle *f*, Leitungswelle *f*, Zwischenwelle *f*
a. de levage Hebewerkswelle *f*
a. manivelle Kurbelwelle *f*
a. de manœuvre Betätigungswelle *f*
a. moteur Antriebswelle *f*, Mitnehmerwelle *f*, Triebwelle *f*
a. normal Einheitswelle *f*
a. de l'obturateur rotatif Blendenwelle *f*
a. porte-foret Bohrspindel *f*
a. porte-fraise Frässpindel *f*
a. porte-hélice s. a. d'hélice
a. primaire s. a. moteur
a. profilé (rainuré) Keilwelle *f*
a. récepteur s. a. moteur
a. de réglage Regelwelle *f*
a. de renvois Vorgelegewelle *f*
a. de roue arrière Hinterachswelle *f*
a. secondaire Abtriebswelle *f*
a. semi-flottant halbtragende Achse *f*
a. de sortie Abtriebswelle *f*
a. télescopique Teleskopwelle *f*
a. de torsion Torsionsstab *m*, Drehstab *m*
a. de transmission Transmissionswelle *f*, Gelenkwelle *f*

a. transversal Querwelle f
a. trois-quarts flottant tragende Achse f
a. à vilebrequin Kurbelwelle f
arc m 1. Bogen m; Biegung f, Krümmung f; 2. Bogenbinder m; 3. ⟨Math⟩ Kreisbogen m; 4. ⟨El⟩ Lichtbogen m; 5. ⟨Schiff⟩ Aufbiegung f des Schiffes ⟨nach oben⟩, Hogging n
a. en accolade Kielbogen m
a. en anse de panier ⟨Bw⟩ Korbbogen m
a. auxiliaire Hilfslichtbogen m
a. bilobé ⟨Bw⟩ Zweipaßbogen m
a. bombé Flachbogen m; Segmentbogen m
a. en briques Backsteinbogen m
a. de cercle Kreisbogen m
a. chantant singender (tönender, sprechender) Lichtbogen m
a. à charbon Kohlebogen m
a. au charbon à haute intensité Hochstrom(kohle)bogen m
a. de coupure s. a. de rupture
a. à double articulation 1. Zweigelenkbogen m; 2. Zweigelenkbogenbinder m
a. en doucine ⟨Bw⟩ Karniesbogen m
a. électrique Lichtbogen m
a. elliptique Ellipsenbogen m
a. en faucille ⟨Bw⟩ Sichelbogen m
a. en fer à cheval Hufeisenbogen m
a. de fermeture Einschaltlichtbogen m, Schließungslichtbogen m
a. flamboyant gotischer Flammenbogen m
a. gothique gotischer Bogen m
a. gradué Skalenbogen m; Bogenskale f
a. infléchi Sternbogen m, Vorhangbogen m
a. intermittent (interruptif) s. a. de rupture
a. lancéolé Lanzettbogen m
a. lueur Glimmbogen m
a. maîtresse Hauptbogen m; zentraler Bogen m
a. à mercure Quecksilberlichtbogen m
a. du navire Aufbiegung f des Schiffes ⟨nach oben⟩, Hogging n
a. ogival (en ogive) Spitzbogen m
a. outrepassé Hufeisenbogen m; maurischer Bogen m
a. de plain cintre Rundbogen m
a. polaire (de pôle) Polbogen m
a. rampant Schrägbogen m, Steigbogen m
a. de renforcement Stützbogen m
a. roman romanischer Bogen m

a. de rupture Abreiß(licht)bogen m, Abschaltlichtbogen m, Öffnungslichtbogen m, Unterbrechungslichtbogen m
a. en segment ⟨Bw⟩ Segmentbogen m
a. surbaissé ⟨Bw⟩ Korbbogen m; Flachbogen m; Stützbogen m
a. surhaussé gestelzter Rundbogen m
a. tréflé ⟨Bw⟩ Kleeblattbogen m
a. en treillis Fachwerkbogen m
a. trilobé ⟨Bw⟩ (runder) Kleeblattbogen m; Dreipaßbogen m
a. à trois articulations (charnières, rotules) 1. Dreigelenkbogen m; 2. Dreigelenkbogenbinder m
a. voltaïque Lichtbogen m
a. de voûte Gewölbebogen m
a. zigzagué Zickzackbogen m
arcade f Arkade f, Bogengang m; Laubengang m; Säulengang m
a. de lunette Brillenbogen m
fausse a. Blendbogen m
arcature f Bogenwerk n; Blendbogenwerk n
arc-boutant m Strebebogen m; Strebepfeiler m; Stütze f; Eckstein m
arc-boutement m Absteifen n, Abstützen n; Verstreben n; Verstrebung f
arc-bouter (ab)stützen; verstreben
arc-doubleau m Jochbogen m, Gurtbogen m, Pfeilerbogen m, Quergurt m; Gewölberippe f; Grat m
arceau m Gewölbebogen m; Mauerbogen m; kleiner Bogen m
a. de renforcement Verstärkungsrippe f
a. à trois lobes ⟨Bw⟩ Dreipaßbogen m
arche f 1. Bogen m; Brückenbogen m; Brückenjoch n; 2. Wölbung f, Gewölbe n; 3. Tunnelkühlofen m ⟨Glasherstellung⟩
a. à décorer Einbrennofen m
a. d'un fourneau Ofengewölbe n
a. à pots Temperofen m
a. à recyclage Umwälzkühlofen m
archet m 1. Bogen m, Bügel m; Klammer f; 2. ⟨El⟩ Bügel m, Scherenstromabnehmer m
archipompe f Lenzbrunnen m
architecte m Architekt m; Baumeister m
a. diplômé Diplomarchitekt m
a. de jardins Gartenarchitekt m
a. naval Schiffbauingenieur m
a. paysagiste Gartenarchitekt m; Landschaftsarchitekt m
architectonique architektonisch
architectonique f Architektonik f; Baustil m
architectural Architektur-

architecture f Architektur f, Baukunst f; Bauart f; Baustil m; Bau m; Aufbau m
architrave f Architrav m, Tragbalken m; Säulenquerbalken m; Säulensims m (n)
archives fpl:
   a. sous forme de microcopies Mikroarchiv n
   a. photographiques Bildarchiv n
   a. pour rubans Bandarchiv n
   a. sonores Schallarchiv n
archivolte f Archivolte f, Bogenband n; Bogenverzierung f; Gurtbogen m
arciforme bogenförmig
ardent glühend
ardeur f Glut f
ardoise f Schiefer m; Dachschiefer m; Tonschiefer m
ardoiser mit Schiefer decken; mit Schieferdach versehen
ardoisière f Schiefergrube f, Schieferbruch m
are m Ar n (m)
aréage m Vermessung f, Landvermessung f ⟨in Ar⟩
arénifère sandführend
aréomètre m Aräometer n, Senkwaage f, Senkspindel f, Spindel f
aréométrie f Aräometrie f
aréométrique aräometrisch
arête f 1. Grat m; Kamm m; 2. Kante f; Seitenlinie f; 3. Schneide f; 4. Rippe f;
   sans arêtes grätenfrei
   a. antérieure du balai auflaufende Bürstenkante f
   a. anticlinale Sattellinie f
   a. du balai Bürstenkante f
   a. coupante (de coupe) Schneide f, Schneidkante f
   a. de coupe latérale Nebenschneide f ⟨Schneidwerkzeug⟩
   a. de coupe principale Hauptschneide f ⟨Schneidwerkzeug⟩
   a. d'un cristal Kristallkante f
   a. du massif de charbon en bordure du chantier Abbaukante f
   a. de mesure Zähluhr f, Tourenzähler m, Meterzähler m ⟨z. B. an der Schärmaschine⟩
   a. de mur Mauerkante f
   a. opposée Gegenkante f
   a. postérieure du balai ablaufende Bürstenkante f
   a. du profil Profilrippe f
   a. du remblai Versatzkante f
   a. supérieure Oberkante f
   a. synclinale Muldenlinie f
   a. d'un toit Dachfirst m; Dachgrat m
arêtier m Gratsparren m, Gratbalken m

argent m Silber n
   a. colloidal kolloidales Silber n
   a. en lingots Stangensilber n
   a. métallique metallisches Silber n
   a. photosensible lichtempfindliches Silber n
   a. réduit reduziertes Silber n
argentage m Versilbern n
   a. à chaud Sudversilbern n
   a. au feu Feuerversilbern n
   a. à froid Anreibversilbern n
argentan m Neusilber n, Alpaka n
argenter versilbern
argentifère silberhaltig
argentin silbern, silbrig
argenton m s. argentan
argenture f Versilberung f; Verspiegeln n; **à a. semi-transparente** halbdurchlässig verspiegelt
argile f Ton m, Letten m
   a. à blocaux Geschiebelehm m
   a. cuisante blanc weißbrennender Ton m
   a. décolorante Bleicherde f, Bleichton m
   a. effervescente Brauseerde f, brausender Ton m, Schaumton m
   a. à faïence Steingutton m
   a. grasse fetter Ton m
   a. maigre magerer Ton m
   a. plastique plastischer Ton m
   a. porcelaine Porzellanerde f, Porzellanton m
   a. réfractaire Schamotte f, feuerfester Ton m
   a. résiduaire Verwitterungslehm m; Verwitterungston m
   a. rouge abyssale roter Tiefseeton m
   a. sableuse sandhaltiger Ton m
   a. schisteuse Schieferton m
argileux lehmhaltig; tonig
argilière f Tongrube f
argilifère tonhaltig
argilite f Tonschiefer m, Argillit m
argilo-arénacé lehm- und sandhaltig
argilo-calcaire ton- und kalkhaltig
arginine f Arginin n
argon m Argon n
argument m 1. Argument n; unabhängige Veränderliche (Variable) f; 2. Azimut m (n), Polarwinkel m
aride trocken; mager
arithmétique zahlentheoretisch, arithmetisch; Zahl-, Zahlen-
arithmétique f Zahlentheorie f, Arithmetik f
armateur m Reeder m, Schiffsbetreiber m
   a. à la pêche Fischereireeder m

armature f 1. Armierung f, Bewehrung f; Eiseneinlage f; 2. Armatur f; 3. Beschlag m, Beschläge mpl; 4. ⟨El⟩ Anker m ⟨s. a. induit⟩
a. en acier doux schlaffe Bewehrung f
a. en acier dur Spannbewehrung f
a. d'aimant Magnetanker m
a. par anneaux Ringbewehrung f, ringförmige Bewehrung f
a. basculante Klappanker m
a. de brancard Unterspannbewehrung f
a. de câble Kabelarmierung f, Kabelbewehrung f
a. de cisaillement Schubbewehrung f
a. de compression Druckbewehrung f
a. de console Konsolarmierung f
a. double Doppelanker m
a. d'(pour l') éclairage Beleuchtungsarmatur f, Beleuchtungseinrichtung f
a. d'électro-aimant Magnetanker m
a. à étrier Bügelbewehrung f
a. pour l'extérieur Außenleuchte f
a. de (en) fer Eisenbewehrung f
a. à feuillard Bandbewehrung f, Bandarmierung f
a. de garde-robe s. a. de toilette
a. en grillage métallique Bewehrungsmatte f, Bewehrung f mit Drahtgeflecht, Drahtgeflechtarmierung f
a. pour hauts fourneaux Hochofenarmatur f
a. jointive geschlossene Bewehrung f
a. longitudinale Längsbewehrung f
a. métallique Stahlbewehrung f; Drahteinlage f
a. mobile beweglicher Anker m
a. multiple Bewehrungsbündel n, gebündelte Bewehrung f
a. pivotante Drehanker m
a. à pôles Polanker m
a. de précontrainte s. a. prétendue
a. préfabriquée vorgefertigte Bewehrung f
a. prétendue Spannbewehrung f, vorgespannte Bewehrung f
a. principale rechnerische (tragende) Bewehrung f, Hauptbewehrung f
a. du puits Schachteinbau m
a. de relais Relaisanker m
a. de répartition Verteilungsbewehrung f, Verteilungseisen n
a. rigide steife (selbsttragende) Bewehrung f ⟨aus Walzprofilen⟩
a. secondaire Nebenbewehrung f
a. de stratifié Glasfaserverstärkung f
a. de tension Spannbewehrung f; Spannglied n; Zugbewehrung f
a. de toilette Wasserspülapparat m, Wasserklosetteinrichtung f
a. de traction Zugbewehrung f
a. transversale Querbewehrung f
a. unique einfache Bewehrung f
a. de verre Glasbewehrung f
armatures fpl **contrefichées** aufgebogene Bewehrung f
armé bewehrt
a. à feuillard eisenbandbewehrt
a. de fils d'acier stahldrahtbewehrt
armement m 1. Ausrüsten n; Ausrüstung f; Ausrüstungsteile npl; 2. Geschirr n; Hebezeug n; 3. Reederei f; Schiffahrtsunternehmen n; 4. Anzug m ⟨eines Relais⟩; 5. Spannen n, Aufziehen n ⟨eines Fotoapparates⟩; 6. Füllen n, Auffüllen n ⟨z. B. eines Vorratsbehälters⟩; 7. Durchladen n ⟨z. B. einer Pistole⟩; 8. Bewaffnung f; **en a.** in der Ausrüstung ⟨Bauzustand⟩; **à a. retardé (temporisé)** anzugsverzögert
a. au commerce Handelsschiffsreederei f
a. coopératif artisanal Genossenschaftsreederei f
a. coopératif (artisanal) de pêche Fischereigenossenschaft f
a. coque schiffbauliche Ausrüstung f ⟨als technologischer Vorgang⟩
a. de ligne Linienschiffsreederei f
a. machine maschinenbauliche Ausrüstung f ⟨als technologischer Vorgang⟩
a. manuel Handaufzug m
a. maritime Seereederei f
a. de l'obturateur Verschlußaufzug m
a. à la pêche Fischereireederei f
a. pétrolier Tankschiffsreederei f
a. rapide Schnellaufzug m
armer 1. armieren, bewehren; 2. ausrüsten, ausstatten; verstärken; umhüllen; 3. spannen, aufziehen ⟨einen Verschluß⟩; 4. füllen ⟨z. B. einen Vorratsbehälter⟩; 5. durchladen ⟨eine Waffe⟩
armoire f:
a. à basse tension Niederspannungsschaltschrank m
a. blindée en tôle stahlblechgekapselter Schaltschrank m
a. classeur Aktenschrank m
a. de commande Schaltschrank m
a. frigorifique Kühlschrank m
a. à (d') incendie Feuerlösch[geräte]kasten m
a. à outils Werkzeugschrank m
a. à relais Schaltschrank m, Relaisschrank m

armoire

a. de séchage, a. à sécher Trockenschrank m
a. à vide Vakuumschrank m
armure f 1. Bindung f ⟨Gewebe⟩; 2. Bewehrung f, Armatur f; Armierung f ⟨Kabel, s. a. armature⟩
a. de base Grundbindung f
a. chevron Fischgratbindung f
a. crêpe Kreppbindung f
a. croisée Köperbindung f
a. en fil méplat Flachdrahtarmierung f
a. en fils Drahtbewehrung f
a. flexible biegsame Armierung f
a. gaufrée Waffelbindung f
a. gaze Dreherbindung f, Gazebindung f
a. nattée Panamabindung f, Würfelbindung f
a. nid d'abeille Waffelbindung f
a. reps Ripsbindung f
a. satin Atlasbindung f
a. (de) taffetas Taftbindung f
a. toile Leinwandbindung f
aromate m aromatischer Stoff m, Duftstoff m
aromatique aromatisch
aromatisation f Aromatisierung f
aronde f Schwalbenschwanzverblattung f, Verblattung f
arpentage m Feldmessen n, Vermessung f; Vermessungskunde f, Planaufnahme f
a. de mine Grubenvermessung f
a. des mines Markscheidewesen n
a. en polygones Polygonaufnahme f ⟨Vermessungswesen⟩
arpenter ausmessen, abstecken, vermessen
arpenteur m Feldmesser m, Landmesser m
a. des mines Markscheider m
arqué bogenförmig, gewölbt, gekrümmt
arquer biegen, wölben, krümmen; umbiegen
arquet m Schützenspindel f ⟨Weberei⟩
arrache-étai m Stempelraubgerät n
arrachement m 1. Mauerverzahnung f; 2. Ausreißen n; 3. Ausheben n, Ausgraben n; 4. ⟨Brg⟩ Rauben n; 5. Losreißkraft f ⟨Frontlader⟩
arracher 1. ausreißen; abreißen; losreißen; 2. ausheben, ausgraben; roden; 3. ⟨Brg⟩ rauben; 4. wegschlagen ⟨z. B. Lukendeckel⟩
a. les arêtes entgräten
arracheur m ⟨Brg⟩ Rauber m
arracheuse f Rodemaschine f, Roder m
a. de betteraves Rübenroder m

a. à chaine Siebkettenroder m
a. de lin Flachsraufmaschine f
a. de pommes de terre Kartoffelroder m
arracheuse-chargeuse f Laderoder m
arrachoir m Rodepflug m, Jätepflug m
arrangement m Anordnung f ⟨s. a. assemblage⟩
a. d'anticoïncidence Antikoinzidenzanordnung f
a. compact dichteste Packung f
a. au hasard zufällige Verteilung f
arrêt m 1. Anhalten n; Arretierung f; Aufhalten n; Abstellen n; Ausschalten n; 2. Beendigung f; Einstellung f; Ruhe f; Sperrung f; Stillstand m, Unterbrechung f; Stockung f; Aufenthalt m; 3. Haltestelle f; 4. Fenstersteller m, Windhaken m; 5. ⟨El⟩ Abspannen n; 6. ⟨Fmt⟩ Begrenzung f, Sperre f
a. arbitraire willkürlicher Stopp m
a. automatique Selbstabschaltung f; automatischer Stopp m, automatisches Stoppen n ⟨z. B. der Hauptmaschine⟩
a. automatique des trains Zwangsbremsung f
a. conditionnel bedingter Stopp m
a. d'émission Funkstille f
a. facultatif Bedarfshaltestelle f
a. de haute fréquence Hochfrequenzsperre f
a. intermédiaire Zwischenhalt m
a. de marche Betriebspause f; Stillsetzen n, Stillegung f
a. de production Betriebsstörung f; Produktionsstillstand m
a. programmé programmierter Stopp m
a. rapide Schnellstopp m
a. de ressort Windfalle f
a. de secours Notstopp m
a. du service Betriebsstockung f
a. de sûreté Sicherung f; Sperrvorrichtung f
a. du train Halten n des Zuges
a. d'urgence Schnellabschaltung f, Havariestopp m ⟨des Reaktors⟩; ⟨Eb⟩ Nothalt m; ⟨El⟩ Notabschaltung f
a. de volet Fensterladenfeststeller m; Windhaken m
arrêtage m Arretierung f
arrêt-barrage m ⟨Brg⟩ Staubsperre f
arrête-flamme m Flammenschutz m
arrête-mailles m Maschenfang m
arrêter (an)halten; stillegen; abstellen; arretieren; ⟨El⟩ ausschalten, abspannen; abfangen ⟨eine Schmelze⟩
a. définitivement stillegen ⟨z. B. eine Grube⟩

a. un plan einen Plan aufstellen (ausarbeiten)
a. une voie d'eau [ein Leck] abdichten
arrêt-marche *m* Anhalten *n*, Stoppen *n* ⟨z. B. eines Zählers⟩
arrêtoir *m* Abstellvorrichtung *f*; Klemme *f*; Klinke *f*; Schnappverschluß *m*; Sperrhaken *m*, Feststeller *m*
arrière *m* 1. Rückseite *f*; 2. Heck *n*; Hinterschiff *n*; **en a.** zurück ⟨Maschinenmanöver⟩; **en a. toute** voll zurück ⟨Maschinenmanöver⟩; **trois-quarts a.** halb hinten ⟨z. B. Maschinenraum⟩
  a. de l'avion Flugzeugheck *n*
  a. de croiseur Kreuzerheck *n*
  a. à (en) tableau Spiegelheck *n*
arrière-bâtiment *m* Hintergebäude *n*
arrière-bec *m* **d'une pile** Pfeilerrücken *m* ⟨einer Brücke⟩
arrière-bief *m* untere Schleusenhaltung *f*
arrière-corps *m* 1. Gebäuderücksprung *m*; 2. Hintergebäude *n*, Hinterhaus *n*
arrière-cour *f* Hinterhof *m*; Lichthof *m*
arrière-pays *m* Hinterland *n*
arrière-plan *m* Hintergrund *m*
arrière-port *m* Innenhafen *m*
arrière-train *m* Hinterachse *f* ⟨eines Wagens⟩
arrière-voussure *f* [innere] Bogenwölbung *f*; Leibungsbogen *m*
arrimage *m* Stauen *n*; Trimmen *n*
arrimer stauen; trimmen
arrivage *m* 1. Eintreffen *n*, Eingang *m* ⟨von Waren⟩; 2. eingegangene Waren *fpl*; 3. Anlanden *n* ⟨z. B. Fisch⟩
arrivée *f* Zuleitung *f*, Zufluß *m*; Zulauf *m*; Ankunft *f*; Eingang *m*, Eintritt *m*; Zugang *m*, Zutritt *m*; Einlaß *m*
  a. d'air Luftkanal *m*; Luftzug *m*
  a. de combustibles Kraftstoffzufuhr *f*
  a. de courant Strom[ein]speisung *f*
  a. d'eau Wasserandrang *m*; Wasserzugang *m*; Wasserzulauf *m*
  a. de gaz Gaskanal *m* ⟨SM-Ofen⟩
  a. de pâte Stoffauflauf *m*
arriver:
  a. à l'heure fahrplanmäßig ankommen
  a. en retard verspätet ankommen
arrondi *m* 1. Abrundung *f*; Rundung *f*; 2. Abfangen *n* ⟨zur Landung⟩
arrondir abrunden, aufrunden
arrondissage *m* Abrundung *f*, Aufrundung *f*
arrondissement *m* 1. Abrunden *n*; Abrundung *f*; 2. Bezirk *m*; Stadtbezirk *m*
arrondissure *f* Runden *n* ⟨von Buchrücken⟩

arrosage *m*, **arrosement** *m* 1. Anfeuchten *n*, Befeuchten *n*, Begießen *n*, Sprengen *n*; Berieselung *f*, Bewässerung *f*; Beregnung *f*; Wässern *n*; Abspritzen *n* ⟨Draht⟩; 2. Kühlung *f* ⟨von Werkzeugen⟩
  a. sous pression Druckspritzverfahren *n*
arroser begießen, besprengen; berieseln, bewässern; durchtränken; befeuchten; kühlen ⟨von Werkzeugen⟩
arroseur *m* Regner *m*
arroseuse *f* Sprengwagen *m*; Berieselungsmaschine *f*
arroseuse-balayeuse *f* Straßenreinigungsmaschine *f* ⟨Kehren und Sprengen⟩
arrosoir *m* Gießkanne *f*
arsenal *m* Marinewerft *f*, Kriegsschiffswerft *f*
arséniate *m* Arseniat *n*
arsenic *m* Arsen *n*
  a. blanc Arsenblüte *f*, weißer Arsenik *m*
arsenical Arsen-
arsenifère arsenhaltig
arsénite *m* Arsenit *n*
arseniure *m* Arsenid *n*
arsine *f* Arsin *n*, Arsenwasserstoff *m*
arsphénamine *f* Salvarsan *n*
art *m*:
  a. de la construction Baukunst *f*; Baukunde *f*
  a. des mines Bergbaukunde *f*
  a. de probabilité Wahrscheinlichkeitslehre *f*
artère *f* 1. Verkehrsader *f*; Hauptstraße *f*; Ausfallstraße *f*, Fernverkehrsstraße *f*; 2. ⟨El⟩ Speisekabel *n*, Stromzuführungskabel *n*
  a. de la circulation Verkehrsstraße *f*
  a. maîtresse Kollektor *m*, Verteiler *m*
  a. principale 1. Hauptverkehrsstraße *f*, Magistrale *f*; 2. ⟨El⟩ Hauptstrang *m*
  a. de retour Stromrückleitungskabel *n*
  a. de transport Anfuhrstraße *f*, Zufuhrstraße *f*; Transportweg *m*
artésien artesisch
article *m*:
  a. «à jeter après usage» Wegwerfartikel *m*, Einwegartikel *m*
  a. tubulaire Schlauchware *f*
  a. vestimentaire Kleidungsstück *n*
  a. en vrac Massenartikel *m* ⟨z. B. Schrauben⟩
articles *mpl*:
  a. en acier Stahlwaren *fpl*
  a. en cours de recuisson ⟨Met⟩ Kühlgut *n*
  a. lainés Rauhware *f*

articulation

articulation f 1. Gelenk(verbindung f) n; Knie n; Glied n; 2. Schwenkbarkeit f
a. d'appui Auflagergelenk n
a. à cardan Kardangelenk n, Kreuzgelenk n
a. à genouillère Kniehebelgelenk n
a. au pied Fußgelenk n
a. pivotante Drehgelenk n
a. à rotule Kugelgelenk n
a. sphérique Kugelgelenk n; räumliche Verbindung f
a. à tourillon Bolzengelenk n
articulé gelenk(art)ig, gegliedert; Gelenk-; Schwenk-
articuler gelenkig verbinden
artifice m Feuerwerk n
artificiel künstlich, Kunst-
artimon m Besanmast m
artisan-constructeur m Bauhandwerker m
arylation f Arylierung f
aryler arylieren
asbeste m Asbest m ⟨s. a. amiante⟩
a. ciment Asbestzement m
ascendant aufsteigend, ansteigend, hochsteigend; senkrecht nach oben verlaufend
ascenseur m Aufzug m, Fahrstuhl m, Lift m
a. à bateaux Schiffshebewerk n
a. à cabine Kabinenaufzug m, Personenaufzug m
a. à cage Lastenaufzug m
a. continu Umlaufaufzug m; Paternoster(aufzug) m
a. à contrepoids Gegengewichthebewerk n
a. flottant Schwimmerhebewerk n
a. funiculaire Drahtseilaufzug m; Drahtseilbahn f
a. hydraulique Preßwasserhebewerk n
a. à marche automatique Selbstfahrer m
a. pour passagers (personnes) Personenaufzug m
a. à plan incliné Schrägaufzug m
a. rapide Schnellfahrstuhl m
ascenseur-patenôtre m Paternoster(aufzug) m
ascension f 1. ⟨Ph⟩ Auftrieb m; 2. ⟨Flg⟩ Steigflug m, Höhenflug m; 3. ⟨Rak⟩ Aufstieg m
a. droite Rektaszension f
a. du rail par le boudin Aufklettern n des Spurkranzes
a. simulée vorgetäuschtes Steigen n ⟨Höhenmessereinstellung⟩
a. verse Stundenwinkel m; Rektaszension f

ascensionnel aufsteigend, Aufwärts-
aséismique aseismisch
asparagine f Asparagin n
aspect m 1. Aussehen n; Gesichtspunkt m; Blickrichtung f; 2. Aspekt m, Planetenstellung f
a. de l'attaque Ätzbild n
a. de la bougie d'allumage Zündkerzenbild n, Kerzengesicht n
a. de la cassure Bruchaussehen n
a. du signal Signalbild n
a. structural Gefügeaussehen n
asperger besprengen, (be)spritzen, (be-)sprühen
aspérité f Rauheit f, Unebenheit f
asperseur m **à secteur réglable** Ausschnittregner m, Sektorenregner m
aspersion f Besprengen n, Bespritzen n, Besprühen n; Spritzen n
asphaltage m Asphaltierung f
asphalte m Asphalt m; Erdölbitumen n, Erdpech n; Asphaltstein m; Asphaltpflaster n
a. ciment Asphaltbinder m, Asphaltbindemittel n
a. comprimé Preßasphalt m, Stampfasphalt m, Walzasphalt m
a. coulé Gußasphalt m; Asphaltguß m
a. à froid Kaltasphalt m
a. natif (naturel) Naturasphalt m, Seeasphalt m
a. en pains Asphaltfliese f; kleine Asphaltplatte f
a. à pilonner Stampfasphalt m
asphaltène m Asphalten n
asphalter asphaltieren, mit Asphalt belegen
asphalteux asphalthaltig, asphaltisch, erdpechhaltig, Asphalt-
asphaltier m Asphalttanker m
asphaltique s. asphalteux
asphérique asphärisch
aspirail m Zugloch n
aspirant saugend, Saug-
aspirateur m 1. Entlüfter m, Sauggebläse n, Ventilator m; 2. Saugapparat m; Aspirator m; Absauggerät n; 3. Staubsauger m
a. autonome Einzelentstauber m
aspirateur-batteur m Teppichklopfmaschine f
aspiration f Ansaugen n, Einsaugen n, Absaugen n, Aufsaugen n; Ansaugung f, Einsaugung f, Absaugung f
a. de poussière 1. Staubabsaugung f; 2. Staubsaugvorrichtung f
aspiratoire Ansaug-, Absaug-
aspiratrice f Staubsauger m

aspirer ansaugen, absaugen, aufsaugen, einsaugen
assainir reinigen; sanieren; entwässern
assainissement *m* Reinigung *f*; Sanierung *f*; Abwässerung *f*; Entwässerung *f*; Desinfektion *f*
  a. agricole Bodenverbesserung *f*, Melioration *f*, Trockenlegung *f*
  a. urbain Stadtsanierung *f*
asse *f*, **asseau** *m* Schieferdeckerhammer *m*; Handbeil *n*
assèchement *m* 1. Trocknen *n*; Austrocknen *n*; Trockenlegung *f*; 2. Wasserhaltung *f*; 3. Lenzen *n*; Nachlenzen *n*
  a. par drainage Trockenlegung *f*
  a. par évaporation Austrocknung *f*
assécher 1. austrocknen; trockenlegen; trocknen; 2. lenzen; nachlenzen
assemblage *m*, **assemblement** *m* 1. Verband *m*; Verbindung *f*; Montage *f*, Zusammenbau *m*, Zusammenfügen *n*; Mauerverband *m*; 2. Baugruppe *f*; Satz *m*; Garnitur *f*; 3. Zusammentragen *n* ⟨Buchbinderei⟩; 4. Fachen *n*, Dublieren *n* ⟨Garn, Zwirn⟩; 5. Einfügen *n* ⟨eines Teilprogramms⟩
  a. d'angle Eckverbindung *f*
  a. par articulation, a. articulé Gelenkverbindung *f*, gelenkige Verbindung *f*
  a. de blocs Sektionsmontage *f*
  a. des bois Abbund *m* des Holzes; Holzverbindung *f*
  a. par boulon(s) Bolzenverbindung *f*
  a. par brides (boulonnées) Flanschverbindung *f*
  a. carré Winkelverbindung *f*
  a. à la chaîne Fließbandmontage *f*
  a. de charpente Fachwerkverbindung *f*
  a. de charpentier Zimmermannsverbindung *f*
  a. par chevilles Verdübelung *f*
  a. à clavette Keilverbindung *f*, Verkeilung *f*
  a. à clin Überlappungsverbindung *f*
  a. cloué Nagelverbindung *f*
  a. par colliers Bandverbindung *f*
  a. de comble Dachverband *m*
  a. compact dichteste Packung *f*
  a. compact de sphères dichteste Kugelpackung *f*
  a. à contre-clavette Zapfenverkeilung *f*
  a. à coupe oblique Blechung *f* mit Schrägschnitt ⟨Transformator⟩
  a. à couvre-joint Lasch[enverbind]ung *f*
  a. à crampons Klammerverbindung *f*
  a. à crémaillère Versatz *m*
  a. critique kritische Anordnung *f*

a. démontable lösbare Verbindung *f*
a. à dents Verzahnung *f*
a. par emboîtement Muffenverbindung *f* ⟨Rohr⟩
a. par embrèvement Kerbfügung *f*
a. par enfoncement Einpreßverbindung *f*
a. à enfourchement Scherzapfenverbindung *f*
a. par (à) entaille Blattung *f*, Verblattung *f*, Verkämmung *f*
a. de fibres Faserverband *m*
a. final Endmontage *f*
a. par force kraftschlüssige Verbindung *f*
a. par forme formschlüssige Verbindung *f*
a. à fourchement Anschlitzung *f*
a. par frette Schrumpfverbindung *f*
a. par frottement reibschlüssige Verbindung *f*
a. à goujon Dübelverbindung *f*
a. à manchon Muffenverbindung *f*
a. par matière stoffschlüssige Verbindung *f*
a. à mi-bois *s. a.* par entaille
a. oblique Schrägverband *m*
a. d'onglet Gehrfuge *f*
a. des pièces de bois Holzverband *m*
a. des pièces de fer Eisenverband *m*
a. de pierre(s) Steinverbindung *f*, Steinverband *m*
a. des poutres Balkenabbund *m*
a. en queue d'aronde Schwalbenschwanzverbindung *f*
a. à queues Verzinkung *f*
a. par (à) rainure et languette Nut- und Federverbindung *f*; Spundung *f*, Verspundung *f*
a. riveté (par rivets) Nietverbindung *f*; Nietung *f*, Nietschweißen *n*
a. par rivets à brides Flanschverbindung *f*
a. par rivets à cornières Winkeleisenverbindung *f*
a. par rivets en échiquier Versatznietung *f*
a. par rivets à éclisses Laschenvernietung *f*
a. par serrage Klemmverbindung *f*
a. soudé (par soudure) Schweiß[verbind]ung *f*
a. de sphères Kugelpackung *f*
a. à tenon et mortaise Verzapfung *f*
a. transversal Querverankerung *f*
a. à tubes Rohrverbindung *f*
a. à vis Schraubenverbindung *f*, Verschraubung *f*

assembler

assembler 1. montieren; verbinden, (zusammen)fügen, zusammensetzen, zusammenstellen; 2. zusammentragen ⟨Buchbinderei⟩; 3. zusammennähen, zusammensetzen; fachen ⟨Garn, Zwirn⟩; 4. einfügen ⟨ein Teilprogramm⟩
  a. bout à bout stumpf aneinandersetzen (verbinden)
  a. les feuilles zusammentragen ⟨Buchbinderei⟩
assembleur *m* 1. Monteur *m*, Montagearbeiter *m*; 2. ⟨Typ⟩ Sammler *m*
assembleuse *f* 1. Montagemaschine *f*; 2. Montagearbeiterin *f*
asseoir sur l'eau aufs Wasser aufsetzen; ins Wasser einsetzen
asservissement *m* 1. (selbsttätiger) Regelkreis *m*; 2. Steuerung *f*
asservisseur regelnd, Regel-
assiette *f* 1. Fundament *n*, Sohle *f*, Unterbau *m*; 2. Stütze *f*; Sitz *m*; Stand *m*; Lage *f*; 3. Trimmlage *f*; 4. Teller *m*
  a. du ballast Erdkoffer *m*, Fahrbahntrog *m*; Erdplanumsohle *f*
  a. d'une chaussée Erdplanum *n*; Planum *n*; Fahrbahn *f*; Fahrbahndecke *f*
  a. des rails Schienenauflage *f*
  a. de réglage Aufrüstposition *f*
  a. tournante Drehteller *m*
  a. des traverses Schwellenauflage *f*
  a. de vérification Aufrüstposition *f*
  a. de la voie Bahnkörper *m*
assiettes *fpl* Fluglage *f* vom Erdboden
assignation *f* ⟨Dat⟩ Zuweisung *f*
assigner ⟨Dat⟩ zuweisen
  a. un franc-bord ⟨Schiff⟩ Freibord erteilen
assise *f* Lage *f*; Schicht *f*; Grundlage *f*; Steinschicht *f*; Unterbau *m*, Untersatz *m*
  a. de ballast Schotterbett *n*
  a. de béton Betonschicht *f*
  a. de bout Kopfschicht *f*
  a. de boutisses Binderschicht *f*
  a. de briques à plat Flachschicht *f*
  a. de (briques posées sur) champ Rollschicht *f*
  a. de panneresses ⟨Bw⟩ Läuferschicht *f*
  a. de support Tragbelag *m*
  a. par tête Kopfschicht *f*
assistance *f* Bergen *n*, Bergung *f*, Hilfeleistung *f* (für in Not geratene Schiffe)
assistant *m* **de l'opérateur de prise de vues** Kameraassistent *m*
association *f* Assoziation *f*, Verbindung *f*; Verband *m*
assombrir abdunkeln

assombrissement *m* Abdunklung *f*
assortiment *m* 1. Sortiment *n*; Sortierung *f*; 2. Schriftgarnitur *f*
  a. de carde Krempelsatz *m*
  a. par qualité Güteklassensortierung *f*
assortir zusammenstellen; sortieren; zusammenpassen (z. B. nach der Farbe)
assouplir geschmeidig(er) machen (z. B. Farbe); assouplieren ⟨Seide⟩; quetschen ⟨Jute⟩
assouplissage *m* Assouplieren *n* ⟨von Seide⟩; Quetschen *n* ⟨von Jute⟩
assouplissant *m* Weichmach(ungs)mittel *n*, Weichmacher *m*
assouplissement *m* Weichwerden *n*, Aufweichen *n*; Erweichen *n*; Erweichung *f*
assourdir dämpfen ⟨Töne, Licht, Farben⟩
assurance *f* ⟨Met⟩ Sicherheitszuschlag *m*
  a. des biens Frachtversicherung *f*, Ladungsversicherung *f*
  a. du corps Schiffskasko *m*, Schiffsversicherung *f* ⟨Schiff und Maschine⟩
  a. de la faculté s. a. des biens
  a. maritime Seeversicherung *f*
astatique astatisch
astérisme *m* Asterismus *m*
astérisque *m* ⟨Typ⟩ Stern *m*
astigmate astigmatisch
astigmatisme *m* Astigmatismus *m*
  a. anisotrope anisotroper Astigmatismus *m*
  a. des faisceaux obliques Astigmatismus *m* schiefer Bündel
  a. résiduel Restastigmatismus *m*
astiquage *m* Polieren *n*, Putzen *n*; Glätten *n*
astiquer polieren, putzen; glätten
astragale *m* Astragal *m*, Rundstab *m*, Halsring *m* ⟨einer Säule⟩
astrionique *f* Astrionik *f*, Weltraumforschung *f*
astrocompas *m* Astrokompaß *m*
astrodôme *m* Astrokuppel *f*
astrodynamique *f* Astrodynamik *f*
astronaute *m* Astronaut *m*, Kosmonaut *m*, Raumfahrer *m*, Weltraumfahrer *m*
astronautique *f* Astronautik *f*, Raumfahrt *f*
astronavigation *f* Astronavigation *f*
astronef *m* Raumschiff *n*
astronomie *f* Astronomie *f*
astronomique astronomisch
astrophotographie *f* Astrofotografie *f*
astrophotomètre *m* Astrofotometer *n*
astrophysique *f* Astrophysik *f*
asymétrie *f* Asymmetrie *f*
asymétrique asymmetrisch, unsymmetrisch

asymptote f Asymptote f
asymptotique asymptotisch
asynchrone asynchron
atelier m Atelier n, Studio n; Werkstatt f, Werkstätte f; Werkhalle f; Bauhütte f; Produktionsabteilung f, Betriebsabteilung f; Anlage f
 a. d'agglomération Sinteranlage f
 a. d'apprentissage Lehrwerkstatt f
 a. d'armement Ausrüstungshalle f; Ausrüstungswerkstatt f
 a. artisanal Handwerksbetrieb m; Handwerkerwerkstatt f
 a. d'assemblage de blocs Sektionsmontagehalle f
 a. de broyage des charbons Kohlenbrechanlage f
 a. de chemin de fer Eisenbahnausbesserungswerk n; Reichsbahnausbesserungswerk n, RAW n
 a. de composition Setzersaal m, Setzerei f
 a. de concassage du coke Koksbrechanlage f
 a. coque Schiffbauhalle f
 a. de décapage Beizanlage f
 a. de découpage des tôles Plattenzuschnitthalle f
 a. de dépannage Reparaturwerkstatt f
 a. de dessablage, a. d'ébarbage Putzerei f
 a. d'entretien et de réparation du matériel roulant Wagenausbesserungswerk n
 a. d'estampage Gesenkschmiede f
 a. d'étamage Verzinnerei f
 a. d'étirage Drahtzieherei f
 a. de forge Hammerschmiede f
 a. de frittage Sinteranlage f
 a. de galvanisation Verzinkerei f
 a. mécanique mechanische Werkstatt f
 a. de montage Montagehalle f, Montagewerkstätte f
 a. de montage et d'assemblage Montagehalle f
 a. de moulage Formerei f
 a. de nettoyage des billettes Knüppelputzerei f
 a. de nettoyage des blooms Vorblockputzerei f
 a. à noyaux Kernformerei f
 a. d'outillage Werkzeugbau m, Werkzeugabteilung f ⟨als Betriebsabteilung⟩
 a. de peinture Lackiererei f, Spritzerei f ⟨als Betriebsabteilung⟩
 a. de photocopie Fotokopieranstalt f
 a. de préfabrication (et de préassemblage) Halle f für Einzelteilfertigung
 a. de production Produktionswerkstatt f, Fertigungswerkstatt f, Produktionsstätte f
 a. de recuit Glüherei f
 a. de relieur Buchbindereiwerkstatt f; Buchbinderei f
 a. de réparation Reparaturwerkstatt f
 a. de sablage Putzerei f
 a. de salaison Salzerei f ⟨Fischverarbeitung⟩
 a. de soudage électrique Elektroschweißerei f
 a. de soudure Schweißerei f
 a. de synchronisation Synchronisationsstudio n
 a. de taille Schleifanlage f ⟨Glas⟩
 a. de tournage des cylindres Walzendreherei f
 a. de transformation Verarbeitungsraum m ⟨Fischverarbeitung⟩
 a. des travaux de ville Akzidenzsetzerei f
 a. d'usinage Bearbeitungshalle f
 a. de zinguerie Verzinkerei f
atelier-école m Lehrwerkstatt f
atelier-pilote m Pilotanlage f, halbtechnische Anlage f
athermane ⟨Ph⟩ atherman, wärmeundurchlässig
athermique ⟨Ch⟩ wärmeabweisend; wärmeundurchlässig
atmidomètre m Dunstmesser m, Verdunstungsmesser m
atmidométrie f Verdunstungsmessung f
atmomètre m s. atmidomètre
atmophile atmophil
atmosphère f Atmosphäre f
 a. agitée böige Luft f
 a. effective Atmosphärenüberdruck m
 a. pour l'examen ⟨Text⟩ Prüfklima n
 a. du four Ofenatmosphäre f
 a. gazeuse Gasatmosphäre f
 a. d'hydrogène Wasserstoffatmosphäre f
 a. normale physikalische Atmosphäre f ⟨Einheit des Drucks⟩
 a. standard s. a. type
 a. technique technische Atmosphäre f
 a. type Norm(al)atmosphäre f, Standardatmosphäre f
 a. type internationale internationale Normalatmosphäre f
atmosphérique atmosphärisch
atome m Atom n
 a. chaud heißes Atom n

atome

a. étranger Fremdatom *n*
a. fils Folgeatom *n*, Tochteratom *n*
a. d'impureté Fremdatom *n*
a. interstitiel Zwischengitteratom *n*
a. marqué markiertes Atom *n*
a. non métallique Nichtmetallatom *n*
a. nucléaire hochionisiertes (geschältes) Atom *n*, Atomkern *m*
a. père Ausgangsatom *n*
a. traceur Indikatoratom *n*
atome-gramme *m* Grammatom *n*
atomicité *f* Wertigkeit *f*
atomique atomar, Atom-
atomisation *f* Zerstäubung *f*, Versprühung *f*
atomiser zerstäuben, versprühen
atomiseur *m* Zerstäuber *m*, Sprühapparat *m*; Nebler *m* ⟨Pflanzenschutz⟩
âtre *m* Feuerung *f*, Feuerraum *m*
atropine *f* Atropin *n*
attache *f* Verbindung *f*, Befestigung *f*, Kopplung *f*; Band *n*, Bund *m*
    a. de courroie Riemenverbinder *m*, Riemenschloß *n*
    a. des rails Schienenbefestigung *f*
    a. de tuyau Rohrverbinder *m*, Rohrschelle *f*
attachement *m* 1. Zusatzeinrichtung *f*, Anbaugerät *n*; Vorsatz *m* ⟨Gabelstapler⟩; 2. Anlagerung *f*
attacher verbinden, anbringen, befestigen, koppeln
attaque *f* 1. Angreifen *n*, Ätzen *n*; Ätzung *f*; 2. Eingriff *m* ⟨Zahnrad⟩; 3. ⟨Met⟩ Einguß *m*; 4. ⟨Brg⟩ Anhieb *m*; 5. Anruf *m* ⟨Signaldienst⟩
    a. directe direkte Ansteuerung *f*; Direktantrieb *m*
    a. de la fibre Faserschäden *mpl*
    a. d'insectes Insektenbefall *m*
attaquer 1. angreifen, ätzen; schädigen; 2. eingreifen ⟨Zahnrad⟩; 3. ⟨Brg⟩ anhauen; 4. anrufen ⟨Signaldienst⟩
    a. à l'acide ätzen
atteindre le synchronisme Synchronlauf erzielen
attelage *m* Ankuppeln *n*; Kupplung *f*
    a. automatique selbsttätige Kupplung *f*
    a. à chaîne Kettenkupplung *f*
    a. lâche lose Kupplung *f*
    a. principal Hauptkupplung *f*
    a. de secours Hilfskupplung *f*
    a. de sûreté Sicherheitskupplung *f*
    a. à tampon central Mittelpufferkupplung *f*
    a. à vis Schraubenkupplung *f*
attelé angehängt ⟨z. B. Pumpe an einem Motor⟩

atteler anhängen; koppeln, (an)kuppeln
atténuant schwächend; dämpfend, Dämpfungs-
atténuateur *m* Abschwächer *m* ⟨z. B. Impulshöhe⟩; Dämpfungsglied *n*
    a. à décades dekadischer Spannungsteiler *m*
    a. de sortie Ausgangsspannungsteiler *m*
atténuation *f* Abschwächung *f*; Dämpfung *f*
    a. acoustique Schalldämpfung *f*
    a. de bande latérale Seitenbanddämpfung *f*
    a. du contraste Abschwächen *n* des Kontrastes
    a. du rayonnement Strahlungsschwächung *f*
    a. du son Schalldämpfung *f*
    a. totale Gesamtdämpfung *f*
atténuer dämpfen
    a. le lustre mattieren, delüstrieren
atterrir landen, aufsetzen
    a. trop court zu kurz kommen ⟨bei der Landung⟩
    a. trop long zu weit kommen ⟨bei der Landung⟩
atterrissage *m* Landen *n*; Landung *f*
    a. brutal Durchsacken *n* bei der Landung
    a. forcé Notlandung *f*
    a. moteur réduit Gleitlandung *f*
    a. normal Normallandung *f*; Dreipunktlandung *f*
    a. à plat (train rentré) Bauchlandung *f*
    a. vent arrière Rückenwindlandung *f*
    a. sans visibilité Blindlandung *f*
atterrissement *m* Ablagerung *f*, Anschwemmung *f*; Versandung *f*
atterrisseur *m* Fahrwerk *n*, Fahrgestell *n*
    a. escamotable einziehbares Fahrgestell *n*
attinage *m* ⟨Schiff⟩ Aufklotzung *f*, Stapelung *f*
attirer anziehen
attiser schüren, anblasen ⟨Feuer⟩
attis(onn)oir *m* Schüreisen *n*, Feuerhaken *m*
attitude *f* **de vol** Fluglage *f*
attraction *f* Anziehung(skraft) *f*
    a. électrodynamique elektrodynamische (elektromagnetische) Anziehung *f*
    a. lunaire Mondanziehung(skraft) *f*
    a. moléculaire Molekularanziehung *f*
    a. nucléaire Kernanziehung *f*
    a. terrestre (universelle) allgemeine Anziehung(skraft) *f*, Erdanziehung *f*, Schwerkraft *f*

attrape f Attrappe f; Tau n, Bindetau n
attrempage m Tempern n, Antempern n
attremper [an]tempern
attrition f éolienne Windschliff m
aubage m Schaufelkranz m, Beschaufelung f, Schaufeln fpl
   a. directeur d'admission d'air, a. distributeur Eintrittsleitschaufeln fpl
   a. redresseur d'échappement Abgasleitschaufeln fpl
aube f Schaufel f ⟨Turbine⟩
   a. directrice (fixe) Leitschaufel f
   a. mobile (tournante) Laufschaufel f
   a. de turbine Turbinenschaufel f, Laufradschaufel f
aubes fpl **détruites** Schaufelsalat m
audibilité f Hörbarkeit f; Verständigung f
audible hörbar
audiofréquence f Tonfrequenz f, Hörfrequenz f, Niederfrequenz f
audiogramme m Audiogramm n
audiomètre m Audiometer n, Hörschwellenmeßgerät n
   a. subjectif Vergleichsgeräuschmesser m
audion m Audion[röhre f] n
auge f 1. Behälter m; Mulde f; Trog m; 2. Rinne f, Rutschenblech n; 3. Kalkkasten m, Mörtelkasten m; 4. Futterkrippe f
   a. de chargement Chargiermulde f
   a. de décharge Entladerinne f; Überlauf m, Wasserüberlauf m
   a. d'enfournement Beschickungsmulde f
augée f Troginhalt m
auget m Trog m; Zelle f ⟨Wasserrad⟩; Laufschaufel f ⟨Peltonrad⟩; Eimer m ⟨Bagger⟩
augmentation f Erhöhung f, Steigerung f; Zunahme f
   a. de la consistance Verfestigung f
   a. du débouché Absatzsteigerung f
   a. exponentielle exponentieller Anstieg m
   a. de glissement Schlupfvergrößerung f
   a. de masse Massenzunahme f
   a. de la pression de gaz Gasdrucksteigerung f
   a. de puissance Leistungssteigerung f
   a. de température Temperaturzunahme f
   a. de la tension Spannungsanstieg m
   a. de vitesse Geschwindigkeitszunahme f; Drehzahlanstieg m
   a. de volume Volumenvergrößerung f, Volumenzunahme f

augmenter ansteigen; sich aufschaukeln; vergrößern, vermehren; zunehmen
   a. la concentration anreichern
auréole f Aureole f, Lichthülle f
   a. pléochroïtique pleochroitischer Hof m
aurifère goldhaltig
aurore f:
   a. australe Südlicht n
   a. boréale Nordlicht n
   a. polaire Polarlicht n
aussière f Trosse f, dreischäftiges (troßweise geschlagenes) Seil n; Kardeel f ⟨einzelner Strang einer Trosse⟩; Festmacher[leine f] m, Festmachertrosse f, Verholtrosse f, Vertäutrosse f; Schleppleine f, Schlepptrosse f
austéniser austenitisieren
austénite f Austenit m
austénitique austenitisch
autel m Feuerbrücke f; Zwischenwand f; Bank f ⟨im Ziegelofen⟩
auto f Auto n
auto-absorption f Selbstabsorption f
auto-aération f Eigenbelüftung f
auto-alignement m Selbstabgleich m
auto-alimentation f ⟨El⟩ Selbsthaltung f
auto-allumage m Selbst[ent]zündung f
auto-amorçage m Selbstansaugung f
auto-amorçant, auto-amorceur selbstansaugend
auto-arrimant selbsttrimmend ⟨z. B. Laderaum⟩
auto-aspirant selbstansaugend
autobus m Autobus m
autocar m Reisebus m, Fernbus m
autocatalyse f Autokatalyse f
autocatalytique autokatalytisch
autochenille f Raupenschlepper m
autochrome ⟨Typ⟩ autochrom
autoclave m Autoklav m, Hochdruckdampfkammer f
   a. à agitation Rührautoklav m
   a. à circulation d'air Umlaufautoklav m
   a. à cloche Glockenheizkessel m
   a. à cuisson de colle Schlichtekocher m
   a. rotatif Umwälzautoklav m
   a. de saturation Saturationsautoklav m
   a. tournant Rollautoklav m
   a. à vapeur Dampfautoklav m
autocollimateur Autokollimations-
autocollimation f Autokollimation f
autocommutateur m selbsttätiger Schalter m
autocompensateur m Selbstkompensator m
autocontrôle m automatische Kontrolle f

autocorrélateur 62

autocorrélateur m Autokorrelator m
autocorrélation f Autokorrelation f
autocoupage m Selbstlöschung f
autocoupeur selbstlöschend
autodébrayage m automatische Kupplung f
autodémarrage m selbständiger Anlauf m
autodémarreur selbstanlaufend
autodiffusion f Selbstdiffusion f, Selbststreuung f
autodyne m Autodynschwingkreis m; Autodyn n
auto-émission f Feldemission f
auto-équilibrage m Selbstausgleich m
auto-étouffement m Selbstlöschung f
auto-évaporation f Selbstverdampfung f
auto-excitateur selbsterregend, mit Selbsterregung
auto-excitation f Eigenerregung f, Selbsterregung f
auto-extinctible selbstlöschend
auto-extinction f Selbstauslöschung f
autogène autogen
autogire m Tragschrauber m
autograissage m Selbstschmierung f
autograissant, autograisseur selbstschmierend
autoguidage m Selbst(ein)steuerung f, Zielsuchlenkung f
autoguidé selbstgesteuert
autohydratation f Autohydratation f
auto-inductance f Selbstinduktivität f, Selbstinduktanz f
auto-induction f Selbstinduktion f
auto-ionisation f Autoionisation f
autoleveller m Regelstrecke f
autolubrifiant selbstschmierend
autolubrification f Selbstschmierung f
automate m Automat m ⟨s. a. machine automatique⟩
   a. à chariots transporteurs Umsetzerautomat m
   a. à cylindre pour impression en deux couleurs Zweifarbenzylinderautomat m
   a. à cylindre pour impression en une couleur Einfarbenzylinderautomat m
   a. à cylindre oscillant Schwingzylinderautomat m
   a. à deux tours pour impression en deux couleurs Zweifarbenzweitourenautomat m
   a. à deux tours pour impression en une couleur Einfarbenzweitourenautomat m
   a. d'impression en épaisseur Körperbedruckautomat m
   a. d'impression à plat Flachdruckautomat m

   a. à ruban capital Kapitalbandautomat m
   a. du ruban-encreur Farbbandautomat m
   a. temporisé Zeitschalter m
   a. à un tour Eintourenautomat m
   a. à transfert Umlaufautomat m
   a. vertical Vertikalautomat m
automaticité f **des groupes électrogènes** Stromerzeugerautomatik f, Automatik f der Stromerzeugungsanlage
automation f 1. Automation f, Automatisierung f; 2. Regelungstechnik f
automatique automatisch, selbsttätig
   entièrement a. vollautomatisch
automatisation f Automatisierung f, Automation f
   a. marine Automatisierung f des Schiffsbetriebes, Schiffsautomation f
   a. partielle Teilautomatisierung f
   a. des processus Prozeßautomatisierung f
automatiser automatisieren
automatisme m Automatik f, Selbsttätigkeit f
   a. de séquence Folgesteuerung f
automobile f Automobil n, Kraftwagen m
automorphe ⟨Math⟩ automorph
automorphisme m ⟨Math⟩ Automorphismus m
automoteur mit Eigenantrieb, motorgetrieben
automoteur m 1. Selbstfahrlafette f; 2. Selbstfahrer m ⟨z. B. Binnenschiff⟩
   a. de rivière Binnenmotorgüterschiff n
automotrice f Triebwagen m
   a. à vapeur Dampftriebwagen m
autonettoyant selbstreinigend ⟨Kontakt⟩
autonettoyeur m Selbstreiniger m
autonomie f 1. sichere Arbeitsdauer f ⟨Zeit, die eine Maschine ohne Inanspruchnahme der Kraftstoffreserve arbeiten kann⟩; 2. Aktionsradius m
   a. de la mer Ausrüstungsdauer f, Selbständigkeitsdauer f
   a. théorique Höchstarbeitsdauer f
auto-obturateur selbstdichtend
auto-oscillant selbstschwingend
auto-oxydation f s. autoxydation
autopolarisé mit automatischer Gittervorspannung
autopolymérisation f Autopolymerisation f
autopompe f Feuerlöschfahrzeug n
autoportant selbsttragend
autoprogrammation f automatische Programmierung f
autoprogrammeur m Compiler m

autopropulsé mit Eigenantrieb, selbstfahrend
autopropulsion f Eigenantrieb m
autoracémisation f ⟨Ch⟩ Autorazemisation f
autoradiation f Eigenstrahlung f
autoradiographie f Autoradiografie f
autorail m Triebwagen m, Schienenbus m
  a. diesel Dieseltriebwagen m
  a. rapide diesel-électrique dieselelektrischer Schnelltriebwagen m
autoréaction f innere Rückkopplung f
autoréglable selbstregulierend, selbstabgleichend
autorégulateur selbstregelnd
autorégulation f Selbstregelung f; à a. selbstregelnd
autoremblayage m Selbstversatz m
autorisation f **du contrôle de la circulation aérienne** Flugsicherungsfreigabe f, FS-Freigabe f
autorité f:
  a. du canal Kanalbehörde f
  a. maritime Schiffahrtsaufsichtsbehörde f
  a. du port, a. portuaire Hafenamt n, Hafenbehörde f, Hafenverwaltung f
autorotation f Autorotation f
autoroute f Autostraße f, Kraftfahrbahn f; Autobahn f
autostabilité f Eigenstabilität f
autostable eigenstabil
autostrade f s. autoroute
autotransformateur m Autotransformator m, Spartransformator m
  a. de démarrage Anlaßspartransformator m
  a. de mesure Meßwandler m in Sparschaltung
  a. monophasé Einphasenspartransformator m
  a. du point neutre Sternpunktspartransformator m
  a. de réglage Regeltransformator m in Sparschaltung
autotrempant lufthärtend
autotypie f Autotypie f, Rasterätzung f
autovulcanisant selbstvulkanisierend
autoxydation f Autoxydation f
auvent m 1. Schutzdach n, Vordach n, Wetterdach; 2. ⟨Kfz⟩ Windlauf m
auxiliaire Hilfs-
auxiliaire m Hilfsmittel n ⟨s. a. adjuvant⟩
  a. machine Hilfsanlage f für den Maschinenbetrieb
auxiliaires mpl Hilfsanlage f, Hilfseinrichtung f; Hilfsaggregat n, Hilfsmaschine f ⟨Schiff⟩

a. d'amarrage et de déhalage Verhol- und Vertäueinrichtung f, Vertäu- und Verholeinrichtung f
a. de coque schiffbauliche Ausrüstung f; Hilfsanlagen fpl für den allgemeinen Schiffsbetrieb
a. de pont Decks(hilfs)maschinen fpl
aval stromabwärts; unterstromig ⟨Wasserrad⟩
aval m Talrichtung f; Unterwasser n; tiefer gelegener Teil m ⟨einer Talsperre⟩; **à l'a.** am unteren Stoß; **en a.** flußabwärts (stromabwärts) gelegen
  a. d'un signal Gleisabschnitt m hinter einem Signal
avalanche f Lawine f
  a. électronique (d'électrons) Elektronenlawine f
  a. d'ions Ionenlawine f
  a. de pierres Schuttlawine f, Steinlawine f
  a. de plaques de neige Schneebrettlawine f
  a. de Townsend Elektronenlawine f, Townsend-Lawine f
avalant m Talfahrer m ⟨flußabwärts fahrendes Schiff⟩
avalent nullvalent
avaler ⟨Brg⟩ abteufen
avance f 1. Vorlauf m, Voreilung f; 2. Vorschub m; Zustellung f; 3. Gebäudevorsprung m, Vorbau m, Erker m; 4. Aufschalten n ⟨eines Schaltwerkes⟩
  a. à l'admission Voreinströmung f ⟨Kolbenmaschinen⟩
  a. à l'allumage Frühzündung f, Vorzündung f
  a. angulaire Voreilwinkel m ⟨Kolbenmaschinen⟩
  a. automatique automatischer (selbsttätiger) Vorschub m
  a. de la bande Bandvorschub m
  a. du chariot Wagenvorschub m
  a. continue Dauervorschub m
  a. à dépression Unterdruckverstellung f ⟨Zündung⟩
  a. descendante Abwärtsvorschub m
  a. à l'échappement Vorausströmung f ⟨Kolbenkraftmaschinen⟩
  a. de forage Bohrvorschub m
  a. lente Kriechvorschub m, Schleichvorschub m, langsamer Vorschub m
  a. longitudinale Längsvorschub m
  a. à main, a. manuelle Handvorschub m; Handverstellung f ⟨Zündung⟩
  a. par minute Vorschub m je Minute
  a. du papier Papiervorschub m
  a. de phase Phasenvoreilung f

avance

a. en plongée Planvorschub *m*
a. en profondeur Tiefenvorschub *m*
a. rapide Schnellvorschub *m*, Eilvorschub *m*; schneller Vorlauf *m* ⟨z. B. Tonband⟩
a. du ruban-encreur Farbbandtransport *m*, Farbbandvorschub *m*
a. sensitive Feinvorschub *m*
a. du tiroir Schiebervoreilung *f* ⟨Dampfmaschine⟩
a. par tour Vorschub *m* je Umdrehung
a. transversale Quervorschub *m*
a. de travail Arbeitsvorschub *m* ⟨Werkzeugmaschine⟩
a. variable du point d'injection Spritzversteller *m*
pleine a. Vollgas *n*
avance-barre *m* Stangenvorschub *m*
avancée *f* Vorsprung *m*; Vorwerk *n*
avancement *m* 1. Vorlauf *m*, Voreilung *f*; 2. Vorschub *m* ⟨s. a. avance⟩; 3. Fortgang *m*; Vortrieb *m*; 4. Bauzustand *m*, Fertigungszustand *m*
a. du forage Bohrfortschritt *m*
a. par homme-poste Vortriebsleistung *f*
a. au rocher Gesteinsstreckenvortrieb *m*
avancer 1. vorlaufen, voreilen; 2. vorrücken, zustellen; 3. aufschalten
avançon *m* Mundschnur *f* ⟨Langleine⟩
avant *m* Bug *m*; Vorschiff *n*; **en a.** voraus ⟨z. B. Drehsinn der Hauptmaschine⟩; **en a. toute** voll voraus ⟨z. B. Maschinenmanöver⟩; **droit sur l'a.** recht voraus ⟨in Verlängerung der Schiffsachse⟩; **sur l'a.** voraus ⟨allgemein⟩; nach voraus
avant-bec *m* 1. Brückeneisbrecher *m*, Pfeilerkopf *m*; 2. Vorbauschnabel *m*, Montagekragarm *m*
avant-bras *m* Ausleger *m*
avant-cale *f* Vorhelling *f*
avant-clou *m* Nagelbohrer *m*, Holzbohrer *m*
avant-corps *m* Gebäudevorsprung *m*, Vorbau *m*; Speiser *m*
avant-creuset *m* Vorherd *m*
avant-fosse *f* Vorsenke *f*, Vortiefe *f*
avant-foyer *m* Vorfeuerung *f*; Vorherd *m*
avant-port *m* Außenhafen *m*; Vorhafen *m*
avant-projet *m* Vorprojekt *n*, Vorentwurf *m*
avant-puits *m* Vorschacht *m*
avant-titre *m* Schmutztitel *m*
avant-toit *m* Schutzdach *n*, Vordach *n*
avant-train *m* 1. Laufgestell *n*, Vorderachse *f*; 2. Vorderwagen *m*; 3. ⟨Text⟩ Vorreißer *m*, Vorkrempel *f*

avant-trou *m* Vorbohrloch *n*
avarie *f* Havarie *f*, Schaden *m*, Beschädigung *f*
a. à la marchandise Ladungsschaden *m*
avarier beschädigen, havarieren
aven *m* Naturschacht *m*
aventurine *f* ⟨Min⟩ Aventurin *m*
avertir 1. warnen; 2. benachrichtigen
avertissement *m* ⟨Eb⟩ Vorsignal *n*
avertisseur *m* 1. Warngerät *n*; 2. ⟨Kern⟩ Strahlungswarngerät *n*; 3. Hupe *f*, Horn *n*
a. de danger Gefahrenmelder *m*
a. de décrochage Durchsackwarngerät *n*
a. d'incendie Feuermelder *m*
a. lumineux Lichthupe *f*
a. de marge d'altitude Echolotwarngerät *n*
a. de niveau d'huile Ölstand(s)melder *m*
a. optique Bake *f*
a. de rayonnement Strahlungswarngerät *n*
a. à un seul coup Einschlagwecker *m*
a. synchrone Drehmelder *m*
aveugler abdichten ⟨z. B. Leck⟩
aviation *f* Flugwesen *n*
a. agricole Agrarflugwesen *n*
a. civile Zivilluftfahrt *f*
a. commerciale (marchande) Verkehrsflugwesen *n*
a. militaire Militärluftfahrt *f*
a. sanitaire Sanitätsflugwesen *n*
a. sportive Sportflugwesen *n*
avion *m* Flugzeug *n*
a. agricole Landwirtschaftsflugzeug *n*
a. aile Nurflügelflugzeug *n*
a. amphibie Amphibienflugzeug *n*
a. d'assaut Schlachtflugzeug *n*
a. d'attaque à basse altitude Flugzeug *n* für Tiefangriffe
a. de chasse Jagdflugzeug *m*, Jäger *m*
a. cible Zielflugzeug *n*
a. de combat Kampfflugzeug *n*, Schlachtflugzeug *n*
a. court-courrier Kurzstreckenflugzeug *n*
a. à décollage court Kurzstarter *m*
a. à décollage et atterrissage court Kurzstart- und -landeflugzeug *n*
a. à décollage et atterrissage vertical Senkrechtstart- und -landeflugzeug *n*
a. à décollage vertical Senkrechtstarter *m*
a. embarqué Bordflugzeug *m*
a. d'entrainement Übungsflugzeug *n*

a. à entrainement par fusées Raketenflugzeug n
a. à flotteurs Wasserflugzeug n
a. des grands transports Großraumtransporter m
a. à hélice Propellerflugzeug n
a. d'hélice(s) propulsive(s) Druckschraubenflugzeug n
a. hypersonique Überschallflugzeug n
a. d'instruction Schulflugzeug n
a. d'interception Abfangjagdflugzeug n, Abfangjäger m
a. de jet Strahlflugzeug n
a. léger Leichtflugzeug n
a. long-courrier Langstreckenflugzeug n
a. de lutte contre l'incendie Brandbekämpfungsflugzeug n
a. sans moteur Segelflugzeug n
a. moyen-courrier Mittelstreckenflugzeug n
a. d'observation Beobachtungsflugzeug n, Aufklärer m
a. polyvalent Mehrzweckflugzeug n
a. postal Postflugzeug n
a. prototype Prototyp m
a. ravitailleur Versorgungsflugzeug n
a. à réaction Strahlflugzeug n, Düsenflugzeug n
a. de reconnaissance Aufklärungsflugzeug n, Aufklärer m
a. remorqueur Schleppflugzeug n
a. sanitaire Sanitätsflugzeug n
a. pour saupoudrage Flugzeug n für Feldbestäubung
a. de série Serienflugzeug n
a. stratosphérique Stratosphärenflugzeug n
a. subsonique Unterschallflugzeug n
a. supersonique Überschallflugzeug n
a. torpilleur Torpedoflugzeug n
a. de transport Transportflugzeug n
avion-cargo m Transportflugzeug n
avion-citerne m Tankflugzeug n
avion-école m Schulflugzeug n
avion-fusée m Raketenflugzeug n
avionique f Luftfahrtelektronik f
avion-porteur m Trägerflugzeug n
avion-robot m führerloses (ferngesteuertes) Flugzeug n
avion-taxi m Lufttaxi n
avis m:
   a. d'arrivée d'un train Zugrückmeldung f
   a. de tempête Sturmwarnung f
avitaillement m Schiffsversorgung f ⟨Tätigkeit⟩
avitailler versorgen ⟨Schiff mit Lebensmitteln, Betriebs- und Verbrauchsstoffen⟩
avitailleur m Schiffshändler m, Schiffslieferant m
avivage m 1. Glätten n, Polieren n, Schleifen n; 2. ⟨Text⟩ Avivage f
aviver 1. glätten, polieren, schleifen; 2. ⟨Text⟩ avivieren
avoir:
   a. les dimensions prescrites maßgerecht sein
   a. la mer de bout die See von vorn haben
avoyage m Schränkung f, Schrank m ⟨Säge⟩
avoyer schränken ⟨Säge⟩
axe m 1. Achse f; 2. Bolzen m
   a. des abscisses Abszissenachse f, x-Achse f
   a. anticlinal Sattelachse f
   a. d'articulation Gelenkbolzen m
   a. d'attelage Kuppelbolzen m
   a. binaire zweizählige Achse f
   a. de la bobine Filmspulenachse f
   a. de commande Antriebsachse f
   a. du condensateur Kondensatorachse f
   a. du cristal Kristallachse f
   a. cristallographique kristallografische Achse f
   a. débiteur Abwickelachse f
   a. électrique elektrische Achse f
   a. d'entrainement, a. entraineur Antriebsachse f
   a. d'essieu couplé Kuppelachswelle f
   a. fixe de rotation feste (permanente) Drehachse f
   a. de flexion Biegungsachse f
   a. hélicoïdal Schraubenachse f
   a. impair Achse f mit ungerader Zähligkeit
   a. d'inclinaison Drehbolzen m, Schwenkbolzen m
   a. de l'induit Ankerwelle f
   a. d'inertie Trägheitsachse f
   a. instantané de rotation momentane Drehachse f
   a. inverse Drehinversionsachse f, Drehspiegelachse f
   a. de lacet Hochachse f
   a. de la lentille Linsenachse f
   a. de levée de pale Schlaggelenk n ⟨Rotor⟩
   a. libre freie Achse f
   a. longitudinal Längsachse f
   a. neutre Nullinie f; neutrale Faser f
   a. normal Einheitswelle f
   a. optique optische Achse f

a. des ordonnées Ordinatenachse f, y-Achse f
a. d'oscillation Schwingungsachse f
a. pair Achse f mit gerader Zähligkeit
a. permanent de rotation permanente (feste) Drehachse f
a. de piston Kolbenbolzen m
a. de piston flottant schwimmender Kolbenbolzen m
a. principal Hauptachse f
a. principal d'inertie Hauptträgheitsachse f
a. de prise de force Zapfwelle f ⟨Traktor⟩
a. quaternaire vierzählige Achse (Drehachse) f
a. récepteur Aufwickelachse f
a. récepteur de la bobine Spulenachse f
a. de référence Bezugsachse f
a. de révolution (rotation) Dreh(ungs)achse f
a. de rotation d'ordre quatre s. a. quaternaire
a. de rotation-réflexion s. a. inverse
a. du rouleau Rollenachse f
a. de roulis Längsachse f
a. sénaire sechszählige Achse f
a. de suspension Aufhängeachse f
a. de sustentation Auftriebsachse f
a. de symétrie Symmetrieachse f
a. synclinal Muldenachse f
a. de table de secouage Schüttlerwelle
a. ternaire dreizählige Achse f
a. de trainée Schwenkgelenk n
a. de variation de pas Verstellgelenk n
a. visuel Gesichtsachse f, Sehachse f
a. de zone Zonenachse f; Kante f
axes mpl:
a. liés à l'aérodyne flugzeugfeste Achsen fpl
a. liés au vent Flugwindachsen fpl
axial axial, achsrecht, Axen-; mittig
axiome m Axiom n; Postulat n
axiomes mpl **newtoniens** Newtonsche Axiome npl
axonomètre m Achsenlagemesser m; Axiometerleitung f
axonométrique axonometrisch
axuel s. axial
azéotrope azeotrop
azéotrope m azeotropes Gemisch n
azéotropie f Azeotropie f
azéotropique azeotrop
azimut m Azimut m; rechtweisende Peilung f
a. magnétique ⟨Flg⟩ Kurswinkel m
azimutal azimutal

azine f Azin n
azobenzène m Azobenzol n
azocyclique azozyklisch
azoïque Stickstoff-, Azo-
azoïque m Azokörper m
azotate m Nitrat n
azote m Stickstoff m
a. liquide flüssiger Stickstoff m
a. pur reiner Stickstoff m
azoté stickstoffhaltig, Stickstoff-
azoter azotieren
azotimètre m Azotometer n
azotique Stickstoff-
azoture m Nitrid n
azurage m Bläuen n, Weißfärben n
azurer bläuen, weißfärben
azureur optique optischer Aufheller m, Weißtöner m

B

bâbord m Backbord n
bac m 1. Trog m, Wanne f, Schale f; Behälter m, Bottich m, Kasten m, Becken n; 2. Kalkkasten m, Mörtelkasten m; 3. Blockkasten m ⟨Akkumulator⟩; 4. Fährboot n, Fähre f
b. accrochable Behälter m zum Einhängen
b. accumulateur Akkumulatorengefäß n
b. à agitation Rührpfanne f
b. à boue Spülgrube f
b. de chargement Beschickungsmulde f
b. à coaguler Koagulierbehälter m
b. à colle Schlichtetrog m
b. collecteur Sammelbecken n, Sammelbehälter m
b. à copeaux Spänefang(schale f) m
b. de décantation, b. décanteur Absetzgefäß n, Absetzbecken n, Klärbekken n
b. de décapage Beiztrog m
b. doseur Dosiergefäß n
b. à essence Benzintank m
b. en fer Eisentank m
b. gerbable Stapelbehälter m, Stapelkasten m
b. grillagé Behälter m mit Gitterwänden
b. à huile Öltank m; Ölfangkasten m, Ölfangschale f
b. de jaugeage Meßtank m
b. de lavage Waschbottich m
b. de manutention Lagerbehälter m, Stapelbehälter m, Stapelkasten m, Sichtlagerkasten m

b. en métal Blechbehälter m, Blechlagerkasten m
b. à poissons Fischkiste f
b. de rinçage Spültrog m
b. de stockage, b. superposable s. b. de manutention
b. tournant Drehbottich m
b. de trempe Abschreckbad n ⟨Härten⟩
b. en verre Glaswanne f
bâche f 1. Plane f; Güterwagenplane f; Persenning f; 2. Kübel m; Wasserbehälter m
bâcher mit Persenning abdecken
bacillaire steng(e)lig
bacneur m Gesteinshauer m
bactéricide bakterizid
bactérie f Bakterie f
bactériologie f Bakteriologie f
badigeon m 1. Temperafarbe f, Wasserfarbe f; 2. Tünche f; Kalkmilch f; 3. Putz m; Gipsmörtel m; 4. Übertünchen n; Übertünchung f
b. au lait de ciment Zementmilchanstrich m
badigeonnage m Pinseln n, Einpinseln n; Anstreichen n, Tünchen n, Weißen n; Verputzen n
badigeonner pinseln, einpinseln; anstreichen, tünchen, weißen; verputzen
badigeonneur m Anstreicher m, Maler m
baffle m Schallwand f
bagages mpl Effekten pl ⟨der Schiffsbesatzung⟩
bague f 1. Ring m, Hülse; 2. Lehrring m ⟨Kaliber⟩; Unterlegring m
b. d'ajustage Paßring m
b. d'armement Verschlußspannring m
b. d'arrêt Sprengring m; Stellring m; Haltering m; Abspannring m
b. d'assemblage Flanschring m
b. à cachet Augenring m
b. à calibrer Lehrring m
b. de carénage du capot Ringhaube f
b. collectrice Schleifring m
b. de commande du diaphragme Blendeneinstellring m
b. de contact Kontaktring m
b. des durées de pose Verschlußzeiteinstellring m
b. d'écartement Abstandsring m
b. d'emboutissage Ziehring m ⟨Tiefziehen⟩
b. d'entretoise Zwischenring m
b. d'étanchéité Dicht(ungs)ring m
b. d'étirage s. b. d'emboutissage
b. extérieure Außenring m
b. filetée Gewindering m

b. de fixation Feststellring m, Befestigungsring m
b. de garniture Dicht(ungs)ring m
b. de graissage Schmierring m, Ölring m
b. intérieure Innenring m
b. intermédiaire Zwischenring m
b. isolante Isolierring m
b. de laminage Walzring m
b. de maintien Haltering m
b. d'objectif Objektivring m
b. pare-étincelles Abbrandring m
b. de perçage Bohrbuchse f
b. de raccordement Nippel m
b. de réglage Einstellring m, Stellring m
b. de retenue Sprengring m; Haltering m
b. de serrage Klemmring m
baguer (an)heften, zusammenheften, zu Fäden schlagen ⟨Schneiderei⟩; zusammenhängen, ineinanderhängen ⟨Fasern im Vlies⟩
baguette f Stab m, Stäbchen n; Leiste f
b. d'angle Eckleiste f, Eckstab m
b. couvre-joint Deckleiste f, Fugleiste f, Putzleiste f
b. d'encadrement Rahmenleiste f
b. d'envergure Kreuzstab m, Kreuzrute f, Leserute f
b. de la platine Tiegelgreifer m
b. de recouvrement Deckleiste f
b. de réservoir Behältermeßstab m
b. de séparation Teilstab m ⟨im Trockenfeld⟩
b. de soudure Schweißdraht m
b. de verre Glasstäbchen n, Glasstab m
baie f Bucht f; Nische f; Fensteröffnung f; Maueröffnung f; Türnische f; Wandöffnung f
b. de la maçonnerie Mauerwerk(s)öffnung f
b. de mesure Meßplatz m
b. vitrée Glasfenster n; Glaswand f
baigner einweichen, eintauchen
baignoire f Badewanne f
baille f Pütz f ⟨Eimer⟩
b. de lavage Waschfach n ⟨Fischbearbeitung⟩
bâiller klaffen
bâillon m ⟨Schiff⟩ Gien n ⟨schweres Takel⟩
bain m Bad n, Flotte f
b. accélérateur Beschleunigungsbad n
b. acide saures Bad n
b. d'acide Säurebad n
b. d'acide sulfurique Schwefelsäurebad n

5*

bain

b. **d'affaiblissement** Abschwächungsbad n
b. **d'air** Luftbad n
b. **d'alimentation** Speiseflotte f
b. **d'apprêtage** Appreturflotte f
b. **aqueux** wäßriges Bad n
b. **arrêt** Unterbrechungsbad n, Stoppbad n
b. **en baignoire** Wannenbad n
b. **au bichromate de potassium** Kaliumdichromatbad n
b. **de blanchiment** Bleichbad n, Bleichflotte f
b. **de blanchiment et de fixage** Bleichfixierbad n
b. **de bleuissage** Bläu[e]bad n
b. **de cémentation** Aufkohlungsbad n
b. **de chauffage** Heizbad n
b. **de chromage** Verchromungsbad n
b. **circulant** kreisende (laufende) Flotte f
b. **coagulant (de coagulation)** Fällbad n, Koagulierbad n
b. **compensateur** Ausgleichsbad n
b. **de copulation** Kupplungsflotte f, Kupplungsbad n
b. **de décapage, b. décapant** Beizbad n
b. **de dégraissage** Entfettungsbad n
b. **de démontage** Abziehflotte f, Abziehbad n
b. **de désencollage** Entschlichtungsflotte f
b. **détergent** Waschflotte f
b. **détergent usé** Schmutzflotte f
b. **de développement** Entwicklungsbad n
b. **doux** weiches Bad n
b. **d'eau** Wasserbad n
b. **électrolytique** elektrolytisches Bad n, Elektrolysebad n
b. **de filage** Spinnbad n
b. **final** Schlußbad n
b. **de fixage, b. fixateur** Fixierbad n
b. **fixateur acide** saures Fixierbad n
b. **fixateur neutre** neutrales Fixierbad n
b. **fixateur rapide** Schnellfixierbad n
b. **fixateur tannant** gerbendes Fixierbad n
b. **de fonte** Roheisenbad n
b. **de foulardage** Klotzflotte f
b. **de fusion** Schmelzbad n
b. **galvanique** galvanisches Bad n
b. **galvanoplastique** galvanoplastisches Bad n
b. **de grain fin** Feinkornbad n
b. **d'huile** Ölbad n
b. **immobile** ruhende Flotte f

b. **d'imprégnation** Imprägnierbad n, Tränkbad n
b. **initial** Ansatzbad n
b. **intermédiaire** Zwischenbad n
b. **inverseur** Umkehrbad n
b. **de lavage** Waschlauge f, Waschbad n
b. **de lessivage** Beuchflotte f, Beuchlauge; Auslaugeflüssigkeit f ⟨Merzerisation⟩
b. **à lessive** Laugenbad n
b. **métallique** Metallbad n
b. **de mordançage** Beizbad n
b. **de nettoyage** Reinigungsbad n
b. **de nickelage** Nickelbad n
b. **oxydant** Oxydationsbad n
b. **au permanganate** Permanganatbad n
b. **photographique** Entwicklerbad n
b. **préalable** Vor[behandlungs]bad n
b. **de précipitation** Fällbad n
b. **de refroidissement** Kühlbad n
b. **de renforcement** Verstärkerbad n, Verstärkungsbad n
b. **retardateur** Verzögerungsbad n
b. **révélateur** Entwicklerbad n
b. **de revenu** Temperbad n
b. **de rinçage** Spülwasser n, Spülbad n
b. **de sable** Sandbad n
b. **salin** Salzbad n
b. **de scories** Schlackenbad n
b. **de sel** Salzbad n
b. **aux sels de cuivre** Kupferbad n
b. **de stabilisation** Stabilisierungsbad n
b. **suivi** stehende Flotte f
b. **tannant** Gerbbad n, Härtebad n
b. **de teinture** Farbflotte f, Färbebad n
b. **de tremp[ag]e** Härtebad n
b. **de vapeur** Dampfbad n
b. **de virage** Tonbad n, Tönung f
b. **de virage bleu au fer** Eisenblautonbad n
b. **de zinc** Zinkbad n
bainite f ⟨Met⟩ Bainit m, Zwischenstufengefüge n
bain-marie m Wasserbad n
bains mpl Badeanstalt f, Badehaus n
bains-douches mpl ⟨Brg⟩ Waschkaue f
baisse f Sinken n, Fallen n; Verminderung f
b. **du plan d'eau** Absinken n des Wasserspiegels; Wasserspiegelsenkung f
baisser senken; vermindern; fallen ⟨z. B. Wasserspiegel⟩
bajoyer m Schleusenwand f, Kammermauer f; Dockwand f
bakéliser mit einer Bakelitschicht versehen; mit Bakelit umhüllen

bakélite f Bakelit n
baladeur m Schieberäderblock m; ⟨Kfz⟩ Schaltrad n
baladeuse f Handlampe f
balai m Besen m; ⟨El⟩ Bürste f, Schleifbürste f; Abfühlbürste f ⟨Lochkartentechnik⟩
  b. auxiliaire Hilfsbürste f
  b. de la bague collectrice Schleifringbürste f
  b. de (en) charbon Kohlebürste f
  b. de charbon cuivré verkupferte Kohlebürste f
  b. de charbon électrographité Elektrographitkohlebürste f
  b. de charbon avec tresse souple armierte Kohlebürste f
  b. du collecteur Kollektorbürste f, Kommutatorbürste f
  b. de contact Kontaktbürste f
  b. de cuivre Kupferbürste f
  b. d'excitation Erregerbürste f
  b. en fil Drahtbürste f
  b. frottant Schleifbürste f
  b. graphitique Graphitkohlebürste f
  b. lamellé lamellierte Bürste f
  b. négatif Minusbürste f
  b. positif Plusbürste f
  b. principal Hauptbürste f
  b. radial Radialbürste f
  b. de rechange Ersatzbürste f
  b. tangentiel Tangentialbürste f
balais mpl **décalés** versetzt angeordnete Bürsten fpl
balance f 1. Waage f; 2. kleines Zugnetz
  b. aérodynamique Luftkraftwaage f
  b. d'Ampère Stromwaage f
  b. d'analyse Analysenwaage f
  b. à boue Spülungswaage f
  b. de cuisine Küchenwaage f
  b. décimale Dezimalwaage f
  b. électrique (électrodynamique, électrométrique) Stromwaage f
  b. à fléau composé Tafelwaage f
  b. à gaz Gaswaage f
  b. de Kelvin Stromwaage f
  b. magnétique magnetische Waage f
  b. de Mohr Mohr-Westphalsche Waage f
  b. pèse-lettre Briefwaage f
  b. de précision Präzisionswaage f
  b. à rayonnement Strahlungswaage f
  b. à ressort Federwaage f
  b. romaine Schnellwaage f [mit Laufgewicht]
  b. stéréophonique Stereobalance f
  b. de torsion Drehwaage f, Torsionswaage f
  b. à torsion gravimétrique Gravitationsdrehwaage f
  b. à trois composantes Dreikomponentenwaage f
balancelle f Wagen m einer Hängebahn
balancement m 1. Schaukeln n; Schwingen n; Schwanken n; 2. Ausbalancieren n, Ausgleichen n, Abstimmung f ⟨z. B. der Schiffslinien in den verschiedenen Projektionen⟩
  b. des marches Verziehen n der Stufen
balancer 1. schaukeln; schwingen; schwanken; 2. ausbalancieren, ausgleichen, abstimmen ⟨z. B. die Schiffslinien in den verschiedenen Projektionen⟩
balancier m Schwinghebel m, Kipphebel m, Schwengel m; Balancier m, Handspindelpresse f; Uhrpendel n, Unruh[e] f
  b. à friction Friktionsspindelpresse f
balayage m 1. Abtasten n ⟨z. B. eines Spektrums⟩; 2. Kippablenkung f, Ablenkung f; 3. Spülung f ⟨Verbrennungsmotor⟩; 4. Kehren n
  b. cathodique entrelacé Zeilensprungverfahren n
  b. à contre-courant, b. par courants ascendants Umkehrspülung f
  b. par faisceau électronique Elektronenstrahlabtastung f
  b. hélicoïdal Spiralabtastung f
  b. horizontal Horizontalablenkung f
  b. d'image Bildablenkung f
  b. de ligne Zeilenablenkung f
  b. rapide Schnellabtastung f
  b. de renversement Umkehrspülung f
  b. en spirale Spiralabtastung f
  b. transversal Querspülung f
balayer 1. abtasten; 2. ablenken; 3. spülen ⟨Gase⟩; 4. kehren; 5. überfluten, überspülen
balayeur m Abtaster m, Abtastgerät n; Ablenkgerät n
balayeuse f Kehrmaschine f
  b. à aspirateur Kehrsaugmaschine f
balayeuse-aspiratrice f, **balayeuse-dépoussiéreuse** f Kehrsaugmaschine f
balayures fpl **de cale** Fegsel n ⟨zusammengefegte Ladungsabfälle⟩
baleinière f 1. Walfangboot n, Walfänger m, Walfangschiff n; 2. Spitzgattboot n; 3. Jolle f ⟨Riemenboot⟩
balisage m Betonnung f
balise f Sichtzeichen n; Bake f; Seezeichen n ⟨allgemein⟩
  b. d'atterrissage Landungsbake f, Landebake f

balise

b. **de chenal de circulation** Wasserrollbahnsichtzeichen n
b. **de délimitation** Randkennzeichen n
b. **flottante** Tonne f ⟨schwimmendes Seezeichen⟩
b. **de guidage** Leitfunkbake f
b. **à impulsions** Impulsfunkbake f
b. **d'obstacle** Hindernissichtzeichen n
b. **de piste** Anflugrichtungsfunkbake f
b. **radar** Radarbake f
b. **répondeuse** Antwortbake f, Bodenantwortstation f
baliser betonnen ⟨z. B. ein Fahrwasser⟩
baliseur m Tonnenleger m
balistique ballistisch
balistique f Ballistik f
  b. **extérieure** äußere Ballistik f
  b. **intérieure** innere Ballistik f
baliveau m Rüstbaum m, Standbaum m
ballast m 1. Ballast m, Wasserballast m; 2. Bunker m, Vorratstank m; Tank m ⟨s. a. citerne, soute, tank⟩; 3. Bettung, Schotterung f, Unterbau m; 4. Bettungsmaterial n, Schotter m; **en (sur) b.** in Ballast
  b. **de cailloux** Schotterunterbau m
  b. **colmaté** verkrustete Bettung f
  b. **mixte** Wechseltank m
ballastage m 1. Beballastung f; Beschottern n; Beschotterung f
ballaster 1. beballasten, Ballast nehmen; 2. [be]schottern
balle f 1. Ballen m; 2. Geschoß n
  b. **d'acier** Stahlmantelgeschoß n
  b. **de coton** Baumwollballen m
  b. **explosive** Explosivgeschoß n
  b. **incendiaire** Phosphorbrandgeschoß n
  b. **perforante** panzerbrechendes Geschoß n
  b. **de sureau** Holundermarkkügelchen n
  b. **traceuse** Leuchtspurgeschoß n
balles fpl Ballen mpl, Stückgut n ⟨Laderauminhaltsangabe⟩
ballon m 1. Ballon m; 2. ⟨Ch⟩ Kolben m; 3. Trommel f ⟨Kessel⟩; 4. Ball m ⟨z. B. Handball⟩
  b. **à air chaud** Warmluftballon m
  b. **de barrage** Sperrballon m
  b. **captif** Fesselballon m
  b. **clissé** Korbflasche f
  b. **à distiller** Fraktionierkolben m
  b. **de fil** Fadenballon m
  b. **de jauge** Meßkolben m
  b. **libre** Freiballon m
  b. **d'observation** Beobachtungsballon n

b. **pilote** Pilotballon m
b. **de signalisation** Signalball m
b. **sonde** Ballonsonde f
b. **à trois tubulures** Dreihalskolben m
b. **à tubulure** Kolben m mit Ansatzstück
b. **en verre** Glaskolben m; Glasballon m
ballot m Ballen m ⟨Papier; Stroh, Heu⟩
balourd m Unwucht f; Unwuchtmasse f
balourder Unwucht messen; auswuchten
balustre m Baluster m, Geländersäule f, Geländerstütze f; Docke f
  b. **de départ** Treppenpfosten m
banalisation f ⟨Eb⟩ Gleiswechselbetrieb m
banalité f ⟨Eb⟩ Buntbenutzbarkeit f
bananier m Bananenschiff n
banc m 1. Bank f; Sitzbank f; Werkbank f; Abstellbank f; Stand m; 2. ⟨Schiff⟩ Bank f, Untiefe f; 3. ⟨Geol⟩ Bank f; Mittel n; 4. Seitenwand f ⟨eines Tunnelofens⟩
  b. **à broches** Spindelbank f, Fleier m, Flyer m, Vorspinnmaschine f
  b. **à broches à ailettes** Flügelspindelbank f, Flügelvorspinnmaschine f
  b. **de brume** Nebelbank f
  b. **du chariot** Wagenbett n ⟨Schreibmaschine⟩
  b. **de contacts de sélecteur** Wählerkontaktfeld n
  b. **d'épreuve (essai)** Prüfstand m
  b. **d'essai volant** fliegender Prüfstand m
  b. **d'étirage** 1. ⟨Met⟩ Ziehbank f; 2. ⟨Text⟩ Streckwerk n
  b. **intercalaire** Zwischenmittel n
  b. **de mesures** Meßstation f
  b. **de moules** Muschelbank f
  b. **de nage** Ducht f ⟨Sitzbank⟩
  b. **d'optique électronique** elektronenoptische Bank f
  b. **photométrique** Fotometerbank f
  b. **de sable** Sandbank f
  b. **stérile** Bergemittel n
  b. **de tufs** Tuffbank f
banc-balance m Bremsstand m, Prüfstand m zum Abbremsen eines Motors
bancs mpl **de pêche** Fanggründe mpl, Fischgründe mpl
bandage m Bandage f; Bandagierung f; Bereifung f; Reifen m; Vollgummireifen m; Mantel m; Walzenmantel m
  b. **de caoutchouc** Gummiradreifen m
  b. **d'induit** Ankerbandage f
  b. **plein** Vollgummireifen m
  b. **de roue** Radreifen m

bandages *mpl* **d'acier** Stahlbandagierung *f*
bande *f* 1. Band *n*, Streifen *m* ⟨s. a. ruban⟩; [kontinuierliche] Bahn *f* ⟨z. B. Stoff⟩; Bereich *m*; Streifen *m* ⟨Fehler⟩; Einfassung *f*; Rand *m*; ⟨El⟩ Band *n*; Bande *f*; Gurt *m*, Förderband *n*, Bandförderer *m*; Bandeisen *f*; 2. Krängung *f*; 3. Federspannung *f*
b. abrasive Schleifband *n*
b. d'absorption Absorptionsbande *f*
b. en acier Stahlband *n*
b. d'action proportionnelle linearer Bereich *m*
b. adhésive Klebeband *n*
b. d'alimentation Zubringerband *n*
b. d'amateur Amateurband *n*
b. d'atterrissage Start- und Landestreifen *m*
b. de base Hauptband *n*
b. des basses fréquences Niederfrequenzband *n*
b. de Bloch Energieband *n*
b. à bords de contenance Kantenförderband *n*, Randförderband *n*, U-Band *n*
b. à bords ondulés Wellrandförderband *n*
b. de caoutchouc Gummiband[förderer *m*] *n*
b. carbone (carbonée) Kohleband *n*
b. de charbon Kohlestreifen *m*
b. de conduction Leitungsband *n*
b. en continu Bandstraße *f*
b. de contrôle Kontrollstreifen *m*
b. de criblage Siebkette *f*
b. de cuivre Kupferband *n*
b. diagramme Schreibpapier *n* ⟨in Meßinstrumenten⟩
b. à double piste Doppelspurband *n*
b. à écailles Plattenband[förderer *m*] *n*
b. électronique Elektronenband *n*
b. d'émission Emissionsbande *f*
b. d'énergie Energieband *n*
b. d'enregistrement, b. enregistreuse Registrierstreifen *m*; Aufnahmeband *n*
b. d'essai Testband *n*, Versuchsband *n*
b. étroite Schmalband *n*
b. sans fin endloses Band *n*
b. finale Abschlußband *n*
b. à frein Bremsband *n*
b. des fréquences Frequenzband *n*
b. des fréquences acoustiques Tonfrequenzband *n*
b. de giration Krängung *f* im Drehkreis
b. à godets Schöpfbecherband *n*, Becherzellenförderband *n*

b. des grandes ondes Langwellenband *n*
b. imparfaite fehlerhaftes Band *n* ⟨Magnetband⟩
b. imprégnée imprägnierte Bahn *f*
b. d'instructions Befehlsband *n*
b. isolante (isolatrice) Isolierband *n*
b. laminée à froid kaltgewalztes Band *n*
b. de lancement Buchbinde *f*
b. latérale Seitenband *n*
b. latérale inférieure unteres Seitenband *n*
b. latérale supérieure oberes Seitenband *n*
b. latérale unique Einseitenband *n*
b. magnétique Magnetband *n*, Tonband *n*
b. magnétique à deux couches Zweischichtenband *n*
b. magnétique d'enregistrement Magnettonband *n*
b. magnétique homogène Einschichtband *n*
b. magnétique vidéo Videomagnetband *n*
b. à maillon Gliederband[förderer *m*] *n*
b. marine Marineband *n* ⟨Wellenbereich⟩
b. normale 1. ⟨Kern⟩ Valenzband *n*; 2. Normalband *n* ⟨Tonband⟩
b. à palettes métallique Metallplattenband[förderer *m*] *n*
b. de (en) papier Papierbahn *f*; Lochband *n*, Lochstreifen *m*
b. passante Durchlaßbereich *m*
b. perforée Lochband *n*, Lochstreifen *m*
b. perforée de commande Steuerlochband *n*
b. perforée d'entrée Eingabelochband *n*
b. perforée d'information Informationslochband *n*
b. à plateaux Plattenband[förderer *m*] *n*
b. principale Hauptseitenband *n*
b. de programme Programmband *n*
b. proportionnelle Proportionalbereich *m*, P-Bereich *m*
b. à raclettes Trogförderband *n*, Kastenförderband *n*, Kratzbandförderer *m*
b. de recouvrement Deckstreifen *m*, Überhangstreifen *m*
b. de référence Bezugsband *n*
b. de renforcement Sicke *f* ⟨rinnenförmige Versteifung in Blechen⟩

bande

  b. résiduelle Restseitenband *n*
  b. de rive Randstreifen *m*
  b. de rotation Rotationsbande *f*
  b. de rotation-oscillation Rotationsschwingungsbande *f*
  b. de roulement Lauffläche *f*, Protektor *m*
  b. de serrage Spannband *n*
  b. à tabliers Plattenband(förderer *m*) *n*
  b. à tapis métallique Drahtförderband *n*
  b. en téléphonie Telefonieband *n*
  b. de télévision Fernsehband *n*
  b. de tôle Blechstreifen *m*
  b. de tôle associée mittragende Plattenbreite *f*
  b. de transfert Übergabeband *n*
  b. transporteuse Transportband *n*, Förderband *n*, Bandförderer *m*
  b. transporteuse caoutchouc Gummiband(förderer *m*) *n*
  b. transporteuse à écailles Plattenband(förderer *m*) *n*
  b. transporteuse magnétique Magnetförderband *n*, Magnetbandförderer *m*
  b. transporteuse à maillons Gliederband(förderer *m*) *n*
  b. transporteuse mobile fahrbares Förderband *n*
  b. transporteuse à palettes métalliques Metallplattenband(förderer *m*) *n*
  b. transporteuse à plateaux Plattenband(förderer *m*) *n*
  b. transporteuse sur roues fahrbares Förderband *n*
  b. transporteuse à tabliers Plattenband(förderer *m*) *n*
  b. transporteuse de transfert Übergabeband *n*
  b. de tri(age) Klaubeband *n*, Leseband *n*; Sortierband *n*
  b. de valence Valenzband *n*
bandeau *m* 1. Bandleiste *f*, Bandsims *m* (*n*); Leiste *f*, Flachstab *m*; 2. Süll *n*
  b. à bourrelet Wulststab *m*
bandelette *f* Bändchen *n*; Flachstab *m*
  b. par découpage Faserfilm *m*
bandelettes *fpl* Bändchen *n* 〈Chemiefaser〉
bandes *fpl* Streifen *mpl*, Streifenmuster *n*
  b. de Brewster Brewstersche Streifen *mpl*
  deux b. latérales Zweiseitenband *n*
banquette *f* Sitzbank *f*; Fensterbank *f*, Fenstersims *m* (*n*), Sohlbank *f*; Bankett *n*; Berme *f*, Böschungsabsatz *m*, Schutzstreifen *m*

baquet *m* Becken *n*, Holzkübel *m*, Holzzuber *m*, Kübel *m*
baqueter mit Kübel(n) schöpfen
bar *m* Bar *n* 〈Einheit des Druckes〉
baraque *f* Baracke *f*
baratte *f* 1. Butterfaß *n*, Buttermaschine *f*; 2. Sulfidiertrommel *f*, Knetapparat *m* 〈Papierherstellung〉
baratte-malaxeur *f* Butterfertiger *m*
barbacane *f* 1. vorgeschobener Ausbau *m*; Außenwerk *n*; 2. Schießscharte *f*; 3. Wasserabflußloch *n*
barbe *f* Bart *m*, Kamm *m*, Kerbe *f*; Zacke *f*, Scharte *f*
barbelé *m* Stacheldraht *m*
barbin *m* Fadenführer *m*
barbotage *m* **à courant d'air** Rühren *n* mittels eines Luftstroms
barboteuse *f* Mörtelmischer *m*
barbotin *m* Kettenrad *n*; 〈Schiff〉 Kettennuß *f*
barbotine *f* Tonschlamm *m*, Schlicker *m*, Töpferkitt *m*
  b. argileuse Tonschlicker *m*
  b. de ciment Zementbrei *m*, Zementpaste *f*
  b. de coulage Gießschlicker *m*
barbouillage *m* grober Anstrich *m*, Mauertünche *f*
barbouiller (grob) anstreichen
barbouillis *m* s. barbouillage
bardage *m* 1. Verschiebung *f* und Transport *m* von schweren Lasten; 2. Verschalung *f*, Einschalung *f*
bardeau *m* Dachschindel *f*, Holzschindel *f*
bardis *m* Getreideschott *n*, Kornschott *n*
bardot *m* Papierabfall *m*
barème *m* Berechnungstafel *f*, Zahlentafel *f*, Rechentabelle *f*
barge *f* Frachtkahn *m*, Lastkahn *m*; Prahm *m*, Schute *f*
  b. automotrice (autopropulsée) Frachtkahn *m* mit Eigenantrieb, Motorgüterschiff *n*; Prahm *m* (Schute *f*) mit Eigenantrieb
  b. avant Kopfprahm *m*, Kopfleichter *m*
  b. citerne (pétrolier) Tankleichter *m*, Tankschute *f*
  b. de poussage, b. poussée Schubleichter *m*, Schubprahm *m*
baril *m* Faß *n*
  b. de hareng Heringsfaß *n*
barillet *m* 1. kleines Faß *n*; 2. Trommel *f*; 3. Kolbenrohr *n*; Pumpenstiefel *m*; 4. Federgehäuse *n* 〈einer Uhr〉; 5. Vorlage *f* 〈Stadtgaserzeugung〉

barn *m* Barn *n* ⟨= 10^{-24} cm², Sondereinheit für den Wirkungsquerschnitt des Atomkerns⟩
barographe *m* Luftdruckschreiber *m*, Höhenschreiber *m*, Barograf *m*
baromètre *m* Barometer *n*
  b. à accrocher Wandbarometer *n*
  b. à aiguille Zeigerbarometer *n*
  b. anéroïde Aneroidbarometer *n*
  b. à cadran Zeigerbarometer *n*
  b. de démonstration Demonstrationsbarometer *n*
  b. d'enregistrement, b. enregistreur Registrierbarometer *n*
  b. pour l'extérieur Außenbarometer *n*
  b. à fond mobile Gefäßbarometer *n*
  b. de marine Schiffsbarometer *n*
  b. à mercure Quecksilberbarometer *n*
  b. métallique Metallbarometer *n*, Aneroidbarometer *n*
  b. de poche Taschenbarometer *n*
  b. à siphon Heberbarometer *n*
  b. témoin Einstellbarometer *n*
barométrie *f* Luftdruckmessung *f*
barométrique barometrisch
baroscope *m* Baroskop *n*
barothermographe *m* Barothermograf *m*
barque *f* 1. Kufe *f*; 2. Bark *f*; Fischerboot *n*; Fährboot *n*
  b. de teinture Farbkufe *f*
  b. à tourniquet Haspelkufe *f*
barrage *m* 1. Abdämmung *f*, Abriegelung *f*; 2. Staudamm *m*; Wehr *n*; Talsperre *f*; Sperre *f*; 3. Verschluß *m*
  b. composite gegliederter Talsperrendamm *m*
  b. à contreforts Pfeilerstaumauer *f*
  b. à dôme Kuppelmauer *f*, Gewölbestaumauer *f*
  b. évidé Hohlmauer *f*
  b. fermant Abschlußdamm *m*
  b. de glace Eisbarre *f*
  b. lumineux Lichtsperre *f*
  b. à masque en béton Betonkerndamm *m*
  b. de planches Bretterverschlag *m*
  b. poids Gewichtssperre *f*, Gewichtsstaumauer *f*
  b. poids évidé aufgelöste Gewichtssperre *f*
  b. poids-voûte Bogengewichtsmauer *f*, Gewölbegewichtssperre *f*
  b. de retenue Staudamm *m*, Staumauer *f* (ohne Überfall)
  b. submersible Überfallwehr *n*
  b. en terre Staudamm *m*, Erddamm *m*
  b. à voûtes multiples Bogenreihenstaumauer *f*, Pfeilergewölbesperre *f*

barrage-déversoir *m* Überfallwehr *n*
barrage-poids *m* s. barrage poids
barrage-réservoir *m* Talsperre *f* (mit Speicherbecken)
barrage-usine *m* Wasserkraftwerk *n*
barrage-voûte *m* Bogenmauer *f*, Bogenstaudamm *m*, Gewölbesperre *f*
barre *f* 1. Stange *f*; Stab *m*; Strebe *f* ⟨s. a. tige⟩; 2. Querstange *f*; Querholz *n*; Querleiste *f*; 3. Barren *m*; 4. Riegel *m*; 5. Schiene *f*; 6. Ruder *n* ⟨als Bedienelement, z. B. Steuerrad⟩; Ruderpinne *f*; 7. ⟨Text⟩ Streifen *m* ⟨Fehler beim Färben⟩; Barré-Effekt *m*
  b. absorbante Absorberstab *m*
  b. d'accouplement Spurstange *f*
  b. à aiguilles Nadelbarre *f*, Nadelbett *n*, Nadelleiste *f*; Kammstab *m* ⟨Schlagmaschine⟩
  b. d'alésage Bohrstange *f*
  b. d'antenne Antennenstab *m*
  b. d'armature Armierungseisen *n*
  b. d'arrêt pour touches Tastensperrschiene *f* ⟨Schreibmaschine⟩
  b. d'arrêt d'urgence s. b. de sécurité
  b. articulée Gelenkstange *f*
  b. d'attelage Kuppelstange *f*; Kopplungsbalken *m*, Ackerschiene *f*
  b. à béton Bewehrungseisen *n*, Bewehrungsstab *m*; Betoneisen *n*
  b. à bornes Klemmenleiste *f*
  b. de la cage amortisseur Dämpferstab *m*
  b. de changement de marche Steuerstange *f*
  b. de chariotage Zugspindel *f*
  b. à cliquets Klinkenhaltestange *f* ⟨Schreibmaschine⟩
  b. collectrice Sammelschiene *f*
  b. de combustible Brennstoffstab *m*
  b. de commande Steuerstab *m*
  b. de compensation Kompensationsstab *m*, Trimmstab *m*, Grobregelstab *m*
  b. de (en) compression, b. comprimée Druckstab *m*
  b. de contrôle Steuerstab *m*
  b. de coupe Schneidwerk *n*, Mähbalken *m*
  b. de couplage Kupplungsstange *f*
  b. de débrayage Ausrückstange *f*
  b. de déclic Auslöseschiene *f* ⟨Schreibmaschinenwagen⟩
  b. diagonale Schrägstrich *m*
  b. de distribution Verteilungsschiene *f*
  b. d'embrayage Schaltstange *f*
  b. de fer Eisenstange *f*
  b. de forage Bohrspindel *f*
  b. de fraction Schrägstrich *m*

b. franche Ruderpinne *f*
b. du front-feed Vorsteckschiene *f*
b. du gouvernail Rudersteuerung *f* ⟨Anlage⟩
b. de guidage Führungsstab *m*, Führungsschiene *f*
b. à haute tension Hochspannungs[sammel]schiene *f*
b. horizontale waagerechter Strich *m*; ⟨Fs⟩ Horizontalbalken *m*
b. d'induit Ankerstab *m*
b. de manœuvre Steuerstange *f*
b. neutre Nulleiterschiene *f*
b. niveleuse Ackerschleppe *f*
b. omnibus Sammelschiene *f*
b. à (de) passettes Lochnadelbarre *f*; Legeschiene *f*
b. par perturbations sonores Tonstreifen *m* ⟨Fernsehen⟩
b. de pilotage Feinregelstab *m*
b. porte-types Typenstange *f*
b. de pose, b. poseuse Legeschiene *f*
b. de poussée (Lw) Oberlenker *m* ⟨Dreipunktanbau⟩
b. de pression Druckstange *f*
b. de raccordement Anschlußstab *m*
b. de réglage Regelstab *m*
b. de répartition Verteilereisen *n*, Verteilerstab *m*
b. à roue Steuerrad *n*
b. de saut Sprungschiene *f* ⟨Schreibmaschine⟩
b. de sécurité ⟨Kern⟩ Sicherheitsstab *m*, Schnellschlußstab *m*, Abschaltstab *m*
b. stabilisatrice Stabilisator *m*; Querstabilisator *m*
b. à tension constante Konstantspannungsschiene *f*
b. de torsion Torsionsstab *m*, Torsionsfeder *f*, Drehstab *m*
b. de traction Zugstange *f*
b. transfert Transferstange *f*, Verschiebestange *f*, Transportstange *f*
b. trapézoïdale Keilstab *m*
b. de treillis Fachwerkstab *m*
b. du type blindé sous gaine métallique gekapselte Sammelschiene *f*
b. verticale vertikaler Strich *m*; ⟨Fs⟩ Vertikalbalken *m*
fausse b. Blindstab *m*
barreau *m* Stab *m*, Gitterstab *m*, Roststab *m*; Stange *f*; Querholz *n*
b. aimanté Stabmagnet *m*
b. d'essai Prüfstab *m*, Probestab *m*
b. de grille Roststab *m*
b. de remplacement Ersatzstab *m*
barreaudage *m* Vergitterung *f*

barreaux *mpl* **d'une grille** Gitterstäbe *mpl*
barrer verriegeln, versperren, blockieren; abdämmen, aufstauen, verstreben
barrette *f* 1. Kappe *f*; 2. Stab *m*, Stange *f*; 3. Trennwand *f*, Zwischenwand *f*, Klappe *f*; Schieber *m*; Verschluß *m*; 4. Nadelstab *m*
b. d'agrafes Heftklammerstab *m*
b. à bornes Klemmenreihe *f*
b. de mailles Maschenstäbchen *n*
barrière *f* Barriere *f*, Sperre *f*, Grenze *f*; Mauer *f*; Schranke *f*, Bahnschranke *f*, Schlagbaum *m*; Schutzgatter *n*; Schwelle *f*; Potentialwall *m*, Wall *m*, Berg *m*
b. basculante Schlagschranke *f*
b. coulombienne Coulomb-Wall *m*
b. de Gamow ⟨Kern⟩ Gamow-Berg *m*
b. photo-électrique Lichtschranke *f*
b. pivotante Drehschranke *f*
b. de potentiel Potentialwall *m*, Potentialberg *m*
b. de puits Schachttor *n*
b. contre les radiations Strahlenschutzwand *f*, Strahlabschirmung *f*
b. roulante Rollschranke *f*
b. de sécurité Sicherheits[fang]netz *n*
b. thermique Wärmegrenze *f*, Hitzebarriere *f*
barrot *m* Decksbalken *m*
b. d'extrémité d'écoutille Lukenendbalken *m*
b. longitudinal Längsdecksbalken *m*
b. mobile Scherstock *m*, Schiebebalken *m*
b. transversal Querdecksbalken *m*
barrotage *m* Decks[balken]verband *m*
barrure *f* ⟨Text⟩ Schußstreifen *m*
b. en trame Schußstreifigkeit *f*
barycentre *m* Schwerpunkt *m*
barycentrique baryzentrisch
barye *f* Mikrobar *n* ⟨Druckeinheit⟩
barymètre *m* Schweremesser *m*
baryon *m* Baryon *n*
barytage *m* Barytage *f*
baryte *f* Baryt *m*, Bariumhydroxid *n*
barytine *f*, **barytite** *f* ⟨Min⟩ Baryt *m*, Schwerspat *m*
baryum *m* Barium *n*
bas tief, niedrig; leise
bas *m* 1. Unterteil *n*; 2. Strumpf *m*
b. support (élastique) Stützstrumpf *m*
bas *mpl*:
b. de casse Gemeine *pl*; Kleinbuchstaben *mpl*, Minuskeln *fpl*
b. de casse italiques kursiv Gemeine *pl*
basalte *m* **fondu** geschmolzener Basalt *m*

basaltes *mpl* **des plateaux** Deckenbasalte *mpl*, Plateaubasalte *mpl*
basaltique basaltisch, Basalt-
bas-côté *m* 1. Randschutzstreifen *m*; 2. Seitenschiff *n* ⟨neben höherem Mittelschiff⟩
basculable kippbar
basculage *m* Wippen *n*, Schwenken *n*; Kippen *n*, Klappen *n*, Aufklappen *n*; Umlegen *n* ⟨eines Hebels⟩
basculant wippend, schwenkend, kippend, (auf)klappend, auf- und zuklappend; Wipp-, Schwenk-, Kipp-, Klapp-; schwenkbar, klappbar, auf- und zuklappbar
bascule *f* 1. Wippe *f*, Kippvorrichtung *f*; Klappe *f*; 2. Schwengel *m*; 3. Waage *f*; Brückenwaage *f* ⟨s. a. balance 1.⟩; 4. Querbalken *m*, Unterzug *m*; Waagebalken *m* ⟨Treppenpodest⟩, Podestträger *m*; 5. Kippschaltung *f*
b. automatique automatische Waage *f*
b. de commutation Schaltwippe *f*
b. électronique Flip-Flop *n*
b. monostable monostabile Kippschaltung *f*
b. à wagon Waggonwaage *f*
b. à wagons Gleiswaage *f*
basculé gekippt
basculement *m* s. basculage
basculer wippen, kippen, schwenken, schwingen, klappen, auf- und zuklappen, umschlagen, schaukeln
basculeur *m* 1. Kipper *m*, Kippvorrichtung *f* ⟨Fördertechnik⟩; 2. ⟨El⟩ Kippschaltung *f*, Trigger *m*, Auslöser *m*
b. à auge Muldenkipper *m*
base *f* 1. Basis *f*, Stützpunkt *m*; ⟨Bw⟩ Fundament *n*, Gründung *f*, Unterbau *m*; Untergrund *m*; ⟨Masch⟩ Grundplatte *f*, Untergestell *n*, Sockel *m*, Untersatz *m*; Standfläche *f*; Fuß *m*; ⟨Math⟩ Basis *f*; Grundlinie *f*; Grundfläche *f*; ⟨Dat⟩ Basiszahl *f*, Grundzahl *f*; ⟨El⟩ Basis *f* ⟨z. B. eines Transistors⟩; Basiselektrode *f*; 2. ⟨Ch⟩ Base *f*
b. d'adhérence Haftgrund *m* ⟨Oberflächenbehandlung⟩
b. aérienne Luftstützpunkt *m*
b. d'antenne Antennenfußpunkt *m*
b. du bloc de pistons Luftventilblock *m*
b. de calcul Berechnungsgrundlage *f*
b. d'une colonne Säulenbasis *f*, Säulenfuß *m*
b. d'un cristal Kristallendfläche *f*
b. de la dent Zahnfuß *m*
b. du forage Bohrsohle *f*
b. forte starke Base *f*
b. libre freie Base *f*
b. lunaire Mondbasis *f*, Mondstation *f*
b. de nuage Wolkenuntergrenze *f*
b. orbitale Orbitalstation *f*, Weltraumstation *f*
b. de pêche Fischereibasis *f*, Fischereistützpunkt *m*
b. de stockage pétrolière Rohöltanklager *n*
b. de sustentation Unterstützungsfläche *f*
b. de temps Zeitbasis *f* ⟨z. B. Ablenkgerät⟩
b. à terre Landbasis *f*
b. de vitesse Meßstrecke *f*; Meßmeile *f*, abgesteckte Meile *f*
baser gründen, stützen
bas-fond *m(pl)* 1. große Tiefe; 2. Untiefe *f*
bas-foyer *m* s. foyer/bas
basicité *f* Basizität *f*
basique basisch
bas-parc *m* Pfahlreuse *f*
basse-étoffe *f* Zinn *n* mit hohem Bleigehalt
bassin *m* 1. Bassin *n*, Becken *n*, Wanne *f*, Behälter *m*; 2. Mulde *f*; Schale *f*; Wasserbecken *n*; Gebiet *n*; Revier *n*; 3. Dock *n* ⟨s. a. cale, forme⟩; Hafenbecken *n* ⟨s. a. cercle⟩
b. d'accumulation Einstaubecken *n*, Sammelbecken *n*
b. d'amortissement Stoßbecken *n*
b. artésien Becken *n* mit artesischem Wasser
b. des carènes Schiffbauversuchsanstalt *f*, Schleppversuchsanstalt *f*; Schleppkanal *m*, Schleppriinne *f*
b. de clarification Klärbecken *n*, Absetzbecken *n*
b. collecteur Sammelbecken *n*, Sammelbehälter *m*
b. de colmatage Absetzbecken *n*
b. de compensation Ausgleichbecken *n*
b. de construction Baudock *n*
b. de coulée Gießgrube *f*
b. du cratère Kraterbecken *n*
b. de décantation Absetzbecken *n*, Klärbecken *n*, Schlämmteich *m*
b. de dépôt Absetzbecken *n*; Speicherbecken *n*
b. d'eau souterraine Grundwasserbecken *n*
b. d'épargne Sparschleuse *f*
b. d'essais des carènes s. b. des carènes
b. de filtration Filterbecken *n*

b. d'un fleuve Flußeinzugsgebiet *n*
b. à flot Fluthafenbecken *n* ⟨geschlossen⟩
b. houiller Steinkohlenbecken *n*
b. d'infiltration Versickerungsbecken *n*
b. lignifère Braunkohlenvorkommen *n*
b. de marée offenes Hafenbecken *n*, Tidehafenbecken *n*
b. de natation Schwimmbecken *n*
b. à niveau constant geschlossenes Hafenbecken *n*, Dockhafenbecken *n*
b. pétrolifère Erdölbecken *n*
b. portuaire Hafenbecken *n*
b. de purification Reinigungsbecken *n*
b. de radoub Reparaturdock *n* ⟨Trockendock⟩
b. de réception Einzugsgebiet *n*, Niederschlagsgebiet *n*; Auffangbecken *n*, Aufnahmebecken *n*; Quellgebiet *n*
b. de retenue Staubecken *n*, Rückhaltebecken *n*
b. rotatif Wendebecken *n*
b. de tranquillisation Beruhigungsbecken *n*
b. versant Auffanggebiet *n*, Einzugsgebiet *n*, Niederschlagsgebiet *n*; Wasserbecken *n*, Wassersammelbecken *n*
bassine *f* Wanne *f*, Schüssel *f*; Trog *m*
bassinoire *f* Pfanne *f*
bastaing *m s.* basting
baste *f s.* masse
basting *m* Bohle *f* ⟨0,065 × 0,17⟩; Fußbodendiele *f*; Hobeldiele *f*
bas-toit *m* Dachschichten *fpl*
bastringue *f* Kuppe *f*; Locher *m*
bâtarde *f* Bastardschrift *f*
batardeau *m* Fangdamm *m* ⟨z. B. Deichdurchbruch⟩; Leckabdichtung *f*, Leckverschluß *m*
b. amont oberer Fangdamm *m*
b. aval unterer Fangdamm *m*
b. de secours Hilfsabschluß *m*, Notabschluß *m* ⟨eines Wehrs⟩
bataviolle *f*, **batayole** *f* Geländer *n*; Reling *f*
bateau *m* Boot *n*, kleines Schiff *n* ⟨*s. a.* barque, bâtiment, canot, embarcation⟩; Schiff, Wasserfahrzeug *n* ⟨*s. a.* bâtiment, navire⟩
b. automobile Motorboot *n*
b. automoteur Motorgüterschiff *n*; Selbstfahrer *m*
b. congélateur-transporteur Gefrier- und Transportschiff *n*
b. à coussin d'air Bodeneffektfahrzeug *n*, Luftkissenfahrzeug *n*
b. fluvial Binnenschiff *n*, Flußschiff *n*
b. de grande pêche Hochseefischereifahrzeug *n*; Fischereifahrzeug *n* für die Weitbereichsfischerei
b. de pêche 1. Fangboot *n*, Fangfahrzeug *n*; 2. Fischereifahrzeug *n*
b. de pêche de haute mer Hochseefischereifahrzeug *n*
b. de pêche à la ligne Angelfahrzeug *n*
b. pneumatique Schlauchboot *n*
b. remorqué Schleppkahn *m*
b. de rivière Binnenschiff *n*, Flußschiff *n*
b. de senne Seinerboot *n*
b. de travaux publics Fahrzeug *n* der technischen Flotte, technisches Hilfsschiff *n*
bateau-feu *m*, **bateau-phare** *m* Feuerschiff *n*
bateau-pilote *m* Lotsenboot *n*, Lotsenfahrzeug *n*
batellerie *f* Binnenschiffahrt *f*, Flußschiffahrt *f*
batholite *m* Batholith *m*
bathymètre *m* Tiefenmesser *m*
bathymétrie *f* Tiefenmessung *f*, Tiefseemessung *f*, Tiefseelotung *f*
bathyscaphe *m* Tiefseetauchschiff *n*; Bathyskaph *n*
bâti gebaut, erbaut; bebaut
non b. unbebaut
bâti *m* Bock *m*, Gestell *n*; Ständer *m*, Stütze *f*; Gehäuse *n*; Rahmen *m*; Unterbau *m*, Fundament *n*; Maschinenkörper *m*; Türfutter *n*, Türrahmen *m*
b. d'appareils de manœuvre Stellwerk *n* [seinrichtung *f*]
b. à colonnes Säulenführungsgestell *n*
b. dormant Blendrahmen *m*, Zarge *f*
b. d'huisserie Türeinfassung *f*, Türrahmen *m*; Türpfosten *m*
b. inférieur Grundplatte *f* ⟨Umformwerkzeug⟩
b. de machine Maschinengestell *n*, Maschinenkörper *m*
b. de madriers Bohlenzarge *f*
b. mobile Rahmenholz *n*, Türrahmen *m*
b. de moteur Motorgestell *n*
b. pivotant Drehgestell *n*
b. de porte Türzarge *f*
b. rigide fester Rahmen *m*
b. supérieur Kopfplatte *f* ⟨Umformwerkzeug⟩
b. tournant Drehgestell *n*
bâti-caisson *m* kastenförmiges Gestell *n*
batière *f* Dachsattel *m*
bâtiment *m* 1. Bau *m*, Gebäude *n*, Bauwerk *n*; Hochbau *m*; 2. Baufach *n*; Bauwesen *n*; 3. Boot *n*, kleines Schiff *n* ⟨*s. a.* barque, bateau, canot, embar-

cation⟩, Schiff n, Wasserfahrzeug n ⟨s. a. bateau, navire⟩
b. agricole landwirtschaftliches Gebäude n
b. des appareils Apparatehaus n
b. de commande Schalthaus n; Steuerhaus n ⟨z. B. einer Schleuse⟩
b. élevé Hochhaus n
b. d'extraction Schachtgebäude n
b. de graduation Gradierwerk n
b. de guerre Kriegsschiff n
b. d'habitation Wohngebäude n
b. industriel Fabrikgebäude n, Betriebsgebäude n; Industriebau m
b. des machines Maschinenhaus n
b. océanographique ozeanografisches Forschungsschiff n
b. à plusieurs étages Mehrgeschoßbau m
b. des pompes Pumpenhaus n
b. du puits Schachtgebäude n
b. en réserve aufgelegtes Schiff n
b. de sauvetage Bergungsschiff n; Seenotrettungsschiff n
b. de servitude technisches Hilfsschiff n; Versorgungsschiff n
b. spécial Sonderbau m
b. de surface Überwasserfahrzeug n ⟨als Gegensatz zu Unterseeschiff, nicht Unterwasserschiff⟩
bâtiment-tour m Hochhaus n; Turmhaus n, Punkthochhaus n
bâtiment-type m Typenbau m, Typengebäude n
bâtir [er]bauen, errichten
bâtisse f Bauwerk n, Gebäude n, Gemäuer n
batiste f Batist m
bâton m Stab m, Stange f; Stuhlbein n
 b. rompu gebrochener Stab m, Zickzackstab m
bâtonnet m Stäbchen n; **en bâtonnets** stäbchenförmig
battage m 1. Einrammen n, Einschlagen n; 2. Schlagen n; 3. ⟨Text⟩ Anschlagen n; 4. ⟨Brg⟩ schlagendes Bohren n
b. de pieux Einrammen (Rammen) n von Pfählen
b. de la trame ⟨Text⟩ Anschlagen n des Schusses
battant m 1. Flügel m; Fensterflügel m; Türflügel m; 2. Klöppel m; 3. Lade f ⟨Webmaschine⟩; **à un b.** einflüglig; **à deux battants** zweiflüglig
batte f Handramme f, Stampfe f
b. de pneus Reifenramme f
b. striée geriffelte Schlagleiste f
battée f 1. Anschlag m, Fensteranschlag m; Türanschlag m; Schlagleiste f; 2. Schlagbeton m
battellement m Traufziegelreihe f
battement m 1. Klopfen n, Schlagen n; Schlagbewegung f ⟨z. B. des Rotors⟩; Flattern n ⟨des Tonbandes⟩
batterie f Batterie f; Anlage f, Gruppe f ⟨z. B. von Geräten⟩; ⟨El⟩ Batterie f, Akku[mulator] m, Sammler m
b. d'absorption Absorptionsbatterie f
b. d'accumulateurs Akkumulatorenbatterie f
b. d'anode, b. anodique Anodenbatterie f
b. de condensateurs Kondensatorbatterie f
b. déchargée entladene Batterie f
b. de démarrage Anlaßbatterie f
b. d'équilibrage Pufferbatterie f, Ausgleichsbatterie f
b. au ferro-nickel Eisen-Nickel-Batterie f
b. de filtres Filteranlage f
b. fixe ortsfeste Batterie f
b. de fours Ofenbatterie f
b. galvanique galvanische Batterie f
b. de lampe de poche Taschenlampenbatterie f
b. de lavage Waschbatterie f
b. locale Ortsbatterie f
b. de microphone Mikrofonbatterie f
b. nucléaire Kernbatterie f, Atombatterie f
b. de piles sèches Trockenbatterie f
b. de plaque Anodenbatterie f
b. principale Hauptbatterie f
b. de sauvegarde Notstrombatterie f
b. sèche Trockenbatterie f
b. secondaire Sekundärbatterie f
b. de secours Notstrombatterie f
b. de siphons Siphongruppe f, Siphonbatterie f
b. solaire Solarbatterie f
b. stationnaire ortsfeste Batterie f
b. tampon Pufferbatterie f
b. de tuyaux sur pylônes Rohrbrücke f
batteur m Klopfer m; Schlagmaschine f, Schläger m; Dreschtrommel f
b. finisseur Ausschlagmaschine f, Ausschläger m, Feinschläger m
b. intermédiaire Mittelschlagmaschine f, Mittelschläger m
b. de mesure Metronom n, Taktmesser m
b. à pointes Stiftendreschtrommel f
premier b. Vorschlagmaschine f, erster Schläger m, Grobschläger m
batteur-mélangeur m Mischwolf m

batteuse

batteuse f 1. ⟨Lw⟩ Dreschmaschine f; 2. ⟨Met⟩ Hämmermaschine f; 3. Schlagmaschine f ⟨Keramik⟩
battitures fpl **(de fer)** Hammerschlag m, Zunder m, Walzzunder m
  b. de laminage Walzzunder m, Walzsinter m
battre schlagen; klopfen; rammen; ⟨Text⟩ anschlagen; schlagen ⟨Öffnerei⟩
  b. en arrière zurück drehen ⟨Drehsinn der Hauptmaschine bei Rückwärtsfahrt⟩
  b. pavillon eine Flagge führen, unter einer Flagge fahren
bau m Decksbalken m
baume m **du (de) Canada** Kanadabalsam m
bauxite f Bauxit m
  b. calcinée geglühter Bauxit m
bauxitique bauxithaltig; Bauxit-
bavette f Abstreifer m; Traufplatte f
bavochage m ⟨Typ⟩ Schmitz m
bavure f Grat m
bec m 1. Schnabel m, Tülle f; Trichter m; Mündung f ⟨z. B. eines Konverters⟩; 2. Brenner m ⟨s. a. brûleur⟩
  b. d'aile à fente Vorflügel m, Spaltflügel m, Schlitzflügel m
  b. de canard (automatique) Entenschnabellader m, Laderutsche f
  b. de chargement Fülltrichter m, Ladeschurre f
  b. de la cornue Birnenmündung f
  b. de coulée Gießschnauze f
  b. diviseur à maïs Maisgebiß n
  b. de mesure Meßschnabel m
  b. de la pile Brückeneisbrecher m, Eisbock m
  b. d'une tuile Nase f ⟨eines Dachziegels⟩
bec-d'âne m Kreuzmeißel m
bec-de-canard m s. bec de canard
bec-de-cane m Drehgriff m, Türgriff m
bêche f Spaten m
  b. rotative Drehspatenmaschine f
becher m Becherglas n
bêcher umgraben
bêcheuse f **mécanique** Grabemaschine f
bédane m Kreuzmeißel m
bée f Mühl(en)wehr n
béguettes fpl Drahtzange f, Drahtschere f
bel m Bel n
bélier m Rammbär m, Rammklotz m, Ramme f, Widder m; Widder m ⟨Pumpe⟩
  b. aspirateur (hydraulique) s. béliersiphon

bélier-siphon m hydraulischer Widder (Stoßheber) m
bellefleur f Förderturm m
benne f Fördergefäß n; Mulde f, Kübel m, Tragkorb m; Greifer(gefäß n) m; Schaufel f; Kasten m; Förderwagen m
  b. basculante Kippkübel m, Kipp(er)mulde f; Kippwagen m
  b. basculante à auge Muldenkippwagen m
  b. buveuse Schöpfkübel m
  b. de chargement Begichtungskübel m
  b. culbutante Kippkübel m
  b. décapeuse Schrapper m
  b. dragueuse Schürfkübel m, Baggereimer m
  b. à fond ouvrant Klappkübel m, Kübel m mit Bodenklappe
  b. à grains Korntankwagen m
  b. à manche Stielgreifer m
  b. ouvrante Klappkübel m
  b. pelleteuse Greifer(schaufel f) m; Schaufellader m
  b. piocheuse Schürfkübel m
  b. preneuse Greifergefäß n, Greifer m, Schüttgutgreifer m; Greifbagger m
  b. preneuse automatique Selbstgreifer m
  b. preneuse bicâble (à deux câbles, à deux chaines) Zweiseilgreifer m
  b. preneuse à griffes Zinkengreifer m
  b. preneuse monocâble Einseilgreifer m
  b. preneuse à moteur Motorgreifer m
  b. preneuse à un câble, b. preneuse à une chaine Einseilgreifer m
  b. racleuse Schleppschaufel f, Kratzerschaufel f, Schrapper m, Schrappgefäß n, Schrappkasten m, Schürfkübel m
  b. repliable Klappgefäß n, Klappkübel m; selbstöffnender Baggereimer m
  b. suspendue Hängekübel m
  b. trainante s. b. racleuse
benne-drague f Eimer(ketten)bagger m
bentique Grund- ⟨z. B. Fischerei⟩
bentonite f Bentonit(ton) m
benzaldéhyde m Benzaldehyd m
benzène m Benzol n
benzénique benzolisch
benzidine f Benzidin n
benzine f Benzin n
  b. de craquage Krackbenzin n
benzol m Benzol n
  b. pur Reinbenzol n
benzoylation f Benzoylieren n
benzoyle m Benzoyl n
benzoyler benzoylieren

benzylamine f Benzylamin n
béquettes fpl Drahtzange f, Drahtschere f
béquille f Drücker m, Klinke f; Sporn m; Stütze f
ber m Schlitten m ⟨Stapellauf⟩
berceau m Gewölbebogen m; Laubengang m; Arbeitskorb m für Fassadenarbeiten ⟨kleine Hängebühne⟩; Wiege f; Schlitten m ⟨Stapellauf⟩
berge f Böschung f, steiles Ufer n, Uferabfall m
berkélium m Berkelium n
berline f Förderwagen m, Hunt m
berme f Bankett n; Berme f, Böschungsabsatz m
béryl m Beryll m
béryllium m Beryllium n
besoin m Bedarf m
  b. en eau Wasserbedarf m
  b. en énergie Energiebedarf m
  b. en matériaux Baustoffbedarf m
besoins mpl s. besoin
bêtatron m Betatron n; Elektronenschleuder f
béton m Beton m
  b. à air occlus LP-Beton m, Beton m mit Luftporenbildnern
  b. allégé Leichtbeton m
  b. alvéolaire Zellenbeton m
  b. armé Stahlbeton m
  b. asphaltique Asphaltbeton m
  b. autoclavé Autoklavenbeton m
  b. au baryum Bariumbeton m
  b. sous basse pression Unterdruckbeton m
  b. bitumineux Asphaltbeton m
  b. de bois Holzbeton m; Holzzement m
  b. de carénage Kielbeton m
  b. caverneux Porenbeton m
  b. cellulaire Gasbeton m, Porenbeton m, Schaumbeton m, Zellenbeton m
  b. centrifugé Schleuderbeton m
  b. de ciment Zementbeton m
  b. comprimé Stampfbeton m
  b. à cordes d'acier Stahlsaitenbeton m
  b. coulé Gußbeton m
  b. coulé sur place Ortbeton m
  b. cyclopéen Zyklopenbeton m, Beton m mit Steineinlagen
  b. damé Stampfbeton m
  b. fin Feinbeton m
  b. frais Frischbeton m
  b. fretté dicht bewehrter Beton m
  b. de gravier Kiesbeton m
  b. gros Bruchsteinbeton m; Schwerbeton m; Grobbeton m
  b. de gypse Gipsbeton m
  b. hydraulique Unterwasserbeton m
  b. de laitier Schlackenbeton m
  b. léger Leichtbeton m
  b. de liège Korkbeton m
  b. lourd Schwerbeton m
  b. de mâchefer Schlackenbeton m
  b. maigre Magerbeton m
  b. manufacturé Transportbeton m
  b. de masse Massenbeton m
  b. mousse Schaumbeton m
  b. non armé unbewehrter Beton m
  b. en pente Gefällbeton m
  b. de pierre ponce Bimsbeton m
  b. pilonné Stampfbeton m
  b. de plâtre Gipsbeton m
  b. plein dichter Beton m
  b. à pomper Pumpbeton m
  b. de ponce Bimsbeton m
  b. poreux Einkornbeton m; Porenbeton m
  b. précontraint vorgespannter Beton m, Spannbeton m
  b. prépact Prepaktbeton m
  b. prétendu vorgespannter Beton m, Spannbeton m
  b. projeté Spritzbeton m, Torkretbeton m
  b. réfractaire feuerfester (hitzebeständiger) Beton m
  b. de remplissage Füllbeton m
  b. de scorie(s) Schlackenbeton m
  b. spécial Spezialbeton m
  b. terre humide erdfeuchter Beton m
  b. de vermiculite Vermiculitbeton m
  b. vibré Rüttelbeton m
  b. sous vide Vakuumbeton m
  b. volcanique Bimsbeton m
  gros b. s. b. gros
bétonnage m Betonieren n; Betonierung f
  b. sous l'eau Unterwasserbetonierung f
bétonner betonieren, Beton einbringen
bétonneur m Betonarbeiter m, Betonwerker m
bétonneuse f Betonmischer m; Betoneinbringer m
bétonnière f Betonmischer m, Betonmischmaschine f
beurre m:
  b. d'antimoine Antimonbutter f
  b. de cacao Kakaobutter f
biais schräg, schiefwinklig
biais m schräge Fläche f; Gehrung f, Gehre f; Schräge f, Querrichtung f
biatomique s. diatomique
biaxe, biaxial zweiachsig
bibasique zweibasisch
bibelotier m ⟨Typ⟩ Akzidenzsetzer m
bibliothèque f **de sous-programmes** Unterprogrammbibliothek f

bibliothèque-programmes

bibliothèque-programmes f Programmbibliothek f
bicâble m Zweiseilbahn f
bicanal mit zwei Kanälen, Zweikanal-
bicarbonate m Hydrogenkarbonat n
  b. de sodium Natriumhydrogenkarbonat n
bicarré biquadratisch
bichromate m Dichromat n
  b. d'ammoniaque Ammoniumdichromat n
  b. de potassium Kaliumdichromat n
  b. de sodium Natriumdichromat n
bichromatiser dichromatisieren, bleichen
bichromie f Zweifarbendruck m
bicolore zweifarbig, doppelfarbig
biconcave bikonkav
biconvexe bikonvex
bicorne zweispitzig
bicyclette f Fahrrad n
  b. de course Rennrad n
  b. de tourisme Tourenrad n
bicyclique ⟨Ch⟩ bizyklisch
bief m Ableitungskanal m, Ableitungsgraben m; Mühlbach m; Haltung f ⟨Schleuse⟩, Schleusenbecken n
  b. amont obere Wasserhaltung f
  b. aval untere Wasserhaltung f
bielle f Glied n ⟨Mechanismus, Getriebe⟩; Pleuel m, Pleuelstange f, Schubstange f; Kurbel f; Kurbelstange f
  b. d'accouplement Kuppelstange f
  b. de commande Lenkstange f
  b. à fourche Gabelstange f
  b. motrice Pleuelstange f; Triebstange f, Kurbelstange f, Treibstange f
  b. de parallélogramme Parallelogrammstange f, Leitstange f ⟨Dampfmaschine⟩
  b. pendante Lenkstockhebel m
  b. de suspension Schwingpendel n
  b. du tiroir Schieberstange f ⟨Dampfmaschine⟩
  b. de traction Zugstange f
bielle-manivelle f Schubkurbel f
biellette f **de genouillère** Kniehebelplatte f
biens mpl Fracht f, Ladung f ⟨Seeversicherung⟩
biétagé zweistufig
bifilaire bifilar, zweiadrig
bifurcation f 1. Abzweigung f, Gabelung f; Verzweigung f; 2. Weiche f; 3. Straßenkreuzung f; 4. ⟨Kern⟩ Zweig m, Unterfamilie f; Verzweigung f, dualer Zerfall m
  b. d'antenne Antennenweiche f

  b. sélective Frequenzweiche f
bifurquer sich verzweigen (gabeln), abzweigen
bigorne f **arrondie** Rundhorn n
  b. carrée Vierkanthorn n
bigue f Montagebaum m; Stütze f, Strebe f; Bock m, Hebebock m; einfacher Auslegerkran m; Mastenkran m, Derrick(kran) m; ⟨Schiff⟩ Schwergutbaum m; Schwergut(lade)geschirr n
  b. à bras oscillant schwenkbarer einfacher Auslegerkran m
biharmonique biharmonisch
bijection f ⟨Math⟩ eineindeutige Abbildung f, Bijektion f
bilame f Bimetall(streifen m) n
bilan m:
  b. en bois brut Rohholzbilanz f
  b. des charges Ladungsbilanz f
  b. électrique (énergétique) Energiebilanz f, E-Bilanz f
  b. des masses Massenbilanz f
  b. matière Materialbilanz f, Stoffbilanz f
  b. neutronique Neutronenbilanz f
  b. du rayonnement Strahlungsbilanz f; Strahlungshaushalt m
  b. thermique Wärmebilanz f, Wärmehaushalt m
bilatéral zweiseitig, doppelseitig
bilboquet m ⟨Typ⟩ Akzidenzsatz m
bilinéaire bilinear
bille f 1. Kugel f; 2. Holzblock m, Holzklotz m; 3. Schwelle f
  b. en acier Stahlkugel f
  b. de roulement Wälzlagerkugel f, Kugel f für Kugellager
  b. de verre Glaskugel f
  b. de verrouillage Sperrkugel f ⟨Differentialsperre⟩
billette f Knüppel m, Preßblock m; Strang m ⟨Stranggießen⟩
  b. d'aluminium Aluminiumbarren m
  b. pour forge Schmiedeknüppel m
  b. plate Flachknüppel m
  b. ronde Rundknüppel m
billot m Holzblock m, Klotz m, Hackklotz m; Unterlage f
  b. de batte Rammbär m
billotage m Aufklotzung f, Stapelung f
bilobé Zweipaß-
bimétal m Bimetall n
bimétallique Bimetall-
bimoléculaire bimolekular
bimoteur zweimotorig
bimoteur m zweimotoriges Flugzeug n
binaire binär, zweigliedrig, dual, dyadisch

bineuse f Hackgerät n, Hackmaschine f
bineutron m Doppelneutron n
binoculaire binokular
binode f ⟨El⟩ Binode f; Diode-Tetrode f; Diode-Triode f
binôme binomisch, zweigliedrig
binôme m Binom n
binormale f Binormale f
binucléaire zweikernig
biocatalyseur m Biokatalysator m
biochimie f Biochemie f
biochimique biochemisch
biofaciès m Biofazies f
biophysique biophysikalisch
biophysique f Biophysik f
biostratigraphique biostratigrafisch
biosynthèse f Biosynthese f
bioxyde m Dioxid n
   b. d'hydrogène Wasserstoffperoxid n
   b. de manganèse Mangandioxid n, Braunstein m
bipalé zweiblättrig
biphasé zweiphasig
biphényle m Diphenyl n
biplace zweisitzig
biplan m Doppeldecker m
bipode m A-Mast m, Zweibeinmast m
bipolaire zweipolig, bipolar
bipolarité f Doppelpoligkeit f, Zweipoligkeit f
biprisme m Biprisma n, Doppelprisma n
   b. de Fresnel Fresnelsches Doppelprisma n, Biprisma n von Fresnel
biquadratique biquadratisch
biquartz m Soleilsche Doppelplatte f, Soleil-Platte f, Doppelquarz m, Doppelquarzplatte f
biquinaire biquinär
birail m Zweifach(kran)schiene f; Zweischienenhängebahn f
biréacteur m Flugzeug n mit zwei Strahltriebwerken
biréfringence f Doppelbrechung f
   b. électrique elektrische Doppelbrechung f, elektro-optischer Kerr-Effekt m
   b. magnétique magnetische Doppelbrechung f, magneto-optischer Kerr-Effekt m
   b. mécanique Spannungsdoppelbrechung f
biréfringent doppelbrechend
bisage m Umfärbeverfahren n
biscuit m Biskuitporzellan n
biseau m Abschrägung f, Fase f, Hohlkehle f; ⟨Typ⟩ Gehrung f
   b. diamant Diamantschliff m, Keilfacette f

biseautage m 1. Abschrägen n, Anfasen n, Abfasen n, Fasen n; 2. Facettenschleiferei f
biseauter abschrägen, anfasen, (ab)fasen, abkanten; Winkelrand schleifen
bisel m Doppelsalz n
biser umfärben
bismuth m Wismut n
bismuthé wismuthaltig
bisphénoïde m Doppelkeil m
bissecter (einen Winkel) halbieren
bissecteur halbierend ⟨durch eine Linie⟩
bissection f Halbierung f
bissectrice f Winkelhalbierende f
bissel m Bissel-Gestell n, Bissel-Achse f
bistable bistabil
bisulfate m Bisulfat n
   b. de potassium Kaliumhydrogensulfat n
   b. de sodium Natriumhydrogensulfat n
bisulfite m Hydrogensulfit n
   b. de potassium Kaliumhydrogensulfit n
   b. de sodium Natriumhydrogensulfit n
bisulfure m d'étain Zinnsulfid n
bit m 1. ⟨BMSR⟩ Binärziffer f, Bit n; Informationselement n; 2. ⟨Masch⟩ Bohrmeißel m
   b. de contrôle Kontrollbit n, Prüfbit n
   b. de parité Paritätsbit n
   b. de position Positionsbit n
bitartrate m de potassium Kaliumhydrogentartrat n, Weinstein m
bitord m Schiemannsgarn n, Takelgarn n
bitte f Poller m
   b. d'amarrage Vertäupoller m
   b. en croix Kreuzpoller m
   b. double Doppelpoller m
   b. de quai Kaipoller m
   b. de remorque Schleppoller m
bitume m Bitumen n, Bergpech n, Erdpech n
   b. asphaltique Asphaltbitumen n
   b. de coupage Verschnittbitumen n
   b. de grand vide Hochvakuumbitumen n
   b. de roche Asphaltgestein n
bitumer mit Bitumen bestreichen, asphaltieren, teeren
bitumier m Asphalttanker m
bituminer s. bitumer
bitumineux bituminös
biturbopropulseur m Flugzeug n mit zwei Propellerturbinen-Luftstrahltriebwerken
biunivoque eineindeutig, umkehrbar eindeutig
bivalence f Zweiwertigkeit f

bivalent

bivalent zweiwertig
biveau m Winkelmaß n; Gehrungsmaß n
bivoie f ⟨Eb⟩ Gabelfahrt f
black-out m Blackout m, Netzausfall m (des Hauptstromnetzes)
blanc m 1. Weiß n; 2. ⟨Typ⟩ Zwischenraum m, Lücke f, Abstand m; Ausschlußmaterial n, Blindmaterial n; 3. ⟨Dat⟩ Leerstelle f; 4. ⟨Fmt⟩ Blanktaste f; 5. ⟨Met⟩ Weißglut f
  b. d'adresse Adressenleerstelle f
  b. d'antimoine Antimontrioxid n
  b. d'argent Bleiweiß n
  b. de baleine Ambra f
  b. de barre Mittelsteg m
  b. de baryte Barytweiß n
  b. de céruse Kremserweiß n
  b. de Chine Zinkweiß n
  b. de couture Bundsteg m
  b. couvrant Deckweiß n
  b. d'Espagne Spanischweiß n
  b. fixe Blanc fixe n, Permanentweiß n, Barytweiß n
  b. de gorge leichtflüssige Glasur f ⟨Porzellan⟩
  b. d'image Bildweißpegel m
  b. parfait Weißspitze f
  b. permanent Permanentweiß n
  b. de pied Fußsteg m, Querkreuzsteg m
  b. des pinces Kapitalsteg m, Greifersteg m
  b. de plomb Bleiweiß n
  b. de tête Kopfsteg m
  b. de titane Titanweiß n
  b. de titane barytique Mischpigment n aus Titandioxid und Bariumsulfat
  b. transversal Kreuzsteg m
  b. de zinc Zinkweiß n
blanc-fixe m Blanc fixe n
blanchet m ⟨Typ⟩ Drucktuch n; ⟨Text⟩ Mitläufertuch n
  b. en feutre Drucktuch n, Druckfilz m
blancheur f Weiße f; Weißgehalt m ⟨in Prozent⟩
blanchiment m 1. Bleiche f, Bleichprozeß m; Bleichen n; 2. Tünchen n, Weißen
  b. en (au) chlore Chlorbleiche f
  b. au chlorure de sodium Natriumchloridbleiche f
  b. aux chlorites Chloritbleiche f
  b. à la continue Kontinuebleiche f
  b. au grand air Naturbleiche f
  b. de l'huile Ölbleiche f
  b. aux hypochlorites Hypochloritbleiche f
  b. optique optisches Bleichen (Schönen) n
  b. oxydant oxydierendes Bleichen n
  b. au peroxyde Peroxidbleiche f
  b. sur pré Rasenbleiche f
  b. préalable Vorbleiche f
  b. rapide Schnellbleiche f
  premier b. Vorbleiche f
blanchir 1. weiß machen, weißen, tünchen; 2. ⟨Text⟩ bleichen; waschen ⟨Leinen⟩; 3. ⟨Typ⟩ durchschießen; 4. ⟨Met⟩ im Feuer verzinnen; 5. ⟨Holz⟩ abschälen, entrinden
  b. la fonte grise Weicheisen herstellen
blanchissage m Bleichen n, Bleichung f; Wäsche f
  gros b. Grobwäsche f
blancs mpl Ausschlußmaterial n, Blindmaterial n
blanking m Dunkeltastung f
blende f ⟨Min⟩ Blende f
bleu m 1. Blau n; 2. ⟨Büro⟩ Lichtpause f ⟨ursprünglich Blaupause⟩
  b. d'aniline Anilinblau n
  b. de Berlin Berliner Blau n; Kaliumferrozyanid n, gelbes Blutlaugensalz n
  b. d'émail Schmelzblau n
  b. fixe Waschblau n
  b. de méthylène Methylenblau n
bleuir ⟨Met⟩ blau anlassen; ⟨Text⟩ bläuen
bleuissage m ⟨Met⟩ Blauglühen n; ⟨Text⟩ Bläuen n
bleuissement m Blauanlaufen n; Verblauung f
bleutage m s. azurage
blindage m Abschirmung f; Stahlausbau m; Abstützung f; Verschalung f, Verkleidung f; Panzerung f; Panzer m
  b. du creuset Gestellpanzer m
  b. électrique elektrische Abschirmung f
  b. électromagnétique elektromagnetische Abschirmung f
  b. électrostatique elektrostatische Abschirmung f
  b. extérieur ⟨El⟩ äußere Abschirmung f
  b. en fonte Gußeisenkapselung f
  b. de la fouille Baugrubenaussteifung f, Baugrubeneinfassung f
  b. du haut fourneau Hochofenpanzer m
  b. HF HF-Abschirmung f
  b. magnétique magnetische Abschirmung f
  b. du noyau Kernabschirmung f
  b. en tôle(s) Blechverkleidung f
  b. de tube Röhrenabschirmung f
blindé abgeschirmt; verschalt; gepanzert; gekapselt
  b. au plomb bleigepanzert
  b. en tôle blechgekapselt

blinder abschirmen; in Eisen ausbauen; verschalen, verkleiden; panzern
bloc m 1. Block m; Klotz m; Klumpen m; 2. ⟨Geol⟩ Block, Kern m, Scholle f; 3. ⟨Typ⟩ Block, Druckform f; 4. Baugruppe f; Aggregat n, Einheit f ⟨z. B. Motor und Getriebe⟩; 5. ⟨Schiff⟩ Volumensektion f; 6. ⟨Eb⟩ Block(strecken)system n; 7. ⟨Dat⟩ Wörterblock m; 8. Walkholz n; **à b.** 1. zublocks, fest (-geklemmt); 2. vorgeheißt ⟨z. B. Flagge bis zur Mastspitze⟩
b. absolu ⟨Eb⟩ absoluter Block m
b. additionnel Ergänzungsblock m
b. d'appareillage Apparateblock m
b. d'assemblage Einbauaggregat n
b. basculé gekippte Scholle f
b. en (de) béton Betonblock m, Betonstein m
b. de calcul Rechenwerk n
b. carré Vierkantblock m
b. à chabotte Amboßstock m, Hammerstock m
b. charrié Überschiebungsscholle f
b. à colonnes Säulenführungsgestell n
b. de connexion Anschlußleiste f
b. continental Kontinentalblock m; Festlandskern m
b. diagramme Blockschaltbild n
b. (d')eau Installationszelle f, Naßzelle f; sanitär-technischer Block m
b. des emménagements Einrichtungsblock m, Kammerblock m
b. entrée Eingangsblock m
b. erratique erratischer Block m, Findling m
b. faillé Bruchscholle f
b. de fond Bodensektion f
b. de glace Blockeis n
b. d'habitations Häuserkomplex m
b. d'impression Druckeinrichtung f, Druckwerk n
b. d'impulsion d'alimentation des grilles Impulssteuergerät n
b. d'informations Informationsblock m
b. d'instructions Befehlsblock m
b. interchangeable Steckeinheit f ⟨elektrisches Bauelement⟩
b. de jonction Lüsterklemme f
b. de libération Freigabeblock m
b. logique logischer Baustein m
b. de maisons Häuserblock m, Häuserviereck n
b. à matrice Matrizenblock m
b. de mémoire Speicherblock m
b. moteur Blockmotor m
b. moteur réducteur de translation Kranfahrwerk n

b. optique du projecteur Bildwerferkopf m
b. permissif ⟨Eb⟩ bedingter Block m
b. redresseur Gleichrichterblock m
b. ressort Federpaket n
b. secteur Netzteil m
b. de serrage Spannkloben m
b. sortie Ausgangsblock m
b. de verre Glasbaustein m
blocage m 1. Blockieren n; Blockierung f; Verriegelung f, Sperrung f; Gesperre n; Hemmung f, Arretierung f; ⟨Typ⟩ Blockade f; Aussparung f; Festklemmen n, Spannen n ⟨z. B. eines Werkstücks⟩; 2. Bruchsteine mpl, Steinschlag m; Steinpackung f; Packlage f, Schotterung f
b. d'aiguille Weichensicherung f
b. automatique Selbsthemmung f
b. de l'avance Vorschubsperrung f
b. de boulon Bolzensicherung f gegen Abdrehen der Mutter
b. du courant continu Gleichstromblockierung f
b. du déclencheur Auslösesperre f
b. de différentiel Differentialsperre f, Ausgleichgetriebesperre f
b. évitant les doubles expositions Doppelbelichtungssperre f
b. par grilles Gittersperrung f, Gitterabschaltung f
b. de la marche en arrière Rücklaufhemmung f
b. marginal Randsperrung f
b. de l'obturateur Verschlußblockierung f
b. en pierrailles Packlage f, Schotterung f
b. au puits Schachtsperre f
b. rapide par grilles Gitterschnellabschaltung f
b. à rouleaux Rollengesperre n, Klemmrollengesperre n, Klemmrollenfreilaufkupplung f
b. du transport Transportsperre f
b. de voie Gleissperre f
blocaille f s. blocage 2.
bloc-bain m sanitärtechnischer Block m
bloc-cuisine m küchentechnischer Block m
bloc-cylindres m Zylinderblock m
bloc-dateur m Datumblock m, Datumrolle f
bloc-douche m Naßzelle f
bloc-évier m s. bloc-cuisine m
bloc-fenêtre m Fensterblock m
blochet m Zange f ⟨Dachverband⟩
blochets mpl **de bois** Holzklötzchen npl

block-coefficient

block-coefficient *m* Blockkoeffizient *m*, Völligkeitsgrad *m* der Verdrängung; à b. élevé völlig ⟨Schiffsform⟩
block-moteur *m* ⟨Kfz⟩ Motorgetriebeblock *m*
bloc-système *m* ⟨Eb⟩ Block[strecken]system *n*
blondin *m* Kabelkran *m*
  b. fixe ortsfester Kabelkran *m*
  b. mobile fahrbarer Kabelkran *m*
  b. radial schwenkbarer Kabelkran *m*
bloom *m* Vorblock *m*, vorgewalzter Block *m*
bloomage *m* Vorschmieden *n*; Vorwalzen *n*
blooming *m* Blockwalzwerk *n*
blooming-slabbing *m* Block-Brammen-Walzwerk *n*
bloquer 1. blockieren; verriegeln, sperren; hemmen; sichern; arretieren; 2. ⟨Typ⟩ blockieren, aussparen; 3. mit Bruchsteinen ausfüllen
  b. une route das Packlager legen
blousse *f* Kämmling *m* ⟨Kammgarnspinnerei⟩
blutage *m* Sieben *n*; Sichten *n*
bluter sieben; sichten
bluterie *f* Siebmaschine *f*; Sichter *m*
  b. cyclone Windsichter *m*
  b. à tourbillon Wirbelsichter *m*
bobinage *m* 1. ⟨El⟩ Bewickeln *n*; Bewicklung *f*; Wicklung *f*; Linsenwicklung *f*; Bandwickel *m* ⟨s. a. enroulement⟩; 2. ⟨Text⟩ Spulerei *f*; Spulen *n*, Aufspulen *n*
  b. bifilaire Bifilarwicklung *f*
  b. à boucles Schleifenwicklung *f*
  b. en court-circuit Kurzschlußwicklung *f*
  b. croisé Kreuzwicklung *f*
  b. en disque Scheibenwicklung *f*
  b. sur encoches Nutenwicklung *f*
  b. d'excitation Erregerwicklung *f*
  b. hélicoïdal Wellenwicklung *f*
  b. de l'induit Ankerwicklung *f*
  b. parallèle Parallelwicklung *f*
  b. à plat flachkantige Wicklung *f*
  b. primaire Primärwicklung *f*
  b. rapide schneller Vorlauf *m* ⟨Tonband⟩
  b. de transformateurs Transformatorwicklung *f*
bobine *f* Spule *f*; Haspel *f*; ⟨Typ⟩ Rolle *f*; ⟨Kfz⟩ Zündspule *f*
  b. d'absorption Saugdrossel *f*
  b. d'accord Abstimmspule *f*
  b. d'accouplement Kopplungsspule *f*
  b. à air Luftspule *f*

b. d'alignement Abgleichspule *f*
b. d'alimentation Garnablaufkörper *m*
b. d'allumage Zündspule *f*
b. d'amortissement Dämpferspule *f*, Dämpfungsspule *f*
b. ampèremétrique Stromspule *f*
b. annulaire Ringspule *f*
b. d'antenne Antennenspule *f*
b. d'arrêt basse fréquence Niederfrequenzdrossel *f*
b. d'arrêt haute fréquence Hochfrequenzdrossel *f*
b. d'aspiration Saugdrossel *f*
b. astatique astatische Spule *f*
b. auxiliaire Hilfsspule *f*
b. de balayage Rasterspule *f*
b. en bande de cuivre Kupferbandspule *f*
b. pour bande magnétique Magnetbandspule *f*, Tonbandspule *f*
b. bifilaire Bifilarspule *f*
b. bouteille Flaschenspule *f*
b. à cable Kabeltrommel *f*, Kabelhaspel *f*
b. à cage Käfigspule *f*
b. de champ Feldspule *f*
b. de choc à air Luftdrossel *f*
b. de choc de résonance Resonanzdrossel *f*
b. du circuit principal Hauptschlußspule *f*, Serienspule *f*
b. de commutation Wendefeldspule *f*
b. de compensation Kompensationsspule *f*, Ausgleichsspule *f*, Ausgleichsdrossel *f*
b. de concentration Konzentrationsspule *f* ⟨z. B. Elektronenstrahl⟩
b. de correction Korrekturspule *f*
b. à couches multiples Mehrlagenspule *f*, Mehrschicht[en]spule *f*
b. de couplage Koppelspule *f*, Ankoppelspule *f*
b. du courant principal Hauptschlußspule *f*, Serienspule *f*
b. croisée Kreuzspule *f*
b. croisée conique konische Kreuzspule *f*
b. croisée cylindrique zylindrische Kreuzspule *f*
b. cylindrique Zylinderspule *f*
b. débitrice Ablaufspule *f*, Abwickelspule *f*, Vorratsspule *f*
b. de décharge Erdungsdrossel *f*, Entladespule *f*
b. de déclenchement Ausschaltspule *f*, Auslösespule *f*
b. déflectrice Ablenkspule *f*
b. de démarrage Anlaßzündspule *f*

b. démontable zerlegbare Spule f
b. de déviation Ablenkspule f
b. de déviation lignes Zeilenablenkspule f
b. à double enroulement Bifilarspule f
b. de drainage s. b. de décharge
b. égalisatrice Mittelpunktstransformator m
b. d'électro-aimant Magnetspule f
b. élémentaire Einzelspule f
b. d'enclenchement Einschaltspule f
b. à enroulement croisé Kreuzspule f
b. étalon Meßspule f
b. excitatrice Erregerspule f
b. exploratrice Prüfspule f
b. d'extinction d'arc Erdschlußlöschspule f
b. faite sur gabarit Formspule f
b. sans fer Luftspule f, eisenlose Spule f
b. à fiches Aufsteckspule f
b. de focalisation Fokussierspule f
b. en forme de cage Käfigspule f
b. en forme de disque Scheibenspule f
b. formée sur gabarit Formspule f
b. fournisseuse s. b. débitrice
b. fusée ⟨Text⟩ Raketenspule f
b. de grille Gitterspule f
b. à haute fréquence Hochfrequenzspule f
b. d'inductance Drosselspule f
b. d'induction Induktionsspule f
b. d'induit Ankerspule f
b. limiteuse Begrenzungsdrossel f
b. de lissage Glättungsdrossel f
b. de maintien Haltespule f
b. de mesure Meßspule f
b. pour métier à lacets Klöppelspule f ⟨Maschinenklöppelei⟩
b. à minimum de tension Unterspannungsspule f
b. de mise à la terre Erdschlußdrossel f, Erdschlußspule f
b. mobile Schwingspule f, Tauchspule f
b. de modulation Modulationsspule f
b. montée fil-à-fil ⟨El⟩ Träufelspule f
b. à noyau de fer Eisenkernspule f
b. à noyau en fil (de fer) Drahtkernspule f
b. à noyau plongeur Tauchkernspule f
b. pour ondes courtes Kurzwellenspule f
b. d'oscillateur Oszillatorspule f
b. de papier Papierrolle f
b. Petersen Petersenspule f, Erdschlußspule f
b. plate Flachspule f, Scheibenspule f
b. pleine volle Spule f

b. à plusieurs couches Mehrlagenspule f, Mehrschicht[en]spule f
b. primaire Primärspule f
b. de Pupin Pupinspule f
b. de réactance Drossel[spule] f
b. de réactance différentielle Differentialdrossel f
b. de réactance à noyau de fer Drossel f mit Eisenkern
b. à réaction Rückkopplungsspule f
b. réceptrice Aufwickelspule f
b. rectangulaire Rechteckspule f
b. régulatrice Regelspule f
b. de relais Relaisspule f
b. de réseau Netzdrossel f
b. de résistance Widerstandsspule f
b. de retordage-étirage Streckzwirnspule f
b. de ruban-encreur Farbbandspule f
b. secondaire Sekundärspule f
b. en série Hauptschlußspule f
b. de soufflage Löschspule f, Funkenlöschspule f, Lichtbogenlöschspule f, Blasspule f
b. de syntonisation Abstimmspule f
b. à tension nulle Nullspannungsspule f
b. toroïdale Ringspule f
b. de transformateur Transformatorspule f
b. à une seule couche einlagige Spule f
b. de variomètre Variometerspule f
b. vide Leerspule f
bobiné gewickelt; bewickelt; angehängt ⟨z. B. Generator an Wellenleitung⟩
bobineau m kleine Papierrolle f; ⟨Text⟩ s. bobinot
bobiner bewickeln, aufspulen; haspeln; ⟨Text⟩ spulen
bobine-relais f Relaisspule f
bobineuse f Wickelmaschine f, Aufwickelmaschine f, Haspel f, Spulmaschine f; Rückspulapparat m ⟨Filmtechnik⟩; Rollvorrichtung f, Rollapparat m
b. à bandes Bandhaspel f
b. à fil Drahthaspel f
b. à fil croisé Kreuzspulmaschine f
bobineuse-trancheuse f Rollenschneid[e]- und -wickelmaschine f
bobinoir m Spulmaschine f, Wickelmaschine f
b. assembleur Fachkreuzspulmaschine f
b. automatique à fil croisé Kreuzspulautomat m
b. à bobines croisées, b. à fil croisé Kreuzspulmaschine f

bobinot

bobinot *m* Flyerspule *f*, Vorgespinstspule *f*
bocage *m*:
  b. de fonte Brucheisen *n*
  b. de lingotières Kokillenbruch *m*
bocal *m* 1. Topf *m*, Gefäß *n* ⟨dickbauchig⟩; 2. ⟨El⟩ Isolatorkopf *m*
bocard *m* Pochwerk *n*
bocardage *m* Pochen *n*
bocarder pochen
bœuf *m* Netzboot *n* ⟨Gespannfischerei⟩
bog(g)ie *m* Drehgestell *n*; Bogiefahrwerk *n*
  b. arrière hinteres Drehgestell *n*
  b. avant vorderes Drehgestell *n*
  b. à deux essieux zweiachsiges Drehgestell *n*
  b. moteur Triebdrehgestell *n*
  b. porteur Laufachse *f*, Laufdrehgestell *n*
bois *m*:
  b. amélioré vergütetes Holz *n*
  b. d'arrimage Stauholz *n*, Garnier *n*
  b. d'aubier Splintholz *n*
  b. de balsa Balsaholz *n*
  b. de bout Hirnholz *n*
  b. brut Rohholz *n*
  b. carré Kantholz *n*
  b. de charpente Bauholz *n*
  b. de charpente maritime Schiffbauholz *n*
  b. cintré Biegeholz *n*
  b. de cœur Kernholz *n*
  b. commercialement sec handelsüblich getrocknetes Holz *n*
  b. compressible ⟨Brg⟩ Quetschholz *n*
  b. comprimé Preßholz *n*, verdichtetes Holz *n*
  b. de consommation Nutzholz *n*
  b. de construction Bauholz *n*
  b. contreplaqué Sperrholz *n*; Furnierplatte *f*
  b. débité Schnittholz *n*
  b. densifié verdichtetes Holz *n*
  b. de déroulage Furnierholz *n* ⟨Schälfurnier⟩
  b. desséché darrgetrocknetes Holz *n*
  b. dur Hartholz *n*
  b. d'éclaircie Durchforstungsholz *n*
  b. d'écrasement au toit Kopfholz *n*
  b. empilé Schichtholz *n*
  b. équarri Kantholz *n*; Schnittholz *n*
  b. à étrésillons Stempelholz *n*
  b. à fibres droites geradfas[e]riges Holz *n*
  b. à fibres torses drehwüchsiges Holz *n*
  b. final Spätholz *n*
  b. de gaïac Pockholz *n*
  b. en grume Rundholz *n* mit Rinde
  b. ignifugé mit feuerhemmenden Mitteln behandeltes Holz *n*
  b. imprégné Tränkvollholz *n*
  b. initial Frühholz *n*
  b. lamellé Lagenholz *n*, Schichtholz *n*
  b. lamellé en étoile Sternholz *n*
  b. long Langholz *n*
  b. massif Vollholz *n*
  b. de mines Grubenholz *n*
  b. mi-sec halbgetrocknetes Holz *n*
  b. modifié vergütetes Holz *n*
  b. moulé imprégné Formvollholz *n*
  b. d'œuvre Nutzholz *n*
  b. à papier Papierholz *n*
  b. à pâte Schleifholz *n*
  b. de perche Stangenholz *n*
  b. de phénoplaste Phenoplasthartholzpreßmasse *f*, Phenoplastpreßschichtholz *n*
  b. de placage Furnierholz *n*
  b. plastifié weichgemachtes Holz *n*
  b. plein Vollholz *n*
  b. à pulpe Schleifholz *n*
  b. de résonance Klangholz *n*
  b. rond Rundholz *n*
  b. de sciage Schnittholz *n*
  b. sec à l'air luftgetrocknetes Holz *n*
  b. en sève saftfrisches Holz *n*
  b. stabilisé à chaud hitzestabilisiertes Holz *n*
  b. stratifié *s.* b. lamellé
  b. tendre Weichholz *n*
  b. de tension Zugholz *n*
  b. traité sous pression im Kesseldruckverfahren behandeltes Holz *n*
  b. traité à vapeur dampfbehandeltes Holz *n*
  b. de tranchage Furnierholz *n* ⟨Messerfurnier⟩
  b. de tronc Stammholz *n*
  gros b. Derbholz *f*
bois *mpl* **débités sur liste** Dimensionshölzer *npl*
boisage *m* Holzverkleidung *f*; Holzausbau *m*; Verbau *m*; Zimmerung *f*
  b. par cadres Türstockausbau *m*
  b. de puits Schachtausbau *m*
  b. du toit Firstenstempel *m*
boiser täfeln, mit Holz verkleiden; mit Holz ausbauen
boiserie *f* Holztäfelung *f*, Holzverkleidung *f*, Tafelwerk *n*
boiseur *m* Zimmerhauer *m*
boisseau *m* 1. Hahngehäuse *n*; Hahnküken *n*; Kolbenschieber *m*; 2. Kaminformstein *m*
  b. de tampon Puffergehäuse *n*, Pufferhülse *f*

boite f Gehäuse n; Getriebegehäuse n; Getriebe n; Buchse f, Büchse f; Dose f, Kasten m
b. d'avance Vorschubkasten m
b. d'avance type Norton Nortongetriebe n
b. d'avertisseurs Fallklappenkasten m
b. à balles Patronenkasten m, Munitionskasten m
b. de blindage Abschirmbecher m, Abschirmhaube f
b. à bornes Klemmenkasten m
b. à câble Kabelendverschluß m, Endverschluß m
b. de calibrage ⟨Typ⟩ Einheiteneinsatz m
b. de capacités Kondensator m ⟨s. a. condensateur⟩
b. de capacités à décades dekadischer Kondensator m
b. de capacités à fiches Stöpselkondensator m
b. de chargement Chargiermulde f
b. de chasse Schlagkasten m ⟨Webmaschine⟩
b. de circulation Sammelkammer f, Sammler m ⟨Dampfkessel⟩
b. conductrice Führungsbüchse f
b. de connexion Anschlußdose f
b. de décharge à clapet Sturmklappe f
b. de dérivation Abzweigkasten m, Abzweigdose f
b. de direction Lenkung f, Lenkgetriebe n; Lenkgetriebegehäuse n
b. de distribution ⟨El⟩ Verteilerkasten m, Verteilerdose f; ⟨Typ⟩ Ablegeschloß n; Ablegekasten m
b. dynamométrique Kraftmeßdose f
b. à eau Wasserkasten m
b. d'encastrement Unterputzdose f
b. d'engrenages Zahnradgetriebe n, Getriebe n; Getriebegehäuse n
b. d'essieu Achsbuchse f, Achslager n; Achslagerkasten m
b. d'étanchéité, b. à étoupe Stopfbuchse f
b. d'extinction d'arc Funkenkammer f
b. d'extrémité Abschlußmuffe f ⟨eines Kabels⟩
b. d'extrémité pour montage à l'extérieur Freiluftendverschluß m
b. à feu Feuerbüchse f
b. de filetage Gewindeschneidgetriebe n, Gewindeschneidkasten m
b. à film Filmbüchse f
b. à friser Stauchkammer f, Kräuselkammer f ⟨Texturieren⟩
b. à fumée Rauchkammer f

b. à gants Glovebox f, Handschuhbox f
b. de glissement Gleitlagerbuchse f
b. à graisse Fettbüchse f, Schmierbuchse f
b. à graisse usée Fettsammelbehälter m
b. de guidage Führungsbuchse f
b. d'inductances à fiches Stöpselinduktivität f
b. de jonction Kabelmuffe f
b. à labyrinthe Labyrinthbuchse f, Labyrinth n, Labyrinthdichtung f
b. de manutention Transportkasten m
b. à matrice Preßformgehäuse n
b. de mixage Umspieleinrichtung f ⟨Filmtechnik⟩
b. à navette ⟨Text⟩ Schützenkasten m
b. à noyau ⟨Met⟩ Kernkasten m
b. de palier Lagergehäuse n
b. pare-feu Feuerschutztrommel f; Filmtrommel f, Filmmagazin n
b. à piles Batteriekasten m
b. à pont Kabelmeßbrücke f
b. de prise de courant Steckdose f
b. de protection Strahlenschutzkammer f
b. à quatre vitesses Vierganggetriebe n
b. de raccordement Anschlußkasten m
b. à réactifs Chemikalienbüchse f
b. réfrigérante (de refroidissement) Kühlkasten m
b. de résistances Widerstandskasten m
b. de résistances à commutateur Kurbelwiderstand m
b. de résistances à décades Dekadenwiderstand m
b. de résistances double gleichläufiger Doppelkurbelwiderstand m
b. de résistances à fiches Stöpselwiderstand m
b. de résistances jumelées gegenläufiger Doppelkurbelwiderstand m
b. à sable Streusandkasten m, Streusandbehälter m; Sandkasten m
b. de secours Verbandtasche f, Verbandkasten m
b. de soufflage d'arc Lichtbogenkammer f
b. à soupape Ventileinsatz m, Ventilkorb m, Ventilkammer f
b. en T Abzweigkasten m, Abzweigdose f, Abzweigmuffe f
b. terminale Dosenendverschluß m
b. à tiroir Schiebergehäuse n, Schieberkasten m ⟨Dampfmaschine⟩
b. à trois vitesses Dreiganggetriebe n

boite

b. à vapeur ⟨Eb⟩ Steuerungsventilkasten m
b. à vase Schlammkasten m
b. à vent Windkasten m
b. de vitesses dite silencieuse Aphongetriebe n
b. de vitesses (à engrenages) Getriebe n, Schaltgetriebe n, Wechselgetriebe n; Räderkasten m, Getriebegehäuse n
b. de vitesses hydraulique Flüssigkeitsgetriebe n
boitement m unregelmäßiges Laufen n ⟨einer Maschine⟩
boiter unregelmäßig laufen ⟨von einer Maschine⟩
boitier m Gehäuse n ⟨s. a. boite⟩
b. d'aluminium Aluminiumgehäuse n
b. d'avancement du tabulateur Tabulatorschiebergehäuse n ⟨Schreibmaschine⟩
b. de direction Lenkgehäuse n; Lenkung f
b. encastré Einbaugehäuse n
b. entièrement en métal Ganzmetallgehäuse n
b. du filtre Filtergehäuse n
b. de fonctions Steuerbrücke f
b. de haut-parleur Lautsprechergehäuse n
b. d'instrument Instrumentengehäuse n
b. de manœuvre Schaltkasten m
b. en métal léger Leichtmetallgehäuse n
b. métallique Metallgehäuse n
b. du spectromètre Spektrometerkammer f, Spektrometerraum m
bol m 1. Schleudertrommel f ⟨einer Zentrifuge⟩; 2. ⟨Min⟩ Bol(us) m
b. vibrant Vibrator m, Vibrationsförderer m; Schwingungsmagazin m
bollard m 1. Poller m ⟨besonders feste Bauart⟩; 2. Königsroller m ⟨Schleppnetzfischerei⟩
bolomètre m ⟨Ph⟩ Bolometer n
bombage m Konvexität f, Balligkeit f, Ausbauchung f
bombardement m Beschuß m, Beschießung f, Bombardement n
b. atomique Atombeschuß m
b. électronique Elektronenbeschuß m
b. ionique Ionenbeschuß m
b. neutronique Neutronenbeschuß m
b. nucléaire Kernbeschuß m
b. par particules Teilchenbeschuß m
bombe f Bombe f
b. A Atombombe f
b. aérosol Aerosolflasche f
b. atomique Atombombe f

b. à billes Kugelbombe f
b. calorimétrique kalorimetrische Bombe f
b. au cobalt Kobaltbombe f
b. éclairante Leuchtbombe f
b. explosive Sprengbombe f
b. freinée par parachute Fallschirmbombe f
b. H (hydrogène) Wasserstoffbombe f
b. incendiaire Brandbombe f
b. d'olivine Olivinbombe f
b. sous-marine Wasserbombe f
b. volcanique Lavabombe f
bombé ausgebaucht, gewölbt, geschweift, ballig
bombé m Wölbung f, Schweifung f
b. d'un cylindre Walzenbombage f
b. du pneu Reifenwölbung f
bombement m Ausbauchung f, Schweifung f
bomber wölben; sich (aus)bauchen
bonbonne f Ballon m, dickbauchige Flasche f; Glasballon m
b. en verre Glasballon m
bonde f Pfropfen m, Spund m, Zapfen m; Spundloch n, Zapfloch n
bondériser bondern, bonderisieren, phosphatieren ⟨Oberflächenvergütung⟩
bonhomme à ressort Mitnehmerstift m
bonneterie f Wirkerei f; Maschenware f, Gewirke n, Gestrick n
bonnetier m Wirker m, Stricker m
bonnette f Vorsatzlinse f
b. d'approche Vergrößerungsvorsatz m
b. d'oculaire Okularmuschel f, Augenmuschel f
bonnettes fpl Vorhänger m ⟨Brille⟩
boomer m Tieftonlautsprecher m
boranate m ⟨Ch⟩ Boranat n
borane m ⟨Ch⟩ Boran n
borate m ⟨Ch⟩ Borat n
b. alcalin Alkaliborat n
boraté Borax enthaltend
borax m Borax m
borazone f ⟨Ch⟩ Borazon n
bord m Rand m, Umrandung f, Kante f; Küste f; Bordseite f, Schiffsseite f; à b. an Bord; de b. Bord-, Schiffs-, bordeigen; b. à b., le long du b. längsseits; par-dessus b. über Bord; von Bord
b. d'absorption K K-Absorptionskante f
b. d'accostage Landseite f ⟨eines vertäuten Schiffes⟩
b. antérieur du rail Schienenfahrkante f
b. d'appui Abquetschrand m

b. d'attaque Eintrittskante f; Vorderkante ⟨z. B. Tragflügel⟩
b. d'une aube Schaufelkante f
b. de contenance (umlaufende Seitenkante zur Abdichtung des Fördergutes an Förderbändern)
b. à la cuve Büttenrand m
b. du delta Deltarand m
b. du film Filmrand m
b. de fuite Austrittskante f; Hinterkante f ⟨z. B. Tragflügel⟩
b. de laminage Walzkante f
b. libre freier Rand m
b. de mer Meeresküste f, Strand m; Seeseite f
b. saillant scharfe (vorspringende) Kante f
bordage m 1. Bördeln n; Bördelung f; 2. Außenhautplanke f; Beplankung f ⟨Holzschiffbau, Bootsbau⟩
bordé m ⟨Schiff⟩ Haut f, Außenhaut f; Beplattung f ⟨Stahlschiffbau⟩; Beplankung f ⟨Holzschiffbau⟩
b. à clins Klinkerbeplankung f
b. de cloison Schottbeplattung f
b. continental Schelfrand m
b. extérieur Außenhaut f
b. de fond Bodenbeplattung f
b. à franc bord Kraweelbeplankung f
b. de muraille seitliche Außenhautbeplattung f, Seitenbeplattung f
b. de (du) pont Decksbeplattung f
border 1. einfassen, bördeln; rändeln; 2. rändern ⟨z. B. eine Determinante⟩; 3. ⟨Schiff⟩ beplanken
b. à vive arête abkanten ⟨Blechbearbeitung⟩
bordure f ⟨Text⟩ Bordüre f, Kante f, Saum m; Tresse f, Einfaßband n, Besatz m; Einfassung f, Rand m, Umrandung f; ⟨Typ⟩ Leiste f ⟨Einfassung⟩
b. du foudroyage Bruchkante f
b. de pignon Windbrett n
b. de quai Bahnsteigkante f
b. réactionnelle Reaktionsrinde f
bore m Bor n
bornage m Vermarkung f; Abgrenzung f; Setzen n der Grenzsteine
borne f 1. Schranke f; Grenzstein m; Kilometerstein m; ⟨Math⟩ Schranke f; 2. ⟨El⟩ Klemme f, Anschlußklemme f
b. d'accumulateur Akku(mulator)klemme f
b. articulée Scharnierklemme f
b. de batterie Batterieklemme f
b. de collecteur Kollektoranschluß m
b. de connexion Verbindungsklemme f
b. de contrôle Prüfklemme f
b. de culot Sockelanschluß m
b. de dérivation Abzweigklemme f
b. d'émetteur Emitteranschluß m
b. d'entrée Eingangsklemme f
b. du fil neutre Nullklemme f
b. d'incendie Überflurhydrant m
b. d'induit Ankerklemme f
b. inférieure précise untere Schranke f
b. isolante Isolierklemme f
b. de masse Masseklemme f, Gehäuseklemme f
b. maximale absolue obere Schranke f
b. minimale absolue untere Schranke f
b. de mise à la terre s. b. de terre
b. du moteur Motorklemme f
b. négative negative Klemme f
b. de phase Phasenklemme f
b. positive positive Klemme f
b. de prise de terre s. b. de terre
b. de repérage Kabelmerkstein m
b. de sortie Ausgangsklemme f
b. supérieure précise obere Schranke f
b. de terre Erd(anschluß)klemme f, Erdungsklemme f
b. THT Höchstspannungsanschlußklemme f
b. de traversée à condensateur Kondensatordurchführung f
b. de traversée (à) haute tension Hochspannungsdurchführung f
bornéol m Borneol n, Borneokampfer m
bornes fpl **homologues** entsprechende Klemmen fpl ⟨Transformator⟩
borocalcite f Borkalk m
borohydrure m Borwasserstoff m
borophosphate m Borphosphat n
borosilicate m Borsilikat n
borure m Borid n
boson m ⟨Kern⟩ Boson n
bossage m Bossierung f; Verstärkung f, Erhöhung f, Nocke f, Auge n
b. d'axe de piston Kolbenbolzennabe f
b. de palier Lagerauge n
bosse f 1. Bossen m; Buckel m, Höcker m, Beule f; Relief n; Frosthebung f; 2. Stopper m; Zurrung f; Fangleine f; 3. geformte Glaskugel f
bosseler bossieren, bosseln
bossette f Bossen m
bosseyage m Nachreißarbeit f
bosseyer nachreißen
bosseyment m s. bosseyage
bossoir m Davit n (m)
b. articulé Spindeldavit n
b. à bras unique Barkune f ⟨Bootsaussetzvorrichtung⟩
b. d'embarcation Bootsdavit n
b. à gravité Schwerkraftdavit n

bossoir

b. **oscillant** Klappdavit n, Schwenkdavit n
b. **pivotant** Drehdavit n
bossuer s. bosseler
botryoïdal traubenförmig
botte f 1. Bund n, Bündel n, Ballen m ⟨z. B. Stroh⟩; 2. Stiefel m; 3. Drahtrolle f; 4. Fallrohr n
b. **de travail** Arbeitsstiefel m
botteleuse f Strohbinder m
bouchage m 1. ⟨Met⟩ Verstopfung f; 2. Zupfropfen n, Verkorken n
bouchain m 1. Kimm f; 2. Bilge f
bouche f Loch n, Öffnung f; Trichter m; Stutzen m
b. **d'air** Luftschacht m
b. **du creuset** Gießmund m
b. **d'eau** Hydrant m
b. **d'égout** Fallrohröffnung f; Öffnung (Mündung) f der Kanalisationssammelleitung; Wasserabflußtrichter m; Kanaldeckel m
b. **de galerie** Stollenmundloch n
b. **d'incendie** Hydrant m; Schlauchanschluß m
b. **d'incendie sous sol** Unterflurhydrant m
bouchement m Zumauern n
boucher verschließen, [ver]stopfen, abdichten; zumauern; zuschmieren; stöpseln, verkorken, zupfropfen
bouchon m Stöpsel m, Korken m, Pfropfen m; ⟨Kfz⟩ Stopfen m; Deckel m, Verschlußkappe f; Verschlußstück n; Verschlußschraube f
b. **d'arrêt** Pilzsicherung f ⟨Kolbenbolzen⟩
b. **en caoutchouc** Gummistopfen m
b. **capsule** Kapselverschluß m, Verschlußkapsel f
b. **de désablage fileté** Schraubstutzen m zur Formsandentfernung
b. **à l'émeri** Schliffstopfen m
b. **fileté** Gewindestopfen m; Drallkörper m; Schraubstopfen m; Schraubverschluß m, Verschlußschraube f
b. **fusible** Schmelzpfropfen m
b. **d'huile** Ölpfropfen m
b. **de liège** Korkpfropfen m
b. **de nables** s. b. de vidange
b. **protecteur de l'objectif** Objektivschutzdeckel m
b. **de radiateur** Kühlerverschluß m
b. **de remplissage** Einfüllschraube f, Füllschraube f
b. **de trou d'homme** Mannlochdeckel m
b. **de valve** Ventilklappe f
b. **de verre** Glasstopfen m, Glasstöpsel

b. **verseur** Tülle f
b. **de vidange** Ablaßstopfen m, Ablaßschraube f; Leckschraube f
b. **de vidange en aimant permanent** Magnetstopfen m
b. **volcanique** Lavapfropfen m
bouclage m 1. ⟨El⟩ Schließen n ⟨des Stromkreises⟩; 2. ⟨Text⟩ Maschenbildung f
boucle f 1. Öse f; Schlinge f, Schlaufe f; Maschenhenkel m; Schleife f; 2. ⟨El⟩ Ringleitung f; 3. Looping m (n)
b. **d'action en retour** s. b. de contreréaction
b. **de câble** Seilöse f
b. **de contre-réaction** Rückführungsschleife f, Rückkopplungsschleife f
b. **de corde** Seilöse f
b. **de couplage** Kopplungsschleife f
b. **fermée** geschlossene Schleife f
b. **du film** Filmschleife f
b. **d'hystérésis** Hystereseschleife f
b. **d'itération** Iterationsschleife f
b. **de mesure** Meßschleife f
b. **ouverte** offene Schleife f
b. **de programme** Programmschleife f
b. **de régulation** Rückführungsschleife f; Regelkreis m
boucler 1. ⟨El⟩ einschleifen ⟨eine Leitung⟩; 2. ⟨Text⟩ Schleifen bilden
boucleur m Greifer m ⟨Nähmaschine; Webmaschine⟩; Schlingenbildner m ⟨Webmaschine⟩; Kettelmaschine f
bouclier m Abschirmung f, Schild m
b. **biologique** biologische Abschirmung f, biologischer Schild m
b. **continental** Kontinentalschild m
b. **thermique** thermische Abschirmung f, thermischer Schild m
boudin m 1. ⟨Eb⟩ Spurkranz m; Wendel f; 2. ⟨Bw⟩ Rundstab m, Wulst m (f)
b. **aminci** abgenutzter Spurkranz m
b. **normal** Vollspurkranz m
b. **réduit** abgefahrener Spurkranz m
b. **tranchant** scharf[gelaufen]er Spurkranz m
boudiner extrudieren; strangpressen
boudineuse f Extruder m ⟨Plastverarbeitung⟩; Strangpresse f, Stangenpresse f; Kernstopfmaschine f
b. **pour feuilles** Folienmaschine f
boue f Dickspülung f, Trübe f, Schlamm m, Schlick m; Schmutz m
b. **de chaux** Kalkschlamm m
b. **corallienne** Korallenschlick m
b. **de décapage** Beizrückstand m
b. **de forage** 1. Bohrmehl n; 2. Spülflüssigkeit f; Spülung f

b. de graphite Graphitschlamm n
b. de gueulard Gichtschlamm m
b. sulfureuse Schwefelschlamm m
bouée f Boje f, Tonne f ⟨schwimmendes Seezeichen⟩
   b. de l'ancre Ankerboje f
   b. conique Spitztonne f
   b. à cornet Heultonne f
   b. cylindrique Stumpftonne f
   b. en espar Spierentonne f
   b. lumineuse Leucht[feuer]tonne f
   b. ogivale Spitztonne f
   b. de sauvetage Rettungsring m, Rettungsboje f
   b. de sauvetage lumineuse Nachtrettungsring m, Rettungsring m mit Nachtlicht
   b. à sifflet Heultonne f
bouée-culotte f Hosenboje f ⟨Rettungsmittel⟩
boues fpl:
   b. activées aktivierter (belebter) Schlamm m, Belebtschlamm m ⟨Sanitärtechnik⟩
   b. fraîches Frischschlamm m
boueux schlammig
bouffant bauschig; leicht gekörnt ⟨Papier⟩
bouffant m Bauschigkeit f
bouffée f:
   b. de gaz Gaswolke f
   b. de plasma Plasmoid n
bouffer sich bauschen; sich nach außen wölben
bouge m Balkenbucht f ⟨des Schiffsdecks⟩, Decksbucht f
bougie f:
   b. d'allumage Zündkerze f
   b. de démarrage Anlaßzündkerze f
   b. filtrante Filterkerze f
   b. filtrante en charbon Kohlefilterkerze f
   b. Hefner Hefnerkerze f
   b. multigrade Mehrbereichs[zünd]kerze f
   b. de (p)réchauffage Glühkerze f
bougniou m Schachtsumpf m
bouilleur m Verdampfer m; Siedekessel m, Siederohr n; Regenerator m ⟨eines Absorptionskühlschrankes⟩; ⟨Kern⟩ Siedewasserreaktor m, Wasserkesselreaktor m
bouillie f Brei m, Aufschlämmung f; Schlicker m
   b. de cristaux Kristallbrei m
   b. saline Salzmaische f
bouillir sieden, kochen
bouillissage m Kochung f ⟨Papierherstellung⟩; Saturation f ⟨Zuckerherstellung⟩

bouilloire f Kocher m
bouillon m 1. Blase f, Höhlung f ⟨Glasherstellung⟩; 2. ⟨Text⟩ Krappbad n
bouillonnnement m Aufkochen n, Aufwallen n, Sprudeln n; Gasentwicklung f
bouillonner kochen, sieden, [auf]sprudeln, brodeln; aufschäumen
bouillotte f Kühlwasserbehälter m
   b. à foies Leberölanlage f
   b. de refroidissement Kühlkasten m ⟨SM-Ofen⟩
boule f Kugel f; Knopf m
   b. creuse Hohlkugel f
   b. à étincelles Kugelelektrode f
   b. de lave Lavakugel f
   b. ouverte offene Kugel f
   b. de signaux Signalball m
   b. de thermomètre Thermometerkugel f
   b. unité Einheitskugel f
   b. de verre Glaskugel f
boulet m Eierbrikett n
boulin m 1. Rüstloch n, Stützbalkenloch n; 2. Gerüstträger m, Rüststange f
boulochage m ⟨Text⟩ Pilling[bildung f] n
boulon m Bolzen m ⟨mit und ohne Gewinde⟩, Schraube f; Stift m, Dorn m, Stange f; ⟨Brg⟩ Bolzen m, Anker m
   b. à agrafe Hakenschraube f, Hammerschraube f
   b. ajusté Paßschraube f
   b. d'ancrage Ankerbolzen m, Ankerschraube f, Stehbolzen m; Fundamentschraube f
   b. d'arrêt Feststellbolzen m
   b. à boucle Augbolzen m, Ösenschraube f, Ringschraube f, Einschrauböse f
   b. de butée Anschlagbolzen m
   b. de cisaillement Scherstift m, Scherbolzen m
   b. à coin de serrage glissant Doppelkeilanker m
   b. à collet Bundschraube f
   b. à coquille d'expansion Spreizhülsenanker m
   b. à crochet(s) s. b. à agrafe
   b. de culasse Zylinderkopfschraube f
   b. d'écartement Distanzbolzen m
   b. à écrou Mutterschraube f, Durchsteckschraube f
   b. à embase Ansatzbolzen m, Ansatzschraube f
   b. d'entretoisement Distanzbolzen m
   b. étrier Bügelschraube f
   b. excentrique Exzenterbolzen m
   b. fendu Schlitzkopfschraube f, Zylinderschraube f
   b. à fente et coin Schlitzkeilanker m

boulon

b. **fileté** Gewindebolzen *m*, Schraubbolzen *m*
b. **de fixation** Befestigungsschraube *f*
b. **de fondation** Fundamentschraube *f*
b. **goupillé** Splintbolzen *m*, versplinteter Bolzen *m*
b. **hexagonal** Sechskantschraube *f*
b. **mécanique (à métal)** Maschinenschraube *f*, Metallschraube *f*
b. **à œillet** *s.* b. à boucle
b. **à papillons** Flügelschraube *f*
b. **de pression** Druckbolzen *m*, Druckschraube *f*
b. **à quatre pans** Vierkantschraube *f*
b. **rivé** Nietbolzen *m*, vernieteter Bolzen *m*
b. **de rupture** Brechbolzen *m*, Scherbolzen *m*
b. **de serrage** Spannschraube *f*, Klemmschraube *f*
b. **à six pans** Sechskantschraube *f*
b. **de sûreté** *s.* b. de cisaillement
b. **tendeur** Spannschraube *f*
b. **à tête** Kopfschraube *f*
b. **à tête carrée** Vierkantschraube *f*
b. **à tête cylindrique** Zylinderschraube *f*
b. **à tête fendue** Schlitzschraube *f*, Zylinderschraube *f*
b. **à tête fraisée** Senkschraube *f*
b. **à tête hexagonale** Sechskantschraube *f*
b. **à tête à marteau** Hammerschraube *f*
b. **à tête noyée** Senkschraube *f*
b. **à tête plate** Zylinderschraube *f*
b. **à tête quatre pans** Vierkantschraube *f*
b. **à tête ronde** Halbrundschraube *f*
b. **à tête six pans** Sechskantschraube *f*
b. **tirant** Zugbolzen *m*, Zugstange *f*
b. **traversant** Durchsteckschraube *f*, Mutterschraube *f*
b. **de verrouillage** Arretierbolzen *m*
boulonnage *m* 1. Bolzenverbindung *f*, ⟨Masch⟩ Schraubenverbindung *f*; Verschraubung *f*, Verbolzen *n*; 2. ⟨Brg⟩ Ankerausbau *m*
boulonner anschrauben, verschrauben; verbolzen, mit Bolzen befestigen
boulonnerie *f* 1. Bolzen *mpl*; Schrauben *fpl*; 2. Schraubenherstellung *f*, Schraubenindustrie *f*; 3. Schraubenfabrik *f*
bourdon *m* ⟨Typ⟩ Leiche *f*
bourdonnement *m* Brumm[ton] *m*
bourrage *m* 1. Dichten *n*; Stopfen *n* ⟨Gleisbau⟩; Füllen *n*; 2. Packung *f*, Dichtung *f* ⟨Stopfbuchse⟩
bourre *f* Flocke *f*

bourrelet *m* 1. Flansch *m*, Wulst *m* (*f*); 2. ⟨Eb⟩ Spurkranz *m* ⟨*s. a.* boudin⟩; 3. Grundtau *n* ⟨Schleppnetz⟩
b. **de raccordement** Anschlußflansch *m*
bourrer dichten; stopfen ⟨Gleisbau⟩; füllen
bourrette *f* **de soie** Bourretteseide *f*
bourreuse *f* Stopfmaschine *f*
boursouflage *m*, **boursouflement** *m* Schwellen *n*; Blähen *n* ⟨Koks⟩
boursoufler sich werfen, aufquellen, blasig werden; blähen ⟨Koks⟩
boursouflure *f* Blasenbildung *f*, Blase *f* ⟨Anstriche⟩
boussole *f* Bussole *f*; Kompaß *m* ⟨*s. a.* compas⟩
b. **de déclinaison**, b. **déclinatoire** Deklinationsbussole *f*
b. **de géologue** Geologenkompaß *m*
b. **gyroscopique (gyrostatique)** Kreiselkompaß *m*; Kurskreisel *m*; Richtkreisel *m*
b. **d'inclinaison** Neigungskompaß *m*, Inklinatorium *n*
b. **à limbe** Kreisbussole *f*
b. **de mine** Grubenkompaß *m*
b. **de mineur** Bergmannskompaß *m*
b. **à réflexion** Reflexionsbussole *f*
b. **des sinus** Sinusbussole *f*
b. **des tangentes** Tangentenbussole *f*
b. **tubulaire** Röhrenbussole *f*
bout *m* 1. Ansatz *m*, Ende *n*, Stumpf *m*, Kuppe *f*; 2. ⟨Text⟩ Kettfaden *m*
b. **de l'arbre** Wellenende *n*, Wellenstumpf *m*, Achsstumpf *m*
b. **de câble plombé** abgeschlossenes Kabelende *n*
b. **de fil** Fadenende *n*, Garnende *n*
b. **oscillant (tombant)** ⟨Eb⟩ Kopfklappe *f*
bout-dehors *m* Bugspriet *m*; Klüverbaum *m*
boutefeu *m* Schießmeister *m*
bouteille *f*:
b. **accumulatrice** Sammelbehälter *m* für verflüssigtes Kältemittel
b. **à acétylène** Azetylenflasche *f*
b. **en acier** Stahlflasche *f*
b. **à air comprimé** Druckluftflasche *f*
b. **clissée** Korbflasche *f*
b. **à compte-gouttes** Tropfflasche *f*, Tropfenzähler *m*
b. **à gaz** Gasflasche *f*
b. **à gaz comprimé** Preßgasflasche *f*
b. **à hydrogène** Wasserstoffflasche *f*
b. **isolante** Thermosflasche *f*
b. **de Kleist (Leyde)** Leidener Flasche *f*
b. **métallique** Stahlflasche *f*

b. de niveau Standflasche f
b. à oxygène Sauerstoffflasche f
b. de plomb Bleiflasche f
b. de stockage Vorratsflasche f
bouterolle f Nietstempel m, Stempel m, Kopfmacher m, Schellhammer m, Schelleisen n, Döpper m ⟨Nieten, Kaltschmieden, Anstauchen⟩
boutisse f Binderstein m, Kopfziegel m
bouton m Knopf m, Knauf m; ⟨Masch⟩ Zapfen m; ⟨Text⟩ Noppe f; Nisse f
  b. d'accord Abstimmknopf m
  b. d'alarme Alarmknopf m
  b. d'annulation Löschtaste f
  b. d'arrêt Ausschalt[druck]knopf m, Halteknopf m, Arretierknopf m
  b. d'arrêt de secours Nottaster m, Notdruckknopf m
  b. d'arrêt d'urgence Notdruckknopf m
  b. de commande Betätigungsknopf m, Bedienungsknopf m
  b. «coup de poing» Pilzknopf m, Pilztaster m
  b. de course de retour Rücklauftaste f, Rückspultaste f
  b. de cylindre Walzendrehknopf m
  b. de déclenchement Auslöseknopf m, Ausschalt[druck]knopf m
  b. de démarrage Anlaßknopf m, Anfahrdruckknopf m
  b. d'enclenchement Einschalt[druck]knopf m
  b. d'enregistrement Aufnahmetaste f
  b. pour enregistrement par microphone Mikrofonaufnahmetaste f
  b. d'interligne Zeilenschaltknopf m
  b. de manivelle Kurbelzapfen m
  b. de manœuvre s. b. de commande
  b. de marche Einschalt[druck]knopf m
  b. de microphone Mikrofontaste f
  b. moleté Rändelknopf m
  b. de play-back Wiedergabetaste f
  b. de rappel Rückstellknopf m
  b. de réglage Einstellknopf m, Drehknopf m
  b. de sonnerie Klingelknopf m
  b. de touche Drucktaste f, Druckknopf m
bouton-poussoir m, bouton-pression m Drucktaste f, Druckknopf m
  b. marche-arrêt Start-Stopp-Taste f
  double b. Doppeldruckknopf m
bouveau m Gesteinsstrecke f; Querschlag m ⟨s. a. travers-banc⟩
  b. en direction Richtstrecke f
bouvement m Auskehlen n; Hohlkehle f; Nuten n

bouvet m Leistenhobel m, Nuthobel m, Spundhobel m
bouvetage m Spunden n; Spundung f
bouveter falzen, spunden
bovette f, bowette f s. bouveau
box m stéréophonique Stereobox f
boyau m Schlauch m; Schlauchreifen m; ⟨Text⟩ Schlauchware f, Warenschlauch m
bracon m Strebestempel m
braconner verstreben
brai m Pech n
  b. dur Hartpech n
  b. gras (mou) Weichpech n
  b. de pétrole Petrolpech n
  b. sec Hartpech n
brame f Bramme f
brancard m ⟨Kfz⟩ Träger m, Holm m
branche f Ast m, Zweig m ⟨z. B. einer Kurve⟩; Brückenzweig m ⟨einer Meßbrücke⟩
  b. d'un aimant Magnetschenkel m
  b. à crochet Reitbügel m ⟨Brille⟩
  b. droite Damenbügel m ⟨Brille⟩
  b. de l'industrie Industriezweig m
  b. recourbée s. b. à crochet
branchement m ⟨Eb⟩ Abzweigung f; Gabelung f; Weiche f; ⟨El⟩ Verzweigung f; Abzweigung f; Abgriff m; Anschluß m
  b. d'abonné Hausanschluß m
  b. de câble Kabelabzweigung f
  b. de conduite Rohrverzweigung f
  b. de courant Stromverzweigung f
  b. en courbe Bogenweiche f
  b. à deux voies einfache Weiche f
  b. de programme Programmverzweigung f
  b. au réseau Netzanschluß m
  b. sur transformateur de mesure Wandleranschluß m
  b. à trois voies Doppelweiche f
brancher anschließen; anklemmen; schalten
braquage m ⟨Opt⟩ Richten n; ⟨Flg⟩ Steuern n; ⟨Kfz⟩ Radeinschlag m
  b. d'ailerons Querruderausschlag m
  b. amplifié Vierradlenkung f ⟨Anhänger von Flurförderern⟩
braquer ⟨Opt⟩ richten; ⟨Flg⟩ steuern; ⟨Kfz⟩ einschlagen
braquet m Übersetzungsverhältnis n
bras m 1. ⟨Masch⟩ Ausleger m, Arm m; 2. ⟨Schiff⟩ Ankerarm m, Flunke f; 3. ⟨Schiff⟩ Geer f, Gei f; 4. ⟨El⟩ Brückenzweig m ⟨Meßbrücke⟩: à b. mit Handbetrieb, Hand-
  b. agitateur Rührarm m

bras

b. d'anode Anodenarm *m*
b. articulé Gelenkarm *m*, Gelenkausleger *m*
b. de chargement Füll[schwenk]arm *m* ⟨z. B. Ölumschlag⟩
b. de compteur Zählrohrarm *m*
b. débiteur Abwickelarm *m*
b. d'exploration Detektorarm *m* ⟨Spektrometer⟩
b. de grue Kranarm *m*
b. haveur ⟨Brg⟩ Schrämarm *m*
b. inférieur Unterarm *m* ⟨Widerstandsschweißen⟩
b. inférieur de suspension unterer Querlenker *m*
b. de lecture Tonarm *m*
b. de levier Hebelarm *m*
b. de levier de redressement (stabilité) ⟨Schiff⟩ Stabilitätshebelarm *m*
b. de manivelle Kurbelwange *f*
b. de mélangeur Rührarm *m*
b. oscillant (pivotant) Schwenkarm *m*
b. porte-bobine[s] Filmspulenhalter *m*, Spulenarm *m*
b. porte-meule Schleifspindel *f*
b. récepteur Aufwickelarm *m*
b. de remorquage (remorque) ⟨Schiff⟩ Jager *m*
b. de rotation Schwenkarm *m*
b. de sémaphore Signalarm *m*
b. supérieur Oberarm *m* ⟨Widerstandsschweißen⟩
b. supérieur de suspension oberer Querlenker *m*
brasage *m* Hartlöten *n*; Löten *n*
b. au chalumeau Hartlöten *n*
b. à l'étain Weichlöten *n*, Löten *n*
braser [hart]löten
bras-levier *m* Ausleger[arm] *m*
brassage *m* 1. Umrühren *n*, Rühren *n*; Mischen *n*; Polen *n* ⟨NE-Metallurgie⟩; 2. Brauen *n* 3. Brassen *n* ⟨z. B. Segel⟩; 4. Schwenken *n* ⟨z. B. Ladebaum⟩
brasse *f* Faden *m* ⟨Längenmaß⟩
brasser 1. [um]rühren; mischen; polen ⟨NE-Metallurgie⟩; 2. brauen; 3. brassen ⟨z. B. Segel⟩; 4. schwenken ⟨z. B. Ladebaum⟩
brassière *f* **de sauvetage** Schwimmweste *f*
brasure *f* 1. Hartlötung *f*, Lötung *f*; 2. Lötstelle *f*
braunite *f* Braunit *m*
brèche *f* 1. Bruch *m*; Deichbruch *m*; 2. Leck *n*; 3. ⟨Geol⟩ Breccie *f*
b. de dislocation Dislokationsbreccie *f*
b. de faille Verwerfungsbreccie *f*
b. de friction Reibungsbreccie *f*
b. volcanique vulkanische Breccie *f*

breeder *m s.* pile couveuse
brésiller zerkleinern, granulieren, pulverisieren
bretelle *f* 1. Riemen *m*; 2. ⟨Eb⟩ Zugband *n*
brett[el]er kröneln, zähneln
brevet *m* Patent *n*, Befähigungszeugnis *n*
b. additionnel Zusatzpatent *n*
b. de capitaine Kapitänspatent *n*
b. d'invention Patent[schrift *f*] *n*
b. de lieutenant nautisches Patent *n*, A-Patent *n*
b. d'officier technicien technisches Patent *n*, C-Patent *n*
brevetable patentierbar
breveté patentiert, geschützt
breveté *m* Patentträger *m* ⟨Inhaber eines Befähigungszeugnisses⟩
breveter patentieren, schützen
bridage *m* Spannen *n* ⟨z. B. von Werkstücken in Vorrichtungen⟩
bride *f* Spannbacke *f*, Spannelement *n*, Spannteil *n*, Spanneisen *n*, Spannvorrichtung *f*; ⟨Kfz⟩ Federklammer *f*; Wellenbund *m*, Bund *m*; Flansch *m*, Bügel *m*; Klammer *f*; Schelle *f*
b. d'accouplement Kupplungsflansch *m*
b. angulaire Winkelflansch *m*
b. de l'arbre Wellenbund *m*
b. d'attache Rohrschelle *f*
b. de chauffage Heizflansch *m*
b. de serrage Spanneisen *n*
b. de tuyau Rohrflansch *m*
brider spannen, klammern; [an]flanschen; bördeln; säumen; zusammenbinden
brigadier *m* Brigadier *m*; ⟨Eb⟩ Rottenführer *m*
brillance *f* 1. Helligkeit *f*; 2. Glanz *m* ⟨s. a. brillant⟩
b. de l'image Bildhelligkeit *f*
brillant glänzend, brillant
brillant *m* Glanz *m*, Brillanz *f*; **sans b.** glanzlos, matt
b. des couleurs Farbbrillanz *f*
b. superficiel Oberflächenglätte *f*; Oberflächenglanz *m*
brillantage *m* Polieren *n*, Hochglanzherstellung *f*
b. électrolytique elektrolytisches Glänzen *n*
brillanter glänzen, polieren
brillanteur *m* Glanzzusatz *m* ⟨Galvanotechnik⟩
briller à demi-feu mit halber Stärke brennen ⟨Lampe⟩
brin *m* 1. Trum *n* (*m*) ⟨Riemen-, Seil- und

Kettentrieb); 2. Strang *m*, Ader *f*, Faser *f* ⟨Kabel, Kette, Litze⟩; 3. ⟨Text⟩ Elementarfaden *m*; Kardeel *n* ⟨Tauelement⟩; 4. Einzeldraht *m* ⟨einer Antennenlitze⟩
b. **de câble** Einzeldraht *m* eines Kabels, Ader *f*; Seiltrum *n*; Seilstrang *m*
b. **de chanvre** Hanffaser *f*
b. **chargé (conducteur)** ziehendes Trum *n*, Lasttrum *n*
b. **conduit** gezogenes Trum *n*, rücklaufendes Trum *n*, Leertrum *n*
b. **descendant** ablaufendes Trum *n*
b. **élémentaire** ⟨Text⟩ Elementarfaden *m*, Kapillarfaden *m*
b. **flottant** *s*. b. conduit
b. **montant** auflaufendes Trum *n*
b. **retourné** unbelastetes Trum *n*, Leertrum *n*
b. **tendu** *s*. b. chargé
b. **de verre** Glasfaden *m*
brinellage *m* Brinellhärteprüfung *f*
brineller Brinellhärte messen
bringuebale *f*, **brinqueballe** *f* Ruderhebel *m* ⟨Rettungsboot⟩
brion *m* Übergangsstück *n* vom Kiel zum Vordersteven
brique *f* Backstein *m*, Ziegelstein *m*; Mauerziegel *m*
b. **d'argile** Tonziegel *m*
b. **à bâtir pour usines** Hüttenmauerstein *m*
b. **de chamotte** Schamottestein *m*
b. **de cheminée** Kaminstein *m*
b. **de chrome-magnésie** Chrom-Magnesit-Stein *m*
b. **de ciment Portland** Portlandklinker *m*
b. **creuse** Hohlstein *m*, Hohlziegel *m*; Lochziegel *m*
b. **creuse de grande dimension** großformatiger Hohlziegel *m*
b. **crue** ungebrannter Ziegelstein *m*, Lehmziegel *m*
b. **cuite** gelber Ziegelstein (Backstein) *m*
b. **demi-cuite** halbgebrannter Ziegel *m*
b. **dinas** Dinasstein *m*
b. **dolomitique** Dolomitstein *m*
b. **émaillée** glasierter Verblender *m*
b. **d'empilage** Gitterstein *m*
b. **engobée** engobierter Verblender *m*
b. **de ferrocarbure** Ferrokarbidstein *m*
b. **de forme spéciale** Formstein *m*
b. **de four à coke** Koksofenstein *m*
b. **gobetée** Engobe *f*
b. **hollandaise** Klinker[stein] *m*
b. **isolante** Isolierstein *m*

b. **de laitier** Schlackenstein *m*
b. **de laitier ponce** Hüttenschwemmstein *m*
b. **légère** Leicht[bau]stein *m*; Leichtlehmstein, Schwemmstein *m*
b. **en limon** Lehmziegel *m*
b. **de magnésie** Magnesitstein *m*
b. **moulée** Formstein *m*
b. **moulée à la main** handgeformter Ziegelstein *m*
b. **nationale** Nationalstein *m*
b. **non cuite** *s*. b. crue
b. **de parement** Verblendstein *m*, Verblender *m*
b. **perforée** Lochziegel *m*, Wabenziegel *m*
b. **pleine** Vollziegel *m*, Vollstein *m*
b. **de plomb** Bleiziegel *m*
b. **de ponce** Schwemmstein *m*
b. **profilée** Formstein *m*, Formziegel *m*, Profilmauerstein *m*
b. **de rectification de collecteur** Kommutatorschleifblock *m*
b. **recuite** Klinker *m*; Straßenklinker *m*
b. **réfractaire** feuerfester Backstein (Ziegelstein) *m*, Schamottestein *m*
b. **de remplissage** Füllstein *m*
b. **de revêtement** *s*. b. de parement
b. **de sciure** Holzwolleichtbauplatte *f*
b. **de scorie** Schlackenziegel *m*
b. **séchée à l'air** luftgetrockneter Backstein (Ziegelstein) *m*
b. **de silice, b. siliceuse** Silikastein *m*
b. **superréfractaire** hochfeuerfester Stein *m*
b. **à trous** Lochstein *m*, Lochziegel *m*
b. **à trous transversaux** Querlochziegel *m* ⟨Wabenstein⟩
b. **vernissée** glasierter Ziegel *m*
b. **de voûte** Gewölbestein *m*
briquet *m* Feuerzeug *n*
b. **à gaz** Gasfeuerzeug *n*
briquetage *m* 1. Backsteinmauerung *f*; Ausmauerung *f*, Klinkerbau *m*, Ziegelbau *m*; 2. Brikettieren *n*
b. **du haut fourneau** Hochofenmauerwerk *n*
briqueter 1. mit Ziegeln mauern; 2. brikettieren
briqueterie *f* Ziegelei *f*
briquette *f* 1. Brikett *n*; 2. kleiner Ziegel *m*
b. **de charbon de bois** Holzkohlenbrikett *n*
b. **décorative** Verkleidungsziegel *m*
b. **de lignite** Braunkohlenbrikett *n*
bris *m* Bruch *m*; Schiffstrümmer *pl*, Wrackteile *npl*
brisance *f* Brisanz *f* ⟨Sprengkraft⟩

brisant

brisant brisant
brise f Brise f
  b. fraîche frische Brise f
  b. de glacier Gletscherwind m
  b. de mer Seewind m
  b. de montagne Bergwind m
  b. de terre Landwind m
  b. de vallée Talwind m
  bonne b. frische Brise f
brise-balles m Ballenöffner m
brise-béton m Betonbrecher m
brise-copeau m Spanbrecher m
brise-glace(s) m Eisbock m, Brückeneisbrecher m; Eisbrecher m ⟨Fahrzeug⟩
  b. à propulsion nucléaire Atomeisbrecher m
brise-jet m Wasserstrahlbrecher m
brise-lames m Wellenbrecher m
brisement m Zerbrechen n; Brechen n; Brandung f
briser zerbrechen; brechen ⟨Wellen⟩; branden
brise-soleil m Sonnenschutzdach n
brise-tourteau(x) m Ölkuchenbrecher m
briseur m Vorreißer ⟨an der Karde⟩
brocaille f ⟨Geol⟩ Schotter m, Gesteinsschutt m; ⟨Bw⟩ Schotter m, Splitt m
brochage m 1. ⟨Masch⟩ Räumen n; 2. ⟨Typ⟩ Broschieren n; Broschur f; 3. ⟨Text⟩ Broschieren n
  b. de culot Sockelschaltung f
  b. à façon Räumen n, Innenräumen n
  b. flexible weiche Broschur f
broche f Spindel f; Dorn m, Nadel f, Stift m; Ahle f; Räumnadel f
  b. à ailettes ⟨Text⟩ Flügelspindel f
  b. à bouts sphériques Kugelendmaß n
  b. à chambre Räumnadel f
  b. de contact Kontaktstift m
  b. coulissante Gleitspindel f
  b. creuse Hohlspindel f
  b. d'entraînement Antriebsspindel f
  b. filetée Schraubspindel f
  b. haute fréquence Hochfrequenzspindel f
  b. pivote Drehspindel f
  b. porte-meule Schleifspindel f
  b. porte-outil Arbeitsspindel f
  b. de teinture Färbespindel f
  b. de tube ⟨El⟩ Röhrenstift m
brocher 1. ⟨Masch⟩ räumen; 2. ⟨Typ⟩ broschieren, heften; 3. ⟨Text⟩ broschieren
brocheuse f Heftmaschine f
  b. à anneaux métalliques Drahtschlaufenheftmaschine f
  b. au fil métallique Drahtheftmaschine f, Klopfer m

  b. à nouer à fil Knotenfadenheftmaschine f
brocheuse-couseuse f à fil Fadenbuchheftmaschine f
brochure f 1. ⟨Typ⟩ Broschüre f; 2. ⟨Text⟩ durchgewebtes Muster n; 3. s. brochage 1.
  b. cousue dans le pli im Falz geheftete Broschüre f
  b. cousue en travers quergeheftete Broschüre f
broder sticken
broderie f Stickerei f; Stickarbeit f; Stickverzierung f
  b. d'application Applikationsstickerei f
  b. au fuseau Spitzenklöppelei f
  b. à la machine Maschinenstickerei f
  b. plate Flachstickerei f
brodoir m Posamentenwebstuhl m
bromacétone m Bromazeton n
bromate m Bromat n
bromation f Bromieren n
brome m Brom n
  b. élémentaire elementares Brom n
bromer bromieren
bromobenzène m Brombenzol n
bromuration f Bromierung f
bromure m Bromid n
  b. alcalin Alkalibromid n
  b. d'ammonium Ammoniumbromid n
  b. d'argent Silberbromid n
  b. de potassium Kaliumbromid n
bronzage m Brünieren n, Braunbeizen n
bronze m Bronze f; Rotguß m
  b. d'aluminium Aluminiumbronze f
  b. au béryllium Berylliumbronze f
  b. pour coussinets Lagerbronze f
  b. à l'étain Zinnbronze f, Bronze f
  b. fritté Sinterbronze f
  b. phosphoreux Phosphorbronze f
  b. rouge Rotguß m
  b. siliceux Siliziumbronze f
  b. spécial Sonderbronze f
  b. au zinc Zinkbronze f
bronzer bronzieren
bronzeuse f ⟨Typ⟩ Bronziermaschine f
broquette f Tapezierstift m, Tapetennagel m
brossabilité f Streichfähigkeit f
brossage m Bürsten n; Polieren n ⟨mittels rotierender Bürste⟩
brosse f Bürste f; Pinsel m
  b. à cylindres, b. cylindrique Bürstenwalze f, Walzenbürste f
  b. à débourreur Putzbürste f
  b. à laver les formes ⟨Typ⟩ Formenwaschbürste f
  b. métallique Drahtbürste f

b. à peindre Malerbürste f, Malerpinsel m
brosser (auf)bürsten; polieren (mit rotierender Bürste)
brosseuse f Bürstmaschine f
brosseuse-encolleuse f Bürst- und Schlichtemaschine f
brouettage m Verkarren n
brouette f Karren m, Schubkarren m
brouettée f Karrenladung f, Inhalt m eines Karrens
brouetter (weg)karren, mit Schubkarren befördern
brouillage m 1. ⟨El⟩ Störgeräusch n, wilde Schwingungen fpl; 2. ⟨Geol⟩ Erdrutsch m, Bergrutsch m
b. par fréquence-image Spiegelfrequenzstörung f
brouillard m:
  b. d'acide Säurenebel m
  b. d'advection Advektionsnebel m
  b. élevé Berghangnebel m
  b. de fumée Rauchnebel m
  b. d'huile Ölnebel m
  b. marin Seenebel m
  b. de rayonnement Strahlungsnebel m
  b. de sel Salznebel m
broutage m, **broutement** m Rattern n ⟨des Werkzeuges⟩, Vibrieren n
brouter rattern, vibrieren
broyage m Zerkleinern n, Zermahlen n, Zerreiben n, Mahlen n, Brechen n ⟨s. a. concassage⟩
  b. dans l'eau s. b. humide
  b. fin Feinzerkleinerung f, Feinmahlen n
  b. grossier Grobzerkleinerung f, Grobmahlen n
  b. humide Naßmahlen n; Naßmahlung f
  b. par jet d'air Luftstrahlmahlung f
  b. préalable Vorbrechen n, Vorzerkleinerung f
  b. primaire s. b. grossier
  b. à sec Trockenmahlen n, Trockenmahlung f
  b. secondaire Nachzerfaserung f, Nachzerkleinerung f
  b. tendre Weichzerkleinerung f
  b. très fin Feinstmahlen n
broyer zerkleinern, zerquetschen, mahlen, brechen
  b. l'encre Farbe anmachen
  b. les fils cassés andrehen ⟨Spinnerei⟩
broyeur m Mühle f, Mahlwerk n, Brecher m, Brechwerk n, Mahlapparat m; Holländer m, Ganzstoffholländer m ⟨Papierherstellung⟩; ⟨Typ⟩ Reibwalze f;

⟨Lw⟩ Hackrotor m, Zerkleinerer m
b. à anneau, b. annulaire Ringwalzenmühle f
b. à barres Hammerbrecher m, Schlagmühle f, Stiftmühle f, Stabmühle f
b. à boules Kugelmühle f, Trommelmühle f, Rohrmühle f
b. à boules à tamis périphérique Siebtrommelmühle f, Siebkugelmühle f
b. à boulets s. b. à boules
b. centrifuge Schleudermühle f, Schlagmühle f
b. à chocs Prallmühle f, Schlagmühle f; Schlagbrecher m
b. à cône, b. conique Kegelbrecher m, Kegelmühle f
b. à couleurs Farbenmühle f
b. à couteaux Schneidmühle f ⟨Plastverarbeitung⟩
b. à cylindres Walzenbrecher m, Walzenmühle f, Brechwalzwerk n
b. dégrossisseur Vorbrecher m
b. d'encres ⟨Typ⟩ Farbverrührer m
b. à galets Wälzmühle f, Kollergang m
b. giratoire Kreiselbrecher m
b. d'insufflation Strahlmühle f; Einblasemühle f ⟨Kohlenstauberzeugung⟩
b. à jet d'air Luftstrahlmühle f
b. jordan Jordanmühle f
b. à mâchoires Backenbrecher m
b. à marteau Hammermühle f, Schlagmühle f, Hammerbrecher m
b. à meules (verticales) s. b. à galets
b. de nitrate Düngermühle f
b. oscillant Schwingmühle f, Vibrationsmühle f
b. oscillant à auge Muldenschwingmühle f
b. pendulaire, b. à pendules (centrifuges) Pendelmühle f
b. préalable Vorzerkleinerer m
b. à ressorts Federkraftmühle f
b. à rouleaux Walzenbrecher m
b. à rouleaux à ressort Federrollenmühle f
b. des sarments Rebrankenschneider m
b. de tubercules Kartoffelquetsche f
b. à tubes, b. tubulaire Rohrmühle f, Kugelmühle f; Trommelmühle f
b. ventilé s. b. d'insufflation
broyeur-granulateur m Granuliermühle f, Granulator m
broyeur-malaxeur m, **broyeur-mélangeur** m Mischkollergang m
broyeuse f Reibwalzwerk n, Reibmaschine f ⟨Farbenherstellung⟩; ⟨Typ⟩ Anreibmaschine f; Kollergang m ⟨Papierherstellung⟩ ⟨s. a. broyeur⟩

broyeuse

b. à couleurs Farbenmühle f
b. à cylindres Walzwerk n, Walzenreibmaschine f ⟨Farbherstellung⟩
bruit m Geräusch n; Lärm m; Rauschen n
b. d'agitation thermique thermisches Rauschen n
b. d'aiguille Nadelgeräusch n
b. d'amplificateur Verstärkerrauschen n
b. d'antenne Antennenrauschen n
b. de bande latérale Seitenbandrauschen n
b. blanc weißes Rauschen n
b. de cathode Katodenrauschen n
b. de collecteur Kollektorgeräusch n
b. de contact Kontaktrauschen n
b. de courant Stromrauschen n
b. d'entrée Eingangsrauschen n
b. erratique Rauschen n
b. de fond Nulleffekt m, Untergrund m ⟨Kernphysik⟩; Untergrundrauschen n
b. de fond d'un récepteur Empfängerrauschen n
b. de la fréquence porteuse Trägerfrequenzrauschen n
b. de grenaille Schrotrauschen n
b. de grille Gitterrauschen n
b. de marche Laufgeräusch n
b. de microphone Mikrofonrauschen n
b. de modulation Modulationsrauschen n
b. parasite Nebengeräusch n
b. propre Eigenrauschen n
b. de quantification Quantisierungsrauschen n
b. du réacteur Reaktorrauschen n
b. de répartition de courant Stromverteilungsrauschen n
b. de ruban Bandrauschen n
b. de secteur Netzbrumm m
b. surface Nadelgeräusch n
b. de température Temperaturrauschen n
b. thermique Wärmerauschen n
b. thermique d'une résistance Widerstandsrauschen n
b. de transistor Transistorrauschen n
b. de tube Röhrenrauschen n
brûler 1. (ver)brennen, veraschen; 2. einbrennen ⟨Katodenstrahl⟩; 3. überfahren (ein Signal)
brûleur m Brenner m; Schweißbrenner m; Schneidbrenner m
b. à alcool Spiritusbrenner m
b. d'Auer Auerbrenner m
b. Bunsen Bunsenbrenner m
b. à charbon pulvérisé Kohlenstaubbrenner m

b. à découper Schneidbrenner m
b. à double orifice Brenner m mit zwei Öffnungen
b. duplex Duplexbrenner m
b. à (de) gaz Gasbrenner m
b. à huile Ölbrenner m
b. à injection directe Brenner m mit Direkteinspritzung
b. à mazout Ölbrenner m
b. Nernst Nernst-Brenner m
b. oxhydrique Knallgasbrenner m
b. pilote Schweißbrenner m mit HF-Überlagerung (HF-Zündeinrichtung)
b. de postcombustion Flammenstabilisator m im Nachbrenner
b. à pulvérisation par la vapeur Brenner m mit Dampfzerstäubung, Dampfzerstäuber m
b. à retour Rücklaufbrenner m
b. à souder Schweißbrenner m
b. à turbulence Wirbelbrenner m ⟨Kohlenstaubfeuerung⟩
brume f Nebel m; feuchter Dunst m
b. sèche trockener Dunst m
b. de sol Bodennebel m
brun m:
b. de Mars Marsbraun n, Eisenoxidbraun n
b. de résorcine Resorzinbraun n
b. Van Dyck Van-Dyck-Braun n, Kaßlerbraun n ⟨aus Braunkohle erzeugtes Pigment⟩
brunir bräunen, braunfärben, brünieren; polieren, schwabbeln
brunissage m Brünieren n, Brünierung f; Polieren n
b. à la molette Glattwalzen n, Prägepolieren n, Rollieren n
brut roh, unbearbeitet, Roh-; unverputzt
b. de coulée roh gegossen
b. de forge roh geschmiedet
b. de laminage roh gewalzt
buanderie f Waschküche f
buchner m Büchnertrichter m
b. en porcelaine Porzellannutsche f
buée f Dampf m, Wrasen m
buées fpl Schwitzwasser n
buffeting m ⟨Flg⟩ Schütteln n ⟨aerodynamisch⟩
bufflage m Polieren n, Schwabbeln n
buffle m (à polir) Schwabbelscheibe f, Glanzscheibe f, Schwabbelschale f
buffler polieren, schwabbeln
bulb m Wulst m (f)
b. d'étambot Heckwulst m
b. d'étrave Bugwulst m
b. propulsif d'étambot, b. de propulsion Heckwulst m

bulk[-carrier] *m* Bulkfrachter *m*, Massengutschiff *n*, Schüttgutfrachter *m*
bulldozer *m* Bulldozer *m*, Planierraupe *f*, Bulldog *m*
bulle *f* Blase *f*
  b. d'air Luftblase *f*
  b. gazeuse Gasblase *f*
  b. de savon Seifenblase *f*
bulletin *m* Zettel *m*; Schein *m*; Bulletin *n*
  b. d'accompagnement Begleitschein *m*
  b. de bagages Gepäckschein *m*
  b. météorologique Wetterbericht *m*
  b. de pesage Wiegeschein *m*
  b. de traction Lokomotivdienstzettel *m*
bulleux blasig
buna *m* Buna *n* (*m*)
buquage *m* ⟨Brg⟩ Schießen *n*
buquer ⟨Brg⟩ zünden
bure *m* Blindschacht *m*
bureau *m* Vermittlung[sstelle] *f*, Amt *n* ⟨s. a. central⟩
  b. des brevets Patentamt *n*
  b. central automatique automatisches Zentralamt *n*
  b. de chargement Ladebüro *n* ⟨an Bord⟩
  b. de construction, b. d'études Baubüro *n*, Konstruktionsbüro *n*
  b. intermédiaire Zwischenamt *n*
  b. interurbain Fernamt *n*
  b. machine Maschinenbüro *n* ⟨an Bord⟩
  b. manuel Handvermittlung *f*
  b. de manutention s. b. de chargement
  b. des méthodes Abteilung *f* Arbeitsorganisation
  b. nodal Knotenamt *n*
  b. pont s. b. de chargement
  b. de préparation (de travail) Abteilung *f* Technologie (Arbeitsvorbereitung)
  b. principal Hauptamt *n*
  b. secondaire Nebenamt *n*
  b. suburbain Vorortamt *n*
  b. téléphonique Fernsprechamt *n*, Telefonzentrale *f*
  b. à trafic direct Schnellamt *n*
  b. de transit Durchgangsamt *n*
Bureau Veritas *m* Bureau Veritas *n* ⟨französische Klassifikationsgesellschaft⟩
burette *f* Meßgefäß *n*, Bürette *f*; Ölkanne *f*
burin *m* Meißel *m*; ⟨Typ⟩ Stichel *m*
burinage *m* Meißeln *n*
buriner meißeln
buse *f* Düse *f*; Mundstück *n*
  b. d'aérage Entlüftungsrohr *n*; ⟨Brg⟩ Lutte *f*

  b. d'air Luftdüse *f*; Zerstäuber *m*
  b. de brûleur Brennerdüse *f*
  b. élastique Schiebedüse *f*
  b. d'émission Spritzdüse *f*
  b. équivalente gleichwertige Düse *f* ⟨Verdichter⟩
  b. de filage Spinndüse *f*
  b. propulsive Schubdüse *f*
  b. propulsive à section variable verstellbare Schubdüse *f*
  b. de pulvérisation Zerstäuberdüse *f*
  b. de soufflage Blasdüse *f*
busette *f* de poche Pfannenausguß *m*
bushing *m* s. transformateur de traversée
busquer krümmen
but *m* d'utilisation Verwendungszweck *m*
butadiène *m* Butadien *n*
butane *m* Butan *n*
butanier *m* Butangastanker *m*
butanol *m* Butanol *n*, Buthylalkohol *m*
butée *f* Anschlag[nocken] *m*; Sitz *m*; Axiallager *n*, Drucklager *n*, Scheibenlager *n*; Zeigeranschlag *m*; ⟨Bw⟩ Eckpfeiler *m*, Widerlager *n*; Prellvorrichtung *f*, Puffer *m*
  b. à aiguilles Axialnadellager *n*
  b. à aiguilles à plaque Axialnadellager *n* mit Axialscheibe
  b. d'arrêt Anschlag[nocken] *m*
  b. à billes Axialkugellager *n*; Axialrillenkugellager *n*
  b. à billes à simple effet Axialrillenkugellager *n*
  b. de fin de course Endanschlag *m*
  b. fixe Festanschlag *m*
  b. à rotule Axialpendelrollenlager *n*
  b. à rouleaux Axialrollenlager *n*
  b. à simple effet Axialrillenkugellager *n*
butène *m* Buten *n*, Butylen *n*
buter un mur eine Mauer [ab]stützen
butoir *m* ⟨Masch⟩ Anschlag *m*, Puffer *m*; ⟨Eb⟩ Prellbock *m*; ⟨Bw⟩ Bogenstütze *f*, Schutzmauer *f*; Prellstein *m*; ⟨Geol⟩ Riff *n*
butte *f* Stempel *m*
  b. de gravité ⟨Eb⟩ Ablaufberg *m*
butte-témoin *f* ⟨Geol⟩ Zeugenberg *m*
butteur *m*, **butteuse** *f*, **buttoir** *m* Häufelpflug *m*
butylcaoutchouc *m* Butylkautschuk *m*
butyle *m* Butyl *n*
butylène *m* s. butène
butyrate *m* Butyrat *n*
buzzer *m* Summer *m*
by-pass *m* Umgehungsleitung *f*; Zweiwegeventil *n*
by-passage *m* Umgehung *f*
by-passer umgehen

C

cabaner kippen ⟨beim Stapellauf⟩
cabestan m 1. ⟨Schiff⟩ Anker(verhol)spill n; Spill n, Verholspill n; 2. ⟨Masch⟩ Kreuzhebel m, Handkreuz n, Griffrad n; 3. Tonrolle f ⟨Tonband⟩
 c. à barres Gangspill n
 c. à bras Handspill n
 c. à chaine Kettenspill n
 c. de halage (touage) Verholspill n
cabillot m Belegnagel m, Koffeynagel m
cabine f Kabine f, Kammer f; Fahrkorb m
 c. d'aiguillage Stellwerk n
 c. du conducteur Führerhaus n
 c. de conduite Steuerhaus n ⟨Binnenschiff⟩
 c. de contrôle Kontrollraum m
 c. de contrôle du compartiment machine Maschinenkontrollraum m, Maschinenüberwachungsraum m
 c. de contrôle et d'intervention Leitzentrale f
 c. (de) contrôle (de la) machine s. c. de contrôle du compartiment machine
 c. à deux, c. double Doppelkabine f, Doppelkammer f, Zweimannkabine f, Zweimannkammer f
 c. d'écoute Abhörkabine f
 c. d'enregistrement sonore Tonaufnahmeraum m
 c. d'équipage Besatzungskabine f, Besatzungskammer f; Mannschaftskabine f, Mannschaftskammer f ⟨im Gegensatz zur Offizierskammer⟩
 c. étanche (luft)dichte Kabine f
 c. extérieure Außenkabine f, Außenkammer f
 c. individuelle Einmannkabine f, Einmannkammer f, Einzelkabine f, Einzelkammer f
 c. intérieure Innenkabine f, Innenkammer f
 c. d'intervention de la machine Maschinenleitzentrale f
 c. de luxe Luxuskabine f
 c. du mécanicien Führerhaus n
 c. d'officier Offizierskabine f, Offizierskammer f
 c. de passager Fahrgastkabine f, Fahrgastkammer f, Passagierkabine f, Passagierkammer f
 c. de peinture Spritzkabine f
 c. du personnel s. c. d'équipage
 c. de pilote Lotsenkammer f
 c. sous pression, c. pressurisée Druckkabine f
 c. de projection Vorführkabine f
 c. de récupération Spritzkabine f, Schutzkabine f
 c. surcomprimée Überdruckkabine f
 c. téléphonique Telefonzelle f, Fernsprechzelle f
 c. T.S.F. Funkraum m
 c. à une (couchette) s. c. individuelle
cabinet m Kammer f; Kabinett n; kleines Zimmer n
 c. d'aisances Abort m, Klosett n
 c. à chasse d'eau Spülabort m, Spülklosett n, WC
 c. de toilette Toiletten- und Waschraum m
 c. de travail Arbeitsraum m, Arbeitszimmer n
câblage m Verdrahtung f, Verkabelung f, Leitungsführung f; Verseilung f, Seilherstellung f; Machart f ⟨eines Seils⟩, Flechtart f
 c. aéré Einzeldrahtverlegung f
 c. sous crépi Unterputzleitung f
 c. croisé Kreuzschlag m
 c. à droite rechtsgängiger Schlag m
 c. en étoile Sternverseilung f ⟨von Kabeln⟩
 c. en fil nu Blankverdrahtung f
 c. à gauche linksgängiger Schlag m
 c. long (de même sens) Längsschlag m, Gleichschlag m
 c. ouvert offene Schaltung f
 c. par paires Paarverseilung f
 c. en quartes Viererverseilung f
 c. Seale Seale-Machart f
 c. torsion simple s. c. long
 c. Warrington Warrington-Machart f
câble m Kabel n, Trosse f; Seil n, Tau n; Schnur f ⟨s. a. cordon 2.⟩; Spinnkabel n; Kabellänge f ⟨Längenmaß⟩
 c. d'abonné Teilnehmeranschlußkabel n
 c. aérien transporteur Drahtseilbahn f
 c. d'alimentation Speiseleitung f
 c. d'allumage Zündkabel n
 c. d'amenée (amorce) Zuführungskabel n, Zuleitungskabel n
 c. d'ancrage Abspannseil n
 c. d'ancre Ankertrosse f
 c. d'antenne Antennenkabel n
 c. armé bewehrtes (armiertes) Kabel n; Panzerkabel n; bewehrtes Seil n
 c. armé à feuillard eisenbandbewehrtes Kabel n
 c. armé de fils d'acier stahldrahtbewehrtes Kabel n
 c. armé isolé sous plomb et gaine plastique armiertes Bleimantelkabel n mit Kunststoffisolation

c. d'arrivée ankommendes Kabel n
c. d'ascenseur Aufzugseil n
c. d'assaut Feldfernsprechkabel n
c. (à) basse tension Niederspannungskabel n
c. bifilaire zweiadriges Kabel n, Zweifachkabel n, Zweileiterkabel n, Zwillingskabel n
c. blindé Abschirmkabel n, abgeschirmtes Kabel n
c. à boudin Spiralkabel n
c. pour caméra Kamerakabel n
c. de campagne Feldkabel n
c. sous caoutchouc Gummikabel n, Gummiaderleitung f, Gummischlauchleitung f
c. en chanvre Hanfseil n
c. circulaire Rundkabel n
c. coaxial Koaxialkabel n, konzentrisches Kabel n
c. de commande ⟨Flg⟩ Steuerseil n; Steuergestänge n; ⟨El⟩ Betätigungskabel n; Steuerleitung f
c. concentrique s. c. coaxial
c. à conducteur unique einadriges Kabel n, Einleiterkabel n, Einfachkabel n
c. à conducteurs multiples vieladriges (mehradriges) Kabel n, Vielfachkabel n, Mehrfach(leiter)kabel n
c. de connexion Anschlußkabel n
c. à courant alternatif Wechselstromkabel n
c. à courant continu Gleichstromkabel n
c. à courant diphasé Zweiphasenkabel n
c. à courant faible Schwachstromkabel n
c. pour courant fort Starkstromkabel n
c. à courant monophasé Einphasenkabel n
c. à courant triphasé Drehstromkabel n
c. cuirassé sous gaine thermoplastique umhüllter Rohrdraht m
c. en cuivre Kupferkabel n, Kupferseil n
c. en cuivre nu blankes Kupferkabel (Kupferseil) n
c. de déclenchement Aufziehkabel n, Reißleine f ⟨Fallschirm⟩
c. de départ Ausspeisungskabel n, abgehendes Kabel n
c. à deux conducteurs s. c. bifilaire
c. de distribution Verteilungskabel n, Zweigkabel n
c. dormant stehendes Seil n

c. d'éclairage Beleuchtungskabel n, Lichtkabel n
c. sous enveloppe de jute Jutekabel n
c. extérieur Außenkabel n
c. d'extraction Förderseil n
c. à faible capacité kapazitätsarmes Kabel n
c. de fermeture Schnürleine f ⟨z. B. einer Ringwade⟩
c. pour fibranne Viskosespinnkabel n
c. de fibres discontinues Spinnband n
c. de filaments Spinnkabel n
c. de filature Spinnband n
c. en fils d'acier Stahltrosse f
c. en fils câblés Kabel n mit verseilten Leitern
c. flexible biegsames (flexibles) Kabel n
c. fluvial Flußkabel n
c. de forage Bohrseil n
c. de force (motrice) Kraftstromkabel n
c. gainé en plomb Bleikabel n
c. sous gaine plastique Kunststoffmantelkabel n, Kunststoffaderleitung f
c. de garde Blitzschutzseil n
c. de grand fond Tiefseekabel n
c. à grande distance Fernkabel n
c. de grille Gitterzuleitung f
c. de guidage Führungsseil n
c. sous gutta-percha Guttaperchakabel n
c. de halage Beihiever m, Beiholer m ⟨Leine⟩
c. de haubanage Abspannseil n
c. à haute fréquence Hochfrequenzkabel n, HF-Kabel n
c. de haute mer Tiefseekabel n
c. haute tension Zündkabel n; Hochspannungskabel n
c. hertzien Hertzsches Kabel n
c. de hissage Ladeläufer m, Lastseil n; Hievtau n
c. hydrofuge Feuchtraumkabel n
c. incombustible nicht entflammbares Kabel n
c. isolé au caoutchouc sous tresse de fil métallique drahtumflochtene Gummiaderleitung f
c. de jonction Verbindungskabel n
c. jumelé s. c. bifilaire
c. laminé Bandkabel n, Flachkabel n
c. à large bande Breitbandkabel n
c. léger Leichtkabel n
c. de levage Hubseil n
c. de liaison Verbindungskabel n
c. de mer profonde Tiefseekabel n
c. de mesure Meßkabel n, Prüfkabel n

câble

c. **métallique** Stahltrosse f, Drahtseil n
c. **de microphone** Mikrofonkabel n, Mikrofonzuleitung f
c. **minier** Grubenkabel n
c. **mobile** laufendes Seil n
c. **multiconducteur** mehradriges Kabel n
c. **sous néoprène** Neoprenkabel n
c. **non armé** unbewehrtes Kabel n
c. **non inductif** induktionsfreies Kabel n
c. **à paires câblées en étoile** sternverseiltes Kabel n
c. **pilote** Leitkabel n
c. **plat** Flachkabel n; Flachseil n, Bandseil n
c. **sous plomb** Bleimantelkabel n, Bleimantelleitung f
c. **à plusieurs conducteurs** Mehrleiterkabel n
c. **porteur** Tragseil n, Kranseil n
c. **posé en pleine terre** Untergrundkabel n, unterirdisches Kabel n
c. **à pression gazeuse (intérieure)** Gas[druck]kabel n
c. **à (sous) pression d'huile** Ölkabel n
c. **principal** Hauptkabel n
c. **provisoire** Baukabel n
c. **Pupin** Pupinkabel n
c. **pupinisé** pupinisiertes Kabel n
c. **à quatre conducteurs** vieradriges Kabel n
c. **à quatre paires** achterverseiltes Kabel n
c. **de radioguidage** Leitkabel n
c. **de rallongement pour microphone** Mikrofonverlängerungskabel n
c. **de remorque** Trosse f, Schlepptau n
c. **de retenue** Verankerungsseil n, Halteseil n, Verspannungsseil n
c. **rond** Rundseil n
c. **à ruban** s. c. plat
c. **souple** flexibles Kabel n
c. **souple de raccordement** Geräteanschlußschnur f
c. **sous-marin** Seekabel n, Unterseekabel n
c. **souterrain** Erdkabel n
c. **de synchronisation** Synchronisationskabel n
c. **de télécommunication** Fernmeldekabel n
c. **télégraphique** Telegrafenkabel n
c. **téléphonique** Telefonkabel n, Fernsprechkabel n
c. **de télévision** Fernsehkabel n
c. **de tir** Schießleitung f
c. **à torons** Litzenseil n
c. **tracteur (de traction)** Zugseil n

c. **pour transmission de force motrice** Kraftübertragungskabel n
c. **pour transmission radiophonique** Rundfunkkabel n
c. **transporteur** Seilbahn f
c. **à très haute tension** Höchstspannungskabel n
c. **à trois conducteurs** Dreileiterkabel n, dreiadriges Kabel n
c. **type marin** Schiffskabel n
c. **à un brin** einsträngiges Seil n
c. **unifilaire** einadriges Kabel n
c. **unipolaire** Einleiterkabel n
câble-chaine m Kabelkette f; Ankerkette f
câblé m **en rayonne** Kunstseidenkord m
câbler 1. verseilen; ⟨Text⟩ schnüren; 2. ⟨Schiff⟩ schlagen ⟨verseilen⟩; 3. telegrafieren, kabeln
câblerie f Kabelherstellung f; Kabelwerk n
câbleuse f Verseilmaschine f, Flechter m
câblier m ⟨Schiff⟩ Kabelleger m
câblot m ⟨Eb⟩ Heizkabelkupplung f
cabotage m Küstenfahrt f ⟨z. B. als Einsatzgebiet⟩; Küstenschiffahrt f; **au c.** Küsten-
caboteur Küsten-
caboteur m Küstenschiff n
cabriolet m Kabriolett n
cache m Maske f ⟨Fototechnik⟩
c. **limitant le champ de l'image** Bildfeldmaske f
cache-flamme m Flammendämpfer m
cachet m **de caoutchouc** Gummistempel m
cadastre m Grundbuch n, Kataster m (n)
cadence f Leistung f ⟨Produktionsstückzahl je Zeiteinheit⟩, Ausstoß m, Produktivität f; Takt m; Taktzeit f; Bildgeschwindigkeit f, Bildwechsel[zahl f] m, Filmgeschwindigkeit f; Aufnahmefrequenz f
c. **des images** Bildwechsel m
c. **de prise de vues** Bildfrequenz f
c. **de production** Fertigungstakt m
c. **de (la) projection** Vorführgeschwindigkeit f
cadmiage m Kadmieren n; Verkadmung f
cadmier kadmieren, verkadmen
cadmifère kadmiumhaltig
cadmium m Kadmium n
cadrage m 1. Bildbühnenverstellung f, Bildeinstellung f; Bildnachstellung f; 2. ⟨Brg⟩ Ausbau m
c. **de l'image** Bildfeldeinstellung f
c. **métallique** Eisenausbau m
cadran m Zifferblatt n; Skale f; Skalen-

scheibe f; Quadrant m
c. d'appel Wähl(er)scheibe f
c. azimutal Azimutskale f
c. gradué Skale f mit Gradeinteilung
c. indicateur Zifferblatt n
c. lumineux Leuchtskale f
c. solaire Sonnenuhr f
c. de syntonisation Abstimmskale f
c. sur verre Glasskale f
cadrat m ⟨Typ⟩ Quadrat m
cadratin m ⟨Typ⟩ Geviert n
cadre m Rahmen m; Fahrradrahmen m; Rahmenantenne f; Bau m ⟨im Ausbau⟩; ⟨Brg⟩ Türstock m
c. en acier Stahlrahmen m
c. articulé Gelenkbogen m
c. d'avancement Schaltrahmen m
c. de changement Umschaltrahmen m ⟨von Groß- auf Kleinbuchstaben⟩
c. de copiage (copie) Kopierrahmen m
c. croisé Kreuzrahmen m
c. double Doppelrahmen m
c. double croisé Doppelkreuzrahmenantenne f
c. d'écoutille Lukensüll n
c. d'étage(s) Stockwerkrahmen m
c. de la fenêtre de projection Bildfensterrahmen m
c. fixe feste Rahmenantenne f
c. de liaison voilure-fuselage Holmrahmen m
c. de lisse Schaft m ⟨Webmaschine⟩
c. mobile Drehspule f
c. à montants multiples mehrstieliger Rahmen m, Mehrfeldrahmen m
c. à patrons Schablonenrahmen m
c. polygonal Vieleckrahmen m
c. porte-sujet Kopierrahmen m
c. presseur à ressort Andruckfenster n, Filmtür f
c. profilé stromlinienförmige Rahmenantenne f
c. radiogoniométrique Peilrahmen m
c. de répartiteur Verteilergestell n
c. de serrage ⟨Typ⟩ Schließrahmen m
c. support des leviers de pistons Luftkolbenhebelblock m
c. du tamis Siebkasten m
c. tournant drehbare Rahmenantenne f
cadre-cache m Diapositivrahmen m
cadre-varangue m gebaute (offene) Bodenwrange f
cadrer nachstellen, einstellen, verstellen ⟨das Bild⟩
caduc baufällig
caesium m s. césium
caféine f Koffein n

cage f Gehäuse n; Käfig m; Kabine f, Fahrkorb m; Gerüst n, Walzgerüst n
c. à aiguilles Nadelkäfig m
c. amortisseur Dämpferwicklung f
c. d'armature Bewehrungskorb m; Bewehrungsnetz n
c. d'ascenseur Aufzugsschacht m, Fahrschacht m
c. à billes Kugelkäfig m
c. de blooming Blockwalzgerüst n
c. de boîte d'essieu ⟨Eb⟩ Achslagergehäuse n
c. de cylindres (de laminoir) Walzenständer m
c. à cylindres multiples Vielwalzengerüst n
c. de déchargement Entleerkorb m
c. à déchets Staubkasten m, Abfallkasten m
c. dégrossisseuse Vorwalzgerüst n
c. à deux cylindres Zweiwalzengerüst n
c. ébaucheuse Vorgerüst n
c. d'écrouissage Nachwalzgerüst n
c. d'écureuil Käfiganker m, Kurzschlußanker m
c. d'escalier Treppenhaus n
c. d'extraction Förderkorb m
c. de Faraday Faraday-Käfig m, Faradayscher Käfig m
c. finisseuse Fertiggerüst n
c. d'hélice Schraubenbrunnen m
c. de laminoir Walzgerüst n, Walzenständer m
c. de laminoir duo Duogerüst n
c. de la lampe Lampenhaus n
c. de la lampe excitatrice Tonlampengehäuse n, Tonlampenhaus n
c. médiane Mittelgerüst n
c. de mine Fördergestell n
c. du porte-balai Bürstentasche f
c. protectrice Schutzkorb m
c. quarto Quartogerüst n
c. à quatre cylindres Vierwalzengerüst n
c. de rechange Wechselgerüst n
c. refouleuse Stauchgerüst n
c. à rouleaux Rollenkäfig m
c. de transport Container m, Transportbehälter m
c. trio Dreiwalzengerüst n
cageot m Hochsteige f; Ladepritsche f
cagette f Mittelsteige f, Haraß m
c. emboîtable zusammenlegbarer Haraß m
cahier m ⟨Typ⟩ Bogen m
c. de charges Pflichtenheft n
caillasse f Kieselablagerung f, Schotter m
caillebotis m Lattenrost m, Gräting f

caillebotté käsig
cailler stocken
caillot m Gerinnsel n; Blob m ⟨in Kernspuremulsionen⟩; Klümpchen n ⟨z. B. in der Schlichte⟩
cailloter walken ⟨von Hüten⟩
caillou m Kiesel m; Feldspat m
  c. à facettes Windkanter m
  c. à feu Feuerstein m
  gros c. Grobsplitt m
cailloutage m Beschottern n; Schotter m
caillouteux geröllführend
cailloutis m Kieselschicht f, Schotter m
cailloux mpl **roulés** grober Kies m, Schotter m
caisse f 1. Kiste f, Kasten m, Behälter m, Box f; Wagenkasten m; Karosserie f; 2. Kasse f
  c. d'accumulateur Akkumulatorenkasten m, Akkumulatorgefäß n
  c. en bois Holzkiste f
  c. de cémentation Kasten m zum Einsatzhärten, Einsatzkasten m
  c. à eau Wasserkasten m
  c. à eau du tender Tenderwasserkasten m
  c. à (d') eau usée Schmutzwasser- und Fäkalienbehälter m
  c. d'écho Echobox f
  c. enregistreuse Registrierkasse f
  c. d'épuration Reinigungskasten m
  c. de fichier Karteikasten m
  c. de frittage Sinterkasten m
  c. journalière Tages(verbrauchs)tank m
  c. de lavage Waschfach n ⟨Fischbearbeitung⟩
  c. métallique Blechkasten m
  c. palette Stapelkasten m, Stapelbehälter m; Boxpalette f
  c. palette gerbable Stapelboxpalette f
  c. palette métallique grillagée Gitterboxpalette f
  c. palette repliable zusammenklappbare Boxpalette f
  c. de pilonnage Stampfkasten m
  c. à poisson brut Rohfischbunker m
  c. de réception Auffangbunker m
  c. à recuire Glühkasten m
  c. pour la refonte ⟨Typ⟩ Zeugkiste f
  c. repliable Behälter m mit abklappbaren Seitenwänden
  c. de service s. c. journalière
  c. totalisatrice Aufrechnungskasse f
  c. de voiture Wagenkasten m
caisson m 1. Caisson m, Senkkasten m; Tank m; 2. Kassette f ⟨Decke⟩
  c. à air Luftkasten m, Lufttank m, Luftzelle f

  c. d'altitude Hochtank m, Tieftank m
  c. de fuselage Kastenrumpfteil m
  c. immergé Senkkasten m
  c. à poussière Staubkasten m
  c. de prise d'eau à la mer Seekasten m
  c. du réacteur Reaktorgefäß n, Reaktorbehälter m
  c. voiture Holmschuh m
calage m Keilverbindung f; Verkeilen n; Verkeilung f; ⟨Kfz⟩ Blockieren n; Blokkierung f; ⟨Eb⟩ Verriegelung f, Sperre f
  c. des balais Bürsten(ein)stellung f
  c. défectueux des balais falsche Bürsten(ein)stellung f
  c. différentiel Schränkung f
  c. exact des balais richtige Bürsten(ein)stellung f
  c. de pas Steigungseinstellung f ⟨Luftschraube⟩
  c. le plus avantageux des balais günstigste Bürsten(ein)stellung f
calaison f Tiefgang m ⟨s. a. tirant d'eau⟩
calaminage m Zundern n
calamine f 1. Kohlenstoffablagerung f, Verkokung f ⟨im Motor⟩; 2. Zunder m; 3. ⟨Min⟩ Zinkerz n, Kieselgalmei m, gemeiner Galmei m
  c. de four Ofenzunder m
  c. de recuit Glühzunder m
calaminer verzundern
calandrage m Kalandrieren n, Kalandern n
calandre f 1. ⟨Text⟩ Kalander m, Glättvorrichtung f, Verdichtungsvorrichtung f; Mangel f, Wäscherolle f; 2. ⟨Kfz⟩ Kühlergrill m
  c. à chaud Heißmangel f
  c. à cuvette Muldenpresse f
  c. à décatir Dekatierkalander m
  c. finisseuse Glättkalander m
  c. à friction Friktionskalander m
  c. pour gaufrage, c. à gaufrer Prägekalander m
  c. à glacer Glättwerk n, Satinierkalander m
  c. de gommage Gummierkalander m
  c. à satiner, c. satineuse s. c. à glacer
  c. à tandem Doppelkalander m
calandrer kalandrieren, kalandern; mangeln, rollen
calcaire kalk(halt)ig, Kalk-
calcaire m Kalkstein m
  c. arénacé Kalksandstein m
  c. caverneux Schaumkalk m
  c. coquillier Muschelkalk m
  c. à crinoïdes Krinoidenkalk m
  c. portlandien Portlandstein m
  c. vacuolaire Schaumkalk m

calcin m 1. Emailfritte f; 2. Kesselstein m; 3. Bruchglas n
calcination f Brennen n, Röstung f; Kalzinieren n, Glühen n; Verkalkung f; Veraschen n
  c. chlorurante chlorierendes Rösten n
  c. oxydante oxydierendes Rösten n
  c. réductrice reduzierendes Rösten n
  c. simple einfaches Kalzinieren n ⟨im wesentlichen physikalischer Vorgang⟩
  c. volatisante Kalzinieren n mit Verflüchtigung ⟨chemischer Vorgang⟩
calcine f Fritteglasur f
calciner brennen, rösten; kalzinieren, glühen; verkalken; veraschen
  c. de la chaux Kalk brennen
  c. à mort totbrennen
calcite f Kalkspat m, Kalzit m
calcium m Kalzium n
calcul m Rechnung f, Berechnung f, Kalkül m; Preiskalkulation f, Kalkulation f
  c. d'adresses Adressenrechnung f
  c. analogique Analogrechnung f
  c. approché Näherungsrechnung f
  c. d'assiette Trimmrechnung f
  c. d'atelier Betriebsrechnung f
  c. de Boole Boolesche Rechnung(sart) f
  c. des cloisons étanches Schottberechnung f
  c. de compensation Ausgleichsrechnung f
  c. de la composition Satzberechnung f
  c. des dérivées, c. différentiel Differentialrechnung f
  c. des erreurs Fehlerrechnung f
  c. intégral Integralrechnung f
  c. d'intérêts Zinsrechnung f
  c. du mât Mastberechnung f
  c. mécanique à cartes perforées lochkartenmaschinelles Rechnen n
  c. mercantile kaufmännisches Rechnen
  c. nautique Standortberechnung f
  c. des prédicats Prädikatenkalkül m
  c. du prix de revient de commande Nachkalkulation f
  c. des probabilités Wahrscheinlichkeitsrechnung f
  c. des propositions Aussagenkalkül m
  c. de (la) stabilité Stabilitätsrechnung f
  c. statique statische Berechnung f
  c. des surfaces Flächenberechnung f
  c. des variations Variationsrechnung f
  c. vectoriel Vektorrechnung f
  c. en virgule fixe Festkommarechnung f
  c. en virgule flottante Gleitkommarechnung f
calculabilité f Berechenbarkeit f
calculable berechenbar
calculateur m Rechner m ⟨s. a. calculatrice⟩
  c. analogique (analogue) Analogrechner m
  c. à application spéciale Spezialrechner m, Spezialrechenmaschine f
  c. asynchrone asynchron arbeitender Rechner m, Asynchronrechner m
  c. automatique Rechenautomat m, automatische Rechenanlage f
  c. de bord Bordrechner m
  c. à cartes perforées Lochkartenrechner m
  c. pour la conduite des processus industriels Prozeßrechner m
  c. digital Digitalrechner m
  c. électronique elektronischer Rechner m, elektronische Rechenmaschine (Rechenanlage) f
  c. électronique digital parallèle parallel arbeitender elektronischer Digitalrechner m
  c. électronique digital en série in Serie arbeitender elektronischer Digitalrechner m
  c. électronique de table elektronischer Tischrechner m
  c. à grande vitesse Schnellrechner m
  c. hybride Hybridrechner m
  c. numérique Ziffernrechner m, Digitalrechner m, Ziffernrechenmaschine f, Digitalrechenmaschine f
  c. pneumatique analogique pneumatischer Analogrechner m
  c. polyvalent Allzweckrechner m
  c. de processus Prozeßrechner m
  c. série Serienrechner m
  c. série-parallèle Serien-Parallel-Rechner m
  c. à simple adresse Einadreßrechner m
  c. à supraconduction Supraleitungsrechenmaschine f, Supraleitungsrechner m
  c. synchrone Synchronrechenmaschine f, Synchronrechner m
  petit c. Kleinrechner m
calculatrice f Rechenmaschine f, Rechner m, Rechenautomat m ⟨s. a. calculateur⟩
  c. automatique Rechenautomat m, automatische Rechenanlage f
  c. digitale universelle Universaldigitalrechner m
  c. électronique de table elektronischer Tischrechner m
  c. numérique universelle numerischer Rechenautomat m

.calculatrice

 c. à relais Relaisrechner m
 c. de sécurité de chargement Ladungsrechner m
 c. universelle Universalrechenmaschine f
calculer (be)rechnen; kalkulieren
calculs mpl de cloisonnement Schottenrechnung f
 c. des carènes droites Kurvenblattrechnung f
 c. du gouvernail Ruderberechnung f
 c. de lancement Stapellaufrechnung f
cale f 1. Unterlage f, Beilage f, Zwischenlage f; Parallelstück n, Paßstück n; 2. Keil m; 3. Bremsklotz m; 4. ⟨Brg⟩ Anpfahl m; Kopfholz n; 5. ⟨Schiff⟩ Dock n ⟨s. a. bassin, forme⟩; Helling f; Laderaum m ⟨s. a. espace, local⟩; Stauung f, Unterraum m; Bilge f; 6. Tank m; Vorratstank m ⟨s. a. citerne, réservoir, soute, tank⟩
 c. d'ajustage Paßstück n, Paßteil n, Beilage(scheibe) f, Beilageblech n
 c. d'appui Einsatzstück n
 c. de cargaison Laderaum m
 c. de construction Bauhelling f, Baudock n
 c. à (pour) containers Containerladeraum m
 c. d'épaisseur Distanzscheibe f, Beilagescheibe f
 c. à farine de poisson Fischmehlbunker m, Fischmehlladeraum m
 c. à fret liquide Ladetank m
 c. frigorifique Kühlfrachtraum m, Kühlladeraum m, Ladekühlraum m
 c. de halage Slip(anlage f) m
 c. de lancement Bauhelling f, Baudock n
 c. à liquides Tankraum m
 c. à marchandises Laderaum m
 c. à minerai Erzladeraum m
 c. à poisson Fisch(lade)raum m
 c. réfrigérée s. c. frigorifique
 c. à repère Parallelendmaß n
 c. sèche Trockendock n
 c. d'unités Spationierkeil m
calé verkeilt; befestigt
cale-avancement m Hellingbauzustand m
calebasse f Schmelztiegel m
cale-étalon f Endmaß n, Parallelendmaß n
 c. combinable Endmaß n
caléfaction f Erwärmung f; ⟨Bildung von Flüssigkeitströpfchen auf einer überhitzten Metallfläche⟩
cale-pied m Pedalhaken m

caler 1. [fest]klemmen; fest verbinden, befestigen, [fest]keilen, verkeilen; blockieren ⟨einen Motor⟩; 2. ⟨Brg⟩ anschlagen ⟨einen Stempel⟩; 3. ⟨Schiff⟩ eintauchen, eine Tauchtiefe haben von
cales fpl alternées alternierende (abwechselnd beladene) Laderäume mpl ⟨z. B. bei Massengutschiffen⟩
 c. de calibrage Distanzleisten fpl
caleur m Hemmschuhleger m
calfatage m Abdichten n; Abdichtung f; ⟨Schiff⟩ Kalfatern n
calfater abdichten; ⟨Schiff⟩ kalfatern
calfeutrage m, calfeutrement m Abdichten n; Verkleben n, Verstopfen n; Fugenabdichtung f
calfeutrer abdichten, zustopfen ⟨z. B. Fugen⟩
calibrage m 1. Lehren n, Messen n; 2. Kalibrieren n; Kalibrierung f; Eichen n; Eichung f; Einteilung f, Unterteilung f
 c. des cylindres Walzenkalibrieren n
calibration f Eichung f
calibre m Kaliber n; Bohrung f; Lehre f
 c. de conicité Konuslehre f
 c. de contrôle Lehre f
 c. entre Gutseite f der Lehre
 c. d'épaisseur Dickenmesser m
 c. fileté Gewindelehrdorn m
 c. intérieur Bohrlehre f
 c. de justification Klischeeprüfer m
 c. à limites Grenzlehre f
 c. lisse Grenz(rachen)lehre f
 c. à mâchoire Rachenlehre f
 c. à marquer Anreißlehre f
 c. de position et de registre Stand- und Registerprüfer m, Standmachapparat m
 c. de réglage Einstellehre f
 c. tampon (cylindrique) Grenzlehrdorn m, Lehrdorn m
 c. de taraudage Gewindemeßgerät n
 c. de tôles Bandeisenlehre f
 c. à tuyaux Rohrlehre f, Rohrmaß n
 c. à vis micrométrique Bügelmeßschraube f ⟨früher: Mikrometerschraube⟩
calibre-mâchoire m Rachenlehre f
calibrer 1. lehren, messen; 2. kalibrieren; eichen
 c. la copie Umfang des Manuskriptes ausmessen
calibreur m Lehre f, Rohrlehre f
 c. d'air de ralenti Leerlauflüftregulierschraube f
calibreuse f Sortiereinrichtung f
calier m Lukenwache f, Laderaumwache f ⟨Person⟩

californium *m* Kalifornium *n*
calmage *m* Beruhigung *f*
calmant *m* Beruhigungsmittel *n*
calmer beruhigen
calmes *fpl*:
   c. **équatoriaux** Kalmengürtel *m*
   c. **subtropicaux** Roßbreiten *fpl*
calomel *m* Kalomel *n*
calorie *f* Kalorie *f*
   grande c. Kilokalorie *f*
   petite c. Grammkalorie *f*
calorifère wärmespendend, wärmeerzeugend
calorifère *m* Heizkörper *m*; Heizapparat *m*; Luftheizgerät *n*, Lufterhitzer *m*
calorifique wärmeerzeugend
calorifuge wärmeisolierend, wärmedämmend
calorifuge(age) *m* Wärmeschutz *m*, Wärmedämmung *f*; Wärmeschutzstoff *m*, Wärmeisolierung *f*
calorifuger isolieren 〈Wärme〉
calorimètre *m* Kalorimeter *n*, Wärmemengenmesser *m*
   c. **adiabatique** adiabatisches Kalorimeter *n*
   c. **de Berthelot** kalorimetrische Bombe *f*
   c. **à eau** Mischungskalorimeter *n*
   c. **à écoulement continu** Durchströmungskalorimeter *n*, Junkers-Kalorimeter *n*
   c. **de Jolly** Dampfkalorimeter *n*
calorimétrie *f* Wärmemengenmessung *f*; Wärmemeßtechnik *f*, Kalorimetrie *f*
calorimétrique kalorimetrisch
caloriporteur wärmeableitend
calorique *m* Wärme *f*
calorisateur *m* Kalorisator *m* 〈Zuckerherstellung〉
calorisation *f* Kalorisieren *n*, Alitieren *n*, Glühen *n* von Stahlstücken in Aluminiumpulver
caloriser kalorisieren, alitieren, Stahlstücke in Aluminiumpulver glühen
calotte *f* Deckel *m*; Haube *f*; Kappe *f*; Abdeckung *f*; Kuppel *f*; Kopf *m* 〈des Hutes〉; 〈Brg〉 Firste *f*
   c. **du convertisseur** Konverterhaube *f*
   c. **d'empreinte** Eindruckkalotte *f* 〈Brinellprobe〉
   c. **de glace polaire** Polareiskappe *f*
   c. **sphérique** Kugelhaube *f*; Kugelabschnitt *m*
calquable pausfähig
calque *m* Kopie *f*, Pause *f*, Durchzeichnung *f*; Pauspapier *n*
calquer pausen, kopieren, durchzeichnen

calutron *m* Calutron *n* 〈**California University Cyclotron**〉
cambium *m* Kambium *n* 〈Wachstumsschicht zwischen Rinde und Holz〉
cambouis *m* Schmierrückstand *m*, Altölkruste *f*, altes Schmierfett *n*
cambrage *m*, **cambrement** *m* Biegen *n*
cambrer biegen
cambrien *m* Kambrium *n*
cambrure *f* Bogenkrümmung *f*; Krümmung *f*, Schweifung *f*
came *f* 〈Masch〉 Kurve *f*, Nocken *m*; Daumen *m*, Knagge *f*; 〈Text〉 Schloß *n* 〈Strickmaschine〉
   c. **cloche** glockenförmige Kurve *f*
   c. **de commande** Steuerkurve *f*; 〈Kfz〉 Bremsnocken *m*
   c. **de contact(eur)** Kontaktnocken *m*, Schaltnocken *m*
   c. **à galet** Nocken *m* eines Nockentriebs mit Stößelrolle
   c. **de mer** Seegangsprofil *n*
   c. **de rupteur** Unterbrechernocken *m*
   c. **à tambour** Trommelkurve *f*
caméra *f* Filmkamera *f*
   c. **bi-format** Doppelformatkamera *f*
   c. **de cinématographie réduite** Schmalfilmkamera *f*
   c. **électronique** elektronische Kamera *f*
   c. **pour microfilm** Mikrofilmkamera *f*
   c. **8 mm** 8-mm-Kamera *f*
   c. **16 mm** 16-mm-Kamera *f*
   c. **muette** Stummfilmkamera *f*
   c. **orthicon** Orthikonkamera *f*
   c. **de prise de vues cinématographiques** Film[aufnahme]kamera *f*
   c. **de reproduction** Reproduktionskamera *f*
   c. **de reproduction verticale** Vertikalreproduktionskamera *f*
   c. **sonore** Tonfilmkamera *f*, Tonaufnahmekamera *f*
   c. **sonore magnétique** Magnettonkamera *f*
   c. **sous-marine** Unterwasserkamera *f*
   c. **de télévision** Fernsehkamera *f*
   c. **de télévision en couleurs** Farbfernsehkamera *f*
   c. **de télévision industrielle** Industriefernsehkamera *f*
   c. **à trou** Lochkamera *f*
caméraman *m* Kameramann *m*
caméra-son *s.* caméra sonore
camion *m* Last[kraft]wagen *m*, LKW *m*
   c. **à benne basculante** Muldenkipper *m*
   c. **citerne** *m* Tankwagen *m*
camionnage *m* 1. Transport *m* mit Lastwagen; 2. Transportkosten *pl*

camionner mit Lastwagen transportieren
camionnette f Schnelltransporter m
  c. à benne basculante Dumper m
camoufler tarnen
campagne f Betriebszeit f
  c. d'un four Ofenreise f
camphène m Kamphen n
camphre m Kampfer m
campimètre m Gesichtsfeldmesser m, Campimeter n
canadien m Grubber m
canal m Kanal m; Röhre f, Leitung f; Fahrrinne f, Fahrwasser n ⟨s. a. chenal⟩
  c. adjacent Nachbarkanal m
  c. d'admission Einlaßkanal m, Einströmkanal m
  c. d'aération Abluftkanal m
  c. d'amenée Zuleitung(skanal m) f; Einlaufkanal m
  c. d'amont Ober(wasser)graben m, Oberwasserkanal m ⟨Wasserrad⟩
  c. analytique Analysenkanal m, Meßkanal m ⟨Spektrometer⟩
  c. d'aspiration Abzug m
  c. audiofréquence Tonkanal m
  c. d'aval Unter(wasser)graben m, Unterwasserkanal m ⟨Wasserrad⟩
  c. de basse fréquence Niederfrequenzkanal m
  c. de carotte Angußkanal m
  c. de chauffe Feuergewölbe n
  c. circulaire Ringkanal m
  c. de circulation d'huile Ölkanal m
  c. de combustible Brennstoffkanal m
  c. de contrepression Gegendruckleitung f ⟨Dampfmaschine⟩
  c. de contrôle Kontrollkanal m, Prüfkanal m
  c. de coulée Gießrinne f
  c. de décharge Ablaufkanal m, Abflußkanal m
  c. de dérivation Seitenkanal m
  c. des données Datenkanal m
  c. d'échappement Auspuffkanal m, Auslaßkanal m
  c. d'écoulement Düsenkanal m
  c. expérimental Experimentierkanal m, Versuchskanal m
  c. de fumée Rauchabzug m
  c. d'informations Informationskanal m
  c. d'injection Einspritzkanal m, Anspritzkanal m
  c. de jonction Verbindungskanal m
  c. latéral Seitenkanal m
  c. de mesure Meßkanal m
  c. multiple Mehrfachkanal m
  c. non perturbé ungestörter Kanal m
  c. perturbé gestörter Kanal m
  c. pilote Steuerkanal m
  c. principal s. c. d'injection
  c. du réacteur Reaktorkanal m
  c. de référence Referenzkanal m, Vergleichskanal m
  c. son Tonfrequenzkanal m
  c. de télécommunication Fernmeldekanal m
  c. télégraphique Fernschreibkanal m
  c. téléphonique Fernsprechkanal m
  c. de télévision Fernsehkanal m, Bildkanal m
  c. de transfert Überströmkanal m
  c. de transmission Übertragungskanal m
  c. à tuyères s. c. d'écoulement
  c. de ventilation Belüftungskanal m
  c. à vide Vakuumkanal m ⟨Spektrometer⟩
  c. voisin Nachbarkanal m
canalisation f 1. Kanalisation f, Kanalisierung f; 2. Leitung f, Rohrleitung f; Leitungsnetz n, Rohrleitungssystem n; 3. Verlegen n von Rohrleitungen; 4. ⟨El⟩ Leitung f ⟨s. a. ligne 6.⟩
  c. d'aérage secondaire ⟨Brg⟩ Luttenleitung f
  c. aérienne Luftleitung f, Freileitung f
  c. de combustible ⟨Kfz⟩ Einspritzleitung f
  c. domestique ⟨El⟩ Hausleitung f
  c. d'essence Kraftstoffleitung f
  c. de graissage, c. d'huile Schmierölleitung f
  c. à niveau libre Freispiegelleitung f
  c. sous pression Druckrohrleitung f
  c. urbaine ⟨El⟩ Stadtleitung f
canaliser 1. kanalisieren; schiffbar machen; 2. ausrichten, parallelisieren ⟨eine Strahlung⟩
canaliseur m **de Soller** Soller-Kollimator m, Soller-Blende f
canar m ⟨Brg⟩ Lutte f
cancérigène, cancérogène kanzerogen, krebserregend
candéfaction f Weißglühendmachen n, Erhitzen n bis zur Weißglut
candéla f Candela f ⟨Grundeinheit der Lichtstärke⟩
canetière f Schußspulmaschine f
canette f Schußspule f, Kötzer m, Kops m
canevas m 1. ⟨Text⟩ Kanevas m, Baumwollstramin m; 2. Netz n, Zeichnung f ⟨Vermessungswesen⟩
  c. de Wulff Wulffsches Netz n
caniveau m Rinne f; Rinnstein m, Gosse f; Kanal m; Leitungskanal m

c. de câble(s) Kabelkanal m, Kabelgraben m
c. praticable befahrbarer Kabelkanal m
canne f Glasmacherpfeife f
c. de centrage Zentrierstock m
cannelage m Riffeln n, Riffelung f, Rillen n
cannelé gezackt; gerieft
canneler nuten, kannelieren, [aus]kehlen, riefen
cannelle f 1. Ablaßhahn m; 2. ⟨Text⟩ Holzspule f
cannelure f Nut f, Keil(wellen)nut f; Auskehlung f, Hohlkehle f, Kehle f; Kannelüre f, Riefe f, Rille f, Rinne f; ⟨Met⟩ Kaliber n
c. à brames Brammenkaliber n
c. dégrossisseuse Vorstreckkaliber n
c. ébaucheuse Vorkaliber n
c. finisseuse Fertigkaliber n
c. ogive Spitzbogenkaliber n
c. préparatrice Vorstich m
c. refouleuse Stauchkaliber n
c. ronde Rundkaliber n
cannette f s. 1. canette; 2. cannelle 2.
canon m 1. Pinole f, Hülse f; Lauf m; Rohr n; 2. ⟨Schiff⟩ Kaipoller m; 3. Rohglas n ⟨in Stangenform⟩; 4. Kanone f
c. amovible Einsteckbohrbuchse f
c. arroseur ⟨Lw⟩ Sprenkler m, Sprengvorrichtung f
c. à boue Spülungsmischkanone f
c. de chauffage Heizstrahler m
c. à ciment Zementkanone f
c. à électrons Elektronen(strahl)kanone f, Elektronenstrahler m
c. à ions Ionenstrahler m
c. lance-amarre Leinenwurfapparat m
c. à long foyer Fernfokusstrahler m
c. de perçage Bohrbuchse f
c. perçage fixe Festbuchse f
c. à plasma Plasmabrenner m
c. à protons Protonenstrahler m
c. de soufre Schwefelstange f
canonique ⟨Math⟩ kanonisch
canot m Boot n; Floß n
c. en caoutchouc Schlauchboot n
c. gonflable aufblasbares Floß n; Schlauchboot n
c. plastique Kunststoffboot n, Plastboot n
c. pneumatique s. c. gonflable
c. pneumatique à gonflage automatique automatisch aufblasbares Rettungsfloß n, Rettungsinsel f
c. de sauvetage Rettungsfloß n; Seenotrettungsboot n

cantilever freitragend; überhängend, auskragend
cantilever m Ausleger m, Überhang m; Auskragung f, Kragarm m; Freiträger m, Kragträger m
canton m de bloc Blockstelle f; Blockabschnitt m
cantonnement m Streckenblock m
c. absolu absoluter Block m
cantre f Gatter n
c. magasin Spulengatter n mit Doppelaufsteckung, Magazingatter n
c. d'ourdissage Schärgatter n, Spulengestell n, Zettelgatter n
caoutchouc m Kautschuk m, Gummi m
c. artificiel s. c. synthétique
c. brut Rohkautschuk m
c. butyle Butylkautschuk m, Butylgummi m
c. chloré Chlorkautschuk m
c. cyclisé Zyklokautschuk m
c. du cylindre Schreibwalzenbezug m
c. hydrogéné Hydrokautschuk m
c. isoprénique Isoprenkautschuk m, Polyisopren n, Methylkautschuk m
c. liquide flüssiger Kautschuk m
c. mousse Schaumgummi m
c. naturel Latex m, Naturkautschuk m
c. nitrile Buna-N n
c. profilé Profilgummi m
c. solide fester Kautschuk m
c. spongieux Schaumgummi m
c. styrolène-butadiène Buna-S n
c. synthétique synthetischer (künstlicher) Kautschuk m, Synthesekautschuk m
c. de terre Bodenkautschuk m
c. pour valve Ventilgummi m
caoutchouc-crêpe m Kreppgummi m
caoutchoutage m Gummieren n; Gummierung f; Gummibelag m
caoutchouter gummieren
cap m 1. Bug m; 2. Kap n; 3. Kurs m ⟨s. a. route⟩
c. au compas, c. géographique (magnétique) Kurs m, Steuerkurs m
c. vrai rechtweisender Kurs m
capacimètre m Kapazitätsmesser m
capacitance f Kapazitanz f, kapazitiver Blindleitwert m
capacité f Inhalt m; Rauminhalt m; Kapazität f; Fassungsvermögen n ⟨s. a. volume 1.⟩; Leistungsvermögen n ⟨s. a. pouvoir⟩; de faible c. kapazitätsarm; leistungsschwach; sans c. kapazitätsfrei
c. d'absorption Aufnahmefähigkeit f
c. d'accord Abstimmkapazität f

capacité

c. **additionnelle** Vorschaltkondensator *m*
c. **anode-cathode** Anoden-Katoden-Kapazität *f*
c. **balles** Laderauminhalt *m* für Stückgut
c. **d'une batterie** Batteriekapazität *f*, Batteriespeichervermögen *n*
c. **de bobine** Spulenkapazität *f*
c. **de boitier** Gehäusekapazität *f*
c. **de câblage** Schaltkapazität *f*
c. **de câble** Kabelkapazität *f*
c. **des cales** Laderauminhalt *m*
c. **calorifique** Wärmekapazität *f*
c. **de canal** Kanalkapazität *f*
c. **cathode-plaque** Katoden-Anoden-Kapazität *f*
c. **de charge** 1. ⟨El⟩ Belastbarkeit *f*; Ladekapazität *f*; 2. Tragfähigkeit *f*, Tragkraft *t*
c. **de chauffe** Heizleistung *f*
c. **de comptage** Zählkapazität *f*
c. **de containers** Containerkapazität *f*
c. **du corps** Körperkapazität *f*
c. **de couplage** Kopplungskapazität *f*, Koppelkapazität *f*
c. **de coupure** Abschaltleistung *f*, Schaltleistung *f*
c. **cubique des embarcations** Bootsraum *m*, Bootsvolumen *n*
c. **de déformation** Formänderungsvermögen *n*
c. **de déformation à chaud** Warmformänderungsvermögen *n*
c. **de déformation à froid** Kaltformänderungsvermögen *n*
c. **distribuée** verteilte Kapazität *f*
c. **d'électrode** Elektrodenkapazität *f*
c. **d'entrainement** Durchzugsvermögen *n*
c. **d'entrée** Eingangskapazität *f*
c. **d'équilibrage** Ausgleichskapazität *f*
c. **d'extraction** Förderkapazität *f*
c. **frigorifique** Kälteleistung *f*
c. **de fuite** Streukapazität *f*
c. **de fusion** maximale Schmelzleistung *f*
c. **grains** Laderauminhalt *m* für Schüttgut
c. **de grille** Gitterkapazität *f*
c. **grille-cathode** Gitter-Katoden-Kapazität *f*
c. **grille-plaque** Gitter-Anoden-Kapazität *f*
c. **inductive spécifique** Dielektrizitätskonstante *f*
c. **d'informations** Informationskapazität *f*
c. **d'injection** Spritzvolumen *n*, Schußvolumen *n*, Spritzmasse *f*, Schußmasse *f*
c. **interélectrode** Röhrenkapazität *f*; Teilkapazität *f*
c. **d'isolement** Isolierfähigkeit *f*
c. **de ligne** Leitungskapazität *f*
c. **d'une ligne** ⟨Eb⟩ Streckendurchlaßfähigkeit *f*
c. **de la main** Handkapazität *f*
c. **des mécanismes-compteurs** Zählwerkkapazität *f*
c. **de mémoire** Speicherkapazität *f*
c. **de la mémoire interne** Kapazität *f* des inneren Speichers, innere Speicherkapazität *f*
c. **moyenne** Durchschnittsleistung *f*
c. **mutuelle** gegenseitige Kapazität *f*
c. **de neutralisation (neutrodynage)** Neutralisationskapazität *f*
c. **en parallèle** Parallelkapazität *f*
c. **parasite** Streukapazität *f*, schädliche Kapazität *f*
c. **de pêche** Fängigkeit *f*; Fangleistung *f*
c. **de plaque** Anodenkapazität *f*
c. **de pompage** Pumpenleistung *f*
c. **portative** Tragfähigkeit *f*
c. **de prise** Fangleistung *f*
c. **de production** Produktionskapazität *f*
c. **propre** Eigenkapazität *f*
c. **par rapport à la terre** Kapazität *f* gegen Erde
c. **de registre** Registerkapazität *f*
c. **répartie** verteilte Kapazität *f*
c. **résiduelle** Restkapazität *f*
c. **de sole** Herdleistung *f*
c. **de sortie** Ausgangskapazität *f*
c. **de surcharge** Überlastbarkeit *f*
c. **de surcharge permanente** Dauerüberlastbarkeit *f*
c. **de surcharge thermique** thermische Überlastbarkeit *f*
c. **terminale** Endkapazität *f*
c. **thermique** Wärmekapazität *f*
c. **de tournage** Drehbereich *m*
c. **de traitement** Verarbeitungskapazität *f* (Fischverarbeitung)
c. **de transport** Transportleistung *f*, Förderleistung *f*
c. **utile** Nutzraum *m*
capacitif kapazitiv
capeler [am Poller] belegen, um den Poller nehmen
capillaire haarförmig, kapillar
capillaire *m* Kapillare *f*, Kapillarrohr *n*
capillarité *f* Kapillarität *f*, Kapillarkraft *f*, Kapillarwirkung *f*

capitales *fpl* Versalien *mpl*; Großbuchstaben *mpl*; Majuskeln *fpl*; **avec de petites c.** mit Kapitälchen ausgezeichnet
capiton(nage) *m* Padding *n*, Polster *n* ⟨z. B. an der Bügelpresse⟩
capot *m* Haube *f*, Abdeckhaube *f*, Schutzhaube *f*; ⟨Schiff⟩ Niedergangskappe *f*; ⟨Kfz⟩ Motorhaube *f*
  c. d'anode Anodenschutzrohr *n*
  c. de blindage Abschirmhaube *f*
  c. couvre-broche Spindelschutzhaube *f*, Spindelschutzdeckel *m*
  c. couvre-courroie Riemenschutz(-haube *f*) *m*
  c. de culbuterie Kipphebeldeckel *m*
  c. de descente Niedergangskappe *f*
  c. protecteur pour bornes Klemmenschutzkappe *f*
  c. de protection Scnutzhaube *f*
  c. du ruban-encreur Farbbandkappe *f*
capotage *m* Motorhaube *f*; Triebwerksverkleidung *f*
  c. sans pression geschlossene Motorhaube *f*
  c. sous pression offene Motorhaube *f*
capote *f* Verdeck *n*
caprate *m* Kapr[in]at *n*
caproate *m* Kaproat *n*
caprolactame *m* Kaprolaktam *n*
caprolactone *f* Kaprolakton *n*
caprylate *m* Kaprylat *n*
capsule *f*:
  c. d'avance à dépression Vakuumregler *m*
  c. dynamométrique Meßdose *f*
  c. lunaire Mondkapsel *f*
  c. de microphone Mikrofonkapsel *f*
  c. de récepteur Hörkapsel *f*
  c. vidée d'air Luftdose *f*
capsulisme *m* Kapselpumpe *f*, Umlaufkolbenpumpe *f*, Umlaufkolbenverdichter *m*; Zahnradpumpe *f*; Zellenpumpe *f*, Drehschieberpumpe *f*
captage *m* Abnehmen *n* ⟨von Strom⟩; Abnahme *f*
  c. de l'eau souterraine Grundwassergewinnung *f*
  c. du grisou Grubengasgewinnung *f*
  c. d'une source Quellfassung *f*
capter auffangen; abnehmen ⟨Strom⟩; empfangen ⟨eine Sendung⟩; fassen, gewinnen ⟨Wasser⟩
capteur *m* Geber *m*; Meßfühler *m*
  c. à contact Kontaktfühler *m*
  c. de différences de pression Druckdifferenzgeber *m*
  c. à induction Induktionsfühler *m*
  c. d'irrégularités de rotation Drehschwingungserzeuger *m*
  c. de mesure Meßwertaufnehmer *m*, Meßwertgeber *m*
  c. de niveau Füllstandsgeber *m*
  c. à potentiomètre Potentiometerabgriff *m*
  c. de pression Druckgeber *m*
  c. séismique seismischer Aufnehmer *m* ⟨an einer Maschine⟩
capture *f* Auffangen *n*, Einfangen *n*; Einfang *m*
  c. électronique Elektroneneinfang *m*
  c. K K-Einfang *m*
  c. de neutrons Neutroneneinfang *m*
  c. du poisson Fischfang *m*
  c. radiative Strahlungseinfang *m*
  c. de (par) résonance Resonanzeinfang *m*
capturer fangen ⟨z. B. Fisch⟩
capuchon *m* de visée Lichtschacht *m*
car *m* Reisebus *m*; Omnibus *m* ⟨s. a. autocar⟩
  c. à lingots Blockwagen *m*
  c. de reportage Übertragungswagen *m*
caractère *m* 1. ⟨Math⟩ Charakter *m*; Kriterium *n*; 2. ⟨Dat⟩ Zeichen *n*, Symbol *n*; 3. ⟨Typ⟩ Schrift *f*; Type *f*, Letter *f*
  c. admissible zulässiges Symbol *n*
  c. pour affiches Plakatschrift *f*
  c. allemand Fraktur *f*
  c. alphanumérique alphanumerisches Zeichen *n*
  c. antique Grotesk *f*, serifenlose Linearantiqua *f*
  c. à coller Buchstabe *m* zum Kleben
  c. de composition à la main Handsatztype *f*
  c. de contrôle d'erreur(s) Fehlerkontrollzeichen *n*
  c. de correction d'erreur(s) Fehlerkorrekturzeichen *n*
  c. didot klassizistische Antiqua *f*
  c. écrasé abgequetschte Schrift *f*
  c. elzévir klassische (ältere) Antiqua *f*
  c. à empreindre Prägeschrift *f*
  c. fantaisie Künstlerschrift *f*
  c. de fin de bloc Blockendezeichen *n*
  c. de fin de parole Wortendezeichen *n*
  c. gothique Textur[a] *f*
  c. à ignorer Leerzeichen *n*
  c. de labeur Brotschrift *f*
  c. de machine à écrire Schreibmaschinenschrift *f*
  c. mi-gras halbfette Schrift *f*
  c. de la renaissance Renaissanceantiqua *f*

caractères

caractères *mpl*:
  c. de convergence Konvergenzkriterien *npl*
  c. de divisibilité Teilbarkeitsregeln *fpl*
  c. d'édition Buchschrift *f*
  c. gras Fettdruck *m*
  c. d'imprimerie Druckschrift *f*
  c. travaux de ville Akzidenzschriften *fpl*
caractéristique charakteristisch
caractéristique *f* Charakteristik *f*; Kennlinie *f*, Verlauf *m*; Kennziffer *f* ⟨eines Logarithmus⟩; Kenngröße *f*
  c. affaiblissement/fréquence frequenzabhängige Dämpfung *f*
  c. d'amplitude Frequenzgang *m* der Amplitude
  c. en charge Belastungskennlinie *f*
  c. circuit ouvert Leerlaufkennlinie *f*, Leerlaufcharakteristik *f*
  c. couple-vitesse Drehmoment-Drehzahl-Kennlinie *f*
  c. en courant réactif Belastungskennlinie *f* für reine Blindlast
  c. en court-circuit Kurzschlußkennlinie *f*
  c. critique de grille Zündkennlinie *f* ⟨Thyratron⟩
  c. de déclenchement Auslösekennlinie *f*
  c. de déclin Abklingcharakteristik *f*
  c. de démarrage Anlaßkennlinie *f*
  c. de détection Gleichrichterkennlinie *f*
  c. de diode Diodenkennlinie *f*
  c. dynamique Arbeitskennlinie *f*, dynamische Kennlinie *f*
  c. du feu Kennung *f* ⟨eines Leuchtfeuers⟩
  c. de fonctionnement Betriebskennlinie *f*
  c. à forte pente steile Kennlinie *f*
  c. de fréquence Frequenzlinie *f*
  c. de grille à potentiel anodique constant Gitterstromkennlinie *f*
  c. grille-plaque Gitterspannungs-Anodenstrom-Kennlinie *f*
  c. de l'hélice Propellerkennlinie *f*
  c. de marche à vide Leerlaufkennlinie *f*
  c. de modulation Modulationskennlinie *f*
  c. du moteur Motorkennlinie *f*
  c. naturelle Eigenkennlinie *f*
  c. du niveau Pegelkennlinie *f*
  c. non linéaire nichtlineare Kennlinie *f*
  c. de palier (plateau) Plateaucharakteristik *f*, Zählrohrkennlinie *f*, Zählrohrcharakteristik *f*
  c. de rayonnement Strahlungscharakteristik *f*
  c. de réglage Regelkennlinie *f*
  c. de réponse harmonique Frequenzgangcharakteristik *f*; harmonische Frequenzcharakteristik *f*
  c. de saturation Sättigungskurve *f*
  c. de sélection Schutzkennlinie *f* ⟨Relais⟩
  c. série Hauptschlußverhalten *n*, Reihenschlußverhalten *n*
  c. shunt Nebenschlußverhalten *n*
  c. spectrale Spektralcharakteristik *f*
  c. statique statische Kennlinie *f*
  c. technique Gebrauchseigenschaft *f*
  c. tombante fallende Kennlinie *f*
  c. de tube Röhrenkennlinie *f*
  c. à vide Leerlaufkennlinie *f*
  c. de vitesse Drehzahlkennlinie *f*
caractéristiques *fpl*:
  c. de démarrage Anlaßdaten *pl*
  c. de fonctionnement Betriebsdaten *pl*
  c. de tube Röhrenkennwerte *mpl*
carat *m* (métrique) Karat *n*
caravane *f* Campinganhänger *m*
carbamate *m* Karbamat *n*
carbamide *m* (*f*) s. urée
carbazole *m* Karbazol *n*
carbènes *mpl* Karbene *npl*, Methylene *npl*
carboglace *f* Kohlensäureschnee *m*
carbonatation *f* Karbonatbildung *f*; Karbonisierung *f*; Saturation *f* ⟨Zuckerherstellung⟩
  c. en excès Überkarbonisierung *f*
carbonate *m* Karbonat *n*
  c. d'ammonium Ammoniumkarbonat *n*
  c. de baryum Bariumkarbonat *n*
  c. de calcium Kalziumkarbonat *n*
  c. de fer Eisenkarbonat *n*
  c. de magnésium Magnesiumkarbonat *n*
  c. de potassium Kaliumkarbonat *n*, Pottasche *f*
  c. de sodium Natriumkarbonat *n*
  c. de soude Soda *f*
carbonater karbonisieren
carbone *m* Kohlenstoff *m*
  c. amorphe amorpher Kohlenstoff *m*
  c. en graphite Graphitkohlenstoff *m*
  c. de recuit Temperkohle *f*
carboné kohlenstoffhaltig
carbonifère *m* Karbon *n*
carbonique kohlensauer
carbonisage *m* Karbonisation *f*; Karbonisieren *n*
carbonisation *f* Karbonisierung *f*; Karbonisation *f*, Verkohlung *f*, Verkokung *f*; Inkohlung *f*

c. à basse température Schwelen n
c. de bois Holzverkohlung f
c. des contacts Verschmoren n der Kontakte
c. à distillation Retortenverkohlung f
c. au mouillé Naßkarbonisation f, Naßverbrennung f
carboniser karbonisieren, verkohlen, verkoken, verschwelen; verschmoren ⟨von Kontakten⟩
carboniseuse f Karbonisiermaschine f
carbonitruration f Karbonitrieren n
carbonitrurer karbonitrieren
carbonylage m Karbonylierung f
carbonyle m Karbonyl n
carborundum m Karborund[um] n
carboxyle m Karboxyl[gruppe f] n
carboxyméthylcellulose f Karboxymethylzellulose f
carburant m 1. ⟨Kfz⟩ Brennstoff m; Treibstoff m, Kraftstoff m ⟨s. a. combustible⟩; 2. ⟨Met⟩ Einsatzmittel n
c. **antidétonant** klopffester Kraftstoff m
c. **éthylique** Äthylkraftstoff m, Bleitetraäthylkraftstoff m
c. **de plomb** verbleiter Kraftstoff m
carburateur m Vergaser m
c. **downdraft** Fallstromvergaser m
c. **horizontal** Horizontalvergaser m, Flachstromvergaser m
c. **inversé** Fallstromvergaser m
c. **normal** Steigstromvergaser m, Aufstromvergaser m
c. **à plusieurs corps** Mehrkammervergaser m
c. **updraft** s. c. normal
carburation f Karburierung f, Aufkohlung f
c. **en caisse** Kastenaufkohlung f
carbure m 1. Karbid n, Kohlenstoffverbindung f; 2. Sinterhartmetall n, Hartmetall n
c. **aggloméré** Sinterhartmetall n, Hartmetall n
c. **d'aluminium** Aluminiumkarbid n
c. **de bore** Borkarbid n
c. **de calcium** Karbid n, Kalziumkarbid n
c. **cémenté** Sinterkarbid n
c. **de fer** Eisenkarbid n
c. **fritté** s. c. aggloméré
c. **d'hydrogène** Kohlenwasserstoff m
c. **métallique** Metallkarbid n; Hartmetall n
c. **de silicium** Siliziumkarbid n
c. **de tungstène** Wolframkarbid n
carburer mit Karbiden legieren, karburieren, aufkohlen

carcaise f Wärmofen m
c. **de recuisson** Herdkühlofen m
carcasse f 1. Karkasse f; 2. Gehäuse n ⟨s. a. boîte, carter⟩
c. **de bobine** Spulenkörper m
c. **de four** Ofengefäß n
c. **métallique** Stahlkordkarkasse f; Stahlgerüst n
c. **de moteur** Motorgehäuse n
c. **de poche** Pfannengehäuse n
c. **polaire** Polgehäuse n
c. **de turbine** Turbinengehäuse n
carcinogène s. cancérigène
carcinotron m Rückwärtswellenröhre f
cardage m Krempeln n, Kardieren n
cardan m Kardangelenk n, Kreuzgelenk n
carde f Krempel f, Karde f
c. **briseuse** Reißkrempel f
c. **à chapeaux [marchants]**, c. **à chapelet** Wanderdeckelkarde f
c. **à hérisson[s]** Walzenkrempel f
c. **en tandem** Tandemkarde f
car-deck m Autodeck n, Wagendeck n
carde-fileuse f Feinkrempel f, Vorspinnkrempel f, Spinnkrempel f
carder krempeln, kardieren
carderie f Karderie f, Kardierraum m
cardiogramme m Kardiogramm n
cardiographe m Kardiograf m
cardioïde f Herzkurve f, Kardioide f
cardiomètre m Kardiometer n
carénage m 1. Verkleidung f, Stromlinienverkleidung f; 2. Überholung f des Unterwasserschiffes
c. **de raccordement** Verkleidungsübergang m
c. **train** Fahrwerksverkleidung f
carène f 1. Unterwasserschiff n; Unterwasserteil m des Schiffskörpers; 2. ⟨Flg⟩ stromlinienförmiger Rumpf m; 3. Spindel f ⟨eines Aräometers⟩
caréné stromlinienförmig, Stromlinien-, windschlüpfig
caréner 1. stromlinienförmig verkleiden; 2. das Unterwasserschiff überholen; Dockung durchführen ⟨zur Überholung des Unterwasserschiffes⟩
carentenier m Bändsel n
caret m Garn n
car-ferry m Autofährschiff n, Wagenfährschiff n
cargaison f Fracht f, Ladung f ⟨s. a. chargement; marchandise⟩
c. **de blé** Getreideladung f, Kornladung f
c. **de bois en pontée** Holzdecksladung f
c. **lourde** Schwergutladung f

cargaison

c. de minerai Erzladung f
c. de poisson Fischladung f
c. sèche Trockenfracht f, Trockenladung f
c. en vrac Bulkladung f, Massengutladung f, Schüttgutladung f
cargneule f Rauhwacke f
cargo m Frachter m, Frachtschiff n ⟨s. a. navire, transporteur⟩
c. aérien Transportflugzeug n
c. courant à tout Allroundfrachtschiff n
c. full-container, c. intégral à containers Vollcontainerschiff n
c. de ligne Linienfrachtschiff n
c. long-courrier Langstreckentransportflugzeug n
c. mixte Fracht-Fahrgast-Schiff n, Kombischiff n
c. ordinaire Stückgutfrachtschiff n, Universalfrachtschiff n
c. paragraphe Paragraphenschiff n
c. polytherme Mehrzweckkühlschiff n
c. polyvalent Mehrzweckfrachtschiff n
c. rapide Schnellfrachter m
c. réfrigéré Kühlfrachtschiff n
c. roll-on/roll-off Roll-on/Roll-off-Schiff n
c. à shelter-deck fermé geschlossener Schutzdecker m, Volldecker m
c. à shelter-deck ouvert offener Schutzdecker m
c. spécialisé Spezialfrachtschiff n
c. du type Lash Leichterschiff n, Schutenträgerschiff n
cargo-boat m Frachter m, Frachtschiff n ⟨s. a. cargo⟩
carlingue f 1. Kielschwein n ⟨Einfachboden⟩; Längsträger m ⟨Doppelboden⟩; 2. ⟨Flg⟩ Führersitz m, Kanzel f
c. centrale Mittelkielschwein n ⟨Einfachboden⟩; Mittel(längs)träger m ⟨Doppelboden⟩; Innenkiel m
c. latérale Seitenkielschwein n ⟨Einfachboden⟩; Seiten(längs)träger m ⟨Doppelboden⟩
carmin m Karmin n
carminé karminrot
carnallite f Karnallit m
carneau m Rauchkanal m, Rauchrohr n, Rauchfang m; Heizzug m
c. d'air Windleitung f ⟨SM-Ofen⟩
c. de chauffage Ofenzug m, Feuerzug m; Flammrohr n, Zug m ⟨Kessel⟩
c. de cheminée Essenkanal m
c. d'évacuation des fumées Abgaskanal m
c. de fumées Rauchkanal m

c. à gaz Gasabzug m
c. à gaz brut Rohgasabzug m
c. de gaz de chauffage Heizgaskanal m
c. de raccordement Verbindungskanal m
carnet m:
c. d'aérage ⟨Brg⟩ Rösche f
c. de commandes Auftragsbuch n
carotène m Karotin n
carottage m Kernbohren n; Kernbohrung f, Kerngewinnung f, Kernziehen n; Bohrlochuntersuchung f
c. au diamant Diamantkernbohren n
c. électrique elektrische Bohrlochuntersuchung f, elektrisches Kernen n
c. par neutrons et rayons gamma Neutronen-Gamma-Karottage f
c. radio-actif Bohrlochuntersuchung f mittels Kernstrahlung
carotte f Kern m, Bohrkern m; Anguß (-kegel) m
c. de sondage Bohrkern m
carotter Bohrlochproben nehmen, kernbohren
carotteur m Bohrlochprobenehmer m
carottier m Bodenprobenahmegerät n
c. double Doppelkernbohrapparat m, Doppelkernrohr n
carrare m Carraramarmor m
carré quadratisch; viereckig; vierkantig, Vierkant-
carré m 1. Quadrat n, Viereck n, Vierkant m; ⟨Papierformat von ungefähr 0,45 m × 0,56 m⟩; 2. ⟨Schiff⟩ Messe f
c. en acier Vierkantstahl m
c. éloigné äußeres Einfahrtsignal n
c. d'entrainement Mitnehmerstangeneinsatz m
c. des erreurs Fehlerquaarat n
c. moyen de la distance mittlerer quadratischer Abstand m
carreau m 1. Viereck n; 2. Fliese f, Platte f; Scheibe f; Kachel f, Verblendstein m; 3. ⟨Schiff⟩ Schergang m; à carreaux kariert
c. d'argile Tonfliese f, Tonplatte f
c. d'asphalte Asphaltfliese f, Asphaltplatte f
c. céramique keramische Platte f
c. de ciment Zementplatte f
c. dépoli Mattglasscheibe f
c. de faïence Kachel f
c. glacé Ofenkachel f, Kachel f
c. de grès Steinzeugplatte f, keramische Fliese f
c. de mine Grubengelände n
c. de pavement Bodenfliese f

c. de revêtement Wandfliese f
c. de verre Glasscheibe f; Glasfliese f
carrelage m 1. Plattenlegen n; 2. Fliesenbelag m, Plattenbelag m
carreler einen Plattenbelag aufbringen, belegen ⟨mit Fliesen, Kacheln⟩
carrelet m Hebenetz n, Senknetz n
carrer quadrieren
carreur m Glasbläser m
carrier m 1. Steinbrucharbeiter m; 2. ⟨Text⟩ Carrier m, Färbebeschleuniger m
carrière f Steinbruch m
c. d'ardoise Schiefergrube f
c. de pierre à chaux Kalksteinbruch m
c. de terre à porcelaine Kaolingrube f
carrossage m Radsturz m
carrosser karossieren; Radsturz geben
carrosserie f Karosse(rie) f
c. autoporteuse selbsttragende Karosserie f
c. métallique Metallkarosserie f
c. en plastique Plastkarosserie f
c. en ponton Pontonkarosserie f
carrousel m Kreisförderer m
c. aérien Hängekreisförderer m
c. à plateaux Plattenkreisförderer m
cartahu m **(de levage)** Ladeläufer m, Lastseil n
carte f Karte f
c. à bords perforés Randlochkarte f
c. de commande Befehlskarte f
c. composite zusammengesetzte Karte f ⟨Meteorologie⟩
c. à compte Buchungskarte f, Kontokarte f
c. de convergence Mächtigkeitskarte f
c. des couleurs Farb[en]karte f
c. des courants Stromkarte f ⟨Meeresströmung⟩
c. d'échantillonnage Musterkarte f
c. entaillée Kerblochkarte f
c. d'en-tête Kopfkarte f
c. d'entrée Eingabekarte f
c. de fermeture Schlußkarte f
c. gravimétrique régionale Karte f der regionalen Schwere
c. initiale Anfangskarte f
c. instruction Befehlskarte f
c. d'isobares Isobarenkarte f
c. d'isohypses Karte f konstanten Druckes ⟨Meteorologie⟩
c. isopaque Isopachenkarte f
c. magnétique Magnetkarte f
c. maîtresse Leitkarte f
c. marine Seekarte f
c. de pêche Fischereikarte f

c. à perforation marginale Lochbandkarte f
c. perforée Lochkarte f
c. perforée en marge Lochbandkarte f
c. à projection Mercator Mercatorkarte f ⟨Seekarte⟩
c. de reconnaissances minières Flözkarte f
c. structurale Strukturkarte f
c. synoptique du temps synoptische Wetterkarte f
c. de transfert Übergangskarte f
carte-adresse f Adressenkarte f
carte-guide f Leitkarte f
carte-programme f Programmkarte f
carter m Gehäuse n, Getriebegehäuse n; Gestell n; Ölwanne f; Kettenschutz m
c. d'admission d'air Einlaufdiffusor m; Lufteintrittsgehäuse n
c. de boîte d'engrenages Getriebegehäuse n, Getriebekasten m
c. de chaîne Kettenkasten m
c. de la croix de Malte Malteserkreuzgehäuse f
c. d'embrayage Kupplungsgehäuse n
c. d'engrenages Zahnradgetriebegehäuse n, Getriebegehäuse n, Getriebekasten m
c. d'huile Ölwanne f
c. de manivelle Kurbelgehäuse n
c. de moteur Motorgehäuse n
c. de pont arrière Hinterachsgehäuse n
c. de protection Schutzkasten m
c. spiral Spiralgehäuse n
c. de vilebrequin Kurbelgehäuse n
c. de vis sans fin Schneckengehäuse n
cartésien kartesisch
carte-suite f Folgekarte f
cartographie f Kartografie f; Kartenzeichnen n
cartographique kartografisch
carton m Pappe f; Karton m, Pappschachtel f; ⟨Typ⟩ Viertelbogen m
c. d'amiante Asbestpappe f
c. bakélisé Hartpappe f
c. bitumé Bitumendachpappe f, Dachpappe f
c. pour cartothèques Kartothekkarton m
c. couché Kunstdruckkarton m
c. goudronné Teerpappe f
c. isolant Isolierpappe f
carton-filtre m Filterpappe f
carton-ivoire m Elfenbeinkarton m
cartonnage m Kartonage f
cartonner kartonieren
cartothèque f Karteiregister n
cartouche f Patrone f

cartouche 116

c. d'appareil respiratoire Atmungspatrone f
c. à blanc Platzpatrone f
c. de chauffage Heizpatrone f
c. de combustible Brennelementenkassette f
c. explosive Sprengkörper m
c. du filtre Filtereinsatz m, Filterpatrone f
c. de secours Hilfspatrone f
cas m:
c. d'avarie Havariefall m
c. de charge Lastfall m
c. de la charge du poids propre Lastfall m Eigengewicht
c. ultra-relativiste relativistischer Grenzfall m
c. de vol sur le dos Rückenfluglastfall m
cascade f Kaskade f; en c. treppenförmig, Kaskaden-
c. d'électrons Elektronenkaskade f
c. nucléonique Nukleonenkaskade f
cascode m Kaskodenverstärker m
caséine f Kasein n
casette f Form f aus Schamotte
casier m 1. Regal n ⟨mit Fächern⟩; 2. Reuse f ⟨für Weich- und Schalentiere⟩
c. à billets Fahrkartenschrank m
c. de réception Ablegekasten m
casque m Helm m; Trockenhaube f
c. antichoc Sturzhelm m
c. téléphonique Kopfhörer m
cassant zerbrechlich, spröde, brüchig
c. à chaud warmbrüchig
c. à froid kaltbrüchig
casse f 1. Bruch m; 2. Setzkasten m
c. à blancs, c. d'espaces Ausschlußkasten m
c. de fil Fadenbruch m
c. à interlignes Durchschußregal n
c. de teinture Kochfalte f
casse-chaîne m Kettfadenwächter m
casse-fil m Fadenbruchvorrichtung f
c. de chaîne Kettfadenwächter m
c. de trame Schuß(faden)wächter m
casse-lingots m Blockbrecher m
casse-pierres m Steinbrecher m
casser les angles Kanten brechen
casserole f 1. Kasserolle f, Tiegel m; 2. Projektor m ⟨Theater⟩
c. d'hélice Luftschraubenhaube f
cassetin m Fach n ⟨im Setzkasten⟩
casse-trame m Schuß(faden)wächter m
cassette f à plaques Plattenkassette f
casseur m de gueuses Masselbrecher m
cassis m Querrinne f

cassitérite f Kassiterit m
cassure f Riß m; Bruch m ⟨s. a. rupture⟩; Bruchspalte f
c. d'affaissement Setzriß m
c. à chaud Rotbruch m
c. conchoïdale musch(e)liger Bruch m
c. cristalline kristallinischer Bruch m
c. ductile Verformungsbruch m
c. de fatigue Ermüdungsbruch m
c. de film Filmriß m
c. à grains fins feinkörniger Bruch m
c. grenue körniger Bruch m
c. à gros grains grobkörniger Bruch m
c. des plis Kordgewebebruch m
c. du talon Wulstbruch m
c. de toit Hangendriß m
c. à la torsion Verdrehungsbruch m
c. en vol Stripping(prozeß m) n, Strippingreaktion f, Abstreifreaktion f
castine f Kalkzuschlag m, Kalkstein m
cataclase f ⟨Geol⟩ Kataklase f
cataclastique kataklastisch
catacoustique f Schallbrechungslehre f
catadioptre m Rückstrahler m
catalase f ⟨Ch⟩ Katalase f
catalogue m Prospekt m, Katalog m, Werbeschrift f
c. de caractères Schriftprobe f
c. d'instructions Befehlsliste f
catalyse f Katalyse f
c. hétérogène heterogene Katalyse f
c. homogène homogene Katalyse f
c. de surface Oberflächenkatalyse f
catalyser katalysieren
catalyseur m Katalysator m, Kontaktstoff m
c. d'alcoylation Alkylierungskatalysator m
c. de décomposition Zersetzungskatalysator m
c. métallique metallischer Katalysator m
c. de métaux lourds Schwermetallkatalysator m
c. minéral anorganischer Katalysator m
c. négatif negativer Katalysator m
catalytique katalytisch
catamaran m Katamaran m
cataphonique s. catacoustique
cataphorétique kataphoretisch
catapultage m Katapultieren n
catapulte f Katapult m (n), Schleuder f
catapulter katapultieren ⟨von Flugzeugen⟩
cataracte m à huile (hydraulischer) Stoßdämpfer m
catastrophe f ultraviolette Ultraviolettkatastrophe f

catégorie f Kategorie f
  c. **de bâtiment** Bauklasse f
  c. **du train** Zuggattung f
caténaire kettenlinienförmig
caténaire f 1. ⟨Math⟩ Kettenlinie f; 2. ⟨Eb⟩ Fahrleitung f
  c. **double** Doppelfahrleitung f
  c. **polygonale** Zickzackfahrleitung f
  c. **simple** Einfachfahrleitung f
caténoïde f Kettenfläche f, Katenoid n
cathétomètre m Kathetometer n, Ablesefernrohr n
cathode f Katode f
  c. **à bain de mercure** Quecksilberkatode f
  c. **chaude** Glühkatode f
  c. **à chauffage direct** direkt geheizte Katode f
  c. **à chauffage indirect** indirekt geheizte Katode f
  c. **chauffée** Glühkatode f
  c. **équipotentielle** Äquipotentialkatode f
  c. **froide** kalte Katode f, Kaltkatode f
  c. **à incandescence, c. incandescente** Glühkatode f
  c. **liquide** flüssige Katode f
  c. **à (au) mercure** Quecksilberkatode f
  c. **à oxyde** Oxidkatode f
  c. **à oxyde de barium** Bariumoxidkatode f
  c. **plane** Flachkatode f
  c. **virtuelle** virtuelle (scheinbare) Katode f
cathodique katodisch
cathodoluminescence f Katodolumineszenz f
cathodyne m Katodenverstärker m, Katodenfolger m
catholyte m Katolyt m, Katodenflüssigkeit f
cathoscope m Fernsehbildröhre f
cati m Preßglanz m
cation m Kation n
catir glanzpressen
catissage m Glanzpressen n
catoptrique f Katoptrik f
causal kausal
causalité f Kausalität f
cause f **d'erreur** Fehlerursache f
causticité f Ätzkraft f, Ätzwirkung f
caustification f Kaustifizierung f
caustique ätzend, Ätz-
caustique m Beize f, Beizmittel n
caustique f Kaustik f
cautère m Ätzmittel n
cavage m Abtragung f

cavalier m Reiter m ⟨Waage⟩
  c. **pour fichiers** Karteireiter m
  c. **de tabulateur** Tabulatorreiter m
cavaliers mpl Lamellen fpl ⟨Weberei⟩
cave f Keller(raum) m, Kellergewölbe n
  c. **de fermentation** Gärkeller m
caver aushöhlen; ausbaggern
caverne f Kaverne f; Höhle f
  c. **karstique** Karsthöhle f
caverneux blasig; kavernös
cavet m Hohlkehle f
cavitation f Hohlraumbildung f, Kavitation f
cavité f Hohlraum m; Hohlkammer f
  c. **d'alimentation** Füllraum m
  c. **de moule** Hohlraum m der Form
  c. **de retrait** Schwindhohlraum m
cédage m Durchbiegung f
ceinture f 1. Bund m; Ring m; Taille f; Gürtel m; 2. ⟨Kfz⟩ Lampenring m
  c. **de convertisseur** Konverterring m
  c. **de coque (défense)** Scheuerleiste f
  c. **fer plat** Sattelplatte f ⟨Stapellauf⟩
  c. **principale** s. conduite principale
  c. **de sauvetage** Rettungsring m
  c. **de sécurité** Anschnallgurt m, Sicherheitsgurt m
  c. **de verdure, c. verte** Grüngürtel m
célérité f Geschwindigkeit f
  c. **de la lumière** Lichtgeschwindigkeit f
  c. **du son** Schallgeschwindigkeit f
cellophane f Zellophan n
cellulaire zellenförmig, Zellen-; porenförmig, Poren-
cellule f Zelle f ⟨s. a. maille⟩
  c. **anodique** Anodenzelle f
  c. **à auge** Trogzelle f
  c. **d'avion** Flugwerk n; Zelle f
  c. **de Barth** Barth-Zelle f
  c. **à basse tension** Niederspannungszelle f
  c. **binaire** Binärzelle f
  c. **bipolaire** bipolare Zelle f
  c. **du bois** Holzzelle f
  c. **chaude** heiße Zelle f
  c. **à chlorate** Chloratzelle f
  c. **à couche d'arrêt** Sperrschichtfotozelle f
  c. **de départ** Ausspeisungszelle f
  c. **à diaphragme** Diaphragmenzelle f
  c. **à double face** zweiseitige Schaltzelle f
  c. **dynamométrique** Kraftmeßdose f
  c. **d'électrolyse** Elektrolysenzelle f
  c. **électrolytique** elektrolytisches Bad n, Elektrolysebad n, galvanisches Bad n, Galvanisierbad n, Elektrolyseur m
  c. **élémentaire** Elementarzelle f

cellule

c. de flottation Flotationszelle f
c. à fluor(ure) Fluorzelle f
c. de Griesheim Griesheimer Zelle f
c. à grille ondulée Wellrostzelle f
c. de haute activité heiße Zelle f
c. à haute tension Hochspannungszelle f
c. Hooker Hooker-Zelle f
c. de Kerr Kerr-Zelle f
c. mémoire Speicherzelle f
c. de mesure d'humidité Feuchtigkeitsgeber m; Taupunktzelle f
c. Penning Penning-Meßröhre f
c. photoconductrice Fotowiderstand(s-zelle f) m, Fotozelle f mit innerem lichtelektrischen Effekt
c. photo-électrique Fotozelle f, fotoelektrische Zelle f
c. photo-électrique au césium Zäsium[foto]zelle f
c. photo-électrique à couche de barrage Sperrschichtfotozelle f
c. photo-électrique à gaz rare Edelgas[foto]zelle f
c. photo-électrique au germanium Germanium[foto]zelle f
c. photo-électrique incorporée eingebauter Belichtungsmesser m
c. photo-électrique à métal alcalin Alkalimetall[foto]zelle f
c. photo-électrique au sélénium Selen[foto]zelle f
c. photo-électrique semi-conductrice Halbleiterfotoelement m
c. photo-électrique à vide Vakuumfotozelle f
c. photo-émissive Fotoemissionszelle f, Fotozelle f mit äußerem lichtelektrischem Effekt
c. photorésistante Fotowiderstand(s-zelle f) m, Widerstandszelle f
c. photovoltaïque Sperrschichtfotozelle f
c. Pirani Pirani-Meßröhre f
c. préfabriquée Schaltzelle f in Regelbauweise
c. du réacteur Reaktorzelle f
c. redresseuse Gleichrichterzelle f
c. au sélénium Selenzelle f
c. solaire Solarzelle f, Sonnenbatterie f, Sonnenzelle f
c. en treillis Gittersilo n
c. vivante lebende Zelle f
cellules fpl **des trachéides** Tracheidenzellwände fpl
celluleux zellig
celluloïd m Zelluloid n
cellulose f Zellulose f; Zellstoff m

c. blanchie gebleichter Zellstoff m
c. de bois Holzzellstoff m
c. chimique chemischer Ganzzellstoff m
c. régénérée regenerierte Zellulose f
c. au sulfite Sulfitzellstoff m
cellulosique Zellulose-; zellulosehaltig
cellulosique m Zelluloseverbindung f, Plast m auf Zellulosebasis
celtium m Hafnium n
cément m Einsatzmittel n ⟨Härten⟩
c. gazeux gasförmiges Einsatzmittel n
c. granulé pulverförmiges Einsatzmittel n, Einsatzpulver n, Härtepulver n
c. liquide flüssiges Einsatzmittel n
c. solide festes Einsatzmittel n, Härtepulver n
cement gun m Betonspritzmaschine f, Torkretkanone f
cémentation f 1. ⟨Met⟩ Einsatzhärtung f, Zementierung f, Aufkohlung f; Aufbringen n einer Schutzschicht (z. B. galvanisch); 2. Beizen n, Lasieren n; Lasur f
c. par l'azote Nitrierhärtung f
c. en bain du sel s. c. au sel
c. en caisse Einsatzhärten n in festem Einsatzmittel
c. à cœur Durchhärten n
c. électrolytique elektrolytisches Einsatzhärten n
c. au gaz, c. gazeuse Einsatzhärten n in gasförmigem Einsatzmittel, Gaseinsatzhärten n, Gasaufkohlen n
c. liquide Einsatzhärten n in flüssigem Einsatzmittel, Badhärtung f
c. en milieu solide, c. à la poudre s. c. solide
c. au sel Einsatzhärten n im Salzbad
c. solide Einsatzhärten n in festem Einsatzmittel, Pulveraufkohlen n
c. superficielle Oberflächeneinsatzhärten n
cémenter 1. kleben; verbinden; kitten; 2. einsatzhärten, aufkohlen
cémentite f Zementit m
cendre f Asche f; Staub m
c. de bois Holzasche f
c. de plantes Pflanzenasche f
c. volante Flugasche f
c. volcanique vulkanische Asche f
cendrer äschern
cendres fpl:
c. des houilles Kohlenasche f
c. de pyrite Pyritabbrand m
c. radio-actives radioaktive Asche f, radioaktiver Abfall m
cendreux aschfleckig
cendrier m Asch[e]behälter m

cendrure f ⟨Met⟩ blinde Stelle f ⟨auf poliertem schlackenhaltigem Stahl⟩
centigrade m ⟨Zeichen für ein Grad Temperaturdifferenz der Celsiusskale⟩
centigramme m Zentigramm n
centilitre m Zentiliter n
centimètre m Zentimeter n
  c. carré Quadratzentimeter n
  c. cube Kubikzentimeter n
centrage m Zentrierung f
  c. du faisceau Strahlzentrierung f
  c. optique optische Zentrierung f
central mittig, auf Mitte; zentral; Mittel-
central m Vermittlung(sstelle] f, Amt n ⟨s. a. bureau; centre⟩
  c. automatique Selbstanschlußamt n
  c. interurbain Fernamt n
  c. interurbain à sélection automatique Selbstwählfernamt n
  c. de liaison Verbundamt n
  c. principal Hauptzentrale f, Hauptamt n
  c. de répétition Verstärkeramt n
  c. télégraphique Telegrafenamt n
  c. téléphonique Telefonzentrale f, Fernsprechvermittlung f
  c. urbain Ortsamt n
  c. à volets Fallklappenschrank m
centrale f Zentrale f; Kraftwerk n; zentrale Anlage f
  c. atomique Atomkraftwerk n
  c. d'autoproducteur industriel Industriekraftwerk n
  c. à béton Betonmischanlage f
  c. caverne Kavernenkraftwerk n
  c. à charbon Steinkohlenkraftwerk n
  c. de chauffage Heizkraftwerk n
  c. de climatisation (conditionnement d'air) Klimazentrale f
  c. d'électricité, c. électrique Elektrizitätswerk n
  c. d'exploitation Betriebswarte f
  c. à grande puissance Großkraftwerk n
  c. héliothermique Sonnenkraftwerk n
  c. horaire micro-quartz Quarzmutteruhr f
  c. hydraulique (hydro-électrique) Wasserkraftwerk n
  c. marémotrice Gezeitenkraftwerk n
  c. minière Zechenkraftwerk n
  c. nucléaire Kernkraftwerk n
  c. de pointe Spitzenkraftwerk n
  c. thermique Dampfkraftwerk n; Wärmekraftwerk n
  c. thermique de base Grundlastwärmekraftwerk n
  c. à vapeur Dampfkraftwerk n
centre m 1. Mitte(lpunkt m] f, Zentrum n; 2. ⟨Masch⟩ Spitze f; Punkt m; 3. Mittelgrund m; 4. Vermittlung(sstelle] ⟨s. a. central⟩; **sans centres** spitzenlos ⟨Schleifen⟩
  c. d'action Druckzentrum n ⟨Meteorologie⟩
  c. d'aviation Flugstützpunkt m
  c. de calcul Rechenzentrum n, Rechenstation f
  c. de carène Formschwerpunkt m, Verdrängungsschwerpunkt m, Formmittelpunkt m, Verdrängungsmittelpunkt m; Auftriebsschwerpunkt m
  c. de la circulation aérienne Flugsicherungskontrollzentrale f, FS-Kontrollzentrale f
  c. de contrôle Kontrollzentrum n
  c. de coordination de sauvetage Suchleitzentrale f
  c. de couleur Farbzentrum n
  c. de courbure Krümmungsmittelpunkt m
  c. de dépouillement des données Datenauswertungszentrale f
  c. d'émission Emissionszentrum n
  c. éruptif (d'éruption) Eruptionszentrum n, Ausbruchstelle f
  c. d'explosion Explosionsherd m
  c. ferroviaire Eisenbahnknotenpunkt m
  c. de la force ascensionnelle totale Auftriebsmittelpunkt m
  c. de gravité Schwerpunkt m, Massenmittelpunkt m
  c. de gravité de l'exploitation Abbauschwerpunkt m
  c. de gravité spectral Spektralschwerpunkt m
  c. d'information de vol Flugsicherungsinformationszentrum n, FS-Informationszentrale f
  c. instantané (de rotation) momentanes Drehzentrum n
  c. d'inversion Inversionszentrum n
  c. de masse Massenmittelpunkt m, Massenschwerpunkt m, Schwerpunkt m
  c. optique optischer Mittelpunkt m
  c. d'oscillation Schwingungsmittelpunkt m
  c. de poussée Auftriebszentrum n; Antriebsmittelpunkt m; Indifferenzpunkt m; aerodynamischer Mittelpunkt m; Druckpunkt m
  c. de pression Druck(mittel]punkt m, Druckzentrum n
  c. (de) radio Funkhaus n
  c. de réglage Regelungsort m
  c. de rotation Drehpunkt m
  c. de roue Radscheibe f

centre 120

    c. de symétrie Symmetriezentrum *n*
    c. de téléscription, c. télex Fernschreibvermittlung *f*
    c. de traitement des données Datenverarbeitungszentrum *n*
    c. de transit Durchgangsvermittlung *f*
    c. urbain Stadtzentrum *n*
    c. de volume de la coque Formmittelpunkt *m*, Verdrängungsmittelpunkt *m*
centré mittig; raumzentriert
centrer zentrieren; zentrierbohren; einmitten
centrifugage *m*, **centrifugation** *f* Zentrifugieren *n*, Zentrifugierung *f*, Schleudern *n*
centrifuge zentrifugal
centrifuger zentrifugieren, schleudern
centrifugeur *m* Trennschleuder *f*, Schleuder *f*; Sandslinger *m*, Sandschleuder *f*, Sandwerfer *m*
    c. à paniers pleins Vollmantelschleuder *f*
centrifugeuse *f* Zentrifuge *f*
    c. à contre-courant Gegenstromzentrifuge *f*
    c. à couteau Schälschleuder *f*
    c. d'extraction Extraktionszentrifuge *f*
    c. à gaz Gaszentrifuge *f*
    c. ionique Ionenzentrifuge *f*
    c. oscillante Schwingschleuder *f*
    c. à poussoir Schubzentrifuge *f*, Schubschleuder *f*
    c. à sécher Trockenzentrifuge *f*
    c. à sel Salzzentrifuge *f*
    c. tamisante Siebzentrifuge *f*
centripète zentripetal
centriscope *m* Zentriskop *n*
céramique keramisch
céramique *f* 1. Keramik *f*, Steinzeug *n*; 2. Tonwarenherstellung *f*; 3. Töpferei *f*
    c. ferro-électrique seignetteelektrische (ferroelektrische) Keramik *f*
    c. fine Feinkeramik *f*
    c. de frittage Sinterkeramik *f*
    c. grosse Grobkeramik *f*
    c. pour hautes fréquences Hochfrequenzkeramik *f*
    c. lourde Grobkeramik *f*
    c. de métal, c. des métaux Metallkeramik *f*
cerclage *m* 1. Bandagieren *n*, Bereifen *n*, Faßbinden *n*; 2. Panzer *m* (eines Hochofens)
cercle *m* 1. Kreis *m*; Kreislinie *f*; Zirkel *m*; 2. Bandage *f*; Reifen *m* ⟨Faß⟩; 3. *s.* bassin
    c. circonscrit Umkreis *m*, unbeschriebener Kreis *m*

    c. de confusion 1. Streukreis *m*; 2. Beugungsscheibchen *n*
    c. de convergence Konvergenzkreis *m*
    c. des couleurs Farb(ton)kreis *m*
    c. de courbure Krümmungskreis *m*
    c. d'évitage Schwoiraum *m* ⟨vor Anker⟩; Wendebecken *n*
    c. exinscrit Ankreis *m*
    c. extérieur Kopfkreis *m* ⟨Zahnrad⟩
    c. de focalisation Fokussierungskreis *m*
    c. de fond des encoches Nutengrundkreis *m*
    c. de gorge Kehlkreis *m*
    c. horizontal Horizontalkreis *m*
    c. inscrit Inkreis *m*, einbeschriebener Kreis *m*
    c. intérieur Fußkreis *m* ⟨Zahnrad⟩
    c. de latitude Breitenkreis *m*, Breitenparallel *m*
    c. oculaire Austrittspupille *f*
    c. de position Positionskreis *m*
    c. primitif Teilkreis *m*, Wälzkreis *m* ⟨Zahnrad⟩
    c. des puissances Potenzkreis *m*
    c. de Rowland Rowlandscher Kreis *m*
    grand c. Großkreis *m*
cercler bandagieren ⟨Blechband um eine Verpackung spannen⟩; bereifen; ummanteln; Fässer binden
cercles *mpl* **de Newton** Newtonsche Ringe *mpl*
cercleuse *f* Verschnürautomat *m*, Verschnürmaschine *f*
céréales *fpl* **en vrac** Schüttgetreide *n*
cérésine *f* Zeresin *n*
cérium *m* Zer(ium) *n*
cermet *m* Kermet *m*, metallkeramischer Werkstoff *m* ⟨oxidkeramischer Werkstoff *m* mit Einlagerung gesinterter Metallbestandteile⟩
certificat *m* Bescheinigung *f*, Zeugnis *n*, Attest *n*, Beglaubigung *f*
    c. d'aptitude professionnelle maritime Seeberufszeugnis *n*
    c. d'arrimage Stauattest *n*
    c. de classification Klasseattest *n*
    c. de dératisation Entrattungsattest *n*
    c. de franc-bord Freibordzeugnis *n*
    c. de jauge Schiffsmeßbrief *m*
cérulignone *f* Blauanilin *n*, Blauöl *n*
céruse *f* Bleiweiß *n*, Karbonatbleiweiß *n*
cerveau *m* **électronique** Elektronengehirn *n*
césium *m* Zäsium *n*
cétane *m* Zetan *n*, Hexadekan *n*
cétène *m* Keten *n*
cétone *f* Keton *n*
cétonique ketonisch

chabotte f Amboßfutter n, Hammerstock m, Schabotte f
chainage m Verankerung f
chaine f 1. Kette f; 2. geordnete Teilfolge f; 3. Transportband n, Förderband n, Fließband n, Montageband n; Meßkette f; **à c. droite** geradkettig
 c. d'action Wirkungskette f
 c. d'analyse multiparamétrique Multiparameteranalysator m
 c. d'ancre Ankerkette f
 c. d'anticipation Vorhaltglied n
 c. antineige Schneekette f
 c. articulée Gelenkkette f, Laschenkette f, Rollenkette f; Bolzenkette f
 c. d'asservissement Rückkopplungskreis m; Regelkreis m
 c. carbonée Kohlenstoffkette f
 c. cinématique kinematische Kette f (Getriebelehre)
 c. de cotes Maßkette f (technisches Zeichnen)
 c. à crochets Hakenkette f
 c. à dents Zahnkette f
 c. de désintégration Zerfallskette f
 c. de dessus (Text) Oberkette f
 c. à deux brins zweisträngige Kette f
 c. de distribution (Kfz) Steuerkette f
 c. à douilles Hülsenkette f
 c. encollée geschlichtete Kette f
 c. d'entrainement Antriebskette f
 c. éponge Florkette f, Polkette f
 c. étançonnée (à étançons) Stegkette f
 c. de fabrication Produktionsstraße f
 c. de filetage Filetierstraße f (Fischverarbeitung)
 c. de fission Spaltungskette f
 c. flottante flottierende Kettfäden mpl
 c. fondamentale Hauptkette f
 c. de force Füllgarn n, Füllkette f
 c. de frein Bremskette f
 c. (de) Gall Gallkette f, Gallsche Kette f, Gallsche Gelenkkette f
 c. à godets Becherkette f; Eimerkette f
 c. de hachage Häckselkette f
 c. de hauteur moyenne Mittelgebirge n
 c. Hi-Fi HiFi-Anlage f
 c. d'information Informationskette f
 c. d'isolateurs Isolatorenkette f
 c. d'isolateurs type alignement Isolatorenkette f für Tragmasten
 c. de laquage Lackierstraße f
 c. latérale Seitenkette f
 c. de levage Hubkette f
 c. de liage (Text) Bindekette f
 c. de machines Maschinenreihe f
 c. à mailles Laschenkette f, Gelenkkette f

 c. de maillons à dessin (Text) Musterkette f
 c. à maillons ronds Rundgliederkette f
 c. de manutention Förderkette f
 c. de mesure Meßkette f
 c. moléculaire Molekülkette f
 c. de montage Fließband n, Taktstraße f; Montagereihe f
 c. de mouillage Ankerkette f
 c. de peinture Lackierlinie f, Lackierreihe f
 c. à picots Breithalter m (Spannrahmen)
 c. de poil Polkette f
 c. porteuse Lastkette f, Tragkette f
 c. de production Fertigungsstraße f, Fertigungskette f, Fertigungslinie f
 c. propre echte Kette f, eigentliche Zeichenfolge f
 c. proton-proton Proton-Proton-Kette f
 c. de quatre articulations viergliedrige kinematische Kette f, Gelenkviereck n (Getriebelehre)
 c. à raclettes Kratzband n, Kratzförderer m, Kratzerkette f
 c. de radar Radarkette f
 c. de réaction Reaktionskette f; Rückkopplungskreis m
 c. de relais de télévision Fernsehrelaiskette f
 c. à rouleaux Rollenkette f, Laschenkette f, Gelenkkette f
 c. supérieure (Text) Oberkette f
 c. à tablier Plattenförderband n
 c. à tourillons d'acier Stahlbolzenkette f
 c. de traitement (transformation) Verarbeitungsstraße f (Fisch)
 c. transporteuse Transportkette f, Förderkette f, Transportband n, Fließband n
 c. d'usinage Verarbeitungskette f, Bearbeitungsreihe f
 c. de velours Polkette f
chainette f Kettenlinie f
chainon m Kettenglied n
chaise f Abstützung f; Balkengerüst n; Zimmerwerk n; Lager n; Stuhl m, Sitz m; Wellenbock m
 c. murale Konsollager n, Wandlager n
 c. suspendue Hängebock m
chaland m Frachtkahn m, Lastkahn m; Prahm m, Schute f; Leichter m
 c. à clapets Klappschute f
 c. pétrolier Tankleichter m, Tankschute f
 c. remorqué Schleppkahn m
 c. verseur s. c. à clapets

chaland-aspirateur *m,* **chaland-suceur** *m* Schutensauger *m,* Saugbagger *m*
chalcopyrite *f* Chalkopyrit *m,* Kupferkies *m*
chaleur *f* Wärme *f,* Hitze *f*
- c. **d'activation** Aktivierungswärme *f*
- c. **de l'arc** Lichtbogenwärme *f*
- c. **atomique** Atomwärme *f*
- c. **blanche** Weißglut *f*
- c. **des buées** Brüdenwärme *f*
- c. **de combustion** Verbrennungswärme *f*
- c. **de compression** Kompressionswärme *f*
- c. **de condensation** Kondensationswärme *f*
- c. **de conversion** Umwandlungswärme *f*
- c. **de cristallisation** Kristallisationswärme *f*
- c. **de décomposition** Zersetzungswärme *f*
- c. **de désintégration radio-active** radioaktive Zerfallswärme *f*
- c. **différentielle de dilution** Differentialverdünnungswärme *f*
- c. **différentielle de solution** Differentiallösungswärme *f*
- c. **de dissipation** Verlustwärme *f*
- c. **de dissipation de courant** Stromwärme *f*
- c. **de dissociation** Dissoziationswärme *f*
- c. **de dissolution** Lösungswärme *f,* Verdünnungswärme *f*
- c. **d'ébullition** Siedehitze *f*
- c. **d'échappement** Abwärme *f,* Abhitze *f*
- c. **d'évaporation** Verdampfungswärme *f*
- c. **de fission** Spaltungswärme *f*
- c. **de formation** Bildungswärme *f*
- c. **de friction (frottement)** Reibungswärme *f*
- c. **de fusion** Schmelzwärme *f;* Einschmelztemperatur *f*
- c. **des gaz d'échappement** Abgaswärme *f*
- c. **d'humidification** Benetzungswärme *f*
- c. **d'hydratation** Hydratationswärme *f*
- c. **Joule** Joulesche Wärme *f*
- c. **latente** latente (gebundene) Wärme *f*
- c. **massique** spezifische Wärme(kapazität) *f*
- c. **mol(écul)aire** Molwärme *f*
- c. **de mouillage** Benetzungswärme *f*
- c. **perdue** *s.* c. d'échappement
- c. **de prise** Abbindewärme *f*
- c. **de réaction** Reaktionswärme *f*
- c. **de recristallisation** Rekristallisationswärme *f*
- c. **de recuit** Glühfrischhitze *f*
- c. **résiduelle** Restwärme *f*
- c. **au rouge** Rotglut *f*
- c. **rouge-sombre** Dunkelrotglut *f*
- c. **de solidification** Erstarrungswärme *f*
- c. **de solution** Lösungswärme *f*
- c. **spécifique** spezifische Wärme *f,* Eigenwärme *f*
- c. **de sublimation** Sublimationswärme *f*
- c. **de transformation** Umwandlungswärme *f*
- c. **de vaporisation** Verdampfungswärme *f*

chaloupe *f* Pinasse *f,* Schaluppe *f* ⟨Großboot⟩
chalumeau *m* Schweißbrenner *m,* Schweißpistole *f,* Brenner *m;* Schneidbrenner *m;* Lötbrenner *m,* Lötrohr *n*
- c. **d'aspiration** Saugbrenner *m*
- c. **de découpage, c. à découper, c. (dé)coupeur** Schneidbrenner *m*
- c. **à gaz** Gasbrenner *m*
- c. **d'oxycoupage** Schneidbrenner *m*
- c. **à (au) plasma** Plasmabrenner *m*
- c. **à pression** Druckbrenner *m*
- c. **de soudage, c. à souder, c. soudeur** Schweißbrenner *m*

chalut *m* Schleppnetz *n;* **sous c.** vor Netz ⟨Fangfahrzeug bei ausgesetztem Netz⟩
- c. **à un bateau** Einschiffschleppnetz *n*
- c. **bœuf (à deux bateaux)** Gespannschleppnetz *n,* Tucknetz *n,* Zweischiffschleppnetz *n*
- c. **électrique** Elektronetz *n*
- c. **flottant** pelagisches Schleppnetz *n,* Schwimmtrawl *n*
- c. **de fond** Grundschleppnetz *n*
- c. **otter-trawl, c. à panneaux** Scherbrettnetz *n*
- c. **pélagique** *s.* c. flottant
- c. **à perche** Baumkurre *f* ⟨Fischnetz⟩
- c. **à plateaux** Scherbrettnetz *n*

chalutable befischbar
chalutage *m* Schleppnetzfang *m,* Schleppnetzfischerei *f,* Trawlfischerei *f;* Schleppen *n,* Trawlen *n* ⟨Fischnetz⟩
- c. **par l'arrière** Heckschleppnetzfischerei *f*
- c. **benthique** Grundschleppnetzfischerei *f*
- c. **sur le côté** Seitenschleppnetzfischerei *f*
- c. **de fond** *s.* c. benthique
- c. **à grande profondeur** Tiefenfischerei *f*

c. **pélagique** pelagische Schleppnetzfischerei f
c. **par le travers** s. c. sur le côté
chalutant par l'arrière heckfangend ⟨Schleppnetz⟩
chaluter mit dem Schleppnetz fischen; schleppen, trawlen ⟨Fischnetz⟩
chalutier m Schleppnetzfahrzeug n, Trawler m
c. **congélateur** Fang- und Gefrierschiff n; Frosttrawler m, Gefriertrawler m
c. **de (la) flottille** Flottillentrawler m, Zubringer(trawler) m
c. **de grande pêche**, c. **de haute mer** Hochseetrawler m; Weitbereichstrawler m
c. **à moteur** Motortrawler m
c. **moyen** Mitteltrawler m
c. **à pêche par l'arrière** Heckfänger m, Heckfangschiff n, Hecktrawler m
c. **à pêche par le côté** Seitenfänger m, Seitentrawler m
c. **de pêche fraîche** Frischfischfänger m, Frischfischtrawler m, Trawler m für Frischfischfang
c. **de pêche salée** Salztrawler m
c. **à vapeur** Fischdampfer m
chalutier-congélateur m **à pêche par l'arrière** Heckfang- und Gefrierschiff n
chalutier-usine m Fang- und Verarbeitungsschiff n, Verarbeitungstrawler m
c. **à pêche par l'arrière** Heckfang- und Verarbeitungsschiff n
chambrage m Räumen n
c. **extérieur** Außenräumen n
c. **intérieur** Innenräumen n
chambranle m Bekleidung f, Umkleidung f, Einfassung f; Fensterrahmen m, Fensterleibung f; Türrahmen m
chambre f 1. Kammer f; Stube f, Zimmer n; Raum m ⟨s. a. local, magasin, poste, salle⟩; 2. ⟨Brg⟩ Ort n; 3. Kamera f
c. **d'accrochage** Füllort n
c. **aérophotographique** Luftbildkamera f
c. **à agitateurs** Rührwerkskammer f
c. **à air** Luftkammer f; Schlauch m
c. **à air auto-obturatrice** selbstdichtender Schlauch m
c. **à air pour bicyclette** Fahrradschlauch m
c. **à air comprimé** Druckluftkammer f
c. **à air increvable** pannensicherer Schlauch m
c. **annulaire** Ringkammer f
c. **d'aspiration** Saugraum m
c. **d'atelier** Atelierkamera f

c. **automatique** automatische Kamera f, Roboterkamera f
c. **à basse température** Tieftemperaturkamera f
c. **de béton** Betonkammer f
c. **de Bragg** Drehkristallkammer f
c. **à brouillard** Nebelkammer f
c. **à bulles** Blasenkammer f
c. **de calcination** Kalzinierkammer f
c. **de captage** Quellschacht m
c. **de carbonisation** Kokskammer f
c. **des cartes** Kartenraum m
c. **de chauffe** Kesselraum m, Heizraum m
c. **à chlore** Chlorkammer f
c. **à chlorure de chaux** Chlorkalkkammer f
c. **de collecteur** Kollektorraum m
c. **à collection électronique** Elektronensammelkammer f
c. **de combustion** Verbrennungskammer f, Brennkammer f; Feuerraum m ⟨Dampfkesselanlage⟩; Verbrennungsschacht m
c. **de combustion à écoulement direct** Gleichstrombrennkammer f
c. **de combustion à écoulement inverse** Gegenstrombrennkammer f
c. **compensée d'ionisation** kompensierte Ionisationskammer f, Kompensationskammer f
c. **de compression** Stauchkammer f ⟨Texturieren von Chemieseide⟩
c. **de contact** Kontaktraum m
c. **à crasses** Schlackenkammer f
c. **à cristal tournant** Drehkristallkammer f
c. **cylindrique** Zylinderkammer f ⟨Röntgen⟩
c. **Debye-Scherrer** Debye-Scherrer-Kammer f
c. **à déchets** Abfallkasten m
c. **de dépôt** Absetzkammer f
c. **à dépression** Unterdruckkammer f
c. **à détente** Nebelkammer f
c. **à détente sous haute pression** Hochdrucknebelkammer f
c. **à détente remplie d'hydrogène** Wasserstoffnebelkammer f
c. **à deux objectifs** zweiäugige Kamera f
c. **à diffraction en retour** Rückstrahlkammer f
c. **de diffraction X** Röntgenbeugungskammer f, Röntgenfeinstrukturkammer f
c. **à diffusion** Diffusionsnebelkammer f
c. **de digestion** Faulkammer f

chambre

c. à double format Zweiformatkamera f
c. d'échantillons Probenraum m, Probenkammer f
c. d'emmagasinage à air Luftspeicher m
c. étalon Standardionisationskammer f
c. étanche wasserdichte Kamera f
c. à étincelles Funkenkamera f
c. d'extinction d'arc Löschkammer f
c. à film plan Flachkammer f ⟨Röntgen⟩
c. à fission Spalt(ungs)kammer f
c. de flotteur Schwimmergehäuse n
c. à focalisation fokussierende Kammer (Röntgenkammer) f
c. de four Ofenkammer f
c. frigorifique Kühlraum m; Kältekammer f
c. frigorifique (à) fret Kühlfrachtraum m, Kühlladeraum m, Ladekühlraum m
c. froide s. c. frigorifique
c. froide du bord Proviantkühlraum m
c. froide (à) fret s. c. frigorifique (à) fret
c. froide à vivres Proviantkühlraum m
c. à gaz Gaskammer f
c. goniométrique Goniometerkammer f
c. de grand format großformatige Kamera f
c. en graphite Graphitkammer f
c. Guinier double Doppel-Guinier-Kammer f
c. à haute température Hochtemperaturkammer f
c. horizontale Horizontalkammer f
c. intermédiaire Zwischentubus m
c. d'ionisation Ionisationskammer f
c. d'ionisation de Bragg-Gray, c. d'ionisation à cavité Hohlraumionisationskammer f
c. d'ionisation condensateur Kondensatorkammer f
c. d'ionisation différentielle Differentialionisationskammer f
c. d'ionisation double Doppelionisationskammer f
c. d'ionisation étalon Standardionisationskammer f
c. d'ionisation à fission Spalt(ungs)kammer f
c. d'ionisation à gaz Gasionisationskammer f
c. d'ionisation à intégration integrierende Ionisationskammer f
c. d'ionisation à plaques parallèles Parallelplattenionisationskammer f
c. d'ionisation de poche Taschenionisationskammer f

c. à légumes Gemüselast f; Gemüseraum m
c. de mélange Mischkammer f
c. de microformat Kleinstbildkamera f
c. de mise en turbulence Feuerraum m mit Eckenfeuerung, Eckenfeuerung f ⟨Kohlenstaubfeuerung⟩
c. mono-objectif einäugige Kamera f
c. de navigation Navigationsraum m
c. noire Kamera f, Camera f obscura
c. noire pour la reproduction Reproduktionsapparat m
c. à nuages Nebelkammer f
c. d'observation Beobachtungstubus m
c. à obturateur central Zentralverschlußkamera f
c. à obturateur focal Schlitzverschlußkamera f
c. de petit format Kleinbildkamera f
c. photographique Kamera f; Fotokamer f
c. photographique adaptable Aufsetzkamera f
c. à plaques Plattenkamera f
c. plate Flachkammer f ⟨Röntgen⟩
c. de plomb Bleikammer f
c. des pompes Pumpenraum m, Pumpenkammer f
c. à poudre Pulverkammer f ⟨Röntgenkammer zur Untersuchung von Pulvern⟩
c. à poussière Staubkammer f
c. de précombustion Vorkammer f
c. sous pression Druckkammer f
c. à provisions Proviantraum m
c. radiocristallographique Röntgenfeinstrukturkammer f
c. aux rayons X Röntgenkammer f, Röntgenkamera f
c. aux rayons X aux petits angles Röntgenkleinwinkelkammer f
c. de réaction Reaktionskammer f
c. à recuire Glühfrischkammer f
c. de récupération Rekuperator m, Abwärmeverwertungskammer f
c. reflex Spiegelreflexkamera f, Reflexkamera f
c. reflex pour stéréophotographie Stereospiegelreflexkamera f
c. de refoulement s. c. de compression
c. de refroidissement Kühlkammer f
c. de reproduction Reproduktionskamera f
c. rétinienne Netzhautkamera f
c. en retour Rückstrahlkammer f
c. de réverbération Hallraum m, Nachhallraum m
c. de rinçage Spülkasten m

c. **pour roll-film** Rollfilmkamera f
c. **à scintillations** Szintillationskammer f
c. **de séchage** Trockenraum m, Trockenkammer f
c. **de sédimentation** Niederschlagkammer f
c. **semi-automatique** halbautomatische Kamera f
c. **de séparation** Abscheidekammer f
c. **de soufflage** Funkenlöschkammer f
c. **sourde** schalltoter Raum m
c. **du spectromètre** Spektrometerkammer f, Spektrometerraum m
c. **stéréoscopique** Stereoapparat m, Stereokamera f
c. **de sûreté** Wehrkammer f
c. **à trace** Spur(en)kammer f
c. **de tranquillisation** Ansaugluftsammler m
c. **de turbulence** Wirbelkammer f ⟨Lufttexturieren⟩
c. **de vaporisation** Mischkammer f
c. **à viande** Fleischlast f, Fleischraum m
c. **à vide** Vakuumkammer f
c. **à vivres** Proviantraum m
c. **de Wilson** Expansionsnebelkammer f, Wilson-Kammer f
chambre-abri f Fluchtort n
chambre-dé f Fingerhutkammer f
chambre-objet f Objektkammer f
chambrer räumen
chamotte f Schamotte f
champ m 1. Feld n; Oberfläche f; 2. Schmalseite f; 3. (elektrisches) Feld n, Feldstärke f; **à plein c.** bei voller Erregung; **sans c.** feldfrei
c. **d'abattage** Abbaufeld n
c. **d'accélération** Beschleunigungsfeld n
c. **acoustique** Schallfeld f
c. **alternatif** Wechselfeld n
c. **angulaire** Winkelfeld n
c. **de balayage** Reinigungsfeld n, Ziehfeld n
c. **de barrettes** Nadelfeld n
c. **de boue** Schlammfeld n
c. **brouilleur** Störfeld n
c. **central** Zentralfeld n
c. **de charge d'espace** Raumladungsfeld n
c. **à circulation conservative** konservatives Feld n
c. **clair** Hellfeld; Hellfeldabbildung f
c. **clarificateur** s. c. de balayage
c. **de commutation** Wendefeld n
c. **conservatif** konservatives Feld n
c. **correcteur** Korrekturfeld n

c. **coulombienne** Coulomb-Feld n
c. **de désaccélération** Verzögerungsfeld n
c. **de déviation** Ablenkfeld n
c. **directionnel** Richtungsfeld n
c. **de dispersion** Streufeld n
c. **de dispersion magnétique** Magnetstreufeld n
c. **distant** Fernfeld n
c. **d'effacement** s. c. de balayage
c. **électrique** (elektrisches) Feld n
c. **électrique terrestre** elektrisches Erdfeld n
c. **électromagnétique** elektromagnetisches Feld n
c. **électrostatique** elektrostatisches Feld n
c. **d'épis** Buhnenfeld n
c. **étranger** Fremdfeld n
c. **d'excitation** Erregerfeld n
c. **d'exploitation** Grubenfeld n
c. **filonien** Gangfeld n
c. **de focalisation** Fokussierungsfeld n
c. **de forces** Kraftfeld n
c. **de freinage** Bremsfeld n
c. **de fuite** Streufeld n
c. **de fumerolles** Fumarolenfeld n
c. **de glace** Eisfeld n
c. **de gravitation** Gravitationsfeld n, Schwerefeld n
c. **de guidage** Führungsfeld n
c. **de haute fréquence** Hochfrequenzfeld n
c. **homogène** homogenes Feld n
c. **d'induit** Ankerfeld n
c. **inverse** Gegenfeld n
c. **d'inversion** Umkehrfeld n
c. **irrotationnel** wirbelfreies Feld n
c. **de lave** Lavafeld n
c. **des lignes de forces** Kraft(linien)feld n
c. **longitudinal** Längsfeld n, Longitudinalfeld n
c. **magnétique** Magnetfeld n; magnetische Feldstärke f
c. **magnétique alternatif** magnetisches Wechselfeld n
c. **magnétique continu** magnetisches Gleichfeld n
c. **magnétique de révolution** rotationssymmetrisches Magnetfeld n
c. **magnétique terrestre** Erdmagnetfeld n, Magnetfeld n der Erde
c. **magnétostatique** magnetostatisches Feld n
c. **maximum** volle Erregung f
c. **mésonique** Mesonenfeld n
c. **moléculaire** Molekularfeld n

champ 126

c. **newtonien** Gravitationsfeld n, Schwerefeld n
c. **du noyau, c. nucléaire** Kernfeld n
c. **parasitaire (perturbateur)** Fremdfeld n, Störfeld n
c. **de la pesanteur** s. c. newtonien
c. **pétrolifère** Erdölfeld n, Ölfeld n
c. **de (à) potentiel** Potentialfeld n
c. **potentiel scalaire** skalares Potentialfeld n
c. **de pression** Druckfeld n
c. **principal** Hauptfeld n
c. **proche** Nahfeld n
c. **du puits** Schachtbaufeld n
c. **quadripolaire** Quadrupolfeld n
c. **quantique (quantisé)** Quantenfeld n
c. **radial** Radialfeld n
c. **de radiation** Strahlungsfeld n
c. **ralentisseur** Bremsfeld n
c. **à rayonnement** Strahlungsfeld n
c. **retardateur** Bremsfeld n
c. **rotatif** rotierendes Feld n
c. **rotationnel** Wirbelfeld n
c. **scalaire** Skalarfeld n
c. **solénoïdal** quellenfreies Feld n
c. **de solfatares** Solfatarenfeld n
c. **sombre** Dunkelfeld n; Dunkelfeldabbildung f
c. **sonore** Schallfeld n
c. **spinoriel** Spinorfeld n
c. **stationnaire** ruhendes Feld n
c. **superposé** überlagertes Feld n
c. **tensoriel** Tensorfeld n
c. **terrestre** Erdfeld n
c. **de tolérance** Toleranzfeld n, Toleranzweite f
c. **de tourbillon, c. tourbillonnaire** Wirbelfeld n
c. **tournant** Drehfeld n
c. **tournant inverse** Gegenfeld n
c. **transversal** Querfeld n, Transversalfeld n
c. **transversal de rotor** Ankerquerfeld n
c. **uniforme** gleichförmiges (homogenes) Feld n
c. **vectoriel** Vektorfeld n
c. **de vision, c. visuel** Blickfeld n
champignon m 1. Pilz m; 2. Kopf(stück n) m; 3. Säulenkopf m; 4. Schienenkopf m
c. **du bleu** Bläuepilz m
c. **de conduit** Rohrkopf m; Rohreinlaß m; Rohrauslaß m
c. **de pourriture blanche** Weißfäulepilz m
c. **de pourriture brune** Braunfäulepilz m
c. **de pourriture molle** Moderfäulepilz m

chandelier m Geländerstütze f; Relingstütze f
chandelle f 1. Stiel m, Stütze f, Steife f; Strebe f; Stuhlsäule f, Stuhlpfosten m (Dach); 2. Hochziehen n, Chandelle f (Gewinn an Höhe durch Ausnutzung der kinetischen Energie)
chanfrein m Abschrägung f, Schräge f; Fase f, Abfasung f, Kante f; Senkung f
chanfreiner [ab]schrägen; [ab]fasen, abkanten; [an]senken
chanfreineuse f Kantenhobelmaschine f, Abkantmaschine f, Blechkantenhobelmaschine f, Blechbesäummaschine f
c. **pour tôles opérant par cisaillage** Blechkantenabschermaschine f
c. **pour tôles opérant par fraisage** Blechkantenfräsmaschine f
c. **pour tôles opérant par rabotage** Blechkantenhobelmaschine f
changeable veränderlich
changeant [ab]wechselnd; changierend
changement m Veränderung f, Änderung f; Wechsel m; Umschlag m; Umschalten n
c. **d'adresse** Adressenänderung f
c. **d'angle** Einstellungswechsel m
c. **de coordonnées** Koordinatentransformation f
c. **de couleur** Farbumschlag m; Verfärbung f
c. **de cylindres** Walzenwechsel m
c. **de dimension** Dimensionsänderung f
c. **d'état** Zustandsänderung f
c. **de faciès** Faziesänderung f
c. **de filament** Katodenwechsel m
c. **de film** Filmwechsel m
c. **de fréquence** Frequenzwechsel m (Radio)
c. **de gammes d'ondes** Bereichsumschaltung f
c. **de groupe** Gruppenwechsel m (Sortiermaschine)
c. **de lumière** Beleuchtungswechsel m
c. **de marche** Umsteuern n, Umsteuerung f; Richtungswechsel m, Richtungsänderung f
c. **de navette** Schützenwechsel m
c. **de l'objectif** Objektivwechsel m
c. **d'objet** Objektwechsel m
c. **des outils** Werkzeugauswechslung f, Werkzeugwechsel m
c. **de phase** Phasenänderung f; Phasensprung m; Phasenumkehr f
c. **de phase par réflexion** Reflexionsphasensprung m
c. **de plongement** Änderung f des Einfallens

c. de poste Schichtwechsel m
c. de prises Stufenschaltung f ⟨Transformator⟩
c. de prises en charge Stufenschaltung f unter Last
c. de segment Segmentumschaltung f
c. de syntonisation Abstimmänderung f
c. de vitesse Geschwindigkeitsänderung f; Drehzahlverstellung f
changer (ver)ändern; [um]schalten
c. de cap Kurs ändern
c. de vitesse schalten
changeur m Wechselapparat m; Wandler m
c. de canettes Spulenwechsler m
c. de disques Plattenwechsler m
c. de fil Fadenwechsler m
c. de fréquence Frequenzwandler m
c. de fréquence statique ruhender Frequenzwandler m
c. de navettes Schützenwechsler m
c. d'oculaires Okularwechsler m
c. de phases Phasenschieber m
c. de sensibilité Empfindlichkeitsregler m
chantier m 1. Bauplatz m, Baustelle f; 2. Arbeitsort m, Arbeitsplatz m; 3. Lager [-platz m] n ⟨für Material⟩; 4. Werft f; 5. Klampe f ⟨zur Bootslagerung⟩; 6. Stapel m, Pallung f; en c. im Bau ⟨auf einer Werft⟩
c. d' abattage Gewinnungspunkt m
c. de batteries Batteriegestell n
c. constructeur (de construction) Baustelle f, Bauplatz m; Bauwerft f
c. de construction industrielle Industriebaustelle f
c. de construction navale s. c. navale
c. de démolition Abwrackwerft f
c. de dragage Baggerstelle f
c. en élévation Hochbaustelle f
c. d'excavation Baggerstelle f
c. en gradins Abbauort n
c. maritime Werft f
c. de montage Montagewerft f
c. de moulage Formplatz m
c. navale Schiffbaubetrieb m, Schiffbauwerft f, Schiffswerft f
c. de réparation Reparaturwerft f
c. de terrassement Erdbaustelle f
c. de triage Verschiebebahnhof m
c. de tunnels et galeries Tunnel- und Stollenbaustelle f
grand c. Großwerft f
chantournage m, chantournement m Schneiden n; Auskehlen n
chantourner schneiden; auskehlen
chanvre m Hanf m

c. long européen europäischer Langhanf m
c. de Manille Manilahanf m
c. de Sisal Sisal(hanf)· m
chape f 1. Überzug m; Glattstrich m; 2. Gehäuse n, Hülse f; 3. Haube f, Kappe f, Deckel m; 4. Gabelgelenk n; 5. Mittelkasten m ⟨Gießform⟩
c. d'asphalte Asphaltüberzug m
c. en béton Betonüberzug m, isolierende Betonschicht f
c. d'étanchéité Dämmschicht f, Dichtung f; Isolierschicht f, Isolierung f
c. préfabriquée vorgefertigte Straßendecke f
c. de voûte Gewölbeabdeckung f
chapeau m 1. Deckel m, Haube f, Kappe f; Verschlußkappe f, Abdeckung f; Verteilerkappe f; 2. Kappholz n; 3. Resumé n, Zusammenfassung f, Übersicht f
c. de battage Schlaghaube f
c. en bois Holzkappe f
c. de fer eiserner Hut m
c. de fermeture Verschlußkappe f
c. marchant ⟨Text⟩ Wanderdeckel m
c. de palier Lagerdeckel m
c. de roulement Lagerdeckel m
chapeau-obturateur m Verschlußkappe f
chapelet m Schöpf[becher]werk n; Korb m ⟨zum Eintauchen von Teilen in Bäder⟩
chapelle f ⟨Kfz⟩ Zylinderblock m ⟨eines seitengesteuerten Motors⟩
chaperon m faitier Firstkappe f
chapiteau m 1. Kapitell n, Säulenaufsatz m, Säulenknauf m; Gesims n; 2. Haube f, Kopfstück n, Krone f, Schornsteinaufsatz m
charbon m Kohle f; Kohlebürste f
c. actif (activé) Aktivkohle f
c. animal Tierkohle f
c. barré durchwachsene Kohle f
c. bitumineux bituminöse Kohle f
c. de bois Holzkohle f
c. brut Rohkohle f
c. à coke Kokskohle f
c. consommé Kohlenverbrauch m
c. de cornue Retortenkohle f
c. de cuisson dur Hartbrandkohle f
c. cuivré Kupferkohle f
c. domestique Hausbrandkohle f
c. dur harte Kohle f
c. à électrodes Elektrodenkohle f
c. fibreux Faserkohle f
c. fin Feinkohle f
c. flambant Flammkohle f
c. flambant à gaz Gasflammkohle f

charbon

c. fluidisé Fließkohle f
c. de forge Schmiedekohle f
c. à gaz Gaskohle f
c. graphitique Graphitkohle f
c. gras Fettkohle f
c. humique Humuskohle f
c. pour lampes à arc Bogenlampenkohle f
c. de liège Korkkohle f
c. maigre Magerkohle f
c. mat Mattkohle f
c. à mèche Dochtkohle f
c. menu Kohlengrus m
c. non scorifère schlackenfreie Kohle f
c. piciforme Pechkohle f
c. pulvérisé Kohlenstaub m
c. de sang Blutkohle f
c. sapropélique Sapropelkohle f, Faulschlammkohle f
c. semi-brillant Glanzstreifenkohle f
c. spécial Spezialkohle f
c. subbitumineux Mohrkohle f
c. tendre weiche Kohle f
c. de terre Steinkohle f
c. tout-venant Förderkohle f
c. de traction Lokomotivkohle f
c. végétal Pflanzenkohle f
charbonnage m Kohlengrube f
charbonner verkohlen, zu Kohle verbrennen
charbonnier m Kohlefrachter m
charbonnière f Meiler m
charge f 1. Last f, Ladung f, Charge f, Beschickung(smenge) f, Einsatz(gut n) m ⟨Hochofen⟩; 2. Belastung f, Last f, Kraft f; Beanspruchung f, Bürde f; 3. Füllstoff m, Eintrag m ⟨Holländer, Kocher⟩; 4. Sprengladung f; 5. Füllen n; Füllung f; **en (à) c.** unter Last; beladen ⟨Schiffszustand⟩; **en (à) pleine c.** bei (mit) Vollast; voll beladen ⟨Schiffszustand⟩; **par charges** chargenweise
c. active Wirklast f
c. additionnelle Zusatzlast f
c. admissible zulässige Belastung (Beanspruchung) f, Höchstbelastung f; Tragfähigkeit f
c. alaire Tragflächenbelastung f
c. alternative wechselnde Belastung (Last) f, Wechsellast f
c. d'anode Anodenbelastung f
c. atomique Atomladung f
c. axiale Axiallast f, Längslast f, mittige Last f, Beanspruchung f in Axialrichtung
c. de base Grundlast f, Grundbelastung f

c. capacitive kapazitive Belastung f
c. au cheval Leistungsbelastung f
c. circulante Umlaufgut n
c. de circulation Verkehrsbelastung f, Verkehrslast f
c. de cisaillement Schublast f, Scherkraft f, Schubbeanspruchung f, Beanspruchung f auf Schub
c. complète Vollbelastung f
c. composée kombinierte Belastung (Beanspruchung) f
c. de compression Drucklast f, Beanspruchung f auf Druck
c. concentrée Punktlast f
c. d'un condensateur Belegung f eines Kondensators
c. de consigne Übergabeleistung f
c. constante (continue) ruhende Last (Beanspruchung) f; Dauerlast f
c. corporelle Körperbelastung f
c. de courant Strombelastung f
c. creuse Hohlladung f
c. critique kritische Belastung f
c. du cuivre (par le courant électrique) Kupferbeanspruchung f
c. déséquilibrée unsymmetrische Belastung f
c. disponible verfügbare Last f
c. dissimulée gebundene Ladung f
c. dissymétrique unsymmetrische Belastung f
c. d'eau Wasserdruck m, Wasserlast f
c. d'égalisation Ausgleichsladung f ⟨Akkumulator⟩
c. électrique elektrische Ladung f
c. électrostatique elektrostatische Ladung f; elektrostatische Auflagung f
c. élémentaire Elementarladung f
c. d'épreuve Probelast f, Probebelastung f
c. équilibrée symmetrische Belastung f
c. d'espace Raumladung f
c. d'essai Prüfbelastung f, Prüflast f
c. sur l'essieu Achsdruck m
c. extrême Bruchlast f
c. du fer Eisenbeanspruchung f ⟨durch das Magnetfeld⟩
c. de flambage Knicklast f, Beanspruchung f auf Knickung
c. de flexion Biegelast f, Beanspruchung f auf Biegung
c. gazeuse Gasbeladung f; Gasladung f
c. inductive induktive Belastung f
c. induite induzierte Ladung f
c. intermittente intermittierende (aussetzende) Belastung f
c. isolée Einzellast f

c. **latente** gebundene Ladung f
c. **libre** freie Ladung f
c. **liée** gebundene Ladung f
c. **de la ligne** ⟨Eb⟩ Streckenbelastung f
c. **limite** Grenzlast f; Belastbarkeit f
c. **linéaire** lineare Belastung f; ⟨Bw⟩ Linienlast f
c. **marchande** Nutzlast f
c. **marginale** Randlast f
c. **massique** spezifische Ladung f
c. **maximale** Höchstlast f, Höchstbelastung f
c. **maximale quart-horaire** höchste Viertelstundenlast f
c. **métallique** Metalleinsatz m
c. **de minerai** Erzgicht f
c. **minimale** Mindestbelastung f, kleinste Belastung f
c. **mobile** Verkehrslast f
c. **momentanée** Augenblicksbelastung f
c. **du moteur** Motorbelastung f
c. **négative** negative Ladung f
c. **nominale** Nennbelastung f, Nennlast f
c. **non inductive** induktionsfreie Belastung f
c. **non réactive** ohmsche Belastung f
c. **non symétrique** unsymmetrische Belastung f
c. **normale** Normalbelastung f
c. **nucléaire** Kernladung f
c. **ohmique** ohmsche Belastung f
c. **optimum** Bestlast f
c. **sur l'outil** Bohrdruck m
c. **en parallèle** Belastung f durch Querspulen ⟨Kabel⟩
c. **partielle** Teillast f
c. **payante** s. c. marchande
c. **périphérique** Umfanglast f ⟨eines Wälzlagers⟩
c. **permanente** s. c. constante
c. **de pointe** Spitzenbelastung f
c. **ponctuelle** Punktladung f
c. **du pont** Decksbelastung f, Deckslast f ⟨Festigkeit⟩
c. **positive** positive Ladung f
c. **propulsive** Treibladung f
c. **du rail** Schienenbelastung f
c. **du réacteur** Reaktorbeschickung f
c. **réactive** reaktive Belastung f, Blindlast f, Blindbelastung f
c. **résiduelle** Restladung f
c. **sur la roue** Radlast f
c. **roulante** Verkehrslast f, rollende Ladung f
c. **de rupture** Bruchlast f, Bruchbelastung f

c. **en série** Belastung f durch Reihenspulen ⟨Kabel⟩
c. **de service** Betriebslast f
c. **du sol** Bodenbelastung f
c. **spatiale** Raumladung f
c. **spécifique** spezifische Ladung f
c. **statique** statische Ladung f
c. **superficielle (surfacique)** Oberflächenladung f
c. **symétrique** symmetrische Belastung f
c. **thermique** Wärmebelastung f
c. **de torsion** Beanspruchung f auf Torsion
c. **totale** Gesamtbelastung f; Totaldurchsatz m
c. **de traction** Zuglast f, Zugbeanspruchung f, Beanspruchung f auf Zug
c. **de trafic** Verkehrslast f
c. **uniforme** gleichförmige Belastung f
c. **uniformément répartie** Gleichflächenlast f, gleichförmig verteilte Last f
c. **utile** Nutzlast f; Ladefähigkeit f, Nutzladung f, Zuladung f
c. **volumétrique** Volumenladung f
pleine c. Vollast f
chargement m 1. Beladen n, Belasten n, Laden n; Belastung f, Beladung f; 2. Beschicken n; Begichtung f; Zufuhr f, Zuführung f; 3. Ladung f; Aufladung f; 4. Fracht f, Ladung f, Ladegut n ⟨s. a. cargaison, marchandise⟩; 5. Füllung f, Charge f; **en c. homogène** homogen beladen
c. **à l'aide d'une goulotte** Beschickung f mit Rutschen
c. **d'antenne** Antennenaufladung f
c. **automatique** automatische Beschickung f
c. **par bennes** Kübelbegichtung f
c. **de bois** Holzladung f
c. **cathodique en hydrogène** katodische Wasserstoffbeladung f
c. **du charbon** Kohlenauffüllung f
c. **par le gueulard** Begichtung f
c. **des hauts fourneaux** Hochofenbegichtung f
c. **liquide** flüssiges Ladegut n, flüssige Ladung f
c. **mécanique de la grille** Rostbeschickung f
c. **du papier** Füllen n des Papiers
c. **de pâte** Werkstückbeschickung f
c. **de la pile** Eintragen n in den Holländer
c. **en pontée** Deckladung f
c. **par skips** Beschickung f mit Kippkübeln

charger

charger 1. (be)laden, belasten, beanspruchen; 2. füllen; beschicken; aufgeben; begichten, einsetzen ⟨Hochofen⟩; 3. (auf)laden
   c. en berlines in Förderwagen füllen
   c. à la main von Hand beladen
charges *fpl*:
   c. de signe égal gleichnamige Ladungen *fpl*
   c. de signe opposé ungleichnamige Ladungen *fpl*
chargeur *m* 1. Ladevorrichtung *f*, Lader *m*, Aufgabevorrichtung *f*, Beschickungsvorrichtung *f*; 2. Ablader *m*, Verlader *m*; 3. Ladegerät *n* ⟨Akkumulator⟩; 4. Kassette *f*; Filmkassette *f*, Ladekassette *f*, Wechselkassette *f*; 5. Wechselreiber *m*; 6. Magazin *n* ⟨Maschinenpistole⟩
   c. d'accumulateurs Batterieladegerät *n*
   c. arrière Hecklader *m* ⟨Traktor⟩
   c. automatique automatische Beschickungsvorrichtung *f*
   c. de batteries Batterieladegerät *n*
   c. de côté Seitenlader *m*
   c. frontal Frontlader *m* ⟨Traktor⟩
   c. interchangeable Auswechselmagazin *n*, auswechselbare Kassette *f*
   c. en pâte Massereibwalze *f*
   c. récepteur Aufspulkassette *f*
   c. de rechange Ersatzkassette *f*
chargeur-éjecteur *m* Wurflader *m*, Ballenwerfer *m*
chargeur-jetteur *m* Wurffeuerung *f*
chargeurs *mpl* **jumelés** Doppelkassette *f*
chargeuse *f* Ladevorrichtung *f*, fahrbares Förderband *n*, Verladeband *n*; Schaufellader *m*, Lader *m*, Frontlader *m*; ⟨Brg⟩ Chargiereinrichtung *f*; ⟨Text⟩ Kastenspeiser *m*
   c. à bec de canard Entenschnabellader *m*
   c. à couteaux Messerwurfeinrichtung *f*
   c. à pelle Schaufellader *m*, Frontlader *m*, Lader *m*
   c. sur pneus Radlader *m* mit Luftreifen
   c. à racloir Schrapplader *m*
chargeuse-mélangeuse *f* Mischkastenspeicher *m*
chargeuse-pelleteuse *f* s. chargeuse à pelle
chariot *m* 1. Wagen *m*, Karren *m*; Rollwagen *m*, Pritschenwagen *m*; 2. Laufkatze *f*; 3. Schlitten *m*, Support *m*; 4. ⟨Eb⟩ Drehgestell; 5. Kamerawagen
   c. automoteur Eidechse *f*, Elektrokarren *m*; Dieselkarren *m*
   c. automoteur électrique Elektrokarren

   c. automoteur à plateau surbaissé Niederflurelektrokarren *m*; Niederflurdieselkarren *m*
   c. d'avance Längsschlitten *m*, Bettschlitten *m*
   c. à bagages Gepäckkarren *m*
   c. basculant Handkippkarren *m*
   c. à bennes Kübelwagen *m*
   c. à bras Handkarren *m*, Pritschenwagen *m* mit Schiebebügel, Handfahrwagen *m*
   c. à câbles Kabelwagen *m*
   c. cavalier Portalhubwagen *m*
   c. de charge(ment) Füllwagen *m*
   c. pour charges longues Langguttransportwagen *m*, Languthubwagen *m*
   c. à commande automatique automatisch gesteuerter Wagen *m*
   c. composé Kreuzschlitten *m*, Kreuzsupport *m*
   c. comptable Buchungswagen *m*
   c. à conducteur porté Elektrokarren (Dieselkarren) *m* mit Fahrersitzlenkung
   c. de contrôle Prüfschlitten *m*, Kontrollschlitten *m*
   c. de copie Kopierschlitten *m*
   c. en croix *s.* c. composé
   c. élévateur Hubwagen *m*, Hubkarren *m*; Hubstapler *m*; Hochhubwagen *m*
   c. élévateur automoteur Hubwagen *m* mit Kraftantrieb
   c. élévateur à bras Deichselhubwagen *m*, Bügelhubwagen *m*
   c. élévateur à fourche *s.* c. à fourche
   c. élévateur à petite levée Hubwagen *m*
   c. élévateur à plate-forme Plattformhubwagen *m*
   c. d'extinction Löschwagen *m*
   c. de ferme Ackerwagen *m*
   c. de fixation Aufspannschlitten *m*
   c. à fourche Gabelstapler *m*; Gabel(hoch)hubwagen *m*
   c. à fourche latérale Seiten(gabel)stapler *m*, Quergabelstapler *m*
   c. gerbeur Hochhubwagen *m*
   c. gerbeur à fourches Gabelhochhubwagen *m*
   c. gerbeur à plate-forme Plattformhubwagen *m*
   c. glissant Gleitschlitten *m*
   c. glissant explorateur Prüfschlitten *m*
   c. de grillage Röstwagen *m*
   c. de grue Kranlaufkatze *f*
   c. de halage Treidelwagen *m*
   c. inférieur ⟨Büro⟩ Unterwagen *m*
   c. à laitier Schlackenwagen *m*
   c. large Breitwagen *m*

c. **latéral** Seitenwagen *m* ⟨Werkzeugmaschine⟩
c. **longitudinal** s. c. d'avance
c. **à main** Handkatze *f*
c. **de manutention** 1. Transportwagen *m*, Transportschlitten *m*; 2. Flurfördermittel *n*, Flurförderer *m*
c. **à mouvements croisés** Kreuzschlitten *m*
c. **passe-partout** Kistenroller *m*
c. **pivotant** Drehsupport *m*
c. **de pont roulant** Laufkatze *f*
c. **porte-broche** Spindelschlitten *m*
c. **porte-foret** Bohrschlitten *m*
c. **porte-matrices** Werkzeughochhubwagen *m* ⟨Heranfahren von Werkzeugen an Pressen⟩
c. **porte-objet** Objekttisch *m*, Objektverschiebetisch *m*, Objektträgerschlitten *m*
c. **porte-outil** Werkzeugschlitten *m*, Support *m*, Oberschlitten *m*
c. **porte-perforatrice** Bohrwagen *m*
c. **porte-pièce** Werkstückschlitten *m*
c. **porte-poche** Pfannenwagen *m*
c. **porte-poche de coulée** Gießwagen *m*
c. **porte-poinçon** Stößel *m*
c. **porte-rouleaux** Wickelwagen *m*
c. **porteur** Transportkarren *m*
c. **porteur automoteur** Transportkarren *m* mit Motorantrieb, Kleintransporter *m*
c. **porteur à conducteur accompagnant** Transportkarren *m* mit Gehlenkung
c. **porteur à conducteur porté** Transportkarren *m* mit Fahrersitzlenkung
c. **porteur-tracteur** Motorschleppkarren *m* mit Ladefläche, Kleintransporter *m*
c. **à quatre côtés** Vierwandwagen *m*, Kastenwagen *m*
c. **à quatre côtés amovibles** Pritschenwagen *m* mit vier Aufsteckwänden
c. **radial** Radialschlitten *m*
c. **à ridelles** Leiterwagen *m*
c. **roulant** Laufkatze *f*
c. **roulant à conducteur** Laufkatze *f* mit Führerstand
c. **roulant à grappin** Greiferlaufkatze *f*
c. **roulant pivotant** Drehlaufkatze *f*
c. **roulant suspendu** Hänge(bahn)laufkatze *f*
c. **à scories** Schlackenwagen *m*
c. **de sondage** Bohrwagen *m*
c. **supérieur** ⟨Büro⟩ Oberwagen *m*
c. **de table** Tischschlitten *m*
c. **thermique** Transportkarren *m* mit Antrieb durch Verbrennungsmotor, Dieselkarren *m*

c. **tracteur** Schlepper *m*, Schleppkarren *m*, Zugschlepper *m*, Kleintransporter *m*
c. **tracteur électrique** Elektrozugschlepper *m*, Elektrokarren *m*, E-Karren *m*
c. **tracteur thermique** Zugschlepper (Kleintransporter) *m* mit Antrieb durch Verbrennungsmotor
c. **transbordeur** Fahrbühne *f*, Verladebühne *f*
c. **transcaisse** Kistenhubwagen *m*
c. **transpalette** Hubwagen *m*, Gabelhubwagen *m*
c. **transversal** Querschlitten *m*, Planschlitten *m*, Quersupport *m*, Kreuzsupport *m*
c. **de travelling** Kamerawagen *m*
c. **à trois côtés** Dreiwandwagen *m*
c. **à tronçonner** Abstechschlitten *m*, Abstechsupport *m*
c. **tube** Wagen *m* mit Rohrgestell
chariotage *m* Langdrehen *n*
chariot-cuve *m* à laitier Schlackenpfannenwagen *m*
chariot-desserte *m* Rollwagen *m* zur Bedienung von Arbeitsplätzen mit Zulieferteilen
charioter langdrehen
chariot-grue *m* Kranwagen *m*, Krankarren *m*
chariot-navette *m* ⟨Büro⟩ Schüttelwagen *m*
chariot-palan *m* Laufkatze *f* mit Flaschenzug
chariot-réservoir *m* Behälterwagen *m*
chariot-transporteur *m* Förderwagen *m*
chariot-treuil *m* fahrbare Winde *f*, Laufkatze *f*
c. **birail (suspendu)** Laufkatze *f* in Zweiträgerbauweise
c. **monorail (suspendu)** Laufkatze *f* in Einträgerbauweise
charnière *f* Scharnier *n*, Gelenk *n*
c. **à ressort** Federscharnier *n*
charpente *f* 1. Zimmerarbeit *f*, Zimmerwerk *n*; 2. Baugerüst *n*; Gebälk *n*; Holzgerüst *n*; Eisengerüst *n*; Gerippe *n*, Skelett *n*; Tragwerk *n*; Verband *m* ⟨*s. a.* structure⟩; Festigkeitsverband *m*
c. **d'acier** Stahlgerüst *n*, Stahlskelett *n*
c. **de bois** Holzgebälk *n*; Holzgerüst *n*
c. **en bois** Holzfachwerk *n*
c. **clouée** Nagelbinder *m*
c. **collée** geleimtes Tragwerk *n*
c. **de comble** Dachstuhl *m*, Dachwerk *n*
c. **à contre-fiches** Sprengwerk *n*
c. **de la coque** Schiffskörperverband *m*, Festigkeitsverband *m* des Schiffskörpers

charpente

    c. **de haut fourneau** Hochofengerüst n
    c. **métallique** 1. Eisengerüst n, Stahlgerüst n, Stahlskelett n; 2. Stahlkonstruktion f; Stahl(hoch)bau m; 3. Metalldachkonstruktion f
    c. **du navire** Festigkeitsverband m (Tragkonstruktion f) des Schiffes
    c. **porteuse** Traggerippe n
    c. **de support** Traggerüst n; tragende Konstruktion f
    c. **suspendue** Hängewerk n
    c. **de toiture** Dachlattenwerk n; Dachbinder m; Sparrenkonstruktion f
    c. **en treillis** Gitterfachwerk n
charpenter zimmern
charpenterie f 1. Zimmerarbeit f; Zimmerhandwerk n; 2. Zimmerplatz m, Bautischlerei f
charpentier m **de bâtiments** Bauzimmermann m, Bautischler m
    c. **en fer** Bewehrungsarbeiter m
    c. **mineur** Zimmerhauer m
charpie f Flug m, Flusen fpl, Flocken fpl ⟨z. B. sich auf Spulmaschinen ablagernd⟩
charrette f zweirädriger Karren m
    c. **à bras** Schubkarren m
charriage m Schollenüberschiebung f
charrier mit dem Wagen befördern; karren
charrue f Pflug m
    c. **alternative portée** Anbauwechselpflug m
    c. **balance tractée** Anhängekipppflug m
    c. **à bascule** Kipppflug m
    c. **bidisque réversible** zweifurchiger Scheibendrehpflug m
    c. **brabant** Kehrpflug m
    c. **à charbon** Kohlenpflug m
    c. **déchaumeuse** Schälpflug m
    c. **défonceuse** Rajolpflug m, Tiefkulturpflug m
    c. **à disques** Scheibenpflug m
    c. **draineuse** Dränpflug m
    c. **fossoyeuse** Grabenpflug m, Grüppenpflug m ⟨Melioration⟩
    c. **pour labour en planches** Beetpflug m
    c. **monosoc** Einscharpflug m
    c. **portée** Anbaupflug m
    c. **quart de tour** Winkeldrehpflug m
    c. **réversible** Drehpflug m
    c. **semi-portée** Aufsattelpflug m
    c. **à socs** Scharpflug m
charte-partie f Charter[partie f] m ⟨Vertragsdokument⟩
chas m **(d'aiguille)** Nadelöhr n

chassage m Abbaufortschritt m
chassant ⟨Geol⟩ streichend
chasse f 1. Hammer m, Lochhammer m; Locheisen n; 2. Spiel[raum m] n, Toleranz f; 3. Wasserspülung f; 4. ⟨Typ⟩ Dickte f
    c. **d'air** ⟨Brg⟩ Wetterstrom m
    c. **d'eau** Spüler m; Spülrohr n; Abortdruckspüler m; Klosettspülung f, Wasserspülung f
    c. **d'eau directe** Druckspüler m
    c. **négative** ⟨Kfz⟩ Vorlauf m
    c. **à percer** Lochhammer m
    c. **positive** ⟨Kfz⟩ Nachlauf m
chasse-coin(s) m Keiltreiber m
chasse-corps m Bahnräumer m
chasse-feuilles m Bogenauswerfer m
chasse-goupille(s) m Runddurchschlag m, Runddurchschläger m, Durchschläger m, Durchtreiber m
chasse-neige m Schneepflug m
    c. **à étrave** Spurschneepflug m
    c. **à turbine** Schneefräse f
chasse-pointe(s) m Durchschlag m
chasser 1. treiben, schlagen; einschlagen (einen Nagel); 2. austreiben, vertreiben
chasse-rivet(s) m Döpper m, Kopfhammer m, Schellhammer m, Nietkopfsetzer m
chasseur m 1. ⟨Flg⟩ Jäger m; 2. Fangschiff n, Fänger m; 3. ⟨Text⟩ Schmutzwalze f, Walze f zum Entfernen von Beimengungen
    c. **de baleines** Walfangboot n, Walfänger m, Walfangschiff n
    c. **bombardier** Jagdbomber m
    c. **à réaction** Strahljäger m
    c. **supersonique** Überschalljäger m
châssis m 1. Einfassung f, Rahmen m; Zarge f; Gestell n, Chassis n; 2. Kassette f; 3. Schließrahmen m
    c. **accordéon** Faltflügel m
    c. **de boggie** Drehgestellrahmen m
    c. **des cadres oscillants** Grundrahmen m
    c. **à copier** Kopierrahmen m
    c. **du dessous** Unterkasten m ⟨Gußform⟩
    c. **du dessus** Oberkasten m ⟨Gußform⟩
    c. **à deux chariots** Doppelschlittenkassette f
    c. **dormant** Fensterzarge f, Fensterrahmen m
    c. **à double coulisse** Doppelschlittenkassette f
    c. **de fenêtre** Fensterflügel m; Fensterrahmen m

c. en fer Eisenzarge f
c. de haut-parleur Lautsprecherchassis n
c. interchangeable auswechselbare Kassette f
c. métallique Stahlgerippe n, Stahlskelett n; Stahleinfassung f
c. de moulage Formkasten m
c. en plate-forme Plattformrahmen m
c. porte-matrices Matrizenrahmen m
c. porte-plaque Einlegerahmen m
c. séparé Einzelkassette f
c. tabatière liegendes Dachfenster n
c. en tôle d'acier embouti Niederflurrahmen m
c. tournant Drehfenster n
c. en tubes Rohrrahmen m
c. de voie Gleisjoch n
c. en X X-förmiger Rahmen m
c. en X formé de tubes ovales X-förmiger Ovalrohrrahmen m
châssis-poutre m Mittelträgerrahmen m
château m Aufbau m, Decksaufbau m; Brücke(naufbau m) f
c. d'eau Hochbehälter m, Wasserturm m
c. d'eau sous pression Druckwasserspeicher m
c. de tranfert (transport) Container m, Transportbehälter m für radioaktive Stoffe
chatière f 1. Dachfenster n; 2. Dachziegel m mit Entlüftungshaube; 3. Lüftungsloch n; Lüftungsklappe f
c. simple Lüftungsstein m, Lüftungsziegel m
chaud:
  c. à la main handwarm
  moyen c. mäßig heiß
chaudage m s. chaulage
chaude f Hitze f, Glut f, Glühhitze f
  c. soudante Schweißhitze f
chaudière f 1. Kessel m, Dampfkessel m, Heizkessel m; Imprägnierkessel m, Tränkkessel m; 2. Pfanne f
  c. aquatubulaire Wasserrohrkessel m
  c. auxiliaire Hilfskessel m
  c. à basse pression Niederdruckkessel m
  c. à boite à feu Feuerbuchskessel m
  c. à bouilleurs transversaux Quersiederohrkessel m
  c. à chaleur d'échappement Abhitzekessel m, Abdampfkessel m
  c. à chambre Kammerkessel m
  c. à circulation contrôlée Wasserrohrkessel m mit Zwanglauf, Zwangumlaufkessel m
  c. à circulation naturelle Wasserrohrkessel m mit natürlichem Umlauf
  c. de cuite ouverte offenes Siedegefäß n
  c. à cylindre Walzenkessel m
  c. à double fond Doppelbodenpfanne f
  c. à eau chaude Warmwasserkessel m
  c. à l'échange par rayonnement Strahlungskessel m
  c. électrique Elektrokessel m
  c. à foyer intérieur Feuerbuchskessel m
  c. de fusion Schmelzkessel m
  c. Grainer Grainer-Pfanne f
  c. à gros sel Grobsalzpfanne f
  c. à haute pression Hochdruckkessel m
  c. marine Schiffskessel m
  c. au mazout Kessel m mit Ölfeuerung
  c. de mouillage Hilfskessel m (für Schiffsbetrieb im Hafen oder auf Reede)
  c. multitubulaire Wasserrohrkessel m
  c. de précipitation Fällkessel m
  c. à rayonnement Strahlungskessel m
  c. de récupération Abhitzekessel m; Abgaskessel m
  c. sectionnée Teilkammerkessel m, Sektionalkessel m
  c. à un seul tube à flamme Einflammrohrkessel m
  c. à tube-foyer, c. à tubes de chauffe Flammrohrkessel m, Rauchrohrkessel m, Heizrohrkessel m
  c. à tubes d'eau Wasserrohrkessel m
  c. à tubes d'eau verticaux Steilrohrkessel m
  c. à tubes à flamme, c. à tubes de fumée s. c. à tube-foyer
  c. à tubes inclinés Schrägrohrkessel m
  c. tubulaire Langkessel m
  c. tubulaire inclinée Schrägrohrkessel m
  c. à vapeur Dampfkessel m; Dampfkesselanlage f
  c. verticale Steilrohrkessel m
chaudron m kleiner Kupferkessel m (mit Henkel)
chaudronnerie f Kesselherstellung f; Kesselschmiede f, Kesselbau m; Behälterbau m
chaudronnier m Kesselschmied m
chauffable heizbar
chauffage m Heizung f, Beheizung f; Erwärmung f; Erhitzen n, Anheizen n; Feuerung f; à c. direct direkt geheizt; à c. indirect indirekt geheizt
  c. par l'air Luftheizung f

chauffage

c. à l'air chaud Warmluftheizung f
c. par arc Lichtbogenheizung f
c. à arc électrique Lichtbogen(be)-heizung f
c. par batterie Batterieheizung f
c. à broyeur-projecteur Mühlenfeuerung f
c. central Zentralheizung f
c. central à eau chaude Warmwasserheizung f
c. au charbon Kohlenfeuerung f
c. au charbon pulvérisé Kohlenstaubfeuerung f
c. par courant alternatif Wechselstromheizung f
c. par courant continu Gleichstromheizung f
c. direct direkte Heizung f
c. par l'eau Wasserheizung f
c. par l'eau surchauffée Heißwasserheizung f
c. électrique Elektro(be)heizung f
c. à l'étage Stockwerkheizung f, Etagenheizung f
c. extérieur Außen(be)heizung f
c. du fond Bodenheizung f
c. au fuel-oil Ölheizung f, Ölfeuerung f
c. au gaz Gasfeuerung f, Gasheizung f
c. à gaz de générateur Generatorgasfeuerung f
c. à grille soufflée Unterwindrostfeuerung f
c. à haute fréquence Hochfrequenzheizung f
c. à l'huile s. c. au fuel-oil
c. indirect indirekte Heizung f
c. inductif (par induction) induktive Erwärmung f, Induktionsheizung f
c. à infrarouge Infrarotheizung f
c. intérieur Innen(be)heizung f
c. à longue distance Fernheizung f
c. de magasins Magazin(be)heizung f
c. au mazout s. c. au fuel-oil
c. par pertes diélectriques dielektrische Erwärmung f
c. du plasma Plasmaaufheizung f, Aufheizung f des Plasmas
c. par poêle individuel Einzelofenheizung f
c. par pompes Pumpenheizung f
c. au poussier (de charbon) Kohlenstaubfeuerung f
c. par rayonnement des plafonds Deckenstrahlungsheizung f
c. à régénération Regenerativfeuerung f
c. par resistance Widerstandsheizung f

c. à la vapeur Dampfheizung f
c. à vapeur sous vide Vakuumdampfheizung f
c. du vent Winderhitzen n
chauffe f 1. Feuerung f; Beheizung f, Heizung f; 2. Feuerraum m, Heizraum m
c. au charbon Kohlenfeuerung f
c. au charbon pulvérisé Kohlenstaubfeuerung f
c. mixte Mischfeuerung f
c. tangentielle Wirbelfeuerung f ⟨Kohlenstaubfeuerung⟩
chauffe-bain m Badeofen m
chauffe-eau m Boiler m, Heißwassergerät m
c. à accumulation Warmwasserspeicher m
c. instantané Durchlauferhitzer m
chauffe-liquide m Tauchsieder m
chauffé:
c. à bleu blauglühend
c. au charbon kohlebeheizt, kohlebefeuert
c. de l'extérieur außenbeheizt
c. au gaz gasbeheizt
c. au mazout ölbeheizt
c. au rouge rotglühend
chauffer beheizen, (an)heizen, feuern; erhitzen
chaufferie f Heizhaus n, Kesselhaus n; Heizanlage f, Kesselanlage f; Feuerung(sanlage) f
chauffeur m Heizer m, Kesselwart m; Lok(omotiv)heizer m
chaufour m Kalkofen m
chaufournerie f Kalkbrennerei f
chaulage f Kalkbehandlung f; Kalken n, Kalkdüngung f; Weißen n, Tünchen n
chauler mit Kalk behandeln; kalken, mit Kalk düngen; tünchen
chaumard m Verholklampe f
c. à galoche Lippklampe f
c. orientable Roll(endreh)klüse f
c. à rouleaux Rollenklampe f
chaussée f 1. Aufschüttung f, Damm m, Deich m; 2. Fahrdamm m, Fahrstraße f; Chaussee f
c. en béton Betonfahrbahn f
c. de (en) béton armé Stahlbetonfahrbahn f
c. légère Leichtfahrbahn f
chaux f Kalk m
c. anhydre gebrannter Kalk m, Branntkalk m
c. blutée Siebkalk m
c. cuite gebrannter Kalk m, Branntkalk m
c. dolomitique dolomitischer Kalk m

c. éteinte gelöschter Kalk m, Löschkalk m
c. hydraulique hydraulischer Kalk m
c. métallurgique Hüttenkalk m
c. vive Ätzkalk m
chavirement m Kentern n, Kenterung f
chavirer kentern, umschlagen
chef m; Leiter m, Chef m; Meister m; en c. leitend, Haupt-, Chef-
c. aiguilleur Stellwerkmeister m
c. d'atelier Werkmeister m, Meister m; Betriebsingenieur m
c. de chantier Bauleiter m
c. de dépôt Bahnbetriebswerksvorsteher m
c. d'équipe Brigadier m, Brigadeführer m, Vorarbeiter m
c. d'équipe de la voie Rottenführer m
c. d'études Chefkonstrukteur m, Hauptkonstrukteur m
c. de file de la série Nullschiff n
c. de four Ofenmeister m
c. de gare Bahnhofsvorsteher m
c. lamineur Walzenmeister m
c. de manœuvre 1. Rangiermeister m; 2. Absetzer m (Fallschirmsprung)
c. de manutention Lademeister m
c. mécanicien leitender Ingenieur m; leitender Maschinist m; leitender technischer Offizier m; Oberlok(omotiv)führer m
c. des méthodes Haupttechnologe m
c. de panneau Lukenviz m, Stauerviz m
c. du quart Wachleiter m
c. régulateur Zugüberwachungsleiter m
c. de sécurité Fahrdienstleiter m
c. de train Zugführer m
chef-foreur m Bohrmeister m
chef-lampiste m Lampenmeister m
chef-porion m Obersteiger m
chef-sondeur m Bohrmeister m
chemin m 1. Weg m, Straße f; 2. Bahn f
c. aérien Drahtseilbahn f
c. de câble Kabelweg m
c. critique kritischer Weg m, CMP-Methode f (Verfahren der Netzwerkplanung)
c. extérieur Außenring m (Wälzlager)
c. de fer Eisenbahn f
c. de fer à adhérence Reibungsbahn f
c. de fer aérien Hochbahn f
c. de fer campagne Feldbahn f
c. de fer ceinture Ringbahn f
c. de fer correspondant Anschlußbahn f
c. de fer à crémaillère Zahnradbahn f
c. de fer électrique elektrische Bahn f
c. de fer funiculaire Standseilbahn f

c. de fer industriel Industriebahn f
c. de fer d'intérêt général Hauptbahn f
c. de fer d'intérêt local Lokalbahn f, Nebenbahn f
c. de fer de jonction Verbindungsbahn f
c. de fer métropolitain Stadtbahn f; U-Bahn f, Untergrundbahn f
c. de fer minier Grubenbahn f
c. de fer monorail Einschienenbahn f
c. de fer de montagne Bergbahn f
c. de fer réduit Modelleisenbahn f
c. de fer secondaire Nebenbahn f
c. de fer souterrain Untergrundbahn f, U-Bahn f
c. de fer suspendu Schwebebahn f
c. de fer vicinal Kleinbahn f
c. de fer à voie étroite Schmalspurbahn f
c. de freinage Bremsweg m
c. de halage Leinpfad m
c. intérieur Innenring m (Wälzlager)
c. optique optische Weglänge f, Lichtweg m
c. parcouru en un tour Vorschubweg m je Umdrehung
c. de roulement 1. Laufschiene f (Fördertechnik); 2. Lauffläche f (Innen- oder Außenring eines Wälzlagers) 3. Kranbahn f; 4. Rollbahn f
c. de roulement aérien Hängebahn f
cheminée f Kamin m; Schornstein m; Rauchfang m
c. d'aération Luftschacht m
c. pour les buées Dunstkamin m
c. d'extinction d'arc Funkenlöschkamin m
c. du geyser Geysirschlot m
c. de minerai Erzschlauch m
c. d'usine Fabrikschornstein m
c. à (de) ventilation Lüftungskamin m
c. volcanique Kraterschlot m
cheminement m polygonal Polygonzug m
chemise f 1. Mantel m; Auskleidung f, Verkleidung f; 2. Zylinder(lauf)buchse f
c. (à circulation) d'eau Wassermantel m
c. humide nasse Zylinder(lauf)buchse f
c. de pompe Pumpenauskleidung f
c. de refroidissement Kühlmantel m
c. sèche trockene Zylinder(lauf)buchse f
c. en tôle d'acier Stahlmantel m
c. de travail Arbeitstasche f, Lauftasche f
c. à vapeur Dampfmantel m
chemise-classeur f Schnellhefter m

chenal *m* 1. Kanal *m*; Fahrrinne *f*, Fahrwasser *n* ⟨s. a. canal⟩; 2. ⟨Met⟩ Abstichrinne *f*
  c. d'accès Seekanal *m* ⟨zum Hafen⟩
  c. d'amerrissage Wasserlandebahn *f*
  c. de circulation Wasserrollbahn *f*
  c. de coulée Abstichrinne *f*
  c. de coulée de la fonte Roheisenabstichrinne *f*
  c. d'écoulement Abstichrinne *f*
  c. à laitier Schlackenrinne *f*
  c. de marée Wattrinne *f*
  c. navigable Fahrrinne *f*, Fahrwasser *n*
chéneau *m* Dachrinne *f*
  c. encaissé Standrinne *f*
chenillard *m* Kettentraktor *m*, Raupenschlepper *m*
chenille *f* Raupe[nkette] *f*
  c. niveleuse Planierraupe *f*
  c. de tirage Raupenabzug *m*, Abzugsraupe *f* ⟨Extrudieren⟩
cherche-pertes *m* **de courant** Erdschlußprüfer *m*
cherche-pôles *m* Polsucher *m*
chercher suchen; ⟨Min⟩ schürfen
chercheur *m* 1. Suchgerät *n*, Sucher *m*; Abtaster *m*; 2. s. projecteur; 3. Forscher *m*
  c. d'appel Anrufsucher *m*
  c. automatique de stations Sendersuchautomatik *f*
  c. de comètes Kometensucher *m*
  c. de méridien Meridiansucher *m*
  c. de position Ortungsgerät *n*
  c. du remotum Fernpunktsucher *m*
  c. de stations automatique à entraînement par moteur Motorsuchlaufautomatik *f*
cheval *m* Pferdestärke *f*
  c. effectif effektive Pferdestärke *f*
  c. au frein Bremspferdestärke *f*
  c. indiqué indizierte Pferdestärke *f*
chevalement *m* Abstützbock *m*, Gerüstbock *m*; Abstützung *f*, Verstrebung *f*, Gerüst *n*
  c. d'extraction, c. de mine Fördergerüst *n*
  c. de sondage Bohrturm *m*
chevalement-tour *m* Förderturm *m*
chevaler abstützen ⟨eine Mauer⟩
chevalet *m* 1. Bock[gerüst *n*] *m*; Gestell *n*; 2. Wagenheber *m*; 3. Fördergerüst *n*; 4. Sägebock *m*; 5. Schemel *m*; 6. Staffelei *f*
  c. de forage Bohrgerüst *n*
cheval-vapeur *m* Pferdestärke *f*
chevauchement *m* Überschiebung *f*, Überlappung *f*

chevaucher übereinandergreifen, übereinanderliegen, überlappen; aufschieben
chevêtre *m* Balkenwechsel *m*
chevillage *m* Verdübelung *f*; Verbolzung *f*; Verzapfung *f*
cheville *f* Dübel *m*; Pflock *m*; Stift *m*; Zapfen *m*; Bolzen *m*; Stöpsel *m*
  c. de contact Kontaktstöpsel *m*, Kontaktstift *m*
cheviller verbolzen; [ver]dübeln; verzapfen
chevillière *f* **de transport** Transportband *n*
chèvre *f* Hebezeug *n*, Hebebock *m*
chevron *m* Dachsparren *m*; Sparren *m*; **à chevrons** pfeilverzahnt
chevronnage *m* 1. Sparrenwerk *n*; 2. Legen *n* der Sparren
chicane *f* Prallplatte *f*; Baffle *n*; Strahlenschleuse *f*
chien *m* 1. Sperrklinke *f*; Sperrhaken *m* ⟨s. a. cliquet⟩; 2. ⟨Schiff⟩ Sliphaken *m* ⟨für Kurrleine⟩
chiffons *mpl* Lumpen *mpl*, Hadern *mpl*
chiffrable berechenbar
chiffraison *f* **renforcée** verstärkte Aufschrift *f*
chiffre *m* Ziffer *f*, Zahl *f*
  c. arabe arabische Ziffer *f*
  c. arabe famille didot Linie haltende Ziffer *f*
  c. arabe famille elzévir Mediävalziffer *f*
  c. binaire Binärziffer *f*
  c. Brinell Brinellzahl *f*
  c. en code décimal kodierte Dezimalziffer *f*
  c. de consommation Verbrauchszahl *f*
  c. de contrôle Kontrollziffer *f*
  c. décimal Dezimalziffer *f*; Dezimalstelle *f*
  c. décimal codé verschlüsselte Dezimalziffer *f*
  c. décimal codé binaire binärverschlüsselte Dezimalziffer *f*
  c. d'essai Kontrollbit *n*, Kontrollziffer *f*
  c. exact gültige Ziffer *f*
  c. fonctionnel funktionelle Ziffer *f*
  c. de parité Paritätsziffer *f*
  c. romain römisches Zahlenzeichen *n*
  c. significatif bedeutsame Ziffer *f*
chiffrement *m* Numerierung *f*; Verschlüsselung *f*; zahlenmäßige Berechnung *f*
chiffrer beziffern, numerieren; verschlüsseln; digitieren; zahlenmäßig berechnen
chiffreur Chiffrier-
chignons *mpl* Schaltenden *npl* ⟨einer Ankerspule⟩

chimie f Chemie f
  c. **agricole** Agrarchemie f
  c. **analytique** analytische Chemie f
  c. **appliquée** angewandte Chemie f
  c. **biologique** Biochemie f
  c. **des colloïdes** Kolloidchemie f
  c. **de comminution** Zerkleinerungschemie f
  c. **des éléments indicateurs (traceurs)** Tracerchemie f, Indikatorchemie f
  c. **industrielle** technische Chemie f
  c. **inorganique (minérale)** anorganische Chemie f
  c. **nucléaire** Kernchemie f
  c. **organique** organische Chemie f
  c. **physique** physikalische Chemie f
  c. **radio-active** Radiochemie f
  c. **sidérurgique** Eisenhüttenchemie f
  c. **textile** Textilchemie f
chimi(o)luminescence f Chemilumineszenz f
chimique chemisch
chimiste m Chemiker m
chitine f Chitin n
chlorage m Chloren n
chloral m Chloral n
chloramine f Chloramin n
chloranile m Chloranil n
chloraniline f Chloranilin n
chlorargyrite f ⟨Min⟩ Chlorargyrit m, Kerargyrit m, Hornsilber n, Silberhornerz n
chlorate m Chlorat n
  c. **de calcium** Kalziumchlorat n
  c. **de cuivre** Kupferchlorat n
  c. **de potassium** Kaliumchlorat n
chlorateur m Chlorierer m
chloration f Chlorierung f
chlore m Chlor n
  c. **actif** aktives Chlor n
  c. **gazeux** Chlorgas n
  c. **liquide** flüssiges Chlor n
  c. **résiduaire** Abchlor n, Restchlor n
chlorer chloren
chlorhydrate m Chlorhydrat n, Hydrochlorid n
chlorhydrine f Chlorhydrin n
chlorhydroquinone f Chlorhydrochinon n
chlorite m Chlorit n
  c. **de sodium** Natriumchlorit n
chloritisation f ⟨Geol⟩ Chloritisierung f
chlorobenzène m Chlorbenzol n
chlorofibre f Polyvinylchloridfaser f
chloroforme m Chloroform n
chlorométhane m Chlormethan n
chloronaphtalène m Chlornaphthalin n
chlorophylle f Chlorophyll n
chloroprène m Chloropren n

chlorurant m Chlorierungsmittel n
chloruration f Chlorierung f
chlorure m Chlorid n
  c. **d'acide** Säurechlorid n
  c. **d'alcali** Alkalichlorid n
  c. **d'ammonium** Ammoniumchlorid n
  c. **d'argent** Silberchlorid n
  c. **aurique** Goldchlorid n
  c. **de carbonyle** Phosgen n
  c. **de chaux** Chlorkalk m, Bleichkalk m
  c. **de chromyle** Chromylchlorid n, Chrom(IV)-oxidchlorid n
  c. **de cyanogène** Zyanchlorid n, Chlorzyan n
  c. **double** Doppelchlorid n
  c. **d'éthyle** Äthylchlorid n
  c. **ferreux** Eisen(II)-chlorid n
  c. **ferrique** Eisen(III)-chlorid n
  c. **d'hydrogène** Chlorwasserstoff m
  c. **de magnésium** Magnesiumchlorid n
  c. **métallique** Metallchlorid n
  c. **de mercure** Quecksilberchlorid n
  c. **de nitrosyle** Nitrosylchlorid n
  c. **d'or** Goldchlorid n
  c. **de polyvinyle, c. polyvinylique** Polyvinylchlorid n, PVC n
  c. **de potassium** Kaliumchlorid n
  c. **de sodium** Natriumchlorid n
  c. **de soufre** Schwefeldichlorid n
  c. **de vinyle** Vinylchlorid n
  c. **de zinc** Zinkchlorid n
choc m Stoß m, Zusammenstoß m ⟨s. a. collision⟩; Impuls m ⟨Zählrohr⟩
  c. **en arrière** Rückschlag m
  c. **central** zentraler (gerader) Stoß m
  c. **de courant** Stromstoß m
  c. **de deuxième espèce** Stoß m zweiter Art
  c. **direct** s. c. central
  c. **élastique** elastischer Stoß m
  c. **électrique** elektrischer Schlag m
  c. **électronique** Elektronenstoß m
  c. **gauche** schiefer Stoß m
  c. **inélastique** unelastischer Stoß m
  c. **des lames** Seeschlag m, Wellenschlag m
  c. **de manœuvre** Rangieranprall m
  c. **de la mer** s. c. des lames
  c. **normal** s. c. central
  c. **de première espèce** Stoß m erster Art
  c. **de tension** Spannungsstoß m
  c. **thermique** Abschrecken n ⟨von Kristallen⟩
choisir dans l'ordre aneinanderreihen
choix m **du caractère** Schriftwahl f
choke m Starterklappe f
choke-bore m Shoke-Bohrung f

cholestérol m Cholesterin n
choline Cholin n
chopper m Zerhacker m
choule f Trimmen n ⟨z. B. von Schüttgutladung⟩
chouler trimmen ⟨z. B. Schüttgutladung⟩
chouleur m Trimmer m ⟨z. B. bei Schüttgutladungen⟩
chromage m Verchromen n; Verchromung f
　c. brillant Glanzverchromen n
　c. dur Hartverchromen n
　c. thermique thermisches Verchromungsverfahren n
chromatage m Chromat[is]ieren n, Inchromieren n, Aufchromen n
chromate m Chromat n
　c. alcalin Alkalichromat n
　c. de baryum Bariumchromat n, Barytgelb n
　c. de plomb Chromgelb n
　c. de potasse Kaliumchromat n
chromaticité Farbart f
chromatique chromatisch
chromatisme m chromatische Aberration (Abweichung) f, Farbfehler m
　c. de grandeur Farbvergrößerungsfehler m, chromatische Vergrößerungsdifferenz f
　c. de position Farbortsfehler m, Farblängsfehler m, Farbschnittweitenfehler m
chromatographie f Chromatografie f
　c. d'adsorption Adsorptionschromatografie f
　c. en colonnes Säulenchromatografie f
　c. en couches minces Dünnschichtchromatografie f
　c. d'échange d'ions Ionenaustauschchromatografie f
　c. gazeuse Gaschromatografie f
　c. sur papier Papierchromatografie f
　c. de répartition Verteilungschromatografie f
chromatographique chromatografisch
chromatomètre m Chromatometer n
chromatopsie f Farbensehen n
chromer verchromen
chrominance f Chrominanz f, Farbigkeit f
chromisation f Aufchromen n, Inchromieren n, Chromatisieren n
chromiser aufchromen, chromatisieren, inchromieren
　c. par diffusion inchromieren, chromdiffundieren
chromite f Chromit m, Chromeisenerz n
chromogène chromogen

chromolithographie f Chromolithografie f
chromomètre m Kolorimeter n, Farbmesser m
chromométrie f Kolorimetrie f, Farbmessung f
chromophore m Chromophor m, chromophore Gruppe f
chromoscope m Farbfernsehbildröhre f, Chromoskop n
chromosphère f Chromosphäre f
chromotyp[ograph]ie f Chromotypie f; Mehrfarbendruck m
chronographe m Zeitschreiber m; Stoppuhr f
chronologie f Zeitrechnung f
　c. géologique geologische Zeitrechnung f
chronométrage m Zeitmessung f, Zeitnahme f
chronomètre m Chronometer n
　c. atomique Atomuhr f
　c. à quartz Quarzuhr f
　c. synchrone Synchronuhr f
chronométreur m Zeitnehmer m
chutage m Werkstoffverlust m bei Bearbeitung, Abfall m
chute f 1. Fall[en n] m; Abfall m; 2. Gefälle n; Neigung f; Gefällhöhe f; 3. Abfall[span] m; 4. ⟨Typ⟩ Papierabschnitt m ⟨größerer Rest⟩; 5. ⟨Text⟩ Arbeitsstelle f, System n, Schloß n; Fadenführer m; **en c.** fallend
　c. d'activité Aktivitätsabfall m
　c. anodique Anodenfall m
　c. dans l'arc Lichtbogenspannungsabfall m, Brennspannung f ⟨Gleichrichter⟩
　c. de blocs Steinfall m
　c. de blooms Blockschrott m
　c. brusque de potentiel Potentialsprung m
　c. cathodique Katodenfall m
　c. d'eau Wasserfall m; Gefälle [-höhe f] n
　c. inductive de tension induktiver Spannungsabfall m
　c. libre 1. freier Fall m; 2. Freifallvorrichtung f ⟨am Bohrgerät⟩
　c. ohmique de tension ohmscher Spannungsabfall m
　c. de pierres Steinschlag m
　c. de potentiel Spannungsabfall m, Spannungsgefälle n, Potentialabfall m, Potentialgefälle n
　c. de pression Druckabfall m
　c. de réactivité Reaktivitätsabfall m
　c. de roches Bergschlag m

c. de température Temperaturabfall *m*
c. de tension *s*. c. de potentiel
c. de tension cathodique Katodenspannungsabfall *m*
c. de tension continue Gleichspannungsabfall *m*
c. de vitesse Drehzahlabfall *m*
basse c. Niederdruck *m* ⟨Wasser⟩
haute c. Hochdruck *m* ⟨Wasser⟩
cible *f* Ziel *n*; Zielscheibe *f*; ⟨Kern⟩ Target *n*, Auffänger *m*
c. de radar Radarziel *n*
ciel *m* 1. Decke *f* ⟨z. B. eines Kessels⟩; 2. ⟨Brg⟩ Hangendes *n* ⟨s. a. toit 2.⟩
cigale *f* Röhring *m* ⟨z. B. am Anker⟩
cimaise *f* Abschlußleiste *f*, Brüstungsleiste *f*, Gesimsleiste *f*; Hohlkehlleiste *f*
ciment *m* Zement *m*
   c. **alumineux fondu** Schmelzzement *m*
   c. **blanc** weißer Zement *m*
   c. **expensif** Quellzement *m*
   c. **de fer** Eisenportlandzement *m*
   c. **de haut fourneau** Hochofenzement *m*, Schlackenportlandzement *m*
   c. **à haute résistance initiale** schnell(er)härtender Zement *m*
   c. **de laitier** Schlackenzement *m*, nicht aus Klinkern hergestellter Zement *m*
   c. **de laitier à la chaux** Kalk-Schlacken-Zement *m*
   c. **de laitier du haut fourneau** Hochofenschlackenzement *m*
   c. **à maçonner** Mauerzement *m*
   c. **métallurgique mixte** gemischter Hüttenzement *m*
   c. **naturel** Naturzement *m*, natürlicher Zement *m*
   c. **portland artificiel** Portlandzement *m* ⟨mit Gipszusatz⟩
   c. **portland artificiel aux cendres volantes** Flugaschenzement *m* ⟨Zusatz bis 20 %⟩
   c. **portland artificiel au laitier** Hochofenschlackenzement *m* ⟨Zusatz bis 20 %⟩
   c. **portland artificiel à la pouzzolane** puzzolanischer Portlandzement *m*, Puzzolanzement *m* ⟨Zusatz bis 20 %⟩
   c. **à prise lente** Langsambinder *m*
   c. **à prise rapide, c. prompt** Schnellbinder *m*
   c. **sans retrait** schwindfreier (nichtschwindender) Zement *m*
   c. **de Sorel** Sorelzement *m*
   c. **sursulfaté** Sulfathüttenzement *m*
ciment-amiante *m* Asbestzement *m*
cimentation *f* Zementation *f*
   c. **de lentilles** Verkittung *f* von Linsen

cimenter zementieren; verkitten
ciment-gun *m* Torkretbeton *m*
cinabre *m* Zinnober *m*
cinéendoscopie *f* kinematografische Endoskopie *f*
cinémascope *m* Cinemaskop *n*
cinématique kinematisch
cinématique *f* Kinematik *f*
cinématographie *f* Kinematografie *f*
   c. **en accéléré** Zeitrafferkinematografie *f*
   c. **au ralenti** Zeitlupenkinematografie *f*
cinémo-derivomètre *m* Abtriftmesser *m*
cinéradiographie *f* Röntgenkinematografie *f*
cinérama *m* Panoramalichtspieltheater *n*
cinétique kinetisch
cinétique *f* Kinetik *f*
cinglage *m* Ausschmieden *n* ⟨von Schweißluppen⟩
cingler ausschmieden ⟨Schweißluppen⟩
cintrage *m* Biegen *n*, Krümmen *n*, Wölben *n*, Schweifen *n*; Biegung *f*, Krümmung *f*, Wölbung *f*, Schweifung *f*
   c. **du bois** Holzbiegen *n*
   c. **à froid** Kaltbiegen *n*
cintre *m* 1. Bogen *m*; Rundung *f*, Wölbung *f*; 2. Lehrbogen *m*; Lehrgerüst *n*; 3. Streckenbogen *m*
plein c. *m* Rundbogen *m*
cintrer (rund)biegen, krümmen, [über]wölben, schweifen
   c. **à chaud** warmbiegen
   c. **à froid** kaltbiegen
cintreuse *f* Biegemaschine *f* ⟨s. a. machine à cintrer⟩
   c. **hydraulique** hydraulische Biegemaschine *f*
   c. **de rails** Schienenbiegemaschine *f*
   c. **pour tôle** Blechbiegemaschine *f*
   c. **pour tube** Rohrbiegemaschine *f*
circlip(s) *m* Sprengring *m*, Seegerring *m*, Sicherungsring *m*, Sg-Ring *m*
   c. **à ressort** Drahtsprengring *m*
circonférence *f* Umfang *m*; Kreisumfang *m*
circonscription *f* Umschreibung *f*
circonscrire umschreiben
circonscrit umbeschrieben ⟨Kreis⟩
circonvolution *f s.* révolution
circuit *m* 1. Kreis *m*; Kreislauf *m*; Kreisprozeß *m* ⟨s. a. cycle⟩; 2. Schaltung *f*, Stromkreis *m*; Leitung *f* ⟨s. a. montage 5.; réseau; système⟩; **à c. magnétique fermé** eisengeschlossen ⟨Instrument⟩
   c. **d'abonnement** Mietleitung *f*
   c. **d'absorption** Absorptionskreis *m*, Saugkreis *m*

circuit 140

c. d'accord Abstimmkreis m
c. accordé abgestimmter Kreis m
c. additionneur Additionsschaltung f
c. d'aérage Wetterweg m
c. d'air de réfrigération Kühlluftkreislauf m
c. d'alimentation Speisestromkreis m
c. d'amortissement, c. amortisseur Dämpfungskreis m; Löschkreis m
c. analogique analoge Schaltung f, Analogschaltung f
c. d'anode Anodenstromkreis m
c. d'anticoïncidence Antikoinzidenzschaltung f, Antikoinzidenzkreis m
c. antioscillatoire Beruhigungskreis m
c. antirésonnant Parallelschwingkreis m
c. d'appel Rufschaltung f
c. approprié Simultanleitung f
c. artificiel Kunstschaltung f
c. auxiliaire Hilfsstromkreis m
c. de balayage de lignes Zeilenkippschaltung f
c. de base de temps Zeitablenkschaltung f
c. bistable bistabile Schaltung f
c. bouchon Sperrkreis m
c. de chauffage Heizstromkreis m
c. clignotant Blinkschaltung f
c. de codage Kodierschaltung f
c. à coïncidence Koinzidenzschaltung f, Koinzidenzkreis m
c. de commande Steuerkreis m; Betätigungsstromkreis m
c. comparateur Komparatorschaltung f, Vergleichsschaltung f
c. de compensation Ausgleichsschaltung f, Ausgleichsstromkreis m
c. de comptage Zählschaltung f
c. de conférence Konferenzschaltung f
c. contre-distorsif Entzerrerschaltung f
c. de contrôle Kontrollschaltung f
c. de conversion de phase Phasenumkehrschaltung f
c. à couches minces Dünnschichtschaltung f
c. de coupure Löschschaltung f, Löschkreis m
c. de courant Stromkreis m
c. à courant alternatif Wechselstromkreis m
c. à courant continu Gleichstromkreis m
c. pour courant fort Starkstromleitung f
c. de décharge Entladungs[strom]kreis m, Entladekreis m
c. de décision Entscheidungsschaltung f

c. à déclenchement Trigger[schaltung f] m
c. de décodage, c. décodeur Dekodierschaltung f; Umsetzer m
c. de découplage Entkopplungskreis m
c. de démarrage Anlasserkreis m, Anlasserschaltung f
c. démultiplicateur Untersetzerschaltung f
c. de départ Ausgangs[strom]kreis m, Abgangsstromkreis m; Ausgangsleitung f
c. déphaseur Phasenschieber[kreis] m
c. dérivé Nebenschlußstromkreis m
c. différentiateur (de différentiation) Differenzierglied n, Differenzierschaltung f
c. digital digitale Schaltung f, Digitalschaltung f
c. de dilution d'huile Kaltstartanlage f, Ölverdünnungsanlage f
c. à diode Diodenschaltung f
c. de distribution Verteiler[strom]kreis m
c. d'eau de réfrigération Kühlwasserkreislauf m
c. d'Eccles et Jordan Eccles-Jordan-Schaltung f
c. d'échelle Untersetzerschaltung f
c. d'enroulement d'induit Ankerstromzweig m
c. d'entrée Eingangs[strom]kreis m
c. d'équilibrage Kompensationsschaltung f, Ausgleichszweig m
c. équivalent Ersatzschaltung f, äquivalente Schaltung f, Ersatzstromkreis m
c. d'essai Prüfschaltung f, Prüfkreis m
c. ET UND-Schaltung f
c. d'étouffement s. c. d'extinction
c. A L'EXCEPTION DE UND-NICHT-Schaltung f
c. d'excitation Erregerkreis m
c. expérimental Versuchsschleife f
c. d'extinction Löschschaltung f, Löschkreis m ⟨Zählrohr⟩
c. fantôme Phantomschaltung f, Phantomkreis m
c. fermé 1. geschlossene Schaltung f, geschlossener Stromkreis m, Ruhestromkreis m; 2. geschlossener Prozeß (Kreislauf) m
c. de filtrage Siebschaltung f, Siebkreis m
c. filtre Filterkreis m, Siebkette f
c. à filtre passe-bande Bandfilterkreis m
c. flip-flop Flipflopschaltung f
c. de force Kraftstromkreis m

c. **forcé** Zwangsumlauf m
c. **fréquence intermédiaire** Zwischenfrequenzkreis m, ZF-Kreis m
c. **de graissage** Schmierölkreislauf m, Schmierölsystem n
c. **de grille** Gitterkreis m
c. **grille à la masse** Gitterbasisschaltung f
c. **(à) haute fréquence** Hochfrequenzkreis m, HF-Kreis m
c. **à haute tension** Hochspannungskreis m
c. **d'huile de graissage** s. c. de graissage
c. **hybride à couches minces** Dünnschichthybridschaltung f
c. **imprimé** gedruckte Schaltung f
c. **inducteur** Induktorkreis m, Feldstromkreis m
c. **d'induit** Ankerstromkreis m
c. **d'injection** Spülungskreislauf m
c. **intégré** integrierte Schaltung f
c. **intégré à semi-conducteurs** integrierte Halbleiterschaltung f
c. **d'interrupteur** Schalterstromkreis m
c. **LC** LC-Glied n
c. **Lecher** Lecher-Leitung f, L-Leitung f, Lecher-System n
c. **limiteur** Begrenzerschaltung f, Begrenzerkreis m
c. **linéaire** lineare Schaltung f
c. **logique** logische Schaltung f, Logikschaltung f, Logikkreis m
c. **magnétique** Magnetkreis m, Eisenkreis m
c. **de maintien** Haltestromkreis m
c. **matriciel** Matrixkreis m ⟨Farbfernsehen⟩
c. **de mesure** Meßkreis m
c. **microphonique** Mikrofonkreis m
c. **de mise en forme** Impulsformer m
c. **monolithique** monolithische Schaltung f
c. **monophasé** Einphasenkreis m
c. **de monorail** kreisförmige Kranschiene f
c. **monostable** monostabile Schaltung f
c. **moyenne fréquence** Zwischenfrequenzkreis m, ZF-Kreis m
c. **multicouches** Vielschichtschaltung f
c. **négadyne** Negadynschaltung f
c. **de neutralisation** Neutralisationsschaltung f, Neutralisationskreis m
c. **NI/NI** WEDER-NOCH-Schaltung f
c. **NON** NICHT-Schaltung f, Negatorschaltung f
c. **non accordé** nichtabgestimmter Kreis m

c. **non linéaire** nichtlineare Schaltung f
c. **oscillant** Schwingkreis m
c. **oscillant fermé** geschlossener Schwingkreis m
c. **oscillant de grille** Gitterschwingkreis m
c. **oscillant ouvert** offener Schwingkreis m
c. **oscillateur** Oszillatorschaltung f, Oszillatorkreis m
c. **oscillateur de Huth-Kuehn** Huth-Kühn-Schaltung f
c. **OU** ODER-Schaltung f
c. **ouvert** 1. offene Schaltung f, offener Stromkreis m, Arbeitsstromkreis m; 2. offener Prozeß (Kreislauf) m
c. **parallèle** Parallelstromkreis m
c. **PAS-ET** UND-Schaltung f
c. **piège (d'onde)** Saugkreis m
c. **de porte** Torschaltung f
c. **en pot** Topfkreis m
c. **primaire** Primär(strom)kreis m
c. **primaire de refroidissement** erster Kreislauf m, Primärkreislauf m
c. **principal** Hauptstromkreis m, Starkstromkreis m
c. **RC** RC-Glied n
c. **à réaction** Rückkopplungskreis m
c. **redresseur** Gleichrichterschaltung f
c. **de référence** Bezugsstromkreis m, Eichkreis m; Eichleitung f
c. **de refroidissement** Kühl(mittel)kreislauf m, Kühl(mittel)system n
c. **de réglage, c. régulateur** Regelkreis m
c. **rejeteur** Sperrkreis m
c. **relais** Relais(strom)kreis m
c. **de repos** Ruhestromkreis m
c. **de résonance** Resonanzkreis m
c. **de résonance parallèle** Parallelresonanzkreis m
c. **résonnant** Resonanzkreis m
c. **résonnant en série** Reihenresonanzkreis m, Serienresonanzkreis m
c. **de retard** Verzögerungsschaltung f, Verzögerungskreis m
c. **de retour** Rückleitung f
c. **à (de) retour par la terre** Erdrückleitung f
c. **RL** RL-Glied n
c. **rotorique** Läuferkreis m
c. **de sauvegarde** Notstromkreis m
c. **secondaire** Sekundärkreis m
c. **secondaire de refroidissement** zweiter Kreislauf m, Sekundärkreislauf m
c. **à sécurité intrinsèque** eigensicherer Stromkreis m

circuit   142

c. de sélection des anticoïncidences s. **c. d'anticoïncidence**
c. de sélection des coïncidences s. **c. à coïncidence**
c. de séparation Pufferkreis m
c. séquentiel sequentieller Kreis m, sequentielle Schaltung f
c. en série Serienschaltung f, Serienkreis m
c. de sortie Ausgangs[strom]kreis m
c. synchronisant Synchronisierschaltung f
c. de tampon Pufferkreis m
c. de téléphones de commandement Betriebstelefonanlage f
c. téléphonique Fernsprechleitung f
c. de téléscription Fernschreibleitung f
c. de tension Spannungspfad m
c. de terre geerdete Leitung f
c. terrestre Erdschleife f
c. de transit Durchgangsleitung f
c. trigger Trigger[schaltung f] m
c. unifilaire Eindrahtleitung f
c. utilisateur Verbraucherstromkreis m
c. de voie Gleichstromkreis m
circuits mpl
c. de fret liquide Ladeleitungen fpl; Ladeölleitungen fpl ⟨z. B. auf Tankern⟩
c. de réglage couplés verkoppelte Regelkreise mpl
circulaire kreisrund, kreisförmig
circularité f Rundheit f
circulation f 1. Umwälzung f; Umwälzen n, Umlauf m, Zirkulation f; 2. Verkehr m; 3. Befahren n
c. aérienne Luftverkehr m
c. d'aérodrome Flughafenverkehr m
c. d'air Luftumwälzung f
c. d'air provoquée erzwungene Luftumwälzung f
c. des berlines ⟨Brg⟩ Wagenumlauf m
c. contrôlée Zwangumlauf m ⟨z. B. Dampfkessel⟩
c. d'eau Wasserumlauf m
c. de l'électrolyte Elektrolytumlauf m
c. giratoire Kreisverkehr m
c. d'huile Ölumlauf m, Schmierölumlauf m
c. mixte Mischstraßenverkehr m
c. naturelle natürlicher Umlauf m
c. en navette Pendelverkehr m
c. des trains Zugverkehr m
c. de transit Durchgangsverkehr m
circuler umlaufen, umwälzen, zirkulieren
cire f Wachs n
c. d'abeilles Bienenwachs n
c. à cacheter Siegellack m
c. de lignite Montanwachs n

c. minérale Mineralwachs n
c. de montan Montanwachs n
c. de paraffine, c. paraffinique Paraffinwachs n
ciré m Ölzeug n
cirer wachsen; bohnern; glänzen
cireuse f Wachsmaschine f; Bohnermaschine f
cireuse-brosseuse f Bohnermaschine f
cireux wachsartig
cirque m Talkessel m
c. composé ⟨Geol⟩ Großkar n
cis-addition f ⟨Ch⟩ cis-Addition f
cisaillage m Beschneiden n
cisaille f Schere f, Blechschere f, Tafelschere f ⟨Maschine⟩
c. pour billettes Knüppelschere f
c. pour billettes et largets Knüppel- und Platinenschere f
c. à blooms Blockschere f
c. à brames Brammenschere f
c. à carton Pappschere f
c. circulaire Kreis[blech]schere f
c. circulaire à carton Pappkreisschere f
c. crocodile Alligatorschere f
c. à ébavurer Säumschere f, Besäumschere f
c. à grignoter, c. grignoteuse Aushauschere f
c. à guillotine Parallelschere f; Kurbelschere f; Tafelschere f
c. à levier Hebelschere f
c. à manivelle Kurbelschere f
c. à molettes Kreismesserschere f
c. à profilés Profilschere f
c. à rogner les bords s. **c. à ébavurer**
c. à tronçonner Abschneidschere f, Abstechschere f
c. volante (à volants) Schwungradschere f, fliegende Schere f
cisaillement m 1. Scherung f, Abscherung f; Abscheren n, Schub m; 2. Schubkraft f, Scherkraft f; 3. Schneiden n, Abschneiden n; 4. Gleiskreuzung f
c. du vent Windscherung f
cisaille-poinçonneuse f Scher- und Lochmaschine f
cisailler 1. [ab]scheren; 2. [ab]schneiden, beschneiden
cisailles fpl 1. Schere f ⟨Werkzeug⟩; 2. Gleiskreuzung f
cisailleuse f Metallschere f ⟨Maschine⟩
ciseau m Meißel m, Beitel m, Schneide f, Stemmeisen n
c. fort Stechbeitel m
ciseaux mpl Schere f ⟨Werkzeug⟩
c. à boutonnières Knopflochschere f

classement

c. de coupe Schneiderschere f; Haarschneideschere f
c. à effiler Effilierschere f
citerne f Zisterne f; Wasserspeicher m ⟨für Regenwasser⟩; Bunker m, Vorratsschrank m; Tank m; Zelle f ⟨s. a. cale, réservoir, tank⟩
c. active aktiver Schlingerdämpfungstank m
c. antiroulis Schlingerdämpfungstank m
c. de ballast Ballasttank m, Ballastzelle f
c. de bande Krängungstank m
c. caoutchoutée gummierter Kessel m
c. de cargaison Ladetank m
c. centrale Mitteltank m
c. à combustible Brennstoffbunker m, Treibölbunker m, Brennstoffvorratstank m, Treibölvorratstank m, Treibstofftank m
c. de double-fond Doppelbodentank m
c. d'été Sommertank m
c. Flume Flume-Stabilisierungstank m
c. Frahm antiroulis Frahmscher Schlingerdämpfungstank m
c. à fret Ladetank m
c. inactive passiver Schlingerdämpfungstank m
c. latérale Seitentank m
c. latérale supérieure Wingtank m
c. de lestage s. c. de ballast
c. passive s. c. inactive
c. à pétrole Ladeöltank m
c. à poisson Fischbehälter m, Fischtank m ⟨Ladetank⟩
citrate m Zitrat n
civette f Zibet n
civettone f Zibeton n
claie f Wässerungsgestell n ⟨Filmentwicklung⟩
clairçage m Klärung f ⟨Zuckerherstellung⟩
claircir abklären ⟨Zuckerherstellung⟩
claire-voie f Oberlicht n, Skylight n
clame f Spannfinger m
clapet m Klappe f; Ventil n ⟨s. a. valve; soupape⟩
c. d'aération Lüftungsklappe f
c. annulaire Ringventil n
c. antiretour Rückschlagventil n
c. d'aspiration Saugventil n
c. à billes Kugelventil n
c. de coque Außenhautabsperrklappe f
c. différentiel Differentialklappe f
c. double Doppelklappe f ⟨Stauregelung⟩

c. de drainage Kraftstoffabblaseventil n
c. d'échappement Auslaßklappe f
c. d'étranglement Drosselklappe f
c. de fermeture Verschlußklappe f
c. de minimum de pression Leerlaufventil n
c. de non-retour Rückschlagventil n
c. pilote Steuerklappe f
c. de ralenti Kraftstoffzufuhrunterbrecher m; Leerlaufventil n
c. de refoulement Druckventil n
c. de retenue Rückschlagklappe f; Gegendruckventil n
c. simple einfache Klappe f ⟨Stauregelung⟩
c. de sûreté Sicherheitsklappe f
claquage m ⟨El⟩ Durchschlag m
c. de collecteur Kollektordurchbruch m ⟨Transistor⟩
claquements mpl Knacken n
claquer ⟨El⟩ durchschlagen
clarifiant klärend, Klär-
clarifiant m Klärmittel n
clarificateur m Klärer m; Reiniger m; Klärapparat m; Klarifikator m; Absetzgefäß n
c. circulaire Rundklärer m
c. horizontal Horizontalklärer m
clarification f Klärung f; Reinigung f; Läuterung f; Raffination f
c. des eaux résiduaires Abwasserreinigung f, Abwasserklärung f
clarifier [ab]klären; reinigen; [ab]läutern
clarté f 1. ⟨Opt⟩ Helligkeit f, Grundhelligkeit f; Flächenhelle f; 2. ⟨Text⟩ Klarheit f; Weißgehalt m
classage m Separieren n, Scheiden n ⟨Papierherstellung⟩
classe f Klasse f; ⟨Math⟩ Ordnung f; à c. unique Einklassen-
c. A A-Verstärkung f ⟨Elektronenröhre⟩
c. B B-Verstärkung f ⟨Elektronenröhre⟩
c. C C-Verstärkung f ⟨Elektronenröhre⟩
c. cabine Kabinenklasse f
c. cristalline (cristallographique, de cristaux) Kristallklasse f
c. économique Ökonomieklasse f
c. d'équivalence Äquivalenzklasse f
c. de précision Genauigkeitsklasse f
c. de qualité Güteklasse f
c. de symétrie Symmetriegruppe f; Punktgruppe f; Kristallklasse f
classement m Einordnung f; Einteilung f; Klassifikation f; Klassieren n; Klassierung f; Sortierung f
c. des bois Holzsortierung f

classement

 c. granulométrique Kornklassierung *f*
 c. des minerais Klassierung *f* der Erze
classer [ein)ordnen; einteilen; Klasse erteilen, klassifizieren; klassieren; sortieren; sichten
classeur *m* 1. Sortiermaschine *f*, Sichtmaschine *f* ⟨Papierherstellung⟩; 2. ⟨Büro⟩ Ordner *m*
 c. à fiches visibles Sichtkartei *f*
 c. à plats vibrants Schüttelsortierer *m*
 c. à rideaux en bois Rollschrank *m*
 c. en spirale Spiralklassierer *m*
 c. tourbillonnaire Turbolöser *m*
classeuse *f* **totalisatrice** Rechenhalbautomat *m*
classificateur *m* Klassierer *m* ⟨insbesondere Erze⟩
 c. à chaine à raclettes Kratzbandklassierer *m*
 c. à râteaux Rechenklassierer *m*
 c. à sec Trockenklassierer *m*
 c. à vis (sans fin) Schraubenklassierer *m*
 c. par voie humide Naßklassierer *m*
classification *f* Klassifikation *f*, Klassifizierung *f*
 c. en bloc Gruppensortierung *f*
 c. des bois Holzsortierung *f*; Holzklassifizierung *f*
 c. décimale (universelle) Dezimalklassifikation *f*
 c. granulométrique Korngrößenverteilung *f*
 c. périodique des éléments periodisches System *n* der Elemente, Periodensystem *n*
classifier klassifizieren
clastique ⟨Geol⟩ klastisch
claubage *m* Klauben *n*
clavet(t)age *m* Verkeilen *n*; Keilverbindung *f*
clavette *f* Keil *m*, Einlegekeil *m*; Paßfeder *f*
 c. d'ajustage Paßkeil *m*, Paßfeder *f*
 c. chassée (conique) Treibkeil *m*
 c. creuse Hohlkeil *m*
 c. encastrée Einlegekeil *m*
 c. de guidage Gleitstein *m*
 c. de gypse Gipskeil *m*
 c. longitudinale Längskeil *m*
 c. mobile Ziehkeil *m*
 c. parallèle *s. c.* d'ajustage
 c. plate Flachkeil *m*
 c. de quartz Quarzkeil *m*
 c. de réglage Nachstellkeil *m*
 c. à talon Nasenkeil *m*
 c. tangentielle Tangentkeil *m*
 c. de tension Spannkeil *m*

 c. tournante Drehkeil *m* ⟨Kupplung⟩
 c. transversale Querkeil *m*
 c. Woodruff Scheibenfeder *f*
clavet(t)er verkeilen
claviature *f* Rohrverzweigung *f*
clavier *m* 1. Klaviatur *f*, Tastatur *f*; Tastapparat *m*; 2. Schlüsselbund *n*
 c. alphabétique Buchstabentastatur *f*
 c. alphanumérique alphanumerische Tastatur *f*
 c. annexe Zusatztastatur *f*
 c. des chiffres Zahlentastatur *f*
 c. de commande Steuertastatur *f*
 c. dactylographique Volltextschreibeinrichtung *f*
 c. d'écriture Schreibtastatur *f*
 c. numérique Zahlentastatur *f*
 c. des symboles Symboltastatur *f*
 c. de tabulateur Tabulatortastatur *f*
 plein c. Volltastatur *f*
claviste *m* Mono[type]setzer *m*
clé *f* 1. Schraubenschlüssel *m*; 2. Schlüssel *m*; Küken *n* ⟨Hahn⟩; 3. Taste *f*
 c. anglaise Engländer *m*, Franzose *m*; verstellbarer Schraubenschlüssel *m*
 c. à anneau Ringschlüssel *m*
 c. d'appel Rufschalter *m*, Ruftaste *f* ⟨Telefon⟩
 c. d'arrêt Haltetaste *f*
 c. à choc Schlagschrauber *m*
 c. à choc électrique Elektroschlagschrauber *m*
 c. à choc pneumatique Druckluftschlagschrauber *m*
 c. à cliquet Knarrenschlüssel *m*
 c. d'un code Kodierschlüssel *m*
 c. de contact Zündschlüssel *m*
 c. à crémaillère Franzose *m*
 c. à douille Steckschlüssel *m*
 c. dynamométrique Drehmomentschraubenschlüssel *m*
 c. d'écoute Mithörschalter *m*, Mithörtaste *f*; Abfrageschalter *m*, Abfragetaste *f*
 c. d'enroulement Filmschlüssel *m*
 c. de microphone Mikrofontaste *f*
 c. de mise en marche Starttaste *f*
 c. à molette *s. c.* anglaise
 c. ouverte (plate) Maulschlüssel *m*, Gabelschlüssel *m*
 c. de serrage Schraubenschlüssel *m*
 c. de trucage Tricktaste *f*
 c. à tube, c. tubulaire Rohrschlüssel *m*, Steckschlüssel *m*
 c. universelle Universal(schrauben)schlüssel *m*
 c. de voûte Schlußstein *m*
clef *f* *s.* clé

clenche f Klinke f
clic m Knacken n, Knackgeräusch n
clichage m ⟨Typ⟩ Guß m, Abguß m; ⟨Brg⟩ Anschlagen n
cliché m 1. ⟨Typ⟩ Klischee n; Druckstock m, Druckform f; 2. Bild n, Aufnahme f; Negativ n; 3. Röntgenaufnahme f, Röntgenbild n; 4. ⟨Met⟩ Form f, Kokille f
  c. à-plat Tonplatte f
  c. d'archives Archivbild n
  c. en caoutchouc Gummiklischee n
  c. combiné trait-simili Strichklischee n mit einkopiertem Raster
  c. de diffraction X Röntgenbeugungsaufnahme f, Röntgenbeugungsbild n
  c. enroulé (enveloppant) Wickelplatte f
  c. en matière plastique Kunststoffklischee n
  c. négatif Negativklischee n
  c. offset Offsetdruckplatte f
  c. avec passe-partout ausgeklinktes Klischee n
  c. plastique Kunststoffklischee n
  c. plat Flachform f
  c. Semperit Semperit-Klischee n
  c. au trait Strichklischee n
  c. zinc mince Dünnzinkklischee n
clicheur m Klischeur m, Chemigraf m
clignotant mit Flackerlicht ⟨z. B. Störungsanzeige⟩
clignotant m Blink[geb]er m
clignoter blinken
clignoteur Blink[geb]er m
  c. à contacts secs Blinkrelais n mit in Luft schaltenden Kontakten
  c. à mercure Blinkrelais n mit Quecksilberschaltröhre
climat m:
  c. artificiel künstliches Klima n
  c. de contrôle Prüfklima n
climatisation f Klimatisieren n; Klimatisierung f; Klimatechnik f
climatiser klimatisieren
climatiseur klimatisch, Klima-
climatiseur m Klimaanlage f, Klimagerät n
clinche f s. clenche
clinker m Klinker m
  c. asphalte Klinkerasphalt m
  c. de dolomie Dolomitklinker m
clinomètre m Steigungsmesser m, Neigungsmesser m, Klinometer n, Inklinometer n
clinquant m Folie f
cliquet Sperrklinke f, Ratsche f, Schaltklinke f, Klinke f, Sperrhaken m

  c. d'arrêt Arretierklinke f
  c. de blocage Sperrklinke f
  c. d'embrayage Winkelhebel m
  c. à rouleau Rollenklinke f, Klemmrolle f
cliquetage m Gesperre n
cliquetis m Klingeln n ⟨eines Motors⟩
clivable spaltbar
clivage m Spaltbarkeit f; Spaltung f
  c. ardoisier Transversalschieferung f
  c. de cristaux Spaltbarkeit f von Kristallen; Spaltung f von Kristallen
  c. imparfait undeutliche Spaltbarkeit f
  c. linéaire lineare Spaltbarkeit f
  c. octaédrique oktaedrische Spaltbarkeit f
  c. parfait vollkommene Spaltbarkeit f
  c. prismatique prismatische Spaltbarkeit f
  c. rhomboédrique rhomboedrische Spaltbarkeit f
  faible c. schlechte Spaltbarkeit f
cliver spalten
cloche f 1. Glocke f, Kuppel f; 2. Glocke f; Läutewerk n; 3. ⟨Ch⟩ Glocke f; 4. Hutstumpen m; 5. Spillkopf m; 6. ⟨Brg⟩ Sargdeckel m
  c. à air Windkessel m
  c. d'alarme Alarmglocke f
  c. du cabestan Spillkopf m
  c. d'éboulement Sargdeckel m
  c. de four à recuire Glühhaube f
  c. à fritter sous vide Vakuumsinterglocke f
  c. de guidage Führungsglocke f
  c. de haut fourneau Gichtglocke f
  c. isolante Porzellanisolator m
  c. de plongée, c. à plongeur Tauch[er]glocke f
  c. à suspension Glockenisolator m
  c. à vide Vakuumglocke f; Rezipientenglocke f
  double c. Doppelglockenisolator m
cloison f 1. Trennwand f, Zwischenwand f; 2. Bretterverschlag m; Verschlag m; 3. Schott[wand f] n
  c. d'abordage Kollisionsschott n
  c. d'aérage Wetterscheider m
  c. antiballast Tankunterteilung f
  c. avant Frontschott n
  c. bardis Getreideschott n, Kornschott n
  c. de Bloch Blochwand f, Blochsche Wand f
  c. en charpente Fachwerkwand f
  c. de compartiment à combustible Bunkerschott n, Tankschott n ⟨Treibstofftank⟩

cloison 146

c. de compartiment de lestage Tankschott n ⟨Ballasttank⟩
c. du compartiment machine Maschinenraumschott n
c. de coqueron arrière Achterpiekschott n, Hinterpiekschott n; Stopfbuchsenschott n
c. de coqueron avant Vorpiekschott n
c. coupe-feu s. c. pare-feu
c. de coursive Gangwand f
c. d'épontillage Stützschott n
c. d'extrémité Endschott n
c. frontale Frontschott n
c. d'incendie Brandschott n, Feuerschott n
c. légère Leichtwand f
c. longitudinale Längsschott n
c. ondulée Faltschott n, Knickschott n
c. pare-feu Brandmauer f; Brandschott n, Feuerschott n
c. de peak (pic) arrière s. c. de coqueron arrière
c. de peak (pic) avant Vorpiekschott n
c. en plaques Plattenwand f
c. du presse-étoupe Stopfbuchsenschott n
c. de roulis Schlagplatte f, Schlagschott n
c. de séparation Trennwand f
c. en tôles ondulées s. c. ondulée
c. transversale Querschott n
cloisonnage m, **cloisonnement** m 1. ⟨wasserdichte⟩ Unterteilung f; Abtrennung f; 2. Abschottung f; Umschottung f
c. coupe-feu, c. d'incendie 1. feuersichere Unterteilung f; 2. feuersichere Abschottung (Umschottung) f
c. de sécurité Brandmauer f
cloisonner 1. ⟨wasserdicht⟩ unterteilen; abtrennen; 2. abschotten; umschotten
cloisons fpl **(métalliques) d'emménagement** leichte Wände fpl ⟨z. B. in den Aufbauten⟩
clôture f **électrique** Elektrozaun m
clou m Nagel m
c. antirémanent Klebestift m
clouabilité f Nagelbarkeit f
clouable nagelbar
clouage m Nagelung f
clouer nageln
cloueuse f Nagelmaschine f
coacervat m Koazervat n ⟨Kolloidchemie⟩
coacervation f Koazervation f
coagel m Koagel n
coagulat m s. coagulum
coagulation f Koagulation f, Gerinnung f
c. fractionnée fraktionierte Koagulation f

c. en ruban Bandkoagulation f
coaguler koagulieren
coagulum m Koagulat n
c. de buna Bunakoagulat n
c. de matière plastique Kunststoffkoagulat n
coalescence f Koaleszenz f; Zusammenwachsen n; Kornwachstum n; Filmbildung f ⟨Lack⟩; Kristallerholung f ⟨Metall⟩
coalescer zusammenwachsen; einen Film bilden ⟨Lack⟩
coaxial gleichachsig, koaxial
cobalt m Kobalt n
cobaltine f Kobaltin m, Kobaltglanz m
cocaïne f Kokain n
cochenille f Koschenille f, Cochenille f ⟨roter Farbstoff⟩
cockpit m Führerraum m, Cockpit n
cocon m Kokon m
codage m Kodierung f, Verschlüsselung f
c. absolu absolute Kodierung f
c. alphanumérique alphanumerische Kodierung f
c. automatique automatische Kodierung f
c. numérique numerische Kodierung f
c. relatif relative Kodierung f
c. symbolique symbolische Kodierung f
code m Kode m
c. d'adresse Adreßkode m
c. à adresses multiples Mehradreßkode m
c. alphabétique alphabetischer Kode m
c. d'autocontrôle selbstprüfender Kode m
c. autocorrecteur selbstkorrigierender Kode m
c. de bande perforée Lochbandkode m
c. de barres Strichkode m
c. binaire Binärkode m, Dualkode m
c. binaire cyclique zyklisch binärer Kode m
c. biquinaire Biquinärkode m
c. de calculateur (calculatrice) Rechenmaschinenkode m
c. de correction d'erreurs fehlerkorrigierender Kode m
c. des couleurs Farbkode m, Farbkennzeichnung f
c. décimal binaire Binär-Dezimal-Kode m
c. décimal cyclique zyklischer Dezimalkode m
c. détecteur d'erreurs fehleranzeigender Kode m
c. digital Ziffernkode m

coefficient

c. par excès de trois Dreierexzeß-kode m
c. de filature ⟨Text⟩ Spinnpartienummer f
c. **Hamming** Hamming-Kode m
c. **d'impulsions** Impulskode m, Pulskode m
c. **d'instructions** Befehlskode m
c. **interprète** Zuordnungskode m
c. **de machine** Maschinenkode m
c. **Morse** Morsekode m
c. **numérique** Ziffernkode m
c. **d'opération** Operationskode m
c. **des signaux** Signalbuch m
c. **à simple adresse** Einadreßkode m
c. **télégraphique** Telegrafenkode m, Telegrafenschlüssel m
c. **télex** Fernschreibkode m
codéine f Kodein n
code-machine m Maschinenkode m
coder kodieren, verschlüsseln
codeur m Kodierer m, Verschlüßler m; Verschlüsselungsvorrichtung f
c. **analogique** Analogverschlüßler m
c. **numérique** Ziffernverschlüßler m
coefficient m Koeffizient m; Faktor m; Leitzahl f; Grad m; Beiwert m ⟨s. a. constante, facteur⟩
c. **d'aberration chromatique** Farbfehlerkoeffizient m
c. **d'aberration de sphéricité** Koeffizient m der sphärischen Aberration
c. **d'absorption** Absorptionskoeffizient m, Absorptionsgrad m
c. **d'absorption atomique** atomarer Absorptionskoeffizient m
c. **d'absorption de chaleur** Wärmeabsorptionskoeffizient m
c. **d'absorption linéique** linearer Absorptionskoeffizient m
c. **d'absorption massique** Massenabsorptionskoeffizient m
c. **d'affaiblissement** Dämpfung(skonstante) f; Dämpfungsfaktor m, Abklingkonstante f
c. **d'allongement** Dehnungskoeffizient m
c. **amirauté** Admiralitätskonstante f
c. **d'amortissement** s. c. d'affaiblissement
c. **d'assise** Bettungszahl f
c. **d'atténuation** Dämpfung(skonstante) f; Dämpfungsfaktor m, Schwächungskoeffizient m; Extinktionskoeffizient m ⟨Kolorimetrie⟩
c. **d'atténuation linéique** 1. ⟨Kern⟩ linearer Schwächungskoeffizient m; 2. ⟨Opt⟩ natürlicher Extinktionsmodul m

c. **calorifique** Wärmeleitzahl f; spezifisches Wärmeleitvermögen n, Wärmeleitfähigkeit f
c. **de charge** Belastungszahl f
c. **de charge extrême** äußerste Belastbarkeit f
c. **de chocs** Stoßzahl f
c. **de cohésion** Packungsanteil m
c. **de commutation** Bewertungsziffer f für die Kommutierung
c. **de compressibilité** Kompressibilität(skoeffizient m) f
c. **conductibilité thermique (calorique)** s. c. calorifique
c. **de conductivité de température** Temperaturleitzahl f, Temperaturleitfähigkeit f, Temperaturleitvermögen n
c. **de conversion** Konversionskoeffizient m
c. **de couplage** Kopplungskoeffizient m
c. **de débit** Durchflußzahl f
c. **de déphasage** Verschiebungsfaktor m, cos φ
c. **de déport** Profilverschiebungsfaktor m ⟨Zahnrad⟩
c. **de diffusion** Diffusionskoeffizient m, Streufaktor m
c. **de dilatation** Ausdehnungskoeffizient m, Ausdehnungszahl f, Dehnungskoeffizient m
c. **de dilatation cubique** räumlicher Ausdehnungskoeffizient m
c. **de dilatation linéique** linearer Ausdehnungskoeffizient m
c. **de dilatation thermique** Wärmeausdehnungskoeffizient m
c. **de dilatation transversale** Querdehnungszahl f
c. **de dilatation volum(étr)ique** räumlicher Ausdehnungskoeffizient m
c. **de directivité** Richtfaktor m
c. **de distorsion (harmonique, non linéaire)** Klirrfaktor m
c. **du diviseur d'échelle** Untersetzungsfaktor m ⟨Meßbereich⟩
c. **de dureté** Härtegrad m
c. **d'échappement** Abgassammelleitung f
c. **d'écoulement** Ausflußkoeffizient m
c. **d'efficacité** Gütegrad m, Wirkungsgrad m
c. **d'entraînement** Mitführungskoeffizient m; Durchzugsgrad m ⟨Riementrieb⟩
c. **d'extinction** Extinktionsfaktor m ⟨Kolorimetrie⟩; Dämpfungsfaktor m, Dämpfungskonstante f
c. **du filtre** Filterfaktor m

coefficient

c. de finesse Blockkoeffizient *m*, Völligkeitsgrad *m* der Verdrängung
c. de fissuration Zerklüftungsfaktor *m*
c. de forme du gros bois Derbholzformzahl *f*
c. de Fresnel Fresnelscher Mitführungskoeffizient *m*
c. de friction (frottement) Reibungskoeffizient *m*, Reib(ungsbei)wert *m*
c. de frottement intérieur (interne) s. c. de viscosité dynamique
c. de frottement statique Haftreibungskoeffizient *m*
c. de fuite Streufaktor *m*
c. de Hall Hall-Koeffizient *m*
c. d'hystérésis Hysteresekoeffizient *m*
c. d'induction Induktionskoeffizient *m*
c. d'induction mutuelle Gegeninduktion *f*
c. d'induction propre Selbstinduktionskoeffizient *m*
c. d'influence Stellfaktor *m*; Übertragungsfaktor *m*; Verstärkungsfaktor *m*
c. d'intensité de champ Linsenstärke *f* (Magnetlinse)
c. d'isolement acoustique Schalldämmzahl *f*
c. des lignes d'eau Wasserlinienvölligkeitsgrad *m*
c. du maitre couple Hauptspantvölligkeitsgrad *m*
c. parallélépipédique s. c. de finesse
c. de partage Verteilungskoeffizient *m*
c. de perméabilité Durchlässigkeitskoeffizient *m*
c. piézo-électrique piezoelektrischer Koeffizient *m*
c. de plénitude Völligkeit *f* (Luftschraube)
c. de Poisson Querzahl *f*, Poissonsche Zahl *f*
c. de portance Tragfähigkeitskoeffizient *m*
c. de puissance en altitude Höhenleistungszahl *f*
c. de réactance Reaktanzfaktor *m*
c. de réaction Rückkopplungsfaktor *m*
c. de recombinaison Rekombinationskoeffizient *m*, Wiedervereinigungskoeffizient *m*
c. de réduction Reduktionsfaktor *m*
c. de réflexion Reflexionskoeffizient *m*
c. de réglage Aussteuerung *f*
c. de remplissage 1. ⟨El⟩ Füllfaktor *m*; 2. ⟨Schiff⟩ Blockkoeffizient *m*, Völligkeitsgrad *m* der Verdrängung
c. de remplissage de la carène s. c. de finesse

c. de répartition Verteilungskoeffizient *m*
c. de résistance Widerstandsziffer *f*, Widerstandsbeiwert *m*
c. de rétrécissement Schrumpfungsfaktor *m*
c. de ruissellement Berieselungszahl *f*
c. de sécurité Sicherheitsfaktor *m*
c. de sillage Nachstromziffer *f*
c. de succion Sogziffer *f*
c. de supertorsion Bruchdrehzahl *f* (von Fasern)
c. de tassement Packungsanteil *m*
c. de température, c. therm(ométr)ique Temperaturkoeffizient *m*
c. de torsion Drehungskoeffizient *m*
c. de transmission de la chaleur Wärmeübergangszahl *f*; Wärmedurchgangszahl *f*
c. de transparence Durchsichtigkeitsgrad *m*
c. trichromatique Farbwertanteil *m*
c. d'utilisation Ausnutzungsfaktor *m*
c. de variation limite Koeffizient *m* der Variationsbreite
c. de viscosité cinématique kinematische Viskosität (Zähigkeit) *f*
c. de viscosité dynamique Koeffizient *m* der inneren Reibung, Zähigkeitsmaß *n*, dynamische Viskosität (Zähigkeit) *f*, Viskositätskoeffizient *m*, Zähigkeitskoeffizient *m*

cœlostat *m* Coelostat *m*
coercible zusammendrückbar
coercition *f* Zusammenziehung *f*
cœur *m* Herz *n*; Herzstück *n*; Kern *m*
c. d'aiguille ⟨Eb⟩ Weichenherzstück *n*
c. gélivé Frostkern *m*
c. mou weicher Kern *m*
c. du réacteur Reaktorkern *m*
c. rouge Rotkern *m*
c. spongieux weiches (schwammiges) Herz *n*
c. de traversée ⟨Eb⟩ Doppelherzstück *n*
coexistence *f* **de vibration** Mitschwingung *f*
cofacteur *m* Adjunkte *f*, algebraisches Komplement *n*
cofferdam *m* Kofferdamm *m*
coffrage *m* Auskleidung *f*, Verkleidung *f*; Schalung *f*, Verschalung *f*; Einschalung *f* ⟨Beton⟩
c. externe Außenschalung *f*
c. glissant gleitende Verschalung *f*, Kletterschalung *f*
c. métallique Stahlschalung *f*
coffre *m* Kiste *f*, Kasten *m*; Kofferraum *m*
c. de bouteleu Schießkasten *m*

c. **creux** Hohlkasten *m*
c. **immergé** Senkkasten *m*
c. **d'outils** ⟨Brg⟩ Gezähekiste *f*
coffre-fort *m* Geldschrank *m*, Safe *m*
coffrer verkleiden; verschalen; einschalen, in die Form einbringen ⟨Beton⟩
coffret *m* Gehäuse *n*; Dose *f*; Kasten *m*
   c. **antidéflagrant** explosionsgeschütztes Gehäuse *n*
   c. **d'appareil** Gerätedose *f*
   c. **à batteries** Batteriekasten *m*
   c. **blindé** gekapseltes Gehäuse *n*
   c. **en fonte** Gußgehäuse *n*
cognement *m* Klopfen *n* ⟨des Motors⟩
cogner klopfen ⟨Motor⟩
cohérence *f* Kohärenz *f*, Zusammenhalt *m*; ⟨El⟩ Frittung *f*
cohérent kohärent
cohéreur *m* ⟨El⟩ Kohärer *m*, Fritter *m*
cohésion *f* Haftfestigkeit *f*, Kohäsion *f*
   c. **du coke** Koksfestigkeit *f*
cohésivité *f* Haftfähigkeit *f*
coiffe *f* 1. ⟨Typ⟩ Kapital *n*; 2. Mündungskappe *f*
coiffer abdecken
coin *m* 1. Holzkeil *m*, Keil *m*; 2. Winkel *m*, Ecke *f*; 3. ⟨Schiff⟩ Schalkkeil *m*; 4. ⟨Typ⟩ Keil *m*; 5. ⟨Brg⟩ Kopfholz *n*
   c. **d'ajustage** Einstellkeil *m*
   c. **à degrés** Stufenkeil *m*
   c. **de glace** Eiskeil *m*
   c. **gommé** Fotoecke *f*
   c. **gradué** Stufenkeil *m*
   c. **gras-maigre** verlaufende runde Ecke *f*
   c. **gris** Graukeil *m*, Neutralkeil *m*
   c. **de gypse** Gipskeil *m*
   c. **d'huile** Ölkeil *m*
   c. **magmatique** Magmakeil *m*
   c. **neutre** *s.* c. gris
   c. **de réglage** Nachstellkeil *m*
   c. **de serrage** Satzbinder *m*
coinçage *m* Verkeilen *n*; Keilverbindung *f*
coincement *m* Auskeilen *n*
coincer [ver]keilen, festkeilen, [fest]klemmen
coïncidence *f* Koinzidenz *f*; Deckung *f*, Gleichheit *f*, Übereinstimmung *f*
   c. **accidentelle** zufällige Koinzidenz *f*
   c. **différée** verzögerte Koinzidenz *f*
   c. **fortuite** zufällige Koinzidenz *f*
   c. **lente** langsame Koinzidenz *f*
   c. **multiple** Vielfachkoinzidenz *f*, Mehrfachkoinzidenz *f*
   c. **de phases** Phasenkoinzidenz *f*, Phasengleichheit *f*
   c. **rapide** schnelle Koinzidenz *f*
   c. **réelle** echte Koinzidenz *f*
   c. **retardée** verzögerte Koinzidenz *f*
   c. **vraie** echte Koinzidenz *f*
   double c. Zweifachkoinzidenz *f*
coïncident koinzident, zusammenfallend, deckungsgleich
coïncider koinzidieren, zusammenfallen, zur Deckung kommen
coitte *f s.* couette
coke *m* Koks *m*
   c. **de basse carbonisation (température)** Schwelkoks *m*
   c. **de bitume** Pechkoks *m*
   c. **brut** Rohkoks *m*
   c. **de charbon** Steinkohlenkoks *m*
   c. **d'extraction** Extraktkoks *m*
   c. **de fonderie** Gießereikoks *m*
   c. **de gaz** Gaskoks *m*
   c. **de haute carbonisation (température)** Hochtemperaturkoks *m*
   c. **de lignite** Braunkohlen[schwel]koks *m*, Grudekoks *m*
   c. **métallurgique** Hochofenkoks *m*, Hüttenkoks *m*
   c. **de pétrole** Petrolkoks *m*
   petit c. kleinstückiger Koks *m*
cokéfaction *f* Verkoken *n*; Verkokung *f*
   c. **du charbon** Steinkohlenverkokung *f*
cokéfiable verkokbar
cokéfier verkoken
cokerie *f* Kokerei *f*, Verkokungsanlage *f*
   c. **sidérurgique** Hüttenkokerei *f*
cokeur *m* Koksofenarbeiter *m*
coking *m s.* cokéfaction
col *m* Hals *m*
   c. **barométrique** Sattel *m*
   c. **de cygne** *s.* col-de-cygne
   c. **droit** Weithalsflasche *f*
colature *f* Seihen *n*, Filtrieren *n*; Filtrat *n*
colcrete *m* Prepaktbeton *m*
col-de-cygne *m* 1. Kranvorsatz *m* ⟨Gabelstapler⟩; 2. Ausladung *f*, Auskragung *f*, Kröpfung *f* ⟨Werkzeugmaschinen⟩
coliaison *f* Atombindung *f*, Elektronenpaarbindung *f*, kovalente Bindung *f*
colis *m* Kollo *n*; Stapel *m*, Ballen *m*; Kiste *f*; Stückgut *n*
   c. **de détail** Stückgut *n*
   c. **express** Expreßgut *n*
   c. **lourd** Schwergutkollo *n*
collage *m* 1. Kleben *n*, Leimen *n*, Verleimen *n*; Metallkleben *n*; Ankleben *n*, Kleistern *n*; Tapetenkleben *n*; 2. Klebverbindung *f*, Klebstelle *f*; 3. Verkleben *n* ⟨z. B. von Fäden⟩; Zusammenbacken *n*
   c. **animal** Papierleimung *f* ⟨mit tierischem Leim⟩

collage

c. d'éléments de construction Montageverleimung f
c. de la nappe Doppeltlaufen n der Watte, Doppeltlaufen des Flieses
c. à la résine de mélamine Melaminharzleimung f
c. superficiel (en surface) Oberflächenleimung f
collagène m Kollagen n
collant klebend, klebrig, Kleb(e)-
colle f Leim m, Kleister m, Klebstoff m, Klebmittel n; Filmkitt m; ⟨Text⟩ Schlichte(mittel n) f
c. à l'alcool de polyvinyle Polyvinylalkoholschlichte f, PVA-Schlichte f
c. animale tierischer Leim m
c. à la caséine Kaseinleim m
c. à durcissement rapide schnellhärtender Kitt m
c. d'ébéniste Tischlerleim m
c. époxy Epoxi(d)harzkleber m
c. en feuille Klebfolie f
c. à froid Kaltleim m
c. de latex Latexkleber m
c. pour mise en train Zurichteklebstoff m
c. d'os Knochenleim m
c. pour patrons Schablonenkleber m
c. de peau Hautleim m
c. phénolique Phenolharzkleber m
c. de poisson Fischleim m
c. de résine Harzleim m
c. résorcine Resorzinkleber m
c. au solvant Lösungskleber m
c. synthétique synthetischer Klebstoff m
c. thermodurcissable wärmehärtbarer Klebstoff m
c. thermoplastique thermoplastischer Klebstoff m
c. universelle Alleskleber m
c. végétale Pflanzenleim m
collecteur sammelnd, Sammel-
collecteur m 1. Sammler m, Sammelrohr n, Sammelkasten m; 2. Kollektor m ⟨Transistor⟩; 3. Kollektor m, Schleifring m, Kommutator m; Stromabnehmer m; Polwender m
c. d'admission Ansaugleitung f, Ansaugkrümmer m, Einlaßleitung f; Ansaugluftverteiler m
c. d'air Luftsammelbehälter m
c. d'alimentation Hauptspeiseleitung f
c. d'assèchement Lenzsammelleitung f
c. de cendres volantes Flugaschenabscheider m, Flugaschenfang m, Entstauber m
c. drainant Drainsammelleitung f
c. d'échappement Abgassammelbehälter m
c. d'épuisement Lenzsammelleitung f
c. frontal Stirnkollektor m
c. d'ondes 1. Antenne f ⟨s. a. antenne⟩; 2. Rahmen m ⟨s. a. cadre⟩
c. de poussières Staubsack m
c. principal d'épuisement Lenzsammelleitung f
c. de soufre Schwefelsammler m
c. de terre Erdleitung f
c. de vapeur Dampfsammler m, Sammelrohr n
collection f:
c. des données Datenerfassung f
c. électronique (d'électrons) Elektronensammlung f
c. ionique (d'ions) Ionensammlung f
colier (an)kleben, bekleben, verkleben, (ver)leimen, kleistern
collerette f Bund m; Flansch m; Dichtrand m
collet m Bund m; Flansch m; Hals m; Kragen m; Rand m
c. de l'arbre Wellenbund m
collette f Bund m; Flansch m
colleur m Tapezierer m
colleuse f Klebmaschine f ⟨s. a. machine à coller⟩; Filmklebelade f
c. magnétique Bandklebepresse f
collier m 1. Band n, Reifen m, Ring m; Rand m, Bund m; 2. Schelle f; Bügel m; Zwinge f
c. de fixation Befestigungsschelle f; Spannband n
c. de frein Bremsscheibe f
c. porte-balais Bürstenbrücke f, Bürstenring m, Bürstenjoch n
c. réglable Stellring m
c. de serrage Klemmband n, Schellenband n; Rohrschelle f; Schlauchklemme f; Zugband n
c. de support Rohrschelle f; Tragband n
c. de tuyau Rohrschelle f
collimateur m Kollimator m, Spaltrohr n; Visiervorrichtung f
c. d'entrée Eintrittskollimator m
c. neutronique Neutronenkollimator m
c. de Soller Soller-Kollimator m, Soller-Blende f
c. de sortie Austrittskollimator m
collimation f Kollimation f
colline f de potentiel Potentialwall m, Potentialberg m
collinéaire kollinear
collinéation f Kollineation f

collision f Stoß m, Zusammenstoß m ⟨s. a. choc⟩; Kollision f ⟨zwischen Schiffen⟩
  c. élastique elastischer Stoß m
  c. frontale zentraler Stoß m
  c. inélastique unelastischer Stoß m
  c. de remplacement Austauschstoß m
collodion m Kollodium n
colloïdal, colloïde kolloidal
colloïde m Kolloid n
  c. micellaire Assoziationskolloid n, Mizellkolloid n
  c. moléculaire Molekülkolloid n
  c. protecteur Schutzkolloid n
collotypie f Lichtdruck m
collure f Klebestelle f
colmatage m 1. Kolmatage f, Kolmatation f, Ablagerung f; Anschwemmen n; 2. Verstopfung f; Verschlicken n; 3. Abdichten n
colmater 1. kolmatieren, aufschlämmen; erhöhen; 2. verstopfen; verschlicken; 3. abdichten, abriegeln
colombage m Balkenwerk n; Fachwerkbau m; Ausfachung f, Fachwerkausriegelung f
  c. en brique(s) Fachwerkwand f; Backsteinriegelmauerwerk n; Backsteinausriegelung f
  c. en moellon Bruchsteinriegelmauerwerk n; Bruchsteinausriegelung f
colombelle f Spaltenlinie f
colombite f Niobit n
colombium m Niob(ium) n
colonne f 1. Säule f, Ständer m, Stütze f; Pfeiler m; 2. ⟨Typ⟩ Kolumne f; Spalte f; Rubrik f; 3. ⟨Ch⟩ Kolonne f, Turm m; 4. ⟨Math⟩ Spalte f ⟨einer Matrix⟩; 5. Stengel m; 6. Holm m ⟨Spritzguß⟩; **sur une c.** einspaltig; **sur deux colonnes** zweispaltig
  c. d'absorption Absorptionskolonne f
  c. adossée Wandsäule f
  c. d'adsorption Adsorptionskolonne f
  c. d'air Luftsäule f
  c. articulée Pendelsäule f
  c. barométrique Barometersäule f
  c. à boules Kugelsäule f
  c. de canars ⟨Brg⟩ Luttenstrang m
  c. en céramique Steinzeugkolonne f
  c. à charge axiale mittig belastete Säule f
  c. des charges Beschickungssäule f
  c. chromatographique chromatografische Säule f
  c. de Clusius Trennrohr n (nach Clusius-Dickel), Clusiussches Trennrohr
  c. à corps de remplissage Füllkörperkolonne f
  c. de dégazage Entgasungskolonne f
  c. à diffusion Diffusionstrennrohr n
  c. de diffusion thermique s. c. de Clusius
  c. de direction Lenkspindel f, Lenksäule f
  c. de distillation, c. à distiller Destillationskolonne f; Destilliersäule f
  c. double Doppelsäule f
  c. d'eau Wassersäule f
  c. d'échange Austauschsäule f
  c. engagée Halbsäule f, Wandsäule f
  c. d'enrichissement Anreicherungssäule f
  c. d'extraction Extraktionskolonne f
  c. en faisceau Bündelsäule f
  c. à fractionner Fraktionierkolonne f
  c. de gaz de fumée Rauchgaskolonne f
  c. de guidage Führungssäule f
  c. de lavage Gaswäscher m
  c. de lave Lavasäule f
  c. de liquide Flüssigkeitssäule f
  c. lumineuse Glimmsäule f
  c. magmatique Magmasäule f
  c. de mailles Maschenstäbchen n
  c. de mercure Quecksilbersäule f
  c. du microscope Mikroskopsäule f
  c. minéralisée Erzpfeiler m
  c. montante Steigleitung f, Steigrohr n
  c. à plateaux-tamis circulaires Siebringbodensäule f
  c. de pompage Pumpsäule f
  c. positive positive Säule f
  c. sous pression Drucksäule f
  c. du puits Schachtsäule f
  c. de rectification, c. à rectifier Rektifizierkolonne f
  c. à remplissage Füllkörpersäule f
  c. de renforcement Verstärkungssäule f
  c. de séparation, c. séparatrice Trennkolonne f; Trennsäule f
  c. de serrage Spannsäule f
  c. Solvay Solvayturm m
  c. sonore Schallsäule f
  c. supplémentaire Zusatzsäule f
  c. thermique thermische Säule f
  c. torse gedrehte Säule f
  c. de transformateur Transformatorschenkel m
  c. tronquée Säulenstumpf m
  c. de tuyauterie Rohrstrang m
  c. de vapeur Dampfsäule f
  c. vertébrale Mittelgräte f
  c. vierge Leerspalte f
colonnes fpl:
  c. géminées gepaarte Säulen fpl, Säulenpaar n
  c. jumelées gekoppeltes Säulenpaar n

colonnes

    c. rotatives rotierende Kolonnen *fpl*
colophane *f* Kolophonium *n*
colorant färbend, Farb-; Pigment-
colorant *m* Farbstoff *m*, Pigment *n*
    c. acide Säurefarbstoff *m*, saurer Farbstoff *m*
    c. d'aniline Anilinfarbstoff *m*, Teerfarbstoff *m*
    c. d'anthraquinone Anthrachinonfarbstoff *m*
    c. azoïque Azofarbstoff *m*
    c. basique basischer Farbstoff *m*
    c. au chrome Chromfarbstoff *m*
    c. à complexe de chrome Chromkomplexfarbstoff *m*
    c. de cuve Küpenfarbstoff *m*
    c. direct direktziehender (substantiver) Farbstoff *m*, Direktfarbstoff *m*
    c. dispersé Dispersionsfarbstoff *m*
    c. fugace Signierfarbe *f*, Signierfarbstoff *m*
    c. métallifère Metallkomplexfarbstoff *m*
    c. à mordant Beizenfarbstoff *m*
    c. naturel Naturfarbstoff *m*
    c. organique organischer Farbstoff *m*
    c. pigmentaire Pigmentfarbstoff *m*
    c. prémétallisé metallisierter Farbstoff *m*
    c. réactif Reaktivfarbstoff *m*
    c. au soufre Schwefelfarbstoff *m*
    c. substantif *s.* c. direct
    c. synthétique synthetischer (künstlicher) Farbstoff *m*
coloration *f* Farbe *f*; Farbigkeit *f*; Färbung *f*; Verfärbung *f*; Färben *n*, Einfärben *n*
    c. de flammes Flammenfärbung *f*
    c. dans la masse Färben *n* in der Masse
    c. négative Negativeinfärbung *f*
    c. du papier Papierfärbung *f*
    c. du papier sur calandre Papierfärbung *f* mit Walzenauftrag
    c. de la pâte en pile Stoffärbung *f* im Holländer
    c. en surface Oberflächenfärbung *f*
coloré (ein)gefärbt; allochromatisch
colorer (ein)färben
colorimètre *m* Kolorimeter *n*, Farb(en)messer *m*
colorimétrie *f* Kolorimetrie *f*, Farb(en)messung *f*
colorimétrique kolorimetrisch
coloris *m* Kolorit *n*, Farb(en)gebung *f*, Färbung *f*, Farbton *m*
    c. clair heller Farbton *m*
    c. foncé dunkler Farbton *m*
    c. mode Modefarbe *f*

colorisation *f* Färbung *f*; Farbenveränderung *f*
columbite *f* Niobit *n*
columbium *m* Niob(ium) *n*
columnaire säulenförmig
    c. en éventail radialstengelig
combinaison *f* Kombination *f*; Verknüpfung *f*; Verbindung *f*
    c. d'addition Additionsverbindung *f*, Anlagerungsverbindung *f*
    c. aliphatique aliphatische Verbindung *f*
    c. aromatique aromatische Verbindung *f*
    c. binaire binäre Verbindung *f*; Zweistoffsystem *n*
    c. de bois et de polymère Holz-Polymer-Verbindung *f*
    c. chimique chemische Verbindung *f*
    c. complète ⟨Math⟩ Kombination *f* mit Wiederholung
    c. complexe Komplexverbindung *f*, Koordinationsverbindung *f*
    c. covalente homöopolare Verbindung *f*
    c. cyclique ringförmige (zyklische) Verbindung *f*
    c. double Doppelverbindung *f*
    c. de haut-parleurs Lautsprecherkombination *f*
    c. hétérocyclique heterozyklische Verbindung *f*
    c. hétéropolaire heteropolare Verbindung *f*, Ionenverbindung *f*
    c. inorganique anorganische Verbindung *f*
    c. d'insertion nichtstöchiometrische Verbindung *f*
    c. intermédiaire Zwischenverbindung *f*
    c. ionique *s.* c. hétéropolaire
    c. isomère isomere Verbindung *f*
    c. logique logische Verknüpfung *f*
    c. marquée markierte Verbindung *f*
    c. métallique Metallverbindung *f*
    c. minérale anorganische Verbindung *f*
    c. moléculaire Molekülverbindung *f*
    c. nitrosé Nitrosoverbindung *f*
    c. non cyclique azyklische Verbindung *f*
    c. non saturée unbeständige (labile) Verbindung *f*
    c. organique organische Verbindung *f*
    c. peroxydée Peroxidverbindung *f*
    c. à poids moléculaire plus élevé höhermolekulare Verbindung *f*
    c. polaire polare Verbindung *f*
    c. polycyclique polyzyklische Verbindung *f*

c. **porteuse** Trägerverbindung f
c. **simple** ⟨Math⟩ Kombination f ohne Wiederholung
c. **stable** beständige (stabile) Verbindung f
c. **traceuse** markierte Verbindung f
combinateur m Schalter m ⟨s. a. manipulateur⟩ ; Regler m
  c. **auxiliaire** Hilfsschalter m; Meisterschalter m
  c. **à contre-réaction** Rückführungsregler m
  c. **séquentiel** Folgeschalter m
  c. **à tambour** Walzenschalter m
combinatoire kombinatorisch, Kombinations-
combiné m s. combinaison
combiner verbinden; chemisch binden
comble m 1. Aufmaß n; 2. Dachfirst m, Dachstuhl m, First m
  c. **brisé** Mansardendach n
  c. **en croupe** Walmdach n
  c. **en dôme** Kuppeldach n
  c. **droit** Giebeldach n, Satteldach n
  c. **en mansarde, c. mansardé** Mansardendach n, ausgebautes Dachgeschoß n
  c. **en pavillon (carré)** Zeltdach n
  c. **à trois articulations** Dreigelenkaufsatz m
comblement m Ausfüllung f; Überbrückung f
  c. **par végétation** Verlandung f
combles mpl Dachgeschoß n
comburant m Sauerstoffträger m
combustibilité f Brennbarkeit f
combustible brennbar; feuergefährlich
combustible m Brennstoff m; Treibstoff m; Heizstoff m; Treiböl n ⟨s. a. carburant⟩
  c. **d'avion** Flug(zeug)benzin n
  c. **F. O.** Schweröl n
  c. **gazeux** gasförmiger Brennstoff m
  c. **liquide** flüssiger Brennstoff m
  c. **lourd** Schweröl n
  c. **nucléaire** Kernbrennstoff m
  c. **nucléaire enrichi** angereicherter Kernbrennstoff m
  c. **régénéré** aufgearbeiteter Kernbrennstoff m
  c. **solide** fester Brennstoff m
  c. **synthétique** synthetischer Brennstoff (Treibstoff) m
combustion f Verbrennung f; Abbrand m
  c. **étagée** fraktionierte Verbrennung f
  c. **incomplète** unvollkommene (unvollständige) Verbrennung f

c. **lente** träge (flammenlose) Verbrennung f; Glimmen n
c. **nucléaire** Abbrand m, Ausbrand m
c. **des ordures** Müllvernichtung f durch Verbrennung
c. **spontanée** Selbstentzündung f
c. **de surface** Oberflächenverbrennung f
comfort m Bequemlichkeit f ⟨beim Tragen eines Kleidungsstücks⟩
commande f 1. Steuerung f; Antrieb m; Betätigung f; Bedienung f; 2. Getriebe n ⟨Kette gelenkiger Glieder⟩, Gelenkkette f, kinematische Kette f; Gestänge n; 3. Auftrag m, Bestellung f; Befehl m ⟨s. a. instruction⟩ ; Auftraggeber; **à c. par courant** stromgesteuert; **à c. par perche** für Schaltstangenbetätigung; **à c. par tension** spannungsgesteuert; **à doubles commandes** doppeltgesteuert; **de c.** Antriebs-
c. **à accumulation d'énergie** Kraftspeicherantrieb m
c. **par air comprimé** Betätigung f durch Druckluft
c. **articulée** Koppeltrieb m, Gelenkkette f
c. **automatique** automatische Steuerung f, Selbststeuerung f; ⟨Eb⟩ selbsttätige Zugbeeinflussung f
c. **auxiliaire** Hilfsantrieb m
c. **par balancier** Antrieb m durch Kurbelgetriebe und Kurbelschwinge ⟨Kurzhobler⟩
c. **à bande perforée** Lochbandsteuerung f
c. **de (la) barre** Rudersteuerung f
c. **bêta** Betasteuerung f
c. **par bielle** Schubkurbeltrieb m, Pleueltrieb m
c. **par bielle extérieure** Antrieb m durch Kurbelgetriebe ⟨Kurzhobler⟩
c. **par bielle intérieure** Antrieb m durch Kurbelgetriebe und Kurbelschwinge ⟨Kurzhobler⟩
c. **par bielle-manivelle** s. c. par bielle
c. **en boucle ouverte** offene Steuerung f
c. **par bouton-poussoir** Druckknopfsteuerung f, Druckknopfbetätigung f
c. **à bras** Handbetätigung f, Handantrieb m
c. **à câble** Seilzug m, Seilsteuerung f, Betätigung f mit Seil
c. **par cames** Nockentrieb m, Kurventrieb m; Nockensteuerung f
c. **par cartes perforées** Lochkartensteuerung f

commande

c. **en cascade** Folgesteuerung f, Kaskadensteuerung f
c. **par chaîne** Ketten[an]trieb m
c. **du compteur de vitesse** Tachometerantrieb m
c. **continue** stufenlos schaltbarer (regelbarer) Antrieb m
c. **à coulisse** Kulissentrieb m
c. **à courant alternatif** Wechselstromantrieb m
c. **à courant continu** Gleichstromantrieb m
c. **à courroie** Riementrieb m
c. **de la croix de Malte** Malteserkreuzantrieb m
c. **à cycle automatique** Programmsteuerung f
c. **à déclic** Ausklinksteuerung f
c. **desmodromique** zwangsläufige Steuerung f ⟨Dampfmaschine⟩
c. **directe** Direktsteuerung f
c. **de direction** Seitensteuer n; Seitenruder n
c. **à distance** Fernsteuerung f, Fernbedienung f
c. **à distance de récepteur** Empfängerfernbedienung f
c. **électrique** elektrischer Antrieb m, elektrische Steuerung f
c. **par électro-aimant** Magnetbetätigung f
c. **électrohydraulique** elektrohydraulische Betätigung f, elektrohydraulischer Antrieb m
c. **électronique** elektronische Steuerung f
c. **électropneumatique** elektropneumatische Betätigung f, elektropneumatischer Antrieb m
c. **par engrenages** Zahnradantrieb m, Zahnradgetriebe n
c. **finale** Endgetriebe n
c. **de fréquence** Frequenzüberwachung f
c. **à friction** Reibantrieb m, Reibungsübertragung f
c. **du gouvernail** Rudersteuerung f
c. **graduée** in Stufen schaltbarer (regelbarer) Antrieb m
c. **par grille** Gittersteuerung f
c. **par groupe hydraulique** Antrieb m durch hydraulische Einrichtung
c. **hydraulique** Flüssigkeitsantrieb m; hydraulische Betätigung f
c. **par igniteurs** Zündstiftsteuerung f
c. **par impulsion[s]** Impulssteuerung f
c. **d'index** Sollwertzeigereinstellung f ⟨Instrument⟩

c. **involontaire** ungewollte Betätigung f
c. **des itinéraires** Fahrstraßensteuerung f
c. **jumelée** Zwillingsantrieb m
c. **en local** örtliche Betätigung f
c. **de luminosité** Helligkeitsregelung f
c. **à main** Handsteuerung f
c. **par manivelle** Kurbelantrieb m
c. **manuelle** Handsteuerung f
c. **mécanique** mechanischer Antrieb m, mechanische Betätigung f
c. **par moteur** Motorantrieb m, Motorsteuerung f
c. **par moteur électrique** elektrischer Antrieb m, Antrieb m durch Elektromotor
c. **motorisée** s. c. par moteur
c. **numérique** numerische Steuerung f
c. **optimalisante** optimierende Steuerung f
c. **par ordinateur** Komputersteuerung f, Steuerung f durch Komputer
c. **d'ordres** Befehlssteuerung f
c. **de pas** Steigungssteuerung f ⟨Luftschraube⟩
c. **de pas cyclique** periodische Steigungssteuerung f
c. **de pas général** nichtperiodische Steigungssteuerung f ⟨Luftschraube⟩
c. **pas à pas** Punktsteuerung f
c. **photo-électrique** fotoelektrische Steuerung f
c. **au pied** Fußbedienung f
c. **plane** ebenes Getriebe n
c. **pneumatique** Druckluftantrieb m, Preßluftantrieb m
c. **par poids** Betätigung f durch Gewicht
c. **point par point** Punktsteuerung f
c. **par pression d'huile** Drucklölsteuerung f
c. **principale** Hauptantrieb m
c. **de production** Produktionslenkung f
c. **de profondeur** Höhensteuer n, Höhenruder n
c. **à programme** Programmsteuerung f
c. **à réarmement manuel** Antrieb m mit Wiedereinschalten von Hand
c. **par redresseur** Stromrichterantrieb m
c. **de redresseurs par transformateur variable** Toulonsteuerung f
c. **réglable continue** stufenlos regelbares Getriebe n
c. **par relais** Relaissteuerung f
c. **par ressort** Betätigung f durch Feder
c. **réversible** Reversierantrieb m, Umkehrantrieb m
c. **rigide** Gestängebetätigung f

commutateur

c. à ruban perforé Lochbandsteuerung *f*
c. semi-rigide ⟨Kfz⟩ Seilbetätigung *f*
c. de sensibilité Empfindlichkeitsregelung *f*
c. séparée Einzelsteuerung *f*
c. séquentielle Folgesteuerung *f*
c. du serrage Anstellantrieb *m*
c. par servomoteur, c. servomotrice Servomotorsteuerung *f*, Betätigung *f* mit Kraftantrieb, Kraftsteuerung *f*
c. servomotrice partielle Stützmotorsteuerung *f*
c. des signaux Signalantrieb *m*
c. des soupapes Ventilsteuerung *f*
c. souple Bowdenzugbetätigung *f*
c. sphérique sphärisches Getriebe *n*
c. de synchronisation Gleichlaufsteuerung *f*
c. des tiges à caractères Typenhebelantrieb *m*
c. à touche oscillante Schwingdaumensteuerung *f* ⟨Dampfmaschine⟩
c. du train Zugsteuerung *f*
c. par transducteur Magnetverstärkersteuerung *f*
c. du treuil de pêche Netzwindensteuerung *f*
c. unique Einknopfbedienung *f*, Einknopfabstimmung *f*
c. de l'usinage Fertigungssteuerung *f*
c. à vapeur Dampfantrieb *m*
c. par vis sans fin Schneckenantrieb *m*
c. de vol irréversible selbsthemmende Steuerung *f*
c. sous le volant Lenkradschaltung *f*
c. volontaire willkürliche Betätigung *f*; Handsteuerung *f*
c. de volume Lautstärkeregelung *f*
c. volumétrique räumliches Getriebe *n*
c. Ward-Leonard Leonard-Antrieb *m*, Leonard-Schaltung *f*
double c. Doppelsteuerung *f*

commandé:
c. par courant stromgesteuert
c. par les courants vocaux sprachgesteuert
c. à distance ferngesteuert, fernbetätigt, fernbedient
c. par grille gittergesteuert
c. par le niveau pegelgesteuert
c. par quartz quarzgesteuert
c. par radio funkgesteuert
c. par ressort federbetätigt

commandement *m*:
c. à la barre Ruderkommando *n*
c. à la machine Maschinenkommando *n*

commander 1. betätigen; steuern; (an)treiben; bedienen; 2. auftragen, Auftrag erteilen, in Auftrag geben, bestellen; befehlen
c. à distance fernbedienen, fernsteuern
c. une grille ein Gitter steuern
commandes *fpl* de vol Steuerwerk *n*
commencer l'affûtage anschleifen
commettage *m* Verseilen *n*, Verdrillen *n*, Seilschlag *m*
commettre verseilen, verdrillen, schlagen ⟨ein Seil⟩
comminution *f* Zerkleinerung *f*
commis:
c. en quatre vierkardeelig
c. en trois dreikardeelig
commotion *f* électrique elektrischer Schlag *m*
commuer s. commuter
commun gemeinsam
communicant kommunizierend
communication *f* 1. Nachricht *f*; 2. Fernmeldeverbindung *f*; Telefongespräch *n*
c. d'aérage Wetterverbindung *f*
c. air-sol Bord-Boden-Fernmeldeverkehr *m*
c. collective Sammelgespräch *n*, Konferenzgespräch *n*
c. directe Direktverbindung *f*
c. éclair Blitzgespräch *n*
c. extra-urbaine Überlandverkehr *m*
c. internationale Auslandsgespräch *n*
c. par ondes courtes Kurzwellenverbindung *f*
c. pneumatique Rohrpostnetz *n*
c. de service Amtsgespräch *n*
c. sol-air Boden-Bord-Fernmeldeverkehr *m*
c. téléphonique Fernsprechverbindung *f*; Telefongespräch *n*
c. télex Fernschreibverbindung *f*
c. de transit Durchgangsverbindung *f*; Durchgangsgespräch *n*
c. urbaine Ortsgespräch *n*
c. urgente dringendes Gespräch *n*
fausse c. Fehlverbindung *f*, falsche Verbindung *f*
communiquer mitteilen; übertragen
commutateur *m* 1. Kommutator *m*, Kollektor *m*; 2. Umschalter *m*, Schalter *m*; Stromwender *m*; 3. ⟨Fmt⟩ Vermittlungseinrichtung *f*
c. d'accusé de réception Quittierschalter *m*
c. anticapacité kapazitätsarmer Schalter *m*
c. barométrique Barometerrelais *n*
c. de batterie Batterieumschalter *m*

commutateur

c. à bouton-poussoir Tastenschalter *m*
c. à bouton-pressoir Drucktastenschalter *m*
c. de canaux Kanalschalter *m*
c. de charge Ladeschalter *m*
c. de commande Befehlsschalter *m*
c. de couplage Kuppelschalter *m*
c. à couteaux Messerschalter *m*
c. cyclique à tambour Programmschalter *m*, Meisterschalter *m*
c. à deux directions avec arrêt Gruppenschalter *m* ⟨für Beleuchtung⟩
c. à deux directions sans arrêt Wechselschalter *m*
c. pour l'émission Sendeumschalter *m*
c. encastré Unterputzschalter *m*
c. étoile-triangle Stern-Dreieck-Schalter *m*
c. facultatif Wahlschalter *m*
c. à fiches Steckerschalter *m*
c. de gammes Bereich[s]umschalter *m*
c. inverseur Umkehrschalter *m*, Polwechselschalter *m*
c. à levier Hebelumschalter *m*
c. manuel-auto Hand-Automatik-Umschalter *m*
c. en paquet Paketschalter *m*
c. parole-musique Sprache-Musik-Umschalter *m*
c. à plusieurs contacts mehrpoliger Schalter *m*
c. à plusieurs étages mehrstufiger Schalter *m*
c. de points de mesure Meßstellenumschalter *m*
c. de prises Anzapfschalter *m*
c. de prises de réglage Stufenschalter *m*
c. de réglage en charge Lastumschalter *m*
c. de renversement de marche Endlagenschalter *m*
c. de résistance, c. rhéostatique Widerstandsschalter *m*
c. rotatif Drehwähler *m*; Drehschalter *m*
c. séquentiel Serienschalter *m*
c. de shuntage Nebenschlußschalter *m*
c. de tension-secteur Netzspannungsumschalter *m*
c. « tourner-pousser » Dreh-Druck-Schalter *m*
c. tripolaire Dreipolumschalter *m*
c. ultrarapide à semi-conducteurs Halbleiterschnellschalter *m*
commutateur-sectionneur *m* Trennumschalter *m*
commutatif kommutativ, tauschbar

commutation *f* 1. Kommutierung *f*, Kommutation *f*, Stromwendung *f*; 2. Umschaltung *f*, Schaltung *f*
c. accélérée beschleunigte Kommutierung *f*
c. par crémaillère Zahnstangenschaltung *f*
c. de gammes d'ondes Wellenbereich[s]umschaltung *f*
c. noire funkenlose Kommutierung *f*
c. du nombre de pôles Polumschaltung *f*
c. retardée verzögerte Kommutierung *f*
c. par roue Radschaltung *f*
c. à segment Segmentumschaltung *f*
commutatrice *f* Einankerumformer *m*
c. monophasée Einphaseneinankerumformer *m*
c. pour la traction Bahnumformer *m*
commuter 1. kommutieren; 2. [um]schalten
compacité *f* Gedrungenheit *f*, Kompaktheit *f*; Dichte *f*; Dichtheit *f*
c. de fil Fadendichte *f*
compact kompakt; gedrängt; ungesperrt, nicht spationiert ⟨Buchstaben⟩; kompreß, undurchschossen ⟨Zeilen⟩
hexagonal c. hexagonal dichtgepackt
compactage *m* Verdichtung *f*, [mechanische] Bodenverdichtung *f*
compacteur *m* ⟨Bw⟩ Verdichtungsgerät *n*
compagnie *f* Gesellschaft *f*; Reederei *f* ⟨s. a. société⟩
c. de navigation Reederei *f*, Schiffahrtsgesellschaft *f*
comparable vergleichbar
comparaison *f*:
c. de fréquence Frequenzvergleich *m*
c. logique logischer Vergleich *m*
c. de phase Phasenvergleich *m*
c. de tension Spannungsvergleich *m*
comparateur *m* 1. ⟨Dat⟩ Komparator *m*, Vergleicher *m*; 2. ⟨Masch⟩ Komparator *m*, Vergleichsmesser *m*; 3. Meßuhr *f*
c. pour alésages Bohrungsmeßgerät *n*
c. enregistreur Schreibfeinzeiger *m*
c. pour l'examen des photos d'astres Sternplattenkomparator *m*
c. à interférence, c. interférentiel Interferenzkomparator *m*
c. à mâchoires Bügelfeinzeiger *m*
c. de pas d'engrènement Eingriffsteilungsmeßgerät *n*
compartiment *m* Abteil *n*; Raum *m* ⟨s. a. local, salle⟩; Abteilung *f*; wasserdichte Abteilung *f*
c. de l'appareil moteur, c. appareil

propulsif Maschinenraum m; Hauptmaschinenraum m
  c. (des) **auxiliaires** Hilfsmaschinenraum m
  c. à **bagages** Gepäckabteil n
  c. du **double-fond** Doppelbodenabteilung f
  c. **échantillon** Probenraum m, Probenkammer f
  c. **étanche** (wasserdichte) Abteilung f
  c. à **fret frigorifique** Ladekühlabteilung f
  c. de **lestage** Ballastraum m
  c. (des) **machine(s)** Maschinenraum m
  c. (des) **machine(s) auxiliaire(s)** Hilfsmaschinenraum m
  c. (des) **machine(s) frigorifique(s)** Kältemaschinenraum m, Kühlmaschinenraum m
  c. (des) **machine(s) principale(s)** Hauptmaschinenraum m
  c. à **marchandises** Laderaumabteilung f
  c. de **mémoire** Speicheraufteilung f; Speicherplatz m
  c. (des) **moteur(s)** Maschinenraum m; Motorenraum m
  c. des **moteurs principaux** Hauptmotorenraum m
  c. de **réception** Auffangbunker m
  c. **réservé** bestelltes Abteil n
  c. de **service** Dienstabteil n
  c. de **voyageurs** Reiseabteil n
compartimentage m (étanche) (wasserdichte) Unterteilung f
compartimenter (wasserdicht) unterteilen
compas m 1. Kompaß m; 2. Zirkel m; Meßtaster m, Taster m; 3. ⟨Opt⟩ Bussole f ⟨s. a. boussole⟩
  c. d'**alésages** Lochtaster m Innentaster f
  c. **azimutal** Peilkompaß m, Azimutalkompaß m
  c. à **balustre** Nullenzirkel m
  c. à **coulisse** Schieblehre f, Schublehre f
  c. **elliptique** Ellipsenzirkel m
  c. d'**épaisseur** Greifzirkel m, Außentaster m, Taster m, Gabelmaß n, Dikkentaster m
  c. d'**épaisseur pour pas de vis** Gewindetaster m
  c. **étalon** Bezugskompaß m, Regelkompaß m, Standardkompaß m
  c. **extérieur** Außentaster m
  c. **gyromagnétique** Kreiselmagnetkompaß m
  c. **gyroscopique (gyrostatique)** Kreiselkompaß m; Kurskreisel m; Richtkreisel m
  c. **hémisphérique** Kugelkompaß m
  c. d'**intérieur** Innentaster m
  c. **liquide** Fluidkompaß m, Flüssigkeitskompaß m
  c. **magnétique** Magnetkompaß m
  c. **magnétique à réflecteur (réflexion)** Magnetreflexionskompaß m
  c. **maitre-à-danser** Innen- und Außentaster m, Doppeltaster m
  c. de **mesure** Meßzirkel m, Taster m
  c. à **pointes** Spitzzirkel m
  c. à **pointes changeantes** Einsatzzirkel m
  c. à **pointes sèches** Stechzirkel m
  c. à **pompe** Nullenzirkel m
  c. **porte-crayon** Zirkel m mit Bleistifteinsatz
  c. de **proportion** Reduktionszirkel m
  c. **quart-de-cercle** Kompaß m mit Stellbogen
  c. de **réduction** Reduktionszirkel m
  c. à **réflecteur (réflexion)** Reflexionskompaß m
  c. à **répétiteur** Magnetkompaß m
  c. à **ressort** Federtaster m
  c. de **route** Fahrtkompaß m, Kurskompaß m, Steuerkompaß m
  c. **sec** Trockenkompaß m
  c. **solaire** Sonnenkompaß m
  c. à **sonde** Magnetfeldkompaß m
  c. de **timonerie** s. c. de route
  c. à **transmission** Mutterkompaß m
  c. de **trisection** dreischenkliger Zirkel m
  c. à **variation** s. c. azimutal
  c. à **verge** Stangenzirkel m
compas-étalon m Regelkompaß m, Normalkompaß m
compassage m, **compassement** m Abmessen n; Abzirkeln n
compatibilité f Verträglichkeit f
compatible verträglich
compensateur abgleichend, ausgleichend
compensateur m 1. Kompensator m; Ausgleicher m, Ausgleichsvorrichtung f; 2. Entzerrer m
  c. **asynchrone** Asynchronphasenschieber m
  c. **automatique du cos phi** Blindleistungsregler m
  c. des **basses fréquences** Baßentzerrer m
  c. à **coin** Keilkompensator m
  c. de **phase** Phasenschieber m, Phasenentzerrer m

compensateur

  c. synchrone Synchronphasenschieber m
compensation f 1. Kompensation f, Kompensierung f; Ausgleich m; Ausgleichen n; Abgleich m; 2. Entzerrung f; 3. Ruderausgleich m; 4. Trimmung f
  c. aérodynamique interne abgeschirmter Nasenausgleich m
  c. de l'amortissement Entdämpfung f
  c. du courant réactif Blindstromkompensation f
  c. de la distorsion Verzerrungskompensation f
  c. des erreurs de la boussole Kompaßausgleichung f, Kompaßberichtigung f
  c. du moment de friction Reibungskompensation f
  c. de perturbations par inversion Störaustastung f
  c. de phase Phasenentzerrung f; Phasenkompensation f
  c. dans le plan de rotation ⟨Flg⟩ Blattpfeilung f; Blattvorwärtspfeilung f; Blattrückwärtspfeilung f
  c. du ronflement Brummkompensation f
  c. de température Temperaturausgleich m
  c. de temps de propagation Laufzeitkompensation f
compensatrice f Ausgleichsdynamo m
compenser kompensieren, ausgleichen, berichtigen ⟨z. B. einen Kompaß⟩
  c. l'affaiblissement entdämpfen
compilateur m Compiler m, Selbstprogrammierer m
compilation f Anhäufung f; Kompilation f ⟨Programmierung⟩
complément m Komplement n, Ergänzung f
  c. algébrique algebraisches Komplement n
  c. d'un angle Komplementärwinkel m
  c. arithmétique arithmetisches Komplement n
  c. à neuf Neunerkomplement n
  c. à un Einerkomplement n
complémentaire ergänzend, Ergänzungs-, Komplementär-
complémenter m s. complément
complémentarité f Komplementarität f ⟨des Lichtes⟩
complet vollständig
complétion f ⟨Brg⟩ Ausbau m
complexant m ⟨Ch⟩ Komplexbildner m
complexe komplex; zusammengesetzt; vielseitig, vielschichtig, kompliziert

complexe m 1. Komplex m, Gesamtheit f; 2. ⟨Ch⟩ Koordinationsverbindung f, Komplexverbindung f; 3. ⟨Geol⟩ Folge f ⟨von Schichten⟩
  c. activé Reaktionsknäuel n
  c. de couches Schichtenkomplex m, Schichtenfolge f
  c. réactionnel Reaktionsknäuel n
comportement m:
  c. à l'allongement Zeitdehnverhalten n
  c. du béton Verhalten n des Betons
  c. du bois au feu Zündverhalten n von Holz
  c. aux chocs Verhalten f bei Stoßbeanspruchungen
  c. élastoplastique elastoplastisches Verhalten n
  c. ferromagnétique ferromagnetisches Verhalten n
  c. au fluage Kriechverhalten n
  c. en (à la) mer Seeverhalten n
  c. orthotropique orthotropes Verhalten n
  c. pendant le travail Arbeitsverhalten n
  c. en service Betriebsverhalten n
  c. aux vibrations Schwingungsverhalten n
composant m Bestandteil m, Bauteil n, Element n; Baugruppe f
  c. actif aktives Bauelement n
  c. d'alliage Legierungsbestandteil m
  c. électrique elektrisches Bauelement n
  c. électronique elektronisches Bauelement n
  c. le moins volatil schwerflüchtige Komponente f
  c. passif passives Bauelement n
  c. du sel Salzkomponente f
  c. semi-conducteur Halbleiterbauelement n
  c. volatil flüchtiger Bestandteil m
composante f ⟨Math⟩ Komponente f; ⟨Mech⟩ Komponente f, Teilkraft f
  c. alternative Wechselstromkomponente f, Wechselstromanteil m
  c. de bruit Rauschkomponente f
  c. circonférentielle Umfangskomponente f
  c. connexe zusammenhängende Komponente f
  c. continue Gleichkomponente f, Gleichglied n, Gleichanteil m
  c. de courant alternatif s. c. alternative
  c. de courant continu Gleichstromkomponente f, Gleichstromanteil m
  c. effective Wirkkomponente f
  c. de force Kraftkomponente f
  c. de fréquence Teilfrequenz f

c. longitudinale d'une force électromotrice Längs-EMK f
c. périphérique Umfangskomponente f
c. perturbatrice Störkomponente f
c. de portance Auftriebskraft f
c. radiale Radialkomponente f
c. réactive Blindkomponente f, Blindanteil m
c. réactive du courant Blindstromkomponente f
c. réactive de la tension Blindspannungskomponente f
c. réelle Wirkkomponente f
c. tangentielle Tangentialkomponente f
c. de tension alternative Wechselspannungskomponente f, Wechselspannungsanteil m
c. transversale d'une force électromotrice Quer-EMK f
c. transversale d'une tension Querspannung f
c. trichromatique Farbwert m
c. de vitesse Geschwindigkeitskomponente f
c. wattée Wirkkomponente f
composé 1. zusammengesetzt; 2. ⟨Math⟩ unecht; 3. ⟨Typ⟩ abgesetzt
composé m Zusammensetzung f; Verbindung f ⟨s. a. combinaison⟩; Bestandteil m
c. adamantin Verbindung f mit Diamantstruktur
composer zusammensetzen; (ab)setzen
c. à l'américaine stumpf anfangen (ohne Einzug)
c. serré eng setzen
c. en toutes lettres aussetzen
composeuse f Setzmaschine f
c. Linotype Linotypesetzmaschine f
c. Monotype Monotypesetzmaschine f
composeuse-fondeuse f en caractères séparés mobiles Einzelbuchstabensetz- und -gießmaschine f
composite zusammengesetzt; Verbund-
compositeur m Setzer m
c. de labeurs Werksetzer m
c. à la machine Maschinensetzer m
c. à la main Handsetzer m
c. de(s) travaux de ville Akzidenzsetzer m
composition f 1. Zusammensetzung f, Mischung f; 2. Entwurf m; Anordnung f, Gliederung f, Komposition f; 3. ⟨Typ⟩ Satz m
c. adhésive Klebstoffzusammensetzung f
c. du bois Holzverband m

c. de conserve, c. conservée Stehsatz m, stehender Satz m
c. en cul-de-lampe Spitzkolumne f
c. à distance Fernsatz m
c. à distribuer Ablegesatz m
c. sur films Fotosatz m
c. des forces Kräftezusammensetzung f
c. granulométrique Körnung f, Kornzusammensetzung f, Korngrößenverteilung f, Kornaufbau m
c. interlignée durchschossener Satz m
c. isotopique isotope Zusammensetzung f, Isotopenzusammensetzung f
c. lumineuse Leuchtsatz m
c. à la machine Maschinensatz m
c. à main Handsatz m
c. à main mécanisée mechanisierter Handsatz m
c. mécanique Maschinensatz m
c. Monotype Monotypesatz m
c. des mouvements Zusammensetzung f von Bewegungen
c. permanente s. c. de conserve
c. en plein kompresser Satz m
c. d'une rame Zugzusammenstellung f
c. de tableau Tabellensatz m
c. du toit Dachausmittlung f, Dachverfallung f, Dachzerfallung f
c. de(s) travaux de ville Akzidenzsatz m
c. des vitesses Zusammensetzung f von Geschwindigkeiten
composteur m ⟨Typ⟩ Winkelhaken m
compound zusammengesetzt; Doppelschluß-, Kompound-, Verbund-
compound m Vergußmasse f, Kabelmasse f
compoundage m Kompoundierung f
compoundé s. composé 1.
compounder kompoundieren
compréhension difficile mangelhafte Verständigung f
compresseur m Verdichter m, Kompressor m; Lader m
c. d'air de lancement Anlaßluftverdichter m, Anlaßluftkompressor m
c. d'air gonfleur Reifenfüllpumpe f
c. axial Axialverdichter m
c. bi-étagé zweistufiger Verdichter m
c. de cabine Kabinenluftverdichter m
c. cellulaire Zellenverdichter m
c. centrifuge Kreiselverdichter m, Kreiselkompressor m, Zentrifugalverdichter m; Schleuderlader m
c. compound Verbundverdichter m
c. de cyclage Kreislaufverdichter m
c. à deux arbres Zweiwellenverdichter m

compresseur

c. à double entrée doppelflutiger Verdichter m
c. à entrée unique einflutiger Verdichter m
c. à flux radial Radialverdichter m
c. frigorifique Verdichter m einer Kälteanlage
c. de gaz Gasverdichter m
c. à haute pression Hochdruckverdichter m
c. hydraulique Hydraulikpumpe f, Wasserpumpe f
c. à labyrinthe Labyrinthkompressor m
c. marin Schiffskompressor m
c. à membrane Membrankompressor m
c. mono-étagé einstufiger Verdichter m
c. multicellulaire Vielzellenverdichter m
c. à palettes Flügelradverdichter m
c. à piston Kolbenverdichter m, Hubkolbenverdichter m
c. à piston rotatif Kreiskolbenverdichter m, Umlaufkolbenverdichter m
c. à piston rotatif à palettes Zellenverdichter m
c. à plusieurs étages mehrstufiger Verdichter m
c. à plusieurs vitesses umschaltbarer Lader m
c. Roots Rootsgebläse n, Rootslader m, Kreiskolbengebläse n
c. rotatif Umlaufkolbenverdichter m, Rotationskompressor m
c. rotatif à vis Schraubenverdichter m, Schraubkompressor m
c. à sec Trockenlaufkompressor m
c. de suralimentation Lader m, Ladekompressor m
c. de transfert Fördergebläse n
c. à un seul arbre Einwellenverdichter m
c. à un seul étage einstufiger Verdichter m
c. volumétrique Lader m mit positiver Förderung; Verdrängungslader m
compresseur-vibreur m Schwingverdichter m
c. à chenilles Raupenschwingverdichter m
compressibilité f Kompressibilität f, Verdichtbarkeit f
compressible kompressibel
compressimètre m Kompressionsmesser m
compression f Drücken n, Zusammendrücken n, Komprimieren n, Pressen n; Kompression f, Verdichtung f ⟨Kolbenkraftmaschine⟩; Pressung f; Spannung

f, Druck m ⟨Dampf⟩; Druckbeanspruchung f
c. adiabatique adiabatische Kompression f
c. centrée mittiger Druck m
c. à chaud Heißpressen n
c. sur la corne ⟨Schiff⟩ Baumdruck m
c. de dynamique Dynamikkompression f
c. excentrée außermittiger Druck m
c. à froid Brikettieren n
c. isotherme isotherme Verdichtung f
c. sur le mât de charge ⟨Schiff⟩ Baumdruck m
c. du noir Schwarzkompression f
compression-extension f Kompandierung f
comprimé m Tablette f
comprimer (zusammen)drücken, komprimieren, verdichten, (ab)pressen; verpressen; spannen ⟨Dampf⟩
c. à chaud heißpressen
c. à froid brikettieren
c. en pastilles zu Tabletten pressen
comptabilité f **par cartes perforées** Lochkartenabrechnung f
comptage m Zählung f; Auszählung f
c. de cartes Kartenzählung f
c. de coïncidences Koinzidenzzählung f
c. de cycles Zykluszählung f
c. d'impulsions Impulszählung f
c. des traces Spurenzählung f
compte m 1. Berechnung f; Rechnung f; Konto n; 2. Zählen n; Zählung f; 3. ⟨Kern⟩ Anzahl f der registrierten Impulse, Impulszahl f
c. de la chaine Kettdichte f
c. en trame Schußdichte f
compte-cartes m Kartenzähler m
compte-fils m 1. Fadenzähler m; 2. Fadenkreuztester m
compte-gouttes m Tropfenzähler m
compte-secondes m Stoppuhr f
compte-tours m Tourenzähler m, Tachometer n
compteur m Zähler m; Zählgerät n; Zählrohr n; Zähluhr f; Film[meß]uhr f
c. additif Additionszähler m
c. à aiguille Spitzenzähler m
c. d'amorçages Ansprechzähler m
c. en anneau Ringzähler m
c. à anticoincidence Antikoinzidenzzähler m
c. Aron Aron-Zähler m
c. en avant et en arrière, c. bidirectionnel Vor- und Rückwärtszähler m
c. à balancier Pendelzähler m

c. de cartes Kartenzähler *m*
c. de chaleur Wärmemengenmesser *m*
c. à circulation Durchflußzählrohr *n*, Durchflußzähler *m*
c. de communications Gesprächszähler *m*
c. de consommation maximale Höchstverbrauchszähler *m*
c. à courant alternatif monophasé Einphasenwechselstromzähler *m*
c. à courant continu Gleichstromzähler *m*
c. à courant monophasé Einphasenzähler *m*
c. à courant triphasé Drehstromzähler *m*
c. à cristal Kristallzähler *m*
c. de cycles Zykluszähler *m*
c. à déclenchement Auslösezähler *m*, Auslösezählrohr *n*, Geiger-Müller-Zählrohr *n*
c. à dépassement Überverbrauchszähler *m*
c. à deux systèmes propulsifs Zweisystemzähler *m*
c. divisionnaire Zwischenzähler *m*
c. d'eau Wasseruhr *f*
c. d'électricité, c. électrique Stromzähler *m*, Elektrizitätszähler *m*
c. électrodynamique elektrodynamischer Zähler *m*
c. électromagnétique elektromagnetischer Zähler *m*
c. électromagnétique à collecteur Magnetmotorzähler *m*
c. d'énergie active Wattstundenzähler
c. d'énergie réactive Blindverbrauchszähler *m*
c. (à) enregistreur schreibender Zähler *m*
c. à étincelles Funkenzähler *m*
c. à flux gazeux Durchflußzählrohr *n*
c. de garde Überwachungszählrohr *n*, Monitor *m*
c. à gaz Gasmesser *m*, Gasuhr *f*, Gaszähler *m*
c. de Geiger Geigerzähler *m*
c. de Geiger-Müller Geiger-Müller-Zähler *m*
c. général Hauptzähler *m*
c. d'heures de fonctionnement Betriebsstundenzähler *m*
c. d'images Bildzähler *m*, Einzelbildzählwerk *n*
c. d'impulsions Impulszähler *m*; Zählrohr *n*
c. à indicateur de maximum Maximumzähler *m*

c. à induction Induktionszähler *m*
c. d'instructions Befehlszähler *m*
c. à ionisation Ionisationszähler *m*
c. kilométrique Kilometerzähler *m*
c. du magnétophone Bandzählwerk *n*
c. pour marche arrière Rückwickelanzeiger *m*
c. de maximum Maximumzähler *m*
c. à mémoire Speicherzähler *m*
c. à mercure Quecksilberzähler *m*
c. monophasé Wechselstromzähler *m*
c. monophasé à trois fils Einphasendreileiterzähler *m*
c. de neutrons Neutronenzähler *m*
c. d'opérations Operationszähler *m*
c. oscillant Schwingspulenzähler *m*; oszillierender Zähler *m*
c. de particules Teilchenzähler *m*
c. de passage Durchlaufzähler *m*
c. de pointe Spitzenzähler *m*
c. de produits Produktenzählwerk *n*
c. proportionnel Proportionalzähler *m*, Proportionalzählrohr *n*
c. de radiaton Strahlenzähler *m*, Strahlenzählrohr *n*
c. de recul protonique Rückstoßprotonenzähler *m*
c. à remplissage gazeux gasgefülltes Zählrohr *n*
c. répétitif Wiederholungszähler *m*
c. réversible Vor- und Rückwärtszähler *m*
c. de révolutions Umdrehungszähler *m*
c. scellé abgeschmolzenes Zählrohr *n*
c. à scintillation(s) Szintillationszähler *m*
c. à self-quenching selbstlöschendes Zählrohr *n*
c. à tarif double Doppeltarifzähler *m*
c. à tarif simple Einfachtarifzähler *m*
c. des taxes Gebührenzähler *m*
c. des taxes téléphoniques Fernsprechgebührenzähler *m*
c. de Tcherenkov Čerenkov-Zähler *m*
c. télescope Zählrohrteleskop *n*
c. de temps et de zone Zeitzonenzähler *m*
c. totalisateur 1. ⟨Büro⟩ Saldierzähler *m*; 2. ⟨Kfz⟩ Kilometerzähler *m*
c. de vapeur Dampfzähler *m*
c. de vitesse Tachometer *m*
c. volumétrique Durchflußzähler *m*, Volumenzähler *m*
long c. „long counter" *m*
compteur-clients *m* Kundenzähler *m*
compteur-contrôleur *m* Kontrollzähler *m*
compteur-décompteur *m* Vor- und Rückwärtszähler *m*

concassage *m*, **concassation** *f* Zerkleinern *n*; Zerkleinerung *f*, Brechen *n*; Grobzerkleinerung *f* ⟨s. a. broyage⟩
  c. préalable Vorbrechen *n*, Vorzerkleinerung *f*
  c. primaire Grobzerkleinerung *f*
  c. de la pyrite Kiesbrecherei *f*
concasser zerkleinern, brechen
concasseur *m* Brecher *m*, Brechwerk *n*; Schrotmühle *f* ⟨s. a. broyeur⟩
  c. centrifuge Hammerbrecher *m*
  c. à cônes Kegelbrecher *m*, Kegelmühle *f*
  c. à cylindres Walzenbrecher *m*, Walzenmühle *f*, Brechwalzwerk *n*
  c. à l'eau Naßmühle *f*
  c. giratoire Kreiselbrecher *m*
  c. à mâchoires Backenbrecher *m*
  c. à marteaux Hammerbrecher *m*
  c. à minerais Erzbrecher *m*
  c. à percussion Schlagbrecher *m*
  c. primaire Grobbrecher *m*
  c. rotatif Kreiselbrecher *m*
  c. à scorie Schlackenbrecher *m*
concave konkav
concavité *f* Austiefung *f*, Konkavität *f*, Rundhöhlung *f*
concavo-convexe konkav-konvex
concentrateur *m* 1. Verdampfer *m*, Abdampfkessel *m*; 2. ⟨El⟩ Konzentrator *m*; 3. ⟨Fmt⟩ Zentralumschalter *m*
  c. tubulaire à dowtherm Dowthermröhrenverdampfer *m*
concentration *f* 1. Konzentration *f*; Anreicherung *f*; Eindicken *n*; Eindampfen *n*; Einengung *f* ⟨z. B. einer Probe⟩; 3. Aufbereitung *f*; 4. Sättigungsgrad *m*; Bündelung *f*; Fokussierung *f*; **à haute c.** hochkonzentriert, hochprozentig
  c. du bain Badkonzentration *f*
  c. du diamant Diamantkonzentration *f* ⟨Schleifkörper⟩
  c. par ébullition Einkochen *n*, Eindikken *n*, Eindampfen *n*
  c. électronique Elektronenkonzentration *f*
  c. d'entrée Eingangskonzentration *f*
  c. par évaporation Eindampfen *n*
  c. du faisceau Fokussierung *f* des Strahls
  c. à froid Kaltkonzentrieren *n*
  c. de gaz Gaskonzentration *f*
  c. ionique (d'ions, en ions) Ionenkonzentration *f*
  c. en ions d'hydrogène Wasserstoffionenkonzentration *f*, pH-Wert *m*
  c. maximum admissible maximal zulässige Konzentration *f*
  c. molaire (moléculaire) Molkonzentration *f*, Molarität *f*
  c. du pigment Pigmentgehalt *m*, Pigmentkonzentration *f*
  c. des rayons Strahlkonzentration *f*
  c. de saturation Sättigungskonzentration *f*
  c. de sel Salzkonzentration *f*
  c. superficielle Oberflächenkonzentration *f*
  c. volumétrique en pigment Pigmentvolumenkonzentration *f*
concentré/très hochkonzentriert; hochprozentig
concentré *m* Konzentrat *n*
  c. de minerai Erzkonzentrat *n*
concentrer 1. konzentrieren, anreichern, eindicken, eindampfen; 2. aufbereiten
  c. par évaporation eindampfen
concentrique konzentrisch
conchoïdal ⟨Math⟩ schneckenlinienförmig; ⟨Min⟩ muschelig
conchoïde *f* ⟨Math⟩ Konchoide *f*, Muschellinie *f*
conclusion *f* 1. Schluß *m*, Folgerung *f*; 2. Schlußwort *n*
concordance *f*:
  c. des phases Phasengleichheit *f*, richtige Phasenfolge *f*
  c. de stratification Planparallelschichtung *f*
  c. stratigraphique stratigrafische Konkordanz *f*
  c. tectonique Dislokationskonkordanz *f*
concordant konkordant
concret konkret; dicht, zähflüssig ⟨z. B. Öl⟩
concrétion *f* 1. ⟨Ch⟩ Verfestigung *f*; Eindickung *f*; Verhärtung *f*; 2. ⟨Geol⟩ Konkretion *f*
concrétionné konkretionär
condensable kondensierbar
condensat *m* Niederschlag *m*, Kondensat(ionsprodukt) *n*
condensateur *m* 1. ⟨El⟩ Kondensator *m*; 2. ⟨Opt⟩ Kondensor ⟨s. a. condenseur⟩
  c. d'accord multiple Mehrfachabstimmkondensator *m*
  c. à air Luftkondensator *m*
  c. ajustable Trimmerkondensator *m*
  c. d'alignement Abgleichkondensator *m*
  c. antiparasites Entstörkondensator *m*
  c. de blocage Blockkondensator *m*
  c. bobiné Wickelkondensator *m*
  c. en boitier Becherkondensator *m*
  c. céramique Keramikkondensator *m*
  c. chimique Elektrolytkondensator *m*

condition

c. **de compensation de phase** Phasenschieberkondensator m
c. **à couche d'arrêt** Sperrschichtkondensator m
c. **de couplage** Koppelkondensator m
c. **de courant réactif** Blindstromkondensator m
c. **cylindrique** Zylinderkondensator m
c. **de découplage** Entkopplungskondensator m, Trennkondensator m
c. **de démarrage** Anlaufkondensator m, Anlaßkondensator m
c. **de dérivation** Ableitkondensator m
c. **différentiel** Differentialkondensator
c. **différentiel variable** Differentialdrehkondensator m
c. **électrochimique (électrolytique)** Elektrolytkondensator m
c. **électrolytique à basse tension** Niedervoltelektrolytkondensator m
c. **de filtrage** Siebkondensator m, Glättungskondensator m
c. **fixe** Festkondensator m
c. **en forme de disque** Scheibenkondensator m
c. **de grille** Gitterkondensator m
c. **à haute tension** Hochspannungskondensator m
c. **dans l'huile** Ölkondensator m
c. **à injection** Einspritzkondensator m
c. **à lame vibrante** Schwingkondensator m
c. **de lissage** Ladekondensator m
c. **au mica** Glimmerkondensator m
c. **non inductif** induktionsfreier Kondensator m
c. **au papier** Papierkondensator m
c. **plan (à plaques)** Plattenkondensator m
c. **de raccourcissement** Verkürzungskondensator m
c. **réglable** Drehkondensator m
c. **en série** Reihenkondensator m, Serienkondensator m
c. **de service** Betriebskondensator m
c. **sphérique** Kugelkondensator m
c. **de syntonisation** Abstimmkondensator m
c. **au tantale** Tantalkondensator m
c. **de traversée** Durchführungskondensator m
c. **tubulaire** Röhrchenkondensator m
c. **variable** Drehko[ndensator] m, veränderlicher (variabler) Kondensator m
c. **variable différentiel** Differentialdrehkondensator m
c. **variable double** Doppeldrehkondensator m

c. **variable à variation linéaire de capacité** Kondensator m mit linearer Kapazitätsregelung
c. **variable à variation linéaire de fréquence** Kondensator m mit linearer Frequenzregelung
c. **à variation linéaire de capacité** kapazitätslinearer Drehkondensator m
c. **à variation linéaire de fréquence** frequenzlinearer Drehkondensator m
c. **vernier** Feinabstimmkondensator m
c. **vibrant** Schwingkondensator m
condensation f Kondensierung f, Kondensation f; Kühlung f, Rückkühlung f; Niederschlag m
c. **capillaire** Kapillarkondensation f
c. **fractionnée** fraktionierte Kondensation f
c. **partielle** partielle Kondensation f, Teilkondensation f
c. **à reflux** Rückflußkondensation f
c. **de la vapeur** Dampfkondensation f
condenser kondensieren, verdichten, niederschlagen
condenseur m 1. Kondensator m, Kühler m ⟨Dampfkraftmaschine⟩; Verflüssiger m ⟨Kältemaschine⟩; 2. ⟨Opt⟩ Kondensor m; 3. Verdichter m ⟨Zinkmetallurgie⟩
c. **d'Abbe** Abbe-Kondensor m
c. **à air** Luftkondensator m
c. **d'avant-champ** Vorfeldkondensor m
c. **barométrique** barometrischer Kondensator m
c. **à contre-courant** Gegenstromkondensator m
c. **double** Doppelkondensor m
c. **à mélange** Mischkondensator m
c. **optique** Kondensor m
c. **à reflux** Rücklaufkondensator m, Rückflußkühler m
c. **à surface** Oberflächenkondensator m
c. **tubulaire** Röhrenkondensator m
condition f ⟨Math⟩ Bedingung f; Element n; Beschaffenheit f, Zustand m; **sous c.** bedingt
c. **d'Abbe** Abbesche Sinusbedingung f
c. **climatique** Klimabedingung f
c. **de continuité** Kontinuitätsbedingung f
c. **d'équilibre** Gleichgewichtsbedingung f ⟨im Zustandsdiagramm⟩, Gleichgewichtszustand m
c. **de gîte** Lagerungsverhältnis n
c. **initiale** Anfangsbedingung f
c. **aux limites** Grenzbedingung f, Randbedingung f

condition

c. **nécessaire** notwendige Bedingung f
c. **préalable** Vorbedingung f
c. **de réflexion de Bragg** Braggsche Reflexionsbedingung (Gleichung, Beziehung) f
c. **de résonance** Resonanzbedingung f
c. **des sinus (d'Abbe)** Abbesche Sinusbedingung f
c. **de stabilité** Stabilitätsbedingung f
c. **standard** Standardbedingung f
c. **suffisante** hinreichende Bedingung f
c. **de transformation** Umsetzungsverhältnis n
conditionnel bedingt
non c. unbedingt
conditionnement m 1. Aufbereiten n; Aufbereitung f; 2. ⟨Text⟩ Konditionieren n; Konditionierung f; 3. Klimatisieren n; Klimatisierung f; Klimatechnik f; 4. Verpacken n, Abpacken n
c. **d'air** Klimatisierung f
c. **sous sachet** Beutelaufmachung f, Verpackung f im Beutel (z. B. von Wäsche)
conditionner 1. aufbereiten; 2. ⟨Text⟩ konditionieren; 3. klimatisieren; 4. verpacken, abpacken
conditionneur m Klimaanlage f, Klimagerät n
conditions fpl :
c. **atmosphériques** Witterungsbedingungen fpl
c. **d'essai** Prüfbedingungen fpl
c. **d'excitation** Anregungsbedingungen fpl
c. **de l'expérience** Versuchsbedingungen fpl
c. **d'exploitation, c. de fonctionnement** Betriebsbedingungen fpl, Arbeitsbedingungen fpl
c. **de mer** Seebedingungen fpl
c. **optimales** optimale Bedingungen fpl
c. **de réception** Abnahmebedingungen fpl
c. **de solubilité** Löslichkeitsverhältnisse npl
conductance f Leitwert m, Wirkleitwert m, Konduktanz f
c. **équivalente** Äquivalentleitfähigkeit f
c. **mutuelle** Steilheit f
c. **de sortie** Ausgangsleitwert m
conducteur leitend, leitfähig
conducteur m 1. Leiter m, Leitung f; Stromleiter m, Ader f; 2. Fahrer m, Führer m; **à c. accompagnant** mit Deichsellenkung, mit Gehlenkung, mit gehendem Fahrer; **à c. porté** mit Fahrersitzlenkung, mit Fahrersitz

c. **aérien** Oberleiter m
c. **d'aluminium** Aluminiumleiter m
c. **d'arrivée** Zuleitung f
c. **blindé** abgeschirmter Leiter m
c. **de câble** Kabelleiter m, Kabelader f
c. **de chaleur** Wärmeleiter m
c. **chauffant** Heizleiter m
c. **de courant** Stromleiter m
c. **sans courant** stromloser Leiter m
c. **sous crépi** Unterputzleitung f
c. **en cuivre** Kupferleiter m
c. **de cuivre toronné** Kupferlitze f, litzenförmiger Kupferleiter m
c. **en faisceau** Bündelleiter m
c. **filiforme** Drahtleiter m
c. **à froid** Kaltleiter m
c. **isolé au caoutchouc** Gummiaderleiter m
c. **massif** massiver Leiter m
c. **médian** Mittelleiter m
c. **de mise à la terre** Erdleiter m
c. **négatif** Minusleiter m
c. **neutre** Nulleiter m
c. **nu** blanker Leiter m
c. **positif** Plusleiter m
c. **principal** Hauptleiter m
c. **rectangulaire** Rechteckleiter m
c. **de retour** Rückleiter m
c. **de terre** Erdleiter m
c. **type marine** elektrischer Leiter m zur Verwendung auf Schiffen
c. **typographe** Drucker m, Maschinenmeister m
conductibilité f Leitfähigkeit f, Leitvermögen n
c. **calorifique (de chaleur)** Wärmeleitfähigkeit f
c. **électrique** elektrische Leitfähigkeit f
c. **équivalente** Äquivalentleitfähigkeit f
c. **extrinsèque** Störstellenleitfähigkeit f
c. **intrinsèque** Eigenleitfähigkeit f
c. **moléculaire** Molarleitfähigkeit f, molare Leitfähigkeit f
c. **spécifique** spezifische Leitfähigkeit f
c. **thermique** Wärmeleitfähigkeit f
conductible leitend, leitfähig
conductif elektrisch leitend (leitfähig)
conductimètre m Leitwertmesser m
conduction f Leitung f
c. **de chaleur** Wärmeleitung f
c. **de courant** Stromleitung f
c. **par courant d'obscurité** Dunkelleitung f
c. **par défaut** Defekt[elektronen]leitung f, p-Leitung f, Löcherleitung f
c. **électronique** Elektronenleitung f
c. **extrinsèque (par impuretés)** Störstellenleitung f

c. **intrinsèque** Eigenleitung f
c. **ionique** Ionenleitung f
c. **par lacunes** s. c. par défaut
c. **métallique** metallische Leitung f
c. **par substitution** Substitutionsleitung f
c. **par trous** s. c. par défaut
conductivité f elektrische Leitfähigkeit f, (elektrisches) Leitvermögen n
c. **calorifique** Wärmeleitfähigkeit f
c. **thermique** Wärmeleitfähigkeit f
conduire leiten ⟨Strom⟩; verteilen ⟨Wasser⟩; führen ⟨ein Fahrzeug⟩
conduit m Rohr[leitung f] n, Leitung f, Kanal m ⟨s. a. conduite⟩
c. **d'aération** Belüftungsleitung f; Belüftungsrohr n
c. **d'air** Luftkanal m
c. **de duvet** ⟨Text⟩ Flugkanal m
c. **de fumée** Rauchröhre f; Rauchabzug m; Rauchkanal m
c. **de lumière** Lichtleiter m
c. **de ventilation** Lüfterkanal m
c. **de vide** Vakuumleitung f
conduite f 1. Führung f; Steuerung f; 2. Rohrleitung f; Leitung[srohr n] f, Kanal m ⟨s. a. conduit⟩
c. **d'acide** Säureleitung f
c. **d'admission** Ansaugleitung f
c. **d'air** Luftleitung f
c. **d'air comprimé** Druckluftleitung f, Preßluftleitung f
c. **d'alimentation** Speiseleitung f, Zuführungsrohr n; Speisewasserleitung f
c. **d'arrivée** Zuleitung f
c. **d'aspiration** Saugleitung f, Saugrohr n, Ansaugleitung f, Ansaugrohr n; Heberleitung f ⟨Wasserbau⟩
c. **branchée** Zweigrohrleitung f, Abzweigleitung f
c. **circulaire** Ringleitung f
c. **circulaire de lavage** Ringwaschleitung f
c. **collectrice** Sammelleitung f
c. **de décharge** Ableitung f
c. **de distribution** Versorgungsleitung f
c. **drainante** Sickerrohr n
c. **d'eau** Wasserleitung f
c. **d'eau d'alimentation** Speisewasserleitung f
c. **d'eau sous pression** Druckwasserleitung f
c. **d'eau de refroidissement** Kühlwasserleitung f
c. **d'échappement** Auspuffleitung f, Auspuffrohr n
c. **d'écoulement** Abflußleitung f

c. **d'évacuation** Ableitungsrohr n
c. **d'évacuation des fumées** Abgasleitung f
c. **d'extinction** Feuerlöschleitung f
c. **du feu** Feuerbedienung f, Feuerführung f
c. **des flammes** Flammenführung f
c. **forcée** Druckrohrleitung f
c. **de gaz** Gasleitung f
c. **de gaz de gueulard** Gichtgasleitung f
c. **isolée** isolierte Rohrleitung f
c. **du navire** Schiffsführung f
c. **de pétrole** Ölleitung f
c. **sous pression** Druckleitung f
c. **principale** Hauptrohr n
c. **de refoulement** Pumpleitung f
c. **de retour** Rückleitung f
c. **de sécurité** Sicherheitsleitung f
c. **de tuyaux** Rohrleitung f
c. **à (de) vapeur** Dampfleitung f
c. **de vent** Windleitung f ⟨Hochofen⟩
c. **de ventilation** Entlüftungsleitung f
cône m ⟨Math⟩ Kegel m, Konus m; ⟨Text⟩ konische Kreuzspule f
c. **d'ancrage** Keilanker m, Konusanker m
c. **d'avalanche** Lawinenkegel m
c. **de broyage, c. broyeur** Brech[er]kegel m
c. **circonscrit** umbeschriebener Kegel m
c. **circulaire** Kreiskegel m
c. **de dispersion** Streuungskegel m
c. **droit** gerader Kegel m
c. **d'éboulis** Schuttkegel m
c. **d'échappement** Abgaskonus m
c. **d'embrayage** Reib[ungs]kegel m
c. **étagé** Stufenscheibe f
c. **à filtrer** Filterkegel m
c. **formé par accumulation** Aufschüttungskegel m
c. **de friction** Reib[ungs]kegel m
c. **à gradin** Stufenscheibe f
c. **de herpolhodie** Herpolhodiekegel m, Festkegel m, Rastpolkegel m
c. **d'introduction** Suchstift m
c. **de lumière, c. lumineux** Lichtkegel m
c. **de Mach** Machkegel m
c. **mobile du collecteur** Kommutatorring m
c. **mobile d'un haut-parleur** Lautsprechermembran f
c. **Morse** Morsekegel m
c. **de nutation** Nutationskegel m
c. **de pénétration d'hélice** Nasenkappe f
c. **de polhodie** Polhodiekegel m, Laufkegel m, Gangpolkegel m

cône

c. **pyrométrique** s. c. de Seger
c. **à râper** Rauhkegel m
c. **de rayonnement** Strahlenkegel m
c. **de renvoi** Gegenstufenscheibe f
c. **de résidus** Rückstandskegel m
c. **de scories** Schlackenkegel m
c. **de Seger** Segerkegel m, Brennkegel m
c. **de silence** ⟨Fmt⟩ tote (empfangslose) Zone f, Schweigezone f
c. **support** konische Hülse (Garnhülse) f
c. **tronque** stumpfer Kegel m
c. **volcanique** Vulkankegel m
confection f Herstellung f, Anfertigung f; Konfektion f
c. **de patrons** Schablonenherstellung f
c. **des plaques** Klischeefabrikation f
confectionner anfertigen
conférence f **téléphonique** Sammelgespräch n, Konferenzgespräch n
configuration f Konfiguration f; Gestaltung f, Formgebung f
c. **d'atterrissage** Landebetriebszustand m
c. **mixte** Konfigurationsmischung f
c. **du terrain** Bodengestaltung f
configurer gestalten
confinement m Einschließung f ⟨z. B. von Plasma⟩
confit m Beize f ⟨Leder⟩
confitage m Beizen n ⟨Leder⟩
confiter beizen ⟨Leder⟩
conformateur m Bombiermaschine f
conforme konform
confus 1. undeutlich, unklar ⟨z. B. Ton⟩; 2. durcheinanderlaufend, kabbelig ⟨z. B. See⟩
congé m Hohlkehle f, Auskehlung f, Rundkerb m
congélateur Frost-, Gefrier-
congélateur m Kältemaschine f, Kühlmaschine f, Froster m, Gefrierapparat m
c. **à plaques** Plattenfroster m
c. **à plaques horizontales** Horizontalplattenfroster m
c. **à plaques verticales** Vertikalplattenfroster m
c. **en tunnel** Gefriertunnel m
congélation f Gefrieren n, Ausfrieren n; Erstarrung f
c. **par air** Luftgefrieren n
c. **par contact** Kontaktgefrieren n
c. **fractionnée** fraktioniertes Ausfrieren n
c. **partielle** Teilausfrieren n

c. **en saumure** Gefrieren n in Flüssigkeit
c. **ultra-rapide** Schnellkühlung f, Tiefkühlung f
congelé à bord auf See gefrostet
congeler einfrieren, frosten; erstarren
conglomérat m Konglomerat n
c. **basal** Basalkonglomerat n
c. **de base** Transgressionskonglomerat n
conglomératique konglomeratisch
conglomérer konglomerieren
congruence f Kongruenz f, Deckungsgleichheit f
congruent kongruent, deckungsgleich
conicité f Konizität f; Verjüngung f; Kegel m ⟨Angabe der Konizität auf einer technischen Zeichnung⟩
conimètre m Konimeter n
conique kegelförmig, keglig, Kegel-, konisch
conique f Kegelschnitt m
coniques fpl **confocales** konfokale Kegelschnitte mpl
conjoncteur m Einschalter m
conjoncteur-disjoncteur m Rückstromschalter m
conjonction f 1. ⟨Math⟩ Konjunktion f, logische Summe f; 2. ⟨El⟩ Zuschaltung f
conjugaison f ⟨El⟩ Verbindung f, Schaltung f
c. **de charge** Ladungskonjugation f
conjugué zugeordnet; ⟨Math⟩ konjugiert; ⟨Masch⟩ verbunden, gekoppelt
connaissement m Konnossement n, Schiffsfrachtbrief m, Seefrachtbrief m
c. **clean** reines Konnossement n
c. **à ordre** Orderkonnossement n
c. **sans réserves** reines Konnossement n
connecter 1. ⟨El⟩ [elektrisch] verbinden, anklemmen, anschließen, anschalten; einfahren ⟨Geräteeinschub⟩; 2. ⟨Masch⟩ kuppeln ⟨s. a. coupler⟩
c. **directement** durchschalten
connecteur m ⟨El⟩ Stecker m, Verbinder m; Gerätestecker m
c. **coaxial** Koaxialstecker m
connexion f elektrische Verbindung f, Anschluß m; Anschließen n; Einfahren n ⟨Geräteeinschub⟩, Schaltung f ⟨s. a. couplage⟩
c. **de bifurcation** Verzweigungsschaltung f
c. **compensée** Kompensationsleitung f
c. **d'essai au sol** ⟨Flg⟩ Bodenanschluß m
c. **par fil** Drahtverbindung f

c. de freinage Bremsschaltung f
c. de grille Gitteranschluß m
c. de mesure Meßschaltung f
c. phono Phonoanschluß m
c. pour pick-up Plattenspieleranschluß m
c. de rails Schienenverbindung f
c. du socle Sockelschaltung f
c. souple flexibler Anschluß m
c. de terre Erdverbindung f
c. de transistor Transistoranschluß m
c. transversale Querverbindung f
c. triphasée Drehstromanschluß m
fausse c. falsche Verbindung f
connexions fpl Schaltung f, Schaltschema n
conservateur m:
  c. de cap magnetisch gestützter Kurskreisel m
  c. d'huile Ölbehälter m; Ölausdehnungsgefäß n
conservatif konservativ
conservation f:
  c. du brillant Brillanz f, Glanzvermögen n ⟨Lack⟩
  c. de la charge Ladungserhaltung f
  c. de la coloration Farbechtheit f
  c. de l'énergie Energieerhaltung f, Erhaltung f der Energie
  c. par irradiation Bestrahlungskonservierung f
  c. de la masse Erhaltung f der Masse
  c. de la parité Paritätserhaltung f
conserve f ⟨Typ⟩ Stehsatz m
consignataire m de la coque Schiffsmakler m
consigne f:
  c. de bagages Gepäckaufbewahrung f
  c. d'emploi Arbeitsordnung f ⟨Vorschriften⟩
  c. de mise en service Bedienungsanleitung f, Bedienungsanweisung f
consistance f Konsistenz f, Beschaffenheit f
  c. de la vapeur Dampfdichte f
  c. variable veränderliche Dichte f ⟨Strömung⟩
consistant konsistent; standfest
consistomètre m Konsistometer n
Consol m Consolverfahren n ⟨Funknavigation⟩
console f Konsole f, Stütze f, Träger m, Lagerbock m; Ausleger m
  c. d'arrêt Abspannstütze f
  c. d'isolateur Isolatorenträger m, Isolatorenstütze f
  c. de poteau Mastausleger m

consolidation f Festigung f, Verfestigung f, Verdichtung f
  c. par écrouissage Verfestigung f durch Kaltverformung
consolider (ver)festigen
consommable abschmelzbar, selbstverzehrend ⟨z. B. Anode⟩
consommateur m Verbraucher m
consommation f Verbrauch m, Bedarf m
  c. à l'appel Anzugsverbrauch m ⟨eines Relais⟩
  c. de carburant Kraftstoffverbrauch m
  c. de chaleur Wärmeverbrauch m
  c. de combustible Kraftstoffverbrauch m, Brennstoffverbrauch m
  c. de courant Stromverbrauch m
  c. de courant réactif Blindstromaufnahme f
  c. d'énergie Energieverbrauch m
  c. excessive Überverbrauch m
  c. d'huile Schmierölverbrauch m
  c. de matières premières Rohstoffverbrauch m
  c. spécifique de combustible spezifischer Kraftstoffverbrauch m
  c. totale d'un four électrique Ofenanschlußwert m
  c. de vapeur Dampfverbrauch m
consommer verbrauchen
consonance f Konsonanz f, Gleichklang m
constance f:
  c. de fréquence Frequenzkonstanz f
  c. thermique Temperaturkonstanz f
constant konstant, unveränderlich
constantan m Konstantan n
constante f Konstante f ⟨s. a. coefficient, facteur⟩
  c. de l'attraction universelle Gravitationskonstante f
  c. d'Avogadro Avogadro-Konstante f, Avogadrosche Konstante f, Loschmidtsche Zahl f
  c. de Boltzmann Boltzmann-Konstante f, Boltzmannsche Konstante f
  c. capillaire Kapillaritätskonstante f
  c. chimique chemische Konstante f
  c. du compteur Zählerkonstante f
  c. cryométrique (cryoscopique) kryoskopische Konstante f
  c. de désintégration (radio-active) Zerfallskonstante f
  c. diélectrique Dielektrizitätskonstante f
  c. d'effet d'écran Abschirmkonstante f
  c. d'équilibre Gleichgewichtskonstante f
  c. d'étalonnage Eichkonstante f

constante 168

c. de **Fermi** Fermi-Konstante *f*
c. des **gaz** Gaskonstante *f*
c. de **gravitation** Gravitationskonstante *f*
c. de **grille** Gitterkonstante *f*
c. d'**inertie** Trägheitskonstante *f*
c. de **Madelung** Madelungsche Konstante *f*
c. du **matériel** Materialkonstante *f*
c. de **phase** Phasenkonstante *f*
c. de **Planck** Plancksches Wirkungsquantum *n*, Plancksche Konstante *f*
c. de **propagation** Fortpflanzungskonstante *f*, Übertragungsmaß *n*
c. **radio-active** Zerfallskonstante *f*
c. de **rappel** Rückstellungskonstante *f*
c. **RC** RC-Konstante *f*
c. de **réseau** Gitterkonstante *f* ⟨Kristall⟩
c. de **Rydberg** Rydberg-Konstante *f*
c. **solaire** Solarkonstante *f*
c. de **structure fine** Feinstrukturkonstante *f*
c. de **Sutherland** Sutherland-Konstante *f*
c. de **temps** Zeitkonstante *f*
c. de **Trouton** Troutonsche Konstante *f*
c. **unifiée de masse atomique** (vereinheitlichte) Atommassenkonstante *f*
c. **universelle** s. c. de Planck
c. de **Verdet** Verdetsche Konstante *f*, Verdet-Konstante *f*
c. de **vitesse** Geschwindigkeitskonstante *f*

constantes *fpl* **de Van der Waals** Van der Waalssche Konstanten *fpl*
constater bestimmen
constituant *m* 1. Bestandteil *m* ⟨s. a. composant⟩; 2. Bauteil *n*, Einzelteil *n*
  c. **accessoire** akzessorischer Bestandteil *m*
constitution *f* Konstitution *f*, Beschaffenheit *f*
  c. du **câble** Kabelaufbau *m*
  c. **chimique** chemische Zusammensetzung *f*
  c. du **sol** Bodenbeschaffenheit *f*
constrictif zusammenschnürend
constriction *f* Einschnürung *f*, Verengung *f*; Zusammenschnürung *f*
constructeur *m* Konstrukteur *m*; Erbauer *m*; Hersteller *m*
  c. de **machines**, c. **mécanique** Maschinenbauer *m*, Maschinenbauingenieur *m*
construction *f* Bau *m*, Herstellung *f*; Konstruktion *f*, Ausführung *f*; Bauwesen *n*; en c. im Bau
  c. **aéronautique** Flugzeugbau *m*

c. d'un **angle** Konstruktion *f* eines Winkels
c. **antiséismique** erdbebensicheres Bauwerk *n*
c. d'**appareillage (appareils)** Apparatebau *m*
c. d'**ateliers** Werkstätteneinbau *m*
c. **automobile** Kraftfahrzeugbau *m*
c. en **béton** Betonbau *m*
c. en **béton armé** Stahlbetonbau *m*
c. en **charpente** Fachwerk *n*; Fachwerkbau *m*
c. de **chaudières** Kesselbau *m*
c. de la **coque** Schiffskörperbau *m*
c. en **couches** Schichtenaufbau *m*
c. **après coup** nachträglicher Einbau *m*
c. en **creux** Hohlkonstruktion *f*
c. à **double rangée** Doppelreihenbau *m*
c. **électromécanique** Elektromaschinenbau *m*
c. en **éléments normalisés (préfabriqués)** Baukastenbauweise *f*
c. des **embarcations** Bootsbau *m*
c. **fermée** geschlossene Bauweise *f*
c. **fluviale** Flußbau *m*
c. **légère** Leichtbau *m*; Leichtbauweise *f*
c. de **logements** Wohnungsbau *m*
c. **longitudinale** Längsspantenbauweise *f*
c. de **machines** Maschinenbau *m*
c. de **machines textiles** Textilmaschinenbau *m*
c. **massive** Massivbau *m*
c. **mécanique** Maschinenbau *m*
c. **métallique** Stahlbau *m*
c. du **meuble** Möbelbau *m*, Möbelherstellung *f*
c. **mi-ouverte** halboffene Bauweise *f*
c. de **moules** Formenbau *m*
c. **navale** Schiffbau *m*; Seeschiffbau *m*
c. **navale civile** Handelsschiffbau *m*, Zivilschiffbau *m*
c. **navale militaire** Kriegsschiffbau *m*
c. **ouverte** offene Bauweise *f*
c. **sur pente(s)** Hangbebauung *f*
c. **par pièces interchangeables** Austauschbau *m* ⟨Gerätebau⟩
c. **plate** Flachbau *m*
c. d'un **pont** Brückenbau *m*, Brückenschlag *m*
c. de **puits** Brunnenbau *m*
c. **par rangées séparées** Einzelreihenbau *m*
c. de **réservoirs** Behälterbau *m*
c. à **revêtement porteur** Schalenbauweise *f*

c. **des routes** Straßenbau *m*
c. **sandwich** Verbundbauweise *f*
c. **soudée** Schweißkonstruktion *f*
c. **spéciale** Sonderbauart *f*
c. **en tôle** Blechkonstruktion *f*
c. **transversale** Querspantenbauweise *f*
c. **tubulaire** Röhrenkonstruktion *f*, Rohrkonstruktion *f*
c. **unique** Einzelanfertigung *f*
c. **de la voie** Gleisbau *m*
nouvelle c. Neubau *m*
construction-coque *f* Schalenbau *m*, Schalenbauweise *f*
construire bauen; konstruieren; ausführen
contact *m* Kontakt *m*, Berührung *f*; ⟨Mech⟩ Eingriff *m* ⟨Zahnrad⟩; ⟨El⟩ Kontakt *m*, leitende Verbindung *f*; **sans contact(s)** kontaktlos
c. **accidentel** zufällige Berührung *f*
c. **à accompagnement** Schleppkontakt *m*
c. **d'auto-alimentation** Selbsthaltekontakt *m*
c. **autonettoyant** selbstreinigender Kontakt *m*
c. **auxiliaire** Hilfskontakt *m*
c. **de balai** Bürstenkontakt *m*
c. **à basse résistance** ohmscher (sperrschichtfreier) Kontakt *m*, Kleinwiderstandskontakt *m*
c. **commutateur, c. de commutation** Schaltkontakt *m*; Umschaltkontakt *m*, Wechsler *m*
c. **contacteur** Schließer *m*
c. **de coupure** Abreißkontakt *m*, Abschaltkontakt *m*; Abbrennkontakt *m*
c. **de court-circuit** Kurzschlußkontakt *m*
c. **en couteau** Messerkontakt *m*
c. **à déclic** Sprungkontakt *m*
c. **défectueux** schlechter Kontakt *m*
c. **de dents** Berührung *f*, Eingriff *m* ⟨Zahnrad⟩
c. **à deux directions** Wechselkontakt *m*
c. **à deux directions avec chevauchement** Wechselkontakt *m* ohne Unterbrechung
c. **à deux directions avec position neutre** Wechselkontakt *m* mit Offenstellung in der Mitte
c. **de diode** Diodenanschluß *m*
c. **électrique** elektrischer Kontakt *m*
c. **feuilleté** Bürstenkontakt *m*
c. **à fiches** Steckkontakt *m*
c. **entre fils** Leitungsberührung *f*
c. **de fin de course** Endkontakt *m*
c. **fixe** fester Kontakt *m*; ⟨Kfz⟩ Amboß *m*; ⟨Eb⟩ Schienenkontakt *m*

c. **de frottement, c. glissant** Schleifkontakt *m*, Gleitkontakt *m*, Reib(ungs)kontakt *m*, Gleitstück *n*
c. **à (d')impulsion** Tippkontakt *m*
c. **intermédiaire** Zwischenkontakt *m*
c. **d'interrupteur** Schalterkontakt *m*
c. **inverseur** Umschaltkontakt *m*
c. **de lecture** Lesekontakt *m*, Abtastkontakt *m*
c. **de maintien** Haltekontakt *m*, Sperrkontakt *m*
c. **à la masse** Gehäuseschluß *m*; Körperschluß *m*
c. **à mercure** Quecksilberkontakt *m*
c. **de mise à la terre** Erdungskontakt *m*
c. **mobile** beweglicher Kontakt *m*; ⟨Kfz⟩ Hammer *m*
c. **multiple** Mehrfachkontakt *m*, Vielfachkontakt *m*
c. **normalement ouvert** Arbeitskontakt *m*
c. **ohmique** ohmscher Kontakt *m*
c. **en parallèle** Parallelkontakt *m*
c. **parcouru par le courant** stromführender Kontakt *m*
c. **pare-étincelles** Abbrennkontakt *m*, Abreißkontakt *m*
c. **permanent** Dauerkontakt *m*
c. **à plaquette d'argent** Kontakt *m* mit Silberauflage
c. **de pontage** Überbrückungskontakt *m*
c. **par pression (directe)** Druckkontakt *m*
c. **de raccordement** Anschlußkontakt *m*
c. **radar** Radarerfassung *f*
c. **de relais** Relaiskontakt *m*
c. **de repos** Ruhekontakt *m*
c. **à ressort** Federkontakt *m*
c. **roulant** Wälzberührung *f*, Wälzkontakt *m*
c. **à roulette** Rollenkontakt *m*
c. **rupteur** Öffnungskontakt *m*, Unterbrecherkontakt *m*, Ruhekontakt *m*
c. **de sélecteur** Wählerkontakt *m*
c. **en série** in Reihe geschalteter Kontakt *m*
c. **de signalisation** Meldekontakt *m*, Signalkontakt *m*
c. **à la terre** Erdschluß *m*, Erdung *f*
c. **à la terre passager** vorübergehender Erdschluß *m*, vorübergehende Erdung *f*
c. **de travail** Arbeitskontakt *m*
c. **va-et-vient** Wechselkontakt *m*
c. **de verrouillage** Verriegelungskontakt *m*
bon c. guter Kontakt *m*
mauvais c. Wackelkontakt *m*

contacter berühren, Kontakt haben
contacteur m Kontaktgeber m; Schaltschütz n; Rastenschalter m ⟨s. a. commutateur 2.⟩
  c. dans l'air Luftschütz n
  c. altimétrique Kontakthöhenmesser m
  c. d'autocoupure Selbstunterbrecherschütz n
  c. de couplage Schaltschütz n
  c. de démarrage Anlaßschütz n
  c. à électro-aimant Magnetschalter m
  c. électromagnétique elektromagnetisches Schütz n, Magnetschütz n
  c. d'enclenchement Einschaltschütz n
  c. à entrefer Luftschütz n
  c. étoile-triangle Stern-Dreieck-Schütz n
  c. dans l'huile Ölschütz n
  c. inverseur Umkehrschütz n
  c. à manœuvre Schaltschütz n
  c. de niveau Füllstandsschalter m
  c. pneumatique Druckluftschütz n
  c. rotatif Drehstufenschalter m
contacteur-disjoncteur m Motorschutzschalter m
container m Container m, Behälter m, Transportgefäß n
  c. flottant Schwimmcontainer m
  c. à gaz Druckgasflasche f
  c. gerbable Stapelbehälter m
  c. ISO ISO-Container m
  c. roulant fahrbarer Behälter m
contamination f Verschmutzung f, Verunreinigung f; Vergiftung f; [radioaktive] Verseuchung f, Kontamination f
  c. de l'air Luftverseuchung f
  c. du lubrifiant Schmiermittelverunreinigung f, Schmiermittelverdünnung f
  c. radio-active Kontamination f, radioaktive Verseuchung f
contaminer verschmutzen, verunreinigen; vergiften; [radioaktiv] verseuchen
contenance f Inhalt m, Fassungsvermögen n
  c. thermique Wärmeinhalt m
contenant de l'eau wasserhaltig
contenant m Behälter m
conteneur m Blockaufnehmer m ⟨Strangpressen⟩; Matrize f ⟨Fließpressen⟩
contenu m Inhalt m; Gehalt m
  c. d'un accumulateur Akkumulatorinhalt m
  c. d'image Bildinhalt m
  c. en (d')informations Informationsinhalt m
  c. de mémoire Speicherinhalt m
  c. en oscillations harmoniques Oberwellengehalt m

contexture f Gewebebindung f
  c. atlas Atlasbindung f
contigu benachbart, aneinanderliegend, angrenzend, berührend
continu ⟨Math⟩ stetig; kontinuierlich, automatisch (am laufenden Band) arbeitend, Fließ-
continu m Kontinuum n
  c. à filer (à anneaux) Ringspinnmaschine f
  c. à retordre à anneaux Ringzwirnmaschine f
continuation f **analytique** analytische Fortsetzung f
continuité f ⟨Math⟩ Stetigkeit f; Kontinuität f
  c. ponctuelle punktweise Stetigkeit f
  c. uniforme gleichmäßige Stetigkeit f
contorsion f Verdrehung f
contour m Kontur f, Umriß[linie f] m, Außenlinie f, Umgrenzungslinie f; Profil n
  c. cristallin Kristallbegrenzung f
contournement m Rundfeuer n (am Kollektor)
contourner im Umriß fräsen, profilieren, zweidimensional nachformen
contracter einschnüren ⟨z. B. Zugversuch⟩
se c. schrumpfen; sich verengen
contraction f Kontraktion f, Zusammenziehen n; Zusammenziehung f; Schrumpfen n; Schrumpfung f; Verengung f; Einschnürung f ⟨Zugversuch⟩
  c. de la fibre Schrumpfen n der Faser
  c. latérale Querkontraktion f
  c. longitudinale Längskontraktion f
  c. des longueurs Längenkontraktion f
  c. de Lorentz Lorentz-[Fitzgerald-]Kontraktion f
  c. de l'orbite stable Sollkreiskontraktion f ⟨Betatron⟩
  c. transversale Querkontraktion f
  c. de la veine Stahlkontraktion f ⟨bei Flüssigkeiten⟩
contracture f Verjüngung f, Einziehung f ⟨z. B. einer Säule⟩
contradiction f ⟨Math⟩ Widerspruch m
contraindre ⟨Mech⟩ spannen, beanspruchen
contrainte f ⟨Mech⟩ Spannung f, Beanspruchung f ⟨s. a. tension⟩
  c. admissible zulässige Spannung f
  c. alternée Wechselspannung f
  c. de cisaillement Scherspannung f, Schubspannung f
  c. de compression Druckspannung f

c. **diélectrique** elektrische Beanspruchung f ⟨eines Isolators⟩
c. **de flambage** Knickspannung f
c. **de flexion** Biegespannung f
c. **à froid** Kaltbeanspruchung f
c. **de glissement** s. c. de cisaillement
c. **initiale** Vergleichsspannung f
c. **résiduelle** Restspannung f
c. **résiduelle superficielle** Oberflächeneigenspannung f
c. **de rupture** Bruchspannung f
c. **thermique** thermische Spannung f, Wärmespannung f
c. **de torsion** Torsionsspannung f, Drillspannung f
c. **de traction** Zugspannung f
contraire gegenläufig; regelwidrig
contrarotatif gegenläufig
contraste m Kontrast m; Kontrastwirkung f; **de fort c.** kontrastreich
c. **d'amplitude** Amplitudenkontrast m
c. **par diffraction** Beugungskontrast m
c. **d'image** Bildkontrast m
c. **maximum** Kontrastumfang m
c. **de phase** Phasenkontrast m
contrat m **d'affrètement** Chartervertrag m
contravariant ⟨Math⟩ kontravariant
contre-aiguille f ⟨Eb⟩ Backenschiene f
contre-air m Bremsluft f
contre-alizé m Gegenpassat m
contre-arc m **du navire** Durchbiegung f des Schiffes ⟨nach unten⟩, Sagging n
contre-attaque f ⟨Brg⟩ Gegenort n
contre-batteur m Dreschkorb m
contre-bouterolle f Gegenhalter m ⟨Nieten⟩
contre-bride f Gegenflansch m
contre-champ m **d'induit** Ankergegenfeld n
contrecollage m Kaschieren n
contrecoller kaschieren
contrecolleuse f Kaschiermaschine f
contre-courant m Gegenstrom m
contre-courbe f Gegenkrümmung f
contre-écrou m Kontermutter f, Gegenmutter f
contre-électrode f Gegenelektrode f
contre-électromoteur gegenelektromotorisch
contre-essai m Gegenversuch m
contreface f Gegenfurnier n
contre-fenêtre f Doppelfenster n
contre-fiche f Strebe f; Abstützung f, Verstrebung f
contre-forme f Paßform f
contrefort m Strebe f, Strebepfeiler m; Versteifungsmauer f; Widerlager n

contre-hacher kreuzschraffieren
contre-hachure f Kreuzschraffur f
contre-jour m Gegenlicht n
contremaitre m Werkmeister m, Meister m
contremarche f Setzstufe f, Stoßstufe f, Futterstufe f, Futterbrett n
contre-paroi f Ofenfutter n
contre-plaque f Führungsplatte f, Gegenplatte f, Druckplatte f; Ankerplatte f, Fundamentplatte f
contre-plaqué furniert
contre-plaqué m Sperrholz n; Furnierplatte f
contre-plongée f Froschperspektive f
contrepoids m Gegengewicht n, Ausgleichgewicht n
contre-poinçon m Gegenstempel m, Auswerfer m
contre-pointe f Reitnagel m
c. **de tour** Körnerspitze f
contre-porte f Doppeltür f
contre-portée f Gegenlager n
contre-poupée f Reitstock m
contre-poussée f, **contre-pression** f Gegendruck m
contre-rail m Leitschiene f, Radlenker m
contre-réaction f Gegenkopplung f, negative Rückkopplung f
c. **de cathode** Katodengegenkopplung f
c. **correctrice** korrigierende Rückführung f
c. **stabilisatrice** stabilisierende Rückführung f
c. **de tension** Spannungsgegenkopplung f
contre-rouleau m Andrückrolle f
contre-sep m Anlage f ⟨Pflug⟩
contre-tension f Gegenspannung f
contrevent m 1. Fensterladen m; Windfang m; 2. Windstrebe f
contreventement m Längsverband m; Windverband m; Windstrebe f
contrôlable kontrollierbar; nachweisbar
contrôle m 1. Kontrolle f, Überwachung f, Prüfung f, Test m; 2. Steuerung f, Lenkung f; Regelung f
c. **de l'accélération** Beschleunigungsregler m
c. **d'aérodrome** Flugsicherungsflughafenkontrolle f, FS-Flughafenkontrolle f
c. **d'approche** Flugsicherungsanflugkontrolle f, FS-Anflugkontrolle f
c. **à l'arrivée** Wareneingangskontrolle f
c. **automatique** automatische Kontrolle f

contrôle

   c. **automatique d'amplitude** automatische Amplitudenüberwachung f
   c. **de la bande** Streifenkontrolle f
   c. **de la circulation aérienne** Flugsicherung f
   c. **de commande** Steuerungskontrolle f
   c. **du compartiment machines** Maschinenüberwachung f; Maschinenraumüberwachung f
   c. **dimensionnelle** Maßkontrolle f, Dimensionskontrolle f
   c. **à distance** Fernüberwachung f
   c. **de dynamique** Dynamikregelung f
   c. **entrée-sortie** Eingabe-Ausgabe-Kontrolle f
   c. **d'étanchéité** Dichtheitsprüfung f
   c. **de fabrication** Fertigungskontrolle f
   c. **final** Endkontrolle f
   c. **de fréquence** Frequenzkontrolle f
   c. **de gaz brûlé** Abgasüberwachung f
   c. **impératif** Zwangsüberwachung f
   c. **d'impression** Druckkontrolle f
   c. **individuel** Personenüberwachung f
   c. **industriel** Verfahrensregelung f
   c. **interne** innerer Test m
   c. **de jet**, c. **par jets auxiliaires** Strahlsteuerung f
   c. **de lecture** Einlesekontrolle f
   c. **de la machine** Maschinenüberwachung f
   c. **des matériaux** Werkstoffprüfung f
   c. **des matériaux par des méthodes non destructives** zerstörungsfreie Werkstoffprüfung f
   c. **de modulation** Modulationskontrolle f
   c. **du niveau de sortie** Ausgangsmonitor m
   c. **de parité** Paritätsprüfung f
   c. **de phase** Phasenregelung f
   c. **pluri-instantané** Multimomentkontrolle f, Multimomentverfahren n, Multimomentanalyse f
   c. **du point de rosée** Taupunktkontrolle f
   c. **de production** Produktionskontrolle f
   c. **qualitatif (de qualité)** Gütekontrolle f, Qualitätskontrolle f
   c. **radar** Radarüberwachung f
   c. **du réacteur** Reaktorkontrolle f, Reaktorüberwachung f
   c. **de redondance** Redundanzkontrolle f
   c. **régional** Flugsicherungsbezirkskontrolle f, FS-Bezirkskontrolle f
   c. **de réglage** Einstellkontrolle f
   c. **sélectif** Stichprobenkontrolle f
   c. **de signal** Signalmelder m
   c. **statistique de qualité** statistische Qualitätskontrolle f
   c. **du toit** Beherrschung f des Hangenden
   c. **de tonalité** Klangblende f
   c. **du trafic aérien** Flugverkehrsleitung f
   c. **de transfert** Übertragungskontrolle f
   c. **par ultrasons** Werkstoffprüfung f mit Ultraschall, Ultraschallwerkstoffprüfung f
   c. **de zéro** Nullkontrolle f, Leerkontrolle f
contrôler 1. überwachen; kontrollieren, prüfen; 2. steuern, lenken; regeln; aussteuern
contrôleur m 1. Kontrolleur m, Gütekontrolleur m; 2. Regler m; 3. Steuerschalter m ⟨s. a. régulateur⟩
   c. **automatique** Wächter m
   c. **de batterie** Batterieprüfer m
   c. **de circuit** Leitungsprüfer m
   c. **de démarrage** Anlaßfahrschalter m
   c. **de four** Flammenwächter m
   c. **d'isolement** Isolationsmesser m
   c. **PAR** Flugsicherungslotse (FS-Lotse) m für Platzradar
   c. **de piste** Flugsicherungslotse (FS-Lotse) m für Start- und Landebahn
   c. **de pression** Druckregler m
   c. **de processus** Prozeßrechner m
   c. **radar** Flugsicherungslotse (FS-Lotse) m für Radar
   c. **radar de précision** s. c. PAR
   c. **radar de surveillance** Flugsicherungslotse (FS-Lotse) m für Rundsichtradar
   c. **de terre** Erdschlußprüfer m
   c. **de tonalité** Tonblende f, Klangblende f
   c. **universel** Universalmeßgerät n; Universalmesser m, Vielfachmeßgerät n
   c. **universel électronique** elektronisches Vielfachmeßgerät n
   c. **de virage (vol)** Wende- und Querneigungsanzeiger m
controller m Schalter m ⟨s. a. combinateur, manipulateur⟩
convecteur m Konvektor m, Wärmeleitplatte f
convection f Konvektion f
   c. **forcée** erzwungene Konvektion f
   c. **libre** freie Konvektion f
   c. **propre** Eigenkonvektion f
   c. **thermique** Wärmekonvektion f, Wärmeübertragung f
convenance f **à l'usage** Trageeigenschaften fpl
convergence f Konvergenz f

c. **absolue** absolute Konvergenz f
c. **faible** schwache Konvergenz f
c. **en moyenne quadratique** Konvergenz f im quadratischen Mittel
c. **en norme** Konvergenz f in der Norm, Normkonvergenz f
c. **presque partout** Konvergenz f fast überall
c. **presque sûre** Konvergenz f mit der Wahrscheinlichkeit Eins, Konvergenz fast sicher
c. **en probabilité** Konvergenz f in der Wahrscheinlichkeit
c. **uniforme** gleichmäßige Konvergenz f
convergent konvergent, konvergierend: sich verengend (verjüngend)
converger konvergieren, zusammenlaufen; sich verengen (verjüngen)
conversation f Gespräch n
c. **collectrice** Sammelgespräch n
c. **sans fils** Funkgespräch n
c. **privée** Privatgespräch n
c. **de service** Dienstgespräch n
c. **téléphonique** Telefongespräch n
conversion f Umformung f, Umwandlung f, Umsetzung f, Konvertierung f; Wandlung f
c. **additive** additive Mischung f
c. **analogique-digitale, c. analogique-numérique** Analog-Digital-Umwandlung f, Analog-Digital-Umsetzung f, AD-Umsetzung f
c. **binaire-décimale** Binär-Dezimal-Konvertierung f, Binär-Dezimal-Umwandlung f
c. **de code** Kodekonvertierung f
c. **décimale-binaire** Dezimal-Binär-Konvertierung f, Dezimal-Binär-Umwandlung f
c. **double** Doppelüberlagerung f
c. **de fréquence** Frequenzumformung f
c. **interne** innere Umwandlung f
c. **du méthane** Methankonvertierung f
c. **multiplicative** multiplikative Mischung f
c. **numérique-analogique** Digital-Analog-Umwandlung f, Digital-Analog-Umsetzung f, DA-Umsetzung f
c. **thermo-électrique** thermoelektrische Wandlung f
convertir [um]wandeln, umformen, umsetzen, konvertieren; ⟨El⟩ transformieren, umformen
convertissage m Windfrischen n
convertisseur m 1. ⟨Met⟩ Konverter m, Bessemerbirne f, Frischbirne f; Windfrischapparat m; 2. ⟨El⟩ Umformer m; Wandler m, Drehmomentenwandler m;

3. ⟨Dat⟩ Konverter m, Umwandler m, Wandler m
c. **acide** Bessemerbirne f
c. **d'aciérie** Stahlwerkkonverter m
c. **alternatif-continu** Wechselrichter m
c. **analogique-digital, c. analogique-numérique** Analog-Digital-Wandler m, Analog-Digital-Konverter m, AD-Umwandler m
c. **Bessemer** Bessemerbirne f
c. **binaire-décimal** Binär-Dezimal-Wandler m, Binär-Dezimal-Konverter m
c. **de canal de télévision** Fernsehkanalumsetzer m
c. **de canaux** Kanalumsetzer m
c. **en cascade** Kaskadenumformer m
c. **de charge** Ladeumformer m
c. **de code** Kodewandler m, Kodekonverter m
c. **à contacts** Kontaktstromrichter m
c. **continu-alternatif** Wechselrichter m
c. **de couple** Drehmomentenwandler m
c. **de courant continu** Gleichspannungswandler m
c. **décimal-binaire** Dezimal-Binär-Wandler m, Dezimal-Binär-Konverter m
c. **digital-analogique** Digital-Analog-Wandler m, Digital-Analog-Konverter m, DA-Umsetzer m
c. **de fréquence** Frequenzumsetzer m; Periodenumformer m
c. **horizontal** Trommelkonverter m
c. **Ilgner** Ilgner-Umformer m
c. **d'image** Bildwandler m
c. **de mesure** Meß[wert]umformer m
c. **numérique-analogique** s. c. digital-analogique
c. **de phase** Phasenumformer m
c **à relais** Relaiswandler m
c. **rotatif à induit unique** Einankerumformer m
c. **série-parallèle** Serien-Parallel-Wandler m, Serien-Parallel-Konverter m
c. **de signal** Signalwandler m
c. **de soudage** Schweißumformer m
c. **statique** ruhender Umformer m
c. **statique de fréquence** Umrichter m
c. **statique multiple** Mehrfachstromrichter m
c. **Thomas** Thomasbirne f, Thomaskonverter m
c. **tournant** Drehkonverter m
c. **tubulaire** Röhrenkonverter m
c. **UHF** UHF-Konverter m
c. **à vibreur** Pendelwechselrichter m

convertisseur

petit c. Bessemer Kleinbessemerbirne f
convexe konvex; gebaucht, erhaben
convexion f s. convection
convexité f Wölbung f, Balligkeit f
  c. d'image Bildfeldwölbung f
convexo-concave konvex-konkav
convoi m:
  c. poussé Schubverband m
  c. poussé articulé Schubgelenkverband m
  c. remorqué Schleppzug m
convolution f Faltung f
convoyer fördern, transportieren
convoyeur m 1. Förderer m, Förderanlage f, Bandförderer m, Förderband n, Konveyor m; 2. Wagenbegleiter m
  c. aérien Hänge(bahn)förderer m, Hängebahn f, Überflurförderer m
  c. aérien à câble Seilbahn f
  c. aérien à chaine Hängekettenförderer m, Kettenhängebahn f, Überflurkettenförderer m
  c. aérien double voie Zweischienenhängebahn f
  c. aérien simple voie Einschienenhängebahn f
  c. d'alimentation Zubringerförderanlage f, Zubringerband n
  c. à bande Bandförderer m, Förderband n, Fließband n
  c. à bande en acier Stahlbandförderer m
  c. à bande en auge Muldenbandförderer m, Trogbandförderer m
  c. à bande à avance cadencée Taktband n ⟨z. B. Warentransport in der Konfektion⟩
  c. à bande à brin inférieur porteur Untergurtförderer m
  c. à bande en caoutchouc Gummibandförderer m
  c. à bande métallique Metallbandförderer m, Drahtbandförderer m
  c. à bande plate Flachbandförderer m
  c. de berlines Förderwagentransporter m
  c. bicâble Zweiseilbahn f
  c. blindé à double chaine Doppelkettenförderer m
  c. à bords de contenance Kantenförderband n, Randförderband n
  c. à bords de contenance ondulés Wellrandförderband n
  c. à cendres Entaschungsförderer m
  c. à chaine Kettenförderer m
  c. à chaine enterrée s. c. au sol

  c. à chaine à raclettes Kettenkratz(er)förderer m, Kratz(er)kettenförderer m
  c. à chaine trainante s. c. au sol
  c. circulaire Kreisförderer m ⟨Varion-System⟩
  c. continu Stetigförderer m
  c. à copeaux Späneförderer m; Spänefördereinrichtung f
  c. cuirassé Panzerförderer m
  c. discontinu Unstetigförderer m
  c. à double chaine à raclettes Doppelkettenkratz(er)förderer m
  c. à écailles Plattenbandförderer m
  c. à godets Becherwerk n; Becherzellenförderband n
  c. magnétique Magnetförderband n, Magnetbandförderer m
  c. en masse Schüttgutförderer m
  c. monocâble Einseilbahn f
  c. oscillant Schwingförderer m, Schüttelrinne f, Schwingrinne f, Schüttelrutsche f
  c. à palettes (plateaux) Plattenbandförderer m
  c. pneumatique pneumatischer Förderer m
  c. à poissons Fischtransportband n
  c. à raclettes Kratzbandförderer m
  c. à rouleaux Rollenförderer m, Rollbahn f, Rollgang m
  c. à rouleaux commandés Rollenbahn f mit angetriebenen Rollen
  c. à roulettes Röllchenbahn f, Scheibenrollenbahn f
  c. à secousses s. c. oscillant
  c. au sol Schleppkettenförderer m, Unterflurförderer m
  c. à tabliers Plattenbandförderer m
  c. à tapis caoutchouc Gummigurtförderer m
  c. à tapis métallique Drahtbandförderer m
  c. à tapis roulant Bandförderer f, Förderband n, Fließband n
  c. de transfert Übergabeförderband n
  c. de triage Sortierband n
  c. vibrant s. c. oscillant
  c. à vis (d'Archimède) Schneckenförderer m, Förderschnecke f
coopérative f Genossenschaft f
coordimètre m Koordimeter n
coordinence f ⟨Ch⟩ Koordinationszahl f
coordiné m Koordinate f
coordonnées fpl Koordinaten fpl
  c. cartésiennes kartesische Koordinaten fpl
  c. d'espace Ortskoordinaten fpl

c. généralisées generalisierte (verallgemeinerte) Koordinaten *fpl*
c. rectangulaires rechtwinklige Koordinaten *fpl*
c. relativistes relativistische Koordinaten *fpl*
c. sphériques Kugelkoordinaten *fpl*
c. trichromatiques Farbwertanteile *mpl*
copal *m* Kopal *m*
copeau *m* Span *m*
  c. cassant Reißspan *m*
  c. continu Fließspan *m*
  c. discontinu Reißspan *m*
  c. de forage Bohrspan *m*
  c. interrompu Scherspan *m*
  c. de tournage Drehspan *m*
copeaux *mpl* Hackschnitzel *npl*, Hackspäne *mpl*, Hobelspäne *mpl*
  c. de magnésium Magnesiumspäne *mpl*
copiage *m* Kopieren *n*
copie *f* 1. Kopieren *n*, Abziehen *n*; 2. Kopie *f*, Abzug *m*; 3. Überspielen *n* ⟨z. B. eines Tonbandes⟩; 4. Manuskript *n*
  c. par contact Kontaktabzug *m*
  c. définitive Endkopie *f*
  c. d'essai Probeabzug *m*
  c. de film Filmkopie *f*
  c. d'un microfilm Mikrofilmkopie *f*, Mikrofilmduplikat *n*
  c. positive Positivabzug *m*
  c. surexposée überbelichtete Kopie *f*
  c. de travail Arbeitskopie *f*
copier 1. kopieren, abziehen; 2. überspielen ⟨z. B. ein Tonband⟩
  c. à l'envers seitenverkehrt kopieren
copolymère *m* Mischpolymerisat *n*, Kopolymer[es] *n*, Kopolymerisat *n*
  c. à greffe Pfropfkopolymer[es] *n*
  c. butadiène-styrolène Butadienstyrolkautschuk *m*
copolymérisat *m* s. copolymère
copolymérisation *f* Mischpolymerisation *f*
coprécipitation *f* Mitfällung *f*
copsage *m* ⟨Text⟩ Konerei *f*
copulation *f* ⟨Ch⟩ Kupplungsreaktion *f*
copuler ⟨Ch⟩ eine Kupplungsreaktion durchführen
coque *f* 1. Schale *f*; 2. Schiffskörper *m*, Schiffsrumpf *m*; Bootskörper *m* ⟨auch von Flugbooten⟩; 3. Kinke *f* ⟨im Seil⟩; **à double c.** Zwei-Hüllen- ⟨z. B. Schiffskörper⟩
  c. [en] bois Holzrumpf *m*
  c. cylindrique Zylinderschale *f*
  c. à double courbure doppelt gekrümmte Schale *f*

  c. d'embarcation Bootskörper *m*, Bootsrumpf *m*
  c. polyédrique Kantenschiffskörper *m*, Vielflächenschiffskörper *m*, Vielflächner *m*
  c. à simple courbure einfach gekrümmte Schale *f*
  c. à surfaces Schiffskörper *m* aus ebenen Flächen, ebenflächiger Schiffskörper
coqueron *m* Piekraum *m*
  c. arrière Achterpiek *f*, Hinterpiek *f*
  c. avant Vorpiek *f*
coquille *f* 1. ⟨Met⟩ Kokille *f*, Schale *f*; 2. ⟨Typ⟩ Druckfehler *m*, Erratum *n*, Fisch *m*
  c. de préhension Schüttgutgreifer *m*, Greifer[gefäß *n*] *m*
corail *m* Koralle *f*
  c. de récif Riffkoralle *f*
corbeau *m* Kragstein *m*, Stützstein *m*
corbeille *f* **des tiges à caractères** Typenhebelkorb *m*
cordage *m* Seil *n*, Tau[werk] *n*; Trosse *f* ⟨dickes Tau⟩; Umwicklung *f*
  c. d'amarrage Festmacher[leine *f*] *m*, Festmachertrosse *f*, Verholtrosse *f*, Vertäutrosse *f*
  c. en chanvre Hanftauwerk *n*
  c. en fibres végétales Fasertau[werk] *n*; Fasertrosse *f*
  c. de grue Kranseil *f*
  c. en manille Manilatauwerk *n*
  c. en polypropylène Kunststofftau *n*, Kunststofftauwerk *n*; Kunststofftrosse *f*
  c. de remorque Schleppleine *f*, Schlepptrosse *f*
corde *f* 1. Seil *n*, Strick *m*, Tau *n*; 2. Grundleine *f* ⟨Langleinenfischerei⟩; Reihenangel *f*; 3. ⟨Math⟩ Sehne *f*; 4. Saite *f*; 5. ⟨Flg⟩ Flügeltiefe *f*; 6. Schliere *f* ⟨Glasherstellung⟩
  c. pour cadran Skalenseil *n*
  c. en chanvre Hanfseil *n*
  c. de dos Headline *f*, Kopftau *n* ⟨Schleppnetz⟩
  c. en fibres textiles Textilfaserseil *n*
  c. de filet Netzgarn *n*
  c. des flotteurs (lièges) Flottleine *f*, Korkleine *f* ⟨Fischnetz⟩
  c. moyenne géométrique mittlere Flügeltiefe *f*
  c. des plombs Bleileine *f*
  c. tordue gedrehtes Seil *n*
  c. tressée geflochtenes Seil *n*
cordelet *m* Kord *m*
cordelette *f* Kordel *f*
corder verseilen

corderie f Seilerei f
cordier m Langleinenfischereifahrzeug n
cordon m 1. Schnur f; 2. ⟨El⟩ Leitungsschnur f; 3. Schweißnaht f, Schweißraupe f
  c. d'alimentation Zuleitungsschnur f, Anschlußschnur f
  c. conducteur Leitungsschnur f
  c. d'écouteur Telefonhörerschnur f
  c. littoral Nehrung f, Strandwall m
  c. prolongateur Verlängerungsschnur f
  c. de raccordement ⟨El⟩ Verbindungsschnur f
  c. de soudure Schweißnaht f
corindon m Korund m, Aluminiumoxid n
corindonnage m Strahlen n mit Korundkorn
corindonner mit Korundkorn strahlen
cornadis m Freßgitter n
corne f 1. Horn n; 2. ⟨Schiff⟩ Gaffel f
  c. d'arc Lichtbogenschutzhorn n
  c. de charge Ladebaum m
  c. de compensation Hornausgleich m
  c. guide-arc Funkenleithorn n
  c. polaire ⟨El⟩ Polhorn n
cornet m Horn n, Trichter m
corniche f Gesims n, Sinus m, Kranzgesims n, Karnies n
  c. de neige Wächte f
cornière f 1. Winkel(profil n) m, Winkeleisen n, Eckschiene f; 2. Rinne f, Kehlrinne f
  c. d'arrêt Anschlagwinkel m
  c. de blocage Feststellwinkel m
  c. gouttière Stringerwinkel m
  c. perforée gelochte Winkeleisenschiene f ⟨z. B. zum Zusammenbau von Regalen⟩
corn-picker m Maiserntemaschine f
cornue f Retorte f, Kolben m
  c. Bessemer Bessemerbirne f, Konverter m
  c. en céramique Steinzeugretorte f
  c. Thomas Thomaskonverter m
  c. verticale Vertikalretorte f
corollaire m Folgesatz m, Zusatz m
corona f s. couronne 5.
coronographe m Koronograf m
corps m 1. Körper m; 2. ⟨Bw⟩ Gehäuse n; Rumpf m; Schaft m; Hauptteil m; Flügel m; 3. Substanz f; Element n; Masse f; 4. ⟨Typ⟩ Schriftgrad m; Kegel m; 5. Schiff n und Maschine f ⟨Seeversicherung⟩
  c. abrasif Schleifkörper m
  c. adhésif Klebstoff m
  c. arithmétique Zahlkörper m
  c. arrière Hinterschiff n
  c. avant Vorschiff n
  c. de bâtiment Hauptgebäude n; abgesondertes Gebäude n
  c. de bobine Wickelkörper m
  c. de boite d'essieu Achslagergehäuse n
  c. de la cellule Zellenkörper m
  c. de chauffe Heizkörper m
  c. creux Hohlkörper m, Hohlblockstein m
  c. du cylindre Walzenkörper m
  c. de départ Ausgangsstoff m
  c. de digue Deichkörper m; Molenkörper m
  c. du distributeur Verteilergehäuse n
  c. d'épreuve (essai) Probekörper m
  c. étranger Fremdstoff m
  c. de fonds Bodenkörper m
  c. fritté Sinterkörper m ⟨Metallurgie⟩
  c. gris grauer Körper m
  c. halogène Salzbildner m
  c. incandescent Leuchtkörper m
  c. incandescent de Nernst Nernstbrenner m, Nernststift m
  c. d'induit Ankerkörper m
  c. inerte Inertstoff m
  c. d'injection Einspritzdüsenkörper m
  c. intrusif Intrusivkörper m
  c. de logis 1. Wohnflügel m, Wohnteil m; 2. Hauptgebäude n
  c. de machine Maschinenkörper m
  c. milieu Mittelschiff n
  c. de minerai Erzkörper m
  c. noir schwarzer Körper (Strahler) m, Planckscher Strahler m
  c. non stable labiler Körper m
  c. d'outil Werkzeugkörper m
  c. plan textile textiles Flächengebilde n
  c. de pompe Pumpengehäuse n
  c. de remplissage Füllkörper m
  c. simple Element n
  c. solide Festkörper m; Feststoff m
  c. suspendu Schwebekörper m; Schwebestoff m
  c. de la tuyère Düsenkörper m
  c. volatil flüchtiger Stoff m
corpusculaire korpuskular
corpuscule m Korpuskel n, Teilchen n, Partikel f
  c. élémentaire Elementarteilchen n
  c. nucléaire Kernteilchen n
corrasion f ⟨Geol⟩ Korrasion f
correcteur m 1. Korrektor m; 2. Entzerrer m
  c. d'assiette Ausgleichsventil n ⟨bei hydropneumatischer Federung⟩
  c. audio Niederfrequenzentzerrer m

c. barométrique barometrischer Druckregler *m*
c. à différentiation Differenzierentzerrer *m*
c. de mélange Gemischregler *m*
c. de parallaxe Parallaxenausgleicher *m*
c. pour reproduction de disques Schallplattenentzerrer *m*
c. en série Längsentzerrer *m*
c. de temps de propagation Laufzeitentzerrer *m*
c. de tonalité Tonblende *f*
c. transversal Querentzerrer *m*
correction *f* 1. Korrektur *f*; Berichtigung *f*; 2. Entzerrung *f*
c. d'absorption Absorptionskorrektur *f*
c. des amplitudes Amplitudenentzerrung *f*
c. d'astigmatisme Astigmatismuskorrektur *f*
c. d'auteur Autor[en]korrektur *f*
c. d'avance à dépression Unterdruckzündverstellung *f*
c. barométrique Barometerkorrektion *f*
c. en bon Vorrevision *f*
c. de Bouguer Bouguer-Reduktion *f*
c. de distorsion Entzerrung *f*
c. d'erreur Fehlerkorrektur *f*
c. de fréquence Frequenzkorrektur *f*
c. optique optische Korrektion *f*
c. de la parallaxe Parallaxenausgleich *m*
c. de poussée de l'air Auftriebskorrektur *f* ⟨Waage⟩
c. Q Nordsternberichtigung *f*
c. en série Längsentzerrung *f*
c. pour le temps mort Totzeitkorrektur *f*
c. de temps de propagation Laufzeitentzerrung *f*
c. de terrain Geländereduktion *f*
c. de trapèze Trapezentzerrung *f*
c. au vide Vakuumkorrektur *f*
corrélation *f* Korrelation *f*; reziproke Verwandtschaft *f*
c. angulaire Winkelkorrelation *f*
c. directe positive Korrelation *f*
correspondance *f* 1. ⟨Math⟩ Abbildung *f*; 2. ⟨Eb⟩ Zuganschluß *m*; Anschlußzug *m*
corriger 1. korrigieren, berichtigen; Korrektur lesen; 2. entzerren
c. la fréquence nachstimmen
c. sur le plomb im Blei korrigieren
corroder korrodieren; ätzen, anfressen; rosten
corroi *m* Gerbung *f*

corrosif korrodierend, korrosiv
non c. korrosionsfest
corrosif *m* Korrosionsmittel *n*, Abbeizmittel *n*, Beize *f*
corrosion *f* Korrosion *f*; Ätzen *n*, Zerfressen *n*; Rostbildung *f*
c. à contact Reibkorrosion *f*
c. marine Schiffskorrosion *f*
c. sous tension Spannungskorrosion *f*
corroyage *m* 1. Formänderung *f*, Verformen *n* ⟨Umformen⟩; 2. Gerben *n*
corroyer 1. verformen; 2. gerben
cortège *m* **électronique** Elektronenwolke *f* ⟨um den Kern⟩
cosécante *f* Kosekans *m*
cosinus *m* Kosinus *m*
c. directeur Richtungskosinus *m*
cos-φ-mètre *m* cos-φ-Anzeiger *m*, Leistungsfaktormesser *m*, Phasenmesser *m*, Wirkfaktormesser *m*
cosmique kosmisch
cosmochimie *f* Kosmochemie *f*
cosmodrome *m* Kosmodrom *n*, Startplatz *m* für Weltraumschiffe
cosmogonie *f* Kosmogonie *f*
cosmonaute *m* Kosmonaut *m*, Astronaut *m*, Raumfahrer *m*, Weltraumfahrer *m*
cosmonautique *f* Kosmonautik *f*, Raumfahrt *f*
cosmos *m* Kosmos *m*
cosmotron *m* Kosmotron *n* ⟨Protonensynchroton⟩
cosse *f* Kausch[e] *f*
c. de câble 1. Seilflasche *f*; 2. Kabelschuh *m*
c. à souder Lötöse *f*, Kabelschuh *m* zum Verlöten
cotangente *f* Kotangens *m*
cotation *f* Bemaßung *f* ⟨technisches Zeichnen⟩
cote *f* 1. Höhenmaß *n*, Höhenstand *m*, Höhenzahl *f*; Höhenangabe *f*; 2. Zeigerstand *m*, Zeigerablesung *f*; 3. Nummer *f*, Ziffer *f*; 4. Maß *n* einer Zeichnung, Maßzahl *f*; 5. Aufmaß *n*; 6. Klasse *f*; Klassezeichen *n*; **aux cotes** maßgerecht
c. d'ajustement Paßmaß *n*
c. d'arase Pegelstand *m*
c. sur arêtes Eckenmaß *n* ⟨Schraube⟩
c. barométrique Barometerstand *m*
c. effective Istmaß *n*, Effektivmaß *n*
c. en excès Übermaß *n*
c. limite zulässiges Abmaß *n*
c. maximum oberes Abmaß *n*, Größtmaß *n*
c. minimum unteres Abmaß *n*, Kleinstmaß *n*

cote

c. nominale Nennmaß n, Sollmaß n ⟨Passung⟩
c. plus ou moins Abmaß n
c. de retrait Schrumpfmaß n
côte f 1. Küste f; 2. Rippe f ⟨z. B. eines Gewölbes⟩
  c. accore Steilküste f
  c. d'accumulation Anschwemmungsküste f
  c. affaissée Senkungsküste f
  c. d'alluvions Schwemmlandküste f
  c. claire freie Küste f ⟨gefahrenfrei⟩
  c. de faille Verwerfungsküste f
  c. à falaises Kliffküste f
  c. malsaine faule Küste f ⟨gefährlich⟩
  c. plate Flachküste f
  c. rocheuse Felsküste f
  c. saine s. c. claire
  c. soulevée Hebungsküste f
côté m Seite f; ⟨Math⟩ Schenkel m ⟨eines Winkels⟩; Seite f ⟨eines Dreiecks⟩
  c. d'alimentation Netzseite f
  c. alternatif Wechselstromseite f
  c. bâbord Backbordseite f
  c. basse tension Unterspannungsseite f, Niederspannungsseite f
  c. chaine Kettseite f ⟨Webmaschine⟩
  c. chasse Schlagseite f ⟨Webmaschine⟩
  c. clair Blankseite f
  c. continu Gleichstromseite f
  c. coulée Abstichseite f
  c. coulée de l'acier Stahlabstichseite f
  c. coulée des scories Schlackenabstichseite f
  c. d'entrainement Antriebsseite f
  c. feutre Filzseite f
  c. haute tension Hochspannungsseite f, Oberspannungsseite f
  c. d'introduction Einführungsseite f ⟨an einer Walze⟩
  c. du large Seeseite f
  c. de la maille Maschenschenkel m
  c. de la marge ⟨Typ⟩ Anlageseite f, Anlegeseite f
  c. de la mer Seeseite f
  c. des pinces Greiferrand m
  c. du pliage Falzanlage f
  c. primaire Primärseite f
  c. de refoulement Druckseite f ⟨Pumpe⟩
  c. secondaire Sekundärseite f
  c. de la sortie Austrittsende n, Auslaufseite f; Austrittsseite f ⟨an einer Walze⟩
  c. tissu Warenseite f ⟨Webmaschine⟩
  c. toile Siebseite f
  c. tribord Steuerbordseite f
  c. du vent Luv[seite] f
  c. sous le vent Lee[seite] f

premier c. äußere Form f
second c. innere Form f
coter bemaßen
  c. un plan einen Plan beschriften
côtier Küsten-
coton m Baumwolle f
  c. brut Rohbaumwolle f
  c. écru Baumwollnessel m
  c. non mûr unreife Baumwolle f
  c. de verre Glaswolle f
coton-collodion m Kollodiumwolle f
coton-poudre m Nitrozellulose f, Schießbaumwolle f
cotre m Kutter m
  c. de pêche Fischkutter m
couchage m Beschichten n; Befilmen n
couche f 1. Schicht f; Lage f; 2. Auftrag m, Anstrich m, Film m, Grund m; Überzug m, Auflage f; Einlage f; Belag m; 3. Bett n; Lagerstätte f; Flöz n; 4. Lagerschale f, Auskleidung f mit Lagermetall ⟨Gleitlager⟩; 5. Schale f ⟨im Atomkern⟩; **à c. de cuivre** kupferkaschiert
  c. d'accrochage Haftgrund m
  c. adhésive Klebeschicht f
  c. albumineuse Eiweißschicht f
  c. annuelle Jahresring m
  c. d'antifouling Antifoulinganstrich m
  c. antiréfléchissante (antireflet) Antireflexbelag m, Antireflexvergütung f
  c. d'antisalissure Antifoulinganstrich m
  c. d'apprêt Klebeschicht f
  c. aquifère Grundwasserleiter m
  c. d'arrêt Sperrschicht f
  c. d'arrêt du semi-conducteur Halbleitersperrschicht f
  c. d'asphalte Asphaltabdeckung f; Asphaltschicht f
  c. de barrage Sperrschicht f
  c. basculée gekippte Schicht f
  c. de la base unterste Schicht f
  c. de béton Betonschicht f
  c. bipolaire elektrische Doppelschicht f
  c. de calamine Zunderschicht f
  c. caractéristique Leitschicht f
  c. de carbone Kohleschicht f
  c. cémentée Einsatzschicht f
  c. de charbon Kohlenflöz n
  c. compétente kompetente Schicht f
  c. de condensation électrique s. c. bipolaire
  c. de contamination Verschmutzungsschicht f
  c. de copie, c. à copier Kopierschicht f
  c. creuse Hohlschicht f
  c. de cuivre Kupferschicht f, Kupferauflage f

c. de demi-absorption Halbwertschicht f
c. électronique Elektronenschale f, Elektronenhülle f
c. d'électrons saturée abgeschlossene Elektronenschale f
c. émettrice (émissive) Emissionsschicht f
c. extérieure Decklage f, Deckschicht f, Überzug m
c. fertile Brutmantel m, Blanket n
c. de fond Grundanstrich m
c. fondue geschmolzene Schicht f
c. de galets Schotterung f
c. gélatinée Gelatineschicht f
c. de glace Eislage f
c. de graisse Fettschicht f
c. grisouteuse Schlagwetterflöz n
c. d'Heaviside Heaviside-Schicht f
c. de houille Steinkohlenflöz n
c. inférieure Liegendschicht f
c. intercalée Zwischenmittel n
c. intérieure (intermédiaire) Mittellage f; Mittelschicht f
c. ionisée 1. Ionisationsschicht f, ionisierte Schicht f; 2. Glimmschicht f
c. ionosphérique Ionosphärenschicht f
c. isolante (d'isolation) Isolierschicht f
c. K (L,...) K (L-,...) Schale f
c. de Langmuir Langmuir-Schicht f
c. de liage Bindeschicht f
c. ligniteuse Braunkohlenflöz n
c. limite Grenzschicht f
c. limite entre deux phases Phasengrenzschicht f
c. lubrifiante Gleitschicht f
c. magnétique magnetische Schicht f
c. magnétique double magnetische Doppelschicht f
c. métallique metallische Schicht f, metallischer Überzug m; Metalleinlage f
c. mince dünne Schicht f, Dünnschicht f
c. mince métallique metallische dünne Schicht f, metallische Dünnschicht f, Metallfilm m
c. mitoyenne Grenzschicht f
c. monomoléculaire Mono(molekular)-schicht f
c. d'oxydation anodique Eloxalüberzug m
c. d'oxyde oxidischer Überzug m
c. de peinture Anstrich m; Farbschicht f
c. pétrolifère ölführende Schicht f
c. photosensible fotoempfindliche Schicht f, Fotoschicht f

c. pigmentée Pigmentschicht f
c. en plâtre Gipsüberzug m
c. primaire Grundierung f, Grundanstrich m, Haftgrundierung f
c. protectrice Schutzschicht f, Schutzüberzug m
c. de recouvrement Deckschicht f; Überlappungslage f
c. de revêtement Deckschicht f
c. de sable Sandschicht f
c. semi-conductrice Halbleiterschicht f
c. sensible empfindliche Schicht f; Filmschicht f
c. sensible au bleu blauempfindliche Schicht f
c. sensible au jaune gelbempfindliche Schicht f
c. sensible au rouge rotempfindliche Schicht f
c. sensible au vert grünempfindliche Schicht f
c. du sommet oberste Schicht f
c. de soudure Schweißschicht f
c. sous-marine Unterwasseranstrich m
c. superficielle Oberflächenhaut f; Decklage f, Deckschicht f, Überzug m; Randschicht f
c. supérieure Decklage f, Deckschicht f, Überzug m; (Brg) Hangendschicht f
c. tampon Pufferschicht f
c. de ternissure Anlaufschicht f
c. textile Gewebeschicht f
c. de tissu Gewebeeinlage f
c. du toit Hangendflöz n; Dachschicht f
c. tourbillonnaire (turbulente) Wirbelschicht f
c. d'usure Abnutzungsschicht f
c. de valence Valenzschale f
c. vaporisée Aufdampfschicht f
c. de vernis Lacküberzug m, Lackschicht f; Ätzgrund m
deuxième c. (de peinture) Deckanstrich m
première c. Grundanstrich m, Grundierung f
couché:
c. des deux côtés beidseitig gestrichen
c. d'un côté einseitig gestrichen
couche-guide f Leitschicht f, Leitflöz n
couches fpl:
c. alternantes wechsellagernde Schichten fpl
c. associées begleitende Schichten fpl
c. avoisinantes Nachbarschichten fpl
c. croisées kreuzweise Versperrung f
c. déchirées zerrissene Schichten fpl
c. dérangées gestörte Schichten fpl

couches

c. **disloquées** versetzte Schichten *fpl*
c. **encaissantes** einschließende Schichten *fpl*
c. **faillées** verworfene Schichten *fpl*
c. **géologiques** geologische Schichten *fpl*
c. **horizontales** horizontalgelagerte Schichten *fpl*
c. **inclinées** geneigte Schichten *fpl*
c. **redressées** aufgerichtete Schichten *fpl*
c. **sous-jacentes** unterlagernde Schichten *fpl*
c. **successives** aufeinanderfolgende Schichten *fpl*
c. **superficielles** Oberflächenschichten *fpl*
c. **sus-jacentes** darüberliegende Schichten *fpl*
c. **transitoires** Übergangsschichten *fpl*
couchette *f* Koje *f*
c. **simple** Einzelkoje *f*
couchettes *fpl* **superposées** Doppelkoje *f*
coucheur *m* Gautscher *m*
coucheuse *f* Gautschwalze *f*
coudage *m* Biegen *n*; Biegung *f*; Kröpfen *n*; Kröpfung *f*
coude *m* 1. Biegung *f*, Bogen *m*; Krümmung *f*; Knickung *f*; Schleife *f*; Kröpfung *f*; 2. Winkelstück *n*; Krümmer *m*, Rohrwinkelstück *n*, Knie *n*
c. **de vilebrequin** Kurbelwellenkröpfung *f*
coudé geknickt; gebogen, gekrümmt, gekröpft, wink[e]lig, krumm
couder [durch]biegen, umbiegen; eindrehen; kröpfen; krümmen
coudre [an]nähen, aufnähen, vernähen, zusammennähen; ⟨Typ⟩ heften
couette *f*:
c. **morte** Ablaufbahn *f* ⟨Stapellauf⟩; Schlagbett *n* ⟨Stapellauf auf Mittelablaufbahn⟩
c. **vive** Läufer *m* ⟨Stapellauf⟩
coulabilité *f* Gießbarkeit *f*
coulage *m* Gießen *n*; Guß *m* ⟨s. a. coulée, fonte 3.⟩
c. **à découvert** Herdguß *m*
c. **à froid** Kaltguß *m*
coulant *m* 1. Hülse *f*, Schieber *f*; 2. Preßstößel *m* ⟨Karusselldrehmaschine⟩
c. **porte-outil** Meißelschieber *m* ⟨Karusselldrehmaschine⟩
coulée *f* Guß *m* ⟨s. a. coulage, fonte 3.⟩; Abstich *m* ⟨Hochofen⟩
c. **d'acier** Stahlguß *m*
c. **de boue** Schlammstrom *m*
c. **centrifuge** Schleuderguß *m*

c. **en châssis** Kastenguß *m*
c. **en chute** fallendes Gießen *n*, Fallendgießen *n*
c. **composite** Verbundguß *m*
c. **continue** Stranggießen *n*
c. **en coquilles** Kokillenguß *m*
c. **horizontale** Schleuderguß *m*
c. **par injection** Spritzguß *m*
c. **de laitier** Schlackenabstich *m*
c. **de lave** Lavaerguß *m*; Lavastrom *m*
c. **en lingotière** Kokillenguß *m*
c. **en poche** Abstich *m*
c. **sous pression** Druckguß *m*
c. **en sable** Sandguß *m*
c. **des scories** Schlackenabstich *m*
c. **en source** steigendes Gießen *n*
c. **sous vide** Vakuumguß *m*
couler 1. fließen, ausströmen; 2. [ver]gießen
c. **bas** sinken, untergehen
c. **le béton** Beton gießen (schütten)
c. **en chute** fallend gießen
c. **en coquille** hartgießen
c. **creux** hohlgießen
c. **par le haut** fallend gießen
c. **le haut fourneau** den Hochofen abstechen
c. **en source** steigend gießen
couleur *f* Farbe *f* ⟨s. a. colorant⟩
c. **d'alizarine** Alizarinfarbstoff *m*
c. **d'aniline** Anilinfarbstoff *m*, Anilinfarbe *f*
c. **de chrome** Chromfarbe *f*
c. **complémentaire** Komplementärfarbe *f*, Gegenfarbe *f*, Ergänzungsfarbe *f*
c. **composée** zusammengesetzte Farbe *f*
c. **à l'eau** Wasserfarbe *f*
c. **d'ébauche** Entwurfsfarbe *f*
c. **d'impression** Druckfarbe *f*, Druckpaste *f*
c. **pour impression oléographique des papiers peints** Tapetenöldruckfarbe *f*
c. **d'incandescence** ⟨Met⟩ Anlaßfarbe *f*, Anlauffarbe *f*
c. **d'interférence, c. interférentielle** Interferenzfarbe *f*
c. **minérale** Mineralfarbe *f*, Erdfarbe *f*, anorganischer Farbstoff *m*
c. **mixte** Mischfarbe *f*
c. **opaque** Abdeckfarbe *f*
c. **de plomb** Bleifarbe *f*
c. **primaire** Grundfarbe *f*, Primärfarbe *f*
c. **prise par la surface du minéral** ⟨Min⟩ Anlauffarbe *f*
c. **de recuit (revenu)** s. c. d'incandescence
c. **saturée** gesättigte (satte) Farbe *f*

c. de sécurité (signalisation) Leuchtfarbe f
c. simple einfache Farbe f
c. spectrale Spektralfarbe f
c. de transition Übergangsfarbe f
c. zincique Zinkfarbstoff m
couleurs fpl Nationalfarben pl, Nationalflagge f
c. de l'arc-en-ciel Regenbogenfarben fpl
coulissant gleitend, verschiebbar, hin- und hergehend
coulisse f 1. Gelenkstein m, Kulissenstein m, Gleitstück n; 2. Ablaufbahn f ⟨Stapellauf⟩; 3. Schnürleine f ⟨z. B. Ringwade⟩
c. de la crémaillière des ems Formatbahn f
c. à manivelle Kurbelschwinge f, Kreuzschleife f
c. morte Ablaufbahn f ⟨Stapellauf⟩
c. vive Läufer m ⟨Stapellauf⟩
c. à volets mobiles Kompendium n ⟨Film⟩
coulisseau m Kulissenstein m, Gleitstück n, Gleitschuh m, Schieber m, Stößel m
coulisse-manivelle f Kurbelschwinge f, Kreuzschleife f
coulisser gleiten, sich verschieben, sich hin- und herbewegen
couloir m 1. Rutsche f, Schurre f, Förderrinne f; 2. Bedienungsgang m, Betriebsgang m, Verkehrsgang m
c. d'aérage Wetterrösche f
c. aérien Luftkorridor m
c. d'avalanche Lawinengraben m
c. central Mittelgang m
c. de chargement Laderutsche f, Ladeschurre f
c. d'exposition Filmkanal m, Filmbahn f
c. interdunal Dünental n
c. latéral Seitengang m
c. oscillant Schwingrutsche f, Schüttelrutsche f
c. de projection s. c. d'exposition
c. à secousses s. c. oscillant
c. de visite Bedienungsgang m
coulomb m Coulomb n
coulombmètre s. ampèremètre
coulure f Fließen n, Überlaufen m; Gratbildung f ⟨Metallurgie⟩; Nasenbildung f ⟨Lackieren⟩
coumarine f Kumarin n
coumarone f Kumaron n
coup m 1. Schlag m, Stoß m; Schuß m; 2. Impuls m; Zählstoß m; 3. Explosion f
c. de barre Ruderausschlag m

c. de charge Gebirgsschlag m
c. de charge périodique Periodendruck m
c. d'eau Wassereinbruch m
c. de foudre Blitzschlag m
c. de gaz Gasausbruch m
c. de grisou Schlagwetterexplosion f
c. de mine Sprengschuß m
c. au mur Sohlenschuß m
c. de navette Schützenschlag m
c. de poussières de charbon Kohlenstaubexplosion f
c. de roulis Schlingerstoß m
c. de soleil Sonnenriß m, Hitzeriß m
c. de tangage Stampfstoß m
c. de terrain Gebirgsschlag m
c. de toit Hangendschlag m
coupage m 1. Schneiden n, Abschneiden n, Trennen n; Zuschneiden n; 2. ⟨Brg⟩ Nachreißen n; 3. Löschung f ⟨Zählrohr⟩
c. autogène Autogenschneiden n, autogenes Trennen n, Brennschneiden n
c. d'éponte Nachreißen n des Stoßes
c. externe Fremdlöschung f
c. du mur Nachreißen n des Liegenden
c. oxyacétylénique s. c. autogène
c. plasma Plasmaschneiden n
c. thermique thermisches Trennen n
c. du toit Nachreißen n des Hangenden
coupant m s. sécant
coupe f 1. Schneiden n; Schnitt m; 2. Behauen n; Zuschneiden n; Zuschnitt m; 3. Schnitt[form f] m; 4. Abschnitt m; 5. Profil n; Querschnitt m; Schnitt[zeichnung f] m; 6. Bildausschnitt m; 7. Schnitt[präparat n] m
c. biaise Gehrungsschnitt m
c. circulaire Rundschnitt m
c. composée Sammelprofil n
c. d'un cristal Kristallschnitt m
c. de cylindre Zylinderquerschnitt m
c. d'encoche Nutenquerschnitt m
c. (à) froid Kaltschnitt m
c. géologique geologischer Schnitt m
c. horizontale Horizontalschnitt m
c. en long, c. longitudinale Längsschnitt m
c. au maitre Hauptspant[zeichnung f] n
c. d'un massif Schichtenschnitt m
c. mince Dünnschnitt m
c. oblique (d'onglet) Gehrungsschnitt m
c. principale Hauptschnitt m
c. rapide Schnellschnitt m
c. schématique schematischer Schnitt m
c. de sondage (sonde) Bohrprofil m

coupe

c. standardisée Standardprofil *n*
c. transversale (en travers) Querschnitt *m*
c. ultramince Ultradünnschnitt *m*
c. de la veine Flözprofil *n*
c. verticale 1. Längsschnitt *m*, Schnitt *m*; 2. ⟨Brg⟩ Seigerriß *m*
fausse c. Stoffrest *m*
coupe-boulons *m* Bolzenschere *f*
coupe-carotte *m* Abgußschneider *m*
coupe-chute *m* Abfallrinne *f* ⟨Schnittwerkzeug⟩
coupe-circuit *m* Sicherung *f*; Hauptsicherung *f*, Netzsicherung *f*
   c. automatique Sicherungsautomat *m*
   c. automatique à vis Einschraubautomat *m*
   c. à cartouche Patronensicherung *f*, Schmelzsicherung *f* mit Einsatzpatrone
   c. pour faible intensité Feinsicherung *f*
   c. fondu durchgebrannte Sicherung *f*
   c. à fusible Schmelzsicherung *f*
   c. à haute tension Hochspannungssicherung *f*
   c. principal Hauptsicherung *f*
   c. sectionneur Trennsicherung *f*
   c. à vis Schraubkappensicherung *f*
coupée *f* 1. Fallreep *n*; 2. Gangway *f*, Landgang *m*
   c. d'embarquement Gangway *f*, Landgang *m*
coupe-feu feuerfest
coupe-feu *m* Kraftstoffzufuhrunterbrecher *m*
coupe-papier *m* Papierabreißmaschine *f*; Papiermesser *n*; Brieföffner *m*
couper 1. [ab]schneiden, [ab]trennen; 2. verschneiden ⟨z. B. einen Wein⟩; 3. ⟨El⟩ absperren; abschalten; 4. [zer]schneiden; verschneiden; zuschneiden ⟨z. B. einen Stoff⟩
   c. et assembler schneiden, cuttern ⟨Ton- oder Magnetband⟩
   c. une communication eine Verbindung auftrennen (aufheben)
   c. à mesure zuschneiden
coupe-racines *m* Rübenschneider *m*, Rübenschnitzler *m*
couperose *f* Vitriol *n* (s. a. sulfate)
   c. blanche Zinkvitriol *n*
   c. bleue Kupfervitriol *n*
   c. verte Eisenvitriol *n*
coupe-tubes *m*, **coupe-tuyaux** *m* Rohrschneider *m*
coupeur schneidend, Schneid-
coupeur *m* 1. Zuschneider *m*; 2. ⟨Brg⟩ Nachreißer *m*

coupeuse *f* 1. Zuschneiderin *f*; 2. Schneidemaschine *f*
   c. à copeaux Zerspaner *m*
coupeuse-bobineuse *f* Rollenschneid[e]- und Wickelmaschine *f*
coupe-verre *m* Glasschneider *m*
couplage *m* 1. ⟨Masch⟩ Koppeln *n*, Kuppeln *n*; Kopplung *f*, Kupplung *f*; 2. ⟨El⟩ Kopplung *f*, Ankopplung *f*, Schaltung *f* ⟨s. a. montage 5.⟩; Schaltgruppe *f*; **à c.** gekoppelt; **à c. électrique** elektrisch gekoppelt
   c. en absorption Saugdrosselschaltung *f*
   c. acoustique akustische Kopplung *f*
   c. à allumage Hellschaltung *f*
   c. d'antenne Antennenankopplung *f*
   c. antiparallèle Antiparallelschaltung *f*, Gegenparallelschaltung *f*
   c. des barres Sammelschienenkupplung *f*
   c. capacitif kapazitive Kopplung *f*
   c. en carré Vierphasenringschaltung *f*
   c. en cascade Kaskadenschaltung *f*
   c. par circuit bouchon Sperrkreiskopplung *f*
   c. de circuits oscillants Schwingkreiskopplung *f*
   c. critique kritische Kopplung *f*
   c. en delta Dreieckschaltung *f*
   c. à deux alternances Doppelwegschaltung *f*
   c. à deux alternances à point médian Mittelpunktschaltung *f*
   c. de diaphonie Übersprechkopplung *f*
   c. de dispersion Streukopplung *f*
   c. en double étoile Doppelsternschaltung *f*
   c. à double voie Zweiwegschaltung *f*
   c. en double zigzag Doppelzickzackschaltung *f*
   c. (en) doubleur de tension Spannungsdopplerschaltung *f*
   c. électrique elektrische Kopplung *f*
   c. électromagnétique elektromagnetische Kopplung *f*
   c. électronique Elektronenkopplung *f*
   c. électrostatique elektrostatische Kopplung *f*
   c. en étoile Sternschaltung *f*
   c. en étoile déséquilibré unsymmetrische Sternschaltung *f*
   c. étoile-étoile Stern-Stern-Schaltung *f*
   c. étoile-triangle Stern-Dreieck-Schaltung *f*
   c. étoile-zigzag Stern-Zickzack-Schaltung *f*
   c. d'excitation Erregungsschaltung *f*

c. à l'extinction Dunkelschaltung f
c. faible schwache (unterkritische) Kopplung f
c. par fentes Schlitzkopplung f ⟨Hohlleiter⟩
c. ferromagnétique ferromagnetische Kopplung f
c. par filtre passe-bande Bandfilterkopplung f
c. fourchu Doppelzickzackschaltung f
c. galvanique galvanische Kopplung f
c. hexaphasé Sechsphasenschaltung f
c. hypercritique überkritische Kopplung f
c. inductif (par induction) induktive Kopplung f
c. j-j j-j-Kopplung f
c. lâche lose Kopplung f
c. L-S L-S-Kopplung f, Russel-Saunders-Kopplung f
c. magnétique magnetische Kupplung (Kopplung) f, Magnetkupplung f
c. de mesure Meßschaltung f
c. mixte gemischte Kopplung f
c. normal s. c. L-S
c. optimum optimale Kopplung f
c. en parallèle Parallelschaltung f
c. phase-terre Phasen-Erd-Schaltung f
c. polygone Polygonschaltung f
c. en pont Brückenschaltung f
c. en pont triphasé Drehstrombrückenschaltung f
c. RC RC-Kopplung f
c. réactif Rückwirkungsschaltung f, Rückkopplungsschaltung f
c. redresseur en pont Gleichrichterbrückenschaltung f
c. par résistance Widerstandskopplung f
c. rétroactif s. c. réactif
c. à roue libre Freilaufkupplung f
c. de Russel-Saunders s. c. L-S
c. en série Serienschaltung f, Reihenschaltung f, Hauptschluß m
c. en série-parallèle Reihen-Parallel-Schaltung f
c. serré feste Kopplung f
c. spin-orbite Spin-Bahn-Wechselwirkung f, Spin-Bahn-Kopplung f
c. tétraphasé en étoile Vierphasensternschaltung f
c. par (de) transformateur Transformatorkopplung f, Transformatorschaltung f
c. en triangle Dreieckschaltung f
c. triangle-étoile Dreieck-Stern-Schaltung f

c. triangle-triangle Dreieck-Dreieck-Schaltung f
c. triangle-zigzag Dreieck-Zickzack-Schaltung f
c. à une alternance Eintaktschaltung f
c. variable veränderliche Kopplung f
c. en zigzag Zickzackschaltung f
couple m 1. Paar n; 2. Kräftepaar n, Kraftmoment n ⟨s. a. moment 2.⟩; 3. Elementenpaar n ⟨Getriebelehre⟩; Zahnradpaar n, Zahnradgetriebe n; 4. Spant n (m) ⟨als Schiffsquerschnitt⟩; Spantrahmen m ⟨festigkeitsmäßig⟩; à c. nebeneinander (gekoppelt), im Zwillingsverband ⟨z. B. Schubschiffahrt⟩
c. d'accélération Überschußmoment n
c. d'amortissement Dämpfungsmoment n
c. antagoniste Richtmoment n; Rückstellmoment n
c. asynchrone Asynchronmoment n
c. de chavirement Kentermoment n
c. cisaillant Schermoment n
c. conique Kegelradgetriebe n, Kegelradpaar n
c. conique à denture droite geradverzahnter Kegelradantrieb m
c. conique à denture hypoïde hypoidverzahnter Kegelradantrieb m
c. de construction Bauspant n
c. de décrochage Außertrittfallmoment n; Kippmoment n
c. de démarrage Anzugsmoment n, Anfahrdrehmoment n; Anlauf[dreh]moment n, Anlaßmoment n
c. directeur Richtmoment n, Einstellmoment n
c. dû au vent Winddruckmoment n
c. d'entraînement Antriebs[dreh]moment n
c. de fléchissement Biegungsmoment n
c. inclinant Krängungsmoment n, krängendes Moment n
c. de ligne d'arbre Wellendrehmoment n
c. sur mèche Ruderschaftsmoment n
c. moteur Antriebs[dreh]moment n
c. nominal Nenn[dreh]moment n
c. d'orientation Ruderschaftsmoment n
c. des périodes Periodenpaar n
c. de points Punktepaar n
c. de rappel Richtmoment n
c. de redressement wiederaufrichtendes Moment n, Stabilitätsmoment n
c. de renversement Kippmoment n
c. résistant Lastmoment n
c. de rotation Drehmoment n

couple

c. de roues dentées Zahnradpaar n, Zahnradgetriebe n
c. de stabilité s. c. de redressement
c. thermo-électrique Thermoelement n
c. thermo-électrique à tube protecteur Thermoelement n mit Schutzrohr
c. thermo-électrique à vide Vakuumthermoelement n
c. de torsion Torsionsmoment n
c. de tracé Konstruktionsspant n
c. en U U-Spant n
c. en V V-Spant n
c. à vis sans fin Schneckengetriebe n, Schneckentrieb m
c. voltaïque galvanisches Element n, Voltaelement n

couplement m s. couplage

couplemètre m Drehmomentenmesser m

coupler 1. ⟨Masch⟩ koppeln, kuppeln, verbinden; 2. ⟨El⟩ [an]koppeln, schalten
c. par capacité kapazitiv koppeln
c. au-delà du couplage critique überkritisch koppeln
c. par induction induktiv koppeln
c. en parallèle parallelschalten
c. par résistance durch Widerstand koppeln
c. en série in Reihe (Serie) schalten, hintereinanderschalten

coupleur m Synchronisiereinrichtung f
c. hydrocinétique Strömungskupplung f

coupoir m Zeilenhacker m, Zeilenteiler m

coupoir-biseautier m Gehrungsschneider m

coupole f Kuppel f
c. bulbeuse Zwiebeldach n, Zwiebelkuppel f
c. nervurée Rippenkuppel f
c. à pendentif Hängekuppel f, Pendentifkuppel f
c. polygonale Vieleckkuppel f
c. en réseau Netzwerkkuppel f
c. surbaissée Flachkuppel f
c. en treillis Netzwerkkuppel f

coupon m Abschnitt m, Stück n ⟨z. B. einer Schiene⟩

coupure f 1. Trennung f, Unterbrechung f; 2. ⟨El⟩ Ausschalten n, Abschalten n; 3. ⟨Math⟩ Schnitt m ⟨auf einer Riemannschen Fläche⟩; 4. Verschnitt m ⟨z. B. eines Stoffes⟩
c. des aiguës Höhenbeschneidung f
c. d'antenne Antennenabschaltung f
c. du courant Stromabschaltung f
c. de fréquence Frequenzbeschneidung f

c. d'un train Zugtrennung f
c. de la voie Gleisunterbrechung f

courant m 1. Strömung f; 2. ⟨El⟩ Strom m; Stromstärke f; 3. holende Part f ⟨z. B. Talje⟩; à. c. porteur trägerfrequent; sans c. stromlos
c. absorbé aufgenommener Strom m; Stromaufnahme f
c. actif Wirkstrom m
c. d'aimantation Magnetisierungsstrom m
c. d'air 1. Luftstrom m; Zugluft f; 2. ⟨Brg⟩ Wetterstrom m
c. d'air forcé sous la grille Unterwind m
c. d'alimentation Speisestrom m
c. d'allumage Zündstrom m
c. alternatif Wechselstrom m
c. alternatif monophasé Einphasenwechselstrom m
c. alternatif de plaque Anodenwechselstrom m
c. alternatif polyphasé Mehrphasenwechselstrom m
c. alternatif triphasé Dreiphasenwechselstrom m, Drehstrom m
c. amortisseur Dämpfungsstrom m
c. anodique Anodenstrom m
c. auxiliaire Hilfsstrom m
c. de balai Bürstenstrom m
c. de base Basisstrom m
c. de base en saturation Übersteuerungsstrom m ⟨Transistor⟩
c. de batterie Batteriestrom m
c. du bord Bordstrom m
c. capacitif kapazitiver Strom m; Ladestrom m ⟨z. B. eines Generators⟩
c. cathodique Röhrenstrom m; Katodenstrom m
c. de charge Belastungsstrom m, Laststrom m
c. de chauffage Heizstrom m
c. de choc Stoßstrom m
c. circulaire Kreisstrom m
c. de collage Haltestrom m
c. de collecteur Kollektorstrom m
c. de commutation Kommutierungsstrom m
c. de compensation Kompensationsstrom m
c. de conduction Leitungsstrom m
c. consommé s. c. absorbé
c. de contact Kontaktstrom m
c. continu Gleichstrom m; Dauerstrom m
c. continu pulsatoire pulsierender (wellenförmiger) Gleichstrom m
c. de convection Konvektionsstrom m
c. corpusculaire Teilchenstrom m

c. côtier Küstenströmung f
c. de coupure Abschaltstrom m
c. de court-circuit Kurzschlußstrom m
c. de court-circuit instantané Kurzzeitkurzschlußstrom m
c. de court-circuit permanent Dauerkurzschlußstrom m
c. de court-circuit à la terre Erdschlußstrom m
c. de crête Scheitelstrom m, Spitzenstrom m
c. croisé Querstrom m
c. débité abgegebener Strom m
c. de décharge Ableitstrom m, Entladestrom m
c. de déclenchement Auslösestrom m, Ausschaltstrom m
c. de défaut Fehlerstrom m
c. de démarrage Anlaßstrom m, Anfahrstrom m, Anzugsstrom m
c. déphasé phasenverschobener Strom m
c. de déplacement Verschiebungsstrom m
c. dérivé Zweigstrom m
c. déwatté Blindstrom m
c. différentiel Differenzstrom m
c. de diffusion Diffusionsstrom m
c. de diode Diodenrichtstrom m
c. diphasé Zweiphasenstrom m
c. direct Durchlaßstrom m ⟨Gleichrichter⟩
c. domestique Haushaltstrom m
c. d'échauffement maximal zulässiger Betriebsstrom m
c. d'écriture Schreibstrom m
c. d'effacement Löschstrom m
c. effectif Effektivstrom m
c. efficace Effektivwert m des Stromes
c. égalisateur Ausgleichsstrom m
c. électronique Elektronenstrom m
c. émis (d'émission) Emissionsstrom m
c. d'enclenchement Einschaltstrom m
c. d'entrée d'air Wettereinziehstrom m
c. d'entretien Erregerstrom m
c. d'essai Prüfstrom m
c. d'évanouissement Ausschwingstrom m
c. excitateur (d'excitation) Erregerstrom m
c. faible Schwachstrom m
c. de faisceau Strahlstrom m
c. de faisceau électronique Elektronenstrahlstrom m
c. de filament Heizstrom m
c. de flot Flutstrom m
c. d'un fluide Strom m eines fluiden Mediums

c. de fonctionnement Ansprechstrom m
c. de fond Bodenstrom m
c. de force Kraftstrom m
c. fort Starkstrom m
c. de Foucault Wirbelstrom m
c. de freinage Bremsstrom m
c. sans frottement reibungsfreie Strömung f
c. de fuite Streustrom m, Leckstrom m, Verluststrom m, Ableit[ungs]strom m
c. de fuite au collecteur-base Kollektor-Basis-Reststrom m
c. de fuite au collecteur-émetteur Kollektor-Emitter-Reststrom m
c. de fuite à l'émetteur-base Emitter-Basis-Reststrom m
c. de fuite superficielle Kriechstrom m
c. de fusion Abschmelzstrom m
c. de gaz inerte Inertgasstrom m
c. de grille Gitterstrom m
c. de grille-écran Schirmgitterstrom m
c. homopolaire Nullstrom m ⟨eines Mehrphasensystems⟩
c. inducteur Induktorstrom m, induzierender Strom m, Primärstrom m, Feldstrom m
c. inductif induktiver Strom m
c. d'induction, c. induit induzierter Strom m, Induktionsstrom m; Ankerstrom m
c. induit de fermeture Schließungsinduktionsstrom m
c. initial Anfangsstrom m
c. initial de grille Gitteranlaufstrom m
c. initial symétrique de court-circuit Stoßkurzschlußwechselstrom m
c. instantané Augenblicksstrom m, Kurzzeitstrom m
c. inverse Rückstrom m; Sperrstrom m
c. inverse de la jonction émetteur-base Emitterreststrom m
c. d'ionisation Ionisationsstrom m
c. d'isolement Isolationsstrom m
c. de jusant Ebbstrom m
c. de lecture Lesestrom m
c. limite Grenzstrom m
c. limite dynamique dynamischer Grenzstrom m
c. magnétisant Magnetisierungsstrom m
c. de manœuvre Betätigungsstrom m
c. de marée Gezeitenstrom m, Tidenstrom m
c. marin Meeresströmung f
c. maximum Maximalstrom m, Höchststrom m

c. **maximum asymétrique de court-circuit triphasé** dreiphasiger Stoßkurzschlußstrom *m*
c. **de mise au repos** Abfallstrom *m*
c. **de modulation** modulierter Strom *m*
c. **monophasé** Einphasenstrom *m*
c. **de moteur** Motorstrom *m*
c. **dans le neutre** Nulleiterstrom *m*
c. **nominal** Nennstrom *m*
c. **nominal (du) côté basse tension** niederspannungsseitiger Nennstrom *m*
c. **nominal (du) côté haute tension** oberspannungsseitiger Nennstrom *m*
c. **nominal de décharge** Nennableitstrom *m*
c. **nominal primaire** Primärnennstrom *m*
c. **nominal secondaire** Sekundärnennstrom *m*
c. **d'obscurité** Dunkelstrom *m*
c. **parasite** Kriechstrom *m*
c. **partiel** Teilstrom *m*
c. **permanent** Dauerstrom *m*
c. **permanent de plaque** Anodenruhestrom *m*
c. **de phase** Phasenstrom *m*
c. **de plaque** Anodenstrom *m*
c. **de pleine charge** Vollaststrom *m*
c. **de pointe** dynamischer Grenzstrom *m*
c. **de polarisation** Polarisationsstrom *m*
c. **polyphasé** Mehrphasenstrom *m*
c. **porteur** Trägerstrom *m*
c. **primaire** Primärstrom *m*
c. **principal** Hauptstrom *m*
c. **de profondeur** Tiefenstrom *m*
c. **de protection** Schutzstrom *m*
c. **pulsatoire** pulsierender Strom *m*
c. **réactif** Blindstrom *m*
c. **redressé** gleichgerichteter Strom *m*
c. **de référence** Bezugsstrom *m*
c. **de repos** Ruhestrom *m*
c. **du réseau** Netzstrom *m*
c. **résiduel** Reststrom *m*
c. **résiduel de collecteur** Kollektorreststrom *m* ⟨Transistor⟩
c. **de retour** Rückleitungsstrom *m*
c. **de retour d'air** Wetterausziehstrom *m*
c. **de rotor** Läuferstrom *m*
c. **de saturation** Sättigungsstrom *m*
c. **secondaire** Sekundärstrom *m*
c. **selfique** induktiver Strom *m*
c. **de service** Betriebsstrom *m*, Arbeitsstrom *m*
c. **de seuil** Schwellenstrom *m*
c. **sinusoïdal** sinusförmiger Strom *m*, Sinusstrom *m*
c. **de sortie** Ausgangsstrom *m*
c. **souterrain** Grundwasserstrom *m*

c. **stationnaire** stationäre Strömung *f*
c. **statorique** Ständerstrom *m*
c. **subtransitoire de court-circuit** subtransitorischer Kurzschlußstrom *m*
c. **de suite** Folgestrom *m*, Ableitwechselstrom *m*
c. **superficiel** Oberflächenstrom *m*
c. **superposé** überlagerter Strom *m*
c. **à la terre** Erdschlußstrom *m*
c. **de Tesla** Tesla-Strom *m*
c. **thermo-électrique** Thermostrom *m*
c. **torrentueux** Sturzflut *f*
c. **total** Gesamtstrom *m*
c. **transitoire** Ausgleichsstrom *m* ⟨bei Schwingungsvorgängen⟩
c. **transversal** Querstrom *m*
c. **de travail** s. c. de service
c. **triphasé** Dreiphasenstrom *m*, Drehstrom *m*
c. **de turbidité** Trübungsstrom *m*
c. **utile** Nutzstrom *m*
c. **vagabond** vagabundierender Strom *m*
c. **à vide** Leerlaufstrom *m*
c. **watté** Wirkstrom *m*
c. **zéro** Nullstrom *m*
courante *f* Kursiv(e) *f*, Kursivschrift *f*
courantomètre *m* Strömungsmesser *m*
courants *mpl*:
c. **de convection sous-cristaux** Konvektionsströmungen *fpl* in der subkrustalen Zone
c. **telluriques** Erdströme *mpl*
c. **tourbillonnaires** Wirbelströme *mpl*
courbage *m* Biegen *n*, Krümmen *n*
courbe gebogen, gekrümmt
courbe *f* 1. Kurve *f*; Kurvenverlauf *m*; Kennlinie *f*; charakteristische Linie *f*; 2. Bogen *m*; Bogenlinie *f*; Krümmung *f*; Biegung *f*
c. **d'absorption** Absorptionskurve *f*
c. **d'activité** Aktivitätskurve *f*
c. **adiabatique** Adiabate *f*
c. **d'affaissement** Absenkungskurve *f*
c. **d'aimantation** Magnetisierungskurve *f*
c. **d'aimantation normale** Kommutierungskurve *f* ⟨der Magnetisierung⟩
c. **des aires des couples** ⟨Schiff⟩ Spantarealkurve *f*
c. **de l'allongement en fonction du temps** Zeit-Dehnungs-Kurve *f*
c. **Bonjean** ⟨Schiff⟩ Spantflächenkurve *f*
c. **de Bragg** Braggsche Kurve *f*
c. **des bras de levier de redressement (stabilité)** Hebelarmkurve *f* ⟨Stabilität⟩

c. de calibrage Eichkurve f
c. caractéristique Kennlinie f, Kennung f
c. caractéristique de fréquence Frequenzcharakteristik f
c. caractéristique d'un transistor Transistorkennlinie f
c. à centre Mittelpunktskurve f
c. de charge Belastungsdiagramm n, Belastungskurve f, Ladekurve f
c. en cloche Glockenkurve f, Gaußsche Fehler[verteilungs]kurve f
c. de cœur Herzkurve f
c. de commutation Kommutierungskurve f
c. cumulative kumulative Kurve f ⟨Kurve der Verteilungsfunktion⟩
c. des débits Abflußmengenkurve f
c. de décharge Entladekurve f
c. en dents de scie Sägezahnkurve f
c. de déplacement Deplacementskurve f
c. de désaimantation Entmagnetisierungskurve f
c. de désintégration Zerfallskurve f
c. de distribution d'erreurs de Gauss s. c. en cloche
c. dose-effet Dosis-Effekt-Kurve f, Dosis-Wirkungs-Kurve f
c. à double courbure Schrankenlinie f
c. d'ébullition Siedekurve f
c. d'échauffement Erwärmungskurve f
c. d'écoulement Fließkurve f
c. d'écrouissage Verfestigungskurve f
c. de l'effort Spannungsverlauf m, Spannungskurve f
c. d'erreur Fehlerkurve f
c. dans l'espace Raumkurve f
c. d'étalonnage Eichkurve f
c. d'étranglement Drosselkurve f ⟨Verdichter⟩
c. du filtre Filterdurchlaßkurve f
c. de flexion Biegelinie f
c. focale Brennpunktskurve f
c. à forte pente steile Kurve f
c. de fréquence s. c. en cloche
c. gauche Raumkurve f
c. de Gauss s. c. en cloche
c. de giration Drehkreisbahn f
c. initiale jungfräuliche Kurve f, Neukurve f ⟨z. B. bei der Magnetisierung⟩
c. intégrale Integralkurve f
c. intrinsèque de Mohr Mohrsche Umhüllungskurve f
c. isodosique Isodosenkurve f
c. logarithmique logarithmische Kurve f
c. des longueurs admissibles ⟨Schiff⟩ Kurve f der zulässigen Längen, Schottenkurve f
c. de magnétisme Magnetisierungskurve f, Hystereseschleife f, B-H-Kurve f
c. de niveau Höhen[schicht]linie f, [tektonische] Niveaulinie f
c. de noircissement Schwärzungskurve f
c. normale s. c. en cloche
c. pédale Fußpunktkurve f
c. plane ebene (zweidimensionale) Kurve f
c. des pressions Stützlinie f
c. primitive s. c. initiale
c. de ralentissement Auslaufkurve f
c. de refroidissement Abkühlungskurve f
c. de régime Kennlinie f, Kennung f ⟨eines Motors⟩
c. de rendement Leistungskurve f ⟨einer Maschine⟩
c. de réponse Wiedergabecharakteristik f
c. de réponse du filtre passe-bande Bandfilterdurchlaßkurve f
c. de réponse spectrale Spektralcharakteristik f
c. de résonance Resonanzkurve f
c. sigmoïde S-Kurve f
c. de solidification Erstarrungskurve f ⟨Metallkunde⟩
c. tendue gestreckte Kurve f
c. de tension Tensionskurve f, Spannungskurve f
c. de tension de vapeur Dampfdruckkurve f
c. thermique Fieberkurve f, Temperaturkurve f
c. à torsion constante Kurve f konstanter Krümmung
c. de transporteur à rouleaux Kurvenrollenförderer m
c. TTT ZTU-Kurve f
c. de la voie Gleisbogen m
c. de Wöhler Wöhlerkurve f
courbement m 1. Biegen n, Krümmen n; 2. Biegung f, Krümmung f
courber biegen, krümmen, falten, beugen
courbes fpl:
c. d'égale épaisseur Kurven fpl gleicher Dicke
c. d'égale inclinaison Kurven fpl gleicher Neigung
c. hydrostatiques Kurven fpl des Formkurvenblattes, hydrostatische Kurven
courbure f Biegung f, Krümmung f; Wölbung f; à simple c. einfach ge-

krümmt; **à double c.** doppelt gekrümmt
c. de champ Bild[feld]wölbung f
c. lentille Linsenkrümmung f
c. de niveau Isohypse f, Höhenlinie f
c. des rayons de lumière Krümmung f der Lichtstrahlen
c. relative Wölbungshöhe f
c. de surface Flächenkrümmung f
c. totale Gesamtkrümmung f
courir:
  c. sur l'erre im Leerlauf (ohne Antrieb) fahren
couronne f 1. Kranz m; Krone f, Aufsatz m; 2. Zahnkranz m, Kettenrad n, Ritzel n; 3. Leitrad n ⟨Turbine⟩; 4. ⟨Kfz⟩ Tellerrad n; 5. Korona f; 6. Ringleitung f
c. d'action Aktionsrad n, Gleichdruckrad n ⟨Turbine⟩
c. d'aubes Schaufelkranz m ⟨Turbine⟩
c. de buses Düsenkranz m
c. à chaîne Kettenrad n, Kettenkranz m
c. du cylindre ⟨Typ⟩ Schmitzring m
c. dentée Zahnkranz m
c. diamantée Diamant[bohr]krone f
c. diamantée de carottage Diamantkernkrone f
c. à diamants s. c. diamantée
c. directrice 1. Leitkranz m; 2. Leitrad n
c. électrique Korona f
c. à empreintes ⟨Schiff⟩ Kettennuß f
c. feuilletée Blechkette f
c. fixe Leitrad n
c. à galets Rollenkranz m ⟨z. B. einer Rundknetmaschine⟩
c. à gradins Stufenkrone f
c. kélyphitique ⟨Geol⟩ Kelyphitrinde f
c. mobile 1. Drehring m; 2. Laufrad n ⟨einer Turbine⟩
c. pleine Vollbohrkrone f
c. porte-balais ⟨El⟩ Bürstenjoch n
c. solaire Sonnenkorona f
c. de sondage Bohrkrone f
c. de support Tragkranz m ⟨Hochofen⟩
c. de tôles Blechkranz m
c. de volant ⟨Kfz⟩ Schwungradzahnkranz m
couronnement m 1. ⟨Bw⟩ Bekrönung f; 2. ⟨Holz⟩ Gipfeldürre f
courroie f Riemen m, Treibriemen m; Gurt m; Förderband n, Band m
c. en caoutchouc Gummiriemen m
c. de commande Treibriemen m, Transmissionsriemen m
c. croisée geschränkter (gekreuzter) Riemen m
c. en cuir Lederriemen m

c. d'entraînement Treibriemen m, Antriebsriemen m
c. à maillons articulés Gelenkantriebskette f
c. plate Flachriemen m
c. ronde Rundriemen m
c. tamiseuse Bandsieb n
c. de transmission s. c. de commande
c. de transport, c. transporteuse Förderband n, Transportband n
c. transporteuse à auge profonde Tiefmuldentransportband n
c. trapézoïdale Keilriemen m
cours m Lauf m; Verlauf m; **au long c.** 1. Hochsee-; 2. auf großer Fahrt
c. d'eau Wasserlauf m
c. inférieur Unterlauf m ⟨eines Flusses⟩
c. supérieur Oberlauf m ⟨eines Flusses⟩
long c. große Fahrt f
course f Hub m; Weg m; **à longue c.** langhubig; **à petite c.** kurzhubig
c. ascendante Aufwärtshub m
c. au décollage Anlaufstrecke f
c. libre Freihub m
c. montante Aufwärtshub m
c. motrice Arbeitshub m
c. du piston Kolbenhub m
c. de retour Rücklauf m ⟨einer Werkzeugmaschine⟩
c. transversale Querhub m
c. de travail, c. utile Arbeitshub m; Arbeitsgang m
c. «va-et-vient» Mitlauf m ⟨Galvanotechnik⟩
coursie f, **coursive** f Betriebsgang m, Verkehrsgang m
court-circuit m Kurzschluß m; Überbrückung f
c. au bornes Klemmenkurzschluß m
c. brusque Stoßkurzschluß m
c. franc satter Kurzschluß m
c. à la masse Körperschluß m, Masseschluß m
c. passager flüchtiger Kurzschluß m
c. permanent Dauerkurzschluß m
c. permanent à la terre Dauererdschluß m
c. entre spires Windungsschluß m
court-circuitage m Kurzschließen n
court-circuiter kurzschließen
court-circuiteur m Kurzschließer m
couseuse f 1. ⟨Typ⟩ Heftmaschine f; 2. Nähmaschine f
c. au fil textile Fadenheftmaschine f
c. plate Flachnähmaschine f
coussin m 1. Polster n, Kissen n; 2. Kimmschlitten m ⟨Stapellauf auf Mittelablaufbahn⟩

c. d'air Luftkissen n
c. gazeux Gaspolster n
coussinet m Lagerschale f, Lagerpfanne f, Lagerhülse f, Lagerbüchse f ⟨Gleitlager⟩; Gleitlager n, Achslager n, Lager n
  c. en bronze Bronzelagerschale f; Bronzelager n
  c. de convertisseur Konverterlager n
  c. lisse Gleitlagerbüchse f, Gleitlagerschale f; Gleitlager n
  c. en métal blanc Weißmetallagerschale f; Weißmetallager n
  c. de palier Lagerschale f
  c. de pivotement Drehlager n
  c. de rail Schienenstuhl m
  c. de réduction Paßeinsatz m
  c. à rotule Gelenkpfanne f
  c. en rubis (tourillon) Zapfenlager n
cousu geheftet; genäht
  c. sur ficelles (à la grecque) auf Schnüre geheftet ⟨eingesägt⟩
  c. sur ficelles (sans grecques) auf aufgedrehte Schnüre geheftet
  c. au fil de fer drahtgenäht
  c. au fil sur gaze mit Faden auf Gaze geheftet
  c. dans le pli avec fil à coudre im Falz mit Faden geheftet
  c. dans le pli avec fil de fer im Falz mit Draht geheftet
  c. sur rubans auf Bänder geheftet
  c. sur vrais nerfs auf echte Bünde geheftet
coût m Kosten pl ⟨s. a. coûts⟩
  c. d'exploitation Betriebskosten pl
  c. de production Herstellungskosten pl, Produktionskosten pl
  c. de la vie Lebenshaltungskosten pl
couteau m 1. Messer n; 2. ⟨Brg⟩ Schrämmeißel m; 3. Schneide f ⟨einer Waage⟩
  c. d'abattage 1. ⟨Brg⟩ Schälmesser n; 2. Schlachtmesser n
  c. central Mittelschneide f
  c. de contact ⟨El⟩ Kontaktmesser n
  c. de diamant Diamantmesser n
  c. extrême Seitenschneide f
  c. à glaces ⟨Schiff⟩ Eissporn m
  c. d'interrupteur Schaltmesser n
  c. latéral Seitenschneide f
  c. de massicots Schneidmaschinenmesser n
  c. de mise en train Zurichtemesser n
  c. perforateur Perforiermesser n
  c. principal Hauptschneide f
  c. de verre Glasmesser n
couteau-bloc m Messerblock m

coutellerie f 1. Messerwaren fpl; 2. Messerschmiedehandwerk n; 3. Messerfabrik f
coutre m Sech n, Vorschneider m
  c. à disque Scheibensech n, Rundsech n
coûts mpl Kosten pl ⟨s. a. coût⟩
  c. de chargement Ladekosten pl
  c. de chargement et de déchargement Lade- und Löschkosten pl
  c. de combustible Treibstoffkosten pl
  c. de déchargement Löschkosten pl
  c. de manutention Umschlagkosten pl
couture f 1. Heften n; 2. Nähen n; Schneiderei f; 3. Schneiderhandwerk n; 4. Naht f; **sans c.** nahtlos
  c. à jour Hohlnaht f
  c. overlock Overlocknaht f
  c. piquée Steppnaht f
  c. plastique Plastikheftung f
  c. plate Flachnaht f, Plattnaht f
  c. au point de chaînette Kettenstichnaht f
  c. au point croisé Kreuzstichnaht f
  c. à points noués Schlingenstichnaht f
  c. à la presse Preßnaht f
  c. recouvrée Overlocknaht f
  c. renforcée Verbundnaht f
  c. de soudage Schweißnaht f
  c. spirale Spiralheftung f
  c. en surjet, c. surjetée Überwendlichnaht f
couvercle m Deckel m; Abdeckung f ⟨s. a. couverture 1., panneau⟩
  c. du carter Gehäusedeckel m
  c. a charnière Klappdeckel m
  c. de cuve ⟨Kfz⟩ Schwimmerkammerdeckel m
  c. d'écoutille Lukendeckel m; Lukenabdeckung f
  c. de fermeture Verschlußdeckel m
  c. de four pit Tiefofendeckel m
  c. d'obturation Verschlußdeckel m
  c. de regard Schachtdeckel m
couverture f 1. Abdeckung f; Decke f; 2. ⟨Bw⟩ Bedachung f; Dachhaut f; 3. ⟨Kern⟩ Brutmantel m, Blanket n; 4. ⟨Typ⟩ Umschlag m; Buchdeckel m
  c. en ardoise Schieferdeckung f
  c. en ardoise ciment-amiante Asbestzement-Schieferdeckung f, Eternit n
  c. détritique superficielle Verwitterungskrume f
  c. d'écoutille Lukenabdeckung f
  c. inférieure ⟨Bw⟩ Unterdecke f
  c. intercalée ⟨Bw⟩ Einschubdecke f
  c. en pavés de verre Glasziegeldeckung f

couverture

    c. en plomb Bleideckung f
    c. de protection Schutzumschlag m
    c. du puits Schachtabdeckung f
    c. radar Radarbedeckung f
    c. des trains Zugdeckung f
    c. en tuiles plates Flachziegeldeckung f
    c. en zinc Zinkdeckung f
couveuse f (artificielle) ⟨Lw⟩ Brüter m, Brutmaschine f, Brutschrank m
    c. électrique elektrischer Brutschrank m
couvrant m Deckung f, Deckfähigkeit f ⟨Lack⟩
couvre-bornes m Klemmenabdeckung f
couvre-canon m Mündungsschoner m
couvre-culasse m ⟨Kfz⟩ Zylinderkopfhaube f
couvre-étoupe m Stopfbuchsendeckel m
couvre-joint m Lasche f
couvre-objet m Deckglas n ⟨Mikroskopie⟩
couvre-radiateur m Kühlerverkleidung f
couvrir 1. bedecken; ⟨Typ⟩ abdecken; verkleiden; überziehen; 2. überstreichen (z. B. Frequenzband)
couvrure f ⟨Typ⟩ Einband m
covalence f Kovalenz f
covalent kovalent
covariance f ⟨Math⟩ Kovarianz f
covariant ⟨Math⟩ kovariant
covolume m Kovolumen n
cowper m Winderhitzer m, Cowper m
crabbing m Krabben n, Auslaufen n ⟨der Gußform⟩
crachement m au balais Bürstenfeuern n
crachements mpl Kratzgeräusche npl
cracher feuern ⟨Funken⟩
cracking m Kracken n
    c. catalytique katalytisches Kracken n ⟨Spaltverfahren⟩
    c. thermique thermisches Kracken n
craie f Kreide f
cramoisi karmesin
crampillon m s. cavalier
crampon m 1. Krampe f, Klammer f, Klemme f, Hakennagel m; 2. Steigeisen n
    c. à bloc verstellbare Spannvorrichtung f
    c. à glace Eisnagel m, Eisspitze f, Eissporn m
    c. de rail Schienennagel m
cramponner [ver]klammern, zusammenklammern
cran m Einschnitt m, Nut f, Schlitz m; Signatur f ⟨an einer Letter⟩
    c. d'arrêt Rasterung f; Sperrklinke f
    c. de démarrage Anfahrstufe f
    c. de régime Betriebsstufe f
crantage m Kerbverzahnung f, Hirthsche Verzahnung f; Rändel[ung f] n
crapaud m (de fixation) Klemmplatte f, Klemmwinkel m, Klemmstück n
crapaudine f Lagerpfanne f; Spurlager n, Längslager n, Stützlager n
    c. à billes Kugelpfanne f
craquage m s. cracking
craquantage m Knirschen n; knirschender Griff m ⟨Stoff⟩, Seidengriff m
craquelage m Rißbildung f; Spalten n
craquelé m Rißmuster n ⟨in Glasur⟩
craqueler [ab]platzen, Risse bilden; rauhrissig werden
craquelure f Riß m, Sprung m
craquer kracken, spalten
crash m Notlandung f; Bauchlandung f
crasher notlanden
crasse f ⟨Met⟩ Abstrich m, Krätze f, Schlicker m; ⟨Typ⟩ Krätze f
crasseux schlackig
crassier m Schlackenhalde f
cratère m 1. ⟨Geol⟩ Krater m; 2. Auskolkung f; 3. Kolk m, Verschleißmulde f ⟨Schneidwerkzeug⟩
    c. actif tätiger Krater m
    c. d'effondrement Einsturzkrater m
    c. d'éruption Ausbruchskrater m
    c. d'explosion Explosionskrater m
    c. parasitaire Nebenkrater m
    c. principal Hauptkrater m
    c. sommital Gipfelkrater m
    c. de soulèvement Erhebungskrater m
cratères mpl jumeaux Zwillingskrater mpl
cratériforme kraterförmig
crayeux kreidig
créatine f Kreatin n, Methylguanidinessigsäure f
créatinine f Kreatinin n
création f d'une paire ⟨Kern⟩ Paarerzeugung f, Paarbildung f
crémage m Aufrahmung f
crémaillère f 1. Zahnleiste f, Zahnstange f; 2. Treppenwange f
    c. d'unités Einheitszahnstange f
crème f Rahm m
crémeux sämig; sahnig
crénelé 1. eingekerbt, gezackt, zackig; 2. mit Zinnen versehen
créneler Zinnen anordnen; auszacken, zähnen
créosol m Kreosol n
créosotage m Imprägnieren n mit Kreosot
créosote f Kreosot n
créosoter mit Kreosot imprägnieren (tränken)

crêpage m Krepponieren n, Kreppen n
  c. **sur arrête** Klingentexturierverfahren n, Kantenziehtexturierverfahren n
crêper kräuseln
crépi m Mörtelbewurf m, Rauhputz m, Verputz m
crépine f Filter n, Siebeinsatz m; Saugkorb m
  c. **en cuivre** Kupferfilter n
  c. **à toile** Gewebefilter n
crépir [rauh] verputzen, [mit Putz] bewerfen
crépissage m Verputzen n, Bewerfen n mit Putz
crépissure f Rauhputz m, Bewurf m
crépitement m ⟨El⟩ Knackgeräusche npl, Kratzgeräusche npl, Prasseln n
crépiter ⟨El⟩ knacken, kratzen, prasseln
crésol m Kresol n
crétacé m Kreidezeit f ⟨Formation⟩
crête f 1. Kamm m; 2. Wellenberg m, Wellenkamm m; Scheitel m, Spitze f; **sur c.** auf Wellenberg ⟨Schiffslage⟩;
  c. **à c.** Spitze zu Spitze
  c. **d'avant-côte** Unterwasserriff n
  c. **de haute pression** Hochdruckkeil m
  c. **de montagne** Gebirgskamm m
  c. **de plage** Uferwall m
  c. **principale** Hauptspitze f
  c. **synclinale** Synklinalkamm m
  c. **de vague** Wellenberg m
creusage m, **creusement** m Aushöhlen n; Ausbaggern n; Ausschachten; Ausbohren n; ⟨Brg⟩ Auffahren n
  c. **en ferme** Vortriebsstrecke f
  c. **de galerie** Auffahren n einer Strecke, Streckenauffahrung f; Streckenvortrieb m
  c. **des galeries au rocher** Auffahren n von Gesteinsstrecken
  c. **à large front** Breitauffahren n
  c. **en montant** Aufhauen n, Überhauen n
creuser aushöhlen; ausbaggern; ausschachten, ausbohren; ⟨Brg⟩ auffahren
  c. **des fossés** Gräben ziehen
  c. **un puits (de mine)** einen Schacht niederbringen (abteufen)
creuset m 1. Herd m ⟨Kupolofen⟩; 2. Gestell n ⟨Hochofen⟩; 3. Tiegel m; Gießtopf m
  c. **de fonderie** Schmelztiegel m
  c. **en porcelaine** Porzellantiegel m
  c. **de réaction** Reaktionstiegel m ⟨Thermitschweißen⟩
creux hohl

creux m 1. Vertiefung f; 2. Seitenhöhe f ⟨Schiff⟩; 3. Wellenhöhe f; 4. Wellental n; **dans c.** im Wellental ⟨Schiffslage⟩
  c. **de la dent** Zahnlücke f; Zahnfußhöhe f
  c. **de l'onde** Wellental n
crevaison f ⟨Kfz⟩ Reifenpanne f
crevasse f Riß m, Spalte f, Spalt m, Sprung m
  c. **du glacier** Gletscherspalte f
  c. **marginale** Randspalte f
  c. **de tremblement de terre** Erdbebenspalte f
crevasser reißen; aufreißen; sich spalten
cri m **d'étain** Zinnschrei m
criblage m Sieben n, Absieben n
  c. **humide** Naßsieben n
  c. **à sec** Trockensieben n
crible m Sieb n
  c. **à barreaux** Stabrostsieb n
  c. **calibreur** Sortiersieb n
  c. **classeur** Sortiersieb n; ⟨Brg⟩ Klassiersieb n
  c. **d'Eratosthène** ⟨Math⟩ Sieb des Eratosthenes
  c. **à jet raide** Steilwurfsieb n
  c. **à manivelle** Kurbelschwingsieb n
  c. **oscillant** Schwingsieb n
  c. **à projection plate** Flachwurfsieb n
  c. **rotatif** Trommelsieb n
  c. **à rouleaux** Rollenrostsieb n
  c. **à secousses** Schwingsieb n
  c. **à tambour** Trommelsieb n
  c. **vibrant (à vibrations)** Schwingsieb n
crible-classeur m Klassiersieb n
cribler sieben
cribleur m Siebsortierer m
criblure f Siebrückstand m
cribs mpl Gittersilos mpl
cric m Schraubenwinde f, Winde f; Heber m, Wagenheber m
  c. **à crémaillère** Zahnstangenwinde f
  c. **hydraulique** Hydraulikheber m
  c. **télescopique** Teleskopwinde f
  c. **à vis** Schraubenwinde f
cric-tenseur m s. raidisseur
crin m:
  c. **de cheval** Roßhaar n, Pferdehaar n
  c. **de chèvre** Ziegenhaar n
criquage m Rissigkeit f
crique f 1. Riß m, Spalt m; 2. Brandungsnische f
  c. **de contraction** Schwindungsriß m, Schwundriß m
  c. **due aux tensions thermiques** Wärmespannungsriß m
  c. **de forgeage** Schmiederiß m

c. **de laminage** durch Walzen verursachter Riß m
c. **longitudinale** Längsriß m
c. **de retrait** Schrumpfriß m
c. **de soudage** Schweißriß m
c. **de tension** Spannungsriß m
c. **transversale** Querriß m
c. **de trempe** Härteriß m; Abschreckriß m
criquer ⟨Met⟩ reißen, Risse bilden
crissure f ⟨Met⟩ Falte f
cristal m Kristall m
   c. **analyseur** Analysatorkristall m
   c. **biaxe** zweiachsiger Kristall m
   c. **biréfringent** doppelbrechender Kristall m
   c. **courbe (courbé)** gebogener (gekrümmter) Kristall m
   c. **pour détecteurs** Detektorkristall m
   c. **dispersif** Analysatorkristall m
   c. **droit** rechtsdrehender Kristall m
   c. **embryonnaire** Kristallkeim m, Kristallskelett n
   c. **gauche** linksdrehender Kristall m
   c. **de glace** Eiskristall m
   c. **holoédrique** holoedrischer Kristall m
   c. **imparfait** Realkristall m, fehlgeordneter Kristall m
   c. **ionique** Ionenkristall m
   c. **liquide** flüssiger Kristall m
   c. **maclé** Zwillingskristall m, Kristallzwilling m
   c. **de martensite** Martensitkristall m
   c. **mimétique** mimetischer Kristall m
   c. **mixte** Mischkristall m
   c. **à mode de flexion** Biegekristall m
   c. **à mode longitudinal** Längsschwingungskristall m
   c. **de montagne** Bergkristall m
   c. **mosaïque** Mosaikkristall m
   c. **naturel** Rohkristall m
   c. **négatif** negativer Kristall m
   c. **oscillant** Schwingkristall m
   c. **parfait** Idealkristall m, ungestörter Kristall m
   c. **piézo-électrique** Piezokristall m
   c. **plan** ebener Kristall m
   c. **pyro-électrique** pyroelektrischer Kristall m
   c. **de roche** Bergkristall m
   c. **scintillateur** Szintillatorkristall m
   c. **triple** Drillingskristall m
   c. **uniaxe** einachsiger Kristall m
   c. **unique** Einkristall m
   c. **de valence** Valenzkristall m
cristallifère kristallhaltig
cristallin kristallin(isch), Kristall-
   non c. nichtkristallin(isch)

cristallinité f Kristallinität f
cristallisabilité f Kristallisierbarkeit f
cristallisable kristallisierbar
cristallisation f Kristallisation f, Auskristallisation f, Kristallbildung f; à c. **grossière** grobkristallin
   c. **collective** Sammelkristallisation f
   c. **extractive** extraktive Kristallisation f
   c. **fractionnée** fraktionierte Kristallisation f
   c. **lente** langsame Kristallisation f
   c. **sous vide** Vakuumkristallisation f
cristalliser [aus]kristallisieren
cristallisoir m Kristallisierschale f
   c. **à agitation** Rührkristallisator m
   c. **rotatif** Rollkristallisator m
   c. **à vide** Vakuumkristallisator m
cristallite f Kristallit m
cristalloblastique kristalloblastisch
cristallochimie f Kristallchemie f
cristallographie f Kristallkunde f
   c. **générale** allgemeine Kristallkunde f
   c. **optique** optische Kristallkunde f
cristallographique kristallografisch
cristalloïde kristallähnlich
cristalloluminescence f Kristallumineszenz f
cristallophysique f Kristallphysik f
cristallotomie f Kristallspaltung f
cristaux mpl **de soude** Kristallsoda f
critère m Kriterium n; Kennzeichen n
   c. **de cycle** Umlaufzahl f, Zykluskriterium n
   c. **d'efficacité d'une pale** wirksame Blattfläche f
   c. **de rigidité** Steifigkeitskriterium n
   c. **de stabilité** Stabilitätskriterium n
critérium m **de service** Kennzeichen n des Verwendungszwecks
criticité f Kritizität f
critique kritisch
   c. **différé** verzögert-kritisch
   c. **instantané** prompt-kritisch
croc m Haken m
   c. **de charge** Ladehaken m, Lasthaken m
   c. **à échappement** Sliphaken m
   c. **de remorque** Schlepphaken m
   c. **de suspente** Heißhaken m ⟨z. B. am Rettungsboot⟩
croche f **de chalutage** Netzhacker m
crochet m 1. Lasthaken m, Haken m; 2. Greifer m ⟨Greiferwebemaschine⟩; 3. eckige Klammer f
   c. **d'arrêt** Fanghaken m ⟨Bordflugzeug⟩
   c. **d'attelage** Kupplungshaken m
   c. **à broder** Häkelnadel f
   c. **de charge** Lasthaken m

c. de fermeture Schließhaken *m*
c. de forage Bohrhaken *m*
c. de grue Kranhaken *m*
c. à lamelles Lamellenhaken *m*
c. de levage Zughaken *m*; Greifer *m*
c. pique-feu Feuerhaken *m*
c. à piton Ösenhaken *m*
c. de Poisson ⟨Math⟩ Poissonklammer *f*
c. porte-charge Lasthaken *m*
c. de remorque Abschlepphaken *m*; Anhängerkupplung *f*
crocheter 1. häkeln; 2. aufbrechen; mit einem Dietrich öffnen
crocodile *m* Schienenkontakt *m*
crocodiler mit einem Schienenkontakt versehen
croisé gekreuzt; kreuzweise; geschränkt
croisé *m* Köper *m*
c. chaîne Kettköper *m*
croisement *m* Kreuzung *f*
c. de murs Mauerkreuzung *f*
c. à niveau Schienenkreuzung *f*
croiser 1. kreuzen; 2. ⟨Text⟩ zusammendrehen, drillen
croiseur *m* Kreuzer *m*
c. de sauvetage Seenotrettungskreuzer *m*
croisière *f* Kreuzfahrt *f*
croisillon *m* Kreuzhebel *m*, Handkreuz *n*, Griffrad *n*; Kreuzzapfen *m*
c. de fenêtre Fenstersprosse *f*
croissance *f* Wachstum *n*, Zunahme *f*
c. des cristaux Kristallwachstum *n*
c. en diamètre Dickenzuwachs *m*
c. en épaisseur Dickenwachstum *n*
c. des grains Kornwachstum *n*
c. en spirale Drehwuchs *m*
croisure *f* Bindung *f*, Fadenverkreuzung *f* ⟨s. a. armure⟩
c. chevron Fischgratbindung *f*
c. panama Panamabindung *f*
c. de toile Leinwandbindung *f*
croix *f*:
c. de Malte ⟨Masch⟩ Malteserkreuz *n*
c. de Malte double Doppelmalteserkreuz *n*
c. mortuaire Kreuz *n*
c. de repère Passerkreuz *n*, Paßkreuz *n*
c. thermique (thermo-électrique) Thermokreuz *n*
croquis *m* Skizze *f*; Entwurf *m*; erster Entwurf *m*
c. coté Maßskizze *f*
crosse *f* 1. Schulterstativ *n*; 2. Kreuzkopf *m*
c. d'appontage Fanghaken *m* ⟨Bordflugzeug⟩

c. de gouvernail Ruderhacke *f*, Stevenhacke *f*
c. de tige de piston Kreuzkopf *m*
cross(ing)-over *m* Überkreuzungspunkt *m*
crotonaldéhyde *m* Krotonaldehyd *m*
croupe *f* Walm *m* ⟨Dach⟩
croûte *f* Kruste *f*; Rinde *f*; ⟨Met⟩ Haut *f*
c. d'altération superficielle Verwitterungskruste *f*
c. calcaire Kalkkruste *f*
c. de coulée Gußhaut *f*
c. de laminage Walzhaut *f*
c. terrestre Erdkruste *f*, Erdrinde *f*
crown(-glass) *m* Kronglas *n*
cru roh; unbearbeitet
crusher *m* Stauchzylinder *m*
cryodessiccation *f* Gefriertrocknung *f*
cryogène *m* Kältemischung *f*, Kühlmischung *f*
cryogénique kryogen
cryohydrate *m* Kryohydrat *n*
cryohydratique kryohydratisch
cryolithe *f* Kryolith *m*
cryomagnétisme *m* Kryomagnetismus *m*
cryomètre *m* Gefrierpunktmesser *m*, Kryometer *n*
cryométrie *f* Tieftemperaturmessung *f*, Kryometrie *f*
cryoscope *m* s. cryomètre
cryoscopie *f* Kryoskopie *f*
cryostat *m* ⟨Masch⟩ Kälteregler *m*; ⟨BMSR⟩ Kryostat *m*
cryotron *m* Kryotron *n* ⟨Speicherzelle⟩
cryoturbation *f* Kryoturbation *f*, Froststauchung *f*
cryptocristallin kryptokristallin
cryptovolcanisme *m* Kryptovulkanismus *m*
cubage *m* Kubikinhalt *m*, Inhalt *m*; Inhaltsberechnung *f*
c. de bois brut Rohholzvermessung *f*; Rohholzliste *f*
c. d'après le diamètre au gros et au fin bout Messen *n* nach Grund- und Zopfdurchmesser
c. au moyen de la longueur et du diamètre au milieu d'une grume Messen *n* nach Länge und Mittendurchmesser
cubaïte *f* quartz
cubature *f* ⟨Math⟩ Kubatur *f*, Volumenberechnung *f*
cube kubisch; würf(e)lig; Kubik-
cube *m* 1. Würfel *m*; 2. Würfelkapitell *n*
cuber 1. den Rauminhalt messen; 2. in die dritte Potenz erheben
cubilot *m* Kupolofen *m*
c. à vent chaud Warmluftkupolofen *m*
cubique kubisch
c. centré kubisch-raumzentriert

cubique

    c. à faces centrées kubisch-flächenzentriert
cubique f Kurve f dritten Grades
cuboide m Quader m
cucurbite f Destillierkolben m
cueille-fruits m Obstpflücker m
cueilleuse f **de houblon** Hopfenpflückmaschine f
cueillir 1. pflücken; ernten; 2. ⟨Text⟩ kulieren
cueilloir m Obstpflücker m
cuiller f, **cuillère** f Löffel m; Kratzer m; Gießkelle f
    c. d'agitation Rührlöffel m
    c. de chargement Beschickungsmulde f
cuir m Leder m
    c. d'abattis ungegerbte Haut f
    c. d'Allemagne Roßleder n
    c. aluné alaungares Leder n
    c. apprêté gegerbtes Leder n
    c. artificiel Kunstleder n
    c. bronzé rauchschwarzes Leder n
    c. brut Rohhaut f
    c. chamoisé sämischgares Leder n
    c. chromé Chromleder n
    c. corroyé zugerichtetes Leder n
    c. en croûte gegerbtes und getrocknetes Leder n
    c. cru rohe Haut f
    c. grenu genarbtes Leder n
    c. lisse abgenarbtes Leder n
    c. maroquin Saffian(leder n) m
    c. d'œuvre pflanzlich gegerbtes Leder n
    c. de polyamide Polyamidleder n
    c. à rasoir Streichriemen m
    c. de Russie Juchten(leder) n
    c. salé gesalzene Haut f
    c. sec trockene Haut f
    c. à semelles Sohlenleder n
    c. tanné lohgares Leder n
    c. verni Lackleder n, gelacktes Leder n
    c. vert Rohhaut f; Weißleder n
cuirasse f 1. Abschirmung f; 2. ⟨El⟩ Mantel m; 3. Panzer m ⟨Hochofen⟩
    c. en aluminium Aluminiummantel m
    c. électromagnétique elektromagnetische Abschirmung f
    c. magnétique magnetische Abschirmung f
cuirassé abgeschirmt
cuirassement m Panzerung f
cuirasser 1. abschirmen; 2. ummanteln; 3. panzern
cuire 1. kochen, sieden; 2. brennen; 3. sintern; aushärten
    c. à fond garbrennen
    c. à mort totbrennen

cuiseur m Kocher m; Dämpfer m; Futterdämpfer m
    c. à froid Kaltkocher m
cuisine f Kombüse f; Küche f
    c. d'usine Werkküche f
cuisinière f Herd m, Kochherd m
    c. à charbon Kohlenherd m
    c. électrique Elektroherd m
    c. à gaz Gasherd m
cuisson f 1. Kochen n; Abkochen n; 2. Brennen n; Einbrennen n; Trocknen n ⟨Farbe, Lack⟩; 3. Sintern n; Aushärten n
cuit gebrannt
    à moitié c. halbgebrannt
cuite f 1. Kochen n; 2. Brennen n; Einbrennen n; 3. Sintern n; Aushärten n
cuivrage m 1. Verkupfern n; 2. Verkupferung f
    c. brillant Glanzverkupfern n
    c. électrolytique galvanisches Verkupfern n
cuivre m Kupfer n
    c. en barres Stangenkupfer n
    c. brut Rohkupfer n, Konverterkupfer n, Schwarzkupfer n
    c. désoxydé Raffinatkupfer n
    c. électrolytique Elektrolytkupfer n, E-Kupfer n
    c. en gueuses Barrenkupfer n
    c. en lingots Blockkupfer n
    c. noir s. c. brut
    c. panaché Buntkupferkies m
    c. précipité Kupferniederschlag m
    c. pyriteux Kupferkies m
cuivrer verkupfern
cuivreux kupferhaltig; kupferartig
cul m Steert m
    c. de chalut Netzsteert m
    c. de chalut amovible, c. de rechange Wechselsteert m
culasse f 1. Zylinderkopf m; Verschluß m (z. B. einer Kanone); 2. Spiegel m ⟨SM-Ofen⟩; 3. Joch n ⟨Magnet⟩
    c. de cylindre Zylinderkopf m
    c. individuelle Einzelzylinderkopf m
    c. magnétique Magnetjoch n, magnetisches Joch n
    c. de transformateur Transformatorjoch n
culbutable kippbar
culbuteur m Kipphebel m; Kipper m, Kippvorrichtung f
    c. d'admission Einlaßkipphebel m
    c. double Doppelkipphebel m
    c. d'échappement Auslaßkipphebel m
    c. de lingots Blockkipper m
cul-de-lampe m ⟨Typ⟩ Schlußstück n
cul-de-sac m Sackstrecke f

culée f Widerlager n, Stützlager n ⟨s. a. butée⟩
culmination f ⟨Astr⟩ Kulmination f
culot m 1. Anguß m; 2. metallischer Bodensatz m; 3. Sockel m ⟨z. B. einer Röhre⟩
   c. à baionnette Bajonettsockel m
   c. Edison Edisonsockel m
   c. de grille Gitteranschluß m
   c. de lampe Lampensockel m
   c. miniature Miniatursockel m
   c. octal Oktalsockel m
   c. de tube Röhrensockel m
culottage m Sockelschaltung f
culotte f 1. Rohrflansch m; 2. Fuchs m
cultivateur m Grubber m
   c. vibrant Federzinkengrubber m, Vibrationsegge f
culture f:
   c. en profondeur Submerskultur f
   c. de surface Oberflächenkultur f
cumène m Kumol n
cumulatif kumulativ
cuprène m Kupren n
cuprite f Kuprit n, Rotkupfererz n
cupro-aluminium m Kupfer-Aluminium-Legierung f, Aluminiumbronze f
cupro-béryllium m Kupfer-Beryllium-Legierung f, Berylliumbronze f
curage m, **curement** m Reinigung f; Kanalreinigung f
curer reinigen, ausbaggern, räumen
curet(t)age m Sanierung f ⟨von Altbauten⟩
curette f Schabeisen n
cureuse f **de fossés** Grabenräumgerät n
curie m Curie n ⟨Einheit der Radioaktivität⟩
curiepuncture f Radiumspickung f
curiethérapie f Strahlentherapie f
curl m Rotation f ⟨einer Vektorfunktion⟩
curler säumen
curseur m 1. Läufer m ⟨Spinnmaschine; Waage⟩; 2. Schieber m
   c. de commutation Schaltschieber m
   c. à filer Ringläufer m
   c. de tabulateur Tabulatorschieber m
cursif kursiv
cursive f Kursiv[e] f, Kursivschrift f
curvigraphe m Kurvenschreiber m
curviligne krummlinig
curvimètre m Kurvenmesser m
cuve f 1. Gefäß n; 2. Wanne f; Bottich m; Tank m; Kessel m; Bütte f; Küpe f; Kufe f; Pfanne f; 3. ⟨Ch⟩ Küvette f; 4. Schacht m ⟨eines Hochofens⟩; 5. Ladetank m ⟨Flüssiggastanker⟩; 6. Bad n; 7. ⟨Kfz⟩ Schwimmerkammer f

c. d'agglomération Sinterpfanne f
c. à agitateur Rührbütte f
c. à air comprimé Druckluftbehälter m
c. anodique Anodenwanne f
c. en béton Betonwanne f
c. de clairçage Deckbottich m
c. en cloche Glockenkessel m ⟨Transformator⟩
c. de développement Entwicklertank m
c. de dissolution Laugekasten m, Lösebehälter m
c. à électrodes à circulation Durchströmgefäß n, Strömzelle f
c. d'expansion Expansionsgefäß n
c. de fermentation Gärtank m
c. en fonte gußeiserne Pfanne f
c. de four Ofenschacht m
c. du haut fourneau Schachtraum m des Hochofens
c. hermétique universelle Entwicklerdose f
c. à huile Ölabsetzgefäß n; Ölkessel m ⟨Transformator⟩
c. indépendante lose eingebauter Ladetank m
c. intégrée fest eingebauter Ladetank m
c. intermédiaire Zwischengefäß n
c. à laitier Schlackenpfanne f
c. de lavage Wässerungstrog m
c. pour liquides Flüssigkeitsküvette f, Lösungsküvette f
c. de mélange Mischtank m
c. à mercure Quecksilberwanne f
c. métallique scellée pumpenloses Gleichrichtergefäß n
c. monoanodique Einanodengefäß n
c. de neutralisation Neutralisationstank m
c. ouverte offener Bottich m
c. de peinture Tauchbad m
c. de réacteur Reaktorgefäß n, Reaktorbehälter m, Reaktortank m
c. à recuire Glühgefäß n
c. de redresseur Gleichrichtergefäß n
c. rhéographique elektrolytischer Trog m
c. à scorie Schlackenpfanne f
c. de stockage Vorratsgefäß n
c. supérieure du haut fourneau Oberschacht m des Hochofens
c. surélevée Hochbehälter m
c. en tôles ondulées Wellblechkessel m ⟨Transformator⟩
c. de transformateur Transformatorkessel m
c. de trempage Tauchbad n
c. universelle Universalentwicklerdose f

c. à vent Windkessel m
c. à vin Weintank m
c. de vulcanisation Vulkanisationswanne f
cuvelage m ⟨Brg⟩ Ausbau m; Verkleidung f; Auskleidung f
c. métallique Tübbingausbau m
cuveler ausbauen; verkleiden; auskleiden
cuver verküpen
cuvette f 1. Becken n; 2. Trichter m ⟨Abfallrohr⟩; 3. Rinnenkasten m, Rinnenkessel m; 4. Mulde f; Schale f; 5. Teller m; 6. ⟨Mech⟩ Gehäuse n
c. basculante Kippschale f
c. du canal Kanalbett n
c. de descente Rinnenkasten m, Rinnenkessel m
c. de développement Entwicklerschale f, Entwicklungsschale f
c. de fixage Fixierschale f
c. pivotante Drehteller m
c. en porcelaine Porzellanschale f
c. de potentiel Potentialmulde f
c. à ressort Federteller m
c. du thermomètre Thermometerkugel f
c. de W. C. Abortbecken n, Klosettbecken n
cyanamide f Zyanamid n
c. calcique Kalziumzyanamid n, Kalkstickstoff m
cyanate m Zyanat n
cyane m Zyan n
cyanocobalamine f Zyanokobalamin n ⟨Vitamin B 12⟩
cyanogène m Zyan n
cyanotypie f Blaupause f
cyanuration f 1. ⟨Ch⟩ Zyanierung f; Zyanidlaugerei f; 2. ⟨Met⟩ Salzbadhärtung f, Zyan[bad]härtung f, Zyaneinsatzhärtung f
cyanure m Zyanid n
c. d'argent Silberzyanid n
c. cuivrique Kupferzyanid n
c. d'hydrogène Zyanwasserstoff m
c. de potassium Kaliumzyanid n, Zyankali n
c. de sodium Natriumzyanid n
cyanurer 1. ⟨Ch⟩ zyanieren; 2. ⟨Met⟩ einsatzhärten, [im Zyanbad] härten
cyanures mpl **complexes** komplexe Zyanide npl
cybernétique f Kybernetik f
cyclage m **thermique** Temperaturwechselbehandlung f
cycle m 1. Zyklus m; Umlauf m; Periode f; Schleife f; Prozeß m; 2. Kreislauf m; Kreisprozeß m ⟨s. a. circuit⟩; 3. Arbeitszyklus m, Zyklus m, Arbeitsablauf m; 4. ⟨Ch⟩ Ring m; 5. Rad n ⟨z. B. Fahrrad, Tandem⟩
c. d'accès Zugriffszyklus m, Zugriffsperiode f
c. automatique automatischer Arbeitsablauf m, automatisch gesteuerter Durchlauf m
c. de l'azote Stickstoffkreislauf m
c. de base Grundzyklus m
c. de battement Schwebungsperiode f, Schwebungsdauer f
c. (de) Beau de Rochas Ottoscher Kreisprozeß m, Otto-Prozeß m
c. de Bethe Bethe-Weizsäcker-Zyklus m, Kohlenstoff-Stickstoff-Zyklus m
c. blanc Leerlaufzyklus m
c. du carbone 1. s. c. de Bethe; 2. Kohlenstoffring m
c. (de) Carnot Carnotscher Kreisprozeß m, Carnot-Prozeß m
c. du CO_2 CO_2-Kreislauf m
c. de combustible Brennstoffzyklus m
c. de cuisson Brennzyklus m
c. à deux temps Zweitaktlauf m, Zweitaktverfahren n
c. (de) Diesel Dieselscher Kreisprozeß m, Diesel-Prozeß m
c. de l'effort Lastwechsel m
c. d'érosion Erosionszyklus m
c. fermé geschlossener Kreislauf m; geschlossener Prozeß m ⟨Gasturbine⟩
c. hétérogène heterozyklische Verbindung f
c. hydrologique Wasserkreislauf m
c. d'hystérésis Hystereseschleife f
c. d'impression Druckzyklus m
c. intermittent unterbrochener (wechselnder) Arbeitsablauf m
c. de machine Maschinenzyklus m, Maschinenperiode f
c. majeur Hauptzyklus m
c. du moteur Diesel s. c. (de) Diesel
c. des neutrons Neutronenzyklus m, Generationsfolge f
c. opératoire Operationszyklus m
c. ouvert offener Kreislauf m; offener Prozeß m ⟨Gasturbine⟩
c. à quatre temps Viertaktlauf m, Viertaktverfahren n
c. de Rankine Rankinescher Kreisprozeß m
c. de régénération Brutzyklus m
c. de travail Arbeitszyklus m, Arbeitsablauf m
c. d'usinage Verarbeitungszyklus m, Bearbeitungsfolge f
c. volcanique vulkanischer Zyklus m

cycles *mpl* **par seconde** Schwingungen *fpl* pro Sekunde, Hertz *n*, Hz
cyclique zyklisch; zyklisiert
cyclisation *f* Zyklisierung *f*
cycliser zyklisieren
cyclogramme *m* Zyklogramm *n*
cyclohexadiène *m* Zyklohexadien *n*
cyclohexane *m* Zyklohexan *n*
cyclohexanol *m* Zyklohexanol *n*
cyclohexanone *f* Zyklohexanon *n*
cyclohexène *m* Zyklohexen *n*
cyclohexénone *m* Zyklohexenon *n*
cyclohexylamine *f* Zyklohexylamin *n*
cycloïdal zykloid
cycloïde *f* Zykloide *f*
cyclométrie *f* Zyklometrie *f*
cyclométrique zyklometrisch
cyclomoteur *m* Moped *n*
cyclonage *m* Aufbereitung *f* im Zyklon
cyclone *m* 1. Zyklon *m* (Meteorologie); 2. ⟨Ch⟩ Fliehkraftentstauber *m*, Fliehkraftabscheider *m*, Zyklonabscheider *m*, Zyklon *m*
   c. laveur Waschzyklon *m*, Sortierzyklon *m* ⟨Aufbereitung⟩
   c. à ondulations Wellenzyklon *m* ⟨Meteorologie⟩
   c. séparateur Sortierzyklon *m*
cycloner im Zyklon trennen
cyclopéen ⟨Bw⟩ zyklopisch
cyclopentane *m* Zyklopentan *n*
cyclopropane *m* Zyklopropan *n*
cyclotron *m* Zyklotron *n*
   c. à modulation de fréquence Synchrozyklotron *n*
cylindrage *m* 1. ⟨Bw⟩ Walzen *n*, Festwalzen *n*, Plattwalzen *n*; Einebnen *n*; 2. ⟨Text⟩ Mangeln *n*
cylindre *m* 1. Zylinder *m*; 2. Walze *f*, Rolle *f*; 3. Straßenwalze *f*; 4. Gehäuse *n* ⟨Turbine⟩
   c. à aiguilles ⟨Text⟩ Nadelzylinder *m*
   c. à air comprimé Druckluftzylinder *m*
   c. alimentaire ⟨Text⟩ Einzugswalze *f*, Speisewalze *f*
   c. alimentaire à pointes ⟨Text⟩ Stachelwalze *f*
   c. alimenteur *s.* c. alimentaire
   c. d'appui ⟨Met⟩ Stützwalze *f*
   c. automatique pour la coupe au format du carton Formatwalze *f*
   c. de blooming ⟨Met⟩ Blockwalze *f*
   c. broyeur Brechwalze *f*, Mahlwalze *f*, Quetschwalze *f*
   c. calibré ⟨Met⟩ Kaliberwalze *f*
   c. à calibrer Kalibrierwaage *f*; Kalibrierwalze *f*
   c. cannelé ⟨Text⟩ Riffelwalze *f*
   c. condenseur ⟨Text⟩ Preßwalze *f*
   c. creux Hohlwalze *f*
   c. croisé Kreuzzylinder *m*
   c. dégrossisseur ⟨Met⟩ Vorwalze *f*
   c. dérouleur ⟨Text⟩ Wickelwalze *f*, Abwickelwalze *f*, Abziehwalze *f*
   c. détacheur ⟨Text⟩ Abzugswalze *f*, Ablieferwalze *f*, Abnehmerwalze *f*
   c. doseur Abstreifwalze *f*
   c. droit ⟨Math⟩ gerader Zylinder *m*
   c. ébaucheur ⟨Met⟩ Vorwalze *f*
   c. égaliseur Meßwalze *f*, Abstreichwalze *f*
   c. de l'encrier ⟨Typ⟩ Duktor *m*, Farbduktor *m*, Farbkastenwalze *f*
   c. enrouleur Seiltrommel *f*, Fördertrommel *f*
   c. étireur ⟨Text⟩ Verzugswalze *f*, Verzugszylinder *m*
   c. finisseur ⟨Met⟩ Feinwalze *f*
   c. en fonte coulée en coquille, c. en fonte trempée ⟨Met⟩ Hartgußwalze *f*
   c. à frein Bremszylinder *m*
   c. à froid ⟨Met⟩ Kaltwalze *f*
   c. gradué Meßzylinder *m*
   c. pour haute pression Hochdruckzylinder *m*
   c. hydraulique Hydraulikzylinder *m*
   c. d'impression Druckzylinder *m*, Druckwalze *f*
   c. inférieur ⟨Met⟩ Unterwalze *f*
   c. d'injection ⟨Ch⟩ Füllzylinder *m*
   c. à lames Mahlwalze *f*
   c. laveur Waschwalze *f*
   c. de locomotive Lokomotivzylinder *m*
   c. de la machine d'apprêtage Appreturwalze *f*
   c. Maddox Maddox-Zylinder *m*
   c. médian ⟨Met⟩ Mittelwalze *f*
   c. à moteur Motorwalze *f*
   c. oblique ⟨Math⟩ schiefer Zylinder *m*
   c. porte-plaque ⟨Typ⟩ Plattenzylinder *m*
   c. de pression Arbeitszylinder *m*, Druckzylinder *m*; ⟨Text⟩ Preßwalze *f*
   c. en quartz Quarzzylinder *m*
   c. récepteur 1. Abzugswalze *f*; 2. ⟨Kfz⟩ Bremszylinder *m*, Radbremszylinder *m*
   c. réchauffeur ⟨Met⟩ Vorwärmwalze *f*
   c. de route(s) Straßenwalze *f*
   c. splitté ⟨Büro⟩ geteilte Walze *f*
   c. supérieur ⟨Met⟩ Oberwalze *f*
   c. de travail Arbeitswalze *f*
   c. à vapeur Dampfzylinder *m*
   c. à vide ⟨Met⟩ Blindwalze *f*
   c. de Wehnelt ⟨El⟩ Wehnelt-Zylinder *m*

cylindrée

cylindrée f Hubraum m, Hubvolumen n, Zylinderinhalt m
  c. totale Gesamthubraum m
  c. unitaire Hubraum m ⟨eines Zylinders⟩
cylindrer [aus]walzen, plattwalzen, einebnen
cylindres mpl:
  c. en étoile ⟨Flg⟩ Zylinder mpl in Sternform
  c. en ligne ⟨Kfz⟩ Zylinder mpl in Reihe
  c. à séchoir ⟨Typ⟩ Trockenpartie f
  c. en V ⟨Kfz⟩ Zylinder mpl in V-Form
cylindricité f Zylindrizität f
cylindrique zylindrisch, Zylinder-
cymomètre m s. ondemètre
cymoscope m Zymoskop n
cytochrome m Zytochrom n, Zellfarbstoff m

D

dactylographie f Maschine[n]schreiben n
dactylographier maschine[n]schreiben
dai[s]ne m ⟨Brg⟩ Sohle f
dallage m 1. Plattenlegen n, Fliesenlegen n; Pflasterung f ⟨mit Platten, Fliesen⟩; 2. Plattenbelag m, Fliesenbelag m; Plattenfußboden m, Pflaster n
dalle f Fliese f; Platte f; Steinplatte f; Tafel f
  d. armée Stahlbetonplatte f, bewehrte Platte f
  d. armée en amiante-ciment bewehrte Asbestzementplatte f
  d. en béton armé s. d. armée
  d. biaise schiefe Platte f
  d. biaise continue durchlaufende schiefe Platte f
  d. en chlorure polyvinyle Polyvinylchloridplatte f
  d. de ciment Zementplatte f
  d. cintrée gewölbte Platte f
  d. circulaire Kreisplatte f, kreisförmige Platte f
  d. continue durchlaufende Platte f, Durchlaufplatte f
  d. à deux travées Zweifeldplatte f
  d. encastrée eingespannte Platte f
  d. fendue Spaltplatte f
  d. en grès Steinzeugplatte f; Sandsteinplatte f
  d. sans nervure rippenlose Platte f
  d. en pierre naturelle Natursteinplatte f
  d. pilonnante Stampfplatte f

  d. de plancher Fußbodenplatte f; Deckenplatte f
  d. pleine Vollplatte f
  d. de répartition Verteilerplatte f, Ankerplatte f
  d. de revêtement Verkleidungsplatte f
  d. rigide steife Platte f
  d. routière Straßen[bau]platte f
  d. de toiture Dachplatte f
  d. translucide lichtdurchlässige (durchscheinende) Platte f
  d. de trottoir Bürgersteigplatte f
  d. de verre Glasbaustein m, Glasplatte f
daller pflastern, mit Platten (Steinplatten, Fliesen) belegen
dalot m Speigatt n
  d. intérieur Innenspeigatt n
  d. de pont Deckspeigatt n
damage m Einstampfen n, Festrammen n
damas m 1. Damast m; 2. Damaszener Stahl m
dame f Stampfer m; Ramme f; ⟨Schiff⟩ Rundsel f
  d. à béton Betonstampfer m
  d. vibrante Rüttelstampfgerät n, Rüttelstampfer m
damer [ein]stampfen, feststampfen, [ein]rammen
damier m Schachbrettmuster n
damper m Schwingungsdämpfer m ⟨einer Kurbelwelle⟩
danger m:
  d. de congélation Einfriergefahr f
  d. d'électrocution Berührungsgefahr f
  d. de mort Lebensgefahr f
dangereux gefährlich
danse f ⟨unzulässiges Schwingen der Schiene bei schlecht gestopften Schwellen⟩
darce f ⟨Teilabschnitt eines Hafenbeckens, z. B. in Toulon⟩
darcy m ⟨im Deutschen nicht gebräuchliche Einheit der Permeabilität, in der Petrografie⟩
dartre f ⟨Met⟩ Schorf m
dash-pot m Bremszylinder m, [hydraulischer] Stoßdämpfer m
datage m Datierung f; Altersbestimmung f
  d. radio-actif radioaktive Altersbestimmung f
datalogger m Datalogger m, Datenregistriereinrichtung f, Meßwerterfassungsanlage f, Meßwertregistriereinrichtung f
datation f Datierung f, Altersbestimmung f ⟨s. a. datage⟩

dateur m Datumstempel m
davier m 1. Kabelrolle f ⟨z. B. auf Kabellegern⟩ ; 2. Zahnzange f
dé m 1. Auflagerstein m; Postament n, Sockel m; 2. Würfel m; 3. Klammer-(vorrichtung) f; Stift m; 4. Duant m; Dee n ⟨Zyklotron⟩
   d. en béton Betonwürfel m, Betonsockel m
deadweight m (all told) Deadweight n (all told), Tragfähigkeit f
débâcle f des glaces Eisgang m
déballastage m Lenzen n von Ballast
débardage m 1. Entladen n, Löschen n; 2. Rundholztransport m, Holzbringung f
débarder 1. entladen, löschen; 2. abwracken
débardeur m Ablader m; Schauermann m
débarquement m 1. Abmusterung f ⟨Mannschaft⟩; 2. Anlanden n ⟨z. B. Fisch⟩; 3. Ausbooten n, Ausschiffen n ⟨z. B. Fahrgäste⟩; 4. Löschen n ⟨von Ladung⟩
débarquer 1. abmustern ⟨Mannschaft⟩; 2. anlanden ⟨z. B. Fisch⟩; 3. ausbooten, ausschiffen ⟨z. B. Fahrgäste⟩; 4. entladen, löschen ⟨Ladung⟩
débenzolage m Entbenzolung f
débenzoler entbenzolen
débit m Durchflußmenge f, Durchfluß m je Zeiteinheit; Leistung f; Liefermenge f, Lieferung f; Förderleistung f ⟨einer Pumpe⟩; Fördermenge f; Abflußmenge f ⟨von Wasser⟩; Ergiebigkeit f ⟨einer Quelle⟩
   d. d'air Wettermenge f
   d. capacitif Ladeleistung f
   d. de crue Hochwassermenge f
   d. de dose Dosisleistung f
   d. de dose absorbée Energiedosisleistung f
   d. horaire Stundenleistung f
   d. des informations Informationsfluß m
   d. initial Anfangsleistung f
   d. momentané Durchfluß m je Zeiteinheit
   d. moyen disponible mittlere verfügbare Leistung f
   d. de pompage Saugleistung f
   d. de (la) route Durchlaßfähigkeit f der Straße
   d. de vapeur Dampfleistung f
   d. de vent Windmenge f
   d. du ventilateur Förderleistung f eines Gebläses
   d. volumétrique volumetrische Abtragleistung f

débitage m Abgabe f; Ausstoß m; Lieferung f
   d. des ardoises Transversalschieferigkeit f
débiter abgeben, ausstoßen; leisten; liefern ⟨Pumpe⟩
débiteur m Filmschaltrolle f
   d. denté Zackenrolle f, Zahntrommel f
   d. inférieur Nachwickelrolle f
   d. supérieur Vorwickelrolle f
débitmètre m Mengenmesser m, Durchflußmesser m, Strömungsmesser m
   d. d'air Luftströmungsmesser m
   d. à bulles de gaz Gasblasenströmungsmesser m
   d. de combustible Kraftstoffdurchflußmesser m
   d. de dose ⟨Kern⟩ Dosisleistungsmesser m
   d. d'exposition ⟨Kern⟩ Exposureleistungsmesser m
   d. à induction Induktionsströmungsmesser m
débitter losmachen, loswerfen; vom Poller nehmen ⟨z. B. Leine⟩
déblai m 1. Abtragen n, Freilegen n, Wegschaffen n, Wegräumen n; 2. Aushub m, Erdaushub m, Abraummasse f; Schutt m
déblaiement m Abtragen n; Aufräumungsarbeit f; Schuttentfernung f; Wegräumen n, Freilegen n
deblais mpl 1. Baggergut n; 2. Haufwerk n; 3. Bohrklein n
déblayage m s. déblaiement
déblayer abräumen, wegräumen, aufwältigen ⟨eine Strecke⟩
déblocage m, déblocquement m 1. Lösen n ⟨z. B. einer Bremse⟩; 2. ⟨Eb⟩ Streckenfreigabe f
   d. à moteur Motorbremslüfter m
débloquer 1. lösen ⟨z. B. eine Bremse⟩; 2. ⟨Eb⟩ eine Strecke freigeben
débobinage m Abwickeln n, Abspulen n
débobiner abwickeln, abspulen
débobineuse f Abwickelhaspel f, Abspulhaspel f
déboisage m ⟨Brg⟩ Rauben n ⟨der Zimmerung⟩
déboisement m Abholzung f
déboiser 1. abholzen; 2. ⟨Brg⟩ rauben
déboiseuse f Rodepflug m, Wurzelzieher m
débordement m Überlauf m; ⟨Geol⟩ Überspülung f
déborder 1. abhalten ⟨von⟩, frei halten ⟨von⟩; abstoßen ⟨z. B. Boot⟩; 2. zurichten ⟨Leder⟩; 3. abfasen

débosseler

débosseler ausbeulen
débouché m 1. Ausgang m; Einmündung f; 2. Öffnung f; Endpunkt m
   d. du tunnel Tunnelmundloch n
déboucher 1. freies Wasser gewinnen ⟨bei Verlassen eines beschränkten Fahrwassers⟩; 2. eine Verstopfung beseitigen
débouillage m s. débouillissage
débouillir abkochen
   d. sous pression ⟨Text⟩ beuchen, unter Druck kochen
débouillissage m Abkochen n
   d. sous pression ⟨Text⟩ Beuchen n, Kochen n unter Druck
déboulonnage m, **déboulonnement** m Demontage f einer Bolzenverbindung, Losschrauben n
déboulonner eine Bolzenverbindung demontieren, losschrauben
débourbage m Entschlämmen n
débourber entschlämmen
débourrage m Ausstoß m ⟨der Karde⟩
débourreur m Wendewalze f, Wender m ⟨einer Karde⟩
débourrure f ⟨Text⟩ Ausputz m, Kämmling m; Hede f
débranchement m **des trains** Zugauflösung f
débrancher 1. auflösen ⟨Züge⟩; 2. ⟨El⟩ abklemmen ⟨s. a. déconnecter⟩
débrayage m 1. Auskuppeln n; Entkuppeln n, Ausschalten n, Ausrücken n, Auslösen n; 2. Ausrückkupplung f, Ausrückvorrichtung f, Auslösevorrichtung f
   d. du limiteur d'admission Ladedruckreglerübersteuerung f
débrayer auskuppeln; entkuppeln, ausrücken, auslösen
débrayeur m s. débrayage 2.
débridage m Entspannen n
débris mpl Haufwerk n; Trümmer pl; Schutt m; Schrott m
   d. fins Feinschutt m
   d. de fonte Gußschrott m
   d. de forage Bohrgut n, Bohrmehl n, Bohrschmant m
   d. grossiers Grobschutt m
débromage m Entbromung f, Bromabspaltung f
débromer entbromen
débroussailleuse f Buschhackmaschine f
débusquage m s. débardage
début m:
   d. de la prise Abbindebeginn m, Beginn m des Abbindens
   d. de la solidification Erstarrungsbeginn m

débye m Debye n ⟨Einheit des Dipolmomentes von Molekülen⟩
décade f Dekade f
   d. de comptage Zähldekade f
   d. de division Untersetzerdekade f
   d. à présélection Vorwahldekade f
décadique dekadisch
décadrage m Rauben n ⟨des Streckenausbaus⟩
décadrer ⟨Brg⟩ rauben
décaèdre m Dekaeder n
décagone m 1. ⟨Math⟩ Zehneck n; 2. ⟨Text⟩ Zehnzack m ⟨Faserprofil⟩
   d. profilé creux Hochprofilzehnzack m ⟨Faser⟩
décahydrate m Dekahydrat n
décahydronaphtalène m Deka[hydro]naphtha[lin n
décalable verschiebbar
décalage m 1. Entfernen ⟨Lösen⟩ n von Keilen; 2. Verschiebung f; Verstellung f; 3. Blattfehleinstellung f ⟨Luftschraube⟩; 4. Staffelung f
   d. arithmétique arithmetische Verschiebung f
   d. des balais Bürstenverstellung f
   d. brusque de phase Phasensprung m
   d. cyclique zyklische Verschiebung f
   d. de lignes Zeilenverschiebung f
   d. logique logische Verschiebung f
   d. du neutre Sternpunktsverlagerung f
   d. numérique Stellenwertverschiebung f
   d. de phase Phasenverschiebung f
   d. d'une raie spectrale Spektrallinienverschiebung f
   d. vers le rouge Rotverschiebung f
   d. de la virgule Kommaverschiebung f
décalaminage m Entzundern n
   d. hydraulique hydraulisches Entzundern n
décalaminer entzundern, entsintern
décalcification f Entkalkung f; Kalkverlust m
décalcifier entkalken
décalé abgesetzt ⟨Scheibe, Welle⟩; versetzt angeordnet
décaler einen Keil lösen; verstellen; verschieben; staffeln, versetzt anordnen
décalquage m Pausen n
décalque m Pause f
décalquer kalkieren, pausen
décantage m, **décantation** f 1. Klären n; Abklären n, Dekantieren n; Absetzen n; 2. Ablagern n; 3. Entschlammen n

décanter abgießen, dekantieren, (ab)klären; entschlammen
décanteur m 1. Absetzanlage f, Kläranlage f ⟨Sanitärtechnik⟩; 2. ⟨Ch⟩ Abscheider m; Abklärgefäß n
décapage m 1. Abwaschen n; Überschlämmen n; 2. Wegätzen n; 3. Beizen n, Abbeizen n; Dekapieren n; 4. Entzundern n; Entrosten n; Abstrahlen n; Putzen n
   d. à l'acide azotique Beizen n mit Salpetersäure
   d. à l'acide sulfurique Beizen n mit Schwefelsäure
   d. alcalin Alkalibeizung f
   d. au bain de sel Salzbadbeizen n
   d. chimique (chemisches) Beizen n
   d. électrolytique elektrolytisches Beizen n
   d. à façon Formbeizen n
   d. ionique Ionenätzung f
   d. mécanique mechanisches Entzundern n, Abstrahlen n, Putzen n
   d. passivé Passivierung f
   d. au sable Sandstrahlen n
décapant m 1. Beizmittel n, Beize f; 2. Flußmittel n, Lötwasser n, Lötpaste f
décapeler losmachen, loswerfen; vom Poller nehmen ⟨z. B. Leine⟩
décapement m s. décapage 1.
décaper 1. wegätzen; 2. (ab)beizen, dekapieren; 3. entzundern; entrosten; putzen
   d. au sable sandstrahlen
décapeuse f Schrapper m, Schürfbagger m
décapod m Dampflokomotive f ⟨mit der Bezeichnung 1E⟩
décapotable m Klappverdeck n, Faltverdeck n
décarboxylation f Dekarboxylierung f
décarburant m Entkohlungsmittel n
décarburation f Entkohlung f, Kohlenstoffentziehung f
   d. superficielle Randentkohlung f
décarburer entkohlen
décarottage m Kernziehen n
décastyle m Gebäude n mit zehn Fassadensäulen
décatir dekatieren, bügelecht machen
décatissage m Dekatieren n; Dekatur f
   d. au mouillé Naßdekatur f
   d. à sec Trockendekatur f
décatisseuse f Dekatiermaschine f
   d. finish Finishdekatiermaschine f
décatron m Dekatron n
decca m Decca-Navigationssystem n
décèlement m Nachweis m

déceler nachweisen
décélération f Verzögerung f
   d. de freinage Bremsverzögerung f
décélérer verzögern
décéléromètre m Verzögerungsmesser m, Bremsverzögerungsmesser m
déceleur m **de tension** Spannungsprüfer m
décendrer entaschen
décentrage m, **décentrement** m Dezentrierung f
décentrer dezentrieren
décharge f 1. Ausladen n; Abladen n, Entladen n, Entlasten n; Entlastung f; 2. Abladestelle f, Depot n, Lager n; 3. ⟨El⟩ Entladen n; Entladung f; 4. Abfluß m
   d. en aigrette Büschelentladung f
   d. d'amorçage Zündentladung f
   d. apériodique aperiodische Entladung f
   d. en arc Bogenentladung f, Lichtbogenentladung f
   d. atmosphérique atmosphärische Entladung f
   d. auto-entretenue, d. autonome selbständige Entladung f
   d. à basse pression Niederdruckentladung f
   d. de batterie Batterieentladung f
   d. brusque plötzliche Entlastung f
   d. corona Koronaentladung f
   d. disruptive ⟨El⟩ Durchschlagen n; Durchschlag m; Funkenentladung f; Überschlag m
   d. due aux modifications par la chaleur Wärmedurchschlag m
   d. en effluve(s) Koronaentladung f
   d. par étincelles, d. de fuite Funkenentladung f; Funkenüberschlag m
   d. de gaz Gasentladung f
   d. grimpante Kriechentladung f
   d. à haute pression Hochdruckentladung f
   d. incandescente (à lueur, luminescente) Glimmentladung f
   d. non spontanée unselbständige Entladung f
   d. obscure Dunkelentladung f
   d. orageuse Gewitterentladung f
   d. partielle Teilentladung f
   d. permanente Dauerentladung f
   d. par pointe Spitzenentladung f
   d. rampante Gleitentladung f
   d. rapide Schnellentladung f
   d. secondaire Nachentladung f
   d. semi-autonome unselbständige Entladung f

décharge

    d. sombre Dunkelentladung f
    d. spontanée Selbstentladung f
    d. superficielle (de surface) Oberflächenentladung f
    d. de Townsend Townsend-Entladung f, Dunkelentladung f
déchargement m 1. Ausladen n, Abladen n, Entladen n; Löschen n; 2. Entlastung f
    d. en péniche Löschen n in Lastkähne; Löschen zur Wasserseite ⟨des Schiffes⟩
    d. à terre Löschen n zur Landseite ⟨des Schiffes⟩
    d. en vrac Ausschütten n
décharger 1. ausladen, abladen, entladen; löschen; 2. entlasten; 3. ⟨El⟩ entladen; ableiten
    d. du lest Ballast lenzen
déchargeur m 1. Entlader m, Lader m; Ladekran m; 2. ⟨El⟩ Ableiter m
    d. à griffe Greiferaufzug m
déchaumage m Schälen n
déchaumeuse f à disques Scheibenschälpflug m
déchaussement m Auswaschen n des Fundamentes; Bloßlegen (Freilegen) n der Gründungen
déchet m Abfall m; Schnitzel n
déchets mpl Abfälle mpl; Müll m; Abhub m; Schrott m
    d. de bois Holzabfälle mpl
    d. de charbon Abfallkohle f
    d. de lavage ⟨Brg⟩ Waschberge pl
    d. métalliques Metallabfälle mpl
    d. de papier Papierabfall m
    d. de plomb Bleiabfälle mpl
    d. radio-actifs radioaktiver Abfall m
    d. de scierie Sägewerksabfälle mpl
    d. de tôle Blechschrott m
déchiffrement m Dechiffrieren n; Dechiffrierung f
déchiffrer dechiffrieren
déchiqueter zerspanen
déchiqueteuse f Zerspanungsmaschine f, Zerspaner m
déchiqueture f Span m; Riß m ⟨im Stoff⟩
déchirement m Reißen n, Zerreißen n
déchirer [zer]reißen, abreißen
déchirure f Riß m
déchlorage m Entchlorung f, Chlorabspaltung f
déchlorer entchloren
décibel m Dezibel n, dB ⟨Kennwort für die Schallpegeldifferenz⟩
décibelmètre m Pegelmesser m
décimal dezimal
décimale f Dezimalstelle f; Dezimalziffer f

décinormal ⟨Ch⟩ zehntelnormal
décintrage m, décintrement m Ausrüsten n, Absenken n der Bogenrüstung, Entfernen n des Lehrgerüstes
décintrer ausrüsten, das Lehrgerüst entfernen
décision f ⟨Dat⟩ Entscheidung f
    d. finale abschließende Entscheidung f
    d. logique logische Entscheidung f
deck m Deck n
déclarateur m Vereinbarungssymbol n
déclaration f Vereinbarung f
    d. de procédure Prozedurvereinbarung f
déclaveter loskeilen
déclenchement m Ausrücken n, Auslösen n, Ausschalten n, Abschalten n
    d. automatique selbsttätige Auslösung f
    d. de balayage Triggern n; Triggerung f
    d. direct Direktauslösung f
    d. à distance Fernauslösung f
    d. électromagnétique instantané elektromagnetische Kurzschlußauslösung f
    d. par impulsion Impulsauslösung f
    d. indirect Wandlerstromauslösung f
    d. instantané Sofortauslösung f, Kurzauslösung f
    d. libre Freiauslösung f
    d. à minimum de courant Unterstromauslösung f
    d. à retard dépendant abhängig verzögerte Auslösung f
    d. à retard indépendant unabhängig verzögerte Auslösung f
    d. à retard limite begrenzt abhängig verzögerte Auslösung f
    d. retardé verzögerte Auslösung f, verzögertes Abschalten n
    d. de sécurité Sicherheitskupplung f, Rutschkupplung f
    d. sélectif selektives Abschalten n
    d. temporisé verzögertes Abschalten n
    d. temporisé à maximum de courant Maximalstromzeitauslösung f
    d. sur tous les pôles allpolige Abschaltung f
déclencher ausrücken, auslösen, ausschalten, abschalten; triggern
déclencheur m Auslöser m, Abzug m
    d. à action différée verzögerter Auslöser m
    d. à action instantanée Schnellauslöser m
    d. automatique Selbstauslöser m
    d. automatique d'éclairage à la tombée du jour Dämmerungsschalter m

d. à bilame Bimetallauslöser m, thermischer Auslöser m
d. sur le boitier Gehäuseauslöser m
d. à câble Drahtauslöser m
d. de chariot Wagenlöser m
d. par courant de défaut Fehlerstromauslöser m
d. par courant de repos Ruhestromauslöser m
d. par courant de travail Arbeitsstromauslöser m
d. de courts-circuits à la terre Erdschlußauslöser m
d. direct Primärauslöser m
d. électromagnétique elektromagnetischer Auslöser m
d. instantané unverzögerter Auslöser m
d. magnétothermique Relais n mit thermischem Überstromsystem und magnetischem Kurzauslösesystem
d. à maximum de courant Maximal-[strom]auslöser m, Überstromauslöser
d. à maximum de tension Überspannungsauslöser m
d. mécanique mechanischer Auslöser m
d. à minimum de tension Spannungsrückgangsauslöser m, Unterspannungsauslöser m
d. à retard dépendant abhängig verzögerter Auslöser m
d. à retard indépendant unabhängig verzögerter Auslöser m
d. à retard limite begrenzt abhängig verzögerter Auslöser m
d. à retardement Zeitauslöser m
d. à retour de courant Rückstromauslöser m
d. à retour de puissance Rückleistungsauslöser m
d. secondaire Sekundärauslöser m
d. de surcharge Überlastauslöser m
d. de tension Spannungsauslöser m
d. à tension nulle Nullspannungsauslöser m
d. thermique thermischer Auslöser m
déclic m Sperrklinke f, Klinke f, Schnepper m; Riegel m; Sperrhaken m
décligrille f Grivation f ⟨Winkel zwischen Nord und mißweisend Nord⟩
déclinaison f [magnétique] Deklination f, Mißweisung f
déclinomètre m Deklinationsnadel f
décliquetage m Auslösen n, Ausklinken n; Auslösung f
décliqueter auslösen, ausklinken
décliqueteur m **marginal** Randlöser m
déclivité f Gefälle n ⟨einer Strecke⟩

déclouer Nägel ausziehen
décochage m ⟨Met⟩ Zerschlagen n der Form
décoction f Abkochung f
décodage m Dekodierung f, Entschlüsselung f
    d. stéréophonique Stereodekodierung f
décoder dekodieren, entschlüsseln
décodeur m ⟨Dat⟩ Dekoder m
    d. binaire-décimal Binär-Dezimal-Dekoder m
    d. décimal-binaire Dezimal-Binär-Dekoder m
    d. stéréophonique Stereodekoder m
décodification f Dekodierung f
décoffrage m Ausschalen n, Entfernen n der Schalung
décoffrer ausschalen
décohésion Entfestigung f
décollage m 1. Ablösung f; Abtrennung f; 2. Start m, Abflug m
    d. PPI PPI-Abflug m ⟨radarüberwachter Abflug⟩
    d. des répliques Ablösung f der Abdrucke; Abtrennung f der Abdrucke
    d. vertical Senkrechtstart m
décollement m Abheben n; Ablösung f
    d. de bancs Ablösung f von Schichten
    d. des couches annuelles Loslösung f der Jahresringe
    d. de l'émulsion Schichtablösung f
    d. en forme d'écailles schalenförmige Ablösung f
décoller 1. abheben, ablösen; sich abheben, sich ablösen; 2. abheben, abfliegen, starten
décolletage m Abstechen n ⟨Drehautomat⟩; Automatenarbeit f
décolleter abstechen ⟨Drehautomat⟩; auf dem Drehautomaten bearbeiten
décolleteuse f **de betteraves** Rübenköpfvorrichtung f, Köpfschippe f
décolleur m ⟨Typ⟩ Bogenauswerfer m
décolorant m Entfärbungsmittel n, Bleichmittel n
décoloration f Entfärbung f, Verfärbung f
décolorer verbleichen, verschießen; entfärben, verfärben; bleichen
décombrement m Enttrümmerung f, Entfernen n des Bauschutts
décombres mpl Abfall m; Schutt m; Trümmer pl; ⟨Brg⟩ Berge pl
décompensation f Dekompensation f
décomposable zerlegbar
décomposer 1. ⟨Math, Ph⟩ zerlegen, zergliedern; 2. ⟨Ch⟩ zersetzen, abbauen; auflösen

décomposer

se d. zerfallen, chemisch verwittern, sich zersetzen
décomposeur m Zersetzer m
décomposition f 1. ⟨Math, Ph⟩ Zerlegung f; Abbau m ⟨von Feldern⟩; 2. ⟨Ch⟩ Zersetzung f; Abbau m; Zerfall m; Verwitterung f; Spaltung f; 3. ⟨Bw⟩ Auseinandernehmen n; Demontage f
   d. de l'air Luftzerlegung f
   d. catalytique katalytische Zersetzung f
   d. chimique chemische Zersetzung f
   d. en classes Klasseneinteilung f
   d. d'écho Echospaltung f
   d. électrolytique elektrolytische Zersetzung f
   d. enzymatique enzymatischer Abbau m
   d. explosive explosiver Zerfall m
   d. d'une force Zerlegung f einer Kraft
   d. par les rayonnements Strahlenzersetzung f, Radiolyse f
   d. spontanée Selbstzersetzung f
   double d. Doppelzersetzung f
décompresseur m Dekompressor m; Dekompressionsvorrichtung f
décompression f Kompressionsverminderung f, Entspannung f ⟨z. B. von Dampf⟩
décomprimer entspannen ⟨z. B. Dampf⟩
déconnecter abschalten, abklemmen ⟨s. a. débrancher⟩
décontamination f 1. ⟨Kern⟩ Dekontamination f, Entseuchung f; 2. Objektentschmutzung f; Kohlenstoffabbau m
décontaminer entseuchen
décor m Ausstattung f; Verzierung f
décoration f Dekoration f; Buchdekoration f ⟨Einband⟩; Oberflächenveredlung f; Dekorieren n der Oberfläche, Farbgebung f, Bedrucken n
décorder aufdrehen ⟨ein Tau⟩
décorer veredeln, dekorieren, färben, bedrucken ⟨eine Oberfläche⟩
décors mpl Dekoration f, Ausstattung f; Aufbauten mpl
décortiquer hecheln ⟨Flachs⟩; entrinden ⟨Baum⟩
décortiqueur m, **décortiqueuse** f Schälmaschine f
découpage m Ausschneiden n, Schneiden n, Ausstanzen n
   d. à l'acétylène Azetylenschneiden n
   d. au chalumeau Brennschneiden n
   d. fin Feinschneiden n
   d. en massifs d'abattage Abbauvortrieb m
découpe f s. coupe

découper (aus)schneiden, ausstanzen
   d. à l'emporte-pièce mit Messerschnitt stanzen
découpeur m **de tête** Köpfmesser n ⟨Fischverarbeitung⟩
découpeuse f **transversale rotative** Rotationsquerschneider m
découpeuse-bobineuse f Rollenschneide- und Wickelmaschine f
découplage m ⟨El⟩ Entkopplung f
découpler ⟨El⟩ entkoppeln; ⟨Masch⟩ auskuppeln, entkuppeln, abkuppeln
découpure f s. découpage
découverte f Tagebau m; Aufschluß m
décrassage m, **décrassement** m Abschlackung f, Entschlackung f
décrasser abschlacken, entschlacken
décrément m:
   d. d'amortissement Dämpfungsdekrement n
   d. logarithmique logarithmisches Dekrement n
décrémètre m Dämpfungsmesser m
décrépir Putz entfernen
décrépissage m Entfernen (Abschlagen, Abkratzen) n des Putzes
décrépitation f ⟨Ch⟩ Dekrepitieren n
décrépiter ⟨Ch⟩ dekrepitieren, bersten, prasseln
décreusage m, **décreusement** m Entschälen n, Abziehen n, Entbasten n, Degummieren n ⟨Seide⟩
décreuser entschälen, abziehen, entbasten, degummieren ⟨Seide⟩
décrochage m 1. ⟨Masch⟩ Abkuppeln n; 2. ⟨El⟩ Außertrittfallen n, Kippen n; 3. ⟨Flg⟩ Überziehen n
décrochement m ⟨Geol⟩ Verwerfung f
décroche-pneus m Wulstlösehebel m
décrocher 1. ⟨Masch⟩ abkuppeln; 2. abnehmen ⟨Hörer⟩; 3. ⟨Flg⟩ überziehen
   se d. ⟨El⟩ außer Tritt fallen; kippen
décrocheur m Kuppler m
décroissance f 1. Abfall(en n) m, Abnehmen m, Abklingen n, Zurückgehen n; 2. Abholzigkeit f
   d. radio-active Aktivitätsabfall m
décroître [ab]fallen, abnehmen, abklingen, zurückgehen
décrotter abkratzen; ⟨Brg⟩ beräumen
décrotteur m Rübenreiniger m
décrussage m s. décreusage
décrusser s. décreuser
décuivrage m Entkupfern n
décuivrer entkupfern
décuple zehnfach
décupler verzehnfachen
décuvage m 1. Ausbau m ⟨z. B. eines

Transformators); 2. Abziehen n ⟨von Wein⟩
décyclisation f ⟨Ch⟩ Ringspaltung f
décycliser ⟨Ch⟩ einen Ring aufspalten
dédoublable zerlegbar, spaltbar
dédoublage m Verschneiden n ⟨z. B. von Alkohol⟩
dédoublement m Spalten n, Zerlegen n
dédoubler 1. spalten, zerlegen; 2. aufkürzen ⟨z. B. Festmacherleinen⟩
déductif deduktiv
déduction f Deduktion f, Ableitung f
dé-électronation f ⟨Ch⟩ Elektronenabgabe f
dé-emphasis m Deemphasis f
défaillance f Betriebsausfall m, Störung f
  d. de tube Röhrenausfall m
défaut m Versagen n, Defekt m; Fehler m; Funktionsstörung f; Materialschaden m; Störung f; **sans défauts** fehlerfrei
  d. du bois Holzfehler m
  d. d'un câble Kabelfehler m
  d. de conception Auslegungsfehler m
  d. de contact Kontaktfehler m
  d. critique kritischer Fehler m
  d. de croissance Wuchsfehler m
  d. dû au recuit Glühfehler m
  d. d'empilement Stapelfehler m
  d. d'équilibrage Abgleichfehler m
  d. de fabrication Herstellungsfehler m
  d. de fonderie Gußfehler m
  d. de Frenkel Frenkel-Defekt m, Frenkel-Fehlordnung f
  d. d'image ⟨Opt⟩ Abbildungsfehler m
  d. d'isolement Isolationsfehler m
  d. de laminage Walzfehler m
  d. de lentille Linsenfehler m
  d. d'une machine ⟨Dat⟩ Maschinenfehler m
  d. de masse Massendefekt m
  d. de masse relatif Packungsanteil m
  d. de mise au point Scharfstellfehler m
  d. de moulage Preßfehler m
  d. résistant à la terre hochohmiger Erdschluß m
  d. de Schottky Schottky-Defekt m, Schottky-Fehlordnung f
  d. de séchage Trocknungsfehler m
  d. superficiel Oberflächenfehler m
  d. technique technischer Fehler m
  d. à la terre Erdschluß m
  d. de la vue Sehfehler m
défectueux fehlerhaft, mangelhaft, schadhaft
défectuosité f Fehlerhaftigkeit f
défense f 1. Schutz m; Verteidigung f; 2. ⟨Schiff⟩ Fender m

  d. aérienne Luftverteidigung f
  d. de berges Böschungsschutz m; Uferbefestigung f
  d. des côtes Küstenschutz m
  d. de rives Uferbefestigung f, Uferschutz m
déferler 1. ausreißen ⟨z. B. eine aufgetuchte Flagge⟩; 2. brechen ⟨Wellen⟩
déferrisation f Enteisenung f
déferriser enteisenen
défibrage m Defibrierung f, Zerfaserung f
défibrer zerfasern
défibreur m Stoffänger m ⟨Papierherstellung⟩
déficit m Defizit n, Fehlbetrag m; Mangel m
  d. neutronique Neutronendefizit n
défilement m 1. Ablaufen n ⟨einer Spule⟩; 2. Abholzigkeit f
définir definieren; bestimmen
définition f 1. Definition f; Bestimmung f; 2. Auflösungsvermögen n; Schärfe f
  d. de l'image Bildauflösung f, Bildschärfe f
  d. en profondeur Tiefenschärfe f
  moyenne d. mittleres Auflösungsvermögen n
déflagration f Verpuffung f
déflagrer verpuffen
déflecteur ablenkend, Ablenk[ungs]-
déflecteur m 1. ⟨Kern⟩ Deflektor m, Ablenkvorrichtung f; 2. ⟨Masch⟩ Ablenkplatte f, Prallwand f; ⟨Kfz⟩ Kolbennase f
  d. électrostatique elektrostatisches Ablenksystem n
  d. d'huile ⟨Kfz⟩ Ölabweiser m
  d. de jet 1. Strahlablenker m ⟨Wasserturbine⟩; 2. Schubdeflektor m
déflexion f 1. Ablenkung f; 2. Durchbiegung f, Durchhang m; 3. Ausschlag m ⟨eines Zeigers⟩; 4. ⟨Flg⟩ Abwindwinkel m
  d. de faisceau (rayon) Strahlablenkung f
défloculation f Entflockung f
défocalisation f Defokussierung f
défocalisé defokussiert
défonçage m, **défoncement** m ⟨Brg⟩ Schachtabteufen n
défoncer abteufen
défonceuse f Tiefkulturgerät n; Auflokkerer m; Oberfräse f
déformabilité f Formbarkeit f, Verformbarkeit f
  d. à chaud Warm[ver]formbarkeit f
  d. à froid Kalt[ver]formbarkeit f

déformable

déformable (ver)formbar
déformation f Deformation f, Verformung f, Formänderung f; Verzerrung f
  d. à chaud Warmverformung f
  d. de compression Druckverformung f
  d. due au cisaillement Schubverformung f
  d. élastique elastische Verformung f
  d. en flexion Biegeverformung f
  d. à froid Kaltverformung f
  d. irréversible bleibende Verformung f
  d. longitudinale Längsverformung f
  d. du navire par (en) arc Aufbiegung f [des Schiffes] ⟨Durchbiegung nach oben⟩, Hogging n
  d. du navire par (en) contre-arc Durchbiegung f [des Schiffes] ⟨nach unten⟩, Sagging n
  d. optique Verzeichnung f ⟨z. B. Fernsehbild⟩
  d. permanente (plastique) bleibende (plastische) Verformung f
  d. du reseau Gitterverzerrung f, Gitterdeformation f ⟨Kristallografie⟩
  d. résiduelle Eigendehnung f
  d. sous-crustale subkrustale Verformung f
  d. de traction Zugverformung f
  d. par la trempe Härteverzug m
  d. de la voie Gleisverwerfung f
déformé verzerrt
déformer umformen; verformen; verzerren; verwerfen
défournage m, défournement m Herausnehmen n aus dem Ofen
défourner aus dem Ofen nehmen, einen Ofen ausdrücken
défourneuse f Ausdrückmaschine f
  d. de lingots Blockausziehkran m
défroissabilité f Knittererholungsvermögen n
défroissement m Knittererholung f
dégagement m 1. Entweichen n, Ausströmen n, Freiwerden n; Abgabe f; Abspaltung f; 2. Spanfläche f ⟨Schneidwerkzeug⟩
  d. de chaleur Wärmeabgabe f, Wärmeausstrahlung f, Wärmeentwicklung f
  d. de chariot Wagenauslösung f
  d. de formaldéhyde Formaldehydabspaltung f
  d. de gaz Ausströmung f von Gas; Gasentwicklung f, Gasbildung f
  d. instantané de gaz Gasausbruch m
  d. instantané de grisou Schlagwetterausbruch m
  d. d'oxygène Sauerstoffentwicklung f
  d. du papier Papierauslösung f
  d. de la voie Schienenräumung f
dégager abgeben; abspalten
  se d. entweichen, ausströmen, frei werden
dégasolinage m s. dégazolinage
dégasoliner s. dégazoliner
dégât m minier Bergschaden m
dégâts mpl Schäden mpl
  d. par rayonnements Strahlenschaden m ⟨Veränderung physikalischer und chemischer Eigenschaften durch Einwirkung ionisierender Strahlungen, nicht biologisch⟩
dégauchir abrichten ⟨Holzverarbeitung⟩
dégauchissage m Abrichten n ⟨Holzverarbeitung⟩
dégauchisseuse f Abrichtmaschine f
dégauchisseuse-raboteuse f à tirer d'épaisseur Abrichtdickenhobelmaschine f
dégazage m Entgasen n; Entgasung f; ⟨Brg⟩ Entlüftung f
  d. sous vide Vakuumentgasung f
dégazer entgasen; ⟨Brg⟩ entlüften
dégazolinage m Benzinabscheidung f, Benzinabspaltung f
dégazoliner Benzin abscheiden (abspalten)
dégazonnage m, dégazonnement m Entgasung f
dégazonner entgasen
dégel m Auftauen n
dégeler (ab)tauen
dégénération f Entartung f
dégénéré entartet
dégénérescence f Entartung f
dégermage m Entkeimung f
dégermer entkeimen
dégivrage m Enteisung f
  d. par éthylglycol Alkoholenteisung f ⟨mit Äthylglykol⟩
  d. planeur Flugwerkenteisung f
  d. pneumatique Druckluftenteisung f
dégivrer enteisen
dégivreur m Enteisungsanlage f
  d. des pales d'hélice Luftschraubenenteiser m
  d. pneumatique pneumatische Enteisungsanlage f
  d. thermique thermische Enteisungsanlage f
dégommage m Degummieren n, Entbasten n, Entschälen n, Abziehen n
dégommer degummieren, entbasten, entschälen, abziehen
dégorgeage m, dégorgement m 1. Abfluß m, Entleerung f; Überfließen n; 2.

Abflußrinne f, Ablaufrinne f; 3. Entschlämmen n, Ausschlämmen n, Ausräumen n ⟨von Rohren⟩; 4. Auslaufen n
dégorger 1. entleeren; 2. entschlämmen, ausschlämmen, ausräumen
dégoudronnage m Entteeren n
dégoudronner entteeren
dégoudronneur m Teerabscheider m
dégourdissage m leichte Erwärmung f ⟨eines Treibstoffs⟩
dégoutter abtropfen
dégradation f 1. ⟨Ch⟩ Abbau[reaktion f] m, Degradation f; 2. ⟨Kern⟩ Abnahme f, Verlust m ⟨von Energie⟩; 3. ⟨Text⟩ Farbtonänderung f
   d. thermique thermische Degradation (Plastizierung) f
dégradé m 1. Abstufung f, Abtönung f ⟨von Farben⟩; 2. Abschattierung f (z. B. eines Films)
dégrader zerfallen; abbauen; abstufen
dégraissage m Entfetten n
   d. électrolytique elektrolytisches Entfetten n
   d. aux solvants organiques Entfetten n mit organischen Lösemitteln
dégraissant entfettend; antiplastisch
dégraissant m Entfettungsmittel n
dégraissement m s. dégraissage
dégraisser entfetten
dégraphitage m Graphitentfernung f ⟨Gas⟩
dégras m Degras n, Lederfett n, Lederschmiere f
degré m Grad m; Stufe f
   d. d'absorption Absorptionsgrad m
   d. d'acidité Säuregrad m
   d. d'admission Füllungsgrad m ⟨Kolbenkraftmaschine⟩
   d. d'ajustement Passungsgrad m
   d. alcoolique Alkoholgehalt m
   d. d'allongement Reckgrad m
   d. d'angle ⟨Math⟩ Winkelgrad m
   d. d'association Assoziationsgrad m
   d. d'automatisation Automatisierungsgrad m
   d. Baumé ⟨Ch⟩ Baumé-Grad m
   d. de blanc[heur] Weißgrad m
   d. de brillant Glanzgrad m, Brillanz f, Glanzvermögen n
   d. Celsius (centésimal) Grad m Celsius, °C
   d. de charge Belastungsgrad m
   d. de contraste Härtegrad m
   d. de couplage Kopplungsgrad m
   d. de crémage Aufrahmgrad m
   d. de cuisson Aushärtungsgrad m
   d. de dépoussiérage Entstaubungsgrad m
   d. de déséquilibre Unsymmetriegrad m
   d. de dispersion Dispersionsgrad m, Dispersitätsgrad m
   d. de dissociation Dissoziationsgrad m
   d. de distorsion Verzerrungsgrad m
   d. de durcissement Aushärtungsgrad m
   d. de dureté Härtestufe f
   d. d'écrouissage Kaltverformungsgrad m
   d. d'élasticité Elastizitätsgrad m
   d. d'épaississement , Eindickungsgrad m
   d. d'exposition du pont ⟨Schiff⟩ Decksöffnungsgrad m
   d. Fahrenheit Grad m Fahrenheit, °F
   d. de fragmentation Zerkleinerungsgrad m
   d. de frisure Kräuselungsgrad m
   d. géothermique geothermische Tiefenstufe f
   d. de gonflement Quellwert m
   d. d'humidité Feuchtigkeitsgehalt m, Feuchtegehalt m; Feuchtsatz m ⟨Holz⟩
   d. hygrométrique Feuchtigkeitsgrad m
   d. d'imbibition Einziehungsgrad m
   d. d'irrégularité Ungleichförmigkeitsgrad m
   d. Kelvin Grad m Kelvin, °K
   d. de liberté Freiheitsgrad m
   d. de modulation Modulationsgrad m
   d. de mouture Mahlgrad m
   d. d'ordre à grande distance Fernordnungsgrad m
   d. d'ordre à petite distance Nahordnungsgrad m
   d. d'oxydation Oxydationsstufe f
   d. de pénétrance Durchdringungsgrad m
   d. de perméabilité Transmissionsgrad m
   d. de polymérisation Polymerisationsgrad m
   d. de précision Genauigkeitsgrad m
   d. de pureté Reinheitsgrad m
   d. de qualité Güteklasse f
   d. de recouvrement Überdeckungsgrad m ⟨Zahnrad⟩
   d. de réflexion Reflexionsgrad m
   d. réticulation Vernetzungsgrad m
   d. de saturation Sättigungsgrad m
   d. de sécurité Sicherheitsgrad m
   d. de sensibilité Empfindlichkeitsgrad m
   d. de stabilité Stabilitätsgrad m
   d. de sursaturation Übersättigungskoeffizient m

degré

    d. de symétrie Zähligkeit f
    d. thermique Wärmewert m
    d. de torsion Drehungsgrad m
    d. d'usinage Bearbeitungsgrad m
dégréer ⟨Schiff⟩ abrüsten; abtakeln
dégrillage m Rechenreinigung f ⟨Abwässer⟩
dégrilleur m Rechenreiniger m ⟨Abwässer⟩
dégrossage m Strecken n ⟨von Walzmaterial⟩
dégrosser strecken ⟨Walzmaterial⟩
dégrossir schruppen, grobbearbeiten; vorschmieden, strecken; vorwalzen; vorzerkleinern
    d. à la meule vorschleifen
dégrossissage m, **dégrossissement** m Schruppen n, Grobbearbeiten n; Vorschmieden n, Strecken n ⟨Freiformschmieden⟩; Vorwalzen n; Vorzerkleinern n
    d. à la forge Vorschmieden n
    d. à la meule Grobschliff m; Vorschliff m
dégrossisseur m Vorstraße f ⟨Walzwerk⟩
déhalage m Verholen n
déhaler verholen
déhouillement m Auskohlung f
déhouiller auskohlen
déionisation f Entionisierung f, Deionisierung f
déjettement m Krümmung f; Verziehen n ⟨des Holzes⟩
    d. de la voie Gleisverwerfung f
délai m Frist f; Zeit f
    d. d'attente Wartezeit f
    d. de décharge Entladeverzug m
    d. de livraison Lieferfrist f
    d. de réaction Reaktionszeit f
    d. de séjour sur cale Hellingliegezeit f
délaiement m s. délayage
délavage m Auswaschen n, Verwaschen n
délaver auswaschen, verwaschen
délayage m, **délayement** m Verdünnung f; Schlempe f
délayer auflösen, anrühren; verdünnen
délestage m
    d. automatique automatisches Abwerfen n
    d. brusque Lastabwurf m
délester entlasten
délié m ⟨Typ⟩ Haarlinie f
déligneuse f Besäumkreissäge f
délignification f Delignifizierung f, Entfernung f von Lignin, Entholzung f
délignures fpl Schälabfälle mpl; Säumlinge mpl

délimiter abgrenzen
délimiteur m Begrenzer m
délinéation f Umrißzeichnung f
déliquescence f Zerfließen n
delta m:
    d. fluvial Flußdelta n
    d. lacustre Seedelta n
    d. de marée Gezeitendelta n
    d. saillant vorgeschobenes Delta n
déluge m de lave Lavaflut f
délustrage m Mattieren n, Delüstrieren n
délustrer mattieren, delüstrieren
délutage m Koksausdrücken n
déluter den Koks aus der Kammer drücken
déluteuse f Koksausdrückmaschine f
démaçonner Mauerwerk einreißen (abbauen)
démagnétisation f Entmagnetisierung f
    d. adiabatique adiabatische Entmagnetisierung f
démagnétiser entmagnetisieren
démailler 1. abschäkeln, losschäkeln; 2. aus den Maschen nehmen ⟨Fisch⟩
demande f Anforderung f; Bedarf m; Abrufen n, Aufrufen n ⟨eines Programms⟩; Anmeldung f ⟨eines Gesprächs⟩
    d. de brevet Patentanmeldung f
    d. de communication Gesprächsanmeldung f
    d. d'énergie Energiebedarf m
    d. du tonnage Tonnagebedarf m
demander anfordern; abrufen, aufrufen ⟨ein Programm⟩; anmelden ⟨ein Gespräch⟩
démanganisation f Entmanganen n
démantèlement m Abtragung f
démanteler abtragen
démarieuse f Vereinzelungsmaschine f
démarrage m Anfahren n, Anlaufen n, Anlassen n, Einschalten n; Hochfahren n; Hochlauf m, Anlauf m ⟨von Maschinen⟩; Starten n; Start m
    d. automatique automatischer Anlauf m
    d. par autotransformateur Anlassen n mittels Anlaßtransformators
    d. de bande Bandanlauf m
    d. en charge Anlauf m unter Last
    d. à demi-charge Halblastanlauf m
    d. direct direkte Einschaltung f
    d. étoile-triangle Stern-Dreieck-Anlauf m
    d. à fonctionnement automatique s. d. automatique
    d. à pleine charge Vollastlauf m

d. sous pleine tension Anlassen n bei voller Spannung
d. rapide Schnellstart m ⟨z. B. Bandgerät⟩
d. du réacteur Anfahren n (Start m) des Reaktors
d. rotorique Anlassen n mittels Läuferanlassers
d. de ruban Bandanlauf m
d. série-parallèle Anlassen n mit Reihen-Parallel-Schaltung
d. statorique Anlassen n mittels Ständeranlassers
d. à vide Leerlaufen m
démarrer anlassen, in Gang setzen; anfahren, hochfahren, starten; anlaufen
d. sans à-coups stoßfrei anlaufen
d. en charge unter Last anlaufen
d. à vide leer anlaufen
démarreur m Anlasser m
d. d'aérodrome Bodenanlaßgerät n
d. à air comprimé Druckluftanlasser m
d. automatique automatischer Anlasser m
d. Bendix Bendix-Anlasser m
d. à cartouche Patronenanlasser m
d. à commande électromagnétique ⟨Kfz⟩ elektromagnetischer Anlasser m
d. à commande positive ⟨Kfz⟩ Schubtriebanlasser m
d. à curseur Anlaßregler m, Regelanlasser m
d. direct Netzschalter m für direkte Einschaltung
d. étoile-triangle Stern-Dreieck-Anlasser m
d. à induit coulissant ⟨Kfz⟩ Schubankeranlasser m
d. à inertie Schwungkraftanlasser m
d. liquide Flüssigkeitsanlasser m
d. monophasé Einphasenanlasser m
d. de moteur Motoranlasser m
d. à pignon coulissant ⟨Kfz⟩ Schubtriebanlasser m
d. pneumatique Druckluftanlasser m
d. à résistance liquide Flüssigkeitsanlasser m
d. à résistances Anlasser m mit Widerständen
d. rotorique Läuferanlasser m
d. statorique Ständeranlasser m
d. à tambour Schaltwalzenanlasser m
d. triphasé Drehstromanlasser m
d. à turbine Anlaßgasturbine f
d. type Bendix Bendix-Anlasser m
démarreur-inverseur m Umkehranlasser m
démarreur-régulateur m Regelanlasser m

dématérialisation f Annihilation f, Zerstrahlung f
dématérialiser annihilieren, zerstrahlen
démêler entwirren; entmischen; [auf]lockern
démêleur m:
d. de billettes Knüppelordner m
d. des tiges à caractères Typenhebelentwirrer m
démêleuse f Entwirrer m
démercurage m Entquecksilbern n
demi-... s. a. sémi-...
demi-add[itionn]eur m Halbadd[ier]er m
demi-arbre m ⟨Kfz⟩ Halbachse f
demi-argenté halbdurchlässig verspiegelt
demi-automatique halbautomatisch
demi-basique halbbasisch
demi-brique f Halbstein m
demi-cadratin m Halbgeviert n
demi-cadre m Halbrahmen m
demi-cellule f Halbzelle f
demi-cercle m Halbkreis m
demi-charge f Halblast f
demi-clef f ⟨Schiff⟩ halber Schlag m ⟨Knoten⟩
demi-colonne f Halbsäule f, Wandsäule f
demi-courant m Halbstrom m ⟨Kernspeicher⟩
demi-croupe f Krüppelwalm[dach n] m
demi-droite f ⟨Math⟩ Strahl m
demi-dunette f Quarterdeck n ⟨als Aufbau⟩
demi-dur ⟨Met⟩ halbhart
demi-envergure f halbe Spannweite f
demi-format m Halbformat n
demi-gras halbfett
demi-image f Halbbild n
demi-lune f ⟨Eb⟩ Ausweichgleis n
demi-mat halbmatt
demi-mot m ⟨Dat⟩ Halbwort n
déminéralisation f Entsalzung f
d. complète Vollentsalzung f
déminéraliser entsalzen
demi-onde f Halbwelle f
demi-pâte f Halbzeug n ⟨Papierherstellung⟩
demi-période f Halbperiode f, halbe Periode f
d. radio-active radioaktive Halbwert[s]zeit f
demi-piste f Halbspur f ⟨Magnetband⟩
demi-potentiel m de la cellule oxygène Sauerstoffhalbstufenpotential n
demi-produit m Halbfabrikat n, Zwischenerzeugnis n
demi-reliure f ⟨Typ⟩ Halbfranzband m

demi-roulure f Halbmond m, Ringrißansatz m ⟨Holz⟩
demi-semelle f Halbsohle f
demi-sinusoide f Sinushalbwelle f
demi-ton m ⟨Ph⟩ Halbton m
demi-tonneau m halbe Rolle f ⟨im Kunstflug⟩
    d. déclenché gerissene halbe Rolle f ⟨im Kunstflug⟩
demi-vie f Halbwert[s]zeit f
    d. biologique biologische Halbwert[s]zeit f
    d. effective effektive Halbwert[s]zeit f
démixtion f Entmischung f
démodulateur m Demodulator m
    d. à bande latérale unique Einseitenbanddemodulator m
    d. de fréquence Frequenzdemodulator m
    d. en push-pull Gegentaktdemodulator m
démodulation f Demodulation f
    d. de fréquence Frequenzdemodulation f
démoduler demodulieren
demoiselle f ⟨Bw⟩ Handramme f
démolir abbrechen, abwracken
démolition f Abwracken n, Abbrechen n
démonstration f ⟨Math⟩ Beweis m
démontabilité f Zerlegbarkeit f
démontable zerlegbar, abnehmbar
démontage m Abbau m; Abmontieren n; Demontage f; Zerlegen n, Auseinandernehmen n
démonté seeuntüchtig
démonte-pneu m Montierhebel m, Montiereisen n
démonter abnehmen, wegnehmen, abbauen; abmontieren; demontieren, zerlegen, auseinandernehmen
démontrer ⟨Math⟩ beweisen
démoulage m Entformung f, Herausnehmen n aus der Form; Ausschalen n, Entschalen n
démouler entformen, aus der Form nehmen; ausschalen, entschalen
démouleur m Abstreifer m
démucilagination f Enthalogenierung f
démucilaginer enthalogenieren
démultiplicateur Untersetzungs-, Reduktions-
démultiplicateur m Untersetzungsgetriebe n, Reduktionsgetriebe n; Untersetzer m
    d. binaire binärer Untersetzer m
    d. décimal dekadischer Untersetzer m
    d. d'impulsions Impulszahluntersetzer m

démultiplication f Untersetzung f, Übersetzung f ins Langsame, Reduktion f
    d. de la fréquence Frequenzteilung f
    d. d'impulsions Impulszahluntersetzung f
démultiplier untersetzen
dénaturation f Denaturierung f; Vergällung f
dénaturer denaturieren; vergällen
dendrite f Dendrit m
dendromètre m Baumdickemesser m
déneigement m Schneebeseitigung f
dénicotinisation f Nikotinentzug m
dénicotiniser Nikotin entziehen
denier m Denier n, den ⟨Garnnummer⟩
    d. du brin Elementarfadenfeinheit f
dénitration f Denitrierung f, Entstickung f, Entfernen n des Stickstoffes
dénitrer denitrieren, entsticken, Stickstoff entfernen
dénitrification f Denitrifikation f
déniveler verlagern; senken
dénivellation f, **dénivellement** m Verlagerung f; Horizontalstörung f; Senkung f; Höhenunterschied m
dénombrable abzählbar
dénombrement m ⟨Math⟩ Abzählung f
    d. des traces Spurenzählung f
dénombrer ⟨Math⟩ abzählen
dénominateur m Nenner m; **de même d.** gleichnamig
    d. commun gemeinschaftlicher Nenner m
dense dicht
    optiquement moins d. optisch dünner
    optiquement plus d. optisch dichter
densification f Verdichten n
densifier verdichten
densimètre m Densimeter n, Dichtemesser m; Aräometer n
densimétrie f Densimetrie f, Dichtebestimmung f
densité f 1. ⟨Ph⟩ Dichte f; Dichtezahl f; 2. ⟨Opt⟩ Schwärzung[sdichte] f
    d. absolue s. masse spécifique
    d. d'acide Säuredichte f
    d. angulaire Winkelverteilung f
    d. apparente du ciment Raumgewicht n (Rohdichte f) des Zementes
    d. d'armatures Bewehrungsanteil m, Bewehrungsdichte f
    d. de champ Felddichte f
    d. de charge Ladungsdichte f
    d. de charge d'espace Raumladungsdichte f
    d. de charge de volume Volumenladungsdichte f
    d. de chargement ⟨Met⟩ Fülldichte f

d. de chocs Stoß[zahl]dichte f
d. de la circulation Verkehrsdichte f
d. des communications Gesprächsdichte f
d. de construction Baudichte f, Bebauungsdichte f ⟨Siedlungsplanung⟩
d. de courant Stromdichte f
d. de courant neutronique Neutronenstromdichte f
d. critique kritische Dichte f
d. de déplacement diélectrique dielektrische Verschiebungsdichte f
d. diffuse diffuse Schwärzung f
d. électronique (d'électrons) Elektronendichte f, Elektronenbelegung f
d. d'énergie acoustique Schalldichte f
d. d'enroulement Windungsbelag m
d. du faisceau Strahlstromdichte f
d. de ferraillage Bewehrungsdichte f
d. des fils Fadendichte f
d. du filtre Filterdichte f
d. de flux Flußdichte f
d. de flux électrique elektrische Flußdichte f
d. du flux énergétique Strahlungsflußdichte f
d. de flux lumineux Lichtstromdichte f
d. de flux magnétique magnetische Induktion (Flußdichte) f, Kraftflußdichte f
d. du gaz Gasdichte f
d. des grains, d. granulaire Korndichte f
d. d'information Informationsdichte f
d. ionique Ionendichte f
d. des lignes de force Kraftliniendichte f
d. linéique du courant d'induit Ankerstrombelag m
d. moyenne mittlere Dichte f
d. neutronique (de neutrons) Neutronendichte f
d. nucléaire (nucléonique) Kerndichte f, Dichte f des Atomkerns
d. d'occupation Wohndichte f
d. optique Schwärzung[sdichte] f
d. du poil ⟨Text⟩ Poldichte f, Flordichte f
d. au point d'ébullition Dichte f am Siedepunkt
d. de radiation Strahlungsdichte f
d. relative relative Dichte f
d. réticulaire Besetzungsdichte f der Netzebene
d. spectrale d'énergie spektrale Energieverteilung f, Spektralverteilung f
d. superficielle de charge Flächenladungsdichte f

d. du trafic 1. Belegungsdichte f ⟨z. B. einer Leitung⟩; 2. Verkehrsdichte f, Verkehrsintensität f
d. des trains Zugfolge f
d. de vapeur Dampfdichte f
d. en vrac Schüttdichte f
densitomètre m Dens[it]ometer n, Schwärzungsmesser m
densitométrie f Dens[it]ometrie f, Schwärzungsmessung f
dent f Zahn m ⟨Säge⟩; Schneide f, Zahn m ⟨Fräser⟩; en dents de scie sägezahnförmig
d. d'arrêt Arretierzahn m
d. de carde Kratzenhaken m
d. contournée geschränkter Zahn m
d. crochue Hakenzahn m
d. élastique Federzinken m
d. foulée gestauchter Zahn m
d. de herse Eggenzinken m
d. de loup Wolfszahn m
d. périphérique Umfangszahn m
d. de scie Sägezahn m
d. de scie écrasée gestauchter Sägezahn m
d. de scie à voie geschränkter Sägezahn m
denté verzahnt
dentelle f Spitze f
d. au crochet Häkelspitze f
d. festonnée Festonspitze f, festonierte Spitze f
d. filet Filetspitze f, Netzspitze f
d. à frivolités Schiffchenspitze f
d. au fuseau Klöppelspitze f
d. à la machine Maschinenspitze f
d. à la navette Schiffchenspitze f
d. au point noué Knüpfspitze f
d. Rachel Raschelspitze f
d. tissée Webspitze f
d. de tulle Tüllspitze f
dentelure f 1. Spitzenwerk n; Zacke f; Auszackung f; 2. Zahnung f ⟨des Sägeblatts⟩
dents fpl chanfreinées abgeschrägte Zähne mpl ⟨Zahnräder⟩
denture f 1. Verzahnung f; 2. Zahntrieb m; à d. droite gerade verzahnt; à d. hypoïde hypoidverzahnt; à d. spirale schrägverzahnt
d. en arc de cercle Kreisbogenverzahnung f, Novikov-Wildhaber-Verzahnung f
d. bateau (bombée) Balligverzahnung f
d. à chevrons Pfeilverzahnung f
d. conique Kegelradverzahnung f

denture

  d. **conique courbe** Kegelradbogenverzahnung f
  d. **conique droite** Kegelradgeradverzahnung f
  d. **conique hélicoïdale** Kegelradschrägverzahnung f
  d. **couchée** gestreckte Spitzzahnung f
  d. **courbe** Bogenverzahnung f
  d. **cycloïdale (à cycloïde)** Zykloidenverzahnung f
  d. **cylindrique** Stirnradverzahnung f
  d. **à développante** Evolventenverzahnung f
  d. **droite** 1. Geradverzahnung f; 2. Rechtsdrall m ⟨Fräser⟩
  d. **extérieure** Außenverzahnung f
  d. **en fuseaux** Triebstockverzahnung f
  d. **gauche** Linksdrall m ⟨Fräser⟩
  d. **à gencives** unterbrochene Spitzzahnung f
  d. **hélicoïdale** Schrägverzahnung f
  d. **Hirth** Hirth-Verzahnung f
  d. **hyperbolique** Hyperboloidverzahnung f
  d. **hypoïde** Hypoidverzahnung f
  d. **intérieure** Innenverzahnung f
  d. **perroquet** gestreckter Hakenzahn m
  d. **spirale** Spiralverzahnung f
dentures fpl **à Chardin** Zahnungen fpl (Zahnprofile npl) nach Chardin
dénudation f Abtragung f, Denudation f
dénuder abisolieren
dépannage m 1. Fehlerbeseitigung f; Reparatur f; 2. Fehlerortung f
dépanner reparieren
dépanneuse f Abschleppwagen m
dépanouillage m Entlieschen n ⟨von Mais⟩
dépanouilleur m Entlieschvorrichtung f ⟨für Mais⟩
déparaffinage m Entparaffinierung f
déparaffiner entparaffinieren
déparasitage m Entstörung f ⟨Funk⟩
déparasiter entstören ⟨Funk⟩
déparementer entschlichten; entglätten
départ m:
  d. **de ligne** Leitungsabgang m, Ausspeisung f
  d. **de navire** Schiffsabfahrt f, Schiffsabgang m
  d. **d'oxygène** Sauerstoffabspaltung f
département m Abteilung f ⟨s. a. service⟩
  d. **achats** Abteilung f Einkauf (Materialversorgung) f
  d. **contrôle** Abteilung f Gütekontrolle
  d. **des essais** Versuchsabteilung f
  d. **fabrication** Abteilung f Produktion, Produktionsabteilung f

  d. **méthodes (préparation)** Abteilung f Fertigungsvorbereitung (Technologie, Arbeitsvorbereitung)
  d. **recherches et études** Abteilung f Forschung und Entwicklung
  d. **technique** Abteilung f Technik
  d. **après vente** Abteilung f Kundendienst
  d. **ventes** Abteilung f Absatz, Verkaufsabteilung f
dépassement m 1. Überlaufen n; Überschreitung f; 2. Durchschlag m; 3. Überschwingen n; 4. Zugüberholung f
  d. **de capacité** Kapazitätsüberschreitung f, Überlauf m
  d. **de course** Hubüberschreitung f
  d. **de l'étendue de mesure** Meßbereichsüberschreitung f
  d. **du seuil élaboré** Grenzwertüberschreitung f
dépasser 1. überschreiten; 2. überholen
  d. **l'alignement** über die Flucht hinaustreten
dépendance f Abhängigkeit f
  d. **du courant** Stromabhängigkeit f
  d. **de l'énergie** Energieabhängigkeit f
  d. **de la fréquence** Frequenzabhängigkeit f
  d. **de la température** Temperaturabhängigkeit f
  d. **du temps** Zeitabhängigkeit f
  d. **de la tension** Spannungsabhängigkeit f
dépense f:
  d. **d'eau** Wasserverbrauch m
  d. **d'énergie** Energieverbrauch m
dépenses fpl **de premier établissement** Anlagekosten pl
déphasage m Phasenabweichung f; Phasenverschiebung f; Phasenfehler m; Fehlwinkel m
  d. **nominal** Fehlwinkelgrenze f
déphasé phasenverschoben, außer Phase
  d. **en quadrature, d. de 90°** um 90° phasenverschoben
déphaser die Phase verschieben, außer Phase bringen
déphaseur m Phasenschieber m
déphaseuse f Phasenumkehrröhre f
déphlegmateur m Dephlegmator m, Rücklaufkondensator m
déphosphoration f ⟨Met⟩ Entphosphorung f
déphosphorer ⟨Met⟩ entphosphoren
dépiauter enthäuten ⟨z. B. Fisch⟩
dépilage m Abstapeln n, Entstapeln n
dépilatoire m Enthaarungsmittel n, Haarentfernungsmittel n

dépiler [vom Stapel] abheben
dépistage *m* **d'erreurs** Fehlersuche *f*
déplacement *m* 1. ⟨Math⟩ Verschiebung *f*, Verrückung *f*; 2. ⟨Schiff⟩ Deplacement *n* ⟨Masse, fälschlich auch für Volumenverdrängung gebraucht⟩; 3. ⟨El⟩ Drift *f*; 4. ⟨Masch⟩ Verstellung *f*, Verschiebung *f*; Zustellung *f*
  d. angulaire Verdrehung *f*, Schwenkung *f*, Drehung *f*
  d. de carène Deplacement *n*
  d. de champ Feldverdrängung *f*
  d. de charge Ladungsverschiebung *f*
  d. du chariot ⟨Büro⟩ Wagentransport *m*
  d. diélectrique dielektrische Verschiebung *f*
  d. Doppler Doppler-Verschiebung *f*
  d. électrique dielektrische Verschiebung *f*
  d. d'électrons Elektronenwanderung *f*
  d. d'équilibre Gleichgewichtsverschiebung *f*
  d. des fibres Faserverschiebung *f*
  d. des franges d'interférence Interferenzstreifenverschiebung *f*
  d. de fréquence Frequenzverschiebung *f*
  d. de gravitation Gravitationsverschiebung *f* ⟨von Spektrallinien⟩
  d. gravitationnel vers le rouge Gravitationsrotverschiebung *f*
  d. isotopique Isotopieverschiebung *f* ⟨von Spektrallinien⟩
  d. de Lamb Lamb-Shift *m*, Lambsche Verschiebung *f*
  d. lège Deplacement *n* des leeren (betriebsklaren) Schiffes, Leerschiffsdeplacement *n*
  d. lent Feinbewegung *f*
  d. lent des débris superficiels ⟨Geol⟩ Gekriech *n*
  d. des lignes de force Kraftlinienverschiebung *f*
  d. magnétique magnetische Verschiebung *f*
  d. du périhélie ⟨Astr⟩ Perihelverschiebung *f*
  d. du profil Profilverschiebung *f* ⟨Zahnrad⟩
  d. rapide Eilverstellung *f*; Eilgang *m*, Schnellhub *m*, Schnellzustellung *f*
  d. vers le rouge Rotverschiebung *f*
  d. de termes Termverschiebung *f*
  d. de la tête de mât Mastauslenkung *f*
  d. vers le violet Violettverschiebung *f*
  d. virtuel virtuelle Verrückung *f*

  d. du zéro Nullpunktabweichung *f*, Nullpunktfehler *m*
  d. de la zone neutre Verschiebung *f* der neutralen Zone
déplacer 1. verschieben; versetzen; 2. übergehen ⟨z. B. der Ladung⟩
  d. angulairement verdrehen, schwenken, um einen Punkt drehen
déplaceur *m* Verdränger *m* ⟨z. B. Pumpen und Verdichter⟩
déployeuse *f* Streckapparat *m*
dépolarisant *m* Depolarisator *m*
dépolarisation *f* Depolarisation *f*
dépolariser depolarisieren
dépolir mattieren, mattschleifen
dépolissage *m*, **dépolissement** *m* Mattieren *n*, Mattschleifen *n*
dépolymérisation *f* Depolymerisation *f*
dépolymériser entpolymerisieren
déport *m* 1. Verschieben *n*; 2. Ausheben *n* ⟨z. B. eines Pfluges⟩; 3. ⟨Flg⟩ Achsversetzung *f*
  d. des dentures Profilverschiebung *f* ⟨Zahnrad⟩
  d. de la pale dans le plan d'avancement de l'avion ⟨Flg⟩ Blatt-V-Stellung *f*
  d. dans le plan de rotation ⟨Flg⟩ Blattpfeilung *f*; Blattvorwärtspfeilung *f*; Blattrückwärtspfeilung *f*
  d. de roulette Nachlauf *m*
dépose *f* 1. ⟨Brg⟩ Ausrauben *n*; 2. Ausbauen *n*; Abbau *m* ⟨z. B. eines Maschinenteils⟩
déposer auftragen, überziehen; absetzen
déposition *f* Ablagerung *f*
dépôt *m* 1. Abstellplatz *m*, Lager *n*; Magazin *n*; Sammelstelle *f*; Lagerraum *m*; Depot *n*; 2. Ablagerung *f*; Sediment *n*, Bodensatz *m*; 3. Schicht *f*, Auftragung *f*, Überzug *m*
  d. actif radioaktiver Niederschlag *m*
  d. alluvial alluviale Ablagerung *f*
  d. alluvionnaire Flußablagerung *f*
  d. d'appareils Gerätepark *m*
  d. d'attache Heimatbahnbetriebswerk *n*
  d. des autobus Autobussammelstelle *f*, Autobusdepot *n*
  d. des bagages Gepäckschuppen *m*
  d. calcaire Kalkablagerung *f*
  d. cathodique katodische Abscheidung *f*, Katodenniederschlag *m*
  d. côtier Strandablagerung *f*
  d. deltaïque Deltaablagerung *f*
  d. électrolytique elektrolytische Abscheidung *f*, galvanischer Niederschlag *m*

dépôt

d. par électrophorèse elektrophoretisches Auftragen n
d. éolien äolische Ablagerung f
d. galvanostatique galvanostatische Abscheidung f
d. glaciaire glaziale Ablagerung f, Gletscherablagerung f
d. granuleux grobkörnige Ablagerung f
d. d'immondices 1. Müllsammelraum m, Müllsilo n; 2. Müll- und Schuttabladeplatz m
d. de latex Latexablagerung f
d. littoral Küstenablagerung f
d. de locomotives Lokomotivschuppen m
d. marin Meeresablagerung f
d. néritique Flachseeablagerung f
d. d'ordures Schuttabladeplatz m
d. de paraffine Paraffinablagerung f
d. pélagique Tiefseeablagerung f
d. en phase vapeur Abscheidung f aus der Dampfphase
d. potentiostatique potentiostatische Abscheidung f
d. de protection Schutzschicht f
d. radio-actif (précipité) radioaktiver Niederschlag m
d. des souillures Schmutzablagerung f, Schmutzniederschlag m
d. souterrain Höhlensediment n
d. terrigène terrigene Ablagerung f
d. ultérieur Folgeschicht f
dépôts mpl **stratifiés** geschichtete Ablagerungen fpl
dépouille f hinterdrehte Fläche f; Verjüngung f; Freifläche f ⟨Schneidwerkzeug⟩; konischer Auslauf m; à d. verjüngt
dépouillement m Auswertung f ⟨von Daten⟩
dépouiller 1. ⟨Masch⟩ hinterdrehen; 2. ⟨Dat⟩ auswerten; 3. enthäuten ⟨z. B. Fisch⟩; 4. entlieschen ⟨Mais⟩
dépourvu:
d. de cohésion kohäsionslos
d. de grisou schlagwetterfrei
dépoussiérage m 1. Entstaubung f; 2. Staubabscheidung f; 3. Entstaubungsanlage f
d. électrique elektrische Entstaubung f
dépoussiérer entstauben, Staub abscheiden
dépoussiéreur m Staubabscheider m, Entstauber m, Staubfilter n
d. centrifuge (à cyclone) Zyklon(entstauber) m, Fliehkraftentstauber m
d. à sole tournante Kreiselsichter m

d. par voie humide Naßentstauber m
d. par voie sèche Trockenentstauber m
dépresseur m drückender (passivierender) Zusatz m
dépression f 1. ⟨Ph⟩ Unterdruck m, Depression f; 2. ⟨Geol⟩ Mulde f, Senke f; 3. Tiefdruckgebiet n
d. capillaire Kapillardepression f
d. polaire Polartief n
d. secondaire Tiefdruckausläufer m
d. volcano-tectonique vulkanotektonische Senke f
déprimant m s. dépresseur
dépropanisation f Propanabspaltung f
déprotéination f Deproteinisierung f
déraillement m Entgleisung f
dérailler entgleisen
dérailleur m Kettenschaltung f
dérangé gestört
non d. ungestört
dérangement m Fehler m; Störung f, Versagen n, Funktionsstörung f; Störstelle f
d. de ligne Leitungsstörung f
d. de la télévision Fernsehstörung f
déranger stören
dérapage m Schleudern n ⟨eines Fahrzeugs⟩
déraper schleudern ⟨Fahrzeug⟩
déraser auf gleiche Höhe bringen; das Niveau senken
dératisation f Entrattung f
désésinification f Entharzung f
désésinifier entharzen
dérivation f 1. ⟨Math⟩ Ableitung f; Herleitung f; 2. ⟨El⟩ Abzweig m, Nebenschluß m; 3. Umleitung f ⟨z. B. von Flüssen⟩
d. du courant Stromverzweigung f
d. de guides d'ondes Hohlleiterverzweigung f
dérive f 1. Drift f, Abtrift f, Abweichung f; 2. ⟨Flg⟩ Seitenflosse f; en d. driftend, treibend
d. de fréquence Frequenzdrift f
d. littorale Stranddriftung f
d. à partir du pôle ⟨Geol⟩ Polflucht f
d. en tension Spannungsdrift f; Spannungsabweichung f
d. zéro Nullpunktswanderung f
dérivé m Derivat n
d. halogéné Halogenderivat n
d. nitré Nitroderivat n
d. résineux Harzderivat n
dérivée f ⟨Math⟩ Ableitung f, abgeleitete Funktion f, Differentialquotient m
d. covariante covariante Ableitung f
d. à droite rechtsseitige Ableitung f

d. à gauche linksseitige Ableitung *f*
d. locale lokale Ableitung *f*
d. substantielle substantielle Ableitung *f*
dérivées *fpl* **de stabilité** Stabilitätsderivativa *npl*
dériver 1. driften, treiben; abweichen; 2. ⟨El⟩ abzweigen; 3. ⟨Math⟩ differenzieren
  d. par rapport à x nach x differenzieren
dérivomètre *m* Derivometer *n*, Abtriftmesser *m*; Abtriftschreiber *m*, Derivograf *m*
dérochage *m*, **dérochement** *m* [chemisches] Beizen *n* ⟨meist mit Schwefelsäure⟩
dérocher [chemisch] beizen ⟨meist mit Schwefelsäure⟩
dérompeuse *f* Batschmaschine *f* ⟨Jute⟩; Brechmaschine *f*
dérompoir *m* Hadernschneider *m*
dérompre 1. ⟨Text⟩ brechen ⟨z. B. die Appretur⟩; 2. zerkleinern ⟨Papierherstellung⟩
dérouillement *m* Entrosten *n*; Rostentfernung *f*
dérouiller entrosten
déroulage *m* Abwicklung *f*; Auslegen *n* ⟨von Kabeln⟩
déroulement *m* Abwickeln *n*, Abspulen *n*, Abhaspeln *n*; Ablauf *m*
  d. de l'affinage Frischverlauf *m*
  d. automatique automatischer Ablauf *m*
  d. de la déformation Formänderungsverlauf *m*
  d. d'essai Probedurchlauf *m*
  d. du film Filmlauf *m*
  d. des opérations Arbeitsablauf *m*
  d. d'un programme Programmablauf *m*
dérouler abwickeln; auslegen ⟨Kabel⟩; abspulen, abhaspeln, abrollen
dérouleur *m* Abwickelwalze *f*, Abrollwalze *f*, Abwickelhaspel *f*, Abspulhaspel *f*
  d. de papier Papierabrollvorrichtung *f*
dérouleuse *f* 1. Abwickelhaspel *f*; Abspulhaspel *f*; 2. Schälmaschine *f*
  d. à bois Furnierschälmaschine *f*
dérouloir *m* Haspel *f*
derrick *m* 1. Derrick[kran] *m*, Mastkran *m*; 2. ⟨Schiff⟩ Ladebaum *m*; 3. Bohrturm *m*
désaccentuation *f* Deakzentuierung *f*
désaccomodation *f* Desakkomodation *f* ⟨der Permeabilität⟩

désaccord *m* 1. Dissonanz *f*, Mißklang *m*; 2. Verstimmung *f*
désaccorder verstimmen
désaccouplement *m* Entkuppeln *n*
désaccoupler entkuppeln
désacidification *f* Entsäuerung *f*
désacidifier entsäuern
désactivation *f* Abklingen *n* der Aktivität
désactiver entaktivieren
désadaptation *f* Fehlanpassung *f*
désadapter fehlanpassen
désaération *f* Entlüftung *f* ⟨z. B. von Beton⟩
désaérer entlüften ⟨z. B. Beton⟩
désagrégateur *m* Betonbrecher *m*
désagrégation *f* Entmischung *f*; ⟨Geol⟩ Verwitterung *f*
  d. par l'action de gel et de dégel Frostverwitterung *f*
  d. du béton Entmischung *f* des Betons
  d. de la cathode Katodenzerstäubung *f*
  d. physico-chimique physikalisch-chemische Verwitterung *f*
  d. physique physikalische Verwitterung *f*
désagréger entmischen
  se d. verwittern
désaimantation *f* Entmagnetisierung *f*
  d. thermique thermische Entmagnetisierung *f*
désaimanter entmagnetisieren
désalcoylation *f* Entalkylierung *f*
désalcoyler entalkylieren
désamidonnage *f* s. dégommage
désamination *f* ⟨Ch⟩ Desaminierung *f*
désamorçage *m* 1. Entregung *f* ⟨einer Maschine⟩; 2. Verlöschen *n*, Abreißen *n* ⟨eines Lichtbogens⟩
désamorcer / se 1. sich entregen ⟨Maschine⟩; 2. verlöschen, abreißen ⟨Lichtbogen⟩
désargentage *m*, **désargentation** *f* Entsilberung *f*
désargenter entsilbern
désargenture *f* Entsilberung *f*
désarmement *m* 1. Abrüstung *f* ⟨als technologischer Vorgang⟩; 2. Abrüsten *n*; Abrüstung *f* ⟨z. B. Schiff nach einer Reise⟩; 3. Entblößen *n* ⟨Schiff von der Besatzung⟩
désarmer 1. abrüsten ⟨als technologischer Vorgang⟩; 2. abrüsten ⟨z. B. Schiff nach einer Reise⟩; 3. entblößen ⟨Schiff von der Besatzung⟩
désarséniation *f* Entarsenieren *n*
désasphaltage *m* Entasphaltierung *f*
désasphalter entasphaltieren

désassemblage

désassemblage m, **désassemblement** m Demontage f, Zerlegung f; Auseinandernehmen n
désassembler demontieren, zerlegen, auseinandernehmen
désaxement m Achsenverschiebung f
descellement m Herausnehmen n, Herausreißen n, Entfernen n ⟨von Steinen oder Elementen aus einer Wand⟩; Auseinandernehmen n
descendance f Abstammung f
   d. radio-active radioaktive Zerfallsreihe f
descendant abfallend, Abwärts-; deszendent; senkrecht nach unten verlaufend
descendant m Folgeprodukt n, Tochterprodukt n
descenderie f einfallende Strecke f
descendre 1. abstammen; 2. senken ⟨z. B. einen Kran⟩; 3. ⟨Brg⟩ einfahren; 4. zu Tal fahren, flußabwärts fahren; 5. abtoppen; 6. wegfieren
   d. du bord absteigen ⟨von einem Schiff⟩; von Bord gehen
descenseur m Abwärtsförderer m
descente f 1. Abfall m, Abgang m; 2. Herunterfahren n, Abwärtsfahren n; 3. Senken n ⟨z. B. eines Krans⟩; Abwärtsbewegung f ⟨z. B. des Kolbens⟩; 4. ⟨Brg⟩ Einfahrt f; 5. ⟨Flg⟩ Anflugsinkverfahren n; 6. Niedergang m ⟨z. B. Treppe⟩; 7. Talfahrt f ⟨flußabwärts⟩; 8. Fallrohr n; **à la d.** in der Talfahrt ⟨flußabwärts⟩
   d. de cave Kellerabgang m
   d. de la charge Absinken n der Gicht
   d. de chasse d'eau Spülrohr n
   d. en piqué Sturzflug m
   d. pluviale Regenrohr n
   d. simulée vorgetäuschtes Sinken n ⟨Höhenmessereinstellung⟩
   d. en spirale Gleitspiralanflug m
   d. du tubage Einbau m der Verrohrung
description f de brevet Patentbeschreibung f
déséchouage m, **déséchouement** m 1. Aufschwimmen n; Aufschwimmenlassen n ⟨allgemein Schiff⟩; 2. Zuwasserbringen n ⟨z. B. vom Slip⟩; 3. Ausdocken n
déséchouer 1. aufschwimmen lassen; abbringen, flottmachen; 2. zu Wasser bringen ⟨z. B. vom Slip⟩; 3. ausdocken
déséctriseur m Entelektrisator m
désemparé seeuntüchtig
désémulsifiant m Emulsionsspalter m
désémulsification f Entemulgierung f
désémulsionner entemulgieren

désencollage m ⟨Text⟩ Entschlichten n; Entschlichtung f
désencoller ⟨Text⟩ entschlichten
désencrer Farbe ausziehen
désencroûtement m Kesselsteinentfernung f
désencroûter Kesselstein entfernen
désenrayement m Verminderung f der Bremswirkung
désenrayer die Bremswirkung vermindern
désensibilisateur m Desensibilisator m
désensibilisation f Desensibilisierung f
désensibiliser desensibilisieren
déséquilibre m Ungleichgewicht n, Nichtgleichgewicht n
   d. des courants Stromunsymmetrien fpl
déséquilibré unsymmetrisch
déséquilibrer aus dem Gleichgewicht bringen
désert m:
   d. montagneux Gebirgswüste f
   d. de pierres Geröllwüste f
   d. rocheux Felsenwüste f
   d. de sable Sandwüste f
   d. salé Salzwüste f
désessenciation f Benzinabscheidung f, Benzinabspaltung f
désessencier Benzin abscheiden (abspalten)
désétamage m Entzinnung f
désétamer entzinnen
désexcitation f Entregung f, Aberregung f
   d. rapide Schnellentregung f
désexciter entregen
désherbant unkrautvertilgend
désherbant m Unkrautvertilgungsmittel n
déshuilage m Entölung f
   d. des condensats Kondensatentölung f
déshuiler entölen
déshuileur m Ölabscheid(ebehält)er m, Entöler m
   d. de vapeur Dampfentöler m
déshumidification f Entfeuchtung f
déshumidifier entfeuchten
déshydratant wasserentziehend, entwässernd
déshydratant m Entwässerungsmittel n
déshydratation f Entwässern n; Entwässerung f; Wasserentziehung f; Wasserentzug m
déshydrater entwässern, dehydratisieren, Wasser entziehen
déshydrateur m s. dessiccateur
déshydrogénation f Dehydrierung f
déshydrogéner dehydrieren, Wasserstoff entziehen

désignation f (de pièce) Teilbezeichnung f
désileuse f par dessus Siloobenfräse f
désiliciage m, **désiliciation** f Entkieseln n
désincrustant m Kesselsteinlösemittel n
désinfectant m Desinfektionsmittel n
désinfection f Desinfektion f
désintégrateur m Desintegrator m ⟨zum gleichzeitigen Mahlen und Trockenmischen von Kalk und Sand⟩; Läufermühle f, Kollergang m; Brechmaschine f
désintégration f Zerfall m, Abbau m, Zersetzung f
  d. alpha Alphazerfall m
  d. bêta Betazerfall m
  d. bêta composée dualer Betazerfall m
  d. bêta double doppelter Betazerfall m
  d. à cascade Kaskadenzerfall m
  d. en chaine Kettenumwandlung f; Kettenzerfall m
  d. gamma Gammazerfall m
  d. de mésons Mesonenzerfall m
  d. multiple Mehrfachzerfall m; Verzweigung f
  d. du noyau, d. nucléaire Kernzerfall m
  d. radio-active radioaktiver Zerfall m
désintégrer spalten; zertrümmern
  se d. zerfallen
désintoxication Entgiften n
désionisation f Deionisation f, Entionisierung f
désioniser entionisieren
désodorer desodorieren
désodorisation f Desodorierung f
désorientation f Verkippung f ⟨von Kristallbereichen⟩
désorption f Desorbieren n
désoxydant m Reduktionsmittel n
désoxydation f Desoxydation f, Reduktion f
désoxyder desoxydieren
désoxygénant m s. désoxydant
désoxygénation f s. désoxydation
désoxygéner s. désoxyder
dessablage m Reinigen n mit Sandstrahlgebläse
dessabler 1. entsanden, Sand entfernen; 2. reinigen durch Sandstrahlgebläse, sandstrahlen, putzen
dessableur m Sandfang m
dessableuse f Sandstrahlgebläse n
dessalage m, **dessalaison** f, **dessalement** m Entsalzen n; Entsalzung f
dessaler entsalzen
desséchér austrocknen, darrtrocknen
desserrage m, **desserrement** m Lockerung f, Lösung f

desserrer lockern, lösen; abschrauben
  d. les freins die Bremsen lösen
desserreur m de frein Bremslüfter m
desserte f 1. ⟨Brg⟩ Förderung f; 2. Bedienung f ⟨z. B. einer Linie⟩
  d. en taille Abbauförderung f
desservir bedienen ⟨z. B. eine Linie⟩
dességavé m ⟨Holz⟩ Auslaugung f
desséver ⟨Holz⟩ auslaugen
dessiccant trocknend; austrocknend
dessiccateur m Trockenapparat m
  d. d'air Lufttrockner m, Luftentfeuchter m
  d. à vide Vakuumtrockner m
dessiccatif trocknend; austrocknend
dessiccation f 1. Austrocknen n; Entwässern n; 2. Trocknung f
dessin m Muster n, Dessin n; Zeichnung f, Plan m ⟨s. a. plan⟩
  d. animé Zeichentrickfilm m
  d. d'assemblage Zusammenbauzeichnung f, Zusammenstellungszeichnung f, Montagezeichnung f, Übersichtszeichnung f
  d. d'atelier Werkstattzeichnung f, Arbeitszeichnung f
  d. en détail Detailzeichnung f, Einzelteilzeichnung f
  d. des diaclases ⟨Geol⟩ Kluftmesser m
  d. en éclaté Explosivdarstellung f
  d. à l'encre Tuschezeichnung f
  d. d'ensemble s. d. d'assemblage
  d. d'exécution s. d. d'atelier
  d. imprimé Druckmuster n
  d. linéaire technische Zeichnung f, Darstellung f mittels Linien
  d. perspectif perspektivische Zeichnung f, Zeichnung f in perspektivischer Darstellung
  d. au poinçon ⟨Text⟩ Fangmuster n
  d. technique technische Zeichnung f
  d. de tissu Gewebemuster n
dessinateur m Zeichner m, Entwerfer m; ⟨Masch⟩ Konstrukteur m
  d. du plan photographique Fotoplanzeichner m
  d. en publicité Gebrauchsgrafiker m
dessiner zeichnen; entwerfen
dessous m Unterteil n
  d. d'étampe Untergesenk n
  d. du navire Unterwasserschiff n, Unterwasserteil m des Schiffskörpers
des(s)uintage m Entschweißen n ⟨von Wolle⟩
des(s)uinter entschweißen ⟨Wolle⟩
des(s)uinteuse f Entschweißmaschine f
dessus m Oberkante f, Oberteil n; Sims m
  d. de clavier Tastbrett n

dessus 218

d. de pied Fußdecke f, Fußblatt n ⟨Strumpf⟩
destructeur m de portance Störklappe f
destruction f du grain Kornzerstörung f
désulfitage m, **désulfitation** f Entschwefelung f ⟨der Maische⟩
désulfiter entschwefeln ⟨Maische⟩
désulfurant entschwefelnd
désulfuration f Entschwefelung f
désulfurer entschwefeln
désurchauffe f Zwischenkühlung f
désurchauffer Heißdampf zu gesättigtem Dampf abkühlen
désurchauffeur m Kühler m; Zwischenkühler m ⟨Gasturbine⟩; Vorrichtung f zur Temperaturregelung
  d. à injection Einspritzkühler m
  d. à mélange Mischkühler m
  d. à surface Oberflächenkühler m
détachage m Fleckenbeseitigung f, Fleckenentfernung f, Detachur f
  d. au mouillé Naßdetachur f
  d. à sec Trockendetachur f
détachant m Fleckenentfernungsmittel n
détacher detachieren
détacheur m de films Filmentferner m
détalage m ⟨Eb⟩ zufälliges Entkuppeln n
détalonnage m 1. Hinterdrehen n; Hinterfräsen n; Hinterschleifen n; 2. ⟨Kfz⟩ Entwulsten n
détalonner hinterdrehen; hinterfräsen; hinterschleifen
détartrage m Kesselsteinentfernung f
détartrant m Kesselsteinlösemittel n
détartrer Kesselstein entfernen
détartreur m Kesselsteinentferner m
détecter 1. entdecken; nachweisen; 2. ausmachen; orten; 3. gleichrichten
détecteur m 1. Nachweisgerät n, Anzeigegerät n; 2. Detektor m, Strahlungsmeßgerät n, Strahlungsempfänger m; 3. Hochfrequenzgleichrichter m
  d. par activation Aktivierungsdetektor m
  d. à balayage gazeux Gasdurchflußzähler m
  d. de bruits Hörschallortungsanlage f; Nebelsignaldetektor m
  d. à cellules ionisantes Ionisationsfeuermelder m
  d. par comptage à scintillation s. d. à scintillation
  d. de corde de dos Netzsonde f
  d. à courant gazeux Gasdurchflußzähler m
  d. à cristaux Kristalldetektor m
  d. à diode Diodengleichrichter m
  d. d'éclats Splittersuchgerät n
  d. à étincelles Funkenzähler m
  d. à feuille Aktivierungssonde f
  d. de fuites Leckagenanzeigegerät n, Lecksuchgerät n
  d. de fumées Rauchmelder m
  d. à galène Bleiglanzdetektor m
  d. de gaz Gasspürgerät n
  d. de grille Gittergleichrichter m
  d. de grisou ⟨Brg⟩ Wetterlampe f, Schlagwetteranzeiger m
  d. d'incendie Feuermelder m
  d. aux infrarouges Infrarotdetektor m
  d. à ionisation Ionisationsfeuermelder m
  d. à lampe Röhrendetektor m
  d. de nombres Nummernsucher m
  d. d'ondes (stationnaires) Wellendetektor m
  d. de phase Phasendetektor m
  d. de poisson Fischortungsgerät n
  d. de rapport Verhältnisgleichrichter m
  d. de rayonnement Detektor m, Strahlungsdetektor m, Strahlungsmeßgerät n
  d. Rosenblum Funkenzähler m
  d. à scintillation Szintillationszähler m, Szintillationsdetektor m
  d. semi-conducteur Halbleiterdetektor m
  d. à seuil Schwell[en]detektor m
  d. sonique Horchgerät n
  d. Tcherenkov Čerenkov-Zähler m, Tscherenkow-Zähler m
  d. de tension Spannungsprüfer m
  d. vidéo Videodetektor m
détection f 1. Detektion f; Nachweis m; 2. Ausmachen n; Orten n; Ortung f ⟨s. a. exploration 5., repérage⟩; 3. Gleichrichten n; Gleichrichtung f
  d. par anode Anodengleichrichtung f
  d. par diode Diodengleichrichtung f
  d. des erreurs Fehlererkennung f
  d. de fuite Lecksuche f
  d. grille Gittergleichrichtung f, Audiongleichrichtung f
  d. linéaire lineare Gleichrichtung f
  d. magnétique des criques (fissures) magnetische Rißprüfung f
  d. de neutrons Neutronennachweis m
  d. par la plaque Anodengleichrichtung f
  d. des poissons Fischortung f
  d. quadratique quadratische Gleichrichtung f
  d. de rayonnement Strahlungsnachweis m
  d. aux ultrasons Utraschallortung f

détendeur m Druckminderventil n, Druckreduzierventil n, Rückschlagventil n, Entlastungsventil n
détendre expandieren, entspannen
détente f Expansion f, Entspannung f, Ausdehnung f; Abzug m
 d. **adiabatique** adiabatische Ausdehnung f
 d. **intermédiaire** Zwischenentspannung f
détergence f Waschkraft f
détergent reinigend
détergent m Reinigungsmittel n; Waschmittel n; Reiniger m
 d. **doux** Feinwaschmittel n
déterger reinigen
détérioration f Beschädigen n; Beschädigung f
 d. **du bois** Holzzerstörung f
 d. **des fibres** Faserabbau m
 d. **interne** innerer Werkstoffehler m
détériorer beschädigen
déterminable bestimmbar, feststellbar, meßbar
déterminant m Determinante f
 d. **fonctionnel** Funktionaldeterminante f
détermination f 1. Bestimmung f, Festlegung f; 2. Bezeichnung f; 3. Bestimmtheit f ⟨statische⟩
 d. **de l'âge** Altersbestimmung f
 d. **des caractéristiques** Kennwertermittlung f
 d. **du fer** Eisenbestimmung f
 d. **de masse** Massenbestimmung f
 d. **des minéraux** Bestimmung f der Minerale
 d. **de la pente** Nivellierung f
 d. **des roches** Gesteinsbestimmung f
 d. **de la teneur en cendres** Aschegehaltsbestimmung f
déterminer 1. bestimmen, festlegen; 2. bezeichnen
déterpéné terpenfrei
détersif m Reinigungsmittel n
détersion f Reinigung f, Säuberung f
détonateur m Zünder m
 d. **à retard** Verzögerungszünder m
détonation f Detonation f
détoner detonieren
détourage m Formdrehen n, Drehen n
détouré freistehend
détourer [form]drehen
détournement m Umleitung f
détoxification f Detoxifikation f, Entgiftung f ⟨z. B. von Gas⟩
détrempe f 1. Enthärten n, Weichglühen n; 2. Temperafarbe f, Leimfarbe f

détremper enthärten, weichglühen
détret m Feilkloben m
détritique detritisch, zerstückelt
détritus m ⟨Geol⟩ Detritus m
détroit m Meerenge f, Straße f
deutérique deuterisch
deutérium m Deuterium n, schwerer Wasserstoff m
deutéromorphique deuteromorph
deut[ér]on Deut[er]on n
deuxième f zweiter Gang m
devant voraus ⟨allgemein⟩; nach voraus
 droit d. recht voraus ⟨in Verlängerung der Schiffsachse⟩
devanture f 1. ⟨Brg⟩ Streckenvortrieb m; Vorderseite f ⟨eines Ofens⟩; **à la d.** vor Ort
 d. **du foyer** Feuergeschränk n ⟨Feuerrost⟩
développante f 1. ⟨Math⟩ Evolvente f; 2. ⟨El⟩ Schenkel m ⟨einer Ankerspule⟩
développateur m Entwickler m
développé entwickelt
 non d. unentwickelt
développée f ⟨Math⟩ Evolute f
développement m Entwicklung f
 d. **automatique** automatische Entwicklung f
 d. **en cuves** Bottichentwicklung f, Tankentwicklung f
 d. **en cuvettes** Schalenentwicklung f
 d. **en deux bains** Zweibadentwicklung f
 d. **écourté** abgekürzte Entwicklung f
 d. **enchevêtré** Verwachsung f
 d. **de gaz** Gasentwicklung f
 d. **par inversion d'une émulsion en couleurs** Farbumkehrentwicklung f
 d. **lent** langsame Entwicklung f
 d. **sur machine continue** maschinelle Entwicklung f, Durchlaufentwicklung f
 d. **en plein jour** Tageslichtentwicklung f
 d. **à plusieurs cuvettes** Mehrbadentwicklung f
 d. **prolongé** verlängerte Entwicklung f
 d. **vigoureux** kräftige Entwicklung f
développer 1. entwickeln ⟨in eine Reihe⟩; 2. abwickeln ⟨eine Fläche⟩; 3. entwickeln ⟨einen Film⟩
dévernir Lack entfernen
dévernissage m Lackentfernung f
déverrouillage m Entriegelung f; Weichenentriegelung f
déverrouiller entriegeln; entkeilen
déversement m Ausschütten n; Ausschüttung f; Schüttung f
 d. **de pierres concassées** Bruchsteinschüttung f

déversement

 d. de sable Sandschüttung f
 d. en sens inverse ⟨Geol⟩ Vergenz f
déverser [aus]schütten
déversoir m 1. Überlauf m, Überfall m ⟨Wehr⟩; Abfluß[öffnung f] m; 2. Gießmaschine f ⟨Filmherstellung⟩; 3. s. débitmètre
dévêtir abstreifen ⟨Stanzen⟩
dévêtisseur m Abstreifer[platte f] m ⟨Stanzwerkzeug⟩
déviateur m Ablenkeinheit f
 d. de jet Strahlbremse f
déviation f 1. Biegung f, Krümmung f; 2. Ableitung f; Umleitung f; 3. Abweichung f, Abmaß n; 4. Deviation f, Abweichung f, Ablenkung f; Kompaßablenkung f; 5. Ausschlag m ⟨eines Zeigers⟩
 d. de l'aiguille Zeigerausschlag m
 d. angulaire Winkelablenkung f
 d. asymétrique asymmetrische Ablenkung f
 d. balistique ballistischer Ausschlag m, Stoßausschlag m
 d. électromagnétique elektromagnetische Ablenkung f
 d. électrostatique elektrostatische Ablenkung f
 d. extrême Endausschlag m
 d. d'une faille Verwerfungsablenkung f
 d. du faisceau électronique Elektronenstrahlablenkung f
 d. de fréquence Frequenzabweichung f
 d. horaire Zeitablenkung f
 d. horaire flyback getriggerte Zeitablenkung f
 d. horizontale horizontale (waagerechte) Ablenkung f, Horizontalablenkung f
 d. lignes Zeilenablenkung f
 d. magnétique magnetische Ablenkung f
 d. minimum Minimalablenkung f
 d. radiale radiale Ablenkung f ⟨z. B. Polarkoordinatenröhre⟩
 de rayons cathodiques Katodenstrahlablenkung f
 d. symétrique symmetrische Ablenkung f
 d. de la tolérance Toleranzabweichung f
 d. trapézoïdale trapezförmige Ablenkung f
 d. verticale vertikale (senkrechte) Ablenkung f, Vertikalablenkung f
 d. du zéro Nullpunktabweichung f, Nullpunktfehler m

dévidage m Haspelei f; Abhaspeln n, Abspulen n
dévidoir m Weife f, Garnweife f; Haspel f
dévier 1. auslenken, ablenken; 2. ausschlagen ⟨Zeiger⟩
dévirer fieren; lose geben, nachlassen
devis m:
 d. de constructions Baukostenanschlag m
 d. descriptif Bau[leistungs]beschreibung f
 d. estimatif (préliminaire) Kostenvoranschlag m
 d. main-d'œuvre Lohnkosten pl
dévissage m Losschrauben n, Abschrauben n
dévisser losschrauben, abschrauben
dévitrification f 1. Entglasen n; 2. Rekristallisation f ⟨des Glases⟩
dévoltage m ⟨El⟩ Abspannen n
dévolter ⟨El⟩ abspannen
dévolteur m ⟨El⟩ Saugtransformator m
dévonien m Devon n
dewatté wattlos, Blind-
dextrine f Dextrin n
dextrogyre rechtsdrehend
dézincage m, **dézingage** m Entzinkung f
dézinguer entzinken
diablastique diablastisch
diable m Sackkarre[n m] f, Stechkarre[n m] f
diabolo m Grundtaurolle f
 double d. ⟨Flg⟩ Vierradfahrgestell n
diacaustique f Diakaustik f
diacétate m Diazetat n, Sekundärazetat n
 d. de glycol Glykoldiazetat n, Äthylendiazetat n ⟨Sprengstoffindustrie⟩
diacétone-alcool m Diazetonalkohol m
diacétyle m Diazetyl n
diacide zweisäurig
diacide m zweibasische Säure f
diaclase f ⟨Geol⟩ Spalte f, Kluft f
 d. de cisaillement Scherkluft f
 d. croisée Querkluft f
 d. diagonale Diagonalkluft f
 d. d'extension Reißkluft f, Zerrkluft f, Zugkluft f
 d. longitudinale Längskluft f
 d. principale f Hauptkluft f
 d. transversale Transversalkluft f
diaclasé zerklüftet
diaclases fpl **de cisaillement satellites** Fiederklüfte fpl
diagenèse f ⟨Geol⟩ Diagenese f
diagnostiquer ermitteln (Fehler)
diagomètre m ⟨Meßgerät zur Ermittlung der elektrischen Leitfähigkeit⟩

diagonal diagonal
diagonale f Diagonale f
diagramme m Diagramm n; Fließbild n
  d. d'allongement à la charge Kraft-Dehnungs-Linie f
  d. allongement-temps Zeit-Dehnungs-Diagramm n
  d. par blocs ⟨BMSR⟩ Blockdiagramm n ⟨schematisch dargestellter Rechenvorgang⟩; ⟨El⟩ Blockschaltbild n
  d. de calcul Rechenplan m, Flußdiagramm n
  d. de charge Belastungskurve f
  d. de chromaticité Farbtafel f, Farbdreieck n
  d. circulaire Kreisdiagramm n
  d. de connexions Schaltschema n, Schaltbild n ⟨z. B. von Rohrleitungen⟩
  d. de constitution Zustandsdiagramm n
  d. contrainte-déformation Spannungs-Dehnungs-Diagramm n
  d. de coulée Schmelzverlaufsdiagramm n
  d. du courant Stromlaufplan m
  d. de cristal oscillant Schwenkkristalldiagramm n, Schwenkkristallaufnahme f
  d. de cristal tournant Drehkristalldiagramm n, Drehkristallaufnahme f
  d. de Debye Debye-Diagramm n
  d. (de) Debye-Scherrer Debye-Scherrer-Diagramm n, Debye-Scherrer-Aufnahme f
  d. de désintégration Zerfallsschema n
  d. de diaclases ⟨Geol⟩ Kluftrose f
  d. de diffraction Beugungsdiagramm n
  d. directif Richtcharakteristik f
  d. effort-déformation Spannungs-Dehnungs-Diagramm n
  d. énergétique Termschema n; Niveauschema n, Energieniveauschema n
  d. entropique Entropiediagramm n
  d. d'équilibre (état) Zustandsdiagramm n
  d. en faisceau divergent Weitwinkeldiagramm n, Weitwinkelaufnahme f ⟨Röntgen⟩
  d. fer-carbone Eisen-Kohlenstoff-Schaubild n
  d. de fibre Faserdiagramm n
  d. de fonctions Funktionsdiagramm n
  d. de Heyland Heyland-Diagramm n
  d. d'indicateur, d. indiqué Indikatordiagramm n
  d. d'interconnexion Kopplungsdiagramm n
  d. (de) Laue Laue-Diagramm n, Laue-Aufnahme f

  d. logique logisches Diagramm n
  d. de microdiffraction Mikrobeugungsdiagramm n
  d. Mollier Mollier-Diagramm n
  d. d'oscillation Schwenkdiagramm n, Schwenkaufnahme f
  d. de phases Phasendiagramm n, Zustandsschaubild n, Zustandsdiagramm n
  d. polaire Polardiagramm n
  d. de poudre Pulverdiagramm n, Pulveraufnahme f ⟨Röntgenaufnahme eines Pulvers⟩
  d. de pressage Preßdiagramm n
  d. des pressions Druckdiagramm n
  d. pression-température Druck-Temperatur-Diagramm n
  d. de relaxation Kippdiagramm n
  d. en retour Rückstrahldiagramm n, Rückstrahlaufnahme f
  d. de rupture par traction Zerreißdiagramm n
  d. de solidification Erstarrungskurve f
  d. tension-allongement Spannungs-Dehnungs-Diagramm n
  d. de tiroir Schieberdiagramm n
  d. du travail Arbeitsdiagramm n
  d. de variation Variationsdiagramm n
  d. des vitesses Geschwindigkeitsdiagramm n
diagramme-vecteur m Zeigerdarstellung f, Vektordiagramm n
dialcool m Glykol n
dial(l)ogite f Dialogit m
dialysable dialysierbar
dialysat m Dialysat n
dialyse f Dialyse f
dialyser dialysieren
dialyseur m Dialysator m
diamagnétique diamagnetisch
diamagnétisme m Diamagnetismus m
diamant m Diamant m
  d. brut Rohdiamant m
  d. industriel Industriediamant m
  faux d. Glasdiamant m
diamantage m Bearbeitung f mit Diamantwerkzeugen
diamantaire m Diamantenschleifer m
diamanter mit einem Diamanten versehen ⟨z. B. Schneidwerkzeug⟩
diamètre m Durchmesser m
  d. conjugué konjugierter Durchmesser m
  d. de la cuve Schachtdurchmesser m ⟨am Hochofen⟩
  d. d'empreinte Eindruckdurchmesser m
  d. extérieur Außendurchmesser m; Kopfkreisdurchmesser m ⟨Zahnrad⟩

diamètre

d. du fil Drahtdurchmesser m
d. de giration Drehkreisdurchmesser m
d. du gueulard Gichtdurchmesser m
d. intérieur Innendurchmesser m; lichte Weite f
d. moyen mittlerer Durchmesser m
d. moyen des spires mittlerer Windungsdurchmesser m
d. nominal Nenndurchmesser m
d. du noyau Kerndurchmesser m ⟨Gewinde⟩
d. primitif Teilkreisdurchmesser m, Wälzkreisdurchmesser m ⟨Zahnrad⟩
d. du rayon Strahldurchmesser m
d. du tuyau Rohrweite f, Rohrdurchmesser m
diamide m Diamid n, Hydrazin n
diaminophénol m Diaminophenol n
diapason m Stimmgabel f
diaphane lichtdurchlässig, transparent
diaphanéité f Durchsichtigkeit f, Transparenz f
diaphonie f Nebensprechen n, Übersprechen n
diaphonomètre m Nebensprechdämpfungsmesser m
diaphragmation f Abschattung f
diaphragme m Trennwand f, Zwischenwand f, Membran f; Blende f; Stauscheibe f; Aussteifung f; Binderscheibe f
d. antérieur Vorderblende f
d. en argile Tondiaphragma n
d. capillaire Kapillardiaphragma n
d. de champ Bildfeldblende f, Feldblende f, Austrittblende f
d. de condenseur Kondensor(apertur)blende f
d. de contraste Kontrastblende f
d. d'éclairage Bestrahlungsblende f
d. en (de la) fente Schlitzblende f, Spaltblende f
d. grand ouvert große Blende f
d. du haut-parleur Lautsprechermembran f
d. (à) iris Irisblende f
d. limitant de champ lumineux Leuchtfeldblende m, Leuchtfeldschirm m
d. d'objectif Objektivblende f
d. d'ouverture Aperturblende f
d. présélecteur automatique automatische Blende f, Druckblende f
d. pour réflecteurs Reflektorblende f
d. rotatif Revolverblende f
d. de sélection Bereichsblende f, Selektorblende f
d. à vanne Einsteckblende f

diaphragmer abblenden
diaphtorèse f Diaphtorese f
diapositive f Dia(positiv) n
d. en blanc et noir Schwarzweißdia n
d. en couleurs Farbdia n
d. publicitaire Werbedia n
d. sur verre Glasdia n
diapositives fpl sur film Diafilmstreifen m
diascope m Diaskop n
diastase f Diastase f
diastrophisme m Diastrophismus m
diathermane diatherman, wärmedurchlässig
diathermanéité f, **diathermansie** f Diathermansie f, Wärmedurchlässigkeit f
diatherme s. diathermane
diatomique zweiatomig
diazine f Diazin n
diazoaminobenzène m Diazoaminobenzol n
diazoïque m Diazoverbindung f
diazométhane m Diazomethan n
diazotation f Diazotierung f
diazotypie f Diazotypie f
dibasique zweibasisch
dibenzopyrrole m Dibenzopyrrol n, Karbazol n
dibenzyléther m Dibenzyläther m
diborane m Diboran n
dichloréthane m Dichloräthan n
dichloréthylène m Dichloräthylen n, Äthylendichlorid n
dichlorobenzène m Dichlorbenzol n
dichlorodifluorométhane m Dichlordifluormethan n
dichlorométhane m Dichlormethan n, Äthylenchlorid n
dichlorure m **d'éthylène** s. dichloréthylène
dichroïsme m Dichroismus m
dichromasie f Dichroma(top)sie f
dichromate m Dichromat n
dichromatique dichromatisch
dichromie f Zweifarbenverfahren n
dictaphone m Diktiergerät n
didot m (italique) klassizistische (jüngere) Antiquakursive f
dièdre m 1. ⟨Flg⟩ V-Stellung f ⟨Tragflächen⟩; 2. ⟨Math⟩ Zweiflächner m, Zweiflach n
diélectrique dielektrisch
diélectrique m Dielektrikum n
diène m Dien n, Diolefin n
diesel m Diesel(motor) m
d. auxiliaire Hilfsdiesel(motor) m
d. principal Hauptdiesel(motor) m
diesel-électrique dieselelektrisch
diesel-électrique m dieselelektrische Lokomotive f

diesel-hydraulique dieselhydraulisch
diesel-hydraulique *m* dieselhydraulische Lokomotive *f*
diésélisation *f* Ausrüstung *f* mit Diesellokomotiven
diéséliser mit Diesellokomotiven ausrüsten
diesel-oil *m* Dieselöl *n*, Dieselkraftstoff *m*
diéthylamine *f* Diäthylamin *n*
diéthylaniline *f* Diäthylanilin *n*
diéthylèneglycol *m* Diäthylenglykol *n*
différence *f* 1. Differenz *f*, Unterschied *m*, Abweichung *f*; 2. Trimm *m*; **sans d.** gleichlastig, auf ebenem Kiel, unvertrimmt
  d. angulaire du déport Mißpfeilung *f* ⟨Luftschraube⟩
  d. de contraste Kontrastunterschied *m*
  d. de densité Dichteunterschied *m*
  d. d'inclinaison Neigungsunterschied *m*
  d. de marche (parcours) Gangunterschied *m*
  d. de phase Phasendifferenz *f*, Phasenabweichung *f*, Phasenunterschied *m*
  d. de potentiel Potentialdifferenz *f*, Potentialunterschied *m*
  d. du potentiel magnétique magnetische Spannung *f*
  d. de température Temperaturunterschied *m*, Temperaturgefälle *n*
  d. de temps de propagation Laufzeitunterschied *m*
  d. de tension Spannungsdifferenz *f* ⟨mechanisch⟩
différences *fpl* **composées** ausgewogene Differenzen *fpl*
différenciation *f* Differentiation *f*
  d. par cristallisation Kristallisationsdifferentiation *f*
  d. par écoulement Bewegungsdifferentiation *f*
  d. logarithmique logarithmische Differentiation *f*
  d. magmatique magmatische Differentiation *f*
  d. métamorphique metamorphe Differentiation *f*
différencier *s.* differentier
différentiateur *m* Differenziergerät *n*, Differenziereinrichtung *f*
différentiation *f* ⟨Math⟩ Differenzierung *f*, Ableitung *f*
différentiel differential, Differential-
différentiel *m* Differential(getriebe) *n*, Ausgleichsgetriebe *n*
différentielle *f* ⟨Math⟩ Differential *n*

différentier ⟨Math⟩ differenzieren, ableiten
diffracter beugen
diffracteur *m* ⟨die Strahlung streuender bzw. beugender Körper⟩
  d. électronique Elektronenbeugungsanlage *f*
diffraction *f* Beugung *f*, Diffraktion *f*
  d. électronique (d'électrons) Elektronenbeugung *f*
  d. électronique par transmission Elektronenbeugung *f* in Durchstrahlung
  d. en fond noir Beugung *f* im Dunkelfeld
  d. de Fresnel Fresnelsche Beugung *f*
  d. neutronique (de neutrons) Neutronenbeugung *f*
  d. des rayons X Röntgenstrahlenbeugung *f*
  d. par transparence Beugung *f* in Durchstrahlung
diffractographe *m* Diffraktograf *m*
  d. à réflexion Reflexionsdiffraktograf *m*
diffractomètre *m* Diffraktometer *n*
  d. enregistrant registrierendes Diffraktometer *n*
  d. à interférence Interferenzdiffraktometer *n*, Interferenzgoniometer *n*
  d. à neutrons Neutronendiffraktometer *n*
  d. à rayons X Röntgendiffraktometer *n*
diffus diffus, unklar; gestreut
diffuser diffundieren; streuen
  d. par radio übertragen ⟨Rundfunk⟩
diffuseur *m* 1. ⟨Masch⟩ Diffusor *m* ⟨umgekehrte Düse⟩; ⟨Flg⟩ Lufteintrittskanal *m*; Zerstäuber *m*; Diffusionsapparat *m*; Leitring *m* ⟨Kreiselpumpe⟩; 2. ⟨Ph⟩ Streukörper *m*; 3. Sender *m*
  d. de la lumière Lichtverteilungsschirm *m*
  d. de sables Sandstreuer *m*
diffusibilité *f* Diffusionsvermögen *n*
diffusiomètre *m* Diffusionsmesser *m*
diffusion *f* Diffusion *f*, Zerstreuung *f*, Streuung *f*
  d. ambipolaire ambipolare Diffusion *f*
  d. angulaire Winkelstreuung *f*
  d. anionique Anionendiffusion *f*
  d. apparente Scheindiffusion *f*
  d. en avant Vorwärtsstreuung *f*
  d. capillaire Kapillardiffusion *f*
  d. cohérente kohärente Streuung *f*
  d. Compton Compton-Streuung *f*
  d. coulombienne Coulomb-Streuung *f*
  d. diffuse diffuse Streuung *f*
  d. double Zweifachstreuung *f*
  d. élastique elastische Streuung *f*

diffusion 224

    d. d'électrons Elektronenstreuung f
    d. aux faibles (petits) angles Kleinwinkelstreuung f
    d. par fil Drahtfunk m
    d. gazeuse Gasdiffusion f
    d. incohérente inkohärente Streuung f
    d. inélastique unelastische Streuung f
    d. isotopique isotope Streuung f
    d. multiple Vielfachstreuung f
    d. de neutrons Neutronenstreuung f
    d. plurale Mehrfachstreuung f
    d. de porteurs Trägerdiffusion f ⟨Ladungsträger⟩
    d. potentielle Potentialstreuung f
    d. provoquant rejet Rückdiffusion f
    d. des rayons X aux petits angles Röntgenkleinwinkelstreuung f
    d. résonnante Resonanzstreuung f
    d. en retour Rückstreuung f
    d. de Rutherford Rutherfordsche Streuung f
    d. simple Einfachstreuung f
    d. thermique Thermodiffusion f
    d. de Thomson Thomson-Streuung f
digesteur m 1. ⟨Ch⟩ Autoklav m, Digestor m, Dämpfer m, Dampfkochtopf m; Zellstoffkocher m ⟨Papierherstellung⟩; 2. Faulraum m ⟨Gesundheitstechnik⟩
digestion f 1. ⟨Ch⟩ Digerieren n; Aufschluß m, Aufschließen n (z. B. Holz); 2. Faulung f, Schlammfaulung f ⟨Gesundheitstechnik⟩
digit m Ziffer f ⟨s. a. chiffre⟩
    d. de signe Vorzeichenziffer f
digital digital
digits mpl redondants redundante Ziffern fpl
digression f ⟨Astr⟩ Digression f
digue f 1. Staumauer f; Damm m; Deich m; Wehr n; Aufschüttung f; 2. Mole f; Wellenbrecher m
    d. de barrage Fangedamm m, Sperrdamm m; Leitwerk n
    d. du canal Kanaldamm m
    d. de défense 1. Schutzdeich m; 2. Schutzmole f
    d. d'enclôture Umschließungsdeich m
    d. de protection s. d. de défense
    d. de rive Uferdeich m
    d. en voûte Gewölbestaumauer f
dihexaèdre dihexaedrisch
dihydrate m Dihydrat n
dilatabilité f Ausdehnungsvermögen n, Dehnbarkeit f
dilatable (aus)dehnbar
dilatation f Dehnung f, Ausdehnung f
    d. adiabatique adiabatische Ausdehnung f

    d. linéaire Längsdehnung f
    d. linéique relative (relative) Dehnung f
    d. du rail Schienendehnung f
    d. du temps Zeitdilatation f
    d. thermique Wärmeausdehnung f
    d. de la voie Gleisdehnung f
    d. volumique relative relative Volumenänderung f
dilater (aus)dehnen; strecken
    se d. sich ausdehnen
dilatomètre m Dehnungsmesser m, Dilatometer n
diluant m Verdünner m, Verdünnungsmittel n
diluer verdünnen
dilution f Verdünnung f
    d. isotopique Isotopenverdünnung f
diluvium m Diluvium n
dimension f 1. Ausdehnung f; Dimension f; 2. Abmessung f, Bemessung f; Größe f; Maß n; Abmaß n; à quatre dimensions vierdimensional
    d. d'encombrement Außenmaß n
    d. extérieure Außenmaß n
    d. du grain Korngröße f
    d. intérieure Innenmaß n, lichte Weite f
    d. manquée Fehlabmessung f ⟨beim Walzen⟩
    d. des particules Teilchengröße f
    d. de pneu Reifengröße f
dimensionnel dimensional, Dimensions-
dimensionner bemessen, bemaßen
dimensions fpl:
    d. critiques kritische Größe f
    d. du noyau Eisenabmessungen fpl
    d. des sections transversales Querschnittdimensionen fpl
diméthylamine f Dimethylamin n
diméthylaniline f Dimethylanilin n
diméthylcétone f Dimethylketon n, Azeton n
diméthylglyoxime f Dimethylglyoxim n
diméthyl-jaune m Dimethylgelb n, Dimethylaminoazobenzol n
diméthylphénol m Dimethylphenol n
diméthylsulfate m Dimethylsulfat n
diminution f:
    d. de l'amplification Verstärkungsabfall m
    d. exponentielle exponentieller Abfall m
    d. de pression Druckabfall m
    d. de la surface Oberflächenabnahme f
    d. de la teneur en carbone Kohlenstoffabnahme f

d. de vitesse Geschwindigkeitsabnahme f; Drehzahlabnahme f
dimorphe dimorph
dimorphisme m Dimorphie f
dinitrobenzène m Dinitrobenzol n
diode f Diode f
   d. d'amortissement Dämpfungsdiode f
   d. à barrière de surface Oberflächenbarrierendiode f
   d. booster Boosterdiode f
   d. de bruit Rauschdiode f
   d. à capacité (variable) Kapazitätsdiode f, Abstimmdiode f
   d. de commutation, d. commutatrice Schaltdiode f
   d. de correction de fréquence Nachstimmdiode f
   d. à cristal Kristalldiode f
   d. électroluminescente Lumineszenzdiode f
   d. au germanium Germaniumdiode f
   d. à jonction Flächendiode f
   d. laser Laserdiode f
   d. de mélange Mischdiode f
   d. paramétrique parametrische Diode f
   d. planaire au silicium Siliziumplanardiode f
   d. de plasma Plasmadiode f
   d. à pointe Spitzendiode f
   d. ponctuelle Punktdiode f
   d. de puissance Leistungsdiode f
   d. de récupération Spardiode f
   d. à redresseur Gleichrichterdiode f
   d. à semi-conducteur, d. semi-conductrice Halbleiterdiode f
   d. Shockley Shockley-Diode f
   d. au silicium Siliziumdiode f
   d. de suppression Austastdiode f
   d. tunnel Tunneldiode f
   d. varactor Varaktordiode f
   d. Zener Zenerdiode f
   double d. Doppeldiode f
diol m Glykol n
dioptre m Diopter n
dioptre-objectif m Objektivdiopter n
dioptrie f Dioptrie f
   d. prismatique Prismendioptrie f
dioptrique dioptrisch
dioptrique f Dioptrik f
dioptromètre m Scheitelbrechwertmesser m, Dioptrometer n
dioxanne m Dioxan n
dioxanthracène m Anthrachinon n
dioxyde m:
   d. de chlore Chlordioxid n
   d. de titane Titandioxid n
diphasé zweiphasig

diphénylamine f Diphenylamin n
diphénylcétone f Diphenylketon n, Benzophenon n
diphénylméthane m Diphenylmethan n
diphényloxyde m Diphenyloxid n, Diphenyläther m
diphénylthiourée f Diphenylthioharnstoff m
diphénylurée f Diphenylharnstoff m
diplor(r)y m Schienentransportwagen m
dipôle m Dipol m
   d. circulaire Kreisdipol m, Runddipol m
   d. croisé Kreuzdipol m
   d. demi-onde Halbwellendipol m
   d. directeur Richtdipol m
   d. de Hertz Hertzscher Dipol m
   d. incorporé Gehäusedipol m
   d. replié Faltdipol m
   d. trombone Schleifendipol m
   d. en V V-Dipol m
dipropylcétone f Dipropylketon n
direct direkt, unmittelbar, unvermittelt; gerade
directeur Richt[ungs]-, Einstell-
directeur m 1. Direktor m, Leiter m; 2. Direktor m ⟨Antenne⟩
   d. technique technischer Direktor (Leiter) m
directif mit Richtwirkung
non d. richtwirkungsfrei
direction f 1. Direktion[sbereich m] f; Leitung f; 2. Richtung f; 3. ⟨Brg⟩ Streichen n; 4. ⟨Kfz⟩ Lenkung f
   d. d'allongement Dehnungsrichtung f
   d. assistée Lenkhilfe f, Servo-Lenkung f
   d. d'attaque Angriffsrichtung f
   d. axiale Achsrichtung f
   d. de champ Feldrichtung f
   d. de champ tournant Drehfeldrichtung f
   d. de comptage Zählrichtung f
   d. à crémaillère Zahnstangenlenkung f
   d. à doigt ⟨Kfz⟩ Roß-Lenkung f
   d. à double levier Einzelradlenkung f
   d. de l'écoulement de l'énergie Energieflußrichtung f
   d. d'exploration Abtastrichtung f
   d. des fibres Faserrichtung f
   d. d'une force Richtung f einer Kraft
   d. générale Hauptstreichen n, allgemeines Streichen n
   d. de glissement Gleitrichtung f
   d. irréversible gehemmte Lenkung f
   d. de laminage Walzrichtung f
   d. des lignes de force Kraftlinienrichtung f
   d. du moment principal Hauptmomentenrichtung f

15 Schlegelmilch I

direction

    d. de polarisation Polarisationsrichtung f
    d. de portance nulle Nullauftriebsrichtung f
    d. de la poussée Schubrichtung f
    d. préférentielle Vorzugsrichtung f
    d. principale Hauptstreichen n
    d. principale des couches Hauptstreichrichtung f
    d. réversible ungehemmte Lenkung f
    d. de rotation Drehrichtung f, Drehsinn m, Umlaufrichtung f, Umlaufsinn m
    d. des sections Schnittrichtung f
    d. des travaux Bauleitung f
    d. à vis et écrou Schraubenlenkung f
    d. à vis et galet profilé ⟨Kfz⟩ Prometheus-Gemmer-Lenkung f
    d. à vis et secteur denté Segmentlenkung f
    d. à vis sans fin Schneckenlenkung f
directionnel m Kurszeiger m
directive f **d'acheminement** Leitbefehl m
directrice f 1. Leiteinrichtung f, Leitrad n, Leitschaufel f ⟨Strömungsmaschine⟩; 2. ⟨Math⟩ Leitlinie f
    d. d'admission Einlaufkulisse f ⟨Wasserrad⟩
dirigeable m Luftschiff n, Zeppelin m
discontinu diskontinuierlich, unstetig
discontinuité f Unstetigkeit f; Unstetigkeitsstelle f; Sprung m; Unregelmäßigkeit f
    d. d'absorption Absorptionskante f
    d. K K-Absorptionskante f
    d. de Mohorovičić Mohorovičić-Diskontinuität f
    d. tectonique tektonische Unterbrechung f
discordance f Diskordanz f
    d. angulaire Winkeldiskordanz f
    d. plate Erosionsdiskordanz f
    d. de stratification, d. stratigraphique Schichtungsdiskordanz f, stratigrafische Diskordanz f
    d. tectonique tektonische Diskordanz f
discordant diskordant
discret ⟨Math, Ph⟩ diskret, unstetig
discriminant m Diskriminante f
discriminateur m Diskriminator m, Frequenzdemodulator m
    d. d'amplitude Amplitudendiskriminator m
    d. électronique de hauteur d'impulsions Impulshöhendiskriminator m
    d. de fréquence Frequenzdiskriminator m
    d. de phase Phasendiskriminator m

discrimination f Diskrimination f; FM-Demodulation f
disjoint ⟨Math⟩ disjunktiv
disjoncteur m Schalter m [mit automatischer Auslösung], Schutzschalter m
    d. à air comprimé Druckluftschalter m
    d. à autocoupure Strömungsschalter m
    d. à autocoupure dans l'huile Ölströmungsschalter m
    d. à autoformation de gaz Hartgasschalter m
    d. de batterie Batterieschutzschalter m
    d. de couplage Kuppelschalter m
    d. à coupure multiple Mehrfachschalter m
    d. à déclenchement libre Schalter m mit Freiauslösung
    d. de départ Ausspeisungsschalter m
    d. de désexcitation Entregungsschalter m
    d. à expansion Expansionsschalter m
    d. à faible volume d'huile ölarmer Schalter (Leistungsschalter) m
    d. à fermeture empêchée Schalter m mit Wiedereinschaltsperre
    d. de fuites Fehlerspannungsauslöser m
    d. à haute tension Hochspannungsleistungsschalter m
    d. à manque de tension Unterspannungsschalter m
    d. à maximum de courant Überstromschalter m
    d. à minimum de courant Unterstromschalter m
    d. à minimum de tension Unterspannungsschalter m
    d. pneumatique Druckluftschalter m, Druckgasschalter m
    d. de protection Schutzschalter m
    d. à refermeture automatique Schalter m mit Wiedereinschaltvorrichtung (Kurzunterbrechung)
    d. à retour de courant Rückstromschalter m
    d. à soufflage magnétique Schalter m mit magnetischer Blasung
    d. ultrarapide Schnellschalter m
    d. ultrarapide à retour de courant Rückstromschnellschalter m
disjonction f 1. ⟨El⟩ Abschaltung f, Ausschaltung f; 2. ⟨Math⟩ Disjunktion f, logisches Produkt n; 3. ⟨Geol⟩ Absonderung f
    d. en bancs Absonderung f in Bänken
    d. en colonnes Absonderung f in Säulen
dislocation f Versetzung f

dispositif

d. en coin Stufenversetzung *f*
d. en coin de Taylor-Orowan Stufenversetzung *f* nach Taylor-Orowan
d. en hélice, d. hélicoïdale Schraubenversetzung *f*
d. en ligne Versetzungslinie *f*
d. vis Schraubenversetzung *f*
disloqué versetzt
dismutation *f* ⟨Ch⟩ Dismutation *f*, Cannizzarosche Reaktion *f*
disparaitre schwinden
dispatcher *m* 1. Dispatcher *m*; 2. Absetzer *m* ⟨Fallschirmsprung⟩
dispatching *m* Dispatcherzentrale *f*; ⟨Eb⟩ Zugleitung *f*
disperser 1. zerstreuen, dispergieren ⟨Strahlung⟩; 2. verrühren, verreiben, [ver]mischen
disperseur *m* Mischer *m*, Mischmaschine *f*, Rührwerk *n*
dispersif dispers; zerstreuend
dispersion *f* 1. Dispersion *f*, Streuung *f*, Varianz *f*; Auflösungsvermögen *n*; 2. Dispergieren *n*; 3. Farbenzerstreuung *f*; 4. Verteiler *m*, Verteilungseinrichtung *f*, Rieseleinbau *m* ⟨Kühlturm⟩
  d. acoustique Dispersion *f* des Schalls
  d. angulaire Winkeldispersion *f*
  d. anormale anormale Dispersion *f*
  d. atomique Atomdispersion *f*
  d. de chaleur Wärmestreuung *f*
  d. de dureté Härteabfall *m*
  d. d'eau Wasserdispersion *f*
  d. horizontale horizontale Dispersion *f*
  d. inclinée geneigte Dispersion *f*
  d. latérale Flankenstreuung *f*
  d. de liquide Flüssigkeitszerstäubung *f*
  d. macromoléculaire makromolekulare Dispersion *f*
  d. magnétique magnetische Streuung *f*
  d. mol[écul]aire Mol[ekular]dispersion *f*
  d. normale normale Dispersion *f*
  d. entre les noyaux polaires Polstreuung *f*
  d. nucléaire Kernstreuung *f*
  d. du parcours Reichweitenstreuung *f*
  d. rotatoire Rotationsdispersion *f*
  d. statistique du parcours statistische Reichweitenstreuung *f*
  d. à travers les encoches Nutenstreuung *f*
dispersoïde *m* Dispersoid *n*, disperses System *n*
dispositif *m* 1. Vorrichtung *f*, Einrichtung *f*; Gerät *n*; 2. Anordnung *f*; Versuchsaufbau *m*, Apparatur *f*
  d. d'ablocage Spannzeug *n*
  d. d'accord Abstimmeinrichtung *f*
  d. d'accrochage de la charge Lastaufnahmegerät *n*
  d. d'accumulation d'énergie Kraftspeichervorrichtung *f*
  d. adaptable à dessiner Zeichenaufsatz *m*
  d. additionnel Zusatzvorrichtung *f*
  d. d'affichage Anzeigeeinrichtung *f*
  d. d'ajustement Justiervorrichtung *f*
  d. d'alarme Alarmvorrichtung *f*
  d. d'alimentation Zuführvorrichtung *f*, Vorschubeinrichtung *f*
  d. d'alimentation à trémie vibrante Vibrator *m*, Vibrationsförderer *m*
  d. d'allumage Zündanlage *f*, Zündvorrichtung *f*
  d. d'amarrage Festmacheinrichtung *f*, Vertäueinrichtung *f*
  d. d'amenage Zubringervorrichtung *f*, Zubringeeinrichtung *f*
  d. d'amortisseur Dämpfungseinrichtung *f*
  d. antibattement Antiprellvorrichtung *f*
  d. d'anticollision Warnhilfsmittel *n*
  d. antiroulis Schlingerdämpfungsanlage *f*
  d. d'appel Suchtelefonanlage *f*, Personensuchanlage *f*
  d. d'approche Anflughilfsmittel *n*
  d. d'approche et d'atterrissage Anflug- und Landehilfsmittel *n*
  d. d'approvisionnement Speisevorrichtung *f*
  d. d'arrêt 1. Abstellvorrichtung *f*; Sperrvorrichtung *f*, Feststellvorrichtung *f*; Fangvorrichtung *f*; Arretierung *f*; Hemmvorrichtung *f* ⟨s. a. moyen⟩; 2. Landebremsvorrichtung *f* ⟨Flugzeugträger⟩
  d. d'arrêt par coinçage Sperrfangvorrichtung *f*
  d. d'arrêt à glissement Gleitfangvorrichtung *f*
  d. d'arrosage Kühlvorrichtung *f*
  d. d'aspiration Absaugvorrichtung *f*
  d. d'assemblage Montagevorrichtung *f*
  d. d'attelage rapide Schnellkuppelvorrichtung *f*
  d. automatique d'introduction Einzugsautomat *m*
  d. auxiliaire Hilfsvorrichtung *f*
  d. d'avance Zündzeitpunktversteller *m*
  d. d'avance automatique automatischer Spritzversteller *m*
  d. d'avance automatique à force centrifuge Fliehkraftversteller *m*
  d. de balayage Abtastgerät *n*, Scanning-Gerät *n*

dispositif

d. de basculage (basculement) Kippvorrichtung f
d. de blocage 1. Feststellvorrichtung f; 2. ⟨Flg⟩ Kreiselarretierung f
d. de blocage par grilles Gittersperrvorrichtung f
d. à butées multiples Anschlagkreuz n
d. de calage Horizontiergerät n
d. de captage Schaltkopf m ⟨eines Scherentrenners⟩
d. de captage des poussières Staubabsaugvorrichtung f
d. de centrage Zentriervorrichtung f
d. de changement de direction Vorrichtung f für Richtungswechsel ⟨Bandförderer⟩
d. de chargement Beschickungsvorrichtung f, Aufgabevorrichtung f
d. de chargement et de déchargement Ein- und Ausgabevorrichtung f
d. de chargement du gueulard pour hauts fourneaux Hochofenbegichtungsanlage f
d. de chasse Schlagvorrichtung f ⟨Webmaschine⟩
d. de chauffage Heizeinrichtung f
d. de chauffage de la préparation Objektheizeinrichtung f
d. codeur Kodiereinrichtung f
d. de commande Antriebsvorrichtung f
d. de commande d'urgence dit « coup de poing » Faustschlagnotdruckknopf m
d. comparateur Vergleichseinrichtung f
d. de compression sonore Dynamikpresser m
d. de comptage des coups de foudre Blitzschlagzähler m
d. des constantes ⟨Dat⟩ Konstantenwerk n
d. de contact Kontaktvorrichtung f
d. à contraste de phase Phasenkontrasteinrichtung f
d. de contrôle Kontrolleinrichtung f
d. de contrôle de marche par mouvements saccadés Langsamfahrtsteuerung f
d. de contrôle d'opérations différentes Mehrwegschalter m
d. de copiage (copie) Kopiereinrichtung f
d. de correction des erreurs ⟨Dat⟩ Fehlerkorrektureinrichtung f
d. de coupure Abschaltvorrichtung f
d. de courbure du cristal Kristallbiegevorrichtung f
d. de court-circuitage et de relevage des balais Bürstenabhebe- und -kurzschließvorrichtung f
d. du culbutage Kippvorrichtung f
d. de décalage des balais Bürstenverstellvorrichtung f
d. de déclenchement Auslösevorrichtung f
d. de déclenchement à distance Fernauslöser m
d. de défilage automatique Abziehautomat m
d. de dégagement Lösevorrichtung f
d. de demande ⟨Dat⟩ Abfrageeinrichtung f
d. de démoulage Abhebevorrichtung f
d. de dépoussiérage Entstaubungsanlage f
d. de dépoussiérage électrostatique elektrostatisches Staubfilter n
d. de déroulement Abwickelvorrichtung f
d. à détalonner Hinterdreheinrichtung f
d. de détection des fumées Rauchmeldeanlage f
d. de détection d'incendie Feuererkennungsanlage f, Feuermeldeanlage f
d. par déviation horizontale Horizontalablenkgerät n
d. de diffusion électro-acoustique Lautsprecheranlage f
d. de distillation Destilliervorrichtung f
d. de division Teilvorrichtung f
d. de dosage, d. doseur Dosierungsanlage f, Dosiereinrichtung f
d. d'empilage Stapelvorrichtung f
d. emporte-pièces Stanzvorrichtung f
d. d'enroulement Aufwickelvorrichtung f
d. d'entrainement de plateau Plattentellerantrieb m
d. d'équilibrage Ausgleichvorrichtung f; Auswuchtvorrichtung f
d. d'essai Prüfeinrichtung f
d. d'évaporation Bedampfungsanlage f
d. d'exposition (à la lumière) Belichtungseinrichtung f
d. d'exprimage ⟨Text⟩ Quetschwerk n
d. d'extinction à (par) CO_2 CO_2-Feuerlöschanlage f
d. d'extinction par eau Wasserfeuerlöschanlage f
d. d'extinction d'incendie Feuerlöschanlage f
d. d'extinction par vapeur Dampffeuerlöschanlage f
d. de fermeture Verschluß m; Schließvorrichtung f

dispositif

d. de fermeture automatique selbsttätiges Absperrglied n
d. de fixation Befestigungsvorrichtung f, Einspannvorrichtung f, Spannzeug n, Spannvorrichtung f; Feststellvorrichtung f
d. de flottaison ⟨Flg⟩ Notwasserungsausrüstung f
d. de forage Bohrvorrichtung f
d. formateur d'impulsions Impulsformerstufe f
d. Frahm Frahmscher Schlingertank m
d. de fraisage Fräsvorrichtung f
d. de fraisage angulaire Winkelfräsvorrichtung f
d. de freinage Bremsvorrichtung f
d. garde-mains Handabweiser m
d. de gaz carbonique CO_2-Feuerlöschanlage f
d. de gravure Ätzeinrichtung f
d. de halage Treidelvorrichtung f
d. de homing Zielflughilfsmittel n
d. d'indexion, d. indicateur Anzeigevorrichtung f, Indikator m
d. d'injection au démarrage Anlaßeinspritzpumpe f
d. pour l'installation Einbauvorrichtung f
d. d'introduction du papier ⟨Büro⟩ Papiereinzugsvorrichtung f
d. d'inversion Umschaltvorrichtung f
d. à lame de mesure Meßschneideeinrichtung f
d. de lavage des rouleaux Walzenwaschvorrichtung f
d. de lecture Lesegerät n, Leseeinrichtung f
d. de lecture de chiffres Ziffernlesegerät n
d. de levage de la porte Türhebevorrichtung f
d. de mesurage Meßeinrichtung f, Meßvorrichtung f; Meßanordnung f
d. de mesure de distance Entfernungsmeßgerät n
d. de mise en marche Einschaltvorrichtung f
d. de mise à zéro Nullpunkteinstellvorrichtung f
d. de mixage Mischeinrichtung f
d. de modification de course Hubverstellgetriebe n
d. de mouillage Feuchtwerk n
d. optique Vorsatz m
d. pas à pas Schrittschaltwerk n
d. passe-vues Diapositivwechselschieber m
d. de perçage Bohrvorrichtung f

d. de pivotement Schwenkvorrichtung f
d. de pliage Stofflegevorrichtung f
d. de plongée Tauchvorrichtung f
d. de polarisation Polarisationseinrichtung f
d. de positionnement Positioniereinrichtung f
d. de postcombustion Nachbrenner m
d. à poussée Schiebevorrichtung f, Schubvorrichtung f
d. de présélection Vorwahlgerät n
d. de protection Schutzvorrichtung f
d. de protection ampèremétrique directionnel Stromrichtungsschutz m
d. de protection contre les coupures de phase Leiterbruchschutz m
d. de protection contre les courts-circuits Kurzschlußschutz m
d. de protection contre les courts-circuits entre spires Windungsschlußschutz m
d. de protection contre les défauts à la terre Erdschlußschutz m
d. de protection directionnel wattmétrique Leistungsrichtungsschutz m
d. de protection de distance Distanzschutz m
d. de protection fréquencemétrique Frequenzschutz m
d. de protection pour isolateurs Schutzgarnitur f ⟨für Isolatoren⟩
d. de protection des mains de l'opérateur Nachgreifsicherung f
d. de protection à retour de puissance Rückleistungsschutz m
d. de protection contre les ruptures de synchronisme Pendelschutz m
d. de protection voltmétrique Spannungswächter m
d. de rappel Rückstelleinrichtung f ⟨Relais⟩
d. de rebobinage Umspulvorrichtung f
d. de rectification Schleifvorrichtung f
d. pour rectification en plongée Einstechaggregat n
d. de réenclenchement rapide sur court-circuit passager Kurzschlußfortschaltvorrichtung f
d. de réflexion Reflexionseinrichtung f
d. de refroidissement de la préparation Objektkühleinrichtung f
d. régénérateur Regenerationseinrichtung f
d. de réglage 1. ⟨Dat⟩ Regeleinrichtung f; 2. ⟨Met⟩ Anstellvorrichtung f
d. de réglage automatique automatische Abstimmeinrichtung f, Abstimmautomatik f

dispositif

d. de réglage des balais Bürsteneinstellvorrichtung f
d. de réglage de tonalité Klangfarbenregler m
d. de relevage des balais Bürstenabhebevorrichtung f
d. de renversement Wendevorrichtung f
d. de repérage de position Hilfsmittel n zur Standortbestimmung
d. de reproduction, d. à reproduire Nachformeinrichtung f; Kopiereinrichtung f
d. de retard Verzögerungsglied n
d. de retour Wendevorrichtung f
d. retourneur et ripeur ⟨Met⟩ Kant- und Verschiebevorrichtung f
d. de retransmission ⟨Dat⟩ Rückübertragungseinrichtung f
d. de sablage Sandstrahleinrichtung f
d. de sécurité Schutzvorrichtung f; Sicherheitsvorrichtung f
d. de serrage 1. Spanneinrichtung f, Einspannvorrichtung f; Klemmvorrichtung f; Feststellvorrichtung f; Klammer f, Klemmgreifer m ⟨Gabelstapler⟩; 2. ⟨Typ⟩ Schließzeug n
d. de serrage horizontal Horizontalklammer f, Horizontalklemmgreifer m
d. de serrage des tôles Blechspannvorrichtung f
d. de serrage vertical Vertikalklammer f, Vertikalklemmgreifer m
d. de signalisation de défauts (perturbations) Störmeldevorrichtung f, Störungsmeldeeinrichtung f
d. de signature Signiereinrichtung f
d. de soudage Schweißvorrichtung f
d. de stabilisation Schlingerdämpfungsanlage f; Stabilisierungsanlage f
d. de stockage Stapelvorrichtung f; Magazin n
d. de surveillance Überwachungseinrichtung f
d. de suspension Aufhängevorrichtung f
d. de synchronisation Synchronisiereinrichtung f
d. de télémanipulation Fernbedienungsanlage f
d. de télémesure Fernmeßeinrichtung f
d. tendeur (de tension) Spannvorrichtung f
d. de tournage Drehvorrichtung f
d. de tournage conique Kegeldrehvorrichtung f
d. pour tourner les brames Brammendrehvorrichtung f

d. de traçage des lignes Liniereinrichtung f
d. de triage Sortiereinrichtung f
d. de vaporisation sous vide Vakuumbedampfungsapparatur f
d. de verrouillage Verriegelungseinrichtung f
d. de vidage ⟨Dat⟩ Löschvorrichtung f
d. de vidange Ausräumvorrichtung f
dispositif-présentoir m Vorsatzgerät n
dispositifs mpl **de protection des génératrices** Generatorschutz m
disposition f Anordnung f; Anlage f; Aufbau m
d. en couches Schichtenaufbau m
d. des électrodes Elektrodenanordnung f
d. de l'enroulement Wicklungsanordnung f
d. d'un essai Versuchsanlage f
d. générale ⟨Schiff⟩ Generalplan m
d. en gradins stufenförmige Anordnung f
d. en phases mixtes Bauweise f mit gemischten Phasen ⟨Schaltanlage⟩
d. structurale ⟨Geol⟩ tektonische Lage f
d. zonale de minerais zonale Erzverteilung f
disque m 1. Scheibe f, Lamelle f ⟨Kupplung⟩; 2. Schallplatte f
d. d'aberration Fehlerscheibchen n
d. abrasif Schmirgelscheibe f
d. d'appel Wählerscheibe f
d. de butée Druckscheibe f; Wellenscheibe f, Gehäusescheibe f, Scheibe f ⟨Axialwälzlager⟩
d. du compteur Zählscheibe f
d. à côtes Rippscheibe f
d. d'écartement Abstandsscheibe f
d. (élastique) d'embrayage Kupplungsscheibe f
d. entraîneur Antriebsscheibe f
d. entraineur en caoutchouc Gummiantriebsscheibe f
d. de frein Bremsscheibe f
d. isolant Isolierscheibe f
d. à longue durée Langspielplatte f
d. magnétique Magnetplatte f
d. à maneton Kurbelscheibe f
d. mobile du compteur Zählerscheibe f
d. de pétrissage Knetscheibe f ⟨Extruder⟩
d. phonographique Schallplatte f
d. à polir, d. polisseur Polierscheibe f; Schleifscheibe f
d. de pression Druckscheibe f
d. de recouvrement Abdeckscheibe f

d. redresseur Gleichrichterscheibe f
d. de réglage Steuerscheibe f
d. répartiteur Tellerverteiler m
d. de rodage Läppscheibe f
d. rotatif Drehscheibe f
d. à secteurs Sektorenscheibe f
d. de signal, d. à signaux Signalscheibe f
d. sténopaïque stenopäische Platte f
d. stéréophonique Stereoschallplatte f
d. stroboscopique stroboskopische Läuferscheibe f
d. de tampon Pufferteller m
d. tangentiel Tangentialscheibe f
d. tournant Drehscheibe f
d. de turbine Turbinenscheibe f
d. ventilé Polierring m
d. en verre Glasscheibe f
disque-came m Kurvenscheibe f
disque-crapaudine m Spurring m ⟨Spurlager⟩
disqueuse f Scheibengerät n
disrupteur m Schalter m ⟨s. a. disjoncteur⟩
disruptif durchschlagend
disruption f Durchschlag m
dissector m ⟨Fs⟩ Zerleger m, Bildzerleger m
dissémination f Einsprengung f; disperse Auskristallisation f
dissimilaire unähnlich
dissipation f 1. ⟨Ph⟩ Dissipation f, Zerstreuung f; 2. ⟨El⟩ Verlustleistung f
d. anodique Anodenverlustleistung f
d. de l'énergie Energiezerstreuung f
dissiper 1. ⟨Ph⟩ zerstreuen; 2. ⟨El⟩ abstrahlen ⟨Verlustwärme⟩
dissociabilité f Dissoziierbarkeit f
dissociation f Dissoziation f, Zerfall m, Aufspaltung f
d. électrolytique elektrolytische Dissoziation f
d. hydrolytique hydrolytische Dissoziation f
d. thermique thermische Dissoziation f
d. totale vollständige Dissoziation f
dissocier dissoziieren, aufspalten
dissolubilité f Löslichkeit f
dissolution f ⟨Ch⟩ Lösung f; Lösungsprozeß m, Lösen n
d. de caoutchouc Gummilösung f
d. à chaud Heißlösen f
d. complète vollkommenes Lösen n
d. à contre-courant Gegenstromlösen n
d. à courants croisés Querstromlösen n
d. à équicourant Gleichstromlösen n
d. fractionnée fraktioniertes Lösen f
d. intensive Intensivlösen n

dissolvant m Lösungsmittel n
dissolveur m Löseapparat m; Löser m
d. à froid Kaltlöser m
d. rapide Schnellöser m
d. à vis sans fin Schneckenlöser m
dissonance f Dissonanz f, Mißklang m
dissoudre [auf]lösen; aufschließen
dissymétrie f Asymmetrie f, Unsymmetrie f; Schieflast f
dissymétrique asymmetrisch
distance f Abstand m, Entfernung f; Weg m
d. d'arrêt Bremsweg m
d. atomique Atomabstand m ⟨im Molekül⟩
d. d'avertissement ⟨Eb⟩ Warnabstand m
d. entre axes Achsabstand m
d. entre le bossage d'axe de piston Augenabstand m ⟨Kolben⟩
d. de charriage Schubweite f
d. de contournement Schlagweite f ⟨eines Funken⟩
d. entre deux blocs Blockabstand m
d. d'éclatement Funkenstrecke f
d. d'(entre) électrodes Elektrodenabstand m
d. entre les façades de deux bâtiments voisins Bauwich m, seitlicher Grenzabstand m
d. équivalente de diffraction Beugungslänge f
d. Est-Ouest ⟨Flg⟩ Abweitung f; Breitenentfernung f
d. explosive Funkenschlagweite f
d. d'extrapolation linéaire Extrapolationslänge f
d. focale Brennweite f
d. focale équivalente Äquivalentbrennweite f
d. focale image Bildbrennweite f, bildseitige (hintere) Brennweite f
d. focale objet Dingbrennweite f, objektseitige (vordere) Brennweite f
d. focale réduite reduzierte Brennweite f
d. franchissable Reichweite f
d. franchissable économique wirtschaftlichste Reichweite f
d. de freinage au crochet Abfangweg m ⟨Flugzeugträger⟩
d. des fréquences Frequenzabstand m
d. de fuite superficielle Kriechstrecke f
d. d'identité Identitätsabstand m
d. d'image Bildweite f
d. interatomique Atomabstand m
d. internucléaire Kernabstand m
d. interoculaire Augenabstand m

distance

d. **interréticulaire** Netzebenenabstand *m*
d. **médiane du cratère** Kolkmittenabstand *m* ⟨Schneidwerkzeug⟩
d. **métacentrique** metazentrische Höhe *f*
d. **de mise au point** Einstellentfernung *f*
d. **moyenne quadratique** mittlerer quadratischer Abstand *m*
d. **nodale** Abstand *m* zweier Gitterpunkte im Kristallgitter
d. **d'objet** Dingweite *f*, Gegenstandsweite *f*
d. **de pénétration** Reichweite *f*
d. **entre plans réticulaires** Netzebenenabstand *m*
d. **entre plateaux** Bodenabstand *m*
d. **entre pointes** Spitzenabstand *m*
d. **polaire** Polhöhe *f*
d. **de projection** Projektionsentfernung *f*
d. **de start** Startweg *m* ⟨z. B. Magnetband⟩
d. **stop** Stoppweg *m* ⟨z. B. Magnetband⟩
d. **sûre** Sicherheitsabstand *m*
d. **des traits** Skalenteilgröße *f*
d. **de vision distincte** deutliche Sehweite *f*
d. **zénithale** Zenitdistanz *f*
distanciomètre *m* Entfernungsmesser *m*
distillable destillierbar
distillat *m* Destillat *n*
distillateur *m* Brenner *m*
distillation *f* Destillation *f*
d. **de l'acide résiduaire** Rückstandsäuredestillation *f*
d. **azéotropique** azeotrope Destillation *f*
d. **à basse température** Schwelen *n*
d. **des bois** Holzdestillation *f*
d. **par charges** Chargendestillation *f*
d. **continue** Fließdestillation *f*
d. **extractive** extraktive Destillation *f*
d. **fractionnée** fraktionierte Destillation *f*
d. **du goudron brut** Rohteerdestillation *f*
d. **de la houille** Steinkohlendestillation *f*
d. **d'huile** Öldestillation *f*
d. **humide** Naßdestillation *f*
d. **lente de lignite** Braunkohlenschwelung *f*
d. **moléculaire** Molekulardestillation *f*
d. **du pétrole** Erdöldestillation *f*
d. **sèche** Trockendestillation *f*

d. **en tuyaux de plomb** Bleirohrdestillation *f*
d. **à la vapeur** Dampfdestillation *f*
d. **à la vapeur d'eau** Wasserdampfdestillation *f*
d. **sous vide** Vakuumdestillation *f*
première d. Vordestillation *f*
distillatoire Destillier-
distiller destillieren
distillerie *f* Brennerei *f*; Destillieranlage *f*
distordre verdrehen
distorsiomètre *m* Verzerrungsmesser *m*
distorsion *f* 1. ⟨El⟩ Verzerrung *f*; 2. ⟨Opt⟩ Verzeichnung *f* ⟨Abbildung⟩; 3. ⟨Masch⟩ Verbiegung *f*; Verziehung *f*, Verdrehung *f*; 4. Wölben *n*, Beulen *n*;
sans d. verzerrungsfrei
d. **d'affaiblissement** Dämpfungsverzerrung *f*
d. **d'amplitude** Amplitudenverzerrung *f*
d. **anisotrope** anisotrope Verzeichnung *f*
d. **en barillet** tonnenförmige Verzeichnung *f*
d. **du champ** Feldverzerrung *f*
d. **en coussinet** kissenförmige Verzeichnung *f*
d. **cubique** kubische Verzerrung *f*
d. **due aux effets transitoires** Einschwingverzerrung *f*
d. **de dynamique** Dynamikverzerrung *f*
d. **de fréquence** Frequenzverzerrung *f*
d. **de l'image** Bildverzerrung *f*, Verzeichnung *f*
d. **d'intermodulation** Intermodulationsverzerrung *f*
d. **irrégulière** unregelmäßige Verzerrung *f* (z. B. Telegrafie)
d. **linéaire** lineare Verzerrung *f*
d. **de modulation** Modulationsverzerrung *f*
d. **de niveau** Pegelverzerrung *f*
d. **non linéaire** nichtlineare Verzerrung *f*, Klirrverzerrung *f*
d. **optique** Verzerrung *f* ⟨Fernsehbild⟩
d. **de phase** Phasenverzerrung *f*, Laufzeitverzerrung *f*
d. **par réaction** Rückkopplungsverzerrung *f*
d. **de réglage** Regelverzerrung *f*
d. **du réseau, d. réticulaire** Gitterstörung *f*
d. **télégraphique** Telegrafierverzerrung *f*
d. **de temps de propagation** Laufzeitverzerrung *f*
d. **de transparence** Durchgriffsverzerrung *f*

d. trapézoïdale Trapezverzeichnung f, Trapezfehler m
distribuer 1. aufteilen; zuteilen; verteilen; 2. ⟨Typ⟩ ablegen
distributeur m 1. Aufgabevorrichtung f, Aufgeber m, Abgabevorrichtung f, Abgeber m, Zuteiler m, Verteiler m, Förderer m ⟨Fördertechnik⟩; 2. Steuerapparat m, Steuerung f, Schieber m ⟨Kraft- und Arbeitsmaschine⟩; 3. Leitrad n, Leitapparat m ⟨Turbine⟩; 4. Steuerventilblock m; 5. Verteiler m; ⟨Kfz⟩ Verteilerkappe f; ⟨El⟩ Verteilerdose f; 6. ⟨Typ⟩ Ableger m; 7. Speiser m
d. d'air Luftverteiler m
d. d'allumage Zündverteiler m
d. à barreaux mobiles Schwingstabsiebförderer m, Stabrostsiebrinne f
d. du béton Betonverteiler m
d. de billets Fahrkartenautomat m
d. de canaux Kanalaufteiler m
d. à courroie Bandförderer m, Bandaufgeber m
d. doseur Mischverteiler m, Dosierapparat m; Zuteiler m
d. d'engrais Düngerstreuer m
d. d'essence Tanksäule f
d. d'impulsions Impulsverteiler m
d. d'itinéraires Fahrstraßengeber m
d. de monnaie Geldwechselautomat m
d. à mouvement alternatif Schwingförderer m
d. à plateaux Tellerdüngerstreuer m
d. rotatif 1. Rotationsverteiler m; 2. Verteilerlaufstück n, Rotor m, Finger m
d. rotatif alvéolaire Zellenradaufgeber m
d. à secousses Schwingaufgeber m, Schwingförderer m; Rüttelverteiler m
d. à sole tournante Telleraufgeber m
d. supplémentaire Überreiber m, Verbindungswalze f
d. à tablier métallique Plattenbandförderer m
d. à tambour cylindrique Walzenaufgeber m
d. de vapeur Steuer[einricht]ung f, Schieber m ⟨z. B. Dampfmaschine⟩
d. vibrant s. d. à secousses
d. de voile Vliesleger m, Vliesverteiler m
distributif distributiv, verteilend
distribution f 1. Aufgabe f, Abgabe f, Verteilung f ⟨Fördertechnik⟩; 2. Steuer[vorricht]ung f ⟨Kraft- und Arbeitsmaschinen⟩; Ventilsteuerung f; 3. ⟨Math⟩ Distribution f, verallgemeinerte Funktion f; Verteilung f
d. d'admission Einlaßsteuerung f
d. d'amplitudes Impulshöhenverteilung f
d. angulaire Winkelverteilung f
d. à basse tension Niederspannungsverteilung f
d. du champ Feldverteilung f
d. de charge Lastverteilung f, Kräfteverteilung f
d. continue stetige (geometrische) Verteilung f
d. des contraintes Spannungsverteilung f
d. à coulisse Kulissensteuerung f
d. déséquilibrée Verteilungsnetz n mit ungleich belasteten Phasen
d. diphasée à trois fils Zweiphasendreileiteranlage f
d. d'eau Wasserversorgung f
d. d'électricité Elektrizitätsversorgung f
d. électrique de l'heure Zentraluhrenanlage f
d. énergétique (de l'énergie) Energieverteilung f
d. équilibrée Verteilungsnetz n mit gleichbelasteten Phasen
d. de films Filmverleih m
d. du flux magnétique Kraftflußverteilung f
d. de gaz Gasversorgung f
d. à guidage Lenkersteuerung f
d. Heusinger Heusinger-Steuerung f
d. maxwellienne Maxwell-Verteilung f
d. à piston Kolbenschiebersteuerung f
d. du potentiel Potentialverteilung f
d. à quatre fils Vierleiteranlage f
d. avec retour par la coque Stromverteilung f mit Schiffskörperrückleitung
d. à (par) soupapes Ventilsteuerung f
d. spectrale spektrale Verteilung f
d. de tension Spannungsverteilung f, Spannungsverlauf m
d. à (par) tiroir Schiebersteuerung f
d. à tiroir double Doppelschiebersteuerung f
d. triphasée Drehstromanlage f
d. à un seul tiroir Einschiebersteuerung f
d. uniforme ⟨Math⟩ Gleichverteilung f
d. des vitesses Geschwindigkeitsverteilung f
district m **de la voie** Bahnmeisterei f
disubstitution f Disubstitution f
disulfure m Disulfid n
dithizone m Dithizon n
diurétique diuretisch, harntreibend

divalent

divalent s. bivalent
divergence f Divergenz f
  d. **aéroélastique** aeroelastisches (aperiodisches) Auskippen n
divergent divergent, divergierend
divergent m Schermittel n ⟨Schleppnetz⟩
diverger divergieren, auseinanderlaufen, sich erweitern, zerstreuen
diversion f Ablenkung f ⟨z. B. eines Flusses⟩
divinylbenzène m Divinylbenzol n
divinyle m Butadien n, Divinyl n
diviser 1. dividieren, teilen; 2. Silben trennen
diviseur m 1. ⟨Math⟩ Divisor m, Teiler m; 2. Teilapparat m; Teilkopf m
  d. **d'échelle** Untersetzer[stufe f] m
  d. **élémentaire** Elementarteiler m
  d. **de fréquence** Frequenzteiler m, Frequenzuntersetzer m
  d. **optique** optischer Teilkopf m
  d. **de phase** Phasenteiler m
  d. **primaire** Primteiler m
  d. **de tension** Spannungsteiler m
  d. **de tension à gaz** Glimmspannungsteiler m
  d. **de zéro** Nullteiler m
  le plus grand d. größter gemeinsamer Teiler m
divisibilité f Teilbarkeit f
divisible teilbar
division f 1. ⟨Math⟩ Dividieren n, Teilen n, Division f, Teilung f; 2. ⟨Masch⟩ Teilung f; 3. Skalenteil m; Gradeinteilung f, Skaleneinteilung f; 4. Betriebsabteilung f; 5. Divis n, Silbentrennung f
  d. **automatique** automatische Division f
  d. **en degrés** Gradeinteilung f
  d. **de l'échelle** Skalenteilung f
  d. **de fréquence** Frequenzteilung f, Frequenzuntersetzung f
  d. **de lecture** Ablesestrich m
  d. **de phase** Phasenteilung f
  d. **en plan** Grundrißaufteilung f
  d. **poussée** Feinzerlegung f
  d. **sexagésimale** Sexagesimalteilung f
  d. **de tension** Spannungsteilung f
  d. **en traits** Strichteilung f
  d. **en virgule fixe** Festkommadivision f
  d. **en virgule flottante** Gleitkommadivision f
dizaine f Zehnergruppe f
dock m 1. Dock n ⟨s. a. bassin, cale, forme⟩; 2. Hafenanlage f; 3. Dockhafenbecken n
  d. **flottant** Schwimmdock n

docker m Hafenarbeiter m, Schauermann m, Stauer m
documentaire m Dokumentarfilm m
documentation f Dokumentation f, technische Beschreibung f, Prospekte mpl, technische Unterlagen fpl
documents mpl **de bord** Schiffsdokumente npl, Schiffspapiere npl
dodécaèdre m Dodekaeder n
dodécagonal zwölfeckig
dodécagone m Zwölfeck n
dodécane m ⟨Ch⟩ Dodekan n
doigt m Finger m; Zapfen m; Bolzen m; Klinke f; Klaue f, Nocken m
  d. **d'arrêt(age)** Anhaltenocken m
  d. **de contact** Kontaktfinger m
  d. **pousse-toc** Mitnehmerstift m
doigtier m Fingerling m
doline f ⟨Geol⟩ Doline f
  d. **d'effondrement** Erdfall m, Pinge f, Einsturzdoline f
dolomie f Dolomit m
  d. **calcinée (cuite)** gebrannter Dolomit m
  d. **damée** Stampfdolomit m
  d. **granuleuse** Dolomitmarmor m
dolomitique dolomitisch
dolomitisation f Dolomitisierung f
domaine m Bereich m, Gebiet n; Arbeitsgebiet n
  d. **des cristaux mixtes** Mischkristallreihe f
  d. **de dislocations** Bereich m von Versetzungen, Versetzungsgebiet n
  d. **d'emploi** Anwendungsbereich m, Anwendungsgebiet n
  d. **ferromagnétique** ferromagnetischer Bereich (Bezirk) m
  d. **de fonctionnement** Arbeitsbereich m
  d. **de fréquences** Frequenzbereich m
  d. **d'intégrité** Integritätsbereich m
  d. **nominal d'utilisation** Nennbereich m
  d. **de réflexion** Reflexionsbereich m, Reflexionsgebiet n
  d. **de solidification** Erstarrungsbereich m
  d. **spectral** Spektralbereich m
  d. **de transformation** Umwandlungsbereich m
  d. **transsonique** schallnaher Bereich m
  d. **d'utilisation** Einsatzgebiet n
  d. **de validité** Gültigkeitsbereich m
  d. **de Weiss** Weißscher Bezirk m
dôme m 1. Kuppel f; Kuppe f; Gewölbe n; 2. Dom m
  d. **éruptif** Lavadom m
  d. **intrusif** Staukuppe f, Quellkuppe f
  d. **radar** Antennenkuppel f

d. salin (de sel) Salzdom *m*
d. de vapeur Dampfdom *m*
dominante *f*:
    d. bleue Blaustich *m*
    d. bleu-verte Blaugrünstich *m*
    d. jaune Gelbstich *m*
    d. pourpre Purpurstich *m*
    d. rouge Rotstich *m*
    d. verte Grünstich *m*
dommage *m*:
    d. causé par les affaissements Senkungsschaden *m*
    d. aux fibres Faserschädigung *f*
    d. minier Bergschaden *m*
    d. par rayonnement Strahlenschaden *m*
donateur *m* Donator *m*
donnée *f* ⟨Math⟩ gegebene Größe *f*
données *fpl* Daten *pl*
    d. alphanumériques alphanumerische Daten *pl*
    d. brutes Ausgangsdaten *pl*
    d. caractéristiques Kenndaten *pl*
    d. cod(ifi)ées verschlüsselte (kodierte) Daten *pl*
    d. digitales digitale Daten *pl*
    d. d'entrée Eingabedaten *pl*
    d. mémorisées gespeicherte Daten *pl*
    d. numériques numerische Daten *pl*
    d. pilotes Hauptdaten *pl*
    d. de sortie Ausgabedaten *pl*
    d. techniques technische Daten *pl*
    d. variables variable Daten *pl*
donner en affrètement in Charter geben, verchartern
donneur *m* Donator *m*
dopage *m* ⟨Ch⟩ Dopen *n*; Dotierung *f*
dope *m* Wirkstoff *m*, Zusatzmittel *n*; Additiv *n* ⟨Öl⟩
doper dopen; dotieren; Additive beigegeben ⟨Öl⟩; mit Zusätzen versehen
doping *m* ⟨El⟩ Dopen *n*
dorage *m* Vergolden *n*
    d. électrolytique galvanisches Vergolden *n*
    d. au feu Feuervergolden *n*
    d. en feuilles Goldplattieren *n*, Golddublieren *n*
dorer vergolden
doris *m* Beiboot *n*; Dory-Boot *n* ⟨Fischerei⟩
dormant *m* 1. Blendrahmen *m*, Zarge *f*; Türrahmen *m*; Grundschwelle *f*; 2. feste Part *f* (z. B. einer Talje)
dormitif *m* Schlafmittel *n*
dorsale *f* 1. Rücken *m*; 2. Hochdruckrücken *m*
dorure *f* s. dorage

dos *m* 1. Rückwand *f*, Rückseite *f*; 2. Rükken *m* ⟨eines Buches⟩; 3. ⟨Schiff⟩ Dach *n*, Square *n* ⟨Schleppnetz⟩
dosable quantitativ bestimmbar
dosage *m* Dosierung *f*, [quantitative] Bestimmung *f*
    d. du béton Betonmischungsverhältnis *n*, Betondosierung *f*
    d. en poids, d. pondéral Gewichtsdosierung *f*, Dosierung *f* nach Gewicht
    d. par précipitation Fällungs[maß]analyse *f*
    d. qualitatif qualitative Bestimmung *f*
    d. quantitatif quantitative Fällung *f*
    d. en volume Volumendosierung *f*, Dosierung *f* nach Volumen
dose *f* Dosis *f*
    d. absorbée absorbierte Dosis *f*
    d. admissible zulässige Dosis *f*, Toleranzdosis *f*
    d. cumulée akkumulierte Dosis *f*
    d. d'efficacité biologique relative RBW-Dosis *f*
    d. globale Gesamtdosis *f*
    d. individuelle Personendosis *f*
    d. d'irradiation Bestrahlungsdosis *f*
    d. létale letale Dosis *f*, Letaldosis *f*, LD
    d. létale 50 % mittlere Letaldosis *f*, LD_{50}
    d. maximale admissible maximal zulässige Dosis *f*, MZD
    d. neutronique Neutronendosis *f*
    d. à la peau Hautdosis *f*
    d. en profondeur Tiefendosis *f*
    d. de rayonnement Strahlungsdosis *f*
    d. de rayonnement diffusé Streustrahlungsdosis *f*
    d. de rayons X Röntgendosis *f*
    d. seuil Schwellendosis *f*
    d. surface Oberflächendosis *f*
    d. tissulaire Gewebedosis *f*
    d. tolérée s. d. admissible
doser dosieren; [quantitativ] bestimmen
doseur *m* Dosierungsvorrichtung *f*; Zuteiler *m* ⟨Fördertechnik⟩
    d. malaxeur Dosatormischer *m*
    d. en poids Gewichtsdosator *m*, Mischer *m* nach Gewicht
dosimètre *m* Dosismesser *m*, Dosimeter *n*, Geiger-Zähler *m*
    d. individuel Personendosimeter *n*
    d. photographique Filmdosimeter *n*
    d. de poche Taschendosimeter *n*
    d. radiothermoluminescent Thermolumineszenzdosimeter *n*
dosimétrie *f* Dosimetrie *f*, Dosismessung *f*
dosseret *m* Lastenschutz *m* ⟨Gabelstapler⟩

dossier

dossier m 1. Rückwand f, Rücklehne f; Stirnwand f ⟨Ladepritsche⟩; 2. ⟨Text⟩ Grundgewebe n
doublage m 1. Laminieren n; Laminierung f; Dublierung f, Dopp[e]lung f; Futter n; 2. Doubeln n ⟨Film⟩
   d. par extrusion-laminage Spritzbefilmen n
   d. de fréquence Frequenzverdopp[e]lung f
   d. à la mousse Schaumstofflaminierung f
   d. de tension Spannungsverdopp[e]lung f
doubleau m Gurtbogen m
double-commande f Doppelsteuerung f
double-face zweiseitig
double-flux m ⟨Flg⟩ Doppelstromturbine f
double-fond m Doppelboden m
doubler 1. laminieren, kaschieren, fachen, dublieren; 2. doubeln ⟨Film⟩
doublet m 1. ⟨Ph, Ch⟩ Dublett n; Zweierschale f; 2. ⟨Opt⟩ Dublett n; Doppellinie f ⟨Spektrum⟩ 3. ⟨El⟩ Dipol m ⟨s. a. dipôle⟩
   d. de charge Ladungsdublett n
   d. électronique Elektronenpaar n
   d. électrostatique elektrostatisches Dublett n
   d. fondamental Grunddublett n
   d. d'hélice Doppelluftschraube f
   d. magnétique magnetisches Dublett n
   d. quatripolaire électrostatique elektrostatisches Quadrupoldublett n
   d. à (de) spin Spindublett n
doubleur m Doppler m, Verdoppler m
   d. de fréquence Frequenzverdoppler m
   d. de tension Spannungsverdoppler m
doubleuse f 1. ⟨Text⟩ Dubliermaschine f, Fachmaschine f; 2. ⟨Typ⟩ Kaschiermaschine f
doublier m 1. ⟨Text⟩ Mitläufer[tuch n]m, Drucktuch n; 2. Futterraufe f
doublon m ⟨Typ⟩ Hochzeit f
doublure f Fütterung f, Futter[stoff m]n
   d. de laminage Naht f [beim Walzen]
   d. de toile à voile Leinwandeinlage f
douceâtre süßlich
douche f 1. Dusche f, Brausebad n; 2. Duschraum m
doucine f Kehlleiste f, Karnies m
douci-poli m de la glace Schleifen n und Polieren n von Spiegeln
doucir klarschleifen ⟨Glas⟩
doucissage m Feinschleifen n; Klarschleifen n ⟨Glas⟩
   d. du verre Glasschleifen n

douelle f Bogenfläche f, Wölbung f; Wölbstein m
douille f 1. Hülse f; Patronenhülse f; 2. Buchse f; 3. Futter n; 4. Tülle f; 5. Fassung f
   d. à aiguilles Nadelhülse f ⟨Nadellager ohne Innenring und mit kleinstem Raumbedarf⟩
   d. à aiguilles à cage Nadelhülse f mit Käfig
   d. à aiguilles jointives Nadelhülse f ohne Käfig
   d. à baïonnette Bajonettfassung f
   d. de câble Seilhülse f
   d. pour casque Kopfhöreranschlußbuchse f; Telefonbuchse f
   d. de contact en forme de tulipe Tulpenkontakt m
   d. coulissante verschiebbare Hülse f
   d. d'écartement Abstandshülse f, Distanzhülse f
   d. Edison Edison-Fassung f
   d. d'entrainement Einstecknuß f ⟨Schraubenschlüssel, Schrauber⟩
   d. intermédiaire Zwischenhülse f, Zwischenfutter n
   d. isolante Isolierbuchse f
   d. de microphone Mikrofonbuchse f
   d. mignonnette Mignonfassung f
   d. porte-foret Bohrfutter n
   d. de réduction Reduzierhülse f, Reduzierfutter n
   d. de serrage Spannzapfen m
   d. de sortie Ausgangsbuchse f
   d. spéciale Spezialfassung f
   d. de terre Erdbuchse f
   d. à vis Schraubfassung f
douve f Daube f, Faßdaube f
doux mild, weich
dragage m Baggern n; Baggerung f
dragages mpl d'entretien ständige Baggerarbeiten fpl
dragline f Kabelbagger m, Schleppschaufelbagger m, Schürfbagger m
dragline-marcheur f Schreitbagger m
dragon m Drachen m ⟨Boot⟩
drague f Bagger m
   d. aspiratrice Saugbagger m
   d. autoporteuse Hopperbagger m
   d. à bennes preneuses Eimerkettenbagger m
   d. sur câble Kabelbagger m
   d. à chaine Kettenbagger m
   d. chargeuse Ladebagger m
   d. de creusement à cuiller Tieflöffelbagger m
   d. à cuiller Löffelbagger m

d. flottante ⟨Brg⟩ Naßbagger m; ⟨Schiff⟩ Schwimmbagger m
d. à godets Eimerkettenbagger m
d. à grappin Greiferbagger m
d. humide Naßbagger m
d. humide à godets Eimernaßbagger m
d. hydraulique Naßbagger m
d. marine Seebagger m
d. de nivellement Planierbagger m
d. à noria Eimerkettenbagger m
d. à pelle Löffelbagger m
d. à plat Flachbagger m
d. preneuse Greifbagger m
d. à sac Sackbohrer m
d. sèche Trockenbagger m
d. suceuse Pumpenbagger m, Saugbagger m
d. suceuse-porteuse Hoppersaugbagger m
d. trainante Schleppschaufelbagger m
d. universelle Universalbagger m
draguer 1. [aus]baggern; 2. mit Schleppgeräten fischen
drague-refouleur f Spülbagger m
dragueur Bagger-
dragueur m 1. Bagger m; Baggerboot n; 2. Baggerführer m
d. de sable Sandbagger m
drain m 1. Abflußrohr n, Drän m, Sickerrohr n; 2. Dränagegraben m; Entwässerungsleitung f
d. en pierre sèche Sickergraben m
drainage m 1. Dränage f, Entwässerung f, Trockenlegung f; Abwässerung f; 2. Wasserableitung f; Sickerungen fpl
d. au sol Bodenentwässerung f
drainer dränieren, entwässern, trockenlegen
draisine f Draisine f
drap m Tuch n
drapé m Drapiervermögen n ⟨von Stoffen⟩
drapeau m Signalflagge f
dressage m 1. Aufrichten n; Errichtung f; Aufstellung f; Richten n, Planieren n; 2. Abrichten n ⟨Schleifkörper⟩
dressant m ⟨Brg⟩ steil einfallende Schicht f, steiler Flügel m
dresser 1. richten, planieren; 2. abrichten ⟨Schleifkörper⟩
d. une carte kartieren
d. un plan einen Plan entwerfen
dresse-tube m Rohrrichtmaschine f
dresseuse f Richtmaschine f, Richtapparat m ⟨s. a. machine à dresser⟩
dressoir m Ausstreicheisen n

drift m Drift f
drill m Drillmaschine f
drille f Drillbohrer m
driller bohren
drisse f 1. Fall n ⟨Segel⟩; 2. Flaggleine f, Heißleine f ⟨z. B. Flaggen⟩
driver m Treiber m
drogue f Droge f; Rauschgift n
droit gerade; rechts; in aufrechter Schwimmlage
droit m:
d. d'auteur Urheberrecht n, Copyright n
d. de bris, d. d'épave Strandrecht n
d. maritime Seerecht n
droite f Gerade f
d. d'appui Stützgerade f
d. de dosage, d. d'étalonnage Eichgerade f
d. de l'infini unendlich ferne Gerade f
droites fpl **conjuguées** zugeordnete Geraden fpl
droits mpl Gebühren fpl
d. de passage de canaux Kanalgebühren fpl
d. de port Hafengebühren fpl
d. de quai Kaigebühr f
drome f **de sauvetage** Rettungseinrichtung f
drosse f Ruderkette f
druse f Druse f
dualité f ⟨Math⟩ Dualität f; ⟨Ph⟩ Dualismus m
d. d'onde et de particule Dualismus m von Welle und Teilchen
duc-d'albe m Dalben m
ductile formbar, dehnbar, streckbar; geschmeidig
ductilité f Formbarkeit f; Verformbarkeit f, Verformungsfähigkeit f, Fließvermögen n, Dehnbarkeit f, Streckbarkeit f, Geschmeidigkeit f, Plastizität f
d. à chaud Warmformbarkeit f, Warmbildsamkeit f
d. à froid Kaltformbarkeit f
duitage m ⟨Text⟩ 1. Schützendurchgang m, Schützenlauf m; 2. Schuß[fäden mpl] m pro Zentimeter
duite f ⟨Text⟩ Schuß[faden] m
dulcification f Rohbleiraffination f
dulcifier Rohblei raffinieren
dulcite f, **dulcitol** m Dulzit n
dumper m Dumper m
dune f:
d. extérieure Außendüne f
d. en forme de croissant Sicheldüne f
d. interne Innendüne f
d. littorale Küstendüne f

d. longitudinale Längsdüne f
d. migrante Wanderdüne f
d. transversale Querdüne f
dunette f ⟨Schiff⟩ Poop f
duo m Duowalzwerk n
   d. continu Duogerüst n einer kontinuierlichen Walzstraße
   d. dégrossisseur Duovorwalzwerk n
   d. réversible Duoumkehrgerüst n
duodiode f Duodiode f, Doppeldiode f
duostat m Differenztemperaturregler m
duotriode f Duotriode f, Doppeltriode f
duplex m 1. ⟨Fmt⟩ Gegensprechverkehr m, Duplexverkehr m; 2. ⟨Met⟩ Duplexverfahren n
duplexage m ⟨Fmt⟩ Gegensprechanordnung f, Viereranordnung f
duplexer ⟨Fmt⟩ im Gegensprechverkehr anordnen
duplexeur m ⟨Fmt⟩ Simultanantenne f; Sende-Empfangs-Weiche f ⟨Radar⟩
duplicateur m Vervielfältigungsapparat m, Kopiergerät n, Abziehapparat m
duplication f Vervielfältigung f; Kopieren n, Abziehen n
dupliquer s. duplexer
dur hart
durabilité f Dauerhaftigkeit f, Festigkeit f, Haltbarkeit f; Steifigkeit f; Härte f, Kratzfestigkeit f
   d. naturelle natürliche Dauerhaftigkeit f
durain m Mattkohle f, Durit m
duralumin m Duraluminium n
durcir [kalt]härten, verfestigen, aushärten
   se d. hart werden
durcissable härtbar
durcissant härtend, Härte-, Härtungs-
   d. au froid kalthärtend
durcissement m 1. Härten n, Verfestigen n, Aushärten n, Kalthärten n; 2. Härtung f; Erhärtung f; Verhärtung f, Hartwerden n
   d. à cœur Durchhärtung f
   d. par déformation Kaltverfestigung f
   d. par étincelage Oberflächenverfestigung f durch Funkenerosion
   d. au four Ofenhärtung f
   d. à froid Kalthärtung f
   d. des graisses Fetthärtung f
   d. par grenaillage Oberflächenverfestigung f durch Strahlen mit Sand oder Metallkorn
   d. par revenu Anlaßhärtung f
   d. du spectre Spektrumhärtung f
   d. superficiel Oberflächenhärtung f
   d. par trempe Abschreckhärtung f

durcisseur m Härter m; Erhärtungsmittel n, Härtungsmittel n ⟨Zusatz zu Beton⟩
durée f 1. Dauer f; Lebensdauer f; 2. Standzeit f ⟨Werkzeug⟩; 3. Betriebszeit f ⟨s. a. temps, période⟩
   d. d'action Einwirkungsdauer f
   d. d'affaiblissement Abfallzeit f ⟨eines Relais⟩
   d. d'amortissement Ausschwingdauer f
   d. d'arc Lichtbogendauer f ⟨Schaltung⟩; Löschdauer f ⟨Sicherung⟩
   d. d'arrêt Haltezeit f
   d. de battement Schwebungsdauer f
   d. de blanchiment Bleichdauer f
   d. de calcul ⟨Dat⟩ Rechenzeit f
   d. de charge Belastungsdauer f
   d. du chargement ⟨Schiff⟩ Ladezeit f
   d. de commutation Kommutierungsdauer f
   d. de conservation Aufbewahrungszeit f
   d. de la conversation Gesprächsdauer f
   d. de copie Belichtungszeit f ⟨Kopie⟩
   d. de coulée en poche Pfannengießzeit f
   d. de coupure Ausschalteigenzeit f, Abschaltverzug m
   d. d'un cycle Zykluszeit f
   d. de débit Brenndauer f ⟨Gleichrichter⟩
   d. de décharge(ment) Entladedauer f; ⟨Schiff⟩ Löschzeit f
   d. de démarrage Anlaufdauer f, Anlaufzeit f, Anlaßzeit f
   d. de désionisation ⟨El⟩ Löschzeit f
   d. du développement Entwicklungsdauer f, Entwicklungszeit f
   d. d'éclairage Beleuchtungsdauer f
   d. d'éclusage Schleusenaufenthalt m
   d. d'enclenchement [relative] Einschaltdauer f; Einschaltverzug m
   d. d'encollage Verleimzeit f
   d. d'enregistrement Laufzeit f ⟨z. B. eines Tonbandes⟩
   d. d'établissement Anstiegszeit f, Einschwingzeit f
   d. d'exploitation Betriebsdauer f
   d. d'exposition 1. ⟨Kern⟩ Expositionsdauer f, Bestrahlungszeit f; 2. Belichtungsdauer f; 3. ⟨Ch⟩ Einwirkungsdauer f
   d. de fermeture s. d. d'enclenchement
   d. du film Filmdauer f; Filmlaufzeit f
   d. de filtration Filterzeit f
   d. de fixage Fixierdauer f
   d. de fonctionnement Betriebszeit f
   d. du front Stirnzeit f ⟨einer Stoßwelle⟩
   d. de fusion Schmelz[ungs]dauer f

d. de gonflement Quellzeit f
d. d'immersion Expositionszeit f ⟨Oberflächenbehandlung⟩
d. d'impulsion Impulsdauer f, Impulsbreite f
d. de lavage Waschzeit f, Waschdauer f
d. de la ligne ⟨Fs⟩ Zeilendauer f
d. de malaxage Mischdauer f
d. mécanique mechanische Lebensdauer f
d. du mélangeage Mischzeit f
d. (de) mer Seezeit f
d. de mise en action Ansprechzeit f
d. de mise au repos Abfallzeit f ⟨eines Relais⟩
d. jusqu'à la mi-valeur de la queue Rückhalbwert[s]zeit f ⟨Stoßwelle⟩
d. de mobilité Umschaltzeit f ⟨Zerhacker⟩
d. de mouillage Benetzungszeit f, Benetzungsdauer f
d. d'ouverture Ausschaltdauer f; Ausschaltverzug m
d. de parcours 1. Fahrzeit f; 2. Laufzeit f
d. d'une période Periodendauer f
d. de phosphorescence Nachleuchtdauer f
d. à pleine charge Lebensdauer f bei voller Belastung
d. port Hafen[liege]zeit f
d. de pose Belichtungszeit f, Belichtungsdauer f
d. de la précipitation Niederschlagsdauer f
d. de prise Abbindezeit f
d. de projection Spieldauer f; Laufzeit f ⟨eines Films⟩
d. de propulsion Antriebsdauer f, Antriebsperiode f, Antriebszeit f
d. de réaction Reaktionsdauer f, Reaktionszeit f
d. de rectification en plongée Einstechzeit f
d. de réponse Ansprechzeit f, Einstellzeit f, Anlaufzeit f; Trägheit f
d. de reproduction Abspieldauer f ⟨eines Films⟩
d. réservée à l'entretien Wartungszeit f
d. de retard Verzögerungszeit f; Laufzeit f
d. de retour au zéro Abklingzeit f
d. de revenu ⟨Met⟩ Anlaßdauer f
d. de séchage Trockenzeit f, Einbrennzeit f
d. de séjour Standzeit f; ⟨Schiff⟩ Liegezeit f

d. de séjour au port Hafen[liege]zeit f
d. de service Betriebsdauer f
d. de stockage Lagerungsdauer f
d. aux températures élevées Hitzebeständigkeit f
d. totale de coupure Ausschaltdauer f
d. de tournage Drehzeit f ⟨für einen Film⟩
d. de trame ⟨Fs⟩ Teilbilddauer f
d. de transit Übergangszeit f
d. de transmission Übertragungszeit f
d. de trempe Abschreckdauer f
d. utile Lebensdauer f, Nutzungszeitraum m
d. d'utilisation Gebrauchsdauer f
d. de validité Gültigkeitsdauer f
d. de vie Lebensdauer f
d. de vieillissement Alterungsdauer f
d. de vol Flugzeit f; Laufzeit f
d. de la voûte Gewölbehaltbarkeit f
dureté f Härte f
d. de l'acier Stahlhärte f
d. du bois Holzhärte f
d. Brinell Brinellhärte f
d. carbonique Karbonathärte f ⟨Wasser⟩
d. à chaud Warmhärte f
d. de cisaillement Schubhärte f, Kugelschubhärte f
d. mécanique mechanische Härte f
d. d'un rayonnement Härte f einer Strahlung
d. à la rayure Ritzhärte f
d. restante Resthärte f
d. après (de) revenu Anlaßhärte f
d. Rockwell Rockwellhärte f
d. Rockwell C Rockwell-C-Härte f
d. sclérométrique Ritzhärte f
d. Shore Shorehärte f
d. au striage Ritzhärte f
d. superficielle (de surface) Oberflächenhärte f
d. totale Gesamthärte f
d. Vickers Vickershärte f
duromètre m Härtemesser m
duroplaste m Duroplast m
duvet m ⟨Text⟩ Fluse f; Faserpflug m
dyke m de minerai intrusiver Erzgang m
dyname m ⟨Mech⟩ Kräftepaar n
dynamique dynamisch
dynamique f Dynamik f
d. de l'exploitation Abbaudynamik f
dynamite f Dynamit n
dynamite-gomme f Sprenggelatine f
dynamiterie f Dynamitfabrik f
dynamo f Dynamo[maschine f] m; ⟨Kfz⟩ Lichtmaschine f

dynamo

d. anticompound Gegenverbunddynamo *m*
d. autorégulatrice selbstregulierender Dynamo *m*
d. de bicyclette Fahrraddynamo *m*
d. compound Doppelschlußdynamo *m*
d. de freinage Bremsdynamo *m*
d. en série Hauptschlußdynamo *m*
d. shunt Nebenschlußdynamo *m*
dynamo-électrique dynamoelektrisch
dynamométamorphisme *m* Dynamometamorphose *f*
dynamomètre *m* Dynamometer *n*, Energiemesser *m*, Kraftmesser *m*; Festigkeitsprüfgerät *n*, Festigkeitsmesser *m*
 d. à frein (de Prony) Bremsdynamometer *n*, Bremszaum *m*
dynamomoteur *m* Drehumformer *m* ⟨Motor und Generator⟩
dynatron *m* Dynatron *n*
dyne *f* Dyn *n* ⟨Einheit der Kraft⟩
dynode *f* Dynode *f* ⟨Sekundärelektronenvervielfacher⟩
dynstat *m* Dynstat *m*
dysprosium *m* Dysprosium *n*

E

eau *f* Wasser *n*; **en e. libre** freifahrend ⟨z. B. Propeller⟩; **entre deux eaux** pelagial; pelagisch
 e. d'alimentation Speisewasser *n*
 e. d'alimentation des chaudières Kesselspeisewasser *n*
 e. amoniacale Ammoniakwasser *n*
 e. d'amont Oberwasser *n*
 e. d'appoint Ergänzungswasser *n*, Zusatzwasser *n*, Frischwasser *n* ⟨Dampferzeugungsanlage⟩
 e. artésienne artesisches Wasser *n*
 e. atmosphérique atmosphärisches Wasser *n*
 e. d'aval Unterwasser *n*
 e. de ballast(age) ⟨Schiff⟩ Ballastwasser *n*
 e. de baryte Barytwasser *n*
 e. blanche Bleiwasser *n*
 e. de brome Bromwasser *n*
 e. brute Rohwasser *n*
 e. calcaire kalk(halt)iges Wasser *n*
 e. de cales ⟨Schiff⟩ Bilgewasser *n*
 e. calme Glattwasser *n*, Ruhigwasser *n*
 e. capillaire Kapillarwasser *n*
 e. captive gespanntes Grundwasser *n*
 e. de chaux Kalkwasser *n*
 e. de chlore Chlorwasser *n*
 e. de circulation Rückkühlwasser *n*, Umlaufwasser *n*
 e. collée Bleiwasser *n*
 e. de condensation, e. condensée Kondenswasser *n*
 e. connexe Haftwasser *n*
 e. de constitution Konstitutionswasser *n*, Kristallwasser *n*
 e. de cristallisation Kristall(isations)wasser *n*
 e. distillée destilliertes Wasser *n*
 e. douce 1. weiches Wasser *n*; 2. Süßwasser *n*
 e. douce de réfrigération Frischkühlwasser *n*
 e. dure hartes Wasser *n*
 e. d'égout Schmutzwasser *n*
 e. d'égouttage Sickerwasser *n*
 e. ferrugineuse eisenhaltiges Wasser *n*
 e. de filtration Sickerwasser *n*
 e. de fonte Schmelzwasser *n*
 e. forte Scheidewasser *n*; Salpetersäure *f*
 e. fraiche Frischwasser *n*
 e. de gâchage ⟨Bw⟩ Anmachwasser *n*
 e. glacée Eiswasser *n*
 e. industrielle Brauchwasser *n*
 e. d'infiltration Sickerwasser *n*
 e. innée fossiles Wasser *n*
 e. interstitielle Porenwasser *n*
 e. iodée Jodwasser *n*
 e. juvénile juveniles Wasser *n*
 e. de lavage Waschwasser *n*
 e. de lavande Lavendelwasser *n*
 e. légère leichtes Wasser *n*
 e. de lestage ⟨Schiff⟩ Ballastwasser *n*
 e. lourde schweres Wasser *n*, Schwerwasser *n*
 e. de mer Meerwasser *n*, Seewasser *n*
 e. de mer de réfrigération Seekühlwasser *n*
 e. de mine Grubenwasser *n*
 e. minérale Mineralwasser *n*
 e. motrice Treibwasser *n*, Aufschlagwasser *n*
 e. de mouillage ⟨Typ⟩ Wischwasser *n*
 e. ordinaire gewöhnliches Wasser *n*
 e. oxygénée Wasserstoffsuperoxid *n*
 e. phréatique Grundwasser *n*
 e. potable Trinkwasser *n*
 e. sous pression Druckwasser *n*
 e. profonde Tiefenwasser *n*
 e. de réaction Reaktionswasser *n*
 e. de réfrigération (refroidissement) Kühlwasser *n*
 e. régale Königswasser *n*, Goldscheidewasser *n*

e. resuée ⟨Met⟩ Schwitzwasser n
e. de rinçage Spülwasser n
e. de roses Rosenwasser n
e. salée Salzwasser n
e. du sol superficiel Bodenwasser n
e. de soudage (soudure) Lötwasser n
e. soulevée en coupole Wasserkuppel f
e. de source Quellwasser n
e. souterraine Grundwasser n
e. de suintement Sickerwasser n
e. de surface Oberflächenwasser n
e. surjacente Hangendwasser n
e. usée Schmutzwasser n
e. vadeuse vadoses Wasser n
eau-forte f Ätze f, Ätzwasser n
eau-mère f Mutterlauge f
eaux fpl 1. Gewässer npl; 2. Gezeit f, Tide f ⟨s. a. marée, mer⟩
   e. encombrées verkehrsreiche Gewässer npl
   e. fluviales Flußgewässer npl
   e. intérieures Binnengewässer npl
   e. marines (maritimes) Meeresgewässer npl, Seegewässer npl
   e. résiduaires Abwässer npl
   e. résiduaires de filage Spinnablauge f
   e. résiduaires de l'industrie industrielle Abwässer npl
   e. territoriales Territorialgewässer npl
   e. usées Abwässer npl
   basses e. Niedrigwasser n
   hautes e. Hochwasser n
   mortes e. Nipptide f
   vives e. Springflut f
eaux-vannes fpl Abwässer npl
ébarbage m, ébarbement m 1. Entgraten n, Putzen n; 2. ⟨Typ⟩ Beschnitt m
   é. des lingots Blockputzen n
ébarber 1. entgraten, putzen; 2. ⟨Typ⟩ beschneiden
ébarbeur m Putzer m
   é. d'orge Gerstenentgranner m
ébarbeuse f Gußputzmaschine f
ébarbure f Grat m; Abgratschrott m
ébauchage m 1. Vorarbeit f; Grobbearbeitung f; Schruppen n; Vorpressen n; Vorwalzen n; Vorschleifen n
ébauche f 1. Schruppen n; 2. Rohling m; Preßling m; 3. Entwurf m; 4. Külbel n (Glasherstellung)
   é. destinée à l'estampage Gesenkschmiederohblock m
   é. pour presse à filer Strangpreßrohling m
ébaucher 1. vorarbeiten, grobarbeiten; schruppen; vorpressen; vorbohren; vorfräsen; vorwalzen; 2. entwerfen
   é. à froid kaltfließpressen

ébaucheuse f Blockgerüst n
ébauchoir m Stemmbeitel m, Stechbeitel m; Bossiereisen n
ébavurage m Entgraten n
   é. au bain Badentgraten n
   é. électrolytique elektrolytisches Entgraten n
   é. en forme Formentgraten n
ébavurer entgraten
ébénisterie f pour haut-parleur Lautsprechergehäuse n
éblouissement m Blendung f
ébonitage m Gummierung f
ébonite f Ebonit n, Hartgummi m
ébonité gummiert
ébouillanter dämpfen
éboulement m 1. ⟨Brg⟩ Bruch m; Strebbruch m; Zubruchgehen n; Hereinbrechen n des Hangenden (Strebbau); 2. ⟨Geol⟩ Bergsturz m, Felssturz m
ébouler/s' zu Bruch gehen
ébouleux ⟨Brg⟩ nachfällig
éboulis m ⟨Brg⟩ Nachfall m; ⟨Geol⟩ Geröll n
   é. de foudroyage Bruchmassen fpl
   é. glaciaires Gletscherschutt m
   é. de pente Gehängeschutt m
ébouriffage m à l'air comprimé Lufttexturierverfahren n
ébouriffeuse f Rauhmaschine f
ébranchage m Entästung f
ébranché astrein
ébrasement m 1. Abschrägung f; 2. Leibung(stiefe) f, Leibungsschräge f
ébrasure f Ausschrägung f
ébulliomètre m Ebullioskop n
ébulliométrie f Ebullioskopie f
ébullioscope m s. ébulliomètre
ébullioscopie f s. ébulliométrie
ébullition f Auskochen n; Kochen n; Sieden n
   é. au reflux Rückflußkochen n
écaillage m 1. ⟨Met⟩ Abblättern n; 2. Entschuppen n ⟨Fisch⟩
écaille f Schuppe f; Splitter m; Glühspan
   é. de laminage Walzsinter m
écailler schuppenförmig anordnen; [ent-]schuppen
écart m 1. Abweichung f; 2. Abmaß n, Toleranz f; 3. Laschung f
   é. admissible zulässige Abweichung f
   é. angulaire Winkelabweichung f
   é. arithmétique mittlere Abweichung f
   é. de consigne Abweichung f vom Sollwert
   é. effectif vorhandenes Abmaß n
   é. étalon mittlere quadratische Abweichung f

écart

é. de fréquence Frequenzhub m
é. moyen absolu mittlere Abweichung f
é. quadratique moyen s. é. étalon
é. de réglage Regelabweichung f
é. temporaire vorübergehende Regelabweichung f

écartement m 1. Abstand m; Entfernung f; Spalt m ⟨s. a. espacement, intervalle 2.⟩; 2. Spannweite f; 3. Spurweite f; 4. Teilung f ⟨z. B. der Nadeln⟩
é. des aiguilles Nadelteilung f
é. entre axes Achsabstand m
é. des boudins Spurkranzabstand m
é. entre contacts Kontaktabstand m
é. des électrodes Elektrodenabstand m
é. de faille ⟨Geol⟩ Verwerfungsraum m
é. des images successives Bildabstand m
é. international internationale Spurweite f
é. des membrures Spantabstand m
é. des niveaux nucléaires Kernniveauabstand m
é. normal Normalspur f, normale Spurweite f
é. des objectifs Objektivabstand m
é. des pôles Polabstand m

écarte-pneu m Reifenspreizer m

écarter ⟨Text⟩ spreiten, ausbreiten

écart-type m mittlere Abweichung f

échafaud m Baugerüst n, Gerüst n; Stellage f; ⟨Schiff⟩ Stelling f
é. volant Hängegerüst n

échafaudage m 1. Baugerüst n; 2. Gerüstaufstellung f
é. de coffrage Schalgerüst n
é. à échelles Leitergerüst n
é. à étais Ständergerüst n
é. de forage Bohrgerüst n
é. de forme Lehrgerüst n
é. de montage Montagegerüst n
é. de transport Fördergerüst n
é. tubulaire Stahlrohr(bau)gerüst n

échafauder ein Gerüst aufstellen (aufschlagen)

échafaudeur m Einrüster m, Gerüstarbeiter m

échange m:
é. de chaleur Wärmeaustausch m
é. de charge Ladungsaustausch m
é. chimique chemischer Austausch m
é. du combustible Brennstoffwechsel m
é. d'énergie Energieaustausch m
é. des informations Austausch m (Umspeicherung f) von Informationen
é. d'ions Ionenaustausch m
é. isotopique Isotopenaustausch m
é. de masse Stoffaustausch m
é. de particules Teilchenvertauschung f
é. de programmes Programmaustausch m
é. standard Baugruppenaustausch m
é. thermique Wärmeaustausch m

échangeable auswechselbar, austauschbar

échanger auswechseln, austauschen

échangeur m Austauscher m
é. de bobines ⟨Text⟩ Hülsenaustauschmaschine f
é. cationique (de cations) Kationenaustauscher m
é. de chaleur Wärme(aus)tauscher m
é. de chaleur à courants croisés Kreuzstromwärme(aus)tauscher m
é. de chaleur à faisceau tubulaire Rohrbündelwärme(aus)tauscher m
é. de chaleur à plaques Plattenwärme(aus)tauscher m
é. à contre-courant Gegenströmer m
é. à froid à contre-courant Unterkühlungsgegenströmer m
é. d'ions Ionenaustauscher m
é. de température, é. thermique Wärme(aus)tauscher m
é. tubulaire Rohrwärme(aus)tauscher m

échantillon m 1. Probe(stück n) f; Muster n; Versuchsobjekt n; 2. Stichprobe f; 3. s. éprouvette 3.; 4. Drehbrett n ⟨Keramik⟩
é. d'acier Stahlprobe f
é. aléatoire Zufallsstichprobe f
é. à analyser Analysenprobe f
é. sans biais unverzerrte Stichprobe f
é. de caractères ⟨Typ⟩ Schriftmuster n
é. de carotte Kernprobe f ⟨Bohren⟩
é. étalon Standardprobe f; Eichprobe f
é. de gaz Gasprobe f
é. au hasard Stichprobe f
é. à main Handstück n
é. massif massives Objekt n
é. en poudre pulverförmige Probe f, Pulverprobe f
é. de scorie Schlackenprobe f
é. de sondage Bohrprobe f
é. témoin s. é. étalon

échantillonnage m 1. Probenahme f; Stichprobenerhebung f; 2. ⟨Text⟩ Ausmusterung f; Musterung f; Musternahme f; 3. festigkeitsmäßige Auslegung f
é. en grappes Klumpenauswahlverfahren n

échantillonner 1. eine Probe entnehmen; 2. (ab)mustern, ausmustern; 3. festig-

keitsmäßig bemessen (auslegen) ⟨z. B. Schiffskörperverbände⟩
échantillonneur m Probenehmer m
échantillons mpl Abmessungen fpl der Festigkeitsverbände, Querschnittsabmessungen fpl
échappement m 1. Entweichen n, Ausströmen n; 2. Auspuff m; 3. Rauchaustritt m; 4. Hemmung f ⟨im Uhrwerk⟩
é. anticipé Vorausströmung f ⟨Dampfmaschine⟩
é. double doppelter Rauchaustritt m
échapper entweichen, ausströmen, auspuffen
s'é. entweichen
échardonnage m Entkletten n ⟨z. B. von Wolle⟩
échardonner entkletten ⟨z. B. Wolle⟩
écharnage m Entfleischung f ⟨von Leder⟩
écharner entfleischen ⟨Leder⟩
écharneuse f Entfleischmaschine f ⟨Leder⟩
écharpe f Flankenfahrt f
échauder (ab)brühen
échauffe f Schwitzen n ⟨von Leder⟩
échauffé verstockt, stockig
échauffement m Erwärmung f
  é. du collecteur Kommutatorerwärmung f
  é. dynamique dynamische Erwärmung f
  é. de l'enroulement Wicklungserwärmung f.
  é. gamma Gammaerwärmung f, Erwärmung f durch Absorption von Gammastrahlung
  é. limite Grenzübertemperatur f
  é. spontané Selbsterwärmung f
échauffer erwärmen
échelette f Erntegatter n
échelle f 1. Leiter f; 2. Abstufung f, Skala f; 3. Skale(nteilung) f; 4. Maßstab m; 5. Fahrt f; 6. Untersetzerschaltung f
  é. d'agrandissement Vergrößerungsmaßstab m
  é. annulaire Ringskale f
  é. de ballast Tankleiter f
  é. de Beaufort Beaufortskale f, Windstärkenskale f
  é. binaire Binärskale f
  é. de cale Raumleiter f
  é. centésimale Celsiusskale f
  é. de charge Ladeskale f, Lastenmaßstab m, Tragfähigkeitsskale f
  é. de comptage Untersetzer m, Zähler m, Zählgerät n
  é. de comptage binaire binärer Untersetzer (Zähler) m, binäres Zählgerät n
  é. de comptage décimal dekadischer Untersetzer (Zähler) m, dekadisches Zählgerät n
  é. de comptage à transistors transistorisiertes Zählgerät n
  é. de corde Tauleiter f
  é. coulissante Feuerwehrleiter f
  é. de coupée Fallreep n
  é. à décades s. é. de comptage décimal
  é. dilatée au zéro Skale f mit gespreiztem Anfangsbereich
  é. des dioptries Dioptrienskale f
  é. de Douglas Seegangstärkenskala f
  é. de dureté Härteskala f
  é. d'échafaudage Gerüstleiter f
  é. éclairée beleuchtete Skale f
  é. Fahrenheit Fahrenheitskale f
  é. graduée Skale f; Maßstab m
  é. graduée micrométrique Mikrometerskale f
  é. des gris Graukeil m
  é. d'incendie Feuerwehrleiter f
  é. indicatrice Anzeigeskale f
  é. de lecture Ableseskale f
  é. linéaire lineare Skale f
  é. logarithmique logarithmische Skale f
  é. des marées Gezeitenpegel m, Tidenmesser m
  é. de Mohs Mohssche Härteskala f, Härteskala nach Mohs
  é. musicale Tonskala f, Tonleiter f
  é. musicale chromatique chromatische Tonskala f
  é. musicale diatonique diatonische Tonskala f
  é. non linéaire nichtlineare Skale f
  é. de pilote Jakobsleiter f, Lotsenleiter f, Sturmleiter f, Tauleiter f
  é. à point proche Nahpunktsmesser m
  é. de profondeur de netteté Schärfentiefenskala f
  é. quadratique quadratische Skale f
  é. Réaumur Reaumurskale f
  é. de réduction Verkleinerungsmaßstab m
  é. de réglage Einstellskale f
  é. à suppression du point zéro Skale f mit unterdrücktem Nullpunkt
  é. de température absolue absolute Temperaturskale f
  é. de température internationale internationale Temperaturskale f
  é. des temps Zeitzähler m
  é. thermométrique Temperaturskale f; Thermometerskale f

échelle 244

é. **de tirant d'eau** Ahming f, Tiefgangmarke f
échelon m 1. Sprosse f; ⟨Brg⟩ Fahrtensprosse f; 2. Stufe f; Grad m
é. **unité** Heaviside-Funktion f
échelonnement m Abstufung f
échenilloir m Baumschere f
écheveau m Docke f, Strähne f, Strang m
échevette f Gebinde n
échiquier m Hebenetz n, Senknetz n
écho m Echo n
  é. **additionnel** Nebenecho n
  é. **du fond, é. de mer** Bodenecho n
  é. **multiple** Mehrfachecho n
  é. **parasite** Störecho n
  é. **de radar** Radarecho n
  é. **de sol** Bodenecho n
  é. **téléphonique** Telefonecho n
  é. **d'ultrason** Ultraschallecho n
écholocation f Echolotung f
échoppe f Ätznadel f
échopper mit der Nadel ätzen
écho-sondage m Echolotung f
écho-sonde(ur m) f Echolot n
échouage m 1. Aufstrockenebringen n, Auflandnehmen n, Auflandziehen n; 2. Aufslippen n; 3. Docken n, Eindokken n
  é. **au (dans le) bassin** Docken n, Eindocken n; Dockung f
  é. **sur la plage** Auflandziehen n, Aufstrandziehen n
échouement m Aufgrundsetzen n; Stranden n; Strandung f
échouer 1. aufs Trockene bringen; auf Land nehmen; 2. aufslippen; 3. (ein)docken; 4. auf Grund setzen
  é. **au bassin** (ein)docken
  é. **sur la plage** auf Land (Strand) ziehen
s'é. auflaufen, auf Grund laufen; stranden
écimage m Ausdünnen n
écimeuse f Ausdünngerät n ⟨z. B. für Rüben⟩
éclaboussure f Schmutzspritzer m, Schmutzeinschluß m ⟨z. B. Farb- oder Ölspritzen⟩
éclair m Blitz m; Blitz(licht n) m
  é. **d'appoint** Aufhellblitz m
  é. **à l'argon** Argonblitz m
  é. **en boule** Kugelblitz m
  é. **électronique** Elektronenblitz m; Röhrenblitz m
  é. **à haute tension** Hochspannungsblitz m
  é. **magnésique** Magnesiumblitz m

  é. **simultané** Simultanblitz m
  é. **sinueux** Kettenblitz m
  é. **supplémentaire** Zusatzblitz m
  é. **synchronisé** Synchronblitz m
éclairage m Beleuchtung f
  é. **artificiel** künstliche Beleuchtung f
  é. **axial** Mitteloberlicht n
  é. **d'en bas** Unterbeleuchtung f
  é. **du champ sombre** Dunkelfeldbeleuchtung f
  é. **cohérent** kohärente Bestrahlung f
  é. **à contre-jour** Gegenbeleuchtung f; Hinterlicht n
  é. **diffus** diffuse Beleuchtung f
  é. **direct** direkte Beleuchtung f
  é. **à effet** Effektbeleuchtung f
  é. **de l'escalier** Treppenhausbeleuchtung f
  é. **extérieur** Außenbeleuchtung f
  é. **de face** Frontalbeleuchtung f
  é. **par fente** Spaltbeleuchtung f
  é. **à fond clair** ⟨Opt⟩ Hellfeldbeleuchtung f
  é. **sur fond noir (obscur)** Dunkelfeldbeleuchtung f
  é. **de front de taille** Abbaubeleuchtung f
  é. **en galeries** Streckenbeleuchtung f
  é. **au gaz** Gasbeleuchtung f
  é. **d'en haut** Auflichtbeleuchtung f
  é. **incohérent** inkohärente Bestrahlung f
  é. **indirect** indirekte Beleuchtung f
  é. **d'instruments** Instrumentenbeleuchtung f
  é. **intérieur** Innenbeleuchtung f
  é. **à lampe(s) à arc** Bogenlampenbeleuchtung f
  é. **des mines** Grubenbeleuchtung f
  é. **naturel** natürliche Beleuchtung f
  é. **par plafonnier** Deckenbeleuchtung f
  é. **rasant** streifende Beleuchtung f
  é. **de secours** Notbeleuchtung f
  é. **en taille** Strebbeleuchtung f
  é. **par transparence** Durchlicht n
  é. **par tubes fluorescents** Leuchtröhrenbeleuchtung f
éclairagiste m Beleuchter m
éclaircir 1. aufhellen; 2. durchforsten
éclaircissage m Durchforsten n
éclaircissement m Aufhellung f
éclaircisseuse f Verhackmaschine f, Ausdünner m
éclairement m Beleuchtung f; Beleuchtungsstärke f; Aufhellung f
  é. **énergétique** Bestrahlungsstärke f
  é. **lumineux** Beleuchtungsstärke f
éclairer beleuchten

éclairs *mpl* **d'été** Wetterleuchten *n*
éclat *m* 1. Splitter *m*; 2. Splitt *m* ⟨*s. a.* éclats⟩; 3. ⟨Min⟩ Glanz *m*
    é. adamantin Diamantglanz *m*
    é. métallique Metallglanz *m*
    é. nacré Perlmutt(er)glanz *m*
    é. de verre Glassplitter *m*
    é. vitreux Glasglanz *m*
éclatement *m* 1. Zerspringen *n*, Bersten *n*; 2. Auflösung *f* ⟨Stückliste⟩
    é. de l'orbite d'équilibre Sollkreissprengung *f* ⟨Betatron⟩
éclater explodieren; platzen; zerspringen, bersten; abplatzen
éclateur *m* 1. Funkenstrecke *f*, Entladefunkenstrecke *f*; 2. ⟨Lw⟩ Stengelknikker *m*, Knickzetter *m*
    é. asynchrone Asynchronfunkenstrecke *f*
    é. auxiliaire Hilfsfunkenstrecke *f*
    é. à disque Plattenfunkenstrecke *f*
    é. fixe feste Funkenstrecke *f*
    é. de mesure Meßfunkenstrecke *f*
    é. multiple Vielfachfunkenstrecke *f*
    é. de protection Schutzfunkenstrecke *f*
    é. à sphères Kugelfunkenstrecke *f*
    é. synchrone Synchronfunkenstrecke *f*
    é. tournant rotierende Funkenstrecke *f*
éclatomètre *m* Berstdruckprüfgerät *n*, Berstdruckmesser *m*
éclats *mpl*:
    é. de brique Ziegelsplitt *m*
    é. de pierre Steinsplitt *m*
éclimètre *m* ⟨Geol⟩ Neigungsmesser *m*, Gefällemesser *m*
éclipse *f* Verfinsterung *f*
    é. de Lune Mondfinsternis *f*
    é. de Soleil Sonnenfinsternis *f*
éclissage *m* Laschenverbindung *f*
éclisse *f* Schienenlasche *f*
éclisser durch Laschen verbinden
éclusage *m* Schleusen *n*; Schleusung *f*
écluse *f* Schleuse *f*
    é. à canots Kahnschleuse *f*
    é. pour convois Schleppzugschleuse *f*
    é. double Doppelschleuse *f*
    é. à grande chute Schachtschleuse *f*
    é. maritime Seeschleuse *f*
    é. à sas Kammerschleuse *f*
    é. simple Einzelschleuse *f*; Dockschleuse *f*, Torschleuse *f*
    é. de vide Vakuumschleuse *f*
éclusée *f* Schleusung *f*
écluser [durch]schleusen
écluses *fpl*:
    é. jumelées Zwillingsschleuse *f*
    é. superposées Schleusentreppe *f*

éclusier *m* Schleusenmeister *m*; Schleusenwärter *m*
économie *f*:
    é. de la chaleur perdue Abhitzeverwertung *f*
    é. de l'eau Wasserhaushalt *m*
    é. des neutrons Neutronenökonomie *f*
    é. thermique Wärmewirtschaft *f*
économique wirtschaftlich
non é. unwirtschaftlich
économiseur *m* Vorwärmer *m*, Wärme(aus)tauscher *m*, Verdampfungsvorwärmer *m*, Speisewasservorwärmer *m*, Ekonomiser *m* (z. B. Dampfmaschine)
écope *f* ⟨Schiff⟩ Ösfaß *n* ⟨Schöpfkelle⟩
écoper ⟨Schiff⟩ ösen, ausschöpfen
écorçage *m* Entrindung *f*
écorce *f* Bast *m*; Rinde *f*
    é. terrestre Erdrinde *f*
écorceuse *f* Entrindungsmaschine *f*
écossais mit Schottenmuster
écoulement *m* Fließen *n*; Ausströmen *n*; Auslaufen *n*; Ausfluß *m*, Abfluß *m*, Ablauf *m*; Strömung *f*
    é. catabatique Aufwind *m*
    é. de l'eau souterraine Grundwasserströmung *f*
    é. de l'énergie Energiefluß *m*
    é. irrotationnel wirbelfreie Strömung *f*
    é. lamellaire laminare Strömung *f*
    é. d'un liquide Flüssigkeitsführung *f*
    é. moléculaire Molekularströmung *f*
    é. potentiel Potentialströmung *f*
    é. en régime moléculaire Molekularströmung *f*
    é. souterrain unterirdischer Abfluß *m*; Grundwasserabfluß *m*
    é. stationnaire stationäre Strömung *f*
écouler/s' strömen, ausströmen
écoute *f* Abhören *n* ⟨Tonbandgerät⟩
écouter hören; abhören
écouteur *m* Hörer *m*
    é. auriculaire (stéthoscopique) Ohrhörer *m*
écoutille *f* Luke[nöffnung] *f*
    é. centrale Zentralluke *f*
    é. de chargement Ladeluke *f*
    é. double Zwillingsluke *f*
    é. de pêche Fischeingabeluke *f*
    é. sans rebord süllose Luke *f*, Glattdeckluke *f*
    é. de réception du poisson Fischeingabeluke *f*
écran *m* 1. Abschirmung *f*; 2. Schirm *m*; Schutzwand *f*; 3. Bildschirm *m*; 4. Bildleinwand *f*; Projektionswand *f*; 5. Filter *n*; Schürze *f* ⟨Talsperrenbau⟩; **sous é.** abgeschirmt

écran

é. **aluminé** aluminierte Bildwand f, aluminierter (aluminiumhinterlegter) Bildschirm m, Aluminiumbildwand f
é. **antiarc** Rundfeuerschutz m
é. **argenté** Silber[bild]wand f
é. **de ciel** Wolkenfilter n
é. **courbé** gewölbte Bildwand f
é. **d'eau** Wasserschild m ⟨eines Kessels⟩
é. **électromagnétique** elektromagnetische Abschirmung f
é. **électrostatique** elektrostatische Abschirmung f, Faradayscher Käfig m
é. **d'entrée d'air** Lufteinlaßklappe f
é. **exempt de rouge** rotfreies Filter n
é. **final** Endbildleuchtschirm m
é. **fluorescent** Fluoreszenzschirm m, Leuchtschirm m
é. **de Goldberg** Graukeil m
é. **intermédiaire** Zwischenbildleuchtschirm m
é. **lève-fumée (de locomotive)** Windleitblech n
é. **magnétique** magnetische Abschirmung f
é. **métallisé** metallhinterlegter Bildschirm m
é. **d'observation** Beobachtungsleuchtschirm m
é. **panoramique** Breitwand f
é. **pauvre en rouge** rotarmes Filter n
é. **perforé** schalldurchlässige Bildwand f
é. **perlé** Glasperlwand f; Kristallperlwand f
é. **à persistance** Nachleuchtschirm m
é. **plan** flache Bildwand f
é. **en plomb** Bleiabschirmung f
é. **de projection** Projektionswand f, Bildwand f; Bildschirm m
é. **de protection** Strahlenschutzschirm m
é. **radar** Radarschirm m
é. **contre les rayonnements** Strahlenabschirmung f
é. **réflecteur** Aufhellblende f; Reflexschirm m; Streuschirm m
é. **renforçateur** Verstärkungsschirm m, Verstärkerschirm m
é. **scintillant** Szintillationsschirm m
é. **statique H. T.** Schirmring m ⟨eines Transformators⟩
é. **stéréoscopique** Stereowand f
é. **transparent** Durchsichtleuchtschirm m
é. **vaporisateur** Rohrschirm m, Strahlungsheizfläche f, Kühlschirm m ⟨Dampfkessel⟩

é. **en vinyle** Vinylbildwand f
é. **de vision** Bildschirm m
écrasement m Zerdrücken n, Zermalmen n; Stauchen n; Zerquetschen n
écraser zerdrücken, stauchen
écrémage m Entrahmen n; Abschäumen n; Abfehmen n, Abfeimen n
écrémer entrahmen
écrémeur m Abschäumer m, Abschäumstein m
écrémeuse f Milchzentrifuge f
écrêter Spitzen abschneiden, begrenzen
écrêteur m Begrenzer[kreis] m, Abschneidstufe f
é. **d'amplitude** Amplitudenbegrenzer m
écrou m Mutter f, Schraubenmutter f
é. **à ailettes** Flügelmutter f
é. **d'ajustage** Justierschraube f
é. **d'ancrage** Ankermutter f
é. **d'arrêt** Schraubenmutter f
é. **borgne** Hutmutter f
é. **à boucle** Ringmutter f
é. **carré** Vierkantmutter f
é. **à chapeau** Hutmutter f
é. **crénelé** Kronenmutter f
é. **de culasse** Zylinderkopfmutter f
é. **à embase** Ansatzmutter f
é. **à encoches, é. fendu** Schlitzmutter f
é. **hexagonal** Sechskantmutter f
é. **moletté** Rändelmutter f
é. **à œillet** Ringmutter f
é. **à oreilles, é. papillon** Flügelmutter f
é. **quatre pans** Vierkantmutter f
é. **de rayon** Speichennippel m
é. **six pans** Sechskantmutter f
écroui kaltverfestigt
écrouir kaltumformen, kalthämmern, kaltschmieden; durch Kaltumformung verfestigen
écrouissage m Kaltumformung f, Kalthämmern n, Kaltschmieden n; Verfestigung f durch Kaltumformung
é. **des surfaces** Oberflächenhärtung f
écrouissement m s. écrouissage
écroûtage m Schälen n ⟨Metallbearbeitung⟩
écroûté m geschältes Profil n ⟨Urformen⟩
écroûtement m s. écroûtage
écroûter schälen ⟨Metallbearbeitung⟩
écru gelblichweiß, rohweiß, rohfarbig, ungebleicht
écubier m Klüse f
é. **auto-orientable** Roll[endreh]klüse f
é. **de mouillage** Ankerklüse f
é. **de Panama** Panamaklüse f
é. **de pavois** Schanzkleidklüse f, Seitenklüse f
écueil m Klippe f

écumage *m* Schäumen *n*; Aufschäumen *n*; Abstrich *m*; Abschäumen *n*; Entschlacken *n*; Abschlacken *n*
écume *f* Schaum *m*; Abschaum *m*; Metallschaum *m*
   é. de mer Meerschaum *m*, Sepiolith *m*
   é. de verre Glasschlacke *f*
écumer (auf)brausen; (ab)schäumen; abstreichen; abfeimen
écumoire *f* Schaumlöffel *m*
écurette *f* Kratzer *m*
édification *f* **urbaine** Städtebau *m*
éditeur *m* Verleger *m*
édition *f* Ausgabe *f*
   é. de luxe Luxusausgabe *f*
   é. de poche Taschenausgabe *f*
   é. revisée revidierte (durchgesehene) Ausgabe *f*
effacement *m* Löschen *n*; Löschung *f* ⟨einer Tonbandaufnahme⟩
   e. de tabulateur Tabulatorlöschung *f*
effacer löschen ⟨eine Tonbandaufnahme⟩
effaneur *m* Krautentferner *m*
effectif effektiv, tatsächlich, wirksam
effectif *m* Besatzung *f*, Mannschaft *f*
   e. de la flotte Flottenbestand *m*
   e. du fond Untertagebelegschaft *f*
   e. des wagons Wagenbestand *m*
effectuer durchführen
   e. un fondu enchaîné überblenden
   e. un fondu à la fermeture ausblenden
   e. la réaction rückkoppeln
effervescence *f* Aufbrausen *n*
effervescent aufbrausend; unberuhigt ⟨Stahl⟩
effet *m* Wirkung *f*, Resultat *n*; Effekt *m*; **à double e.** doppeltwirkend, zweifachwirkend; **à simple e.** einfachwirkend
   e. d'altitude Höheneffekt *m* ⟨kosmische Strahlung⟩
   e. Auger Auger-Effekt *m*
   e. barométrique Barometereffekt *m*
   e. Bethe Bethe-Effekt *m*, Lamb-Shift *m*
   e. biologique biologische Wirkung *f*
   e. de bord Randeffekt *m*
   e. de charge d'espace Raumladungseffekt *m*
   e. de cisaillement Scherwirkung *f*
   e. composite Verbundwirkung *f*
   e. de compression Kompressorwirkung *f*
   e. Compton Compton-Effekt *m*
   e. de copiage Kopiereffekt *m* ⟨Magnetband⟩
   e. de Coriolis Coriolis-Effekt *m*
   e. corona Koronaerscheinung *f*, Koronaeffekt *m*

e. Cotton Cotton-Effekt *m*
e. de couronne s. e. corona
e. dégradateur Abschattung *f*
e. déperlant Abperleffekt *m*
e. directif Richteffekt *m*, Richtwirkung *f*
e. Doppler (**-Fizeau**) Doppler-Effekt *m*
e. d'échelle Maßstab(s)einfluß *m* ⟨Modellbau⟩
e. d'écho Echoeffekt *m*, Echowirkung *f*
e. d'écran Schirmwirkung *f*, Abschirmwirkung *f*
e. d'écran du noyau Kernabschirmung *f*, Abschirmungseffekt *m*
e. d'entaille Kerbwirkung *f*
e. est-ouest Ost-West-Effekt *m* ⟨kosmische Strahlung⟩
e. d'étranglement Drosselwirkung *f*
e. Flicker Funkeleffekt *m*
e. de Foucault Wirbelstromeffekt *m*
e. génétique de rayonnements genetische Strahlenwirkung *f*
e. géomagnétique Breiteneffekt *m* ⟨kosmische Strahlung⟩
e. (**de**) **grenaille** Schroteffekt *m*, Schrotrauschen *n*, Schottky-Rauschen *n*, Schottky-Effekt *m*
e. Hall Hall-Effekt *m*
e. d'îlots Inseleffekt *m*
e. isotopique Isotopieeffekt *m*
e. Joule Joulesche Wärme *f*
e. de Joule-Thomson Joule-Thomson-Effekt *m*
e. Kelvin s. e. de peau
e. Kerr Kerr-Effekt *m*
e. de laminage Drosselwirkung *f*
e. de latitude Breiteneffekt *m* ⟨kosmische Strahlung⟩
e. de longitude Längeneffekt *m* ⟨kosmische Strahlung⟩
e. de la lumière Lichtwirkung *f*, Lichteffekt *m*
e. de lustre ⟨Text⟩ Glanzeffekt *m*
e. Luxembourg Luxemburg-Effekt *m*
e. Magnus Magnus-Effekt *m*
e. Mallet-Tcherenkov Čerenkov-Effekt *m*
e. de marbrage Marmorierungseffekt *m*
e. martelé Hammerschlageffekt *m* ⟨Lack⟩
e. de masque Verdeckungseffekt *m* ⟨z. B. bei akustischen Signalen⟩
e. de masse Masseneffekt *m*
e. mat Mattierung *f*
e. de matrice Matrixeffekt *m*, Matrixeinfluß *m*
e. microphonique Mikrofonieeffekt *m*
e. de Mie ⟨Opt⟩ Mie-Effekt *m*

effet

e. **Mössbauer** Mößbauer-Effekt m
e. **nocturne (de nuit)** Nachteffekt m
e. **optique** optische Wirkung f
e. **de paroi** Wandeffekt m
e. **Paschen-Back** Paschen-Back-Effekt m
e. **de peau, e. pelliculaire** Skineffekt m, Hautwirkung f; Oberflächenwirkung f; Stromverdrängung f
e. **de Peltier** Peltier-Effekt m
e. **de pénétration** Tiefenwirkung f
e. **des petits fonds** Flachwassereinfluß m
e. **photo-électrique** fotoelektrischer (lichtelektrischer) Effekt m, Fotoeffekt m
e. **photo-électrique externe** äußerer lichtelektrischer Effekt m
e. **photo-électrique interne** innerer lichtelektrischer Effekt m
e. **photo-émissif** Fotoelektronenemission f
e. **photographique** fotografische Wirkung f
e. **photonucléaire** Kernfotoeffekt m
e. **photovoltaïque** Sperrschicht[foto]effekt m
e. **piézo-électrique** Piezoeffekt m
e. **de pincement** Pincheffekt m
e. **plissé** Plisseeffekt m
e. **de pointe** Spitzenwirkung f
e. **de pression** Druckwirkung f
e. **de pression orientée** einseitiger Druck m
e. **de protection** Schutzwirkung f
e. **de proximité** Nahwirkung f
e. **radiobiologique** strahlenbiologische Wirkung f
e. **des rainures** Kerbwirkung f
e. **Raman** Raman-Effekt m
e. **des rayonnements** Strahlenwirkung f
e. **redresseur** Gleichrichterwirkung f
e. **réfrigérant** Kühlwirkung f
e. **résiduel** Nachwirkung f
e. **retard** Depotwirkung f
e. **de Richardson** Richardson-Effekt m
e. **de Schottky** s. e. de grenaille
e. **Seebeck** Seebeck-Effekt m, thermoelektrischer Effekt m
e. **séismique** seismische Auswirkung f
e. **de sol** Bodeneinfluß m
e. **solide** Festkörpereffekt m
e. **de soufflage** Blaswirkung f
e. **Stark** Stark-Effekt m
e. **stéréophonique** Stereoeffekt m
e. **stéréoscopique** plastische Wirkung f
e. **de striction** Pincheffekt m

e. **stroboscopique** stroboskopischer Effekt m
e. **de surface** s. e. de peau
e. **tampon** Pufferwirkung f
e. **Tcherenkov** Čerenkov-Effekt m
e. **de la température** Temperatureinfluß m
e. **de temps de propagation** Laufzeiteffekt m
e. **thermique** Thermoeffekt m
e. **thermo-électrique** s. e. Seebeck
e. **thermo-électronique** Glühelektronenemission f, thermoelektrische Emission f, Thermoemission f
e. **transistor** Transistoreffekt m
e. **transitoire** Einschwingvorgang m
e. **tunnel** Tunneleffekt m
e. **Tyndall** Tyndall-Effekt m
e. **utile** Leistung f; Wirkungsgrad m
e. **de valve** Ventilwirkung f
e. **de vide** Vakuumeffekt m
e. **Zeeman** Zeeman-Effekt m
e. **Zener** Zener-Effekt m
e. **de zéro** Nulleffekt m ⟨Zählrohr⟩
efficace wirksam
efficacité f Effektivität f; Wirksamkeit f; Ausbeute f (z. B. an Neutronen)
e. **biologique** biologische Wirksamkeit f
e. **biologique relative** relative biologische Wirksamkeit f, RBW ⟨Strahlenbiologie⟩
e. **lumineuse** fotometrisches Strahlungsäquivalent n, Lichtausbeute f
e. **totale** Gesamtwirkungsgrad m
efficience f Nutzeffekt m, Nutzleistung f, Wirkungsgrad m
effilochage m Wollreißerei f; Zerreißen n; Ausfasern n
effiloché m Reißwolle f
effilocher reißen; zerfasern; zerreißen; ausfasern
effilocheuse f Reißmaschine f
effleurir ausbleichen, auswittern
efflorescence f Ausblühung f, Auswitterung f
effluent m **égal (uniforme)** gleichförmige Strömung (Ausströmung) f
effluents mpl **radio-actifs** radioaktive Abwässer npl und Abgase npl; [radioaktive] Abfallösungen fpl
effluve m Glimmentladung f
e. **en couronne** Koronaentladung f
effondrement m Einsturz m, Zubruchgehen n
e. **du toit** Zubruchgehen n der Firste
e. **volcano-tectonique** vulkano-tektonischer Einbruch m

effondrer/s' einstürzen
effort m ⟨Mech⟩ Beanspruchung f
  e. chimique chemische Beanspruchung f
  e. de cisaillement Schubbeanspruchung f, Scherbeanspruchung f
  e. de compression Beanspruchung f auf Druck, Druckbeanspruchung f
  e. constant ruhende (gleichbleibende) Beanspruchung f
  e. continu Dauerbeanspruchung f
  e. de coupe Schnittbeanspruchung f, Schnittkraft f
  e. au crochet de traction ⟨Eb⟩ Zugkraft f am Haken
  e. au démarrage ⟨Eb⟩ Anzugskraft f
  e. dû à la tension appliquée ⟨El⟩ Spannungsbeanspruchung f
  e. de flambage Beanspruchung f auf Knickung, Knickbeanspruchung f
  e. de flexion Beanspruchung f auf Biegung, Biegebeanspruchung f
  e. de freinage Bremskraft f
  e. intermittent stoßweise Beanspruchung f
  e. de laminage Walzdruckkraft f
  e. longitudinal Längsbeanspruchung f
  e. mécanique mechanische Beanspruchung f
  e. de poussée Schubbeanspruchung f
  e. de pression s. e. de compression
  e. de rappel Rückstellkraft f
  e. de rupture Bruchbeanspruchung f
  e. tangentiel Tangentialbeanspruchung f
  e. de tension Streckbeanspruchung f
  e. thermique thermische Beanspruchung f
  e. de torsion Beanspruchung f auf Verdrehung (Torsion), Torsionsbeanspruchung f
  e. de traction 1. ⟨Mech⟩ Beanspruchung f auf Zug, Zugbeanspruchung f; 2. ⟨Eb⟩ Zugkraft f
  e. de traction continu Dauerzugkraft f
  e. de traction au démarrage Anfahrzugkraft f
  e. tranchant Querbeanspruchung f
  e. du vent Winddruck m, Windlast f
efforts mpl **alternés** Wechselbeanspruchung f
effritement m Zerbröckeln n; Verwitterung f ⟨von Putz⟩
effriter/[s'] zerbröckeln; verwittern
effusiomètre m Ausströmungsmesser m, Effusiometer n
effusion f Ausströmung f, Effusion f
  e. fissurale ⟨Geol⟩ Spaltenerguß m
  e. de flanc ⟨Geol⟩ Flankenerguß m
  e. fractionnée fraktionierte Effusion f
  e. de lave Lavaerguß m
égal gleich
égaler gleichsetzen, gleichmachen
égalir s. égaliser 1.
égalisation f 1. Kompensation f, Ausgleichung f; 2. ⟨El⟩ Entzerrung f
égalisatrice f **(à courant continu)** Ausgleichsmaschine f
égaliser 1. ⟨Masch⟩ abgleichen, ausgleichen; gleichmachen; 2. ⟨El⟩ entzerren; 3. ⟨Typ⟩ aufstoßen, geradestoßen
égaliseur m ⟨El⟩ Entzerrer m; ⟨BMSR⟩ Kompensationsglied n
égalité f:
  é. logique logische Gleichheit f
  é. des masses ⟨Geol⟩ isostatischer Massenausgleich m
égoïne f Fuchsschwanz m
égout m Abfluß m; Gosse f; Abflußkanal m
  é. pluvial Regenwasserleitung f
  é. unitaire Mischwasserleitung f
égouts mpl 1. Abwässer mpl; 2. Abflußkanäle mpl; 3. Stadtentwässerung f, Kanalisation f
égouttage m, **égouttement** m Abtropfen n
égoutter abtropfen lassen
s'é. abtropfen
égoutteur m Wasserzeichenwalze f, Egoutteur-Vordruckwalze f
égouttoir m Abtropfständer m, Trockenständer m
  é. à éprouvettes Trockenbrett n
égratigner kratzen, schrammen
égratignure f Kratzer m, Schramme f
égrenage m, **égrènement** m 1. Ausdreschen n; 2. ⟨Text⟩ Entkörnen n
égrener 1. ausdreschen; entkörnen; 2. ⟨Text⟩ entkörnen
égrenoir m **de maïs** Maisrebbler m
égrésage m, **égrisage** m Polieren n (z. B. von Edelsteinen)
égrisé m Schleifpaste f (für Edelsteine)
égriser polieren ⟨Edelsteine⟩
égruger 1. zerkleinern; 2. ⟨Opt⟩ bröckeln
égyptienne f Egyptienne f, serifenbetonte Linearantiqua f
einsteinium m Einsteinium n
éjecter ausstoßen; hinausschleudern; auswerfen
éjecteur m 1. Ejektor m, Saugstrahlpumpe f; 2. Auswerfer m ⟨Stanzwerkzeug, Spritzgußform⟩; ⟨Typ⟩ Ausstoßmechanismus m; 3. Wasserhebewerk n
  é. d'air Luftstrahlpumpe f

éjecteur

é. hydraulique 1. Wasserstrahlpumpe f;
2. hydraulischer Auswerfer m
é. à vapeur Dampfstrahlpumpe f
é. à vide Strahlvakuum n
éjection f Herausschleudern n ⟨Schleudersitz⟩; Auswerfen n; Herausführung f ⟨z. B. des Strahls aus dem Beschleuniger⟩
é. des boues Ausschießen n ⟨Separator⟩
é. clastique lockeres Eruptionsprodukt n
é. de particules Streuung f ⟨von Teilchen⟩
éjectocompresseur m Dampfstrahlpumpe f, Injektor m ⟨Dampfstrahlkälteanlage⟩
élaboration f Gewinnung f; Herstellung f
é. d'acier au four électrique Elektrostahlherstellung f
élagage m Entasten n
élaguer entasten
élagueuse-auto f grimpante selbsttätig kletternder Baumentaster m
élargir erweitern; verbreitern; aufweiten
élargissement m Erweiterung f; Verbreiterung f; Aufweitung f
é. de la bande de fréquences Frequenzbandverbreiterung f
é. Doppler Doppler-Verbreiterung f
é. de pression Druckverbreiterung f ⟨Spektroskopie⟩
é. des raies Linienverbreiterung f
é. d'une vallée Talweitung f
élargisseur m ⟨Text⟩ Breithalter m ⟨Spannrahmen⟩
élargisseuse f ⟨Text⟩ Breitstreckmaschine f
élasticimétrie f Elastizitätsmessung f
élasticité f Elastizität f; Federkraft f, Spannkraft f
é. caoutchouc Kautschukelastizität f, Entropieelastizität f
é. au choc Stoßfestigkeit f
é. de cisaillement Schubelastizität f
é. de compression Druckelastizität f
é. de flexion Biegeelastizität f
é. de gaz Gasspannung f
é. instantanée du hauban ⟨Schiff⟩ Wantsteifigkeit f
é. résiduelle Rückfederung f, Auffederung f ⟨Umformtechnik⟩
é. de torsion Drehungselastizität f
é. de traction Zugelastizität f
é. de volume Volumelastizität f
é. vraie elastische Erholung f
élastique elastisch, federnd
élastique m Elast m
élastoïdine f Kollagen n

élastomécanique f Elastomechanik f
élastomère m Elastomer(es) n
élastomètre m Elastizitätsmesser m
élatéromètre m Dampfmesser m
électret m Elektret n
électricien m **naval** Bordelektriker m, Schiffselektriker m
électricité f Elektrizität f
é. atmosphérique atmosphärische Elektrizität f
é. de contact Kontaktelektrizität f, Berührungselektrizität f
é. dynamique dynamische Elektrizität f
é. par frottement Reibungselektrizität f
é. négative negative Elektrizität f
é. positive positive Elektrizität f
é. résineuse s. é. négative
é. statique statische Elektrizität f
é. terrestre Erdelektrizität f
é. vitrée s. é. positive
é. voltaïque Berührungselektrizität f
électrification f Elektrifizierung f
électrifier elektrifizieren
électrique elektrisch
électrisable elektrisierbar
électrisation f Elektrisierung f
électriser elektrisieren
électro-acoustique elektroakustisch
électro-acoustique f Elektroakustik f
électro-affinité f Elektroaffinität f
électro-aimant m Elektromagnet m
é. de commande Betätigungsmagnet m
é. cuirassé Topfmagnet m
é. de déclenchement Auslösemagnet m, Ausschaltmagnet m, Abschaltmagnet m
é. à deux branches zweischenkliger Elektromagnet m
é. d'enclenchement Einschaltmagnet m
é. de frein Bremslüftmagnet m
é. de levage Hebemagnet m, Hubmagnet m, Lastmagnet m
é. à noyau plongeur Tauchkernmagnet m
é. de soufflage Blasmagnet m
é. de verrouillage Verriegelungsmagnet m
électro-analyse f Elektroanalyse f
électrobiologie f Elektrobiologie f
électrobus m Obus m, Trolleybus m
électrocapillaire elektrokapillar
électrocapillarité f Elektrokapillarität f
électrocardiogramme m Elektrokardiogramm n, EKG n
électrocardiographe m Elektrokardiograf m

électrocardiographie f Elektrokardiografie f
électrocéramique f Elektrokeramik f
électrochimie f Elektrochemie f
électrochimique elektrochemisch, galvanisch, elektrolytisch, Elysier-
électrochirurgie f Elektrochirurgie f
électrocinétique f Elektrokinetik f
électrocoagulation f Elektrokoagulation f
électrocorticogramme m Elektrokortikogramm n
électrocuter durch elektrischen Strom töten
électrocution f Tötung f durch elektrischen Strom (Schlag)
électrode f Elektrode f; Schweißelektrode f
 é. d'accélération Beschleunigungselektrode f
 é. d'allumage Zündelektrode f
 é. en argent Silberelektrode f
 é. auxiliaire Hilfselektrode f
 é. au calomel Kalomelelektrode f
 é. de carbone Kohleelektrode f, Kohlestab m
 é. centrale Mittelelektrode f
 é. de charbon s. é. de carbone
 é. de collecteur Kollektorelektrode f
 é. de commande Steuerelektrode f
 é. de comparaison Vergleichselektrode f, Bezugselektrode f
 é. de concentration Bündelungselektrode f
 é. creuse Hohlelektrode f
 é. de cuivre Kupferelektrode f
 é. de dépôt Abscheideelektrode f
 é. de déviation Ablenkelektrode f
 é. à effluves Anströmelektrode f
 é. d'émetteur Emitterelektrode f
 é. à émission secondaire Sekundäremissionselektrode f
 é. émittrice Emissionselektrode f
 é. enrobée umhüllte (ummantelte) Elektrode f (Schweißen)
 é. de focalisation Fokussier[ungs]elektrode f
 é. en forme de grille Netzelektrode f
 é. de four à arc Lichtbogenofenelektrode f
 é. goutte à goutte Tropfelektrode f
 é. en graphite Graphitelektrode f
 é. à hydrogène Wasserstoffelektrode f
 é. inférieure Unterelektrode f (Punktschweißen)
 é. latérale Außenelektrode f
 é. en magnétite Magnetitelektrode f
 é. de masse Masseelektrode f
 é. de mesure Meßelektrode f, Sonde f
 é. négative negative Elektrode f
 é. non fusible nicht abschmelzende Elektrode f (Schweißen)
 é. en platine Platinelektrode f
 é. plongeante Tauchelektrode f
 é. à pointe Spitzenelektrode f
 é. positive positive Elektrode f
 é. de postaccélération Nachbeschleunigungselektrode f
 é. principale Hauptelektrode f
 é. réfractaire s. é. non fusible
 é. à rouleau Rollenelektrode f (Rollnahtschweißen)
 é. à soudage (soudure) Schweißelektrode f
 é. supérieure Oberelektrode f (Punktschweißen)
 é. tubulaire Röhrenelektrode f
 é. tungstène Wolframelektrode f
 é. de verre Glaselektrode f
électrode-outil f Werkzeugelektrode f (Elektroerosion)
électrodéposition f elektrolytische Abscheidung f, galvanisch (elektrolytisch) aufgebrachte Schicht f
électrodialyse f Elektrodialyse f
électrodialyseur m Elektrodialyseapparat m
électrodispersion f Elektrodispersion f
électrodissolution f anodische Korrosion f, elektrolytische Auflösung f, galvanische Zersetzung f
électrodistributeur m Magnetschieber m
électrodynamique elektrodynamisch
électrodynamique f Elektrodynamik f
 é. des quanta, é. quantique Quantenelektrodynamik f
électrodynamomètre m Elektrodynamometer n
électro-encéphalogramme m Elektroenzephalogramm n
électro-encéphalographe m Elektroenzephalograf m
électro-endosmose f s. électro-osmose
électro-érosion m Elektroerosion f
électrofiltre m Elektrofilter n
électroformage m Galvanoplastik f, Galvanoformung f
électrofour m Elektroofen m
électrogalvanique elektrogalvanisch
électrogalvanisme m Elektrogalvanismus m
électrogène stromerzeugend
électrogénérateur m Generator m
électrographitation f Elektrographitierung f
électrographite m Elektrographit m

électrohydraulique

électrohydraulique elektrohydraulisch, hydroelektrisch
électrojauge f elektrisches Toleranzmeßgerät n
électroluminescence f Elektrolumineszenz f
électroluminescent elektrolumineszent
électrolyse f Elektrolyse f
  é. chloro-alcaline (des chlorures alcalins) Chloralkalielektrolyse f, Alkalichloridelektrolyse f
  é. à l'état de fusion Schmelzelektrolyse f
  é. du fluor Fluorelektrolyse f
  é. en fusion, é. pour métal fondu Schmelzflußelektrolyse f
électrolyser elektrolysieren, durch Elektrolyse zersetzen
électrolyseur m Elektrolyseur m
électrolyte m Elektrolyt m
électrolytique elektrolytisch; galvanisch
électromagnétique elektromagnetisch
électromagnétisme m Elektromagnetismus m
électromécanique elektromechanisch
électromécanique f Elektromechanik f
électromédecine f Elektromedizin f
électromédical elektromedizinisch
électromérie f ⟨Ch⟩ Elektrometrie f, elektrometrische Maßanalyse f, Elektronenisomerie f
électrométallurgie f Elektrometallurgie f
électrométallurgique elektrometallurgisch
électromètre m Elektrometer n
  é. bifilaire Bifilarelektrometer n, Zweifadenelektrometer n
  é. capillaire Kapillarelektrometer n
  é. à condensateur vibrant Schwingkondensatorelektrometer n
  é. différentiel Differentialelektrometer n
  é. à fil Fadenelektrometer n, Saitenelektrometer n
  é. à lame vibrante Schwingkondensatorelektrometer n
  é. à quadrants Quadrantelektrometer n
  é. à segments Binantelektrometer n
électrométrie f Spannungsmessung f
électrométrique elektrometrisch, strommessend
électromicrométrie f Elektromikrometrie f
électromicrométrique elektromikrometrisch
électromoteur m Elektromotor m
électromoulage m Elektroformung f
électron m Elektron n
  é. Auger Auger-Elektron n
  é. Compton Compton-Elektron n, Rückstoßelektron n
  é. de conduction Leitungselektron n
  é. de conversion Konversionselektron n
  é. en défaut Defektelektron n, Elektronenleerstelle f
  é. delta Deltaelektron n
  é. interne inneres Elektron n, Elektron einer inneren Schale
  é. libre freies Elektron n
  é. lié gebundenes Elektron n
  é. de luminance, é. lumineux Leuchtelektron n
  é. périphérique Valenzelektron n
  é. radiant Leuchtelektron n
  é. de recul s. é. Compton
  é. secondaire Sekundärelektron n
  é. de valence Valenzelektron n
électronégatif elektronegativ, elektrisch negativ
électron-gramme m Grammäquivalent n
électronique elektronisch
électronique f Elektronik f
  é. industrielle industrielle Elektronik f
  é. maritime Schiffselektronik f
  é. moléculaire Molekularelektronik f
électron-trou m Defektelektron n, Elektronenleerstelle f
électron-volt m Elektronenvolt n
électro-osmose f Elektro[end]osmose f
électro-osmotique elektro[end]osmotisch
électrophone m Phonokoffer m
électrophore m Elektrophor m
électrophorèse f Elektrophorese f
électrophorétique elektrophoretisch
électrophotoluminescence f Elektrofotolumineszenz f
électrophotomètre m Elektrofotometer n
électroplastie f Galvanotechnik f
électropneumatique elektropneumatisch
électropolymérisation f Elektropolymerisation f ⟨elektrochemisches Fertigungsverfahren⟩
électropompe f [elektrisch betriebene] Pumpe f, Elektropumpe f
électroporteur m Lastmagnet m, Hubmagnet m
électropositif elektropositiv, elektrisch positiv
électroraffinage m elektrolytische Raffination f
électroscope m Elektroskop n
  é. à feuilles Blattelektroskop n
électrosol m ⟨Ch⟩ Elektrosol n
électrosoudure f Elektroschweißen n, elektrisches Schweißen n
électrostatique elektrostatisch
électrostatique f Elektrostatik f

électrosténolyse f Elektrostenolyse f
électrostrictif elektrostriktiv
électrostriction f Elektrostriktion f
électrotechnique elektrotechnisch
électrotechnique f Elektrotechnik f
électrothermie f Elektrothermie f, Elektrowärmelehre f
électrothermique elektrothermisch
électrotrain m elektrisch betriebener Zug m, Elektrozug m
électrovalence f ⟨Ch⟩ Elektrovalenz f, heteropolare Valenz f
électrovalve f elektrisch gesteuertes Ventil n
électrovanne f Magnetventil n
électrozinguer elektrolytisch verzinken
élément m 1. ⟨Ch⟩ Element n, Grundstoff m; 2. ⟨Masch⟩ Baugruppe f, Bauteil n; Bestandteil m; 3. ⟨El⟩ Bauelement n; Schaltelement n; Batteriezelle f
é. **accidentel** ⟨Min⟩ Nebengemengteil m
é. **d'accumulateur** Akkumulatorenzelle f
é. **actif** aktives Element n
é. **d'affaiblissement** Abschwächungsglied n
é. **de l'arc** Bogenelement n
é. **d'assemblage** Verbindungselement n
é. **de batterie** Batterieelement n
é. **de bridage** Spannelement n
é. **au cadmium** Westonsches Kadmiumelement n
é. **de calcul** Rechenelement n
é. **capté** ⟨Min⟩ Gastelement n
é. **charbon-zinc** Kohle-Zink-Element n
é. **de chauffage** Heizelement n
é. **combustible** Brennstoffelement n ⟨Reaktor⟩
é. **de commande** Steuerorgan n
é. **de condensateur** Kondensatoreinheit f
é. **de contact** Kontaktstück n
é. **de couplage** Koppelglied n
é. **à courte période (vie)** kurzlebiges Element n
é. **de décision** Entscheidungselement n
é. **déclenchant** Auslöseglied n
é. **dérivé** ⟨Kern⟩ Tochterelement n
é. **descenseur** Absenkstation f ⟨Hängebahn⟩
é. **à deux liquides** Daniell-Element n
é. **différenciateur** Differenzierglied n
é. **de dissipation acoustique** akustisches Dissipationselement n

é. **enfanté** s. é. dérivé
é. **essentiel** ⟨Min⟩ Hauptgemengteil m
é. **étalon** Normalelement n, Eichelement n, Standardelement n
é. **filmogène** Filmbildner m ⟨Lack⟩
é. **final motorisé** Stellwerk n
é. **fonctionnel** Funktionseinheit f
é. **frigorifique Peltier** Peltier-Kühlelement n
é. **fusible** Schmelzeinsatz m
é. **galvanique** galvanisches Element n
é. **gazeux** Gasbestandteil m
é. **générateur** ⟨Math⟩ erzeugendes Element n
é. **humide** nasses Element n
é. **d'image** Bildelement n
é. **indicateur** Zählwerk n
é. **inférieur** Unterteil n ⟨Stanzwerkzeug⟩
é. **d'instruction** ⟨Dat⟩ Befehlselement n
é. **Leclanché** Leclanché-Element n
é. **logique** ⟨Dat⟩ logisches Element n
é. **à longue période (vie)** langlebiges Element n
é. **de machine** Maschinenelement n
é. **magnétique** Elementarmagnet m
é. **de mémoire** ⟨Dat⟩ Speicherelement n, Speicherzelle f
é. **de mémoire binaire** binäres Speicherelement n
é. **de mesure** ⟨El⟩ Meßwerk n
é. **monoisotopique** Reinelement n, monoisotopisches Element n
é. **non linéaire** ⟨Dat⟩ nichtlineares Element n
é. **du noyau** Kernbaustein m
é. **de panneau** ⟨Schiff⟩ Lukendeckel m
é. **perturbateur** Störelement n
é. **de pile** Batterieelement n
é. **de pompe** Pumpenelement n
é. **préfabriqué** Einzelteil n, Fertigteil n
é. **préfabriqué en béton** Betonfertigteil n
é. **primaire** Primärelement n
é. **de programmation** ⟨Dat⟩ Programmelement n
é. **radio-actif** radioaktives Element n
é. **de réaction** Rückführungselement n
é. **de rechange** Ersatzteil n
é. **redresseur** Gleichrichterelement n
é. **de réduction** Gegenzelle f
é. **de référence** Bezugselement n, Referenzelement n
é. **sec** Trockenelement n
é. **secondaire** Sekundärelement n
é. **semi-conducteur** Halbleiterbauelement n
é. **de serrage** Spannelement n

élément

é. **stable** ⟨Kern⟩ stabiles Element n
é. **standard interchangeable** auswechselbares Standardteil n
é. **supérieur** Oberteil n ⟨Stanzwerkzeug⟩
é. **supraconducteur** supraleitendes Element n
é. **de symétrie** Symmetrieelement n; Symmetrieglied n
é. **thermo-électrique** Thermoelement n
é. **de trace** Spurenelement n
é. **transuranien** Transuran n
é. **unidirectionnel** rückführungsloses Glied n
é. **voltaïque** voltaisches Element n, Voltaelement n
élémentaire elementar
élément-cible m ⟨Kern⟩ Targetelement n
éléments mpl:
é. **chimiques du bois** chemische Bestandteile mpl des Holzes
é. **optiques non montés** lose (ungefaßte) Optik f
élevage m Nachreißen n des Hangenden
élévateur m 1. Elevator m, Förderer m; 2. Schrägförderband n; 3. Aufzug m, Hebekran m; Hebewerk f; 4. Heber m; Pumpe f; 5. Hubwagen m
é. **à air comprimé** Druckluftheber m
é. **à bateau** 1. Absenkanlage f für Schiffe; 2. Schiffshebewerk n
é. **de caisses** Kistenförderband n, Kistenverladeband n
é. **à chaines** Kettenbecherwerk n
é. **chargeur** Schrägförderband n zum Beladen
é. **descenseur** Abwärtsförderband n
é. **d'eau à air mélangé** Mischluftwasserheber m, Mammutpumpe f
é. **flottant** Schwimmheber m ⟨z. B. für Getreide⟩
é. **à godets** Becherwerk n
é. **à godets basculants (pendulaires)** Pendelbecherwerk n
é. **de haut fourneau** Gichtaufzug m
é. **horizontal** Trogkettenförderer m, Waagerechtschneckenförderer m
é. **à jet de vapeur** Dampfstrahlelevator m
é. **mobile à godets** fahrbares Becherwerk n
é. **à (sur) plan incliné** Schrägaufzug m
é. **à plateau** Plattformhochhubwagen m
é. **à pression** Druckheber m
é. **de sable** Sandbecherwerk n
é. **Syncrolift** Syncrolift-Hebe- und Absenkanlage f

é. **de tubes** Rohrelevator m
é. **de tubing** Futterrohrelevator m
premier é. erster Elevator m
élévation f 1. Vergrößerung f, Steigerung f; ⟨Geol⟩ Erhebung f; 2. ⟨Flg⟩ Höhe f ⟨über einer Bezugsgröße⟩; wahre Höhe f; 3. ⟨El⟩ Aufspannen n; 4. Aufriß m, Vorderansicht f ⟨darstellende Geometrie⟩
é. **de côté** Seitenriß m, Seitenansicht f
é. **d'impulsion** Impulshöhe f
é. **du point d'ébullition** Siedepunktserhöhung f
é. **de tension** Spannungssteigerung f, Spannungserhöhung f
élever ⟨El⟩ aufspannen
é. **à une puissance** potenzieren
éleveuse f Brutkasten m
élevon m kombiniertes Höhen- und Querruder n
éliminable ⟨Math⟩ hebbar
éliminateur m **d'électricité statique** Destatisator m
élimination f 1. ⟨Math⟩ Elimination f; 2. ⟨Ch⟩ Eliminierung f, Absonderung f, Ausscheidung f; Elimination f; Ausmerzung f
é. **des acides** Entsäuerung f
é. **des déchets** Abfallbeseitigung f ⟨von radioaktiven Abfällen⟩
é. **d'erreurs** ⟨Dat⟩ Fehlerbeseitigung f
é. **du gypse** Entgipsen n
é. **des parasites** Entstörung f
é. **du phosphore** Phosphorbeseitigung f
éliminer 1. ⟨Math⟩ eliminieren; 2. absondern, ausscheiden, beseitigen, ausmerzen
é. **la chaleur** Wärme abführen
é. **l'eau** entwässern
é. **la température** Wärme abführen
élingage m **de charge** Lastaufnahme[mittel n] f ⟨Kran⟩
élingue f Ladestropp m, Stropp m
é. **à pattes** Faßhaken m; Hakenstropp m
élinguée f Hieve f ⟨vorzugsweise in einem Stropp⟩
élinguer 1. Last aufnehmen (anschlagen, anbinden); 2. ⟨Schiff⟩ mit einem Stropp anschlagen, stroppen
ellipse f Ellipse f
e. **de gorge** Kehlellipse f
ellipses fpl **confocales** konfokale Ellipsen fpl
ellipsoïde m Ellipsoid n
e. **de déformation** Deformationsellipsoid n
e. **d'inertie** Trägheitsellipsoid n

elliptique elliptisch
élongation f Elongation f, Auslenkung f; Längung f ⟨Navigation⟩; Dehnung f
  é. de défassement Überschwingweite f
  é. de frisure Kräuselungsdehnung f
élonger verlängern, dehnen; längen; ⟨Schiff⟩ auslegen, klarlegen
éluant m Elutionsmittel n
éluer eluieren, herausspülen
élution f Elution f, Herausspülen n
élutriateur m Schlämmapparat m, Schlämmkelch m
élutriation f Abschlämmung f, Schlämmung f
élutrier schlämmen
elzévir m klassische Antiqua f
émail m Email[le f] n; Schmelz m
  é. à basse température de cuisson niedrigbrennendes Email n
  é. blanc Weißemail n
  é. bleu Blauemail n; Blaufarbenglas n
  é. à border Ränderemail n
  é. champlevé Grubenschmelz m ⟨Email⟩
  é. à chaud Feueremail n
  é. cloisonné Zellenschmelz m ⟨Email⟩
  é. coloré Buntemail n, Farbemail n
  é. de couverture Deckemail n
  é. craquelé Krakele[glasur f] n
  é. de décoration Schmuckemail n
  é. direct Direktemail n
  é. pour extérieur Außenemail n
  é. de faïence Steingutglasur f
  é. pour fils métalliques Drahtemail n
  é. fluorescent Leuchtemail n
  é. pour fonte Gußemail n
  é. à froid Emaillelack m ⟨fälschlich für Lack hohen Glanzes und hoher Klarheit⟩
  é. de grès Steinzeugglasur f
  é. majolique Majolikaemail n
  é. noir Schwarzemail n
  é. opaque Deckemail n
  é. de porcelaine Porzellanglasur f
  é. au poudré Puderemail n
  é. translucide Tiefenschnittschmelz m ⟨Email⟩
  é. transparent Transparentemail n
  é. en une seule couche Einschichtemail n
émaillable emaillierfähig
émaillage m Emaillieren n; Emaillierung f
  é. blanc Weißemaillierung f
  é. à chaud Feueremaillieren n
  é. à double face doppelseitige Emaillierung f

  é. d'essai Probeemaillierung f
  é. extérieur Außenemaillierung f
  é. à froid Kaltauftragen n von Emaillelack
  é. intérieur Innenemaillierung f
  é. au poudré Puderemaillierung f
  é. en une couche Einmalauftrag m
émailler emaillieren
émaillerie f 1. Emaillierwerk n; 2. Emaillierkunst f
  é. industrielle Emaillierwerk n
émaillite f Spannlack m
émaillure f Emaillierung f, Schmelzarbeit f
émanation f 1. ⟨Geol⟩ Ausfluß m; Ausströmung f; 2. ⟨Kern⟩ Ausströmung f, Emanation f ⟨radioaktiver Gase⟩; 3. ⟨Ch⟩ Emanation f; Radon n ⟨chemisches Element⟩
  é. du radium Radiumemanation f
  é. thermique d'air ascendant Wärmestraße f ⟨Meteorologie⟩
émanomètre m Emanationsmesser m
emballage m Verpackung f, Emballage f
  e. en fer blanc Weißblechverpackung f, Weißblechemballage f; Weißblechdose f
  e. sous film rétractable Schrumpffolienverpackung f
  e. perdu verlorene Verpackung f
emballement m Durchgehen n ⟨einer Maschine⟩
emballer verpacken
  e. le moteur den Motor überdrehen
  s'e. durchgehen ⟨Maschine⟩
embarcadère m 1. Einschiffungsplatz m; 2. Bahnsteig m
embarcation f Boot n ⟨s. a. barque, bateau, bâtiment, canot⟩
  e. en alliage léger Leichtmetallboot n
  e. en bois Holzboot n
  e. à clins Klinkerboot n
  e. en fibre de verre Kunststoffboot n, Plastboot n
  e. en métal léger Leichtmetallboot n
  e. métallique Metallboot n
  e. de sauvetage Rettungsboot n
  e. de sauvetage à avirons Riemenrettungsboot n
  e. de sauvetage fermée geschlossenes Rettungsboot n
  e. de sauvetage à moteur Motorrettungsboot n
  e. de sauvetage à propulsion mécanique à bras Handpropellerrettungsboot n
  e. de sauvetage à rames Riemenrettungsboot n
  e. à service Verkehrsboot n

embarcation

e. de servitude Arbeitsboot n; Beiboot n
embardée f 1. Ausbrechen n ⟨z. B. aus der vorgesehenen Flugrichtung⟩; 2. Abbremsen n durch wechselseitige Ruderbewegung; 3. Gieren n, Gierschwingung f
embarder gieren
embarquement m 1. Anmustern n; Anmusterung f ⟨der Mannschaft⟩; 2. Einlagern n, Verstauen n ⟨z. B. im Laderaum⟩; 3. Einbooten n, Einschiffen n; Verladen n, Laden n; Verschiffen n; Anbordnehmen n, Übernehmen n
e. d'eau Übernehmen n von Wasser
embarquer 1. anmustern ⟨Mannschaft⟩; 2. einlagern, verstauen ⟨z. B. im Laderaum⟩; 3. einbooten, einschiffen; (an Bord) nehmen, übernehmen
e. de l'eau sur le pont, e. des paquets de mer Wasser machen, Wasser (an Deck) übernehmen
embase f 1. ⟨Masch⟩ Stützfläche f, Stützplatte f, Grundplatte f; Ansatz m ⟨Drehteil⟩; 2. ⟨Brg⟩ Sohlenstempel m
e. inférieure Grundplatte f ⟨Schnittwerkzeug⟩
e. supérieure Kopfplatte f ⟨Schnittwerkzeug⟩
embiellage m Montage f und Auswinklung f des Pleuels
embieller Pleuel montieren und richten
embloquement m Blocksteinlagerung f
embobinage m Aufspulen n
emboitable zusammenlegbar
emboitage m, **emboitement** m 1. Einfügen n, Einhängen n, Einpassen n, Einschachteln n, Einsetzen n; Verspunden n; 2. Füllen n ⟨von Lebensmitteln in Konservenbüchsen⟩; 3. Einhängen n ⟨Buchbinderei⟩
emboiter 1. in Büchsen füllen; 2. einhängen ⟨Buchbinderei⟩
emboiture f Fuge f
embosser prägen
embouquer ⟨Schiff⟩ in ein beschränktes Fahrwasser einlaufen
embout m Kabelmarke f
embouti m Ziehteil n, tiefgezogenes Teil n, Napf m; Tiefzug m ⟨Tiefziehen⟩; Manschette f, Stulpe f
e. Erichsen Erichsen-Tiefung f
emboutir (form)treiben; tiefziehen; kümpeln
emboutissage 1. Treiben n, Formtreiben n; Tiefziehen n; Kümpeln n; 2. Tiefziehwerkzeug n
e. sous effort de traction Reckziehen n

e. de fond Anschlag(ziehen n) m, Vorzug m
e. ultérieur Nachzug m, Weiterschlag m
embranchement m Verzweigung f ⟨z. B. von Rohrleitungen⟩
embrancher / s' sich verzweigen ⟨z. B. Rohrleitungen⟩
embraquer durchholen, steifholen ⟨von Hand, z. B. Leine⟩; einholen ⟨von Hand, z. B. Leine⟩; hieven ⟨von Hand⟩
embrasement m **sans flamme** Schwelung f
embraser anfachen
embrasure f **de fenêtre** Fensterleibung f, Fensteröffnung f
embrayage m Kupplung f ⟨schaltbar⟩; Kuppeln n; Einkuppeln n, Einrücken n der Kupplung ⟨s. a. accouplement⟩
e. automatique selbsttätige Kupplung f
e. bidisque fonctionnant à sec Zweischeibentrockenkupplung f
e. centrifuge Fliehkraftkupplung f
e. à clabots Klauenkupplung f
e. à cliquet Klinkschaltung f
e. à commande électromagnétique s. e. électromagnétique
e. à commande hydraulique s. e. hydraulique
e. à cônes Kegelkupplung f
e. par courroies Riemenkupplung f
e. à crabots Klauenkupplung f
e. à dents Zahnkupplung f
e. différentiel Überholkupplung f, Freilaufkupplung f, Ratsche f, Sperrklinkenkupplung f
e. à disque Scheibenkupplung f
e. à disque unique fonctionnant à sec Einscheibentrockenkupplung f
e. électrique Elektrokupplung f
e. électromagnétique elektromagnetische Kupplung f
e. à friction Friktionskupplung f, Reibungskupplung f, Reibkupplung f
e. à friction monodisque Einscheibenreibkupplung f
e. à griffes Klauenkupplung f
e. hydraulique Flüssigkeitskupplung f; hydraulisch betätigte Kupplung f
e. à lamelles Lamellenkupplung f, Mehrscheibenkupplung f
e. à mâchoires Backenkupplung f
e. magnétique Magnetkupplung f
e. mécanique mechanische Kupplung f
e. monodisque Einscheibenkupplung f
e. multidisque s. e. à lamelles
e. pneumatique Druckluftkupplung f
e. réversible Reversierkupplung f

e. à ruban (bandé) Bandkupplung f
e. à ruban étrésillonné Spreizbandkupplung f
e. à ruban totalisateur Summenbandkupplung f
e. de sécurité à deux mains Zweihandsicherheitseinrückung f
embrayer (ein)kuppeln, Kupplung einrücken
embuer mit Feuchtigkeit beschlagen, benetzen
embuvage m 1. Einarbeiten n, Einweben n; 2. Schrumpfung f in Kette und Schuß; 3. Imprägnieren n, Tränken n
émeraude f Smaragd m
émerger auftauchen
émeri m Schmirgel m, sehr harter körniger Korund m
émerillon m Wirbel m
émersion f Auftauchen n
émetteur sendend, Sender-
émetteur m Sender m; Emitter m; Strahler m
é. à accumulation Speichersender m
é. alpha Alphastrahler m
é. à alternateur Maschinensender m
é. à arc Lichtbogensender m
é. à auto-excitation eigenerregter Sender m
é. d'avion Flugzeugsender m
é. à bande latérale unique Einseitenbandsender m
é. de bateau Schiffssender m
é. bêta Betastrahler m
é. de brouillage Störsender m
é. commandé par cristal quarzgesteuerter (kristallgesteuerter) Sender m
é. directif Richtstrahler m
é. directif tournant Drehrichtstrahler m
é. d'embarcation Bootssender m, Rettungsbootsender m; Rettungsbootstation f
é. à étincelles Funkensender m
é. pour fusées Raketensender m
é. gamma Gammastrahler m
é. à grande puissance Hochleistungssender m; Großsender m
é. de haute fréquence Hochfrequenzsender m
é. d'images Bildsender m
é. d'impulsions de comptage Zählimpulsgeber m
é. K ⟨Kern⟩ K-Strahler m
é. laser Lasersender m
é. local Ortssender m
é. à machine Maschinensender m
é. marqueur Markierungssender m

é. de mesure Meßsender m
é. miniature Miniatursender m, Kleinstsender m
é. à modulation d'amplitude amplitudenmodulierter Sender m
é. à modulation de fréquence frequenzmodulierter Sender m
é. non autorisé Schwarzsender m
é. à ondes courtes Kurzwellensender m
é. à ondes longues Langwellensender m
é. à ondes moyennes Mittelwellensender m
é. OUC UKW-Sender m
é. pirate Schwarzsender m
é. portatif tragbarer Sender m
é. portatif d'embarcation tragbarer Rettungsbootsender m; tragbare Rettungsbootstation f
é. de positons ⟨Kern⟩ Positronenstrahler m
é. de radio Rundfunksender m
é. radiotéléphonique Telefoniesender m
é. de rayonnement infrarouge Infrarotstrahler m
é. récepteur de secours Notsende- und Empfangsanlage f
é. relais Relaissender m
é. répéteur Wiederholungssender m
é. de reportage Reportagesender m
é. de secours Notsender m
é. de signaux de détresse Notsignalsender m, Notrufsender m
é. son Tonsender m
é. de télégraphie Telegrafiesender m
é. de télévision Fernsehsender m
é. UHF UHF-Sender m, Dezimeterwellensender m
é. de vobulation Wobbelsender m
émetteur-récepteur m Sende- und Empfangsgerät n, Sender-Empfänger m
é. de radio-téléphonie Funksprechanlage f
é. VHF VHF-Sprechfunkanlage f
émetteur-relais m Relaissender m
émettre ⟨Fmt⟩ senden; 2. ⟨Kern⟩ aussenden, emittieren, ausstrahlen, abstrahlen
émietteur m Bröckelvorrichtung f, Zerkleinerungsvorrichtung f ⟨Traubenpresse⟩
é. de marc Tresterschleuder f
émissif Emissions-
émission f 1. ⟨Fmt⟩ Sendung f; 2. ⟨Kern⟩ Aussendung f, Emission f, Abstrahlung f, Abgabe f

émission

é. de la cathode Katodenemission f
é. de champ Feldemission f
é. corpusculaire Korpuskularstrahlung f, Teilchenstrahlung f
é. directe 1. Direktsendung f; 2. Direktanregung f ⟨Eletronenmikroskopie⟩
é. électronique Elektronenemission f
é. électronique par champ (électrique) Feldelektronenemission f
é. d'électrons Elektronenemission f
é. d'électrons secondaires Sekundärelektronenemission f
é. froide Feldemission f
é. de grille Gitteremission f
é. lumineuse Lichtemission f
é. originale Originalsendung f, Direktsendung f
é. photo-électrique äußerer lichtelektrischer Effekt m
é. quantique Quantenstrahlung f
é. radiodiffusée Rundfunksendung f
é. radio-électrique Radiostrahlung f
é. secondaire Sekundäremission f
é. spontanée Spontanemission f
é. stimulée induzierte (stimulierte) Emission f
é. de télévision Fernsehsendung f
é. thermique thermische Emission f
é. thermo-électronique Glühelektronenemission f
é. thermo-ionique Thermionenemission f

emmagasinage m, **emmagasinement** m Stapelung f, Einlagerung f, Speicherung f, Aufbewahrung f ⟨s. a. stockage⟩
e. de chaleur Wärmespeicherung f
e. d'énergie Kraftspeicherung f
e. des informations Informationsspeicherung f
e. en série Serienspeicherung f
e. temporaire Zwischenspeicherung f

emmagasiner stapeln, einlagern, speichern, aufbewahren

emmanchement m 1. Aufschrumpfen n, Aufpressen n; 2. Schrumpfverbindung f, Preßverbindung f
e. serré Schrumpfverbindung f

emmancher aufschrumpfen, aufpressen, aufziehen

emmouflage m, **emmouflement** m Setzen n ⟨des Brennguts⟩

émollient m Erweichungsmittel n, Weichmacher m

émotteuse f Krümler m, Schollenbrecher m

émoudre [ab]schleifen, schärfen
empaquetage m Verpacken n; Verpackung f
empaqueter verpacken; abpacken
empaqueteuse f Verpackungsmaschine f; Verpackungseinrichtung f
empâtement m Eindickung f
empâter eindicken
empattement m 1. Radstand m; 2. ⟨Typ⟩ Serif[e f] n; 3. Wurzelanlauf m
e. horizontal flaches Serif n
e. oblique schräges Serif n
empattements mpl Serifen npl, Schraffen pl, Schraffuren fpl
empeignage m Blattbreite f ⟨Webmaschine⟩
empennage m Leitwerk n
e. cantilever freitragendes Leitwerk n
e. de profondeur Schwanzhöhen- und Querruder n
empesage m ⟨Text⟩ Steifausrüstung f; Stärken n
empeser ⟨Text⟩ stärken
empierrement m Aufschottern n, Beschottern n; Ausfüllen n mit Steinen; Steinschüttung f
e. asphaltique Asphalttränkmakadam m
e. de base Packlage f
empierrer aufschottern, beschottern; aufschütten, mit Steinen auffüllen; ausfüllen
empilage m 1. Stapeln n ⟨s. a. empilement⟩; 2. Gittermauerwerk n
e. de tôles Blechpaket n
empilement m Aufstapeln n; Schichtung f; Stapel m; Aufstauung f
e. compact dichteste Packung f
e. de dislocations Aufstauung f von Versetzungen
e. d'émulsions Emulsionspaket n, Emulsionsstack m
e. de nappes Deckenhäufung f
empiler aufsetzen, stapeln, schichten
empileur m Stapler m
e. des caisses à fruits Obsthordenstapler m
e. de cartes ⟨Dat⟩ Kartenstapler m
empirique empirisch
emplacement m Standort m, Lage f, Stelle f; Liegeplatz m; Bauplatz m, Baustelle f
e. de coulée Gießplatz m
e. de mémoire ⟨Dat⟩ Speicherstelle f
e. de sondage Bohrstelle f
emplâtre m **de réparation** Reparaturflicken m
emplissage m Füllen n; Füllung f

emploi m Benutzung f, Verwendung f, Einsatz m
   e. final Verwendungszweck m
   e. industriel industrielle Verwertung f
   e. du papier Papierverbrauch m
empois m Kleister m
empoisonnement m Vergiftung f
   e. de catalyseur Katalysatorvergiftung f
   e. au plomb Bleivergiftung f
   e. du réacteur Reaktorvergiftung f
empoisonner vergiften
emporte-pièce m Locheisen n; Lochzange f
empreindre abdrucken; abgießen
empreinte f Abdruck m; Abguß m
   e. de bille Kugeleindruck m ⟨Brinellprobe⟩
   e. par le cône Kegeleindruck m
   e. d'extraction au carbone Kohleextraktionsabdruck m
   e. intermédiaire Zwischenschicht f, Zwischenabdruck m
   e. superficielle Oberflächeneindruck m
emprise f Walzspalt m
empyreumatique brenzligriechend
émulseur m Emulgator m, Emulgiermaschine f
émulsibilité f Emulgierbarkeit f
émulsifiable emulgierbar
émulsifiant m, **émulsificateur** m Emulgator m, Emulsionsbildner m; Emulgierzusatz m
émulsification f Emulgierung f, Emulsionsbildung f
émulsifier emulgieren
émulsifieur m s. émulsifiant
émulsion f 1. ⟨Ch⟩ Emulsion f; 2. ⟨Kern⟩ Emulsion f; Fotoschicht f
   é. acide saure Emulsion f
   é. eau-en-huile Wasser-in-Öl-Emulsion f
   é. fine Feinemulsion f
   é. à forte granulation grobkörnige Emulsion f
   é. à grain fin feinkörnige Emulsion f
   é. sans grains kornlose Emulsion f
   é. huile-dans-eau Öl-in-Wasser-Emulsion f
   é. nucléaire Kernemulsion f
   é. préalable Voremulsion f
   é. sensibilisée sensibilisierte Emulsion f
   é. très rapide hochempfindliche Emulsion f
   é. universelle Universalemulsion f
émulsionnant m s. émulsifiant
émulsionnement m Emulgierung f
émulsionner emulgieren

   é. à une seule surface einseitig beschichten
émulsionneur m, **émulsionneuse** f Emulgator m, Emulgiermaschine f
   é. à pistons Kolbenemulgator m
   é. à ultrasons Ultraschallemulgator m
émulsions fpl **en couleurs** Farbfilmmaterial n
émulsoïde m Emulsoid n
«en» „Ein" ⟨Beschriftung für Schalter⟩
énantiomorphe enantiomorph
énantiomorphie f Enantiomorphismus m
énantiotrope enantiotrop
énantiotropie f Enantiotropie f
encablure f Kabellänge f ⟨Längenmaß⟩
encadrement m Einrahmen n; ⟨Typ⟩ Leiste f ⟨Einfassung⟩
encadrer einrahmen
encaissement m Verpacken n in Kisten
encaisser in Kisten verpacken
encart m Beilage f
encarter les feuilles einstecken
encarteuse-piqueuse f Sammeldrahtheftmaschine f, Sammelhefter m
encastré 1. eingespannt; 2. eingebaut, Einbau-, eingelassen
   e. de part et d'autre beiderseits eingespannt
   e. à une extrémité einseitig eingespannt
encastrement m 1. Einspannen n; Einspannung f; 2. Einkerben n; Einlassen n
   e. de la poutre Balkeneinspannung f
encaustique f Bohnerwachs n; Möbelpolitur f; Politur f
enceinte f Schutzgehäuse n; Vakuumbehälter m; Rezipient m; abgeschlossener Raum m
   e. climatisée Klimaschrank m
   e. de potentiel Potentialtopf m
   e. de pulvérisation Sprühkammer f
   e. sous vide Vakuummantel m
encercler umschreiben
enchaînement m Verkettung f; ⟨Dat⟩ Verknüpfung f
   e. logique logische Verknüpfung f
enchaîner verketten, anketten; ⟨Dat⟩ verknüpfen
enchevêtrer verschlingen ⟨z. B. Fäden⟩
enclenchement m 1. ⟨Masch⟩ Einklinken n, Einrücken n; Einrasten n; 2. ⟨El⟩ Einschalten n; 3. ⟨Eb⟩ Blockieren n; Block[ier]ung f
   e. intempestif ungewolltes Einschalten n
   e. permanent Dauereinschaltung f
   e. retardé verzögertes Einschalten n

enclencher

enclencher 1. ⟨Masch⟩ einklinken, einrücken; einrasten; 2. ⟨El⟩ einschalten; 3. ⟨Eb⟩ block[ier]en
encliquetage m 1. ⟨Masch⟩ Sperrklinkenvorrichtung f, Ratsche f, Gesperre n; Freilauf[kupplung f] m; 2. ⟨El⟩ Verklinkung f
    e. **à coin** Klemmgesperre n
    e. **à dents** Zahngesperre n
    e. **à galet** Rollengesperre n, Klemmrollenfreilauf m
    e. **à rochet** Klinkengesperre n
encliqueter einklinken, einrasten, sperren
encloisonner durch Wände abtrennen, mit Wänden umschließen
enclume f Amboß m
    e. **de cordonnier** Dreifuß m
enclumeau m kleiner Amboß m, Bankamboß m
encochage m Nutung f
encoche f Kerbe f, Nut f, Schlitz m, Einkerbung f
    e. **demi-fermée** halbgeschlossene Nut f
    e. **droite** gerade Nut f
    e. **fermée** geschlossene Nut f
    e. **d'induit** Ankernut f
    e. **latérale** einseitige Perforation f
    e. **oblique** schräge Nut f
    e. **ouverte** offene Nut f
    e. **rotorique** Läufernut f
    e. **statorique** Ständernut f
encocher einschneiden, [ein]kerben
encoches fpl **doubles** beiderseitige Perforation f
encocheuse f Stanzmaschine f, Kerbemaschine f
encollage m Leimung f ⟨des Papiers⟩; ⟨Text⟩ Schlichten n
encollement m Balligwerden n ⟨Schlichte⟩
encoller leimen; ⟨Text⟩ schlichten
encolleuse f Anleimmaschine f; ⟨Text⟩ Schlichtmaschine f
    e. **sur chants** Klebmaschine f für Schmalseiten
    e. **de copeaux** Spanbeleimmaschine f
    e. **sur plats** Klebmaschine f für Breitseiten
encombrement m Platzbedarf m, Raumbedarf m, Abmessungen fpl
    e. **en hauteur** Bauhöhe f
encorbellement m 1. Auskragung f; Mauervorsprung m; 2. Vorbau m, Erker m; Freivorbau m
encoucheuse f Beschichtungsmaschine f
encrage m 1. Einfärben n, Farbauftrag m; 2. ⟨Typ⟩ Farbwerk n
    e. **à raclette** Rakelfarbwerk n

encrassement m Anschmutzung f, Verschmutzung f
encrasser verschmutzen
encre f:
    e. **de bronze** Bronzedruckfarbe f
    e. **carbonifère** Karbonfarbe f
    e. **de Chine** Tusche f, Ausziehtusche f
    e. **double-ton** Doppeltonfarbe f
    e. **d'estampage pour gravure sur acier** Stahlstichprägedruckfarbe f
    e. **d'estampage pour relieurs** Buchbinderprägedruckfarbe f
    e. **flexographique** Flexodruckfarbe f
    e. **grasse** Fettfarbe f; Öldruckfarbe f
    e. **pour héliogravure** Tiefdruckfarbe f
    e. **pour impression offset** Offsetdruckfarbe f
    e. **pour l'impression en taille-douce** Kupferdruckfarbe f
    e. **à imprimer les tubes** Tubendruckfarbe f
    e. **d'imprimerie** Druckerschwärze f
    e. **magnétique** magnetische Tinte f
    e. **de phototypie** Lichtdruckfarbe f
    e. **(à) report** Umdruckfarbe f
    e. **pour la retouche** Retuschierfarbe f
    e. **pour sérigraphie** Siebdruckfarbe f
    e. **pour timbre à étiquettes** Stempelfarbe f für Etiketten
    e. **pour tranches de livres** Buchschnittfarbe f
    e. **transparente** Lasurfarbe f
    e. **très siccative** stark trocknende Farbe f
    e. **pour typographie** Buchdruckfarbe f
encrer einfärben, Farbe auftragen
    e. **la forme** [die Form] einfärben
encreur m Farbauftragwalze f
encrier m Farbkasten m
encroissement m ⟨Text⟩ Bindungspunkt m
encroix m ⟨Text⟩ Fadenkreuz n, Fadenverkreuzung f
endente f Zahnung f, Verzahnung f; Zahn m; Klaue f
endenter verzahnen; auszacken
endigage m, **endiguement** m Eindeichung f
endiguer eindeichen
endoénergétique endotherm
endommagement m **de la fibre** Faserschädigung f
endomorphe endomorph
endomorphisme m Endomorphismus m
endoscope m Endoskop n
endoscopie f Endoskopie f
endosmomètre m Endosmometer n
endosmose f Endosmose f

endosmotique endosmotisch
endosser Buchrücken runden
endossure f Rückenrunden n ⟨Buchbinderei⟩
endothermique endotherm
endroit m rechte Seite f ⟨von Stoffen⟩
 e. **de la cassure** Bruchstelle f
enduction f Auftragen n, Beschichten n, Aufstreichen n, Streichen n; Aufwalzen n; Lackieren n; Imprägnieren n
 e. **au cylindre** Beschichten n im Walzenauftragsverfahren, Aufwalzen n
 e. **électrostatique** elektrostatisches Beschichten n
 e. **à la racle** Beschichten n im Streichverfahren, Streichen n ⟨Plastverarbeitung⟩
 e. **par trempé** Beschichten n im Tauchverfahren, Imprägnieren n
enduire auftragen, beschichten, (auf-)streichen; aufwalzen, anwalzen; lackieren; imprägnieren
enduissage m Bestreichen n
enduit m 1. Bewurf m; Putz m, Verputz m; 2. Anstrichstoff m, Beschichtstoff m, Imprägniermittel n; Spachtelmasse f; 3. Auflage f, Überzug m, Schicht f, Film m
 e. **d'amiante** Asbestanstrich m
 e. **anticorrosif** Korrosionsschutzanstrich m
 e. **armé** bewehrter Verputz m
 e. **asphaltique** Asphaltverputz m
 e. **bitumineux** Bitumenanstrich m
 e. **à la chaux, e. de chaux lisse** Kalkputz m
 e. **de ciment** Zementputz m
 e. **externe** Außenputz m
 e. **intérieur** Innenputz m
 e. **pour lingotières** Kokillenanstrichmittel n
 e. **de luxe** Edelputz m
 e. **de plafond** Deckenputz m
 e. **protecteur** Schutzanstrichmittel n
 e. **pour la reproduction** Kopierschicht f
 e. **similipierre** Steinputz m
 e. **tendeur** Spannlack m
endurance f Dauerfestigkeit f
 e. **aux chocs répétés** Dauerschlagfestigkeit f
 e. **en mer** ⟨Schiff⟩ Ausrüstungsdauer f, Selbständigkeitsdauer f
endurcir (er)härten; härter machen
 e. **l'encre** Farbe strenger machen
endurcissement m Härten n, Erhärten n
énergétique energiereich, hochenergetisch

énergie f Energie f; Arbeitsvermögen n; Arbeit f
 é. **acoustique** Schallenergie f
 é. **d'activation** Aktivierungsenergie f, Anregungsenergie f
 é. **actuelle** s. é. cinétique
 é. **d'antenne** Antennenleistung f
 é. **atomique** Kernenergie f, Atomenergie f
 é. **calorifique** Wärmeenergie f
 é. **de champ** Feldenergie f
 é. **chimique** chemische Energie f
 é. **cinétique** kinetische Energie f, Energie der Bewegung
 é. **de corrélation** Korrelationsenergie f
 é. **coulombienne** Coulomb-Energie f
 é. **de couplage** Kopplungsenergie f
 é. **de création d'une paire** Paarbildungsenergie f
 é. **de déchirement** Reißenergie f
 é. **de désintégration** Zerfallsenergie f
 é. **de désintégration nucléaire** Zerfallsenergie f des Atomkerns, Q-Wert m
 é. **de dissociation** Dissoziationsenergie f
 é. **d'échange** Austauschenergie f
 é. **électrique** elektrische Energie f
 é. **électromagnétique** elektromagnetische Energie f
 é. **d'excitation** Anregungsenergie f
 é. **de Fermi** Fermi-Energie f
 é. **de fission** Spaltungsenergie f
 é. **de formation** Bildungsenergie f
 é. **de fusion** Fusionsenergie f
 é. **de glissement** Schlupfenergie f
 é. **hydraulique** hydraulische Energie f
 é. **d'interaction** Wechselwirkungsenergie f
 é. **interne** innere Energie f
 é. **d'ionisation** Ionisierungsenergie f
 é. **de liaison** Bindungsenergie f
 é. **de liaison nucléaire** Kernbindungsenergie f
 é. **libre** freie Energie f
 é. **magnétocristalline** magnetokristalline Energie f
 é. **mécanique** mechanische Energie f
 é. **nucléaire** s. é. atomique
 é. **de paroi** Wandenergie f ⟨ferromagnetischer Kristall⟩
 é. **potentielle** potentielle (ruhende) Energie f, Energie der Lage
 é. **quantique** Quantenenergie f
 é. **rayonnante** Strahlungsenergie f
 é. **de réaction** Reaktionsenergie f
 é. **réglante** Leistungszahl f ⟨eines Netzes⟩
 é. **au repos** Ruh(e)energie f

é. de rotation Rotationsenergie f
é. de rupture Bruchenergie f
é. sonore Schallenergie f
é. superficielle (de surface) Oberflächenenergie f, Oberflächenspannung f
é. thermique Wärmeenergie f
é. thermonucléaire Fusionsenergie f, thermonukleare Energie f
é. de vibration Schwingungsenergie f
é. volcanique vulkanische Energie f
é. au zéro absolu Nullpunktenergie f
enfichable steckbar
enficher einstöpseln
enfilage m Einfädeln n
 e. du ruban magnétique Magnetbandeinfädelung f
enfiler einfädeln
enflammer entzünden, entflammen
enfoncement m 1. Einschlagen n ⟨eines Nagels⟩; Eindrücken n, Einpressen n; 2. ⟨Schiff⟩ Eintauchtiefe f; Tauchtiefe f
 e. à froid Kalteinsenken n
 e. local Pinge f
enfoncer 1. einschlagen ⟨einen Nagel⟩; eindrücken, einpressen; einsenken ⟨Werkzeugbau⟩; 2. ⟨Schiff⟩ eintauchen, tiefertauchen
 s'e. 1. sinken, untergehen; 2. [unter-]tauchen
enfonceur m Schachthauer m
enfouisseur m Flüssiggasdüngegerät n, Bodeninjektor m
enfourchement m Scherzapfen m
enfournage m, **enfournée** f, **enfournement** m Einsetzen n ⟨in den Ofen⟩, Einlage f, Charge f, Beschickung f
enfourner einsetzen ⟨in den Ofen⟩
 e. les briques den Brand einfahren ⟨Ziegelei⟩
enfourneur m Ofenmann m
enfourneuse f Ofenbeschickungsvorrichtung f
enfumage m Räuchern n; Ausräuchern n
enfumer räuchern; ausräuchern
enfûteuse f Faßfüllmaschine f
engagement m ⟨Flg⟩ angefachte aperiodische Bewegung f
 e. longitudinal angefachte aperiodische Längsbewegung f
 e. spiral angefachte aperiodische Seitenbewegung f
engin m 1. Apparat m, Gerät n, Maschine f; 2. Rakete f
 e. air-air Luft-Luft-Rakete f
 e. air-sol Luft-Boden-Rakete f
 e. air-sous-marin Luft-Unterwasser-Rakete f
 e. autoguidé zielsuchende Rakete f

e. balistique ballistische Rakete f
e. de capture Fanggerät n, Fangvorrichtung f ⟨Fischerei⟩
e. cible Zielrakete f
e. composite Mehrstufenrakete f
e. à courte portée Kurzstreckenrakete f
e. de desserte ⟨Brg⟩ Fördermittel n, Abbaufördermittel n
e. de dragage Baggergerät n
e. flottant schwimmendes Gerät n
e. à grande portée Langstreckenrakete f
e. intercontinental Interkontinentalrakete f
e. interplanétaire Weltraumrakete f, Raumrakete f
e. de levage Hebezeug n, Winde f
e. à liquide Flüssigkeitsrakete f
e. de manutention s. e. de levage
e. mer-air Wasser-Luft-Rakete f
e. mer-mer Wasser-Wasser-Rakete f
e. mer-sol Wasser-Boden-Rakete f
e. de pêche Fanggerät n, Fangvorrichtung f, Fischfanggerät n
e. à portée moyenne Mittelstreckenrakete f
e. porteur Trägerrakete f
e. à portique Portalstapler m
e. à poudre Pulverrakete f, Feststoffrakete f
e. radioguidé gesteuerte (ferngesteuerte, ferngelenkte) Rakete f
e. de sauvetage Rettungsgerät n
e. de servitude Fahrzeug n der technischen Flotte; technisches Hilfsschiff n
e. sol-air Boden-Luft-Rakete f
e. sol-sol Boden-Boden-Rakete f
e. sol-sol stratégique strategische Boden-Boden-Rakete f
e. téléguidé sol-air ferngelenkte Boden-Luft-Rakete f
e. de traction Triebfahrzeug n
e. de travaux publics s. e. de servitude
engobe m Engobe f, Angußmasse f, Begußmasse f ⟨für keramische Erzeugnisse⟩
engober engobieren
engommage m Gummieren n ⟨z. B. von Stoffen⟩
engommer gummieren
engorgement m Verstopfung f
engorger verstopfen
engrais m Düngemittel n
e. azoté Stickstoffdünger m
e. commercial Handelsdünger m
e. minéral Mineraldünger m
e. organique organischer Dünger m
e. potassique Kalidüngemittel n

engrenage m Verzahnung f; Getriebe n, Zahnradgetriebe n; Zahnrad n
 e. **en arc de cercle** Kreisbogenverzahnung f
 e. **à chaîne** Kettentrieb m
 e. **à chevrons** Pfeilverzahnung f
 e. **conique** Kegelradverzahnung f; Kegelradgetriebe n
 e. **conique droit** Kegelradgeradverzahnung f; geradverzahntes Kegelradgetriebe n
 e. **conique hélicoïdal** Kegelradschrägverzahnung f; schrägverzahntes Kegelradgetriebe n
 e. **conique spiral** Kegelradspiralverzahnung f; spiralverzahntes Kegelradgetriebe n
 e. **à crémaillère** Zahnstangengetriebe n, Zahnstangentrieb m
 e. **cycloïdal** Zykloidenverzahnung f
 e. **cylindrique** 1. Stirnradverzahnung f; Stirnradgetriebe n; 2. Schraubenradgetriebe n
 e. **cylindrique droit** Stirnradgeradverzahnung f; Geradzahnstirnradgetriebe n
 e. **cylindrique extérieur** Stirnrad(außen)verzahnung f
 e. **cylindrique hélicoïdal** 1. Stirnradschrägverzahnung f; Schrägzahnstirnradgetriebe n; 2. Schraubenradgetriebe n
 e. **décalé** Stufenverzahnung f
 e. **à denture basse** Stumpfverzahnung f
 e. **à développante** Evolventenverzahnung f
 e. **différentiel** Differentialgetriebe n
 e. **droit** Geradverzahnung f; Geradzahnstirnradgetriebe n
 e. **extérieur** Außenverzahnung f
 e. **à friction** Reibradgetriebe n
 e. **à fuseaux** Triebstockverzahnung f
 e. **hélicoïdal** 1. Schrägverzahnung f; schrägverzahntes Stirnradgetriebe n, Schrägzahnstirnradgetriebe n; 2. Schraubenradgetriebe n
 e. **hyperbolique** Hyperboloidverzahnung f; Hyperboloidgetriebe n
 e. **hypoïde** Hypoidverzahnung f; Hypoidgetriebe n
 e. **infiniment variable** stufenloses Regelgetriebe n
 e. **intérieur** Innenverzahnung f
 e. **marin** Schiffsgetriebe n
 e. **planétaire** Planetengetriebe n
 e. **réducteur** Reduzierverzahnung f
 e. **à roue et vis sans fin** s. e. à vis sans fin
 e. **spiral** Spiralverzahnung f
 e. **à vis sans fin** Schneckenverzahnung f; Schneckengetriebe n
 e. **à vis sans fin globique** Globoidschneckenverzahnung f; Globoidschneckengetriebe n
 e. **zéro** Nullgetriebe n, Zahnradpaar n ohne Profilverschiebung
engrènement m Eingriff m, Zahnberührung f; Einrücken n, Einrasten n
engrener eingreifen, berühren ⟨Zahnrad⟩; einrücken, einrasten
engreneur m Einleger m ⟨Dreschmaschine⟩
enjambeur m Grätschtraktor m, Stelzenschlepper m
enjoliveur m ⟨Kfz⟩ Zierkappe f, Radkappe f
enlacer ⟨Text⟩ verflechten
enlevage m ⟨Text⟩ Ätzen n; Ätzung f
enlèvement m 1. Abführung f, Abfuhr f; Abfluß m; Entfernen n, Entzug m; 2. Abheben n ⟨eines Spans⟩; Abtragen n ⟨eines Werkstoffs⟩; 3. ⟨Brg⟩ Verhieb m; 4. ⟨Kern⟩ Pick-up-Reaktion f, Herausreißen n eines Nukleons aus dem Kern; **à e. de copeaux** spanabhebend; **par e. de copeaux** span(geb)end, zerspanend; **sans e. de copeaux** spanlos
 e. **des copeaux** Spanabhebung f; Zerspanung f
 e. **électrochimique** elektrochemische Materialabtragung f
 e. **de matière** Werkstoffabtrag m
enlever 1. abführen; entfernen, entziehen; 2. abheben ⟨einen Span⟩; abtragen ⟨einen Werkstoff⟩; 3. ⟨Brg⟩ ausbrechen; 4. heben ⟨z. B. ein Wrack⟩
 e. **des copeaux** [zer]spanen
 e. **le fusible** die Sicherung herausnehmen
 e. **les lunettes** Brille abnehmen (absetzen)
enlignement m 1. ⟨Bw⟩ Ausrichtung f, Einfluchtung f
enligner 1. ⟨Bw⟩ ausrichten, einfluchten; 2. ⟨Typ⟩ Seiten abgleichen
ennéagonal neuneckig
ennéagone m Neuneck n
ennoblir veredeln
ennoblissement m Veredlung f
 e. **textile** Textilveredlung f
 haut e. Hochveredlung f
énol m ⟨Ch⟩ Enol n
énolique ⟨Ch⟩ enolisch
énolisation f ⟨Ch⟩ Enolisierung f
énoliser ⟨Ch⟩ enolisieren
énoncer ansagen

enracinement *m* **d'un épi** Buhnenkammer *f*
enraiement *m*, **enrayage** *m*, **enrayement** *m* 1. Hemmen *n*; Hemmung *f*; Bremsen *n*; 2. Ladehemmung *f*
enrayer hemmen, bremsen
enrayoir *m* Hemmschuh *m*
enregistrable registrierbar
enregistrement *m* Registrierung *f*; Aufnahme *f*; Aufzeichnung *f*
  e. acoustique Schallaufzeichnung *f*
  e. sur bande magnétique Tonbandaufnahme *f*
  e. sur disque Schallplattenaufnahme *f*
  e. des données Datenaufzeichnung *f*
  e. sur film Filmaufnahme *f*, Filmaufzeichnung *f*
  e. d'images Bildaufzeichnung *f*
  e. d'informations Informationsaufzeichnung *f*, Informationsspeicherung *f*
  e. machine Aufzeichnung *f* von Maschinenbetriebswerten
  e. magnétique magnetische Aufzeichnung *f*; Magnettonaufnahme *f*
  e. mécanique mechanische Aufzeichnung *f*
  e. de mesure s. datalogger
  e. par microphone Mikrofonaufnahme *f*
  e. monophonique monofone Aufnahme *f*
  e. en multiplayback Multiplayback-Aufnahme *f*
  e. optique optische Aufzeichnung *f*
  e. sur piste unique Einkanalaufzeichnung *f*
  e. sur ruban magnétique Bandaufnahme *f*
  e. sonore Tonaufnahme *f*, Tonaufzeichnung *f*
  e. de télévision Fernsehbildaufzeichnung *f* (auf Magnetband)
  e. d'une transmission de T.S.F. Rundfunkaufnahme *f*
  e. sur trois pistes dreikanalige Aufnahme *f*
  e. de la vibration Schwingungsaufzeichnung *f*
enregistrer registrieren; aufnehmen; aufzeichnen
enregistreur Registrier-
enregistreur *m* Schreiber *m*, Schreibgerät *n*, Registriergerät *n* (s. a. appareil enregistreur)
  e. d'annonce des trains Zugschreiber *m*
  e. sur bande Bandaufnahmegerät *n*; Tonbandgerät *n*
  e. de cap Kursschreiber *m*
  e. de cartes météorologiques (de temps) Wetterkartenschreiber *m*
  e. de commande du pas de l'hélice Registriereinrichtung *f* für Propellersteigungsverstellung, Steigungsverstellungsschreiber *m*
  e. de déséquilibre Schieflastschreiber *m*
  e. de distance aérienne Flugentfernungsschreiber *m*
  e. à encastrer Einbauschreiber *m*
  e. de Fuess Staurohranemometer *n*
  e. graphique Kurvenschreiber *m*
  e. des intentions de manœuvre s. e. d'ordres de manœuvre
  e. magnétique Magnetbandgerät *n*, Magnettongerät *n*
  e. de manœuvre Manöverdrucker *m*; Manöverregistriereinrichtung *f*; Manöverschreiber *m*
  e. de la marche des trains Zuglaufschreiber *m*
  e. multiple Mehrfachschreiber *m*
  e. d'ordres (de manœuvre) Kommandodrucker *m*; Kommandoregistriereinrichtung *f*; Kommandoschreiber *m*
  e. de perturbations Störungsschreiber *m*
  e. par points Punktschreiber *m*
  e. par points à plusieurs couleurs Mehrfarbenpunktschreiber *m*
  e. de route Fahrtwegschreiber *m*; Trackplotter *m*
  e. sur ruban Tonbandgerät *n*
  e. à ruban magnétique Magnetbandgerät *n*
  e. à siphon Kapillarschreiber *m*
  e. de son Tonaufnahmegerät *n*
  e. à tracé continu Linienschreiber *m*
  e. de trajectoire de vol Flugwegschreiber *m*
  e. universel Universalschreiber *m*
  e. V. g. V. g.-Schreiber *m* (Art eines Beschleunigungsmessers)
enrichir anreichern; konzentrieren
  e. en carbone mit Kohlenstoff anreichern
enrichissement *m* Anreicherung *f*; Konzentration *f*
enrobage *m*, **enrobement** *m* Umhüllung *f*, Ummantelung *f*
enrober umhüllen, ummanteln
enrochement *m* Steingrundierung *f*, Steinschüttung *f*
enrôler anmustern, in die Musterrolle eintragen
enroulage *m*, **enroulement** *m* 1. Wickeln

n, Bewickeln *n*, Aufwickeln *n*; Aufspulen *n*; 2. Wicklung *f*; 3. Aufrollen *n*, Einrollen *n*; 4. ⟨Bw⟩ Umschnürung *f* ⟨von Betonteilen⟩
e. **additionneur** ⟨Dat⟩ Summierungswicklung *f*
e. **d'aimantation** Magnetisierungswicklung *f*
e. **en anneau** Ringwicklung *f*
e. **antagoniste** Gegenwicklung *f*
e. **anticompound** Gegenkompoundwicklung *f*, Gegenverbundwicklung *f*
e. **asymétrique** unsymmetrische Wicklung *f*
e. **auxiliaire** Zusatzwicklung *f*, Hilfswicklung *f*
e. **auxiliaire en série** Hilfsreihenschlußwicklung *f*
e. **en bande de cuivre** Kupferbandwicklung *f*
e. **en barres** Stabwicklung *f*
e. **(à) basse tension** Niederspannungswicklung *f*, Unterspannungswicklung *f* ⟨Transformator⟩
e. **bifilaire** Bifilarwicklung *f*, Doppelfadenwicklung *f*, Zweidrahtwicklung *f*
e. **bipolaire** zweipolige Wicklung *f*
e. **de blocage** Haltewicklung *f*
e. **sur une bobine** Aufspulen *n*
e. **bobiné sur champ** hochkantige Wicklung *f*
e. **à boucles** Schleifenwicklung *f*, überlappte Wicklung *f*
e. **à cage en court-circuit** Kurzschlußwicklung *f*
e. **à cage d'écureuil** Käfigwicklung *f*
e. **de champ** Feldwicklung *f*
e. **de chauffage** Heizwicklung *f*
e. **de commande** ⟨Dat⟩ Steuerwicklung *f*
e. **de commutation** Wendefeldwicklung *f*
e. **de compensation** Kompensationswicklung *f*
e. **compound** Kompoundwicklung *f*, Verbundwicklung *f*
e. **en couches** Lagenwicklung *f*
e. **à courant continu** Gleichstromwicklung *f*
e. **à courant triphasé** Drehstromwicklung *f*
e. **court-circuité** kurzgeschlossene Wicklung *f*, Kurzschlußwicklung *f*
e. **cylindrique** konzentrisch angeordnete Wicklung *f*
e. **de démarrage** Anlaßwicklung *f*
e. **en dérivation** Nebenschlußwicklung *f*

e. **à deux couches** Zweilagenwicklung *f*, zweilagige Wicklung *f*
e. **différentiel** Differentialwicklung *f*
e. **diphasé** Zweiphasenwicklung *f*
e. **en disque** Scheibenwicklung *f*
e. **dissymétrique** unsymmetrische Wicklung *f*
e. **distribué** verteilte Wicklung *f*
e. **à double cage** Doppelkäfigwicklung *f*
e. **à droite** rechtsgängige Wicklung *f*
e. **d'écran** Abschirmwicklung *f*
e. **d'écriture** ⟨Dat⟩ Schreibwicklung *f*
e. **d'électro-aimant** Magnetwicklung *f*
e. **enfilé** Durchziehwicklung *f*
e. **équipotentiel** Ausgleichswicklung *f*
e. **d'étalonnage** Abgleichwicklung *f*
e. **excitateur** Erregerwicklung *f*
e. **d'excitation de base** Grundsteuerfeld *n*
e. **d'excitation séparée** Fremderregungswicklung *f*
e. **d'excitation shunt** Nebenschlußerregungswicklung *f*
e. **fermé d'induit** geschlossene Ankerwicklung *f*
e. **en fils** Drahtwicklung *f*
e. **à fils tirés** Durchziehwicklung *f*
e. **sur gabarit** Schablonenwicklung *f*
e. **à gauche** linksgängige Wicklung *f*
e. **à haute résistance** hochohmige Wicklung *f*
e. **(à) haute tension** Hochspannungswicklung *f*; Oberspannungswicklung *f* ⟨Transformator⟩
e. **hélicoïdal** Spiralwicklung *f*, spiralförmige Wicklung *f*, Schraubenwicklung *f*
e. **imbriqué** s. e. à boucles
e. **inducteur fixe** feststehende Feldwicklung *f*
e. **inducteur rotatif** rotierende Feldwicklung *f*
e. **d'induit** Ankerwicklung *f*
e. **d'induit simple** einfach geschlossene Ankerwicklung *f*
e. **d'inhibition** Sperrwicklung *f*
e. **de lecture** Lesewicklung *f*
e. **de maintien** Haltewicklung *f*
e. **monophasé** Einphasenwicklung *f*
e. **monté fil-à-fil** Träufelwicklung *f*
e. **de moteur** Motorwicklung *f*
e. **multiple** Mehrfachwicklung *f*
e. **multipolaire** Mehrpolwicklung *f*, Vielpolwicklung *f*
e. **non inductif** induktionsfreie Wicklung *f*
e. **ondulé** Wellenwicklung *f*

enroulage 266

e. **ouvert d'induit** offene Ankerwicklung f
e. **en paliers** Treppenwicklung f
e. **parallèle** Parallelwicklung f
e. **de phase auxiliaire** Hilfsphasenwicklung f
e. **à phases** Phasenwicklung f
e. **à plusieurs couches** Mehrlagenwicklung f
e. **de polarisation** Vormagnetisierungswicklung f
e. **polyphasé** Mehrphasenwicklung f
e. **primaire** Primärwicklung f
e. **principal** Hauptwicklung f
e. **de relais** Relaiswicklung f
e. **réparti** verteilte Wicklung f
e. **rotorique** Läuferwicklung f, Rotorwicklung f, Ankerwicklung f ⟨Gleichstrommaschine⟩
e. **secondaire** Sekundärwicklung f
e. **en série** Hauptschlußwicklung f, Reihen[schluß]wicklung f, Hauptstromwicklung f
e. **série-parallèle** Reihenparallelwicklung f
• e. **shunt** Nebenschlußwicklung f
e. **en spirale** s. e. hélicoïdal
e. **stabilisateur** Stabilisierungswicklung f
e. **statorique** Ständerwicklung f, Statorwicklung f, Gehäusewicklung f
e. **symétrique** symmetrische Wicklung f
e. **en tambour** Trommelwicklung f
e. **de transformateur** Transformatorwicklung f
e. **en triangle** Dreieckwicklung f
e. **triphasé** Dreiphasenwicklung f
e. **à un étage, e. à une couche** Einlagenwicklung f, einlagige Wicklung f, Einschichtenwicklung f
e. **en V** V-Wicklung f
enroulements mpl:
e. **alternés** Scheibenwicklung f
e. **concentriques** Zylinderwicklung f, Röhrenwicklung f
enrouler 1. bewickeln, aufwickeln; aufspulen; 2. ⟨Text⟩ docken
enrouleur m Wickelmaschine f; Aufwickelvorrichtung f
enrouleuse f Wickelmaschine f; Aufwickelhaspel f
e. **de tubes de carton** ⟨Typ⟩ Hülsenwickelmaschine f
e. **de voile** ⟨Text⟩ Vlieswickler m
enrouloir m Aufwickelhaspel f, Aufwikkelspule f
enrubannage m Bewicklung f ⟨mit Bändern⟩

enrubanner bewickeln ⟨mit Bändern⟩
ensablement m Versanden n
ensabler versanden
ensachage m, **ensachement** m Einsacken n
ensacher einsacken
ensacheur m **de parachutes** Fallschirmleger m
ensacheuse f Absackvorrichtung f
ensellement m ⟨Geol⟩ Aufsattelung f
ensemble m 1. ⟨Math⟩ Menge f; 2. Baugruppe f, Einheit f, Aggregat n, Baueinheit f; 3. Zusammenstellungszeichnung f
e. **bien ordonné** wohlgeordnete Menge f
e. **de comptage** Zähler m, Zählgerät n
e. **de conditionnement d'air** Druckluftwartungsgerät n, Drucklufteinheit f
e. **connectable** Einschub m
e. **de la coque** Schiffskörperverband m
e. **critique** kritische Anordnung f
e. **dense** dichte Menge f
e. **émetteur-récepteur** Sende-Empfangs-Gerät n
e. **exponentiel** Exponentialexperiment n, Exponentialanordnung f
e. **de fermeture** Schließeinheit f ⟨Spritzgußmaschine⟩
e. **de l'installation machines** Maschinenanlage f ⟨als Gesamtheit⟩
e. **de maisons** Häuserkomplex m
e. **mélangeur** Mischbatterie f, Mischaggregat n
e. **de mesure** Meßgerät n, Meßvorrichtung f
e. **de mesure de rayonnement** Strahlungsmeßgerät n; Strahlungsmeßplatz m, Meßplatz m
e. **optique** optisches Element n
e. **partiel** Teilmenge f
e. **plastificateur** Plastiziereinheit f ⟨Spritzgußmaschine⟩
e. **poutres plancher** Verbundträger m
e. **quotient** Quotientenmenge f
e. **rare** nirgends dichte Menge f
e. **de réglage** Regelvorrichtung f
e. **à régulation** Regelsatz m
e. **de relais** Relaiskombination f
e. **soudé** Schweißverbindung f
e. **sous-critique** ⟨Kern⟩ unterkritische Anordnung f
e. **totalement discontinu** punkthafte (zusammenhanglose) Menge f
e. **vide** leere Menge f
ensembles mpl **d'égale puissance** Mengen fpl gleicher Mächtigkeit

ensilage m 1. Silieren n, Gärfutterbereitung f; 2. Silierung f, Siloeinlagerung f
ensileuse f Silogebläse n; Silohäcksler m
    e. à fléaux Schlegelernter m
ensimage m ⟨Text⟩ Schmälze f
ensimer ⟨Text⟩ schmälzen
ensoufrer schwefeln
ensouple f ⟨Text⟩ Kettbaum m
    e. d'ourdissage, e. ourdissoir Schärbaum m, Kettbaum m
    e. sectionnelle Teilkettbaum m
entablement m Gebälk n ⟨aus Architrav, Fries, Gesims⟩; Gesims n; Aufsatz m
entaillage m Einkerben n, Einschneiden n; Überblattung f, Verblattung f
entaille f 1. Anschnitt m, Einschnitt m; Einkerbung f, Kerbe f; Schlitz m; 2. ⟨Brg⟩ Einbruch m ⟨Kohle⟩
    e. à mi-bois Verblattung f
    e. superficielle Oberflächenkerbe f
entaillé gekerbt
entailler einschneiden, (ein)kerben
entaillure f Einkerbung f, Einschnitt m; Kerbe f; Kamm m, Verkämmung f
entartrage m, **entartrement** m Kesselsteinansatz m, Kesselsteinablagerung f; Verkrustung f; Verkrusten n ⟨von Rohren⟩
entartrer Kesselstein ansetzen; verkrusten
enterrer einbetten, eingraben; verschütten, zuschütten
enthalpie f Enthalpie f, Wärmeinhalt m
    e. de combustion Verbrennungsenthalpie f
    e. de formation Bildungsenthalpie f
    e. de fusion Schmelzenthalpie f
    e. libre freie Enthalpie f
    e. de la réaction Reaktionsenthalpie f
    e. de vaporisation Verdampfungsenthalpie f
    e. de vaporisation molaire molare Verdampfungsenthalpie f
entier ganz ⟨z. B. Zahl⟩
entôlage m Blechbelag m
entôler mit Blech belegen
entonnoir m Trichter m
    e. d'alimentation Rohrtrichter m, Speisetrichter m
    e. de Buchner Büchnertrichter m
    e. de chargement Fülltrichter m
    e. compte-gouttes Tropftrichter m
    e. de coulée Gießtrichter m
    e. filtrant Filtriertrichter m, Nutsche f
    e. en porcelaine Porzellantrichter m
    e. à robinet Tropftrichter m
    e. séparateur Scheidetrichter m
entonnoir-filtre m Saugfilter n

    e. en porcelaine Porzellannutsche f
    e. en verre Glasfilternutsche f
entourage m ⟨Math⟩ Umgebung f
entrainement m Antrieb m; Mitnahme f; Mitziehen n ⟨Oszillator⟩; **d'e.** Antriebs-
    e. par chaine Kettentrieb m
    e. par courroie Riementrieb m
    e. direct Achsmotorantrieb m
    e. du film Filmtransport m
    e. de fréquence Frequenzmitnahme f, Frequenzmitziehen n
    e. par friction Friktionsantrieb m, Reibungsantrieb m
    e. par griffes Greifernachschub m
    e. image par image Einzelbildschaltung f
    e. par manivelle Kurbel(an)trieb m
    e. manuel Handantrieb m
    e. mécanique maschineller Antrieb m
    e. par moteur électrique Elektromotorenantrieb m
    e. par pignon conique Kegelradantrieb m
    e. à vitesse ajustable Antrieb m mit einstellbarer Geschwindigkeit
entrainer (an)treiben, mitnehmen; mitziehen ⟨Oszillator⟩
entraineur m 1. Mitnehmer m; Schrittmacher m; 2. ⟨Kern⟩ Träger m; 3. Kratzbandförderer m, Kratzerförderer m; **sans e.** trägerfrei
entrait m Binderbalken m, Bundbalken m
entrave f **à la circulation** Fahrthindernis n
entraxe f Gleisabstand m; Achsabstand m
entrechoquer [zusammen]stoßen, aneinanderprallen
entrecolonnement m Säulenabstand m, Säulenweite f
entre-colonnes m Abstand m zwischen den Holmen ⟨Spritzgußmaschine⟩
entrecoupé durchsetzt ⟨z. B. von Verwerfungen⟩
entredent m Zahnlücke f
entrée f 1. Eintritt m, Einfahrt f, Zugang m; Öffnung f; 2. ⟨Bw⟩ Eingang m, Diele f, Vorraum m; 3. Eingabe f; 4. Zulauf m; Einlauf m ⟨z. B. Wasserkraftmaschine⟩; 5. ⟨Schiff⟩ Fahrrinne f, Fahrwasser n; Seekanal m ⟨zum Hafen⟩; 6. Einführung f ⟨z. B. eines Kabels⟩
    e. d'air Lufteintritt m
    e. de l'amplificateur Verstärkereingang m
    e. d'antenne Antenneneingang m

e. à basse résistance niederohmiger Eingang m
e. de câble Kabeleinführung f
e. de déservoir Überfalleinlauf m ⟨Wasserrad⟩
e. directe direkte Eingabe f
e. des données Dateneingabe f
e. de l'eau Wassereintritt m
e. à haute résistance hochohmiger Eingang m
e. indirecte indirekte Eingabe f
e. du liquide Flüssigkeitseingang m
e. de microphone Mikrofoneingang m
e. numérique Zahleneingabe f
e. pick-up Tonabnehmereingang m
e. de récepteur Empfängereingang m
e. à résistance élevée hochohmiger Eingang m
e. de signal Signaleingang m
entrefer m ⟨El⟩ Luftspalt m; Spalt m ⟨einer Magnetlinse⟩
e. principal progressif progressiv erweiterter Hauptpolluftspalt m
entrelacé verschränkt ⟨bei nadelförmigen Kristallaggregaten⟩
entrelacement m **de lignes** Zeilensprung m
entrelame f **(isolante)** Isolierlamelle f ⟨eines Kollektors⟩
entre-nerfs m ⟨Typ⟩ Feld n
entreplan m Tragflächenabstand m
entrepont m Zwischendeck n; Zwischendeckraum m
e. mobile bewegliches Zwischendeck n
e. suspendu Hängedeck n
e. de travail Verarbeitungsdeck n ⟨als Zwischendeck⟩
entreposage m Einlagerung f
e. de glace Eislagerung f ⟨z. B. Fisch⟩
entrepôt m Lager n, Warenlager n
e. frigorifique Kühlhaus n
entrepreneur m **du bâtiment** Bauunternehmer m
entreprise f:
e. maritime Schiffahrtsunternehmen n
e. minière Bergbauunternehmen n
e. de ravitaillement Schiffsversorgung f ⟨Unternehmen⟩
e. de rechapage Runderneuerungsbetrieb m
e. de transport aérien Luftverkehrsunternehmen n
entre-rail(s) m Spurweite f
entretenir warten, instandhalten, unterhalten
entretien m 1. Wartung f, Pflege f, Instandhaltung f, Unterhaltung f; 2. ⟨El⟩ Erregung f

e. courant laufende Unterhaltung f
e. facile Pflegeleichtigkeit f
e. du fond Bohrlochwartung f
e. d'une ligne ⟨Eb⟩ Streckenunterhaltung f
e. du matériel roulant Wagenunterhaltung f
e. des outils Wartung f der Werkzeuge
e. de la voie Gleisunterhaltung f
e. de voies ⟨Brg⟩ Streckenunterhaltung f
entretoise f 1. ⟨Masch⟩ Zwischenstück n; Distanzring m, Distanzbuchse f; Zwischenplatte f; Distanzrohr n; 2. ⟨Bw⟩ Versteifung f; Strebe f; Steg m; Querriegel m
e. de contreventement Windverband m
e. de freinage Bremsverband m
e. de lacet Schlingerverband m
e. de ventilation Belüftungssteg m zwischen Blechpaketen
entretoisement m ⟨Brg⟩ Verstrebung f
entretoiser ⟨Brg⟩ verstreben
entrevoie m Gleisabstand m
entropie f Entropie f
e. de désordre Entropie f bei ungeordneter Verteilung
e. de fusion Schmelzentropie f
e. normale Standardentropie f
e. de vaporisation Verdampfungsentropie f
e. au zéro absolu Nullpunktsentropie f
entropique entropisch
enture f Überblattung f, Verblattung f
e. bout à bout stumpfer Stoß m
e. par (à) trait de Jupiter schräges Hakenblatt n
énumérable abzählbar
envahir fluten, vollaufen
envahissable flutbar
envahissement m Flutung f, Vollaufen n
e. de la mer Meereseinbruch m
envasement m Verschlammung f
envaser verschlammen
enveloppante f ⟨Math⟩ Hüllkurve f
e. de modulation Modulationshüllkurve f
enveloppe f 1. Gehäuse n, Mantel m, Verkleidung f; 2. ⟨Math⟩ Einhüllende f, Enveloppe f, Hülle f; Hüllkurve f; Hüllfläche f
e. en béton Betonumhüllung f, Betonmantel m
e. en béton armé Stahlbetonmantel m
e. de câble Kabelmantel m
e. de la chaudière Kesselmantel m
e. convexe konvexe Hülle f

e. **du cylindre** Zylindermantel *m*
e. **à eau réfrigérante** Kühlwassermantel *m*
e. **de four** Ofengeschränk *n*
e. **du foyer** Feuerbuchsmantel *m*
e. **métallique** Metallkolben *m* ⟨Röhre⟩
e. **de microphone** Mikrofongehäuse *n*
e. **de plomb** Bleimantel *m*
e. **de sécurité** Sicherheitsbehälter *m*
e. **en tôle** Blechmantel *m*, Blechgehäuse *n*
e. **treillagée** Drahtumhüllung *f*
e. **de ventilation** Belüftungsmantel *m*
envergure *f* ⟨Flg⟩ Spannweite *f*; ⟨Text⟩ Fadenkreuz *n*
enverrage *m* 1. Glasieren *n*; 2. Glasur *f*
enverrer glasieren
envers *m* linke Seite *f*, Unterseite *f* ⟨von Stoffen⟩; **à l'e.** seitenverkehrt
enwagonneuse *f* Waggonbeladevorrichtung *f*
enzyme *f* Enzym *n*
enzymologie *f* Enzymologie *f*
eocène *m* Eozän *n*
éogène *m* Alttertiär *n*, Paläogen *n*
éolienne *f* Windrad *n*; Windkraftanlage *f*
éosine *f* Eosin *n*
épais dickflüssig, dick
épaisseur *f* Dicke *f*, Stärke *f*; ⟨Geol⟩ Mächtigkeit *f*
é. **de la cémentation** Einsatztiefe *f* ⟨Härten⟩
é. **de copeau** Spandicke *f*
é. **de couche** Schichtdicke *f*
é. **de la couche déposée** Auftragsdicke *f*, Schichtdicke *f*; Filmdicke *f* ⟨Lack⟩
é. **des coupes** Schnittdicke *f*
é. **de la culasse** Jochstärke *f*
é. **équivalente de plomb** Bleiäquivalent *n*
é. **de feuille** Folienmaß *n*
é. **initiale** Ausgangsdicke *f*
é. **massique** Flächenmasse *f*, Flächengewicht *n*
é. **du noyau** Seelenstärke *f* ⟨Spiralbohrer⟩
é. **de paroi** Wanddicke *f*
é. **de revêtement déposé** s. é. **de la couche déposée**
é. **de tête** Zahnkopfdicke *f*
é. **de trait** Liniendicke *f*, Strichdicke *f*
épaisseurmètre *m* Dickenmesser *m*, Dickenmeßgerät *n*
é. **à rétrodiffusion bêta** Betareflexionsdickenmesser *m*, Betarückstreudickenmesser *m*

épaisseur-moitié *f* Halbwert(s)dicke *f*, Halbwert(s)schicht *f*
épaissir eindicken; verdicken
s'é. dicker werden
épaississant *m* Verdickungsmittel *n*
épaississement *m* Eindickung *f*; Verdickung *f*
épaississeur *m* Eindicker *m*
é. **Dorr** Dorr-Eindicker *m*
épaler peilen ⟨Tank⟩
épandage *m*:
é. **de lisier** Jaucheausbringen *n*, Jaucheverteilung *f*
é. **souterrain** unterirdische Verrieselung *f*
épandeur *m*:
é. **de chaux** Kalkstreuer *m*
é. **de fumier** Dungstreuer *m*, Miststreuer *m*
é. **de lisier** Jaucheverteiler *m*, Flüssigmisttankwagen *m*
épargne *f* Aussparung *f*
épargner aussparen
éparpilleur *m* **de fumier** Dungbreitverteiler *m*
épaule *f* Schulter *f*
épaulement *m* 1. Stützmauer *f*, Schultermauer *f* ⟨Treppe⟩; 2. Schulter *f*, Bund *m*, Ansatz *m* ⟨z. B. einer Welle⟩
é. **de pneu** Reifenschulter *f*
éperon *m* 1. Tragdorn *m* ⟨z. B. Gabelstapler⟩; 2. ⟨Geol⟩ Ausläufer *m*
épervier *m* Wurfnetz *n*
éphémérides *fpl* **nautiques** Nautische Tafeln *fpl* ⟨für Gestirne⟩
épi *m* Buhne *f*
é. **de fond, é. noyé** Grundschwelle *f*, Sohlschwelle *f*
épiautage *m* Enthäuten *n* ⟨von Fisch⟩
épiauter enthäuten ⟨Fisch⟩
épicentre *m* Epizentrum *n*, Oberflächenmittelpunkt *m*
épicycloïde *f* Epizykloide *f*
é. **accourcie** verkürzte Epizykloide *f*
é. **allongée** gedehnte Epizykloide *f*
épidiascope *m* Epidiaskop *n*
épierrage *m*, **épierrement** *m* Klaubung *f* ⟨s. a. triage⟩
épierrer klauben
épierreur *m* Steinsammelmaschine *f*
épigenèse *f* Epigenese *f*
épigénétique epigenetisch
épilatoire *m* Haarentferner *m*, Haarentfernungsmittel *n*
épimère *m* Epimer(es) *n*
épimicroscope *m* Auflichtmikroskop *n*
épirogenèse *f* Epirogenese *f*
épiscope *m* Episkop *n*, Bildwerfer *m*

épisser spleißen
épissoir m Fitt m ⟨Spleißwerkzeug⟩
épissure f Spleiß[ung f] m, Verspleißung f
épitaxie f Epitaxie f
épithermal ⟨Geol⟩ epithermal
épithermique ⟨Kern⟩ epithermisch
épizone f Epizone f
éponge f Schwamm m
   é. de caoutchouc Gummischwamm m
   é. de cellulose Zelluloseschwamm m
   é. de fer Eisenschwamm m
   é. naturelle Naturschwamm m
éponte f ⟨Brg⟩ Stoß m
épontillage m Stützenverband m
épontille f Deckstütze f
   é. garde-corps Geländerstütze f; Relingstütze f
époque f:
   é. du frai Laichzeit f
   é. glaciaire Eiszeit f
   é. métallogénique Erzbildungsperiode f
   é. de pêche Fangsaison f
   é. de ponte Laichzeit f
époxydation f Epoxydierung f
époxyde m Epoxi[d] n
épreuve f 1. Probe f, Test m ⟨s. a. test⟩; 2. Anprobe f; 3. ⟨Typ⟩ Abzug m, Probedruck m; Druck m
   é. auditive Gehörprobe f
   é. à la brosse ⟨Typ⟩ Bürstenabzug m
   é. de charge Belastungsprobe f, Belastungsprüfung f
   é. de cliché ⟨Typ⟩ Klischeeabzug m
   é. à contrôle Beleg m, Kontrollabzug m
   é. dynamique dynamische Belastungsprobe f
   é. d'endurance Dauerfestigkeitsprüfung f
   é. d'étanchéité Dichtheitsprüfung f
   é. glacée Glanzabzug m
   é. au hasard Stichprobe f
   é. mate Mattabzug m
   é. en placard ⟨Typ⟩ Fahnenabzug m
   é. de réception Abnahmeprüfung f
   é. statique statische Belastungsprobe f
éprouver prüfen, testen
éprouvette f 1. Reagenzglas n; 2. Meßzylinder m; 3. Prüfkörper m; 4. Prüfling m; Probestab m; Probe[stück n] f ⟨s. a. échantillon 1.⟩
   é. cubique Würfelprobe f
   é. de décapage Beizprobe f
   é. entaillée pour essai de flexion Kerbbiegeprobe f
   é. pour essai de choc Schlagprobe f
   é. à fléchir Biegeprobe f
   é. de flexion Biegestab m
   é. graduée Meßzylinder m
   é. de pression avec un cône Kegeldruckprobe f
   é. de rupture Bruchprobe f
   é. à secouer Schüttelzylinder m
   é. de traction Zugstab m
   é. de trempe Härteprobe f
épuisé vergriffen
épuisement m 1. ⟨Schiff⟩ Lenzen n; 2. ⟨Brg⟩ Wasserhaltung f
   é. par pompage Leerpumpen n, Auspumpen n
épuiser lenzen
   é. à l'éther ausäthern
épuisette f Bügelhamen m, Kescher m ⟨Fischfanggerät⟩
épurage m Reinigung f
épurateur m 1. Reiniger m; Wäscher m; Abscheider m; Entstauber m; 2. Knotenfänger m ⟨Papierherstellung⟩; 3. ⟨Text⟩ Fadenreiniger m
   é. d'air Luftreiniger m; Luftfilter n; Staubfilter n
   é. électrostatique elektrostatischer Abscheider m
   é. de fil Fadenreiniger m
   é. de fumée Rauchgasreiniger m
   é. de gaz Gasreiniger m, Gaswäscher m
   é. de grains ⟨Lw⟩ Steigsichter m
   é. d'huile Ölreiniger m, Ölfilter n
   é. de saletés Schmutzabscheider m
   é. à voie humide Naßreiniger m
   é. à voie sèche Trockenreiniger m
épuration f Reinigung f ⟨industriell⟩; Abscheidung f; Entstaubung f, Entaschung f; Reinigen n, Waschen n ⟨Glas⟩
   é. de l'air Luftreinigung f
   é. anodique anodische Reinigung f
   é. biologique biologische Reinigung f
   é. cathodique katodische Reinigung f
   é. chimique chemische Reinigung f
   é. définitive Feinreinigung f
   é. de l'eau Wasserreinigung f
   é. des eaux-vannes Abwasserreinigung f
   é. électrostatique elektrostatische Abscheidung f
   é. fine Feinreinigung f
   é. de gaz Gasreinigung f; Gaswaschen n
   é. de gaz de grillage Röstgasreinigung f
   é. préliminaire Vorreinigung f
   é. de la saumure Laugenreinigung f
   é. à sec Trockenreinigung f

é. du sel Salzreinigung f
é. ultérieure Nachreinigung f
é. par voie humide Naßreinigung f
épuratoire reinigend
épure f Aufriß m, vollständige Darstellung f in drei Ebenen
épurer reinigen; waschen
équarri kantig
  parfaitement é. vollkantig
équarrir viereckig (vierkantig) behauen; abkanten
équarrissage m, équarrissement m Behauen n; Ausvierung f
équateur m:
  é. céleste Himmelsäquator m
  é. magnétique magnetischer Äquator m
équation f Gleichung f
  é. algébrique algebraische Gleichung f
  é. de base du mouvement des fusées Raketengrundgleichung f
  é. de Bernoulli Bernoullische Gleichung f
  é. brute Bruttogleichung f
  é. du centre Mittelpunktsgleichung f
  é. du champ Feldgleichung f
  é. chimique chemische Gleichung f
  é. cinétique kinetische Gleichung f
  é. de Clapeyron Clapeyronsche Gleichung f
  é. de Clapeyron-Clausius Clausius-Clapeyronsche Gleichung f
  é. de condition Bedingungsgleichung f
  é. de continuité Kontinuitätsgleichung f, differentieller Erhaltungssatz m
  é. aux dérivées partielles partielle Differentialgleichung f
  é. déterminative Bestimmungsgleichung f
  é. aux différences Differenzengleichung f
  é. différentielle Differentialgleichung f
  é. de dimensions Dimensionsgleichung f
  é. d'Einstein pour la chaleur spécifique kalorische Zustandsgleichung f
  é. d'état Zustandsgleichung f
  é. fonctionnelle Funktionalgleichung f
  é. de la gravitation Gravitationsgleichung f
  é. intégrale Integralgleichung f
  é. de liaison Bedingungsgleichung f; Bindungsgleichung f
  é. de machine Maschinengleichung f
  é. de masse relativiste relativistische Massengleichung f

é. de Maxwell Maxwellsche Gleichung f
é. de mouvement Bewegungsgleichung f
é. d'onde Wellengleichung f
é. personnelle persönliche Gleichung f, persönlicher Fehler m
é. du premier degré (ordre) Gleichung ersten Grades, lineare Gleichung f
é. du réacteur Reaktorgleichung f
é. de réaction Reaktionsgleichung f
é. stœchiométrique stöchiometrische Gleichung f
é. du télégraphiste Telegrafengleichung f
é. du temps Zeitgleichung f
é. du transport Transportgleichung f
é. de van der Waals van der Waalssche Zustandsgleichung f
é. van't Hoff van't Hoffsche Regel f
équations fpl:
  é. de Fresnel Fresnelsche Gleichungen fpl
  é. de Lagrange Eulersche Gleichungen fpl
  é. thermodynamiques d'état thermodynamische Zustandsgleichungen fpl
équerre f 1. Winkel(lineal n) m; Winkelmesser m; 2. Winkel(stück n) m, Eckblech n, Winkeleisen n
  é. pomme de canne Kreuzscheibe f (Vermessungswesen)
  é. de pose Schienenwinkel m
  é. à prisme Winkelprisma n; rechtwinkliges Prisma n
  é. à prismes Prismenkreuz n
équiangle gleichwinklig
équiaxe gleichachsig
équicourbe beiderseits gleichgekrümmt
équidistant äquidistant, abstandsgleich
équilatéral gleichseitig
équilibrage m 1. Ausgleichen n, Auswuchten n; Auswuchtung f; 2. Abgleich m
  é. de charge Belastungsausgleich m
  é. dynamique dynamisches Auswuchten n
  é. du pont Brückenabgleich m
  é. du répéteur Verstärkerabgleich m
  é. statique statisches Auswuchten n
  é. de tension Spannungsausgleich m
équilibre m Gleichgewicht n
  é. chimique chemisches Gleichgewicht n
  é. de l'humidité Gleichgewichtsfeuchte f
  é. indifférent indifferentes Gleichgewicht n

équilibre

é. **instable** labiles (instabiles) Gleichgewicht n
é. **isotopique** Isotopengleichgewicht n
é. **métastable** metastabiles Gleichgewicht n
é. **radiatif** Strahlungsgleichgewicht n
é. **radio-actif** radioaktives Gleichgewicht n
é. **radio-chimique** radiochemisches Gleichgewicht n
é. **de réfraction** Refraktionsgleichgewicht n
é. **de saturation** Sättigungsgleichgewicht n
é. **simultané** Simultangleichgewicht n
é. **stable** stabiles Gleichgewicht n
é. **statistique** statistisches Gleichgewicht n
é. **thermique** thermisches Gleichgewicht n, Beharrungstemperatur f
é. **thermodynamique** thermodynamisches Gleichgewicht n
é. **transitoire** dynamisches (laufendes) Gleichgewicht n
é. **de trois phases** Dreiphasengleichgewicht n
équilibré / **non** unrund
équilibrer 1. ausgleichen, auswuchten; 2. abgleichen
é. **dynamiquement** dynamisch auswuchten
é. **statiquement** statisch auswuchten
équilibreur m, **équilibreuse** f Auswuchtmaschine f
é. **dynamique** dynamische Auswuchtmaschine f
équimolaire äquimolar, gleichmolar
équimoléculaire äquimolekular, gleichmolekular
équipage m 1. Besatzung f, Mannschaft f ⟨Gesamtheit⟩; Mannschaften fpl, Mannschaftsdienstgrade mpl; 2. Meßwerk n; 3. Satz m, Garnitur f
é. **à aimant mobile** Drehmagnetmeßwerk n
é. **à cadre mobile** Drehspulmeßwerk n
é. **à cadres croisés** Kreuzspulmeßwerk n
é. **à fer mobile** Dreheisenmeßwerk n
é. **à induction** Induktionsmeßwerk n
équipartition f Gleichverteilung f
équipe f 1. Mannschaft f, Trupp m, Kolonne f, Belegschaft f; 2. Schicht f; 3. ⟨Schiff⟩ Gang f ⟨Personengruppe⟩
é. **de dockers** Stauergang f
é. **de forage (foreurs)** Bohrmannschaft f
é. **de laminage** Walzmannschaft f

é. **de la locomotive** Lokomotivpersonal n
é. **d'ouvriers** Bautrupp m
é. **de pêche** Fangpersonal n, Fischereipersonal n
é. **de sauvetage** Rettungsmannschaft f
é. **de la voie** ⟨Eb⟩ Bautrupp m
équipement m 1. Ausrüstung f ⟨als technologischer Vorgang⟩; 2. Ausrüstung f, Ausstattung f, Zubehör n, Bestückung f; 3. Ausrüstung f, Einrichtung f ⟨s. a. installation⟩; 4. Bemannung f, Besetzung f ⟨mit Bedienpersonal⟩
é. **d'atelier** Atelierausrüstung f
é. **d'atterrissage sans visibilité** Blindlandegerät n
é. **de balayage** Kippgerät n
é. **de bord électronique** schiffselektronische Ausrüstung f; elektronische Schiffsausrüstung f
é. **pour centrales électriques** Kraftwerksausrüstung f
é. **à contacteurs** Schützensteuerung f
é. **de contrôle des tolérances d'épaisseur** Dickentoleranzmeßgerät n
é. **de décapage** Beizausrüstung f
é. **de démarrage (par contacteurs)** Anlaßschützensteuerung f
é. **d'éclairage** Beleuchtungsanlage f, Lichtanlage f
é. **électrique** elektrische Ausrüstung f
é. **d'entrée** Eingabegerät n; Eingabeglied n
é. **d'évacuation des copeaux** Späneabführvorrichtung f
é. **à farine** ⟨Schiff⟩ Fischmehlanlage f
é. **de forage à grande profondeur** Tiefbohreinrichtung f
é. **des grues** Kranausrüstung f
é. **intérieur** Innenausstattung f, Inneneinrichtung f
é. **de laboratoire** Laborausrüstung f
é. **de navigation** Navigationsausrüstung f
é. **de pêche** Fischereiausrüstung f, Fischfangausrüstung f, Fischfangeinrichtung f
é. **périphérique** periphere Geräte npl, Zusatzgeräte npl
é. **de pont** Decksausrüstung f
é. **de propulsion** 1. Antriebsanlage f; 2. Vortriebsanlage f, Vortriebseinrichtung f
é. **radio(-électrique)** Funkausrüstung f
é. **de réglage** Regeleinrichtung f
é. **de sauvetage** Rettungseinrichtung f
é. **de sortie** Ausgabegerät n; Ausgabeglied n

é. de la tête du puits Bohrlochabschluß m
é. de tubes Röhrenbestückung f
é. d'usine Betriebseinrichtung f, Betriebsausstattung f
équiper 1. ausrüsten ⟨als technologischer Vorgang⟩; 2. ausrüsten, ausstatten ⟨z. B. mit Betriebsstoffen⟩; 3. bemannen, besetzen ⟨mit Bedienpersonal⟩
équipotentiel äquipotentiell; Äquipotential-
équivalence f Äquivalenz f, Gleichwertigkeit f
é. masse-énergie Masse-Energie-Äquivalenz f
équivalent äquivalent, gleichwertig
équivalent m 1. Äquivalent n; 2. Restdämpfung f
é. en air Luftäquivalent n
é. calorifique Wärmeäquivalent n
é. en eau Wasserwert m
é. électrique de la chaleur elektrisches Wärmeäquivalent n
é. électrochimique elektrochemisches Äquivalent n
é. d'énergie Energieäquivalent n
é. de masse Masseäquivalent n
é. mécanique de la chaleur mechanisches Wärmeäquivalent n
é. mécanique de la lumière mechanisches Lichtäquivalent n
é. molaire Moläquivalent n
é. de plomb Bleiäquivalent n, Bleiwert m
é. thermique Wärmeäquivalent n, thermisches Äquivalent n; Wärmewert m
é. thermique de l'énergie kalorisches Arbeitsäquivalent n
é. de vitesse bezogene Eigengeschwindigkeit f
équivalent-gramme m Grammäquivalent n
erbium m Erbium n
ère f:
è. archaïque Archaikum n
è. atomique Atomzeitalter n
è. cénozoïque Känozoikum n
è. mésozoïque Mesozoikum n
è. paléozoïque Paläozoikum n
erg m Erg n ⟨Einheit für Arbeit, Energie und Wärmemenge⟩
ergomètre m Ergograf m
ergostérol m Ergosterin n
ergot m 1. Nase f, Nocken m; 2. Zentrierstift m, Stift m, Paßstift m, Suchstift m; Sicherungsstift m, Mitnehmerstift m; 3. Nockensärad n ⟨Drillmaschine⟩
erlenmeyer m Erlenmeyerkolben m

éroder erodieren, auswaschen; anfressen; ätzen
érosif erodierend, auswaschend, abtragend; anfressend, beizend, ätzend
érosion f Erosion f
é. fluviale Flußerosion f
é. glaciaire Gletschererosion f
é. marine marine Erosion f
é. du sol Bodenabtragung f
erratique erratisch, regellos, sprunghaft
erratum m Druckfehler m, Erratum n
erreur f Fehler m
e. absolue absoluter Fehler m
e. accidentelle zufälliger Fehler m
e. d'accord Abstimmfehler m
e. accumulée akkumulierter (mitgeschleppter) Fehler m
e. d'affichage Anzeigefehler m
e. d'arrondi(ssement) Rundungsfehler m
e. de calage Einspielfehler m
e. de calcul Rechenfehler m
e. de chute Abbrechfehler m
e. cinématique Drehungsfehler m
e. de collimation Kollimationsfehler m
e. du compas Kompaßfehler m
e. de construction Konstruktionsfehler m
e. de couplage Fehlschaltung f
e. de division Teilungsfehler m ⟨Zahnrad⟩
e. due au décalage Nacheilfehler m ⟨Schwingungsmeßtechnik⟩
e. due à l'hystérésis Hysteresefehler m
e. due à l'instrument Meßinstrumentfehler m
e. due à la suroscillation Überschwingfehler m
e. d'échelle Skalenfehler m
e. d'emmagasinage ⟨Dat⟩ Einspeicherungsfehler m
e. d'étalonnage Eichfehler m
e. d'évaluation Schätzfehler m
e. expérimentale Versuchsfehler m
e. d'exposition s. e. de pose
e. de faux nord Beschleunigungsfehler m ⟨Magnetnadel⟩
e. fortuite s. e. accidentelle
e. de frappe Tippfehler m
e. de fuite Kriechstromfehler m
e. d'indication Anzeigefehler m
e. initiale Anfangsfehler m; Meßwertfehler m
e. de lecture Ablesefehler m
e. des machines ⟨Dat⟩ Maschinenfehler m
e. de mesure Meßfehler m
e. de mise au point Einstellfehler m

erreur 274

e. **du moyen carré** mittlerer quadratischer Fehler m
e. **nominale de rapport** Übersetzungsfehlergrenze f ⟨Transformator⟩
e. **d'observateur** Beobachterfehler m
e. **d'observation** Beobachtungsfehler m
e. **de perforation** ⟨Dat⟩ Lochfehler m
e. **personnelle** Beobachtungsfehler m
e. **de polarisation** Dämmerungseffekt m, Nachteffekt m ⟨Radar⟩
e. **de pose** Belichtungsfehler m, Fehlbelichtung f
e. **probable** wahrscheinlicher Fehler m
e. **de programmation** ⟨Dat⟩ Programmierungsfehler m
e. **de programme** ⟨Dat⟩ Programmfehler m
e. **quadratique moyenne** mittlerer quadratischer Fehler m
e. **de rapport** Übersetzungsfehler m ⟨Transformator⟩
e. **relative** relativer Fehler m
e. **de relèvement** Peilfehler m
e. **statistique** statistischer Fehler m
e. **de stockage** ⟨Dat⟩ Einspeicherungsfehler m
e. **systématique (de système)** Systemfehler m
e. **de température** Temperaturfehler m
e. **par temps de transit** Laufzeitfehler m
e. **tendant à se compenser** sich kompensierender Fehler m, ausgleichsfähiger Fehler
e. **totale** Gesamtfehler m
e. **de transmission** Übertragungsfehler m
e. **de tronquage** Abbrechfehler m
e. **type d'une estimation** mittlerer Fehler m eines Schätzwertes
e. **de zone** Zonenfehler m ⟨optische Abbildung⟩
erreurs fpl **quadrantales** Funkfehlweisung f
erse f Fischstropp m, Hievstropp m ⟨Netzhandhabung⟩; Ladestropp m, Stropp m
érugineux mit Grünspan beschlagen
éruption f Ausbruch m
é. **aréale** Flächeneruption f
é. **boueuse** Schlammausbruch m
é. **explosive** Explosivausbruch m
é. **externe** Oberflächenausbruch m
é. **fissurale** Spalteneruption f
é. **de flanc** Flankeneruption f
é. **incontrôlée** wilder Ausbruch m
é. **sommitale** Gipfelausbruch m
érythrite f ⟨Ch⟩ Erythrit n
escaillage m minderwertige Kohle f

escale f [beabsichtigter] Hafenaufenthalt m; Zwischenlandung f
escalier m Treppe f; Stiege f
e. **en colimaçon** Wendeltreppe f
e. **à crémaillère** aufgesattelte Treppe f
e. **à deux volées** zweiläufige Treppe f
e. **droit** geradläufige Treppe f
e. **à la française** eingestemmte Treppe f
e. **à limon** Wangentreppe f
e. **dans œuvre** Innentreppe f
e. **hors d'œuvre** Außentreppe f, Freitreppe f
e. **en porte-à-faux** freitragende Treppe f
e. **roulant** Rolltreppe f
e. **suspendu** freitragende Treppe f
e. **tournant** gewendelte (gewundene) Treppe f
e. **à une volée** einläufige Treppe f
e. **à vis** Wendeltreppe f
escamotable einziehbar
escamotage m 1. Filmfortschaltung f, Filmtransport m; 2. ⟨Flg⟩ Einziehen n des Fahrwerkes
escamoter 1. einen Film fortschalten (transportieren); 2. ⟨Flg⟩ Fahrwerk einziehen
escarbillage m Entschlacken n
escarbille f Flugasche f
escarbiller entschlacken
esmiller Bruchstein behauen
espace m 1. Raum m, Weite f; Abstand m, Zwischenraum m; Fläche f, Platz m, Strecke f; 2. Raum ⟨s. a. cale, local⟩
e. **absolu** absoluter Raum m
e. **d'accélération** Beschleunigungsraum m
e. **aérien** Luftraum m
e. **aérien contrôlé** Flugsicherungskontrollbezirk m, FS-Kontrollbezirk m
e. **d'air** Luftstrecke f
e. **anodique** Anodenraum m
e. **cathodique** Katodenraum m
e. **de compensation** Ausgleichraum m
e. **de configuration** Konfigurationsraum m
e. **de coupure** Schaltstrecke f
e. **de décharge** Entladungsraum m
e. **des échantillons** Stichprobenraum m
e. **électrode-pièce** Elektrodenspalt m
e. **d'enroulement** Wickelraum m
e. **(d')image** Bildraum m
e. **d'impulsion(s)** Impulsraum m
e. **intercontact** Trennstrecke f
e. **interréticulaire** Netzebenenabstand m
e. **libre** Freifläche f, Freiraum m

e. mort toter Raum *m*
e. non utilisé pour l'enroulement toter Wickelraum *m*
e. normé ⟨Math⟩ normierter Raum *m*
e. nuisible schädlicher Raum *m* ⟨z. B. Kolbendampfmaschine⟩
e. obscur de cathode Katodendunkelraum *m*
e. obscur de Crookes Hittorfscher (Crookesscher) Dunkelraum *m*
e. ouvert ⟨Schiff⟩ offener Raum *m* ⟨vermessungstechnisch⟩
e. de phase Phasenraum *m*
e. de quantité de mouvement Impulsraum *m*
e. de la réaction Reaktionsraum *m*
e. régénérateur Erholungsgebiet *n*, Erholungszone *f*
e. riemannien Riemannscher Raum *m*, Riemann-Raum *m*
e. sombre cathodique Katodendunkelraum *m*
e. du spin isotopique Iso[topen]spinraum *m*
e. vide Hohlraum *m*
espace *f* ⟨Typ⟩ Spatium *n*
e. fine Haarspatium *n*
e. forte Drittelspatium *n*
e. mi-fine starkes Spatium *n*
e. moyenne Viertelspatium *n*
e. normale Normalwortzwischenraum *m*
e. un tiers Drittelspatium *n*
espacé:
e. deux points zwei Punkt gesperrt (spationiert)
e. un point ein Punkt gesperrt (spationiert)
espace-bande *f* Keil *m*; Spatienkeil *m*
espacement *m* Abstand *m*, Zwischenraum *m* ⟨s. a. écartement, intervalle 2.⟩
e. des couples Spantabstand *m*
e. des fermes ⟨Bw⟩ Binderabstand *m*
e. latéral ⟨Flg⟩ Seitenstaffelung *f*
e. de lignes ⟨Fs⟩ Zeilenabstand *m*
e. longitudinal ⟨Flg⟩ Längsstaffelung *f*
e. des piliers Pfeilerabstand *m*
e. vertical ⟨Flg⟩ Höhenstaffelung *f*
espacer spationieren, sperren
espaces *fpl* Ausschluß *m*, Spatien *npl*
espace-temps *m* Raum-Zeit *f*
e. à quatre dimensions vierdimensionales Raum-Zeit-Kontinuum *n*
espar *m* Rundholz *n*, Spiere *f*
espèce *f*:
e. atomique Nuklid *n*
e. cristalline Kristallform *f*, kristalline Form *f*

e. de roche Gesteinsart *f*
espérance *f* mathématique Erwartungswert *m*
esprit *m* Spiritus *m*
e. de bois Holzgeist *m*
e. de vin Weingeist *m*
esquisse *f* Skizze *f*, Entwurf *m*
esquisser skizzieren, entwerfen
essai *m* Versuch *m*, Experiment *n*; Prüfung *f*, Kontrolle *f* ⟨s. a. examen, test⟩
e. d'allongement Dehnungsversuch *m*
e. d'appréciation Bewertungsprüfung *f*
e. d'arrêt Stoppversuch *m*
e. d'arrêt brusque Notstoppversuch *m*
e. d'arrosage Beregnungsversuch *m*
e. en (d')autopropulsion Versuch *m* mit selbstfahrenden Modellen
e. à la bille Kugeldruckversuch *m*
e. à bille et anneau Ring- und Kugelprobe *f*
e. à blanc Nullversuch *m*, Blindversuch *m*
e. Brinell Brinell[härte]prüfung *f*, Kugeleindruckprüfung *f*
e. de carène Schleppversuch *m*, Widerstandsversuch *m*
e. au chalumeau Lötrohrprobe *f*
e. de chantier Prüfung *f* am Einbauort
e. en charge Belastungsversuch *m*, Prüfung *f* unter Last, Belastungsprobe *f*
e. au choc Schlagversuch *m*
e. au choc sur éprouvette Kerbschlagversuch *m*
e. au choc en onde pleine Vollwellenstoßprüfung *f*
e. à chocs de flexion Schlagbiegeversuch *m*, Schlagbiegeprobe *f*
e. de chute Fallprüfung *f* ⟨z. B. Anker⟩
e. de cintrage à froid Kaltbiegeprobe *f*
e. au cisaillement Scherversuch *m* ⟨Werkstoffprüfung⟩
e. sur colonne Säulenversuch *m*
e. de combinaisons interdites Test *m* auf verbotene Kombinationen
e. de commutation Kommutierungsprüfung *f*
e. de compression Druckversuch *m*
e. continu Dauerversuch *m*
e. continu de résistance à la flexion Dauerbiegeprüfung *f*
e. de continuité Dauerversuch *m*
e. de copie Duplikatvergleich *m*, Duplikattest *m*
e. en court-circuit Kurzschlußprüfung *f*; Kurzschlußversuch *m*
e. en court-circuit brusque Stoßkurzschlußprüfung *f*
e. de courte durée Kurzzeitversuch *m*

essai

e. de déchirement Zerreißprobe f
e. double s. e. de copie
e. de dureté Härteprüfung f
e. de dureté à la bille s. e. Brinell
e. de dureté à la bille par choc Fallhärteprüfung f, Kugelfallprobe f
e. de dureté Brinell s. e. Brinell
e. de dureté au choc Schlaghärteprüfung f
e. de dureté de cisaillement Kugelschubhärteprüfung f
e. de dureté Rockwell s. e. Rockwell
e. dynamique Dauerwechselprüfung f
e. en eau agitée Seegangsversuch m ⟨Modell⟩
e. d'échauffement Erwärmungsprüfung f
e. d'échauffement unihoraire Einstundenerwärmungslauf m
e. d'écho ⟨Dat⟩ Echotest m
e. à l'éclatement Berstprobe f
e. d'écoulement Fließprobe f
e. d'écrasement Stauchversuch m
e. électrique elektrische Prüfung f
e. d'emboutissage Tiefziehversuch m, Tiefungsversuch m
e. [d'emboutissage] Erichsen Erichsen-Tiefziehversuch m
e. d'endurance Dauerversuch m, Dauerprüfung f
e. d'enroulement Verwindeprüfung f ⟨Drahtseile⟩
e. d'étanchéité Dichtigkeitsprüfung f
e. d'extensibilité Dehnbarkeitsprobe f
e. de fatigue Dauerversuch m, Ermüdungsversuch m
e. de fatigue par traction Zugermüdungsversuch m
e. de fermeture et de coupure de courts-circuits Kurzschlußzu- und -abschaltversuch m
e. au feu standard Standardfeuertest m
e. de flambage Knickversuch m
e. de flexion Biegeprüfung f
e. de flexion alternée Hin- und Herbiegeversuch m
e. de flexion par choc Schlagbiegeversuch m, Schlagbiegeprobe f
e. de frein[age] Bremsversuch m, Bremsprobe f
e. de giration Drehkreisversuch m
e. d'hélice Propellerversuch m
e. d'homologation Abnahmeprüfung f ⟨für Typengenehmigung⟩
e. d'immersion Tauchprobe f
e. d'immersion dans l'huile Öltauchprobe f
e. d'imperméabilité Dichtprobe f

e. d'isolation (isolement) Isolationsprüfung f
e. d'Izod Izod-Probe f
e. de laboratoire Labor[atoriums]versuch m
e. de ligne ⟨El⟩ Leitungsprobe f
e. de longue durée Langzeitversuch m, Zeitstandversuch m
e. de manœuvre Manövrierversuch m
e. sur maquette Modellversuch m
e. de matériaux Werkstoffprüfung f, Materialprüfung f, Defektoskopie f
e. mathématique mathematische Prüfung f
e. métallurgique metallkundliche Prüfung f
e. de modèle Modellversuch m
e. de modèles en (d')autopropulsion Versuch m mit selbstfahrenden Modellen
e. nucléaire Kernwaffentest m
e. en onde coupée Stoßprüfung f mit abgeschnittener Welle
e. aux ondes de choc Stoßprüfung f
e. d'oxydation Oxydationsversuch m, Oxydationsprüfung f
e. pair-impair Gerade-ungerade-Prüfung f, Paritätsprüfung f
e. de pêche Fangerprobung f
e. de pliage Faltversuch m
e. de pliage alternatif Hin- und Herbiegeversuch m
e. de pliage sur éprouvette entaillée Kerbbiegeversuch m
e. sous pluie Prüfung f unter Regen, Regenprüfung f
e. de pompage Pumpversuch m
e. de pompage continu Dauerpumpversuch m
e. au porter ⟨Text⟩ Tragversuch m
e. préliminaire Vorversuch m
e. de propulsion Propulsionsversuch m
e. de réception Abnahmeprüfung f
e. de redondance Redundanzprüfung f
e. de remorquage Schleppversuch m, Widerstandsversuch m
e. de renversement de marche Umsteuerversuch m
e. de résilience Kerbschlagprobe f
e. de résilience à la bille Fallhärteprüfung f, Kugelfallprobe f
e. de résilience Izod Izod-Kerbschlagprobe f
e. de résistance 1. Festigkeitsprüfung f; 2. s. e. de remorquage
e. de résistance à la flexion Biegeversuch m

e. de résistance à la flexion à froid Kaltbiegefestigkeitsprüfung f
e. de résistance à la traction Zugfestigkeitsprüfung f
e. **Rockwell** Rockwell(härte)prüfung f
e. **à la rupture** Zerreißversuch m
e. **de rupture fragile** Sprödbruchprüfung f, Sprödbruchprobe f
e. **de secousses** Rüttelprüfung f
e. **de solidité** Echtheitsprüfung f ⟨Färberei⟩
e. **de soudabilité** Schweißbarkeitsprüfung f
e. **statique** statischer Versuch m
e. **de (en) surcharge** Überlastversuch m
e. **de teinture** Probefärbung f
e. **de torsion** Torsionsversuch m
e. **totalisateur** Summationstest m
e. **de traction** 1. Zugversuch m; 2. s. e. de remorquage
e. **de traction par choc** Schlagzerreißversuch m
e. **de transfert** Übertragungstest m
e. **de type** Typenprüfung f
e. **ultrasonore** Ultraschallprüfung f
e. **d'usure** Verschleißprüfung f
e. **de vieillissement** Alterungsprüfung f
e. **de viscosité** Viskositätsprüfung f
essaim m **de diaclases** ⟨Geol⟩ Kluftschwarm m, Ruschelzone f
essais mpl:
e. **de l'appareil moteur au point fixe** Standprobe f
e. **à la mer** Probefahrt f; See-Erprobung f
e. **au point fixe** Standprobe f
e. **préliminaires** Werfterprobungen fpl
e. **préliminaires en mer, e. à quai** Werftprobefahrt f
e. **de recette** Abnahmefahrt f, Übergabefahrt f
essayer prüfen, erproben, versuchen, untersuchen, (aus)probieren, anprobieren
essayeur m **d'isolement** Isolationsprüfer m
essence f 1. Benzin n, Kraftstoff m, Treibstoff m; 2. Essenz f; Extrakt m
e. **d'aviation, e. pour avion** Flugzeugbenzin n
e. **brute** Rohbenzin n
e. **de camphre** Kampferöl n
e. **de cracking** Krackbenzin n
e. **à détacher** Fleckenentfernungsmittel n

e. **de distillation** Destillationsbenzin n
e. **éthylée** Treibstoff m mit Bleitetraäthylzusatz
e. **à haut pouvoir antidétonant** klopffestes Benzin n
e. **légère** Leichtbenzin n
e. **de lignite** Braunkohlenbenzin n
e. **lourde** Schwerbenzin n, Schweröl n
e. **naturelle** ätherisches Öl n
e. **de pétrole** Benzin n
e. **de polymérisation** Polymerbenzin n
e. **réformée** Reformingbenzin n
e. **synthétique** synthetisches Benzin n
e. **de térébenthine** Terpentinöl n
essieu m Achse f
e. **arrière** Hinterachse f
e. **avant** Vorderachse f
e. **banjo** Banjoachse f
e. **à chape fermée** Faustachse f
e. **à chape ouverte** Kabelachse f
e. **coudé** gekröpfte Achse f
e. **directeur** gelenkte Achse f
e. **droit** gerade Achse f
e. **monté** Radsatz m
e. **moteur** Treibachse f, Antriebsachse f; angetriebene Achse f
e. **oscillant** Pendelachse f
e. **porteur** Laufachse f
e. **porteur arrière** hintere Laufachse f
e. **porteur avant** vordere Laufachse f
e. **rigide** Starrachse f
essieu-kilomètre m Achskilometer m
essieux mpl **couplés** gekuppelte Achsen fpl
essorage m Trocknung f an der Luft, Lufttrocknung f; Trocknung in der Schleuder, Schleudern n
essorer an der Luft trocknen, lufttrocknen; in der Schleuder trocknen, schleudern
essoreuse f 1. Trockenschleuder f, Schleuder f; Wringmaschine f; 2. Saugflasche f; 3. Filmabstreifer m
e. **centrifuge** Pendelzentrifuge f ⟨Wäscheschleuder⟩; Trockenzentrifuge f
e. **à vide** Absaugmaschine f
essuie-glace(s) m Scheibenwischer m
estacade f Pfahlmole f
estampage m Prägen n; Stanzen n, Formstanzen n; Gesenkschmieden n
e. **à chaud** Gesenkschmieden n, Warmschmieden n; Warm(fluß)pressen n, Warmstanzen n
e. **à froid** Kaltpressen n; Kaltstanzen n
estampe f Stanze f; Gesenk n; Stempel m ⟨Prägen, Stanzen⟩
estamper prägen; stanzen; gesenkschmieden, pressen

estamper

    e. à chaud warmpressen; warmstanzen
    e. à froid kaltpressen; kaltstanzen
estampeuse f Stanze f
    e. automatique Prägeautomat m
ester m Ester m; Äther m
    e. acétique Essigsäureäthylester m
    e. carbonique Karbonsäureester m
    e. éthylformique Ameisensäureäthylester m
estérase f Esterase f
estérification f Veresterung f
estérifier verestern
estimable [ab]schätzbar, bestimmbar
estimateur m Schätzfunktion f
    e. sans biais erwartungstreue Schätzfunktion f
    e. biaisé verzerrende (nicht erwartungstreue) Schätzfunktion f
    e. efficient wirksamste Schätzfunktion f
estimation f Schätzung f
estime f 1. Koppelrechnung f, Loggerrechnung f; 2. Koppelort m, gegißter Schiffsort m
estimer [ab]schätzen; veranschlagen, überschlagen
estomac m du versoir ⟨Lw⟩ Streichblechstoßansatz m
estuaire m Mündungsgebiet n ⟨eines Flusses⟩; Trichtermündung f
ET m UND n ⟨logischer Operator⟩
établi m Werkbank f, Hobelbank f; Maschinenrahmen m; Gestell n
établir aufstellen
    é. une communication eine Verbindung herstellen
    é. un contact einen Kontakt schließen
    é. un plan einen Plan entwerfen (aufstellen)
    é. un programme ein Programm aufstellen
établissement m 1. Aufstellung f, Errichtung f, Einrichtung f; Festlegung f; 2. Anlage f; Niederlassung f; Unterbringung f; 3. Geschäft n; Betrieb m, Werk n; Unternehmen n
    é. du devis Aufstellen n des Kostenanschlages
    é. des frais Kostenaufstellung f, Kostenberechnung f
    é. d'un plan Plan[aufstell]ung f
    é. de programme Aufstellung f eines Programms
    é. des projets Projektieren n; Projektierung f
    é. sidérurgique Hütte f
établissements mpl Fabrikanlage f, Werk n; Firma f
    é. sidérurgiques Eisenhüttenwerk n

étage m 1. Etage f, Geschoß n, Stockwerk n; Obergeschoß n; 2. Stufe f ⟨z. B. Verstärker⟩; 3. ⟨Brg⟩ Sohle f; Schicht f ⟨s. a. couche⟩; à (de) deux étages zweistöckig, zweigeschossig; zweistufig, Zweistufen-; à plusieurs étages mehrstöckig, mehrgeschossig; mehrstufig, Mehrstufen-; à (d')un é. einstöckig, eingeschossig, einstufig, Einstufen-; sans étages eingeschossig
    é. d'aérage Wettersohle f
    é. amplificateur Verstärkerstufe f
    é. amplificateur de haute fréquence Hochfrequenzverstärkerstufe f, HF-Verstärkerstufe f
    é. amplificateur de moyenne fréquence Zwischenfrequenzverstärkerstufe f, ZF-Verstärkerstufe f
    é. amplificateur de puissance Endverstärkerstufe f
    é. d'amplification Verstärkerstufe f
    é. d'amplification monophasé Eintaktendstufe f
    é. d'amplification monophasé de classe A Eintakt-A-Endstufe f
    é. d'attaque Treiberstufe f
    é. de barrage Staustufe f
    é. basse fréquence Niederfrequenzstufe f
    é. basse pression Niederdruckstufe f
    é. changeur de fréquence Mischstufe f
    é. à coïncidences Koinzidenzstufe f
    é. de compression Druckstufe f
    é. de comptage, é. compteur Zählstufe f
    é. de correction automatique de fréquence Nachstimmstufe f
    é. de démultiplication Untersetzerstufe f
    é. détecteur Demodulationsstufe f
    é. diviseur de fréquence Frequenzteilerstufe f, Untersetzerstufe f
    é. doubleur de fréquence Frequenzverdopplerstufe f
    é. driver Treiberstufe f
    é. d'entrée Eingangsstufe f
    é. d'exploitation Abbausohle f, Fördersohle f
    é. final Endstufe f
    é. final lignes Zeilenendstufe f
    é. final en push-pull Push-Pull-Endstufe f, Gegentaktendstufe f
    é. final vidéo Videoendstufe f
    é. de fréquence intermédiaire Zwischenfrequenzstufe f, ZF-Stufe f
    é. haute fréquence Hochfrequenzstufe f, HF-Stufe f
    é. haute pression Hochdruckstufe f

é. intégrateur integrierende Stufe f
é. intermédiaire Zwischenstufe f
é. inverseur (d'inversion) Umkehrstufe f
é. d'inversion d'image Bildumkehrstufe f
é. d'inversion de phase Phasenumkehrstufe f
é. du lanceur Startstufe f
é. matriciel Matrixstufe f
é. mélangeur Mischstufe f
é. de mémorisation Speicherstufe f
é. modulateur Modulationsstufe f
é. ondes très courtes, é. OTC UKW-Stufe f
é. plein Vollgeschoß n
é. préamplificateur Vorverstärkerstufe f
é. préliminaire Vorstufe f
é. de programme Programmstufe f
é. de puissance Kraftstufe f, Leistungsstufe f
é. puissance ligne Zeilenendstufe f
é. en push-pull Gegentaktstufe f
é. régulateur Regelstufe f
é. de relaxation Kippstufe f
é. séparateur Trennstufe f
é. de sortie Ausgangsstufe f
é. de sortie d'émetteur Senderendstufe f
é. de sortie sans fer eisenlose Endstufe f
é. de sortie lignes Zeilenendstufe f
é. de sortie symétrique s. é. final en push-pull
é. supérieur Obergeschoß n
é. de superstructures Aufbaudeck n
é. symétrique s. é. en push-pull
é. à vide Leerstufe f
étagé abgesetzt ⟨z. B. Welle, Bohrung⟩
étager stufenweise aufbauen; aufschichten; übereinanderlagern; einen Absatz bilden; abstufen
étagère f Ladegestell n, Ablegegestell n
é. de trempage Tauchgestell n
étages mpl en encorbellement vorspringende (überhängende) Stockwerke npl
étai m 1. Spreizholz n; Steife f, Stütze f; 2. ⟨Brg⟩ Stempel m; 3. ⟨Schiff⟩ Stag n
é. en bois Holzstempel m
étaiement m 1. Absteifen n; Absteifung f; Abstützen n; Stütze f; Verspreizung f; ⟨Brg⟩ Stempelausbau m
étain m Zinn n
é. blanc s. tungstène
é. brut Rohzinn n
é. électrolytique Elektrolytzinn n
é. de fonderies Hüttenzinn n
é. de glace s. bismuth

é. en saumons Blockzinn n
é. de soudage, é. à souder Lötzinn n
étais mpl pour béton Betonsteifen fpl
étalage m 1. ⟨Text⟩ Spreiten n; Spreitung f; 2. ⟨Schiff⟩ Klarlegen n ⟨z. B. Leine⟩
é. de bande Bandspreizung f
é. des ondes courtes Kurzwellenspreizung f
étalages mpl Rast f ⟨im Hochofen⟩
étale m:
é. de basse mer Niedrigwasserstand m
é. de pleine mer Hochwasserstand m
étalement m s. étalage
étaler 1. ⟨Text⟩ spreiten; 2. ⟨Schiff⟩ klarlegen ⟨z. B. Leine⟩
é. un câble ein Kabel auslegen
étalingure f Slipvorrichtung f
étalon m 1. Eichmaß n, Richtmaß n, Normal(maß) n; 2. Standard m; Standardprobe f, Eichprobe f; Standardpräparat n, Eichpräparat n
é. a Kammertonhöhe f; Normstimmton m
é. externe äußerer Standard m
é. de fréquence Frequenznormal n
é. photométrique Lichteinheit f, fotometrische Einheit f
é. prototype Urnormal n
é. radio-actif radioaktiver Standard m, Standardquelle f, radioaktives Standardpräparat n
é. de radium international internationaler Radiumstandard m
é. secondaire Sekundärstandard m
étalonnage m, étalonnement m Eichen n; Eichung f
é. absolu Absoluteichung f
é. relatif Relativeichung f
étalonner eichen
étalonneur m d'amplitudes Amplitudenmeßgerät n
étamage m Verzinnen n; Verzinnung f
é. brillant Hochglanzverzinnen n
é. à chaud Feuerverzinnen n; Sudverzinnen n
é. électrolytique galvanisches Verzinnen n
é. à feu, é. par trempe Feuerverzinnen n
étambot m Achtersteven m, Hintersteven m
é. arrière Rudersteven m
é. avant Schraubensteven m
é. à bulbe Wulstheck n
étamer verzinnen
é. au feu feuerverzinnen
étampage m s. estampage

étampe

étampe f s. estampe
étamper s. estamper
étamure f zum Verzinnen verwendetes Zinn n; Zinnlegierung f; Zinnsalz n
étanche dicht; wasserdicht
  é. à l'air luftdicht
  é. à l'eau wasserdicht
  é. à l'eau sous pression druckwasserdicht
  é. au gaz gasdicht
  é. à l'humidité feuchtigkeitsdicht
  é. à l'immersion s. é. à l'eau
  é. à lance schwallwassergeschützt
  é. aux liquides flüssigkeitsdicht
  é. à la lumière lichtdicht, lichtundurchlässig
  é. aux neutrons neutronendicht
  é. au pétrole öldicht
  é. à la pluie regendicht
  é. aux poussières staubdicht
  é. aux projections d'eau spritzwassergeschützt
  é. à la vapeur dampfdicht
  é. au vent winddicht
  é. à vide vakuumdicht
  non é. undicht
étanchéification f Abdichtung f
étanchéifier abdichten
étanchéité f Abdichtung f, Dichtung f; Sperrung f; Dichte f, Dichtigkeit f
  é. multicouche mehrlagige Abdichtung f
  é. à la pluie Regendichtheit f
  é. à la poussière Staubdichtheit f
  é. au vent Winddichtheit f
étanchement m Abdichten n, Dichten n
étancher [ab]dichten
étançon m 1. Stütze f, Steg m ⟨z. B. Kettenglied⟩; 2. ⟨Brg⟩ Stempel m
  é. d'amarrage Schrämstempel m
  é. à frottement Reibungsstempel m
  é. à lamelles Lamellenstempel m
  é. en métal léger Leichtmetallstempel m
  é. métallique Stahlstempel m
  é. métallique flexible nachgiebiger Stempel m
  é. provisoire Vorbaustempel m
étançonnement m ⟨Brg⟩ Stempelausbau m
étançonner 1. [ab]stützen; 2. ⟨Brg⟩ mit Stempeln ausbauen
étançonneur m Stempelsetzer m
étang m **réfrigérant** Kühlteich m
étape f **de programme** Programmschritt m
état m Zustand m
  é. d'agrégation Aggregatzustand m

  é. amorphe amorpher Zustand m; glasartiger Zustand m
  é. de chargement Beladungszustand m, Ladefall m
  é. colloïdal kolloider Zustand m
  é. de contrainte Spannungszustand m
  é. cristallisé kristalliner Zustand m
  é. critique kritischer Zustand m
  é. de déformation Verformungszustand m
  é. d'équilibre Gleichgewichtszustand m
  é. excité angeregter Zustand m
  é. final Endzustand m
  é. fondamental Grundzustand m
  e. gazeux gasförmiger Zustand m
  é. de gonflement Quellungszustand m
  é. hygrométrique Feuchtigkeitsgehalt m
  é. hypercritique überkritischer Zustand m ⟨Dampf⟩
  é. initial Anfangslage f, Anfangszustand m
  é. intermédiaire Zwischenzustand m
  é. d'ionisation Ionisationszustand m
  é. d'isolement Isolationszustand m
  é. isomérique isomerer Zustand m
  é. libre freier Zustand m
  é. liquide flüssiger Zustand m
  é. macroscopique Makrozustand m
  é. de marche Betriebszustand m; Betriebsfähigkeit f
  é. de la mer See[gangs]zustand m
  é. mésomorphe mesomorpher Zustand m
  é. métastable metastabiler Zustand m
  é. microscopique Mikrozustand m
  é. nématique nematischer Zustand m
  é. neutre ⟨El⟩ Neuzustand m, jungfräulicher Zustand m
  é. normal Grundzustand m
  é. d'ordre Ordnungszustand m
  é. permanent Beharrungszustand m
  e. physique Aggregatzustand m
  é. de polarisation Polarisationszustand m
  é. quantique Quantenzustand m
  é. quasistationnaire quasistationärer Zustand m
  é. de saturation Sättigungszustand m
  é. de service Betriebsbereitschaft f
  é. smectique smektischer Zustand m
  é. solide fester Zustand m
  é. stable stabiler Zustand m
  é. stationnaire stationärer Zustand m; Beharrungszustand m
  é. de surface Oberflächenqualität f, Oberflächengüte f, Oberflächenbeschaffenheit f

é. de tension Spannungszustand m
é. de vapeur dampfförmiger Zustand m
é. vitreux s. é. amorphe
é. zéro Nullzustand m
étau m Schraubstock m, Schraubzwinge f, Kloben m, Feilkloben m
  é. de machines Maschinenschraubstock m
  é. à main Feilkloben m
étau-limeur m Kurzhobelmaschine f, Shaper m, Shapingmaschine f, Kurzhobler m, Waagerechtstoßmaschine f
étayage m s. étaiement
étayer 1. absteifen, abstützen, abfangen; stützen, verspreizen; 2. ⟨Brg⟩ mit Stempeln ausbauen
éteindre löschen
  é. la chaux Kalk löschen
  é. le fer abschrecken
étendoir m Trockenregal n
étendre strecken; spreiten
étendue f Ausdehnung f; Bereich m
  é. d'action Regelbereich m
  é. de dynamique Dynamikbereich m
  é. de mesure Meßbereich m
  é. de la navigation Fahrtbereich m
  é. superficielle flächenhafte Ausdehnung f
étêteuse f Köpfmaschine f ⟨Fischverarbeitung⟩
éthane m Äthan n
éthanol m Äthanol n, Äthylalkohol m
éthène m s. éthylène
éther m Äther m; Ester m
  é. amylique Amyläther m
  é. anesthésique Narkoseäther m ⟨s. a. é. diéthylique⟩
  é. butylique Butyläther m
  é. diéthylique Diäthyläther m
  é. éthylchlorhydrique Äthylchlorid n
  é. méthylique Dimethyläther m
  é. de pétrole Petroläther m
  é. propylique Propyläther m
éthéré ätherisch
éthérification f Ätherbildung f; Veretherung f
éthérifier veräthern
éther-oxyde m Ätherperoxid n
éthylamine f Äthylamin n
éthylate m Äthylat n; Äthylierungsprodukt n
éthylation f Äthylierung f
éthylcellulose f Äthylzellulose f
éthyle m Äthyl n
éthylène m Äthylen n
  é. glycol Äthylenglykol n
éthyler äthylieren

éthylmercaptan m Äthylmerkaptan n
étiage m Niedrigwasserstand m, Minimalwasser n
étincelage m Funkenerosion f, Befunken n, Ausfunken n
étincelant funkelnd
étinceler ausfunken, befunken ⟨Funkenerosion⟩; funkeln
étincelle f Funke m
  é. d'allumage (amorçage) Zündfunke m
  é. en arc Bogenfunke m
  é. auxiliaire Zündfunke m
  é. de coupure Ausschaltfunke m, Abschaltfunke m
  é. électrique elektrischer Funke m
  é. de fermeture Schließungsfunke m; Einschaltfunke m
  é. d'ouverture Öffnungsfunke m; Ausschaltfunke m
  é. de rupture Abreißfunke m
  é. soufflée Löschfunke m
étincellement m Funken n; Funkeln n
étincelles fpl fusantes Spritzfunken mpl
étiquetage m d'entretien Pflegekennzeichnung f
étiquette f Bezeichnungsschild n
étiqueter markieren ⟨z. B. mit stabilen oder radioaktiven Isotopen⟩
étirable dehnbar, streckbar, reckbar, ziehbar
étirage m 1. Ziehen n; Drahtziehen n, Profilziehen n; Streckziehen n, Reckziehen n; Strecken n, Recken n ⟨Schmieden⟩; 2. ⟨Text⟩ Verzug m; Strecke f
  é. de barres Profilziehen n
  é. à chaud Warmziehen n
  é. de fil Drahtziehen n
  é. à froid Kaltziehen n; Kaltstrecken n
  é. horizontal waagerechtes Ziehen n ⟨Glas⟩
  é. sur mandrin Dornziehen n
  é. mécanique en cylindres Zylinderziehverfahren n
  é. mécanique à partir de baguettes Stabziehverfahren n
  é. mécanique à travers des filières Düsenziehverfahren n
  é. à peigne circulaire Nadelwalzenstrecke f
  é. rapide Hochleistungsstrecke f
  é. de tubes en verre Ziehen n von Glasrohren
étirer 1. ziehen; drahtziehen, profilziehen; streckziehen, reckziehen; strecken, recken ⟨Schmieden⟩; 2. ⟨Text⟩ [ver]strecken, verziehen

é. à chaud warmziehen
é. à froid kaltziehen
étireuse f Streckmaschine f
étireuse-retordeuse f Streckzwirnmaschine f
étoffe f Stoff m
é. constituée de petits tubes Röhrchenstoff m
é. à poils en touffes Florstoff m, Polstoff m
étoffer [mit Stoff] beziehen
étoile f 1. Stern m; 2. Sternscheibe f; 3. Brennzeichen n (Fehler beim Brennen)
é. à bobines de papier Papierrollenstern m
é. cosmique kosmischer Zerfallsstern m
é. nucléaire Zertrümmerungsstern m, Zerfallsstern m ⟨in Kernspuremulsionen⟩
étoilé sternförmig
étonnement m ⟨Met⟩ Abschrecken n
étonner ⟨Met⟩ abschrecken
étoquiau m ⟨Kfz⟩ Herzbolzen m, Federbolzen m
étouffer ersticken; löschen
étouffoir m 1. ⟨El⟩ Funkenlöscher m; 2. ⟨Met⟩ Lichtbogenofen m
é. pare-feu Feuerschutzkanal m
étoupage m Packung f ⟨Stopfbuchse⟩
étoupe f 1. Dichtungsmaterial n, Packung f ⟨einer Dichtung⟩; 2. Werg n; Liderung f
étouper [ab]dichten
étoupille f Zündschnur f
étoupiller mit einer Zündschnur versehen
étouteau m Sperrhaken m, Sperrstift m
étranger fremd, Fremd-
étranglement m Drosselung f; Unterschneidung f, Unterschnitt m ⟨Zahnrad⟩
étrangler drosseln
étrangleur m Luftklappe f; Drosselventil n
étrangloir m Fischstropp m, Hievstropp m ⟨Netzhandhabung⟩; Ladestropp m, Stropp m
étrave f Vorsteven m
é. à bulbe Wulstbug m
é. massive Balkenvorsteven m
é. en tôle(s) Plattenvorsteven m
être:
é. à la barre am Ruder sein (stehen)
é. clair (dégagé) klargehen, klar sein ⟨d. h. betriebsfähig⟩
é. à la dérive abtreiben
é. engagé unklar sein ⟨d. h. nicht einsatzfähig⟩
é. à flot sich im schwimmenden Zustand befinden; im Wasser liegen ⟨z. B. Schiff⟩; flott sein
é. de quart auf Wache sein, Wache haben
é. en (sur) rade auf Reede liegen ⟨Schiff⟩
é. de veille s. é. de quart
étreinte f ⟨Geol⟩ Verdrückung f
étrésillon m ⟨Bw⟩ Strebe f, Stütze f
étrier m 1. Bügel m, Klemme f, Gabel f, Brücke f; 2. Steigeisen n; 3. ⟨El⟩ Abstandhalter m ⟨Bündelleiter⟩
é. de butée Anschlagbügel m
é. de commande Schaltbügel m
é. de court-circuit Kurzschlußbügel m
é. de fixation Federbügel m
é. de retenue pour touches Tastenabfangbügel m ⟨Schreibmaschine⟩
é. à vis Bügelschraube f
étude f Untersuchung f, Studie f; Prüfung f; Konstruieren n; Konstruktion f; Projektierung f; en étude(s) in der Projektierung, im Projektstadium
é. aux isotopes radio-actifs Untersuchung f mittels radioaktiver Isotope; Traceruntersuchung f, Indikatoruntersuchung f
é. aux isotopes stables Untersuchung f mittels stabiler Isotope; Traceruntersuchung f, Indikatoruntersuchung f
é. des métaux Metallkunde f
é. d'outillage Werkzeugkonstruktion f, Betriebsmittelkonstruktion f
é. d'un poste de travail Arbeits[platz]studie f
é. préliminaire Vorentwurf m; Vorprojekt n
é. de systèmes Systemtechnik f ⟨Untersuchung komplexer Systeme⟩
étui m toujours prêt Bereitschaftstasche f
étuvable ausheizbar
étuvage m 1. Ausheizen n; Ausheizung f; 2. Trocknen n im Ofen; 3. Einbrennen n ⟨Lack⟩; 4. Dämpfen n ⟨des Holzes⟩; 5. Reinigen n von Fässern mit Dampf
étuve f Trockenofen m, Trockenschrank m, Trockenkammer f
é. à air chaud Heißluftofen m
é. armoire Trockenkammer f, Trockenofen m
é. à chambres Kammerofen m
é. à convection Konvektionstrockenkammer f
é. à incubation Brutschrank m
é. infrarouge Infrarottrockenkammer f
é. à récirculation dirigée Trockenkammer f mit zwangsweise gesteuerter Luftumwälzung

é. de séchage s. é. armoire
é. **tunnel à convoyeur** Durchlauftrockner m, Kettenofen m
é. **de vaporisage** Dämpfkammer f
é. **à (sous) vide** Vakuumtrockner m, Vakuumtrockenschrank m
é. **de vulcanisation** Vulkanisierofen m
étuver 1. ausheizen; 2. im Ofen trocknen; 3. einbrennen ⟨Lack⟩; 4. dämpfen ⟨Holz⟩; 5. Fässer mit Dampf reinigen
étuveur m Dämpfer m, Futterdämpfer m
euclidien euklidisch
non e. nichteuklidisch
eudiomètre m Eudiometer n ⟨zur Analyse von Gasgemischen⟩
eudiométrique eudiometrisch
eugénol m Eugenol n
europium m Europium n
eutectique eutektisch
eutectique m Eutektikum n
eutectoide eutektoidisch
eutectoïde m Eutektoid n
eutectoïdique eutektoidisch
évacuateur m Evakuiervorrichtung f, Vakuumpumpanlage f
é. **basculeur** Kippenräumer m
é. **des crues** Überlauf m ⟨Talsperre⟩
é. **de fumier** Stalldungräumer m
évacuation f Evakuieren n, Auspumpen n; Entleerung f; Abfluß m; Ablauf m, Ableitung f, Abführung f
é. **de l'air** Entlüftung f
é. **d'air chaud** Absaugen n von Heißluft
é. **des cendres** Entaschung f
é. **des copeaux** Spanabführung f, Spanabsaugung f
é. **des déchets** Müllbeseitigung f
é. **des décombres** Trümmerbeseitigung f
é. **des eaux résiduaires** Abwasserbeseitigung f
é. **des eaux urbaines** Stadtentwässerung f
é. **des poussières** Staubabsaugung f
é. **des résidus** Rückstandsbeseitigung f
évacuer evakuieren, auspumpen; entleeren, luftleer machen (saugen)
é. **l'air** entlüften
é. **l'eau** entwässern
évaluable [ein]schätzbar
évaluation f 1. Bewertung f ⟨Algebra⟩; 2. Schätzung f ⟨Statistik⟩
é. **des données** Datenauswertung f
évaluer [ein]schätzen, abschätzen; bewerten
évanouir/s' schwinden; ausschwingen

évanouissement m Fading n, Schwund m; Abklingen n
é. **de longue durée** Langzeitschwund m
é. **de polarisation** Polarisationsschwund m, Polarisationsfading n
é. **de proche** Nahschwund m
é. **sélectif** Selektivschwund m
é. **sonore** Tonüberblendung f
évaporabilité f Verdampfbarkeit f
évaporateur m Verdampfer m, Verdampfungsgefäß n, Verdampfungsapparat m, Evaporator m
é. **à chlore** Chlorverdampfer m
é. **à circulation forcée** Umwälzverdampfer m
é. **à couche mince** Dünnschichtverdampfer m
é. **à équicourant** Gleichstromverdampfer m
é. **à froid** Kaltvergaser m
é. **principal** Hauptverdampfer m
é. **total** Totalverdampfer m
é. **à triple effet** Tripeleffektverdampfer m, Dreifachverdampfer m
é. **à vide** Vakuumverdampfer m
évaporation f Verdampfung f, Abdampfung f; Aufdampfung f; Eindampfung f; Verdunstung f; Vernebelung f
é. **de carbone** Kohleverdampfung f
é. **fractionnée** fraktionierte Verdampfung f
é. **de neutrons** Neutronenverdampfung f
é. **du noyau** Kernverdampfung f
é. **ouverte** offene Verdampfung f
é. **au soleil** Sonnenverdampfung f
é. **thermique** thermische Verdampfung f
é. **sous vide** Vakuumverdampfung f
é. **au vide élevé** Aufdampfung f im Hochvakuum
évaporer aufdampfen; eindampfen; verdampfen, abdampfen, verdunsten
évaporimètre m, **évaporomètre** m Verdunstungsmesser m; Dunstmesser m
évasé ausfallend ⟨z. B. Spantform⟩
événement m Ereignis n; Akt m, Einzelprozeß m
é. **endogène** endogener Vorgang m
évent m 1. Abzug m, Zug m; 2. Überlaufspalt m ⟨Preßform, Gesenk⟩; 3. Luft[abzugs]loch n, Luftsteiger m; 4. ⟨Geol⟩ Schlot m
é. **cylindrique** zylinderförmiger Schlot m
é. **fissural** Eruptionsspalte f
éventement m Auswitterung f ⟨z. B. von Kalk, Zement⟩

éventer auswittern
évidement *m* Freimachung *f*, Aussparung *f*
évider frei machen, aussparen
évier *m* Abwaschbecken *n*, Ausguß *m*
éviscérage *m*, **éviscération** *f* Ausnehmen *n*, Ausweiden *n*
éviscérer ausnehmen, ausschlachten, ausweiden
évitage *m* Schwoien *n* ⟨Schiff vor Anker⟩
évitement *m* Ausweichen *n*, Ausweichmanöver *n*
éviter 1. verhüten; 2. ausweichen; 3. schwoien ⟨Schiff vor Anker⟩
évolution *f* **stellaire** Sternentwicklung *f*
exact genau, fehlerfrei
exactitude *f* Genauigkeit *f*; Fehlerfreiheit *f* ⟨s. a. précision⟩
　e. de conversion Konversionsgenauigkeit *f*
　e. des dimensions Maßhaltigkeit *f*
　e. de la duplication Kopiergenauigkeit *f*
　e. d'enregistrement Aufzeichnungsgenauigkeit *f*
　e. de la reproduction Kopiergenauigkeit *f*
examen *m* Untersuchung *f*, Prüfung *f* ⟨s. a. essai, test, épreuve⟩
　e. des matériaux Werkstoffprüfung *f*, Materialprüfung *f*
　e. des matériaux aux rayons X Röntgengrobstrukturuntersuchung *f*; Werkstoffprüfung *f* mittels Röntgenstrahlen
　e. radiographique röntgenografische Untersuchung *f*
　e. aux rayons X Röntgenuntersuchung *f*
　e. de surface Oberflächenprüfung *f*
　e. textile Textilprüfung *f*, Textiluntersuchung *f*
examiner untersuchen, prüfen; ⟨BMSR⟩ tasten
excavateur *m* Bagger *m*, Ausräumer *m*; Schrapper *m*
　e. à benne preneuse Greifbagger *m*, Löffelbagger *m*
　e. à benne trainante Schürfbagger *m*
　e. à chaine à godets Eimerkettenbagger *m*
　e. à charbon Kohlenbagger *m*
　e. en fouille Tiefbagger *m*
　e. à griffes Greifbagger *m*
　e. laboureux Pflugbagger *m*
　e. pour lignite Braunkohlenbagger *m*
　e. de morts-terrains Abraumbagger *m*
　e. pivotant Schwenkbagger *m*
　e. à réservoir Schürfkübelwagen *m*, Schrapper *m*
　e. à tambour à godets Schaufelradbagger *m*
excavation *f* 1. Ausbaggern, Ausheben *n*, Aushöhlen *n*, Ausschachten *n*; 2. Ausschachtung *f*, Grube *f*, Vertiefung *f*; ⟨Brg⟩ Grubenraum *m*; 3. ⟨Opt⟩ Einschliff *m*
excavations *fpl* **souterraines** Grubengebäude *n*
excavatrice *f* s. excavateur
excavement *m* **de cirques** ⟨Geol⟩ Karerosion *f*
excaver ausbaggern, ausheben, ausschachten, aushöhlen
excédent *m* Überschuß *m* ⟨s. a. excès⟩
　e. de poids Überlast *f*
　e. de réactivité Reaktivitätsüberschuß *m*, Reaktivitätsreserve *f*
excédentaire überschüssig
excentration *f* Mittelpunktsverlegung *f*
excentrer exzentrisch anordnen; den Mittelpunkt verlegen
excentricité *f* Exzentrizität *f*, Außermittigkeit *f*, Unwucht *f*
excentrique exzentrisch
excentrique *m* Exzenter[bolzen] *m*
excès *m* Überschuß *m*; **en e.** überschüssig
　e. en acide Säureüberschuß *m*
　e. d'air Luftüberschuß *m*
　e. de chaux Kalküberschuß *m*
　e. d'énergie Energieüberschuß *m*
　e. de masse Massenüberschuß *m*
　e. de neutrons Neutronenüberschuß *m*
　e. sphérique sphärischer Exzeß *m*
excessif übermäßig; überschüssig
excitateur *m* ⟨El⟩ Entlader *m*, Ableiter *m*
excitation *f* 1. Anregung *f* ⟨Energieniveau⟩; 2. ⟨El⟩ Erregung *f*; **à e. séparée** fremderregt
　e. de champ Felderregung *f*
　e. par choc Stoßanregung *f*
　e. composée Doppelschlußerregung *f*, Verbunderregung *f*, Kompounderregung *f*, gemischte Erregung *f*
　e. composée additive (soustractive) Mitverbunderregung *f*
　e. compound Kompounderregung *f*, Verbunderregung *f* ⟨für gleichbleibende Spannung⟩
　e. constante konstante Erregung *f*
　e. coulombienne Coulomb-Anregung *f*
　e. par courant alternatif Wechselstromerregung *f*
　e. par courant continu Gleichstromerregung *f*
　e. de court-circuit Kurzschlußerregung *f*
　e. en dérivation s. e. shunt

e. **différentielle** Gegenverbunderregung f
e. **directe** Direktanregung f, Primäranregung f
e. **électrique** elektrische Erregung f
e. **par fluorescence** Fluoreszenzanregung f, Sekundäranregung f
e. **de génératrice** Generatorerregung f
e. **hypercompound** Überverbunderregung f
e. **par impulsion** s. e. par choc
e. **indépendante** Fremderregung f
e. **mixte** s. e. composée
e. **du noyau, e. nucléaire** Kernanregung f
e. **d'oscillations** Schwingungserregung f
e. **photo-électrique** lichtelektrische Anregung f
e. **de (en) pleine charge** Vollasterregung f
e. **par radiation (rayonnement)** Strahlungsanregung f
e. **rémanente** remanente Erregung f
e. **secondaire** Sekundäranregung f
e. **séparée** Fremderregung f
e. **en série** Reihenschlußerregung f, Hauptstromerregung f
e. **shunt** Nebenschlußerregung f
e. **de température** Temperaturanregung f
e. **à vide** Leerlauferregung f
excitatrice f Erregermaschine f, Erregergenerator m
e. **de choc** Stoßerregermaschine f
e. **pilote** Hilfserreger[maschine f] m
e. **principale** Haupterregermaschine f
e. **triphasée** Drehstromerregermaschine f
exciter 1. anregen ⟨zur Strahlungsemission⟩; 2. ⟨El⟩ erregen
excitron m Excitron n
exclusion f Ausschluß m
e. **du rayon** Strahlauswanderung f
exécuter un forage eine Bohrung niederbringen
exécution f 1. Durchführung f, Ausführung f; 2. Bauart f ⟨einer Maschine⟩
e. **abritée** tropfwassergeschützte Ausführung f
e. **antidéflagrante** explosionsgeschützte Ausführung f
e. **antigrisouteuse** schlagwettergeschützte Ausführung f
e. **blindée** gekapselte Bauart f
e. **de construction** Bauausführung f
e. **étanche** wasserdichte Ausführung f
e. **fermée** geschlossene Ausführung f

e. **d'ordres** Befehlsausführung f
e. **ouverte** offene Ausführung f
e. **protégée** geschützte Ausführung f, Ausführung f mit Berührungsschutz
e. **stationnaire** ortsfeste Ausführung f
exemplaire m:
e. **gratuit** Freiexemplar n
e. **spécial** Sonderanfertigung f
exempt de plomb bleifrei
exercice f:
e. **d'embarcation** Bootsmanöver n
e. **de mouillage** Ankermanöver n
exfoliation f ⟨Geol⟩ Abblätterung f
exhalaison f Ausdünstung f; Dunst m
exhaure f Bergwerkentwässerung f, Wasserhebung f
exhaurer sümpfen
exhaussement m Aufstockung f; Überbau m
exhausteur m Exhaustor m, Entlüfter m; Sauglüfter m, Abluftsauger m
e. **de gaz** Gassauger m
exhaustion f Evakuieren n; Absaugen n
exhaustivité f simultanée dans l'estimation de plusieurs paramètres erschöpfende Schätzfunktion f
exigence f:
e. **de pureté** Reinheitsforderung f
e. **du service** Betriebserfordernis n
exinscrit anbeschrieben, An- ⟨Kreis⟩
exophtalmomètre m à miroir Spiegelexophthalmometer n
exothermique exotherm
expandre ausdehnen; [ver]schäumen
expansibilité f Dehnbarkeit f, Ausdehnbarkeit f
expansible ausdehnbar; schäumbar
expansion f Ausdehnung f, Expansion f
e. **adiabatique** adiabatische Expansion f
e. **de balayage** Reinigungsexpansion f
e. **de la base de temps** Zeitbasisdehnung f
e. **de dynamique** Dynamikdehnung f
expédition f:
e. **par chemin de fer** Bahnversand m
e. **d'un train** Zugabfertigung f
expérience f Versuch m, Experiment n; Erfahrung f
e. **a blanc** Blindversuch m
e. **critique** kritische Anordnung f, kritisches Experiment n
e. **exponentielle** Exponentialexperiment n
e. **d'inertie** s. e. de roulis
e. **de Michelson** Michelson-Versuch m
e. **de roulis** Roll[zeit]versuch m, Schlingerversuch m

expérience

e. de stabilité Krängungsversuch *m*
expérimentable experimentierbar
expérimental experimentell, Experimental-
expérimentateur *m* Experimentator *m*
expérimentation *f* Experimentieren *n*
expérimenter experimentieren
expert *m* Fachmann *m*, Gutachter *m*, Sachverständiger *m*
expertise *f* Gutachten *n*
expertiser begutachten
explicite explizit
exploitabilité *f* Abbauwürdigkeit *f*, Bauwürdigkeit *f*
exploitable abbauwürdig
exploitation *f* 1. Betrieb *m*; 2. Betreiben *n*; 3. ⟨Brg⟩ Gewinnung *f*
  e. à l'alternat *s*. e. en simplex
  e. en aval-pendage Unterwerksbau *m*
  e. du caoutchouc Kautschukgewinnung *f*
  e. de carrière Steinbruchbetrieb *m*
  e. par chambres et cloisons Weitungsbau *m*
  e. par chambres et foudroyage Kammer(pfeiler)bruchbau *m*
  e. par chambres en gradins et piliers abandonnés Firstenkammerbau *m*
  e. par chambres et piliers Kammerpfeilerbau *m*
  e. par chambres et piliers abandonnés Kammerbau *m*
  e. par chambres et piliers récupérés Kammer(pfeiler)bruchbau *m*
  e. par charge Chargenbetrieb *m*
  e. chassante Vorbau *m*
  e. à ciel ouvert Tagebau *m*
  e. combinée des tailles et piliers Streb- und Pfeilerbau *m*
  e. à courant alternatif Wechselstrombetrieb *m*
  e. de déblaiement Abraumbetrieb *m*
  e. des données Datenverarbeitung *f*
  e. en dressant par chambres-magasins Magazinbau *m*
  e. des dressants par tailles obliques Schrägbau *m*
  e. en duplex ⟨Fmt⟩ Duplexbetrieb *m*, Gegensprechbetrieb *m*
  e. sans égard Raubbau *m*
  e. ferroviaire Eisenbahnbetrieb *m*
  e. au fond Tiefbau *m*
  e. par foudroyage Bruchbau *m*, Abbau *m* mit Zubruchwerfen des Hangenden
  e. par foudroyage contrôlé Strebbruchbau *m*
  e. en galeries Stollenbetrieb *m*
  e. par gradins renversés Firstenbau *m*

  e. harmonique harmonischer Abbau *m*
  e. de la houille Steinkohlenbergbau *m*
  e. des informations Informationsverarbeitung *f*
  e. interconnectée Verbundbetrieb *m*
  e. à (au) jour Tagebau *m*
  e. du lignite Braunkohlenbergbau *m*
  e. par longues tailles Strebbau *m*
  e. par maintenages avec cheminées à remblais Firstenstoßbau *m*
  e. de minerai(s) Erzbergbau *m*
  e. des mines Bergbau *m*
  e. des mines de pétrole Erdölbergbau *m*
  e. minière *s*. e. de mines
  e. sans personne de quart dans la machine wachfreier Maschinenbetrieb *m*
  e. par piliers Pfeilerbau *m*
  e. par piliers foudroyés Pfeilerbruchbau *m*
  e. par piliers longs abandonnés Örterbau *m*
  e. par piliers rabattants Pfeilerrückbau *m*
  e. poussée Schubbetrieb *m*; Schubschiffahrt *f*
  e. par rabattage, e. rabattante Rückbau *m*
  e. avec remblayage Abbau *m* mit Bergeversatz
  e. du schiste cuivreux Kupferschieferbergbau *m*
  e. du sel gemme Steinsalzbergbau *m*
  e. des sels de potasse Kalibergbau *m*
  e. en simplex ⟨Fmt⟩ Simplexbetrieb *m*, wechselseitiger Betrieb *m*
  e. souterraine Tiefbau *m*
  e. par tailles successives Stoßbau *m*
  e. de la terre à porcelaine Kaolinbergbau *m*
  e. par tranches Scheibenbau *m*
exploiter 1. (aus)nutzen, ausbeuten; betreiben; bewirtschaften; 2. ⟨Brg⟩ abbauen
  e. un brevet Patent verwerten
explorateur Erkundungs-; Forschungs-
exploration *f* 1. Erforschung *f*; Erkundung *f*; 2. ⟨Bw⟩ Bodenuntersuchung *f*; 3. ⟨Brg⟩ Schürfung *f*; 4. ⟨Dat⟩ Abtasten *n*; Scanning *n*; 5. ⟨Schiff⟩ Ausmachen *n*; Orten *n*; Ortung *f* (*s. a.* détection 2. repérage)
  e. entrelacée Zwischenzeilenabtastung *f*
  e. de l'espace Weltraumforschung *f*
  e. horizontale Horizontalortung· *f* (Fischfang)

e. d'image Bildzerlegung f, Bildabtastung f
e. d'images négatives Negativabtastung f
e. par lignes Zeilenabtastung f
e. photo-électrique fotoelektrische Abtastung f
e. par points punktförmige Abtastung f
e. par spot mobile Lichtpunktabtastung f
e. synchrone Synchronabtastung f
e. verticale Vertikalortung f ⟨Fischfang⟩
explorer 1. erforschen, erkunden; 2. abtasten
exploser zerplatzen, zerspringen; explodieren, in die Luft gehen
exploseur m Zündapparat m
explosibilité f Explosivität f
explosible explodierbar
explosif explosiv
explosif m Sprengstoff m
   e. antigrisouteux Wettersprengstoff m
   e. atomique s. e. nucléaire
   e. pour mines Bergbausprengstoff m
   e. à la nitroglycérine Nitroglyzerinsprengstoff m
   e. nucléaire Kernsprengstoff m
   e. à l'oxygène liquide Flüssigluftsprengstoff m
   e. au rocher Gesteinssprengstoff m
   e. de sécurité (sûreté) Sicherheitssprengstoff m
explosion f 1. Explosion f; 2. Auflösung f ⟨Stückliste⟩
   e. atomique (nucléaire) Atombombenexplosion f; Kernstoffexplosion f
   e. sous-marine Unterwasserexplosion f
explosivité f Explosivität f
exponentiel exponentiell, Exponential-
exponentielle f Exponentialfunktion f
exposant m ⟨Math⟩ Exponent m
   e. de charge ⟨Schiff⟩ Wasserpaß m
exposemètre m Belichtungsmesser m
exposer 1. aussetzen; ausstellen; 2. belichten
   e. à la lumière belichten
exposition f 1. Aussetzen n; Ausstellung f; 2. Belichtung f
   e. aux intempéries Bewitterung f
   e. à la lumière Belichtung f
   e. prolongée längere Einwirkung f
   double e. doppelte Belichtung f
expression f:
   e. algébrique algebraischer Ausdruck m
   e. alphanumérique alphanumerischer Ausdruck m

e. de désignation zielbestimmter Ausdruck m
exprimer 1. ausdrücken; 2. [ab]quetschen
expulser austreiben; ausstoßen, auspuffen
expulsion f Austreiben n, Ausstoßen n, Auspuffen n
exsiccateur m s. dessiccateur
exsiccation f s. dessiccation
exsudation f Ausschwitzung f ⟨z. B. von Erdöl⟩
exsuder ausschwitzen
extendeur m Streckmittel n
extenseur m Festigkeitsprüfer m, Prüfgerät n; Laborgerät n
   e. de pneus Reifenspreizer m
extensibilité f Dehnbarkeit f
extension f Dehnung f; Ausdehnung f, Verlängerung f
   e. des capacités Kapazitätserweiterung f
   e. en configuration Konfigurationsraum m
   e. latérale Anlandung f
   e. en phase Phasenraum m
   e. en profondeur Tiefenerstreckung f
   e. en quantité de mouvement Impulsraum m
   e. transversale Querdehnung f
extensomètre m Extensometer n, Dehnungsmesser m; Dehnungsmeßstreifen m
   e. à résistance électrique Dehnungsmeßstreifen m
extensométrie f Extensometrie f, Dehnungsmessung f
extérieur außenseitig; äußerlich; Außen-
extincteur löschend, Lösch-
extincteur m Feuerlöscher m
   e. d'étincelles Funkenlöscher m
   e. d'incendie 1. Feuerlöschmittel n; 2. Feuerlöscher m
   e. à mousse Schaumlöscher m
   e. portatif pour la mine Bergbaulöschgerät n
   e. à poudre Trockenlöscher m
extinction f Löschen n; Auslöschung f, Löschung f; Extinktion f; Tilgung f
   e. d'arc Lichtbogenlöschung f
   e. de la chaux Kalklöschen n
   e. de décharge Löschung f einer Entladung
   e. droite gerade Auslöschung f
   e. des étincelles Funkenlöschung f
   e. des incendies Feuerlöschung f
   e. oblique ⟨Min⟩ schiefe Auslöschung f
extinguible löschbar

extirpateur *m* Grobgrubber *m*
extracourant *m* Stromstoß *m*
  e. de fermeture Einschaltstromstoß *m*
  e. d'ouverture Ausschaltstromstoß *m*
extracteur *m* 1. ⟨Ch⟩ Extraktor *m*, Extraktionsmittel *n*; 2. Abzug(svorrichtung *f*) *m* ⟨Fördertechnik⟩; 3. Auswerfer *m*
  e. alvéolaire Zellenradabzugsvorrichtung *f*
  e. de carotte Abgußabreißer *m*
  e. de pieux Pfahlzieher *m*
  e. de silo Bunkerabzug *m*
  e. de tubes Rohrzieher *m*
extraction *f* 1. ⟨Ch⟩ Extraktion *f*, Auslaugung *f*; 2. Fördern *n*; Förderung *f*, Gewinnung *f*, Grubenförderung *f*; 3. Abzug *m* ⟨Bunker⟩
  e. de carottes Bohrkerngewinnung *f*
  e. à contre-courant Gegenstromextraktion *f*
  e. du cuivre Kupfergewinnung *f*
  e. par étages Stufenextraktion *f*
  e. à l'éther Ausätherung *f*
  e. fractionnée fraktioniertes Extrahieren *n*
  e. de l'huile minérale Erdölgewinnung *f*
  e. par partage Flüssig-flüssig-Extraktion *f*
  e. du pétrole Ölförderung *f*
  e. prévue Fördersoll *n*
  e. par puits Schachtförderung *f*
  e. des racines ⟨Math⟩ Wurzelziehen *n*
  e. par skip Skipförderung *f*
  e. des solvants Solventextraktion *f*, Lösungsmittelextraktion *f*
  e. Soxhlet Soxhlet-Extraktion *f*
  e. de tourbe Torfgewinnung *f*, Torfstechen *n*
  e. de tubes Entrohrung *f*
extrados *m* 1. ⟨Bw⟩ Bogenrücken *m*, Gewölberücken *m*; 2. ⟨Flg⟩ Saugseite *f* ⟨z. B. Luftschraube⟩
extradoux extra weich
extradur extra hart
extrafin extra fein
extrafort extra stark
extragalactique außergalaktisch
extraire 1. ⟨Ch⟩ extrahieren; auslaugen; 2. ⟨Brg⟩ gewinnen, fördern; 3. ⟨Dat⟩ ausspeichern, auslesen; 4. abziehen ⟨Bunker⟩; 5. auswerfen
  e. la racine radizieren, die Wurzel ziehen
extrait *m* Extrakt *m*, Auszug *m*
  e. sec Trockenauszug *m*; Festkörper *m* ⟨Lack⟩
  e. tannant Gerbstoff *m*
  e. végétal Pflanzenauszug *m*

extraordinaire ⟨Opt⟩ außerordentlich ⟨Strahl⟩
extrapolation *f* ⟨Math⟩ Extrapolieren *n*; Extrapolation *f*
extrapoler ⟨Math⟩ extrapolieren
extraterrestre außerterrestrisch
extrayeur *m* Anschläger *m*
extrémité *f*:
  e. de l'arbre Wellenende *n*
  e. de la bande Bandende *n* ⟨z. B. Blechband⟩
  e. de corde Seilende *n*
extrémum *m* Extremwert *m*, Extremum *n*
extrinsèque äußerlich, von außen wirkend
extrudage *m* s. extrusion
extruder strangpressen, [kalt]fließpressen ⟨Metall⟩; extrudieren ⟨Plast⟩
extrudeuse *f* 1. Strangpresse *f* ⟨Metall⟩; 2. Extruder *m* ⟨Plast⟩; 3. Spritzmaschine *f*
  e. pour câbles Kabelumspritzmaschine *f*
  e. à deux vis Doppelschneckenextruder *m*
  e. monovis Einschneckenextruder *m*
extrusion *f* 1. Strangpressen *n*, Fließpressen *n* ⟨Metall⟩ ⟨s. a. filage 1.⟩; 2. Extrudieren *n* ⟨Plast⟩; 3. Spritzen *n* ⟨z. B. Folien⟩; 4. Ziehen *n* ⟨Rohre⟩
  e. en arrière Rückwärtsfließpressen *n*, Gegenfließpressen *n*
  e. en avant Vorwärtsfließpressen *n*, Gleichfließpressen *n*
  e. à chaud Warmfließpressen *n*; Heißpressen *n*
  e. combinée kombiniertes Fließpressen *n*
  e. à filière plate Breitbandspritzverfahren *n*
  e. à froid Kaltfließpressen *n*; autotherme Extrusion *f* ⟨Plastbearbeitung⟩
extrusion-soufflage *f* Hohlformblasen *n*, Blasen *n* ⟨Plastverarbeitung⟩

F

fabrication *f* 1. Fertigung *f*, Herstellung *f*, Produktion *f*; 2. Bearbeitung *f*; Behandlung *f*; Verarbeitung *f*
  f. à la chaine Fließarbeit *f*
  f. des clichés Plattenherstellung *f* ⟨Offsetplatten⟩; Klischeefabrikation *f* ⟨Hochdruckklischees⟩
  f. en grande série Großserien[an]fertigung *f*
  f. individuelle s. f. par pièces
  f. en masse Massenproduktion *f*

f. mécanique maschinelle Verarbeitung *f*
f. des outils Werkzeugherstellung *f*, Werkzeugbau *m*
f. par pièces Einzel(an)fertigung *f*
f. en série Serienfertigung *f*
f. hors série s. f. par pièces
f. ultérieure Weiterverarbeitung *f*
fabriquer 1. (an)fertigen, herstellen, produzieren; 2. verarbeiten
façade *f* Fassade *f*, Stirnwand *f*, Vorderseite *f*; Außenseite *f*
f. latérale Seitenfassade *f*, Seitenansicht *f*, Seitenwand *f*
f. postérieure Hinterfront *f*, Rückfassade *f*, Rückseite *f*
face *f* 1. Fläche *f*; Oberfläche *f*; Seite *f*; 2. Vorderseite *f* eines Gebäudes; 3. Gesamtansicht *f*; 4. ⟨Brg⟩ Stoß *m*; à **faces centrées** flächenzentriert; **deux faces lisses** beiderseitig oberflächenglatt
f. antérieure Front *f*, Vorderseite *f*
f. d'appui Auflagefläche *f*, technologische Basis *f* ⟨Werkstück, Vorrichtung⟩
f. brute unbearbeitete Fläche *f*
f. de cassure Bruchfläche *f*
f. de clivage Spaltfläche *f*
f. du cristal Kristallfläche *f*
f. externe äußere Fläche *f*
f. interne innere Fläche *f*
f. à main Springbrille *f*, Lorgnette *f*
f. plane Planfläche *f*
f. polaire Polschuhstirnfläche *f*
f. de pression (de la pale) d'hélice Blattdruckseite *f*
f. de serrage Spannfläche *f*
f. supérieure Oberseite *f*
f. supplémentaire Vorhänger *m* ⟨Brille⟩
f. de troncatures Abstumpfungsfläche *f*
f. usinée bearbeitete Fläche *f*
facette *f* 1. Facette *f*, Schleifkante *f*; 2. ⟨Typ⟩ Facette *f*; 3. Verschleißmarke *f* ⟨Schneidwerkzeug⟩
f. aplatie Flachfacette *f*
f. à biseau Spitzfacette *f*
f. d'un cristal Kristallfläche *f*
facetter facettieren
faciès *m* ⟨Geol⟩ Fazies *f*; ⟨Min⟩ Habitus *m*
f. de cristal Kristallhabitus *m*
f. littoral Küstenfazies *f*
f. de métamorphisme metamorphe Fazies *f*
f. minéral Mineralfazies *f*
f. paléontologique paläontologische Fazies *f*

f. de passage Übergangsfazies *f*
f. volcanique vulkanische Fazies *f*
facilité *f*:
f. de déformation Verformbarkeit *f*
f. d'entretien Pflegeleichtigkeit *f*
f. de lavage Waschbarkeit *f*
façonnage *m*, **façonnement** *m* Bearbeitung *f*, Form(geb)ung *f*
f. à chaud Warmformgebung *f*; Heißformung *f*
f. par coulage Formgebung *f* durch Gießen
f. par enlèvement de copeaux spangebende Formgebung *f*, spanende Bearbeitung *f*
f. sans enlèvement de copeaux spanlose Formgebung (Bearbeitung) *f*
f. final du verre Verformung *f* von geformtem Glas
f. à froid Kaltformgebung *f*
f. par pressage Formgebung *f* durch Pressen
f. par tournage Formgebung *f* durch Drehen
façonner 1. bearbeiten, form(geb)en; 2. (ein)schleifen
f. à chaud warmformen
f. à froid kaltformen
factage *m* Gütertransport *m*
facteur *m* 1. Faktor *m*, Moment *n*, Grad *m* ⟨s. a. coefficient, constante⟩; 2. Hersteller *m*, Fabrikant *m*
f. d'absorption Absorptionsgrad *m*
f. d'accumulation Aufbaufaktor *m*, Zuwachsfaktor *m*
f. d'amplification Verstärkungsfaktor *m*
f. d'amplification de courant Stromverstärkungsfaktor *m*
f. antitrappes ⟨Dat⟩ Resonanzentkommwahrscheinlichkeit *f*
f. balistique 1. Dämpfungskonstante *f*; 2. Überschwingung *f*
f. de bruit Rauschfaktor *m*
f. de charge Belastungsfaktor *m*
f. de cloisonnement ⟨Schiff⟩ Abteilungsfaktor *m*
f. de comptage Zählfaktor *m*
f. de conversion Konversionsfaktor *m*, Umrechnungsfaktor *m*
f. de correction Korrekturfaktor *m*
f. de couplage Kopplungsfaktor *m*
f. de crête Scheitelfaktor *m*
f. de décontamination Entseuchungsgrad *m*, Entseuchungsfaktor *m*
f. démagnétisant Entmagnetisierungsfaktor *m*
f. de démultiplication Untersetzungsfaktor *m*

facteur

f. de désaimantation Entmagnetisierungsfaktor m
f. de diffusion Streufaktor m, Diffusionskoeffizient m
f. de diffusion atomique Atomformfaktor m
f. de diffusion en retour Rückstreufaktor m
f. de dureté Härtefaktor m
f. d'échelle Untersetzungsfaktor m
f. d'efficacité radiobiologique strahlenbiologischer Wirkungsfaktor m
f. d'enrichissement Anreicherungsfaktor m
f. d'enroulement Wickelfaktor m
f. d'équilibre Gleichgewichtsfaktor m
f. d'équilibre du système Symmetriefaktor m des Systems
f. de filtrage Glättungsfaktor m
f. de fission thermique thermischer Spaltfaktor m
f. de flux Flußfaktor m
f. de forme Formfaktor m
f. de forme atomique Atomformfaktor m
f. de forme nucléaire Kernformfaktor m
f. de géométrie Geometriefaktor m
f. d'intégrabilité, f. intégrant integrierender Faktor m, Multiplikator m
f. d'intermodulation Intermodulationsgrad m
f. de Landé Landé-Faktor m, Landéscher g-Faktor m, spektroskopischer Aufspaltungsfaktor m
f. de marche (relative) Einschaltdauer f
f. de modulation Modulationsfaktor m
f. de multiplication 1. Multiplikationsfaktor m, K-Faktor m; 2. Vermehrungsfaktor m, Verstärkungsfaktor m
f. de multiplication effectif effektiver Multiplikationsfaktor m
f. de multiplication des neutrons Neutronenmultiplikationsfaktor m, Neutronenvermehrungsfaktor m
f. de multiplication rapide Vermehrungsfaktor m für schnelle Neutronen, schneller Vermehrungsfaktor m
f. de multiplicité Häufigkeitsfaktor m
f. d'ondulation Welligkeitsfaktor m
f. de permittivité relative relative Dielektrizitätskonstante f
f. de pertes Verlustfaktor m
f. de pertes diélectriques dielektrischer Verlustfaktor m
f. de phase Phasenfaktor m
f. de polarisation Polarisationsgrad m
f. premier Primfaktor m

f. de proportionnalité Proportionalitätsfaktor m
f. de puissance Leistungsfaktor m
f. de puissance d'arrêt Stillstandsleistungsfaktor m
f. de puissance au régime de court-circuit Kurzschlußleistungsfaktor m
f. Q (de qualité) Gütefaktor m
f. de réduction Abschirmfaktor m, Reduktionsfaktor m
f. de réflexion Reflexionsgrad m
f. de régénération Brutfaktor m
f. de remplissage ⟨El⟩ Füllfaktor m
f. de remplissage cuivre Kupferfüllfaktor m
f. de remplissage des encoches Nutenfüllfaktor m
f. de sécurité Sicherheitsfaktor m
f. de sélectivité Trennschärfefaktor m
f. de séparation (isotopique) Trennfaktor m
f. de séparation unitaire elementarer Trennfaktor m
f. de simultanéité Gleichzeitigkeitsfaktor m
f. de structure Strukturfaktor m
f. de subdivision spectroscopique s. f. de Landé
f. de surtension ⟨Fmt⟩ Spannungsüberhöhung f
f. de température Temperaturfaktor m
f. de transmission Übertragungsfaktor m
f. d'utilisation Ausnutzungsfaktor m
f. d'utilisation de l'espace disponible pour l'enroulement Ausnutzungsfaktor m des Wickelraumes
f. d'utilisation thermique thermische Nutzung f, thermischer Nutzungsgrad m

facteurs mpl **d'environnement** Umwelteinflüsse mpl
factorielle f ⟨Math⟩ Fakultät f
facturation f **par cartes perforées** Lochkartenberechnung f
facture f Rechnung f; Berechnung f; Aufmachung f
facturer anrechnen, berechnen; in Rechnung stellen
facule f **photosphérique** photosphärische Fackel f
facultatif fakultativ, Bedarfs-
faculté f 1. Fähigkeit f, Vermögen n; 2. Fracht f, Ladung f ⟨Seeversicherung⟩
f. d'absorption Absorptionsfähigkeit f
f. d'adaptation Anpassungsfähigkeit f
f. de décision Entscheidungsfähigkeit f
f. d'extension Ausbaufähigkeit f

f. d'imprégnation Imprägnierbarkeit f, Tränkbarkeit f
fading m Fading n, Schwund m ⟨s. a. évanouissement⟩
fagot m Knüppelholz n
faible schwach; unterkritisch
   f. anglaise englisches Steingut n Steingut n
   f. anglaise englisches Steingut f ⟨Feinsteingut⟩
   f. calcaire Kalksteingut n ⟨Keramik⟩
   f. dure Hartsteingut n ⟨Keramik⟩
   f. feldspathique Feldspatsteingut n ⟨Keramik⟩
   f. fine Feinsteingut n
faiencé steingutartig
faille f ⟨Geol⟩ Verwerfung f
   f. accessoire Nebenverwerfung f
   f. anticlinale antiklinale Verwerfung f
   f. contraire gegenfallende Verwerfung f
   f. courbée gekrümmte Verwerfung f
   f. à déplacement curviligne krummlinige Verwerfung f
   f. à déplacement rectiligne Parallelverwerfung f
   f. diagonale Diagonalverwerfung f
   f. directionnelle streichende Verwerfung f
   f. directionnelle conforme rechtsinnige Verwerfung f
   f. directionnelle contraire widersinnigfallende Verwerfung f
   f. en échelons gestaffelte Verwerfung f
   f. d'extension Dehnungsverwerfung f
   f. fermée geschlossene Verwerfung f
   f. à (en) gradins Staffelverwerfung f, Treppenverwerfung f
   f. inverse widersinnige Verwerfung f, Wechsel m
   f. longitudinale Längsverwerfung f
   f. marginale Randverwerfung f
   f. ouverte klaffende Verwerfung f
   f. plane ebene Verwerfung f
   f. principale Hauptverwerfung f
   f. ramifiée verzweigte Verwerfung f
   f. à rejet horizontal Seitenverschiebung f
   f. superficielle seichte Verwerfung f
   f. transversale Querverwerfung f, Transversalverwerfung f
   f. verticale de décrochement Blattverschiebung f
faillé ⟨Geol⟩ verworfen
faire:
   f. de (du) charbon bunkern
   f. de la chaux Kalk brennen
   f. eau ein Leck haben, leck sein
   f. des embardées gieren

f. escale einen Zwischenhafen (Hafen) anlaufen ⟨beabsichtigt⟩
f. marche arrière Fahrt achteraus machen, zurücklaufen
f. marche avant Fahrt voraus machen, vorauslaufen
f. le plein [voll]tanken, auftanken
f. le point Besteck aufmachen (nehmen), Schiffsort bestimmen
f. route fahren, laufen, Fahrt machen
f. un tour vertörnen ⟨z. B. Tauwerk⟩
faisceau m 1. Bündel n, Strahlenbündel n; Strahl m ⟨im Sinne von Strahlenbündel⟩; 2. ⟨Math⟩ Büschel n; 3. Leitstrahl m
   f. de câbles Kabelstrang m
   f. cathodique Katodenstrahlbündel n
   f. de conducteurs Leiterbündel n
   f. de cyclotron Zyklotronstrahl m
   f. de droites ⟨Math⟩ Geradenbüschel n
   f. d'éclairage Beleuchtungsstrahlenbündel n
   f. électronique Elektronenstrahl m; Elektronenstrahlbündel n
   f. électronique de balayage Elektronenabtaststrahl m
   f. d'électrons s. f. électronique
   f. étroit schmales (enges) Bündel n, schmales Strahlenbündel n
   f. explorateur Abtaststrahl m
   f. de fibres Faserbündel n
   f. hertzien Richtfunkverbindung f
   f. interne innerer Strahl m
   f. ionique (d'ions) Ionenstrahl m; Ionenstrahlbündel n
   f. large breites Bündel n, breites Strahlenbündel n
   f. laser Laserstrahl m
   f. de lignes de force Kraftlinienbündel n
   f. lumineux Lichtbündel n
   f. lumineux explorateur Abtastlichtstrahl m
   f. moléculaire Molekülstrahl m
   f. neutronique (de neutrons) Neutronenstrahl m; Neutronenstrahlbündel n
   f. plat d'électrons Elektronenflachstrahl m
   f. polarisé polarisierter Strahl m
   f. primaire Primärstrahl m; Primärstrahlbündel n
   f. protonique (de protons) Protonenstrahl m; Protonenstrahlbündel n
   f. de radiateur Kühlröhrensystem n eines Kühlers
   f. des rayons Strahlenbündel n
   f. tubulaire Rohrbündel n
   f. de voies Gleisbündel n

faitage

faitage m Firstpfette f
faite m First m; Giebel m; Zinne f
  f. de comble Dachfirst m
faitière f 1. Dachluke f; 2. Firstziegel m
falaise f Kliff n
  f. littorale Küstenkliff n
falsification f Fälschung f, Verfälschung f
falsifier (ver)fälschen
famille f:
  f. de l'actinium (actino-uranium) Aktinium(zerfalls)reihe f, radioaktive Familie f des Aktiniums
  f. de caractéristiques Kennlinienschar f
  f. de courbes Kurvenschar f
  f. du neptunium Neptunium(zerfalls)reihe f
  f. de plans réticulaires Netzebenenschar f
  f. radio-active radioaktive Zerfallsreihe (Familie) f
  f. du thorium Thorium(zerfalls)reihe f
  f. de l'uranium Uran(zerfalls)reihe f
familles fpl **des caractères** ⟨Typ⟩ Schriftfamilien fpl
fanage m Zetten n, Heutrocknen n; Heugewinnung f
  f. naturel Bodenheuwerbung f
  f. par ventilation en grange Heubelüftungsverfahren n, Unterdachbelüftung f
fanal m Schiffslaterne f; Leuchtfeuer n
faner 1. verbleichen, vom ursprünglichen Farbton abweichen; 2. Heu wenden
faneuse f Zetter m, Heuwender m
  f. rotative Trommelwender m
farad m Farad n ⟨Einheit der Kapazität⟩
faraday m Faraday n
fardage m ⟨Sammelbegriff für Aufbauten, Bemastung und Takelage⟩
fardier m Lore f, Rollwagen m, Plattformlore f
fargue f Rundselbord n, Setzbord n
farine f:
  f. de bois Holzmehl n
  f. de briques Ziegelmehl n
  f. fossile Kieselgur f
  f. de spath Spatmehl n
  f. tellurine Kieselgur f
  f. Thomas Thomasmehl n
fascine f Faschine f
fatigue f Ermüdung f ⟨Werkstoff⟩
  f. à corrosion Korossionsermüdung f
  f. rupture Dauerbruch m ⟨Werkstoffprüfung⟩
  f. par torsion Verdrehungsbeanspruchung f, Torsionsermüdung f

fatiguer ermüden ⟨Werkstoff⟩
faucardeuse f Grabenräumbagger m
fauchage m Mähen n
faucheuse f Mähmaschine f, Grasmäher m
  f. andaineuse frontale Frontschwadmäher m
  f. arrière Heckmähwerk n
  f. à fléaux Schlegelmäher m
  f. rotative Kreiselmäher m
faucheuse-chargeuse f Mählader m
faucheuse-conditionneuse f Schlegelgrasmäher m
faucheuse-hacheuse f Mähhäcksler m
faufil m Heftfaden m
faufiler heften, vornähen
faufilure f Heften n
faute f Fehler m; Irrtum m; Defekt m; sans f. fehlerfrei
  f. d'empilement Stapelfehler m
  f. de fabrication Fabrikationsfehler m, Herstellungsfehler m
fautif fehlerhaft
faux blind; unecht
faux f Sense f
faux-chevêtre m Stichbalken m
faux-cœur m Falschkern m ⟨Holz⟩
faux-entrait m Hahnenbalken m, kurzer Kehlbalken m ⟨Querriegel⟩
faux-limon m Wandwange f
faux-pieu m Pfeileraufsatz m
faux-plancher m Zwischendecke f, Zwischengebälk n ⟨ohne Belastung⟩; Blindboden m, Blendboden m
faux-rond m Rundlauffehler m
feed-back m Rückführung f ⟨Kybernetik⟩
feeder m 1. Eingabe f; 2. Hauptleitung f, Speiseleitung f ⟨z. B. Gas, Wasser oder Elektrizität⟩; 3. ⟨Schiff⟩ Füllschacht m; 4. ⟨Dat⟩ Speisegerät n, Eingabegerät n
feldspath m Feldspat m
fêle f, **felle** f Blasrohr n, Glasmacherpfeife f
femelot m Ruderöse f
fémique femisch
fenaison f Heuernte f
fendeuse f Holzhackmaschine f
fendillé rissig
fendillement m Reißen n; Riß(bildung f) m
  f. par le gel Frostklüftigkeit f
fendiller/se rissig werden, aufspringen
fendoir m Haumesser n
fendre 1. trennen, zerschneiden; schlitzen, spalten; 2. spleißen ⟨Seil⟩; schleißen ⟨Federn⟩
  se f. rissig werden

fendu geschlitzt; gespalten
fenêtre f:
    f. **basculante** Kippfenster n
    f. **à caisson** Kastenfenster n
    f. **à châssis** Zargenfenster n
    f. **coulissante (à coulisse)** Schiebefenster n ⟨horizontal⟩
    f. **d'entrée** Eintrittsfenster n
    f. **d'exposition** Filmfenster n, Bildfenster n
    f. **d'extrémité** Endfenster n, Stirnfenster n ⟨Röntgenröhre, Zählrohr⟩
    f. **à faux cadre(s)** Blendrahmenfenster n
    f. **à glissière(s)** Schiebefenster n
    f. **à guillotine** Schiebefenster n ⟨vertikal⟩
    f. **d'image** Bildfenster n
    f. **pivotante** Schwingfenster n; Schwingflügel m
    f. **de projection** s. f. d'exposition
    f. **de sortie** Austrittsfenster n
    f. **terminale** s. f. d'extrémité
    f. **à verre plombé** Bleiglasfenster n
    f. **de visée** Sucherfenster n
    fausse f. blindes Fenster n
fenêtrer befenstern, mit Fenstern versehen
feniesse f Wettertür f
fente f Riß m; Spalt m; Sprung m; Schlitz m; **sans fentes** rißfrei
    f. **abyssale** Spalte f in großer Tiefe
    f. **d'accélération** Beschleunigungsspalt m
    f. **annulaire** ringförmiger Spalt m
    f. **de la bobine** Spulenschlitz m
    f. **en bout** Riß m auf der Querschnittsfläche
    f. **de compression** Druckriß m; Knickriß m
    f. **de divergence** Divergenzblende f
    f. **double** Doppelspalt m
    f. **d'entrée** Eingangsspalt m, Eintrittsspalt m
    f. **exploratrice** Detektorspalt m, Empfängerspalt m ⟨Röntgenspektrometer⟩
    f. **de faillage** Verwerfungsspalte f
    f. **de gel** Frostspalte f
    f. **de lecture** Tonfenster n, Tonspalt m, Wiedergabespalt m; Abtastblende f
    f. **de réception** s. f. exploratrice
    f. **de retrait** Schwindungsriß m
    f. **de séchage** Trocknungsriß m
    f. **de soleil** Sonnenriß m, Hitzeriß m
    f. **de Soller** Soller-Blende f
    f. **de sortie** Ausgangsspalt m, Austrittsspalt m
fer m 1. Eisen n; 2. Messer n; 3. Kolben m ⟨Löten⟩; **sans f.** eisenlos

    f. **actif** ⟨El⟩ wirksames Eisen n
    f. **alpha** Alphaeisen n
    f. **d'ancrage** Ankereisen n
    f. **Armco** Armco-Eisen n
    f. **en barres** Stabeisen n
    f. **bêta** Betaeisen n
    f. **blanc** Weißblech n
    f. **à bourrelet** Wulststahl m
    f. **carbonyle** Eisenkarbonyl n
    f. **cassant** brüchiges Eisen n
    f. **cassant à chaud** warmbrüchiges Eisen n
    f. **de la charrue** Pflugschar f
    f. **à cheval** Hufeisen n
    f. **chromé** Chromeisenerz n
    f. **coulé** Eisenguß m
    f. **delta** Deltaeisen n
    f. **demi-rond** Halbrundstahl m
    f. **en double T** Doppel-T-Träger m, Doppel-T-Eisen n
    f. **doux** Weicheisen n
    f. **ductile** schmiedbares Eisen n
    f. **écroui** kalt gehämmertes Eisen n
    f. **électrolytique** Elektrolyteisen n, E-Eisen n
    f. **extra pur** Reinsteisen n
    f. **fondu** Flußeisen n
    f. **forgé** Schmiedeeisen n
    f. **fritté** Sintereisen n
    f. **galvanisé** verzinktes Eisen n
    f. **gamma** Gammaeisen n
    f. **à grain fin** feinkörniges Eisen n
    f. **à grain gros** grobkörniges Eisen m
    f. **laminé** Walzeisen n
    f. **en lingots** Blockeisen n
    f. **en loupes** Luppeneisen n
    f. **magnétique (magnétite)** Magneteisen(erz) n
    f. **malléable** schmiedbares Eisen n
    f. **météorique** Meteor[iten]eisen n
    f. **de mine** Stoßbohrer m
    f. **plat** Flacheisen n
    f. **profilé** Profileisen n, Formeisen n
    f. **puddlé** Puddeleisen n
    f. **pur** Reineisen n
    f. **à repasser** Bügeleisen n
    f. **à repasser automatique** Reglerbügeleisen n
    f. **à repasser électrique** elektrisches Bügeleisen n
    f. **à repasser à thermostat** Reglerbügeleisen n
    f. **à river** Nieteisen n
    f. **rond** Rundeisen n
    f. **soudable** Schweißeisen n
    f. **à souder** Lötkolben m
    f. **à souder électrique** elektrischer Lötkolben m

fer

f. spathique Eisenspat m
f. à (en) T T-Träger m, T-Eisen n
f. Thomas Thomaseisen n
f. à (en) U U-Träger m, U-Eisen n
vieux f. Alteisen n
ferblanterie f 1. Blechschmiede f, Klempnerei f; 2. Blechwaren fpl, Klempnerwaren fpl
ferler auftuchen ⟨Flaggen, Segel⟩
ferme fest, solide, dauerhaft
ferme f 1. ⟨Bw⟩ Binder m; Dachstuhl m; 2. ⟨Brg⟩ anstehendes Gestein n
f. a âme pleine Vollwandbinder m
f. en arc Bogenbinder m
f. en arc à deux articulations Zweigelenkbogenbinder m
f. de béton armé en treillis Stahlbetonfachwerkbinder m
f. à contre-fiches Sprengwerk n
f. couchée liegender Stuhl m
f. à deux égouts Satteldachbinder m
f. droite stehender Stuhl m
f. de hangar Hallenbinder m
f. intermédiaire Zwischenbinder m
f. à (avec) lanterneau Hallenbinder m ⟨mit Oberlicht⟩
f. à pannes Pfettendachbinder m
f. en porte-à-faux auskragender Binder m
f. soutenue abgestützter Binder m
f. en treillis Fachwerkbinder m
f. tympan Binderscheibe f
fermé geschlossen
ferment m Ferment n, Enzym n
fermentable fermentierbar
fermentatif Gärungs-
fermentation f Fermentation f, Gärung f
f. acétique Essigsäuregärung f
f. alcoolique alkoholische Gärung f
f. secondaire Nebengärung f, Nachgärung f
fermenter 1. fermentieren; gären; 2. mauken ⟨Keramik⟩
ferme-porte m Türschließer m
fermer 1. [ab]schließen; 2. anhalten; 3. stillegen; 4. einschalten; 5. ausschalten
f. un circuit einen Stromkreis schließen
f. le diaphragme abblenden
f. l'interrupteur einschalten
f. un puits ein Bergwerk stillegen
f. le signal Signal auf Halt stellen
f. la voie das Gleis sperren
f. la voûte den Schlußstein eines Gewölbes einsetzen
fermeture f 1. Schließen n, Abschließen n; 2. Verschluß m; 3. Anhalten n; 4. Stillegen n; Stillegung f; 5. Einschalten n; 6. Ausschalten n; 7. ⟨Math⟩ abgeschlossene Hülle f
f. à baïonnette Bajonettverschluß m
f. à clapet Klappenverschluß m, Verschlußklappe f
f. à clavette Keilverschluß m
f. à crémaillère Reißverschluß m
f. à crémone Baskülverschluß m, Treibriegelverschluß m
f. du diaphragme Abblendung f
f. à double cône Doppelkegelverschluß m
f. éclair Reißverschluß m
f. à espagnolette Drehstangenverschluß m
f. à glissière Reißverschluß m
f. du gueulard Gichtverschluß m
f. pour haute pression Hochdruckverschluß m
f. d'une ligne ⟨Eb⟩ Stillegung f einer Linie
f. de retenue Stauverschluß m
f. simultanée Simultanschließen n ⟨Presse⟩
f. de sûreté Sicherheitsverschluß m
f. au volet Kulissenabblendung f
fermion m Fermion n, Fermi-Teilchen n, Teilchen n mit ungeradzahligem Spin
fermium m Fermium n
ferrage m Beschlagen n
ferraillage m 1. Bewehren n; Bewehrung f; 2. Bewehrungsmontage f, Aufstellung f (Zusammenbau m) des Bewehrungsskelettes
ferraille f Schrott m ⟨Eisen⟩
f. de chute Abfallschrott m
ferrer beschlagen ⟨Beschlagteile befestigen⟩
ferricyanure m:
f. de potassium Kaliumferrizyanid n
f. de sodium Natriumferrizyanid n, Natriumeisen(III)-zyanid n
ferri-électrique ferrielektrisch
ferrimagnétique ferrimagnetisch
ferrimagnétisme m Ferrimagnetismus m
ferrique Eisen-; eisenhaltig
ferrite f Ferrit n
ferritique ferritisch
ferro-alliage m Ferrolegierung f, Eisenlegierung f
ferro-aluminium m Ferroaluminium n, Aluminiumeisen n
ferrocérium m Zereisen n
ferrochrome m Chromeisen n
ferrocyanure m:
f. ferrique Berliner (Pariser) Blau n; Turnbulls Blau n

f. de potasse (potassium) Kaliumferrozyanid n, Kaliumhexazyanoferrat (II) n, gelbes Blutlaugensalz n
f. de sodium Natriumferrozyanid n, Natriumeisen(II)-zyanid n
ferrodynamique ferrodynamisch
ferro-électricité f Ferroelektrizität f
ferro-électrique ferroelektrisch
ferro-électrique m Ferroelektrikum n, ferroelektrischer Stoff m
ferromagnétique ferromagnetisch
ferromagnétisme m Ferromagnetismus m
ferromanganèse m Ferromangan n, Manganeisen n
ferromolybdène m Ferromolybdän n, Molybdäneisen n
ferronickel m Ferronickel n
ferrosilicium m Ferrosilizium n
ferrotitane m Ferrotitan n
ferrotungstène m Ferrowolfram n
ferrovanadium m Ferrovanadium n
ferrugineux eisenhaltig
ferrures fpl Beschläge mpl, Beschlagteile npl ⟨Eisen⟩
ferry-boat m Eisenbahnfähre f
fertile brutfähig, brütbar
fertiliseur m Düngemaschine f
fétide übelriechend
feu m 1. Feuer n; ⟨Brg⟩ Brand m; 2. Licht n; 3. Signal n, Lichtsignal n ⟨s. a. feux⟩; ⟨Schiff⟩ Leuchtfeuer n
f. aéronautique Luftfahrtfeuer n
f. d'affinage Frischfeuer n
f. d'alignement Richtfeuer n
f. alterné Wechselfeuer n
f. anticollision Antikollisionslicht n
f. d'approche Anfluglicht n; Anschwebelicht n
f. arrière Rückstrahler m; Rücklicht n
f. d'arrivée Aufsetzlicht n
f. d'artifice Feuerwerk n
f. de bord Positionslicht n
f. catalan Frischfeuer n
f. clignotant Blinkfeuer n
f. en code Morsefeuer n
f. en couche Flözbrand m
f. de croisement Abblendlicht n
f. de direction Leitfeuer n
f. d'éclairage de la plaque d'immatriculation arrière Nummernschildbeleuchtung f, Kennzeichenbeleuchtung f
f. d'éclat Blinkfeuer n
f. fixe Festfeuer n
f. à intensité variable Festfeuer n mit periodisch variabler Leuchtintensität
f. isophase Gleichtaktfeuer n
f. de mine Grubenbrand m

f. de navigation s. f. de position
f. non franchissable absolutes Haltesignal n
f. d'obstacle Hindernisfeuer n
f. à occultations unterbrochenes Feuer n
f. de position Positionslaterne f; Positionslicht n
f. de poupe Hecklicht n
f. rouge rotes Licht n ⟨Verkehrsampel⟩
f. rouge arrière Rücklicht n, Schlußlicht n
f. de route s. f. de position
f. Saint-Elme Elmsfeuer n
f. scintillant Funkelfeuer n
f. de signalisation de circulation de sol Signalfeuer n für den Bodenverkehr
f. souterrain Grubenbrand m
f. de stationnement Standlicht n
f. stop Stopplicht n
f. vert grünes Licht n ⟨Verkehrsampel⟩
grand f. Scharffeuer n ⟨Keramik⟩
feuil m Lack(film) m; Film m ⟨s. a. film 2.⟩
f. martelé Hammerschlaglack m
f. pigmenté Farblack m
f. transparent Transparentlack m, Klarlack m
f. de verre Glasfolie f
feuillard m Bandstahl m, Bandmaterial n
f. laminé à froid kaltgewalztes Band n
f. plastifié mit Kunststoff (Plast) überzogenes Stahlband n
feuille f 1. Folie f; 2. ⟨Met⟩ Tafel f; 3. ⟨Math⟩ Blatt n ⟨Riemannsche Fläche⟩; 4. ⟨Text⟩ [endlose] Bahn f ⟨z. B. Stoff⟩; 5. ⟨Typ⟩ Bogen m; 6. Glasscheibe f
f. acétate Azetatfolie f
f. adhésive Klebefolie f
f. d' (en) aluminium Alu[minium]folie f
f. calandrée Walzfolie f
f. de caoutchouc Kautschukfell n
f. à coller Klebefolie f
f. en continu endlose Bahn f
f. coulée Gießfolie f
f. de couverture Deckbogen m, Straffer m
f. de cuivre Kupferblech n
f. de diagramme Diagrammstreifen m
f. en ébonite Hartgummiplatte f
f. d'émail Emailbelag m
f. à empreindre, f. d'estampage Prägefolie f
f. d'étain Stanniol n
f. extrudée gespritzte Folie f
f. sans fin endlose Bahn f
f. de garde ⟨Typ⟩ äußerer Vorsatz m
f. imperméable Dichtungsbahn f
f. imprégnée imprägnierte Bahn f

feuille

f. d'impression Druckfolie f
f. de laiton Messingblech n
f. magnétique magnetisches Blatt n
f. à marquer Prägefolie f
f. de métal, f. métallique Metallfolie f
f. de montage ⟨Typ⟩ Montagefolie f
f. non imprimée unbedruckter Bogen m
f. de placage Furnier(tafel f] n
f. pressée gepreßte Folie f
f. de route Frachtbrief m
f. simple trägerlose Folie f
f. soufflée Blasfolie f
f. souple Weichfolie f
f. tendue ⟨Typ⟩ Grundstraffer m
f. de titre Titelbogen m
f. de tôle Blechtafel f
f. tramée (à trames) Rasterfolie f
f. de verre Glasscheibe f; Glastafel f
f. en zinc Zinkfolie f
double f. Doppelblatt n
feuilleret m Falzhobel m
feuillet m 1. Blättchen n; Plättchen n; 2. ⟨Math⟩ Blatt n ⟨Riemannsche Fläche⟩
f. λ/4 λ/4-Plättchen n
f. magnétique magnetisches Blatt n
f. quart d'onde Viertelwellenlängenplättchen n
feuilletage m Paralleltextur f
feuilleté lamelliert, Lamellen-; blättrig
feuillogène filmbildend ⟨Lack⟩
feuillure f Anschlag m ⟨Tür, Fenster⟩; Falz m
feutrage m Filzen n; Filzbildung f
feutre m Filz m
f. aiguilleté Nadelfilz m
f. de graissage Schmierfilz m, Ölfilz m
f. isolant Isolierfilz m
f. de papeterie Papierfilz m ⟨für Papiermaschinen⟩
f. de rembourrage Polsterfilz m
feutrer filzen, mit Filz ausschlagen
feux mpl Positionslampen fpl, Positionslichter npl ⟨s. a. feu 3.⟩
f. d'approche Anflugfeuer npl
f. de chenal Wasserlandebahnbefeuerung f
f. de délimitation Randbefeuerung f
f. de distance Entfernungskennzeichnungsfeuer npl
f. de gabarit Begrenzungsleuchten fpl
f. d'horizon Horizontfeuer npl
f. de navigation (position) Positionslichter npl
f. de la rampe Rampenlicht n
f. de seuil Schwellenfeuer npl
fiabilité f Zuverlässigkeit f
fibranne f Viskosefaser f, Zellwolle f
fibre f Faser f; à f. courte kurzfaserig; à f. longue langfaserig; à fibres droites geradfaserig; à fibres torses drehwüchsig
f. d'acier Stahlfaser f
f. acrylique Polyacrylnitrilfaser f, PAN-Faser f
f. d'amiante Asbestfaser f
f. animale tierische Faser f
f. aplatie Flachfaser f
f. de bois Holzfaser f
f. du bois de tension Zugholzfaser f
f. en bourre Faserflocke f
f. cellulosique Zellulosefaser f
f. chimique Kunstfaser f
f. de coco Kokosfaser f
f. comprimée Druckfaser f
f. coupée Stapelfaser f, Spinnfaser f
f. coupée en verre Glasstapelfaser f
f. creuse Hohlfaser f
f. détendue [aus]geschrumpfte Faser f
f. discontinue s. f. coupée
f. dure Hartfaser f
f. d'écorce Stengelfaser f
f. extraite des feuilles Blattfaser f
f. extraite des fruits Fruchtfaser f
f. fibrillée (fissurée) Filmfaser f, Spaltfaser f
f. frisée Kräuselfaser f
f. à grand rétrécissement Hochschrumpffaser f
f. lainière Wollfaser f
f. libérienne Bastfaser f
f. ligneuse s. f. de bois
f. longue Glasgespinst n
f. minérale Mineralfaser f
f. modacrylique Modacrylfaser f
f. naturelle Naturfaser f
f. neutre ⟨Bw⟩ neutrale Achse f ⟨Träger⟩; neutrale Faser f
f. en nitrile polyacrylique s. f. acrylique
f. de papier Papierfaser f
f. pelliculaire Filmfaser f
f. polyacrylnitrilique s. f. acrylique
f. en polyamide Polyamidfaser f
f. polyester Polyesterfaser f
f. de polyoléfine Polyolefinfaser f
f. de polypropylène Polypropylenfaser f
f. polyuréthane Polyurethanfaser f
f. profilée Profilfaser f
f. profilée creuse Hohlprofilfaser f
f. protéique Eiweißfaser f, Proteinfaser f
f. raide Hartfaser f
f. rétractile Schrumpffaser f
f. Spandex Spandexfaser f
f. unitaire Einzelfaser f
f. végétale Pflanzenfaser f
f. de verre Glasfaser f, Glaswolle f

f. **viscose** Viskosefaser f, Zellwolle f
f. **vulcanisée** Vulkanfiber f
fibres fpl **artificielles et synthétiques** Chemiefasern fpl, Chemiefaserstoff m
fibreux faserig
fibrillation f Aufspaltung f
fibriller aufspalten
fibrilles fpl Fibrillen fpl
fibroblastique fibroblastisch
fibrociment m Holzzement m
fibroradié radialfaserig
ficeler verschnüren, zu(sammen)schnüren
ficeleuse f **automatique** Umschnürungsautomat m
ficelle f Bindfaden m, Kordel f, Schnur f
  f. **de chanvre** Hanfschnur f
  f. **à colonnes** ⟨Typ⟩ Kolumnenschnur f
  f. **d'emballage** Packbindfaden m, Packschnur f
  f. **d'extraction** Einziehleine f ⟨Fallschirm⟩
  f. **à lier** s. f. à colonnes
ficelle-lieuse f Bindegarn n, Erntebindefaden m
fiche f 1. Stecker m, Stöpsel m; 2. Bolzen m; Pflock m; 3. Kart[eikart]e f
  f. **d'adaptation** Übergangsstecker m
  f. **banane** Bananenstecker m
  f. **coaxiale** Koaxialstecker m
  f. **de connexion** Verbindungsstecker m
  f. **de contact** Kontaktstöpsel m
  f. **à contact de mise à la terre** Schukostecker m
  f. **de court-circuitage** Kurzschlußstecker m
  f. **de dérivation** Abzweigstecker m
  f. **double** Doppelstecker m
  f. **femelle** Steckbuchse f
  f. **d'instruction** Arbeitsunterweisung f, Arbeitsanweisung f
  f. **intermédiaire** Zwischenstecker m
  f. **multiple** Mehrfachstecker m, Vielfachstecker m
  f. **multipolaire** mehrpoliger Stecker m
  f. **perforée** Lochkarte f
  f. **de raccordement** Anschlußstecker m
  f. **de secteur** Netzstecker m
  f. **technique** technisches Kennblatt n, technischer Steckbrief m
  f. **tripolaire** Dreifachstecker m
  f. **unipolaire** einpoliger Stecker m
fichier m Kartei f
  f. **d'inventaire** Bestandskartei f
  f. **de transactions** Vorgangskartei f
fidélité f Wiedergabetreue f
  haute f. hohe Wiedergabetreue f, high fidelity, HiFi

plus haute f. optimale Wiedergabetreue f
figeage m Gerinnen n, Stocken n
figer gerinnen, stocken
figure f Figur f; Gestalt f; Muster n; Bild n, Abbildung f
  f. **d'attaque** Ätzfigur f
  f. **de code** Kodemuster n
  f. **de corrosion** Ätzfigur f
  f. **de diffraction** Beugungsbild n; Beugungsdiagramm n
  f. **d'interférence** Interferenzbild n
  f. **de percussion** ⟨Min⟩ Schlagfigur f
  f. **de pôles** Polfigur f
  f. **de pression** ⟨Min⟩ Druckfigur f
figuré gemasert
figures fpl:
  f. **de Chladni** Chladnische Klangfiguren fpl
  f. **de Kundt** Kundtsche Staubfiguren fpl
  f. **de Lissajous** Lissajous-Figuren fpl
fil m 1. Draht m; 2. Faden m, Garn n; 3. Ader f; 4. Leitung f; 5. Schneide f; à. f. **double** doppeladrig; **sans f.** drahtlos
  f. **d'acier** Stahldraht m
  f. **d'adresse** Adressendraht m
  f. **d'aluminium** Aluminiumdraht m
  f. **d'amenée** Zuführungsdraht m
  f. **anodique** Anodendraht m, Zähldraht m ⟨Zählrohr⟩
  f. **d'antenne** Antennendraht m
  f. **d'apport** Zusatzdraht m, Schweißdraht m
  f. **d'armature** Bewehrungsdraht m
  f. **d'arrêt** Abspanndraht m
  f. **bimétallique** Bimetalldraht m
  f. **du biprisme** Biprismafaden m
  f. **blindé** abgeschirmter Draht m
  f. **de blocage** ⟨Dat⟩ Blockierdraht m
  f. **de boucle** ⟨Text⟩ Polfaden m
  f. **bouclé** Bouclégarn n
  f. **à bouclettes** Schlingenfaden m
  f. **boucleur** ⟨Text⟩ Greiferfaden m
  f. **bouffant** Texturgarn n
  f. **boutonné (boutonneux)** Noppengarn n
  f. **à brins multiples HF** HF-Litze f
  f. **à brocher** Heftzwirn f
  f. **à broder** Stickgarn n
  f. **brodeur** Plattierfaden m
  f. **de caoutchouc** Gummifaden m
  f. **cardé** Streichgarn n
  f. **[de] caret** Kabelgarn
  f. **de chaine** Kettfaden m; Kettgarn n
  f. **de commande** Drahtzug m; Steuerdraht m
  f. **conducteur** Leitungsdraht m

fil

f. de connexion Anschlußdraht m, Verbindungsdraht m, Schaltdraht m
f. de contact Oberleitung f, Fahrdraht m
f. continu Chemieseide f
f. de contrôle Prüfdraht m
f. cordé Kord m
f. de coton double mèche Zweizylinderbaumwollgarn n
f. de coton triple mèche Dreizylinderbaumwollgarn n
f. à coudre Nähfaden m, Nähgarn n; Zwirn m
f. de cuivre Kupferdraht m
f. en cuivre nu guipé blanker umsponnener Kupferdraht m
f. de déchets Abfallgarn n
f. dénudé abisolierter Draht m
f. de départ ⟨El⟩ Ausführungsdraht m
f. à deux composants Mischgarn n
f. distinctif Kennfaden m, Beilauffaden m ⟨Kabel⟩
f. divisé Litze f
f. à double couche de coton zweifach baumwollumsponnener Draht m
f. de l'eau 1. Wasserlauf m; Strömung f; 2. Wasserstrahl m
f. écroui hartgezogener Draht m
f. d'effet Effektfaden m
f. élastomère Elastomerfaden m; Elastomerseide f
f. émaillé Lackdraht m
f. d'épreuve (essai) Meßdraht m, Prüfdraht m
f. étiré gezogener Draht m
f. étiré blanc blankgezogener Draht m
f. étiré à chaud warmgezogener Draht m
f. étiré à froid kaltgezogener Draht m
f. façonné Formdraht m
f. fantaisie Fantasiefaden m, Effektfaden m; Effektgarn n, Fantasiegarn n
f. à filet Netzfaden m; Netzgarn n
f. flammé Flamm(en)garn n, Flamm(en)faden m; Fadenverdickung f ⟨Fehler oder Verzierung⟩
f. frisé Texturfaden m
f. fusible ⟨El⟩ Schmelzdraht m
f. sous gaine agrafée Rohrdraht m
f. sous gaine plastique Kunststoffleitung f
f. galvanisé verzinkter Draht m
f. guipé Kernwindefaden m, umsponnener (umwundener) Faden m
f. guipé de coton baumwollumsponnener Draht m
f. guipé de soie seidenumsponnener Draht m

f. High Bulk Hochbauschgarn n
f. d'induit ⟨El⟩ Ankerdraht m
f. d'information Informationsdraht m
f. d'inscription ⟨Dat⟩ Schreibdraht m
f. d'inscription d'adresse Adressenschreibdraht m
f. d'inscription d'information Informationsschreibdraht m
f. isolé isolierter Draht m
f. isolé au caoutchouc Gummiader f
f. de laiton Messingdraht m
f. de lecture ⟨Dat⟩ Lesedraht m
f. de lecture d'information Informationslesedraht m
f. de ligature Abbindegarn n
f. machine Walzdraht m
f. magnétique Magnetdraht m
f. maillechort Neusilberdraht m
f. mélangé Mischgarn n
f. métallique pour brochure Heftdraht m
f. pour moissonneuse-lieuse Bindefaden m, Erntebindegarn n
f. mousse Bauschfaden m, Bauschgarn n
f. neutre Nulleiter m, Sternpunktleiter m, Mittelpunktleiter m Mp-Leiter m
f. en nickel-chrome Chromnickeldraht m
f. nu blanker Draht m
f. ondé Kräuselgarn n
f. de papier Papiergarn n
f. paratonnerre Blitzschutzdraht m
f. parcouru par le courant stromführender Draht m
f. peigné Kammgarn n
f. pilote 1. Meßdraht m, Prüfdraht m; 2. ⟨El⟩ Schutzleiter m
f. plat Flachdraht m; gepreßter Draht m
f. à plomb Bleilot n, Senkblei n
f. poil Polfaden m
f. de précontrainte Vorspann(ungs)draht m
f. profilé profilierter Faden m
f. recuit ausgeglühter Draht m
f. résistant Widerstandsdraht m
f. retors gezwirnter Faden m, Zwirn m
f. rond Runddraht m
f. de séparation Trennfaden m
f. simple Einfachgarn n
f. de sonnerie Klingeldraht m
f. à souder Schweißdraht m
f. souple Litze f
f. Spandex Spandexseide f
f. de support Verstärkungsfaden m
f. tapis Teppichgarn n
f. tendeur Spanndraht m

298

f. de terre Erdseil *n*; Erdleiter *m*
f. texturisé Texturfaden *m*, Texturseide *f*
f. texturisé bi-composé Bikomponenttexturseide *f*
f. toronné Litze *f*
f. tors *s*. **f. retors**
f. torsadé Litzendraht *m*
f. de traction ⟨Dat⟩ Zugdraht *m*
f. de trame Schußfaden *m*
f. pour treillis métallique Gitterdraht *m*, Maschendraht *m*
f. très gonflant Hochbauschgarn *n*
f. tressé umflochtener Draht *m*
f. verni Lackdraht *m*
f. de verre Glasfaden *m*
filabilité *f* Spinnbarkeit *f*, Verspinnbarkeit *f*, Erspinnbarkeit *f*, Ausspinnbarkeit *f*
filable [ver]spinnbar, erspinnbar, ausspinnbar
filage *m* 1. Strangpressen *n*, Fließpressen *n* ⟨*s. a.* extrusion 1.⟩; 2. Spinnen *n*, Verspinnen *n*, Erspinnen *n*, Ausspinnen *n*; 3. ⟨Schiff⟩ Fieren *n*, Losegeben *n*
f. arrière Rückwärtsfließpressen *n*, Gegenfließpressen *n*
f. avant Vorwärtsfließpressen *n*
f. par choc Schlagfließpressen *n*
f. à l'eau Ausbringen *n*, Aussetzen *n* ⟨z. B. Fischnetz, Boot⟩
f. inverse *s*. **f. arrière**
f. du ruban au fil Faserbandspinnen *n*
f. du verre Glasspinnerei *f*
filament *m* 1. ⟨El⟩ Glühfaden *m*; 2. ⟨Text⟩ Elementarfaden *m*; Endlosfaden *m*
f. bispiralé Doppelwendel *f*
f. de bois Faservlies *n*
f. boudiné Wendel *f*
f. code Nebenfaden *m*
f. continu Chemieseide *f*, Endlosfaden *m*
f. continu de polyamide Polyamidseide *f*
f. creux Hohlseide *f*
f. à incandescence, **f. incandescent** Glühfaden *m*
f. phare Hauptfaden *m*
f. en pointe Spitzenkatode *f*
f. de tungstène Wolframfaden *m*
filantes *fpl* Spritzfeuer *n* ⟨an Bürsten⟩
filasse *f* Fasermischung *f*
filature *f* Spinnen *n*; Spinnerei *f* ⟨als Industriezweig⟩
f. centrifuge Zentrifugenspinnen *n*
f. avec cloches Glockenspinnen *n*
f. de coton Baumwollspinnerei *f*
f. par éléments Elementenspinnen *n*
f. au fondu Schmelzspinnen *n*

f. de jute Jutespinnerei *f*
f. de laine cardée Streichgarnspinnerei *f*
f. de laine peignée Kammgarnspinnerei *f*
f. à trois mèches Dreizylinderspinnerei *f*
f. du verre Glasspinnerei *f*
file *f*:
f. d'attente Warteschlange *f*
f. d'épontilles Stützenreihe *f*
f. d'observation Warteschlange *f*
f. de rails Gleisstrang *m*
filé *m* Garn *n*, Gespinst *n*
filer 1. strangpressen, fließpressen; 2. (ver)spinnen, erspinnen, ausspinnen; 3. ⟨Schiff⟩ fieren, lose geben; 4. ⟨Schiff⟩ laufen, Fahrt machen
f. l'ancre Anker werfen
f. en bande nachstecken ⟨z. B. Festmacherleine⟩
f. par le bout ausrauschen lassen ⟨z. B. Ankerkette⟩; slippen
f. à la demande *s*. **f. en bande**
f. à l'eau ausbringen, aussetzen
f. en fin feinspinnen
f. en gros grobspinnen
f. à la presse strangpressen
filerie *f* Verdrahtung *f*
f. souple flexible Verdrahtung *f*
filet *m* 1. Gewinde *n*; Gang *m* ⟨Schnecke⟩; 2. Filet *n* ⟨Fischverarbeitung⟩; 3. Fischnetz *n*, Netz *n*; 4. ⟨Typ⟩ Linie *f*; à **f. simple**, à un **f.** eingängig; à deux filets zweigängig
f. d'addition Summierungslinie *f*
f. anglais englische Linie *f*
f. à armature Hamen *m* ⟨Fischfanggerät⟩
f. cernant Umschließungsnetz *n*
f. de chargement Netzbrook *f*
f. de colonne Längslinie *f*, Formatsteg *m*
f. coulissant Beutelwade *f*, Ringwade *f*
f. dents de scie Sägengewinde *n*
f. dérivant Treibnetz *n*
f. dormant stehendes Netz *n*
f. double-maigre doppelfeine Linie *f*
f. à droite Rechtsgewinde *n*
f. Edison Edisongewinde *n*
f. embrouillant verwickelndes Netz *n*
f. extérieur Außengewinde *n*
f. de fantaisie *s*. **f. orné**
f. fixe stehendes Netz *n*
f. flottant Treibnetz *n*
f. fluide Stromfaden *m*
f. à gauche Linksgewinde *n*
f. gras-maigre fettfeine Linie *f*

filet

f. intérieur Innengewinde n
f. en laiton Messinglinie f
f. lancé Greifnetz n, Wurfnetz n
f. liquide Flüssigkeitsfaden m
f. maigre feine Linie f
f. maillant Kiemennetz n, einwandiges Netz n
f. métrique metrisches Gewinde n
f. de minerai Erzschnur f
f. de mortier Mörtelverstrich m ⟨Dachziegel⟩
f. de (du) mur Mauerlatte f
f. sans nœuds knotenloses Netz n
f. sans nœuds type Raschel Raschelnetz n
f. noué Knotennetz n, geknotetes Netz n
f. orné Zierlinie f
f. de pêche Fisch(fang)netz n
f. à perforer Perforierlinie f
f. de pied Fußlinie f
f. plat Flachgewinde n
f. pointillé punktierte Linie f
f. profilé Profilleiste f
f. quarts-gras stumpffeine Linie f
f. de recouvrement Deckleiste f
f. rond Rundgewinde n
f. de rubrique Kopflängslinie f, Unterteilungslinie f
f. Sellers Sellers-Gewinde n
f. de socle Sockelleiste f
f. de tête Kopflinie f
f. tournant Umschließungsnetz n
f. tournant coulissant Beutelwade f, Ringwade f
f. tournant non coulissant Sperrnetz n
f. trainant Schleppnetz n
f. trapézoidal Trapezgewinde n
f. tremblé Wellenlinie f
f. triangulaire Spitzgewinde n
f. de vis Schraubengewinde n
f. Whitworth Whitworth-Gewinde n
f. Whitworth pour tubes Whitworth-Rohrgewinde n

filetage m 1. Gewindeherstellung f; Gewindeschneiden n; Gewinderollen n, Gewindeschleifen n; 2. Gewinde n ⟨s. a. filet⟩; 3. Filetieren n; Filetierung f ⟨Fischverarbeitung⟩

fileté 1. Gewinde tragend, Gewinde-; 2. umstochen

fileter 1. Gewinde schneiden (rollen, schleifen); 2. filetieren ⟨Fisch⟩

fileteuse f Filetiermaschine f ⟨Fischverarbeitung⟩

filetier m Netzmacher m

fileur m Spinner m
f. de verre Glasspinner m

filiation f **radio-active** radioaktive Verwandtschaft f

filière f 1. Düse f; Spinndüse f; Spritzdüse f ⟨Spritzform⟩; 2. Matrize f ⟨Fließpressen⟩; Preßmatrize f ⟨Strangpressen⟩; 3. Schneideisen n ⟨Gewindeschneiden⟩; 4. Durchzug m ⟨z. B. am Geländer⟩
f. annulaire Ringdüse f
f. en guirlande Greifleine f ⟨z. B. am Rettungsboot⟩
f. de mauvais temps Strecktau n
f. à peignes circulaires Kreisstrählerschneidkopf m
f. plate Fischschwanzdüse f, Breitschlitzdüse f

filiforme fadenförmig

filigrane m Wasserzeichen n

filin m Seil n; Tau(werk) n ⟨s. a. cordage⟩

film m 1. Film m; 2. Überzug m, Film m; Feinfolie f ⟨s. a. pellicule⟩
f. d'acétate Azetatfilm m
f. d'acétate de cellulose Zelluloseazetatfilm m
f. d'alumine Aluminiumoxidfilm m
f. amorce Vorspannfilm m
f. sans argent silberloser Film m
f. de carbone Kohlefilm m
f. de cellulose Zellulosefilm m
f. cinémascopique Cinemaskopfilm m
f. cinématographique Kinefilm m, Film m
f. cinématographique réduit Schmalfilm m
f. de collodion Kollodiumfilm m
f. à contraste prononcé kontrastreicher Film m
f. de conversion Umkehrfilm m
f. à couche antihalo lichthoffreier Film m
f. à couche mince Dünnschichtfilm m, dünnschichtiger Film m
f. à couche transférable Abziehfilm m
f. à couche unique Einschichtfilm m
f. à couches multiples Mehrschichtenfilm m, mehrschichtiger Film m
f. en couleurs Farbfilm m, Buntfilm m
f. en couleurs inversible Farbumkehrfilm m, Umkehrfarbfilm m
f. en couleurs à réseau trichrome Farbrasterfilm m
f. de coupe Schnittfilm m
f. de court métrage Kurzfilm m
f. descendant fallender Film m
f. à deux couches d'émulsion Zweischichtenfilm m
f. doublé synchronisierter Film m

f. à double couche Doppelschichtfilm m
f. double-huit Doppelachtfilm m
f. évaporé Aufdampffilm m
f. exposé belichteter Film m
f. de formvar Formvarfilm m
f. gazeux Gasfilm m
f. à grain fin Feinkornfilm m
f. de grande rapidité hochempfindlicher Film m
f. d'huile Ölfilm m, Schmierfilm m
f. pour infrarouges Infrarotfilm m
f. ininflammable Sicherheitsfilm m
f. inversible Umkehrfilm m
f. inversible noir et blanc Schwarzweißumkehrfilm m
f. isochromatique isochromatischer Film m
f. liquide Flüssigkeitsfilm m
f. de long métrage abendfüllender Film m
f. lubrifiant Schmierfilm m
f. pour la lumière du jour Tageslichtfilm m
f. magnétique Magnetfilm m
f. métallique mince dünner Metallfilm m
f. au mètre Meterfilm m
f. mince Dünnfilm m
f. de 35 mm Normalfilm m
f. négatif Negativfilm m
f. de nitrate Nitrofilm m, Nitratfilm m
f. en noir et blanc Schwarzweißfilm m
f. nu Blankfilm m
f. d'ombrage Beschattungsfilm m
f. orthochromatique orthochromatischer Film m
f. orthopanchromatique Orthopanfilm m
f. d'oxyde Oxidfilm m
f. panchromatique panchromatischer Film m
f. panoramique Breitwandfilm m; Panoramafilm m
f. de peinture Farbschicht f
f. à perforation unique Einlochfilm m
f. de petit format Kleinbildfilm m
f. photographique Fotofilm m
f. à piste magnétique Magnetfilm m
f. plan Planfilm m
f. porte-objet Objektträgerfilm m
f. positif en couleurs Positivfarbfilm m, Farbpositivfilm m
f. en relief dreidimensionaler Film m, Drei-D-Film m, Stereofilm m, Raumfilm m
f. rétractable Schrumpffolie f ⟨Verpackung⟩
f. en rouleau pour microcopies Mikrorollfilm m
f. de sécurité Sicherheitsfilm m
f. sensible aux rayons infrarouges infrarotempfindlicher Film m
f. simple-huit Einfachachtfilm m
f. sonore Tonfilm m, Bildtonfilm m
f. sonore de format réduit Schmaltonfilm m
f. sonore magnétique à quatre pistes Vierspurmagnettonfilm m
f. sous-développé unterentwickelter Film m
f. à stabilité dimensionnelle Film m mit maßhaltiger Unterlage
f. stéréophonique Stereofilm m, Raumtonfilm m
f. superpanchromatique Superpanfilm m
f. support Trägerfilm m
f. support de carbone Kohleträgerfilm m
f. à support ininflammable nichtbrennbarer Film m
f. surdéveloppé überentwickelter Film m
f. surexposé überbelichteter Film m
f. trichrome Dreifarbenfilm m
f. à trois couches Dreischichtenfilm m
f. universel Universalfilm m
grand f. Hauptfilm m
filmage m Filmen n
filmer filmen
filmogène filmbildend ⟨Lack⟩
film-témoin m Filmdosimeter n
filon m ⟨Geol⟩ Gang m
   f. bréchiforme Brecciengang m
   f. creux hohler Gang m
   f. métallifère Erzgang m
   f. minéral Mineralgang m
   f. de quartz Quarzgang m
   f. rocheux Gesteinsgang m
   f. rubané gebänderter Gang m
   f. de substitution Verdrängungsgang m
   f. transversal Quergang m
filon-couche m Lagergang m
   f. de minerai intrusives Erzlager n
filonien gangförmig
fils mpl:
   f. pour câbles Kordseide f
   f. continus Chemieseide f
   f. de Lecher Lecher-Leitung f
   f. texturés Texturseide f; Texturfäden mpl
   f. de verre Glasseide f
filtrage m 1. ⟨Ch, Opt⟩ Filtern n; Filt[ri]erung f; ⟨El⟩ Filtern n, Sieben n; 2. Glättung f

filtrat

filtrat m Filtrat n
filtration f Filtern n; Filterung f
  f. en couche mince Dünnschichtfiltern n
filtre m ⟨Ch, Opt⟩ Filter n; Filtereinsatz m; ⟨El⟩ Filter, Siebkette f
  f. absorbant Absorptionsfilter n
  f. absorbant le rouge rotarmes Filter n
  f. acoustique akustisches Filter n
  f. à aérosols Aerosolfilter n
  f. à air Luftfilter n
  f. à air à bain d'huile Ölbadluftfilter n
  f. d'amplitudes Amplitudenfilter n
  f. sous aspiration Saugfilter n
  f. asymétrique asymmetrisches Filter n
  f. de bande Band(paß)filter n, Bandpaß m
  f. de bande d'entrée Eingangsbandfilter n
  f. à bande étroite Schmalbandfilter n
  f. de bande latérale Seitenbandfilter n
  f. à bande passante étroite Schmalbandfilter n
  f. basse fréquence Tiefpaß(filter n) m
  f. bleu Blaufilter n
  f. bleu-vert Blaugrünfilter n
  f. de bruit d'aiguille Nadelgeräuschfilter n
  f. brun-jaune Braungelbfilter n
  f. de canal Kanalfilter n
  f. à cartouche Einsatzfilter n
  f. à cellules Zellfilter n
  f. céramique keramisches Filter n
  f. à charbon Kohlefilter n
  f. chromatique chromatisches Filter n
  f. à coke Koksfilter n
  f. au collodion Kollodiumfilter n
  f. coloré Farbfilter n; farbiges Filter n
  f. à combustible Kraftstoffilter n
  f. compensateur Ausgleichfilter n, Korrektionsfilter n
  f. à concentré Konzentratfilter n
  f. de contraste Kontrastfilter n
  f. à copeaux Spänefilter n
  f. correcteur de couleur Farbkorrekturfilter n
  f. à couche haute Hochschichtfilter n
  f. de craquements Krackfilter n
  f. à cristal Quarzfilter n, Kristallfilter n
  f. à décantation Absetzfilter n
  f. de découplage Entkopplungsfilter n
  f. dense dichtes Filter n
  f. diffuseur Streufilter n
  f. à disques Scheibenfilter n
  f. d'effet Effektfilter n
  f. électrique Elektrofilter n
  f. à essence Kraftstoffilter n
  f. à filtration lente Langsamfilter n

  f. à filtration rapide Schnellfilter n
  f. de fréquence Frequenzfilter n, Frequenzsieb n
  f. à grande surface Großflächenfilter n
  f. à gravier Kiesfilter n
  f. gris Graufilter n
  f. d'harmoniques Oberwellenfilter n, Oberwellensieb n
  f. à (d')huile Ölfilter n, Schmierölfilter n
  f. à immersion Tauchfilter n
  f. infrarouge Infrarotfilter n
  f. interférentiel Interferenzfilter n
  f. jaune Gelbfilter n
  f. lent Langsamfilter n
  f. magnétique Magnetfilter n
  f. magnétique à l'huile Magnetölfilter n
  f. à manche Beutelfilter n, Schlauchfilter n
  f. de masses Massenfilter n
  f. monochromatique einfarbiges Filter n
  f. à monture vissante Einschraubfilter n
  f. neutre neutrales Filter n
  f. en nid d'abeilles Wabengleichrichter m
  f. noir Schwarzfilter n
  f. Nyquist Nyquist-Filter n
  f. d'ondulation Brummfilter n
  f. optique Lichtfilter n
  f. orange Orangefilter n
  f. passe-bande Band(paß)filter n, Bandpaß m
  f. passe-bande de fréquence intermédiaire Zwischenfrequenzbandfilter n
  f. passe-bas Tiefpaß(filter n) m
  f. passe-haut Hochpaß(filter n) m
  f. piézo-électrique s. f. à cristal
  f. polariseur Polarisationsfilter n
  f. à poussière Staubfilter n
  f. sous pression Druckfilter n
  f. à quartz s. f. à cristal
  f. rapide Schnellfilter n
  f. RC RC-Filter n
  f. de rechange Ersatzfilter n; Filtereinsatz m
  f. de ronflement Rumpelgeräuschfilter n
  f. rose Rosafilter n
  f. rotatif Drehfilter n
  f. rotatif sous vide Vakuumdrehfilter n
  f. rouge Rotfilter n
  f. de séparation Trennfilter n
  f. de stabilisation Beruhigungsglied n
  f. supplémentaire Zusatzfilter n
  f. de suppression Sperrfilter n

f. surcouplé überkritisch gekoppeltes Filter *n*
f. symétrique symmetrisches Filter *n*
f. à tambour-multicellulaire Trommelfilter *n*, Zellenfilter *n*
f. à tamis Siebfilter *n*
f. terminal Endfilter *n*
f. tournant Drehfilter *n*
f. de triage Trennfilter *n*
f. trichrome Dreifarbenfilter *n*
f. ultraviolet Ultraviolettfilter *n*
f. universel Universalfilter *n*
f. vert Grünfilter *n*
f. vert-bleu Grünblaufilter *n*
f. vert-jaune Gelbgrünfilter *n*
f. à vide Vakuumfilter *n*
f. de vitesses Geschwindigkeitsfilter *n*
filtre-presse *m* Filterpresse *f*, Druckfilter *n*
filtrer filtern, filtrieren
f. à chaud heißfiltern
filtres *mpl* **à manches** Schlauchfilteranlage *f*
filtre-tambour *m* Drehfilter *n*, Trommelfilter *n*
fin *f*:
f. de bande Streifenende *n*, Bandende *n*
f. de la bobine Aktende *n* ⟨Film⟩
f. de combustion Brennschluß *m*
f. de l'enroulement Wicklungsende *n*
f. de ligne Zeilenende *n*
final End-; Fertig-; endgültig
fines *fpl* Feinkohle *f*
f. à coke Kokskohle *f*
f. de minerai Feinerz *n*
finesse *f* 1. Feinheit *f*; 2. ⟨Ph⟩ Gleitzahl *f*; 3. Völligkeit *f* ⟨Unterwasserschiff⟩
f. de la fibre Faserfeinheit *f*; Dünnstelle *f*
f. de l'image Bildschärfe *f*
f. des mailles Maschenfeinheit *f*
f. de mouture Mahlfeinheit *f*
finir fertigstellen; schlichten; feinbearbeiten, fertigbearbeiten; glätten; fertigschleifen
finissage *m* 1. Fertigstellung *f*, letzte Arbeit *f*, Vollendung *f*, Zurichtung *f*; 2. Nachbearbeitung *f*; Schlichten *n*; 3. Vered(e)lung *f*
f. textile Textilvered(e)lung *f*
finisseur glättend
finisseur *m*:
f. à façon Lohnausrüster *m*
f. hérisson Nadelwalzenstrecke *f*
f. de surface Oberflächenfertiger *m*
finition *f* 1. Fertigstellen *n*, Schlichten *n*; Feinbearbeiten *f*; Fertigbehandlung *f*; Glätten *n*; Fertigschleifen *n*; Oberflächenbehandlung *f*; 2. Farbgebung *f*; 3. Oberflächengüte *f*, Oberflächenqualität *f*
f. chromique Chromati(si)eren *n*, Inchromieren *n*, Aufchromen *n*; Verchromen *n*
f. de surface 1. Oberflächenvered(e)lung *f*, Oberflächenbehandlung *f*; 2. Farbgebung *f*
fiole *f* Phiole *f*
f. d'Erlenmeyer Erlenmeyerkolben *m*
f. jaugée Meßkolben *m*
f. de titration Titrierkolben *m*
f. à vide Saugflasche *f*
fissile spaltbar, spaltfähig
fissilité *f* Spaltbarkeit *f*
fission *f* Spaltung *f*
f. en chaîne Kettenspaltung *f*
f. du noyau (atomique), f. nucléaire Kernspaltung *f*
f. provoquée künstliche Spaltung *f*
f. spontanée spontane Spaltung *f*
f. ternaire ternäre Spaltung *f*, Dreifachspaltung *f*
f. de l'uranium Uranspaltung *f*
fissuration *f* Klüftung *f*, Rißbildung *f*, Spaltenbildung *f*
fissure *f* Riß *m*, Sprung *m*, Spalte *f*
f. capillaire Haarriß *m*
f. à chaud Warmriß *m*
f. de corrosion Korrosionsriß *m*
f. due à la chaleur Wärmeriß *m*
f. due aux tensions thermiques Wärmespannungsriß *m*
f. de fatigue Ermüdungsriß *m*
f. interne Innenriß *m*
f. longitudinale Längsriß *m*
f. de refroidissement Abkühlungsspalte *f*
f. de retrait Schrumpf(ungs)riß *m*
f. superficielle Oberflächenriß *m*
f. par la trempe Härtungsriß *m*, Härteriß *m*, Riß *m* durch Härtung
f. vide offene Spalte *f*
f. de vieillissement Alterungsriß *m*
f. volcanique Vulkanspalte *f*
fissurer spalten
fixage *m* Fixieren *n*; Fixierung *f*
f. acide Säurefixierbad *n*
f. en deux bains Zweibadfixierung *f*
f. à plat Flächenfixierung *f*
f. thermique Thermofixierung *f*
fixateur fixierend, Fixier-
fixateur *m* Fixiermittel *n*; Fixiersalz *n*
f. du colorant Farbfixiermittel *n*
fixation *f* Fixierung *f*, Fixation *f*
f. d'amplitude Pegelwiedergewinnung *f*

fixation

  f. par congélation Fixierung *f* durch Gefrieren
  f. osmique Osmiumsäurefixation *f*
  f. thermique Thermofixierung *f*
fixe fest[stehend], stationär, ortsfest
fixer fixieren
  f. à chaud thermofixieren
flacon *m* Flasche *f*, Arzneiflasche *f*, Chemikalienflasche *f*
  f. à densité Pyknometer *n*
  f. de garde Sicherheitsflasche *f*
  f. laveur Waschflasche *f*
  f. avec ouverture large Weithalsflasche *f*
  f. de produits chimiques Chemikalienflasche *f*
flaconnage *m* Herstellung *f* von Arznei- und Chemikalienflaschen
flambage *m* 1. Knicken *n*; Knickung *f*; 2. ⟨Text⟩ Sengen *n*
flambement *m s.* flambage 1.
flamber 1. knicken; 2. ⟨Text⟩ glasieren, sengen
flambeuse *f* Sengmaschine *f*, Gewebesengmaschine *f*
  f. à gaz Gaseng[maschin]e *f*
flamme *f* 1. Flamme *f*; 2. Signalwimpel *m*; Wimpel *m*
  f. pour aperçu Signalbuchwimpel *m*
  f. du bec Bunsen Bunsenbrennerflamme *f*
  f. de gueulard Gichtflamme *f*
  f. numérique Zahlenwimpel *m*
  f. oxhydrique Knallgasflamme *f*
  f. réductrice Reduktionsflamme *f*
flan *m* 1. ⟨Masch⟩ Platine *f*, Blechscheibe *f*, Ronde *f*; 2. ⟨Typ⟩ Mater *f*
  f. en matière plastique Kunststoffmater *f*
flanc *m* Flanke *f* ⟨z. B. Gewinde, Zahnrad⟩
  f. arrière ⟨Dat⟩ Rückflanke *f*
  f. avant ⟨Dat⟩ Vorderflanke *f*
  f. comprimé Preßflanke *f*
  f. de la dent Zahnflanke *f*
  f. de filet Gewindeflanke *f*
  f. de la gorge Nutenflanke *f*
  f. d'impulsion Impulsflanke *f*
  f. à jeu Spielflanke *f*
  f. synclinal ⟨Geol⟩ Muldenschenkel *m*
flaque *f* **d'huile** Öllache *f*; Ölfleck *m*
flash *m* 1. Blitz *m*; 2. Blitzgerät *n*
  f. électronique 1. Elektronenblitz *m*; 2. Elektronenblitzgerät *n*
flasque *m* 1. Kurbelarm *m*; 2. Seitenstück *n*; Seitenwand *f*
  f. de la bobine Filmspulenscheibe *f*, Spulenscheibe *f*

flavone *m* Flavon *n*
fléau *m* Waagebalken *m*
flèche *f* 1. Pfeil *m*, Maßpfeil *m*; 2. Turmspitze *f*; 3. Stichhöhe *f*; 4. Durchbiegung *f*, Durchhang *m*; 5. Ausleger *m*; Arm *m*; 6. ⟨Lw⟩ Pflugbaum *m*; 7. ⟨Flg⟩ Pfeilstellung *f*; Flügelpfeilung *f*; **en f. hintereinander** [gekoppelt], im Tandemverband ⟨z. B. Schubschiffahrt⟩
  f. arrière positive Pfeilstellung *f*
  f. articulée Gelenkausleger *m*, Wippausleger *m*
  f. d'attelage Zuggabelkopf *m* ⟨Anhänger⟩
  f. avant negative Pfeilstellung *f*
  f. de cote Maßpfeil *m*
  f. due au cisaillement Durchbiegung *f* unter Scherbeanspruchung
  f. de flexion Biegungspfeil *m*
  f. de grue Kranausleger *m*; Kranvorsatz *m* ⟨Gabelstapler⟩
  f. lumineuse Lichtpfeil *m*
  f. du mât 1. Mastauslenkung *f*; 2. Masttopp *m*
  f. permanente bleibende Durchbiegung *f*
  f. télescopique Teleskopausleger *m*
  f. variable veränderliche Flügelpfeilung *f*
fléchir [durch]biegen; sich durchbiegen, durchhängen
fléchissement *m* Durchbiegung *f*; Durchhängen *n*; Durchhang *m*
flector *m* Trockengelenk *n*
fleur *f*:
  f. de chaux Kalkausblühung *f*
  f. de soufre Schwefelblüte *f*
fleuret *m* Bohrer *m*, Gesteinsbohrer *m*
  f. à eau Spülbohrer *m*
  f. à rocher Gesteinsbohrer *m*
flexibilité *f* 1. Biegsamkeit *f*, Elastizität *f*; 2. Anpassungsfähigkeit *f*
  f. de ressort Federlastigkeit *f*
flexible biegsam; geschmeidig; elastisch
flexible *m* biegsame Welle *f*
  f. de compteur de vitesse Tacho[meter]welle *f*
flexion *f* Biegung *f*; Durchbiegung *f*
  f. des cylindres Walzendurchbiegung *f*
  f. dynamique dynamische Biegung *f*
  f. statique statische Biegung *f*
flexographie *f* Flexodruck *m*
flexure *f* Kniefalte *f*
  f. continentale Kontinentalrand *m*
flint[**-glass**] *m* Flintglas *n*
  f. dense Schwerflint *m*
  f. léger Leichtflint *m*

flip-flop *m* Flip-Flop *m* ⟨bistabiles Element⟩
floc(k)age *m* Beflocken *n*; Beflockung *f*
flocon *m* Flocke *f*, Faserbüschel *n*
floconnage *m s.* flocage
floconneuse *f* Ballenzupfer *m*
floconneux flockig
floculant *m* Flockenbildner *m*
floculation *f* Ausflockung *f*, Flockenbildung *f*, Flockung *f*
floculer [aus]flocken
flot *m* Flut *f*; à **f.** im schwimmenden Zustand
flottabilité *f* Schwimmfähigkeit *f*
flottable schwimmfähig; flößbar
flottage *m* 1. Flößen *n*; 2. *s.* flottation
flottaison *f* Schwimmwasserlinie *f*
  f. en charge Ladewasserlinie *f*
  f. lège Leerschiffswasserlinie *f*
  f. en pleine charge Tiefladelinie *f*
flottant schwimmend, treibend, Schwimm-, Treib-
flottation *f* Flotation *f*, Schwimmaufbereitung *f*, Schwimmverfahren *n*
  f. par écumage, f. à la mousse Schaumschwimmaufbereitung *f*, Schaumschwimmverfahren *n*
  f. du sel Salzflotation *f*
flotte *f* 1. ⟨Schiff⟩ Flotte *f*; 2. ⟨Text⟩ Flotte *f*, Waschflotte *f*
  f. de commerce Handelsflotte *f*
  f. fluviale Binnenschiffsflotte *f*
  f. de grande pêche Hochseefischereiflotte *f*
  f. intérieure Binnenflotte *f*
  f. marchande *s.* f. de commerce
  f. mondiale Weltflotte *f*
  f. de pêche Fischereiflotte *f*
  f. pétrolière Tankschiffflotte *f*
  f. poussée Schubflotte *f*
  f. tractée Schleppflotte *f*
flotté *m* Flottung *f*, flottierender Faden *m*
flottement *m* Flattern *n* ⟨der Räder⟩
flotter 1. schwimmfähig sein, schwimmen; 2. ⟨Text⟩ flottieren
  f. librement frei schwimmen ⟨z. B. Stapellauf⟩
flotteur *m* 1. Auftriebskörper *m*, Schwimm[körp]er *m*; 2. Flößer *m*
  f. de carburateur Vergaserschwimmer *m*
  f. en catamaran Schwimmer *m* ⟨eines Wasserflugzeuges⟩
  f. à collerette Kragenkugel *f*
flottille *f* Flottille *f*
  f. de pêche Fangflotte *f* ⟨Flottillenfischerei⟩
flou unscharf

flou *m* Unschärfe *f*
  f. cinématique Bewegungsunschärfe *f*
  f. d'énergie Energieunschärfe *f*
fluage *m* Fließen *n*, Fluß *m*, Kriechen *n*
fluctuation *f* Schwankung *f*, Streuung *f*, Fluktuation *f*
  f. de charge Belastungsschwankung *f*
  f. des parcours Reichweitenschwankung *f*
  f. statistique statistische Schwankung *f*
  f. de température Temperaturschwankung *f*
  f. de tension Spannungsschwankung *f*
fluide [dünn]flüssig
fluide *m* 1. Flüssigkeit *f*; 2. flüssiges oder gasförmiges Medium *n*; 3. Schneidflüssigkeit *f*, Schneidöl *n*; 4. Bremsflüssigkeit *f*
  f. caloporteur (calorifère) Kühlmittel *n*
  f. entraineur Treibflüssigkeit *f*, Treibgas *n* ⟨Pumpe⟩
  f. de forage Bohrflüssigkeit *f*
  f. de fracturation Fraktionierflüssigkeit *f*
  f. frigorigène Kältemittel *n*
  f. incompressible *s.* f. parfait
  f. de lavage Spülflüssigkeit *f*
  f. parfait ideale Flüssigkeit *f*
  f. refoulé (à refouler) Förderflüssigkeit *f*, Fördergas *n*
  f. refroidissant (de refroidissement) Kühlmittel *n*
  f. de trempe Abschreckmittel *n*, Abschreckflüssigkeit *f* ⟨Härten⟩
fluidifiant *m* Flußmittel *n*
fluidification *f* Verflüchtigung *f*
fluidifier flüssigmachen, verflüssigen
fluidisation *f* Wirbelschichttechnik *f*
  f. agrégative (hétérogène) heterogene Wirbelschichtbildung *f*
fluidité *f* Fluidität *f*, Fließvermögen *n*
flume *m* ⟨Brg⟩ Wasserrösche *f*
fluor *m* Fluor *n*
fluoration *f* Fluorierung *f*
  f. des eaux potables Trinkwasserfluorierung *f*
  f. des lentilles Linsenvergütung *f*
fluorescéine *f* Fluoresz[e]in *n*
fluorescence *f* Fluoreszenz *f*
  f. de choc Stoßfluoreszenz *f*
  f. de rayons X Röntgenfluoreszenzstrahlung *f*
  f. de résonance Resonanzfluoreszenz *f*
  f. X Röntgenfluoreszenz *f*; Röntgenfluoreszenzanalyse *f*, Röntgenfluoreszenzspektrometrie *f*
fluorescer fluoreszieren
fluorine *f* Fluorit *m*, Flußspat *m*

fluorographie f Leuchtschirmfotografie f
fluoroscopie f Röntgendurchleuchtung f
fluoruration f s. fluoration
fluorure m Fluorid n
  f. de chlore Chlortrifluorid n
  f. d'hydrogène Fluorwasserstoff m
fluosilicate m Fluorosilikat n
  f. de potassium Kaliumfluorosilikat n
  f. de sodium Natriumfluorosilikat n
fluotournage m Fließdrücken n (mit Wanddickenabnahme), Projizieren n
flusspath m Flußspat m
flutter m Flattern n
  f. de décrochage Flattern n in abgerissener Strömung
  f. dissymétrique asymmetrisches Flattern n
  f. normal klassisches Flattern n
  f. symétrique symmetrisches Flattern n
fluvial Binnen-, Fluß-
fluviomètre m Pegelstandsmesser m
flux m 1. Strömung f, Fluß m, Durchfluß m; 2. Flut f; 3. Schweißpulver n, Flußmittel n, Lötwasser n ⟨s. a. fondant⟩; 4. Glasfluß m ⟨s. a. fondant 2.⟩
  f. à travers une bobine Spulenfluß m
  f. corpusculaire Teilchenfluß m
  f. de courant magnétique magnetische Durchflutung f
  f. de déplacement Verschiebungsfluß m
  f. de dispersion Streufluß m
  f. électrique elektrischer Fluß m
  f. électronique Elektronenfluß m
  f. énergétique Strahlungsfluß m
  f. énergétique spécifique spezifischer Energiefluß m
  f. de forces Kraftfluß m
  f. gazeux Schutzgas n ⟨Schweißen⟩
  f. de gravitation Gravitationsfluß m
  f. d'induction magnétique magnetischer Fluß m
  f. d'induit Ankerkraftfluß m
  f. d'information Informationsfluß m
  f. lumineux Lichtstrom m
  f. magnétique Kraftlinienfluß m, magnetischer Kraftfluß m
  f. magnétique fermé Kraftlinienschluß m
  f. matière Stoffstrom m
  f. neutronique Neutronenfluß m
  f. neutronique intégré integraler Neutronenfluß m
  f. de particules Teilchenfluß m
  f. en poudre, f. solide Schweißpulver n
  f. thermique Wärmestrom m
  f. d'un vecteur Vektorfluß m
fluxage m Verflüssigung f ⟨z. B. von Teer⟩
fluxer flüssigmachen
fluxmètre m Fluxmeter n, Kriechgalvanometer n
flyer m Flyer m
focal Brenn-
focale f Brennweite f
  f. de l'objectif Objektivbrennweite f
focalisation f Fokussierung f, Bündelung f
  f. directionnelle Richtungsfokussierung f
  f. double Doppelfokussierung f
  f. d'électrons Elektronenbündelung f
  f. électrostatique elektrostatische Fokussierung f
  f. à gradient alterné starke Fokussierung f, AG-Fokussierung f
  f. magnétique magnetische Fokussierung f
  f. de phase Phasenfokussierung f
  f. radiale Radialfokussierung f
  f. des rayons Strahlfokussierung f
  f. des vitesses Geschwindigkeitsfokussierung f
focaliser fokussieren
focomètre m Brennweitenmesser m, Fokometer n
foin m en andain Heuschwaden m
foisonnement m Aufquellen n ⟨z. B. von Gestein⟩
foisonner aufquellen ⟨z. B. Gestein⟩
folding m Faltkamera f
foliacé schuppig
folio m Seitenzahl f, Kolumnenziffer f, toter Kolumnentitel m
folioter paginieren
folioteur-numéroteur m Paginierstempel m
folle f Stellnetz n
fonçage m ⟨Bw⟩ Ausschachten n; ⟨Brg⟩ Abteufen n
  f. par congélation Abteufen n nach dem Gefrierverfahren
  f. par forage Schachtabbohren n
  f. à niveau vide gewöhnliches Abteufverfahren n
  f. de puits Schachtabteufen n
  f. de puits par cimentation Schachtabteufen n nach dem Zementierverfahren
  f. de la sonde Niederbringen n der Bohrung
  f. au trépan Schachtbohrverfahren n
foncer 1. niederbringen; 2. ⟨Brg⟩ abteufen
fonction f Funktion f
  f. de Boole, f. booléenne Boolesche Funktion f

f. **caractéristique** charakteristische Funktion f; Eigenfunktion f
f. **circulaire réciproque** Arkusfunktion f, zyklometrische Funktion f
f. **de commutation** Schaltfunktion f
f. **de corrélation** Korrelationsfunktion f
f. **de décision** Entscheidungsfunktion f
f. **de décision admissible** als zulässig erklärte Entscheidungsfunktion f
f. **de distribution** Verteilungsfunktion f
f. **de distribution de Fermi-Dirac** Fermi-Diracsche Verteilungsfunktion f
f. **entière** ganze Funktion f
f. **en escalier** Treppenfunktion f
f. **d'excitation** Anregungsfunktion f
f. **génératrice** erzeugende Funktion f
f. **de Hamilton** Hamilton-Funktion f
f. **intégrée** Integrand m
f. **intermédiaire** Pufferfunktion f
f. **inverse** Umkehrfunktion f
f. **de Lagrange** Lagrangesche Funktion f, Lagrange-Funktion f
f. **logique** logische Funktion f
f. **mémoire** Speicherfunktion f
f. **numérique** reellwertige Funktion f
f. **d'onde** Wellenfunktion f
f. **de partition** Zustandssumme f
f. **de pas** s. f. de saut
f. **de perturbation** Störfunktion f
f. **de pondération** Bewertungsfunktion f
f. **potentielle** Potentialfunktion f
f. **primitive** Stammfunktion f
f. **propre** Eigenfunktion f
f. **de répartition** Verteilungsfunktion f
f. **de risque** Risikofunktion f
f. **de saut** Sprungfunktion f
f. **scalaire** Skalarfunktion f
f. **sinusoïdale** Sinusfunktion f
f. **standard** Standardfunktion f
f. **thermodynamique** thermodynamische Funktion f
f. **de transfert** Umwandlungsfunktion f, Übertragungsfunktion f
f. **de transfert en retour** Übertragungsfunktion f eines geschlossenen Regelkreises
f. **de transformation* (transmission)** Umwandlungsfunktion f, Übertragungsfunktion f
f. **à variation bornée** Funktion f von beschränkter Schwankung
f. **vectorielle** Vektorfunktion f
f. **zêta** Zetafunktion f
fonctionnel Funktional-
fonctionnelle f **linéaire** lineares Funktional n
fonctionnement m 1. Verhalten n; 2. Arbeit f, Tätigkeit f; Gang m, Lauf m; 3. Arbeitsweise f; Betrieb m ⟨s. a. opération, régime, service⟩; **en** f. in Betrieb
f. **alternant** Wechselsprechbetrieb m
f. **avec anneau tourbillonnaire** Wirbelringzustand m ⟨Rotor⟩
f. **sur batterie** Batteriebetrieb m
f. **avec batterie auxiliaire** Bereitschaftsbetrieb m
f. **sans bruit** geräuschloser Gang m
f. **en charge** Lastbetrieb m
f. **du compartiment machine sans personnel de quart** wachfreier Maschinenbetrieb m
f. **avec coupures fréquentes** Schaltbetrieb m
f. **en court-circuit** Kurzschlußbetrieb m
f. **cyclique** Arbeitsspiel n
f. **à deux bandes latérales** Zweiseitenbandbetrieb m
f. **au diesel-oil** Dieselölbetrieb m
f. **au fuel-oil lourd** Schwerölbetrieb m
f. **en impulsion** Impulsbetrieb m
f. **monophasé** Eintaktbetrieb m
f. **en moulinet-frein** Tragschrauberzustand m ⟨Rotor⟩
f. **en négatifs** Minusfunktion f
f. **pendant des périodes très brèves** Tippschaltung f
f. **sur piles** Batteriebetrieb m
f. **à pleine charge** Vollastbetrieb m
f. **en positifs** Plusfunktion f
f. **propulsif** Hubschrauberzustand m ⟨Rotor⟩
f. **en schéma bloc** Blockbetrieb m
f. **silencieux** geräuscharmer Betrieb m
f. **sans surveillance des machines** wachfreier Maschinenbetrieb m
f. **à vide** Leerlauf m
fonctionner arbeiten
f. **à sec** trocken laufen
fond m 1. Boden m ⟨z. B. eines Gefäßes⟩; 2. Boden m, Untergrund m; 3. Rückseite f; 4. ⟨Typ⟩ Unterdruck m, Untergrund m; 5. ⟨Typ⟩ Fuß m am Buchstaben; 6. ⟨Text⟩ Grundgewebe n; **au** f. unter Tage
f. **en anse de panier** Korbboden m
f. **basculant** Bodenklappe f
f. **bêta** Betauntergrund m
f. **de broderie** Stickboden m
f. **de carène** Außenboden m, Schiffsboden m
f. **de chaudière** Kesselboden m
f. **continu** kontinuierlicher Untergrund m
f. **contrasté** kontrastreicher Hintergrund m
f. **de convertisseur** Konverterboden m

fond

f. de coque ⟨Flg⟩ Gleitboden m
f. en couleurs farbiger Hintergrund m
f. de creuset Bodenstein m ⟨im Hochofen⟩
f. de dépôt Absetzboden m
f. de flotteur ⟨Flg⟩ Gleitboden m
f. de la gorge Nutengrund m
f. d'hydroplanage s. f. de flotteur
f. immobile ruhiger Hintergrund m
f. intermédiaire Zwischenboden m
f. de matrice Federboden m, Gegenhalter m, Auswerferplatte f ⟨Stanzwerkzeug⟩
f. mobile beweglicher Hintergrund m
f. mousse Schaumstoffbeschichtung f ⟨Teppich⟩
f. mouvant à traverses Kratzerboden m ⟨Entladewagen⟩
f. du navire Außenboden m, Schiffsboden m
f. obscur Dunkelfeld n
f. ouvrant Bodenklappe f
f. de piston Kolbenboden m
f. de poêle Pfannenboden m
f. de puits Schachtsohle f
f. radio-actif radioaktiver Untergrund m
f. de rayonnement Umgebungsstrahlung f; Untergrundstrahlung f
f. de rayons gamma Gammastrahlenuntergrund m
f. simple Einfachboden m
f. sonore Geräuschkulisse f
f. de tamis Siebboden m
f. de trou de forage Bohrlochsohle f
f. vaseux schlammiger Grund (Boden) m
double f. s. double-fond
fondant m 1. Flußmittel n, Schmelzmittel n; Schmelzzusatz m; 2. Glasfluß m
f. pour galvanisation Flußmittel n für das Verzinken
f. siliceux Kieselzuschlag m
fondants mpl Zuschläge mpl
f. d'émaux Emailflüsse mpl
fondation f Fundament n, Gründung f; Fundamentieren n
f. en béton Betonfundament n, Betongründung f, Betonunterbau m
f. sur béton immergé Gründung f auf Unterwasserbeton, Unterwasser[beton]gründung f
f. en bloc Blockfundament n
f. à (en) caisson Caissongründung f
f. en coffre Kastenfundament n
f. nid d'abeilles ⟨Typ⟩ Wabenfundament n
f. sur pieux Pfahlgründung f

f. d'une pile de pont Brückenpfeilergründung f
fondations fpl 1. Grundbau m; 2. Fundament m ⟨als Ganzes⟩, Unterbau m; Unterlage f, Grundlage f ⟨eines Bauwerks⟩; 3. Fundamente npl, Gründungen fpl
fondement m s. fondation
fonderie f 1. Gießen n, Gießerei f; 2. Schmelzhütte f; Schmelzbetrieb m
f. d'acier Stahlgießerei f
f. d'acier électrique Elektrostahlwerk n
f. de fonte Eisengießerei f
f. de fonte malléable Tempergießerei f
f. à fours électriques Elektroschmelzanlage f
f. de minerai de plomb Bleihütte f
f. de plomb Bleigießerei f
fondeur m Gießer m, Schmelzer m; 2. ⟨Typ⟩ Monogießer m
f. de caractères Schriftgießer m
fondeuse f Gießmaschine f
f. en cintre Rundgießmaschine f
f. combinée kombinierte Gießmaschine f
f. à plat Flachgießmaschine f
fondre gießen; abschmelzen, [ein-]schmelzen
f. au four électrique elektrisch schmelzen
fonds mpl:
f. de pêche Fanggründe mpl, Fischgründe mpl
grands f. Tiefwassergebiet n; große Tiefe f
petits f. Flachwassergebiet n; Untiefe f
fondu geschmolzen; durchgebrannt
f. étroit eng justiert ⟨Type⟩
f. large weit justiert ⟨Type⟩
fondu m enchaîné Bildüberblendung f, Überblendung f
fongicide fungizid, pilzvernichtend
fongicide m Fungizid n, Pilzvernichtungsmittel n
fontaine f de lave Lavafontäne f
fonte f 1. Schmelzen n; Schmelze f; 2. Durchschmelzen n ⟨z. B. einer Sicherung⟩; 3. Gießen n; Guß m; 4. Guß (-eisen n) m ⟨s. a. coulage, coulée; fusion 1., 3.⟩
f. acide Bessemerroheisen n
f. d'affinage Frischereiroheisen n, Stahlroheisen n, Roheisen n
f. d'affinage Thomas Thomasflußeisen n
f. d'aluminium Aluminiumguß m
f. basique Thomasroheisen n
f. Bessemer Bessemereisen n

f. blanche Weißguß m
f. de caractères Schriftguß m
f. en coquille, f. coquillé Hartguß m, Kokillenguß m
f. coulée sous pression Preßguß m
f. crue Roheisen n
f. crue pour acier s. f. d'affinage
f. crue de fonderie Gießereiroheisen n
f. crue au four électrique Elektroroheisen n
f. crue Martin Martinroheisen n
f. crue de puddlage Puddelroheisen n
f. crue Thomas Thomasroheisen n
f. de (du) cuivre Kupferverhüttung f
f. durcie Hartguß m
f. électrique Elektroschmelzen n
f. de fer Eisenguß m; Gußeisen n
f. à graphite sphéroïdal Kugelgraphitgußeisen n
f. grise Grauguß m
f. en gueuses Masseleisen n
f. hématite Hämatitroheisen n
f. inoculée modifizierter (sphärolithischer) Grauguß m
f. de (en) laiton Messingguß m
f. malléable Temperguß m
f. de moulage Gießereiroheisen n
f. moulée de première fusion Hochofenguß m
f. nodulaire s. f. à graphite sphéroïdal
f. phosphoreuse Phosphorroheisen n
f. rouge de cuivre Rotguß m
f. de rouleaux Walzenguß m
f. spéciale Sonderguß m
f. spiegel Spiegeleisen n
f. Thomas Thomaseisen n
f. trempée Hartguß m
f. truitée meliertes Gußeisen n
vieille f. Gußbruch m
fonture f Nadelbarre f, Fontur f, Nadelbett n
forage m 1. Bohren n, Bohrarbeit f; 2. Bohrung f, Bohrloch n; 3. Tiefbrunnen m
f. à l'air Bohren n mit Luftspülung
f. au battage Schlagbohren n
f. au câble Seilbohren n
f. à la carotte Kernbohren n
f. en chute libre Freifallbohren n
f. à deux directions Zweischachtbohren n
f. au diamant Diamantbohren n
f. dirigé Richtbohren n
f. d'exploitation Förderbohrung f
f. d'exploitation d'eau Wasserbohren n
f. par explosion Bohren n mit Sprengstoffen
f. d'extension Erweiterungsbohrung f

f. de faible profondeur Flachbohren n
f. au gaz Bohren n mit Gasspülung
f. à la grenaille Schrotbohren n
f. humide Spülbohren n
f. improductif Fehlbohrung f
f. par injection s. f. humide
f. à injection d'eau Naßbohren n
f. à jet Düsenmeißelbohren n
f. à la machine Maschinenbohren n
f. à la main Handbohren n
f. en mer Seebohrung f
f. oblique schräges Bohren n
f. par percussion, f. percutant Schlagbohren n, schlagendes (stoßendes) Bohren n
f. plein diamètre Vollbohrverfahren n
f. profond Tiefbohrung f
f. de puits Brunnenbohren n
f. de reconnaissance Untersuchungsbohren n; Erkundungsbohrung f
f. au rocher Gesteinsbohren n
f. rotary s. f. rotatif
f. par rotary-percussion Vibrationsrotarybohren n
f. rotatif (à rotation) Drehbohren n, Rotary-Bohren n
f. à sec Trockenbohren n
f. souterrain untertägiges Bohren n
f. à la tige Gestängebohren n
f. sans tige gestängeloses Bohren n
f. à la turbine Turbinenbohren n
f. par vibropercussion Vibrationsschlagbohren n
force f 1. Kraft f, 2. Stärke f; Last f (Festigkeitslehre)
f. accélératrice Beschleunigungskraft f
f. d'adhérence (adhésion) Adhäsionskraft f
f. admissible zulässige Kraft f
f. d'amortissement Dämpfungskraft f
f. d'appui Auflagekraft f
f. d'Archimède Auftriebskraft f
f. ascensionnelle 1. Hebekapazität f Tragkraft f (eines Docks); 2. Auftrieb[skraft f] m
f. ascensionnelle disponible verfügbarer Auftrieb m
f. ascensionnelle dynamique dynamischer Auftrieb m
f. ascensionnelle nette freier Auftrieb m
f. ascensionnelle statique statischer Auftrieb m
f. d'attraction, f. attractive Anziehungskraft f
f. axiale Axiallast f, Axialkraft f
f. de battage Schlagkraft f
f. centrale Zentralkraft f

force

f. **centrifuge** Fliehkraft f, Zentrifugalkraft f
f. **centripète** Zentripetalkraft f
f. **de cisaillement** Scherkraft f
f. **coercitive** Koerzitivkraft f
f. **de cohésion** Kohäsionskraft f, Haftkraft f
f. **de compression** Druckkraft f
f. **de contact** Kontaktkraft f
f. **contre-électromotrice** gegenelektromotorische Kraft f, Gegen-EMK f
f. **de Coriolis** Coriolis-Kraft f
f. **de corps** ⟨Typ⟩ Kegelstärke f
f. **coulombienne** Coulomb-Kraft f
f. **de démarrage** Anfahrzugkraft f
f. **de dérapage** Querkraft f
f. **directrice** Richtkraft f
f. **d'échange** Austauschkraft f
f. **élastique** Federkraft f, Spannkraft f
f. **électromotrice** elektromotorische Kraft f, EMK f
f. **électromotrice de contact** Kontakt-EMK f
f. **électromotrice dynamique** Rotations-EMK f
f. **électromotrice de glissement** Schlupf-EMK f
f. **électromotrice induite** induzierte EMK f
f. **électromotrice statique** transformatorische EMK f
f. **électromotrice synchrone** fiktive synchrone EMK f
f. **explosive** Sprengkraft f
f. **de fermeture** Schließkraft f ⟨Spritzgußmaschine⟩
f. **de flambage** Knicklast f
f. **de flexion** Biegelast f
f. **de frottement** Reibungskraft f
f. **de hissage** Hievkraft f
f. **hydraulique** Wasser[druck]kraft f
f. **imprimée** eingeprägte Kraft f
f. **d'inertie** Beharrungskraft f, Beharrungsvermögen n
f. **intérieure** innere Kraft f
f. **de liaison** Bindungsenergie f; Zwangskraft f, Bindungskraft f
f. **de Lorentz** Lorentz-Kraft f
f. **magnétique** magnetische Kraft f
f. **magnétomotrice** magnetomotorische Kraft f, magnetische Ringspannung f
f. **mécanique** mechanische Kraft f
f. **moléculaire** Molekularkraft f
f. **motrice** Antriebskraft f; Triebkraft f
f. **non centrale** s. f. tensorielle
f. **nucléaire** Kernkraft f
f. **de percussion** Schlagkraft f
f. **polarisante** polarisierende Kraft f

f. **portante** Haltekraft f, Tragkraft f (eines Magneten)
f. **de pression** 1. Druckkraft f; 2. Anpreßkraft f
f. **radiale** Radialkraft f
f. **de rappel** Rück[stell]kraft f
f. **de réaction** Gegenkraft f
f. **répulsive** Abstoßungskraft f
f. **résultante** resultierende Kraft f
f. **de rétablissement** Rück[stell]kraft f
f. **de rupture** Reißkraft f
f. **tangentielle** Tangentialkraft f
f. **tensorielle** Tensorkraft f, nichtzentrale Kraft f
f. **thermo-électrique** thermoelektrische Kraft f, Thermokraft f
f. **de traction** Zug[kraft] m
f. **transversale** Querkraft f
f. **de la vapeur** Dampfkraft f
f. **du vent** Windstärke f
f. **de verrouillage** Schließkraft f ⟨Spritzgußmaschine⟩
f. **vive** kinetische Energie f
f. **volcanique** vulkanische Kraft f
fausse f. **ascensionnelle** falscher Auftrieb m
forcé erzwungen
forcer aufbrechen, sprengen
f. **de voiles** Segel setzen
forces fpl:
f. **de deux corps** Zweikörperkräfte fpl
f. **entre plusieurs corps** Mehrkörperkräfte fpl
f. **de valence** Valenzkräfte fpl
f. **de van der Waals** van der Waalssche Kräfte fpl
f. **vives** wirkende Kräfte fpl
forer bohren; anbohren; ausbohren; [durch]bohren
f. **un puits** einen Brunnen bohren
foret m Bohrer m, Bohrmeißel m; Bohrgerät n
f. **aléseur** Senkfräser m
f. **à bois** Holzbohrer m
f. **à canon** Kanonenbohrer m
f. **à centrer (fraiser)** Zentrierbohrer m
f. **à hélice, f. hélicoïdal** Spiralbohrer m, Wendelbohrer m
f. **à langue d'aspic** Lippenbohrer m, Einlippenbohrer m
f. **à métaux** Metallbohrer m
f. **taraudeur** Gewindebohrer m
foreur m Bohrarbeiter m
foreuse f Bohrmaschine f
f. **à canon** Kanonenbohrer m
f. **pour carottage au diamant** Diamantkernbohrer m
f. **à percussion** Schlagbohrer m

f. de traverses Schwellenbohrmaschine
forge f Schmiede f; Hammerwerk n
forgeabilité f Schmiedbarkeit f
forgeable schmiedbar
forgeage m Schmieden n, Freiformschmieden n
  f. par chocs Hammerschmieden n
  f. par extrusion Warmfließpressen n
  f. à froid Kaltschmieden n
  f. en largeur Breiten n, Ausschmieden n
  f. en longueur Recken n, Ausschmieden n
  f. sur mandrin Hohlschmieden n, Ringschmieden n
  f. au marteau Freiformschmieden n
  f. en matrice Gesenkschmieden n
  f. par pression Schmieden n auf einer Presse
  f. par refoulement Stauchschmieden n
forger (freiform)schmieden
  f. à chaud warmschmieden
  f. à froid kaltschmieden
  f. en matrice im Gesenk schmieden
formage m Umformung f, (spanlose) Form(geb)ung f; Formstanzen n
  f. air-slip Air-Slip-Verfahren n
  f. à chaud Warmformung f; Warmverformung f
  f. par dépression s. f. sous vide
  f. par estampage Formstanzen n
  f. explosif (par explosion) Explosivformung f
  f. à froid Kaltformen n; Kaltverformung f
  f. à (sous) haute énergie Hochenergieumformung f, Explosivumformung f
  f. magnétique Magnetumformung f
  f. des membrures Spantbiegen n
  f. sous pression Preßluftformung f (Vakuumtiefziehen unter Preßluft)
  f. rapide Schnellformung f
  f. des tôles Plattenverformung f
  f. sous vide Vakuum(tief)ziehen n, Vakuumformen n
formal(déhyde) m Formaldehyd m
formalisme m (Math) Formalismus m
formamide f Formamid n
format m Format n
  f. d'agrandissement Vergrößerungsformat n
  f. allongé längliches Format n
  f. carré quadratisches Format n
  f. en hauteur Hochformat n
  f. d'image Bildformat n
  f. en largeur Querformat n
  f. normalisé Normalformat n

f. oblong Querformat n
f. de papier Papierformat n; Rohbogenformat n
f. à plat de cartons Rohbogenformat n von Kartons
formateur m du réseau Netzwerkbildner m
formation f 1. Bildung f, Herausbildung f; 2. (Geol) Formation f
  f. d'amas Clusterbildung f
  f. de bosses Beulenbildung f
  f. de boucles Schlingenbildung f
  f. de bulles Blasenbildung f
  f. de la chaîne Verkettung f
  f. de complexes Komplexbildung f
  f. de craquelures Rißbildung f
  f. de cristaux Kristallbildung f
  f. de cristaux mixtes Mischkristallbildung f
  f. d'étincelles Funkenbildung f
  f. des étoiles Sternentstehung f
  f. de fissures par les tensions Spannungsrißbildung f
  f. de gaz Gasbildung f
  f. de germe Keimbildung f
  f. de glace Vereisung f
  f. de gouttelettes Tröpfchenbildung f
  f. de l'image Bildentstehung f
  f. d'impulsion Impulsformung f
  f. de macles Zwillingsbildung f (von Kristallen)
  f. des mailles Maschenbildung f
  f. de mousse Schäumen n, Aufschäumen n
  f. d'oxygène Sauerstoffentwicklung f
  f. de paires Paarerzeugung f, Paarbildung f
  f. de plis Faltenbildung f
  f. de retassures Lunkerbildung f
  f. du ruban Bandbildung f
  f. de soufflures s. f. de bulles
  f. de terrasses Terrassenbildung f
  f. des tourbillons Wirbelbildung f
  f. de trains Zugbildung f
  f. des vagues Wellenbildung f
  f. des vallées Talbildung f
  f. du verre Glasbildung f
  f. du voile Vliesbildung f
forme f 1. Form f, Aussehen n, Gestalt f; 2. Lehre f; Schablone f; 3. Bettung f; 4. Dock n (s. a. bassin, cale); 5. Schöpfsieb n; en f. de barreau stabförmig; en f. de doigts fingerförmig
  f. d'attaque Befallsmuster n
  f. de construction Ausführungsform f
  f. des couples Spantform f
  f. cristalline Kristallform f, kristalline Form f

forme

   f. de découpage à l'emporte-pièces Stanzform f
   f. des dents Zahnform f
   f. de filet Gewindeform f
   f. fuselée Stromlinienform f
   f. d'impulsion Impulsform f
   f. Maier Maierform f ⟨Spant⟩
   f. d'onde Wellenform f
   f. plate ⟨Typ⟩ Flachform f
   f. pliée Faltwerk n
   f. du terrain Bodenform f
formel formal
formène m s. méthane
former un boudin strangpressen ⟨Keramik⟩
formes fpl:
   f. de la carène Schiffslinien fpl ⟨Schiffsform⟩
   f. du navire Schiffsformen fpl
formiate m Formiat n
   f. de méthyle Ameisensäuremethylester m, Methylformiat n
formol m Formol n
formule f ⟨Math⟩ Formel f, Gleichung f; ⟨Ph⟩ Formel f; ⟨Ch⟩ Formel; Ansatzvorschrift f
   f. barométrique Barometerformel f
   f. de Breit et Wigner Breit-Wigner-Formel f
   f. brute Bruttoformel f, Summenformel f, empirische Formel f
   f. des compléments Ergänzungssatz m, Ergänzungsformel f (z. B. für die Gammafunktion)
   f. de constitution, f. développée ⟨Ch⟩ Strukturformel f
   f. de diffusion de Rutherford Rutherfordsche Streuformel f
   f. empirique empirische Formel f
   f. de lentille de Gauss Gaußsche Linsenformel f
   f. massique Massenformel f
   f. de mélange Mischungsrezept n, Mischungsansatz m, Mischungsvorschrift f
   f. rationnelle Strukturformel f
   f. de Seger Segerformel f ⟨Keramik⟩
   f. de série Serienformel f
   f. de structure Strukturformel f
fosse f Grube f; Loch n; Schacht m; Graben m
   f. d'affouillement Kolkvertiefung f
   f. d'air Lüftungsschacht m
   f. d'aisances Abortgrube f, Fäkaliengrube f
   f. biologique biologische Klärgrube f, Faulgrube f
   f. à chaux Kalkgrube f

   f. à combustibles Kohlenbanse f
   f. de coulée Gießgrube f
   f. d'équilibrage Ausgleichschacht m
   f. d'évacuation d'huile Ölfanggrube f ⟨Transformator⟩
   f. d'extraction Förderschacht m
   f. à fermentation Faulgrube f; Klärgrube f
   f. à huile Ölgrube f ⟨Transformator⟩
   f. marginale ⟨Geol⟩ Randsenke f
   f. ordinaire Abortgrube f, Trockenabort m, Trockengrube f
   f. perdue Sickergrube f
   f. à purin Jauchegrube f
   f. septique Faulgrube f; Klärgrube f
   f. à tourbe Torfstreuabort m
fossé m Graben m
   f. collecteur Sammelgraben m
   f. d'écoulement Abzugsgraben m
   f. intérieur Untergraben m ⟨Wasserrad⟩
   f. supérieur Obergraben m ⟨Wasserrad⟩
   f. tectonique tektonischer Graben m
   f. volcano-tectonique vulkanotektonischer Graben m
fossile fossil
fossile m Fossil n
   f. caractéristique Leitfossil n
   f. de faciès Faziesfossil n
   f. persistant durchlaufendes Fossil n
fossilifère fossilführend
fossilisation f Fossilisation f
fossiliser fossilisieren
fou lose, leerlaufend
foudre f **globulaire** Kugelblitz m
foudroyage m 1. Zubruchwerfen n; Hereinbrechen n des Hangenden ⟨Bruchbau⟩; 2. Versatz m
foudroyer 1. zu Bruch werfen
fouet m Schlagstock m ⟨Weberei⟩
fouille f 1. Ausgraben n, Graben n, Freilegen n; 2. Baugrube f; Ausschachtung f
   f. en déblai Abtragen n
   f. de recherche Schurf m
   f. des terres Erdaushub m
fouiller [aus]graben; schürfen
foulage m 1. Keltern n; 2. ⟨Text⟩ Walke f; Walkprozeß m, Walken n; 3. ⟨Typ⟩ Schattierung f
foulant Druck-
toulard m Foulard m, Klotzmaschine f
   f. pour la teinture continue des tissus Kontinuebreitfärbefoulard f
foulardage m Klotz[verfahr]en n
foularder foulardieren, [auf]klotzen
foule f Webfach n

fouler 1. keltern; 2. walken
fouleuse f Walke f
fouloir m Traubenmühle f
foulon m 1. Walker m; 2. Walkmühle f, Walk(maschin)e f
   f. à maillets Hammerwalke f
foulonnage m s. foulage 2.
foulonner s. fouler 2.
four m 1. Ofen m, Industrieofen m ⟨s. a. fourneau⟩; 2. Backröhre f; Herd m
  f. d'aciérie électrique Elektrostahlofen m
  f. d'affinage Raffinierofen m
  f. annulaire Ringofen m
  f. à arc Lichtbogenofen m
  f. sous atmosphère contrôlée Glühofen m mit kontrollierter Atmosphäre, Schutzgasglühofen m
  f. à bain de sel Salzbadofen m
  f. à bande Plattenbanddurchlaufofen m
  f. basculant Kippofen m
  f. à basse fréquence Niederfrequenzofen m
  f. à bassin Wannenofen m
  f. pour bauxite Bauxitofen m
  f. à bitume Teerofen m, Asphaltofen m
  f. de braise Abkühlungsofen m ⟨für Häfen⟩
  f. à briques Ziegelbrennofen m
  f. de calcination, f. à calciner Brennofen m, Glühofen m; Äscherofen m ⟨Keramik⟩
  f. à calciner la chaux Kalk(brenn)ofen m
  f. de carbonisation à basse température Schwelofen m
  f. de carburation gazeuse Gasaufkohlungsofen m
  f. de carbure Karbidofen m
  f. de catalyse Kontaktofen m
  f. à cémenter Einsatzofen m
  f. céramique Keramikofen m
  f. à chambre Kammerofen m
  f. à chambres horizontales Horizontalkammerofen m
  f. à chambres verticales continues Vertikalkammerofen m für kontinuierlichen Betrieb
  f. à chambres verticales discontinues Vertikalkammerofen m für diskontinuierlichen Betrieb
  f. de chauffage Heizofen m
  f. de chauffage électrique Elektroofen m
  f. à chauffage par résistance Ofen m mit Widerstandsheizung
  f. à chauffer Wärmofen m
  f. à chaux Kalk(brenn)ofen m
  f. à chrome Chromofen m
  f. à ciment Zementofen m
  f. circulaire de Hoffmann Hoffmannscher Ringofen m
  f. à circulation d'air forcée Ofen m mit Luftumwälzung
  f. à cloche Haubenofen m
  f. à coke Koksofen m
  f. de cokerie Kokskammer f
  f. de contact Kontaktofen m
  f. continu Durchlaufofen m, Konti-Ofen m
  f. continu pour couronnes de fil Ringdurchziehofen m
  f. continu en U Umkehrofen m, U-Ofen m
  f. à cornues Retortenofen m
  f. à cornues horizontales Horizontalkammerofen m
  f. de coupellation Kapellenofen m
  f. à creuset Tiegelofen m
  f. à cubilot Kupolofen m
  f. à cuire la porcelaine Porzellanbrennofen m
  f. de cuisson Backofen m
  f. de cuisson de dolomie Dolomitbrennofen m
  f. culbutant Schaukelofen m
  f. à cuve Schachtofen m
  f. à décorer Einbrennmuffel f
  f. à distillation lente Schwelofen m
  f. dormant Einsatzofen m
  f. à double voûte Doppeldeckenofen m
  f. égalisateur Ausgleichofen m
  f. électrique Elektroofen m
  f. électrique à résistance Widerstandsofen m
  f. à électrodes Elektrodenofen m
  f. à émailler Emaillierofen m
  f. à flamme Flamm(en)ofen m
  f. de fonderie Schmelzofen m
  f. de forge Schmiedeofen m
  f. de frittage Sinterofen m
  f. à fritte Aschenofen m, Frittofen m
  f. à fusion Schmelzofen m
  f. de fusion à induction Induktionsschmelzofen m
  f. à galvaniser Verzinkungsofen m
  f. à gaz Gasofen m, gasbeheizter Ofen m; Gasbackröhre f
  f. à glaçure Glasurofen m
  f. de graphitisation Graphitierungsofen m
  f. de grillage Röstofen m
  f. à haute fréquence Hochfrequenzofen m
  f. à induction Induktionsofen m

f. à induction à basse fréquence Niederfrequenzinduktionsofen m
f. à induction à haute fréquence Hochfrequenzinduktionsofen m
f. industriel Industrieofen m
f. intermittent periodischer Ofen m
f. à lingots Blockofen m
f. à loupes Stückofen m
f. à main Handofen m
f. de maintien à température Warmhalteofen m
f. Martin Siemens-Martin-Ofen m, SM-Ofen m
f. Martin acide saurer SM-Ofen m
f. Martin basique basischer SM-Ofen m
f. à membrures Spantglühofen m
f. à moyenne fréquence Mittelfrequenzofen m
f. de nitruration, f. à nitrurer Nitrierofen m
f. oscillant Kippofen m
f. à passage Durchlaufofen m
f. pit Tiefofen m
f. à plâtre Gipsbrennofen m
f. à pots Hafenofen m
f. à pots pour recuire Kastenglühofen m
f. poussant continu Durchstoßofen m
f. préchauffeur Vorwärmofen m
f. de puddlage Puddelofen m
f. de quartz Quarzofen m
f. de ramollissage Senkofen m
f. de réchauffage Auftreibofen m, Aufwärmeofen m
f. à réchauffer Wärmofen m
f. à recuire Glühofen m, Temperofen m
f. de recuisson Kühlofen m ⟨Keramik⟩
f. à récupération Rekuperativofen m
f. à récupérer la chaleur perdue Abhitzeofen m
f. à réduction Reduktionsofen m
f. à refondre Umschmelzofen m
f. de refroidissement Kühlofen m
f. de refroidissement à chenaux Kanalkühlofen m
f. à régénération Regenerativofen m
f. à résistance Widerstandsofen m
f. de ressuage Seigerherd m
f. à revenir (revenu) Anlaßofen m
f. à réverbère Flammofen m
f. à réverbère et à régénérateur Regenerativflammofen m
f. à réverbère à tremper Härteflammofen m
f. rotatif Drehofen m, Drehherd m; Trommelofen m
f. à rouleaux Rollgangofen m
f. à ruche Bienenkorbkoksofen m

f. sécheur Trockenofen m
f. de semi-carbonisation Schwelofen m
f. solaire Sonnenofen m
f. à sole Herdofen m, Treibofen m ⟨für Silber⟩
f. à sole électrique Elektroherdofen m
f. à sole fixe Ofen m mit festem Herd, Kammerofen m
f. à sole mobile Ofen m mit beweglichem Herd, Herdwagenofen m, Stoßofen m
f. à sole tournante Ofen m mit drehbarem Herd, Tellerofen m
f. à sulfate Sulfat[isier]ofen m
f. Thomas Thomasbirne f
f. tournant Drehrohr n, Drehofen m
f. tournant d'agglomération Trommelsinterofen m
f. tournant à flamme Drehflammofen m
f. de traitement thermique Vergütungsofen m
f. de trempe Härteofen m
f. de trempe au gaz Gashärteofen m
f. à tremper Härteofen m
f. tubulaire Röhrenofen m
f. tubulaire tournant Drehrohrofen m
f. à tuiles Ziegelofen m
f. tunnel Tunnelofen m
f. à vent chaud Heißwindofen m
f. à vent froid Kaltwindofen m
f. à verre Glasofen m
f. de verrerie Glas[schmelz]ofen m, Glaswannenofen m
f. à vide Vakuumofen m
fourche f 1. Gabel f; 2. Fahrradgabel f; Motorradgabel f; 3. Rachenlehre f
f. amovible allongée Gabelverlängerung f ⟨Gabelstapler⟩
f. en L Stapelkran m
f. télescopique Teleskopgabel f
fourchette f Schaltgabel f
fourgon m 1. Kofferwagen m; 2. Ofenhaken m
f. à bagages Gepäckwagen m
f. à chaudière Heizkesselwagen m
f. d'incendie Feuerwehrwagen m, Löschwagen m, Löschzug m
fourgonnette f Kleintransporter m
fourneau m Ofen m ⟨s. a. four⟩; Brennofen m ⟨Keramik⟩
f. arrêté ausgeblasener Ofen m
f. de calcinage, f. à calciner Kalzinierofen m
f. à écume Abstrichofen m
f. à moufle Muffelofen m
f. de raffinerie Raffinierofen m
f. de ressuage Seigerofen m
f. de vitrification Glasierofen m

bas f. Niederschachtofen *m*
haut f. Hochofen *m*
haut f. au coke Hochofen *m* für Koks
haut f. en marche Hochofen *m* in Betrieb
fournée *f* Ofendurchsatz *m*; Charge *f*; Ofengut *n*; Schicht *f* ⟨Keramik⟩
fournisseur Ablauf-, Abwickel-
fourreau *m* Hülse *f*, Buchse *f*, Büchse *f*; Futter *n* (z. B. eines Hahns); Belag *m*, Auskleidung *f*
  f. d'avance Vorschubbüchse *f*
  f. de la brake Pinole *f*
  f. deb roche de perçage Bohrspindelpinole *f*
fourrière *f* Vorgewende *n*
fourrure *f s.* fourreau
four-tunnel *m* Tunnelofen *m*
foyer *m* 1. Feuerung *f*; Heizraum *m*, Feuerraum *m*, Feuerbüchse *f*; 2. Herd *m*, Ofenherd *m*; 3. Brennpunkt *m*, Fokus *m*; Brennfleck *m*; 4. Indifferenzpunkt *m*; aerodynamischer Mittelpunkt *m*
  f. automatique automatische Feuerung *f*
  f. basculant Kippherd *m*
  f. à bras Handfeuerung *f*
  f. à cendres fondues Abstichfeuerung *f*
  f. central zentraler Herd *m*
  f. àcharbon Kohlenfeuerung *f*
  f. à charbon mouillé Kohlenstaubnaßfeuerung *f*
  f. à charbon pulvérisé Kohlenstaubfeuerung *f*
  f. de chaudière Kesselfeuerung *f*
  f. équivalent Äquivalenzbrennpunkt *m*
  f. du feu Brandherd *m*
  f. filiforme Strichfokus *m*, Strichbrennfleck *m*
  f. fin Feinfokus *m*
  f. fixe Fixfokus *m*
  f. à gaz Gasfeuerung *f*
  f. à grille Rostfeuerung *f*
  f. à grille à chaînes Kettenrostfeuerung *f*, Wanderrostfeuerung *f*
  f. à grille à gradins Treppenrostfeuerung *f*, Etagenrostfeuerung *f*
  f. à grille horizontale Planrostfeuerung *f*
  f. à grille inclineé Schrägrostfeuerung *f*
  f. à grille mécanique Wanderrostfeuerung *f*
  f. à grille à poussée Schubrostfeuerung *f*
  f. à huile Ölfeuerung *f*
  f. linéaire *s. f.* filiforme
  f. mécanique mechanische Feuerung *f*, Feuerung mit mechanischer Beschikkung
  f. ponctuel Punktfokus *m*
  f. à poussée inférieure Unterschubfeuerung *f*
  f. à poussée inférieure à carters multiples Mehrfachmuldenunterschubrost *m*, Mehrfachmuldenunterschubfeuerung *f*
  f. à poussée inférieure à un seul carter Einmuldenunterschubrost *m*, Einmuldenunterschubfeuerung *f*
  f. pressurisé Hochdruckfeuerung *f*
  f. d'un profil Neutralpunkt *m* ⟨Tragflügel⟩
  f. par projection Wurffeuerung *f*
  f. de raffinerie à l'acier Stahlfrischherd *m*
  f. réel wirklicher Brennpunkt *m*
  f. à soufflage sous grille Unterwindfeuerung *f*
  f. très fin, f. ultra-fin Feinstfokus *m*
  f. virtuel virtueller Brennpunkt *m*
  bas f. Frischherd *m*; Rennfeuer *n*
  court f. kurze Brennweite *f*
foyer-cyclone *m* Zyklonfeuerung *f*
foyers *mpl* **conjugués** konjugierte Brennpunkte *mpl*
fraction *f* 1. ⟨Ch⟩ Fraktion *f*; 2. ⟨Math⟩ Bruch *m*
  f. approchée Näherungsbruch *m*
  f. de charbon Kohlefraktion *f*
  f. continue régulière regelmäßiger Kettenbruch *m*
  f. décimale Dezimalbruch *m*
  f. d'embranchement Verzweigungsanteil *m*
  f. granulométrique Kornfraktion *f*, Kornklasse *f*
  f. d'huile minérale Mineralölfraktion *f*
  f. intermédiaire Mittelfraktion *f*
  f. légère leichte Fraktion *f*
  f. lourde schwere Fraktion *f*
  f. molaire Molenbruch *m*
  f. ordinaire echter Bruch *m*
  f. semblable gleichnamiger Bruch *m*
  f. de tassement Packungsanteil *m*
fractionnateur *m* Fraktionierkolonne *f*
fractionnement *m* Fraktionieren *n*; Fraktionierung *f*
  f. de l'air Luftzerlegung *f*
  f. des copeaux Spänebrechung *f*
  f. à très basse température Tieftemperaturfraktionierung *f*
fractionner 1. ⟨Ch⟩ fraktionieren, frak-

fractionner

tioniert destillieren; zerkleinern, brechen
fractions *fpl* **extraites du bois** Holzextraktstoffe *mpl*
fracturation *f* Bruchbildung *f*
fracture *f* 1. ⟨Geol⟩ Bruch *m*; 2. ⟨Typ⟩ Fraktur *f*
  f. sans rejet Bruch *m* ohne Verwerfung
  f. volcano-tectonique vulkanotektonischer Bruch *m*
fracturé von Brüchen durchsetzt
fragile zerbrechlich; spröde
fragilisation *f* Versprödung *f*
  f. par l'hydrogéne Wasserstoffversprödung *f*, Versprödung *f* durch Wasserstoff
fragilité *f* Sprödigkeit *f*, Brüchigkeit *f*, Zerbrechlichkeit *f*
  f. à chaud Warmbrüchigkeit *f*
  f. de décapage Beizsprödigkeit *f*
  f. à l'entaille Kerbsprödigkeit *f*
  f. à froid Kaltbrüchigkeit *f*
  f. intergranulaire interkristalline Brüchigkeit *f*
  f. au laminage Walzsprödigkeit *f*
  f. de revenu Anlaßsprödigkeit *f* ⟨Stahlhärtung⟩
fragment *m* Fragment *n*; Bruchstück *n*
  f. de fission Spaltbruchstück *n*, Spaltfragment *n*
  f. nucléaire Kernbruchstück *n*
fragmentation *f* Schroten *n*; Stückigkeit *f*
fragments *mpl*:
  f. de coton Baumwollschnitzel *mpl*
  f. de roche Gesteinsfragmente *npl*
fraichir auffrischen, zunehmen ⟨Wind⟩
frais *mpl* Kosten *pl*, Unkosten *pl*
  f. de construction Baukosten *pl*
  f. d'entretien Unterhaltungskosten *pl*
  f. d'exploitation Betriebskosten *pl*
  f. de fabrication Herstellungskosten *pl*
  f. de factage Rollgeld *n*
  f. généraux Gemeinkosten *pl*
  f. d'installation Anlagekosten *pl*
  f. de port Hafenkosten *pl*
  f. de préparation Aufbereitungskosten *pl*
  f. de purification Reinigungskosten *pl*
  f. de transport Beförderungskosten *pl*
fraisage *m* Fräsen *n*
  f. en bout Fräsen *n* mit Stirnzähnen, Stirnen *n*
  f. circonférentiel Fräsen *n* mit Umfangszähnen, Walzen[fräsen] *n*
  f. à coups parallèles Zeilenfräsen *n*
  f. à course contraire *s.* **f. en sens contraire**
  f. à course de même sens *s.* **f. en sens direct**
  f. au diviseur Fräsen *n* im Teilverfahren
  f. de finition Feinfräsen *n*
  f. frontal Stirnfräsen *n*, Stirnen *n*
  f. périphérique *s.* **f. circonférentiel**
  f. en plongée Tauchfräsen *n*
  f. à reproduire Nachformfräsen *n*, Kopierfräsen *n*
  f. en roulant *s.* **f. circonférentiel**
  f. sciage Fräsen *n* mit Scheibenfräser
  f. dans le sens de l'avance *s.* **f. en sens direct**
  f. en sens contraire Gegenlauffräsen *n*
  f. en sens direct Gleichlauffräsen *n*
  f. en sens opposé Gegenlauffräsen *n*
  f. tangentiel Tangentialfräsen *n*
fraise *f* Fräser *m*; Senker *m*
  f. en bout Stirnfräser *m*
  f. en carbure Hartmetallfräser *m*
  f. à chanfreiner Spitzsenker *m*, Krauskopf *m*
  f. conique Winkelfräser *m*
  f. cylindrique Walzenfräser *m*
  f. détalonnée hinterdrehter Fräser *m*
  f. deux tailles Walzenstirnfräser *m*
  f. d'ébauche Schruppfräser *m*
  f. pour engrenages Zahnradfräser *m*
  f. à fileter Gewindefräser *m*
  f. de forme Formfräser *m*
  f. à gradins Stufenfräser *m*
  f. à lames rapportées Messerkopf *m*
  f. monobloc Turbofeile *f*; Fräser *m* aus einem Stück
  f. monodent Schlagzahnfräser *m*
  f. à pilote Zapfensenker *m*
  f. à plaquettes Fräser *m* mit eingesetzten Zähnen, Messerkopf *m*
  f. à plaquettes amovibles (à jeter) Fräser *m* mit auswechselbaren Zähnen, Messerkopf *m*
  f. à plaquettes perdues Fräser *m* mit versenkten Zähnen, Messerkopf *m*
  f. à plaquettes rapportées Fräser *m* mit eingesetzten Zähnen, Messerkopf *m*
  f. à profil constant, f. à profiler Profilfräser *m*, Formfräser *m*
  f. à queue Schaftfräser *m*, Fingerfräser *m*
  f. à rainurer Nutenfräser *m*; Schaftfräser *m*, Fingerfräser *m*
  f. rotative portée Anbaubodenfräse *f*
  f. à surfacer Fräser *m* zur Bearbeitung ebener Flächen; Walzenfräser *m* Stirnfräser *m*; Messerkopf *m*
fraise-contour *f* Konturfräser *m*
fraisement *m* *s.* **fraisage**
fraise-mère *f* Abwälzfräser *m*

fraiser fräsen; (an)senken
fraise-scie f Scheibenfräser m
fraiseuse f 1. Fräsmaschine f; 2. Gartenfräse f; Bodenfräse f ⟨s. a. machine à fraiser⟩
  f. automatique Fräsautomat m
  f. circulaire Rundfräsmaschine f
  f. à console Konsolfräsmaschine f
  f. horizontale Waagerechtfräsmaschine f
  f. en long Langfräsmaschine f ⟨Hobelmaschinenart⟩
  f. précise Präzisionsfräsmaschine f
  f. verticale Senkrechtfräsmaschine f
fraiseuse-rectifieuse f Rundfräser m
frame m ⟨Bw⟩ Tragwerk n
franc-bord m Freibord m
  f. d'été Sommerfreibord m
franchissement m **d'un signal** Überfahren n eines Signals
francium m Frankium n
frange f Saum m, Rand m; Streifen m; ⟨Text⟩ Franse f
  f. de bord d'un trou Beugungssaum m am Lochrand
franges fpl:
  f. de Brewster Brewstersche Streifen mpl
  f. de diffraction Beugungsstreifen mpl
  f. de Fresnel Fresnelsche Beugungssäume mpl
  f. de Haidinger Haidingersche Ringe mpl
  f. d'interférence Interferenzstreifen mpl
  f. d'interférence à égale inclinaison Interferenzstreifen mpl gleicher Neigung
franklinite f Franklinit m
frappage m Schlagen n; Münzenprägen n, Prägen n; Prägung f
frappe f Schlag(en n) m, Anschlag m; Münzprägen n, Prägen n
  f. à froid Kaltschlagen n
frapper schlagen; (Münzen) prägen; anreihen, anschlagen
frein m 1. Bremse f; 2. Schraubensicherung f, Sicherung f
  f. à action rapide Schnellbremse f
  f. additionnel à ruban Summenbandbremse f
  f. aérodynamique aerodynamische Bremse f
  f. à air comprimé Druckluftbremse f
  f. d'alarme Notbremse f
  f. arrière Hinterradbremse f
  f. autoserreur Servobremse f
  f. autovariable sich selbst regelnde Bremse f
  f. avant Vorderradbremse f

  f. à bande Bandbremse f
  f. de berlines Förderwagenbremse f
  f. à câble Seilbremse f
  f. à cliquet Sperrklinkenbremse f, Schnappbremse f
  f. à commande hydraulique hydraulische Bremse f
  f. conique Kegelbremse f
  f. à contre-vapeur Gegendampfbremse f
  f. à courant continu Gleichstrombremse f
  f. à courants de Foucault Wirbelstrombremse f
  f. à courants parasites Wirbelstrombremse f
  f. par court-circuit Kurzschlußbremse f
  f. à descente rapide Schnellsenkbremse f ⟨Kran⟩
  f. différentiel à ruban Differentialbandbremse f
  f. à disque Scheibenbremse f
  f. à double sabot Doppelbackenbremse f
  f. dynamométrique Bremsdynamometer n; Drehmomentenwaage f
  f. dynamométrique de Prony Pronyscher Zaum m
  f. d'écrou Schraubensicherung f
  f. électrique elektrische Bremse f
  f. électromagnétique de rail elektromagnetische Schienenbremse f
  f. à force centrifuge Fliehkraftbremse f
  f. de friction, f. à frottement Reibungsbremse f
  f. de grue Kranbremse f
  f. hydraulique hydraulische Bremse f; Wasserwirbelbremse f
  f. hydrodynamique Flüssigkeitsbremse f
  f. hydropneumatique Rohrrücklaufbremse f
  f. Knorr Knorr-Bremse f
  f. à lamelles Lamellenbremse f
  f. de ligne d'arbre Wellenbremse f
  f. à mâchoires Backenbremse f
  f. à mâchoires intérieures Innenbackenbremse f
  f. magnétique Magnetbremse f, magnetische Bremse f, Bremslüftmagnet m
  f. à main Handbremse f
  f. moteur Motorbremse f
  f. à plusieurs disques Mehrscheibenbremse f
  f. pneumatique Druckluftbremse f
  f. par pression de la charge Lastdruckbremse f

frein 318

f. de queue Schlußbremse f
f. de rail Schienenbremse f
f. à récupération Nutzbremse f
f. à rétropédalage Rücktritt(bremse f) m
f. de roue arrière Hinterradbremse f
f. de roue avant Vorderradbremse f
f. à roue dentée Zahnradbremse f
f. à roue à rochet Sperradbremse f
f. à ruban Bandbremse f
f. à sabot Backenbremse f
f. à sabot simple Einfachbackenbremse f
f. à sabots intérieurs Innenbackenbremse f
f. de secours Notbremse f
f. de service normal normale Betriebsbremse f
f. de tabulateur Tabulatorbremse f
f. à tambour Trommelbremse f
f. à tambour type sac Ballonbremse f ⟨Fahrwerk⟩
f. à tenailles Felgenbremse f
f. en tôle Blechsicherung f, Sicherungsblech n ⟨Schraubensicherung⟩
f. sur transmission Getriebebremse f
f. à vide Vakuumbremse f
f. à vis Schraubensicherung f
f. de voie Gleisbremse f
f. **Westinghouse** Westinghouse-Bremse f

freinage m Bremsen n, Abbremsen n; Bremsung f
f. par contre-courant Gegenstrombremsung f
f. à courant continu Gleichstrombremsung f
f. en court-circuit Kurzschlußbremsung f
f. de dérive Bremsselbsttätigkeit f
f. électrique elektrische Bremsung f
f. électrique par récupération elektrische Nutzbremsung f
f. électromagnétique elektromagnetische Bremsung f
f. d'électrons Elektronenbremsung f
f. du film Abbremsen n des Films
f. à la marche à vide Leerlaufhemmung f
f. mixte elektromechanische Bremsung f
f. rapide Schnellbremsung f

freiner bremsen
fréon m Freon n, Frigen n ⟨Kältemittel⟩
fréquence f Frequenz f; Häufigkeit f; à basse f. niederfrequent; à haute f. hochfrequent
f. d'absorption Absorptionsfrequenz f

f. acoustique Tonfrequenz f
f. additionnelle Summenfrequenz f
f. angulaire (annulaire) Kreisfrequenz f
f. antirésonnante Antiresonanzfrequenz f
f. d'appel Ruffrequenz f
f. d'arrêt Sperrfrequenz f
f. assignée Kennfrequenz f
f. audible Hörfrequenz f
f. auxiliaire Hilfsfrequenz f
f. de balayage Kippfrequenz f
f. de balayage de ligne Zeilenablenkfrequenz f
f. de balayage vertical Vertikalablenkfrequenz f
f. de bande latérale Seitenbandfrequenz f
f. de battement Überlagerungsfrequenz f
f. des chocs Stoßhäufigkeit f
f. circulaire Kreisfrequenz f
f. des collisions Stoßhäufigkeit f
f. commune Gleichwellenfrequenz f
f. de commutation Schaltfrequenz f
f. de comptage Zählfrequenz f
f. de coups Impulsdichte f, Impulsrate f ⟨Zählrohr⟩
f. de coupure Grenzfrequenz f
f. critique kritische Frequenz f
f. cyclotron Zyklotronfrequenz f
f. des débits Häufigkeit f der Abflußmengen
f. de découpage Abreißfrequenz f
f. de déviation Ablenkfrequenz f
f. différentielle Differenzfrequenz f
f. **Doppler** Doppler-Frequenz f
f. d'effacement Löschfrequenz f
f. émise Sendefrequenz f
f. d'entrée Eingangsfrequenz f
f. d'équilibrage Abgleichfrequenz f
f. d'essai Prüffrequenz f
f. étalon Eichfrequenz f
f. d'excitation Erregerfrequenz f
f. fondamentale Grundfrequenz f
f. de groupe Gruppenfrequenz f
f. gyromagnétique Zyklotronfrequenz f
f. hétérodyne Überlagerungsfrequenz f
f. d'horloge Zeitgeberfrequenz f, Taktfrequenz f
f. d'images Bildwechselfrequenz f
f. d'impulsion Impulsfrequenz f
f. industrielle Normalfrequenz f
f. instantanée Augenblicksfrequenz f
f. intermédiaire Zwischenfrequenz f
f. de **Larmor** Larmor-Frequenz f
f. latérale Seitenfrequenz f
f. de ligne Horizontalablenkfrequenz f
f. de lignes Zeilenfrequenz f

f. **limite** Grenzfrequenz f
f. **de mesure** Meßfrequenz f
f. **de milieu** Mittenfrequenz f
f. **de mises en circuit** Einschalthäufigkeit f
f. **de modulation** Modulationsfrequenz f
f. **de mouvement pendulaire** Pendelfrequenz f
f. **moyenne** Mittelfrequenz f
f. **moyenne d'image** Bildzwischenfrequenz f
f. **musicale** Tonfrequenz f
f. **naturelle** Eigenfrequenz f
f. **nominale** Nennfrequenz f
f. **normale** Normalfrequenz f
f. **nulle** Nullfrequenz f
f. **d'obturation** Abdeckfrequenz f
f. **d'ondulation** Welligkeitsfrequenz f
f. **oscillatrice** Oszillatorfrequenz f
f. **de perturbation** Störfrequenz f
f. **pilote** Steuerfrequenz f
f. **de plasma** Plasmafrequenz f
f. **de point** Punktfrequenz f
f. **de pompage** Pumpfrequenz f
f. **porteuse** Trägerfrequenz f
f. **de précession** Präzessionsfrequenz f
f. **propre** Eigenfrequenz f
f. **de référence** Bezugsfrequenz f
f. **de régime** Betriebsfrequenz f
f. **de relaxation** Kippfrequenz f
f. **de répétition** Wiederholungsfrequenz f, Folgefrequenz f
f. **de répétition des impulsions** Impulsfolgefrequenz f
f. **réseau** Netzfrequenz f
f. **de résonance** Resonanzfrequenz f
f. **de ronflement** Brummfrequenz f
f. **de rythme** ⟨Dat⟩ Taktfrequenz f
f. **de scintillement** Flimmerfrequenz f
f. **du secteur** Netzfrequenz f
f. **de série** Gruppenfrequenz f
f. **de seuil** Schwellenfrequenz f
f. **du signal** Signalfrequenz f
f. **de signalisation** Rufstromfrequenz f
f. **somme** Summenfrequenz f
f. **sonore** Tonfrequenz f
f. **sonore étalon** Normalton m
f. **des taches** Fleckenhäufigkeit f, Sonnenfleckenhäufigkeit f
f. **télégraphique** Telegrafierfrequenz f
f. **téléphonique** Fernsprechfrequenz f
f. **de trame** Rasterfrequenz f; Teilbildfrequenz f ⟨Fernsehen⟩
f. **de travail** Betriebsfrequenz f
f. **vidéo** Videofrequenz f
f. **vocale** Sprachfrequenz f
f. **de wobbulation** Wobbelfrequenz f

f. **zéro** Nullfrequenz f
basse f. Niederfrequenz f
haute f. Hochfrequenz f
moyenne f. Mittelfrequenz f
moyenne f. **d'image** Bildzwischenfrequenz f
très haute f. Höchstfrequenz f
ultra-basse f. ultraniedrige Frequenz f, Ultraniederfrequenz f
ultra-haute f. ultrahohe Frequenz f, Ultrahochfrequenz f
fréquence-image f Spiegelfrequenz f
fréquencemètre m Frequenzmesser m
f. **à absorption** Absorptionsfrequenzmesser m
f. **à aiguille** Zeigerfrequenzmesser m
f. **hétérodyne** Überlagerungsfrequenzmesser m
f. **à lames vibrantes** s. f. vibratoire
f. **à résonance** Resonanzfrequenzmesser m
f. **vibratoire** Zungenfrequenzmesser m
fréquent häufig
fret m 1. Charter m ⟨Mietgeld⟩; 2. Fracht f
f. **de cargaison** Fracht f ⟨Gebühr⟩
f. **de passage** Passagegebühr f
fréter in Charter geben, verchartern; chartern, in Charter nehmen
fréteur m Vercharter m, Verfrachter m; Befrachter m, Charterer m
frettage m Umschnürung f; Beringen n, Beschlagen n mit Eisenringen
frette f 1. Bewehren n, Armieren n; 2. Schrumpfen n; 3. Eisenband[bewehrung f] n, Bewehrung f, Armierung f; 4. Schrumpfring m, Schrumpfhülse f, Hülse f
fretter 1. bewehren, armieren, beschlagen; 2. [auf]schrumpfen
frettes fpl Beschläge mpl, Beschlagteile npl
friabilité Mürbheit f; Bröck[e]ligkeit f
friable mürbe; bröck[e]lig; ⟨Brg⟩ gebräch
friction f Friktion f, Reibung f
f. **des marées** Gezeitenreibung f
f. **au pivotage** Lagerreibung f; Spitzenreibung f, Zapfenreibung f
frictionnel Reib[ungs]-
frigo s. frigorifique
frigorie f ⟨französische Einheit für Arbeit, Energie und Wärme, 1 Frigorie entspricht 1 Kilokalorie⟩
frigorifère m kälteerzeugender Teil m einer Kühlanlage, Gefrierfach n, Kälteraum m, Verdampfer m, Kühlschlange f

frigorifique Gefrier-, Kälte-
frigorifuge kälteabweisend
frigorigène kälteerzeugend, Kälte-
frisage m ⟨Typ⟩ Schmitz m
frise f 1. Fries m; Band n, Borte f; 2. Parkettriemen m ⟨8—12 cm breit⟩
friser kräuseln
frisette Parkettriemen m ⟨6,5—8 cm breit⟩
frisure f Kräuselung f
frittage m Sintern n, Fritten n; Sinterung f
   f. à chaud Heißpressen n
   f. final Fertigsinterung f
   f. à froid Kaltsintern n
   f. à haute température Nachsintern n
   f. sous pression Drucksintern n
fritté gesintert, gefrittet
fritte f 1. Fritte f; 2. Sinter m; 3. Glasmasse f; 4. Schlacke f
   f. d'émail Emaillefritte f
   f. aux tôles Blechfritte f ⟨Email⟩
fritter sintern, fritten
friture f Prasseln n, Knistern n
froid m Kälte f
   f. artificiel (industriel) künstliche Kälte f
froissement m Knittern n, Zerknittern n
froisser knittern
froncer fälteln; falten
front m 1. Vorderfläche f, Vorderseite f; Stirnseite f; 2. Front f; 3. Deckenstirn f; 4. Stoß m
   f. chaud Warmfront f
   f. froid Kaltfront f
   f. de galerie Ortsstoß m
   f. du glacier Gletscherstirn f
   f. d'impulsion Impulsflanke f
   f. d(e l)'onde Wellenfront f
   f. polaire Polarfront f
   f. de taille Abbaustoß m, Abbauwand f
   f. de taille libre d'étançons stempelfreie Abbaufront f
front-feed m Vorsteckschiene f
frontière f Begrenzung f, Rand m
   f. de mer Seegrenze f
frontispice m 1. Stirnseite f, Vorderseite f; Hauptgiebel m, Vordergiebel m; 2. Frontispiz n
frontofocomètre m Scheitelbrechwertmesser m
frontogenèse f Frontogenese f
frontolyse f Frontolyse f
fronton m Giebel m; Fenstergiebel m; Türgiebel m; Portalgiebel m
frottement m Reibung f
   f. de contact Kontaktreibung f
   f. de coussinet Lagerreibung f

f. de départ Haftreibung f
f. fluide Flüssigkeitsreibung f, hydrodynamische Schmierung f
f. de glissement gleitende Reibung f, Gleitreibung f
f. intérieur innere Reibung f
f. mixte Mischreibung f, Mischschmierung f
f. de piston Kolbenreibung f
f. de roulement rollende Reibung f, Rollreibung f
f. à sec trockene Reibung f
f. statique Haftreibung f
f. sur la surface Oberflächenreibung f
frotter reiben, scheuern; nitscheln ⟨Spinnerei⟩
frotteur m 1. Nitschelwerk n; 2. ⟨El⟩ Stromabnehmer m; 3. Bürste f
frottis m Deckfarbe f
fructose m Fruktose f
fruit m Neigung f; Abfall m; Anzug m ⟨einer Wand⟩
   f. amont wasserseitiger Anzug m
   f. aval luftseitiger Anzug m
fruitier m Fruchtschiff n
fuchsine f Fuchsin n
fuel m Heizöl n
   f. lourd Schweröl n
fuel-oil m Brennöl n; Heizöl n, Schweröl n
fugace flüchtig, verflüchtigend
fugacité f Flüchtigkeit f
fuite f 1. Leck n, Undichtigkeit f; 2. Ausströmen n; Verlust m
   f. de courant Stromverlust m
   f. d'eau 1. Versickerung f; 2. Wasserrohrbruch m
   f. de neutrons Neutronenverlust m
   f. superficielle Kriechen n, Oberflächenableitung f ⟨von Strömen⟩
   f. dans le système à vide Undichtigkeit f im Vakuumsystem
   f. à (par) la terre Erdschluß m
fulmicoton m Kolodiumwolle f, Schießbaumwolle f
fulminate m Fulminat n
   f. de mercure Knallquecksilber n
fulminer explodieren, detonieren
fumable räucherbar
fumage m 1. Räuchern n; Räucherung f; 2. Schmauchfeuer n ⟨Keramik⟩; 3. Düngung f
fumaison f Räuchern n
fumant rauchend
fumée f Rauch m; **sans f.** rauchlos
   f. d'huile Ölnebel m
fumées fpl **de tir** Schußschwaden mpl
fumer rauchen, räuchern

fumerolle f Fumarole f
  f. à l'intérieur du cratère Kraterfumarole f
  f. permanente ständige Fumarole f
fumet m Duft m, Geruch m, Blume f
fumigation f Ausräuchern n; Ausräucherung f
fumigène m Vernebelungsmittel n
fumivore rauchverzehrend
fumure f Dünger m
fune f 1. Kurrleine f; 2. Zugleine f ⟨z. B. Ringwade⟩
fungicide fungizid
fungicide m Fungizid n, Pilzbekämpfungsmittel n
funiculaire m Drahtseilbahn f, Seilbahn f, Schwebebahn f; Standseilbahn f
furanne m Furan n
furfural m Furfural n, Furfurol n
fuseau m 1. ⟨Text⟩ Spindel f; 2. Klöppel m; 3. ⟨Math⟩ Zweieck n; 4. ⟨Masch⟩ Triebstock m
  f. horaire Zeitzone f
  f. moteur Triebwerksgondel f
  f. sphérique Kugelsegment n
fusée f 1. Achsschenkel m, Zapfen m; 2. Rakete f ⟨s. a. engin⟩; 3. Zünder m
  f. d'altitude Höhenrakete f
  f. antiaérienne Fliegerabwehrrakete f
  f. atomique Atomrakete f
  f. chimique chemische Rakete f
  f. à combustible liquide Festbrennstoffrakete f
  f. composée Stufenrakete f
  f. de correction d'attitude Rakete f für Fluglagekorrektur
  f. de décollage Startrakete f, Starthilfe f
  f. de décollage assisté Starthilfsrakete f
  f. à deux étages zweistufige Rakete f
  f. à énergie nucléaire Kernenergierakete f
  f. avec équipage bemannte Rakete f
  f. sans équipage unbemannte Rakete f
  f. d'essieu Achsschenkel m
  f. à étages multiples Mehrstufenrakete f
  f. de freinage Bremsrakete f
  f. guidée Lenkrakete f
  f. gigogne Stufenrakete f
  f. instantanée Aufschlagzünder m
  f. intercontinentale Interkontinentalrakete f
  f. liquide Flüssigkeitsrakete f
  f. à long retard Langzeitzünder m
  f. lunaire Mondrakete f
  f. nucléaire Kernrakete f
  f. à plusieurs étages Mehrstufenrakete f
  f. porteuse Trägerrakete f
  f. à propergol liquide Flüssigkeitsrakete f
  f. à propergol solide Feststoffrakete f
  f. à quatre étages vierstufige Rakete f
  f. à retard Verzögerungszünder m
  f. à temps Zeitzünder m
  f. à trois étages dreistufige Rakete f
  f. à un étage einstufige Rakete f
fusée-détonateur f Zünder m
fusée-signal f Signalrakete f
fusée-sonde f Forschungsrakete f; Registrierrakete f
fusel m Fusel m
fuselage m Rumpf m
  f. à poutre de liaison d'assemblage Rumpf m mit tragender Außenhaut
fuselé stromlinienförmig
fuser (ver)schmelzen, einschmelzen; durchbrennen ⟨Sicherung⟩
fusette f Aufwindespule f
fusibilité f Schmelzbarkeit f
fusible schmelzbar
fusible m Sicherung f, Schmelzsicherung f
  f. en fil Schmelzdrahtsicherung f
  f. postiche Blindsicherung f
  f. principal Hauptsicherung f
  f. rapide flinke Sicherung f
  f. retardé träge Sicherung f
fusiforme spindelförmig
fusil m 1. Gewehr n; 2. Wetzstein m, Wetzstahl m
  f. de chasse Jagdgewehr n
  f. lance-amarre Leinenwurfapparat m
fusion f 1. Verschmelzung f, Vereinigung f, Verbindung f; stoffschlüssige Verbindung f; 2. Schmelzen n, Verhütten n; 3. Durchbrennen n ⟨einer Sicherung⟩; 4. ⟨Kern⟩ Fusion f
  f. alcaline Alkalischmelze f
  f. à l'arc Schmelzen n im Lichtbogen
  f. complète Schmelzfluß m
  f. au creuset Tiegelguß m
  f. fluidisée Schwebeschmelzen n
  f. métallique Metallschmelze f
  f. nucléaire Kernfusion f, Kernverschmelzung f
  f. du plomb Bleiverhüttung f
  f. de quartz Quarzschmelzen n
  f. réductrice Reduktionsschmelzen n
  f. de séries de données Datenverschmelzung f
  f. en suspension Schwebeschmelzen n
  f. thermonucléaire thermonukleare Reaktion f
  f. du verre Glasschmelze f; Glasguß m

fusionner

fusionner schmelzen
fût m 1. Faß n, Tonne f; 2. Schaft m; 3. Hobelkasten m
  f. en bois Holzfaß n
  f. de cheminée Schornsteinschaft m
  f. de colonne Säulenschaft m
  f. en fer Eisenfaß n

G

gabari(t) m 1. Schablone f, Modell n; Formbrett n, Richtscheit n; Kopiermodell n; Bohrschablone f; Lehre f, Bohrlehre f, Gewindelehre f; 2. Außenmaß n; Lichtraumprofil n; Ladeprofil n
  g. de chargement Lademaß n
  g. de forets Bohrerlehre f
  g. de perçage Bohrschablone f
  g. des sections Schnittschablone f
  g. squelette Formschablone f
  g. de traçage Anzeichenschablone f; Zapfschablone f
gabbro m Gabbro m ⟨grobkörniges Tiefengestein⟩
gable m, gâble m Dreiecksgiebel m
gâchage m Anrühren n, Anmachen n
  g. du béton Betonmischen n
  g. de la chaux Anmachen (Löschen) n des Kalks
gâche f 1. Kalkschaufel f, Rührkrücke f; 2. Schließklappe f; Schließhaken m; 3. Bügel m, Klammer f ⟨an Röhren⟩
gâcher anfeuchten, anmachen; anrühren, einrühren; umrühren; mischen
gâchette f Zuhaltung f ⟨Schloß⟩
  g. de déclenchement Verschlußauslösehebel m
gâcheur m Kalkrührer m; Mörtelrührer m ⟨1. Arbeiter; 2. Gefäß⟩
gâchis m Mörtel m
gadoline f Gadoliniumoxid n
gadolinite f Gadolinit m
gadolinium m Gadolinium n
gaffe f Bootshaken m
gagner une ligne eine Zeile einbringen
gaïac m Pockholz n
gaillard m Back m
gailleteux stückig ⟨Kohle⟩
gain m Entdämpfung f; Gewinn m ⟨Verstärkung⟩; Verstärkung f
  g. d'antenne Antennengewinn m
  g. de boucle Schleifenverstärkung f
  g. de conversion Mischverstärkung f
  g. du courant Stromverstärkung f
  g. de directivité Richtfaktor m
  g. d'un étage Stufenverstärkung f
  g. du gaz Gasverstärkung f ⟨Zählrohr⟩

g. en puissance Leistungsgewinn m, praktischer Antennengewinn m
g. dû aux réflexions Reflexionsgewinn m ⟨Antenne⟩
g. de (en) tension Spannungsgewinn m, Spannungsverstärkung f
g. total Gesamtverstärkung f
g. de transmission Übertragungsgewinn m
gaine f 1. Ummantelung f, Umhüllung f, Mantel m; 2. Futteral n; 3. Hülse f; Kanal m; Röhre f; 4. Verschlußkopf m ⟨Röntgenröhre⟩
  g. d'aérage Luftkanal m, Lüftungskanal m
  g. d'air chaud Warmluftkanal m
  g. d'anode Anodenschutzrohr n
  g. de canalisation Kanalisationsrohr n
  g. (en) caoutchouc Gummimantel m
  g. cathodique Katodenlichtsaum m ⟨Glimmentladung⟩
  g. en chlorure de polyvinyle PVC-Mantel m
  g. collectrice Sammelschacht m; Wassersammelschacht m
  g. de combustible Brennelementenhülle f
  g. d'horloge Uhrengehäuse n
  g. (à) immondices s. g. (à) ordures
  g. isolante Isolierschlauch m
  g. (à) ordures Müllabwurfschacht m; Müllschlucker m
  g. de plomb Bleimantel m
  g. du porte-balai ⟨El⟩ Bürstentasche f
  g. de protection, g. protectrice Schutzhülle f, Schutzhaube f
  g. de ressort Federgamasche f
  g. de tube Röhrenhaube f, Röhrenverschlußkopf m
  g. de ventilation Luftkanal m, Lüftungskamin m
gainer ummanteln, umhüllen, umwickeln
gal m Gal n ⟨metrische Einheit der Beschleunigung; 1 Gal = 10^{-2} m/sec²⟩
galactique galaktisch
galactomètre m Milchwaage f, Milchmesser m
galactose m Galaktose f
galalithe f Galalith n
galandage m leichte Zwischenwand f ⟨7 bis 10 cm⟩
galaxie f Galaxis f, Milchstraßensystem n
galbe m Rundung f; Umriß m; Profil n
galber ausbauchen, mit einer Rundung (Schwellung) versehen
galbord m Plattengang m neben dem Kiel
galée f ⟨Typ⟩ Setzschiff n

galène f Galenit m, Bleiglanz m
galerie f 1. Galerie f, überdeckter Gang m; Rang m; Empore f; Wandelgang m; 2. Altan m, Balkon m, Söller m; 3. Stollen m, Strecke f, Minengang m; 4. Dachgepäckträger m
g. **d'aérage** Wetterstrecke f
g. **d'allongement** Grundstrecke f
g. **d'aménagement** Ausrichtungsstrecke f
g. **d'amenée d'eau** Wasserzuführungsstollen m
g. **d'avancement** Richtstollen m, Vortriebstollen m, Vortriebsstrecke f
g. **de captage** Sammelstollen m
g. **de communication** Verbindungsstrecke f
g. **de conduite d'eau** Wasserleitungsstollen m
g. **en cul-de-sac** Blindstrecke f
g. **de dérivation** Umleitstollen m
g. **de desserte** Förderstrecke f
g. **de déviation** Ableitungsstollen m
g. **de distribution d'eau** Wasserleitungsstollen m
g. **de drainage** Entwässerungsstollen m
g. **drainante** Sammelstollen m ⟨Wasser⟩; Kontrollgang m mit Entwässerungsrinne
g. **d'eau** Wasserstollen m
g. **d'écoulement** Wasserhaltungsstollen m
g. **d'entraînement** Übungsstrecke f
g. **d'entrée d'air** einziehende Wetterstrecke f
g. **d'épuisement** Sumpfstrecke f
g. **d'essais** Versuchsstrecke f
g. **d'exploitation** Abbaustrecke f
g. **filtrante** Sickergalerie f
g. **inclinée** Schrägstollen m
g. **d'infiltration** Sickerstollen m
g. **au jour** Tagesstrecke f
g. **de mine** Strecke f
g. **à niveau libre** Freispiegelstollen m
g. **sous pression** Druckstollen m
g. **principale** Hauptförderstrecke f
g. **de recherche** Schürfstollen m
g. **de reconnaissance** Erkundungsstrecke f
g. **rectiligne** Richtstrecke f
g. **de retour d'air** ausziehende Wetterstrecke f
g. **au rocher** Gesteinsstrecke f
g. **de roulage** Förderstrecke f
g. **de taille** Abbaustrecke f
g. **de tête** Kopfstrecke f
g. **de traçage** Vorrichtungsstrecke f
g. **à travers-banc** Querschlag m

g. **en veine** Flözstrecke f
g. **de visite** Kontrollgang m
galerie-maîtresse f Hauptförderstrecke f
galet m 1. Rolle f, Walze f; Laufrad n; Gelenkstein m, Kulissenstein m; Leitrolle f, Laufrolle f; Reibrolle f; 2. Bachgeröll[e] n, Geschiebe n
g. **d'amenage** Zuführrolle f, Zuführwalze f
g. **d'amortissement** Vorberuhigungsrolle f
g. **de broyage** Mahlrolle f, Mahlwalze f
g. **de came(s)** Kurvenrolle f, Stützrolle f, Stößelrolle f, Nockenrolle f
g. **de contact** Kontaktrolle f
g. **pour dérouler les câbles** Kabelführungsrolle f
g. **d'entraînement** Schaltrolle f
g. **d'entrée** Einlaufrolle f
g. **erratique** erratisches Geschiebe n
g. **étouffoir** Beruhigungsrolle f
g. **de freinage** Bremsrolle f
g. **glaciaire** glaziales Geschiebe n
g. **de guidage** Führungsrolle f, Leitrolle f; Gleitrolle f, Laufrolle f
g. **guide-film** Filmführrolle f
g. **polisseur** Polierwalze f ⟨Prägepolieren⟩
g. **en porcelaine** Porzellankugel f
g. **presseur** Andruckrolle f
g. **presseur en caoutchouc** Gummiandruckrolle f ⟨Tonbandgerät⟩
g. **de renvoi** Umlenkrolle f, Umlenkscheibe f
g. **de roulement de chenille** Laufrolle f ⟨Kettentraktor⟩
g. **de sortie** Auslenkrolle f
g. **tendeur** Spannrolle f
galetage m 1. Prägepolieren n, Glattwalzen n, Rollieren n; 2. Profilieren n
galeter 1. prägepolieren, glattwalzen, rollieren; 2. profilieren
galet-guide m s. galet de guidage
galette f ⟨El⟩ Leiterplatte f; Scheibenspule f
g. **filtre-pressée** filtergepreßter Kuchen m
g. **de pâte** Filterkuchen m, Preßkuchen m
galiote f Scherstock m, Schiebebalken m
gallium m Gallium n
galon m Galon m, Borte f, Litze f, Tresse f; Band n; Schnur f
galopin tendeur Spannrolle f
galvanique galvanisch
galvanisation f Verzinken n; Galvanotechnik f
g. **à chaud au trempé** Feuerverzinken

galvanisation

g. **électrolytique** elektrolytisches Verzinken n
galvanisé verzinkt
galvaniser verzinken
galvano m Galvano n
galvanomètre m Galvanometer n
  g. **à aimant mobile** Nadelgalvanometer n
  g. **balistique** ballistisches Galvanometer n
  g. **bifilaire** Bifilargalvanometer n
  g. **à boucle** Schleifengalvanometer n
  g. **à cadre mobile** Drehspulgalvanometer n
  g. **corde** s. g. Einthoven
  g. **différentiel** Differentialgalvanometer n
  g. **Einthoven (à fil)** Saitengalvanometer n, Fadengalvanometer n
  g. **à index lumineux** Lichtmarkengalvanometer n
  g. **à lampe** Röhrengalvanometer n
  g. **à miroir** Spiegelgalvanometer n
  g. **à oscillations,** g. **de résonance** s. g. à vibration
  g. **à ressort** Federgalvanometer n
  g. **à spot lumineux** s. g. à index lumineux
  g. **à torsion** Torsionsgalvanometer n
  g. **à vibration** Vibrationsgalvanometer n, Schwingungsgalvanometer n
galvanométrique galvanometrisch
galvanoplastie f Galvanoplastik f; Galvanotechnik f, elektrolytische Oberflächenbehandlung f; Galvanisieren n
galvanoplastique galvanoplastisch; galvanisch, elektrolytisch
galvanoscope m **à aiguille** Zeigergalvanoskop n
galvanostégie f Elektroplattierung f
galvanotechnique f Galvanotechnik f
galvanotype m Galvano n
galvanotypie f Galvanoplastik f
gammagraphie f Gammagrafie f
gammamètre m Gammastrahlungsmesser m
gamme f 1. Sortiment n, Produktionssortiment n, Warensortiment n; Produktionsprogramm n, Programm n; 2. Fertigungsplan m, Arbeitsplan m; 3. Band n, Bereich m ⟨z. B. von Frequenzen⟩; 4. Tonleiter f
  g. **audible** Hörbereich m
  g. **des couleurs** Farbenskala f; Abtönung f
  g. **d'échelle** Skalenbereich m
  g. **de l'énergie** Energiebereich m
  g. **de fabrication** Arbeitsplan m, Arbeitsgangfolge f, Fertigungsplan m; Fertigungsumfang m, Fertigungsprogramm n
  g. **fidèle de mesure** zuverlässiger Meßbereich m
  g. **des fréquences** Frequenzbereich m
  g. **des fréquences sonores** Tonfrequenzbereich m
  g. **des fréquences vocales** Sprachfrequenzbereich m
  g. **des grandes ondes** Langwellenbereich m
  g. **de mesurage** Anzeigebereich m
  g. **d'ondes** Wellenbereich m
  g. **des ondes courtes** Kurzwellenbereich m
  g. **des ondes moyennes** Mittelwellenbereich m
  g. **d'opérations** Arbeitsplan m, Arbeitsgangfolge f, Fertigungsplan m
  g. **programme d'outillage** Fertigungsmittelübersicht f, Plan m der benötigten Werkzeuge
  g. **de proportionnalité** Proportionalitätsbereich m
  g. **de puissance** Leistungsbereich m
  g. **de réception** Empfangsbereich m
  g. **de régime** Drehzahlbereich m
  g. **de réglage (régulation)** Regelbereich m
  g. **de réponse** Wiedergabebereich m
  g. **de températures** Temperaturbereich m
  g. **de tension** Spannungsbereich m
  g. **de variation de volume** Lautstärkeumfang m
  g. **de vitesse** Drehzahlbereich m
  g. **vocale** Stimmumfang m
gant m:
  g. **de caoutchouc** Gummihandschuh m
  g. **protecteur** Schutzhandschuh m
garage m 1. Abstellen n; 2. Autohalle f, Wagenhalle f, Garage f; Einstellraum m; Autoreparaturwerkstatt f
  g. **à étages** Hochgarage f
  g. **de plein-pied** Flachgarage f
  g. **souterrain** Tiefgarage f
  g. **surélevé** Hochgarage f
garance f Krapprot n, Türkischrot n
garant m 1. Läufer m, Runner m; 2. holende Part f ⟨z. B. einer Talje⟩
garde f 1. ⟨Text⟩ Wächter m; 2. ⟨Schiff⟩ Geere f, Gei f; 3. ⟨Typ⟩ fliegender Vorsatz m
  g. **de bains-douches** Kauenwärter m
  g. **hydraulique** 1. Wasserverschluß m; 2. Vakuumschutz m ⟨eines Kondensators⟩

g. montante Spring(leine) f
g. au sol Bodenfreiheit f
g. au toit Kopfhöhe f
garde-boue m Schutzblech n, Kotflügel m
garde-canal m Schleusenwärter m
garde-chaîne m Kettenkasten m, Kettenschutz m
garde-chaudière m Kesselwärter m
garde-corps m Geländer n; Reling f
garde-duvet m ⟨Text⟩ Flusenwächter m
garde-feu m Kamingitter n
garde-fou m Brüstung f; Geländer n; Lehne f
garde-frein m Bremser m
garde-ligne m Streckenwärter m
garde-meuble m Abstellraum m
garde-pavé m Randstein m
garde-rats m Rattenblech n
garde-signaux m Signalwärter m
garde-voie m Streckenwärter m
gare f 1. Bahnhof m; 2. Bahnhofsgebäude n; 3. Station f
g. aérienne Flughafen m, Flugplatz m
g. aéro-maritime Anlegestelle f für Luftkissenfahrzeuge
g. d'arrêt Haltebahnhof m
g. d'arrivée Zielbahnhof m
g. d'attache Heimatbahnhof m
g. de bifurcation Anschlußbahnhof m
g. centrale Hauptbahnhof m
g. de correspondance Anschlußbahnhof m, Umsteigebahnhof m
g. en cul-de-sac Kopfbahnhof m
g. de dépassement Überholungsbahnhof m
g. de destination Bestimmungsbahnhof m
g. d'embranchement Anschlußbahnhof m
g. frontière Grenzbahnhof m
g. de manœuvres Rangierbahnhof m
g. de marchandises Güterbahnhof m
g. maritime Seehafenbahnhof m
g. de mine Grubenbahnhof m
g. de passage Durchgangsbahnhof m
g. principale Hauptbahnhof m
g. de raccordement Anschlußbahnhof m
g. de relais de locomotives Lokomotivwechselbahnhof m
g. de remisage Abstellbahnhof m
g. routière Omnibusbahnhof m
g. terminus Endbahnhof m
g. de triage Verschiebebahnhof m, Rangierbahnhof m
g. de voyageurs Personenbahnhof m
garer 1. verschieben ⟨einen Zug⟩; auf einem Nebengleis abstellen; 2. parken; in die Garage fahren
gargouille f Ablaufrohr n, Wasserrinne f; Wasserspeier m
garnir 1. ausstatten, versehen mit; 2. ausmauern, auskleiden, füttern; verkleiden; belegen, beziehen; garnieren ⟨Keramik⟩
g. de bois mit Holz verkleiden
g. de planches verschalen
garnissage m 1. Ausstattung f; Bestückung f ⟨Schneidwerkzeug⟩; 2. Auskleidung f, Ausmauerung f; 3. Betondeckung f; Schutzschicht f; 4. Futter n ⟨eines Ofens⟩; 5. ⟨Brg⟩ Verzug m ⟨Verpfählung⟩
g. de carbure métallique Hartmetallbestückung f
g. de convertisseur Konverterfutter n
g. du four Ofenfutter n
g. des joints Ausfüllen n der Fugen, Verfugen n; Fugenverguß m ⟨Straßendecke⟩
garniture f 1. Beschlag m, Belag m, Ausstattung f; 2. Auskleidung f; Ausguß m; Lagerschale f; Laufbuchse f; Mantel m, Verkleidung f ⟨z. B. Kessel⟩; 3. Füllung f, Dichtung f, Packung f, Liderung f, Einlage f; 4. Armatur f; Zubehör n; 5. Garnitur f, Satz m
g. d'amiante Asbestpackung f
g. en caoutchouc Gummidichtung f
g. de carde Kratzenbeschlag m, Kardenbeschlag m, Krempelbeschlag m
g. d'une cheminée Kaminverwahrung f
g. en cuir Lederdichtung f, Lederliderung f
g. à dent de scie Sägezahnbeschlag m ⟨Karde⟩
g. d'éclairage extérieur Außenarmatur f
g. d'embrayage Kupplungsbelag m
g. d'étanchéité Stopfbuchse(npakkung) f
g. de frein Bremsbelag m
g. pour haute pression Hochdruckpackung f
g. de montage ⟨Typ⟩ Unterlagsteg m
g. de palier Lagerausguß m, Lagerschale f
g. de porte Türverkleidung f
g. de presse-étoupe Stopfbuchsenpackung f
g. rigide Ganzstahlbeschlag m ⟨Karde⟩
g. du talon Wulstbekleidung f
garrot m Knebel m
gas-oil m Gasöl n

gaspillage

gaspillage m Energieverschwendung f; Materialverschwendung f; Raubbau m
gaspiller Energie verschwenden; Material verschwenden; Raubbau betreiben
gâteau m Spinnkuchen m
  g. **de filtration** Filterkuchen m
  g. **de gypse** Gipskuchen m
  g. **de laitier** Schlackenkuchen m
  g. **de sel** Salzkuchen m
  g. **pour teinture** Färbewickel m, Färbespule f
gatte f Relinggraben m, Wassergraben m
gauche (wind)schief, krumm, verkantet; links(seitig); linksdrehend; ⟨Math⟩ räumlich, windschief
gauchir sich werfen, sich verbiegen, sich verkanten, sich krümmen, sich verwinden, sich wellen
gauchissement m 1. Verkanten n, Krümmen n; Verbiegung f; Werfen n, Wellen n, Verziehen n; 2. Querrudersteuerung f
  g. **négatif** negative Verwindung f
  g. **positif** positive Verwindung f
  g. **de la voie** Gleisverwerfung f
gaufrage m Gaufrieren n, Stempeln n, Prägen n; Prägung f
  g. **à sec** Blindprägung f
gaufrer gaufrieren, prägen; aufdrucken
gaufreuse f Prägemaschine f, Gaufriermaschine f
gauss m Gauß n ⟨Einheit der magnetischen Flußdichte, veraltet⟩
gaz m Gas n
  g. **d'affinage** Frischgas n
  g. **brûlé** Abgas n; verbranntes Gas n; Rauchgas n
  g. **brut** Rohgas n
  g. **carbonique** Kohlendioxid n
  g. **de carbonisation** Schwelgas n
  g. **chaud** Heißgas n
  g. **de chauffage, g. chauffant** Heizgas n
  g. **chlorhydrique** Chlorwasserstoffgas n
  g. **de cokéfaction** Schwelgas n
  g. **de cokerie** Koksofengas n
  g. **de combat** Kampfgas n, Gaskampfstoff m
  g. **combustible** Treibgas n, Heizgas n
  g. **de combustion** Verbrennungsgas n
  g. **comprimé** Druckgas n
  g. **de comptage** Zählgas n ⟨Zählrohr⟩
  g. **de conversion** Konvertgas n
  g. **corrosif** korrodierendes Gas n
  g. **de coupage** Löschgas n
  g. **dégénéré** entartetes Gas n
  g. **détendu** entspanntes Gas n
  g. **détonant** Knallgas n
  g. **détonant chlorhydrique** Chlorknallgas n
  g. **dissous** gelöstes Gas n
  g. **à l'eau** Wassergas n
  g. **d'échappement** Abgas n; Auspuffgas n
  g. **d'éclairage** Leuchtgas n, Stadtgas n
  g. **d'électrons** Elektronengas n
  g. **d'entrainement** Spülgas n
  g. **étranger** Fremdgas n
  g. **évacué** Abgas n
  g. **en excédent** Überschußgas n
  g. **extincteur (d'extinction)** Löschgas n ⟨Zählrohr⟩
  g. **de Fermi** Fermi-Gas n
  g. **de fours à coke** Koksofengas n
  g. **du foyer** Feuergas n, Verbrennungsgas n, Rauchgas n ⟨z. B. Dampfkessel⟩
  g. **de fumée** Rauchgas n
  g. **de fumier** Biogas n
  g. **de gazéificateur** Generatorgas n, Luftgas n
  g. **gazogène** Generatorgas n
  g. **de grillage** Röstgas n
  g. **de gueulard (haut fourneau)** Hochofengas n, Gichtgas n
  g. **hilarant** Lachgas n
  g. **de houille** Steinkohlengas n
  g. **inerte** inertes Gas n, Inertgas n
  g. **interplanétaire** interplanetares Gas n
  g. **interstellaire** interstellares Gas n
  g. **interstitiel** Porengas n
  g. **juvénile** juveniles Gas n
  g. **lacrymogène** Tränengas n
  g. **léger** leichtes Gas n
  g. **libre** freies Gas n
  g. **de lignite** Braunkohlengas n
  g. **liquéfié** verflüssigtes Gas n
  g. **lourd** schweres Gas n
  g. **magmatique** magmatisches Gas n
  g. **de marais** Sumpfgas n
  g. **à mesurer** Meßgas n
  g. **moutarde** Senfgas n
  g. **naturel** Naturgas n
  g. **neutre** neutrales Gas n, Neutralgas n
  g. **de neutrons** Neutronengas n
  g. **nitreux** nitroses Gas n
  g. **noble** Edelgas n
  g. **occlus** eingeschlossenes Gas n
  g. **parfait** ideales Gas n, Idealgas n
  g. **pauvre** Schwachgas n
  g. **de pétrole** Erdölgas n, Ölgas n
  g. **photonique** Photonengas n
  g. **porteur** Trägergas n
  g. **sous pression** Druckgas n

g. protecteur (de protection) Schutzgas n ⟨Schweißen⟩
g. quasi neutre quasineutrales Gas n, Quasineutralgas n
g. radio-actif radioaktives Gas n
g. de raffinerie Raffineriegas n
g. rare Edelgas n
g. raréfié verdünntes Gas n
g. réducteur Reduktionsgas n
g. réel reales Gas n
g. réfrigérant Kühlgas n
g. de remplissage Füllgas n ⟨Zählrohr⟩
g. résiduaire (résiduel) Abgas n
g. restant Restgas n
g. de rinçage Spülgas n
g. sec Trockengas n
g. de sonde Sondengas n
g. de sources Quellengas n
g. support Trägergas n
g. de synthèse Synthesegas n
g. toxique Giftgas n
g. de tube compteur Zähl[rohr]gas n
g. vif Frischgas n
g. de ville Stadtgas n
g. volcanique vulkanisches Gas n
gaze f Gaze f
  g. à relier, g. de reliure Heftgaze f
gazéifère gasführend
gazéifiable vergasbar
gazéificateur m Gaserzeuger m, Gasgenerator m; Vergasungsapparat m
gazéification f Gaserzeugung f; Vergasung f; Entgasung f
  g. du charbon Kohlevergasung f
  g. sous pression du charbon Kohledruckvergasung f
  g. souterraine Untertagevergasung f
gazéifier Gas erzeugen; vergasen; entgasen
gazer 1. mit Gaze überziehen; 2. gasieren, sengen
gazeux gasförmig
gazifère gasführend
gazoduc m Gasleitung f, Ferngasleitung f
gazogène m Gasgenerator m
  g. à sole tournant Drehrostgasgenerator m
gazoline f Leichtbenzin n
gazomètre m Gasometer m, Gasbehälter m
gazomètre-tampon m Puffergasometer m
gee m Gee-Verfahren n ⟨UKW-Impuls-Hyperbel-Navigationssystem⟩
gel m 1. Frost m; 2. Gel n
  g. de silice Kieselgel n
gélatine f Gelatine f
gélatineux gelatinös, gallertartig
gélatiniforme gallertartig

gélatinisation f Gelbildung f; Gelatinierung f
gelée f Gallerte f, Lyogel n
geler aushärten, erstarren, gelieren
gélif frostempfindlich
  non g. frostbeständig
gélifiant m Gelatinierungsmittel n, Gelbildner m
gélification f Aushärtung f, Erstarrung f, Gelierung f
gélivation f Frostsprengung f
gélivure f Frostriß m, Frostspalt m, Eiskluft f
gélose f Agar-Agar n
géminé gepaart, gekuppelt; paarweise angeordnet
gemme f Harz n ⟨von Nadelbäumen⟩
gemmer anzapfen, harzen ⟨Nadelbäume⟩
général allgemein, generell
généralisation f Verallgemeinerung f
généralisé generalisiert ⟨Lagrangesche Form der Mechanik⟩
générateur m 1. Generator m, Erzeuger m; Entwickler m; 2. (El) Generator m, Stromerzeuger m ⟨s. a. génératrice⟩; 3. Kessel m, Dampfkessel m, Dampferzeuger m
  g. d'acétylène Azetylenentwickler m, Azetylenerzeuger m
  g. d'arcs intermittents Abreißbogenerzeuger m
  g. atomique Energiereaktor m, Leistungsreaktor m
  g. de balayage Kippgenerator m; Rastergenerator m ⟨Elektronenmikroskopie⟩
  g. de balayage vertical Vertikalablenkgenerator m
  g. à bande Bandgenerator m
  g. à basse fréquence Niederfrequenzgenerator m, Tonfrequenzgenerator m
  g. de blocage Sperrschwinger m
  g. de bruit Rauschgenerator m
  g. de cadence ⟨Dat⟩ Taktimpulsgenerator m
  g. de caractères ⟨Dat⟩ Zeichengenerator m
  g. en cascade Kaskadengenerator m
  g. de choc Stoßgenerator m
  g. de chrominance Farbbildgenerator m
  g. de contrôle Prüfgenerator m
  g. de courant d'appel Rufstromgenerator m
  g. de décharges Funkengenerator m
  g. de dents de scie Sägezahngenerator m

générateur

g. de déviation Ablenkgenerator *m*
g. électrostatique elektrostatischer Generator *m*
g. électrostatique (de) van de Graaff Van-de-Graaff-Generator *m*
g. d'étincelles Funkenerzeuger *m*
g. de fonctions Funktionsgenerator *m*
g. de fréquence de balayage Zeilenablenkgenerator *m*, Zeilenkippgenerator *m*
g. de fréquences Frequenzgenerator *m*
g. de gaz 1. Gaserzeuger *m*; 2. Brennkammer *f* ⟨Gasturbine⟩
g. de glace Eiserzeugungsanlage *f*
g. à grille tournante Drehrostgenerator *m*
g. de Hall Hall-Generator *m*
g. d'harmoniques Oberwellengenerator *m*
g. à haute fréquence Hochfrequenzgenerator *m*
g. à (de) haute tension Hochspannungsgenerator *m*
g. hyperfréquence Höchstfrequenzgenerator *m*
g. d'impulsions Impulsgenerator *m*
g. d'impulsions codées Impulskoder *m*
g. à lit fluidisé Wirbelschichtgenerator *m*
g. de mesure haute fréquence Hochfrequenzmeßsender *m*
g. de mire Bildmustergenerator *m*; Testbildgenerator *m*
g. de neutrons Neutronengenerator *m*
g. nucléaire *s.* g. atomique
g. d'ondes de choc Stoßwellengenerator *m*
g. d'ondes rectangulaires Rechteckwellengenerator *m*
g. photo-acoustique Lichttongenerator *m*
g. de pompe Pumpfrequenzgenerator *m*
g. à quartz Quarzgenerator *m*
g. de rayons X Röntgengenerator *m*
g. RC RC-Generator *m*
g. de relaxation images Bildkippgenerator *m*
g. de rythme Taktgenerator *m*, Taktgeber *m*
g. de signaux hétérodyne Meßsender *m*
g. solaire Sonnenbatterie *f*
g. de son Tongenerator *m*
g. à tension échelonnée Treppenspannungsgenerator *m*
g. de tensions rectangulaires Rechteckwellengenerator *m*
g. d'ultrasons Ultraschallgenerator *m*
g. de vapeur Dampfkessel *m*, Kessel *m*, Dampferzeuger *m*, Dampferzeugungsanlage *f*

générateur-wobbulateur *m* Wobbelgenerator *m*

génération *f* 1. Erzeugung *f*; 2. Abwälzfräsen *n* ⟨Zahnradherstellung⟩
g. de neutrons Neutronenerzeugung *f*

génératrice *f* 1. Generator *m* ⟨*s. a.* générateur⟩; 2. ⟨Math⟩ Erzeugende *f*
g. auto-excitée selbsterreger Generator *m*
g. auxiliaire Hilfsgenerator *m*
g. bimorphique Doppelmaschine *f*
g. de bord Bordnetzgenerator *m*
g. compound Kompoundgenerator *m*, Doppelschlußgenerator *m*
g. à (du) courant alternatif Wechselstromgenerator *m*
g. à courant constant Konstantstromgenerator *m*
g. à (du) courant continu Gleichstromgenerator *m*
g. électrostatique Influenzmaschine *f*
g. éolienne Windkraftgenerator *m*
g. à excitation séparée fremderregter Generator *m*
g. à haute altitude Höhengenerator *m*
g. hypercompoundée Überkompoundgenerator *m*
g. de ligne d'arbre Wellengenerator *m*
g. monophasée Einphasengenerator *m*, Einphasendynamo(maschine *f*) *m*
g. pilote Steuergenerator *m*, Leitgenerator *m*
g. polymorphique Mehrstromgenerator *m*
g. principale Hauptgenerator *m*
g. de secours Notstromaggregat *n*
g. en série Reihenschlußdynamomaschine *f*
g. shunt Nebenschlußgenerator *m*
g. pour soudage à l'arc Schweißgenerator *m*
g. tachymétrique asynchrone Induktionstachogenerator *m*; asynchroner Tachogenerator *m*
g. à tension constante Konstantspannungsgenerator *m*
g. de treuil de pêche Netzwindengenerator *m*
g. triphasée Drehstromgenerator *m*, Drehstromdynamo(maschine *f*) *m*
g. unipolaire Unipolargenerator *m*

génie *m*:
  g. chimique chemische Ingenieurwissenschaften *fpl*
  g. civil Ingenieurkunst *f* ⟨Bau⟩, Bauingenieurswissenschaften *fpl*
  g. maritime Schiffbauwesen *n*
genou *m* Knie *n*
  g. de poussée Schubschulter *f*
genouillère *f* 1. Kniegelenk *n*, Kniehebel *m*, Winkelhebel *m*; 2. Kurbel *f*; 3. Rohrknie *n*, Rohrkrümmer *m*; 4. Knieschutz *m*, Knieschützer *m*
genre *m*:
  g. de pêche Fangart *f*
  g. de protection Schutzart *f*
  g. du service Betriebsart *f*
géo-astronomie *f* Geoastronomie *f*
géobiologie *f* Geobiologie *f*
géocentrique geozentrisch
géochimie *f* Geochemie *f*
géochimique geochemisch
géode *f* **cristallifère** Kristalldruse *f*
géodésie *f* Geodäsie *f*, Vermessungskunde *f*; Vermessungswesen *n*
géodésique geodätisch
géodynamique *f* Geodynamik *f*
géofracture *f* Geofraktur *f*
géohydrologie *f* Geohydrologie *f*
géoïde *m* Geoid *n*
géologie *f* Geologie *f*
  g. des argiles Tongeologie *f*
  g. civile Ingenieurgeologie *f*
  g. économique ökonomische Geologie *f*, Lagerstättenlehre *f*
  g. des gites métallifères Erzlagerstättenkunde *f*
  g. des gites minéraux Lagerstättenkunde *f*
  g. minière Montangeologie *f*
  g. du pétrole Erdölgeologie *f*
  g. stratigraphique Formationskunde *f*
  g. structurale (tectonique) tektonische Geologie *f*, Geotektonik *f*
  g. sur le terrain Feldgeologie *f*
géologique geologisch
géomagnétique geomagnetisch, erdmagnetisch
géomagnétisme *m* Geomagnetismus *m*
géomètre *m* Feldmesser *m*, Landmesser *m*
  g. de mine Markscheider *m*
géométrie *f* Geometrie *f*
  g. de comptage Zählgeometrie *f*
  g. descriptive darstellende Geometrie *f*
  g. différentielle Differentialgeometrie *f*
  g. euclidienne euklidische Geometrie *f*
  g. fausse schlechte (ungünstige) Geometrie *f*

  g. favorable günstige Geometrie *f*
  g. finie Theorie *f* der geometrischen Ordnungen
  g. non euclidienne nichteuklidische Geometrie *f*
  g. de l'outil Schneidengeometrie *f*
  g. d'outils Werkzeuggeometrie *f*
  g. souterraine Markscheidekunde *f*, Markscheidekunst *f*
géométrique geometrisch
géométrisation *f* Geometrisierung *f*
géomorphologie *f* Geomorphologie *f*
géophysique *f* Geophysik *f*
géosynclinal *m* Geosynklinale *f*
géotechnique *f* Geotechnik *f*
géotumeur *f* Geotumor *m*
gerbable Stapel-
gerbe *f* 1. ⟨Kern⟩ Schauer *m*, Teilchenschauer *m*; 2. ⟨Math⟩ Geradenbündel *n*
  g. d'Auger (ausgedehnter) Luftschauer *m*, Auger-Schauer *m*
  g. en cascade Kaskadenschauer *m*
  g. cosmique kosmischer Schauer *m*
  g. dure durchdringender (energiereicher) Schauer *m*
  g. électronique Elektronenschauer *m*
  g. électrophotonique Kaskadenschauer *m*
  g. extensive *s.* g. d'Auger
  g. mésonique Mesonenschauer *m*
  g. pénétrante *s.* g. dure
gerber stapeln
gerbeur *m* Stapler *m*, Hubstapler *m*; Schrägbandförderer *m* zum Stapeln von Stückgut; Kommissioniergerät *n*
  g. à fourche Gabelhochhubwagen *m*
  g. à fourche rétractable Hubstapler *m* mit einziehbaren Gabeln
  g. à plateau Plattformhochhubwagen *m*
gerce *f*, **gerçure** *f* Riß *m*
  g. de retrait Schrumpfriß *m*
  g. superficielle Oberflächenriß *m*
germanium *m* Germanium *n*
germe *m* Keim *m*
  g. de cristal, g. cristallin Kristallkeim *m*
germicide keimtötend
germination *f* Keimen *n*; Keimbildung *f*
germoir *m* Vorkeimraum *m*, Keimkasten *m*
geste *m* Griff *m* ⟨Arbeitsstudie⟩
getter *m* Getter *m*
geyser *m* Geysir *m*, Geiser *m*
geysérite *f* ⟨Min⟩ Geyserit *m*
ghosts *mpl* **du réseau** Gittergeister *mpl*
gibbsite *f* ⟨Min⟩ Gibbsit *m*

gicler einspritzen
gicleur m 1. Düse f, Einspritzdüse f, Spritzdüse f; 2. Spritzapparat m, Druckbestäuber m
   g. d'accélération Beschleunigerdüse f
   g. compensateur Ausgleichdüse f
   g. d'essence de starter Starterdüse f
   g. principal Hauptdüse f
   g. de ralenti, g. secondaire Leerlaufdüse f
   g. de starter Anlaßdüse f
   g. de transition Hilfsdüse f, Übergangsdüse f
gill-box m Hechelkamm m; Gillbox m, Nadel[stab]strecke f
   g. étirage pour le peignage Kammzugstreckwerk n
   double g. Doppelnadelstabstrecke f
gillotage m Zinkstich m ⟨Verfahren⟩
gilsonite f ⟨Min⟩ Gilsonit m
gioberite f Magnesit m
girafe f Galgen m ⟨Kinotechnik⟩
giration f Drehkreisfahrt f, Drehbewegung f
giratoire kreisend; Dreh-, Kreis[el]-
giravion m Drehflügler m
giron m Stufenfläche f; Gehlinie f, Lauflinie f
girouette f Windfahne f, Wetterfahne f
gisement m 1. Fundort m, Lagerstätte f; 2. Seitenpeilung f
   g. alluvial alluviale Lagerstätte f
   g. apomagmatique apomagmatische Lagerstätte f
   g. aurifère Goldlagerstätte f
   g. cryptomagmatique kryptomagmatische Lagerstätte f
   g. détritique Trümmerlagerstätte f
   g. éluvial eluviale Lagerstätte f
   g. épigénétique epigenetische Lagerstätte f
   g. d'exhalations Exhalationslagerstätte f
   g. de fer Eisenerzlagerstätte f
   g. filonien Ganglagerstätte f
   g. hydrothermal hydrothermale Lagerstätte f
   g. intramagmatique intramagmatische Lagerstätte f
   g. de lignite Braunkohlenlagerstätte f
   g. magmatique magmatische Minerallagerstätte f
   g. de manganèse Manganerzlagerstätte f
   g. métallifère Erzlagerstätte f, Metallerzlagerstätte f
   g. de minerai Erzlagerstätte f
   g. minéral Minerallagerstätte f

   g. périmagmatique perimagmatische Lagerstätte f
   g. de pétrole, g. pétrolifère Öllagerstätte f, Erdöllager[stätte f] n, Erdölablagerung f
   g. plutonique plutonische Lagerstätte f
   g. d'un point observé Kurs m; Steuerkurs m
   g. pyrométasomatique pyrometasomatische Lagerstätte f
   g. résiduel Residuallagerstätte f
   g. salin Salzlagerstätte f
   g. de ségrégation magmatique magmatische Segregationslagerstätte f
   g. de sel gemme s. **g. salin**
   g. de substitution Verdrängungslagerstätte f
   g. syngénétique syngenetische Lagerstätte f
   g. télémagmatique telemagmatische Lagerstätte f
   g. d'uranium Uranlagerstätte f
   g. volcanique vulkanische Lagerstätte f
gîte m 1. s. **gisement**; 2. Krängung f ⟨s. a. **bande**⟩
givrage m 1. Vereisung f; 2. Eisätzen n ⟨Steine und Erden⟩
   g. à la colle Eisblumieren n
givrer vereisen
glaçage m 1. Eineisen n; 2. Läppen n; Polieren n; Glanzbildung f
glace f 1. Eis n; 2. Gefrierpunkt m; 3. Glas n; 4. Spiegel m
   g. armée Drahtspiegelglas n
   g. biseautée Glas n mit geschliffenem Rand
   g. brute coulée Rohspiegelglas n, Spiegelrohglas n
   g. carbonique Trockeneis n
   g. d'eau Wassereis n
   g. d'eau de mer Meerwassereis n, Seewassereis n
   g. fixe festes Eis n
   g. flottante Treibeis n
   g. de fond Grundeis n
   g. lourde ⟨Kern⟩ schweres Eis n
   g. polaire Polareis n
   g. polie Spiegelglas n
   g. profonde s. **g. de fond**
   g. sèche Trockeneis n
   g. Sécurit Sicherheitsglas n, splitterfreies Glas n
   g. d'une voiture Wagenfenster n
glacer 1. läppen; polieren; 2. glasieren; 3. ⟨Text⟩ staffieren
glacerie f Spiegelglasfabrik f

glaceuse f Hochglanzpresse f
glaceuse-sécheuse f Trockenpresse f, Schnelltrockenpresse f
   g. à face unique Einfachtrockenpresse f
glaciation f Eisbildung f, Vereisung f; Vergletscherung f
glacier m Gletscher m
   g. de marée Gezeitengletscher m
   g. de montagne Gebirgsgletscher m
   g. de piémont Vorlandgletscher m
   g. de plateau Plateaugletscher m
   g. de vallée Talgletscher m
glacière f 1. Eishöhle f; 2. Eiskeller m; 3. Eisschrank m
glaciologie f Gletscherkunde f
glacis m 1. äußere Böschung f; 2. Firnis m; Glasur f; Lasur f
glaçon m Eisscholle f
glaçure f Glasur f
   g. aqueuse Wasserglasur f
   g. opaque Trübglasur f
glaie f Gewölbe n eines Glasschmelzofens
glaise f 1. Lehm m; Ton m; Töpferton m; 2. Gewölbe n eines Glasschmelzofens
glaiseux lehmig
glaisière f Lehmgrube f, Tongrube f
glaubérite f Glaubersalz n
glauconite f Glaukonit m ⟨Tonmineral⟩
glissade f Schiebeflug m
   g. latérale seitliches Abrutschen n
   g. des nœuds Rutschen n der Knoten
   g. sur la queue Abrutschen n ⟨eines Flugzeugs⟩
glissance f 1. Abrutschen n, Herangleiten n; 2. Glätte f, Schlüpfrigkeit f
glissement m 1. Gleiten n, Rutschen n; Schlupf m; 2. Abgleiten n; 3. Verschiebung f
   g. de la courroie Riemenschlupf m
   g. au décrochage Kippschlupf m
   g. de fréquence Frequenzdrift f
   g. par gravité Abgleiten n infolge der Schwerkraft
   g. infinitésimal infinitesimale Verschiebung f
   g. de joint de grains Korngrenzenverschiebung f
   g. de montagne Felsrutschung f
   g. par pesanteur s. g. par gravité
   g. de terrain Bergrutsch m, Bergsturz m, Erdrutsch m
   g. unitaire Schiebung f
glisser gleiten, schlupfen, abrutschen
   g. sur l'aile seitlich abrutschen
glisseur m 1. ⟨Flg⟩ Wassergleiter m; 2. ⟨Math⟩ s. vecteur glissant

glissière f 1. Gleitschiene f; Gleitbahn f; Gleitführung f; Gleitfläche f; Laufschiene f; Geradführung f; 2. Rutsche f, Schurre f, Rinne f; 3. Schieber m; 4. Bremsberg m
   g. à billes Kugelführung f
   g. de la bobine Einfädelschlitz m
   g. de chargement Laderutsche f, Ladeschurre f, Laderinne f
   g. de déviation Filmabheber m
   g. de l'élévateur Elevatorschlitten m
   g. de positionnement Einstellschieber m
   g. prismatique Prismaführung f
   g. à secousses Schüttelrutsche f
   g. de vidange Sackauslauf m
glissoir m Rutsche f, Rinne f, Schurre f ⟨s. a. goulotte 1.; gouttière 2.⟩
   g. d'avalanche Lawinenbahn f
   g. de chargement Laderutsche f, Ladeschurre f, Laderinne f, Füllrinne f
   g. à secousses Schüttelrinne f, Schüttelrutsche f
globe m 1. Glasglocke f ⟨für Lampen⟩; 2. Glühraum m ⟨des Prozellanrundofens⟩
   g. céleste Himmelskugel f
   g. fulminant Kugelblitz m
   g. terrestre Erdkugel f
glover m Gloverturm m
glu f marine Marineglanz m ⟨Kalfatermittel⟩
gluant klebrig
glucide m Kohlehydrat n
glucine f Berylliumoxid n, Beryllerde f
glucinium m Beryllium n
glucose m Glukose f, Glykose f
glucoside m Glykosid n
gluten m Gluten n, Kleber m
glycérine f Glyzerin n
glycine f, **glycocolle** m Glykokoll n, Glyzin n
glycogène m Glykogen n
glycol m Glykol n
gneiss m Gneis m
gnomon m Sonnenuhr f
gobelet m Becher m
   g. trayeur Melkbecher m
gobeleterie f Wirtschaftsglasindustrie f
gobeter bewerfen, berappen ⟨eine Mauer⟩
godet m 1. Becher m ⟨Becherwerk⟩; Eimer m ⟨Bagger⟩; Schaufel f, Greiferschaufel f, Greifgefäß n; 2. Schaufel f, Zelle f ⟨Wasserrad⟩; 3. Näpfchen n ⟨z. B. für Farbe⟩
   g. caveur Baggerschaufel f, Schaufel f
   g. de drague Baggereimer m

godet

  g. d'élévateur Elevatorbecher *m*
  g. graisseur Öler *m*, Schmiergefäß *n*
gommage *m* Gummierung *f*
gomme *f* 1. Gummi[harz] *n*, Pflanzengummi *n*; 2. Radiergummi *m*
  g. arabique Gummiarabikum *n*
  g. élastique Gummielastikum *n*
  g. lard Speckgummi *m*
  g. mastic Mastix *m*
gommé gummiert, gummibelegt
gomme-gutte *f* Gummigutt *n*, Gummiharz *n*
gomme-laque *f* Schellack *m*
gommer 1. gummieren, mit Gummilösung bestreichen; 2. abreiben, abschleifen
gomme-résine *f* Schleimharz *n*
gommeux gummiartig; gummihaltig
gommifère gummihaltig
gond *m* Türangel *f*
gondolage *m*, **gondolement** *m* Krümmen *n*; Werfen *n*, Sichwerfen *n* ⟨von Bohlen⟩; ⟨Text⟩ Faltenbildung *f* ⟨z. B. Maschenwarenfehler⟩
gondoler sich aufbauchen; sich werfen; sich verziehen
gonflable aufblasbar ⟨z. B. Boot⟩
gonflage *m* 1. Aufquellen *n*; Quellen *n*; 2. Anschwellen *n*; Aufblasen *n*, Aufpumpen *n*; Reifenfüllung *f* ⟨s. a. gonflement⟩
gonflant quellend, treibend, Quell-, Treib-; bauschig
gonflant *m* Bauschigkeit *f* ⟨des Garns⟩
gonflement *m* 1. Aufblähen *n*; 2. Treiben *n* ⟨von Koks⟩; 3. Anschwellung *f*, Aufwölbung *f*; 4. Quellung *f*, Quellen *n*; 5. Bauschen *n* ⟨des Garns⟩; à g. aufblasbar
  g. de cuisson Brennwachsen *n*
  g. en épaisseur Dickenquellung *f*
  g. de la fibre Faserquellung *f*
  g. du mur Quellen *n* der Sohle
gonfler 1. [auf]quellen; 2. anschwellen; 3. treiben; 4. quellen; 5. bauschen ⟨Texturfäden⟩; 6. aufpumpen ⟨einen Reifen⟩
gonfleur *m* Reifenpumpe *f*, Luftpumpe *f*
gonflomètre *m* Reifendruckmesser *m*
goniomètre *m* 1. Goniometer *n*, Winkelmesser *m*; 2. Funkpeiler *m*, Funkpeilgerät *n*
  g. à compteur Zählrohrgoniometer *n*
  g. à contact Anlegegoniometer *n*
  g. à cristaux Kristallgoniometer *n*
  g. à interférence Interferenzgoniometer *n*
  g. à miroir Winkelspiegel *m*
  g. à monocristal Einkristallgoniometer *n*
  g. à rayons X Röntgengoniometer *n*
  g. à réflecteur Winkelspiegel *m*
  g. à réflexion Reflexionsgoniometer *n*
  g. de texture Texturgoniometer *n*
  g. visuel Sichtfunkpeiler *m*
goniométrie *f* 1. Winkelmessen *n*; Goniometrie *f*; 2. Peilung *f*
gonioscope *m* Gonioskop *n*
  g. à pyramide Pyramidengonioskop *n*
gorge *f* 1. Hohlkehle *f*; Rille *f*; Rinne *f*; 2. Trichterrohr *n*; 3. Engpaß *m*, enger Durchgang *m*
  g. creuse Hohlkehle *f*
  g. à huile Ölrille *f*
  g. d'isolateur Halsrille *f* ⟨Isolator⟩
  g. de roulement Laufrille *f*, Rille *f* ⟨z. B. Rillenkugellager⟩
  g. pour segment de piston Kolbenringnute *f*
  g. pour sûreté d'axe Nute *f* für Kolbenbolzensicherungsring
gorge-de-loup *f* Wolfsrachen *m* ⟨Einkehlung⟩
gorget *m* 1. Kehlhobel *m*; 2. kleine Rille *f*
gothique *f* ronde Rotunda *f*, Rundgotisch *f* ⟨Schriftart⟩
goudron *m* Teer *m*
  g. bitumeux Teerbitumen *n*
  g. de bois Holzteer *m*
  g. à froid Kaltteer *m*
  g. de houille Steinkohlenteer *m*
  g. de lignite Braunkohlenschwelteer *m*
  g. minéral Asphaltteer *m*, Asphaltpech *n*
  g. de semicarbonisation Tieftemperaturteer *m*, Schwelteer *m*
  g. végétal *s*. g. de bois
goudronnage *m* 1. Teeren *n*; 2. Teerung *f*; Teerbelag *m*
goudronné geteert ⟨z. B. Tauwerk⟩
goudronner teeren
goudronneuse *f* Teermaschine *f*
goudronneux teer[art]ig
gouge *f* Hohleisen *n*, Hohlmeißel *m*
goujon *m* Bolzen *m*, Dübel *m*, Pflock *m*; Dorn *m*; Stift *m*; Stiftschraube *f*; Paßstift *m*; Madenschraube *f*
  g. d'assemblage Paßstift *m*
  g. de centrage Zentrierstift *m*
  g. de cisaillement Scherstift *m*
  g. de contact Kontaktstift *m*
  g. fileté Stiftschraube *f*, Madenschraube *f*
goujonnage *m* Verstiftung *f*
goujonner verstiften; verbolzen; verdübeln

goulet *m s.* goulotte 1.
goulot *m* Flaschenhals *m*
goulotte *f* 1. Rutsche *f*, Rinne *f*, Schurre *f*, Ladeschurre *f*, Schacht *m* ⟨s. a. glissoir; gouttière 2.⟩; 2. Abflußrinne *f*; 3. Umladeschnecke *f*, Körnertankentleerer *m*; 4. Gießmast *m*
  g. d'alimentation Aufgabeschurre *f*
  g. à copeaux Späneauffangrinne *f*
  g. de coulée Abstichrinne *f*
  g. hélicoïdale Wendelrutsche *f*, Wendelrinne *f*
  g. orientable schwenkbarer Auswurfbogen *m*
  g. de réaction Reaktionsrinne *f*
goupillage *m* Verstiften *n*; Versplinten *n*; Splintisierung *f*
goupille *f* Dübel *m*; Stift *m*, Vorstecker *m*, Splint *m*
  g. d'arrêt Arretierstift *m*, Festhaltestift *m*, Steckstift *m*, Schnappstift *m*, Anschlagstift *m*
  g. d'assemblage Paßstift *m*
  g. de centrage Zentrierstift *m*
  g. de cisaillement Abscherstift *m*, Scherstift *m*
  g. conique Kegelstift *m*
  g. cylindrique Zylinderstift *m*
  g. à encoches Kerbstift *m*
  g. fendue Splint *m*
  g. filetée Gewindestift *m*
  g. à nœud Knebelkerbstift *m*
  g. de remplissage Paßstift *m*
goupiller versplinten; mit Stiften befestigen, verstiften
gousset *m* 1. Knotenblech *n*, Winkelblech *n*; Knieblech *n*; 2. Tragband *n*; Knagge *f*; kleine Konsole *f*; 3. Zwickel *m*, Keil *m*; kleine Tasche *f* ⟨z. B. Spitze oder Ferse am Strumpf⟩
  g. de bouchain Kimmstützplatte *f*
goutte *f* Tropfen *m*; **g. à g.** tropfenweise
  g. de liquidité Flüssigkeitstropfen *m*
  g. de verre Glastropfen *m*
goutte-à-goutte *m* Tropf *m*
gouttelette *f* Tröpfchen *n*
  g. de brouillard Nebeltröpfchen *n*
  g. fondue Schmelztröpfchen *n*
  g. d'huile Öltröpfchen *n*
goutter tropfen
gouttière *f* 1. Dachrinne *f*; Dachtraufe *f*, Regenrinne *f*; 2. Rinne *f*, Rutsche *f*, Schurre *f* ⟨Fördertechnik⟩ ⟨s. a. glissoir, goulotte 1.⟩; 3. ⟨Typ⟩ Anguß *m*
  g. arrondie abgerundeter Schergang *m*, abgerundete Stringer-Schergang-Verbindung *f*
  g. en dessus Standrinne *f*

g. d'eau de fonte Schmelzwasserrinne *f*
g. pendante Hängerinne *f*
g. de pont Decksstringer *m*
g. transporteuse Förderrinne *f*
gouvernail *m* ⟨Schiff, Flg⟩ Ruder *n*
  g. actif Aktivruder *n*
  g. avec aiguillots vollgelagertes Ruder *n*
  g. arrière Heckruder *n*
  g. avant Bugruder *n*
  g. caréné Profilruder *n*, Stromlinienruder *n*, Verdrängungsruder *n*
  g. compensé Balanceruder *n*
  g. de direction Seitenruder *n*
  g. à double bordé *s.* **g. caréné**
  g. d'étrave Bugruder *n*
  g. à jet Strahlruder *n*
  g. Kort Kortdüsenruder *n*, Ruderdrehdüse *f*
  g. Oertz Oertz-Ruder *n*
  g. plan Flächenruder *n*
  g. profilé *s.* **g. caréné**
  g. de profondeur Höhenruder *n*
  g. à safran *s.* **g. plan**
  g. à safrans multiples Mehrflächenruder *n*
  g. semi-compensé (semi-équilibré) Halbbalanceruder *n*
  g. semi-suspendu Halbschweberuder *n*
  g. à simple tôle Einplattenruder *n*
  g. Simplex Simplexbalancerruder *n*
  g. suspendu Schweberuder *n*, Spatenruder *n*
  g. à tuyère (Kort) *s.* **g. Kort**
gouverne *f* Höhenruder *n*; Ruder *n*; Steuerfläche *f*
gouverner steuern ⟨z. B. Kurs⟩
gouvernes *fpl* kombiniertes Höhen- und Querruder *n*
goyau *m* **d'aérage** Wetterturm *m*
gradation *f* Abstufung *f*, Stufenfolge *f*; Steigerung *f*
  g. des corps anglo-américains englisch-amerikanische Schriftgradeinteilung *f* (Schriftgrade *mpl*), Pica-System *n*
  g. des corps en Europe europäische Schriftgradeinteilung *f* (Schriftgrade *mpl*), Didot-System *n*
  g. de la couche Gradient *m* der Schicht
  g. des couleurs Farbabstufung *f*
grade *m* Neugrad *m*, Gon *n* ⟨Winkeleinheit⟩
  g. des grains Korngröße *f* ⟨des Schleifkörpers⟩
grader *m* Bodenhobel *m*, Planierraupe *f*, Straßenhobel *m*

gradient

gradient m Druckgefälle n, Gradient m; Steigung f ⟨von Gleisen⟩
  g. **adiabatique saturé** feuchtadiabatischer Temperaturgradient m
  g. **adiabatique sec** trockenadiabatischer Temperaturgradient m
  g. **alternant** alternierender Gradient m
  g. **de concentration** Konzentrationsgefälle n
  g. **géothermique** geothermischer Gradient m
  g. **de potentiel** Potentialgradient m, Gradient m des Potentialwalls
  g. **de pression** Druckgefälle n
  g. **de température** Temperaturgradient m

gradin m 1. Stufe(ntritt m) f; Staffel f; 2. Bankreihe f ⟨Amphitheater⟩; 3. Abstufung f; 4. ⟨Brg⟩ Strosse f
  g. **de croissance** Wachstumstreppe f, Wachstumsstufe f
  g. **de déblai** Abraumstrosse f
  g. **de faille** Verwerfungsstufe f
  g. **de plage** Berme f

gradomètre m Neigungsmesser m, Steigungsmesser m

graduation f Abstufung f; Skalenteilung f
  g. **du cercle** Kreisteilung f
  g. **d'échelle linéaire** lineare Skalenteilung f

gradué mit Skaleneinteilung
graduel stufenweise, abgestuft, graduell
graduer abstufen

grain m 1. Korn n; 2. Drehpfanne f, Spurlinse f ⟨Spurlager⟩; 3. Böe f; à g. **fin** feinkörnig; à g. **moyen** mittelkörnig; à g. **régulier** gleichmäßig körnig; à **gros** g. grobkörnig; à **petit(s) grain(s)** feinkörnig; **en grains** körnig
  g. **de la cassure** Bruchgefüge n
  g. **cristallin** Kristallkorn n
  g. **fin** Feinkorn n
  g. **de perlite** Perlitkorn n
  g. **de pollen** Pollenkorn n
  g. **ultra-fin** Ultrafeinkorn n

grains mpl 1. Korn n, Schüttgut n ⟨Laderauminhaltsangabe⟩; 2. Grus m

graissage m Schmieren n, Fetten n; Schmierung f; Abschmieren n
  g. **à bague** Ringschmierung f
  g. **par barbotage** Spritzölschmierung f; Tauchschmierung f; Ölnebelschmierung f
  g. **par brouillard d'huile** Ölnebelschmierung f
  g. **central(isé)** Zentralschmierung f
  g. **par circulation** Umlaufschmierung f
  g. **à circulation forcée** Druckumlaufschmierung f
  g. **par compte-gouttes** Tropfölschmierung f
  g. **à la graisse** Fettschmierung f
  g. **au graphite** Graphitschmierung f
  g. **à l'huile** Ölschmierung f
  g. **par injection** Schmierung f durch Ölstrahl
  g. **à mèche** Dochtschmierung f
  g. **par niveau d'huile** Ölstandschmierung f
  g. **permanent** Dauerschmierung f
  g. **sous pression** Druckschmierung f
  g. **par pulvérisation** Sprühschmierung f, Ölnebelschmierung f
  g. **au vol** Schmierung f bei laufender Maschine

graisse f Fett n, Schmierfett n, Abschmierfett n
  g. **de laine** Wollfett n
  g. **d'os** Knochenfett n
  g. **pour pompe à eau** Wasserpumpenfett n
  g. **Stauffer** Staufferfett n

graisser (ab)schmieren, fetten, ölen

graisseur m Schmierapparat m, Schmiervorrichtung f, Öler m, Fettpresse f; Schmiernippel m, Schmierbüchse f
  g. **d'air** Druckluftöler m
  g. **à bille** Schmiernippel m
  g. **par brouillard d'huile** Nebelöler m
  g. **à clapet** Klappöler m
  g. **compte-gouttes** Tropfölapparat m, Tropföler m
  g. **à mèche** Dochtöler m
  g. **Stauffer** Stauferbuchse f, Stauferbüchse f

graisseux fetthaltig; fettig, schmierig
gramme m Gramm n
gramme-équivalent m Grammäquivalent n
gramme-force m, **gramme-poids** m Pond n ⟨Einheit der Kraft⟩
grand-brillant m Hochglanz m
grand-étirage m Hochverzug m
grandeur f 1. Größe f; 2. Größenklasse f ⟨von Sternen⟩
  g. **alternative** Wechselgröße f
  g. **alternative symétrique** symmetrische Wechselgröße f
  g. **caractéristique** Kenngröße f
  g. **de commande** Steuergröße f
  g. **convertie** gewandelte Größe f
  g. **d'entrée** Eingangsgröße f
  g. **de l'image** Bildgröße f
  g. **indépendante** unabhängige Veränderliche f

g. d'influence Stellgröße f; Steuergröße f
g. logique logische Größe f
g. machine Maschinengröße f
g. mathématique mathematische Größe f
g. maximale Größtmaß n
g. mesurée Meßgröße f ⟨gemessen⟩
g. à mesurer Meßgröße f ⟨messend⟩
g. numérique numerische Größe f
g. périodique periodische Größe f
g. perturbatrice Störgröße f
g. physique physikalische Größe f
g. pilote Führungsgröße f
g. de référence Bezugsgröße f
g. de réglage Regelgröße f
g. réglante Stellgröße f
g. réglée Regelgröße f; Regelzustand m
g. scalaire skalare Größe f
g. sinusoïdale sinusförmige Wechselgröße f
g. de sortie Ausgangsgröße f
g. traduite abhängige Veränderliche f
g. vectorielle vektorielle Größe f, Vektor m
grandir vergrößern
grandissement m Vergrößerung f ⟨s. a. grossissement⟩
grange f Scheune f
granit(e) m Granit m
g. anorogénique anorogener Granit m
granitique granitisch
granitisation f Granitisierung f
granitoïde granitähnlich
granoblastique granoblastisch
granophyrique granophyrisch
granulaire körnig
granulateur m Granulator m, Granulieranlage f, Granuliermühle f, Schneidmühle f ⟨Plastverarbeitung⟩
g. à bande Bandgranulator m
g. à joncs Stranggranulator m
g. récupérateur Schneidmühle f zur Granulierung von Plastabfällen
granulation f Körnung f, Körnigkeit f, Korngröße f, Granulation f; **à forte g.** grobkörnig
g. du laitier, g. de la scorie Schlackengranulierung f, Schlackenkörnung f
granule m Granulum n; Körnchen n
granulé m Granulat n
g. à bande Bandgranulat n
g. cubique würfelförmiges Bandgranulat n
g. cylindrique zylinderförmiges Stranggranulat n
g. à joncs Stranggranulat n

granuler körnen; granulieren
granuleux körnig, gekörnt
granulomètre m Korngrößenmesser m, Feinheitsmesser m
granulométrie f 1. Korngröße f, Körnung f; 2. Korngrößenanalyse f, Korngrößenbestimmung f, Granulometrie f
granulométrique granulometrisch
graphe m Graph m
graphique grafisch; schriftgranitisch
graphique m grafische Darstellung f, Diagramm n, Kennlinienbild n, Nomogramm n
g. de marche Bildfahrplan m
g. de stabilité Stabilitätsdiagramm n
graphite m Graphit m
g. colloïdal kolloidaler Graphit m
g. en crabes Krabbengraphit m
g. imprégné imprägnierter Graphit m
g. nodulaire Knötchengraphit m
g. sphéroïdal Kugelgraphit m
graphiter graphitieren
graphiteux, graphitique graphithaltig, Graphit-
graphitisation f Graphitieren n; Graphitisierung f
grappe f:
g. de nœuds Astansammlung f, Astnest n
g. de parachutes Mehrfachfallschirm m
grappin m 1. Steigeisen n, Klettereisen n; 2. Greifer m; 3. ⟨Schiff⟩ Draggen m, Vierflunkenanker m
g. bicâble Zweiseilgreifer m
g. monocâble Einseilgreifer m
gras fett, fett[halt]ig, fettartig
grattage m 1. Schaben n ⟨Metallbearbeitung⟩; 2. ⟨Text⟩ Rauhen n
gratter abkratzen, schaben ⟨Metallbearbeitung⟩; 2. ⟨Text⟩ rauhen
gratteur m Kratzer m, Schaber m
gratteuse f Rauhmaschine f
g. de tapis Teppichrückenrauhmaschine f
grattoir m Schaber m
grauwacke f Grauwacke f
gravage m Gravieren n
gravats mpl Abraum m; Bauschutt m
graver gravieren; einmeißeln; stechen, radieren
g. en relief hochätzen
graves mpl Tiefen fpl ⟨akustisch⟩
graveur m:
g. de clichés Chemigraf m
g. sur métal Graveur m, Stecher m
g. de poinçons Stempelschneider m
g. en taille-douce Kupferstecher m

gravier m Kies m, Feinsplitt m ⟨2 bis 20 mm⟩; Grus m
  g. filtrant (à filtrer) Filterkies m
  g. de quartz Quarzkies m
  gros g. Grobschotter m
gravillon m Feinkies m ⟨5 bis 25 mm⟩
  g. de laitier Schlackensplitt m
gravillonner mit Kies bedecken, einstreuen
gravillonneur m 1. Brecher m, Brechmaschine f; 2. Verteiler m ⟨Kies, Schotter⟩
  g. giratoire Kegelbrecher m
  g. à mâchoire(s) Backenbrecher m
gravillonneuse f Verteiler m ⟨Kies, Schotter⟩
gravimètre m Gravimeter n, [statischer] Schweremesser m
gravimétrie f 1. Gravimetrie f, Schweremessung f, Schwerkraftmessung f; 2. Gewichtsanalyse f, gravimetrische Bestimmung f
gravimétrique gravimetrisch, gewichtsanalytisch
gravitation f universelle Gravitation f, Massenanziehung f, Schwerkraft f
gravité f Schwere f
  g. zéro Schwerelosigkeit f
graviter gravitieren
graviton m Graviton n
gravois mpl s. gravats
gravure f Gravur f, Stich m; Gravüre f
  g. à l'acide Ätzen n
  g. à l'acide sur verre Glasätzung f
  g. sur acier Stahlstich m
  g. sur bois Holzschnitt m
  g. sur bois couché Holzschnitt m ⟨Langholz⟩
  g. sur bois debout Holzstich m ⟨Hirnholz⟩
  g. chimique Ätzen n
  g. sur cuivre Kupferstich m
  g. à l'eau forte 1. Ätzen n; 2. Radierung f
  g. sur linoléum Linolschnitt m
  g. d'ornements Ornamentätzung f
  g. à la roue Glasgravur f
  g. en taille-douce Kupferstich m
gréement m Takelage f, Takelung f, Takelwerk n
  g. de chalut Netzbetakelung f
  g. courant laufendes Gut n ⟨bewegtes Tauwerk⟩
  g. dormant (fixe) stehendes Gut n ⟨feststehendes Tauwerk⟩
gréer [auf]takeln; mit einer Takelage ausrüsten ⟨technologisch⟩
greffoir m Okuliermesser n

grège f 1. Rohseide f; Rohseide f mit geknüpften Enden; ungleichmäßig dicke Rohseide f; 2. ungezwirntes (ungedrehtes, unfertiges) Garn n
grelet m Maurerhammer m
grelichonne f Maurerkelle f
grelin m Trosse f, Verholtrosse f
grenaillage m 1. Granulieren n, Körnen n; 2. Strahlen n, Abstrahlen n; Kugelstrahlen n; Sandstrahlen n
grenaille f 1. Metallkörner npl, Stahlkies m, Stahlkugeln fpl ⟨Kugelstrahlen⟩; 2. Splitt m ⟨unter 10 mm⟩
  g. d'acier Stahlkies m
grenaillement m s. grenaillage
grenailler 1. körnen, granulieren; 2. [ab-]strahlen; kugelstrahlen; sandstrahlen
grenailleuse f Strahlanlage f
  g. à fils Drahtstrahlanlage f
grenat m Granat m
grenatifère granatführend
grener körnen, körnig machen
grénétine f s. gélatine
grenier m Speicher m, Silo m
grenu körnig
grès m 1. ⟨Geol⟩ Sandstein m; 2. Schleifsand m; 3. Steinzeug n ⟨Keramik⟩
  g. bigarré Buntsandstein m
  g. cérame Steinzeug n
  g. cérame fin weißes porzellanartig glasiertes Steinzeug n
  g. filtrant Filtriersandstein m
  g. fin Feinsteinzeug n
  g. permien Rotliegendes n
  g. sanitaire sanitäres Steinzeug n
  g. siliceux Kieselsandstein m
  nouveau g. rouge Rotliegendes n
grésière f, **gresserie** f Sandsteinbruch m
grid m Gitter n ⟨Röhre, s. a. grille 5.⟩
grid-dip-mètre m Griddipmeter n
griffe f 1. Greifer m, Polygreifer m, Pratze f ⟨Fördertechnik⟩; 2. Klaue f ⟨z. B. Kupplung⟩; 3. Grubberzinken m, Grubberschar n, Spitzhacke f; 4. Aufnehmevorrichtung f; Klammer f ⟨Glashalter mit Metallfassungen ohne Schrauben für eine Brille⟩
  g. d'arrêt Arretiergreifer m
  g. automatique Selbstgreifer m
  g. centrale Mittelgreifer m
  g. d'entraînement Transportgreifer m, Fortschaltgreifer m
  g. de levage Steingreifer m
  g. unique Einfachgreifer m
gril m 1. Grill m; 2. ⟨Eb⟩ Gleisrost m, Gleisgruppe f
  g. aux rayons infrarouges Infrarotgrill m

grillage *m* Gitter[werk] *n*; Drahtgitter *n*; 2. Maschendraht *m*; 3. Rösten *n*; Abrösten *n*
 g. agglomérant par frittage sinterndes Rösten *n*
 g. chlorurant chlorierendes Rösten *n*
 g. en fil de fer Drahtgeflecht *n*
 g. par fluidisation Wirbelröstverfahren *n*
 g. à mort Abröstung *f*
 g. ondulé Wellengitter *n*
 g. préliminaire Vorrösten *n*
 g. protecteur Schutzgitter *n*, Berührungsschutzgitter *n*
 g. réducteur reduzierendes Rösten *n*
 g. sulfatisant sulfatisierendes Rösten *n*
grillager vergittern
grille *f* 1. Rost *m*, Feuerungsrost *m*; 2. ⟨Bw⟩ Gitterwerk *n*; 3. Rechen *m*; 4. Sieb *n*; 5. Gitter *n* ⟨z. B. einer Röhre⟩; 6. Raster *m*; Gradnetz *n*
 g. accélératrice Beschleunigungsgitter *n*
 g. antigivre Vereisungsnetz *n*; Vereisungsschutzgitter *n*
 g. antigivre sans passage geschlossenes Vereisungsnetz *n*
 g. antigivre à passage dévié offenes Vereisungsnetz *n*
 g. d'arrêt Bremsgitter *n*
 g. articulée Scherengitter *n*
 g. à auge Muldenrost *m*
 g. auxiliaire Hilfsgitter *n*
 g. à avance Vorschubrost *m*
 g. à barreaux Stabrost *m*
 g. basculante Kipprost *m*
 g. à cascades Kaskadenrost *m*
 g. à chaîne Kettenrost *m*, Wanderrost *m*
 g. de charge d'espace Raumladungsgitter *n*
 g. à coke Koksrechen *m*
 g. de commande (contrôle) Steuergitter *n*
 g. de criblage Siebrost *m*
 g. à décrassage Schürrost *m*
 g. à disques Scheibenrost *m*
 g. écran Schirmgitter *n*
 g. à étages Treppenrost *m*
 g. extérieure répartitrice Freiluftabzweigkasten *m*, Freiluftverteilerkasten *m*
 g. de fenêtre Fenstergitter *n*
 g. en fer eiserner Rost *m*
 g. fine Feinrechen *m*
 g. de freinage Bremsgitter *n*, Fanggitter *n*
 g. à gradins Treppenrost *m*
 g. horizontale Planrost *m*
 g. inclinée Schrägrost *m*
 g. injectrice Mischgitter *n*
 g. à lisier Spaltenboden *m* ⟨Stallentmistung⟩
 g. mécanique Wanderrost *m*
 g. mécanique à zones Zonenwanderrost *m*
 g. mobile Wanderrost *m*; Drehrost *m*
 g. de modulation Modulationsgitter *n*
 g. de nombres ebenes Zahlengitter *n*
 g. plate Planrost *m*
 g. porte-objet Netzobjektträger *m*
 g. à poussée Schubrost *m*
 g. à poussée supérieure Überschubrost *m*
 g. de poutres Trägerrost *m*
 g. de poutres du tablier Fahrbahnträgerrost *m*
 g. à recul Rückschubrost *m*
 g. refroidie à l'eau wassergekühlter Rost *m*
 g. à rouleaux Walzenrost *m*
 g. à scories Schlackenrost *m*
 g. à secousses Schüttelrost *m*, Schwingrost *m*; Schüttelsieb *n*
 g. support Trägergitter *n*
 g. suppresseuse Bremsgitter *n*, Fanggitter *n*
 g. à tiges Stangenrost *m*
 g. tournante Drehrost *m*
 g. underfeet Unterschubrost *m*
grille-écran *f* Schirmgitter *n*
grille-frein *f* Bremsgitter *n*, Fanggitter *n*
griller 1. [ab]sengen, gasieren; 2. rösten, brennen
grilleuse *f* Sengmaschine *f*
grilloir *m* Röste *f*; Röstofen *m*
grippage *m* Festfressen *n*, Fressen *n*; Heißlaufen *n*; Blockieren *n*
gripper [fest]fressen, blockieren; heißlaufen
grisage *m* Vergrauung *f*, Grauwerden *n*
grisement *m* **du grisou** Schlagwetterführung *f*
grisou *m* Grubengas *n*, schlagende Wetter *pl*, Schlagwetter *npl*
grisou-dynamite *f* Wettersprengstoff *m*
grisoumètre *m* Grubengasmesser *m*
grisoumétrie *f* Grubengasmessung *f*
grisouscope *m* Schlagwetteranzeiger *m*
grisouteux schlagwetterführend, schlagwetterhaltig
groisil *m* Glasbruch *m*, Glasbrocken *mpl*
grondement *m* **souterrain** unterirdisches Geräusch *n*
gros 1. hoch ⟨Seegang⟩; 2. völlig ⟨Schiffsform⟩

grosseur f Größe f; Dickstelle f ⟨in Garnen⟩
   g. de grain Korngröße f
   g. des mailles Maschengröße f
   g. des mottes Erdschollengröße f
   g. normale Normalgröße f
   g. spéciale Extragröße f
grossièreté f Grobkörnigkeit f
grossir vergrößern
grossissement m Vergrößerung f
   g. angulaire Winkelvergrößerung f
   g. axial Tiefenvergrößerung f
   g. de cent (diamètres) hundertfache Vergrößerung f
   g. électronique elektronenoptische Vergrößerung f
   g. du grain Kornvergrößerung f
   g. des grains Kornwachstum n
   g. latéral Quervergrößerung f
   g. longitudinal Längsvergrößerung f
   g. de trois diamètres dreifache Vergrößerung f
groupe m Gruppe f ⟨s. a. groupement⟩; Aggregat n; Satz m, Einheit f
   g. amine Aminogruppe f
   g. atomique Atomgruppe f
   g. auxiliaire Hilfsanlage f, Hilfseinrichtung f; Hilfsaggregat n
   g. azoïque Azogruppe f
   g. de bâtiments Gebäudekomplex m, Gebäudegruppe f
   g. carboxylique Karboxylgruppe f
   g. en cascade Kaskadenumformer m
   g. de charge Ladeaggregat n
   g. de la circulation Zuglaufüberwachung f
   g. de contacts Kontaktsatz m
   g. convertisseur Frequenzumformer m, Umformeraggregat n
   g. convertisseur de soudage Schweißumformer m
   g. convertisseur triphasé-continu Drehstrom-Gleichstrom-Umformer m
   g. de données Datengruppe f
   g. électrogène de mouillage Hafengeneratoraggregat n ⟨für Schiffsbetrieb im Hafen oder auf Reede⟩
   g. électrogène principal Fahrgeneratoraggregat n ⟨dieselelektrischer Antrieb⟩
   g. électrogène de secours Notstromaggregat n
   g. d'éléments d'un code Kodegruppe f
   g. d'espace Raumgruppe f ⟨Kristallografie⟩
   g. d'excitation Erregermaschinensatz m
   g. d'excitation de choc Stoßerregersatz m

   g. de fermeture Schließeinheit f ⟨Spritzgußmaschine⟩
   g. frigorifique Kühlanlage f, Kältemaschinensatz m
   g. frigorifique de vivres Kältemaschinensatz m für Proviantkühlung; Proviantkühlanlage f
   g. générateur Generatorsatz m
   g. de haut-parleurs Lautsprechergruppe f
   g. hermétique Kühlaggregat n
   g. hydraulique hydraulisches Aggregat n
   g. hydrophore Drucktankanlage f
   g. Ilgner Ilgner-Aggregat n
   g. d'injection Spritzeinheit f ⟨Spritzgußmaschine⟩
   g. Leonard Leonard-Satz m
   g. méthoxy Methoxygruppe f
   g. méthyle Methylgruppe f
   g. de microphones Mikrofongruppe f
   g. moteur Triebwerk n
   g. moteur auxiliaire Hilfstriebwerk n
   g. motogénérateur Motorengenerator
   g. motopompe Motorpumpe f, Elektropumpe f
   g. mouillage s. **g. électrogène de mouillage**
   g. de mouvement Bewegungsgruppe f
   g. mutateur Quecksilberdampfstromrichtersatz m
   g. de neutrons Neutronengruppe f
   g. nitro Nitrogruppe f
   g. d'ondes Wellenpaket n
   g. d'ordre fini Gruppe f endlicher Ordnung
   g. père et fils Vater-und-Sohn-Anlage f
   g. des permutations Permutationsgruppe f
   g. de pompes Pumpenaggregat n
   g. ponctuel Punktgruppe f
   g. portatif d'alimentation autonome transportables netzunabhängiges Stromversorgungsgerät n
   g. propulseur Triebwerk n
   g. de propulsion auxiliaire de bord Bordhilfsantriebsaggregat n
   g. réfrigérant s. **g. frigorifique**
   g. de régulation amplidyne Amplidyneregelsatz m
   g. de relais Relaissatz m
   g. spatial Raumgruppe f, Bewegungsgruppe f
   g. de symétrie Symmetriegruppe f, Gruppe f der Deckoperationen
   g. thermique Wärmekraft[maschinen]satz m, thermische Generatorgruppe f
   g. de translation Translationsgruppe f

g. de treuil de pêche Netzwindenaggregat n
g. turbogénérateur Turbogenerator m
g. unitaire unitäre Gruppe f
g. de volcans Vulkangruppe f
g. Ward-Leonard Leonard-Umformer m, Umformer m in Leonard-Schaltung
groupement m 1. Anordnung f, Gruppierung f; 2. Zusammenbau m, Zusammenstellung f; 3. ⟨Ch⟩ Gruppe f ⟨s. a. groupe⟩
g. des cylindres Zylinderanordnung f
g. diazo Diazogruppe f
g. fonctionnel funktionelle Gruppe f
g. nitré Nitrogruppe f
g. de particules Teilchenpaket n
g. en phase Phasenbündelung f
g. sanitaire-cuisine Sanitärzelle f
g. série-parallèle Reihenparallelschaltung f ⟨von Motoren⟩
g. sulfonique Sulfogruppe f
grouper 1. anordnen, gruppieren; 2. zusammenstellen; 3. ⟨Dat⟩ packen
grue f Kran m ⟨s. a. pont 3.⟩
g. à aimant Magnetkran m
g. d'atelier Werkstattkran m
g. automobile Autokran m
g. automotrice Autokran m, selbstfahrender Kran m
g. de bachot Bootskran m
g. à benne preneuse Greiferkran m
g. à câble Kabelkran m
g. de cale Hellingkran m
g. de cale sèche Hellingkran m; Werftkran m; Kabelkran m
g. sur camion Auto[mobil]kran m
g. de chargement Chargierkran m; Bekohlungskran m
g. de chargement des lingots Blockkran m
g. à charger le charbon Kohlenverladekran m
g. chariot s. g. mobile
g. sur chenilles Raupenkran m
g. de coulée Pfannenwagen m
g. à crochet Lasthakenkran m
g. à demi-portique Halbportalkran m
g. à déplacer les locomotives Versatzkran m
g. derrick Derrickkran m, Mastenkran m
g. enfourneuse Beschickungskran m
g. fixe feststehender (ortsfester, stationärer) Kran m
g. à flèche Auslegerkran m
g. à flèche articulée Wippkran m
g. à flèche inclinée Kran m mit einziehbarem Ausleger

g. à flèche relevable Wippkran m
g. à flèche relevable à guidage double Doppellenkerwippkran m
g. flottante Schwimmkran m
g. de fonderie Gießereikran m
g. à fumier Dungkran m
g. à grappin Greiferkran m
g. à griffe Pratzenkran m
g. à guidage par courbe Kurvenlenkerkran m
g. à guidage ellipsoïdal Ellipsenlenkerkran m
g. de hissage Hubkran m
g. hydraulique 1. Hydraulikkran m; 2. Wasserkran m
g. jumelée Doppelkran m
g. locomotive pivotante Lokomotivdrehkran m
g. marteau Hammerkran m, Turmdrehkran m
g. mobile fahrbarer Kran m, Mobilkran m
g. mobile d'atelier fahrbarer Werkstattkran m
g. de montage Montagekran m
g. à pelle automatique Greiferkran m
g. à pivot, g. pivotante Drehkran m
g. pivotante à pelle automatique Greiferdrehkran m
g. pivotante sur pylône Turmdrehkran m
g. à plaque tournante Drehscheibenkran m
g. à plein portique Vollportalkran m
g. de pont Bord[wipp]kran m, Deckskran m, Schiffs[wipp]kran m
g. de pont jumelée Gemini Gemini-Bordkran m, Zwillingsbordkran m
g. à pont roulant Brückenlaufkran m
g. de port Hafenkran m
g. à portée variable Wippkran m
g. à portée variable oscillante Schwingenwippkran m
g. à portique Portalkran m, Bockkran m, Verladebrücke f
g. à poser les tuyaux Rohrverlegekran m
g. à poteau Mastenkran m, Derrickkran m
g. à pylône Turmkran m
g. de quai Hafenkran m
g. à relevage de flèche rapide Wippkran m
g. à rotation totale volldrehbarer Kran m
g. roulante Laufkran m, Brücken[lauf]kran m
g. routière Autokran m

22*

grue

g. à semi-portique Halbportalkran m
g. de sondage Bohrkran m
g. de stockage Stapelkran m
g. à tour (tourelle) Turmdrehkran m
g. tournante Drehkran m
g. de transbordement Verladebrücke f, Eisenbahnkran m, Portalkran m mit großer Stützweite
g. vélocipède Wandlaufkran m, Zweiradkran m, Konsollaufkran m
g. volante fliegender Kran m, Montagehubschrauber m
grue-portique f Portalkran m; Brückenkran m
g. du type Munck-Loader Munck-Lader m
grue-potence f Säulendrehkran m
grue-tour f Turmkran m
g. pivotante Turmdrehkran m
grumeleux klumpig
grutier m Kranführer m
guanidine f Guanidin n
guano m Guano m
gué m Furt f, Untiefe f
guérite f de frein Bremserhaus n
guette f Strebe f
gueulard m Gicht f
g. du haut fourneau Hochofengicht f
gueule f:
g. de filet Netzöffnung f
g. de four Ofenloch n
gueule-de-loup f 1. Wolfsrachen m (Holzprofil); 2. Knierohr n, Schornsteinaufsatz m
gueuse f Eisenmassel f, Roheisenmassel f; Ballasteisen n
g. du four électrique Elektroroheisen n
guichet m Fahrkartenschalter m
g. des bagages Gepäckschalter m
guidage m 1. Führung f; Führungsbahn f; 2. Spurhalten n, Radführung f
g. automatique Nachführautomatik f (Radar)
g. de bande Bandhöhenführung f
g. à billes Kugelführung f
g. de câble Seilführung f
g. à la cage Förderkorbführung f
g. de chaines Kettenführung f
g. de chariot Wagenführung f
g. des chariots Schlittenführung f
g. étroit Schmalführung f
g. sur faisceau Leitstrahllenkung f
g. forcé Spannführung f
g. à glissière Gleitführung f
g. à glissières prismatiques doubles Doppelprismaführung f
g. par inertie Trägheitslenkung f

g. de lunette Nachführung f des Fernrohrs
g. du margeur Randstellerführung f
g. sur plafond Deckenführung f
g. prismatique Prismenführung f
g. en queue d'aronde Schwalbenschwanzführung f
g. radio-électrique Funksteuerung f
g. à rainure Schlitzführung f
g. de ruban Bandführung f (Tonband)
g. à segments Segmentführung f
g. des tiges à caractères Typenhebelführung f
guide m 1. Führung f; 2. Führer m; 3. Ventilführung f
g. de chemin de fer Kursbuch n
g. feutre (des feutres) Filzführung f
g. formulaire Formularanlage f
g. d'ondes Wellenleiter m; Hohlleiter m
g. du rouleau Rollenführung f
g. de soupape Ventilführung f
guide-bande m Bandführungsrolle f
guide-barre m Bohrstangenführung f
guide-cartes m Kartenführung[seinrichtung] f
guide-fils m Fadenführer m
guide-lame m Messerhalter m
guide-papier m Papierführung f
guider führen; lotsen
guide-ruban m Bandführung f
guide-tissu m Gewebebahnführer m, Stoffbahnführer m
guidon m 1. Lenkstange f; 2. Wetterlutte f
guillaume m Simshobel m
guillements mpl Anführungszeichen npl
guillotine f Schneidemaschine f; Papierschneider m
guimbarde f Grundhobel m
guindage m 1. Hochwinden n; Hebung f; 2. Lade- und Entladevorrichtungen fpl; Lade- und Entladeausrüstung f
guindeau m Ankerwinde f (mit waagerechter Welle)
g. treuil à tension constante kombinierte Anker-Mooring-Winde
guinder [hoch]winden
guindineau m Knüppel m (Fischnetzteil)
guipage m Bespinnung f, Umspinnung f
guiper umwinden; umspinnen; ummanteln
guirlande f en filin Greifleine f (z. B. am Rettungsboot)
gunitage m Torkretierung f, Betonspritzverfahren n
gunite f Torkretbeton m, Spritzbeton m
guniter torkretieren

guniteuse f Torkretiermaschine f, Betonspritzmaschine f
gutta-percha f Guttapercha f
gypse m Gips m, Kalziumsulfat n
  g. spathique Gipsspat m, Marienglas n
gypser gipsen, mit Gips überziehen
gypseux gipshaltig; gipsartig
gypsifère gipshaltig
gyrobus m ⟨El⟩ Gyrobus m
gyrocompas m Kreiselkompaß m
gyromagnétique gyromagnetisch
gyromètre m Gyrometer n
gyropilote m Selbststeuer[gerät] n, Selbststeueranlage f
gyroscope m Kreisel[gerät n] m, Gyroskop n
  g. de mesure Vermessungskreisel m
  g. soustrait aux couples extérieurs kräftefreier Kreisel m
  g. sphérique Kugelkreisel m
gyroscopique Kreisel-

H

habillage m 1. Verkleidung f; Verschalung f; 2. Ausbau m; Einbau m ⟨als technologischer Vorgang⟩; 3. Ausrichten n ⟨z. B. einer Maschine⟩; 4. Garnierung f ⟨Keramik⟩
  h. du cylindre Zylinderaufzug m
habiller 1. verkleiden; 2. garnieren ⟨Keramik⟩
habit m **de travail** Arbeitsbekleidung f
habitacle m 1. Kompaßhäuschen n, Kompaßgehäuse n; 2. Fahrgastraum m
habitation f 1. Wohnung f; 2. Wohnen n, Bewohnen n
  h. collective 1. Mehrfamilienhaus n; 2. kollektives Wohnen n
  h. sans étage eingeschossiges Wohnhaus n
  h. individuelle Einzelhaus n, Einfamilienhaus n
hache f Beil n, Axt f
  h. de bûcheron Holzfälleraxt f
  h. de charpentier Zimmermannsaxt f
hachement m Behauen n
hache-paille m Strohschneider m, Strohhäcksler m
hacher [zer]hacken, [zer]hauen
hachette f Handbeil n
hacheur m Chopper m
  h. ensileur Silohäcksler m
  h. expulseur Abladehäcksler m
hacheuse f Häckselmaschine f
hachoir m 1. Häcksler m; 2. Wiegemesser n; Fleischwolf m; 3. Hackbrett n

hachotte f Schindelbeil n
hachure f Schraffierung f, Schraffur f; **en hachures** schraffiert
  h. croisée Kreuzschraffur f
hachurer schraffieren
hafnium m Hafnium n
halage m 1. Einholen n ⟨z. B. eines Fischnetzes⟩; 2. Treideln n; 3. Verholen n
  h. à cordelle Treideln n
halde f Halde f, Bergehalde f
  h. aux scories Schlackenhalde f
hale-bas m ⟨Schiff⟩ Aufholer m; Fall n; Heißleine f
haler 1. einholen ⟨z. B. ein Fischnetz⟩; 2. treideln; 3. verholen
  h. à bord an Bord hieven (holen)
hall m:
  h. d'assemblage s. h. de montage
  h. d'embarquement Eingangshalle f, Vestibül n
  h. de montage Montagehalle f
halle f 1. Halle f; Markthalle f; 2. Schutzdach n; Überdachung f; 3. Schuppen m
  h. de coulée Gießhalle f
  h. de fours Ofenhalle f
  h. des machines Maschinenhalle f, Maschinenraum m
  h. à marchandises Güterschuppen m
halloysite f ⟨Min⟩ Halloysit m
halo m Lichthof m, Halo m
  h. de Newton Newtonsche Ringe mpl
  h. pléochroïque pleochroitischer Hof m
halochromie f Halochromie f
halogénation f Halogenierung f
halogène m Halogen n
halogéné halogeniert
halogénure m Halogensalz n
halte f:
  h. conditionnelle bedingter Stopp m
  h. programmée programmierter Stopp m
hameçon m Angelhaken m
hangar m Schuppen m, Halle f; Hangar m; Kaischuppen m, Lagerschuppen m; Flugzeughalle f
  h. à marchandises Güterschuppen m
happe f Krampe f
harenguier m Heringsfänger m ⟨Fahrzeug⟩
harmonique harmonisch
harmonique f Harmonische f, [harmonische] Oberschwingung f; Oberwelle f
  h. fondamentale Grundschwingung f
  h. impaire ungeradzahlige Harmonische f

harmonique

h. du n-ième degré Harmonische f der n-ten Ordnung
h. sphérique Kugelfunktion f
harmonisation f **de la copie** Kontrastausgleich m
harnais m 1. Vorgelege[rad] n; 2. Geschirr n ⟨Webmaschine⟩; 3. Gurt m; Gurtzeug n; Fallschirmgurtzeug n
harpon m 1. Eisenklammer f; 2. Harpune f
h. de pêche Harpune f ⟨z. B. Walfang⟩
harponnage m Harpunieren n
harponner harpunieren
hartsalz m Hartsalz n
hauban m 1. Abspannung f, Verspannung f; 2. Seil n, Tau n, Want n
h. en fil souple Drahtseilanker m
h. fuselé Profildraht m
h. d'incidence Stielauskreuzungen f ⟨Tragflügelverspannung⟩
h. porteur Tragkabel n
h. de recul Holmauskreuzung f
h. de soutien au sol Gegenkabel n
h. de trainée Widerstandskabel n
faux h. Preventer m
haubanage m Abspannen n, Verspannung f; Abstagung f
haubaner abspannen, verspannen, verankern; abstagen, verstagen
hausse f 1. Unterlage f; 2. Hoch n ⟨Meteorologie⟩
haussière f s. aussière
haussmannite f Haussmannit m
haut m Höhe f
h. de casse ⟨Typ⟩ Oberkasten m
h. de l'escalier Treppenkopf m
hauteur f 1. Höhe f; Tiefe f; Stand m; 2. Zeigerstand m, Zeigerablesung f; 3. Förderhöhe f; Druckhöhe f; 4. Gestirnshöhe f
h. adiabatique adiabatische Druckhöhe f
h. d'approche finale Endanflughöhe f
h. d'approche manquée Durchstarthöhe f, Fehlanflughöhe f
h. d'appui Brusthöhe f; Brüstungshöhe f
h. d'ascension Steighöhe f
h. d'aspiration Saughöhe f
h. du ballast Bettungshöhe f
h. barométrique Barometerstand m
h. de la barrière Höhe f des Potentialwalles
h. de canal Kanalhöhe f
h. du caractère Schrifthöhe f
h. du champignon Schienenkopfhöhe f
h. de chute Fallhöhe f
h. de compression Kompressionshöhe f
h. de course Hub[höhe f] m
h. croisière Reiseflughöhe f
h. de la dent Zahnhöhe f ⟨Zahnrad⟩
h. de déversement Schütthöhe f
h. de l'eau Wasserstand m
h. de l'écho Echohöhe f
h. de l'écrou Mutterhöhe f
h. effective wirkliche Förderhöhe f
h. d'étage 1. Geschoßhöhe f, Stockwerkshöhe f; 2. ⟨Brg⟩ Sohlenabstand m
h. exploitable ⟨Brg⟩ Bauhöhe f
h. de facette Verschleißmarkenbreite f ⟨Schneidwerkzeug⟩
h. de franc-bord Freibordhöhe f
h. hors-tout Gesamthöhe f
h. de houle Seegangshöhe f, Wellenhöhe f
h. d'image Bildhöhe f
h. isothermique isothermische Druckhöhe f
h. de levée Hub[höhe f] m
h. libre lichte Höhe f
h. de ligne Zeilenhöhe f
h. de marée Tidenhub m
h. métacentrique (initiale) Anfangsstabilität f, metazentrische Höhe f
h. minimale autorisée zulässige Mindestflughöhe f
h. de page ⟨Typ⟩ Satzhöhe f
h. en papier Schrifthöhe f
h. du pied Fußhöhe f ⟨Zahnrad⟩
h. du plafond Deckenhöhe f
h. de poil ⟨Text⟩ Polhöhe f, Florhöhe f
h. polytropique polytropische Druckhöhe f
h. de pont Deckshöhe f
h. de la poutre Balkenhöhe f
h. du profil Profilhöhe f
h. du quai Kaihöhe f, Pierhöhe f
h. de refoulement Förderhöhe f ⟨einer Pumpe⟩
h. de remplissage Füllhöhe f
h. de ruissellement Rieselhöhe f
h. du socle ⟨Typ⟩ Schulterhöhe f
h. du soleil Sonnenstand m
h. de son Tonhöhe f
h. de tamponnement Pufferhöhe f
h. de tête Kopfhöhe f ⟨Zahnrad⟩
h. théorique theoretische Förderhöhe f
h. de ton Farbton m, Farbtiefe f
h. du ton-étalon Kammertonhöhe f, Normstimmton m
h. totale gesamte Förderhöhe f
h. du tranchant Schneidenhöhe f ⟨Schneidwerkzeug⟩
h. d'usure s. h. de facette
h. de vol Flughöhe f

haut-fond m Untiefe f
haut-fourneau m s. fourneau / haut
haut-pare m Pfahlreuse f
haut-parleur m Lautsprecher m
  h. d'aiguës Hochtonlautsprecher m
  h. à aimant permanent permanentdynamischer Lautsprecher m
  h. à bande large Breitbandlautsprecher m
  h. à chambre de pression Druckkammerlautsprecher m
  h. à condensateur Kondensatorlautsprecher m
  h. de contrôle Kontrollautsprecher m
  h. à cristal Kristallautsprecher m
  h. dynamique dynamischer Lautsprecher m
  h. d'écoute Mithörlautsprecher m
  h. électromagnétique elektromagnetischer Lautsprecher m
  h. électrostatique elektrostatischer Lautsprecher m
  h. elliptique Ovallautsprecher m
  h. pour fréquences basses Tieftonlautsprecher m
  h. pour fréquences élevées Hochtonlautsprecher m
  h. à grande puissance Hochleistungslautsprecher m
  h. haute fidélité HiFi-Lautsprecher m
  h. pour hautes fréquences Hochtonlautsprecher m
  h. magnétique magnetischer Lautsprecher m
  h. magnétique à armature libre Freischwinger(lautsprecher) m
  h. de manœuvre Kommandolautsprecher m
  h. à membrane Membranlautsprecher m
  h. à membrane libre Freischwinger(-lautsprecher) m
  h. d'ordres Kommandolautsprecher m
  h. ovale Ovallautsprecher m
  h. piézo-électrique piezoelektrischer Lautsprecher m
  h. à réflecteur Reflektorlautsprecher m
  h. rond Rundlautsprecher m
  h. à ruban Bändchenlautsprecher m
  h. pour sons graves Tieftonlautsprecher m, Tiefenlautsprecher m
  h. sous-marin Unterwasserlautsprecher m
  h. sphérique Kugellautsprecher m
  h. stéréophonique Stereolautsprecher m
  h. supplémentaire Zusatzlautsprecher m
  h. de table Tischlautsprecher m

haut-relief m Hochrelief n, erhabenes Relief n
hauturier Hochsee-
havage m ⟨Brg⟩ Schrämarbeit f, Schrämen n, Unterschrämen n
  h. humide Naßschrämen n
havée f ⟨Brg⟩ Schrämfeld n
haveneau m Kescher m; Kleinhamen m
haver ⟨Brg⟩ schrämen
haveur m ⟨Brg⟩ Schrämmaschinenführer m
haveuse f ⟨Brg⟩ Schrämmaschine f
  h. à barre Stangenschrämmaschine f
  h. à chaîne Kettenschrämmaschine f
  h. à deux cadres Doppelrahmenschrämmaschine f
  h. à disque Radschrämmaschine f
  h. à double bras Schrämmaschine f mit Doppelschram
  h. à grand rendement Großschrämmaschine f
  h. à percussion stoßende Schrämmaschine f
  h. shortwall Kleinschrämmaschine f
haveuse-chargeuse f ⟨Brg⟩ Schrämlademaschine f, Schrämlader m
  h. à tambour haveur Walzenschrämlader m
havrit m Schrämklein n
hectographe m Vervielfältigungsapparat m, Kopierapparat m
hectographie f Vervielfältigung f, Hektografie f
hectographique hektografisch, Vervielfältigungs-
hectolitre m Hektoliter n
hectowatt m Hektowatt n
hectowattheure m Hektowattstunde f
hélianthine f Helianthin n, Methylorange n
hélice f 1. Schraubenlinie f; Wendel f; 2. Schraube f; Propeller m; 3. Transportschnecke f
  h. à ailes orientables s. h. à pas variable
  h. à ailes rapportées gebauter Propeller m
  h. bipale Zweiflügel(luft)schraube f
  h. centrale Mittelpropeller m, Mittelschraube f
  h. contrarotative gegenläufiger Propeller m
  h. latérale Seitenpropeller m, Seitenschraube f
  h. marine (de navire) Schiffspropeller m, Schiffsschraube f
  h. orientable schwenkbare Luftschraube f

hélice

h. à pales fixes Festpropeller m
h. à pales orientables (réversibles) s. h. à pas variable
h. à pas commandé s. h. à pas variable
h. à pas constant (fixe) Festpropeller m; nicht verstellbare Luftschraube f
h. à pas réglable Einstelluftschraube f, verstellbare Luftschraube f
h. à pas réglable en marche Mehrstellungsverstelluftschraube f
h. à pas variable Verstellpropeller m; Verstelluftschraube f
h. de propulsion, h. propulsive Schraubenpropeller m; Druckluftschraube f
h. quadripale Vierflügel(luft)schraube f
h. réversible Drehflügelschraube f, Umsteuerpropeller m, Verstellpropeller m
h. tractive Zugluftschraube f
h. transporteuse Förderschnecke f
h. tripale Dreiflügel(luft)schraube f
h. à tuyère Düsenpropeller m
h. à tuyère orientable Propeller m mit Drehdüse
h. à vitesse constante Verstelluftschraube f mit konstanter Drehzahl

hélices fpl:
h. (coaxiales) contrarotatives gegenläufige Schrauben fpl
h. jumelles Doppelschrauben fpl

hélicoïdal schraubenförmig; schneckenförmig; spiralförmig
hélicoïde schraubenförmig, schraubenartig
hélicoïde m ⟨Math⟩ Schraubenfläche f
hélicoplane m Radflügelflugzeug n; Schaufelflügler m
hélicoptère m Hubschrauber m
hélicoptère-grue m fliegender Kran m
hélio f s. héliogravure
héliocentrique heliozentrisch
héliographe m Heliograf m, Sonnenspiegel m
héliographie f Lichtpause f, Heliografie f
héliograveur m Tiefdrucker m
héliogravure f 1. Tiefdruck m; Heliogravüre f; 2. Lichtdruck m
héliomètre m Sonnenstandswinkelmesser m
hélion m Heliumkern m, Alphateilchen n
héliopile f Sonnenbatterie f
hélioscope m Helioskop n, Sonnenfernrohr n
héliostat m Heliostat m, Sonnenspiegel m
héliotrope m 1. ⟨Min⟩ Heliotrop m; 2. s. héliostat
héliotropine f Heliotropin n, Piperonal n
héliport m Hubschrauberlandeplatz m

hélium m Helium n
hématite f Hämatit n, Eisenglanz m
h. brune Brauneisenstein m
h. rouge Hämatit m, Roteisenerz n
hématoxyline f Hämatoxylin n
héméraphotomètre m Tageslichtfotometer n
hémi-... s. a. demi-..., semi-...
hémicristallin halbkristallin
hémicycle m 1. Halbkreis m; 2. halbkreisförmiger Saal m; Amphitheater n
hémiédrie f Hemiedrie f ⟨Kristalle⟩
hémiédrique hemiedrisch, halbflächig ⟨Kristalle⟩
hémimorphie f Hemimorphie f ⟨Kristalle⟩
hémimorphique hemimorph ⟨Kristalle⟩
hémine f ⟨Ch⟩ Hämin n
hémisphère m Halbkugel f
hémisphérique halbkugelförmig
hémitrope hemitrop ⟨Kristalle⟩
hémitropie f Zwillingsverwachsung f ⟨von Kristallen⟩
hémoglobine f Hämoglobin n
hémostatique blutstillend
henry m Henry n ⟨Einheit der Induktivität⟩
henrymètre m Induktivitätsmesser m
heptaèdre m Siebenflächner m
heptagone m Siebeneck n
heptahydrate m Heptahydrat n
heptane m Heptan n
heptène m Hepten n
heptode f Heptode f, Siebenpolröhre f
h. changeuse de fréquence Mischheptode f
héraclite f Holzfaserbeton m
hérisson m 1. ⟨Lw⟩ Streuwalze f, Zinkentrommel f; ⟨Masch⟩ Stachelwalze f; 2. ⟨Text⟩ Nadelwalzenstrecke f; 3. ⟨Schiff⟩ Draggen m; Vierflunkenanker m; 4. ⟨Bw⟩ Packlage f ⟨Straße⟩; Stückung f
hermétique hermetisch, luftdicht
herminette f Dachsbeil n, Texel m, Zimmermannsbeil n
hermitique ⟨Math⟩ hermitisch
héroïne f Heroin n
herse f 1. ⟨Lw⟩ Egge f; 2. ⟨El⟩ Kabelrost m
h. canadienne Motoregge f, Rüttelegge f
h. de départ Konsole f für einen Abspannisolator
h. étrille Netzegge f, Unkrautstriegel m
h. à gazon Wiesenegge f
h. rotative roulante Wälzegge f
h. souple Netzegge f, Ackerstriegel m
hertz m Hertz n ⟨Einheit der Frequenz⟩

hétéroatome m Heteroatom n
hétéroblastique heteroblastisch
hétérochrome verschiedenfarbig, heterochrom
hétérocycle m Heterozyklus m
hétérocyclique heterozyklisch
hétérodyne f Überlagerer m
hétérodyner überlagern
hétérogène heterogen
hétérogénéité f Heterogenität f
hétéromorphisme m Heteromorphismus m
hétéropolaire 1. ⟨Ch⟩ heteropolar; 2. ⟨El⟩ mehrpolig, wechselpolig
hétérostatique heterostatisch
heure f Stunde f
  h. d'arrivée Ankunftszeit f
  h. d'atterrissage Landezeit f
  h. du bord Bordzeit f
  h. de décollage Startzeit f
  h. de départ Abfahrtszeit f
  h. légale Bahnzeit f
  h. de pointe Spitzenzeit f
  h. de service Betriebsstunde f
heures fpl **de pointe** Spitzen[belastungs]zeit f
heurt m Kollision f
heurtequin m Stoßblech n, Anlaufscheibe f
heurter 1. auflaufen; 2. kollidieren
heurtoir m Prellbock m
hexachloréthane m Hexachloräthan n
hexaèdre m Hexaeder n, Sechsflach n
hexagonal hexagonal, sechseckig; sechsseitig
hexagone m Sechseck n
hexaméthylènetétramine f Hexa[methylentetra]min n
hexavalent sechswertig
hexode f Hexode f, Sechspolröhre f
  h. changeuse de fréquence Mischhexode f
hexol m sechswertiger Alkohol m
hexose m Hexose f
hie f Handramme f, Stampfer m
hiloire f 1. Süll n; 2. Unterzug m
  h. d'écoutille Lukensüll n
  h. longitudinale Längssüll n
  h. de panneau Lukensüll n
  h. transversale Quersüll n
hissage m Aufholen n, Einholen n ⟨z. B. eines Fischnetzes⟩; Hieven n; Aufheißen n, Heißen n ⟨z. B. Signal⟩
  h. à bloc Vorheißen n
hisser aufholen, einholen ⟨z. B. Fischnetz⟩; hieven; [auf]heißen ⟨z. B. Signal⟩
  h. à bloc vorheißen
  h. sur le pont an Deck hieven

histamine f Histamin n
histidine f Histidin n
hodo . . . s. a. odo . . .
hodographe m Hodograf m
hodoscope m Hodoskop n
hogging m Aufbiegung f [des Schiffes] ⟨Durchbiegung nach oben⟩, Hogging n
holmium m Holmium n
holocristallin holokristallin, vollkristallin
holoèdre m Holoeder n, Vollflächner m
holoédrie f Holoedrie f, Vollflächigkeit f
holoédrique holoedrisch, vollflächig
holographie f Holografie f
holomorphe ⟨Math⟩ holomorph
holonome holonom
  non h. nichtholonom
homéoblastique homöoblastisch
homéomorphisme m Homöomorphie f
homing m Zielflug m
homme m:
  h. de barre Rudergänger m
  h. grenouille Froschmann m
  h. de quart Wachgänger m
  h. de veille Ausguck m
homocentrique homozentrisch
homocinétique homokinetisch
homofocal ⟨Math⟩ konfokal
homogène homogen
  non h. inhomogen
homogénéisation f Homogenisieren n
homogénéiser homogenisieren
homogénéiseur m Homogenisator m, Mischmaschine f
homogénéité f Homogenität f
homologue homolog, übereinstimmend
homomorphie f Homomorphie f
homopolaire gleichpolig; homöopolar
homopolymérisation f Homopolymerisation f
homothétique ⟨Math⟩ ähnlich liegend; ähnlich und ähnlich liegend; perspektivisch
hopcalite f Hopkalit n
horizon m 1. Horizont m; Kimm f ⟨Gesichtskreis⟩; 2. ⟨Brg⟩ Sohle f; ⟨Geol⟩ Schicht f
  h. artificiel künstlicher Horizont m
  h. éluvial Eluvialhorizont m
  h. gazeux gasführender Horizont m
  h. géologique geologischer Horizont m
  h. illuvial Illuvialhorizont m
  h. pétrolifère ölführender Horizont m
  h. radar Radarhorizont m
horizon-repère m Leithorizont m
horizontal 1. horizontal; horizontal gelagert; 2. ⟨Brg⟩ söhlig
horizontalité f söhlige Lage f

horloge f 1. Uhr f, Pendeluhr f; 2. ⟨Dat⟩ Taktgeber m, Zeitgeber m
  h. atomique Atomuhr f
  h. change-tarif, h. de commutation Tarifumschaltuhr f
  h. de commutation pour compteur Zählerschaltuhr f
  h. à eau Wasseruhr f
  h. mère Taktgeber m; Zeitgeber m
  h. à pendule (poids) Pendeluhr f
  h. à quartz Quarzuhr f
  h. de tarification Tarifumschaltuhr f
hornblende f Hornblende f
« hors » „Aus" ⟨Beschriftung von Schaltern⟩
hors-bord m Außenbordmotor m
hors-texte m eingeklebte Beilage f
hors-tout m Außenabmessung f über alles
hotte f 1. Hutze f; Abzughaube f, Absaugtrichter m; Rauchfang m, Wrasenabzug m; 2. Baggereimer m
  h. d'aération Lüftungshaube f
  h. de cheminée Rauchfang m
  h. d'évacuation des fumées Abzughaube f
houe f:
  h. rotative Bodenfräse f, Rotationshacke f
  h. à tracteur Traktorhacke f, Schlepperhacke f
houille f Steinkohle f
  h. blanche Wasserkraft f, weiße Kohle f ⟨aus Wasserfällen⟩
  h. bleue Wasserkraft f ⟨durch Gezeiten⟩
  h. fine Feinkohle f
  h. flambante Flammenkohle f
  h. à gaz Gaskohle f
  h. grasse Fettkohle f
  h. incolore Windkraft f
  h. à longue flamme Hochflammkohle f
  h. maigre Magerkohle f
  h. d'or Sonnenkraft f
  h. rouge geothermische Energie f
  h. tout-venant Förderkohle f
  h. verte Wasserkraft f ⟨aus Wasserläufen⟩
houiller Steinkohlen-
houillère f Steinkohlengrube f
houillification f Inkohlung f
houle f Dünung f, Schwell m, Seegang m
  h. par l'arrière achterlicher (von achtern auflaufender) Seegang m
  h. du large Meeresdünung f, Dünung f der offenen See
  h. longitudinale längslaufende See f, längslaufender Seegang m, Längswellen fpl

h. de travers Dwarssee f, querab einkommende See f, querlaufender Seegang m, Querwellen fpl
h. trochoïdale Trochoidenwelle f ⟨Schiffstheorie⟩
houleux grob ⟨See⟩
hourdage m 1. Berappen n; Bewerfen n mit Putz und Mörtel; 2. Ausmauern n; Fachwerkausriegelung f; Bruchsteinmauerung f; Hintermauerung f
hourdis m 1. Ausmauerung f; Füllmauer f; 2. Füllkörper m, Füllstein m; Hourdisstein m
  h. creux Hohlsteinplatte f; Deckenhohlstein m
  h. d'intrados Gewölbeausmauerung f
  h. de plancher Deckenfüllung f; Deckenplatte f; Deckenstein m
hovercraft m Bodeneffektfahrzeug n, Luftkissenfahrzeug n
hublot m Bullauge n, Schiffsfenster n; Schutzfenster n
  h. fixe festes Schiffsfenster n
  h. ouvrant loses Schiffsfenster n ⟨zu öffnen⟩
  h. tournant Klarsichtscheibe f
huilage m Ölen n, Schmieren n
huile f Öl n
  h. d'alésage Bohröl n
  h. d'amandes Mandelöl n
  h. d'arachides Erdnußöl n
  h. d'arrosage Bohröl n
  h. de balaine Tran m
  h. de base asphaltique Erdöl n auf Asphaltbasis
  h. de base paraffinique Erdöl n auf Paraffinbasis
  h. de bois Holzöl n
  h. de broche Spindelöl n
  h. à brûler Heizöl n
  h. brute Rohöl n
  h. de caméline Dotteröl n
  h. de camphre Kampferöl n
  h. de cèdre Zedern(holz)öl n
  h. de chanvre Hanföl n
  h. de coco Kokosöl n
  h. de colza Rüb(sen)öl n
  h. combustible Treiböl n
  h. compoundée Kompoundöl n
  h. de coton Baumwollsamenöl n
  h. de coupe Schneidöl n, Schneidflüssigkeit f
  h. cuite Firnis m
  h. cylindre Zylinderschmieröl n
  h. déparaffinée paraffinfreies Öl n
  h. diesel Dieselkraftstoff m, Dieselöl n
  h. de distillation à basse température Braunkohlenschwelöl n

hydrate

h. d'éclairage Leuchtöl n
h. d'engrenage Hochdruckschmieröl n
h. d'ensimage ⟨Text⟩ Schmälze f; Schmälzöl n
h. EP Hochdruckschmieröl n
h. essentielle ätherisches Öl n
h. de faine Bucheckernöl n
h. de flottation Flotationsöl n
h. de foie Leberöl n
h. de foie de morue Lebertran m
h. de forage Bohröl n
h. de fusel Fuselöl n
h. à gaz Gasöl n
h. de goudron Teeröl n
h. de graissage s. h. lubrifiante
h. hydratée Naßöl n
h. industrielle Industrieöl n
h. inhibée stabilisiertes Öl n
h. isolante Isolieröl n
h. de lavage Waschöl n
h. légère Leichtöl n
h. de lin Leinöl n
h. lourde Teeröl n
h. lourde de pétrole Schweröl n
h. lubrifiante (minérale) Schmieröl n, Schmiermittel n, Mineralöl n
h. morte Totöl n
h. moteur Motorenöl n
h. moyenne Mittelöl n, Karbolöl n
h. multigrade Mehrbereichsöl n
h. de navette Rüb[sen]öl n
h. neutre Neutralöl n
h. de noix Nußöl n
h. d'œillette Mohnöl n
h. d'olive Olivenöl n
h. organique organisches Öl n
h. d'os Knochenöl n
h. de palme Palmöl n
h. de paraffine Paraffinöl n
h. de pavot Mohnöl n
h. à percer Bohröl n
h. de pétrole s. h. lubrifiante
h. de phoque Seehundtran m
h. piégée zurückgebliebenes Öl n
h. de pin Kienöl n
h. de poisson Fischöl n
h. résiduelle Restöl n
h. de résine Harzöl n
h. restante Restöl n
h. de ricin Rizinusöl n
h. de schiste Schieferöl n
h. de séparateur Separatoröl n
h. de sésame Sesamöl n
h. siccative trocknendes Öl n
h. de soja Sojabohnenöl n
h. de stockage Tanköl n
h. de suif Talgöl n
h. de tournesol Sonnenblumenöl n

h. pour transformateurs Transformatorenöl n
h. de tung Tungöl n, Holzöl n
h. usagée Altöl n
h. de vaseline Vaselinöl n
h. végétale Pflanzenöl n
h. volatile ätherisches Öl n
huiler ölen, schmieren
huisserie f Türeinfassung f, Türrahmen m, Türzarge f
humectation f Benetzen n; Benetzung f
humecter benetzen
humecteur m Anfeuchteapparat m ⟨z. B. von Matern⟩; ⟨Büro⟩ Anfeuchter m
humide feucht, naß
humidificateur m s. humecteur
humidification f Befeuchtung f
h. de l'air Luftbefeuchtung f
humidifier befeuchten
humidimètre m Feuchtigkeitsmesser m, Feuchtemesser m
h. électrique elektrisches Feuchtemeßgerät n
humidité f Feuchtigkeit f, Feuchte f
h. absolue absolute Feuchtigkeit f
h. de l'air Luftfeuchtigkeit f
h. atmosphérique Luftfeuchtigkeit f
h. finale Endfeuchte f
h. du point de saturation Feuchtesättigungspunkt m
h. relative relative Feuchtigkeit f
h. restante Restfeuchte f
h. des roches Gebirgsfeuchtigkeit f
h. du sel Salzfeuchtigkeit f
h. du sol Bodenfeuchtigkeit f
h. de stockage Lagerfeuchtigkeit f
humification f Humifizierung f
hune f ⟨Schiff⟩ Saling f
hyacinthe f ⟨Min⟩ Hyazinth m
hyalin durchsichtig, gläsern, glas[art]ig
hyalocristallin hyalokristallin
hyalographie f Glasdruck m
hyaloïde glasähnlich, glasartig
hyalotechnie f Glasbearbeitung f
hydantoïne f Hydantoin n, Glykolharnstoff m
hydatogène hydatogen
hydracide m Wasserstoffsäure f
hydrargillite f ⟨Min⟩ Hydrargillit m
hydrastine f Hydrastin f
hydratation f Hydra[ta]tion f; Hydratisierung f
h. partielle teilweise Hydratation f
hydrate m Hydrat n
h. de calcium gelöschter Kalk m, Löschkalk m
h. de carbone Kohlehydrat n
h. ferrique Eisen(III)-hydroxid n

hydrate

h. de potassium Kaliumhydroxid n
h. de sodium Natriumhydroxid n
hydraté wasserhaltig; wäßrig; hydriert
hydrater hydratisieren, wässern; hydrieren
hydraulique Wasser[kraft]-; hydraulisch, Hydraulik-; Flüssigkeits-
hydraulique f Hydraulik f
  h. agricole landwirtschaftlicher Wasserbau m
hydravion m Wasserflugzeug n
  h. à coque Flugboot n
  h. à flotteurs Schwimmerflugzeug n
hydrazine f Hydrazin n
hydrazobenzène m Hydrazobenzol n
hydrazoïque m Hydrazoverbindung f
hydrazotoluène m Hydrazotoluol n
hydroacoustique hydroakustisch
hydroaromatique hydroaromatisch
hydrocarbure m Kohlenwasserstoff m
  h. acétylénique Azetylenwasserstoff m
  h. acyclique azyklischer Kohlenwasserstoff m
  h. aliphatique aliphatischer Kohlenwasserstoff m
  h. aromatique aromatischer Kohlenwasserstoff m
  h. chloré Chlorkohlenwasserstoff m
  h. cyclique zyklischer Kohlenwasserstoff m
  h. éthylénique Äthylenkohlenwasserstoff m
  h. léger leichter Kohlenwasserstoff m
  h. non saturé ungesättigter Kohlenwasserstoff m, Grenzkohlenwasserstoff m, Paraffinkohlenwasserstoff m
  h. à noyau aromatischer Kohlenwasserstoff m
  h. saturé gesättigter Kohlenwasserstoff m
hydrocentrale f Wasserkraftwerk n
hydroclasseur m ⟨Brg⟩ Stromapparat m
hydrocyclone m Hydrozyklon m
hydrodynamique hydrodynamisch
hydrodynamique f Hydrodynamik f
hydro-électricité f Elektrizität f (aus Wasserkraft gewonnen)
hydro-électrique hydroelektrisch
hydrofining m Aufarbeitung f durch Hydrierung, Hydrofining n
hydrofoil m Tragflächenboot n, Tragflügelboot n
hydroforeuse f Hydrobohrer m
hydroforming m katalytisches Verfahren n zur Vered[e]lung von Benzinen, Hydroforming n
hydrofugation f d'eau Wasserabweisung f, Abperleffekt m

hydrofuge wasserabweisend
hydrofuge m Hydrophobierungsmittel n, wasserabweisendes Mittel n
hydrogel m Hydrogel n
hydrogénation f Hydrierung f
  h. catalytique katalytische Hydrierung f
  h. chimique chemische Hydrierung f
  h. électrolytique elektrolytische Hydrierung f
  h. sous haute pression Hochdruckhydrierung f
hydrogène m Wasserstoff m
  h. cathodique Katodenwasserstoff m
  h. fluoré Fluorwasserstoff m
  h. liquide flüssiger Wasserstoff m
  h. lourd schwerer Wasserstoff m
  h. naissant naszierender Wasserstoff m
  h. pur reiner Wasserstoff m
  h. sulfuré Schwefelwasserstoff m
hydrogéner hydrieren
hydrogénoïde wasserstoffähnlich
hydrogénoïde m wasserstoffähnliches Atom n
hydrogéologie f Hydrogeologie f, Grundwasserkunde f
hydroglisseur m Wassergleiter m, Gleitboot n
hydrographie f Hydrografie f, Seehydrografie f
hydrographique [see]hydrografisch
hydrolat m Hydrolat n
hydrologie f Hydrologie f, Gewässerkunde f
  h. de l'eau souterraine Grundwasserkunde f
hydrologique hydrologisch
hydrolysable hydrolisierbar
hydrolyse f Hydrolyse f
hydrolyser hydrolysieren
hydromagnétique magnetohydrodynamisch
hydromagnétique f Magnetohydrodynamik f
hydromécanique hydromechanisch
hydromécanique f Hydromechanik f
hydrométallurgie f Naßmetallurgie f, Hydrometallurgie f
hydromètre m 1. Gezeitenmesser m; 2. Aräometer n, Tauchwaage f
hydrométrie f Wassermessung f
hydrophile hydrophil, wasserbindend, wasseranziehend
hydrophobe hydrophob, wasserabstoßend
hydrophore m Drucktank m, Hydrophor m
hydroplane m s. hydroglisseur
hydropneumatique hydropneumatisch

hydroptère m Tragflächenboot n
hydropulsateur m Hydropulsator m, Hydropulsanlage f
hydroquinone f Hydrochinon n
hydroquinonique hydrochinoid
hydrosol m Hydrosol n, wäßrige kolloide Lösung f
hydrosoluble wasserlöslich
hydrostat m Caisson m, Senkkasten m
hydrostatique hydrostatisch
hydrostatique f Hydrostatik f
hydrotechnique f Wasserbautechnik f; Wasserbaukunst f
hydrothermal hydrothermal
hydroxyalcoylation f Hydroxyalkylierung f
hydroxybenzène m Phenol n
hydroxyde m Hydroxid n
  h. d'aluminium Aluminiumhydroxid n
  h. de calcium Kalziumhydroxid n
  h. de fer Eisenhydroxid n
  h. ferrique Eisen(III)-hydroxid n
  h. de magnésium Magnesiumhydroxid n
  h. de potassium Kaliumhydroxid n
  h. de sodium Natriumhydroxid n
hydroxylation f Hydroxylierung f
hydroxyle m Hydroxyl[gruppe f] n
hydrure m Hydrid n
  h. de bore Borwasserstoff m
  h. lourd Deuterid n
hygrographe m Hygrograf m
hygromètre m Hygrometer n
  h. à (d') absorption Absorptionshygrometer n
  h. à cheveux Haarhygrometer n
  h. à condensation Taupunkthygrometer n, Kondensationshygrometer n
  h. d'évaporation Aspirationspsychrometer n
  h. à point de rosée s. h. à condensation
hygrométrie f Hygrometrie f, Feuchtigkeitsmessung f
hygrométrique hygrometrisch
hygroscope m Hygroskop n, Feuchtigkeitsmesser m
hygroscopicité f Hygroskopizität f, Wasseraufnahmevermögen n
hygroscopique hygroskopisch
hyperbole f Hyperbel f
  h. équilatère gleichseitige Hyperbel f
hyperbolique hyperbolisch
hyperboloïde hyperboloid
hyperboloïde m Hyperboloid n
  h. à deux nappes zweischaliges Hyperboloid n
  h. de révolution Rotationshyperboloid n

  h. à une nappe einschaliges Hyperboloid n
hypercomplexe ⟨Math⟩ hypercomplex
hypercompound überkompound
hypercompoundage m Überkompoundierung f
hypercompresseur m Hochdruckkompressor m
hypercompression f Hochdruck m
hypercritique überkritisch
hyperespace m ⟨Math⟩ Hyperraum m, höherdimensionaler Raum m
hypereutectique übereutektisch
hyperfragment m ⟨Kern⟩ Hyperfragment n
hyperfréquence f Höchstfrequenz f
hypergéométrique ⟨Math⟩ hypergeometrisch ⟨Reihe⟩
hypermétrope weitsichtig
hypermétropie f Weitsichtigkeit f
hypéron m ⟨Kern⟩ Hyperon n
hyperplan m Hyperebene f
hypersensibilisateur m Hypersensibilisator m
hypersensibilisation f Hypersensibilisation f
hypersonique Überschall-
hyperstatique hyperstatisch
hypersynchrone übersynchron
hypertension f überhöhte (erhöhte) Spannung f
hypidimorphe hypidimorph
hypocentre m Hypozentrum n
hypochlorite m Hypochlorit n
hypochlorites mpl **alcalins** Alkalihypochlorite npl
hypocompound unterkompound
hypocristallin hypokristallin, halbkristallin
hypocycloïdal hypozyklisch ⟨Getriebe⟩
hypocycloïde f Hypozykloide f
hypoeutectique untereutektisch
hypogée m unterirdisches Gewölbe n
hypogène hypogen
hypoïde Hypoid- ⟨Getriebe⟩
hypomagma m Hypomagma n
hypomètre m ⟨El⟩ Pegelmesser m, Pegelzeiger m
hypophosphate m Hypophosphat n
hypophosphite m Hypophosphit n
hyposulfite m Thiosulfat n
hypoténuse f Hypotenuse f
hypothermal hypothermal
hypothèse f :
  h. d'éther Ätherhypothese f
  h. nébulaire Nebelhypothese f
  h. statistique statistische Hypothese f
hypsographe m Pegelschreiber m

hystérèse

hystérèse f, **hystérésis** f Hysterese f
  h. diélectrique dielektrische Hysterese f
  h. élastique elastische Nachwirkung f
  h. magnétique magnetische Hysterese f
  h. magnéto-élastique magneto-elastische Hysterese f
  h. de mouillabilité Benetzungshysterese f
  h. de rotation Rotationshysterese f

I

ichtyocolle f Fischleim m
iconoscope m Ikonoskop n, Fernsehaufnahmeröhre f, Bildspeicherröhre f
icosaèdre m Ikosaeder n, Zwanzigflächner m
ictomètre m Ratemeter n, Impulsdichtemesser m
idéal ideal, vollkommen
idéal m Ideal n
identification f:
  i. de caractères Zeichenerkennung f
  i. d'erreurs Fehlererkennung f
  i. d'un message Nachrichtenerkennung f
  i. radar Radarerkennung f
identique ⟨Math⟩ identisch
identité f ⟨Math⟩ Identität f
idiochromatique idiochromatisch
idiogéosynclinal m Idiogeosynklinale f
idiomorphe idiomorph
ignifugation f Flammfestmachen n; Flammfestausrüstung f
ignifuge feuerfest, flammfest, unbrennbar
ignifuge m Feuerfestmacher m
ignifuger feuerfest machen
igniteur m Zünder m; Zündstift m; Zündelektrode f
ignition f Initiierung f, Entzündung f, Zündung f
  i. spontanée Selbstentzündung f
ignitron m Ignitron m
  i. métallique Eisenignitron n
  i. scellé pumpenloses Ignitron n
ignitubulaire Flammrohr- ⟨Kessel⟩
ignivome feuerspeiend
ile f:
  i. d'accumulation Aufschüttungsinsel f
  i. corallienne Koralleninsel f
  i. d'émersion Hebungsinsel f
  i. résiduelle Restinsel f
  i. volcanique Vulkaninsel f, vulkanische Insel f
illusion f **d'optique** optische Täuschung f

ilménite f Ilmenit m
ilot m 1. Baublock m, Gebäudeinsel f, Häuserblock m; 2. Verkehrsinsel f; 3. kleine Insel f
image f 1. Abbild n, Bild n; Bildpunkt m; 2. Radaraufzeichnung f, Radarbild n
  i. agrandie vergrößertes Bild n
  i. apparente scheinbares Bild n
  i. bien plastique durchgezeichnetes Bild n
  i. céramique Abziehbild n ⟨Keramik⟩
  i. complémentaire Komplementärbild n
  i. conforme à la nature getreue Abbildung f
  i. de contrôle Kontrollbild n
  i. de coupe polie Schliffbild n
  i. diapositive Glasbild n
  i. de diffraction Beugungsbild n
  i. diminuée verkleinertes Bild n
  i. doublée doppeltbelichtetes Bild n
  i. droite aufrechtes Bild n
  i. dure hartes Bild n
  i. électrique elektrisches Bild n
  i. électronique Elektronenbild n, Elektronenabbildung f
  i. faible schwaches Bild n
  i. à faible granulation feinkörniges Bild n
  i. fantôme Geisterbild n ⟨Fernsehen⟩
  i. filtrée gefilterte Abbildung f
  i. floue unscharfes Bild n
  i. à forte granulation grobkörniges Bild n
  i. immobile Standbild n
  i. individuelle Einzelbild n
  i. intermédiaire Zwischenbild n
  i. inversée seitenverkehrtes Bild n
  i. latente latentes Bild n
  i. lisible deutliches Bild n
  i. monochrome Einfarbenbild n
  i. négative negatives Bild n
  i. normale seitenrichtiges Bild n
  i. optique optische Abbildung f, optisches Bild n
  i. optique d'interférence [optisches] Achsenbild n, Achseninterferenzbild n
  i. plastique plastisches Bild n, Raumbild n
  i. positive positives Bild n
  i. radar Radarbild n
  i. redressée entzerrtes Bild n
  i. réduite verkleinertes Bild n
  i. réelle reelles Bild n
  i. renversée umgekehrtes Bild n
  i. retournée seitenverkehrte Abbildung f
  i. secondaire Doppelbild n ⟨Fernsehen⟩

i. de sténoscope Lochkamerabild n
i. stéréoscopique Stereobild n
i. de la structure Gefügebild n
i. de télévision Fernsehbild n
i. terne flaues Bild n
i. de texture Gefügebild n
i. virtuelle virtuelles Bild n
i. du viseur Sucherbild n
image-orthicon m Fernsehaufnahmeröhre f
imaginaire imaginär, gedacht, ideell
imbiber tränken; imprägnieren; durchfeuchten, durchnässen
imbibition f Einsaugen n, Aufsaugen n; Saugfähigkeit f; Tränkung f, Imprägnierung f; Sättigung f
imbrication f 1. schuppenförmiges Ornament n; 2. Ineinandergreifen n; Übereinandergreifen n; Verschachteln n
imbrisable unzerbrechlich, unzerstörbar
imbrûlable unbrennbar
imbrûlé unvollständig verbrannt
imidazole m Imidazol n, Glyoxalin n
imide m ⟨Ch⟩ Imid n, Imidoverbindung f
imine f Imin n
imino-urée f Iminoharnstoff m, Guanidin n
imitation f Nachahmung f
i. de fourrure Pelzimitat n
imiter imitieren
immatriculer ins Schiffsregister eintragen
immédiat unmittelbar, direkt
immerger eintauchen
immersion 1. Immersion f; Eintauchen n, Tauchen n; 2. Eintauchtiefe f, Tauchtiefe f; Tiefertauchung f; 3. ⟨Math⟩ Einbettung f
i. à l'huile Ölimmersion f
immesurable nichtmeßbar, unmeßbar
immeuble m 1. Grundstück n; 2. Gebäude n; Haus n; Bau m
i. d'habitation Wohnhaus n, Wohngebäude n
i. de rapport Miethaus n
immiscible unvermischbar
immobile unbeweglich, stationär
immobiliser stillegen
immobilité f **de l'arc** Stehenbleiben n des Lichtbogens
immondices fpl Unrat m, Müll m; Straßenschmutz m
impact m Stoß m; Schlag m; Aufprall m
i. d'atterrissage Landestoß m
i. dur harter Aufprall m
impair ⟨Math⟩ ungerade, ungeradzählig
imparfait fehlerhaft; fehlgeordnet ⟨von Kristallen⟩
impasse f Stumpfgleis n; Sackgasse f

impédance f ⟨El⟩ Impedanz f, Scheinwiderstand m
i. acoustique akustischer Scheinwiderstand m
i. asynchrone Asynchronimpedanz f
i. de base Fußpunktwiderstand m
i. aux bornes Klemmenimpedanz f
i. du câble Kabelimpedanz f
i. caractéristique Wellenwiderstand m
i. de charge Belastungsimpedanz f
i. cinétique Bewegungsimpedanz f
i. du circuit Kreisimpedanz f
i. de circuit ouvert Leerlaufimpedanz f
i. de couplage Kopplungsimpedanz f
i. de court-circuit Kurzschlußimpedanz f
i. cyclique Drehfeldimpedanz f
i. dynamique Bewegungsimpedanz f
i. électrique elektrische Impedanz f
i. d'entrée Eingangsimpedanz f
i. de haut-parleur Lautsprecherimpedanz f
i. itérative Kettenwiderstand m, Kettenimpedanz f
i. de précision Nennbürde f
i. en série Reihenimpedanz f, Serienimpedanz f
i. shuntée Querimpedanz f
i. de sortie Ausgangsimpedanz f
i. de source Quellenwiderstand m
i. subtransitoire longitudinale Anfangslängsimpedanz f
i. subtransitoire transversale Anfangsquerimpedanz f
i. terminale Abschlußimpedanz f
i. vectorielle Widerstandsoperator m, komplexer Widerstand m
impédancemètre m Impedanzmesser m
impénétrabilité f Undurchlässigkeit f
impénétrable undurchlässig
imperfection f Störstelle f ⟨Halbleiter⟩
i. du réseau Gitterfehler m
imperméabilisation f Hydrophobierung f
imperméabiliser hydrophobieren, wasserdicht machen
imperméabilité f Undurchlässigkeit f
imperméable abgedichtet; undurchlässig, undurchdringlich; hydrophob, wasserdicht, imprägniert
i. à l'air luftundurchlässig
i. à l'eau wasserdicht, wasserundurchlässig
i. aux gaz gasdicht, gasundurchlässig
i. aux odeurs geruchsdicht
i. aux sons schalldicht
imperturbable unstörbar

implantation

implantation f 1. Lageplan m von industriellen Anlagen; Lagebestimmung f, Lageplanung f; Anordnung (Projektierung) f von industriellen Anlagen; 2. Ausrüstungen fpl; 3. Lage f, Standort m, Anordnung f ⟨industrielle Anlagen⟩
implanter 1. Lage von industriellen Anlagen bestimmen (projektieren); 2. ausrüsten, Maschinen (Anlagen) aufstellen
implication f Implikation f
implosion f Implosion f
impolarisable nicht polarisierbar
impondérable unwägbar; schwerelos
imposition f Ausschießen n
impossibilité f **d'intercombinaison** Interkombinationsverbot n
imposte f 1. Kämpfer m, Widerlagerstein m; 2. Oberlicht n; 3. Lüftungsflügel m
impraticabilité f Unausführbarkeit f; Unbenutzbarkeit f
impraticable unbenutzbar; unbefahrbar
imprécision f Ungenauigkeit f
   i. **de mesure** Meßungenauigkeit f
imprégnable imprägnierbar
imprégnation f Tränken n; Imprägnieren n; Imprägnierung f
   i. **à la créosote** Teeröltränkung f
   i. **au cut-back** Durchtränken n mit heißem Bitumen
   i. **par diffusion** Diffusionstränkung f
   i. **d'huile** Tränken n mit Öl
   i. **par immersion** Tauchtränken n
   i. **sans pression** Tränkung f ohne Druck
   i. **spéciale** Spezialimprägnierung f
   i. **sous vide** Vakuumtränkung f
imprégné:
   i. **de pétrole** ölgetränkt
   i. **de résine** harzgetränkt
imprégner tränken, imprägnieren
impression f 1. Eindruck m; 2. ⟨Typ,Text⟩ Druck(verfahren n) m; 3. Grundanstrich m, Grundierung f
   i. **d'adresses** Adressenschreibung f
   i. **alphabétique** Alphabetschreibung f
   i. **à l'aniline à l'aide de clichés de caoutchouc** Anilingummidruck m
   i. **par aspiration** Bedrucken n durch Saugwirkung
   i. **pour les aveugles** Blindendruck m
   i. **au bromure d'argent** Bromsilberdruck m
   i. **au cadre** Filmdruck m, Siebdruck m
   i. **colorée** Farbempfindung f
   i. **en deux phases** Zweiphasendruck m
   i. **pour diffusion** Diffusionsdruck m
   i. **flexographique** Flexodruck m
   i. **flocage** Flockdruck m, Flockprint m
   i. **humide sur humide** Naß-in-Naß-Druck m
   i. **irisée** Irisdruck m
   i. **manuelle au pochoir** Handrahmendruck m
   i. **multilignes** Mehrzeilendruck m
   i. **de la musique** Musiknotendruck m
   i. **offset** Offsetdruck m
   i. **offset en creux** Offsettiefdruck m
   i. **des papiers peints** Tapetendruck m
   i. **petit offset** Kleinoffsetdruck m
   i. **planographique** Flachdruck m
   i. **sur plaque d'acier** Stahldruck m
   i. **(de) premier côté, i. au recto** Schöndruck m
   i. **recto-verso** Schön- und Widerdruck m
   i. **en relief** Hochdruck m
   i. **à retiration** s. i. recto-verso
   i. **sur rotative** Rotationsdruck m
   i. **aux rouleaux** Walzendruck m
   i. **(de) second côté** Widerdruck m
   i. **de symboles** Symbolschreibung f
   i. **système Braille** Blindendruck m
   i. **en taille-douce** Kupferdruck m
   i. **en taille-douce sur rotative** Stahlstichrotationstiefdruck m
   i. **sur tôle** Blechdruck m
   i. **à trame de soie** Seidenrasterdruckverfahren n, Siebdruckverfahren n
   i. **de travaux de ville** Akzidenzdruck m
   i. **typographique** Hochdruck m, Buchdruck m
   i. **sur verre** Glasdruck m
   i. **en vigoureux** Vigoureuxdruck m
imprimant Druck-
imprimante f ⟨Dat⟩ Drucker m, Druckwerk n ⟨s. a. imprimeuse⟩
   i. **alarme** s. i. de défauts
   i. **alphanumérique** alphanumerischer Drucker m
   i. **de défauts** Störungsdrucker m, Störungsschreiber m
   i. **du journal** Tagebuchdrucker m, Tagebuchschreiber m
   i. **lettre par lettre** Einzelzeichendrucker m
   i. **ligne par ligne** Zeilendrucker m
   i. **matricielle** Matrixdrucker m
   i. **numérique** Zifferndrucker m
   i. **rapide** Schnelldrucker m
   i. **sérielle** Seriendrucker m
   i. **de sortie** Ausgabedrucker m
   i. **xérographique** xerografischer Drucker m
imprimé m Drucksache f, Druckschrift f

imprimer 1. ⟨Typ, Text⟩ [be]drucken; 2. grundieren
imprimerie f Druckerei f
imprimeur m 1. Drucker m, Maschinenmeister m; 2. s. imprimeuse
  i. en héliogravure Tiefdrucker m
  i. lithographe Steindrucker m
  i. offset Offsetdrucker m
  i. typographe Buchdrucker m
imprimeuse f ⟨Typ⟩ Druckmaschine f; ⟨Dat⟩ Drucker m ⟨s. a. imprimante⟩
  i. actionnée par bande bandgesteuerter Drucker m
  i. automatique Druckautomat m
  i. à bande Streifendrucker m
  i. de billets Fahrkartendruckmaschine f
  i. de contrôle Kontrolldrucker m
  i. à dispositif emporte-pièces Druckmaschine f mit Stanzvorrichtung
  i. d'étiquettes Etikettendruckmaschine f
  i. avec mécanismes pour héliogravure Druckmaschine f mit Tiefdruckwerken
  i. multiple Vielfachdrucker m
  i. « off-line » Off-Line-Drucker m
impropre unzweckmäßig, ungeeignet
impulsion f 1. ⟨El⟩ Impuls m; 2. ⟨Ph⟩ Auftrieb m
  i. aérostatique aerostatischer Auftrieb m
  i. d'annulation Austastimpuls m
  i. de blocage Sperrimpuls m
  i. carrée Rechteckimpuls m
  i. codée kodierter Impuls m
  i. de commande Steuerimpuls m
  i. de comptage Zählimpuls m
  i. de contrôle Kontrollimpuls m
  i. de coupage Löschimpuls m
  i. de courant Stromimpuls m, Stromstoß m
  i. de décalage Schiebeimpuls m
  i. de déclenchement Auslöseimpuls m, Abschaltimpuls m, Ausschaltimpuls m, Ausschaltstromstoß m; ⟨Dat⟩ Triggerimpuls m
  i. digit Ziffernimpuls m
  i. de Dirac Dirac-Gleichung f
  i. double Doppelimpuls m
  i. driver Treiberimpuls m
  i. d'écriture Schreibimpuls m
  i. d'effacement Löschimpuls m
  i. d'égalisation Ausgleichsimpuls m
  i. d'entrée Eingangsimpuls m
  i. d'étalonnage Eichimpuls m
  i. d'horloge ⟨Dat⟩ Taktimpuls m
  i. image Bildimpuls m
  i. d'inhibition Sperrimpuls m
  i. initiale Anfangsimpuls m, Nullimpuls m
  i. d'injection ⟨Kern⟩ Einschußimpuls m
  i. d'inscription Einschreibimpuls m
  i. de lecture Leseimpuls m
  i. de lecture-écriture Lese-Schreib-Impuls m
  i. de ligne Zeilenimpuls m
  i. de luminosité Aufhellimpuls m
  i. de marquage Markierimpuls m
  i. perdue verlorener (nichtgezählter) Impuls m
  i. perturbatrice Störimpuls m
  i. pilote Steuerimpuls m; ⟨Dat⟩ Leitimpuls m
  i. de porte ⟨Dat⟩ Torimpuls m
  i. rectangulaire Rechteckimpuls m
  i. de réglage Regelimpuls m
  i. de réinscription Rückschreibimpuls m, Wiedereinschreibimpuls m
  i. de remise à zéro Löschimpuls m
  i. résiduelle Restimpuls m, Reststromstoß m
  i. retardée verzögerter Impuls m
  i. de retour Rücklaufimpuls m
  i. secondaire Nachimpuls m
  i. de sélection Wählimpuls m
  i. de suppression image Bildaustastimpuls m
  i. de suppression images Vertikalaustastimpuls m
  i. de suppression ligne Zeilenaustastimpuls m
  i. de suppression lignes Horizontalaustastimpuls m
  i. de synchronisation Synchronisierimpuls m
  i. de synchronisation d'image Bildsynchronisierimpuls m
  i. de synchronisation de ligne Zeilensynchronisierimpuls m
  i. de tension Spannungsstoß m
  i. terminale Schlußimpuls m
  i. trapézoïdale Trapezimpuls m
  i. en triangle Dreieckimpuls m
impulsion-écho f **ultrasonore** Ultraschallechoimpuls m
impulsions fpl **codées** Pulskode m
impur unrein
impureté f Verunreinigung f, Beimischung f, Fremdbestandteil m; Störstelle f ⟨Halbleiter⟩
  i. indésirable unerwünschtes Begleitelement n
  i. inerte inerte Verunreinigung f
imputrescible fäulnisbeständig, fäulnishindernd, fäulnisfest
inaccessible unzugänglich

inactif inaktiv, träge, wirkungslos
inactivité f Passivität f, Trägheit f
inadéquat unzureichend, unzulänglich
inaltérable fest, beständig, unveränderlich
inaltéré unverändert
inarrachable nicht herausreißbar
inassimilable nicht assimilierbar
inattaquable unangreifbar, resistent
inaudible unhörbar, lautlos; schalldämpfend, schallabsorbierend
incalculable unberechenbar
incandescence f Weißglut f
incandescent (weiß)glühend
incassable unzerbrechlich
incendiaire Brand-
incendie f:
  i. de carburateur Vergaserbrand m
  i. de mine Grubenbrand m
  i. au toit Firstenbrand m
incendier anzünden, in Brand setzen
incertitude f **statistique** statistische Unsicherheit f
incidence f Einfall(en n) m
  i. de l'avion Längsneigungswinkel m
  i. de décrochage kritischer Anstellwinkel m
  i. rasante streifender Einfall m
incident einfallend, auftreffend
incident m Störung f
  i. d'exploitation Betriebsstörung f
  i. de fonctionnement, i. du service Funktionsstörung f, Betriebsstörung f
incinérateur m Müllofen m
incinération f Veraschung f
  i. des déchets (ordures) Müllverbrennung f
incinérer veraschen, einäschern
incision f Einschneiden n; Einschnitt m, Kerbe f
inclinable schrägstellbar
inclinaison f 1. Gefälle n; Neigung f; Steigung f; Schrägstellung f; 2. Inklination f ⟨Magnetnadel⟩; ⟨Schiff⟩ Krängung f
  i. de l'hélice Schrägung(swinkel m) f ⟨Zahnrad⟩
  i. latérale Rollwinkel m
  i. magnétique magnetische Inklination f
  i. du pivot Radsturz m ⟨durch Neigen des Achsschenkelbolzens⟩
  i. du vent Windinklination f
  i. de la voie Schienenneigung f
incliné geneigt; ⟨Brg⟩ einfallend, tonnlägig
  très i. steil einfallend
incliner ⟨Schiff⟩ krängen
  s'i. ⟨Brg⟩ einfallen

inclinomètre m Inklinometer n, Neigungsmesser m
inclusion f Einschluß m; ⟨Math⟩ Einschließung f
  i. d'air Lufteinschluß m
  i. gazeuse Gaseinschluß m
  i. de métaux lourds Schwermetalleinschluß m
  i. non métallique nichtmetallischer Einschluß m
  i. sableuse Sandeinschluß m
  i. de scorie Schlackeneinschluß m
incohérence f Inkohärenz f
incohérent inkohärent, unzusammenhängend
incolore farblos
incombustibilité f Unbrennbarkeit f
incombustible un(ver)brennbar, feuerfest, feuerbeständig
incompatibilité f Unverträglichkeit f
incompatible unverträglich
incompressibilité f Inkompressibilität f
incompressible inkompressibel, unverdichtbar
inconditionnel ⟨Dat⟩ unbedingt
incongelable kältebeständig
inconnue f Unbekannte f
inconsistant nicht standfest, unverfestigt
inconstant unbeständig
incorporé eingebaut
incrément m Inkrement n, Zuwachs m
incristallisable unkristallisierbar
incrustation f Verkrustung f, Krustenbildung f; Verkleidung f mit Kacheln
  i. de calamine Zunderfleck m
  i. d'oxyde Oxideinsprenkelung f
incruster verkrusten, versintern
incubateur m Brutmaschine f, Brüter m, Brutschrank m
incunable m Inkunabel f, Frühdruck m, Wiegendruck m
indanthrènes mpl Indanthrenfarben fpl
indéchirable unzerreißbar
indécomposable unzersetzbar; unzerlegbar
indédoublable unspaltbar
indéfini unbegrenzt
indéformable formfest, nicht verformbar
indémaillable maschenfest
indémontable nicht demontierbar; unzerlegbar
indépendance f **de charge** Ladungsunabhängigkeit f ⟨der Kernkräfte⟩
indépendant unabhängig; lose eingebaut
  i. de la concentration konzentrationsunabhängig
indestructible unzerstörbar

indétermination f ⟨Math⟩ Unbestimmtheit f
indéterminé unbestimmt
indéveloppable unentwickelbar
index m 1. Index m ⟨s. a. indice⟩; 2. ⟨Masch⟩ Index m, Raststellung f, Einrastvorrichtung f; 3. ⟨Dat⟩ Index m, Markierung f; Register n; 4. Steuerstrich m
  i. alphabétique alphabetisches Register n
  i. de givrage Vereisungsindex m
  i. d'itération Iterationsindex m
  i. lumineux Lichtmarke f
  i. des matières Sachregister n
  i. réglable verstellbarer Sollwertzeiger m
indexage m, **indexation** f 1. ⟨Masch⟩ Indexschaltung f, Einrastung f; 2. Indizierung f ⟨Röntgendiagramm⟩
  i. de la pièce Einstellung f nach Skale
indexer 1. ⟨Masch⟩ auf Index schalten, weiterschalten, von Raststellung zu Raststellung schalten, einrasten; 2. indizieren
indexeur m ⟨Masch⟩ Schaltelement n, Schaltrad n, Rastelement n, Raststift m
indicateur m 1. Indikator m, Meßzeiger m, Anzeiger m; 2. Ablesegerät n, Ablesevorrichtung f, Anzeigevorrichtung f; 3. ⟨Masch⟩ Indikator m ⟨Kolbenkraftmaschine⟩
  i. d'accord Abstimmanzeigeröhre f
  i. d'allongement Dehnungsmesser m
  i. altimétrique Höhenmesser m
  i. d'altitude Höhensichtgerät n ⟨Radar⟩
  i. d'angle de barre Ruderlagenanzeiger m
  i. de l'angle d'incidence Einfallswinkelmesser m
  i. d'angle de piqué Sturzwinkelanzeiger m
  i. d'assiette ⟨Schiff⟩ Trimmeßgerät n
  i. de l'axe Achsenanzeiger m
  i. de balance stéréo Stereobalanceanzeiger m
  i. de battements Schwebungsanzeiger m
  i. à cadran Meßuhr f
  i. de chaîne filée Anzeigegerät n für ausgesteckte Kettenlänge ⟨z. B. beim Ankern⟩
  i. de changement de direction ⟨Kfz⟩ Richtungsanzeiger m
  i. de charge de consigne Übergabeleistungsanzeiger m
  i. de coefficient de déphasage cos-φ-Anzeiger m, Leistungsfaktormesser m, Phasenmesser m, Wirkfaktormesser m
  i. coloré ⟨Ch⟩ Farbindikator m
  i. de contrainte de traction Zugspannungsmesser m
  i. de court-circuit Kurzschlußanzeiger m
  i. de crête Aussteuerungsanzeiger m
  i. de débit Durchflußmesser m
  i. de débordement ⟨Dat⟩ Überlaufanzeiger m
  i. de déclenchement Auslöseanzeiger m
  i. de déclivité Neigungsmesser m
  i. de dérapage Schiebewinkelanzeiger m
  i. de direction d'atterrissage Landeweiser m
  i. de direction gyroscopique Kurskreisel m
  i. de direction du vent Windrichtungsanzeiger m
  i. d'équilibre Ausgleichanzeiger m
  i. d'erreurs ⟨Dat⟩ Fehleranzeiger m
  i. de fin de page Bogenendanzeiger m
  i. de fusion Schmelzmarke f ⟨einer Sicherung⟩
  i. de gite ⟨Schiff⟩ Krängungsmeßgerät n
  i. de grisou ⟨Brg⟩ Schlagwetteranzeiger m, Wetteranzeiger m
  i. de guide-ligne Zeilenhöhenanzeiger m
  i. d'huile Ölstandanzeiger m
  i. d'incendie Feuermelder m
  i. d'incidence Anstellwinkelanzeiger m
  i. d'isolement Isolationsprüfer m
  i. isotopique Tracer m, isotoper Indikator m
  i. lumineux d'angle d'approche Anflugwinkelfeuer n
  i. de maximum Maximumanzeiger m
  i. de méthane s. i. de grisou
  i. de montée Steiggeschwindigkeitsanzeiger m
  i. à mouvement relatif Sichtgerät n mit Relativdarstellung ⟨z. B. Radar⟩
  i. à mouvement vrai Sichtgerät n mit Absolutdarstellung ⟨z. B. Radar⟩
  i. des mouvements en surface sur des aérodromes Anzeigegerät n für Bodenverkehr
  i. de niveau Füllstand(s)anzeiger m, Wasserstandsglas n
  i. de niveau d'eau Wasserstandzeiger m
  i. de niveau d'eau à distance Fernwasserstand(s)anzeiger m

indicateur

i. de niveau d'essence Benzinstand(s)anzeiger m
i. de niveau d'huile Ölstand(s)anzeiger m
i. d'ordre de phases Phasenfolgeanzeiger m, Drehfeldrichtungsanzeiger m
i. d'oscillation Schwingungsmesser m
i. de pente Steigungsmesser m, Neigungsmesser m; Querneigungsmesser m
i. de perte à la terre Erdschlußprüfer m
i. de polarité Stromrichtungsanzeiger m, Polaritätsanzeiger m, Polprüfer m
i. de position Positionsanzeiger m
i. de position d'air Luftstandortanzeigegerät n; Positionsbestimmungsgerät n
i. de position panoramique Rundsichtanzeigegerät n
i. de position de ruban Bandzählwerk n
i. de précision Feinmeßuhr f
i. de pression d'huile Öldruckanzeiger m
i. de profondeur Teufenzeiger m, Tiefenanzeiger m
i. de puissance Leistungsanzeiger m, Leistungsmesser m
i. radio-actif radioaktiver Tracer (Indikator) m, radioaktives Leitisotop n
i. de rayonnement Strahlungsindikator m
i. de sens de courant Stromrichtungsanzeiger m
i. à seuil Schwell(en)wertindikator m
i. sonore akustisches Anzeigegerät n
i. de statistiques statistisches Anzeigegerät n
i. du tambour de justification ⟨Typ⟩ Ausschlußzeiger m
i. de taxe Gebührenanzeiger m
i. de tension Spannungsprüfer m
i. de terre Erdschlußanzeiger m, Erdschlußmesser m
i. de tours Umdrehungszähler m
i. de traction de funes Kurrleinenzugmesser m
i. d'unités Einheitenskale f
i. de valeur de seuil Schwell(en)wertgeber m
i. de vide Vakuummeter n
i. de virage Wendezeiger m
i. visuel optisches Anzeigegerät n, Sicht(anzeige)gerät n
i. de vitesse Geschwindigkeitsmesser m
i. de vitesse d'hélice Schiffswellenumdrehungsanzeiger m
i. de vitesse de montée s. i. de montée

i. de voie Gleisbesetzungsmelder m ⟨Stellwerk⟩
i. de zéro Nullanzeiger m
indicatif m:
i. d'appel Rufzeichen n, Funkverkehrszeichen n
i. de programme ⟨Dat⟩ Programmkennzahl f
indication f 1. Ablesung f, Anzeige f; 2. Indizieren n, Aufnahme f eines Indikatordiagramms ⟨Kolbenkraftmaschine⟩
i. de code Kodemarkierung f
i. pour la composition Satzanweisung f
i. d'un défaut à la terre Erdschlußanzeige f
i. de défauts Störungsanzeige f
i. digitale digitale Anzeige f
i. à distance Fernanzeige f
i. d'instrument Instrumentenanzeige f
i. numérique digitale Anzeige f
i. de niveau Füllstand(s)anzeige f
i. optique optische Anzeige f
i. de position Stellungsanzeige f
i. visuelle Sichtanzeige f
fausse i. Deklination f, Mißweisung f
indice m 1. Positionszahl f, laufende Nummer f ⟨technische Zeichnung⟩; 2. Kennziffer f, Kennzahl f, Koeffizient m, Verhältniszahl f, Kennwert m; Index m
i. d'acidité Säurezahl f
i. d'admission Füllung(sverhältnis n) f, Füllungsgrad m ⟨Kolbenkraftmaschine⟩
i. d'aménagement Ausnutzungsziffer f
i. de basicité du laitier Schlackenzahl f
i. de bullage Blasenindex m
i. de cétane Zetanzahl f
i. de coloration Farbzahl f
i. de commutation Kommutierungszahl f
i. de compactage Verdichtungskoeffizient m
i. composé de réfraction komplexer Brechungsindex m
i. de coordination ⟨Ch⟩ Koordinationszahl f
i. de couleur Farbenindex m
i. de cycles Zyklusindex m
i. de décontamination Dekontaminsindex m
i. diesel Dieselindex m, Zündungsindex m ⟨von Kraftstoffen⟩
i. de dureté Härtezahl f
i. d'effet d'entaille Kerbwirkungszahl f
i. électro-optique elektronenoptischer Brechungsindex m
i. de fluidité Weichheitszahl f
i. de frottement Reibungskoeffizient m

i. de gonflement Quellwert m
i. granulométrique Korngrößenkennzahl f
i. de gris Graumaßstab m
i. inférieur unterer Index m
i. d'iode Jodzahl f
i. de jaune Gelbmaßstab m
i. de neutralisation Säurezahl f, Neutralisationszahl f
i. numérique de couplage Schaltgruppenziffer f ⟨Transformator⟩
i. d'octane Oktanzahl f
i. de pénétration Durchdringungsgrad m
i. de pétrole, i. pétrolifère Erdölanzeichen n
i. de qualité Gütezahl f
i. de réfraction Brechungsindex m
i. de réfraction absolue absoluter Brechungsindex m
i. de réfraction complexe komplexer Brechungsindex m
i. de réfraction relative Brechungsverhältnis n, relativer Brechungsindex m
i. de résilience Kerbschlagwert m
i. de saponification Verseifungszahl f
i. de saturation Sättigungsgrad m, Sättigungskoeffizient m
i. supérieur oberer Index m
i. d'usure Verschleißzahl f
i. de viscosité Viskositätsindex m ⟨von Schmierstoffen⟩
indices mpl:
i. de Bravais-Miller Millersche Indizes mpl
i. de cristal Indizes mpl der Kristallflächen
i. de Miller Millersche Indizes mpl
indifférence f Indifferenz f
indifférent indifferent; reaktionslos, neutral; unempfindlich
i. à la lumière lichtunempfindlich
indigo m Indigo m (n)
i. blanc Indigoweiß n
i. bleu Indigoblau n
i. naturel Naturindigo m
i. synthétique synthetischer Indigo m
indigoïde m indigoider Farbstoff m
indigotine f s. indigo synthétique
indiquer 1. anzeigen; 2. indizieren, ein Indikatordiagramm aufnehmen ⟨Kolbenkraftmaschine⟩
indirect indirekt
indistinct undeutlich
indium m Indium n
indoxyle m Indoxyl n
inductance f induktiver Blindwiderstand m, Induktanz f

i. additionnelle Vorschaltdrossel f
i. d'anode Anodendrossel f
i. à entrefer variable Drossel f mit veränderlichem Luftspalt
i. de fuite Streuinduktivität f
i. de mise à la terre du neutre Sternpunkterdungsdrossel f
i. mutuelle Gegeninduktivität f
i. à prises variables Anzapfdrossel f
i. propre Eigeninduktivität f, Induktivität f
i. de protection contre les surintensités Strombegrenzungsdrossel f
i. de réglage Regeldrossel f
i. série Reiheninduktivität f
inducteur induzierend
inducteur m Induktor m
i. homopolaire Gleichpolfeldmagnet m
i. de Ruhmkorff Funkeninduktor m ⟨nach Ruhmkorff⟩
i. de terre Erdinduktor m
inductif induktiv
non i. induktionsfrei
induction f Induktion f; sans i. induktionsfrei, induktionslos
i. dans l'air Luftinduktion f
i. par dispersion Streuinduktion f
i. dynamique dynamische Induktion f
i. électrique elektrische Induktion f
i. électrodynamique elektrodynamische Induktion f
i. dans le fer Eiseninduktion f
i. homopolaire Gleichpolinduktion f
i. dans l'induit Ankerinduktion f
i. magnétique magnetische Induktion f
i. magnéto-électrique magnetoelektrische Induktion f
i. mutuelle Gegeninduktion f, gegenseitige Induktion f
i. nucléaire Kerninduktion f
i. propre Selbstinduktion f
inductivité f s. coefficient d'induction mutuelle
induire induzieren
induit m ⟨El⟩ Anker m ⟨s. a. armature 4.⟩
i. en anneau Ringanker m
i. à bagues (collectrices) Schleifringanker m
i. à barres Stabanker m
i. à cage double Doppelkäfiganker m
i. à cage d'écureuil Kurzschlußläufer m, Käfigläufer m
i. à collecteur Kommutatorläufer m, Kommutatoranker m
i. coulissant Verschiebeanker m
i. à courant continu Gleichstromanker m
i. à courant triphasé Drehstromanker m

induit

    i. **en court-circuit** s. i. à cage d'écureuil
    i. **denté** Nut(en)anker m
    i. **en disque** Scheibenanker m
    i. **en double T** Doppel-T-Anker m
    i. **de dynamo** Dynamoanker m
    i. **à encoches** Nut(en)anker m
    i. **fixe** stationärer Anker m
    i. **fraisé** gefräster Anker m
    i. **lisse** Anker m mit geschlossenen Nuten, glatter Anker
    i. **monophasé** Einphasenanker m
    i. **de moteur** Motoranker m
    i. **à pôles extérieures** Außenpolanker m
    i. **à pôles intérieures** Innenpolanker m
    i. **en porte-à-faux** fliegend angeordneter Anker m
    i. **primaire** Primäranker m
    i. **à rainures** Nut(en)anker m
    i. **secondaire** Sekundäranker m
    i. **en tambour** Trommelanker m
    i. **tournant** rotierender (umlaufender) Anker m, Drehanker m
    i. **triphasé** Drehstromanker m
indulines fpl Induline npl
industrialisation f Industrialisierung f
    i. **du bâtiment** Industrialisierung f des Bauwesens
    i. **de la construction** Industrialisierung f der Bauausführung (Bauarbeiten)
industrialiser industrialisieren
industrie f:
    i. **aéronautique** Flugzeugindustrie f
    i. **de l'alimentation** Nahrungsmittelindustrie f
    i. **de base** Grundstoffindustrie f
    i. **du bâtiment** Bauwesen n
    i. **chimique** chemische Industrie f
    i. **des colorants** Farbenindustrie f
    i. **des conserves** Konservenindustrie f
    i. **de la construction navale** Schiffbauindustrie f
    i. **électrique** Elektroindustrie f
    i. **extractive** Bergbau m und Industrie f der Steine und Erden
    i. **légère** Leichtindustrie f
    i. **de la machine-outil** Werkzeugmaschinenindustrie f, Werkzeugmaschinenbau m
    i. **maritime** Seewirtschaft f
    i. **mécanique** Maschinenbau(industrie f) m
    i. **mécanique et transformatrice des métaux** eisen- und metallverarbeitende Industrie f
    i. **du métal** Metallindustrie f
    i. **métallurgique** Hüttenindustrie f
    i. **des métaux non ferreux** Industrie f der Nichteisenmetalle

    i. **minière** Montanindustrie f, Bergbauindustrie f
    i. **navale** Schiffbauindustrie f
    i. **des pêches** Fisch(erei)industrie f
    i. **du pétrole** Erdölindustrie f
    i. **polygraphique** polygrafische Industrie f, Polygrafie f
    i. **sidérurgique** Eisenhüttenindustrie f
    i. **des terres** Industrie f der Tone und Erden
    i. **textile** Textilindustrie f
    i. **d'usinage des métaux** metallbearbeitende Industrie f
    i. **des vernis** Lackindustrie f
    i. **du vêtement** Bekleidungsindustrie f
industrie-clé f Schlüsselindustrie f
inefficace unwirksam
inefficacité f Unwirksamkeit f
inégal ungleich
inégalité f ⟨Math⟩ Ungleichung f; Ungleichheit f
    i. **triangulaire** Dreiecksungleichung f
inélastique unelastisch
inéquation f ⟨Math⟩ Ungleichung f
inerte inert, träge
inertie f Trägheit f
    i. **acoustique** Schallhärte f
    i. **d'indication** Anzeigeträgheit f
    i. **virtuelle** scheinbare Trägheit f
inétanchéité f Undichtigkeit f; schlechte Verdichtung f
inexploitable ⟨Brg⟩ unbauwürdig
inexploité ⟨Brg⟩ unverritzt
inexplosible explosionssicher
inférence f s. implication
inférieur tiefstehend
infiltration f Einsickern n; Eindringen n; Durchdringen n; Versickern n
    i. **au trempé** Tauchtränkung f
infiltrer einsickern; versickern; infiltrieren
infini unendlich
infini m Unendliches n
infinité f Unendlichkeit f
infinitésimal unendlich klein
infinitude f **de l'univers** Unendlichkeit f des Weltalls
infirmerie f Sanitätsraum f
inflammabilité f Entflammbarkeit f, Entzündbarkeit f
inflammable entzündbar, feuergefährlich
inflammation f Entzündung f
    i. **spontanée** Selbstentzündung f
inflecteur m Inflektor m
influence f 1. Einfluß m, Einwirkung f; 2. ⟨El⟩ Influenz f
    i. **de température** Temperatureinfluß m

influencer 1. beeinflussen, einwirken auf; 2. ⟨El⟩ influenzieren
information f Information f, Nachricht f
  i. d'acheminement Richtungsinformation f
  i. alphabétique alphabetische Information f
  i. alphanumérique alphanumerische Information f
  i. binaire binäre Information f
  i. bivalente zweiwertige Information f
  i. de code Kodeinformation f
  i. de direction Leitungsinformation f
  i. d'identification Erkennungsinformation f
  i. mutilée verstümmelte Information f
  i. numérique numerische Information f
  i. de reconnaissance Erkennungsinformation f
  i. de sortie Ausgangsinformation f
  i. supplémentaire Nebeninformation f
  i. de traitement Verarbeitungsinformation f
informations fpl:
  i. de distance Entfernungsdaten pl
  i. de gisement Richtungsdaten pl
infra-acoustique infraakustisch
infrarouge infrarot
infrarouge m Infrarot n
  i. lointain fernes Infrarot n
  i. proche nahes Infrarot n
infra-son m Infraschall m
infra-sonore untertonfrequent
infrastructure f ⟨Eb⟩ Unterbau m
infroissabilité f Knitterfreiheit f
infroissable knitterfrei, knitterarm
infusible unschmelzbar
ingénieur m:
  i. en chef Oberingenieur m, leitender Ingenieur m
  i. diplômé Diplomingenieur m
  i. électricien Elektroingenieur m
  i. de fabrication Fertigungsingenieur m, Technologe m
  i. mécanicien Maschinenbauingenieur m
  i. des mines Diplombergingenieur m, Bergingenieur m
  i. d'outillage, i. outilleur Werkzeugingenieur m, Ingenieur m für Werkzeugherstellung und Vorrichtungsbau
  i. pétrolier Erdölingenieur m
  i. des Ponts et Chaussées Wegebaumeister m; Wegebauingenieur m
  i. projecteur Verfahrensingenieur m
  i. du son Toningenieur m, Tonmeister m
ingénieur-géomètre m Markscheider m

ingénieur-hydraulicien m Wasserbauingenieur m
inhalateur m Inhalator m
  i. d'oxygène Atemmaske f, Sauerstoffmaske f
inhibiteur m Inhibitor m, Hemmkörper m, Verzögerungsmittel n; Schutzstoff m
  i. de corrosion Korrosionshemm[ungs]mittel n, Korrosionshemmer m
  i. de détonation Antiklopfmittel n
  i. d'huile Hemmstoff m ⟨gegen Alterung von Öl⟩
inhibitif hemmend
inhibition f Hemmung f
ininflammable nicht entflammbar, flammfest, unbrennbar, feuerbeständig
ininflammation f Flammfestigkeit f, Unbrennbarkeit f, Feuerbeständigkeit f
ininterrompu ununterbrochen, dauerhaft, Dauer-
initial anfänglich, Anfangs-, ursprünglich; ⟨El⟩ jungfräulich
initiale f Initial[e f] n
  i. classique einfache Initiale f
  i. encastrée Kassetteninitiale f
  i. habillée trois lignes Initiale f über drei Zeilen
  i. ornée verzierte Initiale f
injecter einspritzen
injecteur m 1. Düse f, Einspritzdüse f; 2. Strahlpumpe f, Injektor m; Dampfstrahlpumpe f
  i. à aiguille Zapfendüse f
  i. hydraulique Wasserstrahlpumpe f
  i. à téton Zapfendüse f
  i. à trous Mehrlochdüse f
  i. à un trou Einlochdüse f
  i. à vapeur Dampfstrahlpumpe f, Injektor m
injection f 1. Einspritzen n; Einspritzung f, Injektion f ⟨Verbrennungsmotor⟩; 2. Spritzen n, Spritzvorgang m; 3. Injektion f ⟨Beton⟩; 4. ⟨Kern⟩ Injektion f, Einschuß m; 5. ⟨Math⟩ eineindeutige Abbildung f, Injektion f
  i. abyssale Injektion f in großer Tiefe
  i. d'ammoniac Ammoniakeinspritzung f
  i. des bois Holztränkung f
  i. de boues argileuses Dickspülung f
  i. capillaire Punktanguß m
  i. de ciment Zementinjektion f, Zementeinspritzung f
  i. directe 1. angußloses Spritzen n; 2. Direkteinspritzung f
  i. d'eau Wasserfluten n

injection

   i. d'eau en veine Stoßtränken n
   i. d'essence Benzineinspritzung f
   i. par poinçon Kolbeneinspritzung f ⟨Spritzguß⟩
   i. de porteurs Trägerinjektion f ⟨Halbleiter⟩
   i. sous pression Druckeinspritzung f
   i. par vis Schneckeneinspritzung f ⟨Spritzguß⟩
innavigable nicht schiffbar
innocuité f Ungiftigkeit f
innombrable ⟨Math⟩ unzählbar, unzählig
in-octavo m Oktav n ⟨noch gebräuchliche Bezeichnung für einen dreimal gefalzten Papierbogen 8 Blätter oder 16 Seiten⟩
inoculant m Impfstoff m
inoculation f Beimpfung f, Impfung f ⟨z. B. von Kristallen⟩
inoculer (be)impfen
inodore geruchlos
inoffensif harmlos
inondation f Überschwemmung f; ⟨Brg⟩ Ersaufen n
inonder überfluten; ⟨Brg⟩ ersaufen
inorganique anorganisch
inoxydable rostfrei, nichtrostend, rostsicher; zunderbeständig
in-quarto m Quart n
insaponifiable unverseifbar
insaturé ungesättigt
inscrit einbeschrieben ⟨z. B. Kreis⟩
insecticide m Insektizid n, Insektenbekämpfungsmittel n
insensibilité f Unempfindlichkeit f
   i. absolue Totbereich m, tote (unempfindliche) Zone f
insensible unempfindlich
   i. à la fréquence frequenzunabhängig
inséparable untrennbar; unscheidbar
inséré eingebaut
insérer einsetzen, einfügen
   i. un fusible eine Sicherung einsetzen
insertion f 1. Einsetzen n, Einfügen n; 2. Einsatz[stück] m, Einlage f; 3. Inserat n
insipide geschmacklos
insipidité f Geschmacklosigkeit f
insolation f Insolation f, Sonneneinstrahlung f
insoler besonnen, der Sonnenbestrahlung aussetzen
insolubiliser unlöslich machen
insolubilité f Unlöslichkeit f
insoluble unlöslich
   i. dans l'eau wasserunlöslich
insoluble m Unlösliches n

insonore schalldicht
insonorisation f Schalldämpfung f, Schallschutz m, Sicherung f gegen Schallübertragung
insonoriser schalldicht machen
instabilité f Instabilität f, Unbeständigkeit f, Labilität f
   i. longitudinale Längsinstabilität f
   i. de roulis Rollinstabilität f; Querinstabilität f
   i. de route Richtungsinstabilität f
   i. spirale Spiralinstabilität f
   i. de la surface Oberflächenunruhe f
   i. transversale s. i. de roulis
instable unstabil, unbeständig, labil
installateur m Installateur m
installation f 1. Einbau m; Verlegung f; Installieren n; Montage f; 2. Anlage f; Installation f; Betriebseinrichtung f ⟨s. a. équipement, appareil⟩
   i. d'accélération Beschleunigungsanlage f
   i. d'aérage Lüftungsanlage f
   i. d'agglomération Sinteranlage f
   i. d'air comprimé Druckluftanlage f
   i. d'allumage Zündanlage f
   i. d'ancrage à grande profondeur Tiefseeankereinrichtung f
   i. annexe Nebenanlage f
   i. d'antenne collective Gemeinschaftsantennenanlage f
   i. d'appel Rufanlage f
   i. d'arrosage Beregnungsanlage f
   i. d'aspiration Absaug[e]anlage f, Saugzuganlage f
   i. d'avertissement Warneinrichtung f
   i. de balayage Abtasteinrichtung f
   i. à bande magnétique Magnettonanlage f
   i. à basse tension Niederspannungsanlage f
   i. de blanchiment au large Breitbleicheinrichtung f
   i. de bondérisation Phosphatieranlage f; Bonderanlage f ⟨Galvanotechnik⟩
   i. de briquetage Brikettieranlage f
   i. de broyage Brechanlage f, Zerkleinerungsanlage f; Mahlanlage f
   i. de carbonisation Holzverkohlungsanlage f
   i. pour carton ondulé Well[en]pappenanlage f
   i. de chambres de plomb Bleikammeranlage f
   i. de chantier Baustelleneinrichtung f
   i. de charge[ment] Beschickungsanlage f; Ladeeinrichtung f, Verladeeinrichtung f; Füllvorrichtung f

i. de chargement du gueulard Begichtungsanlage f
i. de chaudières Kesselanlage f
i. chauffage Heizanlage f
i. de chauffage électrique elektrische Heizanlage f
i. de chauffage des poches Pfannenaufheizanlage f
i. de chauffage urbain Fernheizungsanlage f
i. de chromage Verchromungsanlage f
i. de clarification Kläranlage f
i. de climatisation Klimaanlage f
i. de combustion de l'air Luftverbrennungsanlage f
i. de commande Betätigungsanlage f, Befehlsanlage f
i. de concassage des ferrailles Schrottzerkleinerungsanlage f
i. de conditionnement Klimaanlage f
i. pour le conditionnement du papier Papierkonditionierungsanlage f
i. de conférence ⟨Fmt⟩ Konferenzanlage f
i. de congélation Gefrieranlage f
i. continue de vernissage Bandlackieranlage f
i. de contrôle d'exploitation Betriebsmeßeinrichtung f
i. de couchage Beschichtungsmaschine f
i. de coulée continue Stranggießanlage f
i. de couplage Schaltanlage f
i. à courant continu Gleichstromanlage f
i. à courant fort Starkstromanlage f
i. de cracking Ölspaltanlage f, Krackanlage f
i. sous crépi Unterputzinstallation f
i. de criblage du coke Kokssiebanlage f
i. de cuivrage Verkupferungsanlage f
i. de dalotage Speigattsystem n
i. de décalaminage Entzunderungsanlage f
i. de décapage Beizanlage f
i. de déchargement Löschvorrichtung f
i. de dégazage Entgasungsanlage f
i. de dégraissage Entfettungsanlage f
i. de dépoussiérage Entstaubungsanlage f
i. à dessiner Zeichenanlage f
i. de désulfuration Entschwefelungsanlage f
i. de détection de bruits Schallortungsanlage f; Nebelsignaldetektor m
i. de développement Entwicklungsanlage f

i. au diaphragme Diaphragmaanlage f
i. domestique Hausanlage f ⟨Telefon⟩
i. de durcissement Härtungsanlage f
i. d'eau Wasserleitung f
i. d'éclairage Beleuchtungsanlage f
i. d'élaboration des données Datenverarbeitungsanlage f, DVA
i. d'électrolyse Elektrolyseanlage f
i. d'électroplastie Galvanisieranlage f
i. d'émission Sendeanlage f
i. à énergie nucléaire Kernenergieanlage f
i. d'enrichissement Anreicherungsanlage f
i. d'épuration des eaux résiduaires Abwasserreinigungsanlage f
i. d'essais Prüfstand m, Versuchseinrichtung f
i. d'étamage Verzinnungsanlage f
i. d'exploitation des données Datenverarbeitungsanlage f, DVA
i. d'exposition Belichtungsanlage f
i. extérieure Freiluft(schalt)anlage f
i. d'extinction par gaz inerte Gasfeuerlöschanlage f
i. d'extinction d'incendie Feuerlöschanlage f
i. d'extinction par mousse (physique) Schaumfeuerlöschanlage f
i. d'extraction Förderanlage f
i. d'extrusion Extrudieranlage f, Extruder m ⟨Plastverarbeitung⟩
i. de (pour la) fabrication de farine de poisson Fischmehlerzeugungsanlage f
i. à feutre pour rétrécissement Filzkrumpfanlage f
i. du filetage Filetiereinrichtung f ⟨Fischverarbeitung⟩
i. de filtrage Filteranlage f
i. de floculation Flockungsanlage f
i. de flottation Schwimmaufbereitungsanlage f
i. de fonderie Gießereianlage f, Gießereibetrieb m
i. de forage Bohranlage f
i. de fours Ofenanlage f
i. frigorifique Kälteanlage f, Kältemaschine f, Kühlanlage f
i. frigorifique fret Ladekühlanlage f
i. frigorifique vivres Proviantkühlanlage f
i. de frittage Sinteranlage f
i. de fusion sous vide Vakuumschmelzanlage f
i. galvanique de régénération galvanische Regenerierungsanlage f
i. de galvanisation Verzinkungsanlage f

installation

i. **de granulation** Granulieranlage *f*, Granulator *m*
i. **de grenaillage des tôles** Plattenentzunderungsanlage *f*
i. **de grillage des minerais** Röstanlage *f* für Erze
i. **de haut-parleurs de manœuvre** Kommandolautsprecheranlage *f*
i. **de hauts fourneaux** Hochofenanlage *f*, Hochofenwerk *n*
i. **hydraulique** Wasserkraftanlage *f*
i. **d'hydrogénation** Hydrieranlage *f*
i. **hydropneumatique** Druckwasser-Druckluft-Anlage *f*
i. **d'incinération** Verbrennungsanlage *f*
i. **industrielle d'essai** technische Versuchsanlage *f*
i. **d'injection** Spritzanlage *f*
i. **d'intercommunication** Wechselsprechanlage *f*
i. **du jour** Übertageanlage *f*
i. **de lavage** Spüleinrichtung *f*; Waschanlage *f*
i. **de lavage des formes** ⟨Typ⟩ Formenwaschanlage *f*
i. **de lavage du poisson** Fischwaschanlage *f*
i. **de lavage de tamis** ⟨Typ⟩ Siebwaschanlage *f*
i. **en ligne** Reihenanlage *f*
i. **de liquéfaction** Verflüssigungsanlage *f*
i. **de localisation** Peilanlage *f*
i. **de manutention** Umschlageinrichtung *f*
i. **de mélange** Mischanlage *f*
i. **de mesure** Meßanlage *f*
i. **de métallisation au pistolet** Metallspritzanlage *f*
i. **métallurgique** Hüttenwerkseinrichtung *f*
i. **de mise à terri(l)** Absetzanlage *f*, Absetzer *m*; ⟨Brg⟩ Haldensturzanlage *f*
i. **de mouillage** Ankereinrichtung *f*, Ankergeschirr *n*
i. **de nettoyage des citernes** Tankreinigungsanlage *f*
i. **de paratonnerre** Blitzableiteranlage *f*
i. **de peinture** Lackieranlage *f*
i. **de peinture au trempé** Tauchlackieranlage *f*
i. **pilote** Großversuchsanlage *f*
i. **de pompage pour le transvasement des encres** ⟨Typ⟩ Farbumpumpanlage *f*
i. **de préparation des ferrailles** Schrottaufbereitungsanlage *f*
i. **de préparation pour lignite** Braunkohlenaufbereitungsanlage *f*
i. **de préparation des minerais** Erzaufbereitungsanlage *f*
i. **de préréfrigération** Vorkühlanlage *f*
i. **pour la production d'oxygène** Sauerstoffanlage *f*
i. **de propulsion du type père et fils** Vater-und-Sohn-Antrieb(sanlage *f*) *m*
i. **de purification** Reinigungsanlage *f*
i. **radar** Radaranlage *f*
i. **de radio** Funkanlage *f*
i. **radiotéléphonique** Funksprechanlage *f*
i. **de raffinage (raffinerie)** Raffinieranlage *f*
i. **de recuit** Glühanlage *f*
i. **de récupération de la chaleur perdue** Abwärmeverwertungsanlage *f*
i. **de redresseur(s)** Gleichrichteranlage *f*
i. **de réémetteur** Umsetzeranlage *f*
i. **de réfrigération de la cargaison** Ladekühlanlage *f*
i. **de refroidissement des gaz** Gaskühlanlage *f*
i. **à réglage, i. réglée** Regelstrecke *f*
i. **de remplissage** Füllanlage *f*
i. **de retenue** Stauwerk *n*
i. **sanitaire** sanitäre Einrichtung *f*
i. **de séchage** Trockenanlage *f*
i. **de séchage de convertisseurs** Konvertertrocknungsanlage *f*
i. **de séchage des formes** ⟨Typ⟩ Formentrockenanlage *f*
i. **de séchage à haute fréquence** Hochfrequenztrocknungsanlage *f*
i. **de séchage des poches** Pfannentrocknungsanlage *f*
i. **de séparation** Trennanlage *f*
i. **des services auxiliaires** Eigenbedarfsanlage *f*
i. **pour signalisation de puits** Schachtsignalanlage *f*
i. **de sprinklers** Sprinkleranlage *f*
i. **de stéréotypie** Stereotypieanlage *f*
i. **de surface** Übertageanlage *f*
i. **système Cargocaire** Cargocaire-Anlage *f* ⟨Laderaumklimatisierung⟩
i. **de teinture à la continue** Kontinuefärbeanlage *f*
i. **télégraphique** Telegrafenanlage *f*
i. **téléphonique** Fernsprechanlage *f*
i. **au tonneau** Trommelanlage *f*
i. **de traitement** Verarbeitungsanlage *f*; ⟨Brg⟩ Aufbereitungsanlage *f*
i. **de traitement du coke** Koksaufbereitungsanlage *f*

i. de traitement des données Datenverarbeitungsanlage f, DVA
i. de traitement des gaz Gasverarbeitungsanlage f
i. de traitement du poisson Fischverarbeitungsanlage f
i. de traitement de surface Oberflächenbehandlungsanlage f
i. de transbordement Verladeanlage f
i. de transformation du poisson Fischverarbeitungsanlage f
i. de transport Förderanlage f
i. de trempe et revenu Härte- und Vergüteanlage f
i. à très basse température Tieftemperaturanlage f
i. de triage par le flottage Flotationsanlage f
i. d'usine(s) Fabrikanlage f
i. de vernissage Lackieranlage f
i. de vernissage de bande métallique Bandblechlackieranlage f
grande i. Großanlage f
installations fpl Ausrüstungen fpl, Anlagen fpl
i. du port Hafenanlagen fpl
installer einbauen, einrichten; installieren; verlegen; anlegen, aufstellen; unterbringen
i. sur des ralingues anstellen ⟨Fischnetz⟩
instant m Zeitpunkt m, Moment m, Augenblick m
instantané m Momentaufnahme f
instillation f Instillation f
instiller instillieren
instruction f Anweisung f, Anleitung f, Vorschrift f, Bedienungsanleitung f; ⟨Dat⟩ Befehl m ⟨s. a. ordre 4.⟩
i. d'acheminement Leitbefehl m
i. d'addition m Additionsbefehl m
i. d'affectation Ergibtanweisung f
i. d'aiguillage s. i. de branchement
i. d'appel Rufbefehl m
i. d'arrêt Stoppbefehl m
i. d'arrêt de contrôle Zwischenstoppbefehl m
i. de base Grundbefehl m, Grundanweisung f
i. de branchement Verzweigungsbefehl m, Sprungbefehl m
i. de calculatrice Maschinenbefehl m
i. clé Schlüsselbefehl m
i. codée kodierter Befehl m
i. composée zusammengesetzte Anweisung f
i. conditionnelle bedingte Anweisung f, bedingter Befehl m

i. du contrôle de la circulation aérienne Flugsicherungsanweisung f, FS-Anweisung f
i. de décalage Verschiebebefehl m
i. à deux adresses Zweiadreßbefehl m
i. fictive Scheinbefehl m
i. «for» Laufanweisung f
i. générale allgemeiner Befehl m
i. «go to» Sprunganweisung f
i. «if» bedingte Anweisung f
i. à ignorer Negierbefehl m
i. itérative Wiederholungsbefehl m
i. logique logischer Befehl m
i. multiadresses Mehradreßbefehl m
i. de multiplication Multiplikationsbefehl m
i. d'opération Operationsbefehl m
i. préventive contre les accidents Unfallverhütungsvorschrift f
i. à quatre adresses Vieradreßbefehl m
i. de réglage Regelbefehl m
i. de retour Rückkehrbefehl m
i. de saut s. i. de branchement
i. de sortie Ausgangsbefehl m; Ausgabebefehl m; Pseudobefehl m, symbolischer Befehl m
i. de transfert Übertragungsbefehl m
i. à trois adresses Dreiadreßbefehl m
i. à une adresse Einadreßbefehl m
i. à vide Leerbefehl m
instruction-machine f Maschinenbefehl m
instructions fpl Anweisung f, Anleitung f, Vorschrift f
i. d'entretien Wartungsvorschrift f
i. pour le lavage Waschvorschrift f
i. de service Bedienungsvorschrift f, Bedienungsanweisung f
instrument m Instrument n, Meßgerät n
i. à aiguille Zeigerinstrument n
i. d'arpentage Feldmeßgerät n
i. azimutal Peilaufsatz m, Peilvorrichtung f
i. à cadres croisés Kreuzspulinstrument n
i. à canaux multiples Mehrkanalgerät n, Vielkanalgerät n, Quantometer n
i. de contrôle Kontrollinstrument n, Überwachungsinstrument n
i. de contrôle de près Nahprüfgerät n
i. de dessin Zeicheninstrument n, Zeichengerät n
i. étalon Normalinstrument n, Eichinstrument n
i. à fer doux Weicheiseninstrument n
i. à fil chaud Hitzdrahtinstrument n
i. indicateur Anzeigeinstrument n
i. de mesure Meßgerät n, Meßinstrument n

instrument

    i. **de mesure de haute précision** Feinmeßinstrument n, Feinmeßgerät n
    i. **pour mesurer la modulation** Modulationsmesser m
    i. **de nivellement** Nivellierinstrument n
    i. **optique pour l'exploration des cavités** optisches Hohlkörperprüfgerät n
    i. **des passages** Durchgangsinstrument n, Passageinstrument n
    i. **de précision** Präzisionsinstrument n
instrumentation f Instrumentierung f, Ausstattung f mit Betriebskontrollgeräten
instruments mpl:
    i. **de bord** Armaturen fpl ⟨eines Autos oder Flugzeugs⟩
    i. **de vol sans visibilité** Blindfluginstrumente npl
insuffisance f Mangel(haftigkeit f) m, Minderleistung f
insuffisant unzureichend
insufflation f Einblasen n, Unterwind m ⟨Feuerrost⟩
insuffler einblasen
intégrable integrabel, integrierbar
intégrale f Integral n
    i. **d'action** Phasenintegral n
    i. **de convolution** Faltungsintegral n
    i. **définie** bestimmtes Integral n
    i. **d'échange antiferromagnétique** Heisenbergsches Austauschintegral n
    i. **d'état** Zustandsintegral n
    i. **du flux** Flußintegral n
    i. **impropre** uneigentliches Integral n
    i. **indéfinie** unbestimmtes Integral n
    i. **intermédiaire** Zwischenintegral n
    i. **particulière** partikuläres Integral n
    i. **de phase** Phasenintegral n
    i. **de résonance** Resonanzintegral n
    i. **uniformément convergente** gleichmäßig konvergentes Integral n
intégrant, intégrateur integrierend
intégrateur m Mittelwertmesser m; Impulsdichtemesser m, Ratemeter n; Integrator m
    i. **altitude-azimut sur le même écran** Azimut-Höhen-Bildschirm m
    i. **Miller** Miller-Integrator m
    i. **de route** Kursrechengerät n
intégration f Integration f
    i. **par parties** Teilintegration f, partielle Integration f
intégré fest eingebaut
intégrer integrieren
intelligibilité f:
    i. **de parole** ⟨Fmt⟩ Sprachverständlichkeit f

    i. **de phrases** ⟨Fmt⟩ Satzverständlichkeit f
    i. **des syllabes** ⟨Fmt⟩ Silbenverständlichkeit f
intempéries fpl Bewetterung f; Witterungseinfluß m, Bewitterung f
intensificateur m Verstärker m
    i. **d'image** Bildverstärker m
    i. **d'images de rayons X** Röntgenbildverstärker m
intensification f Verstärkung f
intensifier verstärken
intensité f 1. Intensität f, Stärke f; 2. s
    i. **de courant**
    i. **d'aimantation** Magnetisierungsstärke f
    i. **de champ** Feldstärke f
    i. **de champ électrique** elektrische Feldstärke f
    i. **du champ haute fréquence** Hochfrequenzfeldstärke f
    i. **de champ magnétique** magnetische Feldstärke f
    i. **du champ perturbateur** Störfeldstärke f
    i. **de champ utile** Nutzfeldstärke f
    i. **de couleur** Farbtiefe f, Farbintensität f
    i. **de courant** Stromstärke f
    i. **du courant de charge** Ladestromstärke f
    i. **du courant de démarrage** Anfahrstromstärke f
    i. **du courant d'excitation** Erregerstromstärke f
    i. **du courant de fonctionnement** Ansprechstromstärke f
    i. **du courant de résonance** Resonanzstromstärke f
    i. **de déclenchement** Auslösestromstärke f, Ausschaltstromstärke f
    i. **au démarrage** Anzugsstromstärke f
    i. **diffusée (de diffusion)** Streuintensität f ⟨von Strahlen⟩
    i. **énergétique** Strahlstärke f
    i. **de fusion** Abschmelzstromstärke f
    i. **limite dynamique** dynamischer Grenzstrom m
    i. **limite thermique** thermischer Grenzstrom m
    i. **lumineuse** Lichtstärke f
    i. **minimale de champ** Mindestfeldstärke f
    i. **de noircissement** Schwärzungsgrad m
    i. **du pôle magnétique** magnetische Polstärke f
    i. **de radiation maximale admissible**

höchstzulässige Dosisleistung f, Toleranzdosisleistung f
i. de rayonnement Strahlungsintensität f
i. des rayons X Röntgenstrahlenintensität f
i. sonore Lautstärke f
i. de la source Quellenstärke f
i. spécifique spezifische Intensität f
i. du trafic Verkehrsintensität f, Verkehrsdichte f
interaction f Wechselwirkung f
i. aérodynamique Interferenz f
i. de Coulomb, i. coulombienne Coulomb-Wechselwirkung f
i. nucléaire Kernwechselwirkung f
i. spin-orbite Spin-Bahn-Wechselwirkung f
i. spin-spin Spin-Spin-Wechselwirkung f
interatomique interatomar, zwischenatomar
intercadre m Zwischentürstock m
intercalage m Bogen m zum Einschießen
intercalaire m Zwischenlage f, Einlage f
intercalation f 1. Zwischenlegung f, Zwischenschaltung f, Einschaltung f; 2. ⟨Geol⟩ Einlagerung f
i. lenticulaire linsenförmige Einlagerung f
intercaler einschießen; einschieben, einfügen
intercepteur m Unterbrecherklappe f
interception f **de la voie** Gleisunterbrechung f, Gleissperrung f
interchangeabilité f Auswechselbarkeit f, Austauschbarkeit f
interchangeable austauschbar, auswechselbar; einsteckbar, Steck-
interclasser zuordnen
interclasseuse f Kartenmischer m, Zuordner m
intercombinaison f Interkombination f
intercommunication f Wechselsprechen n
interconnecter verketten; verbinden, zusammenschalten
interconnexion f Verkettung f; Verbindung f; Zusammenschalten n
i. des phases Phasenverkettung f
intercooler m Ladeluftzwischenkühler m
intercostal interkostal
intercristallin interkristallin, zwischenkristallin
interdiction f **de vol** Flugverbot n
interdire à la circulation für den Verkehr sperren
interface f Zwischenfläche f
i. des phases Phasengrenzfläche f
interfacial Grenzflächen-
interférence f Interferenz f; Überlagerung f
i. par le canal voisin Nachbarkanalüberlagerung f, Nachbarkanalstörung f
i. de diaphonie Übersprechstörung f
i. multiple Mehrfachinterferenz f
i. d'ondes Welleninterferenz f
i. des rayons X Röntgen(strahl)interferenz f
interférences fpl **statiques atmosphériques** statische Entladungsstörungen fpl
interférer interferieren, überlagern
interféromètre m ⟨Opt⟩ Interferometer n, Interferenzmesser m
i. de Fabry et Pérot Fabry-Pérot-Interferometer n
i. de Jamin Jamin-Interferometer n
i. pour la mesure de gaz Gasinterferometer n
i. radio-astronomique Radiointerferometer n
i. stellaire Sterninterferometer n
interférométrie f Interferometrie f
intérieur m Innenraum m; Inneres n eines Hauses
interionique interionisch
interlignage m ⟨Büro⟩ Zeilenschaltung f; Zeilenvorschub m
interligne m 1. ⟨Büro⟩ Zeilenabstand m; 2. ⟨Typ⟩ Durchschuß m; Satz m
interligné durchschossen
i. deux points zwei Punkt durchschossen
i. un point ein Punkt durchschossen
non i. kompreß, undurchschossen
interlignement m Zeilensprungverfahren n
interligner ⟨Typ⟩ durchschießen ⟨Satz⟩
interlignes mpl **petits** Stückdurchschuß m
interlock m Interlock n ⟨Gewirk⟩
intermédiaire intermediär
intermédiaire m 1. Zwischenprodukt n; 2. Zwischengetriebe n
intermittent intermittierend, aussetzend; unterbrochen
intermodulation f Intermodulation f, Zwischenmodulation f
intermoléculaire zwischenmolekular
interne innerer, Innen-
internucléaire internuklear, zwischen den Kernen
interpénétration f gegenseitige Durchdringung f
interpénétrer/s' sich gegenseitig durchdringen

interphone m Wechselsprechanlage f; ⟨Flg⟩ Eigenverständigungsanlage f
interplanétaire interplanetarisch
interpolaire ⟨El⟩ zwischen den Polen
interpolateur m ⟨Dat⟩ Interpoliereinrichtung f
interpolation f ⟨Math⟩ Interpolation f
interpoler ⟨Math⟩ interpolieren
interposer zwischenschalten
interposition f Zwischenschaltung f
   i. **d'une lentille** Einschalten n einer Linse
interprétatif ⟨Dat⟩ interpretierend, zuordnend
interprétation f Interpretation f, Auswertung f
   i. **des données** Dateninterpretierung f
   i. **des essais** Versuchsauswertung f
interpréter interpretieren, auswerten
interrogateur m ⟨Dat⟩ Abfragestelle f
interroger ⟨Dat⟩ abfragen
interrompre unterbrechen, trennen
interrupteur m ⟨El⟩ Schalter m, Ausschalter m, Unterbrecher m; Zerhacker m
   i. **d'accusé de réception** Quittungsschalter m
   i. **aérien** Mastschalter m
   i. **d'allumage** Zündschalter m
   i. **d'appareil** Geräteschalter m
   i. **automatique** Selbstschalter m
   i. **auxiliaire** Hilfsschalter m
   i. **à bain d'huile** Ölschalter m
   i. **à bascule** Kippschalter m
   i. **à basse tension** Niederspannungsschalter m
   i. **bipolaire** zweipoliger Schalter m
   i. **à bouton-poussoir** Druckknopfschalter m
   i. **de charge** Ladeschalter m
   i. **de commande** Betätigungsschalter m
   i. **à commande à distance** fernbetätigter Schalter m
   i. **à coupure dans l'air** Luftschalter m
   i. **à coupure en charge** Lastschalter m
   i. **à couteau[x]** Hebelschalter m
   i. **sous crépi** Unterputzschalter m
   i. **sur crépi** Aufputzschalter m
   i. **de démarrage** Anlaßschalter m
   i. **de désionisation** Deionisationsschalter m
   i. **différentiel** Differentialrelais n
   i. **électronique** Schaltröhre f
   i. **encastré** Einbauschalter m
   i. **fermé blindé** gekapselter Schalter m
   i. **à fermeture et à ouverture brusques** Sprungschalter m
   i. **de fin de course** Grenzlagenschalter m, Endschalter m
   i. **à flotteur** Schwimmerschalter m
   i. **à galets** Rollenschalter m
   i. **de groupe** Gruppenschalter m
   i. **à haute tension** Hochspannungsschalter m
   i. **horaire** Schaltuhr f
   i. **dans l'huile** Ölschalter m
   i. **d'installation** Installationsschalter m
   i. **limite** Endschalter m, Grenzschalter m
   i. **manométrique** Druckschalter m
   i. **à marteau** Hammerunterbrecher m, Wagnerscher Hammer m
   i. **à maximum** Maximalschalter m, Überstromschalter m
   i. **à mercure** Quecksilberschalter m, Quecksilberunterbrecher m; Quecksilberschaltrohr n
   i. **à minimum** Minimalschalter m, Unterstromschalter m
   i. **de mise à la terre** Blitzschutzschalter m
   i. **à moteur** Motorunterbrecher m
   i. **multipolaire** mehrpoliger Schalter m
   i. **à ouverture automatique** Selbstschalter m
   i. **périodique** Zerhacker m, elektromechanischer Modulator m
   i. **périodique rapide** schneller Chopper m
   i. **de pied de taille** ⟨Brg⟩ Streckenendschalter m
   i. **à poussoir** Druckknopfschalter m
   i. **à pression** Druckschalter m
   i. **principal** Hauptschalter m
   i. **de puissance** Leistungsschalter m
   i. **de renversement** Wendeschalter m
   i. **réversible** Umsteuerschalter m
   i. **rotatif** umlaufender Unterbrecher m
   i. **à rupture brusque** Schnell[aus]schalter m, Momentschalter m
   i. **[de] secteur** Netzschalter m
   i. **de sécurité** Notschalter m
   i. **sélecteur d'adresses** ⟨Dat⟩ Adressenwahlschalter m
   i. **de signalisation** Signalschalter m, Meldeschalter m
   i. **à soufflage par air comprimé** Druckluftschalter m
   i. **à soufflage magnétique** Magnetschalter m
   i. **à soufflage par vapeur d'eau** Wasserdampfschalter m
   i. **de sûreté** Notschalter m
   i. **tachymétrique** Fliehkraftschalter m
   i. **à tirage** Zugschalter m
   i. **tripolaire** dreipoliger Schalter m
   i. **tumbler** Kippschalter m

i. **unipolaire** einpoliger Schalter *m*
i. **de verrouillage** Verriegelungsschalter *m*
i. **à vide** Vakuumschalter *m*
interrupteur-inverseur *m* **de sens** Aus- und Umkehrschalter *m*
interruption *f*:
  i. **automatique** automatische Unterbrechung *f*
  i. **d'un circuit** Stromkreisunterbrechung *f*
  i. **de programme** Programmunterbrechung *f*
intersecter unterschneiden; sich unterschneiden ⟨Zahnrad⟩
intersecting *m* **à doubles barrettes** Doppelnadelstabstrecke *f*
intersection *f* 1. Durchdringung *f* ⟨technisches Zeichnen⟩; Schnittpunkt *m*, Schnittlinie *f*; Durchschnitt *m* ⟨von Mengen⟩; 2. Straßenknoten *m*, Straßenkreuzung *f*
  i. **des flancs** Unterschneidung *f*, Unterschnitt *m* ⟨Zahnrad⟩
interstellaire interstellar, kosmisch
interstice *m* 1. Abstand *m*, Zwischenraum *m*, Spielraum *m*, Lücke *f*, Spalt *m*; 2. Zwischengitter *n* ⟨Kristallgitter⟩
  i. **axial** Axialspalt *m*
  i. **capillaire** Kapillarraum *m*
  i. **radial** Radialspalt *m*
interstitiel interstitiell, zwischenräumlich, auf Zwischengitterplatz
interstitiel *m* Zwischengitterplatz *m*
interstratification *f* ⟨Geol⟩ Einlagerung *f*
interstratifier einlagern
intertype *f* Intertype *f*, Intertype-Fotosetter *m*
intervalle *m* 1. Intervall *n*; 2. Abstand *m*, Zwischenraum *m*, Bereich *m*, Strecke *f* ⟨s. a. écartement 1.; espacement⟩; 3. Zeitmarke *f*
  i. **d'armature** Ankerluftspalt *m*
  i. **de bloc** ⟨Eb⟩ Blockabstand *m*
  i. **de calcul** Rechenzeit *f*
  i. **au collecteur** ⟨El⟩ Lamellenteilung *f*
  i. **de contact** Kontaktabstand *m*
  i. **critique** kritischer Abstand *m* (z. B. von Anoden); ⟨Met⟩ kritisches Intervall *n*
  i. **de cuisson** Brennintervall *n*; Brennbereich *m*
  i. **de décharge** Entladungsstrecke *f*
  i. **différentiel** Differentialbereich *m*
  i. **d'ébullition** Siedebereich *m*
  i. **d'échelle** Skalenintervall *n*
  i. **d'érosion** Erosionsintervall *n*

i. **fermé** ⟨Math⟩ abgeschlossenes Intervall *n*
i. **de fréquence** Frequenzabstand *m*
i. **de fréquence entre émetteurs** Senderabstand *m* ⟨Frequenzabstand⟩
i. **de la graduation** Skalenintervall *n*, Teilstrichabstand *m*
i. **d'impulsions** Impulsabstand *m*, Impulsintervall *n*
i. **interbloc** ⟨Dat⟩ Blockabstand *m*
i. **mort** toter Gang *m*, Spiel *n*
i. **ouvert** ⟨Math⟩ offenes Intervall *n*
i. **proportionnel** Proportionalbereich *m*
i. **de repos** spannungslose Pause *f*
i. **réticulaire** Netzebenenabstand *m*
i. **de suppression** Austastlücke *f*
i. **de suppression de lignes** Zeilenaustastlücke *f*
i. **de synchronisation** Synchronisierlücke *f*
i. **de temps** Zeitintervall *n*
i. **de tons** Tonintervall *n*
i. **de trains** Zugfolge *f*
i. **de transformation** Transformationsintervall *n*
i. **entre les traverses** ⟨Eb⟩ Schwellenabstand *m*
interverrouillage *m* ⟨Masch⟩ Blockierung *f*
interversibilité *f* Austauschbarkeit *f*
interversible austauschbar
intervertir austauschen
intoxication *f* **radio-active** radioaktive Vergiftung *f*
intra-atomique inneratomar, intraatomar
intrados *m* innere Gewölbefläche *f*
  i. **de la pale d'hélice** ⟨Flg⟩ Blattdruckseite *f*
intramoléculaire innermolekular, intramolekular
intranucléaire innernuklear, intranuklear
intrinsèque innerlich; innewohnend, zugehörig; Eigen-
introducteur *m* Zuführungseinrichtung *f*
  i. **de cartes** Kartenzuführung *f*
  i. **de formulaires** Formularzuführung *f*
introduction *f* Einleiten *n*, Zufuhr *f*, Eingabe *f*; Einführung *f*
  i. **d'acide** Säurezufuhr *f*
  i. **des données** Dateneingabe *f*
  i. **du formulaire** Formulareingabe *f*
  i. **du programme** Programmeingabe *f*
  i. **semi-automatique de la feuille** halbautomatischer Papiereinzug *m*
  i. **du texte** Texteingabe *f*
introduire einleiten, eingeben, einführen
  i. **de l'encre dans l'encrier** Farbe einlaufen lassen

intrusion f ⟨Geol⟩ Intrusion f
   i. **abyssale (abyssique)** abyssale Intrusion f
   i. **hypoabyssale (hypoabyssique)** hypoabyssische Intrusion f
inutilisable unbrauchbar, unbenutzbar
invar m Invar[stahl m] n ⟨Eisen-Nickel-Legierung⟩
invariable unveränderlich, gleichbleibend, invariabel
invariance f ⟨Math⟩ Invarianz f
   i. **de la charge** Ladungsinvarianz f
invariant ⟨Math⟩ invariant
invariant m ⟨Math⟩ Invariante f
   i. **adiabatique** adiabatische Invariante f
invasion f **du puits par le gaz** Gaseinbruch m
inventaire m Stückliste f; Inventar n
invention f Erfindung f
inverse entgegengesetzt, entgegengerichtet, umgekehrt, verkehrt; reziprok
inverse m Kehrwert m; Umgekehrte f
inversement m **automatique du ruban-encreur** automatische Farbbandumschaltung f
inverser l'aimantation ummagnetisieren
   i. **la polarité** umpolen
inverseur umkehrend, Umkehr[ungs]-
inverseur m 1. Schalter m, Umschalter m; Umpolschalter m, Umkehrschalter m, Wendeschalter m; 2. Wandler m
   i. **antenne-terre** Antennenerdschalter m
   i. **de canaux** Kanalumschalter m
   i. **de pôles** Polumschalter m
   i. **de poussée** ⟨Flg⟩ Schubrichtungswender m
inversion f 1. ⟨Math⟩ Inversion f, Transformation f durch reziproke Radien; Umkehrung f; 2. Umsteuerung f
   i. **d'aimantation** Ummagnetisierung f
   i. **de commande** Steuerungsumkehr f
   i. **du courant** Richtungsumkehr f ⟨des Stroms⟩
   i. **de gouverne** s. i. de commande
   i. **d'image** Bildumkehr f
   i. **de marche** Bewegungsumkehr f
   i. **de phase** Phasenumkehrung f
   i. **des pôles** Polwechsel m, Umpolen n
   i. **de population** Inversion f der Besetzungszahl
   i. **des raies spectrales** Spektrallinienselbstumkehr f
   i. **du relief** Reliefumkehr f
   i. **du sens** ⟨El⟩ Reversieren n
   i. **du sens de rotation** Drehrichtungsumkehr f
   i. **du sucre** Zuckerinversion f

invertir umkehren
investigation f Untersuchung f, Erforschung f, Ermittlung f
investison m Sicherheitspfeiler m
involution f Involution f
iodate m Jodat n
iodation f Jodierung f
iode m Jod n
iodé jodhaltig
ioder jodieren
iodoforme m Jodoform n
iodométrique jodometrisch
iodure m Jodid n
   i. **de potassium** Kaliumjodid n
   i. **de sodium** Natriumjodid n
ion m Ion n
   i. **amphotère (amphotérique)** Zwitterion n
   i. **central** Zentralion n, Stammion n
   i. **complexe** komplexes Ion n, Komplexion n
   i. **étranger** fremdes Ion n
   i. **interstitiel** interstitielles Ion n
   i. **négatif** negatives Ion n, Anion n
   i. **positif** positives Ion n, Kation n
ion-gramme m Grammion n
ionique Ionen-; ionogen
ionisable ionisierbar
ionisant m Ionisierungsmittel n
ionisation f Ionisierung f
   i. **par choc** Stoßionisation f
   i. **cumulative** lawinenartige Ionisation f
   i. **électrolytique** elektrolytische Ionisation f
   i. **linéique** s. i. spécifique
   i. **minimale** Minimalionisation f
   i. **photo-électrique** lichtelektrische Ionisation f
   i. **primaire** Primärionisation f
   i. **par rayonnement** Strahlungsionisation f
   i. **secondaire** Sekundärionisation f
   i. **spécifique** spezifische Ionisation f
   i. **thermique** thermische Ionisierung f
ioniser ionisieren
ionium m Jonon n; Ionium n
ionomètre m Ionisationsdosismesser m
ionophone m Ionenlautsprecher m
ionophorèse f ⟨Ph⟩ Ionophorese f
ionosphère f Ionosphäre f
ionosphérique Ionosphären-
ions mpl **de métaux lourds** Schwermetallionen npl
iraser m Iraser m
iridium m Iridium n
iris m Irisblende f
   i. **de fondu** Kreisblende f

irisation f Irisieren n
iriser irisieren
irradiance f Bestrahlungsstärke f
irradiateur m Strahlungsquelle f für Bestrahlungen, Strahler m
irradiation f Bestrahlung f
  i. externe äußere Bestrahlung f
  i. globale Ganzkörperbestrahlung f
  i. interne innere Bestrahlung f
  i. neutronique Neutronenbestrahlung f
  i. partielle Teilkörperbestrahlung f
  i. profonde Tiefenbestrahlung f
  i. par rayons X Röntgenbestrahlung f
  i. en sandwich Sandwichbestrahlung f
  i. solaire Sonnenstrahlung f
  i. totale Gesamtbestrahlung f, Totalbestrahlung f
irradier bestrahlen; [aus]strahlen
irrationnel ⟨Math⟩ irrational
irréalisable unlösbar
irréductible irreduzibel
irrégularité f Unregelmäßigkeit f; Ungleichförmigkeit f
  i. quadratique Variationskoeffizient m
  i. de rotation Drehschwingung f
irrégulier unregelmäßig; ungleichförmig
irréparable nicht reparierbar, irreparabel
irrétrécissabilité f Schrumpffestigkeit f, Krumpffestigkeit f
irrétrécissable schrumpffest, krumpffest
irréversibilité f 1. Irreversibilität f; 2. Selbsthemmung f ⟨z. B. Schraubverbindung⟩, Hemmung f
irréversible 1. irreversibel; 2. selbstsperrend
irrigation f Beregnung f, Bewässerung f
  i. par aspersion Feldberegnung f
irriguer bewässern, berieseln
irrotationnel drehungsfrei, drallfrei; wirbelfrei
irruption f **d'eau** Wassereinbruch m
isallobare f Isallobare f
isatine f ⟨Ch⟩ Isatin n
isentrope f Isentrope f
isentropique isentrop[isch]
isoamylamine f Isoamylamin n
isobare m ⟨Ch⟩ Isobar n
isobare f Isobare f ⟨Meteorologie⟩
isobarique isobar
isobathe f Isobathe f, Tiefenlinie f
isobutane m Isobutan n, Methylpropan n
isobut[yl]ène m Isobutylen n
isocèle gleichschenklig
isochore ⟨Ph⟩ isochor ⟨bei konstantem Volumen⟩
isochore f Isochore f
isochromatique isochromatisch, farbgleich

isochrone isochron, gleichzeitig
isochrone f Isochrone f, Gleichzeitenkurve f
isochronisme m Isochronie f
isocline isoklinal
isocline f Isokline f
isocyclique isozyklisch
isodimorphie f Isodimorphie f
isodimorphique isodimorph
isodimorphisme m Isodimorphismus m
isodose f Isodosis f
isodynamique isodynam[isch]
isodynamique f Isodyname f, isodynamische Kurve f
isoédrique gleichflächig
isoélectrique isoelektrisch
isogéotherme isogeotherm
isogonal gleichwinklig; konform, winkeltreu ⟨Abbildung⟩
isohypse f Isohypse f, Höhenlinie f
isolant isolierend, Isolierungs-, dämmend
isolant m Isolator m, Isolierstoff m ⟨Elektrizität, Wärme, Feuchtigkeit⟩; Dämmstoff m ⟨Schall⟩; Sperrstoff m
  i. en verre Glasisolation f
isolateur m 1. ⟨El⟩ Isolator m, Nichtleiter m; 2. Isolierstoff m
  i. d'arbre Baumisolator m
  i. d'arrêt Abspannisolator m
  i. à basse tension Niederspannungsisolator m
  i. en caoutchouc isolé Ebonitisolator m, Hartgummiisolator m
  i. à capot et tige Kappenisolator m
  i. en céramique keramischer Isolator m
  i. à cloche Glockenisolator m
  i. à cloche en porcelaine Porzellanglockenisolator m
  i. à deux poupées Doppelisolator m
  i. en ébonite Hartgummiisolator m
  i. d'écartement Abstandsisolator m
  i. en faïence Porzellanisolator m
  i. en grès Steingutisolator m
  i. à haute fréquence Hochfrequenzisolator m
  i. à haute tension Hochspannungsisolator m
  i. d'intérieur Innenraumisolator f
  i. à long fût Langstabisolator m
  i. à nervures Rippenisolator m
  i. ovoïde Eierisolator m
  i. de plafond Deckenisolator m
  i. en porcelaine Porzellanisolator m
  i. de poteau Mastisolator m
  i. sectionneur Trennisolator m
  i. support Stützisolator m, Stützer m
  i. suspendu (de suspension) Hängeisolator m, Kettenisolator m

isolateur

    i. de traversée Durchführungsisolator m
    i. en verre Glasisolator m
    i. en verre trempé Hartglasisolator m
isolation f Isolation f; Isolierung f; Dämmung f ⟨Schall⟩
    i. acoustique Schalldämmung f
    i. à air Luftisolation f
    i. à l'amiante Asbestisolation f
    i. à l'asphalte Asphaltisolation f
    i. contre le bruit Schallschutz m, Schalldämmung f
    i. calorifuge Wärmeisolation f
    i. en caoutchouc Gummiisolierung f
    i. du collecteur Kommutatorisolation f
    i. de l'enroulement Wicklungsisolation f
    i. contre le froid Kälteisolierung f, Kälteschutz m
    i. de grille Gitterisolation f
    i. à haute tension Hochspannungsisolation f
    i. à huile Ölisolierung f
    i. contre l'incendie Brandschutzisolierung f, Feuerschutzisolierung f
    i. marine Schiffsisolierung f
    i. en matières synthétiques Kunststoffisolation f
    i. au mica Glimmerisolation f
    i. phonique s. i. sonore
    i. de protection Schutzisolierung f
    i. par rapport à la terre Isolation f gegen Erde
    i. à la résine synthétique Kunstharzisolation f
    i. à silicone Silikonisolation f
    i. à soie de verre Glasseideisolation f
    i. sonore Schallisolierung f, Schalldämmung f
    i. entre spires Windungsisolation f
    i. des têtes de bobines Wickelkopfisolation f
    i. thermique Wärmeisolation f, Wärmedämmung f, Wärmeschutz m
isolé freistehend; isoliert
    i. aux matières synthétiques kunststoffisoliert
    i. au papier bakélisé hartpapierisoliert
    non i. unisoliert
isolement m Isolierung f; Isolation f; Dämmung f ⟨s. a. isolation⟩
isoler isolieren; dämmen; schützen
isoleucine f Isoleuzin n
isoloir m s. isolateur
isomère isomer
isomère m Isomer[es] n
    i. cis cis-Form f
    i. trans trans-Form f

isomérie f Isomerie f
    i. cis cis-Isomerie f
    i. cis-trans cis-trans-Isomerie f
    i. nucléaire Kernisomerie f, Isomerie f des Atomkerns
    i. optique optische Isomerie f, Spiegelbildisomerie f
    i. de position Stellungsisomerie f, Lagerungsisomerie f
    i. stérique Stereoisomerie f
    i. de structure Strukturisomerie f
    i. trans trans-Isomerie f
isomérique isomer
isomérisation f Isomerisierung f
isomériser isomerisieren
isométrique ⟨Math⟩ isometrisch, maßgleich
isomorphe isomorph, strukturgleich
isomorphisme m Isomorphismus m
isooctane m Isooktan n
isoorthochromatique isoorthochromatisch
isopanchromatique isopanchromatisch
isoparaffinique isoparaffinisch
isopentane m Isopentan n
isoprène m Isopren n, Methylbutadien n
isoprénique Isopren-
isopropanol m Isopropanol n
isopropylamine f Isopropylamin n
isopropylbenzène m Isopropylbenzol n
isopurpurine f Isopurpurin n
isoquinoléine f Isochinolin n
isosmotique isosmotisch
isospin m Isospin m
isostasie f Isostasie f
isotactique isotaktisch
isotherme isotherm
isotherme f Isotherme f
isothermie f Isothermie f
isothermique isotherm
isotone m ⟨Kern⟩ Isoton n
isotonique isotonisch
isotope m Isotop n
    i. radio-actif Radioisotop n
    i. stable stabiles Isotop n
    i. d'uranium Uranisotop n
isotopique isotop, Isotopen-
isotropie f Isotropie f
isotropique isotrop
isotype isotyp
isotypie f Isotypie f
isoviscosité f Isoviskosität f
italique kursiv
italique f Kursivschrift f, Schrägschrift f
itération f Iteration f
itinéraire m Fahrstraße f; Fahrstrecke f
    i. d'évacuation Fluchtweg m
ivoire m Elfenbein n
    i. artificiel künstliches Elfenbein n

J

jack m ⟨Fmt⟩ Klinke f; Vermittlungsklinke f; ⟨El⟩ Schaltklinke f; Buchse f
  j. **double** Zwillingsklinke f
  j. **d'écoute** Abfrageklinke f
  j. **d'entrée** Eingangsbuchse f
  j. **d'essai** Prüfklinke f
  j. **de jonction** Verbindungsklinke f
  j. **multiple** Vielfachklinke f
  j. **d'occupation** Besetztklinke f
  j. **de renvoi** Umschaltklinke f
  j. **de rupture** Unterbrechungsklinke f, Trennklinke f
  j. **de sortie** Ausgangsbuchse f
jacket m Kühlwassermantel m
jacquard m s. métier jacquard
jalon m Absteckpfahl m, Meßpfahl m; Fluchtlatte f, Richtlatte f, Zielstange f ⟨Vermessung⟩
jalonnage m, **jalonnement** m Abstecken n; Abmessung f
  j. **de l'axe** Abstecken n der Achse
  j. **d'un terrain** Abstecken n eines Geländes
jambage m 1. tragender Pfeiler m ⟨zwischen zwei Bögen⟩; 2. Grundmauer f; Sockel m, Ständer m; 3. Türöffnung f; Fensteröffnung f, Mauerwerksöffnung f
  j. **inférieur** ⟨Typ⟩ Unterlänge f
jambe f Stütze f, Strebe f; Pfeiler m; Säule f
  j. **de chien** ⟨Schiff⟩ lange Trompete f ⟨Knoten⟩
  j. **de force** Strebe f; Stützpfeiler m
  j. **de train d'atterrissage** ⟨Flg⟩ Fahrgestellstrebe f
jambette f Kniestockpfosten m, Kniestockstiel m; ⟨Eb⟩ Drempel m
jante f 1. Felge f; 2. ⟨El⟩ Polkranz m
  j. **à base creuse** Tiefbettfelge f
  j. **à base plate** Flachbettfelge f
  j. **feuilletée** s. j. lamellée
  j. **de freinage** Bremsring m ⟨Wasserkraftgenerator⟩
  j. **lamellée** ⟨El⟩ Blechkette f, Blechjoch n
jauge f 1. Eichmaß n, Normal n, Meßgerät n, Meßkopf m; Lehre f; Kaliber n; 2. Tonnage f, Vermessung f ⟨Raummaß; s. a. tonnage⟩; 3. Manometer m; Vakuummeter n; 4. Feinheit f ⟨Strick- oder Wirkmaschine⟩
  j. **d'arrondissement** Radiuslehre f
  j. **Bayard-Alpert** Bayard-Alpert-Röhre f

  j. **bêta** Betadickenmesser m, Flächengewichtsmeßgerät n
  j. **à billes** Kugellehre f
  j. **brute** Bruttotonnage f, Bruttovermessung f
  j. **de contrainte** Dehnungsmeßstreifen m
  j. **de contrainte en dents de scie** rundgewickelter Dehnungsmeßstreifen m
  j. **de contrainte à fil résistant** Dehnungsmeßstreifen m
  j. **de contrainte à grille plane** flachgewickelter Dehnungsmeßstreifen m
  j. **de contrainte à magnétostriction** Magnetostriktionsdehnungsmeßstreifen m
  j. **de contrainte à résistance** Widerstandsdehnungsmeßstreifen m
  j. **de contrainte à self** Induktionsdehnungsmeßstreifen m
  j. **de contrainte de torsion** Torsionsdehnungsmeßstreifen m
  j. **à coulisse** Innenmikrometer[schraube f] n
  j. **d'épaisseur** Fühllehre f; Dickenmesser m
  j. **à essence** Benzinstandanzeiger m
  j. **à fil résistant** Dehnungsmeßstreifen m
  j. **de filetage** Gewindelehre f
  j. **d'huile** Ölmeßstab m
  j. **à ionisation** Ionisationsmanometer n
  j. **de lignes-blocs** Setzmaschinenzeilenmeßgerät n
  j. **de McLeod** McLeod-Manometer n, McLeod-Vakuummeter n
  j. **des navires** Schiffsvermessung f
  j. **nette** Nettotonnage f, Nettovermessung f
  j. **de niveau d'huile** Ölmeßstab m
  j. **de Penning** Penning-Manometer n
  j. **de Pirani** Pirani-Manometer n
  j. **de pression** Druckmesser m
  j. **de profondeur** Tiefentaster m
  j. **de réception** Abnahmelehre f
  j. **de vide** Vakuummeter n
  j. **à vis** Feinmeßschraube f, Mikrometer n
jaugeage m 1. Lehren n; Eichen n; Kalibrieren n; Messen n; 2. Vermessen n; Vermessung f ⟨Tätigkeit⟩
  j. **maritime (des navires)** Schiffsvermessung f
jaugement m Eichung f
jauger 1. lehren ⟨Meßtechnik⟩; eichen; kalibrieren; messen; 2. vermessen; eine Vermessung haben von
jaugeur m Meßbehälter m

jaumière f Ruderkoker m
jaune m:
  j. acide G Echtgelb n
  j. de cadmium Kadmiumgelb n
  j. de chrome Chromgelb n
  j. de Naples Neapelgelb n
  j. de zinc Zinkgelb n
jaunir vergilben
jaunissement m Vergilbung f
jet m 1. Wurf m; 2. Strahl m; Strahlstrom m; 3. Düsenflugzeug n
  j. d'air Luftstrahl m
  j. atomique Atomstrahl m
  j. de cendres Aschenwurf m
  j. condenseur Kondensationsstrahl m, Dampfstrahl m ⟨Einspritzkondensator⟩
  j. de coulée ⟨Met⟩ Anguß m
  j. d'eau 1. Wasserstrahl m; Fontäne f; 2. Wassernase f; 3. Wetterschenkel m
  j. de flamme Stichflamme f
  j. de gaz Gasstrom m
  j. liquide Flüssigkeitsstrahl m
  j. moléculaire ⟨Ch⟩ Molekularstrahl m
  j. en moule ⟨Met⟩ Abguß m
  j. oblique schiefer Wurf m
  j. d'oxygène Sauerstoffstrahl m
  j. de plasma Plasmastrahl m
  j. de sablage Sandstrahl m
  j. de vapeur Dampfstrahl m
jetée f 1. Mole f; Wellenbrecher m; 2. Legung f ⟨Wirkerei/Strickerei⟩
jeter werfen
  j. par-dessus bord über Bord spülen; über Bord werfen
  se j. à la côte auf Strand laufen, stranden
jeu m 1. Spiel n, Lagerspiel n, toter Gang m; 2. Satz m; Gruppe f; **sans j.** spielfrei
  j. admissible zulässiges Spiel n
  j. axial Axialspiel n, Längsspiel n
  j. de balais Bürstensatz m
  j. de barres ⟨El⟩ Sammelschienen fpl; ⟨Dat⟩ Hauptweg m
  j. de bobines Spulensatz m
  j. de bossoirs Davitpaar n, Davitsatz m
  j. de cartes ⟨Dat⟩ Kartensatz m
  j. de cartes de test ⟨Dat⟩ Prüfkartensatz m
  j. de découpe doppelter Schneidspalt m, Stempelspiel n in der Schnittplatte
  j. diamétral Lagerspiel n ⟨Gleitlager⟩
  j. équitable ⟨Math⟩ gerechtes Spiel n
  j. du filet Flankenspiel n ⟨Gewinde⟩
  j. des flancs Flankenspiel n ⟨Zahnrad⟩
  j. des forces Kräftegruppe f, Kräftesystem n; Zusammenwirken n der Kräfte

j. intervalle Ventilspiel n
j. inutile toter Gang m
j. latéral seitliches Spiel n
j. maximum Größtspiel n
j. mort toter Gang m
j. de palier Lagerspiel n
j. de pavillons Flaggensatz m
j. du piston Kolbenspiel n
j. radial Radialspiel n; Lagerspiel n ⟨Gleitlager⟩
j. des roues dentées Zahnspiel n ⟨Zahnräder⟩
j. de somme nulle à deux joueurs ⟨Math⟩ Zweipersonen-Nullsummenspiel n
j. des soupapes Ventilspiel n
j. de tête Kopfspiel n ⟨Zahnrad⟩
j. transversal s. **j. latéral**
double j. de barres ⟨El⟩ Doppelsammelschienen fpl
simple j. de barres ⟨El⟩ Einfachsammelschienen fpl
jigger m 1. Aufsetzkasten m, Jigger m; 2. Antennentransformator m; Kopplungstransformator m
  j. de teinture Färbejigger m
joggler stauchverschränken, joggeln
joindre verbinden, fügen, befestigen, kleben; koppeln
  j. en collant [an]kleben
  j. en rivant [an]nieten
  j. en soudant 1. [an]schweißen, verschweißen; 2. [an]löten
joint m 1. Verbindung f; Rohrverbindung f; Anschlußstück n; 2. Gelenk n; 3. Dichtung f; 4. Fuge f, Naht f; Schweißnaht f, Stoß m; Lötstelle f; Klebestelle f; 5. ⟨Geol⟩ Kluft f
  j. d'about Stoßfuge f
  j. alterné versetzter Stoß m
  j. angulaire Eckstoß m
  j. d'assise Lagerfuge f
  j. biais schräger Stoß m
  j. biseauté superposé Schäftverbindung f
  j. pour bocal à conserves Einweckring m
  j. à brides Flanschverbindung f
  j. de caoutchouc Gummidichtung f
  j. de Cardan Kardangelenk n, Kreuztationsfuge f
  j. en carton Pappdichtung f
  j. de chaîne Kettenschloß n
  j. circulaire Dichtring m
  j. collé Klebfuge f
  j. de construction Konstruktionsfuge f
  j. de contraction Schwindfuge f
  j. coulissant Keilnutengelenk n

j. **creux** Hohlfuge f
j. **de culasse** Zylinderkopfdichtung f
j. **de dilatation** Dehnungsfuge f; Dilatationsfuge f
j. **à double pliage** Doppelfalznaht f
j. **droit** Stumpfnaht f, Stumpfstoß m
j. **élastique** Trockengelenk n (Hardyscheibe)
j. **à emboitement** Muffenverbindung f
j. **à entaille** Lochnaht f
j. **d'étanchéité** Dichtungsring m
j. **d'expansion** Dehnungsfuge f
j. **d'extrémité** Längsverbindung f
j. **en feutre** Filzdichtung f
j. **de fibre** Fiberdichtung f
j. **de grain** Korngrenze f
j. **horizontal** Lagerfuge f
j. **à huile** Öldichtung f
j. **hydraulique** hydraulischer Verschluß m
j. **à labyrinthe** Labyrinthdichtung f
j. **à lèvres** Lippendichtung f
j. **à manchon** Muffenverbindung f
j. **à manchon à soudure** Schweißmuffenverbindung f
j. **de mortier** Mörtelfuge f
j. **ouvert** Hohlfuge f
j. **plat** Flachdichtung f; flache Zwischenlage f
j. **au plomb** Bleidichtung f
j. **à queues** Zinkenverbindung f
j. **de rail** Schienenstoß m
j. **de recouvrement** Überlappungsnaht f
j. **de retrait** Schwindfuge f
j. **rivé** Nietverbindung f
j. **à rotule** Kugelgelenk n
j. **soudé** 1. Schweißnaht f; 2. Lötnaht f
j. **souple** biegsamer Stoß m
j. **sphérique** Kugelgelenk n
j. **de stratification** (Geol) Schichtfuge f
j. **de tête** Enddichtung f
j. **de tige** Gestängeverbinder m
j. **torique** Dichtungsring m (runder Querschnitt)
j. **de tuyau** Rohrverbindung f
j. **universel** Universalgelenk n
j. **vertical** Stoßfuge f
jointage m Verbinden n, Fügen n, Befestigen n; Verbindung f; Kleben n; Koppeln n
jointement m (Geol) Zerklüftung f
jointeuse f Furnierfügemaschine f, Furnierzusammensetzmaschine f
jointoiement m Ausfugen n, Verfugen n; Ausfugung f
jointoyer [aus]fugen, verfugen

jointure f 1. Verbindungsstelle f, Stoßstelle f, Dichtfläche f, Naht f; Fuge f; 2. s. joint
jonc m (Kfz) Drahtsprengring m
jonction f 1. Anschluß m, Verbindung f; Verbindungsstelle f (Thermoelement); Übergang m (Halbleiter)
j. **de câble** Kabelverbindung f
j. **double** Weichenkreuz n
j. **à manchon fileté** Muffenverschraubung f
j. **n** n-Übergang m
j. **p** p-Übergang m
j. **p-n** pn-Übergang m
j. **simple** einfache Gleisverbindung f
j. **par soudure** Lötverbindung f; Schweißverbindung f
j. **de tuyaux** Rohrverbindung f
joue f **magnétique (de soufflage)** Blasblech n
jouée f Leibungstiefe f
jouer abspielen, wiedergeben
joule m Joule n, Wattsekunde f, Newtonmeter n (Einheit für Arbeit, Energie und Wärmemenge)
jour m 1. Tageslicht n; 2. Beleuchtung f; 3. Öffnung f, Spalte f; **à j.** durchbrochen; **au j.** über Tage
j. **d'escalier** Treppenauge n
j. **de port** Hafen(liege)tag m
j. **sidéral moyen** mittlerer Sterntag m
j. **solaire** Sonnentag m
journal m:
j. **de bord** Schiffstagebuch n
j. **de bord de l'appareil propulsif, j. de bord machine, j. des installations machine** Maschinentagebuch n
j. **lumineux** Laufschrift f
jubé m Empore f; Lettner m
jumboisation f Umbau m, Umrüstung f
jumboiser umbauen, umrüsten
jumeau m Schwesterschiff n
jumelage m Kopplung f, paarweise Anordnung f
jumeler koppeln, zusammenfügen; paarweise anordnen
jumelle f 1. Federlasche f; 2. Fernglas n; 3. Kantenstein m
j. **de campagne** Feldstecher m, Fernglas n
j. **périscopique** Scherenfernrohr n
j. **à prismes** Prismenglas n
j. **de théâtre** Opernglas n
jumelles fpl Feldstecher m, Fernglas n (s. a. jumelle 2.); Opernglas n
jupe f 1. Hülse f, Hülle f, Mantel m; 2. Schaft m, Hemd n (eines Kolbens)
j. **de piston** Kolbenhemd n

jurassique m Jura m
jusant m Ebbe f
juste passend
justesse f Richtigkeit f
justificatif m Beleg m, Kontrollabzug m
justification f **de la colonne** Spaltenbreite f
justifier justieren ⟨Seiten oder Klischees⟩
jute m Jute f
juxtaposer aneinanderlagern
juxtaposition f ⟨Min⟩ Aneinanderlagerung f; Juxtaposition f

K

kaïnite f ⟨Min⟩ Kainit m
kalimagnésia f Kalimagnesia f, Kaliummagnesiumsulfat n
kaolin m Kaolin n; Porzellanerde f
  k. de Zettlitz Zettlitzer Kaolin n
kaolinisation f Kaolinisierung f
kaoliniser kaolinisieren
kaolinite f Kaolinit m ⟨Tonmineral⟩
kaon m K-Meson n
karst m Karst m
  k. à dolines Dolinenkarst m
karstification f Karstbildung f, Verkarstung f
kart m K-Wagen m
katagenèse f Katagenese f
katathermal katathermal
katazone f Katazone f
kéliphitique kelyphitisch
kénotron m Hochspannungsgleichrichter[-röhre f] m
kératine f Keratin n
kératomètre m Keratometer n
kératoscope m Keratoskop n
kernite f Kernit m
kérosène m Kerosin n
keuper m ⟨Geol⟩ Keuper m
kieselguhr f Kieselgur f
kiesérite f Kieserit m
  k. grossière Grobkieserit m
kilocalorie f Kilokalorie f
kilocurie m Kilocurie n
kilocycle m **(par seconde)** s. kilohertz
kilogramme m Kilogramm n
kilogramme-étalon m Urkilogramm n
kilogramme-force m, **kilogramme-poids** m Kilopond n ⟨Einheit der Kraft⟩
kilogrammètre m Meterkilopond n, Kilopondmeter n
kilohertz m Kilohertz n
kilojoule m Kilojoule n
kilomètre m Kilometer n
kilométrer kilometrieren

kilométrique kilometrisch
kilotonne f Kilotonne f
kilovar m Kilovar n
kilovolt m Kilovolt n
kilovoltampère m Kilovoltampere n
kilowatt m Kilowatt n
kilowatt-heure m Kilowattstunde f
kinéscope m 1. ⟨Fs⟩ Bildwiedergaberöhre f; 2. gefilmtes Fernsehprogramm n; Filmaufnahme f eines Fernsehbildes
kiosque m:
  k. de la barre (timonerie) Ruderhaus n, Ruderraum m, Steuerhaus n, Steuerraum m
  k. de transformation Transformatorhäuschen n
  k. de veille s. k. de la barre
kit m Baukasteneinheit f
klydonographe m ⟨El⟩ Klydonograf m
klystron m Klystron n
  k. à réflecteur, k. réflexe Reflexklystron n
  k. à trois circuits accordés Dreikreisklystron n
kraton m Kraton m
krypton m Krypton n
kurtosis m ⟨Math⟩ Exzeß m ⟨Häufigkeitskurve⟩, Steilheit f, Wölbung f
kymoscope m Kymoskop n

L

label m **de qualité** Gütezeichen n
labile labil, instabil, unbeständig
labilité f Labilität f
laboratoire m 1. Labor[atorium] n; 2. Brennraum m ⟨eines Ofens⟩
  l. chaud heißes Laboratorium n
  l. de fortune Behelfsdunkelkammer f
  l. de haute activité s. l. chaud
  l. à isotopes Isotopenlaboratorium n
  l. obscur Dunkelkammer f
  l. de recherche Forschungslaboratorium n
  l. de tirage Kopieranstalt f
  l. d'usine Betriebslaboratorium n, Werklabor n
labour m Pflügen n
labourer pflügen
labyrinthe m Labyrinth n ⟨Wellendichtung⟩
lac m **de retenue** Stausee m
laccolite f Lakkolith m
lacérer zetten ⟨Heuwerbung⟩
lacet m 1. Litze f, Schnur f; Schnürsenkel m; 2. ⟨Math⟩ Schleife f; 3. ⟨Flg⟩ Gieren n

lâchage *m* **de la scorie** Ablassen *n* der Schlacke
lâche lose ⟨z. B. Kupplung⟩
lactame *f* Laktam *n*
lactamide *m* Laktamid *n*
lactase *f* Laktase *f*
lactate *m* Laktat *n*
lactifère latexhaltig
lactodensimètre *m* Milchwaage *f*
lactoflavine *f* Laktoflavin *n*
lactone *f* Lakton *n*
lactonisation *f* Laktonbildung *f*
lactose *m* Laktose *f*
lacune *f* Leerstelle *f*, Loch *n*, Schottky-Defekt *m*; Lücke *f*
   l. octaédrique oktaedrische Lücke *f*
   l. réticulaire Gitterleerstelle *f* ⟨im Kristall⟩
   l. stratigraphique stratigrafische Lücke *f*, Schichtlücke *f*, Hiatus *m*
   l. tétraédrique tetraedrische Lücke *f*
laine *f* Wolle *f*; **pure (tout) l.** reinwollen
   l. d'acier Stahlwolle *f*
   l. d'agneau Lammwolle *f*
   l. artificielle Zellwolle *f*
   l. de bois Holzwolle *f*
   l. brute Rohwolle *f*
   l. cardée Streichgarn *n*
   l. d'échauffe Schwitzwolle *f*
   l. d'enchaussenage *s.* **l. de peau**
   l. d'enzymes Enzymwolle *f*
   l. de laitier Schlackenwolle *f*
   l. mérinos Merinowolle *f*
   l. minérale Mineralwolle *f*, Mineralfaser *f*
   l. de peau Schwödwolle *f*, Hautwolle *f*
   l. peignée Kammgarn[wolle *f*] *n*
   l. renaissance Reißwolle *f*
   l. de roche Steinfaser *f*, Steinwolle *f*
   l. de scories Schlackenwolle *f*
   l. en suint Schweißwolle *f*; Rohwolle *f*
   l. de tonte Schurwolle *f*
   l. de verre Glaswolle *f*, Glaswatte *f*
laine-mère *f* Oberwolle *f*, Kernwolle *f*, Rückenwolle *f*
lainer [nach]rauhen
laineuse *f* Rauhmaschine *f*
   l. à chardons Kardenrauhmaschine *f*
laisse *f*:
   l. de basse mer Watt *n*
   l. d'eau Tümpel *m*
laisser:
   l. en blanc aussparen
   l. entrer einströmen lassen
   l. porter abfallen ⟨Segelschiff⟩
   l. vieillir ablagern, altern

lait *m*:
   l. d'argile geschlämmte Tonmasse *f*
   l. de chaux Kalkmilch *f*
   l. de ciment Zementmilch *f*
   l. en poudre, **l. sec** Trockenmilch *f*
laitance *f* 1. Zementmilch *f*, Zementschlämme *f*, Zementschlempe *f*; 2. Milch *f* ⟨Fisch⟩
laiterie *f* Molkerei *f*
laiteux milchig
laitier *m* Schlacke *f*; Glasschlacke *f*
   l. concassé Stückschlacke *f*
   l. de coulée Abstichschlacke *f*
   l. cru Rohschlacke *f*
   l. de fonte Roheisenschlacke *f*
   l. fusant Zerfallschlacke *f*
   l. granulé Schlackensand *m*
   l. de haut fourneau Hochofenschlacke *f*
   l. de haut fourneau en morceaux Hochofenstückschlacke *f*
   l. ponce Hüttenbims *m*
   l. réducteur Feinungsschlacke *f*
   l. vitreux Schlackenglas *n*
laiton *m* Messing *n*
   l. de fonte Gußmessing *n*
   l. en lames Messingblech *n*
   l. rouge Rotguß *m*
   l. siliceux Siliziummessing *n*
laitonnage *m* Vermessingen *n*
laitonner vermessingen
laize *f* Warenbreite *f*, Gewebebreite *f*
lambourdage *m* ⟨Schiff⟩ Wegerung *f*
lambourde *f* ⟨Bw⟩ Deckenrippe *f*; Stützbalken *m*; Lagerholz *n*; ⟨Schiff⟩ Wegerungslatte *f*, Wegerungsplanke *f*; ⟨Brg⟩ Schalholz *n*
lambris *m* Täfelung *f*, Wandverkleidung *f*, Paneel *n*
lame *f* 1. Schneide *f*, Plättchen *n*, Platte *f* ⟨Werkzeug⟩; Messer *n*, Zahn *m* ⟨Fräser⟩; Sägeblatt *n*; ⟨Lw⟩ Grubberzinken *m*, Hackmesser *n*, Mähmesser *n*; 2. Schaft *m* ⟨Webmaschine⟩; 3. Blech *n*; 4. ⟨Schiff⟩ See *f*, Welle *f*, Windsee *f* ⟨s. a. **vague**⟩
   l. d'aiguille Weichenzunge *f*
   l. d'aiguille flexible federnde Weichenzunge *f*
   l. alternative Scherenschnittmähmesser *n*
   l. bimétallique Bimetallstreifen *m*
   l. carburé Hartmetallplättchen *n*, Hartmetallschneide *f*
   l. circulaire Kreissägeblatt *n*
   l. coin keilförmiges Messer *n* ⟨Fräser⟩
   l. de collecteur ⟨El⟩ Kommutatorlamelle *f*, Kommutatorsegment *n*

lame

l. de condensateur Kondensatorplatte f
l. de contact ⟨El⟩ Kontaktlamelle f
l. continue Bandsägeblatt n
l. correctrice Schmidt-Platte f, Korrektionsplatte f
l. de coupe Mähmesser n
l. cristalline Kristallplättchen n
l. en cuivre ⟨El⟩ Kupferlamelle f
l. demi-onde λ/2-Blättchen n, Halbwellenblättchen n
l. de l'encrier ⟨Typ⟩ Farbmesser n
l. d'étanchéité Dichtungsblech n
l. de fond Grundsee f, Grundwelle f
l. de gypse Gipsplättchen n
l. liquide Flüssigkeitslamelle f
l. maitresse Hauptfederblatt n
l. de massicot ⟨Typ⟩ Schneidmaschinenmesser n
l. matrice Unterstempel m, Ziehplatte f, Matrize f ⟨Umformwerkzeug⟩
l. mince ⟨Met⟩ Dünnschliff m
l. à pénombre Halbschattenplatte f
l. de phase Phasenplättchen n
l. porte-objets Objektträger m
l. de proue Bugwelle f
l. quart-onde λ/4-Blättchen n, Viertelwellenblättchen n
l. racleuse ⟨Text⟩ Abstreifmesser n
l. rapportée Einsatzmesser n
l. de scie Sägeblatt n
l. de scie circulaire Kreissägeblatt n
l. de scie à découper Trennsägeblatt n
l. de scie à dépouille latérale verjüngt geschliffenes Sägeblatt n
l. de scie machine Maschinensägeblatt n
l. de scie à main Handsägeblatt n
l. de scie à voie geschränktes Sägeblatt n
l. de tondeuse Schermesser n
l. à tracer Anreißschneide f
l. de verre Glasplatte f, Glasscheibe f
lamellaire lamellar
 finement l. feinlamellar
lamelle f Lamelle f, Plättchen n
 l. de macle Zwillingslamelle f
lamellé lamelliert
lamelleux blättrig
lamer [an]senken ⟨Bohrung⟩
laminage m 1. ⟨Met⟩ Walzen n, Auswalzen n; 2. ⟨Text⟩ Laminieren n; Laminierung f; 3. Drosseln n; Drosselung f ⟨von Dampf⟩; 4. ⟨Geol⟩ Schichtung f; 5. ⟨Mech⟩ Grenzschichtbildung f ⟨in Strömungen⟩
 l. à chaud Warmwalzen n
 l. défectueux Fehlwalzung f

l. diagonal Schrägwalzen n
l. à froid Kaltwalzen n
l. à froid à pas de pèlerin Kaltpilgern n
l. de lingots d'acier Stahlblockwalzen n
l. en plat Flachwalzen n
l. transversal Querwalzen n
l. du verre Walzen n von Glas
laminaire laminar
laminé m Walzgut n
laminer 1. ⟨Met⟩ [aus]walzen; 2. ⟨Text⟩ laminieren; 3. drosseln ⟨Dampf⟩; 4. ⟨Mech⟩ Grenzschicht bilden ⟨Strömung⟩
 l. à pas constant stetigwalzen
laminerie f Walzwerk n
laminoir m Walzwerk n; Walzmaschine f
 l. d'acier Stahlwalzwerk n
 l. à acier puddlé Puddelstahlwalzwerk n
 l. à aciers profilés Profilstahlwalzwerk n
 l. d'aluminium Aluminiumwalzwerk n
 l. à bandages Radreifenwalzwerk n, Bandagenwalzwerk n
 l. à bandes d'aluminium Aluminiumfolienanlage f
 l. à barres Stabstahlwalzwerk n
 l. à billettes Knüppelwalzwerk n
 l. à blooms Blockwalzwerk n
 l. à brames Brammenwalzwerk n
 l. à chaud Warmwalzwerk n
 l. continu kontinuierliches Walzwerk n
 l. à cuivre Kupferwalzwerk n
 l. dégrossisseur Vorwalzwerk n
 l. à demi-produits Halbzeugwalzwerk n
 l. duo Duowalzwerk n
 l. duo à blooms Duoblockwalzwerk n
 l. duo à blooms réversible Duoreversierblockwalzwerk n
 l. duo réversible Duoreversierwalzwerk n
 l. duo à tôles Duoblechwalzwerk n
 l. de fer Eisenwalzwerk n
 l. à fer blanc Weißblechwalzwerk n
 l. à fers fins Feinblechwalzwerk n
 l. à feuillards Bandwalzwerk n
 l. à feuillards d'acier Bandstahlwalzwerk n
 l. à fils Drahtwalzwerk n
 l. finisseur Fertigwalzwerk n
 l. à forger Schmiedewalzmaschine f
 l. à fourrages Walzenfutterquetscher m
 l. à froid Kaltwalzwerk n
 l. à grosses tôles Grobblechwalzwerk n
 l. à larges bandes Breitbandwalzwerk n
 l. à larges plats Universalstahlwalzwerk n

lampe

l. à lingots Blockwalzwerk n
l. à mouvement continu s. l. continu
l. à pas de pèlerin Pilgerschrittwalzwerk n
l. à profilés Formstahlwalzwerk n
l. quarto réversible Quartoreversierwalzwerk n
l. réducteur Reduzierwalzwerk n
l. réversible Umkehrwalzwerk n, Reversierwalzwerk n
l. tandem Tandemwalzwerk n
l. à tôles Blechwalzwerk n
l. à tôles fines Feinblechwalzwerk n
l. à tôles fortes Grobblechwalzwerk n
l. à tôles moyennes Mittelblechwalzwerk n
l. à traction Ziehwalzwerk n
l. trio Triowalzwerk n
l. trio à blooms Trioblockwalzwerk n
l. trio dégrossisseur Triogrobstraße f
l. trio finisseur Triofertigstraße f
l. trio réversible Trioreversierwalzwerk n
l. trio à tôles Trioblechwalzwerk n
l. à tubes Rohrwalzwerk n
l. universel Universalstahlwalzwerk n
laminoir-tireur m Ausziehwalze f
lampara m Lamparanetz n ⟨Fischfang⟩
lampe f 1. Lampe f, Beleuchtungskörper m; 2. Röhre f ⟨Elektronenröhre⟩
l. à acétylène Azetylenlampe f
l. d'alarme Alarmlampe f
l. à arc Bogenlampe f
l. à arc autorégulatrice Bogenlampe f mit automatischer Kohlenachstellung
l. à arc de charbon Kohlebogenlampe f
l. à arc court Hochdruckbogenlampe f
l. à arc à décharge Bogenentladungslampe f
l. à arc à mouvement d'horlogerie Uhrwerkbogenlampe f
l. à atmosphère gazeuse gasgefüllte Röhre f
l. d'avertissement Warnlicht n
l. baladeuse Handlampe f
l. à bas voltage Niedervoltlampe f
l. à basse fréquence Niederfrequenzröhre f
l. à basse pression Niederdrucklampe f
l. bispiralée Doppelwendellampe f
l. au cadmium Kadmiumlampe f
l. à champ retardateur Bremsfeldröhre f
l. à chauffage direct direkt geheizte Röhre f

l. à chauffage indirect indirekt geheizte Röhre f
l. de chevet Kojenlampe f, Kojenleuchte f
l. à clignoter Blinklampe f
l. à crypton Kryptonlampe f
l. à décharge lumineuse Glimm(entladungs)lampe f
l. éclair Blitzlampe f; Blitz(licht)gerät n
l. éclair amateur Amateurblitzgerät n
l. éclair à combustion Glühlampenblitz m
l. éclair électronique Elektronenblitzröhre f; Elektronenblitzgerät n
l. éclair à magnésium Magnesiumblitzlampe f
l. éclair sous-marine Unterwasserblitzgerät n
l. pour éclairer la sclérotique Skleralleuchte f
l. à effluves Glimmlampe f
l. électrique à filament incandescent Glühfadenlampe f
l. d'émission Senderöhre f
l. d'essai Prüflampe f
l. à fente Spaltlampe f
l. à filament de charbon Kohlefadenlampe f
l. à filament en tungstène Wolframlampe f
l. flash électronique à transistors Transistorblitzgerät n
l. flash secteur Netzblitzgerät n
l. fluorescente Leuchtstofflampe f, Leuchtstoffröhre f
l. frein Bremsfeldröhre f
l. à gaz inerte (raréfié) Edelgasröhre f
l. gland Eichelröhre f, Knopfröhre f
l. à grille positive Bremsfeldröhre f
l. à grille-écran Schirmgitterröhre f
l. à haute pression Hochdrucklampe f
l. à incandescence Glühlampe f
l. indicatrice Anzeigelampe f
l. indicatrice de terre Erdschlußanzeigelampe f
l. infrarouge Infrarotlampe f
l. Jupiter Jupiterlampe f
l. à lumière du jour, l. à lumière solaire Tageslichtlampe f
l. à luminescence Leuchtstofflampe f
l. de mineur Grubenlampe f
l. à miroir sphérique Kugelspiegelleuchte f
l. multigrille Mehrgitterröhre f
l. au néon Neonlampe f
l. d'occupation Besetztlampe f
l. d'occupation de voie Gleisbesetztlampe f, Gleisbildstellwerk f

lampe

l. **oscillatrice** Oszillatorröhre f
l. **phare-code à deux filaments** Biluxbirne f
l. **de phase** Phasenlampe f
l. **pilote** Signallampe f, Kontrollampe f, Warnlampe f, Pilotlampe f
l. **de poche électrique** elektrische Taschenlampe f
l. **portative de mineur** tragbare Grubenlampe f
l. **de position** Stellungsanzeigelampe f
l. **de projection** Bildwerferlampe f, Kinolampe f
l. **de quartz** Quarzlampe f
l. **à réflecteur** Reflektorlampe f
l. **rouge** Rotlampe f
l. **de signalisation** Meldelampe f, Signallampe f
l. **pour spectroscopie** Spektrallampe f
l. **à souder** Lötlampe f
l. **sphérique** Kugelleuchte f
l. **de sûreté** Sicherheitslampe f, Wetterlampe f
l. **témoin** Kontrollampe f; Prüflampe f
l. **témoin de charge** Ladekontrollampe f
l. **tout-métal** Ganzmetallröhre f
l. **triode** Triode f
l. **de T.S.F.** Radioröhre f
l. **au tungstène** Wolframlampe f
l. **ultraviolette** Ultraviolettlampe f, Ultraviolettstrahler m
l. **universelle** Universalröhre f
l. **à vapeur de mercure** Quecksilberdampflampe f
l. **à vapeur de mercure à haute pression** Quecksilberhochdrucklampe f
l. **à vapeur de mercure à très haute pression** Quecksilberhöchstdrucklampe f
l. **à vapeur de métaux** Metalldampflampe f
l. **à vapeur de sodium** Natriumdampflampe f
l. **au xénon** Xenonlampe f
l. **au xénon à haute pression** Xenonhochdrucklampe f

lampemètre m Röhrenprüfgerät n
lampiste m Lampenwärter m
l. **distributeur** Lampenausgeber m
lampisterie f 1. ⟨Brg⟩ Lampenstube f; 2. ⟨Schiff⟩ Lampenlast f
lance f:
l. **d'incendie** Strahlrohr n
l. **à oxygène** Sauerstofflanze f
lance-harpon m Harpunengeschütz n ⟨Walfang⟩

lancement m 1. Ablauf m, Stapellauf m; 2. Ausbringen n, Aussetzen n ⟨z. B. Fischnetz⟩; 3. Zuwasserbringen n, Zuwasserlassen n; 4. Start m; Abschuß m ⟨einer Rakete⟩
l. **par l'arrière** Längsablauf m, Längsstapellauf m
l. **par le côté** Querablauf m, Querstapellauf m
l. **sur savate** Stapellauf m auf Mittelablaufbahn
lancer 1. ablaufen lassen, vom Stapel (laufen) lassen; 2. ausbringen, aussetzen ⟨z. B. Fischnetz⟩; 3. zu Wasser bringen, zu Wasser lassen; 4. abschießen ⟨eine Rakete⟩
l. **par dessus bord** über Bord werfen
lanceur m Trägerrakete f
langage m:
l. **(de) machine** Maschinensprache f, Maschinenkode m
l. **de programmation** Programmiersprache f
l. **de référence** Bezugssprache f
langbeinite f Langbeinit m
langue f:
l. **glaciaire** Gletscherzunge f
l. **intermédiaire** Hilfssprache f
l. **de terre** Landzunge f
languette f 1. Schornsteinzunge f, Mauerzunge f; 2. Feder f ⟨1. zum Fugenverschluß; 2. Teil des Rinnenhalters⟩; Paßfeder f, Keil m ⟨Nabe-Welle-Verbindung⟩
lanière f Schlagriemen m ⟨Webmaschine⟩
lanol(é)ine f Lanolin n
lanterne f Laterne f; Standlicht n
l. **d'aiguille** Weichenlaterne f
l. **à arc** Bogenlampenhaus n
l. **arrière** Rücklicht n
l. **de cheminée** Schornsteinhaube f
l. **magique** Laterna magica f
l. **de signal** Signallaterne f
lanterneau m Oberlicht n, Laterne f ⟨Dachaufsatz bei Hallen⟩
l. **d'éclairage** Laternenoberlicht n
lanthane m Lanthan n
lanthanide m Lanthanid n
lapilli mpl Lapilli mpl
l. **compacts** dichte Lapilli mpl
l. **cristallins** Kristallapilli mpl
laplacien m 1. Buckling n, Flußwölbung f ⟨Reaktorphysik⟩; 2. Laplace-Operator m
laquage m Lackieren n; Lackierung f
l. **en bande** Bandlackierung f
l. **au jet** Spritzlackierung f

l. **au pistolet** Spritzlackierung f
l. **au trempé** Tauchlackierung f
laque f 1. Naturharz n; Schellack m; Naturlack m, trocknendes Öl n; Lack m; 2. Naturfarbstoff m; 3. lackierter Gegenstand m
l. **d'alizarine** Alizarin n, Krapprot n
l. **cellulosique** Zelluloselack m, Nitro(zellulose)lack m
l. **cramoisi** Karmesinlack m
l. **en écailles** Schellack m
l. **d'émail** Emaillack m
l. **de garance** Krapprot n, Alizarin n, Türkischrot n
l. **synthétique** synthetischer Lack m, Kunstharzlack m
laquer lackieren
laqueux Lack-
lardon m **conique** Kegelleiste f
largage m 1. Ausbringen n, Aussetzen n ⟨z. B. Fischnetz⟩; 2. Loswerfen n ⟨z. B. Leine⟩; Fieren n, Losegeben n ⟨z. B. Schot⟩
large m offenes Meer n, offene See f; **au l. de** vor, auf der Höhe von ⟨allgemeine Bezeichnung für Schiffsposition in bestimmter Entfernung zum Land⟩; **vers le l.** seewärts
target m Breiteisen n
largeur f Breite f
l. **d'accomodation** Akkomodationsbreite f
l. **angulaire** Winkelbreite f
l. **de bande** Bandbreite f
l. **de bande de bruit** Rauschbandbreite f
l. **de la bande de fréquences** Frequenzbandbreite f
l. **de bande à mi-hauteur** Halbwert(s)breite f
l. **de bande sonore** Niederfrequenzbandbreite f
l. **de canal** Kanalbreite f
l. **de chariot** Wagenbreite f
l. **de la colonne** Spaltenbreite f
l. **de coupe** Schnittbreite f ⟨Mähmaschine⟩
l. **de la culasse** ⟨El⟩ Jochbreite f
l. **de la dent** Zahnbreite f
l. **de l'écran** Bildwandbreite f
l. **écrue** ⟨Text⟩ Roh(waren)breite f
l. **d'emmarchement** Stufenbreite f, Treppenbreite f
l. **d'énergie** Energiebreite f
l. **de l'enlevure** Verhiebsbreite f
l. **d'entrefer** Spaltbreite f
l. **de faisceau** Strahlbreite f
l. **de la fente** Spaltbreite f

l. **finie** ⟨Text⟩ Fertig(waren)breite f
l. **de havée** ⟨Brg⟩ Feldbreite f
l. **d'image** Bildbreite f
l. **d'impulsion** Impulsbreite f
l. **intérieure** Lichtweite f, lichte Weite f; innerer Durchmesser m ⟨bei Rohren⟩
l. **de ligne** Zeilenbreite f
l. **de mailles** Maschenweite f ⟨Netz⟩
l. **des marches** Stufenbreite f, Auftrittsbreite f
l. **hors membres, l. entre membrures** Breite f auf Spanten
l. **moyenne des caractères** durchschnittliche Buchstabenbreite f
l. **de niveau** Niveaubreite f
l. **partielle (du niveau)** partielle Niveaubreite f, Partialbreite f
l. **au peigne** ⟨Text⟩ Blattbreite f, Rietbreite f
l. **de piste** Spurbreite f ⟨Magnetband⟩
l. **du pneu** Reifenbreite f
l. **de (la) raie** Linienbreite f
l. **de la rainure** Nutbreite f
l. **de ramassage** Aufsammelbreite f ⟨Sammelpresse⟩
l. **de rayonnement** Strahlungsbreite f
l. **de résonance** Resonanzbreite f
l. **de la sole** ⟨Met⟩ Herdbreite f
l. **de tissu** Gewebebreite f
l. **de la topographie du champ** Halbwert(s)breite f der Feldverteilung
l. **totale (du niveau)** Gesamt(niveau)breite f
l. **hors tout** Breite f über alles
l. **de trace** Spurbreite f
l. **de travail** Arbeitsbreite f
l. **de l'usure** Verschleißmarkenbreite f ⟨Schneidwerkzeug⟩
l. **utile** Nutzbreite f ⟨z. B. einer Textilmaschine⟩; Schreibbreite f ⟨eines Instruments⟩
l. **de voie** ⟨Fs⟩ Kanalbreite f
l. **de la voie** ⟨Eb⟩ Spurweite f
larguer 1. ausbringen, aussetzen ⟨z. B. Fischnetz⟩; 2. loswerfen ⟨z. B. Leine⟩; fieren, lose geben ⟨z. B. Schot⟩
larme f:
l. **batavique** batavische Träne f, Bologneser Tropfen m
l. **de verre** Glasträne f
larmier m 1. Traufdach n, Dachvorsprung m; 2. Traufbrett n, Wetterschenkel m
laryngophone m Kehlkopfmikrofon n
laryngoscope m Laryngoskop n
laser m Laser m, optischer Maser m, Laserstrahler m
l. **à gaz** Gaslaser m
l. **industriel** Industrielaser m

laser

 l. **à injection** Injektionslaser m
 l. **néon-hélium** Helium-Neon-Laser m
 l. **pulsé** pulsierender Laser m, Impulslaser m
 l. **à rubis** Rubinlaser m
 l. **à semi-conducteurs** Halbleiterlaser m
 l. **solide** Festkörperlaser m
latent latent, gebunden
latéral lateral; seitlich; Quer-
latex m 1. Latex m, Milchsaft m tropischer Pflanzen, Kautschukmilch f; 2. Plastlatex m, Latexfarbe f; Binderfarbe f, Latex m
 l. **d'acétate de polyvinyle**, l. **artificiel** Polyvinylazetatlatex m, PVA-Latex m
 l. **de caoutchouc** Kautschuklatex m, Kautschukmilch f
 l. **cóncentré** eingedampfter Latex m
 l. **crémé** Rahmlatex m, aufgerahmter Latex m
 l. **floculé** flokulierter Latex m
 l. **néoprène** Neoprenlatex m
 l. **renforcé** verstärkte Kautschukmilch f
latitude f [geografische] Breite f
 l. **croissante** Meridionalteile mpl
 l. **géographique** geografische Breite f
latte f ⟨Schiff⟩ Schalklatte f
 l. **flexible** Straklatte f
 l. **de tôle d'acier** Kantenschutzstahl m ⟨Treppe⟩
lattis m 1. Lattenrost m, Lattenwerk n; 2. Lattenverschlag m; 3. Lattenzaun m; 4. Lattenputzträger m, Putzträger m
 l. **armé** Drahtziegelgewebe n ⟨Putzträger⟩
 l. **mécanique** Holzstabgewebe n
 l. **du plafond** Deckenlattung f
laurate m Laurat n, Laurinsäureester m
lavabilité f Aufbereitbarkeit f
lavable waschbar, waschecht
 l. **à la machine** waschmaschinenfest
lavabo m 1. Waschraum m; 2. Waschgelegenheit f, Waschbecken n
 l. **à rigoles** Waschrinne f
lavabo-cuvette m Waschbecken n
lavabo-fontaine m Waschbrunnen m
lavage m 1. Abwaschen n, Abspülen n; Spülen n, Wäsche f; Waschen n ⟨z. B. eines Gases⟩; 2. ⟨Brg⟩ Aufbereiten n; 3. Schlämmen n
 l. **blanc** Weißwäsche f
 l. **par centrifugation** Schleuderwaschen n
 l. **par délayage suivi de tamisage** Schlämmung f durch hintereinander angeordnete Siebe mit zunehmender Feinheit
 l. **direct** direkte Spülung f
 l. **à l'eau sous pression** Druckwasserwäsche f
 l. **des gaz** Gaswäsche f
 l. **par injection** Ausschwemmen n, Ausspülen n
 l. **intermédiaire** Zwischenwässerung f
 l. **du linge de couleur** Buntwäsche f
 l. **local** örtliche Spülung f
 l. **à la machine** Maschinenwäsche f
 l. **de pont** Deckwaschen n
 l. **sous pression** Druckwäsche f
 l. **principal** Hauptwässerung f
lave f Lava f
lave-glace m Scheibenwaschanlage f
laver 1. [ab]waschen, spülen, wässern; schwemmen; 2. ⟨Brg⟩ aufbereiten; 3. schlämmen
laverie f Wäscherei f, Waschanstalt f
 l. **de laine** Wollwäscherei f
 l. **d'ocre** Ockerschlämmerei f
laveur m 1. Wäscher m, Naßreiniger m, Berieselungsturm m; 2. Schlämmanlage f
 l. **de l'absorption** Absorptionswäscher m
 l. **alcalin** alkalischer Wäscher m
 l. **de boues** Schlammwäscher m
 l. **centrifuge** Torpedowäscher m
 l. **à gaz** Gaswäscher m
 l. **à jet de pare-brise** Scheibenwaschanlage f
 l. **de minerai** Erzwaschanlage f
laveuse f 1. Waschmaschine f ⟨s. a. machine a laver⟩; 2. Kieswaschanlage f
 l. **en boyaux** Strangwaschmaschine f
 l. **en écheveaux** Kranzgarnwaschmaschine f
 l. **au large** Breitwaschmaschine f
 l. **de tubercules** Kartoffelwaschmaschine f
lavoir m 1. Waschhaus n; 2. Wäsche f, Schlammwerk n; 3. ⟨Brg⟩ Waschkaue f
 l. **de minerai** Erzwäsche f
layette f Flözstreifen m
lé m Bahn f ⟨z. B. eines Rockes⟩ Gewebebreite f; Stoffbahn f
leader m Leitartikel m
lecteur m 1. Leser m; 2. Tonabnehmer m, Abtaster m, Abtastsystem n
 l. **alphanumérique** alphanumerischer Leser m
 l. **de bande magnétique** Magnetbandleser m
 l. **de bande perforée** Lochbandleser m
 l. **de cartes perforées** Lochkartenleser m
 l. **de disques** Tonabnehmer m

l. **électromagnétique** elektromagnetischer Tonabnehmer m, elektromagnetisches Abtastsystem n
l. **monophonique** monofoner Tonabnehmer m, monofones Abtastsystem n
l. **optique** optischer Leser m
l. **optique de précision** Feinableseeinrichtung f
l. **d'ordres** Befehlsleser m
l. **phonographique** s. lecteur 2.
l. **photo-électrique** fotoelektrischer Leser m
l. **de ruban magnétique** Magnetbandleser m
l. **de ruban perforé** Lochbandleser m
l. **stéréophonique** stereofoner Tonabnehmer m, stereofones Abtastsystem n
l. **de télécinéma** Filmabtaster m
l. **universel** Tonabnehmer m für Mikro- und Normalrillen
lecture f 1. Ablesung f; Lesen n, Abfragen n; 2. Abtastung f; à l. directe mit direkter (unmittelbarer) Ablesung
l. **destructive** destruktives Lesen n
l. **directe** direkte Ablesung f, Direktablesung f
l. **à distance** Fernablesung f
l. **de l'échelle** Skalenablesung f
l. **électronique des caractères** elektronische Zeichenabtastung f
l. **interlacée** Zeilensprungabtastung f
l. **non destructive** nichtzerstörendes Lesen n
l. **optique** 1. optische Abtastung f; 2. optische Anzeige f
l. **parallèle** Parallelabtastung f
l. **photo-électrique** fotoelektrische Abtastung f
l. **précise** Feinabmessung f
l. **au son** ⟨Fmt⟩ Höraufnahme f, Aufnahme f nach dem Gehör, Hörempfang m
lège leer, unbeladen
légende f Beschriftung f; Erläuterung f; Zeichenerklärung f; Legende f, Bildunterschrift f
léger leicht
lemme m Hilfssatz m, Lemma n
lemniscate f Schleifenlinie f, Lemniskate f
lent langsam; langsamlaufend ⟨z. B. Motor⟩
lenticulaire linsenförmig, lentikular
lentille f Linse f
l. **achromatique** Achromat m
l. **additionnelle** Zusatzlinse f

l. **à aimant permanent** permanentmagnetische Linse f
l. **d'Amici** Amici-Linse f
l. **analysatrice** Analysatorlinse f
l. **annulaire** Ringlinse f, Fresnel-Linse f
l. **antiréflectrice** reflexfreie Linse f
l. **astigmatique** astigmatische Linse f, Astigmat m
l. **de l'avant-champ** Vorfeldlinse f
l. **biconcave** bikonkave Linse f, Bikonkavlinse f
l. **biconvexe** bikonvexe Linse f, Bikonvexlinse f
l. **de champ** Feldlinse f
l. **à coller** Aufkittlinse f
l. **complémentaire** Zusatzlinse f
l. **composée** Verbundlinse f
l. **concave** Konkavlinse f; Zerstreuungslinse f
l. **concavo-convexe** konkav-konvexe Linse f, Konkavkonvexlinse f
l. **convergente** Sammellinse f
l. **convexe** Konvexlinse f
l. **convexo-concave** konvex-konkave Linse f, Konvexkonkavlinse f; Meniskuslinse f
l. **cornéenne** Hornhautlinse f
l. **à courte distance focale** kurzbrennweitige Linse f
l. **cylindrique** Zylinderlinse f
l. **de décélération** Verzögerungslinse f
l. **demi-boule** Halbkugellinse f
l. **de diffraction** Beugungslinse f
l. **diffusante du type Duto** Duto-Linse f
l. **divergente** Zerstreuungslinse f
l. **à échelons** Fresnel-Linse f
l. **électromagnétique** elektromagnetische Linse f
l. **électronique** elektronenoptische Linse f, Elektronenlinse f
l. **électronique magnétique** magnetische Elektronenlinse f
l. **électrostatique** elektrostatische Linse f
l. **électrostatique cylindrique** elektrostatische Zylinderlinse f
l. **électrostatique à fentes** elektrostatische Spaltlinse f
l. **épaisse** dicke Linse f
l. **faible** schwache Linse f
l. **forte** starke Linse f
l. **de Fresnel** Fresnel-Linse f
l. **frontale** Vorderlinse f, Frontlinse f
l. **à grand angle** weitwinklige Linse f
l. **à guide d'ondes** Hohlleiterlinse f
l. **à immersion** Immersionslinse f
l. **intermédiaire** Zwischenlinse f

lentille

l. ionique Ionenlinse f
l. à longue distance focale langbrennweitige Linse f
l. magnétique magnetische Elektronenlinse f, Magnetlinse f
l. magnétique blindée eisengekapselte Magnetlinse f
l. magnétique sans fer Magnetlinse f ohne Eisenkreis
l. ménisque divergente konvex-konkave Linse f, Meniskuslinse f
l. microcornéenne Kornealschale f
l. mince dünne Linse f
l. de minerai Erzlinse f
l. octopolaire Oktopollinse f
l. plan-concave plankonkave Linse f, Plankonkavlinse f
l. plan-convexe plankonvexe Linse f, Plankonvexlinse f
l. postérieure Hinterlinse f
l. à pouvoir zéro Nullinse f
l. quadripolaire Quadrupollinse f
l. quadripolaire électrostatique elektrostatische Elektropollinse f
l. quadripolaire magnétique magnetische Quadrupollinse f
l. de quartz Quarzlinse f
l. réductrice Verkleinerungslinse f
l. de sable pétrolifère ölhaltige Sandlinse f
l. supraconductrice supraleitende Linse f
l. unipotentielle elektrostatische Elektronenlinse f mit gleichem Potential beider Außenelektroden
l. de verre Glaslinse f
lépidoblastique lepidoblastisch
lépidolite m Lepidolith m
lepton m ⟨Kern⟩ Lepton n
lessivable waschecht
lessivage m Laugen n, Auslaugen n, Bleichen n; Beuche f
lessive f 1. Lauge f; 2. Wäsche f
l. à l'amalgame Amalgamlauge f
l. brute Rohlauge f
l. de clairçage Decklauge f
l. de décomposition Zersetzungslauge f
l. fine Feinwäsche f
l. grosse Grobwäsche f
l. de potassium Kalilauge f
l. résiduaire sulfitique Sulfitablauge f
l. de soude Natronlauge f
lessiver auslaugen
l. sous pression beuchen
lessiveur m **sphérique** Kugelkocher m ⟨Papierherstellung⟩
lessiveuse f Waschkessel m
lest m 1. (fester) Ballast m, Ausgleichsgewicht n, Zusatzgewicht n; 2. Beschwerung f (z. B. an Fischnetzen); **sur l.** in Ballast
lestage m Beballastung f
lester beballasten; beschweren
lettre f:
l. capitale Großbuchstabe m, Majuskel f, Versal m
l. courte Mittellänge f
l. débordante überhängender Buchstabe m
l. initiale Versal m ohne Fleisch
l. majuscule s. l. capitale
l. minuscule Kleinbuchstabe m, Minuskel f
l. ornée Zierbuchstabe m
l. séparée bewegliche Type f
l. de transport aérien Luftfrachtbrief m
l. de voiture Frachtbrief m
lettres fpl **accouplées** Ligaturen fpl
lettrine f Initiale f über mehrere Zeilen
leucine f Leuzin f
leucite f Leuzit m
leucobase f Leukobase f
leucocrate leukokrat
levage m Heben n
l. et manutention f Fördern n und Heben n
l. de poteaux Aufstellen n von Masten
l. du ruban-encreur Farbbandhebung f
levain m Hefe f
levé m Aufnahme f ⟨Vermessungswesen⟩
l. géodésique aérien Luftbildvermessung f
l. géologique geologische Aufnahme f
l. de haute précision Feinmessung f
l. de plan (Brg) Markscheiden n
l. à la planchette Meßtischaufnahme f
l. des plans Planaufnahme f; Feldmessen n
l. tachéométrique Tachymeterzug m, Tachymetrie f
lève-caisse m Kistenheber m; Kistenklammer f ⟨Gabelstapler⟩
levée f 1. Hubhöhe f; Hub m; 2. Heben n; 3. Nocken m
l. de pale Schlagbewegung f
lève-ligne m Setzlinie f
lever 1. spießen; 2. von Hand setzen
l. un plan einen Plan aufnehmen
lève-tôle m Blechklemme f, Klaue f
levier m 1. Hebel m; Hebelstange f; 2. Griff m, Handhebel m, Handkurbel f; 3. Schwinghebel m, Balancier m; 4. Hebeeisen n, Brecheisen n
l. d'accent ⟨Büro⟩ Akzenthebel m
l. d'accouplement ⟨Kfz⟩ Spurstangenhebel m

l. d'aiguille ⟨Eb⟩ Weichenhebel m
l. d'annulation ⟨Dat⟩ Löschhebel m
l. d'armement Verschlußaufzugshebel m ⟨Fotografie⟩
l. d'armement rapide Schnellaufzugshebel m ⟨Fotografie⟩
l. d'arrêt Arretierhebel m, Festhaltehebel m
l. d'attaque ⟨Kfz⟩ Lenkhebel m
l. d'avance Verstellhebel m
l. de blocage ⟨Büro⟩ Feststellhebel m, Sperrhebel m
l. à bras Handhebel m
l. de calage s. l. de blocage
l. de changement de vitesse ⟨Kfz⟩ Schalthebel m
l. de chariot libre ⟨Büro⟩ Wagenauslösehebel m
l. de commande Steuerungshebel m; ⟨Flg⟩ Steuerknüppel m
l. de commutation ⟨Büro⟩ Schalthebel m
l. de contact Kontakthebel m
l. de contact de charge Ladehebel m
l. de correction Korrekturhebel m
l. coudé Kniehebel m, Winkelhebel m
l. de coulisse ⟨Büro⟩ Kulissenhebel m
l. de débrayage ⟨Kfz⟩ Kupplungsausrückhebel m
l. de déclenchement Auslösehebel m
l. de démarrage Anlaßhebel m
l. du deuxième genre einarmiger Hebel m
l. de diaphragme Blendeneinstellhebel m
l. de distribution Steuerhebel m
l. d'écriture espacée ⟨Büro⟩ Sperrschrifthebel m
l. d'effacement de tabulateur Tabulatorlöschhebel m
l. d'embrayage Kupplungshebel m, Einrückhebel m
l. d'entraînement du film Filmtransporthebel m
l. à fourche ⟨Büro⟩ Gabelhebel m
l. de frein Bremshebel m
l. de fusée ⟨Kfz⟩ Lenkhebel m
l. d'interligne Zeilenschalthebel m
l. intermédiaire Zwischenhebel m
l. d'itinéraire Fahrstraßenhebel m
l. de libération du cylindre Walzenauslöser m
l. à main Handhebel m
l. de manœuvre Schalthebel m, Stellhebel m, Betätigungshebel m, Bedienungshebel m
l. de manœuvre d'aiguillage ⟨Eb⟩ Weichenstellhebel m

l. de montage Montierhebel m
l. optique Lichtzeiger m
l. pivotant Schwenkhebel m
l. de placement de tabulateur ⟨Büro⟩ Tabulatorsetzhebel m
l. de pompe à eau Pumpenschwengel m
l. du premier genre zweiarmiger Hebel m
l. principal de direction ⟨Kfz⟩ Lenkstockhebel m
l. de réglage Stellhebel m
l. de renversement de marche Umkehrhebel m, Umsteuerhebel m, Umschalthebel m
l. de rotation Drehhebel m
l. de ruban-encreur Farbbandhebel m
l. de signal ⟨Eb⟩ Signalhebel m
l. de tabulateur Tabulatorhebel m
l. de touche Tastenhebel m
l. de transfert ⟨Dat⟩ Übertraghebel m
l. de verrouillage d'aiguille Weichenverriegelungshebel m
levogyre linksdrehend
lévulose m Lävulose f, Fruktose f
levure f Hefe f; Bierhefe f
l. artificielle Backpulver n
l. de bière Bierhefe f
léwisite f Lewisit n
lézarde f Riß m, Spalte f
liage m Binden n; ⟨Text⟩ Bindung f, Verknüpfung f
liaison f 1. Verband m; Verbindung f; 2. Mauermörtel m; 3. ⟨Ch⟩ Bindung f
l. d'addition Additionsverbindung f
l. atomique s. l. covalente
l. de briques Backsteinverband m, Mauersteinverband m
l. en chaîne Kettenbindung f
l. chimique chemische Bindung f
l. par clavette Keilverbindung f
l. de coordination Koordinationsbindung f
l. covalente Kovalenz[bindung] f, Atombindung f, Elektronen[paar]bindung f, kovalente (homöopolare, unpolare) Bindung f
l. hétéropolaire heteropolare Bindung f, Ionenbindung f
l. homéopolaire s. l. covalente
l. d'hydrogène Wasserstoffbindung f, Wasserstoffbrücke f
l. ionique s. l. hétéropolaire
l. par ligne hertzienne Richtfunkverbindung f
l. locale Ortsverbindung f
l. métallique Metallbindung f
l. moléculaire molekulare Bindung f

liaison

l. **nucléaire** Kernbindung f
l. **à ondes décimétriques** Dezimeterwellenverbindung f
l. **polaire** polare Bindung f
l. **en push-pull** Gegentaktkopplung f
l. **radio-électrique d'amateurs** Amateurfunkverbindung f
l. **téléphonique** Telefonverbindung f
l. **de télévision** Fernsehverbindung f
l. **triple** Dreifachbindung f
l. **en va-et-vient** Gegentaktkopplung f
l. **de valence** Valenzbindung f
double l. Doppelbindung f
double l. **conjuguée** Zwillingsdoppel(ver)bindung f, konjugierte Doppelbindung f
double l. **cumulée** kumulierte Doppelbindung f
double l. **isolée** isolierte Doppelbindung f
liant m Bindemittel n; Binder m; Bindung f; **sans** l. bindemittelfrei
l. **céramique** keramische Bindung f
l. **hydraulique** hydraulischer Binder m
l. **en magnésite** Magnesitbindung f
l. **métallique** Bindemetall n
l. **minéral** mineralische Bindung f
l. **mixte** Mischbinder m
l. **organique** organische Bindung f, organisches Bindemittel n
l. **en résine synthétique,** l. **résinoïde** Kunstharzbindung f; Kunstharzbindemittel n
l. **à sable de moulage** Formsandbinder m
l. **(à) sec** Trockenbinder m
l. **en silicate** Silikatbindung f
l. **thermodurcissable** wärmehärtendes Bindemittel n
l. **végétal** vegetabilische Bindung f
lias m Lias m
liber m Bast m, Innenrinde f
libération f:
l. **d'acide** Säurefreisetzung f
l. **du cylindre** Walzenauslösung f
l. **d'électrons** Elektronenabgabe f, Elektronenauslösung f
l. **d'énergie** Energieabgabe f
l. **de l'itinéraire** Fahrstraßenauflösung f
libérer frei machen, freisetzen
liberté f **de mouvement** Bewegungsfreiheit f, Freiheitsgrad m
libraire-détaillant m Sortimenter m
libraire-éditeur m Verlagsbuchhändler m
libration f Libration f, pendelnde Drehbewegung f
libre frei
liège m Kork m

lien m 1. Verband m; Band n; 2. Kopfband n, Bug m
lier binden; ⟨Typ⟩ ausbinden; ⟨Text⟩ knüpfen
lieu m:
l. **des couleurs spectrales** Spektralfarbenzug m
l. **des couleurs sans tonalités achromatiques** achromatisches Gebiet n
l. **géométrique** geometrischer Ort m
l. **géométrique des fréquences** geometrischer Frequenzort m
l. **d'origine** Fundstelle f
l. **de pêche** Fangplatz m
lieur m Binder m; Bindeapparat m, Knüpfapparat m, Knoter m
ligature f 1. Ligatur f; 2. Binden n ⟨Leitungsdraht⟩
ligne f 1. Linie f, Strich m; Reihe f, Zeile f; 2. Linie f, Straße f, Anlage f ⟨Aneinanderreihung von Maschinen für die automatische Fertigung⟩; 3. Strecke f; Eisenbahnlinie f; 4. Zeile f ⟨Bildzeile⟩; 5. Angel f; Angelschnur f; Leinenangel f; Ende n, Leine f; 6. Leitung f; **sans lignes** zeilenfrei
l. **d'abonné** Verbraucherleitung f; Teilnehmerleitung f
l. **accordée** abgestimmte Leitung f
l. **aérienne** 1. Freileitung f; 2. Oberleitung f; 3. Luftlinie f
l. **aérienne H. T.** Hochspannungsfreileitung f
l. **aérodynamique** Stromlinie f
l. **d'affleurement** ⟨Geol⟩ Ausstrich m
l. **de l'air** Luftspektrallinie f
l. **d'alimentation** Speiseleitung f
l. **d'analyse** Abtastzeile f, Bildzeile f
l. **anti-Stokes** antistokessche Linie f
l. **d'arbre(s)** Wellenleitung f
l. **d'arrivée** ankommende Leitung f
l. **artificielle** Kunstschaltung f
l. **d'assemblage** Montagereihe f
l. **asymptotique** ⟨Math⟩ Asymptotenlinie f
l. **automatique** Transferstraße f
l. **d'avivage** Schleifstraße f
l. **de balais** Bürstenreihe f
l. **de balayage** Abtastzeile f, Bildzeile f
l. **de base** Basislinie f ⟨Geodäsie⟩
l. **à basse tension** Niederspannungsleitung f
l. **biphasée** Zweiphasenleitung f
l. **de blanc** blinde Zeile f
l. **blindée** abgeschirmte Leitung f
l. **de brouillard** Nebelspur f ⟨Nebelkammer⟩
l. **de câble** Kabelleitung f

l. de canars ⟨Brg⟩ Luttenstrang m
l. caractéristique Kennlinie f
l. de champ Feldlinie f
l. de charge 1. Ladelinie f; 2. Frachtlinie f; Frachtschiffslinie f
l. de charge de compartimentage Schottenladelinie f
l. de charge d'été Sommerladelinie f
l. de charge maximale de compartimentage Schottenladelinie f
l. circulaire ⟨El⟩ Ringleitung f
l. coaxiale Koaxialleitung f
l. collectrice Sammelleitung f
l. de collimation Gesichtslinie f, Augenachse f, optische Achse f
l. de communication Fernsprechleitung f
l. de Compton Compton-Linie f
l. de connexion Verbindungsleitung f
l. de contact Fahrleitung f
l. de contact double Doppelfahrleitung f
l. de contact à suspension caténaire Kettenfahrleitung f
l. à containers Containerlinie f
l. continue Vollinie f
l. de conversion Konversionslinie f
l. de convoyage ⟨Schiff⟩ Rollengang m
l. (de) cote Maßlinie f ⟨technisches Zeichnen⟩
l. de côte Küstenlinie f
l. de coulée Gußnaht f
l. de courant Stromlinie f
l. à courant continu Gleichstromleitung f
l. à courant faible Schwachstromleitung f
l. à courant fort Starkstromleitung f
l. à courants porteurs Trägerfrequenzleitung f
l. courbe Bogenlinie f; krumme Linie f
l. de décoration Dekorationslinie f
l. de départ abgehende Leitung f
l. dérangée gestörte Leitung f
l. de dérivation Abzweigleitung f
l. à deux ternes Doppelleitung f
l. diphasée Zweiphasenleitung f
l. directe direkte Leitung f
l. directrice ⟨Geol⟩ Streichlinie f
l. discontinue gestrichelte (unterbrochene) Linie f
l. de distribution Verteilleitung f
l. à double voie zweigleisige Strecke f
l. de drain Sickerstrang m
l. droite Gerade f
l. due à la formation de paires Paarbildungslinie f
l. duplexée Gegensprechleitung f

l. d'eau Wasserlinie f
l. d'ébullition Siedekurve f
l. d'effacement Rückstelleitung f
l. d'égale hauteur Schichtlinie f
l. électrifiée elektrifizierte Strecke f
l. électrique elektrische Leitung f
l. d'émission Emissionslinie f
l. d'engrènement Eingriffslinie f ⟨Zahnrad⟩
l. d'enregistrement ⟨Fmt⟩ Meldeleitung f
l. équipotentielle Äquipotentiallinie f
l. d'essai Prüfleitung f
l. en étages Schichtlinie f
l. d'étalonnage Eichleitung f
l. d'exploration Abtastlinie f
l. à faibles pertes verlustarme Leitung f
l. de faille ⟨Geol⟩ Verwerfungslinie f
l. à fil unique eindrähtige Leitung f, Eindrahtleitung f
l. fléchie Biegelinie f
l. de flottaison Schwimmwasserlinie f
l. de flux ⟨El⟩ Stromlinie f ⟨Stromfaden⟩
l. focale Brennlinie f
l. de foi Steuerstrich m
l. de fond 1. Grundangel f; 2. Tiefenlinie f ⟨Seekarte⟩
l. de force Kraftlinie f
l. de force électrique elektrische Kraftlinie f
l. de force magnétique magnetische Kraftlinie f
l. de foulée Lauflinie f ⟨Treppe⟩
l. de fracture Bruchlinie f
l. de fuite Kriechweg m
l. de glissement Gleitlinie f
l. de grains Linienböe f
l. à haute tension Hochspannungsleitung f
l. des hautes mers Hochwasserlinie f
l. hertzienne Richtfunkstrecke f
l. d'horizon Horizontlinie f
l. d'image Bildzeile f
l. d'impression Drucklinie f
l. à impulsions Impulsleitung f
l. d'influence Einflußlinie f
l. d'inhibition ⟨Dat⟩ Sperrleitung f
l. d'instruction codée kodierte Befehlszeile f
l. interdite verbotene Linie f
l. d'interférence Interferenzlinie f
l. intérieure Inlandfluglinie f
l. internationale internationale Fluglinie f
l. interrompue s. l. discontinue
l. interurbaine Fernleitung f
l. isogone Isogone f

ligne

l. de laitier Schlackenstand *m*
l. de laminage Walzstraße *f*
l. de lettre Schriftlinie *f*
l. libre ⟨Fmt⟩ freie (unbesetzte) Leitung *f*
l. de Linotype Setzmaschinenzeile *f*
l. liquidus-solidus Liquidus-Solidus-Linie *f* ⟨Metallkunde⟩
l. de loch Logleine *f*
l. loxodromique Loxodrome *f*
l. de Mach Machkegel *m*
l. de mer Leine *f*, Schiffsleine *f*
l. de mesure Meßlinie *f*
l. monophasée Einphasenleitung *f*
l. morte tote Leitung *f*
l. de mouillage ⟨Gesamtheit aller zur Ankereinrichtung einer Bordseite gehörenden Teile⟩
l. de moule Formgrat *m*
l. moyenne Achsenlinie *f*
l. moyenne d'un profil Skelettlinie *f*
l. multiplète Multiplettlinie *f*
l. neutre Nulleiter *m*; neutraler Leiter *m*
l. de niveau Niveaulinie *f*, Niveaukurve *f*
l. nodale Knotenlinie *f*
l. occupée ⟨Fmt⟩ besetzte Leitung *f*
l. orthodromique Orthodrome *f*
l. ovale ⟨Math⟩ Eilinie *f*
l. à paires coaxiales Koaxialleitung *f*
l. de partage des eaux Wasserscheide *f*
l. de pêche Angelleine *f*, Angelschnur *f*; Leinenangel *f*
l. de peinture Lackierlinie *f*
l. de peinture continue automatische Lackieranlage *f* für Bänder, automatische Bandlackierlinie *f*
l. sans pertes verlustlose Leitung *f*
l. de plongement ⟨Geol⟩ Einfallslinie *f*
l. de plus grande pente ⟨Math⟩ Fallinie *f*
l. de position ⟨Flg⟩ Standlinie *f*
l. de(s) pressions Drucklinie *f*
l. principale 1. ⟨Eb⟩ Hauptstrecke *f*; 2. Hauptschnur *f* ⟨Langleine⟩; 3. Hauptzeile *f*; Schlagzeile *f*
l. de production Fertigungslinie *f*
l. pupinisée Pupinleitung *f*
l. de référence Bezugslinie *f*; Profilmittellinie *f* des Bezugsprofils ⟨Zahnrad⟩
l. des résultantes Mittelkraftlinie *f*
l. à retard Verzögerungsleitung *f*
l. à retard à quartz Quarzlaufzeitglied *n*
l. du rivage Uferlinie *f*

l. de rouleaux d'entrée ⟨Met⟩ Einlaufrollgang *m*
l. de rupture ⟨Geol⟩ Bruchlinie *f*
l. de saturation Sättigungslinie *f*
l. secondaire Nebenstrecke *f*
l. de séparation Trennungslinie *f*
l. séparatrice d'images Bildstrich *m*
l. simple Einfachleitung *f*, Einzelleitung *f*
l. de sonde Lotleine *f*
l. de sonnerie Klingelleitung *f*
l. de soudure Schweißnaht *f*
l. sous-marine Unterwasserkabel *n*
l. de soutènement Stützlinie *f* ⟨SM-Ofen⟩
l. souterraine unterirdische Leitung *f*
l. spectrale Spektrallinie *f*
l. de Stokes Stokessche Linie *f*
l. de surimmersion Tauchgrenze *f*
l. de tarage Ausgleichsleitung *f* ⟨für Thermoelement⟩
l. télégraphique Telegrafenleitung *f*
l. téléphonique Telefonleitung *f*, Fernsprechleitung *f*
l. télex Fernschreibleitung *f*
l. des tins ⟨Schiff⟩ Stapelreihe *f*
l. de tourbillon Wirbellinie *f*
l. trainante (de traine) Schleppangel *f*
l. en trait continu Vollinie *f*
l. en trait discontinu gestrichelte Linie *f*
l. de traitement Verarbeitungslinie *f* ⟨z. B. Fischverarbeitung⟩
l. transfert Transferstraße *f*
l. de transmission Übertragungsleitung *f*
l. de transmission radiophonique Rundfunkübertragungsleitung *f*
l. de transport d'énergie Energieübertragungsleitung *f*, Übertragungsleitung *f*
l. de transport d'énergie H. T. Hochspannungsübertragungsleitung *f*
l. trigonométrique trigonometrische Linie *f*
l. triphasée Drehstromleitung *f*
l. de tubes Rohrstrang *m*
l. unifilaire s. l. à fil unique
l. d'usinage Bearbeitungsreihe *f*
l. à vingt-cinq pourcent de la corde Viertellinie *f*
l. à voie unique eingleisige Strecke *f*
l. de vol Fluglinie *f*
l. zéro Nullinie *f*
longue l. Langleine *f* ⟨Fischfanggerät⟩
ligne-bloc Setzmaschinenzeile *f*
lignes *fpl*:
l. d'une aube Schaufelform *f*

l. d'égale épaisseur Linien *fpl* gleicher Schichtdichte
l. de Fraunhofer Fraunhofersche Linien *fpl*
l. magnétiques magnetische Feldlinien *fpl*
l. nodales Knotenlinien *fpl*
l. de position transportées durch Standlinienparallelverschiebung ermittelter Peilstandort *m*
l. de Schmidt Schmidt-Linien *fpl*
ligneur *m* Angelfahrzeug *n*
ligneux holz(art)ig
lignification *f* Verholzung *f*
lignine *f* Lignin *n*
lignite *m* Braunkohle *f*
  l. brut Rohbraunkohle *f*
  l. lourd ballastreiche Braunkohle *f*
lignitifère braunkohleführend
ligroine *f* ⟨Ch⟩ Ligroin *n*
limage *m* Feilen *n*
limaille *f* Feilspäne *mpl*
lime *f* Feile *f*
  l. bâtarde Bastardfeile *f*
  l. à bois Holzfeile *f*
  l. carrée Vierkantfeile *f*
  l. à dégrossir Schruppfeile *f*
  l. demi-ronde Halbrundfeile *f*
  l. douce Schlichtfeile *f*
  l. parallèle (plate) Flachfeile *f*
  l. ronde Rundfeile *f*
  l. rotative Turbofeile *f*
  l. triangulaire Dreikantfeile *f*
limer [be]feilen, abfeilen
limet *m* ⟨Brg⟩ Schlechte *f*
limitation *f* Begrenzung *f*
  l. d'accélération Beschleunigungsbegrenzung *f*
  l. d'amplitude Amplitudenbegrenzung *f*
  l. de la bande de fréquences Frequenzbandbegrenzung *f*
  l. des bruits Störbegrenzung *f*
  l. de charge d'espace Raumladungsbegrenzung *f*
  l. du couple Drehmomentbegrenzung *f*
  l. du courant Strombegrenzung *f*
  l. du courant de court-circuit Kurzschluß(strom)begrenzung *f*
  l. du courant de grille Gitterstrombegrenzung *f*
  l. du courant d'induit Ankerstrombegrenzung *f*
  l. du journal ⟨Dat⟩ Journalbegrenzung *f*
  l. de tension Spannungsbegrenzung *f*
  l. de vitesse Geschwindigkeitsbegrenzung *f*

limite *f* 1. Begrenzung *f*, Grenze *f*; 2. Grenzmaß *n*; 3. ⟨Math⟩ Grenzwert *m*
  l. d'absorption Absorptionskante *f*
  l. admissible Zulässigkeitsgrenze *f*
  l. d'allongement Dehngrenze *f*, Streckgrenze *f*; Kriechgrenze *f*
  l. apparente d'élasticité Streckgrenze *f*, Fließgrenze *f*
  l. d'audibilité Hörgrenze *f*
  l. de charge Tragfähigkeit *f*; Belastungsgrenze *f*, Belastungsspitze *f*; Höchstlast *f*, Spitzenlast *f*
  l. de détection Nachweisgrenze *f*
  l. d'échauffement zulässige Erwärmung *f*
  l. d'écoulement Fließgrenze *f*
  l. d'écrasement Quetschgrenze *f*
  l. d'élasticité, l. élastique Streckfestigkeit(sgrenze) *f*
  l. élastique apparente Streckgrenze *f*
  l. élastique à chaud Warmfestigkeitsgrenze *f*
  l. élastique conventionnelle Prüfdehngrenze *f*
  l. élastique au fluage Zeitfließgrenze *f*
  l. élastique à froid Kaltstreckgrenze *f*
  l. élastique vraie Elastizitätsgrenze *f*
  l. d'endurance *s.* l. de fatigue
  l. d'erreurs Fehlergrenze *f*
  l. d'étirage (étirement) Streckgrenze *f*
  l. d'explosibilité, l. explosive Explosionsgrenze *f*
  l. de fatigue Dauerhaltbarkeit *f*; Dauerfestigkeit(sgrenze) *f*, Ermüdungsgrenze *f*
  l. de fluage Fließgrenze *f*
  l. de grains Korngrenze *f* ⟨Metallkunde⟩
  l. inférieure kurzwellige Grenze *f* ⟨des Röntgenbremsspektrums⟩
  l. maximale admissible *s.* l. admissible
  l. des neiges éternelles Schneegrenze *f*
  l. du névé Firnlinie *f*
  l. du nombre de dents Grenzzähnezahl *f*
  l. d'ombre Schattengrenze *f*
  l. de la phase Phasengrenze *f*
  l. de plasticité Plastizitätsgrenze *f*, Streckgrenze *f*
  l. de proportionnalité Proportionalitätsgrenze *f*
  l. de résistance Streckgrenze *f*
  l. de résistance à la rupture Bruchfestigkeitsgrenze *f*
  l. de rupture Bruchgrenze *f*, Zugfestigkeit *f*
  l. de saturation Sättigungsgrenze *f*
  l. de séparation Auflösungsgrenze *f*

l. de solubilité Löslichkeitsgrenze f
l. de stabilité Stabilitätsgrenze f
l. de tension Spannungsgrenze f
limiter begrenzen
limites fpl:
   l. de nombres de tours Drehzahlbereich m
   l. (territoriales) de pêche Fischereigrenzen fpl
   l. de variation Verstellbereich m ⟨des Zündverteilers⟩
   l. de la zone côtière de pêche Fischereigrenzen fpl
limiteur m 1. Begrenzer m; Ausschalter m; 2. Sicherung f; 3. Regler m
   l. d'admission Ladedruckregler m
   l. d'amplitude Amplitudenbegrenzer m
   l. d'attaque ⟨Met⟩ Sparbeize f
   l. de blanc Weißbegrenzer m
   l. de charge Grenzlastregler m
   l. de couple Drehmomentbegrenzer m
   l. de courant Strombegrenzer m
   l. de décapage ⟨Met⟩ Beizzusatz m
   l. à diodes Diodenbegrenzer m
   l. d'effort 1. Lastbegrenzer m; 2. Lamellenübertragungskupplung f
   l. du faisceau Strahlbegrenzer m
   l. d'impulsions Impulsbegrenzer m
   l. du niveau d'eau Wasserstandsregler m
   l. d'ouverture Aperturblende f
   l. de perturbation Störbegrenzer m
   l. de pression Druckbegrenzungsventil n
   l. de pression d'admission progressif variabler Ladedruckregler m
   l. de signal Signalbegrenzer m
   l. de surtension Überspannungssicherung f
   l. de tension Spannungsbegrenzer m
   l. de vitesse Geschwindigkeitsbegrenzer m; Drehzahlbegrenzer m
limnigraphe m Flüssigkeitsstandsschreiber m
limnimètre m Flüssigkeitsstandanzeiger m
limnologie f Limnologie f
limon m 1. Wange f; 2. Lehm m; Schlamm m
   l. argileux Lößlehm m
   l. caillouteux steiniger Lehm m
   l. délayé eingeschlämmter Lehm m
   l. d'escalier Treppenwange f
   l. roulé gewalzter Lehm m
limoneux lehmig
limonite f Limonit m
limpide durchsichtig, transparent, klar

limpidité f Durchsichtigkeit f, Transparenz f, Klarheit f
lin m 1. Flachs m, Lein(pflanze f) m; 2. Leinen n, Leinwand f
linéaire linear
   non l. nichtlinear
linéarisation f Linearisierung f
   l. de la montée Anstiegslinearisierung f ⟨Impuls⟩
linéariser linearisieren
linéarité f Linearität f
   l. d'analyse (exploration) Abstastlinearität f
   l. en plages gebietsweise Linearität f
linéation f Linearstreckung f
linéature f ⟨Fs⟩ Zeilenzahl f
lingot m 1. Barren m, Block m, Gußblock m; 2. ⟨Typ⟩ Steg m; Reglette f
   l. d'acier brut Rohstahlblock m
   l. d'acier coulé Gußstahlblock m
   l. à brames Brammenblock m
   l. brut Rohblock m
   l. carré Quadratblock m
   l. dégrossi vorgewalzter Block m
   l. de fer Eisenblock m
   l. de forge Schmiedeblock m
   l. pour laminage Walzblock m
   l. méplat s. l. brut
   l. rond Rundblock m
lingotage m Barrengießen n
lingoter Barren gießen
lingotier m Stegregal n
lingotière f Kokille f, Blockform f, Gußform f
   l. pour acier coulé Stahlgußform f
   l. ouverte offene Kokille f
lingotière-bouteille f Flaschenhalskokille f
lingots mpl Ausschluß m
link-trainer m ⟨Flg⟩ Linktrainer m
linoléate m Linoleat n
linoléum m Linoleum n
Linotype f Linotype(setzmaschine) f, Zeilensetzmaschine f
linotypie f Zeilensatz m
linteau m Sturz m; Fenstersturz m; Türsturz m; Oberschwelle f
linters mpl ⟨Text⟩ Linters pl
lipide m ⟨Ch⟩ Fettkörper m, Lipoid n
lipoïde fettartig
lipolyse f Fettspaltung f, Lipolyse f
liposoluble lipidlöslich, fettlöslich
liquater ⟨Met⟩ (aus)seigern
liquation f ⟨Met⟩ Seigerung f, Ausseigerung f, Entmischen n
liquéfacteur m Verflüssiger m
liquéfaction f Verflüssigen n; Verflüssigung f

l. du chlore Chlorverflüssigung f
l. de gaz Gasverflüssigung f
liquéfiant m Verflüssigungsmittel n
liquéfier verflüssigen
liqueur f Lösung f, Flüssigkeit f; Likör m
l. des cailloux ⟨Ch⟩ Wasserglas n
l. de Fowler Fowlersche Lösung f
l. normale Normallösung f
l. résiduelle magmatische Restlösung f
l. titrée Titrierlauge f
liqueur-mère f Mutterlauge f; Mutterlösung f
liquide flüssig
liquide m 1. Flüssigkeit f; 2. Lauge f ⟨s. a. liqueur⟩
l. d'arrosage Schneidflüssigkeit f
l. de blanchiment Bleichlauge f
l. de décapage 1. Beizflüssigkeit f, Beize f; 2. Lötwasser n
l. dense Schwerflüssigkeit f
l. de départ Ausgangsflüssigkeit f
l. de Fermi Fermi-Flüssigkeit f
l. pour forage Bohrflüssigkeit f
l. frigorifique Kälteflüssigkeit f; Kältemittel n, Kälteträger m
l. de gonflement Quellflüssigkeit f
l. homogène homogene Flüssigkeit f
l. d'imprégnation Tränkmasse f
l. incompressible inkompressible Flüssigkeit f
l. inflammable brennbare Flüssigkeit f
l. isolant Isolierflüssigkeit f
l. isolant incombustible nichtbrennbare Isolierflüssigkeit f
l. de lavage Waschlauge f
l. de lessivage Beuchflotte f, Beuchlauge f
l. non mouillant nicht benetzende Flüssigkeit f
l. parfait ideale (reibungslose) Flüssigkeit f
l. du pied de cuve Sumpfflüssigkeit f
l. de refroidissement Kühlflüssigkeit f
l. restant Restflüssigkeit f
l. surfondu unterkühlte Flüssigkeit f
l. de trempe Härteflüssigkeit f
l. visqueux viskose (zähe) Flüssigkeit f
lire [ab]lesen, auswerten
l. des épreuves Korrektur lesen ⟨Druckfahnen⟩
lisage m Einlesen n; Ablesen n ⟨z. B. eines Musters mittels einer Vorrichtung beim Weben⟩
liseuse f pour couchette Kojenlampe f, Kojenleuchte f
lisible ablesbar
lisière f Kante f, Rand m; Gewebeleiste f,

Salkante f, Salleiste f; Saum m, Kleidersaum m, Nähkante f; Kantenstreifen m
lissage m Glättung f; Glätten n; Polieren n
lisse eben; glatt; schlicht
lisse f 1. Geländer n; Lehne f; Handlauf m; Handleiste f; 2. Litze f; Schnur f; 3. Schaft m; 4. Längsband n; Längsspant n; 5. Schanzkleidprofil n
l. de barrière 1. Geländer n, Handlauf m; 2. Schlagbaum m
l. plane ⟨Schiff⟩ Sente f
lissé geglättet
lisser 1. glätten, glattmachen; 2. polieren, fertigschleifen; 3. ⟨Schiff⟩ straken
lisseuse f 1. Glätter m ⟨Maschine⟩; Glättbohle f, Glättkelle f, Reibebrett n; 2. Lisseuse f, Kammzugwasch- und Plättmaschine f
lissoir m Glättholz n, Glättstein m
liste f:
l. de composants Stückliste f
l. de « for » Laufliste f
l. des instructions Befehlsliste f
l. des modifications Änderungsliste f
l. officielle d'abonnés Teilnehmerverzeichnis n
l. de paire de bornes Indexgrenzenliste f
l. de pièces Stückliste f
l. de rectification des erreurs Druckfehlerverzeichnis n
listeau m, listel m, liston m 1. Latte f, Leiste f; Stab m; Steg m; 2. Band n; Sims m; 3. Vorsprung m
l. de butée Anschlagleiste f
l. de réglage Justierleiste f, Paßleiste f
lit m 1. Bett n; Lager n; Unterlage f ⟨s. a. couche⟩; 2. Gesteinsbank f, Bank f, Lage f, Schicht f ⟨s. a. couche⟩; 3. Filter m; l. par l. Schicht für Schicht
l. d'aiguilles ⟨Text⟩ Nadelbett n
l. bactérien Tropfkörper m ⟨Faulgrube⟩
l. de carrière 1. Lager n ⟨Gestein⟩; 2. Bruchsteinbettung f, Bruchsteinfundament n, Bruchsteinunterbau m
l. de coke Füllkoks m
l. de coulée Gießbett n, Masselbett n
l. filtrant Filterbett n, Setzbett n, Sickerungsbett n, Sickerbett n
l. fluide (fluidisé, fluidisable) Fluid-Bed n, Fließbett n
l. de fusion Möller m
l. de fusion de minerai Erzmöller m
l. isolant horizontale Isolierung f
l. de mortier Mörtelbett n
l. ordinaire ⟨Geol⟩ Normalbett n

lit

l. **percolateur** Sicker[ungs]bett n; Sikkerungsfilter n; Tropfkörper m
l. **de pierraille** Schotterbett n
l. **de la rivière** Flußbett n
l. **de la route** Fahrbahnbettung f, Fahrbahnunterbau m
l. **de sable** Sandbettung f
l. **de scorie** Schlackenbett n
liteau m Dachlatte f; Holzleiste f, Latte f
litharge f Bleiglätte f, Blei[mon]oxid n
lithium m Lithium n
lithofaciès m Lithofazies f
lithographe m Lithograf m
lithographie f Lithografie f; Steindruck m
lithographique lithografisch
lithologique lithologisch
lithophile lithophil
lithopone m Lithopon[e f] n
lithosphère f Lithosphäre f
lithostratigraphique lithostratigrafisch
lithotomie f Zerlegen n von Edelsteinen
litre m Liter[maß] n
l. **étalon** Urliter n
liure f Garbenbinden n ⟨Mähbinder⟩
livraison f:
l. **en pot** Kannenablieferung f ⟨Kammgarnspinnerei⟩
l. **en ruban** Bandablieferung f ⟨Spinnerei⟩
livre m:
l. **du bord** Schiffstagebuch n
l. **broché** Broschur f
l. **d'échantillons** Musterbuch n
l. **des feux** Leuchtfeuerverzeichnis n
l. **modèle** ⟨Typ⟩ Blindmuster n
l. **des phares** s. l. des feux
livrer:
l. **à bord** frei Schiff liefern ⟨Ladung⟩
l. **à quai** frei Kai liefern ⟨Ladung⟩
livret m Musterbuch n; Seefahrtsbuch n
l. **de la locomotive** Lokomotivbuch n
lixiviation f Laugen n, Auslaugen n, Schlämmen n
l. **à chaud** Heißschlämmen n
l. **à froid** Kaltschlämmen n
lixivier [aus]laugen, schlämmen
load m 1. Einheit des Volumens für Holz, benutzt in Kanada ⟨= 1,45 m³⟩; 2. Einheit des Volumens für Erz ⟨= 0,765 m³⟩
loader m Ladegerät n, Lader m, Verladegerät n
lobe m Lappen m; Flügel m; Paß m;
à **trois lobes** dreipässig, Dreipaß-
local örtlich
local m s. cale 5., chambre 1., compartiment, espace 2., magasin, poste, salle

l. **à (des) accumulateurs** Akku[mulatoren]raum m, Batterieraum m
l. **d'affaires** Dienstraum m; Geschäftsraum m
l. **(de l')appareil à gouverner** Rudermaschinenraum m
l. **appareillage treuils** Windenschaltgeräteraum m
l. **de la barre** 1. Ruderhaus n, Ruderraum m, Steuerhaus n, Steuerraum m; 2. Rudermaschinenraum m
l. **de batterie** Batterieraum m
l. **de contrôle du compartiment machines** Maschinenkontrollraum m, Maschinenüberwachungsraum m
l. **de contrôle et de manœuvre** Leitzentrale f
l. **de dépôt** Lagerraum m
l. **à gyro** Kreiselkompaßraum m
l. **d'habitation** Wohnraum m
l. **de l'homme de barre** s. l. de la barre 1.
l. **hospitalier** Hospitalraum m
l. **d'interrupteurs** Schalterraum m
l. **de machines sans surveillance** unbesetzter (wachfreier) Maschinenraum m
l. **de navigation** Navigationsraum m; s. a. l. de la barre
l. **des séparateurs** Separatorenraum m
l. **de téléphonie sans fil** Funkraum m
l. **de traitement (travail)** Verarbeitungsraum m ⟨z. B. Fischverarbeitung⟩
localisateur m Fokusblende f
l. **d'engrais** Reihendüngerstreuer m
l. **de radioguidage** Ansteuerungsfunkfeuer n
localisation f 1. Lagebestimmung f ⟨Werkstück⟩; 2. Orten n; Ortung f ⟨s. a. détection 2.; exploration 5.⟩
l. **d'un défaut** Fehlerortsuche f
l. **sélective** selektive Ablagerung f
localiser 1. Lage bestimmen ⟨Werkstück⟩; 2. lokalisieren, anpeilen; orten
loch m Log n
l. **aérien** Luftlog n
l. **électrique** Elektrolog n
l. **électromagnétique** elektromagnetisches Log n
l. **à hélice** Schraubenlog n
l. **à pression** Druckfahrtmesser m, Fahrtmeßanlage f; Staudrucklog n
locomobile f Lokomobile f
locomoteur m s. locomotrice
locomotive f Lokomotive f
l. **à accumulateur de vapeur** Dampfspeicherlokomotive f
l. **à accumulateurs** Akkumulatorenlokomotive f, Akkulok f

l. **aérodynamique** Stromlinienlokomotive f
l. **à air comprimé** Druckluftlokomotive
l. **articulée** Gelenklokomotive f
l. **de butte** Rangierlokomotive f
l. **compound** Verbundlokomotive f
l. **à crémaillère** Zahnradlokomotive f
l. **à deux cylindres** Zwillingslokomotive f
l. **diesel** Diesellokomotive f
l. **diesel-électrique** dieselelektrische Lokomotive f
l. **électrique** elektrische Lokomotive f, E-Lok f
l. **sans feu** feuerlose Lokomotive f
l. **du fond** Grubenlokomotive f
l. **froide** kalte Lokomotive f
l. **à grande vitesse** Schnellzuglokomotive f
l. **à haute pression** Hochdrucklokomotive f
l. **industrielle** Werklokomotive f
l. **de manœuvres** Rangierlokomotive f
l. **de mine** Grubenlokomotive f
l. **à moteur monophasé à collecteur** Einphasenkommutatorlokomotive f
l. **à moteurs diesel** s. l. diesel
l. **de pousse** Schiebelokomotive f
l. **à poussier de charbon** Kohlenstaublokomotive f
l. **à redresseurs** Gleichrichterlokomotive f
l. **système Mallet** Mallet-Lokomotive f
l. **avec tender** Schlepptenderlokomotive f
l. **à turbine à gaz** Gasturbinenlokomotive f
l. **à turbine à vapeur** Dampfturbinenlokomotive f
l. **turbo-diesel** Gasturbinenlokomotive f
l. **à vapeur** Dampflokomotive f
l. **à vapeur humide** Naßdampflokomotive f, Sattdampflokomotive f
l. **à vapeur surchauffée** Heißdampflokomotive f
locomotive-frein f Bremslokomotive f
locomotive-tender f Tenderlokomotive f
locomotrice f Triebwagen m
locotracteur m leichte Diesel(rangier)lokomotive f
loden m Loden m
lœss m Löß m
lofer anluven ⟨Segelschiff⟩
logarithme m Logarithmus m
l. **naturel (népérien)** natürlicher (Neperscher) Logarithmus m
l. **vulgaire** gewöhnlicher (gemeiner, dekadischer, Briggscher) Logarithmus m

logarithmique logarithmisch
logarithmique f Logarithmusfunktion f ⟨Basis e⟩
loge f 1. Loge f; 2. Laube f; 3. Raum m, Verschlag m; Hütte f; 4. Zelle f
l. **de concierge** Pförtnerloge f, Portierloge f; Pförtnerhaus n
l. **froide** Kühlraum m
logeable bewohnbar
logement m 1. Sitz m, Lager[stelle f] n, Gehäuse n; 2. Logis n; 3. Wohnung f
l. **de la broche** Spindellagerung f
l. **de guides** Führungslager n
l. **des organes de lecture** Tonteil m
l. **du roulement à aiguilles** Nadellagersitz m
logements mpl:
l. **de l'équipage** Besatzungsunterkünfte fpl
l. **des passagers** Fahrgastunterkünfte fpl
l. **du personnel** Besatzungsunterkünfte fpl
loger sitzen; aufgenommen werden; gelagert sein; wohnen
loggia f Loggia f; Säulenhalle f
l. **en encorbellement** Erker m; vorkragende Loggia f
logique f Logik f
l. **de la calculatrice** Rechenmaschinenlogik f
l. **des circuits** Schaltkreislogik f
l. **mathématique** mathematische Logik f
l. **ramifiée** Verband m
l. **de transmission** Übertragungslogik f
logistique logistisch
logistique f Logistik f, mathematische Logik f
logomètre m ⟨El⟩ Quotientenmesser m
logon m Logon n
logotypes mpl Logotypen fpl ⟨Vereinigung mehrerer beim Setzen häufig gebrauchter Buchstabenfolgen auf einer Drucktype⟩
loi f Gesetz n, Verteilungsgesetz n
l. **d'action de masses** Massenwirkungsgesetz n
l. **des aires** Flächensatz m
l. **de Biot-Savart** Biot-Savartsches Gesetz n
l. **de Bragg** Braggsches Gesetz n
l. **de la conservation** Erhaltungssatz m
l. **de la conservation de l'énergie** Gesetz n von der Erhaltung der Energie
l. **de la conservation de la masse** Gesetz n von der Erhaltung der Masse
l. **de la conservation du moment dans**

loi

un champ central Gesetz n von der Erhaltung des Drehimpulses
l. de continuité Kontinuitätsgleichung f
l. de Coulomb Coulombsches Gesetz n
l. de déplacement radio-actif radioaktives Verschiebungsgesetz n
l. de Descartes ⟨Opt⟩ Snelliussches Gesetz n
l. de diminution de l'énergie Entropiesatz m
l. de distribution Verteilungsgesetz n
l. d'écoulement Ausströmungsgesetz n
l. d'émission du cosinus Kosinusgesetz n
l. d'équipartition de l'énergie Äquipartitionstheorem n
l. des erreurs Fehlergesetz n
l. fondamentale de la dynamique Grundgesetz n der Dynamik
l. des grands nombres Gesetz n der großen Zahlen
l. de Hooke Hookesches Gesetz n
l. d'induction de Faraday Faradaysches Induktionsgesetz n
l. de l'inverse du carré quadratisches Abstandsgesetz n, Gesetz n der quadratischen Abnahme
l. de Kirchhoff sur le rayonnement Kirchhoffsches Strahlungsgesetz n
l. de Lambert Lambertsches Gesetz n
l. de Lenz Lenzsche Regel f
l. du levier Hebelgesetz n
l. de macle Zwillingsgesetz n
l. de Mariotte Boyle-Mariottesches Gesetz m
l. d'Ohm Ohmsches Gesetz n
l. des phases (Gibbssche) Phasenregel f
l. de Planck Plancksches Gesetz n
l. de propagation des erreurs Fehlerfortpflanzungsgesetz n
l. de proportions constantes (définies) Gesetz n der konstanten Proportionen
l. de proportions multiples Gesetz n der multiplen Proportionen
l. de rayonnement de Kirchhoff Kirchhoffsches Strahlungsgesetz n
l. de la réflexion Reflexionsgesetz n
l. de réfraction Brechungsgesetz n
l. de sélection Auswahlregel f
l. de similitude Ähnlichkeitsgesetz n
l. de thermodynamique Hauptsatz m der Thermodynamik
l. de Wiedemann-Franz Wiedemann-Franzsches Gesetz n
lois fpl **des gaz** Gasgesetze npl
long lang
long m Länge f ⟨nach Zahlen⟩

long-courrier m 1. Hochseeschiff n; 2. Langstreckenflugzeug n
longeron m 1. Brückenträger m, Hauptträger m, Längsbalken m, Längsträger m; 2. Rähm m; Unterzug m; 3. Holm m, Fahrtenbaum m
l. d'aile Holm m
l. de fuselage Längsholm m
l. de gouvernail de direction Seitenruderholm m
l. vertical de la dérive Seitenflossenholm m
longeron-support m Unterzug m
longévité f [lange] Lebensdauer f ⟨einer Maschine⟩; [lange] Standzeit f ⟨eines Werkzeuges⟩
long-feu m ⟨Brg⟩ Schußverzögerung f
longitude f **géographique** geografische Länge f
longitudinal longitudinal, Longitudinal-, Längs-
long-métrage m Langspielfilm m
longrine f Langholz n; Längsschwelle f; Laufbohle f; Holm m
longueur f Länge f, Ausdehnung f
l. accidentelle Wildmaßlänge f
l. admissible zulässige Länge f ⟨Unterteilung des Schiffskörpers⟩
l. d'approche Anfangsteil m der Eingriffsstrecke, Strecke f AC ⟨Zahnrad⟩
l. approximative Ungefährlänge f
l. d'arc Bogenlänge f
l. entre les attelages Kuppellänge f
l. d'atterrissage Landestrecke f
l. de base Meßlänge f
l. de bloc Blocklänge f
l. de bobine Spulenlänge f
l. des brins Häcksellänge f
l. de la bulle Blasenlänge f
l. de câble ⟨Schiff⟩ Kabel n, Kabellänge f
l. calibrée Meßlänge f
l. de chaîne Kettenlänge f
l. de cohérence Kohärenzlänge f
l. comprimée Blocklänge f ⟨Schraubenfeder⟩
l. constante de mot ⟨Dat⟩ feste Wortlänge f
l. de construction Baulänge f
l. de coupe Stapel m ⟨einer Faser⟩, Schnittlänge f
l. de coupure ⟨El⟩ Ausschaltstrecke f
l. de course Hub m ⟨z. B. Kolben⟩
l. de décollage Startstrecke f
l. détendue gestreckte Drahtlänge f ⟨Schraubenfeder⟩
l. développée abgewickelte Länge f
l. de diffusion Diffusionslänge f

392

l. d'engrènement Eingriffsstrecke f, Strecke f AE ⟨Zahnrad⟩
l. envahissable flutbare Länge f
l. d'épreuve Prüflänge f, Einspannlänge f
l. d'étincelles Funkenlänge f
l. de la fibre Faserlänge f, Stapel m
l. du film Filmlänge f
l. finale Fertiglänge f
l. de fixation Einspannlänge f
l. de la flottaison Länge f in der Schwimmwasserlinie
l. focale Brennweite f
l. de hachage Häcksellänge f
l. d'immersion Eintauchlänge f
l. d'impulsion Impulslänge f
l. de ligne de la flottaison s. l. de la flottaison
l. de la maille Maschenlänge f
l. du mot ⟨Dat⟩ Wortlänge f
l. d'onde Wellenlänge f
l. d'onde de de Broglie De-Broglie-Wellenlänge f
l. d'onde de Compton Compton-Wellenlänge f
l. du palier Plateaulänge f
l. du pendule Pendellänge f
l. entre perpendiculaires Länge f zwischen den Loten
l. en place Einbaulänge f ⟨Schraubenfeder⟩
l. de production Herstellungslänge f
l. de ralentissement Bremslänge f
l. de référence Bezugslänge f
l. de retraite Endteil m der Eingriffsstrecke, Strecke f CE ⟨Zahnrad⟩
l. rigoureuse feste Länge f
l. de roulement à l'atterrissage Ausrollstrecke f
l. de roulement au décollage Startrollstrecke f
l. de rupture Reißlänge f
l. de serrage Einspannlänge f
l. de spire Windungslänge f
l. synchrone du pendule reduzierte Pendellänge f
l. de taille Streblänge f
l. hors tampons Länge f über Puffer
l. totale (hors tout) Gesamtlänge f; ⟨Schiff⟩ Länge f über alles
l. des traces Spur[en]länge f
l. de la trajectoire Weglänge f, Reichweite f, Bahnlänge f
l. utile Nutzlänge f
l. variable de mot ⟨Dat⟩ variable Wortlänge f
l. virtuelle virtuelle Länge f
l. de voie Gleisjoch n

l. de la voie optique optische Weglänge f
longue-vue f Fernrohr n
lopin m 1. Stück n, Werkstück n, Rohling m, Platine f; 2. Kohlenpfeiler m
loquet m 1. Drücker m, Klinke f; Riegel m, Türriegel m; 2. ⟨Text⟩ Zunge f ⟨einer Zungennadel⟩
l. de verrouillage Verriegelungsklinke f
loqueteau m Schnappverschluß m, Schnepper m; Fallklinke f
loran m Loran m ⟨Hyperbelnavigationsverfahren⟩
lorgnette f Opernglas n
lorgnon m Augenglas n
lorry m Plattformlore f; offener Güterwagen m; Spurwagen m
losange m Raute f, Rhombus m
lot m 1. Grundstück n, Parzelle f; 2. Anteil m, Menge f; Warenposten m
l. économique wirtschaftliche Losgröße f
lotir parzellieren, einteilen
lotissement m 1. Parzellierung f; Siedlung f; 2. Einzelanwesen n; Parzelle f
lotisseur m Bauausführender m ⟨auch Betrieb⟩
louche f Löffel m, Schöpfkelle f ⟨Bagger⟩; ⟨Met⟩ Gießlöffel m
lougre m Logger m
loup m Ofensau f
loup-cardeur m ⟨Text⟩ Krempelwolf m
loupe f 1. ⟨Opt⟩ Lupe f, Vergrößerungsglas n; 2. ⟨Met⟩ Luppe f
l. achromatique achromatische Lupe f
l. achromatique de mise au point achromatische Einstellupe f
l. à articulation schwenkbare Lupe f
l. asphérique asphärische Lupe f
l. auriculaire anastigmatique anastigmatische Ohrlupe f
l. binoculaire binokulare Lupe f
l. double Doppellupe f
l. d'horloges Uhrmacherlupe f
l. avec lentille à cylindres croisés Kreuzzylinderlupe f
l. à lire Leselupe f
l. à manche pliant zusammenlegbare Lupe f, Taschenlupe f
l. de mesure Meßlupe f
l. de mesure de précision Feinmeßlupe f
l. pour microscopie Leselupe f
l. de mise au point Einstellupe f
l. pour ondes courtes Kurzwellenlupe f
l. photoscopique Bildlupe f
l. à pied Standlupe f
l. à poisson Fischlupe f

loupe

l. de rapetissement Verkleinerungslupe f
l. serre-tête Kopfbandlupe f
l. avec source lumineuse Leuchtlupe f
l. stéréoscopique stereoskopische Lupe f
l. triple Dreifachlupe f
l. de visée munie d'une réticule Visierlupe f mit Strichplatte

loup-mélangeur m ⟨Text⟩ Mischwolf m
loup-ouvreur m ⟨Text⟩ Wollöffner m
louve f Greifer m, Zange f, Klaue f, Wolf m

l. à tenailles Steinzange f

lover aufschießen ⟨Aufrollen von Tauwerk⟩
loxodromie f Kursgleiche f, Loxodrome f
lubrifiant schmierend, Schmier-
lubrifiant m Schmiermittel n, Gleitmittel n

l. de lancement Stapellaufschmiere f
l. solide konsistentes Schmiermittel n

lubrificateur m Schmierapparat m, Öler m

lubrification f Schmierung f

l. à bague Ringschmierung f
l. par barbotage Tauchschmierung f, Spritzschmierung f, Ölnebelschmierung f
l. par brouillard d'huile Ölnebelschmierung f
l. central(isé)e Zentralschmierung f
l. par circulation Umlaufschmierung f
l. par circulation forcée Druckumlaufschmierung f
l. par circulation d'huile Ölumlaufschmierung f
l. par compte-gouttes Tropfölschmierung f
l. forcée Preßschmierung f
l. à la graisse Fettschmierung f
l. au graphite Graphitschmierung f
l. par l'huile Ölschmierung f
l. hydrodynamique hydrodynamische Schmierung f
l. par injection Schmierung f mit Ölstrahl
l. à mèche Dochtschmierung f
l. par niveau (d'huile) Ölstandschmierung f
l. sous pression (d'huile) Hochdruckschmierung f ⟨Gleitlager⟩
l. vitreuse Schmierung f mit Glas oder Glaswolle ⟨Strangpressen⟩

lubrification-limite f Grenzschmierung f
lubrifié geschmiert

l. à l'acide sulfurique schwefelsäuregeschmiert

lubrifier schmieren, [ein]ölen, [ein]fetten

lucarne f Bodenfenster n, Bodenluke f; Dachfenster n, Dachluke f

l. de projection Bildöffnung f, Projektionsfenster n
l. en saillie Dacherker m; Dacherkerfenster n

ludion m kartesianischer Taucher m
lueur f Glimmlicht n ⟨s. a. lumière 1.⟩

l. anodique Anoden[glimm]licht n
l. cathodique Katodenglimmlicht n
l. de décharge ionique Glimmlicht n
l. négative negatives Glimmlicht n
l. secondaire Nachleuchten n

lumachelle f Muschelkalk m
lumen m Lumen n ⟨Einheit des Lichtstroms⟩
lumen-heure m Lumenstunde f ⟨Einheit der Lichtmenge⟩
lumenomètre m integrierendes Fotometer n, Lichtstrommesser m
lumière f 1. Licht n ⟨s. a. lueur⟩; 2. Beleuchtung f; 3. Guckloch n, Luftloch n; Öffnung f, Schlitz m

l. d'admission Einlaßöffnung f, Einlaßschlitz m
l. alternante Wechsellicht n
l. anodique Anoden[glimm]licht n
l. à arc Bogenlicht n
l. artificielle künstliche Beleuchtung f, künstliches Licht n, Kunstlicht n
l. blanche weißes Licht n
l. bleue Blaulicht n
l. cathodique Katoden[glimm]licht n
l. circulaire zirkular polarisiertes Licht n
l. clignotante s. l. alternante
l. crépusculaire Abendrot n
l. diffusée Streulicht n, diffuses Licht n
l. directe direktes Licht n
l. d'échappement Auslaßöffnung f, Auslaßschlitz m
l. électrique elektrisches Licht n
l. des étalons colorimétriques Normlichtart f, Standard m für Farbvergleich
l. fluorescente Fluoreszenzlicht n
l. froide kaltes Licht n
l. frontale Vorderlicht n
l. d'identification Kennleuchte f
l. incandescente Glühlicht n
l. indirecte indirektes Licht n
l. du jour Tageslicht n
l. monochromatique monochromatisches (einfarbiges) Licht n
l. noire schwarze Strahlung f
l. non polarisée unpolarisiertes Licht n
l. d'ondes courtes kurzwelliges Licht n
l. d'ondes longues langwelliges Licht n
l. polarisée polarisiertes Licht n

l. **polarisée elliptiquement** elliptisch polarisiertes Licht n
l. **polarisée dans un plan** linear polarisiertes Licht n
l. **de recombinaison** ⟨Kern⟩ Rekombinationsleuchten n
l. **réfléchie** reflektiertes (mittelbares) Licht n
l. **rouge** Rotlicht n
l. **de scintillation** Szintillationslicht n
l. **şélective** selektiertes Licht n
l. **solaire** Sonnenlicht n
l. **sous-marine** Unterwasserlampe f
l. **tamisée** gedämpftes Licht n
l. **de transfert** Überströmschlitz m
l. **transmise** Durchlicht n, durchgelassenes (durchfallendes) Licht n
luminaire m Lichtquelle f; Leuchte f, Lampe f, Leuchtkörper m
l. **encastré** Einbauleuchte f
l. **intensif** Tiefstrahler m
luminance f Leuchtdichte f, spezifische Lichtausstrahlung f
l. **de l'écran** Bildwandleuchtdichte f
l. **énergétique** Strahldichte f
lumination f Belichtung f
luminescence f Lumineszenz f
l. **cathodique** Katodolumineszenz f
l. **de friction** Tribolumineszenz f, Reibungslumineszenz f
l. **résiduelle** Nachglühen n
l. **de Röntgen** Röntgenlumineszenz f
luminescent lumineszierend
lumineux Leucht-
  très l. lichtstark
luminogène leuchtend, Leucht-
luminosité f 1. Helligkeit f, Leuchtstärke f, Leuchtkraft f; 2. Lichtdurchlässigkeit f
l. **des blancs** ⟨Fs⟩ Spitzenhelligkeit f
l. **du fond** ⟨Fs⟩ Grundhelligkeit f
l. **d'un point de l'image** ⟨Fs⟩ Bildpunkthelligkeit f
l. **du spot** ⟨Fs⟩ Fleckhelligkeit f
Lumitype f Fotosetzmaschine f, Lichtsetzmaschine f
lunaire Mond-
lunette f 1. Gewölbekappe f, Stichkappe f; 2. Lichtloch n, Klappfenster n; 3. ⟨Kfz⟩ Rückfenster n; 4. Klosettbrille f ⟨W. C.⟩; 5. ⟨Opt⟩ Fernrohr n, Feldstecher m; 6. ⟨Masch⟩ Lünette f, Setzstock m; 7. Glasreifen m ⟨Barometer⟩
l. **astronomique** astronomisches (Keplersches) Fernrohr n
l. **d'autocollimation** Autokollimationsfernrohr n
l. **à calibrer** Lehrring m
l. **d'essai** Probierbrille f

l. **de Galilée, l. hollandaise** Galileisches (holländisches) Fernrohr n
l. **d'ingénieur** Nivellierinstrument n
l. **keplérienne** s. l. astronomique
l. **de lecture** Ablesefernrohr n
l. **méridienne** Richtfernrohr n, Sucherfernrohr n
l. **à niveau** Nivellierinstrument n
l. **de pointage** Zielfernrohr n
l. **à prismes** Prismenfeldstecher m
l. **terrestre** terrestrisches Fernrohr n
l. **terrestre monoculaire** monokulares Aussichtsfernrohr n
l. **de visée** Zielfernrohr n; Sucherfernrohr n
lunette-loupe f Brillenlupe f
lunettes fpl Brille f
l. **antiphares** Blendschutzbrille f
l. **auditives** Hörbrille f
l. **de correction** Korrektionsbrille f
l. **pour lire** Lesebrille f
l. **à manche** Stielbrille f, Lünette f
l. **masques à grande vue** Vollsichtbrille f
l. **de protection** Schutzbrille f
l. **protectrices contre la poussière** Staubschutzbrille f
l. **réversibles** Wendebrille f, Inversbrille f
l. **de soleil** Sonnenschutzbrille f
l. **sténopéennes** stenopäische Brille f
l. **de sûreté** Schutzbrille f
l. **avec verres correcteurs** Brille f mit optisch geschliffenen Gläsern
l. **pour voir de loin** Fernbrille f
l. **pour voir de près** Nahbrille f
lunule f ⟨Math⟩ Möndchen n, Zweieck n
lustrage m Polieren n
lustre m Glanz m; Lüsterfarbe f, Schillerfarbe f
lustrer glätten, polieren; ⟨Text⟩ kalandern, lüstrieren
lustreuse f Poliermaschine f
lut m Kitt m
lutage m Abdichten n, Verkitten n
lutécium m Kassiopeium n
luter abdichten, (ver)kitten, verschmieren
lutétium m s. lutécium
lutte f:
l. **contre le feu** Brandbekämpfung f
l. **contre le grisou** Schlagwetterbekämpfung f
l. **contre l'incendie** Brandbekämpfung f
l. **contre les poussières de forage** Bohrstaubbekämpfung f
lux m Lux n ⟨Einheit der Beleuchtungsstärke⟩
luxmètre m Beleuchtungsmesser m

lyophile lyophil
lyophilisation f Gefriertrocknen n; Gefriertrocknung f
lyophiliser gefriertrocknen
lyophobe lyophob
lyotrope lyotrop
lysine f Lysin n

M

maar m Maar n
  m. sec Trockenmaar n
macadam m Makadam m
macération f Mazeration f
macérer mazerieren
mach m Machzahl f
machine f Maschine f, Motor m, Apparat m ⟨s. a. appareil⟩; **à. m. arrière** mit hinten liegender Maschinenanlage
  m. à absorption Absorber m
  m. acyclique Unipolarmaschine f
  m. à additionner Saldiermaschine f
  m. à additionner rapide Schnellsaldiermaschine f
  m. à adresser Adressiermaschine f
  m. à affinité Absorber m
  m. à affranchir Frankiermaschine f
  m. à affûter Schleifmaschine f
  m. à agiter Schüttelmaschine f
  m. à agrafer Heftmaschine f
  m. à agrafer les caisses armées Heftmaschine f für Drahtbundkisten
  m. à agrafer les fonds Bodenanfalzmaschine f
  m. à aiguilleter Nadelfilzmaschine f
  m. pour ajuster les clichés et les stéréos Kantenhobelmaschine f
  m. à aléser Bohrmaschine f ⟨s. a. aléseuse⟩
  m. à aléser horizontale Waagerechtbohrmaschine f
  m. d'amortissement Dämpfungsmaschine f
  m. amplificatrice Elektromaschinenverstärker m, Verstärkermaschine f
  m. d'appel Rufmaschine f
  m. à appliquer Auftragmaschine f
  m. à apprêter Appreturmaschine f
  m. aratoire Feldmaschine f
  m. arithmétique Rechenmaschine f
  m. à arrondir les coins ⟨Typ⟩ Eckenrundmaschine f
  m. à arrondir les dos des livres, m. à arrondir les mors Buchrückenrundziehmaschine f
  m. à assembler 1. ⟨Typ⟩ Zusammentragmaschine f; 2. Klebmaschine f

  m. à assembler les angles Klebmaschine f für Eckverbindungen
  m. à assembler sur chants Klebmaschine f für Schmalseiten
  m. à assembler par liants Maschine f zum Zusammenfügen durch Bindemittel, Klebmaschine f
  m. à assembler sur plats Klebmaschine f für Breitseiten
  m. asynchrone Asynchronmaschine f
  m. d'Atwood (Atwoodsche) Fallmaschine f
  m. auto-excitatrice selbsterregte Maschine f
  m. automatique Automat m ⟨s. a. automate⟩
  m. automatique à découper et imprimer Stanz- und Druckautomat m
  m. automatique à écrire Schreibautomat m
  m. automatique à facturer Fakturierautomat m
  m. automatique de gestion, m. automatique d'organisation Organisationsautomat m
  m. automatique d'organisation à commande programmée programmgesteuerter Organisationsautomat m
  m. automatique à tailler par fraise-mère Abwälzfräsautomat m
  m. autorefroidie eigenbelüftete Maschine f
  m. auxiliaire Hilfsmaschine f
  m. à avancer les rails Gleisrückmaschine f
  m. à balais intermédiaires Zwischenbürstenmaschine f
  m. à banderoler Banderoliermaschine f
  m. bibliographique Dokumentationsmaschine f
  m. à biseauter Anfasmaschine f, Abkantmaschine f; Facettiermaschine f
  m. de bonneterie ⟨Text⟩ Wirkmaschine f
  m. à border Rändelmaschine f ⟨Einfassung technischer Zeichnungen⟩; Sickenmaschine f, Einfaßmaschine f
  m. à boudiner Wulstmaschine f
  m. à boutonnières Knopflochmaschine f
  m. à brocher Räummaschine f
  m. à brocher d'extérieur Außenräummaschine f
  m. à brocher horizontale Waagerechträummaschine f
  m. à brocher par traction Zugräummaschine f

m. à brocher à traction descendante Senkrechträummaschine f
m. à bronzer Bronziermaschine f
m. à brosser Bürstmaschine f
m. à broyer Zerkleinerungsmaschine f
m. broyeuse ⟨Typ⟩ Anreibmaschine f
m. de bureau Büromaschine f
m. de câblage Verseilmaschine f
m. calculatrice Rechenmaschine f ⟨s. a. calculateur, calculatrice⟩
m. calculatrice automatique Rechenautomat m
m. calculatrice de bureau Bürorechenmaschine f
m. calculatrice électronique elektronische Rechenmaschine f
m. à calculer s. m. calculatrice
m. à calibrer les cylindres Walzenkalibriermaschine f
m. à carboniser Karbonisiermaschine f
m. à cartes perforées Lochkartenmaschine f
m. de cartonnage Buchdeckenmaschine f
m. de chargement Chargiermaschine f
m. à cintrer Biegemaschine f
m. à cintrer aux rouleaux Biegewalzmaschine f
m. circulaire pour tricoter Rundstrickmaschine f
m. à cisailler Beschneidmaschine f
m. à clouer les caisses Kistennagelmaschine f
m. à collecteur Kommutatormaschine f
m. à coller Klebmaschine f ⟨s. a. colleuse⟩
m. à coller les coins Eckenverbindmaschine f
m. combinée à décapiter et fileter kombinierte Köpf- und Filetiermaschine f ⟨Fischverarbeitung⟩
m. combinée de menuiserie kombinierte Tischlereimaschine f
m. de commande Antriebsmaschine f
m. à commande numérique numerisch gesteuerte Maschine f, Maschine mit numerischer Steuerung
m. à commande programmée programmgesteuerte Maschine f, Maschine mit Programmsteuerung
m. à composer Setzmaschine f
m. à composer sur films Fotosetzmaschine f, Lichtsetzmaschine f
m. à composer et fondre des caractères détachés Einzelbuchstabensetzund -gießmaschine f
m. à composer en lignes-blocs Zeilensetzmaschine f

m. à composer typographe Typografsetzmaschine f
m. compound Verbundmaschine f
m. à comprimer Kunststoff(orm)presse f
m. comptable Buchungsmaschine f
m. à concasser Zerkleinerungsmaschine f, Steinbrecher m
m. à condensation Kondensationsmaschine f ⟨Dampfmaschine⟩
m. à confectionner les enveloppes Briefumschlagmaschine f
m. à confectionner les pneus Reifenkonfektioniermaschine f
m. à contrecoller Kaschiermaschine f
m. à contrepression Gegendruckmaschine f ⟨Dampfturbine⟩
m. à copier Kopiermaschine f
m. à coudre Nähmaschine f
m. à coudre les boutons Knopfnähmaschine f
m. à couler 1. ⟨Met⟩ Gießmaschine f; 2. Begießmaschine f ⟨Film⟩
m. à couler la fonte Roheisengießmaschine f
m. à couler les gueuses Masselgießmaschine f
m. pour la coupe transversale Querschneid(e)maschine f, Querschneider m
m. à couper Schneid(e)maschine f
m. à couper et assembler Cuttermaschine f
m. à couper et bobiner Rollenschneid(e)- und -wickelmaschine f
m. à couper les bobines Rollenschneid(e)maschine f
m. à courant alternatif Wechselstrommaschine f
m. à courant continu Gleichstrommaschine f
m. à courant monophasé Einphasenwechselstrommaschine f
m. à courant triphasé Drehstrommaschine f
m. pour couvertures de livres Buchdeckenmaschine f
m. à couvrir les livres Büchereinschlagmaschine f
m. à damer les fonds de convertisseurs Konverterbodenstampfmaschine f
m. à décaper Putzmaschine f; Beizmaschine f
m. à décaper à table rotative Drehtischputzmaschine f
m. à décaper à tunnel Durchlaufputzmaschine f

m. à décapiter Köpfmaschine f ⟨Fischverarbeitung⟩
m. à décatir Dekatiermaschine f
m. à décharge d'étincelles Funkenerosionsmaschine f
m. à découper Aushaumaschine f
m. à découper les étoffes Stoffzuschneidemaschine f
m. à découper les plaques Plattenschneid[e]maschine f
m. à découper les répertoires Registerstanzmaschine f
m. à découper à ruban Bandmesserzuschneidemaschine f
m. de défournement Ausdrückmaschine f ⟨Koks⟩
m. à dégager Freifräsmaschine f
m. à dépouiller Enthäutungsmaschine f ⟨Fischverarbeitung⟩
m. en dérivation Nebenschlußmaschine f
m. à dessiner Zeichenmaschine f
m. à détringler Entwulstmaschine f
m. à détruire les documents Aktenvernichter m
m. à dicter Diktiermaschine f, Diktiergerät n
m. diphasée Zweiphasenmaschine f
m. à diviser les éprouvettes Probestabteilmaschine f
m. à dorer et gaufrer Vergoldepresse f
m. à double collecteur Doppelkommutatormaschine f
m. à doubler Kaschiermaschine f
m. à dresser Richtmaschine f
m. à dresser les fers profilés Formeisenrichtmaschine f
m. à dresser les fils métalliques Drahtrichtmaschine f
m. à dresser les tôles Blechrichtmaschine f
m. à dresser les tôles à froid Kaltblechrichtmaschine f
m. dynamo-électrique Dynamo[maschine f] m ⟨s. a. dynamo⟩
m. à ébarber Gußputzmaschine f
m. à ébarber les talons Wulstbeschneidemaschine f
m. à ébavurer Abgratmaschine f
m. à écailler 1. Abkrustmaschine f; 2. Entschuppungsmaschine f
m. à échappement libre Auspuffmaschine f ⟨Dampfmaschine⟩
m. à écrire Schreibmaschine f
m. à écrire pour aveugles Blindenschreibmaschine f
m. à écrire portative (de voyage) Reiseschreibmaschine f

m. électrique à écrire elektrische Schreibmaschine f
m. à électriser, m. électrostatique Elektrisiermaschine f
m. à emballer Packmaschine f, Verpackungsmaschine f
m. à emboîter les livres Bucheinhängemaschine f
m. emporte-pièce Stanzmaschine f
m. à empreindre les timbres en relief Siegelmarkenprägemaschine f
m. à encoller Klebstoffauftragmaschine f
m. d'enduction Lackiermaschine f, Walzlackiermaschine f
m. d'enduction à rouleaux Walzlackiermaschine f
m. à enduire Beschichtungsmaschine f
m. à enduire sur rouleaux Walzenbeschichter m
m. énergétique energieerzeugende Maschine f
m. à enfourner Beschickungsmaschine f
m. d'enlèvement ⟨Brg⟩ Absetzer m
m. d'ennoblissement des textiles Textilveredlungsmaschine f
m. d'enregistrement des données Datenerfassungsmaschine f, Datenverarbeitungsmaschine f
m. à enrober les tringles Flippermaschine f
m. à enrouler Aufwickelmaschine f ⟨s. a. enrouleuse⟩
m. à enrubanner les tringles Wulstwickelmaschine f
m. à ensacher Verpackungsmaschine f, Einbeutelmaschine f
m. à entailler les flans pour répertoires Maternregisterschneidmaschine f
m. entièrement automatique Vollautomat m
m. d'entrainement des alternateurs (générateurs) Stromerzeugerantrieb m
m. à épiauter Enthäutungsmaschine f
m. à épreuve[s] Andruckmaschine f
m. d'épuisement ⟨Brg⟩ Wasserhaltungsmaschine f
m. à équicourant Gleichstrommaschine f ⟨Dampfmaschine⟩
m. à équilibrer Auswuchtmaschine f
m. d'essai Prüfmaschine f ⟨s. a. appareil de contrôle⟩
m. d'essai des bétons Betonprüfmaschine f
m. d'essai des tôles Blechprüfmaschine f

m. d'essai universelle Universalprüfmaschine f
m. d'essais à la rupture Zerreißmaschine f
m. d'essais à la traction Zugfestigkeitsprüfmaschine f, Zerreißprüfmaschine f
m. à estamper Gesenkdrückmaschine f
m. à étaler Streueinrichtung f
m. à étaler le câble Kabelauslegemaschine f
m. à étêter Köpfmaschine f
m. à étêter et à vider Köpf- und Schlachtmaschine f
m. à éviscérer Schlachtmaschine f
m. à excitation interne läufererregte Kommutatormaschine f
m. à expansion Expansionsmaschine f
m. à expansion à pression moyenne Mitteldruckexpansionsmaschine f
m. d'extraction Fördermaschine f
m. d'extraction installée sur le chevalement Turmfördermaschine f
m. d'extrusion soufflage Blasmaschine f, Blasanlage f ⟨Plastverarbeitung⟩
m. pour la fabrication de cartonnages Kartonagenmaschine f
m. pour la fabrication d'enveloppes Briefumschlagmaschine f
m. pour la fabrication de gobelets Bechermaschine f
m. pour la fabrication des sac(het)s Beutelmaschine f
m. fabriquée en série Serienmaschine f
m. de façonnage du carton ondulé Wellpappenverarbeitungsmaschine f
m. à facturer Fakturiermaschine f
m. à faible vitesse Langsamläufer m
m. à faire les couvertures de livres Buchdeckenmaschine f
m. à faire les filets Filetiermaschine f ⟨Fischverarbeitung⟩
m. à faire les queues Zinkenfräsmaschine f
m. à fendre les têtes de vis Schraubenschlitzmaschine f
m. à fermer les agrafes Falzzudrückmaschine f
m. à feutrer à aiguilles Nadelfilzmaschine f
m. à fileter 1. Filetiermaschine f ⟨Fischverarbeitung⟩; 2. Gewindeschneidmaschine f
m. à fileter à la fraise Gewindefräsmaschine f
m. à fileter par roulage Gewindewalzmaschine f

m. pour finissage des clichés (plaques) Plattenbearbeitungsmaschine f
m. de finition Feinbearbeitungsmaschine f
m. de flambage Sengmaschine f
m. à flèche Auslegermaschine f
m. de flottation Schwimmaschine f
m. à forer Bohrmaschine f ⟨s. a. foreuse⟩
m. à forer le papier Papierbohrmaschine f
m. à forger Schmiedemaschine f
m. à forger par choc Schlagschmiedemaschine f
m. de formage, m. à former Umformmaschine f
m. à former les cannelures Nutenformungsmaschine f
m. à former les coudes plissés Knierohrbiegemaschine f
m. à former à froid Kaltformungsmaschine f
m. à fouler Walk[maschin]e f
m. de fraisage s. machine à fraiser
m. de fraisage cintré Rundfräsmaschine f
m. à fraiser Fräsmaschine f ⟨s. a. fraiseuse⟩
m. à fraiser à broche horizontale Horizontalfräsmaschine f
m. à fraiser par développante Abwälzfräsmaschine f
m. à fraiser les matrices Matrizenfräsmaschine f
m. à fraiser suivant le gabarit Kopierfräsmaschine f
m. à fraiser universelle Universalfräsmaschine f
m. frigorifique Eismaschine f, Kältemaschine f
m. frigorifique à jet de vapeur Dampfstrahl-Kältemaschine f
m. à galber Bombiermaschine f
m. à glace Eiserzeugungsanlage f
m. à grainer ⟨Typ⟩ Körnmaschine f
m. à grainer les plaques offset Offsetplattenkörnmaschine f
m. à grand rendement Hochleistungsmaschine f
m. à grande vitesse Schnelläufer m
m. à granuler Granuliermaschine f
m. à gratter Rauhmaschine f ⟨s. a. gratteuse⟩
m. à graver Graviermaschine f
m. à graver sur acier Stahlstichmaschine f
m. à graver en continu Einstufenätzmaschine f

machine

m. à grignoter Aushaumaschine f
m. à gruger Ausklinkmaschine f
m. à haute pression Hochdruckmaschine f
m. hermétique druckfest gekapselte Maschine f
m. hétéropolaire Mehrpolmaschine f
m. homopolaire Gleichpolmaschine f
m. à honer Honmaschine f
m. hydraulique Wasserkraftmaschine f
m. à imprimer Druckmaschine f
m. à imprimer des adresses Adressendruckmaschine f, Adressendrucker m
m. à imprimer sur (les) bobines Rollendruckmaschine f
m. à imprimer sur bobines en une ou plusieurs couleurs Ein- und Mehrfarbenrollendruckmaschine f
m. à imprimer au cadre Filmdruckmaschine f, Siebdruckmaschine f
m. à imprimer sur (le) carton Pappenbedruckmaschine f
m. à imprimer sur feuilles Bogendruckmaschine f
m. à imprimer sur feuilles en une ou plusieurs couleurs Ein- und Mehrfarbenbogendruckmaschine f
m. à imprimer en relief Reliefdruckmaschine f
m. à imprimer rotative Rotationsmaschine f
m. à imprimer rotative sur (à) feuilles Bogenrotationsmaschine f
m. à imprimer au(x) rouleau(x) Walzendruckmaschine f
m. à imprimer en taille-douce Kupferdruckschnellpresse f
m. à imprimer les timbres en relief Siegelmarkendruckmaschine f
m. d'imprimerie Druckereimaschine f
m. d'induction Induktionsmaschine f
m. à influence Influenzmaschine f
m. à injection Spritzgußmaschine f
m. à insérer pour journaux et revues Einsteckmaschine f für Zeitungen und Zeitschriften
m. d'inspection s. m. d'essai
m. à lainer Rauhmaschine f, Kratzenrauhmaschine f
m. à laminer Laminiermaschine f
m. à laminer les filets Gewinderollmaschine f
m. à laquer Lackiermaschine f
m. à laver Waschmaschine f ⟨s. a. laveuse 1.⟩
m. à laver en boyaux Strangwaschmaschine f

m. à laver au large Breitwaschmaschine f
m. à laver à tambour Trommelwaschmaschine f
m. à laver la vaisselle Geschirrspülmaschine f
m. pour lever les portes ⟨Met⟩ Türhebemaschine f
m. à limer et scier Säge- und Feilmaschine f
m. magnéto-électrique Dauermagnetmaschine f
m. marine Schiffsmaschine f
m. à marteler rotative Rundpresse f
m. mécanographique Büromaschine f
m. à mélanger le sable Sandmischmaschine f
m. à merceriser ⟨Text⟩ Merzerisiermaschine f
m. à meuler Schleifmaschine f
m. à miroirs Spiegelmaschine f, magnetische Flasche f
m. de mise en battées Beschichtungsmaschine f
m. monophasée Einphasenmaschine f
m. de montage Aufbaumaschine f; Montagemaschine f
m. à montage série Reihenschlußmaschine f
m. à mordancer Klischeeätzmaschine f
m. motrice Antriebsmaschine f
m. de moulage, m. à mouler Formmaschine f; Formgießmaschine f
m. à mouler à air comprimé Druckluftformmaschine f
m. à mouler à colonne Säulenformmaschine f
m. à mouler à diviseur Formmaschine f mit Teilapparat
m. à mouler les gueuses Masselformmaschine f
m. à mouler à main Handformmaschine f
m. à mouler les noyaux Kernformmaschine f
m. à mouler à planche peigne Durchziehformmaschine f
m. à mouler les plastiques Plastbearbeitungsmaschine f
m. à mouler à plateau tournant Drehtischformmaschine f
m. à mouler à pression pneumatique Druckluftformmaschine f
m. à mouler par projection Sandslinger m, Sandschleuder f, Sandwerfer m
m. à mouler par projection de sable Sandschleuderformmaschine f

m. à mouler à secousses Rüttelformmaschine f
m. à mouler à table renversable Wendeplattenformmaschine f
m. à mouler les tuiles Ziegel[form]maschine f
m. à nappe dite enrouleuse Rundsiebentwässerungsmaschine f
m. à nettoyer les matrices Matrizenreinigungsmaschine f
m. à noyauter Kernformmaschine f
m. à œilleter (œillets) (Typ) Ös[eneinsetz]maschine f
m. opératrice Arbeitsmaschine f
m. à ourdir (Text) Zettelmaschine f; Schärmaschine f
m. ouverte offene Maschine f
m. d'oxycoupage Brennschneidmaschine f
m. papetière (à papier) Papiermaschine f
m. à papier à formes rondes Rundsiebpapiermaschine f
m. à papier Fourdrinier Fourdrinier-Maschine f (Langsiebentwässerungsmaschine)
m. à papier Yankee Yankee-Maschine f (Einzylindermaschine)
m. à paraffiner Paraffiniermaschine f
m. passoire Passiermaschine f
m. à peindre Lackiermaschine f, Walzlackiermaschine f
m. à percer Bohrmaschine f (s. a. perceuse)
m. à percer automatique automatische Bohrmaschine f, Bohrautomat m
m. à percer multibroche Mehrspindelbohrmaschine f
m. à percer sur portique Portalbohrmaschine f
m. à percer à table tournante Bohrmaschine f mit Drehtisch
m. à percer et à tarauder Bohr- und Gewindebohrmaschine f
m. à percer à tourelle Bohrmaschine f mit Revolverkopf
m. à percer les trous profonds Tieflochbohrmaschine f
m. à perforer, m. perforeuse Perforiermaschine f
m. à photocopier Fotokopiergerät n
m. à piquer et à nouer au fil textile Knotenfadenheftmaschine f
m. à planer Hobelmaschine f
m. à planer à rouleaux Rollenrichtmaschine f
m. à planer par traction Zugrichtpresse f

m. de pliage, m. à plier 1. Falzmaschine f; 2. Faltmaschine f; 3. Legemaschine f (Stoff); 4. Abkantmaschine f, Abkantbank f, Biegemaschine f, Biegebank f (s. a. plieuse)
m. à plier à chaud Falzeinbrennmaschine f
m. à plier en onglet Fälzelmaschine f
m. à plier à table pivotante Abkantbank f
m. à plier les tôles Blechbiegemaschine f
m. plieuse s. m. à plier
m. à plisser Plissiermaschine f
m. à point de chainette Kettenstichnähautomat m
m. à pointer par coordonnées Koordinatenanspitzmaschine f
m. à pôles extérieurs Außenpolmaschine f
m. à pôles fendus Spaltpolmaschine f
m. à pôles intérieurs Innenpolmaschine f
m. à polir Poliermaschine f, Schleifmaschine f
m. à polir les barres Stangenpoliermaschine f
m. à polycopier Vervielfältigungsgerät n
m. polyphasée Mehrphasenmaschine f
m. polyvalente Mehrzweckmaschine f
m. portée Anbaumaschine f (z. B. am Traktor)
m. principale Hauptmaschine f
m. de propulsion Antriebsmaschine f, Hauptmaschine f
m. protégée geschützte Maschine f, Maschine mit Berührungsschutz
m. à rayer et refouler Rill- und Ritzmaschine f
m. à rechapage Runderneuerungsmaschine f
m. de récolte Erntemaschine f
m. de rectification, m. à rectifier Schleifmaschine f (s. a. rectifieuse)
m. à rectifier les cylindres Zylinderschleifmaschine f; Walzenschleifmaschine f
m. à rectifier les filets Gewindeschleifmaschine f
m. à rectifier les intérieurs Innenschleifmaschine f
m. à rectifier les ressorts Federschleifmaschine f
m. à rectifier les surfaces Flächenschleifmaschine f
m. à rectifier les surfaces planes Flachschleifmaschine f

machine

m. à rectifier les surfaces planes à broche horizontale Waagerechtflachschleifmaschine f
m. à réduire les diamètres Rundpresse f
m. à refouler Stauchmaschine f
m. à refouler à froid Kaltstauchmaschine f
m. à refroidissement naturel Maschine f mit Selbstkühlung
m. à refroidissement séparé Maschine f mit Fremdkühlung
m. pour régime continu Maschine f für Dauerbetrieb
m. pour régime intermittent Maschine f für aussetzenden (intermittierenden) Betrieb
m. à régler, m. de réglure Liniermaschine f
m. de reliage à la colle Klebebindemaschine f
m. de remblayage Versatzmaschine f
m. de remblayage pneumatique Blasversatzmaschine f
m. à remblayer s. m. de remblayage
m. à retordre Zwirnmaschine f
m. à rétrécir ⟨Text⟩ Krumpfmaschine f
m. à riper les rails (voies) Gleisrückmaschine f
m. à river Nietmaschine f
m. à roder Läppmaschine f
m. à roder les alésages Innenziehschleifmaschine f
m. rotative Rotationsmaschine f ⟨s. a. rotative⟩
m. roto-feuilles Bogenrotationsmaschine f
m. à rouler Biegemaschine f
m. à rouler les anneaux Ringbiegemaschine f
m. à rouler les filets Gewinderollmaschine f
m. à rouler à quatre rouleaux Vierwalzenbiegemaschine f
m. à rouler la tôle Blechbiegemaschine f, Blechrundmaschine f
m. à sabler Sandputzmaschine f
m. à sac(het)s Beutelmaschine f
m. à secouer le filet Netzschüttelmaschine f
m. de secours Hilfsmaschine f
m. semi-automatique Halbautomat m
m. semi-protégée Maschine f mit geschützten Wicklungen
m. pour service de courte durée Maschine f für kurzzeitigen Betrieb
m. à shaver les engrenages Zahnschabmaschine f

m. à simple adresse Einadreßmaschine f
m. à solder Saldiermaschine f
m. de soudage, m. à souder Schweißmaschine f
m. à souder le fil Drahtschweißmaschine f
m. à souder à molettes Roll(en)nahtschweißmaschine f
m. à souder les plastiques Plastschweißmaschine f
m. à souder par points Punktschweißmaschine f
m. soufflante Gebläsemaschine f
m. spéciale Sonder(zweck)maschine f
m. à sténographier Stenografiermaschine f
m. de superfinition Feinstbearbeitungsmaschine f
m. synchrone Synchronmaschine f
m. tabulatrice Tabelliermaschine f
m. à tailler les crayons Bleistiftspitzmaschine f
m. à tailler les engrenages Verzahnmaschine f
m. à tailler par fraises-mères Wälzfräsmaschine f
m. à talquer Talkumiermaschine f
m. à taquer et à égaliser Bogenglattstoßmaschine f
m. à teindre Färbemaschine f, Färbeapparat m
m. à teindre en fil Garnfärbeapparat m
m. à teindre les tissus en boyaux Stückfärbemaschine f
m. de teinture s. m. à teindre
m. textile Textilmaschine f
m. thermique Wärmekraftmaschine f
m. à timbrer les lettres Briefstempelmaschine f
m. à tirer les bleus Lichtpausmaschine f
m. à tirer les épreuves Andruckmaschine f
m. à tisser à aiguilles volantes Fluggreiferwebmaschine f
m. à tisser à tuyère Düsenwebmaschine f
m. tournante umlaufende Maschine f
m. tout automatique Vollautomat m
m. pour traçages en veine Streckenvortriebsmaschine f
m. à tracer Zeichenmaschine f
m. à traduire Übersetzungsmaschine f
m. à traire Melkmaschine f
m. à traiter l'information Datenverarbeitungsmaschine f

m. à traiter le poisson Fischverarbeitungsmaschine f
m. à trancher le pain Brotschneidemaschine f
m. transfert avec montages porte-pièce Quasitransferstraße f
m. transfert à plateau pivotant Rundschalttischmaschine f
m. transfert à tambour Trommelschaltmaschine f
m. transfert transformable umstellbare Transferstraße f
m. de travail Arbeitsmaschine f
m. travaillant par déformation de métal Maschine f für spanlose Formung
m. à travailler le bois Holzbearbeitungsmaschine f
m. à travailler les fils Drahtbearbeitungsmaschine f
m. à travailler les tôles Blechbearbeitungsmaschine f
m. à tremper Härtemaschine f
m. à tresser Flechtmaschine f
m. de triage Sortiermaschine f ⟨s. a. trieur⟩
m. de tricotage-couture Nähwirkmaschine f
m. à tricoter Strickmaschine f
m. tricoteuse-couture Nähwirkmaschine f
m. à trier Sortiermaschine f ⟨s. a. trieur⟩
m. triphasée Drehstrommaschine f
m. à tronçonner Abstechmaschine f ⟨s. a. tronçonneuse 1.⟩
m. à tronçonner au disque Scheibenabstechmaschine f
m. à tronçonner les lingots Blockabstechmaschine f
m. à tronçonner les tubes Rohrabschneidemaschine f
m. tubulaire pour interlock Interlockwirkmaschine f
m. tufting ⟨Text⟩ Tuftingmaschine f
m. tunnel Maschine f mit Tunnelvorrichtung
m. à un seul but Einzweckmaschine f
m. unipolaire Unipolarmaschine f
m. à usage multiple Mehrzweckmaschine f
m. d'usinage, m. à usiner Bearbeitungsmaschine f
m. à usiner les engrenages Zahnradbearbeitungsmaschine f
m. à vapeur Dampfmaschine f
m. à vapeur jumelle Zwillingsdampfmaschine f, Tandemmaschine f
m. à vendanges Weinlesemaschine f

m. ventilée en circuit fermé Maschine f mit Umlaufkühlung
m. ventilée en circuit ouvert Maschine f mit Frischluftkühlung
m. à vernir Lackiermaschine f, Walzlackiermaschine f
m. à vernir par arrosage Maschine f zum Auftragen von Lacken durch Fluten
m. à vernir par immersion Maschine f zum Auftragen von Lacken durch Tauchen
m. à vernir par procédé électrostatique Maschine f zum Auftragen von Lacken im elektrostatischen Feld
m. à vernir par projection Maschine f zum Auftragen von Lacken durch Spritzen
m. à vernir par rideaux Maschine f zum Auftragen von Lacken durch Gießen
m. à vernir par rouleaux Maschine f zum Auftragen von Lacken durch Walzen
m. vernisseuse s. m. à vernir
m. à vider Schlachtmaschine f
grosse m. Großmaschine f
petite m. comptable Kleinbuchungsmaschine f
machine-outil f Werkzeugmaschine f
  m. à commande numérique numerisch gesteuerte Werkzeugmaschine f
  m. spéciale Sonderwerkzeugmaschine f
machinerie f 1. Maschinenwesen n, Maschinenbau m; 2. Maschinen fpl, maschinelle Ausrüstung f
machine-transfert f Transfermaschine f
machiniste m Maschinist m
  m. d'extraction Fördermaschinist m
  m. de grue Kranführer m
machmètre m Machmeter n
mâchoire f 1. Backe f; 2. Klemmbacke f; 3. Brechbacke f; 4. Aufzugklappe f; 5. Bremsbacke f
  m. de broyeur Brechbacke f
  m. de frein Bremsbacke f
  m. de serrage Spannbacke f, Klemmbacke f
maclage m Zwillingsbildung f
macle f Zwilling(skristall) m
  m. de Carlsbad Karlsbader Zwilling m
  m. de deux trapèzes Schwalbenschwanzzwilling m
  m. juxtaposée (de juxtaposition) Berührungszwilling m, Juxtapositionszwilling m
  m. polysynthétique polysynthetischer Zwilling m, Wiederholungszwilling m

macle

 m. de recristallisation Rekristallisationszwilling *m*
maclé verzwillingt
macles *fpl*:
 m. d'interpénétration Durchwachsungszwillinge *mpl*
 m. de pénétration Penetrationszwillinge *mpl*
 m. supplémentaires Ergänzungszwillinge *mpl*
 m. en X X-Zwillinge *mpl*
maçon *m* Maurer *m*; Bauarbeiter *m*
maçonnage *m* 1. Vermauern *n*; Vermauerung *f*; Mauern *n*, Maurerarbeit *f*; 2. Mauerwerk *n*
maçonner (aus)mauern, vermauern
maçonnerie *f* 1. Ausmauerung *f*; 2. Maurerarbeit *f*; 3. Mauerwerk *n*; 4. Massivbau *m*
 m. de (en) briques 1. Backsteinmauerung *f*; 2. Backsteinmauerwerk *n*, Ziegelmauerwerk *n*
 m. en briques brutes unverputztes Backsteinmauerwerk *n*
 m. en briques crépies verputztes Backsteinmauerwerk *n*
 m. brute Ziegelrohbau *m*, Backsteinrohbau *m*; Rohmauerwerk *n*
 m. de la cuve Schachtmauerwerk *n* ⟨Hochofen⟩
 m. extérieure de porte Türausmauerung *f*
 m. du four Ofenmauerung *f*
 m. en gradins abgestuftes Mauerwerk *n*
 m. de pierres sèches Trockenmauerwerk *n*
 m. réfractaire feuerfeste Ausmauerung *f*
macroanalyse *f* ⟨Ch⟩ Grobanalyse *f*, Makroanalyse *f*
macrocinématographie *f* Makrokinematografie *f*
macroclimat *m* Makroklima *n*
macrocristallin makrokristallin
macrocyclique makrozyklisch
macrographie *f* Makrografie *f*
macrographique makrografisch
macro-instruction *f* ⟨Dat⟩ Makrobefehl *m*
macromoléculaire makromolekular
macromolécule *f* Makromolekül *n*
macroparticule *f* Makroteilchen *n*
macrophotographie *f* Makrofotografie *f*
macroscopique makroskopisch
macroséismique makroseismisch
macrospore *f* Makrospore *f*
macrostructure *f* Makrostruktur *f*, Grobstruktur *f*

maculature *f* Makulatur *f*
maculer makulieren
madré gemasert
madrier *m* Bohle *f*, Planke *f*
 m. de guidage Führungsbohle *f*
madrure *f* Maserung *f*
magasin *m* 1. Laden *m*; 2. Lager(haus) *n*, Speicher *m*; 3. ⟨Schiff⟩ Last *f*; Store *m* ⟨*s. a.* local⟩; 4. Magazin *n*
 m. de cartes Kartenmagazin *n*
 m. à chaîne Kettenspeicher *m*
 m. sous douane Zollager *n*, Zollschuppen *m*
 m. électricité Elektrostore *m*, E-Store *m*
 m. d'entrée Eingangslager *n*
 m. à filets Netzlast *f*, Netzraum *m*
 m. interchangeable Wechselkassette *f*
 m. intermédiaire Zwischenlager *n*
 m. machine Maschinenstore *m*
 m. à matériel de pêche Netzlast *f*, Netzraum *m*
 m. d'outillage, m. à outils Werkzeuglager *n*
 m. à papiers Papierlager *n*
 m. (à) peinture Farbenlast *f*
 m. à plaques Plattenkassette *f*
 m. à poisson Auffangbunker *m*, Fischbunker *m*
 m. de pont Bootsmannslast *f*
 m. de sortie Versandlager *n*, Fertigwarenlager *n*
 m. de stockage Lager *n*
magasinage *m* Speicherung *f*
magasin-cambuse *m* Tagesproviantraum *m*
magasiner speichern, lagern
magasinier *m* Lagerhalter *m*, Storekeeper *m*
magma *m* Magma *n*
 m. intercrustal interkrustales Magma *n*
 m. palingénétique palingenetisches Magma *n*
 m. primaire Urmagma *n*
 m. superficiel Oberflächenmagma *n*
magmatique magmatisch
magnalium *m* Magnalium *n*
magnésie *f* Magnesiumoxid *n*, Magnesia *f*, Bittererde *f*
 m. blanche Magnesia *f* alba, Magnesiumkarbonat *n*
 m. calcinée gebrannte Magnesia *f*, Magnesiumoxid *n*
magnésien Magnesium-
magnésite *f* Magnesit *m*
magnésium *m* Magnesium *n*
 m. métallique metallisches Magnesium *n*
magnétimètre *m s.* magnétomètre

magnétique magnetisch
magnétisant magnetisierend
magnétisation f Magnetisierung f ⟨s. a. aimantation⟩
magnétiser magnetisieren
magnétisme m Magnetismus m
  m. permanent permanenter Magnetismus m
  m. rémanent remanenter Magnetismus m
  m. résiduel Restmagnetismus m
  m. de spin Spinmagnetismus m
  m. stellaire Stellarmagnetismus m, Magnetismus m der Sterne
  m. terrestre Geomagnetismus m, Erdmagnetismus m
magnétite f Magnetit m, Magneteisenerz n, Magneteisenstein m
magnéto f Magnet[zünder] m, Zündmagnet m
  m. d'appel, m. à manivelle Kurbelinduktor m
magnéto-aérodynamique magnetoaerodynamisch
magnétochimie f Magnetochemie f
magnétodynamique magnetodynamisch
magnétogramme m Magnetogramm n
magnétohydrodynamique f Magnetohydrodynamik f
magnétomètre m Magnetometer n
  m. aéroporté Flugmagnetometer n
  m. astatique astatisches Magnetometer n
  m. à entrefer Luftspaltmagnetometer n
magnétomoteur, magnétomotorique magnetomotorisch
magnéton m Magneton n
  m. de Bohr Bohrsches Magneton n
  m. nucléaire Kernmagneton n
magnétophone m Tonbandgerät n, Magnettonbandgerät n
  m. de poche Taschentonbandgerät n
  m. à ruban Bandaufnahmegerät n
  m. stéréophonique Stereotonbandgerät n
magnétoscope m Magnetoskop n
magnétostatique magnetostatisch
magnétostatique f Magnetostatik f
magnétostrictif magnetostriktiv
magnétostriction f Magnetostriktion f
magnétron m Magnetron n, Magnetfeldröhre f
  m. à impulsions Impulsmagnetron n
  m. à onde progressive Wanderwellenmagnetron n, Traveling-Wave-Magnetron n
  m. à ondes électroniques Elektronenwellenmagnetron n

magnitude f Größe f; Sternklasse f, Sterngröße f
mahonne f Leichter m
maigre arm, mager
mail m Schlegel m
maillage m 1. Maschenbildung f; Maschenstruktur f, Vermaschung f; Maschenweite f; 2. Anschäkeln n; 3. Gesenkschmieden n
maille f 1. Masche f; 2. Kettenglied n, Glied n; ⟨Schiff⟩ Schäkel m; 3. Zelle f, Elementarzelle f; 4. Spantfeld n; **m. à m.** maschenweise
  m. chargée Fangmasche f
  m. coulée Laufmasche f, Fallmasche f
  m. cristalline Kristallzelle f, Elementarzelle f des Kristalls
  m. double Doppelmasche f
  m. élémentaire Elementarzelle f ⟨Kristallografie⟩
  m. d'endroit rechte Masche f
  m. d'envers linke Masche f
  m. du filet Netzmasche f
  m. Kenter Kenterschäkel m
  m. unitaire s. m. élémentaire
maillé maschenartig
maillechort m Neusilber n
mailler anschäkeln
  m. un filet ein Netz knüpfen ⟨Reparatur⟩
  se m. sich verfangen
mailles fpl **jetées** ⟨Text⟩ Blindlegung f
maillet m Holzhammer m; ⟨Schiff⟩ Kalfaterhammer m
mailloche f Walkholz n; Holzschlegel m
maillon m 1. Kettenglied n, Glied n; Schäkel m, Lasthaken m ⟨Fördertechnik⟩; 2. Kettenlänge f
main f 1. Hand f; ⟨Typ⟩ Flosse f; 2. Griff m ⟨eines Stoffes⟩
  m. coulante (courante) s. main-courante
  m. directrice Führhand f
  m. de frappe Schlaghand f
  m. de ressort Federbock m
main-courante f Handlauf m, Handleiste f
main-d'œuvre f 1. Arbeitskraft f; 2. Arbeit f, Leistung f ⟨einer Arbeitskraft⟩; 3. Arbeitslohn m, Lohn m; Leistungslohn m
maintenage m ⟨Brg⟩ abgestufter Ortsstoß m
maintenance f Instandhaltung f, Pflege f, Unterhaltung f, Wartung f
maintenir 1. [fest]halten, stützen; 2. instandhalten, pflegen, unterhalten, warten

maintenir 406

 m. **automatiquement** selbsttätig halten
 m. **ouvert** offenhalten
maïolique f s. majolique
maische m Maische f
maison f:
 m. **collective** Mehrfamilienhaus n
 m. **d'habitation** Wohnhaus n
 m. **jumelée** Doppelhaus n
 m. **préfabriquée** Montagehaus n, vorgefertigtes Haus n, Fertighaus n
 m. **en rangée** Reihenhaus n
maitre m:
 m. **d'équipage** Bestmann m ⟨Fischereifahrzeug⟩; Bootsmann m ⟨Frachtschiff⟩
 m. **des forges** Hüttenmeister m
 m. **d'hôtel** Chefsteward m ⟨auf Fahrgastschiffen⟩
 m. **d'œuvre** Baumeister m; Architekt m, Ingenieur m
maître-à-danser m Doppeltaster m, Innen- und Außentaster m ⟨Meßzeug⟩
maitre-arbre m Königswelle f
maitre-couple m Hauptspant m
maitre-cylindre m Hauptbremszylinder m
maitre-oscillateur m Steuersender m
maitresse-voie f Grundstrecke f
majolique f Majolika f
majuscules fpl Versalien mpl; Großbuchstaben mpl, Majuskeln fpl
mal m:
 m. **de l'air** Luftkrankheit f
 m. **de mer** Seekrankheit f
 m. **de rayons** Strahlenkrankheit f
malachite f Malachit m
malaxage m, **malaxation** f Mischen n, Rühren n, Kneten n
malaxer mischen, rühren, kneten
malaxeur m 1. Rührwerk n, Rührmaschine f, Mischer m, Mischmaschine f, Kneter m; 2. Butterkneter m; 3. Lehmknetmaschine f, Tonschneider m
 m. **d'argile** Lehmkneter m, Lehmknetmaschine f
 m. **à auge** Trogmischer m
 m. **à béton** Betonmischmaschine f
 m. **à cadre** Gitterrührer m
 m. **à deux fonds de cuve** Doppelmuldenkneter m
 m. **d'encre** Farbmischer m
 m. **hélicoïdal** Mischschnecke f
 m. **horizontal** liegender Tonschneider m
 m. **de limon** s. m. d'argile
 m. **à meules** Kollergang m
 m. **à mortier** Mörtelmischer m
 m. **de raffinage** Raffinierwalzwerk n
 m. **à tambour** Trommelmischer m

 m. **pour terre glaise** Lehmkneter m, Lehmknetmaschine f
 m. **vertical** stehender Tonschneider m
malaxeur-désaérateur m Vakuumpresse f; Entlüftungspresse f
malléabilisation f Tempern n
malléabiliser tempern
malléabilité f Schmiedbarkeit f, Formbarkeit f
malléable schmiedbar, formbar, hämmerbar
mallette f **tourne-disques** Kofferplattenspieler m
malm m Malm m
malonate m Ester m (Salz n) der Malonsäure
malt m Malz n
maltage m Mälzen n
malter mälzen
malthe m Erdteer m, Mineralteer m, Bergteer m
maltose m Maltose f, Malzzucker m
mamelonné ⟨Min⟩ warzig
manche m Stiel m, Griff m, Holm m, Heft n, Schaft m; ⟨Flg⟩ Steuersäule f
manche f Stutzen m; Einfüllstutzen m
 m. **a air** 1. Lufteintrittskanal m, Diffusor m; Lüfterkopf m; 2. Windhutze f
 m. **d'aspiration d'air** Zulüfter m; Zuluftkopf m
 m. **à gaz** Eintrittskanal m ⟨Turbine⟩
 m. **à incendie (lavage)** Feuerwehrschlauch m, Feuerlöschschlauch m
 m. **de remplissage** Einfüllstutzen m
 m. **de sortie d'air** Ablüfter m; Abluftkopf m
 m. **à vent** Windsack m
mancheron m Lenkholm m, Sterz m
manchette f **de piston** 1. Kolbenmanschette f; 2. Schlagzeile f
manchon m 1. Muffe f, Hülse f, Buchse f, Schiebering m; 2. Kupplung f ⟨nicht ausrückbar⟩, Kupplungsmuffe f ⟨s. a. accouplement⟩
 m. **d'accouplement** starre Kupplung f, Kupplungsmuffe f
 m. **articulé** Kreuzgelenk n
 m. **Auer** Glühstrumpf m
 m. **Bibby** Bibby-Kupplung f
 m. **à boulons** Bolzenkupplung f
 m. **à bride pour joint universel** Flanschnabe f für Kardangelenk
 m. **du collecteur** Kommutatorkörper m
 m. **de connexion** Verbindungsmuffe f
 m. **à coquilles, m. cylindrique** Schalenkupplung f
 m. **de démontage** Abziehhülse f
 m. **à dents** Zahnkupplung f

m. de dilatation Ausdehnungskupplung f
m. à douille Hülsenkupplung f
m. élastique elastische Kupplung f
m. de fermeture Kabelendverschluß m
m. fileté Gewindebuchse f
m. à griffes Klauenkupplung f, Klauenmuffe f
m. à griffes radiales Klauenkupplung f
m. à incandescence Glühstrumpf m
m. d'induit Ankerbuchse f
m. isolant Isolierbüchse f
m. limiteur de couple Überlastungskupplung f
m. Oldham Oldham-Kupplung f
m. à plateau Scheibenkupplung f
m. porte-foret Bohrfutter n
m. de raccordement Verbindungsmuffe f, Rohrverbinder m, Anschlußmuffe f
m. de réduction Reduzierhülse f
m. de serrage Spannhülse f
m. trayeur Zitzengummi m ⟨Melkmaschine⟩
m. de tube (tuyau) Rohr[verbindungs]muffe f
manchon-cardan m Kardangelenk n, Kreuzgelenk n
manchon-guide m Führungshülse f
mandrin m 1. Dorn m, Locheisen n, Durchschlag m; 2. Spannfutter n, Futter n; 3. Stempel m, Gegenhalter m (z. B. Nieten, Stanzen); 4. Biegestempel m, Biegedorn m; 5. Spulenkörper m
m. creux Hohldorn m
m. de fixation Aufnahmedorn m
m. de laminage Walzdorn m
m. de lustrage-avivage Polierwinde f ⟨Galvanotechnik⟩
m. à mâchoires (mors) Backenfutter n
m. de polissage-émerisage Schleifwinde f ⟨Galvanotechnik⟩
m. porte-foret Bohrfutter n
m. porte-pièce Aufnahmedorn m
m. de serrage Spannfutter n
m. de train à pas de pèlerin Pilgerdorn m
mandrinage m Aufdornen n, Weiten n
mandrin-diviseur m Teilspindel f
mandriner aufdornen, weiten
maneton m Kurbelzapfen m
manette f Handhebel m, Hebel m, Handgriff m, Schalthebel m, Handrad n; Klinke f, Drehklinke f; Riegel m
m. de commande de rectification en plongée Handeinstechhebel m
m. du dérailleur Schalthebel m
m. de renversement [de marche]

Umkehrhebel m, Umsteuerhebel m, Umschalthebel m
manganate m Manganat n, mangansaures Salz n
manganèse m Mangan n
manganin m Manganin n
manganite m ⟨Ch⟩ Manganit n
manganite f ⟨Min⟩ Manganit n, Braunmanganerz n
mangeoire f Trog m, Futtertrog m
mangle f Mangel f
mangler mangeln
maniabilité f Handlichkeit f; leichte Verarbeitbarkeit f; Manövrierfähigkeit f; Wendigkeit f
maniable handlich; leicht zu verarbeiten; manövrierfähig, wendig; handig
maniement m 1. Bedienung f; Handhabung f; 2. ⟨Text⟩ Schrei m ⟨Seide⟩
manier bedienen; handhaben
manière f d'application (d'emploi) Anwendungsweise f, Anwendungstechnik f
manifestation f:
m. paravolcanique vulkanische Nebenerscheinung f
m. de pétrole Ölfundstelle f
m. prévolcanique Vorzeichen n für einen Vulkanausbruch
manifestations fpl de pétrole Erdölspuren fpl
manifeste m:
m. de douane Zollerklärung f, Zollmanifest n
m. d'entrée Einfuhrmanifest n
m. de sortie Ausfuhrmanifest n
manille f Kettenglied n; Schäkel m
maniller anschäkeln
manipulateur m 1. ⟨Masch⟩ Manipulator m, Wendevorrichtung f, Zange f; 2. ⟨El⟩ Schalter m (s. a. combinateur); 3. Taste f (z. B. Morsetaste)
m. d'émetteur Sendetaste f
m. de forge Schmiedemanipulator m, Schmiedezange f
m. de lingots Kantvorrichtung f (für Blöcke)
m. Morse Morsetaste f
m. sur rails schienengebundener Manipulator m
m. de télégraphe Telegrafiertaste f
m. universel Universalmanipulator m
manipulation f 1. Handhabung f; Behandlung f; 2. Tasten n, Tastung f ⟨Telegrafie⟩
m. de la cargaison Ladungsbehandlung f
m. des données Datenbearbeitung f

manipulation

m. de grille Gittertastung f
m. plaque Anodentastung f
manipulé par la grille gittergetastet
manipuler 1. handhaben, behandeln; bedienen; 2. tasten ⟨Telegrafie⟩
manivelle f Kurbel f, Handkurbel f, Handgriff m, Griff m
  m. à coulisse 1. Kurbelschleife f; 2. Schubkurbel(getriebe n) f
  m. de démarrage Andrehkurbel f
  m. de magnéto d'appel Induktorkurbel f
  m. de marche arrière Rückspulkurbel f
  m. de mise en marche s. m. de démarrage
  m. de sûreté Sicherheitskurbel f
mannequin m Puppe f, Schneiderpuppe f, Schaufensterpuppe f, Phantom n
  m. de perçage Bohrschablone f
mannite f, mannitol m Mannit m
mannose m Mannose f
manocontact m Druckschalter m
  m. de basse pression d'alimentation en combustible Kraftstoffdruckschalter m
manodétendeur m Druckminderer m, Reduzierventil n
manœuvrabilité f Schaltbarkeit f; Manövrierfähigkeit f, Wendigkeit f
manœuvrable schaltend; schaltbar; manövrierfähig, wendig
manœuvrant manövrierfähig, wendig
manœuvre f Manöver n; Bedienung f, Handhabung f; Betätigung f, Schaltung f ⟨z. B. Bremse, Kupplung⟩; Steuerung f, Regulierung f
  m. d'accostage Anlegemanöver n, Anlegevorgang m
  m. d'approche Anflugnavigation f
  m. de la barre Rudermanöver n
  m. à bras Handbetätigung f
  m. à distance Fernbedienung f, Fernsteuerung f
  m. du filet Netzhandhabung f
  m. de machine Maschinenmanöver n
  m. du navire Schiffsmanöver n
  m. de pêche Fangvorgang m
  m. de remontée Einholvorgang m ⟨Fischnetz⟩
  m. télécommandée s. m. à distance
  fausse m. Fehlschaltung f, Bedienungsfehler m
manœuvrer bedienen, handhaben; betätigen, schalten ⟨z. B. Bremse, Kupplung⟩; steuern, regulieren
  m. en charge unter Last schalten
  m. hors tension spannungslos schalten
  m. à vide im Leerlauf schalten

manographe m s. manomètre enregistreur
manomètre m Manometer n, Druckmesser m
  m. d'admission Ladedruckmesser m
  m. à air comprimé Druckluftmanometer n
  m. à air libre offenes Manometer n
  m. à amortissement Dämpfungsmanometer n
  m. de Bourdon Bourdonrohr n, Bourdonröhre f
  m. à décharge lumineuse Glimmentladungsmanometer n
  m. enregistreur Druckschreiber m
  m. à fil chaud Hitzdrahtmanometer n, Pirani-Manometer n
  m. d'huile Schmieröldruckmesser m
  m. indicateur du niveau d'eau Wasserstandsanzeiger m
  m. à ionisation Ionisationsmanometer n
  m. à lame d'acier Metallmanometer n
  m. à liquide Flüssigkeitsmanometer n
  m. à membrane Membranmanometer n
  m. à mercure Quecksilbermanometer n
  m. de Penning Penning-Manometer n
  m. à piston Kolbenmanometer n
  m. pour pneus Reifendruckmesser m
  m. de précision Feindruckmesser m
  m. de pression d'huile Öldruckmanometer n
  m. à ressort Federmanometer n
  m. à tube en U U-Rohr-Manometer n
  m. à tuyau élastique Rohrfederdruckmesser m
  m. à vide Unterdruckmesser m
manométrique manometrisch
manostat m Manostat m
manque m Mangel m; Ausfall m
  m. de carburant Kraftstoffmangel m
  m. de courant Stromausfall m
  m. d'eau Wassermangel m
  m. d'étanchéité Undichtheit f
  m. de netteté Unschärfe f
  m. de stabilité Unstabilität f, Instabilität f
  m. de tension secteur Netzausfall m
manteau m:
  m. de cendre Aschendecke f
  m. de débris superficiel Schuttdecke f
  m. de laves Lavamantel m
  m. sédimentaire Sedimentmantel m
  m. de silicate Silikathülle f
  m. terrestre Erdmantel m
mantisse f Mantisse f ⟨eines Logarithmus⟩
manuel von Hand, Hand-

manuel *m* Handbuch *n*
manuscrit *m* Manuskript *n*
manutention *f* Fördern *n*, Transport *m*, Fördern *n* und Heben *n*; Fördertechnik *f*; Handhabung *f*; Umschlag *m*
  m. de la cargaison, m. du chargement Ladungshandhabung *f*; Ladungsumschlag *m*
  m. des containers Kontainerhandhabung *f*; Kontainerumschlag *m*
  m. en continu Stetigförderung *f*
  m. discontinu Unstetigförderung *f*
  m. des marchandises Güterhandhabung *f*, Ladungshandhabung *f*; Güterumschlag *m*, Ladungsumschlag *m*
  m. en masse Schüttgutförderung *f*
  m. du pétrole Ölumschlag *m*
  m. du poisson 1. Fischbehandlung *f*; 2. Fischumschlag *m*
manutentionnaire *m* 1. Stauer *m* ⟨als Unternehmer⟩; 2. Stauerei *f* ⟨als Unternehmen⟩, Stauereibetrieb *m*
manutentionner fördern, transportieren, fördern und heben; handhaben; umschlagen
maquette *f* Entwurf[sskizze *f*] *m*; Modell *n*; ⟨Typ⟩ Blindmuster *n*; Makette *f*
  m. bidimensionnelle zweidimensionaler Entwurf *m*; zweidimensionales Modell *n*
  m. pour essais d'aéroélasticité elastisch ähnliches Modell *n*
  m. pour essais dynamiques dynamisch ähnliches Modell *n*
  m. de la page Satzspiegel *m*
  m. en plâtre Gipsmodell *n*
  m. tridimensionnelle dreidimensionales Modell *n*
maquettiste *m* Entwerfer *m*, Gestalter *m*, Lay-outer *m*
marais *m*:
  m. salant Salzgarten *m*
  m. à tourbe, m. tourbeux Torfmoor *n*
marâtre *f* Tragkranz *m* ⟨Hochofen⟩
marbrage *f* 1. Marmorierung *f*; 2. Marbeln *n* ⟨Glas⟩
marbre *m* 1. Marmor *m*; 2. ⟨Typ⟩ Fundament *n*, Karren *m*; **de m.** marmorn
  m. artificiel Kunstmarmor *m*, Marmorimitation *f*
  m. factice Gipsmarmor *m*
  m. de mise en pages Umbruchtisch *m*
  m. ornemental Ornamentmarmor *m*
  m. de serrage ⟨Typ⟩ Schließplatte *f*
  m. statuaire Bildhauermarmor *m*
marbré marmoriert, geädert, gemasert
marbrer marmorieren

marbrier *m* Marmorbrecher *m*
marbrière *f* Marmorbruch *m*
marbrure *f* Marmorieren *n* ⟨von Papier⟩
marcas(s)ite *f* ⟨Min⟩ Markasit *m*, Graueisenerz *n*
marchandise *f* 1. Ladegut *n*; 2. Fracht *f*, Ladung *f* ⟨s. a. cargaison, chargement⟩; 3. Teilladung *f*
  m. en ballot (colis), m. de détail Stückgut *n*
  m. d'exportation Exportware *f*
  m. en grande vitesse Eilgut *n*
  m. périssable leicht verderbliche Ware *f*
  m. en petite vitesse Frachtgut *n*
  m. de premier choix Qualitätsware *f*
  m. au rack Gestellware *f*
  m. au tonneau Trommelware *f*
  m. en transit Transitgut *n*
marchandises *fpl*:
  m. en colis, m. diverses (générales) 1. allgemeine Ladung *f*, Stückgutladung *f*; 2. Stückgut *n*; Stückgüter *npl*
  m. lourdes Schwergutladung *f*; Schwergut *n*; Schwergüter *npl*
  m. sur palettes palettisierte Ladung *f*; palettisiertes Ladegut *n*; palettisierte Ladegüter *npl*
  m. pondéreuses *s.* **m. lourdes**
  m. réfrigérées Kühlfracht *f*, Kühlladung *f*; Kühlgut *n*; Kühlgüter *npl*
  m. en sacs Sackladung *f*; Sackgut *n*; Sackgüter *npl*
  m. sèches Trockenfracht *f*; Trockenladung *f*; trockenes Ladegut *n*; trockene Ladegüter *npl*
  m. en vrac Bulkladung *f*, Massengutladung *f*, Schüttgutladung *f*; unverpacktes Gut *n*, Massengut *n*, Schüttgut *n*, unverpackte Güter *npl*, Massengüter *npl*, Schüttgüter *npl*
marche *f* 1. Trittstufe *f*; Stufe *f*; Trittbrett *n*; 2. Lauf *m*, Gang *m*, Betrieb *m*; Arbeitsgang *m*; 3. Fahrt *f*; 4. Ofengang *m*, Führung *f*; « **marche** » „Ein" (Beschriftung für Maschinen); « **marche – arrêt** » „Ein – Aus"; **en m.** laufend, im Gang, in Betrieb; **en ordre de m.** betriebsbereit
  m. par à-coups Schrittbewegung *f*
  m. arrière 1. Fahrt *f* achteraus, Rückwärtsfahrt *f*; 2. Rückwärtslauf *m*; 3. ⟨Kfz⟩ Rückwärtsgang *m*
  m. automatique Automatikbetrieb *m*
  m. avant 1. Fahrt *f* voraus, Vorausfahrt *f*; 2. Vorwärtslauf *m*; 3. ⟨Kfz⟩ Vorwärtsgang *m*
  m. sur ballast Ballastfahrt *f*

marche 410

m. **en chalutage** Schleppbetrieb m, Schleppfahrt f, Trawlbetrieb m ⟨Fischfang⟩
m. **continue** Dauerbetrieb m; Dauerhub m
m. **à contre-pression** Hochdruckverfahren n ⟨Hochofen⟩
m. **de départ** Antrittstufe f
m. **en double traction** Vorspann m
m. **d'escalier** Treppenstufe f
m. **d'essai** Probebetrieb m
m. **de la fabrication** Fabrikationsgang m
m. **à flux réduit** Betrieb m mit Feldschwächung
m. **au fuel lourd** Schwerölbetrieb m
m. **de la fusion** Schmelzführung f ⟨Hochofen⟩
m. **image par image** Einergang m ⟨Film⟩
m. **en impulsions** Impulsbetrieb m; Tippbetrieb m
m. **intermittente** Einzelhub m
m. **à (de) laitier** Schlackenführung f
m. **à laitier acide** saure Schlackenführung f
m. **à laitier basique** basische Schlakenführung f
m. **lente** langsamer Gang m
m. **libre** Freifahrt f
m. **en monophasé** Einphasenbetrieb m
m. **palière** Podeststufe f
m. **en parallèle** Parallellauf m ⟨von Stromrichtern⟩
m. **des rayons** Strahlengang m
m. **en récupération** Nutzbremsbetrieb m
m. **réversible** Reversierbetrieb m, Umkehrbetrieb m
m. **en réversible** ⟨Eb⟩ Wendezugbetrieb m
m. **synchrone** Synchronlauf m, Gleichlauf m
m. **à vide** Leerlauf m
m. **à vue** Fahrt f auf Sicht
marchepied m 1. Trittbrett n; 2. Stehleiter f
marcher laufen, in Gang (Betrieb) sein
mareé f 1. Tide f; 2. Fangertrag m; 3. Meeresprodukte npl ⟨für die menschliche Ernährung⟩; Seefische mpl
m. **basse** Niedrigwasser n
m. **descendante** Ebbe f
m. **montante** Flut f
marées fpl Gezeiten pl
marégraphe m Gezeitenpegel m, Tidenmesser m
marémoteur Gezeitenkraft-

marge f 1. ⟨Mech⟩ Spiel n; 2. Rand m; 3. Anlage f, Druckanlage f
m. **extérieure** äußerer Papierrand m
m. **intérieure** Bund m ⟨Papierrand⟩
m. **de manœuvre** Abfangstabilität f
m. **de mer** Seegangszuschlag m ⟨z. B. Antriebsleistung⟩
m. **en nappe** Schuppenanlage f, Staffelanlage f
m. **de pied** Fuß m ⟨Papierrand⟩
margelle f ⟨Brg⟩ Hängebank f
marger ⟨Typ⟩ einlegen, anlegen
margeur m 1. ⟨Typ⟩ Einleger m, Anleger m; 2. Randstellung f; Randsteller m
m. **automatique** Bogenanlegeapparat m
m. **mobile** Abdeckrahmen m
m. **à pile plane** Flachstapelanleger m
m. **à pile plate** Flachstapelregler m
marginal Rand-
marin Schiffs-, Seeschiffs-; seemännisch; See-; marin
marin m Schiffsmann m, Seemann m
m. **de pont** Angehöriger m des Deckspersonals; Decksmann m
m. **pratique** befahrener Seemann m
marinite f Marinite n ⟨schwer entflammbarer Leichtbauwerkstoff⟩
maritime maritim, See-; Schiffs-, Seeschiffs-
marmite f **de Papin** Papinscher Topf m, Dampfdrucktopf m
marmoréen marmorartig
marmorisation f ⟨Geol⟩ Marmorisierung f
marnage m Tidenhub m
marne f Mergel m
m. **gypseuse** Gipsmergel m
marner 1. mergeln, kalken; 2. in Fluthöhe steigen
marneux mergelig
maroquin m Saffianleder n
marquage m Markierung f, Anzeichnung f, Ankörnung f; Anreißen n
m. **optique** optisches Anreißen n
marque f Kennzeichen n; Warenzeichen n
m. **de compartimentage** Zeichen n für den Unsinkbarkeitsnachweis
m. **de construction** Zeichen n für Bauaufsicht und angewendete Bauvorschrift
m. **de contrôle** Kontrollzeichen n, Kontrollstempel m
m. **de cylindre** Walzennarbe f
m. **déposée** eingetragenes Warenzeichen n, Handelsmarke f, Schutzmarke f

masse

m. de fabrique Warenzeichen n, Schutzmarke f, Fabrikmarke f
m. de fin de la phrase ⟨Dat⟩ Satz[ende]marke f
m. du fondeur Gießmarke f
m. de franc-bord Freibordmarke f
m. de fréquence Frequenzmarke f
m. initiale ⟨Dat⟩ Anfangsmarke f
m. de lecture ⟨Dat⟩ Lesemarke f
m. de ligne de charge ⟨Schiff⟩ Lademarke f
m. de navigation Fahrtbereichsangabe f ⟨z. B. im Klassezeichen⟩
m. de qualité Gütezeichen n, Qualitätszeichen n
m. de service Kennzeichen n des Verwendungszwecks
marquer markieren, anzeichnen, ankörnen; anreißen
m. le pavillon Flagge dippen
marqueterie f Intarsien fpl, Einlegearbeit f
marqueur m Anzeiger m, Anzeigegerät n
m. d'axes Achsenmarkiergerät n
m. de fréquence Frequenzmarkengeber m
m. de position Koppelstandortanzeiger m ⟨Navigation⟩
marteau m 1. Hammer m; Fäustel m; 2. Stößel m ⟨Rundknetmaschine⟩
m. à air comprimé Preßlufthammer m
m. en caoutchouc Gummihammer m
m. électrique Elektrohammer m
m. de forge Schmiedehammer m
m. de frappe 1. Stößel m ⟨Rundknetmaschine⟩; 2. Vorschlaghammer m
m. frappeur Klopfhammer m
m. lattoir Spitzhammer m
m. de macon Maurerhammer m
m. de mine Abbauhammer m, Pickhammer m
m. perforateur Bohrhammer m
m. perforateur pneumatique Druckluftbohrhammer m
m. pneumatique Preßlufthammer m
m. à queue Schweifhammer m
m. à river Niethammer m
m. de vitrier Glaserhammer m
marteau-pilon m Schmiedehammer m, Fallhammer m, Dampfhammer m
m. à contre-frappe Gegenschlagsenkhammer m
m. à estamper à air comprimé Preßluftgesenkhammer m
m. pneumatique Lufthammer m, Druckluftghammer m, Dampfhammer m, Hammer m für Dampf- und Druckluftbetrieb

m. pneumatique à matricer Luftsenkhammer m
marteau-riveur m Niethammer m
martelage m 1. Hämmern n; Schlagen n, Freiformschmieden n unter dem Hammer, Hammerschmieden n; 2. Oberflächenverfestigung f durch Strahlen, Strahlen n
m. par projection Kugelstrahlen n, Strahlen n
marteler 1. hämmern, schlagen; 2. strahlen ⟨Oberflächenverfestigung⟩
m. à chaud warmhämmern
m. à froid kalthämmern
martensite f Martensit m
martinet m Blattfederhammer m, Federhammer m
m. de suspente ⟨Schiff⟩ Hanger m
maser m Maser m, Molekularverstärker m
m. amplificateur Maserverstärker m
m. à cavité Resonatormaser m
m. continu kontinuierlicher (kontinuierlich laufender) Maser m, CW-Maser m
m. gazeux Gasmaser m
m. à niveaux multiples Mehrniveaumaser m
m. optique optischer Maser m, Laser m
m. pulsé Maser m für Impulsbetrieb, pulsierender Maser, Impulsmaser m
m. solide Festkörpermaser m
m. traveling-wave Traveling-Wave-Maser m, Wanderfeldmaser m
m. à trois niveaux Drei-Niveau-Maser m
masquage m ⟨Typ⟩ Maskieren n
masque m 1. Maske f; 2. Mantel m, Verkleidung f; 3. Bremsschild n ⟨Stapellauf⟩
m. en carton Pappmaske f
m. central en béton Betonkern m
m. d'étanchéité Dichtungskörper m, Dichtungsschürze f
m. à éther Äthermaske f
m. facial Gesichtsmaske f
m. à gaz Gasmaske f
m. métallique Metallmembran f, Stahlwand f
m. à oxygène Sauerstoffmaske f
m. à poussière Staubschutzmaske f
m. respiratoire Atemschutzmaske f
m. rouge Rotdecker m
masque-guide m Führungsmaske f
masquer abdecken, verdecken, verblenden
masse f 1. ⟨Ph⟩ Masse f, Schwere f, Größe f; 2. ⟨El⟩ Masse f, Erdanschluß m; 3. Menge f; 4. Vorschlaghammer m

masse

m. **acoustique** akustische Masse f
m. **apparente** scheinbare Masse f
m. **atomique** Atommasse f
m. **atomique relative** relative Atommasse f, Atomverhältniszahl f
m. **biscuit** Frittegrund m
m. **de coulage** Gießmasse f
m. **critique** kritische Masse f
m. **cuisante à basse température** niedrigbrennender Grund m
m. **d'eau entraînée** hydrodynamische Masse f, mitschwingende Wassermasse f
m. **électrique** elektrische Masse f
m. **électromagnétique** elektromagnetische Masse f
m. **de l'électron au repos** Ruh[e]masse f des Elektrons, Elektronenruh[e]masse f
m. **électronique** Elektronenmasse f
m. **d'équilibrage** 1. ⟨Ph⟩ Massenausgleich m; 2. Auswuchtgewicht n, Gegengewicht n
m. **d'équilibrage à distance** angelenkter Massenausgleich m
m. **d'équilibrage répartie** verteilter Massenausgleich m
m. **extrusive** Extrusivgebilde n
m. **filtrante** Filtermasse f
m. **fondue** Schmelz[mass]e f
m. **frappante** Bär m, Fallbär m
m. **frittée** Frittegrund m
m. **du haut fourneau** Hochofenrumpf m
m. **inerte** träge Masse f
m. **initiale** Startmasse f
m. **isolante** Isoliermasse f
m. **lourde** schwere Masse f
m. **moléculaire** Molekülmasse f
m. **de moulage** Formmasse f
m. **pour le moulage d'acier** Stahlformmasse f
m. **nucléaire** ⟨Ph⟩ Kernmasse f
m. **pesante** schwere Masse f
m. **plastique** Plast m, Kunststoff m, Kunstharz n, plastische Masse f
m. **ponctuelle** Punktmasse f, punktförmige Masse f
m. **à presser** Preßmasse f
m. **propre** Ruh[e]masse f
m. **de recouvrement** Abdeckmasse f
m. **réduite** reduzierte Masse f
m. **relativiste** relativistische Masse f
m. **de remplissage** Füllmasse f
m. **de remplissage des câbles** Kabelvergußmasse f
m. **au repos** Ruh[e]masse f
m. **de scellement** Vergußmasse f
m. **spécifique** Dichte f
m. **vitrifiée** glasige Masse f
m. **volumique** Dichte f
masse-cuite f Kristallfüllmasse f
masselotte f Gießaufsatz m
m. **d'alimentation** Speisekopf m ⟨Block⟩
masses fpl:
m. **non suspendues** ⟨Kfz⟩ ungefederte Masse f
m. **de pierre artificielle** Kunststeinmassen fpl
m. **polaires** Polschuhe mpl
m. **suspendues** ⟨Kfz⟩ gefederte Masse f
massette f Schlägel m, Hammer m
massicot m 1. Klipper m, Furnierschere f; 2. Papierschneidemaschine f
m. **à coupe longitudinale et transversale** Längs- und Querschneidemaschine f
m. **à coupe transversale** Querschneider m
m. **rapide** Schnellschneidemaschine f, Schnellschneider m
m. **rapide à trois couteaux** Dreimesserschnellschneidemaschine f
massif massiv
massif m 1. Fundament n, Gründung f; Grund m; 2. Massiv n
m. **d'ancrage** Ankerblock m
m. **arasé** Rumpfgebirge n
m. **éruptif** Eruptivkörper m
m. **intermédiaire** Zwischenmassiv n
m. **de (en) maçonnerie** ausgemauertes Fundament n
m. **de montagnes** Gebirgsmassiv n
m. **de sel** Salzstock m
m. **surélevé** Horst m
mastic m 1. Mastixharz n; Kitt m; 2. Spachtelmasse f, Spachtel m; Fensterkitt m, Glaserkitt m; 3. ⟨Typ⟩ Fisch m
m. **de vitrier** Glaserkitt m
masticage m, **mastication** f Spachteln n; Kitten n, Verkitten n
m. **à mort** Totwalzen n
mastiquer [ver]spachteln; [ver]kitten
masurium m Technetium n
mat matt[iert]
mat m Matte f ⟨nicht gewebte Faserfläche zur Verstärkung von Kunststoffen⟩
m. **soyeux** Seidenmatt n
m. **verre polyester** Polyesterharzglasmatte f
mât m Mast m
m. **A** A-Mast m, Zweibeinmast m
m. **d'arrêt** Endmast m

m. **arrière** Achtermast m
m. **d'artimon** Besanmast m
m. **avant** Fockmast m, Vormast m
m. **de beaupré** Bugspriet m
m. **bipode** s. m. A
m. **de cellule** Flügelstiel m
m. **de charge** 1. Ladebaum m ⟨fälschlich gebraucht⟩; 2. Ladegeschirr n
m. **de charge à manœuvre hydraulique** hydraulisch schwenkbarer Ladebaum m, Mastkran m
m. **de charge type léger** Leichtgut-(lade)geschirr n
m. **de charge type lourd** Schwergut-(lade)geschirr n
m. **de hune** Stenge f ⟨Obermast⟩
m. **de pavillon** Flaggenstock m
m. **à portique** Portalmast m
m. **radar** Radarmast m
m. **rétractable** neigbarer Mast m ⟨Gabelstapler⟩
m. **de signal (signaux)** Signalmast m
m. **en treillis** Gittermast m
grand m. Großmast m
matage m 1. Verstemmung f; 2. Mattieren n; Mattierung f
m. **à l'acide** Säuremattieren n
matelas m:
m. **d'air** Luftkissen n, Luftpolster n
m. **pneumatique** Luftmatratze f
matelot m **à la pêche** Fischereimatrose m
mater 1. verstemmen, hämmern; mattieren
mâtereau m 1. Ladepfosten m, Pfosten m; 2. Stenge f
m. **d'aération** Lüfterpfosten m
matérialisation f Materialisation f
matériau m 1. Baustoff m, Baumaterial n; Werkstoff m ⟨s. a. matériaux; matière 1.⟩; 2. Füllstoff m
m. **absorbant** schallabsorbierendes Material n
m. **acoustique isolant** schallschluckendes Material n
m. **d'anode** Anodenmaterial n
m. **insonore** schalldämmendes Material n
m. **poreux** Bimsbaustoff m
m. **de remplissage** Kern m ⟨z. B. bei Sandwichbauweise⟩
matériaux mpl Material n; Materialien npl; Werkstoffe mpl
m. **à base de bois** Holzwerkstoffe mpl
m. **céramiques (de construction)** keramische Werkstoffe mpl
m. **composites** Verbundwerkstoffe mpl
m. **de construction** Baumaterial n; Baustoffe mpl

m. **de construction de routes** Straßenbaumaterial n
m. **détritiques** Trümmer pl, Trümmergestein n; Trümmersteine mpl
m. **d'étanchéité** Dichtungsmaterial n; Dichtungsstoffe mpl
m. **isolants** Isolierungsmaterial n; Isoliermittel npl; Isolierstoffe mpl
m. **métallique** metallische Werkstoffe mpl
m. **moulés** Preßschichtstoffe mpl
m. **organogènes** organogene Stoffe mpl
m. **de remblayage** Versatzgut n
m. **de réparation** Reparaturmaterial n
m. **de viabilité** Straßenbaumaterial n
matériel materiell, stofflich; substantiell
matériel m 1. Material n; 2. Ausrüstung f, Ausstattung f; 3. Bedarf m
m. **de conditionnement** 1. Klimatisierungsanlage f und -gerät n; 2. Lufttrocknungs- und -kühlanlage f
m. **de décapage** Beizausrüstung f
m. **d'éclairage pour mines** Geleucht n
m. **électrique** elektrische Geräte npl, elektrische Ausrüstung f
m. **d'empaquetage** Verpackungsmaterial n
m. **de fond** Bergwerksbedarf m
m. **pour fonderies** Gießereibedarf m
m. **de garnissage** Aufzugmaterial n
m. **d'installation** Installationsmaterial n
m. **magnétique de fixation pour clichés** magnetische Klischeebefestigungsmittel npl
m. **métatectique** Metatekt n
m. **de mise en œuvre** maschinelle Ausrüstung f ⟨auf dem Bau⟩; Arbeitsgeräte npl und -maschinen fpl
m. **naval** schwimmendes Material n; Schiffsmaterial n, Schiffsbestand m
m. **d'ombrage** Beschattungsmaterial n
m. **photographique** Fotomaterial n
m. **pour planches d'imprimerie** Druckplattenmaterial n
m. **pneumatique** Preßluftgerät n; Preßluftwerkzeuge npl
m. **de pseudo-labour** Krumenbearbeitungsgerät n
m. **de reliure** Bucheinbandmaterial n
m. **roulant** rollendes Material n; Wagenpark m
m. **routier** Straßenbauausrüstung f, Straßenbaumaterial n und -inventar n
m. **tannant** Gerbstoff m
m. **de voie** Oberbaumaterial n
m. **de voirie** Straßenbaumaschinen fpl und -geräte npl

matériels 414

matériels *mpl*:
　m. de fenaison Heuerntegeräte *npl*
　m. de préparation du sol Bodenbearbeitungsgeräte *npl*
mât-grue *m* hydraulisch schwenkbarer Ladebaum *m*, Mastkran *m*
mathématique mathematisch
mathématiques *fpl* Mathematik *f*
　m. des assurances Versicherungsmathematik *f*
matière *f* 1. Material *n*; Materie *f*; Stoff *m*; Werkstoff *m* ⟨s. a. matières; matériaux 1.⟩; 2. Sache *f*
　m. ajoutée Zusatz *m*
　m. d'appoint Zusatzwerkstoff *m* ⟨Schweißen, Löten⟩
　m. en broyage Mahlgut *n* ⟨während des Mahlens⟩
　m. broyée Mahlgut *n* ⟨nach dem Mahlen⟩
　m. à broyer Mahlgut *n* ⟨vor dem Mahlen⟩
　m. brute Rohstoff *m*
　m. calorifuge Wärmeschutzstoff *m*
　m. de charge Füllstoff *m* ⟨Lack⟩
　m. colorante Farbstoff *m*
　m. combustible Brennstoffmaterial *n*
　m. diffusante en retour Rückstreumaterial *n*
　m. à distribuer ⟨Typ⟩ Ablegesatz *m*
　m. d'étanchement Dichtungsmasse *f*
　m. fertile Brutstoff *m*, Brutmaterial *n*
　m. feuillogène s. m. filmogène
　m. fibreuse Faserstoff *m*
　m. à filer Spinnmasse *f*
　m. filmogène Filmbildner *m* ⟨Lack⟩
　m. fissible Spaltstoff *m*, Spaltmaterial *n*
　m. à fondre Schmelzmaterial *n*
　m. grasse Fett *n*
　m. ignifuge Feuerschutzmittel *n*
　m. isolante Isoliermaterial *n*
　m. à laminer Walzmaterial *n*
　m. lutante Dichtungsmasse *f*
　m. de moulage Formstoff *m*
　m. nucléaire Kernmaterie *f*
　m. plastique Plast *m*, Kunststoff *m*, Kunstharz *n*, plastischer Stoff *m* ⟨s. a. plastique⟩
　m. première Rohstoff *m*, Rohmaterial *n*, Ausgangsstoff *m*
　m. de remplissage 1. Füllmaterial *n*, Füllstoff *m*; 2. Zuschlagstoff *m*
　m. à sécher Trocknungsgut *n*
　m. solide Trockensubstanz *f*
　m. synthétique Kunststoff *m*, synthetisches Material *n*, Plast *m*
　m. thermodurcissable Duroplast *m*

　m. thermoplastique Thermoplast *m*
　m. vitrifiable Glasbildner *m*
　m. volatile flüchtiger Bestandteil *m*
　m. en vrac Schüttgut *n*, Massengut *n*
matière-cible *f* Targetmaterial *n*
matières *fpl*:
　m. consommables Betriebsstoffe *mpl*; Verbrauchsstoffe *mpl*
　m. à fondre Schmelzgut *n*
　m. en laminage Walzgut *n*
　m. de manutention Fördergut *n*
　m. à préparer Aufbereitungsgut *n*
maton *m* Rohstein *m*
matras *m* Kolben *m*, Langhalskolben *m*; Glaskolben *m*
matriçage *m* Gesenkschmieden *n*
　m. à chaud Gesenkschmieden *n*
　m. par choc Schlagfließpressen *n*
　m. de précision Präzisionsschmieden *n*
matrice *f* 1. Matrize *f*, Gesenk *n*, Werkzeug *n*, Preßform *f*; 2. Schnittplatte *f*; 3. Stanzwerkzeug *n*, Stanze *f*; 4. Ziehring *m* ⟨Tiefziehen⟩; 5. Werkzeug *n*, Knetwerkzeug *n* ⟨Rundknetmaschine⟩; 6. ⟨Typ⟩ Matrize *f*, justierte Mater *f*; 7. ⟨Math⟩ Matrix *f*; 8. ⟨Geol⟩ Grundmasse *f*
　m. carrée ⟨Math⟩ quadratische Matrix *f*
　m. combinée Komplettschnitt *m*, Verbundschnitt *m*
　m. de compression Preßmatrize *f*; Preßform *f*, Preßwerkzeug *n*
　m. de contacts ⟨Dat⟩ Kontaktmatrix *f*
　m. des covariances ⟨Math⟩ Streuungsmatrix *f*
　m. de décodage ⟨Dat⟩ Dekodiermatrix *f*
　m. de découpage 1. Schnittplatte *f*; Schnittwerkzeug *n*; 2. ⟨Met⟩ Abschneidegesenk *n*
　m. de diffusion ⟨Kern⟩ Streumatrix *f*, S-Matrix *f*
　m. d'emboutissage Ziehring *m* ⟨Tiefziehen⟩; Tiefziehwerkzeug *n*
　m. d'estampage Stauchmatrize *f*
　m. pour étirage à froid Kaltziehmatrize *f*
　m. à étirer Ziehmatrize *f*
　m. finisseuse Fertiggesenk *n*
　m. fixe Formplatte *f*
　m. de forgeage préalable Vorschmiedegesenk *n*
　m. de frappe à froid Kaltschlagmatrize *f*
　m. inférieure Untergesenk *n*
　m. inverse ⟨Math⟩ inverse Matrix *f*, Kehrmatrix *f*

m. **ouverte** offenes Gesenk n
m. **de perforation** ⟨Dat⟩ Lochermatrize f
m. **de pressage** Preßmatrize f; Preßform f, Preßwerkzeug n
m. **réductrice (à réduire)** Reduziermatrize f, Reduziergesenk n
m. **semblable** ⟨Math⟩ ähnliche Matrix f
m. **spéciale à composer à la main** Handmatrize f ⟨an der Setzmaschine⟩
m. **de spin** ⟨Ph⟩ Spinmatrix f
m. **supérieure** Obergesenk n
m. **à (de) tores** ⟨Dat⟩ Kernmatrix f
m. **unité** ⟨Math⟩ Einheitsmatrix f
matricer gesenkschmieden; prägen
matriciel ⟨Math⟩ Matrizen-
matte f:
  m. **brute** Rohstein m
  m. **brute de cuivre** Kupferstein m
maturation f 1. Reifung f; 2. s. vieillissement
mâture f Bemastung f, Masten mpl
maturer s. vieillir
maturité f **technique** Betriebsreife f
maximum maximal; höchst-, größt-; Maximal-, Höchst-, Größt-
maximum m Maximum n, Höchstwert m, Schejtelwert m, Größtwert m
m. **en avant** ⟨Kern⟩ Vorwärtsmaximum n, Vorwärtspeak m
m. **d'interférence** Interferenzmaximum n
m. **principal** Hauptmaximum n
m. **de rendement** Höchstleistung f
m. **en retour** ⟨Kern⟩ Rückwärtsmaximum n, Rückwärtspeak m
mazer Roheisen frischen
mazout m Heizöl n
mazoutage m Ölübernahme f, Dieselölübernahme f
mazouter Öl (Dieselöl) übernehmen
méandre m Mäander m
mécanicien m 1. Mechaniker m, Maschinenschlosser m; Maschinenbauer m; 2. Maschinist m; technischer Offizier m; Schiffsingenieur m; 3. Lokomotivführer m
m. **d'automotrice** Triebwagenführer m
m. **navigant** Bordmechaniker m
m. **responsable** Flugzeugprüfer m ⟨Militärflugwesen⟩; Luftfahrzeugprüfer m
mécanique mechanisch; maschinell [betrieben]
mécanique f 1. Mechanismus m, Getriebe n; 2. Mechanik f; 3. Maschinenbau m, Maschinenwesen n ⟨im allgemeinsten Sinne⟩

m. **céleste** Himmelsmechanik f
m. **des fluides** Hydromechanik f, Mechanik f der Flüssigkeiten
m. **newtonienne** Newtonsche (klassische) Mechanik f
m. **ondulatoire** Wellenmechanik f
m. **ponctuelle** Punktmechanik f
m. **de précision** Feinmechanik f
m. **des quanta, m. quantique** Quantenmechanik f
m. **relativiste** Relativitätsmechanik f, relativistische Mechanik f
m. **des sols** Bodenmechanik f
m. **théorique** theoretische Mechanik f
mécanisation f Mechanisierung f
mécaniser mechanisieren
mécanisme m 1. Mechanismus m, Getriebe n, Gestänge n, Triebwerk n; Laufwerk n, Werk m ⟨z. B. Spielzeug, Uhr⟩; Vorrichtung f, Einrichtung f, Apparat m; 2. Mechanismus m, physikalischer Vorgang m, Ablauf m ⟨z. B. Mechanismus der Reibung⟩
m. **d'addition** ⟨Dat⟩ Addierwerk n
m. **d'alimentation** Zuführung f
m. **d'arrêt** Anschlageinrichtung f; Arretierung f
m. **de blocage** Verriegelung f
m. **de calcul** ⟨Dat⟩ Rechenwerk n
m. **de changement de prises** Stufeneinstellvorrichtung f
m. **de changement de vitesses** Schaltmechanismus m, Schaltgestänge n
m. **de commande** Antriebsmechanismus m, Antriebsgestänge n
m. **croix de Malte** Malteserkreuzgetriebe n
m. **de débrayage** Kupplungsausrückmechanismus m
m. **de déclenchement** Auslösemechanismus m
m. **d'échange** Austauschmechanismus m
m. **d'écriture** ⟨Dat⟩ Schreibwerk n
m. **d'élévation** Hebevorrichtung f
m. **à encliquetage** Gesperre n, Sperrvorrichtung f, Klinkengesperre n
m. **d'enroulement de la pellicule** Filmaufwickelvorrichtung f
m. **d'entrainement du cadran** Skalenantrieb m
m. **d'entrainement du ruban magnétique** Magnetbandlaufwerk n
m. **d'impression** ⟨Dat⟩ Druckwerk n
m. **à manivelle** Kurbeltrieb m
m. **de manœuvre d'aiguille** ⟨Eb⟩ Weichenantrieb m
m. **de manutention** Fördereinrichtung f

mécanisme 416

m. moteur Antriebsmechanismus m
m. à pas de pèlerin Pilgerschrittgetriebe n
m. à passage brusque Sprungschaltung f
m. perforateur ⟨Dat⟩ Stanzwerk n
m. principal ⟨Dat⟩ Hauptwerk n, Leitwerk n
m. principal d'addition Hauptaddierwerk n
m. des produits ⟨Dat⟩ Produktenwerk n
m. à programme Programmschaltwerk n
m. des quotients ⟨Dat⟩ Quotientenwerk n
m. de renversement de marche Wendegetriebe n, Räderwendegetriebe n
m. à ressort Federlaufwerk n ⟨Spielzeug⟩; Federwerk n ⟨Uhr⟩
m. des résultats ⟨Dat⟩ Resultatwerk n
m. totalisateur Aufrechnungsaddierwerk n, Saldierwerk n
m. de transmission Getriebe n
m. de transport Fördereinrichtung f
mécanographie f Büromaschinenindustrie f
m. à cartes perforées Lochkartenverfahren n
mécanosoudage m Maschinenschweißen n
mèche f 1. Vorgarn n; Stapel m; 2. Zündschnur f; Docht m; Locke f; 3. Ruderschaft m; 4. Bohrer m; Bohrerspitze f
m. anglaise Zentrumbohrer m
m. à bois Holzbohrer m
m. cuiller Löffelbohrer m
m. du gouvernail Ruderschaft m
m. de graissage ⟨Masch⟩ Öldocht m
m. à métaux Metallbohrer m
m. à poteau Erdbohrer m
m. de sécurité Sicherheitszündschnur f
fausse m. (du gouvernail) Ruderpfosten m
mécompte m Rechenfehler m
médecine f **nucléaire** Nuklearmedizin f
mégacycle m **(par seconde)** s. mégahertz
méga-électron-volt m Megaelektronenvolt n
mégahertz m Megahertz n
mégaséismique megaseismisch
mégavoltampère m Megavoltampere n
mégawatt m Megawatt n
mégohm m Megaohm n
mégohmmètre m Megohmmesser m, Megohmmeter n, Isolationsprüfapparat m, Isolationsprüfer m, Isolationsmeßapparat m, Isolationsmesser m, Isolationsmeßgerät n

mélamine f Melamin n
mélange m Gemisch n, Durchmischung f; Mischen n; Mischung f
m. additif additive Mischung f
m. additif des couleurs additive Farbmischung f
m. air-combustible Kraftstoff-Luft-Gemisch n
m. air-essence Benzin-Luft-Gemisch n
m. anticorrosion Korrosionsschutzmasse f
m. azéotropique azeotropes Gemisch n
m. de base Grundmischung f
m. binaire Zweistoffgemisch n
m. brut Rohmischung f
m. comburant-combustible Sauerstoff-Brennstoff-Gemisch n
m. de couleurs Farbmischung f
m. à diode Diodenmischung f
m. eau-poisson Fisch-Wasser-Gemisch n
m. eutectique eutektisches Gemisch n
m. explosif explosives Gemisch n
m. de fibres Fasergemisch n, Fasermischung f
m. de fréquences Frequenzgemisch n
m. des fréquences Frequenzmischung f
m. frigorifique Kältemischung f
m. de gaz rare Edelgasgemisch n
m. gazeux Gasgemisch n
m. initial Ausgangsgemisch n
m. d'isotopes Isotopengemisch n
m. de laine Wollmischung f
m. liquide Flüssigkeitsgemisch n
m. des matières premières Rohmischung f
m. pour le moulage d'acier Stahlformmasse f
m. multiplicatif multiplikative Mischung f
m. pauvre armes (mageres) Gemisch n
m. réactionnel Reaktionsgemisch n
m. réfractaire feuerfeste Masse f
m. réfrigérant Kältemischung f
m. riche reiches (fettes) Gemisch n
m. sec Trockenmischung f
m. de solvants Lösungsmittelgemisch n
m. du son Tonmischung f
m. de sons Tongemisch n
m. soustractif des couleurs substraktive Farbmischung f
m. tonnant Knallgas n
m. de vapeur Mischdampf m
m. vitrifiable Glasgemenge n
mélangé gemischt
non m. ungemischt
mélangeage m Mischen n
m. préalable Vormischen n

mélanger 1. [ver]mischen; 2. ⟨Text⟩ mischen, melieren; 3. ⟨Fs⟩ mischen, überblenden, einblenden
mélangeur m 1. Mischer m, Mischmaschine f; Mischgefäß n; Mixer m; 2. Mischbatterie f, Mischventil n ⟨Rohrleitungsbau⟩; 3. Mischdüse f ⟨Schweißbrenner⟩; 4. ⟨Fs⟩ Mischer m; Mischpult n
  m. **d'aliments bétail** Futtermischer m
  m. **à bac** Trogmischer m
  m. **de cartes** ⟨Dat⟩ Kartenmischer m
  m. **centrifuge** Zentrifugalmischer m
  m. **à dispersion** Dispersionskneter m
  m. **à disque** Scheibenmischer m
  m. **de fonte (liquide)** Roheisenmischer m
  m. **de gaz** Gasmischer m
  m. **à hélice** Schraubenmischer m
  m. **image** Bildmischpult n
  m. **interne à piston** Banbury-Mischer m
  m. **à jet** Strahlmischer m
  m. **à plusieurs hélices** Mehrwellenmischer m
  m. **de préaffinage** Vorfrischmischer m
  m. **rapide** Schnellmischer m
  m. **roulant** Rollmischer m
  m. **à tambour** Trommelmischer m
  m. **à tambour biconique** Doppelkegeltrommelmischer m
  m. **à une hélice** Einwellenmischer m
mélangeur-batteur m Schlagmischer m
mélangeuse f s. mélangeur
mélanocrate melanokrat
mélasse f Melasse f, Schlempe f
mêler les lettres verfischen
membrane f Membran[e] f
  m. **de collodion** Kollodiumfolie f
  m. **de collodion percée de trous** Kollodiumlochfolie f
  m. **conique** Konusmembran f
  m. **de formvar** Formvarfolie f
  m. **de formvar percée de trous** Formvarlochfolie f
  m. **du haut-parleur** Lautsprechermembran f
  m. **métallique** Metallfolie f
  m. **percée de trous** Lochfolie f
  m. **de pompe** Pumpenmembran f
  m. **primaire** Primärwand f
  m. **secondaire** Sekundärwand f
  m. **semi-perméable** semipermeable (halbdurchlässige) Membran f
  m. **support** Trägerfolie f
  m. **support de carbone** Kohleträgerfolie f
  m. **support de collodion** Kollodiumträgerfolie f

membranes fpl **cellulaires lignifiées** verholzte Zellwände fpl
membre m 1. Glied n ⟨Getriebe⟩; 2. s. membrure; **hors membres** s. **entre membrures**
  m. **à action proportionnelle** Proportionalglied n, P-Glied n
  m. **à action proportionnelle et dérivée** Proportional-Differential-Glied n, PD-Glied n
  m. **à action proportionnelle et intégrale** Proportional-Integral-Glied n, PI-Glied n
  m. **à action proportionnelle, intégrale et dérivée** Proportional-Integral-Differential-Glied n, PID-Glied n
  m. **d'une équation** Seite f einer Gleichung
  m. **d'une famille radio-active** Glied n einer radioaktiven Zerfallsreihe
membrure f 1. Gurt m, Gurtung f; 2. Rahmen m; Rahmenstück n; 3. Gerippe n; 4. Bauspant n (m); Bootsrippe f ⟨Bootsbau⟩; Seitenspant n (m); Spant n (m) ⟨als Bauteil⟩; **entre membrures** auf Spanten ⟨Mallkante⟩
  m. **de cale** Raumspant n
  m. **de compression** Druckgurt m
  m. **intermédiaire** Zwischenspant n
  m. **transversale** Querspant n
mémoire f ⟨Dat⟩ Speicher m
  m. **à accès direct** Speicher m mit direktem Zugriff
  m. **à accès immédiat** Speicher m mit unmittelbarem Zugriff
  m. **à accès lent** Speicher m mit langer Zugriffszeit
  m. **à accès libre** Speicher m mit beliebigem (wahlfreiem) Zugriff
  m. **à accès rapide** Speicher m mit kurzer Zugriffszeit
  m. **acoustique** akustischer Speicher m
  m. **additionnelle** Ergänzungsspeicher m
  m. **adressable** adressierbarer Speicher m
  m. **adressée** [voll]adressierter Speicher m
  m. **auxiliaire** Hilfsspeicher m
  m. **à bande magnétique** Magnetbandspeicher m
  m. **centrale** Zentralspeicher m
  m. **à circulation** Umlaufspeicher m
  m. **de commande** Steuerspeicher m
  m. **complémentaire** Zusatzspeicher m, freier Speicher m
  m. **à corps solide** Festkörperspeicher m

mémoire

m. à couche mince Dünnschichtspeicher m
m. cyclique periodischer Speicher m
m. de la date Datumspeicher m
m. à disques magnétiques Magnetplattenspeicher m
m. des données Datenspeicher m
m. dynamique dynamischer Speicher m
m. effaçable löschbarer Speicher m
m. électrolytique elektrolytischer Speicher m
m. électrostatique elektrostatischer Speicher m
m. d'entrée Eingangsspeicher m
m. extérieure (externe) externer Speicher m
m. des facteurs constants Konstantenspeicher m
m. à ferrites Ferritkernspeicher m
m. ferromagnétique ferromagnetischer Speicher m
m. générale Hauptspeicher m
m. à grande accumulation Großraumspeicher m
m. ineffaçable nichtlöschbarer Speicher m
m. intermédiaire Pufferspeicher m, Zwischenspeicher m
m. interne innerer Speicher m
m. d'introduction Eingabespeicher m
m. lente langsamer Speicher m
m. à ligne à retard Laufzeitspeicher m
m. linéaire Linearspeicher m
m. magnétique Magnetspeicher m
m. magnétique à couche mince Dünnschichtmagnetspeicher m
m. matricielle Matrixspeicher m
m. mécanique mechanischer Speicher m
m. numérique Ziffernspeicher m
m. opérationnelle (opératrice) Arbeitsspeicher m
m. parallèle Parallelspeicher m
m. permanente Permanentspeicher m
m. principale Hauptspeicher m
m. rapide Schnellspeicher m
m. à relais Relaisspeicher m
m. à ruban magnétique Magnetbandspeicher m
m. secondaire Sekundärspeicher m, Fremdspeicher m
m. de sortie Ausgabespeicher m
m. spéciale Sonderspeicher m
m. statique statischer Speicher m
m. à tambour Trommelspeicher m
m. à tambour magnétique Magnettrommelspeicher m
m. tampon Pufferspeicher m

m. tampon d'entrée Eingabepufferspeicher m
m. tampon de sortie Ausgabepufferspeicher m
m. à temps d'accès minimum Speicher m mit minimaler Zugriffszeit
m. à tore magnétique Ringkernspeicher m
m. à tores de ferrite Ferritkernspeicher m
m. à tores magnétiques Magnetkernspeicher m
m. de travail Arbeitsspeicher m
mémoire-programme f Speicherprogramm n
mémorisation f Speicherung f ⟨s. a. emmagasinage⟩
mémoriser speichern
menant Treib-, Antriebs-
mendélévium m Mendelevium n
meneau m Fensterkreuz n; Fensterpfeiler m; Fensterpfosten m
mener (an)treiben
ménisque m 1. Meniskus m; 2. Punktalglas n, punktuell abbildendes Brillenglas n
m. convergent positiver Meniskus m, Konkavkonvexlinse f
m. divergent negativer Meniskus m, Konvexkonkavlinse f
mensuration f Vermessung f
menthane m Menthan n
menthène m Menthen n
menthol m Menthol n
menthone f Menthon n
menu m coke Feinkoks m
menus mpl
m. bruts Kohlengrus m
m. de forage Bohrklein n
méplat halbflach
mer f 1. Meer n; See f; 2. Seegang m;
de m. See-; seegehend; de haute m. Hochsee-; seegehend; en (à la) m. auf See; par m. über See
m. abyssale Tiefsee f
m. adjacente Randmeer n
m. de bout Kopfsee f, Seegang m von vorn
m. calme Glattwasser n, Ruhigwasser n; ruhige See f
m. démontée Kreuzsee f
m. étale ⟨Geol⟩ Stillwasser n
m. fermée Binnensee m
m. intérieure Binnenmeer n
m. de rochers Blockmeer n
m. territoriale Territorialgewässer npl
m. du zechstein Zechsteinmeer n
basse m. Niedrigwasser n ⟨Gezeiten⟩

pleine m. 1. Glattwasser *n*, Ruhigwasser *n*; ruhige See *f*; 2. Hochwasser *n* ⟨Gezeiten⟩; 3. Hochsee *f*, offene See *f*
mercaptane *m* 1. Merkaptan *n*, Thioalkohol *m*; 2. *s.* m. éthylique
  m. éthylique Äthylmerkaptan *n*
  m. méthylique Methylmerkaptan *n*
mercerisation *f* Merzerisieren *n*; Merzerisierung *f*
merceriser merzerisieren
merceriseuse *f* Merzerisiermaschine *f*
mercurage *m* Amalgamieren *n*
mercuration *f* ⟨Ch⟩ Merkurierung *f*
mercure *m* Quecksilber *n*
  m. argental Silberamalgam *n*
mercuriel quecksilberhaltig
mère *f* **de coulée** Eingußrohr *n*
mère-galerie *f* Hauptförderstrecke *f*
méridien *m* Längenkreis *m*, Meridian *m*
  m. céleste Himmelsmeridian *m*
  m. du lieu Ortsmeridian *m*
  m. magnétique magnetischer Meridian *m*
merlin *m* Marlleine *f*
mesa *f* Mesatransistor *m* ⟨Kategorie von Transistoren mit tischförmiger Anordnung der Halbleiterschichten⟩
mésique *s.* mésonique
mésitylène *m* ⟨Ch⟩ Mesitylen *n*
mésomère ⟨Ch⟩ mesomerisch
mésomérie *f* ⟨Ch⟩ Mesomerie *f*
mésomorph(iqu)e mesomorph
méson *m* Meson *n*
  m. cosmique Meson *n* der kosmischen Strahlung
  m. K K-Meson *n*
  m. neutre neutrales Meson *n*
  m. virtuel virtuelles Meson *n*
  m. μ μ-Meson *n*, My-Meson *n*, Myon *n*
  m. π π-Meson *n*, Pi-Meson *n*, Pion *n*
mésonique mesonisch, Meson[en]-
mésothermal mesothermal
mésozoïque *m* Mesozoikum *n*
mésozone *f* Mesozone *f*
mess *m* Messe *f*
message *m* Nachricht *f*
  m. prioritaire Prioritätsnachricht *f*
  m. téléimprimé Fernschreiben *n* ⟨Schriftstück⟩
  m. téléimprimé radio Funkfernschreiben *n*
  m. téléphoné zugesprochenes Telegramm *n*, fernmündliche Mitteilung *f*, Fernspruch *m*
mesurabilité *f* Meßbarkeit *f*
mesurable meßbar
mesurage *m* Messen *n*; Messung *f* ⟨*s. a.* mesure⟩

m. d'intérieur Innenmessung *f*
m. précis Feinmessung *f*
mesure *f* 1. Maß *n*; 2. Messen *n*; Messung *f*; 3. Maßnahme *f*
  m. d'allongement Dehnungsmessung *f*
  m. de bruit Rauschmessung *f*
  m. de capacité Kapazitätsmessung *f*
  m. colorimétrique kolorimetrische Messung *f*
  m. directe direkte Messung *f*
  m. à distance Fernmessung *f*
  m. de la dureté au scléromètre Fallhärteprüfung *f*
  m. de l'épaisseur de paroi Wanddikkenmessung *f*
  m. de filetage Gewindemessung *f*
  m. en haute fréquence Hochfrequenzmessung *f*, HF-Messung *f*
  m. de haute tension Hochspannungsmessung *f*
  m. indirecte indirekte Messung *f*
  m. de longueur Längenmaß *n*; Längenabmessung *f*
  m. de niveau Pegelmessung *f*
  m. de la période de roulis Rollzeitmessung *f*
  m. de la pesanteur Schweremessung *f*
  m. du pH pH-Messung *f*
  m. photogrammétrique (de photographie) fotogrammetrische Aufmessung *f*
  m. en pont Brückenmessung *f*
  m. de précision Feinmessung *f*
  m. en précompte Messung *f* mit Impulsvorwahl
  m. de protection Schutzmaßnahme *f*
  m. du taux de distorsion Klirrfaktormessung *f*
  m. du taux de modulation Modulationsmessung *f*
  m. de la température Temperaturmessung *f*
  m. du temps Zeitmessung *f*
  m. en temps préaffiché Messung *f* mit Zeitvorwahl
  m. de tension Spannungsmessung *f* ⟨mechanisch⟩
  m. par ultrason des épaisseurs de paroi Ultraschallwanddickenmessung *f*
  m. de voltage Spannungsmessung *f* ⟨elektrisch⟩
mesurer [aus]messen
  m. le niveau pegeln
mesureur *m* Meßgerät *n*
  m. d'angles d'inclinaison de dentures Schrägungswinkelmeßgerät *n*
  m. de couple Drehmomentenmesser *m*
  m. de débit Durchflußmesser *m*

mesureur

    m. de divisions angulaires Winkelteilungsmeßgerät n
    m. pour grandes longueurs Längenmeßgerät n
    m. d'intensité de champ Feldstärkemesser m
    m. de montures Fassungsmesser m
    m. de pas Steigungsmeßgerät n
    m. de profondeur d'empreinte Eindrucktiefenmesser m
    m. du taux de remplissage Bunkerstandsanzeiger m
    m. de terre Erdschlußmeßgerät n

méta- meta-, Meta-, m- ⟨organische Verbindungen s. unter dem betreffenden Grundwort⟩

métabisulfite m:
    m. de potassium Kaliummetabisulfit n
    m. de sodium Natriummetahydrogensulfit n

metablastèse f Metablastese f
métabolique metabolisch, Stoffwechsel-
métabolisme m Metabolismus m, Stoffwechsel m
    m. de base Grundumsatz m
métaborate m Metaborat n
métacentre m Metazentrum n
    m. latitudinal Breitenmetazentrum n
    m. longitudinal Längenmetazentrum n
    petit m. Breitenmetazentrum n
métacentrique metazentrisch
métadyne f ⟨El⟩ Zwischenbürstenmaschine f
métagéométrie f nichteuklidische Geometrie f
métal m Metall n
    m. d'addition Zusatzmetall n
    m. alcalin Alkalimetall n
    m. allié Legierungsmetall n
    m. antifriction Lagermetall n, Weißmetall n
    m. d'apport Auftragsmetall n; Zusatzwerkstoff m
    m. de base Grundmetall n
    m. blanc Weißmetall n
    m. de cloche Bronze f, Glockenmetall n, Glockenguß m
    m. composite Verbundmetall n
    m. coulé Gußmetall n
    m. cru Rohmetall n
    m. déformé verformtes Metall n
    m. déployé Streckmetall n
    m. dur Hartmetall n
    m. extra pur Reinstmetall n
    m. fritté Sintermetall n
    m. en fusion Metallschmelze f
    m. léger Leichtmetall n
    m. liquide flüssiges Metall n
    m. lourd Schwermetall n
    m. Monel Monelmetall n
    m. natif gediegenes (reines) Metall n
    m. non ferreux (ferrugineux) Nichteisenmetall n
    m. préaffiné Vormetall n
    m. précieux Edelmetall n
    m. rose Rotguß m
    m. de transition Übergangsmetall n
    m. de Wood Woodmetall n
    vieux m. Altmetall n

métaldéhyde m Metaldehyd m
métallifère metallhaltig
métallique metallisch
métallisation f Metallisieren n, Metallspritzen n; Aufdampfen n von Metallüberzügen
    m. électrolytique galvanisches Metallisieren n, galvanische Oberflächenbehandlung f
    m. au pistolet, m. par projection Metallisieren n mit der Spritzpistole, Metallspritzen n
    m. sous vide Vakuumaufdampfen n, Aufdampfen n

métallisé metallhinterlegt ⟨Leuchtschirm⟩
métalliser metallisieren
    m. par projection d'aluminium alumetieren

métalliseur m Metallspritzpistole f, Metallspritzapparat m
métallocéramique f Metallkeramik f, Sintermetallurgie f, Pulvermetallurgie f
métallochromie f galvanische Metallanfärbung f
métallographe m Metallograf m
métallographie f Metallografie f, Metallkunde f
    m. électronique Elektronenmetallografie f

métallographique metallografisch
métalloïde m Metalloid n
métalloradiographie f Röntgenmetallografie f
métallurgie f Hüttenkunde f, Hüttenwesen n
    m. du fer, m. ferreuse Eisenhüttenkunde f, Eisenhüttenwesen n
    m. des métaux ferreux Eisenmetallurgie f
    m. des métaux non ferreux Nichteisenmetallurgie f
    m. des poudres Pulvermetallurgie f
    m. des poudres mixtes oxydes-métal Metallkeramik f
    m. sous vide Vakuummetallurgie f
    m. par la voie ignée Pyrometallurgie f

métallurgique metallurgisch; hüttenmännisch
métallurgiste m Metallurge m; Hüttenmann m
métal-oxyde-semi-conducteur m Metalloxidhalbleiter m
métal-support m Grundmetall n
métamère m Metamer[es] n
métamérie f Metamerie f
métamérique metamerisch
métamorphique metamorph
métamorphisme m Metamorphose f ⟨Gestein⟩
 m. **de contact** Kontaktmetamorphose f
 m. **dynamique** Dislokationsmetamorphose f
 m. **régional** Regionalmetamorphose f
 m. **statique** statische Metamorphose f
métaphosphate m Metaphosphat n
métasilicate m Metasilikat n
métasomatique metasomatisch
métasomatose f Metasomatose f
métastable metastabil
métastatique metastatisch
métatexie f Metatexis f
météore m Meteor m
météorite f Meteorit m
 m. **pierreuse** Steinmeteorit m
météorographe m Meteorograf m
météorologie f Meteorologie f
 m. **synoptique** synoptische Meteorologie f
météorologique meteorologisch
méthacrylate m **de méthyle** Methylmethakrylat n
méthacrylique Methakryl-
méthanal m Methanal n, Formaldehyd m
méthane m Methan n, Grubengas n, Sumpfgas n
 m. **monochloré** Monochlormethan n
 m. **triiodé** Trijodmethan n, Jodoform n
méthanier m Methangastanker m
méthanol m Methanol n
méthode f Methode f, Verfahren[sweise f] n, Arbeitsweise f
 m. **d'abattage** Abbauverfahren n
 m. **d'accord** Abstimmverfahren n, Abgleichverfahren n
 m. **d'activation** Aktivierungsmethode f
 m. **de l'activité induite** Methode f der induzierten Aktivität
 m. **d'alignement** Abgleichverfahren n
 m. **des analogies (électriques)** Analogieverfahren n
 m. **analytique** analytische Methode f, Analysenverfahren n
 m. **d'anticoïncidences** Antikoinzidenzmethode f

 m. **d'approximation** Näherungsverfahren n
 m. **d'arrachement** Abreißmethode f ⟨zum Messen der Oberflächenspannung⟩
 m. **autoradiographique** autoradiografische Methode f
 m. **de battements** Schwebungsmethode f
 m. **de la boucle** Schleifenverfahren n
 m. **de calcul** Rechenmethode f
 m. **du champ alternatif** Wechselfeldmethode f
 m. **du champ résiduel** Restfeldverfahren n ⟨magnetisch⟩
 m. **à chemin critique** CPM-Verfahren n, Methode f des « kritischen Wegs »
 m. **des coïncidences retardées** Methode f der verzögerten Koinzidenzen
 m. **du col** ⟨Math⟩ Sattelpunktmethode f
 m. **colorimétrique** kolorimetrisches Meßverfahren n
 m. **de compensation** ⟨El⟩ Kompensationsmethode f; Brückenverfahren n
 m. **de copiage** Kopierverfahren n
 m. **des coupes minces** Dünnschnittechnik f
 m. **du cristal oscillant** Schwenkkristallverfahren n
 m. **du cristal tournant** Drehkristallverfahren n
 m. **cryométrique (cryoscopique)** kryoskopische Methode f
 m. **de la culasse** Jochmethode f
 m. **de décoction** Dekoktionsverfahren n, Kochverfahren n
 m. **de déviation** Ausschlagmethode f
 m. **du diagramme de Laue en retour** Laue-Rückstrahlverfahren n
 m. **du diagramme de Laue par transmission** Laue-Durchstrahlverfahren n
 m. **différentielle** Differentialmethode f
 m. **de diffusion à travers une barrière** Trennwanddiffusionsmethode f
 m. **de dilution** Verdünnungsmethode f
 m. **de la dispersion atomique anormale** Methode f der anomalen Atomstreuung
 m. **dynamique** dynamische Methode f
 m. **d'échelle de gris** Graukeilmethode f
 m. **par écho d'impulsion** Impulsechomethode f, Impulsechoverfahren n
 m. **d'émulsions nucléaires** Kernspuremulsionsmethode f
 m. **d'enregistrement** Aufzeichnungsmethode f, Erfassungsmethode f
 m. **d'essai (examen)** Prüfverfahren n

méthode 422

m. d'exploration Abtastverfahren n; Forschungsmethode f
m. du flacon Pyknometermethode f ⟨zur Dichtebestimmung fester Körper⟩
m. du flux de culasse Jochflußmethode f ⟨magnetisch⟩
m. hyperbolique Hyperbelverfahren n ⟨Funkortung⟩
m. d'immersion Immersionsmethode f
m. d'itération Iterationsverfahren n
m. de laitier unique Einschlackenverfahren n
m. de Laue Laue-Verfahren n ⟨Kristallstrukturanalyse⟩
m. masse-spectrographique massenspektrografische Methode f
m. du maximum de vraisemblance ⟨Math⟩ Methode f der maximalen Mutmaßlichkeit
m. de mesure Meßmethode f
m. de mesure par décharge d'un condensateur Entladungsmethode f, Messung f durch Kondensatorentladung
m. de modulation Modulationsverfahren n
m. des moindres carrés ⟨Math⟩ Methode f der kleinsten Quadrate
m. Monte-Carlo Monte-Carlo-Methode f
m. d'opposition ⟨El⟩ Rückarbeitsverfahren n
m. des paraboles de Thomson Thomsonsche Parabelmethode f
m. de pêche Fangmethode f, Fischfangmethode f
m. des pertes séparées Einzelverlustverfahren n
m. points-traits Punkt-Strich-Methode f
m. de polarisation spontanée Eigenpotentialmethode f
m. de pont ⟨El⟩ Brückenmethode f
m. potentiométrique ⟨El⟩ Kompensationsmethode f
m. des poudres Pulvermethode f
m. de préparation Präparationsverfahren n
m. de programmation ⟨Dat⟩ Programmierverfahren n
m. de prospection ⟨Brg⟩ Schürfverfahren n
m. de prospection géochimique geochemische Prospektionsmethode f
m. du recul protonique ⟨Kern⟩ Protonenrückstoßmethode f
m. de réduction à zéro Nullmethode f
m. de réplique Abdruckverfahren n
m. roll-on/roll-off Roll-on/Roll-off-Verfahren n

m. sandwich Sandwichmethode f
m. de scintillations, m. scintilloscopique Szintillationsmethode f
m. de sédimentation Sedimentationsmethode f
m. de séparation Trennverfahren n
m. de séparation des isotopes Isotopentrennverfahren n
m. du simplexe ⟨Math⟩ Simplexmethode f
m. de soufflage Blasverfahren n
m. statique statische Methode f
m. des stries Schlierentechnik f
m. de syntonisation Abstimmverfahren n
m. de temps de vol Flugzeitmethode f
m. des traceurs Tracerverfahren n, Tracertechnik f, Indikatormethode f
m. de transmission Übertragungsverfahren n
m. de travail Arbeitsweise f
m. de triage digital digitales Sortierverfahren n
m. de tricotage-détricotage Strick-Fixier-Verfahren n
m. des trois voltmètres Dreivoltmetermethode f
m. des trois wattmètres Dreiwattmetermethode f
m. de zéro Nullablesung f
méthodes fpl Fertigungsvorbereitung f, Technologie f ⟨als Betriebsabteilung⟩
méthoxylation f Methoxylierung f
méthylamine f Methylamin n
méthylate m Methylat n
méthylation f Methylierung f
méthylbenzène m Methylbenzol n, Toluol n
méthylcaoutchouc m Methylkautschuk m
méthylcellulose f Methylzellulose f
méthylcyclohexanol m Methylzyklohexanol n, Heptalin n
méthylcyclohexanone f Methylzyklohexanon n
méthylène m Methanol n, Rohmethanol n, Holzgeist m
méthyler methylieren
méthyléthylcétone f Methyläthylketon n
méthylglycol m Methylglykol n
méthylhexylcétone f Methylhexylketon n
méthylindole m Methylindol n
méthylique Methyl-
méthylisobutylcétone f Methylisobutylketon n
méthylmercaptan m Methylmerkaptan n
méthylmorphine f Methylmorphin n
méthylnaphtalène m Methylnaphthalin n
méthylorange m Methylorange n

méthylphénol m Methylphenol n
méthylpropylcétone f Methylpropylketon n
métier m Webstuhl m, Webmaschine f
  m. automatique Webautomat m
  m. de bonneterie circulaire Rundkettenwirkmaschine f
  m. à broder automatique Stickautomat m
  m. chaine Kettenwirkmaschine f
  m. chaine circulaire Rundkettenwirkmaschine f
  m. chaine duplex Doppelkettenwirkmaschine f
  m. chaine rectiligne Flachkettenwirkmaschine f
  m. circulaire Rundstrickmaschine f
  m. circulaire à mailleuses Rundkulierwirkmaschine f
  m. de corderie Seilereimaschine f
  m. cotton Cottonmaschine f
  m. pour crocheter des galons Häkelgalonmaschine f
  m. dentelles Spitzenmaschine f
  m. de ficellerie Kabliermaschine f
  m. à filer Spinnmaschine f
  m. à guiper les fils Umspinnmaschine f
  m. Jacquard Jacquardmaschine f; Jacquardstuhl m
  m. mécanique mechanischer Webstuhl m
  m. de passementerie Posamentiermaschine f, Posamentierstuhl m; Bortenstuhl m
  m. plat à aiguilles à bec Flachkulierwirkmaschine f
  m. à propulsion Düsenwebstuhl m
  m. Rachel Raschelmaschine f, Raschelwirkmaschine f
  m. rectiligne à bord-côtes Flachränderwirkmaschine f
  m. à tisser Webstuhl m, Webmaschine f
  m. à tisser à crochet Greiferwebmaschine f
  m. à tisser à navette à griffe Greiferschützenwebmaschine f
  m. à tisser à navettes-projectiles à pinces Greiferschützenwebautomat m
  m. à tricoter circulaire Rundstrickmaschine f
  m. à tricoter rectiligne Flachstrickmaschine f
  m. à verges Rutenstuhl m
métol m Metol n, p-Methylaminophenol n
métrage m Ablängen n
mètre m Meter m
  m. carré Quadratmeter n

m. cube Kubikmeter n; Raummeter n; Festmeter n
m. à ruban Bandmaß n, Maßband n, Metermaß n
mètre-étalon m Urmeter n
mètre-newton m Newtonmeter n ⟨Einheit für Arbeit, Energie und Wärmemenge⟩
métrer ablängen
mètre-sthène m ⟨im Deutschen nicht gebräuchliche Einheit für eine Kraft oder ein Moment⟩
métrique metrisch
métro m Untergrundbahn f, Stadtbahn f; Metro f
  m. aérien Hochbahn f
métrologie f Metrologie f, Meßkunde f, Meßwesen n
métrologiste m Meßingenieur m; Meßtechniker m; Meßfachmann m
métronome m Metronom n, Taktmesser m, Taktzähler m
métropolitain m s. métro
metteur m:
  m. en pages Metteur m; Buchgestalter m
  m. au point Einrichter m
  m. en scène Regisseur m, Spielleiter m
mettre setzen, stellen, legen
  m. à la bande krängen
  m. en baril in Fässer verstauen
  m. en cale docken, eindocken
  m. sur cale auf Kiel legen
  m. en casse ⟨Typ⟩ ablegen
  m. à la chaine ins Schlepp nehmen
  m. en chantier (bei einer Werft) bestellen, (bei einer Werft) in Auftrag geben
  m. en circuit einschalten
  m. hors circuit ausschalten
  m. à l'eau 1. ablaufen lassen, vom Stapel (laufen) lassen; 2. ausbringen, aussetzen (z. B. Fischnetz); 3. zu Wasser bringen, zu Wasser lassen
  m. à l'épreuve erproben
  m. en état instandsetzen
  m. en évidence nachweisen
  m. en facteur ⟨Math⟩ einen Faktor herausheben
  m. au feu anheizen; anblasen
  m. de feu eine Zündschnur anschlagen
  m. hors feu ausblasen
  m. en filet filetieren, zu Filet verarbeiten ⟨Fisch⟩
  m. à flot abbringen, flottmachen; zu Wasser bringen (lassen) ⟨allgemein Schiff⟩; aufschwimmen lassen
  m. en forme verformen
  m. au garage unterstellen ⟨einen Pkw⟩
  m. les gaz Gas geben

mettre 424

m. en glace eineisen ⟨z. B. Fisch⟩
m. à jour ⟨Dat⟩ tagfertig machen, ergänzen
m. en ligne ⟨Schiff⟩ im Liniendienst einsetzen; in den Liniendienst stellen
m. en marche anfahren, in Gang setzen, anlassen, starten, anwerfen
m. à la masse ⟨El⟩ an Masse schließen
m. au mille ⟨Met⟩ ausbringen
m. au neutre nullen
m. en œuvre einsetzen; verarbeiten, verwenden
m. en ondes für den Funk bearbeiten
m. en pages ⟨Typ⟩ umbrechen
m. entre parenthèses einklammern
m. en phase synchronisieren
m. au point 1. einstellen, scharf einstellen; justieren; 2. ausarbeiten
m. la première ⟨Kfz⟩ den ersten Gang einschalten
m. sous pression unter Dampf setzen
m. en prise in Eingriff bringen
m. sur ralingue anstellen ⟨Fischnetz⟩
m. en route s. m. en marche
m. à (au) sec aufs Trockene bringen ⟨allgemein Schiff⟩; auf Land nehmen, auf Land ziehen; aufslippen; [ein]docken
m. à (au) sec sur dock [ein]docken
m. en service in Betrieb setzen
m. hors service außer Betrieb setzen
m. le signal à l'arrêt das Signal auf Halt stellen
m. le signal à voie libre das Signal auf Einfahrt stellen
m. en stock ⟨Brg⟩ auf Halde nehmen
m. en température [an]tempern
m. sous tension Spannung anlegen
m. à terre 1. erden; 2. anlanden
m. en tête vorspannen ⟨z. B. eine Lokomotive⟩
m. en train ⟨Typ⟩ zurichten
m. au travail einschalten
m. à un ⟨Dat⟩ auf Eins stellen
m. à zéro auf Null stellen
se m. en charge zum Tragen kommen ⟨Versatz⟩
se m. au plain auflaufen, auf Grund laufen; stranden
meuble beweglich, locker, lose
meuble *m*:
m. de distribution des repas Cafeteria-Anlage *f* ⟨rationelle Essenausgabe⟩
m. de distribution des repas du type self service Cafeteria-Anlage *f* mit Selbstbedienung ⟨rationelle Essenausgabe⟩
m. radio combiné Musiktruhe *f*

meubles *mpl*:
m. d'annexe Anbaumöbel *npl*
m. en série Serienmöbel *npl*
m. en unités d'encastrement Einbaumöbel *npl*
meulage *m* Schleifen *n*, Anschleifen *n*
m. à grande puissance Hochleistungsschleifen *n*
m. manuel Handschleifen *n*, Handschleifarbeit *f*
meule *f* 1. Schleifkörper *m*, Schleifscheibe *f*, Schleifstein *m*; Schmirgelstein *m*; 2. Schleifmaschine *f*
m. pour adoucissage Feinschleifscheibe *f*
m. à aiguiser Schleifstein *m*
m. boisseau Topfschleifscheibe *f*
m. en corindon Korundschleifscheibe *f*
m. diamant(ée) Diamantschleifscheibe *f*
m. d'entrainement Regelkörper *m* ⟨spitzenlose Schleifmaschine⟩
m. de finition Feinschleifscheibe *f*
m. flexible Schwabbelscheibe *f*
m. plate Flachscheibe *f*
m. de polissage Polierscheibe *f*
m. profilée Profilschleifscheibe *f*, Formschleifscheibe *f*
m. en résine synthétique Schleifscheibe *f* mit synthetischer Bindung
m. à saigner Abstechschleifscheibe *f*, Trenn[schleif]scheibe *f*
m. à satiner Satinierscheibe *f*
m. à segments Segmentschleifrad *n*, Segmentscheibe *f*
m. tournante Läuferstein *m*
m. vitrifiée Schleifscheibe *f* mit keramischer Bindung
meule-polisseuse *f* Polierscheibe *f*
meuler [ab]schleifen, anschleifen
m. concave hohlschleifen
m. à sec trockenschleifen
meuleuse *f* Schleifmaschine *f*, Handschleifmaschine *f*, Schleifapparat *m*
m. à bande abrasive Bandschleifmaschine *f*
m. à main Handschleifmaschine *f*
m. à ruban abrasif Bandschleifmaschine *f*
miaulement *m* Gleichlauffehler *m* ⟨Tonband⟩
mica *m* Glimmer *m*
m. faisant saillie vorstehender Glimmer *m* ⟨am Kollektor⟩
micacé glimmerig, glimmerartig, glimmerhaltig
micanite *f* ⟨El⟩ glimmerhaltiger Schichtstoff *m*

mi-carton m Halbkarton m
micaschiste m Glimmerschiefer m
micheline f Schienenbus m
micro m s. microphone
microampère m Mikroampere n
microampèremètre m Mikroamperemeter n
microanalyse f Mikroanalyse f
  m. à rayons **X** Röntgenmikroanalyse f
microanalyseur m Mikroanalysator m
  m. à rayons **X** Röntgenmikroanalysator m
  m. à sonde électronique Elektronenstrahlmikroanalysator m
microautoradiogramme m Mikroautoradiogramm n
microbalance f Mikrowaage f
microbar m Mikrobar n
microbarographe m Mikrobarograf m
microbilles fpl Glaskügelchen npl
microcentrale f Kleinkraftwerk n
microchambre f Mikrokammer f
microchimie f Mikrochemie f
microchimique mikrochemisch
microcinématographie f Mikrokinematografie f
microcircuit m Mikroschaltung f
  m. évaporé aufgedampfte Mikroschaltung f
microclastique mikroklastisch
microclimat m Mikroklima n
microclimatique mikroklimatisch
microcline m ⟨Min⟩ Mikroklin m
microcomposant m Kleinstbauelement n, Mikrobauelement n
microcopie f ⟨Typ⟩ Mikrokopieren n; Mikrokopie f
  m. opaque Mikrokarte f
microcrique f Haarriß m
microcristal m Mikrokristall m
microcristallin mikrokristallin, feinkörnig
microcryptocristallin mikrokryptokristallin
microcurie m Mikrocurie n ⟨Einheit der Aktivität radioaktiver Strahlung⟩
microdiffraction f Mikrobeugung f
  m. des aires sélectionnées Feinbereichsbeugung f
  m. électronique Elektronenmikrobeugung f
microdureté f Mikrohärte f
microduromètre m Mikrohärteprüfeinrichtung f
micro-électromètre m Mikroelektrometer n
micro-électronique f Mikroelektronik f
  m. analogique analoge Mikroelektronik f
  m. linéaire lineare Mikroelektronik f

micro-émetteur m Kleinstsender m
micro-état m Mikrozustand m
microfarad m Mikrofarad n
microfelsitique mikrofelsitisch
microfiche f ⟨Dat⟩ Mikrokarte f
microfilm m Mikrofilm m
  m. en bande Mikrofilmstreifen m
  m. en feuille Mikroplanfilm m
  m. en rouleau Mikrofilmrolle f
microfilmer auf Mikrofilm aufnehmen
microfinition f Feinstbearbeitung f
microfissure f Mikroriß m, Mikrosprung m
microfluidal mikrofluidal
microfoyer m Mikrofokus m, Mikrobrennfleck m, Feinfokus m
microgranitique mikrogranitisch
micrographie f Mikrografie f
micrographique mikrografisch
microgrenu mikrogranular, mikrogekörnt
microhenry m Mikrohenry n ⟨Einheit der Induktivität⟩
microhm m Mikroohm n ⟨Einheit des elektrischen Widerstandes⟩
micro-instruction f ⟨Dat⟩ Mikrobefehl m
microlecteur m, **microliseuse** f Lesegerät n ⟨für Mikrofilme⟩
microlitique mikrolitisch
micromanipulateur m Mikromanipulator m, Feinmanipulator m
micoméritique mikromeritisch
micrométallographie f Mikrometallografie f
micrométéorite f Mikrometeorit m
micromètre m Feinmesser m, Mikrometer n
  m. annulaire Ringmikrometer n
  m. d'intérieur Innenmikrometer[schraube f] n
  m. oculaire Okularmikrometer n
  m. de position Positionsfadenmikrometer n
  m. à réseau Netzmikrometer n
  m. à réticule Fadenkreuzmikrometer n
micromètre-objectif m Objektmikrometer n
micrométrie f Mikrometrie f, Feinmessung f
micrométrique mikrometrisch
microminiaturisation f Mikrominiaturisierung f
microminiaturiser mikrominiaturisieren
micromoteur m Kleinstmotor m
micron m Mikron n, Mikrometer n
micro-onde f Mikrowelle f
micropegmatique mikropegmatitisch
microphone m Mikrofon n
  m. d'annonce Ansagemikrofon n
  m. boutonnière Knopflochmikrofon n

microphone

m. à capsule Kapselmikrofon n
m. à charbon Kohlemikrofon n
m. à charbon granulé Kohlekörnermikrofon n
m. compensé Kompensationsmikrofon n
m. à condensateur Kondensatormikrofon n
m. à contact Kontaktmikrofon n, Körperschallmikrofon n
m. à cristal Kristallmikrofon n
m. directionnel richtungsempfindliches Mikrofon n
m. dynamique à bobine mobile Tauchspulmikrofon n
m. électrodynamique elektrodynamisches Mikrofon n
m. électromagnétique elektromagnetisches Mikrofon n
m. électronique elektronisches Mikrofon n
m. électrostatique Kondensatormikrofon n
m. étalon Eichmikrofon n
m. de gorge Kehlkopfmikrofon n
m. à grenailles de charbon Kohlekörnermikrofon n
m. de larynx Kehlkopfmikrofon n
m. à main Handmikrofon n
m. miniature Kleinmikrofon n
m. omnidirectionnel richtungsunempfindliches Mikrofon n
m. piézo-électrique piezoelektrisches Mikrofon n
m. à poudre de charbon Kohlepulvermikrofon n
m. à pression Schalldruckmikrofon n
m. à ruban Bändchenmikrofon n
microphonicité f Klingneigung f
microphonie f Mikrofonie f
microphonique mikrofonisch, Mikrofon-
microphotographie f Mikrofotografie f
microphotomètre m Mikrofotometer n
microphotométrique mikrofotometrisch
microphyrique mikrophyrisch
microphysique f Mikrophysik f
microprogrammation f ⟨Dat⟩ Mikroprogrammierung f
microprojection f Mikroprojektion f
microradiographie f Mikroradiografie f ⟨an Dünnschliffen⟩
microréfractomètre m Mikrorefraktometer m
microréseau m dynamisches Netzmodell n
microrupteur m Mikroschalter m
microscope m Mikroskop n
m. d'atelier Werkzeugmikroskop n

m. à balayage à émission secondaire Rastermikroskop n mit Sekundärelektronen
m. à basse tension Niederspannungselektronenmikroskop n
m. à contraste de phase Phasenkontrastmikroskop n
m. de contrôle de surface par coupe lumineuse Lichtschnittmeßgerät n
m. de contrôle de surface par interférence Interferenzmikroskop n
m. cornéen Hornhautmikroskop n
m. électronique Elektronenmikroskop n
m. électronique à balayage Rasterelektronenmikroskop n
m. électronique électrostatique s. m. électrostatique
m. électronique à émission Emissionsmikroskop n
m. électronique à émission de champ Feldelektronenmikroskop n
m. électronique à émission photo-électrique Emissionsmikroskop n mit Fotoelektronen
m. électronique à émission secondaire Sekundärelektronenemissionsmikroskop n
m. électronique à émission thermoélectronique Emissionsmikroskop n mit thermischer Emission
m. électronique à miroir Elektronenspiegelmikroskop n
m. électronique à ombre Elektronenschattenmikroskop n
m. électronique à ombre à rayons X Röntgenschattenmikroskop n
m. électronique par réflexion Reflexionselektronenmikroskop n
m. électronique par transmission Durchstrahlungselektronenmikroskop n
m. électronique à très haute tension Höchstspannungselektronenmikroskop n
m. électrostatique elektrostatisches Elektronenmikroskop n
m. pour examen sur fond clair Mikroskop n für Beobachtungen im Hellfeld
m. pour examen sur fond noir Mikroskop n für Beobachtungen im Dunkelfeld
m. à genouillère schwenkbares Mikroskop n
m. à graver Graviermikroskop n
m. à immersion Eintauchmikroskop n
m. à incorporer Einbaumikroskop n
m. à incorporer à oculaire revolver Einbaumikroskop n mit Revolverokular
m. ionique Ionenmikroskop n

m. ionique à émission de champ Feldionenmikroskop *n*
m. de lecture Ablesemikroskop *n*
m. magnétique magnetisches Elektronenmikroskop *n*
m. de mesure Meßmikroskop *n*
m. de mesure pour petits alésages Bohrungsmeßmikroskop *n*
m. pour la métallographie metallografisches Mikroskop *n*
m. monoculaire monokulares Mikroskop *n*
m. à oculaire micrométrique Mikroskop *n* mit Strichablesung
m. à ombre Schattenmikroskop *n*
m. optique Lichtmikroskop *n*
m. de pointage Pointierungsmikroskop *n*
m. polarisant (de polarisation) Polarisationsmikroskop *n*
m. protonique Protonenmikroskop *n*
m. redresseur bildaufrichtendes Mikroskop *n*
m. à réflecteur Spiegelmikroskop *n*
m. à spirale Spiralmikroskop *n*
m. stéréoscopique Stereomikroskop *n*
m. de travail Arbeitsmikroskop *n*
microscopie *f* Mikroskopie *f*
   m. par diffraction Beugungsmikroskopie *f*
   m. électronique Elektronenmikroskopie *f*
   m. électronique par balayage Rasterelektronenmikroskopie *f*
   m. électronique à émission secondaire Sekundärelektronenemissionsmikroskopie *f*
   m. électronique interférentielle Interferenzelektronenmikroskopie *f*
   m. électronique par réflexion Reflexionselektronenmikroskopie *f*
   m. à fluorescence Fluoreszenzmikroskopie *f*
   m. optique Lichtmikroskopie *f*
   m. ultra-violette Ultraviolettmikroskopie *f*
microscopique mikroskopisch
microseconde *f* Mikrosekunde *f*
microséismique mikroseismisch
microséismographe *m* Mikroseismograf *m*
microsillon *m* Mikrorille *f*
microsonde *f* Mikrosonde *f*, Elektronenstrahlmikroanalysator *m*
microstructure *f* Mikrostruktur *f*, Feingefüge *n*
microsurface *f* Mikrooberfläche *f*, Mikrofläche *f*

microtome *m* Mikrotom *n*
   m. à avance mécanique Mikrotom *n* mit mechanischem Vorschub
   m. à avance thermique Mikrotom *n* mit thermischem Vorschub
   m. à grande vitesse de rotation Schnellschnittmikrotom *n*
microtomie *f* Mikrotomie *f*
microtore *m* Miniaturkern *m*
microtron *m* ⟨Kern⟩ Mikrotron *n* ⟨Elektronenbeschleuniger⟩
micro-usinage *m* Feinstbearbeitung *f*
microvolt *m* Mikrovolt *n*
microwatt *m* Mikrowatt *n*
mi-dur halbhart
migma *m* Migma *n*
migmatisation *f* Migmatisierung *f*, Migmabildung *f*
mi-gras halbfett
migration *f* Migration *f*, Wanderung *f*
   m. du colorant Farbstoffwanderung *f*
   m. du contact Kontaktwanderung *f*
   m. des fibres Faserwanderung *f*
   m. d'ions Ionenwanderung *f*
   m. du pétrole Auswanderung (Wanderung) *f* des Erdöls, Ölmigration *f*
migrer wandern
mi-laine halbwollen
milieu *m* 1. Medium *n*; Mittel *n*; 2. Nährboden *m*; **au m. du navire** mittschiffs
   m. acide saures Medium *n*
   m. alcalin alkalisches Medium *n*
   m. ambiant Umgebung *f*
   m. de broyage *s.* liant
   m. corrosif korrosionsförderndes Mittel *n*
   m. dense Schwertrübe *f*
   m. dense dilué Dünntrübe *f*
   m. d'enregistrement Aufzeichnungsmedium *n*, Erfassungsmedium *n*
   m. d'inclusion Einbettungsmittel *n*
   m. multiplicateur multiplizierendes Medium *n*
   m. neutre neutrales Medium *n*
   m. réactionnel Reaktionsmittel *n*
   m. de suspension Suspendiermittel *n*
   m. de trempe Abschreckmittel *n*
mille *m* **marin (nautique)** Seemeile *f*
millérite *f* Millerit *m*, Nickelblende *f*
milliampère *m* Milliampere *n*
milliampèremètre *m* Milliamperemeter *n*
millibar *m* Millibar *n*
millicurie *m* Millicurie *n*
milligrade *m* $^1/_{1000}$ Winkelgrad *m*
milligramme *m* Milligramm *n*
millihenry *m* Millihenry *n*
millilitre *m* Milliliter *n*

millimètre *m* Millimeter *n*
  m. de colonne d'eau Millimeter *n* Wassersäule ⟨Einheit für kleine Drücke⟩
  m. de colonne de mercure Millimeter *n* Quecksilbersäule ⟨alte Einheit des Drucks⟩
  m. de mercure Torr *n* ⟨Einheit des Druckes⟩
millimétrique Millimeter-
millimicron *m* Millimikron *n*, Nanometer *n*
millithermie *f s.* kilocalorie
millivolt *m* Millivolt *n*
millivoltmètre *m* Millivoltmeter *n*
milliwatt *m* Milliwatt *n*
mi-longueur *f* **du navire** halbe Schiffslänge *f*
mi-mat halbmatt
minage *m* bergbauliche Gewinnung *f*
mince dünn
mine *f* 1. Grube *f*, Zeche *f*; 2. Mine *f*
  m. de charbon Kohlengrube *f*
  m. à ciel ouvert Tagebaugrube *f*
  m. grisouteuse Schlagwettergrube *f*
  m. de houille Steinkohlengrube *f*, Steinkohlenbergwerk *n*
  m. inondée *s. m.* noyée
  m. métallique Erzbergwerk *n*
  m. noyée ersoffene Grube *f*
  m. de pétrole Erdölgrube *f*
  m. de plomb 1. Bleigrube *f*, Bleibergwerk *n*; 2. Ofenschwarz *n*
  m. de potasse Kaligrube *f*
  m. souterraine Tiefbaugrube *f*
mine-image *f* Lehrbergwerk *n*
mine-orange *f* Mineralorange *n*
minerai *m* Erz *n*
  m. abattu Haufwerk *n*
  m. acide saures Erz *n*
  m. d'affinage Frischerz *n*
  m. d'argent Silbererz *n*
  m. borique Borerz *n*
  m. brut Roherz *n*
  m. carboné Kohlengestein *n*
  m. en cocarde Kokardenerz *n*
  m. complexe Komplexerz *n*, komplexes Erz *n*, Mischerz *n*
  m. cru Roherz *n*
  m. exploitable (ab)bauwürdiges Erz *n*
  m. de fer Eisenerz *n*
  m. de fer argileux Toneisenstein *m*
  m. pour fonte malléable Tempererz *n*
  m. grillé Rösterz *n*
  m. à haute teneur hochwertiges Erz *n*
  m. magmatique magmatisches Erzmineral *n*
  m. de manganèse Manganerz *n*
  m. métallique Erzmineral *n*
  m. non métallique nichtmetallisches Erz *n*
  m. pauvre geringwertiges Erz *n*
  m. polymétallique zusammengesetztes Erz *n*
  m. primaire primäres Erz *n*
  m. primitif Ausgangserz *n*
  m. pour recuit de la fonte malléable Tempererz *n*
  m. secondaire sekundäres Erz *n*
  m. tout-venant Fördererz *n*
minéral mineralisch, Mineral-; anorganisch
minéral *m* Mineral *n*
  m. accessoire akzessorisches Mineral (Gemengteil) *n*
  m. argileux Tonmineral *n*
  m. argileux interstratifié Mischtonmineral *n*
  m. associé Begleitmineral *n*
  m. de bore Bormineral *n*
  m. de contact Kontaktmineral *n*
  m. essentiel wesentliches Mineral *n*
  m. d'exsolution Entmischungsmineral *n*
  m. felsitique felsitisches Mineral *n*
  m. léger Leichtmineral *n*
  m. lourd Schwermineral *n*
  m. mafique mafisches Mineral *n*
  m. métallique Erzmineral *n*
  m. opaque Opakmineral *n*
  m. d'origine colloïdale Kolloidmineral *n*
  m. prédominant Hauptmineral *n*
  m. rare seltenes Mineral *n*
  m. synthétique synthetisches Mineral *n*
  m. virtuel Standardmineral *n*
  blanc m. lavé Schlämmkreide *f*
minéralier *m* Erzfrachter *m*, Erzschiff *n*
minéralier-charbonnier *m* Kohle-Erz-Frachter *m*
minéralisateur mineralbildend
minéralisation *f* Mineralbildung *f*, Vererzung *f*
minéraliser mineralisieren
minéralogie *f* Mineralogie *f*
minéralogique mineralogisch
minéralogiste *m* Mineraloge *m*
minéraux *mpl*:
  m. authigènes authigene Mineralien *npl*
  m. du bore Bormineralien *npl*
  m. essentiels mitbestimmende Hauptgemengteile *mpl*
mineur *m* Bergmann *m*
  m. boutefeu Schießmeister *m*
  m. consommé Vollhauer *m*
  m. au rocher Gesteinshauer *m*
miniature winzig (klein)

miniaturisation f Miniaturisieren n ⟨von Bauteilen⟩
miniaturiser miniaturisieren ⟨Bauteile⟩
minier bergmännisch
minière f Bergwerk n, Grube f; Tagebau m
minimal minimal, Kleinst-, Minimal-
minimant ⟨Math⟩ Minimum-
minimiser vermindern, auf das kleinste Maß herabsetzen; ⟨Dat⟩ minim[al]isieren
minimum minimal; Kleinst-; Mindest-
minimum m Minimum n
   m. **d'ionisation** Ionisationsminimum n
   m. **primaire** Hauptminimum n, primäres Minimum n
   m. **secondaire** Nebenminimum n, sekundäres Minimum n
miniradar m Kleinradar n
minirupteur m Kleinschalter m
minium m Mennige f
   m. **d'aluminium** Aluminiumrot n; Bauxitrot n; Aluminiummennige f
   m. **de fer** Eisenmennige f
   m. **de plomb** Bleimennige f
minuscule f Minuskel f
minuscules fpl Gemeine pl; Kleinbuchstaben mpl, Minuskeln fpl
minute f Minute f
   m. **d'angle** Winkelminute f
   m. **d'arc** Bogenminute f
minuterie f 1. Schaltuhr f; 2. Zählwerk n; 3. Minutenzeiger m; 4. automatische Treppenhausbeleuchtung f
   m. **électronique** elektronischer Zeitmesser m
   m. **à maximum** Maximumzählwerk n
   m. **à maximum avec comptage du nombre de dépassements** Maximumzählwerk n mit Häufigkeitszähler
miocène m Miozän n
miogéosynclinal m Miogeosynklinale f
mirage m Luftspiegelung f, Fata Morgana f
mire f 1. ⟨Fs⟩ Testbild n; 2. ⟨Opt⟩ Visiertafel f, Visierkreuz n, Nivellierkreuz n
   m. **pour nivellement** Nivellierlatte f
   m. **parlante de précision** Feinnivellierlatte f
miroir m Spiegel m
   m. **d'ajustage** Anpaßspiegel m
   m. **antiparallaxe** Ablesespiegel m
   m. **ardent** Brennspiegel m
   m. **concave** Hohlspiegel m, Konkavspiegel m
   m. **convexe** Wölbspiegel m, Konvexspiegel m
   m. **cylindrique** zylindrischer Spiegel m

   m. **double** Winkelspiegel m
   m. **d'eau** Wasserspiegel m
   m. **d'éclairage (éclairement)** Beleuchtungsspiegel m
   m. **électronique** Elektronenspiegel m
   m. **elliptique** Ellipsenspiegel m
   m. **espion** Spionspiegel m
   m. **de frottement** ⟨Geol⟩ Harnisch m
   m. **d'hygromètre à condensation** Taupunktspiegel m
   m. **hyperbolique** Hyperbolspiegel m
   m. **d'inversion** Umkehrspiegel m
   m. **magnétique** magnetischer Spiegel m
   m. **métallique** Metallspiegel m
   m. **parabolique** Parabolspiegel m, parabolischer Spiegel m
   m. **plan** ebener Spiegel m, Planspiegel m
   m. **de renversement** Umkehrspiegel m
   m. **rotatif de Foucault** Foucaultscher Drehspiegel m
   m. **sphérique** sphärischer Spiegel m
   m. **tournant** Drehspiegel m
miroirs mpl **de Fresnel** Fresnelsche Spiegel mpl
miroir-symétrie f Spiegelsymmetrie f
miroitement m Spiegelung f, Abspiegelung f, Widerspiegelung f
miroiterie f Spiegelbelegerei f
misaine f Fockmast m, Vormast m
miscibilité f Mischbarkeit f
   m. **complète** unbeschränkte Mischbarkeit f
   m. **incomplète (partielle, réduite)** beschränkte Mischbarkeit f
   m. **totale** s. m. complète
miscible mischbar
   non m. nichtmischbar
   parfaitement m. unbeschränkt mischbar
mise f Setzen n, Stellen n, Legen n;
   de m. à la terre Erdungs-
   m. **en cale** Eindocken n
   m. **sur cale** Kiellegung f
   m. **en casse** ⟨Typ⟩ Ablegen n
   m. **en chantier** Kiellegung f
   m. **en circuit** Einschalten n
   m. **hors circuit** Ausschalten n
   m. **de coke** Kokseinsatz m
   m. **à la dimension** Größeneinstellung f
   m. **à l'eau** 1. Ablauf m, Stapellauf m; 2. Ausbringen n, Aussetzen n (z. B. Fischnetz); 3. Zuwasserbringen n, Zuwasserlassen n
   m. **à l'épreuve** Erprobung f

m. en état Instandsetzung f
m. en évidence Nachweis m
m. au feu Anheizen n; Anblasen n
m. de feu Anschlagen n einer Zündschnur
m. en feu s. m. au feu
m. hors feu Ausblasen n
m. en filets Filetieren n, Filetierung f ⟨Fischverarbeitung⟩
m. à flot 1. Abbringen n, Flottmachen n; 2. Aufschwimmen n; Aufschwimmenlassen n
m. en forme Verformung f
m. en forme des impulsions Impulsformung f
m. en forme des signaux Signalformung f
m. au garage Unterstellen n ⟨eines Pkw⟩
m. en glace Eineisen n ⟨z. B. Fisch⟩
m. de hauteur sous cliché Klischeeunterlage f
m. en marche Inbetriebnahme f, Inbetriebsetzen n; Anfahren n, Ingangsetzen n, Anlassen n, Starten n, Anwerfen n
m. à la masse ⟨El⟩ Masseschluß m, Gehäuseschluß m
m. en mémoire parallèle Parallelspeicherung f
m. au mille ⟨Met⟩ Ausbringen n
m. au neutre Nullung f
m. en œuvre Einsatz m; Verarbeitung f, Verwendung f
m. en ondes Funkbearbeitung f
m. d'origine Originalabfüllung f
m. en pages ⟨Typ⟩ Umbruch m
m. en peinture Farbgebung f
m. en phase Synchronisierung f
m. en place du film Filmeinlegen n
m. au point 1. Ausarbeiten n, Erarbeiten n; 2. Einstellen n; Einstellung f; Scharfeinstellen n; Justierung f
m. au point à dioptries Dioptrieneinstellung f
m. au point de l'image Bildschärfeneinstellung f
m. au point à molette centrale Mitteltriebeinstellung f
m. au point de l'oculaire Okulareinstellung f
m. au point séparée des oculaires Okulareinzeleinstellung f
m. sous presse Drucklegung f
m. sur ralingue Anstellen n ⟨Fischnetz⟩
m. en route s. m. en marche
m. à (au) sec Aufstrockenebringen n

⟨allgemein Schiff⟩; Auflandnehmen n, Auflandziehen n; Aufslippen n; Dokken n, Eindocken n
m. à (au) sec sur dock Docken n, Eindocken n
m. en service Indienststellung f, Inbetriebnahme f
m. hors service Außerbetriebsetzung f, Außerbetriebnahme f
m. en silo Silierung f
m. en température Tempern n, Antempern n
m. à terre 1. ⟨El⟩ Erdung f; 2. Anlanden n, Anlandung f
m. à la terre automatique automatische Erdung f
m. à terre par surface Oberflächenerdung f
m. en tête Vorspannen n ⟨z. B. einer Lokomotive⟩
m. en train ⟨Typ⟩ Zurichtung f
m. en train « entre cuir et chair » Plattenzurichtung f
m. en train sur le cylindre Zylinderzurichtung f
m. au travail Einschalten n
m. à zéro Nullpunkteinstellung f
mi-sec halbtrocken, halbgetrocknet
missile m Rakete f ⟨s. a. engin⟩
m. global Globalrakete f
m. intercontinental Interkontinentalrakete f
mitraille f Schrott m; Altmetall n
m. d'acier Stahlschrott m
m. de fonte Gußbruch m, Gußschrott m
mixage m Mischen n; Mischung f ⟨s. a. mélange⟩
mixer mischen
mixer m Mixer m
mixeur m s. mélangeur
mixte gemengt, gemischt, Misch-
mixtion f 1. Mischen n; 2. Mischung f, Gemisch n
mixtionnage m s. mixtion 1.
mixture f s. mixtion 2.
mobile beweglich, mobil, lose, fahrbar; ortsveränderlich
mobilité f Beweglichkeit f
m. électronique Elektronenbeweglichkeit f
m. ionique Ionenbeweglichkeit f
m. des porteurs Trägerbeweglichkeit f
mode m 1. Art f und Weise f, Methode f, Form f; 2. Tonart f; 3. Schwingungsart f, Wellentyp m
m. d'action Wirkungsweise f
m. de calcul Rechenart f
m. de commande Antriebsart f

m. de connexion Anschlußart f
m. de construction Bauart f, Bauweise f
m. de désintégration Zerfallsart f
m. d'emploi Bedienungsanleitung f, Gebrauchsanweisung f
m. d'excitation Anregungsart f
m. d'excitation des guides d'ondes Wellentyp m ⟨Hohlleiter⟩
m. de fabrication Herstellungsart f
m. de fonctionnement Arbeitsweise f
m. d'installation Aufstellungsart f
m. opératoire Operationsart f
m. d'oscillation Schwingungstyp m
m. d'oscillation optique optische Schwingungsart f
m. de pêche Fangart f
m. de préparation Darstellungsweise f
m. de propulsion Antriebsweise f, Antriebsart f
m. de réaction Reaktionsart f, Reaktionstyp m
m. de refroidissement Kühlart f
m. de réglage Regelungsart f
m. de réseau Gittertyp m
m. de transmission Übertragungsart f
m. de travail Arbeitsweise f
modèle m Modell n, Bezugsstück n, Bezugsform f; Ausführung f, Bauart f
m. d'adresse Adressenform f
m. alpha du noyau Alphateilchenkernmodell n
m. atomique Atommodell n
m. autopropulsé (en autopropulsion) selbstfahrendes Modell n
m. en bois Holzmodell n
m. de casse ⟨Typ⟩ Kastenschema n
m. en cire Wachsmodell n
m. collectif (du noyau) kollektives Kernmodell n, Kollektivmodell n
m. des couches Schalenmodell n
m. déposé Gebrauchsmuster n
m. de diffraction Beugungsbild n
m. de fabrique Prototyp m
m. de fonderie Gußmodell n
m. du gaz de Fermi Fermi-Gas-Modell n
m. de la goutte liquide Tröpfchenmodell n
m. gyroscopique de la molécule Kreiselmodell n des Moleküls
m. en haltère Hantelmodell n ⟨Molekül⟩
m. en métal Metallmodell n
m. multigroupe Vielgruppenmodell n, Mehrgruppenmodell n
m. de navire Schiffsmodell n
m. du noyau Kernmodell n

m. du noyau en couches Schalenmodell n des Atomkernes
m. du noyau à particules indépendantes Einzelteilchenkernmodell n
m. nucléaire Kernmodell n
m. optique (du noyau) optisches Kernmodell (Modell) n
m. en plâtre Gipsmodell n
m. à plusieurs groupes s. m. multigroupe
m. portatif tragbare Ausführung f
m. de réseau Gittermodell n; Netzwerkmodell n
m. statistique du noyau statistisches Kernmodell n
m. de structure Strukturmodell n
m. unifié du noyau einheitliches Kernmodell n
m. d'univers Weltmodell n
modelé m de l'image Durchzeichnung f
modérateur m Moderator m, Bremsmittel n, Bremssubstanz f
m. de neutrons Neutronenmoderator m
m. de pression Druckregler m
modérateur-refroidisseur m Moderator-Kühlmittel n
modération f Abbremsung f, Bremsung f, Moderation f
modérer (ver)mindern, bremsen
modernisation f Modernisierung f
moderniser modernisieren
modificateur m 1. ⟨Ch⟩ Modifizierungsmittel n; 2. ⟨Mech⟩ Umsteuerorgan n; 3. ⟨Dat⟩ Umsteuergröße f
m. de chaine ⟨Ch⟩ Polymerisationsmodifikator m
m. instantané Moment[um]schalter m
m. de réseau Netzwerkwandler m
modification f Modifikation f, Änderung f, Abänderung f
m. d'adresse Adressenänderung f
m. chimique chemische Veränderung f
m. de la concentration Konzentrationsänderung f
m. de cristallisation Umkristallisation f ⟨in eine andere Modifikation⟩
m. de l'échelle des nombres Zahlenbereichsänderung f
m. hexagonale hexagonale Modifikation f
m. d'instruction Befehlsänderung f
m. de nuance Farbtonänderung f
m. de l'objet Objektumwandlung f
m. du pH pH-Änderung f
modifier verändern, (ab)ändern, modifizieren
m. l'adresse umsteuern
modulaire Modul-

modulateur 432

modulateur Modulations-
modulateur m Modulator m
m. d'amplitude Amplitudenmodulator m
m. en anneau Ringmodulator m
m. de fréquence Frequenzmodulator m
m. de lumière Lichtmodulator m
m. de phase Phasenmodulator m
m. en push-pull Gegentaktmodulator m
m. redresseur Diodenmodulator m
modulation f Modulation f
m. par absorption Absorptionsmodulation f
m. en (d')amplitude Amplitudenmodulation f, AM
m. en amplitude à bande latérale unique Einseitenbandamplitudenmodulation f
m. d'angle de phase Phasenwinkelmodulation f
m. par l'anode Anodenmodulation f
m. à bande latérale unique Einseitenbandmodulation f
m. cathodique Katodenmodulation f
m. classe A A-Modulation f
m. classe B B-Modulation f
m. par code Kodemodulation f
m. à coefficient élevé Endstufenmodulation f
m. du courant anodique Anodenstrommodulation f
m. du courant de grille Gitterstrommodulation f
m. croisée Kreuzmodulation f
m. à deux bandes latérales Zweiseitenbandmodulation f
m. double Doppelmodulation f
m. par durée d'impulsion Impulslängenmodulation f
m. extérieure Fremdmodulation f
m. à faible niveau Vorstufenmodulation f
m. de fréquence Frequenzmodulation f, FM
m. de fréquence à bande étroite Schmalbandfrequenzmodulation f
m. de fréquence par impulsions Impulsfrequenzmodulation f, Pulsfrequenzmodulation f
m. à fréquence musicale Tonfrequenzmodulation f
m. par grille Gittermodulation f
m. par la grille suppresseuse Bremsgittermodulation f
m. de grille-écran Schirmgittermodulation f
m. image Bildmodulation f

m. par impulsions Impulsmodulation f
m. d'impulsions en amplitude Pulsamplitudenmodulation f, PAM
m. par impulsions codées Pulskodemodulation f, PCM
m. d'impulsions en durée Pulsdauermodulation f
m. d'impulsions en fréquence Pulsfrequenzmodulation f, PFM
m. d'impulsions en position Pulsphasenmodulation f, PPM
m. d'impulsions dans le temps Pulszeitmodulation f
m. d'intensité Intensitätsmodulation f
m. intermédiaire Zwischenmodulation f
m. linéaire lineare Modulation f
m. de la lumière Lichtmodulation f
m. de luminosité Helligkeitsmodulation f
m. multiple Mehrfachmodulation f
m. négative Negativmodulation f
m. de phase Phasenmodulation f
m. par phase d'impulsion Pulsphasenmodulation f, PPM
m. de plaque Anodenmodulation f
m. de position d'impulsion Pulsphasenmodulation f, PPM
m. positive Positivmodulation f
m. de puissance Endstufenmodulation f
m. en push-pull Gegentaktmodulation f
m. de ronflement Brummodulation f
m. de sillon Rillenmodulation f
m. symétrique Gegentaktmodulation f
m. triple Dreifachmodulation f
m. de vitesse Geschwindigkeitsmodulation f, Laufzeitmodulation f
m. par la voix Sprachmodulation f
modulatrice f Modulationsröhre f
module m 1. ⟨Math⟩ Modul m, Zahl f; 2. ⟨Mech⟩ Modul; 3. ⟨Bw⟩ Grundmaß n, Modul, Rastermaß n; 4. Baustein m, Bauelement n, Baueinheit f
m. de cisaillement s. m. de rigidité
m. complexe d'élasticité komplexer Elastizitätsmodul m
m. de compression Kompressionsmodul m
m. de Coulomb s. m. de rigidité
m. de distance Entfernungsmodul m
m. d'élasticité Elastizitätsmodul m, E-Modul m
m. d'élasticité au cisaillement Gleitmodul m, Schubmodul m
m. élastique initial Anfangselastizitätsmodul m
m. de flexion Biegemodul m

m. de glissement s. m. de rigidité
m. de Poisson Poissonsche Zahl f
m. de poussée Schubmodul m
m. de rigidité Scherungsmodul m, Schubmodul m, Torsionsmodul m
m. de rupture Bruchmodul m
m. de torsion s. m. de rigidité
m. de Young Young-Modul m, E-Modul m
modulé moduliert
  m. en amplitude amplitudenmoduliert
  m. en fréquence frequenzmoduliert
  m. par grille gittermoduliert
  m. par impulsions impulsmoduliert
  m. en vitesse geschwindigkeitsmoduliert
  m. par la voix sprachmoduliert
  non m. unmoduliert
moduler modulieren
modulomètre m Modulationsmesser m, Aussteuerungsmesser m
moellon m Bruchstein m
  m. d'assiette Schleifstein m, Wetzstein m
  m. bourru unbehauener Bruchstein m
  m. brut roher Bruchstein m
  m. piqué mit dem Spitzeisen behauener Bruchstein m
mofette f ⟨Geol⟩ Mofette f
mohair m Mohär m, Mohair m
moignon m Ansatztragfläche f; Flossenstummel m
moillon m s. moellon
moins m 1. Minuszeichen n; 2. ⟨Typ⟩ Geviertgedankenstrich m
moirage m ⟨Text⟩ Moirieren n
moiré m Moiré m ⟨n⟩
moirer ⟨Text⟩ moirieren
moise f 1. Doppelzangenverbindung f, Zangenverbindung f; 2. Strebeband n, Zugband n
moiser verstreben
moisi m Schimmel m
  m. de bleuissement Bläueschimmel m
moisissure f Schimmel(pilz) m
moissonnage-battage m Mähdrusch m
moissonneuse f Mähmaschine f
moissonneuse-andaineuse f Schwadmäher m
moissonneuse-batteuse f Mähdrescher m
moissonneuse-javeleuse f Getreidemäher m, Ableger m
moissonneuse-lieuse f Mähbinder m
moitié f Hälfte f
molaire molar, Mol-
molarité f Molarität f, molekulare Gewichtskonzentration f
mole f ⟨Ch⟩ Mol n, Grammolekül n

môle m Mole f; Wellenbrecher m
moléculaire molekular, Molekül-, Molekular-
molécularité f ⟨Ch⟩ Molekularität f ⟨der Reaktion⟩
molécule f Molekül n
  m. activée angeregtes Molekül n
  m. en chaine Kettenmolekül n
  m. géante Riesenmolekül n
  m. linéaire Fadenmolekül n
  m. marquée markiertes Molekül n
  m. polaire Dipolmolekül n
molécule-gramme f Grammolekül n, Mol n
moletage m 1. Prägewalzen n; 2. Druckpolieren n, Prägepolieren n, Glattwalzen n, Rollieren n; 3. Rändel n; Rändelung f; Rändeln n; Kordel f; Kordelung f; Kordeln n; 4. Gewinderollen n, Gewindewalzen n
moleter 1. prägewalzen; 2. druckpolieren, prägepolieren, glattwalzen, rollieren; 3. rändeln; kordeln; 4. gewinderollen, gewindewalzen
moleteuse f Rändelmaschine f
molettage m s. moletage
molette f 1. Rolle f (z. B. Fließdrücken, Rollennahtschweißen, Gewinderollen); 2. Rändelwerkzeug n, Rändelwalze f; Kordelwerkzeug n, Kordelwalze f; 3. Seilscheibe f
  m. d'assemblage Sammlerstern m
  m. à cranter Rändelwerkzeug n, Rändelwalze f
  m. de découpage Schneidrädchen n
  m. diamantée Diamantenscheibe f
  m. inférieure Unterrolle f ⟨Rollennahtschweißen⟩
  m. à rouler les filets Gewinderollwalze f
  m. supérieure Oberrolle f ⟨Rollennahtschweißen⟩
moletter s. moleter
mollissement m **de l'eau** Enthärtung f des Wassers
molybdate m Molybdat n
  m. d'ammonium Ammoniummolybdat n, molybdänsaures Ammonium n
  m. de calcium Kalziummolybdat n
  m. de sodium Natriummolybdat n
molybdène m Molybdän n
molybdénite f Molybdänit m, Molybdänglanz m
moment m 1. Moment m; 2. Moment n; Drehmoment n ⟨s. a. couple 2.⟩
  m. accélérateur Beschleunigungsmoment n
  m. amortisseur Dämpfungsmoment n

moment

m. angulaire Drehimpuls m ⟨eines Teilchens⟩
m. angulaire intrinsèque Spin m
m. de charnière ⟨Flg⟩ Rudermoment n
m. cinétique Drehimpuls m
m. de coordonnées Koordinatenmoment n
m. du couple Drehmoment n, Moment n des Kräftepaars
m. de démarrage Anzugsmoment n, Anfahrdrehmoment n; Anlauf(dreh)moment n, Anlaßmoment n
m. dipolaire (de dipôle) Dipolmoment n
m. d'encastrement Einspannmoment n
m. fléchissant (de flexion) Biegemoment n
m. de force Kraftmoment n, Drehmoment n
m. de freinage Bremsmoment n
m. de frottement Reibungsmoment n
m. de giration Drehmoment n
m. de l'impulsion Drehimpuls m
m. d'inertie Trägheitsmoment n; Schwungmoment n
m. d'inertie de masse Massenträgheitsmoment n
m. d'inertie polaire polares Trägheitsmoment n
m. de lacet Giermoment n
m. magnétique magnetisches Moment n
m. multipolaire Multipolmoment n
m. nucléaire Kernmoment n
m. perturbateur Störmoment n
m. de la poussée du gouvernail Rudermoment n
m. principal Hauptmoment n
m. quadratique de l'aire plane axiales Flächenträgheitsmoment n
m. quadratique polaire polares Flächenträgheitsmoment n
m. quadripolaire (de quadripôle) Quadrupolmoment n
m. de la quantité de mouvement Drehimpuls m
m. redresseur Rückführmoment n
m. de renversement Kippmoment n
m. de résistance Widerstandsmoment n
m. de résistance à la flexion Widerstandsmoment n gegen Biegung
m. de résistance à la torsion Widerstandsmoment n gegen Drehung
m. de rotation Rotationsmoment n
m. de roulis Rollmoment n
m. de spin Spinmoment n
m. statique statisches Moment n.
m. de tangage Kippmoment n; Längsmoment n
m. de torsion Torsionsmoment n, Verdrehungsmoment n
momentané momentan, kurzzeitig; augenblicklich
monazite f Monazit m
Monel m Monelmetall n ⟨Ni-Cu-Legierung⟩
moniteur m Monitor m; Kontrollbildgerät n; Kontrollempfänger m; Mithörgerät n; ⟨Kern⟩ Strahlungswarngerät n
m. d'image Bildmonitor m
m. de neutrons Neutronenmonitor m
m. de rayonnements Strahlenwarnanlage f, Strahlungsmonitor m
monitoring m Abhören n ⟨Kontrolle⟩
monoacétate m Monoazetat n
monoacide einsäurig
monoacide m einbasische Säure f
monoalcool m einwertiger Alkohol m
monoamide m Monoamid n, Halbamid n
monoatomique einatomig
monoaxial einachsig
monobase f Monobase f
monobasique einbasisch, einbasig
monobloc aus einem Stück bestehend
monocâble Einkabel-, einkablig
monocâble m Einseilbahn f
monochromateur m ⟨Opt⟩ Monochromator m
m. à cristal Kristallmonochromator m
m. à cristal courbé Konkavkristallmonochromator m
m. entièrement focalisé vollfokussierender Monochromator m
m. interférentiel Interferenzmonochromator m
m. de neutrons Neutronenmonochromator m
m. à prismes Prismenmonochromator m
m. à rayons X Röntgenmonochromator m
m. à réseau Gittermonochromator m
double m. Doppelmonochromator m
monochromatique einfarbig, monochromatisch
monochromatisation f ⟨Opt⟩ Monochromatisierung f
monochrome einfarbig, monochromatisch
monochromie f Einfarbigkeit f
monocinétique monokinetisch
monoclinal ⟨Geol⟩ monoklin, in der gleichen Richtung geneigt
monoclinal m ⟨Geol⟩ Monoklinale f
monoclinique monoklin(isch)
monoconique einkegelig
monocoque selbsttragend

monocoque f ⟨Kfz⟩ selbsttragende Karosserie f
monocrin einfädig
monocrin m Faden m aus einer Faser, Monofaden m ⟨z. B. Dederon, Nylon⟩
monocristal m Einkristall m
monocristallin einkristallin, monokristallin
monocyclique monozyklisch
monocylindrique Einzylinder-, einzylindrig
monodomaine m Einbereich m ⟨magnetisch⟩
monoénergétique monoenergetisch
monoétagé einstufig
monofil einfädig
monofil m Einzelfaden · m, Monofil n ⟨z. B. Dederon, Nylon⟩
monogène monogen
monohydrate m Monohydrat n
monolithe monolithisch, aus einem Stück gearbeitet
monôme m ⟨Math⟩ Term m ⟨s. a. terme⟩
monomère m Monomer[es] n
monomérique monomer
monométallique monometallisch
monominéral monomineralisch
monomoléculaire monomolekular
monomoteur m einmotoriges Fahrzeug n
mononucléaire einkernig
monophasé einphasig
monophonie f Monofonie f
monophonique monofon
monoplace einsitzig
monoplace m Einsitzer m
monoplan m Eindecker m
   m. à ailes médianes Mitteldecker m
   m. à ailes surbaissées Tiefdecker m
   m. à ailes surélevées Schulterdecker m
   m. parasol Hochdecker m
monopolaire einpolig
monorail Einschienen-, einschienig
monorail m 1. Laufkatze f; 2. Einschienenbahn f; Hängebahn f, Einschienenhängebahn f
monoréacteur m Flugzeug n mit einem Strahltriebwerk
   m. supersonique Überschallflugzeug n mit einem Strahltriebwerk
monoréfringent ⟨Opt⟩ einfachbrechend
monoréglage m Einknopfabstimmung f
monosaccharide m Monosaccharid n
monoscope m ⟨Fs⟩ Testbildröhre f
monosoc Einschar-
monosubstitué Monosubstitutions-
monosulfure m Monosulfid n
monotone ⟨Math⟩ monoton

monotropie f Monotropie f
monotropique monotrop
monoturbopropulseur m Flugzeug n mit einem Propellerturbinenluftstrahltriebwerk
monotype m Monotypedruckverfahren n
Monotype f Monotype f, Einzelbuchstabensetzmaschine f
monotypiste Mono[type]setzer m
monovalent einwertig
monovibrateur m Univibrator m
monoxyde m Monoxid n
montage m 1. Aufbau m, Aufstellung f, Aufstellen n; Einbau m; Zusammenbau m; Montage f; 2. Konstruktion f, Anordnung f, Bauart f; 3. Aufspannung f, Spannung f ⟨Werkstück zum Zwecke der Bearbeitung⟩; 4. Spannvorrichtung f, Vorrichtung f ⟨Werkstück⟩; 5. ⟨El⟩ Schaltung f ⟨s. a. circuit 2., couplage 2.⟩; 6. Bildschnitt m, Schnitt m
   m. d'alésage Ausbohrvorrichtung f
   m. amplificateur Verstärkerschaltung f
   m. en anneau Ringschaltung f
   m. à anode à la masse Anodenbasisschaltung f
   m. d'Aron Aron-Schaltung f
   m. d'assemblage Montagevorrichtung f
   m. auto-excitateur Colpitts Colpitts-Schaltung f
   m. auxiliaire Hilfsvorrichtung f
   m. en boucle Ringschaltung f
   m. de bridage Spannvorrichtung f
   m. sur cale Hellingmontage f
   m. en cascade Hintereinanderschaltung f, Serienschaltung f; Kaskadenschaltung f
   m. cascode Kaskodenschaltung f
   m. à cathode commune Katodenbasisschaltung f
   m. cathodique Anodenbasisschaltung f
   m. à la chaîne Fließbandmontage f
   m. à charge cathodique Katodenfolger m
   m. à coïncidence Koinzidenzschaltung f, Koinzidenzkreis m
   m. collecteur commun Kollektorbasisschaltung f
   m. de contre-réaction Gegenkopplungsschaltung f
   m. de copiage Kopiervorrichtung f
   m. sur crépi Aufputzmontage f
   m. croisé Kreuzschaltung f
   m. de Dahlander Dahlander-Schaltung f
   m. définitif Endmontage f

montage

m. en dérivation Nebenschlußschaltung f
m. de désexcitation Entregungsschaltung f
m. de Dessauer Dessauer-Schaltung f
m. détecteur Detektorschaltung f
m. différentiateur (de différentiation) Differenzierglied n, Differenzierschaltung f
m. pour doubler de tension Greinacher-Schaltung f
m. émetteur commun Emitterschaltung f
m. équivalent Ersatzschaltung f, äquivalente Schaltung f, Ersatzstromkreis m
m. en étoile Sternschaltung f
m. expérimental Versuchsanordnung f; Versuchsschaltung f
m. à l'extérieur Freiluftaufstellung f
m. du film Filmschnitt m
m. de fixation Feststellvorrichtung f
m. flip-flop Flipflopschaltung f
m. de fortune behelfsmäßige Schaltung f
m. de fraisage Fräsvorrichtung f
m. de frein moteur Motorbremsschaltung f
m. grille à la masse Gitterbasisschaltung f
m. Hartley Hartley-Schaltung f, Dreipunktschaltung f
m. imprimé gedruckte Schaltung f
m. en L L-Schaltung f, L-Glied n
m. de lignes aériennes Freileitungsbau m
m. de Meissner Meißner-Schaltung f
m. de mélange Mischschaltung f
m. neutrodyne Neutrodynschaltung f
m. en opposition Gegenschaltung f
m. en parallèle Parallelschaltung f
m. de perçage Bohrvorrichtung f
m. en pi π-Glied n; π-Schaltung f
m. en pont Brückenschaltung f
m. porte-pièce Werkstückträger m
m. au préalable Vormontage f
m. en push-pull Gegentaktschaltung f
m. quadripôle Vierpolschaltung f
m. sur ralingue Anstellen n ⟨Fischnetz⟩
m. de réaction Rückkopplungsschaltung f
m. récepteur Empfängerschaltung f
m. de rectification Schleifvorrichtung f
m. de rectification intérieure Innenschleifeinrichtung f
m. redresseur Gleichrichterschaltung f
m. de réflecteur Reflektoranordnung f ⟨Antenne⟩

m. réflexe Reflexschaltung f
m. de retard Verzögerungsschaltung f, Verzögerungskreis m
m. sandwich Sandwichbauweise f
m. en série Serienschaltung f, Reihenschaltung f
m. en série-parallèle Gruppenschaltung f, Reihen-Parallel-Schaltung f, Serien-Parallel-Kreis m
m. simplex Simplexschaltung f
m. sonore Tonmontage f
m. de soudure Schweißvorrichtung f
m. à superréaction Superregenerativschaltung f
m. symétrique Gegentaktschaltung f
m. en T T-Schaltung f, T-Glied n
m. par taille ⟨Brg⟩ Breitaufhauen n
m. en tampon Pufferschaltung f
m. de tournage Drehvorrichtung f ⟨spangebende Bearbeitung⟩
m. à transistors Transistorschaltung f
m. en triangle Dreieckschaltung f
m. en triangle double Doppeldreieckschaltung f
m. en trois points Dreipunktschaltung f
m. des tuyaux Rohrlegen n; Rohrverlegung f
m. ultralinéaire Ultralinearschaltung f
m. universel Universalvorrichtung f
m. d'usinage Werkstückaufnahme f
m. en V V-Schaltung f, V-Glied n
m. en va-et-vient Gegentaktschaltung f
m. Villard Villard-Schaltung f
m. en volant Schwungradkreis m
montage f:
m. de charge Belastungsgebirge n
m. plissée-faillée Bruchfaltengebirge n
m. à structure plissée Faltengebirge n
m. tabulaire Tafelberg m
montage-ilot f Inselberg m
montagnes fpl:
m. marginales Randgebirge n
hautes m. Hochgebirge n
montant (an)steigend, aufsteigend
montant m 1. Pfosten m, Ständer m; Stab m, Stiel m; Säule f; 2. Steife f, Versteifung f; 3. Holm m, Leiterbaum m; 4. Summe f, Betrag m; 5. Bergfahrer m ⟨flußaufwärts fahrendes Schiff⟩; à deux montants Doppelständer-
m. de cage (de laminoir) Walzenständer m
m. de cloison ⟨Schiff⟩ Schottsteife f
m. d'escalier Treppenpfosten m
m. de fenêtre Fensterpfosten m, Setzholz n
m. d'huisserie Türpfosten m

m. **individuel** Einzelsumme f
m. **partiel** Partialsumme f, Teilsumme f
m. **de porte** Türpfeiler m, Türpfosten m
m. **porte-lunette** Lünettenständer m
m. **de tente** Sonnensegelstütze f
m. **totalisé** Aufrechnungssumme f
monte-bottes m Ballenschurre f
monte-charge m Hebewerk n, Aufzug m, Lastenaufzug m; Gichtaufzug m
m. **à aliments** Speisenaufzug m
monte-colis m Stückgutschrägförderband n
montée f 1. Steigung f, Anstieg m; 2. Stichhöhe f, Bogenhöhe f; 3. Heben n ⟨z. B. Kran⟩; 4. ⟨Brg⟩ Ausfahrt f; 5. ⟨Flg⟩ Aufstieg m; 6. Bergfahrt f ⟨flußaufwärts⟩; **à la m.** in der Bergfahrt, ⟨flußaufwärts⟩
m. **de l'arc** Stichhöhe f; Pfeilhöhe f ⟨des Bogens⟩
m. **du courant** Stromanstieg m
m. **de la pile** ⟨Typ⟩ Stapelaufzug m
monte-glace m Schließmechanismus m eines Wagenfensters
monte-jus m Saftpumpe f, Saftheber m
monte-pente m Schilift m
monte-plats m Küchenlift m, Speisenaufzug m
monter 1. aufbauen, aufstellen; einbauen, zusammenbauen, montieren; 2. [auf]spannen ⟨Werkstück zum Zwecke der Bearbeitung⟩; 3. ⟨El⟩ schalten; 4. fassen ⟨z. B. eine Brille⟩; 5. heben ⟨z. B. Kran⟩
m. **à bord** aufsteigen ⟨auf ein Schiff⟩; an Bord gehen
m. **à la Cardan** kardanisch aufhängen
m. **sur dock** ins Dock einschwimmen
m. **en parallèle** parallelschalten
m. **sur plomb** ⟨Typ⟩ auf Blei montieren
m. **au préalable** vormontieren
m. **sur ralingue** anstellen ⟨Fischnetz⟩
m. **en série** in Reihe schalten, in Serie schalten
m. **des verres** verglasen
monteur m Cutter m
montmorillonite f Montmorillonit m ⟨Tonmineral⟩
montre f Uhr f
m. **fusible** Probiergeschirr n ⟨zum Feststellen der Temperatur im Schmelzofen⟩
m. **marine** Schiffsuhr f
monture f Fassung f ⟨einer Brille⟩
m. **en lentille** Linsenfassung f
m. **de la lunette** Fernrohrmontierung f
m. **de lunettes** Brillenfassung f
m. **moulée** geprägte Fassung f

m. **moulée par injection** gegossene Fassung f
m. **de l'objectif** Objektivfassung f
m. **d'un prisme** Prismenfassung f
moquette f Mokett m, Auslegware f ⟨Rollenware⟩, Spannteppich m
moraine f **profonde** 1. Grundmoräne f; 2. Geschiebemergel m
morceau m Stück n; **en gros morceaux** grobstückig; **par morceaux** stückweise
morceler zerstückeln
morcellement m 1. Zerstückelung f; 2. Geländeaufteilung f
mordache f Hilfsbacke f, Schonbacke f
mordacité f ⟨Ch⟩ Säurenschärfe f
mordançage m Beizen n, Ätzen n
m. **mat** Mattätzen n
mordancer beizen, ätzen
mordant ätzend, beißend, beizend, scharf
mordant m 1. Beize f, Beizmittel n, Ätzmittel n; Grundiermittel n; 2. Klemme f; 3. Schärfe f ⟨z. B. eines Messers⟩
m. **aluné** Alaunbeize f
m. **auxiliaire** Hilfsbeize f
m. **pour bois** Holzbeize f
m. **de chrome** Chrombeize f
m. **pour cuir** Lederbeize f
m. **de rouille** Eisenbeize f
morphologie f Morphologie f
morphologique morphologisch
mors m Backe f, Spannbacke f; ⟨Typ⟩ Falz m
m. **de serrage hydraulique** hydraulische Spannbacke f
morse m 1. Morsetelegrafie f; 2. Morseapparat m; 3. Morsealphabet n
mort f **thermique** Wärmetod m
mortaisage m 1. Einkerben n, Ausstemmen n; 2. Stoßen n ⟨spangebendes Bearbeitungsverfahren⟩
mortaise f Schlitz m, Aussparung f, Freimachung f; Ausklinkung f, Zapfenloch n
mortaiser 1. einkerben, ausstemmen, aussparen; 2. stoßen ⟨spangebendes Bearbeitungsverfahren⟩
mortaiseuse f Schlitzmaschine f; Senkrechtstoßmaschine f
morte-eau f Niedrigwasserstand m
mortier m 1. Mörser m; 2. Mörtel m; Bindemittel n
m. **aérien** Luftmörtel m
m. **d'amiante** Asbestmörtel m
m. **d'asphalte** Asphaltmörtel m
m. **bâtard** verlängerter Zementmörtel m
m. **bitumineux** bitumenhaltiger Binder m

mortier 438

m. de chamotte Schamottemörtel m
m. de chaux Kalkmörtel m
m. de chaux et de ciment Kalkzementmörtel m
m. de ciment Zementmörtel m
m. de ciment allongé verlängerter Zementmörtel m
m. de ciment pur reiner Zementmörtel m
m. hydraulique Wassermörtel m
m. de plâtre Gipsmörtel m
m. de terre Lehmmörtel m
morts-terrains mpl Deckgebirge n
mosaïque f ⟨Fs⟩ Mosaik n, Fotokatoden fpl
m. de code Kodemuster n
m. de verre Glasmosaik n
mot m ⟨Dat⟩ Wort n
m. d'appel Rufwort n
m. d'instruction Befehlswort n
m. de machine Maschinenwort n
mot-code m Kodewort n
moteur (an)treibend, Treib-, Trieb-, Antriebs-, Kraft-, Motor-
moteur m Motor m, Kraftmaschine ⟨s. a. machine⟩ ; Triebwerk n; Elektromotor m
m. d'aiguille Weichenmotor m
m. à air comprimé Druckluftmotor m
m. anticompound Gegenverbundmotor m
m. antishunt Reihenschlußmotor m mit Gegennebenschlußerregung
m. d'appoint ⟨Rak⟩ Startrakete f, Startstufe f
m. asynchrone Asynchronmotor m, Induktionsmotor m
m. asynchrone à bagues Asynchronschleifringläufermotor m
m. asynchrone compensé kompensierter Induktionsmotor m
m. asynchrone monophasé Einphasenasynchronmotor m
m. asynchrone synchronisé synchronisierter Induktionsmotor m
m. asynchrone triphasé Drehstromasynchronmotor m
m. atomique Atomtriebwerk n
m. autocompensé à alimentation rotorique läufergespeister kompensierter Induktionsmotor m
m. auxiliaire Hilfsmotor m, Servomotor m
m. auxiliaire diesel Hilfsdieselmotor m
m. d'aviation Flugmotor m
m. à bagues Schleifringläufermotor m
m. à bagues de démarrage Anlaßschleifringläufermotor m
m. en barillet Trommelmotor m

m. de barre Ruderantrieb m
m. à bobines-écrans Spaltpolmotor m
m. de bobineuse Haspelmotor m
m. hors bord Außenbordmotor m
m. à boule chaude Glühkopfmotor m
m. à bride Flanschmotor m, Anbaumotor m
m. de broche Spindelmotor m
m. à cage de Boucherot Doppelkäfigläufermotor m
m. à cage d'écureuil Käfigläufermotor m
m. à carburateur Vergasermotor m
m. carré ⟨Kfz⟩ Quadrathuber m
m. à chambre de réserve d'air Luftspeichermotor m
m. à chambre de turbulence Wirbelkammermotor m
m. de changement de vitesse Motor m mit veränderter Drehzahl, Drehzahlverstellmotor m
m. à collecteur Kollektormotor m, Kommutatormotor m
m. à collecteur à courant alternatif Wechselstromkommutatormotor m
m. à combustible liquide ⟨Rak⟩ Flüssigkeitsstartrakete f
m. à combustible solide ⟨Rak⟩ Feststoffstartrakete f
m. à combustion (interne) Verbrennungsmotor m
m. de commande ⟨El⟩ Antriebsmotor m; ⟨Flg⟩ Steuermotor m
m. commutateur s. m. à collecteur
m. compensé Motor m mit Kompensationswicklung, kompensierter Motor m
m. compound Kompoundmotor m, Verbundmotor m, Doppelschlußmotor m
m. à condensateur Kondensatormotor m
m. à condensateur de démarrage Anlaufkondensatormotor m
m. à courant alternatif Wechselstrommotor m
m. à courant alternatif monophasé Einphasenwechselstrommotor m
m. à courant continu Gleichstrommotor m
m. à courant monophasé Einphasenmotor m
m. à courant triphasé Drehstrommotor m
m. en court-circuit Kurzschlußläufermotor m
m. à crosse Kreuzkopfmotor m
m. à cylindres en ligne Reihenmotor m
m. à cylindres opposés Boxermotor m
m. de démarrage Anlaßmotor m

moteur

m. à déplacement de courant Stromverdrängungsmotor m
m. Déri Deri-Motor m
m. à deux cylindres Zweizylindermotor m
m. à deux cylindres-flat-twin Zweizylinderboxermotor m
m. à deux temps Zweitaktmotor m
m. diesel Dieselmotor m
m. diesel marin Schiffsdieselmotor m
m. diphasé Zweiphasenmotor m
m. à distribution mixte gemischtgesteuerter Motor m
m. à double armature Doppelankermotor m
m. à double champ Doppelfeldmaschine f
m. à double collecteur Doppelkollektormotor m, Doppelkommutatormotor m
m. à doubles encoches Doppelnutläufermotor m
m. électrique Elektromotor m
m. électrique de l'hélice, m. électrique de propulsion elektrischer Propellermotor m, E-Propellermotor m
m. à engrenage Zahnradmotor m
m. d'entrainement Antriebsmotor m
m. à entrainement direct Achsmotor m
m. à essence Benzinmotor m
m. d'essuie-glace Scheibenwischermotor m
m. en étoile Sternmotor m
m. en étoiles multiples Mehrfachsternmotor m
m. à excitation compound Doppelschlußmotor m
m. à excitation séparée fremderregter Motor m
m. à explosion Explosionsmotor m, Verbrennungsmotor m
m. à faible vitesse langsamlaufender Motor m, Langsamläufer m
m. fils Sohn-Motor m ⟨Teil der Hauptantriebsanlage⟩
m. frein Motorbremse f
m. à fusée Raketentriebwerk n
m. à gaz Gasmaschine f, Gasmotor m
m. à glissement Schlupfmotor m
m. en H H-Motor m
m. de l'hélice Propellermotor m
m. hydraulique Wasserrad n, Wasserkraftmaschine f
m. à hystérésis Hysteresemotor m
m. à incorporer Einbaumotor m
m. à induction Induktionsmotor m
m. à induit à barres Stabläufermotor m

m. à induit coulissant Verschiebeankermotor m
m. à induit en court-circuit Kurzschlußankermotor m
m. de lancement Anlaßmotor m ⟨Turbine⟩
m. lent Langsamläufer m ⟨Motor⟩
m. de levage Hubmotor m
m. en ligne Reihenmotor m
m. marin Schiffsmotor m
m. monobloc Blockmotor m
m. monophasé Einphasenmotor m; Einphasenwechselstrommotor m
m. monophasé à collecteur Einphasenkommutatormotor m
m. monophasé à collecteur à excitation interne kompensierter Repulsionsmotor m
m. monophasé à condensateur Einphasenkondensatormotor m
m. monophasé à coupleur Einphasenwechselstrommotor m mit Anlaufhilfsrelais
m. monophasé à répulsion Einphasenrepulsionsmotor m
m. non suralimenté nichtaufgeladener Motor m
m. nucléaire Kernenergietriebwerk n
m. oxygéné à air luftumwechselnder Motor m
m. pas-à-pas Schrittmotor m
m. père Vater-Motor m ⟨Teil der Hauptantriebsanlage⟩
m. à piston double Doppelkolbenmotor m
m. à piston fourreau Tauchkolbenmotor m
m. à piston rotatif Drehkolbenmotor m
m. à pistons libres Freiflugkolbenmotor m
m. à pistons opposés Gegenkolbenmotor m
m. à pistons plongeurs Tauchkolbenmotor m
m. pneumatique Preßluftmotor m
m. polycylindre Mehrzylindermotor m
m. polyphasé Mehrphasenmotor m
m. polyphasé série à collecteur Mehrphasenreihenschlußmotor m
m. à préchambre Vorkammermotor m
m. principal (de propulsion) Haupt(antriebs)motor m, Hauptmaschine f
m. de propulsion Antriebsmotor m, Fahrmotor m, Propellermotor m
m. à puissance fractionnaire Kleinmotor m
m. à quatre cylindres en ligne Vierzylinderreihenmotor m

moteur

m. à quatre cylindres en V Vierzylinder-V-Motor m
m. à quatre temps Viertaktmotor m
m. rapide Schnelläufer m ⟨Motor⟩
m. à réaction Strahltriebwerk n
m. de rebobinage Rückwickelmotor m
m. à répulsion Repulsionsmotor m
m. à ressort Federaufzug m
m. réversible Umkehrmotor m, Reversiermotor m
m. réversible alimenté par redresseur stromrichtergespeister Umkehrmotor m
m. rotatif Umlaufmotor m
m. à rotor extérieur Außenläufermotor m
m. sec Motor m trocken ⟨d. h. ohne Öl bei Gewichtsangabe⟩
m. semi-diesel Glühkopfmotor m
m. semi-rapide Mittelschnelläufer m ⟨Motor⟩
m. série Hauptstrommotor m, Hauptschlußmotor m, Reihenschlußmotor m
m. série à collecteur Reihenschlußkommutatormotor m
m. série à collecteur à courant alternatif Wechselstromreihenschlußkommutatormotor m
m. série compensé kompensierter Reihenschlußmotor m
m. série à courant continu Gleichstromhauptschlußmotor m, Gleichstromreihenschlußmotor m
m. série monophasé à collecteur Einphasenreihenschlußkommutatormotor m
m. série triphasé à collecteur Drehstromreihenschlußkommutatormotor m
m. de serrage Anstellmotor m
m. shunt Nebenschlußmotor m
m. shunt à collecteur Nebenschlußkommutatormotor m
m. shunt à collecteur à double alimentation ständergespeister Nebenschlußmotor m
m. shunt monophasé Einphasennebenschlußmotor m
m. shunt triphasé à collecteur Drehstromnebenschlußkommutatormotor m
m. shunt triphasé à collecteur et à rotor alimenté läufergespeister Drehstromnebenschlußkommutatormotor m
m. silencieux geräuscharmer Motor m
m. à soupapes latérales seitengesteuerter Motor m
m. à soupapes en tête obengesteuerter ⟨kopfgesteuerter⟩ Motor m
m. suralimenté aufgeladener Motor m

m. surcomprimé Überverdichtungsmotor m
m. de sustentation Hubtriebwerk n
m. synchrone Synchronmotor m
m. synchrone monophasé Einphasensynchronmotor m
m. thermique Wärmekraftmaschine f
m. tourne-disque Plattenspielermotor m
m. tous courants Allstrommotor m
m. de traction Fahrmotor m
m. de translation du pont Kranfahrmotor m
m. triphasé Drehstrommotor m
m. triphasé à cage Drehstromkäfigläufermotor m
m. triphasé à collecteur Drehstromkommutatormotor m
m. triphasé à induit en court-circuit Drehstromkurzschlußankermotor m
m. à trois cylindres en étoile Dreizylindersternmotor m
m. à turbine Turbinentriebwerk n
m. universel Allstrommotor m, Universalmotor m
m. en V V-Motor m
m. à vent Windkraftmaschine f, Windmotor m
m. de vol ⟨Rak⟩ Haupttriebwerk n
m. en W W-Motor m
m. Wankel Drehkolbenmotor m, Kreiskolbenmotor m, Wankelmotor m
m. en X X-Motor m
gros m. diesel Großdieselmotor m
moteur-couple m Stellmotor m
moteur-frein m Bremsmotor m
m. à rotor conique coulissant Verschiebeläufermotor m
moteur-fusée m Raketenmotor m
moteur-générateur m Umformersatz m
moteur-réducteur m Getriebemotor m
moteurs mpl :
 m. couplés gekuppeltes Triebwerk n
 m. doubles Doppeltriebwerk n
 m. jumelés gepaartes Triebwerk n
moteur-turbine m Turbinenmotor m
motif m d'atomes, m. cristallin Atomanordnung f
moto f s. motocyclette
motobineuse f Motorhacke f
motobrouette f Motorschubkarre f
motocompresseur m Motorkompressor m
motoculteur m à deux roues Einachstraktor m
motocycle m Moped n, Leichtmotorrad n
motocyclette f Motorrad n, Krad n
motofaucheuse f Motormäher m

motoforeuse f **portative** Pflanzlochbohrer m, Erdlochbohrer m
motogodille m Außenbordmotor m
motohoue f Motorhacke f
motopaver m Straßenbaumaschine f ⟨zum Aufbringen einer Schwarzdecke⟩
motoplaneur m Motorsegler m
motopompe f Motorpumpe f
motor-boating m Blubbern n
motoréacteur m Luftstrahltriebwerk n
motorgrader m Planiergerät n
motorisation f Motorisierung f
motoriser motorisieren
motorship m Motorschiff n
mottage m Klumpenbildung f ⟨z. B. von Zement⟩
motte f Klumpen m
mouchage m **d'angles** Kantenabrunden n
moucher les angles Kanten abrunden
moufette f s. mofette
moufle m ⟨Ch⟩ Schmelztiegel m, Muffel f; Glühkammer f
moufle f Flaschenzug m, Seilzug m; Flasche f ⟨Flaschenzug⟩; Talje f
   m. à crochet Hakenflasche f
   m. jumélée Zwillingsrollenzug m
   m. mobile beweglicher Flaschenzugblock m
mouillabilité f Benetzbarkeit f
mouillable benetzbar
mouillage m 1. Ankern n, Ausbringen n des Ankers; 2. Vor-Anker-Liegen n, Stilliegen n ⟨des Schiffes⟩; 3. Ankergrund m, Ankerplatz m; 4. Verankerung f; 5. Befeuchtung f, Benetzung f;
   au m. vor Anker
mouillant netzend, Netz-
mouillant m Netzmittel n
mouillé naß, benetzt
mouiller 1. ankern, Anker ausbringen; 2. vor Anker liegen ⟨fälschlich gebraucht⟩; 3. ausbringen, aussetzen ⟨z. B. Fischnetz⟩; 4. verankern; 5. [be-]netzen, umspülen, anfeuchten, befeuchten
mouilleur m ⟨Typ⟩ Feuchtwalze f
moulage m 1. ⟨Bw⟩ Formen n, Gießen n, Schütten n ⟨des Betons⟩; 2. ⟨Met⟩ Formgießerei f; 3. Abguß m; Guß m; Abdruck m; 4. Formpressen n
   m. en (d')acier Stahlgußformerei f; Stahl[form]guß m
   m. en acier allié Edelstahlguß m
   m. en acier dur Hartstahlguß m
   m. d'acier électrique Elektrostahlguß m
   m. d'acier au manganèse Manganstahlguß m

   m. en argile Lehmformerei f
   m. à basse pression Niederdruckpreßverfahren n
   m. en châssis Kastenguß m
   m. au choc Schlagpressen n
   m. par compression 1. ⟨Met⟩ Preßguß m; 2. Preßformen n, Pressen n ⟨Gummi, Plast⟩
   m. en coquilles Kokillenguß m, Schalenguß m; Formverfahren n ⟨Gießerei⟩
   m. en creux Hohlguß m
   m. à découvert Formen n im Boden
   m. de fonte Eisenguß m
   m. en fonte fine Edelguß m
   m. à froid Kaltpressen n
   m. par injection Spritzguß m, Spritzgießen n; Spritzformen n
   m. à la machine Maschinenformerei f
   m. manuel Handformerei f
   m. mécanique Maschinenformerei f
   m. sur modèle Formen n nach Modell
   m. en mottes ⟨Met⟩ kastenloses Formen n
   m. à parois minces dünnwandiger Guß m
   m. avec poinçon souple Gummistempelverfahren n
   m. de précision Genauguß m
   m. réfractaire feuerfester Guß m
   m. par rotation Rotationsgießverfahren n
   m. en sable Sandformerei f
   m. au sac Membranformpreßverfahren n
   m. par soufflage Hohlformblasen n, Blasen n
   m. par transfert Spritzpressen n, Transferpressen n ⟨Plastverarbeitung⟩
   m. par transfert avec deux pistons Duplexpreßverfahren n
   m. trempé en coquille Schalenhartguß m
   m. au trousseau Schablonenformerei f
   m. de verre Glasheißformung f
   m. du verre par centrifugation Formung f von Glas durch Schleudern
moule m 1. Form f, Gießform f, Preßform f; ⟨Bw⟩ Schalung f; ⟨Met⟩ Formkasten m; 2. Hohlblockstein m; 3. ⟨Typ⟩ Gießinstrument n; 4. ⟨Eb⟩ Schwellenbett n
   m. pour airbag Heizschlauchform f
   m. en argile Lehmform f
   m. à cavités multiples Mehrfachform f
   m. de coulage, m. à couler Gießform f
   m. pour couler des stéréos à plat ⟨Typ⟩ Gießgerät n für Flachstereotypie
   m. pour couler des stéréos semi-cylindriques ⟨Typ⟩ Rundstereogießwerk n

moule

m. creux Hohlkörper m
m. finisseur Blasform f, Fertigform f
m. à gâteaux en verre réfractaire Glasbackform f ⟨Haushaltstechnik⟩
m. en graphite Graphitform f
m. à gueuses Masselform f
m. métallique Metallform f
m. en plâtre Gipsform f
m. pour pneu Reifenform f
m. à presse Preßform f
m. en sable Sandform f
m. squelette Formschablone f
m. en terre Sandform f
m. en terre glaise Lehmform f
m. à transfert Preßspritzform f
premier m. Mutterform f ⟨Keramik⟩
moule-mère m Mutterform f ⟨Keramik⟩
mouler formen; pressen; gießen
moulerie f Formerei f
m. de coulée Gießraum m
mouleur m Formgießer m
mouleuse f Gießmaschine f ⟨s. a. machine à mouler⟩
moulin m 1. Mühle f; Mahlwerk n; 2. Zwirnmaschine f ⟨für Seidenfäden⟩
m. à argile Tonmühle f
m. à café Kaffeemühle f
m. à commande par le dessous Unterläufermühle f
m. à cônes de friction Reibkegelmühle f
m. à couleurs Farbmühle f
m. à croisillons Schlagkreuzmühle f
m. à cylindres Walzenmühle f
m. à eau Wassermühle f
m. à laitiers Schlackenmühle f
m. à marteaux Hammermühle f
m. à meuletons Kollergang m
m. à papier à main Papiermühle f für handgeschöpfte Papiere
m. à percussion Schlagmühle f, Prallmühle f
m. à plâtre Gipsmühle f
m. à poussier de charbon Kohlenstaubmühle f
m. à rouleaux Walzmühle f
m. à scories Schlackenmühle f
m. à sel brut Rohsalzmühle f
m. à vent Windmühle f
moulinage m 1. Mahlen n; 2. M[o]ulinieren n ⟨für Seidenfäden⟩; 3. ⟨Brg⟩ Hängebank f
mouliner m[o]ulinieren
moulinet m pour entrainement d'auxiliaires Windmühlenrad n ⟨Luftschraube⟩
moulure f 1. Zier- und Formleiste f; 2. Kehlung f; 3. ⟨El⟩ verdeckte Leitung f

moulurière f Kehlmaschine f
moussage m Schäumen n; Verschäumen n
moussant schaumbildend
mousse f Schaum m; Schaumstoff m
m. époxyde Epoxi[d]harzschaumstoff m
m. de latex Schaumgummi m
m. de platine Platinschwamm m
m. de polyuréthane Polyurethanschaumstoff m
mousseline f Musselin m
mousser schäumen
moût m 1. Maische f, Würze f ⟨Bierherstellung⟩; 2. Traubensaft m ⟨Weinherstellung⟩
mouton m ⟨Bw⟩ Ramme f, Rammbär m; Fallhammer m
m. à chaine Kettenfallhammer m
m. à chute libre Fallhammer m
m. à courroie Riemenfallhammer n
m. d'estampage à air comprimé Druckluftgesenkhammer m
m. à planche Brettfallhammer m
m. à vapeur Dampfhammer m, Dampframme f
mouton-pendule m Pendelschlagmaschine f, Pendelschlagwerk n
mouture f Ausmahlen n ⟨von Korn⟩
mouvable beweglich
mouvement m 1. Bewegung f; Gang m; Lauf m; Weg m; 2. Triebwerk n, Laufwerk n, Antriebsmechanismus m, Mechanismus m, Getriebe n
m. absolu Absolutbewegung f
m. accéléré beschleunigte Bewegung f
m. aléatoire zufällige Bewegung f, Zufallsbewegung f
m. alternatif hin- und hergehende Bewegung f
m. d'amenage Vorschub m
m. angulaire Drehbewegung f, Drehung f, Verdrehung f
m. d'avance Vorschub[bewegung f] m
m. en avant Vorwärtsbewegung f
m. brownien Molekularbewegung f, Brownsche Bewegung f
m. de centre de masse Schwerpunktbewegung f
m. circulaire Kreisbewegung f
m. collectif kollektive Bewegung f
m. composé zusammengesetzte Bewegung f
m. croisé Kreuzbewegung f
m. crustal ⟨Geol⟩ Krustenbewegung f
m. curviligne krummlinige Bewegung f
m. de descente Abwärtsbewegung f
m. différentiel Differentialbewegung f
m. de direction Katzfahren n ⟨Kran⟩

m. d'entrainement Führungsbewegung f
m. excentrique exzentrische Bewegung f
m. de galop Tauchbewegung f
m. de génération Wälzbewegung f ⟨z. B. einer Zahnradmaschine⟩
m. de giration, m. giratoire Drehbewegung f, Drehkreisfahrt f
m. hélicoïdal Schraubenbewegung f
m. d'inclinaison latérale Querneigungsbewegung f
m. irrotationnel wirbelfreie (drehungsfreie) Bewegung f, Potentialströmung f
m. de lacet Schlingerbewegung f
m. laminaire Laminarbewegung f
m. lent Feineinstellung f
m. lent horizontal Horizontalfeinbewegung f
m. lié Zwangslauf m, zwangsläufige Bewegung f
m. longitudinal Längsbewegung f
m. non uniforme ungleichförmige Bewegung f
m. orbitaire Orbitalbewegung f, Kreisbewegung f
m. d'orientation Drehen n, Schwenken n ⟨eines Krans⟩
m. oscillatoire oszillierende Bewegung f, Schwingung f
m. pendulaire Pendelbewegung f
m. périodique periodische Bewegung f
m. propre Eigenbewegung f; Nulleffekt m ⟨des Zählrohrs⟩
m. rapide Eilbewegung f, Eilgang m, Schnellhub m; Grobeinstellung f
m. rectiligne geradlinige Bewegung f
m. relatif Relativbewegung f
m. par résonance Resonanzantrieb m
m. à ressort Federlaufwerk n ⟨Spielzeug⟩; Federwerk n ⟨Uhr⟩
m. retardé verzögerte Bewegung f
m. rotatif Drehbewegung f
m. des terres Erdarbeiten fpl ⟨Tiefbau⟩
m. thermique Wärmebewegung f
m. tourbillonnaire turbulente Strömung f; Wirbelströmung f, Turbulenz f
m. transitoire Einschwingen n, Einschwingvorgang m
m. de translation geradlinige Bewegung f; Translationsbewegung f; Kranfahren n
m. transversal Querbewegung f
m. uniforme gleichförmige Bewegung f
m. uniformément accéléré gleichförmig beschleunigte Bewegung f
m. uniformément retardé gleichförmig verzögerte Bewegung f
m. de va-et-vient hin- und hergehende Bewegung f
m. varié ungleichförmige Bewegung f
mouvements mpl de navire à flot Schiffsbewegungen fpl, Schiffsschwingungen fpl
moyen mittel, Mittel-; durchschnittlich
moyen m Mittel n; Hilfsmittel n ⟨s. a. dispositif 1.⟩
m. d'assemblage 1. Verbindungsmittel n; 2. Montagemittel n, Montagegerät n, Montagevorrichtung f
m. de capture Fanggerät n, Fangvorrichtung f
m. de conservation du bois Holzschutzmittel n
m. de décrassage Entschlackungsmittel n
m. de destruction des nuisances Ungeziefervertilgungsmittel n
m. de désulfuration Entschwefelungsmittel n
m. d'épuration Reinigungsmittel n
m. filtrant Filtermittel n
m. de production Produktionsmittel n; Fertigungshilfsmittel n
m. de propulsion Treibmittel n
m. de protection du bois Holzschutzmittel n
m. de sauvetage Rettungsmittel n
m. de syntonisation Abstimmittel n
m. de transport Fördermittel n
m. de transport collectif Massentransportmittel n
moyen-courrier m Mittelstreckenflugzeug n
moyenne f Mittel[wert m] n; Durchschnitt m
m. arithmétique arithmetisches Mittel n
m. géométrique geometrisches Mittel n
m. pondérée gewogenes Mittel n
m. quadratique quadratischer Mittelwert m
moyens mpl:
m. du bord Bordmittel npl ⟨z. B. zur Reparatur⟩
m. de manutention Umschlagmittel npl
moyeu m Nabe f, Radnabe f; Luftschraubennabe f
m. de la bobine Spulenkern m
m. d'hélice Propellernabe f
mucilage m Pflanzenschleim m; Büroleim m
mucine f Muzin n
mucique Schleim-
mullite f ⟨Min⟩ Mullit m
multicanal Vielkanal-

multicellulaire

multicellulaire mehrzellig
multicolore bunt
multiconducteur vieladrig
multicopiste m Vervielfältigungsapparat m, Kopierapparat m
multicouche mehrschichtig
multidimensionnel mehrdimensional
multifilaire mehradrig, mehrfädig
multiforme vielförmig, vielgestaltig
multigrade Multigrad-, Mehrbereichs- ⟨von Ölen⟩
multilatéral mehrseitig
multimesureur m Vielfachmesser m
multimètre m Universalprüfer m
multimoteur mehrmotorig
multinucléaire mehrkernig
multiplan m Mehrdecker m
multiplayback m Multiplayback n
multiple mehrfach, vielfach
multiple m Vielfaches n
 le plus petit commun m. kleinstes gemeinsames Vielfaches n
multiplet m Multiplett n
 m. nucléaire Kernmultiplett n
multiplex multiplex
multiplex m ⟨Fmt⟩ Mehrfachübertragung f
multiplexage m Mehrfachausnutzung f ⟨Übertragungskanal⟩
multipliable multiplizierbar
multiplicande m Multiplikand m
multiplicateur m 1. ⟨Math⟩ Multiplikator m; 2. Multipliziergerät n; Vervielfacher m; 3. ⟨Masch⟩ Übersetzungsgetriebe n, Getriebe n
 m. analogique Analogmultipliziergerät n
 m. d'électrons Elektronenvervielfacher m, Sekundärelektronenvervielfacher m
 m. d'électrons secondaires Sekundärelektronenvervielfacher m
 m. de fonctions Funktionsmultipliziergerät n
 m. de fréquence Frequenzvervielfacher m
 m. photo-électronique Fotoelektronenvervielfacher m
 m. de pression Druckvervielfacher m
 m. de vitesse Übersetzungsgetriebe n
multiplication f 1. ⟨Math⟩ Multiplikation f; 2. Verstärkung f; 3. ⟨Masch⟩ Übersetzung f ⟨z. B. eines Getriebes⟩
 m. automatique automatische Multiplikation f
 m. due au gaz Gasverstärkung f
 m. extérieure äußere Multiplikation f
 m. multiple Mehrfachmultiplikation f

 m. de neutrons Neutronenmultiplikation f, Neutronenvermehrung f
 m. en virgule fixe Festkommamultiplikation f
 m. en virgule flottante Gleitkommamultiplikation f
multiplications fpl **en chaîne** Mehrfachmultiplikation f
multiplicité f Multiplizität f, Vielfalt f
 m. de termes Multiplizität f von Termen
multiplier 1. ⟨Math⟩ multiplizieren; 2. vervielfachen, verstärken
multipolaire mehrpolig
multistandard Mehrnormen-
multitubulaire Mehrrohr-, Vielröhren- ⟨z. B. Kessel⟩
multivibrateur m Multivibrator m
 m. bistable bistabiler Multivibrator m
 m. monostable monostabiler Multivibrator m
Mumétal m Mumetall n
muon m My-Meson n, μ-Meson n, Myon n
mur m Mauer f; Wand f
 m. avant Stirnwand f ⟨eines SM-Ofens⟩
 m. de barrage Staumauer f
 m. de base d'un four Ofenstock m
 m. en briques Backsteinmauer f, Ziegelsteinmauer f, Ziegelwand f
 m. de la chaleur s. m. thermique
 m. de couche Liegendes n
 m. coupe-feu Brandmauer f
 m. extérieur Außenmauer f; Außenwand f; Umfassungsmauer f; Umfassungswand f
 m. de fondation Grundmauer f; Fundamentmauer f
 m. de Gamow ⟨Kern⟩ Gamow-Berg m
 m. contre l'incendie Brandmauer f
 m. intermédiaire Zwischenwand f ⟨tragend⟩
 m. en pan de bois Holzfachwerkwand f
 m. porteur tragende Wand f
 m. porteur indépendant freitragende Wand f
 m. de quai Kaimauer f
 m. de revêtement Futtermauer f
 m. de son, m. sonique Schallmauer f
 m. de soutènement (terrasse) Stützmauer f
 m. thermique Hitzemauer f
murage m Mauern n; Mauerwerk n
muraille f Mauerwerk n
 m. du navire Bordwand f, Schiffswand f
 m. de (du) puits Brunnenmantel m

muraillement *m* Ausmauerung *f*, Mauerung *f*
murailler ausmauern, vermauern
mural Wand-
murer *s.* murailler
musc *m* Moschus *m*
  m. cétonique Ketonmoschus *m*
muscovite *f* ⟨Min⟩ Muskovit *m*
musoir *m* Molenkopf *m*
mutarotation *f* Mutarotation *f*
mutateur *m* **à vapeur de mercure** Quecksilberdampfstromrichter *m*
mutationisme *m* Mutationstheorie *f*
mutuel gegenseitig, wechselseitig, Wechsel-
mylonite *f* Mylonit *m*
mylonitique mylonitisch
mylonitisation *f* Mylonitisierung *f*

N

nabla *m* Nabla-Operator *m*, Nabla-Vektor *m* ⟨Vektoranalysis⟩
nable *m* Leckschraube *f*
nacelle *f* 1. Motorgondel *f*; Triebwerksgondel *f*; 2. Ballonkorb *m*; 3. ⟨Ch⟩ Schiffchen *n*
  n. à pesée Wägeschiffchen *n*
  n. réacteur Triebwerksgondel *f*
nacre *m* Perlmutt(er *f*) *n*
nacré Perlmutt(er)-, perlmutterartig
nacrite *f* ⟨Min⟩ Nakrit *m*
nadir *m* Nadir *m*
nage *f* Pullen *n* ⟨Rudern⟩
nageoire *f* ⟨Schiff⟩ Flosse *f*; ⟨Flg⟩ Stabilisierungsschwimmer *m*, Schwimmerstummel *m*
  n. caudale Schwanzflosse *f*
nager pullen ⟨rudern⟩
nain winzig, sehr klein
naine *f* Zwerg(stern) *m*
naissance *f* Anfangspunkt *m*
  n. d'un arc Bogenanfang *m*; Kämpferlinie *f*
  n. de voûte Gewölbeanfang *m*, Kämpferlinie *f*
naissant naszierend
nanofarad *m* Nanofarad *n*
nanomètre *m* Nanometer *n*
naphtalène *m*, **naphtaline** *f* Naphthalin *n*
naphte *m* Petroleum *n*, Erdöldestillat *n*, Leuchtpetroleum *n*
  n. minéral (natif) *s.* pétrole
napthénate *m* Naphthenat *n*, Salz *n* der Naphthensäure
naphtènes *mpl* Naphthene *npl*
naphtol *m* Naphthol *n*

naphtylamine *f* Naphthylamin *n*
nappe *f* 1. Decke *f*; 2. Fläche *f*; 3. ⟨Math⟩ Mantelfläche *f*, Schale *f*; 4. ⟨Text⟩ Vlies *n*; Kette *f* ⟨Weberei⟩; Schar *f* ⟨Schärerei⟩; 5. Bund *m*, Bündel *n* ⟨Kabel⟩; **à une n.** einschalig; **à deux nappes** zweischalig
  n. aquifère Grundwasserspiegel *m*
  n. artésienne Grundwasserleiter *m* mit artesischem Wasser
  n. de batteur Schlagmaschinenwickel *m*
  n. charriée ⟨Geol⟩ Schubdecke *f*, Überschiebungsdecke *f*
  n. chevauchante ⟨Geol⟩ übergreifende Decke *f*, Überschiebungsdecke *f*
  n. d'eau Wasserspiegel *m*
  n. d'eau souterraine Grundwasserspiegel *m*
  n. d'écoulement Strömungsfläche *f*
  n. de fibres Faservlies *n*
  n. de fil 1. ⟨Text⟩ Fadenschar *f*; 2. Drahtbündel *n*
  n. de filet Netztuch *n*
  n. de glissement Abgleitungsdecke *f*
  n. d'huile Ölspiegel *m*
  n. hydrostatique Grundwasserspiegel *m*
  n. d'infiltration Sickerwasser *n*
  n. de lave Lavadecke *f*
  n. pour ouatinage Watte(vlies *n*) *f*
  n. pétrolifère Ölschicht *f*; Ölhorizont *m*
  n. phréatique Grundwasser *n* ⟨eines Flusses⟩; freier Grundwasserspiegel *m*
  n. de recouvrement Faltendecke *f*, Überfaltungsdecke *f*
  n. souterraine Grundwasserspiegel *m*
  n. de tôles Plattenplan *m*
  n. tourbillonnaire Wirbelfläche *f*
nappeuse *f* Vliesbildemaschine *f*
narcotique narkotisch, betäubend
narcotique *m* Narkotikum *n*, Betäubungsmittel *n*
nasse *f* Korbreuse *f*; Reuse *f*
natron *m* Natron *n*, Natriumhydrogenkarbonat *n*
natroné natronhaltig
natrum *m s.* natron
nature *f*:
  n. du courant Stromart *f*
  n. des matériaux Materialbeschaffenheit *f*
  n. plastique Bildsamkeit *f*
  n. réfractaire Feuerfestigkeit *f*
naturel natürlich
nautique nautisch, Navigations-
navette *f* 1. Pendelzug *m*; Pendelverkehr *m*; 2. Wagen *m*, Pendelwagen *m* ⟨Seil-

navette 446

bahn); 3. Webschützen *m*, Weberschiffchen *n*; 4. Netznadel *f*
n. droite Schnellschützen *m*
n. à griffe Greiferschützen *m*
n. volante Schnellschützen *m*
navigabilité *f* 1. Fahrtüchtigkeit *f*, Seefähigkeit *f*, Seetüchtigkeit *f* ⟨eines Schiffes⟩; Lufttüchtigkeit *f* ⟨eines Flugzeuges⟩; 2. Schiffbarkeit *f*
navigable 1. fahrtüchtig, seefähig, seetüchtig ⟨Schiff⟩; lufttüchtig ⟨Flugzeug⟩; 2. schiffbar
navigant *m* Angehöriger *m* des fahrenden Personals; Fahrensmann *m*
navigateur *m* ⟨Flg⟩ Navigator *m*
n. Decca Decca-Empfänger *m*, Decca-Navigator *m* ⟨Standortbestimmung⟩
n. Loran Loran-Empfänger *m*, Loran-Gerät *n* ⟨Standortbestimmung⟩
navigation *f* 1. Navigation *f*, Nautik *f*; 2. Schiffahrt *f*; 3. Fahrt *f* ⟨eines Schiffes⟩; 4. Fahrzeit *f* ⟨z. B. eines Seemanns⟩
n. aérienne 1. Flugwesen *n*; 2. Flugnavigation *f*
n. astronautique Raumnavigation *f*
n. astronomique astronomische Navigation *f*
n. sur ballast Ballastfahrt *f*
n. au cabotage s. n. côtière
n. de commerce Handelsschiffahrt *f*
n. cosmique Raumfahrt *f*
n. côtière kleine Küstenfahrt *f* ⟨als Einsatzgebiet⟩; Küstenschiffahrt *f*
n. courte kleine Fahrt *f* ⟨als Einsatzgebiet⟩
n. à l'estime, n. estimée Koppelnavigation *f*
n. fluviale Binnenschiffahrt *f*, Flußschiffahrt *f*
n. grille Gradnetznavigation *f*
n. en haute mer große Fahrt *f*, Hochseefahrt *f* ⟨als Einsatzgebiet⟩; unbegrenzter Fahrtbereich *m*
n. hyperbolique Hyperbelnavigation *f*
n. par inertie Trägheitsnavigation *f*, Trägheitsortung *f*
n. intérieure s. n. fluviale
n. interplanétaire (interplanetare) Raumnavigation *f*
n. interstellaire (interstellare) Raumnavigation *f*
n. isobarique meteorologische Navigation *f*
n. de jour Tagbetrieb *m*, Tagfahrt *f*; Tagschiffahrt *f*
n. limitée begrenzter Fahrtbereich *m*
n. au long cours s. n. en haute mer
n. maritime Seeschiffahrt *f*

n. moyenne mittlere Fahrt *f* ⟨z. B. als Fahrtbereichsangabe⟩
n. de nuit Nachtbetrieb *m*, Nachtfahrt *f*; Nachtschiffahrt *f*
n. de pilotage Lotsenwesen *n*
n. par poussage, n. poussée Schubschiffahrt *f*
n. à la radio Funknavigation *f*
n. de remorquage Schleppschiffahrt *f*
n. de renflouage Bergungswesen *n*
n. par satellites Satellitennavigation *f*
n. spatiale Raumfahrt *f*
n. à vue Sichtnavigation *f*
grande n. s. n. en haute mer
moyenne n. mittlere Fahrt *f* ⟨als Einsatzgebiet⟩
naviguer 1. fahren ⟨ein Schiff⟩; 2. navigieren
n. en bœuf im Gespann fischen, tucken
n. cap au... mit Kurs auf... fahren ⟨Schiff⟩
navire *m* Schiff *n*, Wasserfahrzeug *n*
n. abandonné aufgegebenes Schiff *n*
n. en acier Stahlschiff *n*
n. à ailes portantes Tragflächenboot *n*
n. à aubes Radschiff *n*
n. en bois Holzschiff *n*
n. céréalier Getreidefrachter *m*, Kornfrachter *m*
n. charbonnier Kohlefrachter *m*
n. de charge Frachter *m*, Frachtschiff *n*
n. de charge ordinaire Stückgutfrachtschiff *n*, Universalfrachtschiff *n*
n. en ciment armé Betonschiff *n* ⟨Bauart⟩
n. civil Handelsschiff *n* ⟨im weiten Sinn als Gegensatz zum Kriegsschiff⟩
n. à classe unique Ein-Klassen-Schiff *n*
n. de commerce Handelsschiff *n* ⟨im weiten Sinn alle Wasserfahrzeuge außer Kriegsschiffen; im engen Sinn nur eigentliche Handelsschiffe, d. h. ohne Fischerei- und Sportfahrzeuge⟩
n. composite Kompositschiff *n* ⟨Bauart⟩
n. congélateur Gefrierschiff *n*
n. à containers Containerschiff *n*
n. à containers cellulaire Containerschiff *n* in Zellenbauweise, Zellencontainerschiff *n*
n. côtier à moteur Küstenmotorschiff *n*
n. à deux compartiments Zweiabteilungsschiff *n* ⟨Unsinkbarkeit⟩
n. à deux hélices Zweischraubenschiff *n*
n. école Ausbildungsschiff *n*, Lehrschiff *n*, Schulschiff *n*

n. élaboré Schiff n nach Maß, „maßgeschneidertes" Schiff n
n. entièrement porte-containers Vollcontainerschiff n
n. à flush-deck Glattdeckschiff n
n. fluvial Binnenschiff n, Flußschiff n
n. frigorifique Kühl(transport)schiff n
n. fruitier Fruchtschiff n
n. gros porteur Großschiff n, Superschiff n
n. de haute mer Hochseeschiff n
n. à hélice Schraubenschiff n
n. identique (jumeau) Schwesterschiff n
n. lège leeres (betriebsklares) Schiff n
n. de ligne Linienschiff n, Schiff n im Liniendienst
n. LPG Flüssiggastanker m
n. marchand s. n. de commerce
n. à marchandises sèches s. n. sec
n. météorologique Wetterschiff n
n. mixte Kombi-Schiff n, Fracht-Fahrgast-Schiff n
n. à moteur Motorschiff n, Schiff n mit Motorantrieb
n. ouvert Schiff n mit hohem Decksöffnungsgrad, offenes Schiff n
n. à palettes Palettenschiff n, Schiff n für den Transport palettisierter Ladung
n. partiellement porte-containers Semicontainerschiff n, Teilcontainerschiff n
n. à passagers Fahrgastschiff n, Passagierschiff n
n. à passagers et cargo (fret) mixte Fracht-Fahrgast-Schiff n, Kombi-Schiff n
n. de pêche 1. Fangfahrzeug n, Fangschiff n; 2. Fischereifahrzeug n, Fischereischiff n
n. pétrolier Tankschiff n, Tanker m
n. à plein échantillonnage Schiff n mit Volldeckerverbänden
n. polyvalent Mehrzweckschiff n
n. à pont abri fermé geschlossener Schutzdecker m, Volldecker m
n. à pont abri ouvert (offener) Schutzdecker m
n. à pont abri ouvert/fermé Wechseldecker m, Wechselschiff n
n. à pont ouvert offenes Schiff n, Schiff n mit hohem Decksöffnungsgrad
n. à pont plat Glattdecker m
n. à pont shelter fermé geschlossener Schutzdecker m, Volldecker m
n. à pont shelter ouvert (offener) Schutzdecker m
n. à pont shelter ouvert/fermé Wechseldecker m, Wechselschiff n

n. ponté gedecktes Schiff n
n. porte-chalands Leichterschiff n, Schutenträgerschiff n
n. porte-containers Containerschiff n
n. porte-containers cellulaires s. n. à containers cellulaire
n. porte-remorques Trailerschiff n
n. porte-véhicules Autotransportschiff n
n. à propulsion mécanique Schiff n mit mechanischem Antrieb
n. à propulsion à moteur Motorschiff n, Schiff n mit Motorantrieb
n. de ravitaillement Versorgungsschiff n
n. de recherche pour la pêche Fischereiforschungsschiff n
n. de recherches Forschungsschiff n
n. réel naturgroßes Schiff n (Versuchswesen)
n. référence Vergleichsschiff n
n. réfrigéré s. n. frigorifique
n. à roues Radschiff n
n. sec Trockenfrachter m, Trockenfrachtschiff n
n. de seconde main Alttonnageschiff n, Gebrauchttonnageschiff n
n. à shelter-deck offener Schutzdecker m
n. à shelter-deck fermé geschlossener Schutzdecker m, Volldecker m
n. à shelter-deck ouvert offener Schutzdecker m
n. à shelter-deck ouvert/fermé Wechseldecker m. Wechselschiff n
n. similaire Vergleichsschiff n
n. sous-marin Unterseeschiff n, Unterwasserfahrzeug n (nicht Unterwasserschiff)
n. spécial Spezialschiff n
n. sans superstructures Glattdeckschiff n
n. de tramping Trampschiff n
n. de transport Transportschiff n (s. a. navire-transporteur)
n. de transport frigorifique Kühltransportschiff n
n. à trois superstructures Drei-Insel-Schiff n (Aufbautentyp)
n. de type catamaran Doppelrumpfschiff n, Katamaran m
n. à un compartiment Einabteilungsschiff n (Unsinkbarkeit)
n. à une seule hélice Einschraubenschiff n
n. à vapeur Dampfer m, Dampfschiff n
n. à voiles Segelschiff n

n. de vrac Bulkfrachter *m*, Massengutschiff *n*, Schüttgutfrachter *m*
n. de vrac liquide Frachtschiff *n* für flüssiges Massengut
n. de vrac solide Frachtschiff *n* für festes Schüttgut
navire-baleinier *m* Walfabrikschiff *n*, Walfangmutterschiff *n*
navire-bananier *m* Bananenfrachter *m*
navire-base *m* Basisschiff *n*, Mutterschiff *n*
n. de pêche Fischereimutterschiff *n*
navire-citerne *m* Tanker *m*, Tankschiff *n*
navire-gigogne *m* Flotillenmutterschiff *n*
navire-hôpital *m* Lazarettschiff *n*
navire-mère *m* Basisschiff *n*, Mutterschiff *n*
n. de pêche Fischereimutterschiff *n*
navire-phoquier *m* Robbenfänger *m* ⟨Fahrzeug⟩
navire-transporteur *m* Transportschiff *n*
n. de containers flottants Trägerschiff *n* für Schwimmcontainer
n. de gaz Gastanker *m*
n. de gaz liquéfié Flüssiggastanker *m*
n. de véhicules et de passagers Passagier- und Wagenfährschiff *n*
navire-usine *m* Fabrikschiff *n*, Verarbeitungsschiff *n*
n. à baleine Walfabrikschiff *n*, Walfangmutterschiff *n*
n. congélateur Verarbeitungs- und Gefrierschiff *n*
n. frigorifique Verarbeitungs- und Kühlschiff *n*
n. gigogne Fabrikmutterschiff *n*, Verarbeitungsmutterschiff *n*
n. de pêche Fischfabrikschiff *n*, Fischverarbeitungsschiff *n*
n. de transport de poisson Fisch[erei]verarbeitungs- und Transportschiff *n*, Transport- und Verarbeitungsschiff *n*
nébuleuse *f* ⟨Astr⟩ Nebel *m*
nébulosité *f* Bedeckungsgrad *m* ⟨Meteorologie⟩
nécessaire notwendig, zwangsläufig
négatif negativ
négatif *m* Negativ *n*
n. détaillé durchgezeichnetes Negativ *n*
n. net scharfes Negativ *n*
n. sous-exposé unterbelichtetes Negativ *n*
n. surexposé überbelichtetes Negativ *n*
négation *f* Negation *f*
négaton *m* ⟨Ph⟩ Negatron *f*
négatoscope *m* Negativbetrachter *m*
négligeable vernachlässigbar
négliger vernachlässigen
neige *f* **carbonique** Kohlensäureschnee *m*
nématique nematisch
nématoblastique nematoblastisch
néodyme *m* Neodym *n*
néogène *m* Jungtertiär *n*
néon *m* ⟨Ch⟩ Neon *n*
néovolcanique neovulkanisch
néovolcanisme *m* Neovulkanismus *m*
néozoïque *m* Neozoikum *n*
néper *m* Neper *n* ⟨1 Np = 8,686 dB⟩
népermètre *m* Pegelmesser *m*
néphélémétrie *f* ⟨Opt⟩ Nephelometrie *f*
néphélomètre *m* ⟨Opt⟩ Nephelometer *n*
néphélométrie *f* s. néphélémétrie
néphoscope *m* Wolkenspiegel *m*; Nephoskop *n*, Bewölkungsmesser *m*
neptunium *m* ⟨Ch⟩ Neptunium *n*
nerf *m* 1. Nerv *m*, Rippe *f*, Faser *f*; 2. ⟨Brg⟩ Zwischenmittel *n*; 3. ⟨Typ⟩ Bund *m*
nerveux griffig ⟨Garn⟩
nervosité *f* **des fibres** Faserelastizität *f*
nervure *f* 1. Rippe *f*; Fuge *f*; Naht *f*; 2. Äderung *f*, Geäder *n*; 3. ⟨Typ⟩ Bund *m*
n. d'assemblage Anschlußfuge *f*, Verbindungsfuge *f*
n. de bord d'attaque Nasenrippe *f*
n. longitudinale Längsrippe *f*; Längsfuge *f*
n. de raidissement Aussteifungsrippe *f*
n. transversale Querrippe *f*
n. de voûte Gewölberippe *f*
nervuré gerippt, rippig, verrippt
nervurer mit Rippen versehen
net 1. netto; rein; Gesamt-; 2. ⟨Opt⟩ scharf
netteté *f* Schärfe *f* ⟨Fotografie⟩; Klangreinheit *f* ⟨Radio⟩
n. générale Allgemeinschärfe *f*
n. de l'image ⟨Fs⟩ Bildschärfe *f*; ⟨Opt⟩ Abbildungsschärfe *f*
n. en profondeur Tiefenschärfe *f*, Schärfentiefe *f*
nettoie-caractères *m* Typenreiniger *m*
nettoyage *m* Reinigung *f*; Spülung *f*
n. des bâtiments Gebäudereinigung *f*
n. de chaudière Siedepfannenreinigung *f*, Kesselreinigung *f*
n. des déchets Abfallreinigung *f*
n. des formes ⟨Typ⟩ Formenreinigung *f*
n. au jet de sable Reinigung *f* mit Sandstrahl, Sandstrahlreinigung *f*
n. à jet de vapeur Dampfstrahlreinigung *f*
n. des rouleaux mouilleurs ⟨Typ⟩ Feuchtwalzenreinigung *f*

n. à sec chemische Reinigung f, Trockenreinigung f, Chemischreinigung f
n. des voies Straßenreinigung f
nettoyer reinigen, putzen
nettoyeur m Reiniger m
n. de caractères Typenreiniger m
n. de céréales Getreidereiniger m
neutral m Neutralöl n
neutralisant m Neutralisationsmittel n
neutralisation f Neutralisation f
neutraliser neutralisieren
neutralité f Neutralität f
neutre neutral
neutre m Nulleiter m, Sternpunkt(leiter) m, Mittelleiter m
  n. accessible zugänglicher Sternpunkt m
  n. isolé nicht geerdeter Nullpunkt m
  n. mis à la terre geerdeter Nullpunkt m
neutrino m Neutrino n
neutrodynage m:
  n. par grille Gitterneutralisation f
  n. par grille de commande Steuergitterneutralisation f
neutrodyne m Neutrodyn n
neutrodyner neutrodyn schalten
neutrographie f Neutronografie f
neutron m Neutron n
  n. cosmique Neutron n aus der kosmischen Strahlung
  n. différé verzögertes Neutron n
  n. diffusé gestreutes Neutron n
  n. épithermique epithermisches Neutron n
  n. de fission Spaltneutron n
  n. immédiat (instantané) promptes Neutron n
  n. intermédiaire intermediäres (mittelschnelles) Neutron n
  n. lent langsames Neutron n
  n. libre freies Neutron n
  n. modéré gebremstes Neutron n
  n. prompt promptes Neutron n
  n. rapide schnelles Neutron n
  n. de recul Rückstoßneutron n
  n. de résonance Resonanzneutron n
  n. retardé verzögertes Neutron n
  n. thermique thermisches Neutron n
newton m Newton n ⟨Einheit der Kraft; $1\,N = 1\,mkgs^{-2}$⟩
nez m Nase f; Vorbau m, Vorsprung m; Bug m ⟨eines Flugzeuges oder Schiffes⟩
  n. de buse Düsenmundstück n
  n. de raclage d'huile Ölabstreifnase f
  n. de tour ⟨Masch⟩ Reitstockspitze f
  n. de la voûte Gewölbenase f

niche f Fuge f; Höhlung f; Mauervertiefung f, Nische f
  n. à chien Hundehütte f ⟨SM-Ofen⟩
  n. de tir ⟨Brg⟩ Schießnische f
  n. de tunnel Tunnelnische f
nickel m Nickel n
  n. électrolytique Elektrolytnickel n
nickelage m Vernickeln n; Vernickelung f
  n. électrolytique galvanische Vernickelung f
  n. multicouche Mehrfachvernickelung f
nickeler vernickeln
nickélifère nickelhaltig
nicol m Nicol(sches Prisma) n
nicols mpl **croisés** gekreuzte Nicols npl
nicotine f Nikotin n
nicotineux nikotinhaltig, Nikotin-
nid m:
  n. de corbeau Krähennest n, Mastkorb m
  n. de talc Talkumnest n
nid-de-pie m Krähennest n, Mastkorb m
nigrosine f Nigrosin n
nille f Drehgriff m, drehbarer Griff m
niobium m Niob n
nitrate m Nitrat n
  n. d'argent Silbernitrat n
  n. de cellulose Zellulosenitrat n, Nitrozellulose f, Zelluloid n
  n. de potassium Kaliumnitrat n, Salpeter m
  n. de sodium Natriumnitrat n
nitration f ⟨Ch⟩ Nitrieren n
nitre m Salpeter m, Kaliumnitrat n
nitrer ⟨Ch⟩ nitrieren
nitreur m Nitrierapparat m
nitreux nitros
nitrification f Nitrierung f ⟨Härteverfahren⟩
nitrifier nitrieren ⟨Härteverfahren⟩
nitrile m ⟨Ch⟩ Nitril n, Blausäureester m
  n. acrylique Akrylnitril n
nitrique salpetersauer
nitrite m Nitrit n
nitrobenzène m Nitrobenzol n, Bittermandelöl n, Mirbanöl n
nitrocellulose f Nitrozellulose f, Zelluloid n, Zellulosenitrat n
nitrogène m s. azote
nitroglycérine f Nitroglyzerin n
nitromètre m Nitrometer n, Azotometer n
nitrophénol m Nitrophenol n
nitrosobenzène m Nitrosobenzol n
nitrotoluène m Nitrotoluol n
nituration f ⟨Met⟩ Nitrieren n, Nitrierhärten n
  n. au bain du sel Salzbadnitrieren n, Weichnitrieren n

nitruration

n. **liquide** Badnitrieren n, Weichnitrieren n
nitrure m Nitrid n
n. **de bore** Bornitrid n
nitrurer ⟨Met⟩ nitrieren, nitrierhärten
niveau m 1. Stand m, Höhe f, Pegel m, Spiegel m; 2. ⟨Kern⟩ Niveau n; Term m; 3. ⟨Brg⟩ Sohle f; 4. Nivellierinstrument n; Libelle f, Wasserwaage f; 5. Wasserstandsanzeiger m ⟨Dampfkessel⟩; 6. Füllstand m
n. **d'acide** Säurespiegel m
n. **d'air** Nivellierwaage f
n. **amont** Oberwasserspiegel m ⟨bei Sperrbauwerken⟩
n. **de l'audition** Anhörpegel m
n. **aval** Unterwasserspiegel m ⟨bei Sperrbauwerken⟩
n. **de base de l'érosion** Erosionsbasis f
n. **du blanc** ⟨Fs⟩ Weißpegel m, Weißwert m
n. **de bruit** Rauschpegel m, Störpegel m; Geräuschpegel m
n. **à bulle d'air** Wasserwaage f, Libelle f
n. **à coïncidence** Koinzidenzlibelle f
n. **du combustible** Kraftstoffspiegel m
n. **de condensation** Kondensationspunkt m
n. **de contrôle** Prüflibelle f
n. **dégénéré** ⟨Kern⟩ entartetes Niveau n
n. **de discrimination** ⟨Kern⟩ Diskriminationsspiegel m
n. **de l'eau** Wasseroberfläche f; Wasserspiegel m; Wasserstand m, Wasserlinie f
n. **d'eau d'amont** s. n. amont
n. **d'eau d'aval** s. n. aval
n. **d'éclatement** Komplettierungsstufe f ⟨Stückliste⟩
n. **électronique** Elektronenschale f
n. **énergétique (d'énergie)** ⟨Kern⟩ Energieniveau n
n. **d'entrée** Eingangspegel m
n. **étalon** Normalpegel m
n. **excité** angeregtes Niveau n
n. **d'exploitation** Fördersohle f
n. **de Fermi** Fermi-Niveau n
n. **de fond** Grundstrecke f
n. **gaz-huile** Gas-Öl-Spiegel m
n. **d'huile** Ölstand m
n. **hydrostatique** Grundwasserspiegel m
n. **d'ingénieur** Nivelliergerät n
n. **d'intensité acoustique** Schallpegel m
n. **d'isosonie** Lautstärke f

n. **libre** Freispiegel m
n. **du liquide** Flüssigkeitsstand m
n. **longitudinal** Längsneigungspendel n
n. **de luminosité** ⟨Fs⟩ Helligkeitspegel m, Helligkeitswert m
n. **à lunette** Nivellierinstrument n mit Fernrohr
n. **de maçon** Lotwaage f, Grundwaage f, Setzwaage f, Wasserwaage f
n. **de mesure** Meßpegel m
n. **de la nappe aquifère** Grundwasserspiegel m
n. **du noir** ⟨Fs⟩ Schwarzpegel m, Schwarzwert m
n. **normal** ⟨Kern⟩ Grundniveau n
n. **nucléaire** Kernniveau n
n. **d'oscillation(s)** Schwingungsniveau n
n. **de pente** Steigungsmesser m, Neigungsmesser m, Klinometer n, Inklinometer n
n. **de pentes** Gradmesser m
n. **des perturbations** Störpegel m
n. **de pression acoustique** Schalldruckpegel m
n. **de puissance** Leistungspegel m
n. **de rayonnement** Strahlungspegel m
n. **de référence** Bezugspegel m
n. **de résonance** ⟨Kern⟩ Resonanzniveau n
n. **de rotation** ⟨Kern⟩ Rotationsniveau n
n. **de roulage** Fördersohle f
n. **sonore** Schallpegel m
n. **de sortie** Ausgangspegel m
n. **stationnaire** ⟨Kern⟩ stationäres Niveau n
n. **supérieur du rail** Schienenoberkante f
n. **de synchronisation** ⟨Fs⟩ Synchronisierpegel m
n. **à télescope** Teleskoplibelle f
n. **de transmission** Übertragungspegel m
n. **transversal** ⟨Flg⟩ Querneigungsanzeiger m
n. **tubulaire d'air** Röhrenlibelle f, Libellenwaage f
n. **virtuel** ⟨Kern⟩ virtuelles Niveau n
n. **de zéro** Nullpegel m
nivelage m Ausgleichen n, Nivellieren n; Ebnen n, Planieren n
n. **automatique de précision** Bündigschaltung f ⟨Fahrstuhl⟩
niveler 1. ausgleichen, [ein]ebnen, nivellieren, planieren; 2. abmessen ⟨mit der Wasserwaage⟩

450

nivelette f Nivellierkreuz n
niveleur nivellierend
niveleuse f Planiergerät n
nivelle f Wasserwaage f
nivellement m 1. Ausgleichen n, Einebnen n, Planieren n; Nivellieren n; 2. Höhenmessung f
  n. barométrique barometrische Höhenmessung f
  n. de précision Feinnivellement n
nobélium m Nobelium n
noble edel ⟨Gas, Metall⟩; hochwertig
nocif schädlich
nocivité f Schädlichkeit f
nodal Knoten-
nodosité f Ästigkeit f, Knorrigkeit f
nodule m:
  n. de graphite Graphitknötchen n
  n. de manganèse Manganknolle f
noduleux knollig, knollenförmig
nœud m 1. Knoten m ⟨Verbindung zweier Linien⟩; 2. Knoten m ⟨Seemeilen/h⟩; 3. Knotenpunkt m; 4. Ast m; **sans n.** knotenlos, knotenfrei
  n. adhérent festverwachsener Ast m
  n. d'arête Kantenast m
  n. ascendant ⟨Astr⟩ aufsteigender Knoten m
  n. de câblage Abzweigstelle f
  n. caché blinder Ast m
  n. de chaise ⟨Schiff⟩ Pahlstek m
  n. de communication s. n. ferroviaire
  n. de courant Stromknoten m
  n. du cul ⟨Schiff⟩ Steertknoten m
  n. de cul de porc ⟨Schiff⟩ Taljereepsknoten m
  n. descendant ⟨Astr⟩ absteigender Knoten m
  n. ferroviaire Eisenbahnknotenpunkt m
  n. de filet Netzknoten m
  n. fixe steifer Knoten m
  n. de jambe de chien ⟨Schiff⟩ lange Trompete f ⟨Knoten⟩
  n. non adhérent loser Ast m
  n. d'onde Wellenknoten m
  n. réciproque Punkt m des reziproken Gitters
  n. du réseau Gitterpunkt m
  n. sur rive Kantenast m
  n. scié longitudinalement in Längsrichtung aufgeschnittener Ast m
  n. de tension Spannungsknoten m
  n. de vache ⟨Schiff⟩ Trossenstek m
  n. de vibration Schwingungsknoten m
noir m 1. Schwärze f; Schwarz n; 2. Ruß m
  n. d'aniline Anilinschwarz n
  n. d'image ⟨Fs⟩ Bildschwarzpegel m

  n. d'impression Druckerschwärze f
  n. de lampe Lampenruß m
  n. de Mars Eisenoxidschwarz n
  n. d'os Beinschwarz n, Spodium n, Knochenschwarz n
  n. de platine Platinschwarz n, Platinmohr n
noircir schwärzen; brünieren
noircissement m Schwärzung f; Brünieren n; Brünierung f
noix f:
  n. d'enroulement Kettennuß f, Nuß f
  n. d'entrainement Antriebsnuß f
noix-guide f Führungsnuß f
nombre m 1. Zahl f; Anzahl f; Numerus m; 2. s. index 1., indice 2.; **à n. de pôles variable** polumschaltbar
  n. d'Abbe Abbesche Zahl f
  n. des ailettes Schaufelzahl f
  n. aléatoire ⟨Dat⟩ Zufallszahl f
  n. des alternances Lastwechselzahl f
  n. amical befreundete Zahl f
  n. d'ampèretours Amperewindungszahl f
  n. d'armement Ausrüstungsleitzahl f
  n. atomique Kernladungszahl f, Ordnungszahl f
  n. d'Avogadro Avogadrosche Zahl f
  n. baryonique Baryonenzahl f
  n. binaire Binärzahl f, Dualzahl f
  n. de bits Binärstellenzahl f
  n. de brinells Brinellhärtezahl f
  n. de canaux Kanalzahl f
  n. cardinal Kardinalzahl f, Mächtigkeitszahl f
  n. de charge Kernladungszahl f, Ordnungszahl f
  n. complexe komplexe Zahl f
  n. de couches Lagenzahl f
  n. de coups Impulszahl f
  n. de coups de référence Vergleichsimpulszahl f
  n. de courses par minute Hubzahl f je Minute
  n. de creux Lückenzahl f ⟨Kettenrad⟩
  n. de cycles Zykluszahl f, Zyklusindex m
  n. décimal Dezimalzahl f
  n. de degrés de liberté Zahl f der Freiheitsgrade
  n. de dents Zähnezahl f
  n. dépassant la capacité Überlaufzahl f
  n. de double longueur ⟨Dat⟩ Zahl f mit doppelter Wortlänge
  n. d'effet d'écran Abschirmkonstante f
  n. des enclenchements Schalthäufigkeit f

nombre 452

n. d'encoches Nutenzahl f
n. entier ganze Zahl f
n. d'étages Stufenzahl f
n. d'exemplaires à la feuille Nutzen m ⟨Anzahl Exemplare, die aus einem Druckbogen hervorgehen⟩
n. de fils Drahtzahl f ⟨Seil⟩
n. de flexions Biegezahl f
n. fractionnaire Bruchzahl f
n. de Froude Froudesche Zahl f
n. d'impulsions Stoßzahl f, Impulszahl f
n. de lignes Zeilenzahl f
n. de Lorentz Lorentz-Zahl f
n. de Mach Machzahl f
n. de Mach de pression critique kritische Machzahl f
n. magique magische Zahl f
n. de masse Massenzahl f
n. de molécules Molekülanzahl f
n. de neutrons Neutronenzahl f
n. normalisé Norm[ungs]zahl f
n. d'occupation ⟨Kern⟩ Besetzungszahl f
n. octal Oktalzahl f
n. d'octane Oktanzahl f
n. d'onde Wellenzahl f
n. opérateur (d'opération) ⟨Dat⟩ Rechengröße f
n. ordinal Ordinalzahl f
n. de plateaux ⟨Ch⟩ Bodenzahl f
n. de pôles Polzahl f
n. de pores Porenzahl f
n. premier Primzahl f
n. de protons Protonenzahl f
n. quantique Quantenzahl f
n. quantique hyperfin Gesamtdrehimpulsquantenzahl f
n. quantique magnétique magnetische Quantenzahl f, Magnetquantenzahl f
n. quantique de moment angulaire Gesamtdrehimpulsquantenzahl f
n. quantique de moment angulaire orbital Bahndrehimpulsquantenzahl f
n. quantique principal Hauptquantenzahl f
n. quantique secondaire Nebenquantenzahl f
n. quantique de spin Spinquantenzahl f
n. quantique de spin isotopique Isospinquantenzahl f
n. quantique de spin nucléaire Kernspinquantenzahl f
n. quantique total Gesamtquantenzahl f
n. de renouvellement d'air Luftwechselzahl f

n. de révolutions Umdrehungszahl f
n. Reynolds Reynoldssche Zahl f
n. de spires Windungszahl f
n. de spires totales Gesamtzahl f der Windungen ⟨Feder⟩
n. de spires utiles Zahl f der federnden Windungen
n. de tours Drehzahl f
n. de tours par minute Umdrehungen fpl pro Minute
n. de transport d'ions ⟨Ch⟩ Überführungszahl f
n. à virgule fixe ⟨Dat⟩ Festkommazahl f
n. à virgule flottante ⟨Dat⟩ Gleitkommazahl f
n. volumique de molécules Molekülanzahldichte f
n. volumique de neutrons Neutronendichte f
nombres mpl premiers entre eux teilerfremde (relativ prime) Zahlen fpl
nomenclature f Nomenklatur f, Verzeichnis n; Stückliste f
nominal nominell, Nenn-, Nominal-, Soll-
nomogramme m Nomogramm n; Rechentafel f
nomographie f Nomografie f
NON m NICHT n ⟨logischer Operator⟩
non- s. a. beim jeweiligen Grundwort
non-combustibilité f Unbrennbarkeit f
non-conducteur m Nichtleiter m
non-conservation f Nichterhaltung f
n. de la parité Nichterhaltung f der Parität
non-contradiction f Widerspruchsfreiheit f, Widerspruchslosigkeit f
non-cuisson f Nichtaushärtung f
non-électrolyte m Nichtelektrolyt m
non-équilibre m Unwucht f
non-inflammabilité f Unentflammbarkeit f, Unentzündbarkeit f
nonius m Nonius m
non-linéarité f Nichtlinearität f
non-métal m Nichtmetall n
non-opération f Nulloperation f
nonpareille f ⟨Typ⟩ Nonpareille f
non-résidu m Nichtrest m
non-sucre m Nichtzuckerstoff m
non-tissé m Faserverbundstoff m, Vliesstoff m
non-uniformité f Ungleichmäßigkeit f, Ungleichförmigkeit f
nope f Noppe f
noper Noppen entfernen
nord m:
n. gyroscopique Nordrichtung f des Kreiselmagnetkompasses

n. indiqué par le compas Kompaßnord n, Kompaßnordrichtung f
n. magnétique magnetische (mißweisende) Nordrichtung f, Mißweisendnord n
n. vrai rechtweisende Nordrichtung f, Rechtweisendnord n
noria f 1. Becherwerk n, Schöpfwerk n, Paternosterwerk n; 2. Eimerkette f; Schöpfrad n
n. à godets oscillants Pendelbecherwerk n
n. à sel humide Naßsalzbecherwerk n
normal 1. normal, senkrecht; regelmäßig, regulär; 2. ⟨Ch⟩ normal, n, N
normale f Normale f, Senkrechte f, Einfallslot n
normalisation f 1. Norm[ier]ung f, Standardisierung f; 2. Normalisierung f; 3. Normalglühen n
normaliser 1. norm[ier]en, standardisieren; 2. normalisieren; 3. normalglühen
normalité f **d'une solution** Normalität f einer Lösung
norme f Norm f
n. à compartiments Zweiabteilungsregel f ⟨Unsinkbarkeit⟩
n. de construction navale Schiffbaunorm f, Schiffbaustandard m
n. à un compartiment Einabteilungsregel f ⟨Unsinkbarkeit⟩
notation f Bezeichnung f; Darstellung f, Schreibweise f
n. binaire binäre Schreibweise (Darstellung) f
n. biquinaire biquinäre Schreibweise (Darstellung) f
n. chimique chemische Bezeichnung f
n. décimale Dezimaldarstellung f, dezimale Schreibweise f
n. décimale en code binaire binäre Darstellung f von Dezimalzahlen
n. de données Datendarstellung f
n. fixe de la virgule Festkommadarstellung f
n. des nombres Zahlendarstellung f, Zahlenschreibweise f
n. octale oktale Darstellung (Schreibweise) f
n. quinaire quinäre Darstellung (Schreibweise) f
n. ternaire ternäre Darstellung (Schreibweise) f
n. variable de la virgule Gleitkommadarstellung f
n. à virgule fixe Festkommadarstellung f

n. virgule flottante halblogarithmische Zahlendarstellung f
n. à virgule flottante Gleitkommadarstellung f
note f;
n. de(s) battements Schwebungston m
n. courante Fußnote f
n. marginale Marginale n
notes fpl **d'auteur** Anmerkungen fpl; Fußnoten fpl
noue f Dachkehle f
nouer [ver]binden, knoten, [an]knüpfen; einknüpfen; schlingen; verriegeln ⟨Konfektion⟩
n. à la machine mechanisch knüpfen
noueur m Knoter m, Knüpfapparat m
noueuse f Anknüpfmaschine f
n. automatique pour étiquettes ⟨Typ⟩ Etikettenknüpfmaschine f
noueux ästig, knotig, knorrig
noulet m Dachkehle f
nourrice f 1. Beschicker m, Speiser m, Aufgeber m, Zugeber m; 2. Speiseventil n; 3. Reservekanister m
nourrir beschicken, speisen
nova f ⟨Astr⟩ Nova f
noyau m Kern m (z. B. Atom); Keim m (z. B. Kristall); ⟨Ch⟩ Ring m; ⟨Holz⟩ Mittellage f, Mittelschicht f
n. d'accord Abstimmkern m
n. aromatique aromatischer Ring m
n. atomique Atomkern m, Kern m
n. du (de) barrage Herdmauer f; Sporn m ⟨Staudamm⟩
n. benzénique Benzolring m
n. en (de) béton Betonkern m
n. de bobine Spulenkern m
n. composé Kompoundkern m, Zwischenkern m
n. de condensation Kondensationskern m
n. condensé kondensierter Ring m
n. coulé Kernguß m
n. de cristallisation Kristallisationskeim m
n. à deux colonnes ⟨El⟩ Doppelschenkelkern m
n. enfanté Tochterkern m, Folgekern m
n. d'escalier Treppenspindel f
n. d'étanchéité Dichtungskern m
n. excité angeregter Kern m
n. de fer Eisenkern m
n. en fer doux Weicheisenkern m
n. de fer fermé geschlossener Eisenkern m
n. de fer feuilleté geblätterter Eisenkern m, lamellierter Eisenkern m, Eisenblechkern m

noyau

n. **en ferrite** Ferritkern m
n. **feuilleté** Blechkern m
n. **final** Endkern m
n. **impair-impair** uu-Kern m, Ungerade-ungerade-Kern m
n. **impair-pair** ug-Kern m, Ungerade-gerade-Kern m
n. **imperméable** undurchlässiger Kern m ⟨Steindamm⟩
n. **d'induit** Ankereisen n, Ankerkern m
n. **instable** ⟨Kern⟩ instabiler Kern m
n. **de l'intégrale** Integralkern m, Kern m
n. **intermédiaire** s. n. composé
n. **d'ionisation** Ionisationskern m
n. **en L** L-Kern m
n. **magique** magischer Kern m
n. **magnétique** Magnetkern m
n. **de moule** Formkern m; Anspritz m ⟨Spritzguß⟩
n. **pair-impair** gu-Kern m, Gerade-ungerade-Kern m
n. **pair-pair** gg-Kern m, Gerade-gerade-Kern m
n. **père** Mutterkern m, Ausgangskern m
n. **plongeur** ⟨El⟩ Tauchkern m
n. **polaire (de pôle)** ⟨El⟩ Polkern m
n. **en pot** ⟨El⟩ Topfkern m
n. **en poudre** ⟨El⟩ Pulverkern m
n. **en poudre de fer** Eisenpulverkern m, Hochfrequenzkern m
n. **primitif** ⟨Kern⟩ Ausgangskern m
n. **de recul** ⟨Kern⟩ Rückstoßkern m
n. **de relais** Relaiskern m
n. **reproduisant** ⟨Math⟩ reproduzierender Kern m
n. **en sable** Sandkern m
n. **stable** stabiler Kern m
n. **terrestre** Erdkern m
n. **torique (toroïdal)** Ringkern m
n. **tourbillonnaire** Wirbelkern m
n. **de transformateur** Transformatorkern m
n. **en U** U-Kern m
n. **de la voûte** Gewölbekern m
noyau-cible m Targetkern m
noyauter ⟨Met⟩ Kerne formen
noyauteuse f ⟨Met⟩ Kernformmaschine f
noyaux mpl **miroirs** Spiegelkerne mpl
noyer versenken ⟨Schraubenkopf⟩
n. **la chaux** Kalk ersäufen
noyeur m Andreher m ⟨Weberei⟩
nu blank ⟨Draht⟩; offen ⟨Feuer⟩
nu m:
n. **extérieur** äußere Sichtfläche f, Außensichtfläche f
n. **intérieur** innere Sichtfläche f, Innensichtfläche f

n. **d'un mur** Sichtfläche f einer Wand (Mauer)
nuage m:
n. **de cendres** Aschenwolke f; s. a. nuée
n. **électronique (d'électrons)** Elektronenwolke f
n. **ionique** Ionenwolke f
n. **lenticulaire** Lenticulariswolke f
n. **de mésons** Mesonenwolke f
n. **orographique** Stauwolke f
n. **radio-actif** radioaktive Wolke f, radioaktiver Schwaden m
n. **de vapeur** Dampfwolke f
nuance f 1. Sorte f, Art f; 2. Farbnuance f, Schattierung f, Farbton m
n. **d'(de l') acier** Stahlsorte f
n. **jaunâtre** Gelbstich m
n. **de saison** Modefarbe f
nuancer abmustern, nuancieren
nucléaire ⟨Ph⟩ nuklear, Kern-
nucléide m Nuklid n
nucléique ⟨Ch⟩ Nuklein-
nucléon m Nukleon n
n. **d'évaporation** Verdampfungsnukleon n
n. **excité** angeregtes Nukleon n, Leuchtnukleon n
n. **impair** unpaariges Nukleon n
nucléonique Nukleonen-
nucléoprotéine f ⟨Ch⟩ Nukleoprotein n
nuée f Wolke f; Gewölk n (s. a. nuage); Schwarm m
n. **ardente** Glutwolke f
n. **volcanienne** Eruptionswolke f
nuisibilité f Schädlichkeit f
nuisible schädlich
nul kein, Null-
nulle f Null f
numérateur m Zähler m (eines Bruches)
n. **à décades** dekadischer Zähler m
numération f Zählen n; Zählung f
numérique numerisch, zahlen-, Ziffern-
numéro m 1. Zahl f, Ziffer f (s. a. nombre 1.); 2. ⟨Text⟩ Garnnummer f (s. a. titre)
n. **anglais** englische Nummer f
n. **d'appel** Fernsprechnummer f, Rufnummer f
n. **d'appel de nuit** Nachtanrufnummer f
n. **atomique** Kernladungszahl f, Ordnungszahl f
n. **atomique effectif** effektive Ordnungszahl (Kernladungszahl) f
n. **collectif** Sammelnummer f
n. **du défaut** Störstellennummer f
n. **distinctif** Rufzeichen n, Funkverkehrszeichen n

n. d'émulsion Emulsionsnummer f
n. de fil Garnnummer f, Fadenfeinheit f
n. français ⟨Text⟩ französische Nummer f
n. métrique metrische Nummer f
n. d'ordre Laufnummer f, laufende Nummer f
n. de repérage Positionszahl f
n. téléphonique Telefonnummer f, Fernsprechnummer f
n. télex Fernschreibernummer f
numérotage m, **numérotation** f Numerierung f; **Wählen** n ⟨Rufnummer⟩
numéroter numerieren; wählen ⟨eine Rufnummer⟩
numéroteur m ⟨Typ⟩ Numeroteur m, Numerierwerk n; Nummernstempel m
nutation f ⟨Ph⟩ Nutation f
nutsche f Nutsche f
n. basculante Kippnutsche f
n. de clairçage Decknutsche f
Nylon m Nylon n

O

objectif m Objektiv n
  o. achromatique achromatisches Objektiv n, Achromat m
  o. d'agrandissement Vergrößerungsobjektiv n
  o. à aimant permanent permanentmagnetische Objektivlinse f
  o. anachromatique anachromatisches Objektiv n, Anachromat m
  o. anamorphotique anamorphotisches Objektiv n, Anamorphot m
  o. anastigmatique anastigmatisches Objektiv n, Anastigmat m
  o. apochromatique apochromatisches Objektiv n, Apochromat m
  o. astigmate astigmatisches Objektiv n, Astigmat m
  o. composé de plusieurs lentilles mehrlinsiges Objektiv n
  o. corrigé korrigiertes Objektiv n
  o. à court foyer kurzbrennweitiges Objektiv n
  o. de définition dure Hartzeichner m
  o. à double miroir Doppelspiegelobjektiv n
  o. fluoruré vergütetes Objektiv n
  o. à focale variable Gummilinse f
  o. grand angulaire Weitwinkelobjektiv n
  o. à grande luminosité lichtstarkes Objektiv n

  o. à immersion Immersionsobjektiv n
  o. interchangeable s. o. de rechange
  o. lumineux lichtstarkes Objektiv n
  o. magnétique Magnetobjektiv n
  o. magnétique dissymétrique unsymmetrisches Magnetobjektiv n
  o. magnétique puissant starkes Magnetobjektiv n
  o. photographique Fotoobjektiv n
  o. de précision Hochleistungsobjektiv n
  o. pour la prise de vues nocturne Nachtobjektiv n
  o. de rechange Wechselobjektiv n
  o. stéréoscopique Stereoobjektiv n
  o. universel Universalobjektiv n
objet m Objekt n
  o. d'amplitude Amplitudenobjekt n
  o. coulé Gießling m
  o. décoratif Ziergegenstand m
  o. de phase Phasenobjekt n
  o. en verre Glasgegenstand m
objets mpl **métalliques** Metallwaren fpl
obligatoire unbedingt
obliquangle schiefwinklig
oblique schief, schräg
obliquité f Schräge f; Neigung f; Verdrehung f; Schrägstellung f
  o. de l'écliptique Schiefe f der Ekliptik
oblitérateur m Tagesstempel m
oblitérer (ab)stempeln, entwerten
oblong länglich, gestreckt
obscurcir abdunkeln
obscurcissement m Abdunkeln n
  o. en bordure optische Randverdunklung f
observateur m:
  o. animé bewegter Beobachter m
  o. de référence photométrique fotometrischer Normalbeobachter m
  o. au repos ruhender Beobachter m
observation f 1. Beobachtung f; Überwachung f
  o. parallèle Simultanbeobachtung f, Parallelbeobachtung f, korrespondierende Beobachtung f
observations fpl **des directions et pendages** Streich- und Fallmessungen fpl
observatoire m Observatorium n
  o. astrophysique astrophysikalisches Observatorium n
observer beobachten; überwachen
obsidienne f Obsidian m
obstacle m Hindernis n; Widerstand m; Widerstandskörper m
obstruction f Sperrung f; Schließung f; Verstopfen n; Verstopfung f; Behinderung f; Blockierung f

obstruer [ver]sperren; verstopfen; behindern; blockieren
obtenir gewinnen
obtention f Gewinnung f
 o. **industrielle** großtechnische Gewinnung f
 o. **pure** Reindarstellung f
obturateur m Verschluß m, Absperrorgan n; Absperrvorrichtung f, Rohrschalter m, Ventil n, Schieber m ⟨Rohrleitung⟩; Klappe f; Schleuse f; Blende f ⟨eines Fotoapparats⟩
 o. **antérieur** Vorderblende f
 o. **anti-éruption** Sicherheitsschieber m
 o. **armé** gespannter Verschluß m
 o. **automatique** automatischer Verschluß m
 o. **central** Zentralverschluß m
 o. **à cinq pales** Fünfflügelblende f
 o. **Compur** Compurverschluß m
 o. **cylindrique** Zylinderverschluß m
 o. **étanche** Luftschleuse f; Vakuumschleuse f
 o. **focal** Schlitzverschluß m
 o. **à guillotine** Fallverschluß m
 o. **non armé** entspannter Verschluß m
 o. **à l'objectif** Objektivverschluß m
 o. **à pales** Flügelblende f
 o. **à persiennes** Jalousieverschluß m
 o. **de plaque** Schlitzverschluß m
 o. **à plusieurs voies** Mehrwegschalter m ⟨Rohrleitung⟩
 o. **pneumatique** pneumatischer Verschluß m
 o. **postérieur** Hinterblende f
 o. **rotatif** Blende f; Umlaufblende f; Verschlußblende f
 o. **rotatif à disque** Sektorblende f
 o. **semi-automatique** halbautomatischer Verschluß m
 o. **à soulèvement** Hubschalter m
 o. **synchro-Compur** Synchro-Compurverschluß m
 o. **synchronisé** synchronisierter Verschluß m
 o. **toujours armé** Federverschluß m, selbstspannender Verschluß m, Automatverschluß m
 o. **transversal** Querschalter m ⟨Rohrleitung⟩
 o. **tronconique** Kegelblende f
 o. **à une pale** Einflügelblende f
 o. **à volet** Klappenverschluß m
obturation f Absperrung f, Drosselung f
obturer abdichten; absperren, drosseln; zustopfen
obtus stumpf
obtusangle stumpfwinklig

occlure 1. verstopfen, verschließen; 2. ⟨Met⟩ einschließen; 3. ⟨Ch⟩ absorbieren ⟨Gas⟩
occlusion f 1. Verstopfen n, Verschließen n; Verschluß m; 2. ⟨Met⟩ Einschluß m; 3. ⟨Ch⟩ Absorption f ⟨von Gas⟩
 o. **gazeuse** ⟨Met⟩ Gaseinschluß m
occultation f ⟨Astr⟩ Bedeckung f, Verdeckung f, Verfinsterung f
occulter ⟨Astr⟩ bedecken, verdecken, verfinstern
occupation f ⟨Ph⟩ Besetzung f
océanographie f Meereskunde f
océanographique ozeanografisch
ocre f Ocker[farbe f] m
 o. **brune** Terra di Siena f, Sienaerde f, Braunocker m
 o. **jaune** Gelbocker m, Lichtocker m
 o. **d'or** Goldocker m
 o. **rouge** Rotocker m
ocreux ockerhaltig, ockerfarben, Ocker-
octaèdre m Oktaeder n, Achtflach n
octaédrique oktaedrisch, achtflächig
octal oktal
octane m Oktan n
octant m Oktant m
octet m ⟨Kern⟩ Achterschale f, Oktett n
octode f Oktode f, Achtpolröhre f
octogonal achteckig
octogone m Achteck n
 o. **régulier** regelmäßiges Achteck n
oculaire Augen-
oculaire m Okular n
 o. **autocollimateur** Autokollimationsokular n
 o. **compensateur** Kompensationsokular n
 o. **à double image** Doppelbildokular n
 o. **de Gauss** Gaußsches Okular n
 o. **goniométrique** Winkelmeßokular n
 o. **de Huygens** Huygens-Okular n
 o. **micrométrique** Okularmikrometer n
 o. **de mise au point** Einstellokular n
 o. **monocentrique** monozentrisches Okular n
 o. **de Ramsden** Ramsden-Okular n
 o. **réglable** Einstellokular n
oculaire-micromètre m de précision Feinmeßokular n
odeur f:
 o. **agressive** stechender Geruch m
 o. **d'ozone** Ozongeruch m
 o. **piquante** stechender Geruch m
odo... s. a. hodo...
odomètre m Kilometerzähler m
odorant riechend
odorisation f Odorierung f ⟨von Gasen⟩
œil m Auge n ⟨feste Seilschlinge⟩

œ. du caractère Schriftbild n
œ. du cyclone Sturmzentrum n
œ. d'escalier Treppenauge n
œ. nu unbewaffnetes Auge n
œil-de-bœuf m Rundfenster n
œillet m Öse f, Fadenauge n
œilleteuse f ⟨Typ⟩ Ös[eneinsetz]maschine f
œnanthal m Önanthal n, Önanthaldehyd m
œnanthylique Önanth-
œrsted m Oersted n ⟨veraltete Einheit der magnetischen Feldstärke 1 Oe = 79,58 A/m⟩
œuvre m Bauwerk n
gros œ. Rohbau m
œuvres fpl:
œ. mortes Überwasserschiff n; Überwasserteil m des Schiffskörpers
œ. vives Unterwasserschiff n, Unterwasserteil m des Schiffskörpers
office m 1. Amt n, Büro n; 2. Anrichte f, Pantry f
o. de brevets Patentamt n
offset m Offsetdruck m
o. typographique indirekter Hochdruck m, Letterset m
offsetiste m Offsetdrucker m
ogival Spitzbogen-
ogive f Spitzbogen m
o. à lancette Lanzettbogen m
o. en tiers-point[s] gewöhnlicher Spitzbogen m
ohm m Ohm n ⟨Einheit des elektrischen Widerstandes⟩
o. international internationales Ohm n (= 1.0049 absolute Ohm)
ohmique ohmsch ⟨Widerstand⟩
ohmmètre m Ohmmeter n, Widerstandsmesser m
o. à magnéto Isolationsmesser m mit Kurbelinduktor
oiseau m Mörteltragbrett n; kleine Hängebühne f ⟨für Stuckarbeiten⟩
oléagineux ölhaltig
oléagineux m Ölfrucht f
oléate m Oleat n
oléfines fpl Olefine npl, Äthylenkohlenwasserstoffe mpl
o. supérieures höhere Olefine npl
oléfinique olefinisch
oléine f Olein n, Ölsäuretriglyzerid n
oléoduc m s. pipe-line
oléographie f Öldruck m
oléohydraulique f Ölhydraulik f
oléomètre m Ölmesser m
oléophile oleophil
oléopneumatique ölpneumatisch

oléum m Oleum n, rauchende Schwefelsäure f
olide m s. lactone
oligiste m ⟨Min⟩ Stahleisen n, Spiegeleisen n
oligocène m Oligozän n
oligoclase f ⟨Min⟩ Oligoklas m, Kalknatronfeldspat m
oligo-élément m Spurenelement n
olo ... s. holo ...
ombilic m ⟨Math⟩ Nabelpunkt m
ombrage m Beschattung f; Schrägbeschattung f, Schrägbedampfung f
o. au carbone Kohlebeschattung f
o. au chrome Chrombeschattung f
o. au mélange de carbone et de platine Kohle-Platin-Beschattung f; Platin-Kohle-Simultanbedampfung f
o. métallique Metallbeschattung f
o. à l'or Goldbeschattung f
ombre f 1. Schatten m; 2. Umbra f, Umber m ⟨Erdfarbstoff⟩
o. brûlée gebrannte Umbra f
o. naturelle natürliche Umbra f
o. du noyau Kernschatten m
ombré schattiert; offen ⟨Schrift⟩
ombrer schattieren
ombres fpl volantes fliegende Schatten mpl
omégatron m Omegatron n
omnibus Sammel- ⟨z. B. Schiene⟩
omnidirectionnel rundstrahlend, Rundstrahl-; richtungsempfindlich
omnirange m Drehfunkfeuer n, rundstrahlendes Kursfunkfeuer n
onciale f Unziale f
onctueux ölig, fettig, Fett-; Schmier-
onctuosité f 1. Fettigkeit f; 2. Schmierfähigkeit f
onde f Welle f
o. acoustique Schallwelle f
o. amortie gedämpfte Welle f
o. d'appel Rufwelle f
o. atténuée gedämpfte Welle f
o. de de Broglie s. o. matérielle
o. capillaire Kapillarwelle f
o. carrée Rechteckwelle f, Rechteckschwingung f
o. centimétrique Zentimeterwelle f
o. de choc Stoßwelle f
o. de choc de la tension Spannungsstoß m
o. commune Gleichwelle f
o. courte Kurzwelle f
o. décamétrique Dekameterwelle f
o. décimétrique Dezimeterwelle f
o. de détresse Seenotwelle f
o. diffusée Streuwelle f

onde

- o. **directe** direkte Welle f
- o. **dirigée** Richtwelle f
- o. **d'écho** Echowelle f
- o. **électrique** elektrische Welle f
- o. **électromagnétique** elektromagnetische Welle f
- o. **électronique** Elektronenwelle f
- o. **élémentaire** Elementarwelle f
- o. **entretenue** ungedämpfte Welle f
- o. **d'espace** Raumwelle f
- o. **explosive** Explosionswelle f
- o. **de flexion** Biegewelle f
- o. **fondamentale** Grundwelle f
- o. **de front** Kopfwelle f
- o. **à front raide** Sprungwelle f
- o. **frontale** Kopfwelle f
- o. **de gravitation** Gravitationswelle f
- o. **harmonique** Oberwelle f
- o. **hertzienne** Hertzsche Welle f
- o. **horizontalement polarisée** horizontal polarisierte Welle f
- o. **immobile** stehende Welle f
- o. **incidente** einfallende Welle f
- o. **indirecte** indirekte Welle f
- o. **intermédiaire** ⟨Fmt⟩ Grenzwelle f
- o. **de jour** Tageswelle f
- o. **kilométrique** Kilometerwelle f
- o. **de Lamb** Lamb-Welle f
- o. **longitudinale** Längswelle f, Longitudinalwelle f
- o. **longue** Langwelle f
- o. **lumineuse** Lichtwelle f
- o. **de Mach** Machsche Welle f
- o. **matérielle** Materiewelle f, De-Broglie-Welle f
- o. **métrique** Meterwelle f
- o. **millimétrique** Millimeterwelle f
- o. **modulée** modulierte Welle f
- o. **moyenne** Mittelwelle f
- o. **neutronique** Neutronenwelle f
- o. **partielle** Partialwelle f
- o. **pilote** Pilotfrequenz f
- o. **plane** ebene (flache) Welle f
- o. **pleine** Vollwelle f
- o. **polarisée** polarisierte Welle f
- o. **porteuse** Trägerwelle f, Trägerschwingung f
- o. **porteuse image** Bildträgerwelle f
- o. **porteuse image du canal voisin** Nachbarbildträgerwelle f
- o. **porteuse son** Tonträgerwelle f
- o. **porteuse son du canal voisin** Nachbartonträgerwelle f
- o. **progressive** fortschreitende Welle f, Wanderwelle f
- o. **propre** Eigenwelle f
- o. **de radiodiffusion** Rundfunkwelle f
- o. **radio-électrique** Radiowelle f
- o. **de raréfaction** Verdünnungswelle f
- o. **rectangulaire** Rechteckwelle f
- o. **réfléchie** reflektierte Welle f
- o. **réfractée** gebrochene Welle f
- o. **séismique** seismische Welle f, Erdbebenwelle f
- o. **de service** Arbeitswelle f
- o. **sinusoïdale** sinusförmige Welle f, Sinuswelle f
- o. **sonore** Schallwelle f
- o. **sphérique** Kugelwelle f
- o. **stationnaire** stehende Welle f
- o. **superficielle (de surface)** Oberflächenwelle f
- o. **de surface de Rayleigh** Rayleighsche Oberflächenwelle f
- o. **de tension** Spannungswelle f ⟨mechanisch⟩
- o. **de tête** Kopfwelle f
- o. **thermique** Wärmewelle f
- o. **transversale** transversale Welle f
- o. **de travail** Arbeitswelle f
- o. **très courte (ultracourte)** Ultrakurzwelle f
- o. **ultrasonore** Ultraschallwelle f
- o. **vagabonde** Wanderwelle f
- o. **verticalement polarisée** vertikal polarisierte Welle f
- o. **VHF** Ultrakurzwelle f
- **grande o.** Langwelle f
- **petite o.** Kurzwelle f

onde-image f Spiegelwelle f
ondemètre m Wellenmesser m, Frequenzmesser m
- o. **d'absorption** Absorptionswellenmesser m
- o. **étalon** Normalwellenmesser m
- o. **hétérodyne** Überlagerungswellenmesser m
- o. **interférentiel** Interferenzwellenmesser m
- o. **à quartz** Quarzwellenmesser m
- o. **à résonance** Resonanzwellenmesser m

ondoscope m Glimmlichtoszilloskop n, Ondoskop n
ondulateur m Undulator m
ondulation f 1. ⟨Ph⟩ Wellenbewegung f; Welligkeit f; 2. ⟨Text⟩ Kräuselung f
- o. **résiduelle** Restwelligkeit f

ondulatoire wellenförmig, Wellen-; wellig
onduler 1. wellenförmig verlaufen; 2. ⟨Text⟩ kräuseln
onduleur m Wechselrichter m
- o. **à vapeur de mercure** Quecksilberdampfwechselrichter m

onglet m 1. Gehre f, Gehrung f; Falz m; 2. ⟨Math⟩ Winkel m von 45°; keilförmiger Ausschnitt m ⟨eines Rotationskörpers⟩; 3. ⟨Typ⟩ Einlage f
  o. **conique** Kegelkeil m
  o. **cylindrique** Zylinderkeil m
  o. **sphérique** Kugelkeil m
oolit(h)e m Oolith m
oolithique oolithisch
opacifiant m Trübungsmittel n
opacification f Opazifieren n; Undurchsichtigmachen n; Trübemachen n ⟨z. B. einer Glasur⟩; Trübung f
  o. **préparatoire** Vortrübung f
opacifier opazifieren; undurchsichtig machen; trüben, trübe machen ⟨z. B. Glasur⟩
opacimètre m Trübungsmesser m
opacité f Opazität f; Undurchsichtigkeit f; Trübung f, Trübheit f ⟨z. B. einer Glasur⟩
opalescence f Opaleszenz f, Opalisieren n
  o. **critique** kritische Opaleszenz f
opalescent opalisierend
opaline f Milchglas n
opalisation f Milchglasherstellung f
opaque opak; undurchsichtig; trübe
  o. **aux radiations** strahlenundurchlässig
ope f Rüstloch n; Aussparung f
opérande m Operand m
opérateur m 1. Bedienungsmann m ⟨Maschine⟩, Arbeiter m, Maschinenarbeiter m; 2. ⟨Typ⟩ Maschinensetzer m; 3. ⟨Math⟩ Operator m; 4. Kameramann m
  o. **de champ** Feldoperator m
  o. **différentiel** Differentialoperator m
  o. **hamiltonien** Hamilton-Operator m ⟨Quantenmechanik⟩
  o. **de Laplace** Laplace-Operator m
  o. **de parité** Paritätsoperator m
  o. **de prise de vues** Kameramann m
  o. **de relation** Vergleichsoperator m
  o. **séquentiel** Folgeoperator m
  o. **de T.S.F.** Bordfunker m
opération f Operation f; Arbeitsgang m; Arbeitsvorgang m, Arbeitsprozeß m; Aktion f ⟨s. a. fonctionnement, régime, service⟩
  o. **arithmétique (de calcul)** Rechenoperation f
  o. **de chargement** Ladeprozeß m, Ladevorgang m
  o. **complémentaire** zusätzlicher Arbeitsgang m, Nacharbeitsgang m
  o. **complète** ⟨Dat⟩ Volloperation f

  o. **courante** Strömungsvorgang m
  o. **à cycles variables** ⟨Dat⟩ Asynchronbetrieb m
  o. **cyclique** ⟨Dat⟩ zyklischer Vorgang m
  o. **de déchargement** Löschprozeß m, Löschvorgang m ⟨Entladen⟩
  o. **à durée définie** ⟨Dat⟩ Taktbetrieb m, Synchronbetrieb m
  o. **d'écriture** ⟨Dat⟩ Schreibvorgang m, Schreiboperation f
  o. **élémentaire** Elementaroperation f, Grundrechenoperation f
  o. **en fonction de temps** Zeitverhalten n
  o. **du four** Ofenbetrieb m
  o. **au haut fourneau** Hochofenbetrieb m
  o. **indirecte** ⟨Dat⟩ indirekter Betrieb m, Off-line-Betrieb m
  o. **instantanée** ⟨Dat⟩ direkter Betrieb m, On-line-Betrieb m
  o. **de lecture** ⟨Dat⟩ Lesevorgang m, Leseoperation f
  o. **logique** ⟨Dat⟩ logische Operation f
  o. **de manutention** Umschlagprozeß m
  o. **de mémoire** Speicheroperation f
  o. **en parallèle** ⟨Dat⟩ Parallelbetrieb m
  o. **de pêche** Fangvorgang m; Fischereivorgang m, fischereitechnischer Vorgang m ⟨allgemein⟩
  o. **périodique** periodische Durchsicht (Überprüfung) f ⟨des rollenden Materials⟩
  o. **de recherche** ⟨Dat⟩ Suchvorgang m
  o. **de sauvetage** ⟨Brg⟩ Rettungswerk n
  o. **séquentielle** ⟨Dat⟩ Folgebetrieb m
  o. **en série** ⟨Dat⟩ Serienbetrieb m
  o. **stéréophonique** Stereobetrieb m
  o. **de symétrie** Symmetrieoperation f
  o. **de synchrotron** ⟨Kern⟩ Synchrotronbetrieb m
  o. **de transfert** ⟨Dat⟩ Übertragungsoperation f
  o. **de trempe** ⟨Met⟩ Härtearbeit f
  o. **unipolaire** Einpolbetrieb m
  o. **vérifiée** ⟨Dat⟩ geprüfte Operation f
  o. **à virgule fixe** ⟨Dat⟩ Festkommaoperation f
  o. **à virgule flottante** ⟨Dat⟩ Gleitkommaoperation f
opérationnel Operations-, Rechen-
opérations fpl:
  o. **accessoires** ⟨Dat⟩ organisatorische Operationen fpl
  o. **d'armement** Ausrüstungsarbeiten fpl ⟨als technologischer Prozeß⟩

opérations

o. en continu automatischer Arbeitsablauf m
o. de forage Bohrarbeiten fpl
quatre o. Grundrechenarten fpl
opérer la couverte mit Glasur begießen ⟨Keramik⟩
ophitique ophitisch
ophtalmanomètre m Ophthalmanometer n
ophtalmoscope m Ophthalmoskop n, Augenspiegel m
o. à main Handophthalmoskop n
oppanol m Oppanol n
opposite gegenläufig, umgekehrt, entgegengesetzt; gegenüberliegend; ⟨Math⟩ entgegengesetzten Vorzeichens; ⟨El⟩ ungleichnamig
opposition f ⟨Astr⟩ Opposition f; ⟨El⟩ Gegenphase f; **en o. de phase** in Gegenphase, gegenphasig
o. de phases Gegenphasigkeit f
optimal optimal, Best-
optimaliser optimieren
optimisation f Optimierung f
optimum s. optimal
optimum m Bestwert m, Optimum n
optique optisch
optique f Optik f; **d'o. électronique** elektronenoptisch
o. cristalline Kristalloptik f
o. électronique Elektronenoptik f
o. électrostatique elektrostatische Elektronenoptik f
o. pour essais de homogénéité Schlierenoptik f
o. des fibres Fiberoptik f
o. géométrique geometrische Optik f
o. ionique Ionenoptik f
o. de lecture Abtastoptik f
o. magnétique magnetische Elektronenoptik f
o. neutronique Neutronenoptik f
o. physique physikalische Optik f
o. quantique Quantenoptik f
o. de Schmidt Schmidt-Optik f
optomètre m Optometer n
opus m **incertum** Zyklopenmauerwerk n ⟨ohne Mörtel⟩; Bruchsteinmauerwerk n ⟨im Verband mit Mörtel⟩
or m Gold n
o. en feuilles Blattgold n
o. en lingots Stangengold n
orage m:
o. magnétique magnetischer Sturm m
o. volcanique vulkanisches Gewitter n
orbiculaire ⟨Min⟩ kugelig
orbital Bahn-; Hüllen-

orbite f ⟨Astr, Ph⟩ Bahn f, Umlaufbahn f
o. circulaire Kreisbahn f
o. électronique Elektronenschale f; Elektronenbahn f
o. elliptique elliptische Bahn f
o. d'équilibre s. o. stable
o. de forte excentricité Tauchbahn f ⟨Elektronenbahn starker Exzentrizität⟩
o. stable Sollkreis m; stabile Bahn f
ordinaire ⟨Opt⟩ ordentlich ⟨Strahl⟩
ordinateur m Rechenanlage f, Rechner m; Computer m
ordinogramme m Flußdiagramm n ⟨s. a. organigramme⟩
ordonateur m s. ordinateur
ordonnance f 1. Anordnung f, Gefüge n; 2. Säulenanordnung f
ordonnateur m ⟨Dat⟩ Zuordner m
ordonnée f Ordinate f
ordonner ⟨Math⟩ [an]ordnen
ordovicien m Ordovizium n, Untersilur n
ordre m 1. Ordnung f; Reihenfolge f, Folge f; 2. Baustil m; 3. Säulenordnung f; 4. Befehl m ⟨s. a. instruction⟩; **en o. de marche** flugbereit; startbereit; **du même o.** gleicher Ordnung; **du nième o.** n-ter Ordnung; **du premier o.** erster Ordnung; **du second o.** zweiter Ordnung
o. d'allumage Zündfolge f
o. à la barre Ruderkommando n
o. de coupure Abschaltbefehl m
o. de cristallisation Kristallisationsfolge f
o. de déclenchement Ausschaltbefehl m
o. d'enclenchement Einschaltbefehl m
o. de grandeur Größenordnung f
o. à la machine Maschinenkommando n
o. de phases Phasenfolge f
o. de priorité des trains Zugrangordnung f
oreille f Ankerhand f, Spaten m
organe m Organ n, Glied n; Maschinenteil n, Maschinenelement n
o. apériodique aperiodisches Organ n
o. de calcul Rechenwerk n
o. de calcul série Serienrechenwerk n
o. de commande 1. ⟨Masch⟩ Antriebsorgan n; 2. ⟨Dat⟩ Steuerwerk n
o. correcteur Stellglied n
o. critique kritisches Organ n
o. de déclenchement Auslöseglied n
o. d'entrée ⟨Dat⟩ Eingangsteil m
o. d'étranglement Drosselorgan n
o. de manœuvre Betätigungsvorrichtung f

o. de mesure Meßglied n
o. moteur Antriebsorgan n
o. d'obturation Absperrorgan n, Verschlußstück m
o. de préhension Lastaufnahmemittel n
o. de réaction Rückführungsorgan n
o. de réglage Stellglied n; Regler m, Regelglied n
o. de roulement Wälzkörper m, Rollkörper m ⟨Wälzlager⟩
o. de signalisation Meldesignal n
o. de sortie ⟨Dat⟩ Ausgangsteil m
organeau m Röhring m ⟨z. B. am Anker⟩
organigramme m Ablaufschema n, Flußdiagramm n, Blockdiagramm n
  o. logique logisches Flußdiagramm n
organique organisch
organisation f Organisation f, Gliederung f, Aufbau m
  o. de bureau Büroorganisation f
  o. de quart Wachorganisation f
  o. du travail Arbeitsorganisation f
organo-aluminique aluminiumorganisch
organo-aluminique m aluminiumorganische Verbindung f
organomagnésien magnesiumorganisch
organomagnésien m magnesiumorganische Verbindung f
organométallique metallorganisch
organométallique m metallorganische Verbindung f
organosol m ⟨Ch⟩ Organosol n
organsin m Organsin(seide f) n, Ajouseide f, Kettseide f
organsinage m ⟨Text⟩ Doppelzwirnen n
organsiner ⟨Text⟩ nachzwirnen
orgue m:
  o. basaltique Basaltorgel f
  o. géologique geologische Orgel f
  o. de lave Lavaorgel f
orientabilité f Schwenkbarkeit f
orientable orientierbar, drehbar, einstellbar, Schwenk-; Such-
orientation f Orientierung f; Drehung f, Einstellung f; Schwenken n ⟨z. B. Ladebaum⟩
  o. cristallographique kristallografische Orientierung f
  o. nucléaire Kernausrichtung f
  o. préférentielle (privilégiée) Vorzugsorientierung f
  o. de spin Spinorientierung f
  o. des spins nucléaires Kernspinausrichtung f
orienté gerichtet
orienter ausrichten; orientieren, drehen, schwenken
  o. le gouvernail Ruder legen

orifice m Mündung f; Öffnung f
  o. d'admission Einlaßöffnung f, Einströmöffnung f, Einlaßkanal m; ⟨Kfz⟩ Einlaßschlitz m
  o. d'aspiration Ansaugöffnung f
  o. de coulée Ausflußöffnung f
  o. d'échappement Auspufföffnung f; ⟨Kfz⟩ Auslaßschlitz m
  o. d'écoulement Ausflußöffnung f
  o. d'évacuation Auslaßöffnung f, Ausströmöffnung f
  o. au jour ⟨Brg⟩ Mundloch n
  o. de la maçonnerie Mauerwerksöffnung f
  o. du puits Schachtöffnung f, Schachtmundloch n
  o. de remplissage Einfüllöffnung f, Einfüllstutzen m
  o. pour retour d'huile Ölrücklaufbohrung f
  o. de sortie (vidange) Austrittsöffnung f, Ablaßöffnung f
origine f Anfangspunkt m, Ursprung m; Anfang m
  o. de l'enroulement Wicklungsanfang m
  o. du système de réseau Netzursprung m
orin m **de bouée** Bojenleine f, Bojenreep n
ornementation f 1. Ausschmückung f; Verzierung f; 2. Ornamentik f
orner ausschmücken, verzieren
ornière f Wagenspur f; Spurrille f ⟨einer Schiene⟩
ornithoptère m Schwingenflügler m
orogenèse f Orogenese f, Gebirgsbildung f
  o. alpine alpid[isch]e Gebirgsbildung f
  o. saxonienne saxonische Orogenese f, germanotype Gebirgsbildung f
orogénique gebirgsbildend
orographie f Gebirgskunde f, Gebirgsbeschreibung f
orthicon[oscope] m Orthikon n
  o. image Image-Orthikon n
ortho- ortho-, Ortho-, o- ⟨organische Verbindungen s. unter dem betreffenden Grundwort⟩
orthocentre m ⟨Math⟩ Höhenschnittpunkt m
orthochromatique ⟨Opt⟩ orthochromatisch, farbrichtig
orthodromie f Großkreis m, Orthodrome f
orthogonal orthogonal, rechtwinklig
orthogonalité f Rechtwinkligkeit f
orthonormé normiert orthogonal, orthonormal

orthopanchromatique orthopanchromatisch
orthophyrique orthophyrisch
orthorhombique [ortho]rhombisch
orthoroches *fpl* Orthogesteine *npl*
orthoscope *m* Orthoskop *n*
orthoscopique ⟨Opt⟩ orthoskopisch, verzeichnungsfrei
oscillant 1. schwingend; 2. schwenkbar; pendelnd; 3. schwankend
oscillateur *m* Oszillator *m*, Schwinger *m*, Schwingungserzeuger *m*
  o. anharmonique anharmonischer Oszillator *m*
  o. de battements Überlagerungsoszillator *m*, Überlagerer *m*
  o. de battements BF Schwebungssummer *m*
  o. de battements télégraphique Telegrafieüberlagerer *m*
  o. à blocage (blocking) Sperrschwinger *m*
  o. commandé par quartz quarzgesteuerter Oszillator *m*
  o. à cristal Quarzoszillator *m*
  o. d'étalonnage Eichoszillator *m*; Eichgenerator *m*
  o. à fréquence variable durchstimmbarer Oszillator *m*
  o. de fréquences porteuses Trägerwellenoszillator *m*
  o. harmonique harmonischer Oszillator *m*, Oberwellenoszillator *m*
  o. d'Hartley Hartley-Oszillator *m*
  o. de haute fréquence Hochfrequenzoszillator *m*
  o. de mesure Prüfoszillator *m*, Prüfsender *m*
  o. de moyenne fréquence Zwischenfrequenzgenerator *m*, ZF-Generator *m*
  o. pilote Steueroszillator *m*
  o. de la porteuse couleur Farbträgeroszillator *m*
  o. push-pull Gegentaktoszillator *m*
  o. à quartz Quarzoszillator *m*, Quarzsender *m*
  o. de relaxation Kipposzillator *m*
  o. symétrique Gegentaktoszillator *m*
  o. à tube électronique röhrenbestückter Oszillator *m*
oscillation *f* 1. Schwingung *f*, Oszillation *f* ⟨*s. a.* vibration 2.⟩; 2. Pendelung *f*; 3. Schwankung *f*
  o. acoustique akustische Schwingung *f*
  o. amortie abklingende (gedämpfte, stabile) Schwingung *f*
  o. amplifiée instabile Schwingung *f*
  o. apériodique aperiodische Schwingung *f*
  o. bêtatron(ique) Betatronschwingung *f*
  o. de circuits couplés Koppelschwingung *f*
  o. circulaire zirkulare Schwingung *f*
  o. contrainte *s.* o. forcée
  o. décroissante *s.* o. amortie
  o. en dents de scie Sägezahnschwingung *f*
  o. électrique elektrische Schwingung *f*
  o. électromagnétique elektromagnetische Schwingung *f*
  o. entretenue ungedämpfte Schwingung *f*
  o. de flexion Biegeschwingung *f*
  o. fondamentale Grundschwingung *f*, erste Harmonische *f*
  o. forcée erzwungene (aufgedrückte) Schwingung *f*
  o. glaciaire Gletscherschwankung *f*
  o. harmonique harmonische Schwingung *f*
  o. à haute fréquence Hochfrequenzschwingung *f*
  o. instable labile Schwingung *f*
  o. libre freie Schwingung *f*
  o. longitudinale Längsschwingung *f*, Longitudinalschwingung *f*, longitudinale Schwingung *f*
  o. mécanique mechanische Schwingung *f*
  o. modulée modulierte Schwingung *f*
  o. naturelle Eigenschwingung *f*
  o. non amortie ungedämpfte Schwingung *f*
  o. non harmonique nichtharmonische Schwingung *f*
  o. parasitaire parasitäre (wilde) Schwingung *f*
  o. propre Eigenschwingung *f*
  o. de relaxation Kippschwingung *f*
  o. de résonance Resonanzschwingung *f*
  o. sinusoïdale Sinusschwingung *f*
  o. stable stabile Schwingung *f*
  o. stationnaire stationäre (stehende) Schwingung *f*
  o. synchrotron(ique) Synchrotronschwingung *f*
  o. de torsion Drehschwingung *f*, Drillschwingung *f*, Torsionsschwingung *f*
  o. de trainée Schwenkbewegung *f* (z. B. Rotor)
  o. transversale Transversalschwingung *f*, transversale Schwingung *f*
oscillations *fpl* **de la colonne barométrique** Pumpen *n* ⟨Meteorologie⟩

oscillatoire oszillierend, schwingend
oscillatrice f Generatorröhre f, Senderöhre f
osciller schwingen; oszillieren; hin- und herschwingen, pendeln; vibrieren
oscillogramme m Oszillogramm n
oscillographe m Oszillograf m
  o. **bicanon** Zweistrahloszillograf m
  o. **bifilaire (à boucle, à cadre)** Schleifenoszillograf m
  o. **cathodique** Katodenstrahloszillograf m
  o. **à miroir** Spiegeloszillograf m
  o. **à rayons multiples** Mehrstrahloszillograf m
oscillomètre m s. oscillographe
oscilloscope m Oszilloskop n
  o. **à projection** Projektionsoszillograf m, Projektionsoszilloskop n
osculateur Schmiegungs-
osculation f Schmiegung f
osmiate m Osmat n, Salz n der Osmiumsäure
osmium m Osmium n
osmiure m Osmiumlegierung f
osmomètre m Osmometer n
osmométrie f Osmometrie f
osmophore m ⟨Ch⟩ geruchzeugende (odophore) Gruppe f
osmose f Osmose f
osmotique osmotisch
ossature f Gerippe n; Gerüst n; Gestell n; Skelett n; Rahmen m
  o. **métallique** Stahlgerippe n, Stahlskelett n
  o. **de la mine** ⟨Brg⟩ Streckennetz n
  o. **de navire** Tragkonstruktion f des Schiffes; Gerippe n (besonders im Holzschiffbau und Bootsbau)
  o. **portante** tragendes Skelett n, tragende Konstruktion f
ôter abnehmen, wegnehmen
  ô. **le bord** abränden
  ô. **l'étain** entzinnen
  ô. **le plomb** entbleien
  ô. **le zinc** entzinken
OU m ODER n ⟨logischer Operator⟩
  O. **exclusif** exklusives (ausschließendes) ODER n, ENTWEDER-ODER n
  O. **inclusif** inklusives (einschließendes) ODER n
ouate f Watte f
  o. **de verre** Glaswatte f
ouater wattieren
ourdir 1. ⟨Text⟩ zetteln; schären; 2. aufschweifen ⟨ein Tau⟩; 3. ⟨Bw⟩ rauh mit Mörtel bewerfen
  o. **à sections** schären ⟨von Bändern⟩

ourdissage m Zetteln n; Schären n
  o. **sectionnel (à sections)** Bandschären n
ourdisseuse f, **ourdissoir** m Zettelmaschine f; Schärmaschine f
  o. **sectionnel (à sections)** Bandschärmaschine f
ourlage m Bördeln n; Säumen n
ourler bördeln; säumen
ourlet m gebördelter Rand m; Saum m
  o. **à jours** Hohlsaum m
  o. **plat** Flachsaum m
outil m Werkzeug n; Schneidwerkzeug n, Drehstahl m, Drehmeißel m, Meißel m; Umformwerkzeug n ⟨s. a. outillage⟩
  o. **à air comprimé** Preßluftwerkzeug n, Druckluftwerkzeug n
  o. **à aléser** Bohrmeißel m
  o. **bilame** Zweischneidenmeißel m
  o. **des calfats** Kalfaterwerkzeug n
  o. **de calibrage** Kalibrierwerkzeug n
  o. **en carbure** Hartmetallwerkzeug n
  o. **en céramique** Keramikwerkzeug n
  o. **coupant** spanabhebendes (spanendes) Werkzeug n; Drehmeißel m
  o. **couteau** Drehmeißel m
  o. **débaucheur** Schruppwerkzeug n, Schruppmeißel m
  o. **à découper** Schnitt[werkzeug n] m
  o. **à déformer** Umformwerkzeug n, Stanze f
  o. **au diamant, o. diamanté** Diamantwerkzeug n, Diamantbohrkrone f
  o. **d'emboutissage** Tiefziehwerkzeug n
  o. **d'estampage** Stanzwerkzeug n, Preßwerkzeug n, Prägewerkzeug n
  o. **pour le façonnage à froid** Werkzeugstahl m für Kaltarbeit
  o. **à fileter** Gewindemeißel m
  o. **finisseur** Schlichtwerkzeug n, Schlichtmeißel m
  o. **à jet** Düsenmeißel m
  o. **à lamer** Senker m
  o. **à lames** Blattmeißel m
  o. **à molettes** Rollenmeißel m
  o. **monopointe** einschneidiges Werkzeug n
  o. **à mortaiser** Stoßmeißel m
  o. **multiple** mehrschneidiges Werkzeug n
  o. **pilote** Pilotmeißel m
  o. **plein diamètre** Vollbohrkrone f
  o. **pneumatique** Druckluftwerkzeug n
  o. **de poinçonnage** Lochwerkzeug n, Locher m
  o. **de poinçonnage complet** Komplettschnitt[werkzeug n] m

outil

o. **pointu** Spitzmeißel m
o. **porté** Anbaugerät n
o. **de presse** Preßwerkzeug n
o. **de presse à filer** Strangpreßwerkzeug n
o. **raboteur** Hobelmeißel m
o. **à section en croix** Kreuzmeißel m
o. **à souder** Schweißwerkzeug n
o. **de tour(nage)** Drehmeißel m, Drehwerkzeug n
o. **à tronçonner** Stechmeißel m, Abstechmeißel m

outillage m 1. Werkzeuge npl, Ausrüstung f mit Werkzeugen; Bestückung f; 2. Umformwerkzeug n, Schnitt(werkzeug n) m, Stanzwerkzeug n, Stanze f, Tiefziehwerkzeug n

o. **de calibrage** Kalibrierwerkzeug n
o. **de cambrage** Biegewerkzeug n, Biegestanze f
o. **de chantier** Werftausrüstung f
o. **complet** Komplettschnitt(werkzeug n) m
o. **de la construction** Arbeitsgerät n auf dem Bau, Baugeräte npl und Ausrüstung f
o. **de découpe** Schnitt(werkzeug n) m
o. **d'emboutissage** Tiefziehwerkzeug n
o. **d'extrusion** Werkzeug n zum Fließpressen; Werkzeug zum Strangpressen, Strangpreßmatrize f
o. **fretté** armiertes Werkzeug n
o. **à poinçonner** Lochwerkzeug n, Locher m
o. **progressif (de progression)** Folgeschnitt(werkzeug n) m
o. **simple** Einfachschnittwerkzeug n
o. **de sondage** Bohrgerät n
o. **de sondage à la corde** Seilbohrgerät n

outiller ausstatten, ausrüsten ⟨mit Werkzeug, Geräten und Maschinenpark⟩
outilleur m Werkzeugmacher m; Einrichter m
outils mpl **de mineur** ⟨Brg⟩ Gezähe n
ouvert offen, geöffnet; ungeschützt
ouverture f 1. Durchlaß f; Loch n, Öffnung f; 2. Luke f; 3. lichte Weite f; Lochweite f; 4. Öffnen n; Ausschalten n; Abfallen n ⟨z. B. Relais⟩; 5. Blende f; 6. ⟨Brg⟩ Auffahren n; 7. Nachspur f

o. **d'un arc** Bogenöffnung f
o. **de chargement** Einfüllöffnung f
o. **de clé** Schlüsselweite f
o. **de crête** Öffnungswinkel m der Krone ⟨Bogenmauer⟩
o. **du diaphragme** 1. Blendenöffnung f; 2. Aufblenden n

o. **du diaphragme choisie** Arbeitsblende f
o. **d'encoche** Nutenöffnung f
o. **équivalente** äquivalente Weite f ⟨Verdichter⟩
o. **d'exposition** Kopierfenster n
o. **du faisceau** Strahlapertur f
o. **de fenêtre** Fensterloch n, Fensteröffnung f
o. **de gueulard** Gichtöffnung f
o. **d'illumination** Bestrahlungsapertur f
o. **du joint** Stoßlücke f
o. **de mâchoire** Maulweite f
o. **de la matrice** Schnittplattendurchbruch n
o. **numérique** numerische Apertur f
o. **de l'objectif** Objektivöffnung f
o. **d'un pont** Brückenöffnung f
o. **retardée** verzögerte Öffnung f ⟨eines Fallschirms⟩
o. **de la taille** ⟨Brg⟩ Strebquerschnitt m
o. **de tonnage** ⟨Schiff⟩ Vermessungsöffnung f
o. **de vidange** Ablaßöffnung f

ouvrabilité f Bearbeitbarkeit f; Verarbeitbarkeit f
ouvrable bearbeitbar; verarbeitbar
ouvrage m 1. Arbeit f; Werk n; 2. Bau m, Bauwerk n; 3. Gestell n ⟨Hochofen⟩

o. **d'art** Kunstbau m, Ingenieurbau m
o. **en béton** Betonbauwerk n, Betonmauerwerk n
o. **à contrefiche(s)** Sprengwerk n
o. **de croisement** Kreuzungsbauwerk n
o. **cyclopéen** Zyklopenmauerwerk n ⟨ohne Mörtel⟩; Bruchsteinmauerwerk n ⟨mit Mörtel⟩
o. **de défense des côtes** Uferschutzbauwerk n
o. **à deux dimensions** zweidimensionales Tragwerk n
o. **émaillé** Schmelzarbeit f
o. **enterré** eingebettetes Bauwerk n
o. **fluvial** Flußbauwerk n
o. **gauche** räumliches Tragwerk n
o. **hydraulique** Wasserbau m, Wasserbauanlage f
o. **de lignite à ciel ouvert** Braunkohlentagebau m
o. **manuel** Handarbeit f
o. **maritime** Seebauwerk n
o. **mécanique** Maschinenarbeit f
o. **en pierres de taille** Werksteinmauerwerk n
o. **souterrain** unterirdisches Bauwerk n
o. **suspendu** Hängewerk n
o. **à trois dimensions** dreidimensionales Tragwerk n

o. à une dimension eindimensionales Tragwerk n
ouvrager 1. bearbeiten; fertigen; 2. verzieren
ouvrages mpl:
  o. hydrauliques 1. Wasserbau(wesen n) m; 2. Wasserbauanlagen fpl
  o. portuaires Hafenanlagen fpl
  o. de ville ⟨Typ⟩ Akzidenzdruck m
  vieux o. ⟨Brg⟩ Alter Mann m
ouvraison f préliminaire du coton en flocons Vorauflösen (Öffnen) n der Baumwolle bis zur Flocke
ouvrer ⟨Text⟩ öffnen, auflösen
ouvreuse f ⟨Text⟩ Öffner m
  o. de boyaux Strangöffner m
  o. Crighton Schlägeröffner m, Kegelöffner m, Öffner m mit kegeliger Schlagnasentrommel, Crighton-Öffner m
  o. double Doppelöffner m
  o. préparatoire Voröffner m, Vorschläger m
  o. à tambour Trommelöffner m
  o. verticale Öffner m mit stehendem Kegel, Vertikalöffner m
ouvrier m:
  o. à la pièce, o. aux pièces Arbeiter m im Leistungslohn; Akkordarbeiter m ⟨kapitalistischer Betrieb⟩
  o. qualifié (spécialisé) Facharbeiter m
ouvrier-poste m verfahrene Schicht f
ouvrir 1. öffnen; ausschalten; 2. ⟨Brg⟩ auffahren; 3. auflösen ⟨eine Klammer⟩
  o. le circuit den Stromkreis öffnen
  o. le diaphragme aufblenden
  o. des galeries ⟨Brg⟩ Strecken treiben
  o. une ligne eine Strecke in Betrieb nehmen
  o. une route à la circulation eine Straße dem Verkehr übergeben
  o. un signal ein Signal auf „freie Fahrt" stellen
  o. le sol aufbrechen ⟨Erdarbeiten⟩
ovale oval
ovale m Oval n
ovalisation f Rundheitsfehler m, Unrundheit f
ovalisé unrund
overburden m ⟨Brg⟩ Abraum m, Deckgebirge n
overdrive m ⟨Kfz⟩ Schnellganggetriebe n
overfishing m Überfischung f
ovoïde eiförmig, eirund
ovoïde m Eifläche f
oxacide m Sauerstoffsäure f
oxalate m Oxalat n
oxazole m Oxazol n

oxime f Oxim n ⟨Isonitrosoverbindung⟩
oxonium m Oxonium n
oxycellulose f Oxyzellulose f
oxycoupage m Brennschneiden n
oxycouper brennschneiden
oxydabilité f Oxydierbarkeit f
oxydable oxydierbar
oxydant oxydierend
oxydant m Oxydationsmittel n, Oxydierungsmittel n
oxydase f Oxydase f
oxydation f Oxydation f, Oxydierung f
  o. anodique anodische Oxydation f, Eloxalverfahren n
  o. à basse température Tieftemperaturoxydation f
  o. biologique biologische Oxydation f
  o. électrolytique elektrochemische Oxydation f
  o. incomplète unvollständige Oxydation f
  o. des métaux Metalloxydation f
  o. des paraffines Paraffinoxydation f
  o. partielle partielle Oxydation f
  o. ultérieure Nachoxydation f
oxyde m Oxid n
  o. d'aluminium Aluminiumoxid n, Tonerde f
  o. d'antimoine Antimon(tri)oxid n
  o. d'argent Silberoxid n
  o. azotique Stick(stoffmon)oxid n
  o. de carbone Kohlenmonoxid n
  o. de chrome Chromoxid n
  o. d'éthylène Äthylenoxid n
  o. ferrique Eisen(III)-oxid n
  o. ferrique rouge rotes Eisenoxid n, Eisenrot n, Englischrot n, Polierrot n, Caput mortuum n
  o. de magnésium Magnesiumoxid n
  o. métallique Metalloxid n
  o. de plomb Bleioxid n, Bleiglätte f
  o. de polyéthylène Polyäthylenoxid n
  o. stannique Zinndioxid n
  o. de titan Titanoxid n, Titandioxid n, Titanweiß n
  o. de zinc Zinkoxid n, Zinkweiß n
  o. de zirconium Zirkoniumoxid n
oxyder 1. (auf)oxydieren; 2. ⟨Met⟩ [ver-]zundern
oxydoréductimétrie f ⟨Messung eines Oxydations- oder Reduktionspotentials⟩
oxydoréduction f Oxydation-Reduktion f
oxygénation f Sauerstoffanreicherung f
oxygène m Sauerstoff m
  o. actif Aktivsauerstoff m
  o. anodique Anodensauerstoff m
  o. liquide flüssiger Sauerstoff m
oxygéner mit Sauerstoff anreichern

oxygougeage m Flammen(fugen)hobeln
oxyrabotage m Sauerstoffhobeln n, Brennputzen n ⟨autogenes Trennverfahren⟩
ozocérite f, **ozokérite** f Ozokerit n, Bergwachs n
ozonateur m s. ozoniseur
ozonation f s. ozonisation
ozone m Ozon n
ozoner s. ozoniser
ozoneur m s. ozoniseur
ozonide m Ozonid n
ozonisation f Ozon(is)ierung f; Ozonlüftung f, Ozonisierungsverfahren n; Ozon(auf)spaltung f
ozonisé ozonhaltig
ozoniser ozonisieren
ozoniseur m Ozonerzeuger m, Ozonisierungsapparat m ⟨Ventilation⟩

P

pachymètre m Dickenmesser m
padding m Padding-Kondensator m
page f Seite f
   p. blanche Vakatseite f
   p. de gauche s. p. paire
   p. impaire ungerade (rechte) Seite f
   p. modèle Probeseite f
   p. paire gerade (linke) Seite f
   belle p. Schauseite f
pages fpl:
   p. en regard Seitenpaar n
   p. en regard au milieu de la feuille Seitenpaar n in der Mitte eines Bogens ⟨aus einem Blatt bestehend⟩
pagination f Paginierung f
paginer paginieren
paille f 1. Strohfaser f; 2. ⟨Met⟩ brüchige Stelle f
   p. de fer Stahlspäne mpl
pailles fpl Walzzunder m
   p. de laminage Walzsinter m
paillet m **lardé (obturateur)** Lecksegel n
pairage m 1. ⟨Kern⟩ Paarbildung f, Paarerzeugung f; 2. ⟨Fs⟩ Zeilenpaarung f
paire f Paar n
   p. de conducteurs de câble Kabeladerpaar n
   p. d'électrodes Elektrodenpaar n
   p. électronique Elektronenpaar n, Elektronenzwilling m
   p. électron-positon Elektron-Positron-Paar n
   p. d'électrons s. p. électronique
   p. d'étoiles Sternpaar n
   p. d'ions Ionenpaar n
   p. de mâtereaux Doppelpfosten m
   p. neutron-proton Neutron-Proton-Paar n
   p. de panneaux Deckelpaar n
   p. de points ⟨Math⟩ Punktepaar n
   p. de pôles Polpaar n
palan m Flaschenzug m, Hebezeug n, Winde f; ⟨Schiff⟩ Talje f, Takel n
   p. à bras Handflaschenzug m
   p. de brassage Geientalje f
   p. à câble Seilflaschenzug m
   p. à chaîne Ketten(flaschen)zug m
   p. de charge Lasttalje f
   p. différentiel Differentialflaschenzug m
   p. Duplex Schneckenflaschenzug m
   p. électrique Elektro(flaschen)zug m
   p. de garde Geientalje f
   p. de hissage 1. Hievtalje f; 2. Lasttalje f
   p. ordinaire s. p. à chaîne
   p. pneumatique Druckluftflaschenzug m
   p. à roue dentée droite Stirnradflaschenzug m
   p. roulant Laufkatze f
   p. de suspente 1. Hangertalje f; 2. Hievtalje f
   p. à vis (sans fin) Schneckenflaschenzug m
palancre f s. palangre
palancrer s. palangrer
palancrier m s. palangrier
palangre f Langleine f, Reihenangel f ⟨Fischfanggerät⟩
   p. de fond Grundleine f ⟨Langleinenfischerei⟩
palangrer mit Langleine fischen
palangrier m Langleinenfischereifahrzeug n
palanquée f Hieve f ⟨vorzugsweise auf Paletten⟩
pale f Schaufelblatt n, Schaufel f ⟨Strömungsmaschine⟩; Flügel m; Luftschraubenblatt n; Rotorblatt n; à **quatre pales** vierflügelig; **à trois pales** dreiflügelig
   p. d'agitation Rührarm m
   p. articulée angelenktes Blatt n
   p. d'hélice Propellerflügel m
   p. d'obturation Fortschaltflügel m
palée f Bohlenwand f; Pfahlwerk n
   p. d'un pont Brückenjoch n
paléocène m Paläozän n
paléogène m Alttertiär n
paléontologie f Paläontologie f
palette f 1. Schaufel f, Flügel m ⟨Strömungsmaschine⟩; 2. Schieber m, Ab-

sperrschieber m; 3. Palette f, Stapelplatte f ⟨Fördertechnik⟩
p. directrice Leitschaufel f
p. à dossier Palette f mit aufsteckbaren Stirnwänden
p. double face Palette f mit Bodenplatte
p. mobile Laufschaufel f
p. à rancher Rungenpalette f, Rungenplatte f
p. à ridelle s. p. à dossier
p. simple face Palette f ohne Bodenplatte
p. table Flachpalette f, Stapelpalette f
p. de ventilateur Ventilatorflügel m
palette-caisse f Boxpalette f, Stapelbehälter m
palettisation f Palett[is]ierung f
palettiseur m Palettiervorrichtung f, Palettierautomat m
p. automatique Palettierautomat m
palier m 1. Lager n, Gleitlager n; Lager n, Wälzlager n ⟨selten, s. a. roulement⟩; Lagerbock m; Stehlager n, Bocklager n; 2. Podest n; Stufe f; Treppenabsatz m; 3. Plateau n ⟨z. B. der Kennlinie⟩
p. à aiguilles Nadellager n
p. d'allongement Dehnungsstufe f
p. antifriction Gleitlager n
p. d'atterrissage Ausschwebestrecke f
p. autograisseur Schmierlager n, selbstschmierendes Lager n
p. basculant Kipplager n
p. à billes Kugellager n
p. de butée Drucklager n, Axiallager n
p. à cannelures (collets) Kammlager n
p. à collier Halslager n
p. de compteur Zählrohrplateau n
p. d'évaporation Verdampferstufe f
p. graisseur Schmierlager n
p. graisseur à bague Ringschmierlager n
p. intermédiaire 1. Treppenabsatz m, Zwischenpodest n; 2. Lauflager n
p. de laminoir Walzenlager n
p. de ligne d'arbre Wellenlager n
p. lisse Gleitlager n
p. de noir Schwarzschulter f
p. principal Grundlager n, Hauptlager n
p. de repos Treppenabsatz m, Zwischenpodest n
p. à rotule Kugelzapfenlager n
p. à roulement Wälzlager n
p. suspendu Hängelager n
p. pour tourillons de cylindres Walzenzapflager n
p. de vilebrequin Kurbelwellenlager n

palingenèse f ⟨Geol⟩ Palingenese f
palingraphie f ⟨Typ⟩ anastatischer Druck m, Umdruck m
pâlir verbleichen
palladium m Palladium n
palle f s. vanne
palmer m Schraublehre f, Mikrometerschraube f
p. à levier amplificateur Feinzeigermeßschraube f
palmitate m Palmitat n
palonnier m Schwengel m, Hebel m; Traverse f ⟨Hebezeug⟩
p. d'un avion Steuerpedal n ⟨eines Flugzeuges⟩
p. du gouvernail Rudertraverse f
palpage m Abtasten n ⟨Kopieren⟩
palper abtasten ⟨Kopieren⟩
palpeur m Taster m, Fühler m, Fühlstift m, Prüfkopf m, Tastkopf m ⟨Kopieren⟩
p. optique Meßhebelvorsatz m
p. de trame Schuß[faden]wächter m
palplanche f 1. Spundbohle f, Spundpfahl m; 2. Spundwand f
p. métallique Spundwandeisen n
pan m 1. ⟨Math⟩ Seite f ⟨eines Polyeders⟩; 2. ⟨Bw⟩ Fach n, Feld n
pancarte f Schild n, Hinweisschild n; Tafel f, Hinweistafel f
p. de limitation de vitesse Geschwindigkeitsbeschränkungstafel f
panchromatique panchromatisch
panier m Korb m ⟨z. B. Mengenmaß für Fische⟩
p. de chargement Chargierkorb m
p. de coulée Gießwanne f
p. de décapage Beizkorb m
p. en fil d'acier Stahldrahtkorb m
p. gerbable Stapelkorb m
p. de manutention Transportkorb m
p. métallique Korb m aus Metallstäben
panne f 1. Dachpfanne f; Dachbalken m; 2. Pfette f; Finne f; 3. Defekt m; Schaden m; Störung f, Panne f
p. d'électricité Stromausfall m
p. faitière Firstpfette f
p. de marteau Hammerfinne f
p. de moteur Motorstörung f
p. en treillis Fachwerkpfette f
panneau m 1. Tafel f, Platte f; 2. Fläche f; Feld n; Stützfeld n; 3. Füllung f ⟨Tür⟩; 4. Luke[nöffnung] f ⟨s. a. écoutille⟩; 5. Lukenabdeckung f; Lukendeckel m; 6. Scherbrett n ⟨Schleppnetz⟩; 7. Formbrett n ⟨Keramik⟩; 8. ⟨Brg⟩ Bauhöhe f; Feldesteil m; 9. Flächensektion f; 10. Tableau n; Tafel f
p. d'accès Einstiegluke f

panneau

p. **articulé** Klapplukenabdeckung f; Klapplukendeckel m
p. **à base de fibres agglomérées** Hartfaserplatte f
p. **en bois (d'écoutille)** Holzlukenabdeckung f; Holzlukendeckel m
p. **de bordés** ⟨Schiff⟩ Plattenfeld n
p. **brut** unbearbeitete Platte f
p. **de cale** 1. Ladeluke f; 2. Ladelukenabdeckung f; Ladelukendeckel m
p. **de la cale à poisson** Fischraumluke f
p. **calibré** Platte f mit geringer Dickenabweichung
p. **de charge(ment)** s. p. de cale
p. **de citerne** Tankluke f
p. **composite** Verbundplatte f
p. **de construction** Bauplatte f
p. **de contrôle** ⟨El⟩ Schalttafel f, Schaltbrett n
p. **de copeaux** Spanplatte f
p. **de cuvelage** ⟨Brg⟩ Tübbing m
p. **de départ** ⟨El⟩ Ausspeisungsfeld n
p. **de descente** Niedergangsluke f
p. **disjoncteur** ⟨El⟩ Schalterfeld n
p. **dur** harte Faserplatte f, Hartfaserplatte f
p. **d'écoutille** Lukenabdeckung f; Lukendeckel m
p. **élévateur** Höhenscherbrett n
p. **à enroulement** rollende Lukenabdeckung f, Rollukenabdeckung f
p. **d'entrepont** 1. Zwischendeckluke f; 2. Zwischendecklukenabdeckung f
p. **Ermans à enroulement** Ermans-Rollukenabdeckung f
p. **extra-dur** extraharte Platte f
p. **extrudé** stranggepreßte Platte f
p. **façade** Fassadenwandplatte f
p. **de fibres** Faserplatte f
p. **de fibres d'un seul côté** einseitig glatte Faserplatte f
p. **à fruits** Flachsteige f für Obst
p. **à grain** Getreideluke f
p. **grainé et imprimé** Platte f mit Maserdruck
p. **homogène** einschichtige Platte f
p. **imprimé** bedruckte Platte f
p. **indicateur des voies** ⟨Eb⟩ Gleistafel f
p. **d'interconnexions** ⟨Dat⟩ Verbindungstafel f
p. **de jacks** ⟨Dat⟩ Stecktafel f
p. **de laine de bois** Holzwolleplatte f
p. **de lampes** Lampenfeld n
p. **laqué** lackierte Platte f
p. **léger** Leichtbauplatte f
p. **de lin** Flachsschäbenplatte f
p. **luminescent** Leuchtschild n

p. **Mac Gregor** Mac-Gregor-Lukenabdeckung f
p. **de marinite** Marinite-Platte f
p. **métallique** Metallukenabdeckung f; Metallukendeckel m
p. **multiple** mehrschichtige Platte f
p. **mural** Wandplatte f
p. **de neptunite** Neptunit-Platte f
p. **à ouverture par le côté** Side-Rolling-Lukenabdeckung f
p. **de particules** Spanplatte f
p. **plan** ebene Flächensektion f
p. **plaqué** furnierte Platte f
p. **plaqué de revêtements divers** Furnierplatte f mit verschiedenen Beschichtungen
p. **(à) plat-pont** 1. Glattdeckluke f; 2. Glattdecklukenabdeckung f
p. **à poissons** Fischluke f
p. **poncé** geschliffene Platte f
p. **de pont** Decksluke f
p. **du pont exposé** Wetterdeckluke f
p. **pressé à plat** flachgepreßte Platte f
p. **de programmation** ⟨Dat⟩ Programmtafel f
p. **de rappel de signalisation de défauts** Störungsmeldetableau n, Störungswarntableau f
p. **à ras-pont** s. p. à plat-pont
p. **revêtu** beschichtete Platte f
p. **sandwich** Verbund(bau)platte f
p. **stratifié** ⟨Text⟩ Schichtstoffplatte f, Schichtpreßstoff m
p. **stratifié décoratif** dekorativ beschichtete Platte f
p. **de surveillance** Überwachungstafel f
p. **en tôle** Tafelblech n, Blechtafel f
p. **de tonnage** Vermessungsluke f
p. **à trois couches** dreischichtige Platte f
p. **du type enroulable** s. p. à enroulement
p. **du type folding** Faltlukenabdeckung f; Falt(luken)deckel m
p. **du type glissant** Schiebelukenabdeckung f
p. **du type side rolling** Side-Rolling-Lukenabdeckung f
p. **à voyants (lumineux)** Leuchtfeldtableau n

panneau-sandwich m **de construction** Sandwichbauplatte f
panneaux mpl :
p. **de boiserie** Holztäfelung f
p. **composés creux** Verbundplatten fpl in Hohlkonstruktion
panne-poutre f Trägerpfette f

panneresse f Läufer(stein) m
panoramique m Schwenk m
pantographe m 1. ⟨Masch⟩ Pantograf m, Storchschnabel m; 2. ⟨El⟩ Scherenstromabnehmer m, Stromabnehmerbügel m
pantograveur m Pantografgraviermaschine f
pantoire f ⟨Schiff⟩ Stander m
pantomètre m ⟨Opt⟩ Pantometer n
pantoscopique pantoskopisch
papeterie f Papierfabrik f
papetier m Papiermacher m
papier m Papier n
  p. **abrasif** Schleifpapier n, Schmirgelpapier n
  p. **adhésif** gummiertes Papier n, Klebeband n
  p. **pour affiches** Plakatpapier n
  p. **d'agrandissement** Vergrößerungspapier n
  p. **aristotypique** Aristopapier n
  p. **bakélisé** Hartpapier n
  p. **baryté** Barytpapier n
  p. **bible** Dünndruckpapier n, Bibeldruckpapier n
  p. **avec bois** holzhaltiges Papier n
  p. **sans bois** holzfreies Papier n
  p. **bouffant volumineux** Federleichtpapier n
  p. **brillant** glänzendes Papier n, Glanzpapier n; Hochglanzpapier n
  p. **au bromure** Bromidpapier n
  p. **au bromure d'argent** Bromsilberpapier n, Silberbromidpapier n
  p. **buvard** Löschpapier n; Fließpapier n
  p. **calandré** s. p. satiné
  p. **calque (à calquer)** Pauspapier n
  p. **carbone** Kohlepapier n
  p. **à la celloïdine** Zelloidinpapier n
  p. **de chiffons** Hadernpapier n
  p. **au chlorobromure d'argent** Chlorbromsilberpapier n
  p. **au chlorure d'argent** Silberchloridpapier n
  p. **collé** geleimtes Papier n
  p. **Congo** ⟨Ch⟩ Kongopapier n
  p. **contrasté** hartes Papier n
  p. **couché** Kunstdruckpapier n
  p. **couché des deux faces** beidseitig gestrichenes Papier n, Kunstdruckpapier n
  p. **couché mat** Mattkunstdruckpapier n
  p. **couché satiné surfin** bestes Kunstdruckpapier n
  p. **à couches multiples** Mehrschichtenpapier n
  p. **pour couvertures** Umschlagpapier n
  p. **à la cuve** handgeschöpftes Bütten(-papier) n
  p. **à la cuve à la machine** Maschinenbütten(papier) n
  p. **à dessin** Zeichenpapier n
  p. **de dessin** ⟨Text⟩ Patronenpapier n
  p. **de diagrammes** Registrierpapier n
  p. **doux** weiches Papier n
  p. **duplicateur** Abziehpapier n, Saugpostpapier n
  p. **à échelle fonctionnelle normale** Wahrscheinlichkeitspapier n für die Normalverteilung, normales Wahrscheinlichkeitspapier
  p. **écriture** Schreibpapier n
  p. **d'emballage** Packpapier n
  p. **enduit** beschichtetes (bestrichenes, oberflächenbehandeltes) Papier n
  p. **fantaisie** Überzugspapier n
  p. **à la forme** s. p. à la cuve
  p. **fortement apprêté** gut maschinenglattes Papier n
  p. **glacé** Glanzpapier n
  p. **gommé** gummiertes Papier n
  p. **goudronné** Teerpapier n; Teerpappe f, Dachpappe f
  p. **pour héliogravure** Tiefdruckpapier n
  p. **huilé** Ölpapier n
  p. **hygiénique** Toilettenpapier n
  p. **pour illustrations** Illustrationsdruckpapier n
  p. **imprégné** imprägniertes (getränktes) Papier n
  p. **d'impression apprêté** maschinenglattes Druckpapier n
  p. **d'impression couché** gestrichenes Druckpapier n
  p. **d'impression mince** s. p. bible
  p. **d'impression satiné mat** matt satiniertes Druckpapier n
  p. **inversible** Umkehrpapier n
  p. **à l'iodure d'argent** Jodsilberpapier n
  p. **isolant (isolateur)** Isolierpapier n
  p. **Japon** Japanpapier n
  p. **de journal** Zeitungspapier n
  p. **journal en bobine** Rotationsdruckpapier n
  p. **journal à plat** bestes Zeitungspapier n
  p. **kraft** Kraft(pack)papier n; Hartpapier n
  p. **lissé** glattes Papier n
  p. **lyphan** ⟨Ch⟩ Lyphanpapier n, Lyphanstreifen m
  p. **mâché** Papiermaché n, Pappmaché n
  p. **pour machine à écrire** Schreibmaschinenpapier n

papier

p. à la main s. p. à la cuve
p. mat Mattpapier n, mattes Papier n
p. millimétrique Millimeterpapier n
p. mince dünnes Papier n
p. négatif Negativpapier n
p. non collé ungeleimtes Papier n
p. normal normales Papier n
p. (pour) offset Offsetpapier n
p. pour patrons ⟨Text⟩ Patronenpapier n
p. peint Tapete f
p. pelure Pelurepapier n, Flugpostpapier n; Federleichtpapier n
p. phénoplaste Hartpapier n, Phenoplasthartpapier n
p. photographique Fotopapier n
p. phototechnique technisches Fotopapier n
p. pigmenté Pigmentpapier n
p. positif Positivpapier n
p. à report Umdruckpapier n
p. sablé Sandpapier n, Schleifpapier n
p. satiné satiniertes Papier n
p. sensible Fotopapier n
p. sulfurisé s. papier-parchemin
p. de tirage Kopierpapier n
p. tournesol ⟨Ch⟩ Lackmuspapier n
p. de verre, p. verré Glaspapier n
papier-émeri m Schleifpapier n, Schmirgelpapier n
papier-filtre m Filterpapier n
papier-monnaie m Papiergeld n
papier-parchemin m Pergamentpapier n
papiers mpl **de bord** Schiffspapiere npl
papier-valeur m Wertschriftenpapier n
papillon m 1. Drosselklappe f, Drehklappe f; 2. Glas[flach]brenner m, Flachbrenner m
p. de carburateur Vergaserdrosselklappe f
papillotement m Flimmern n
p. de l'image Bildflimmern n
papilloter flimmern
paquebot m Fahrgastschiff n, Passagierschiff n
p. fluvial Binnenfahrgastschiff n, Flußfahrgastschiff n
p. mixte Fracht-Fahrgast-Schiff n, Kombi-Schiff n
p. porte-véhicules Passagier- und Wagenfährschiff n
p. transatlantique Fahrgastschiff n für den Atlantikdienst
paquebot-car-ferry m Passagier- und Wagenfährschiff n
paquet m Bündel n
p. de cartes ⟨Dat⟩ Kartenpaket n

p. de mémoires ⟨Dat⟩ Speicherpaket n
p. de mer Sturzsee f
p. d'ondes, p. de probabilités ⟨Ph⟩ Wellenpaket n
p. de tôles Blechpaket n
paquetage m Paketieren n
paqueter paketieren
para- 1. para-, Para-, p- ⟨organische Verbindungen s. unter dem betreffenden Grundwort⟩; 2. s. parachutiste
para-axial ⟨Opt⟩ achsnahe; paraxial
parabole f Parabel f
parabolique parabolisch, Parabel-
paraboloïde m Paraboloid n
parachor m ⟨Ch⟩ Parachor m
parachutage m Fallschirmabsprung m; Fallschirmabwurf m
parachute m Fallschirm m
p. antivrille Trudelfallschirm m
p. d'atterrissage Landeschirm m
p. à ouverture automatique selbstöffnender Fallschirm m
p. à ouverture commandée manueller (handbetätigter) Fallschirm m
p. plat Plankappenfallschirm m
p. de queue pour atterrissage Landebremsschirm m
p. retardateur Retardationsfallschirm m
p. à rubans Bänderfallschirm m
p. de secours Reservefallschirm m; Rettungsfallschirm m
p. stabilisateur Stabilisierungsfallschirm m
parachute-frein m Bremsschirm m
parachuter mit dem Fallschirm abwerfen
parachutiste m Fallschirmspringer m
paraclose f Bilge f
paracristallin parakristallin
paradoxal paradox
paradoxe m Paradox[on] n
p. de l'horloge Uhrenparadoxon n
p. hydrostatique hydrostatisches Paradoxon n
paraffinage m Paraffinierung f
paraffine f Paraffin n, Erdwachs n, Mineralwachs n; Paraffinkohlenwasserstoff m
p. liquide Flüssigparaffin n
p. naturelle Bergwachs n, Ozokerit m
paraffiner paraffinieren
paraffineuse f Paraffiniermaschine f
paraffineux paraffinhaltig
paraffinique paraffinisch, paraffinartig
parafoudre m Blitzableiter m; Überspannungsableiter m; ⟨Flg⟩ Rückschlagfunkensperre f
p. à cornes Hörnerableiter m

p. à gaz raréfié Gasentladungsableiter m
p. à résistance Widerstandsableiter m
p. à résistance variable Ventilableiter m, Katodenfallableiter m
paragenèse f ⟨Geol⟩ Paragenese f
parages mpl Küstenstrich m, Seestrich m
paragraphe m Paragraphzeichen n
parahélium m Parahelium n
parahydrogène m Parawasserstoff m
paraison f Rollen n der Glasmasse zu Tafelglas ⟨auf der Marbelplatte⟩; Külbel n
paraisonner [Tafelglas] umrühren
paraldéhyde m Paraldehyd m
parallactique parallaktisch, Parallaxen-
parallaxe f Parallaxe f
parallèle parallel, gleichlaufend
  p. aux fibres parallel zur Faserrichtung
parallèle m Breitenkreis m, Breitenparallel n
parallèle f Parallele f
parallélépipède m Parallelepiped n
  p. de Fresnel Fresnelsches Parallelepiped n
  p. rectangle Quader m
parallélisation f **des fibres** Parallellegen n der Fasern
parallélisme m Parallelität f
parallélogramme m Parallelogramm n
  p. des forces Parallelogramm n der Kräfte
  p. des périodes Periodenparallelogramm n
paralogisme m Fehlschluß m, Trugschluß m
paramagnétique paramagnetisch
paramagnétisme m Paramagnetismus m
paramètre m Parameter m
  p. arbitraire freier Parameter m
  p. de choc Stoßparameter m
  p. cristallin Kristallparameter m
  p. cristallographique kristallografischer Parameter m
  p. de dispersion Streuparameter m
  p. de forme Formparameter m
  p. d'impact Stoßparameter m
  p. de programme ⟨Dat⟩ Programmparameter m
  p. de réseau Gitterparameter m
  p. de résistance au roulement Koeffizient m der Rollreibung; Reibungsarm m
  p. de semi-conducteur Halbleiterparameter m
  p. pour signaux faibles Kleinsignalparameter m ⟨Transistor⟩
  p. pour signaux forts Großsignalparameter m ⟨Transistor⟩
  p. de la valeur propre Eigenwertparameter m
paramètres mpl **d'exploitation** Betriebsdaten pl
paramétrique parametrisch
paramétron m ⟨Dat⟩ Parametron n
paramorphique paramorph ⟨Kristalle⟩
paramorphose f Paramorphose f ⟨Kristalle⟩
parangonner seitlich alignieren lassen, in Linie bringen
parapluie m **de poteau** ⟨El⟩ Regenkappe f
parasite schädlich, parasitär
parasites mpl:
  p. atmosphériques atmosphärische Störungen fpl
  p. industriels industrielle Störschwingungen fpl
parasoleil m Gegenlichtblende f
paratonnerre m Blitzableiter m ⟨s. a. parafoudre⟩
paravalanche m Lawinenschutzdach n
paraxial s. para-axial
parc m 1. Park m, Gartenanlage f; 2. Parkplatz m; 3. Lager n; 4. Auffangbunker m, Fischbunker m; Deckfach n, Fischfach n ⟨Sammelbehälter an Deck⟩; 5. Zuchtteich m
  p. aérien Flugplatz m
  p. à charbon Kohlelager[platz m] n
  p. à combustibles Bekohlungsanlage f
  p. à ferrailles Schrottlagerplatz m
  p. à fers Eisenlager n ⟨für Bewehrung⟩
  p. à minerai Erzlager n
  p. à mitrailles Schrottlagerplatz m
  p. à poisson Auffangbunker m, Fischbunker m; Deckfach n, Fischfach n ⟨Sammelbehälter an Deck⟩
  p. de stationnement Parkplatz m
  p. à tôles Plattenlager n
  p. de voisinage Anliegerverkehrsplatz m
  p. de voitures Wagenpark m; Parkplatz m
parcage m Parken n; s. a. **parking**
  p. libre Freiaufstellung f
parc-auto m Parkplatz m
parcelle f 1. Parzelle f, Grundstück n, kleines Landstück n; 2. Bauplatz m
  p. de terrain Parzelle f, Grundstück n
parchemin m Pergament n
parclose f s. **paraclose**
parcourir durchlaufen ⟨z. B. Programm⟩
parcours m Weg m, Bahn f; 2. Weglänge f; Reichweite f ⟨s. a. portée⟩

parcours

p. **anormal** anormale Reichweite f, Überreichweite f
p. **en avant** Vorwärtsstrecke f
p. **du courant** Strom(ver)lauf m
p. **d'éloignement** Gegenkursteil m
p. **extrapolé** extrapolierte Reichweite f
p. **de freinage** Bremsweg m
p. **de gerbe** ⟨Kern⟩ Schauerlänge f
p. **d'ionisation** Ionisierungsbahn f
p. **des lignes de force** Kraftlinienverlauf m
p. **mesuré** Meßmeile f, abgesteckte Meile f ⟨Geschwindigkeitsmeßstrecke⟩
p. **moyen** mittlere Reichweite f
p. **de ralentissement** Bremslänge f
p. **de réaction** Rückführungsstrecke f
p. **réel** wahre Reichweite f
p. **total** Gesamtreichweite f
libre **p.** freie Weglänge f
libre **p. de diffusion** Streuweglänge f; Diffusionsweglänge f
libre **p. moyen** mittlere freie Weglänge f
libre **p. de transport** freie Transportweglänge f
pare-boue m Kotflügel m; Schutzblech n; Schmutzfänger m
pare-brise m Windschutzscheibe f
pare-chocs m Stoßstange f
pare-étincelles m 1. Funkenschutz m, Funkenfänger m; 2. ⟨El⟩ Abreißkontakt m, Abbrennkontakt m
pare-flamme m Flammenschutz m; Feuerschutzstreifen m
pare-fumée m Rauchschutz m
parélie m s. parhélie
parement m 1. Sichtfläche f, Außenseite f ⟨bearbeitet⟩; 2. Verblendmauerwerk n, Verblendung f; 3. Randstein m
p. **en briques** Backsteinverblendung f
p. **de grès** Sandsteinverblendung f
p. **interne** 1. Auskleidung f; 2. Innenausbau m
p. **en pierre de taille** Werksteinverkleidung f
p. **poli** polierte (glatte) Sichtfläche f
p. **taillé** bearbeitete Sichtfläche f
parementer ⟨Bw⟩ verblenden, verkleiden; ⟨Text⟩ glätten
pare-neige m Schneezaun m
parent m **nucléaire** Ausgangsnuklid n
parenthèses fpl Parenthesen fpl, runde Klammern fpl
pare-pierres m Steinschutzgitter n
pare-soleil m Sonnenschutzblende f
parfait perfekt; vollkommen, einwandfrei, fehlerfrei; ideal ⟨Flüssigkeit, Leiter⟩; verlustlos ⟨Kondensator⟩

parfum m Duftstoff m; Parfüm n
parfumé duftend; duftig
parhélie m Nebensonne f, Gegensonne f
parhélium m Parhelium n
parité f ⟨Ph⟩ Parität f; Geradzahligkeit f
p. **de la charge** Ladungsparität f
p. **combinée** kombinierte Parität f
p. **de l'espace** Raumparität f, Parität f
p. **impaire** ungerade (negative) Parität f
p. **paire** gerade (positive) Parität f
p. **de temps** Zeitparität f
parkérisation f Parkerisieren n, Parkern n
parkériser parkerisieren, parkern
parking m Parken n; Parkplatz m
paroi f 1. Wand f; Zwischenwand f; 2. ⟨Brg⟩ Stoß m; à p. **épaisse** dickwandig; à p. **mince** dünnwandig; à **double** p. doppelwandig
p. **de Bloch** Bloch-Wand f
p. **de la cellule** Zellwand f
p. **en charpente** Holzwand f; Fachwerkwand f
p. **double** Doppelwand f
p. **extérieure** Außenwand f
p. **frontale** 1. Stirnwand f; 2. ⟨Brg⟩ Ortsstoß m
p. **intérieure** Innenwand f
p. **latérale** Seitenwand f
p. **de palplanches** Spundwand f
p. **postérieure** Rückwand f
p. **du récipient** Gefäßwand f
p. **semi-perméable** halbdurchlässige Wand f
p. **des tuyères** Düsenwand f
parole f Wort n ⟨s. a. mot⟩
paroxysme m ⟨Geol⟩ Paroxysmus m
parpaillot m Beihiever m, Beiholer m ⟨Leine⟩
parpaing m Vollbinder m ⟨Stein⟩, Tragstein m
parquet m Holzfußboden m; Parkettfußboden m, getäfelter Fußboden m
p. **en fougère** Riemenboden m
p. **mosaïque** Mosaikparkett n
parquetage m Parkettverlegung f
parqueteuse f Parkettstabmaschine f
parsec m Parsek n ⟨Parallaxensekunde⟩
part f:
p. **à lire** ⟨Opt⟩ Leseteil n
p. **molaire** Molanteil m
partenaire m **de solutions** Lösungsgenosse m
particule f Teilchen n, Partikel f
p. **alpha** Alphateilchen n
p. **bêta** Betateilchen n
p. **de bois** Holzspan m
p. **de charbon** Kohleteilchen n

passage

p. **chargée** geladenes Teilchen *n*
p. **colloïdale** Kolloidteilchen *n*
p. **de désintégration** Zerfallsteilchen *n*
p. **directement ionisante** direkt ionisierendes Teilchen *n*
p. **d'écorçage** Schälspan *m*
p. **élémentaire** Elementarteilchen *n*
p. **étrange** „seltsames" Teilchen *n*
p. **fondamentale** Elementarteilchen *n*
p. **de la gerbe** Schauerteilchen *n*
p. **incidente** Inzidenzteilchen *n*
p. **indirectement ionisante** indirekt ionisierendes Teilchen *n*
p. **ionisante** ionisierendes Teilchen *n*
p. **libre** freies Teilchen *n*
p. **lourde** schweres Teilchen *n*
p. **de monodomaine** Einbereichsteilchen *n* ⟨magnetisch⟩
p. **neutre** neutrales Teilchen *n*
p. **polarisée** polarisiertes Teilchen *n*
p. **rapide** schnelles Teilchen *n*
p. **de recul** Rückstoßteilchen *n*
p. **relativiste** relativistisches Teilchen *n*
p. **unique** Einzelteilchen *n*
p. **virtuelle** virtuelles Teilchen *n*
particules *fpl*:
p. **pour la couche extérieure** Decklagenspäne *mpl*
p. **pour la couche intérieure** Mittellagenspäne *mpl*
p. **entrefines** mittelfeines Spangut *n*
p. **fines** Feingut *n* ⟨Späne⟩
p. **grosses** Grobgut *n* ⟨Späne⟩
particulier ⟨Math⟩ partikulär, besonder
partie *f* 1. Teil *m* (*n*); Partie *f*; 2. Windseite *f*
p. **adresse** ⟨Dat⟩ Adressenteil *m*
p. **aspirante** Saugpartie *f* ⟨Papierherstellung⟩
p. **des avant-presses** Vorpressenpartie *f* ⟨Papierherstellung⟩
p. **basse fréquence** Niederfrequenzteil *m*
p. **des coucheuses** Gautschpartie *f* ⟨Papierherstellung⟩
p. **délimitée** Ausschnitt *m*
p. **émission** Sendeteil *m*
p. **des formes rondes** Rundsiebpartie *f* ⟨Papierherstellung⟩
p. **grossière** Grobfaseranteil *m*
p. **humide** Naßpartie *f*
p. **index** ⟨Dat⟩ Indexanteil *m*
p. **inférieure** Unterteil *n*
p. **interne du globe** Erdinneres *n*
p. **numérique** ⟨Dat⟩ Zifferntteil *m*
p. **opération** ⟨Dat⟩ Operationsteil *m*
p. **des presses** Preßpartie *f* ⟨Papierherstellung⟩

p. **principale d'une fonction** Hauptteil *m* einer Funktion
p. **séchante (à sécher)** Trockenpartie *f*
p. **supérieure** Oberteil *n*
p. **de la voûte** Gewölbteil *m*
maitresse p. Mittelschiff *n*
partiel teilweise, Teil-, partiell, Partial-
partition *f* Teilung *f*, Zerlegung *f*; Verteilung *f*; Partition *f* ⟨Zahlentheorie⟩
pas *m* 1. Schritt *m*; Abstand *m*; 2. Teilung *f* ⟨z. B. eines Zahnrades⟩; 3. Steigung *f* ⟨eines Gewindes oder einer Luftschraube⟩; **p. à p.** stufenweise
p. **anglais** Zollgewinde *n*, Zollteilung *f*
p. **apparent** Stirnteilung *f*
p. **de l'aubage** Schaufelteilung *f*
p. **carré** s. p. anglais
p. **de chaîne** Kettenteilung *f*
p. **au collecteur** Kommutatorschritt *m*
p. **à droite** rechtsgängiges Gewinde *n*, Rechtsgewinde *n*
p. **d'encochage** Nutteilung *f*
p. **d'enroulement** Wicklungsschritt *m*
p. **du filet, p. de filetage** Gewindesteigung *f*
p. **de freinage** Bremsstellung *f* ⟨Luftschraube⟩
p. **à gauche** linksgängiges Gewinde *n*, Linksgewinde *n*
p. **géométrique** geometrische Blattsteigung *f*
p. **géométrique relatif** Steigungsverhältnis *n*
p. **de l'hélice** Propellersteigung *f*
p. **d'itération** Iterationsschritt *m*
p. **longitudinal** Längsteilung *f*
p. **métrique** metrisches Gewinde *n*
p. **de mise en drapeau** Segelstellung *f* ⟨Luftschraube⟩
p. **moyen expérimental** mittlere Nullschubsteigung *f*
p. **négatif** negative Steigung *f*
p. **polaire** Polteilung *f*
p. **de programme** ⟨Dat⟩ Programmschritt *m*
p. **de pupinisation** ⟨Fmt⟩ Spulenabstand *m*
p. **réel** Normalteilung *f*
p. **de réversion** negative Steigung *f* ⟨Luftschraube⟩
p. **de vis** Gewindesteigung *f*
pascal *m* ⟨französische Einheit; entspricht Newton/Quadratmeter⟩
passage *m* Durchgang *m*, Passage *f*; Übergang *m*; Durchlauf *m*
p. **de la barrière** Durchdringung *f* des Potentialwalls

passage

p. **au bassin** Dockdurchlauf m, Dokkung f
p. **de cartes** Kartendurchlauf m
p. **de la chaleur** Wärmedurchgang m
p. **de circulation** Fahrweg m
p. **de cloison** Schottdurchführung f
p. **clouté** Zebrastreifen m, Fußgängerschutzweg m
p. **entre les colonnes** Abstand m zwischen den Holmen ⟨Spritzgußmaschine⟩
p. **de conduit** Rohrdurchlaß m
p. **de courant** Stromdurchgang m
p. **en dessous** Unterführung f
p. **en dessus** Überführung f
p. **de l'étoile** Durchgang (Meridiandurchgang) m des Sterns
p. **inférieur** Unterführung f
p. **du liquide** Flüssigkeitsdurchtritt m
p. **à niveau** Wegübergang m; Schienenübergang m, Bahnübergang m
p. **à niveau gardé** bewachter (beschrankter) Schienenübergang m
p. **à niveau non gardé** unbewachter (unbeschrankter) Schienenübergang m
p. **de papier** Papierdurchlaß m
p. **de piétons** Gehweg m, Fußgängerweg m
p. **de pont** Decksdurchführung f
p. **de roue** Radkasten m
p. **souterrain** Unterführung f; Durchlaß m
p. **supérieur** Überführung f
p. **à vide** Vakuumdurchführung f
p. **voûté** überwölbter Durchgang m
p. **par zéro** ⟨El⟩ Nulldurchgang m
p. **par zéro du courant** Stromnulldurchgang m

passager flüchtig, vorübergehend
passavant m Laufsteg m ⟨auf Tankern⟩
passe m Dietrich m
passe f 1. Fahrrinne f, Fahrwasser n; Seekanal m ⟨zum Hafen⟩; 2. ⟨Typ⟩ Zuschuß m; 3. ⟨Met⟩ Stich m, Walzstich m

p. **avant-finisseuse** Vorfertigungsstich m
p. **d'étirage** Streckstich m
p. **finisseuse** Fertigstich m
p. **initiale** Anstich m
p. **à plat** Flachstich m
p. **préparatrice** Vorstich m
p. **de profilage** Profilstich m
p. **refouleuse** Stauchstich m
p. **en retour** Rückstich m
p. **à vide** Blindstich m

passe-avant m s. passavant
passe-bas m Tiefpaß m

passe-haut m Hochpaß m
passement m Posament n; Borte f
passementerie f Posamenten npl; Posamentierindustrie f
passe-partout m 1. Dietrich m; 2. Schrotsäge f; 3. Wechselrahmen m; Umrahmung f
p. **des chiffres** Ziffernumrahmung f
passepoil m Paspel(streifen) m, Vorstoß m
passepoiler paspelieren
passer:
p. **au bassin** ins Dock gehen
p. **par-dessus bord** über Bord gehen
p. **commande** bestellen, Auftrag erteilen
p. **à la lumière** verschießen, verblassen
p. **en solution** in Lösung übergehen
passerelle f 1. Gangway f, Landgang m; 2. Kommandobrücke f ⟨als Raum⟩; 3. Laufsteg m; Laufbühne f; Übergangsbrücke f; 4. ⟨Eb⟩ Reiterstellwerk n
p. **d'accrochage** Gestängebühne f
p. **arrière** Slipbrücke f ⟨Fischereifahrzeug⟩
p. **du barrage** Wehrsteg m
p. **de crue** Hochwassersteg m
p. **de derrick** Umlauf m, Laufsteg m, Arbeitsbühne f
p. **de descente** Gangway f, Landgang m
p. **d'éclairagiste** Beleuchterbrücke f
p. **de navigation** Kommandobrücke f ⟨als Raum⟩
p. **de pêche** Trawlbrücke f
p. **de piétons** Fußgängersteg m
p. **à signaux** Signalbrücke f
p. **supérieure** Peildeck n

passette f Lochnadel f
passeur m **d'échantillons** Probenwechsler m
passe-vue m Wechselschieber m
passif passiv, inaktiv, reaktionsträge
passivation f Passivierung f
passiver passivieren
passoire f Sieb n; Passiersieb n
pastel m Pastell n
pasteurisateur m Pasteurisierungsapparat m
pasteurisation f Pasteurisieren n; Pasteurisierung f
p. **par irradiation** Strahlenpasteurisierung f
pasteuriser pasteurisieren
pastillage m Tablettierung f
pastille f 1. Plättchen n ⟨Schneidwerkzeug⟩; 2. ⟨Kfz⟩ Sicherungspilz m; 3. Tablette f

pastiller zu Tabletten pressen, tablettieren
pastilleuse f Presse f zur Verformung von Plasten zu Tabletten
pataras m Preventer m
pâte f 1. Brei m, Paste f, Teig m; 2. ⟨Text⟩ Kleister m ⟨beim Schlichten⟩; 3. Chemieholz n
  p. **d'argile** Tonbrei m
  p. **blanchie** gebleichter Zellstoff m
  p. **de bois** Holzzellstoff m
  p. **céramique** Tonmasse f
  p. **chimique de paille** Stroh[zell]stoff m
  p. **de colorants** Farbpaste f
  p. **de cristallisation** Kristallbrei m
  p. **d'enduction** Streichmasse f
  p. **d'impression** Druckpaste f
  p. **isolante** Isolationsmasse f, Isoliermasse f
  p. **kraft** Kraftzellstoff m
  p. **malaxée** Knetmasse f
  p. **mécanique** Holzschliff m
  p. **à meuler** Schleifpaste f
  p. **mi-chimique** Halbzeug n, Halbstoff m
  p. **mi-chimique de paille** Strohhalbzellstoff m
  p. **molle** Weichmasse f
  p. **mordante** Ätzpaste f, Ätztinte f
  p. **non blanchie** ungebleichter Strohzellstoff m
  p. **de paille** Strohzellstoff m
  p. **de paille blanchie** gebleichter Strohzellstoff m
  p. **de paille écrue** ungebleichter Strohzellstoff m
  p. **de paille jaune** Gelbstrohzellstoff m
  p. **de paille lessivée** mit Lauge verkochter Strohzellstoff m, Kocherstrohzellstoff m
  p. **de paille macérée** Mazerationsstroh[zell]stoff m
  p. **à (de) papier** Papiermasse f, Papierbrei m, Ganzzeug n, Ganzstoff m
  p. **à polir** Polierpaste f
  p. **de porcelaine** Porzellanmasse f
  p. **pure** Zementbrei m, Zementleim m
  p. **raffinée** s. p. à papier
  p. **de sel** Salzbrei m
  p. **siccative** Trockenpaste f
  p. **à souder** Lötpaste f
  p. **de verre** Glaspaste f
pater-noster m Paternoster m
pâteux teigig, teigartig, pastös
patin m 1. Tragschuh m, Gleitschuh m, Führungsschuh m, Gleitbacke f, Führungsbacke f; 2. Schienenfuß m

  p. **d'aiguilles** Flachnadelkäfig m, Flachnadellager n
  p. **de la crosse** Gleitbacke f, Führungsbacke f
  p. **de frein** Hemmschuh m
  p. **de manœuvre** Verschiebeschlitten m
  p. **presseur** Filmkufe f, Andruckkufe f
  p. **de queue** Schwanzsporn m
patine f Patina f, Edelrost m
patinement m Gleiten n, Rutschen n, Schlüpfen n
patiner gleiten, rutschen, schlüpfen
patron m 1. Kapitän m, Schiffsführer m ⟨besonders in der Fischerei⟩; 2. Schnitt[muster n] m, Schnittlagebild n; Schablone f; Modell n; Patrone f ⟨Weberei⟩
patronne f Leitdorn m, Leithülse f, Leitpatrone f
patronner mit einer Schablone arbeiten; nach einem Schnittmuster zuschneiden
patte f 1. Lasche f, Lappen m, Klammer f; 2. Patte f, Aufschlag m, Klappe f ⟨Teil des Kleidungsstücks⟩; 3. ⟨Schiff⟩ Ankerarm m, Flunke f, Pfluge f
  p. **de déchirure** Reißkappe f ⟨Fallschirm⟩
patte-d'araignée f Schmiernut f
patte-d'oie f 1. Wellenbrecher m, Eisbrecher m ⟨eines Brückenpfeilers⟩; 2. ⟨Schiff⟩ Hahnepot m
pattemouille f Bügeltuch n
pattisonnage m ⟨Met⟩ Pattison-Verfahren n ⟨Entsilberung von Blei⟩
paumelle f Türband n; Türangel f
paumoyer einholen; verholen
pauvre arm, schlecht; gering[wertig]; mager
pavage m 1. Pflastern n; Pflasterung f; 2. Straßenpflaster n
  p. **de bois** Holzpflaster n, Holzpflasterung f
  petit p. Kleinpflaster n
pavé m Pflaster n; Pflasterstein m
  p. **en (de) bois** Holzpflaster n
  p. **en briques** Backsteinpflaster n
  p. **mosaïque** Mosaikpflaster n
  p. **en (de) pierre** Steinpflaster n
  p. **de sel** Leckstein m
pavement m 1. Pflastern n; 2. Plattenbelag m, Straßenpflaster n
  p. **de marbre** Marmorplattenbelag m
paver pflastern; belegen
pavillon m 1. Horn n, Trichter m; 2. Flagge f
  p. **alphabétique** Buchstabenflagge f
  p. **du Code** Signal[buch]flagge f
  p. **de compagnie** Reedereiflagge f

pavillon

   p. d'écouteur Hörmuschel f
   p. exponentiel Exponentialtrichter m ⟨Lautsprecher⟩
   p. national Nationalflagge f
   p. pilote Lotsenflagge f
   p. de reconnaissance Reedereiflagge f
pavois m ⟨Schiff⟩ Schanzkleid n
payol m ⟨Schiff⟩ Wegerung f
pays m:
   p. constructeur Bauland n ⟨Herstellerland⟩
   p. industriel Industrieland n
   p. maritime Schiffahrtsland n
   p. de pêche Fischereiland n
   p. plat Flachland n
paysage m:
   p. de moraine de fond Grundmoränenlandschaft f
   p. de moraine terminale Endmoränenlandschaft f
   p. morainique Moränenlandschaft f
peak m Piekraum m ⟨s. a. coqueron⟩
peau f Fell n, Haut f; Leder n
   p. de coulée Gußhaut f
   p. de laminage Walzhaut f
   p. oxydée Oxidhaut f
pêchant:
   p. par l'arrière heckfangend
   p. latéralement seitenfangend
   p. lui-même selbstfangend
pechblende f Pechblende f, Uranpecherz n, Nasturan n
pêche f Fischen n; Fischfang m, Fischerei f
   p. par l'arrière Heckfang m, Heckfischerei f
   p. à la baleine Walfang m
   p. benthique Grundfischfang m, Grundfischerei f
   p. au chalutage Schleppnetzfang m, Schleppnetzfischerei f, Trawlfischerei f
   p. au chalutage de fond Grundschleppnetzfischerei f
   p. par le côté Seitenfang m, Seitenfischerei f
   p. côtière Küstenfischerei f
   p. à la dérive Treibnetzfang m, Treibnetzfischerei f
   p. destructive Raubfischerei f
   p. entre deux eaux pelagische Fischerei f
   p. électrique Elektrofischerei f
   p. au filet Netzfischerei f
   p. à filet dérivant Treibnetzfang m, Treibnetzfischerei f
   p. fluviale Binnenfischerei f
   p. de fond Grundfischfang m, Grundfischerei f
   p. fraiche Frischfischfang m, Frischfischfischerei f
   p. en haute mer, p. hauturière Hochseefischerei f
   p. indépendante autonome Fischerei f ⟨als Gegensatz zur Flottillenfischerei⟩
   p. industrielle industrielle (industriell betriebene) Fischerei f
   p. intérieure Binnenfischerei f
   p. journalière Tagesfang m
   p. au large große Küstenfischerei f, Nahbereichsfischerei f
   p. latérale Seitenfang m, Seitenfischerei f
   p. à la ligne Angelfischerei f; Angeln n
   p. à la ligne longue Langleinenfischerei f
   p. à la lumière Lichtfischerei f
   p. maritime Seefischerei f
   p. de nuit Nachtfischerei f
   p. par paire Gespannfischerei f, Tucken n
   p. à la palangre Langleinenfischerei f
   p. pélagique pelagische Fischerei f
   p. saisonnière Saisonfischerei f
   p. à la senne 1. Wadenfischerei f; 2. Zugnetzfischerei f
   p. à la senne coulissante Ringwadenfischerei f
   grande p. Hochseefischerei f; Weitbereichsfischerei f
   petite p. Küstenfischerei f
pêcher Fischfang betreiben, fischen
   p. par l'arrière über Heck fischen
   p. par le côté über Bordseite fischen
   p. à la ligne angeln, mit der Angel fangen
   p. à la ligne longue Langleinenfischerei betreiben, mit der Langleine fischen
   p. par paire im Gespann fischen, tucken
pêcherie f Fanggebiet n, Fangplatz m, Fangzone f; Fischkonzentrationsgebiet n
pêcheur m Fischer m; Fischereifachmann m
pectine f Pektin n ⟨Gelierstoff⟩
pédale f Pedal n, Fußhebel m
   p. d'accélérateur Gashebel m, Gasfußhebel m
   p. de débrayage Kupplungspedal n
   p. de direction ⟨Flg⟩ Seitenruderpedal n
   p. de frein Bremspedal n, Fußbremshebel m
pédalier m Tretlager n
pédologie f Bodenkunde f

pegmatite f ⟨Min⟩ Pegmatit m
pegmatitique pegmatitisch
pegmatoïde pegmatitähnlich
peigne m 1. ⟨Text⟩ Kamm m; Geleseblatt n ⟨Schärmaschine⟩; 2. Abstreifkamm m; 3. Gewindesträhler m, Strähler m
  p. battant Hacker(kamm] m ⟨Karde⟩
  p. à fileter Gewindesträhler m, Strähler m
  p. de guidage pour touches Tastenführungskamm m ⟨Schreibmaschine⟩
  p. de Pitot ⟨Flg⟩ Nachlaufrechen m
  p. de support ⟨Dat⟩ Lagerkamm m
peigné m Kammzug m
peigner (gewinde)strählen
peigneur m Abnehmer m ⟨Karde⟩
peigneuse f Kammstuhl m, Kämmaschine f
peindre anstreichen, malen
  p. à la brosse streichen
  p. au pistolet spritzen
peintre m:
  p. en bâtiments 1. Anstreicher m; Maler m; 2. Weißbinder m
peinturage m Anstreichen n; Anstrich m, Farbauftrag m
peinture f 1. Anstrichstoff m, Farbe f, Farblack m; 2. Anstrich m, Farbauftrag m; 3. Malerarbeiten fpl
  p. anticorrosion (anticorrosive) 1. Rostschutzanstrichstoff m, Rostschutzfarbe f; 2. Rostschutzanstrich m
  p. antirouille 1. Rostschutzanstrichstoff m, Rostschutzmittel n, Rostschutzfarbe f; 2. Rostschutzanstrich m
  p. d'apprêt 1. Grundierfarbe f; 2. Grundierung f
  p. d'apprêt sur verre eingebrannte Glasmalerei f
  p. aqueuse wasserlöslicher Anstrichstoff m
  p. au bitume (brai) Asphaltlack m
  p. à la brosse Streichen n mit dem Pinsel
  p. à la caséine Kaseinfarbe f
  p. cellulosique Zelluloselack m, Nitro[zellulose]lack m
  p. à la chaux 1. Kalk[anstrich]farbe f; 2. Kalkanstrich m
  p. au ciment Zement[anstrich]farbe f
  p. à la colle Leimfarbe f
  p. au cylindre Walzlackieren n
  p. définitive Endanstrich m, Fertiganstrich m
  p. par électro-immersion Elektrotauchlackierung f
  p. par électrophorèse, p. électrophorétique 1. Elektrophoreselack m; 2. Elektrophoreselackierung f, elektrophoretische Lackierung f
  p. électrostatique elektrostatisches Lackieren n
  p. émail Emaillefarbe f
  p. émail blanche Weißemaille f
  p. d'émulsion Binderfarbe f
  p. d'extérieur Außenanstrich m
  p. à la filière Fluten n
  p. de finissage s. p. définitive
  p. de fond s. p. d'apprêt
  p. au goudron Asphaltlack m
  p. grise aluminée Aluminiumpulverlack m
  p. à l'huile 1. Ölfarbe f; 2. Ölanstrich m; 3. Ölmalerei f
  p. hydrofuge wasserabweisender Anstrich m
  p. ignifuge Feuerschutzanstrich m
  p. d'impression Vorstreichfarbe f
  p. d'intérieur Innenanstrich m
  p. isolante Isolieranstrich m; Isolierfarbe f
  p. au latex Latexfarbe f; Latexanstrich m
  p. aux latex artificiel (synthetische) Latexfarbe f, Plastlatexfarbe f
  p. lumineuse Leuchtfarbe f
  p. marine Schiffslack m, Oberdecklack m
  p. métallique au zinc Kaltverzinken n ⟨Auftragen eines Gemisches von Zinkpulver und Epoxidharz⟩
  p. au pinceau Lackieren n mit dem Pinsel, Streichen n, Anstreichen n
  p. au pistolet Spritzlackieren n, Spritzen n
  p. de plafond Deckenanstrich m
  p. pneumatique s. p. par projection
  p. de pont s. p. marine
  p. préliminaire 1. Vorstreichfarbe f; 2. Grundierung f, Voranstrich m
  p. par projection Spritz[lackier]en n
  p. protectrice Schutzanstrich m
  p. à la résine alkyde Alkydharzlack m
  p. à la résine artificielle Kunstharzlack m
  p. au rouleau Walz[lackier]en n, Anwalzen n
  p. séchant à l'air lufttrocknender Anstrichstoff (Lack) m
  p. séchant au four ofentrocknender Anstric' stoff (Lack) m
  p. aux silicates Silikatfarbe f
  p. sous-marine Unterwasseranstrich m, Unterwasserlack m
  p. synthétique Kunstharzlack m
  p. au trempé Tauchlackieren n

peinture 478

p. **au trempé à chaud** Heißtauchlackieren n
p. **au vernis** Lackfarbe f
p. **sur verre** Glasmalerei f
p. **au zinc** Anstreichen n mit Zinkfarbe
peinture-émail f Emaillelack m, hochglänzender Lack m
p. **séchant à l'air** lufttrocknender Emaillelack m
peinture-émulsion f Emulsionsfarbe f
peinturer Farbe auftragen, (an)streichen
pélagique pelagial; pelagisch
pélite f ⟨Geol⟩ Pelit m
pélitique pelitisch
pelle f Schaufel f, Löffel m ⟨Fördertechnik⟩; Schaufellader m, Lader m; Löffelbagger m; ⟨Schiff⟩ Ankerhand f, Spaten m
p. **automotrice** Schaufellader m mit Radantrieb, Radlader m, Fahrlader m
p. **à chenilles** Raupenkettenfahrlader m; Raupenkettenlöffelbagger m
p. **excavatrice** Tieflöffelbagger m
p. **à godets** Löffelbagger m
p. **hydraulique** Hydrauliklader m
p. **marqueuse** ⟨Lw⟩ Pflanzlochstern m
p. **mécanique** Löffelbagger m
pelle-bêche f Stechschaufel f; kurzer Spaten m
pelle-chargeuse f Schaufellader m, Frontlader m
pelleter schaufeln, schippen; umgraben, umstechen
pelleteur m, **pelleteuse** f Schaufellader m, Lader m; Eimerkettenbagger m, Löffelbagger m
p. **à godets** Schaufellader m
pelliculaire ⟨Ph⟩ Haut-, Skin-
pellicule f Film m, Schicht f; Folie ⟨s. a. film 2.⟩; Haut f
p. **d'apprêt** Schlichtefilm m
p. **gazeuse** Gashülle f
p. **en plastique** Plastfolie f
pelote f Knäuel n
peloton m **de fil** Garnknäuel n, Zwirnknäuel n
pelotonneuse f Knäuelwickelmaschine f
peluche f Plüsch[gewebe n] m
peluché aufgerauht
pendage m ⟨Geol⟩ Einfallen n
pendagemètre m ⟨Geol⟩ Neigungsmesser m
pendulaire pendelnd, Pendel-
pendule m Pendel n
p. **double** Doppelpendel n
p. **à fil de quartz** Quarzfadenpendel n
p. **gyroscopique** Kreiselpendel n
p. **d'inclinaison** Neigungspendel n

p. **pesant** Schwerependel n
p. **réversible** Reversionspendel n
p. **de torsion** Torsionspendel n
pendule f Pendeluhr f
p. **de pointage** Kontrolluhr f
pêne m Schloßriegel m
pénéplaine f ⟨Geol⟩ Peneplain f, Fastebene f
p. **enfouie** zugedeckte Fastebene f
p. **exhumée** abgedeckte Fastebene f
pénéplanation f Bildung f einer Fastebene
pénéplaner eine Fastebene bilden
pénétrabilité f Durchdringungsfähigkeit f; Durchlässigkeit f; Durchgriff m ⟨der Anodenspannung⟩
pénétrable durchlässig
pénétrant durchdringend
pénétration f 1. Durchdringung f; Eindringen n; 2. Durchdringungsfähigkeit f; Durchstrahlungsleistung f; 3. Eindringtiefe f; 4. ⟨Text⟩ Durchlässigkeit f; 5. Durchfärbung f; 6. Einbrand m ⟨Schweißen⟩
p. **de la soudure** Durchschweißung f
p. **de trempe** Durchhärtung f
pénétrer durchdringen, eindringen; durchfärben
pénétromètre m Penetrometer n
péniche f Frachtkahn m, Lastkahn m
pénicilline f Penizillin n
pénombre f Halbschatten m; Zwielicht n
pentachlorure m Pentachlorid n
pentaèdre m Pentaeder n, Fünfflächner m
pentaérythrite f, **pentaérythritol** m Pentaerythrit n
pentagonal fünfeckig
pentagone m Fünfeck n
pentahydrate m Pentahydrat n
pentane m Pentan n
pentanoïque m Pentansäure f, Valeriansäure f
pentasulfure m Pentasulfid n
pentatomique fünfatomig
pentavalent fünfwertig
pente f 1. Abfall m; Gefälle n; Neigung f; Steigung f; Steilheit f; 2. Abhang m, Böschung f; 3. ⟨Brg⟩ Fallen n; 4. Neigungswinkel m ⟨Schneidwerkzeug⟩
p. **de la cale** Hellingneigung f
p. **continentale** Kontinentalabhang m
p. **de conversion** Mischsteilheit f
p. **dynamique** dynamische Steilheit f
p. **de glissement** Gleithang m
p. **de la houle** Wellenschräge f
p. **naturelle** natürliches Gefälle n
p. **Nyquist** Nyquist-Flanke f

p. du palier Plateauneigung f, Plateausteigung f
p. relative de palier relative Plateauneigung f
penthode f s. pentode
penthrite f Pentrit n
pentode f Pentode f, Fünfpolröhre f
  p. finale Endpentode f
  p. à haute fréquence Hochfrequenzpentode f
  p. à pente variable Regelpentode f
  p. de puissance Leistungspentode f
  p. de sortie Endpentode f
pentose m Pentose f
pentoxyde m Pentoxid n
penture f Türband n
pepsine f Pepsin n
peptide m Peptid n
peptisation f Peptisieren n
peptiser peptisieren
peptone f Pepton n
peptonisation f Peptonisierung f
peracide m Persäure f
perborate m Perborat n
perçage m 1. Bohren n; Bohrung f ⟨ins Volle⟩; 2. Abstechen n ⟨Hochofen⟩
  p. lamage Senken n
  p. profond Tiefbohren n
percarbonate m Perkarbonat n
percée f Abstich m ⟨Hochofen⟩
percement m 1. ⟨El⟩ Durchbruch m; 2. ⟨Brg⟩ Durchhieb m
  p. de collecteur Kollektordurchbruch m ⟨Transistor⟩
  p. de plafond Deckendurchbruch m
perception f **auditive** Hörempfindung f
percer 1. bohren ⟨ins Volle⟩; 2. ⟨Met⟩ abstechen ⟨Hochofen⟩; 3. ⟨El⟩ durchschlagen ⟨Isolation⟩
  p. au montage bei Montage bohren
perceuse f Bohrmaschine f; Handbohrmaschine f ⟨s. a. machine à percer⟩
  p. à charbon Kohlenbohrmaschine f
  p. à (sur) colonne Säulenbohrmaschine f, Ständerbohrmaschine f
  p. électrique elektrische Bohrmaschine f
  p. à établi Tischbohrmaschine f
  p. horizontale Waagerechtbohrmaschine f, liegende Bohrmaschine f
  p. à main Handbohrmaschine f
  p. multibroche Mehrspindelbohrmaschine f
  p. portative tragbare Bohrmaschine f
  p. radiale Radialbohrmaschine f, Auslegerbohrmaschine f
  p. simple broche Einspindelbohrmaschine f

  p. à tête multiple Mehrspindelbohrmaschine f
  p. verticale Vertikalbohrmaschine f, stehende Bohrmaschine f
perce-verre m Glasbohrer m
perche f 1. Stange f; 2. Mikrofongalgen m
  p. isolante Schaltstange f
  p. de mise à la terre Erdungsstange f
  p. de prise de courant Stromabnehmerstange f ⟨Straßenbahn⟩
perchlorate m Perchlorat n
perçoir m Bohrer m
percolateur m Perkolator m, Filtrierbeutel m, Filtersack m
percolation f ⟨Ch⟩ Perkolation f; Sickerung f; ⟨Geol⟩ Durchsickern n; Durchfluß m
percristallisation f Auskristallisation f
percussion f Stoß m
  p. centrale zentraler Stoß m
  p. excentrique schiefer Stoß m
percuter stoßen
percuteur m Schlagbolzen m
percuteuse f Schlagschrauber m
perditance f ⟨El⟩ Isolationsleitwert m, Ableitung f
perdre en coin/se auskeilen
père m **nucléaire** Ausgangsnuklid n
perfectionnement m Verbesserung f, Vervollkommnung f
perfectionner verbessern, vervollkommnen
perforage m 1. Durchbohren n; Bohrung f; 2. Lochung f; Perforierung f
perforateur m ⟨s. a. perforatrice⟩ 1. Locher m, Lochvorrichtung f; 2. ⟨Typ⟩ Perforiermaschine f; 3. Gesteinsbohrer m
  p. de bandes Streifenlocher m
  p. de cartes Kartenlocher m
  p. pour dossiers Aktenlocher m
  p. pneumatique Preßluftbohrer m
  p. de rubans Bandlocher m
perforation f Durchbohren n, Lochen n, Durchlochen n; Durchschlag m; Perforieren n, Durchbohrung f, Durchlöcherung f; Lochung f; Zähnung f; Perforation f; à seule p. latérale einseitig perforiert
  p. par balles Schußperforierung f
  p. de chiffre Zifferlochung f
  p. de comptage Zählloch n
  p. erronée Falschlochung f
  p. du film Filmperforation f
  p. marginale Seitenperforation f
  p. de symbole Symbollochung f
  double p. Doppellochung f

perforatrice f ⟨s. a. perforateur⟩ 1. Locher m; Stanzer m; 2. Bohrer m
  p. à air comprimé Preßluftbohrmaschine f, Preßluftbohrer m
  p. automatique automatischer Locher m
  p. de cartes Kartenlocher m, Kartenstanzer m
  p. de cartes perforées Lochkartenlocher m
  p. à commande manuelle Handlocher m
  p. magnétique Magnetlocher m
  p. à moteur Motorlocher m
  p. à percussion Stoßbohrmaschine f
  p. pneumatique Preßluftbohrmaschine f
  p. rapide Schnellocher m
  p. au rocher Gesteinsbohrmaschine f
  p. rotative Drehbohrmaschine f
perforer (durch)bohren; lochen; perforieren
perforeuse f s. perforatrice
performances fpl Flugleistungen fpl ⟨meßbare Eigenschaften eines Fahrzeugs⟩
pergélisol m Dauerfrostboden m
périgée m Perigäum n, Erdnähe f
périglaciaire periglazial
périmé veraltet, verfallen
périmétral perimetrisch
périmètre m Umfang m
période f Periode f; Schwingungsdauer f; Umlaufzeit f; Halbwert(s)zeit f ⟨s. a. temps, durée⟩
  p. d'accélération Beschleunigungsperiode f
  p. d'affinage Frischperiode f
  p. apparente scheinbare Halbwert(s)zeit f
  p. de battement Schwebungsperiode f
  p. biologique biologische Halbwert(s)zeit f
  p. de commutation Kommutierungszeit f
  p. de démarrage Anlaufperiode f
  p. de désactivation Abklingzeit f, Abkühlzeit f
  p. effective effektive Halbwert(s)zeit f
  p. d'émission Tastzeit f
  p. de fonctionnement Betriebszeit f
  p. d'une génération Generationsdauer f
  p. glaciaire Eiszeit f
  p. de la houle Seegangsperiode f, Wellenperiode f
  p. d'identité Identitätsabstand m
  p. interglaciaire Interglazialzeit f
  p. de non-conduction Sperrzeit f
  p. orogénétique orogenetische Periode f
  p. de la pile Reaktorperiode f
  p. primitive primitive Periode f
  p. propre Eigenperiode f
  p. radio-active radioaktive Halbwert(s)zeit f
  p. de réacteur Reaktorperiode f
  p. de réacteur stable stabile Reaktorperiode f
  p. de refroidissement Abkühlungszeit f
  p. de régénération Regenerierungsperiode f
  p. de réponse Ansprechzeit f
  p. résultante effektive Halbwert(s)zeit f
  p. de retard Verzögerungszeit f
  p. de révolution Umlauf(s)zeit f
  p. de (du) roulis Rollperiode f, Schlingerperiode f, Rollzeit f, Schlingerzeit f
  p. du tangage Stampfperiode f
  p. de transformation Umwandlungszeit f
  p. transitoire Einschwingzeit f; Ausgleichszeit f
périodemètre m Periodenmesser m, Reaktorperiodenmesser m
périodicité f Periodizität f
périodique periodisch
  doublement p. doppelperiodisch
périphérie f Umfang m; Peripherie f; Umfläche f
périphérique peripher, Umfangs-, Rand-
périscope m Periskop n, Sehrohr n, Scherenfernrohr n
périscopique periskopisch
péritectique ⟨Met⟩ peritektisch
perlages mpl Schmelzperlen fpl
perle f:
  p. fausse Glasperle f
  p. isolante Isolierperle f
  p. de verre Glasperle f
perler perlen
perlite f ⟨Met⟩ Perlit m
  p. globulaire kugelförmiger Perlit m
  p. lamellaire lamellarer Perlit m
perlitique perlitisch
permafrost m Dauerfrostboden m
Permalloy m Permalloy n
permanence f Permanenz f; Dauer f; Beständigkeit f
  p. de frisure ⟨Text⟩ permanente Kräuselung f
permanent permanent; beständig, echt
permanganate m Permanganat n
  p. de potassium Kaliumpermanganat n

perméabilimètre *m* Durchlässigkeitsmeßgerät *n*; Permeabilimeter *n*
perméabilité *f* Permeabilität *f*; Durchlässigkeit *f*; Flutbarkeit *f*
   p. différentielle differentielle Permeabilität *f*
   p. au gaz Gasdurchlässigkeit *f*
   p. initiale Anfangspermeabilität *f*
   p. magnétique Permeabilität *f*
   p. maximum Maximalpermeabilität *f*
   p. au pétrole Öldurchlässigkeit *f*
   p. relative Permeabilitätszahl *f*
   p. réversible reversible Permeabilität *f*
   p. totale totale Permeabilität *f*
   p. du vide magnetische Feldkonstante *f*, Permeabilität *f* des Vakuums (freien Raumes)
perméable permeabel, durchlässig
   p. à l'air luftdurchlässig
   p. à la chaleur wärmedurchlässig
   p. à l'eau wasserdurchlässig
perméamètre *m* Permeabilitätsmesser *m*, Permeameter *n*
perméance *f* magnetischer Leitwert *m*, magnetische Leitfähigkeit *f*, Permeanz *f*
permien *m* Perm *n*
permis *m*:
   p. de conduire Fahrerlaubnis *f*
   p. de construction (construire) Baugenehmigung *f*
   p. de navigation Fahrterlaubnisschein *m*
   p. de recherches Schürferlaubnis *f*
permittivité *f* Dielektrizitätskonstante *f*
   p. relative Dielektrizitätszahl *f*, relative Dielektrizitätskonstante *f*
   p. du vide elektrische Feldkonstante *f*, Dielektrizitätskonstante *f* des Vakuums (freien Raumes)
permutabilité *f* ⟨Math⟩ Permutabilität *f*, Austauschbarkeit *f*, Vertauschbarkeit *f*
permutable ⟨Math⟩ austauschbar, vertauschbar
permutateur *m* Kreuzschalter *m*
permutation *f* ⟨Math⟩ Permutation *f*, Vertauschung *f*
   p. cyclique des phases zyklische Vertauschung *f* der Phasen
   p. impaire ungerade Permutation *f*
   p. positive gerade Permutation *f*
permutatrice *f* Kommutatorgleichrichter *m*
permuter ⟨Math⟩ permutieren, vertauschen
peroxydase *f* Peroxydase *f*
peroxydation *f* Überoxydation *f*, Überoxydierung *f*

peroxyde *m* Peroxid *n*
   p. d'hydrogène Wasserstoffperoxid *n*
   p. de sodium Natriumperoxid *n*
peroxyder überoxydieren
peroxydes *mpl*:
   p. alcalino-terreux Erdalkaliperoxide *npl*
   p. des métaux Metallperoxide *npl*
peroxysel *m s.* persel
perpendiculaire 1. senkrecht, lotrecht, normal; 2. ⟨Brg⟩ seiger
   p. aux fibres senkrecht zur Faserrichtung
perpendiculaire *f* Lot *n*, Senkrechte *f*; **entre perpendiculaires** zwischen den Loten ⟨z. B. Schiffslänge⟩
   p. arrière hinteres Lot *n*
   p. avant vorderes Lot *n*
   p. au milieu Mittelsenkrechte *f*
perpétuel beständig, ewig
perroquet *m* **d'entrainement** Mitnahmeknagge *f*
persel *m* Persalz *n*
persienne *f* Fensterladen *m*
persistance *f* Nachleuchten *n*
   p. d'écran Nachleuchten *n*
   p. des images Nachbildwirkung *f*
persistant nachleuchtend
personnel *m* Personal *n*, Bedienungspersonal *n*
   p. d'accompagnement de train Zugbegleitpersonal *n*
   p. au chantier ⟨Brg⟩ Strebbelegschaft *f*
   p. de conduite Bedienungspersonal *n*
   p. d'embarcation Bootsbesatzung *f*; Bootspersonal *n*
   p. d'entretien Wartungspersonal *n*
   p. d'exploitation Bedienungspersonal *n*; Fahrpersonal *n*
   p. d'intervention Bereitschaftspersonal *n*
   p. de la machine Maschinenpersonal *n*
   p. navigant [see]fahrendes Personal *n*; fliegendes Personal *n*
   p. non navigant Bodenpersonal *n*
   p. du pont Deckspersonal *n*, seemännisches Personal *n*
   p. de quart Wachpersonal *n*
   p. de service Bedienungspersonal *n*
   p. subalterne Mannschaftspersonal *n*
   p. de train Zugpersonal *n*
   p. de l'usine Betriebspersonal *n*, Betriebsbelegschaft *f*, Betriebsangehörige *mpl*
perspective *f* Perspektive *f*
   p. des hauteurs Höhenperspektive *f*
   p. en relief Reliefperspektive *f*

persulfate

persulfate *m* Persulfat *n*
  p. d'ammoniaque (ammonium) Ammoniumpersulfat *n*
  p. de potassium Kaliumpersulfat *n*
perte *f* Verlust *m* ⟨s. a. pertes⟩; **à faibles pertes** verlustarm; **sans pertes** verlustfrei, verlustlos
  p. sur l'anode Anodenverlustleistung *f*
  p. par calcination ⟨Met⟩ Glühverlust *m*
  p. de chaleur Wärmeverlust *m*
  p. de charge Druckverlust *m*, Druckabfall *m* ⟨in einer strömenden Flüssigkeit⟩; ⟨El⟩ Ladeverlust *m*, Ladungsverlust *m*
  p. de circulation Spülungsverlust *m*
  p. au collecteur Kommutatorverlust *m*
  p. de comptage Zählverlust *m*
  p. corps et biens Verlust *m* von Schiff und Ladung
  p. de courant Stromverlust *m*
  p. par courants de Foucault Wirbelstromverlust *m*
  p. en course à vide Leerlaufverlust *m*
  p. due à l'excitation Erregerverlust *m*
  p. d'énergie Energieverlust *m*
  p. à l'épuration Reinigungsverlust *m*
  p. d'exactitude Genauigkeitsverlust *m*
  p. par excitation Erregerverlust *m*
  p. d'exploitation Betriebsverlust *m*
  p. d'extraction Förderausfall *m*
  p. au feu Abbrand(verlust) *m*, Glühverlust *m*
  p. par friction (frottement) Reibungsverlust *m*
  p. par fuites Leckverlust *m*
  p. à la fusion Abbrand *m*
  p. hydraulique hydraulischer Verlust *m*
  p. d'hydrolyse Hydrolyseverlust *m*
  p. par hystérésis ⟨El⟩ Hystereseverlust *m*
  p. d'hystérésis rotationnelle Rotationshysteresisverlust *m*
  p. d'information Informationsverlust *m*
  p. d'intensité Stromverlust *m*
  p. d'isolement Isolationsverlust *m*
  p. dans la ligne Leitungsverlust *m*
  p. en (à la) marche à vide *s.* p. à vide
  p. de masse Masseverlust *m*
  p. mécanique mechanischer Verlust *m*
  p. du navire Schiffsverlust *m*
  p. en pleine charge Vollastverlust *m*
  p. de poids Gewichtsverlust *m*
  p. de précision Genauigkeitsverlust *m*
  p. de pression Druckverlust *m*
  p. par radiation (rayonnement) Strahlungsverlust *m*
  p. de réflexion Reflexionsverlust *m*
  p. au stockage Lagerverlust *m*

  p. de ténacité Festigkeitsverlust *m*
  p. de tension Spannungsverlust *m*
  p. à la terre Erdschluß *m*
  p. totale Totalverlust *m*
  p. de transmission Übertragungsverlust *m*
  p. à vide Leerlaufverlust *m*, Verlust *m* bei Leerlauf
  p. de vitesse Geschwindigkeitsverlust *m*
pertes *fpl* Verluste *mpl* ⟨s. a. perte⟩
  p. actives Wirkverluste *mpl*
  p. actives en court-circuit Kurzschlußwirkverluste *mpl*
  p. dans l'arc Lichtbogenverluste *mpl*
  p. sous les balais Übergangsverluste *mpl* unter den Bürsten
  p. en charge Verluste *mpl* unter Belastung
  p. de coïncidences Koinzidenzverluste *mpl*
  p. constantes konstante Verluste *mpl*
  p. de court-circuit Kurzschlußverluste *mpl*
  p. dans le cuivre Kupferverluste *mpl*, Cu-Verluste *mpl*
  p. diélectriques dielektrische Verluste *mpl*, Dielektrizitätsverluste *mpl*
  p. en direct Verluste *mpl* in Flußrichtung
  p. par effet de couronne Koronaverluste *mpl*, Glimmverluste *mpl*
  p. par effet Joule Stromwärmeverluste *mpl*
  p. d'étranglement Drosselverluste *mpl*
  p. par évaporation Verdunstungsverluste *mpl*
  p. d'excitation Erregungsverluste *mpl*, Erregerverluste *mpl*
  p. d'exploitation Betriebsverluste *mpl*
  p. dans le fer Eisenverluste *mpl*
  p. en inverse Verluste *mpl* in Sperrichtung, Sperrverluste *mpl* ⟨Gleichrichter⟩
  p. d'isolement Isolationsverluste *mpl*
  p. de ligne d'arbres Verluste *mpl* in der Wellenleitung, Wellenleitungsverluste *mpl*
  p. de magnétisation Magnetisierungsverluste *mpl*
  p. dans le noyau Kernverluste *mpl*
  p. supplémentaires Zusatzverluste *mpl*
  p. par le temps mort Totzeitverluste *mpl*
  p. de traitement (du combustible irradié) ⟨Kern⟩ Aufarbeitungsverluste *mpl*
  p. par turbulence Verluste *mpl* durch Wirbelbildung
  p. variables variable Verluste *mpl*

p. par ventilation Belüftungsverluste *mpl*
p. à vide Leerlaufverluste *mpl*
pertinax *m* Pertinax *n*
pertuis *m* (enge) Durchfahrt *f*
perturbateur störend, Störungs-
perturbation *f* Störung *f*
  p. de basse fréquence Niederfrequenzstörung *f*
  p. de haute fréquence Hochfrequenzstörung *f*
  p. de l'image Bildstörung *f*
  p. interne Eigenstörung *f* ⟨z. B. Oszillator⟩
  p. ionosphérique ionosphärische Störung *f*
  p. de localisation Peilstörung *f*
  p. magnétique erdmagnetische Störung *f*
  p. en ondes très courtes UKW-Störung *f*
  p. de réception Empfangsstörung *f*
  p. du service Betriebsstörung *f*
  p. téléphonique Telefonstörung *f*
perturbations *fpl* atmosphériques atmosphärische Störungen *fpl*
perturber stören
pervéance *f* ⟨El⟩ Raumladungskonstante *f*, Perveanz *f*
pervibrateur *m* Innenrüttler *m*
pesage *m* 1. Wiegen *n*; 2. Alkoholbestimmung *f* beim Wein
pesant schwer
pesanteur *f* Schwere *f*, Schwerkraft *f*
pèse-acide *m* Säuremesser *m*
pèse-alcool *m* Alkoholwaage *f*, Senkwaage *f*, Alkoholmeter *n*
pesée *f* 1. Wägen *n*; Wiegen *n*; 2. Gewicht *n*
  double p. Doppelwägung *f* ⟨Methode zur Kompensation des durch ungleiche Waagebalken hervorgerufene Fehlers⟩
pèse-esprit *m* Alkoholwaage *f*
pèse-lait *m* Milchwaage *f*
pèse-lettre *m* Briefwaage *f*
pèse-liqueur *m* s. pèse-alcool
peser (ab)wiegen; wägen
peseuse *f* Wiegeapparat *m*; Waage *f*
  p. sur courroie Bandwaage *f*
peseuse-ensacheuse *f* Sackwaage *f*
peson *m* Balkenwaage *f*, Schnellwaage *f*
  p. à ressort Federwaage *f*
pétard *m* Knallkapsel *f*
pétiller sprudeln; knistern; prasseln
petit klein, schwach, dünn
pétrification *f* Versteinerung *f*
pétrifier versteinern

pétrin *m* Lehmmischwagen *m*; Backtrog *m*
  p. mécanique Knetmaschine *f*, Kneter *m*
  p. à vis Schneckenkneter *m*
pétrir kneten; schlichten ⟨Schmieden⟩
pétrissage *m* Kneten *n*; Schlichten *n* ⟨Schmieden⟩
pétrisser (rund)kneten
pétrisseuse *f* 1. Knetmaschine *f*, Knetwerk *n*; Rundknetmaschine *f*; 2. Knetscheibenextruder *m*
pétrochimie *f* Petrolchemie *f*
pétrochimique petrolchemisch
pétrogenèse *f* Petrogenese *f*
pétrographie *f* Petrografie *f*, Gesteinskunde *f*
  p. sédimentaire Sedimentpetrografie *f*
pétrolatum *m* Vaseline *f*
pétrole *m* Petroleum *n*, Erdöl *n*
  p. brut Rohöl *n*
  p. lampant Leuchtpetroleum *n*
  p. à naphtènes naphthenbasisches Erdöl *n*
  p. ordinaire Normalöl *n*
  p. paraffinique paraffinbasisches Erdöl *n*
  p. primaire Primäröl *n*
  p. de qualité Qualitätsöl *n*
  p. sulfureux schwefelhaltiges Öl *n*
pétroléo-électrique dieselelektrisch
pétrolier Erdöl-
pétrolier *m* Tanker *m*, Tankschiff *n*
  p. géant Supertanker *m*
  p. à moteur Motortankschiff *n*
  p. à turbine Turbinentankschiff *n*
pétrolier-minéralier *m* Erz-Öl-Schiff *n*, Erz-Öl-Tanker *m*
pétrolifère ölführend, erdölhaltig
pétrologie *f* Petrologie *f*, Gesteinskunde *f*
  p. sédimentaire Sedimentpetrologie *f*
  p. structurale Gefügekunde *f*
pétrophysique *f* Petrophysik *f*
pétunsé *m*, **pé-tun-tzé** *m* chinesischer Glasurkalk *m*
peuplement *m* ⟨Kern⟩ Besetzung *f* ⟨des Niveaus⟩
pH *m* pH-Wert *m*
phanatron *m* Glühkatoden-Quecksilberdampfgleichrichter *m*; ungesteuerte Gleichrichterröhre *f*, Phanotron *n*
phanérogène phanerokristallin
phanotron s. phanatron
phare *m* 1. Leuchtfeuer *n* ⟨als Bauwerk⟩, Leuchtturm *m*; Bake *f*; 2. Scheinwerfer *m*; Fahrradlampe *f*
  p. d'aérodrome Flughafenleuchtfeuer *n*
  p. antibrouillard Nebelscheinwerfer *m*

phare 484

p. d'atterrissage Landescheinwerfer m
p. de danger Gefahrenfeuer n
p. d'identification Kennfeuer n
p. de jalonnement Luftstraßenfeuer n
phasage m Phaseneinstellung f; Phasenlage f
phase f Phase f; Stufe f; **en p.** gleichphasig, in Phase; **de même p.** gleichphasig; **à deux phases** zweiphasig; zweistufig; **à plusieurs phases** mehrphasig; mehrstufig
p. acide saure Stufe f
p. d'activité Tätigkeitsperiode f
p. alcaline alkalische Stufe f
p. aqueuse wäßrige Phase f
p. artificielle Kunstphase f
p. auxiliaire Hilfsphase f
p. auxiliaire à condensateur Kondensatorhilfsphase f
p. auxiliaire à résistance Widerstandshilfsphase f
p. dispersée disperse Phase f
p. d'éruption, p. éruptive Ausbruchsphase f, Eruptionsphase f
p. extérieure ⟨Ch⟩ äußere Phase f
p. d'extraction Extraktionsstufe f
p. d'extrusion Extrusionsphase f
p. fumerollienne Fumarolenstadium n
p. gazeuse Gasphase f
p. initiale Anfangsphase f
p. intérieure ⟨Ch⟩ innere Phase f
p. interne disperse Phase f
p. d'intrusion Intrusionsphase f
p. liquide Flüssigphase f, flüssige Phase f
p. lourde Sumpfphase f
p. magmatique magmatische Phase f
p. métallique Metallphase f
p. nulle Nullphase f
p. d'oscillation Schwingungsphase f
p. d'oxydation Oxydationsstufe f
p. préparatoire Vorstufe f
p. principale Hauptphase f
p. de programme Programmschritt m
p. de purification Reinigungsphase f
p. de réduction Reduktionsstufe f
p. réduite reduzierte Phase f
p. de repos Ruhepause f
p. de saturation Sättigungsphase f
p. solfatarienne Solfatarenstadium n
p. solide feste Phase f
p. d'usinage Arbeitsgang m; Arbeitsabschnitt m, Arbeitsstufe f
p. vapeur Dampfphase f, Gasphase f
p. volcanique vulkanische Phase f
phasemètre m cos-φ-Anzeiger m, Leistungsfaktormesser m, Phasenmesser m, Wirkfaktormesser m

phases fpl:
p. équilibrées gleich belastete Phasen fpl
p. non uniformément chargées ungleich belastete Phasen fpl
p. uniformément chargées gleich belastete Phasen fpl
phasitron m Phasenmodulator m
phénanthrène m ⟨Ch⟩ Phenanthren n
phénanthrène-quinone f ⟨Ch⟩ Phenanthrenchinon n
phénocristal m Einsprengling m; **à gros phénocristaux** grobporphyrisch
phénol m Phenol n
phénolphtaléine f Phenolphthalein n
phénomène m Phänomen n, Erscheinung f
p. de l'absorption Absorptionsvorgang m
p. de commutation Schaltvorgang m
p. de diffraction Beugungserscheinung f
p. électrique elektrische Erscheinung f
p. éruptif Eruptionserscheinung f
p. d'évanouissement Schwunderscheinung f
p. de fauchage ⟨Geol⟩ Hakenwerfen n
p. de fissuration Rißvorgang m, Rißbildung f
p. d'interface Grenzflächenvorgang m
p. karstique Karsterscheinung f
p. Leidenfrost Leidenfrostsches Phänomen n
p. de lignification Lignifizierungsprozeß m
p. oscillatoire Schwingungsvorgang m
p. de polarisation Polarisationserscheinung f
p. de relaxation Relaxationserscheinung f
p. de rupture Bruchvorgang m
p. stroboscopique stroboskopischer Effekt m
p. transitoire Einschwingvorgang m; Ausgleichsvorgang m
p. de vieillissement Alterungserscheinung f
p. volcanique vulkanische Erscheinung f
phénoplaste m Phenoplast m, Phenolharz n
phénylamine f s. aniline
phényle m Phenyl n
phényler phenylieren
phénylhydrazine f Phenylhydrazin n
pH-mètre m pH-Meßgerät n
phone m Phon n ⟨Kennwort für die Lautstärkeempfindung⟩

phonemètre *m* Phonometer *n*, Schallstärkemesser *m*
phonique phonisch
phonocapteur *m* Tonabnehmer *m* ⟨s. a. pick-up⟩
   p. **monophonique** Monotonabnehmer *m*
   p. **stéréophonique** Stereotonabnehmer *m*
phonomètre *m* Lautstärkemesser *m*
phonomoteur *m* Plattenspielermotor *m*
phonon *m* Phonon *n*
phosgène *m* ⟨Ch⟩ Phosgen *n*
phosphatation *f* Phosphatieren *n*; Phosphatierung *f*
   p. **par immersion** Tauchphosphatieren *n*
   p. **par projection** Spritzphosphatieren *n*
phosphate *m* Phosphat *n*
   p. **de tricrésyle** Trikresylphosphat *n*
phosphater phosphatieren
phosphatide *m* Phosphatid *n*
phosphatique phosphatisch
phosphine *f* Phosphin *n*, Phosphorwasserstoff *m*
phosphite *m* Phosphit *n*
phosphore *m* Phosphor *m*
   p. **blanc** weißer Phosphor *m*
   p. **rouge** roter Phosphor *m*
phosphorescence *f* Phosphoreszenz *f*
phosphorescent phosphoreszierend
phosphorescer phosphoreszieren
phosphoreux phosphorhaltig
phosphure *m* Phosphid *n*
photo *f* s. photographie
photocalque *m* Lichtpause *f*, Ablichtung *f*
photocathode *f* Fotokatode *f*
photocellule *f* Fotozelle *f*, fotoelektrische Zelle *f*
photochimie *f* Fotochemie *f*
photochimique fotochemisch
photocomposeuse *f* Fotosetzmaschine *f*, Lichtsetzmaschine *f*
photoconducteur lichtelektrisch leitend, fotoleitend
photoconduction *f* innerer lichtelektrischer Effekt *m*, Fotoleitung *f*
photoconductivité *f* Fotoleitfähigkeit *f*
photocopie *f* Fotokopie *f*
photodésintégration *f* Fotozerfall *m*
photodiode *f* Fotodiode *f*
photo-élasticimètre *m* optischer Spannungsprüfer *m*
photo-élasticimétrie *f* spannungsoptische Untersuchungsmethode *f*
photo-élasticité *f* Spannungsoptik *f*

photo-élastique spannungsoptisch, dehnungsoptisch
photo-électricité *f* Fotoelektrizität *f*
photo-électrique fotoelektrisch
photo-électron *m* Fotoelektron *n*
photo-émetteur, photo-émissif Fotoemissions-
photo-émissivité *f* Fotoemission *f*
photofission *f* Fotospaltung *f*
photogéologie *f* Fotogeologie *f*
photogramme *m* Meßbild *n*
   p. **aérien** Luftmeßbild *n*
   p. **terrestre** Erdbildaufnahme *f*
photogrammétrie *f* Fotogrammetrie *f*, Meßbildverfahren *n*; Bildvermessung *f*
photographe *m* Fotograf *m*
photographie *f* Fotoaufnahme *f*, Foto *n*, Lichtbild *n*; Fotografie *f*
   p. **aérienne** Luftbild *n*
   p. **d'animaux** Tierfotografie *f*
   p. **en chambre à détente** Nebelkammeraufnahme *f*
   p. **en couleurs** Farbaufnahme *f*, Farbfoto *n*; Farbfotografie *f*
   p. **à courte distance** Nahaufnahme *f*
   p. **infrarouge** Infrarotfotografie *f*
   p. **en intérieur** Innenaufnahme *f*
   p. **en lumière noire** Dunkelfotografie *f*
   p. **de mesure aérienne** Luft(vermessungs)bild *n*, Luftmeßbild *n*
   p. **en noir et blanc** Schwarz-Weiß-Bild *n*
   p. **de nuit** Nachtaufnahme *f*
   p. **en relief** Raumbildfotografie *f*
   p. **stéréoscopique** Stereofotografie *f*
   p. **ultraviolette** Ultraviolettfotografie *f*
photographier aufnehmen, fotografieren
photographique fotografisch
photogravure *f* Rastertiefdruck *m*, Kupfertiefdruck *m*; Fototypie *f*
   p. **électrique** Elektrogravur *f*
   p. **hélio (offset)** Offsetfototypie *f*
   p. **sans poudrage** Einstufenätzung *f*
   p. **typographique** Chemigrafie *f*
photo-ionisation *f* Fotoionisation *f*
photoligne *f* Fotolinie *f*, Fotopeak *m*
photolithographie *f* Fotolithografie *f*
photoluminescence *f* Fotolumineszenz *f*
photolyse *f* Fotolyse *f*
photomacrographie *f* Makrofotografie *f*
photomagnétique fotomagnetisch
photomécanique fotomechanisch
photomètre *m* ⟨Opt⟩ Fotometer *n*; Belichtungsmesser *m*
   p. **à banc** Bankfotometer *n*
   p. **à coin** Graukeilfotometer *n*
   p. **à contraste** Kontrastfotometer *n*

photomètre

p. **enregistreur photo-électrique** lichtelektrisches Registrierfotometer n
p. **à flamme** Flammenfotometer n
p. **à noircissement** Schwärzungsfotometer n
p. **à papillotements** Flimmerfotometer n
p. **de Rumford** Schattenfotometer n
p. **à secteurs** Sektorenfotometer n
p. **sphérique** Kugelfotometer n, Ulbrichtsche Kugel f
p. **à tache d'huile** Bunsen-Fotometer n, Fettfleckfotometer n
p. **à vacillation** Flimmerfotometer n
photométrie f Fotometrie f
photométrique fotometrisch
photomicrocopie f Mikrofotokopie f
photomicrographie f Mikrofotografie f
photomontage m Fotomontage f
photomultiplicateur m Fotoelektronenvervielfacher m, Sekundärelektronenvervielfacher m, SEV m
p. **à dix étages** zehnstufiger SEV m
photon m Photon n, Lichtquant n, Strahlungsquant n
p. **d'annihilation** Zerstrahlungsphoton n
p. **virtuel** virtuelles Photon n
photonégatif mit lichtelektrischem Widerstand
photoneutron m Fotoneutron n
photonucléaire fotonuklear, Kernfoto-, Fotokern-
photophone m Lichttelefoniegerät n
photophore m Rückstrahler m
photophorèse f Fotophorese f
photopile f Sperrschichtfotozelle f
photopique hellempfindlich
photoplanigraphe m Fotoplanzeichner m
photopositif lichtelektrisch leitend
photoproton m Fotoproton n
photoréaction f fotochemische Reaktion f
photorésistant mit lichtelektrischem Widerstand
photorésistivité f Fotoleitfähigkeit f
photoscope m Fotoskop n
photosensible fotoempfindlich, lichtempfindlich
photosphère f Fotosphäre f
photosynthèse f Fotosynthese f
phototélégraphe m Bildtelegraf m
phototélégraphie f Bildtelegrafie f
photothéodolite m Fototheodolit m
phototransistor m, **phototransistron** m Fototransistor m
phototypie f Lichtdruck m
photovoltaïque fotovoltaisch
phtalate m Phthalat n

phtaléine f Phthalein n
phtalide m Phthalid n
phtalimide m Phthalimid n
phylogénétique phylogenetisch
physicien m Physiker m
p. **nucléaire** Kernphysiker m
physico-chimie f physikalische Chemie f
physico-chimique physikalisch-chemisch, physikochemisch
physique physikalisch
physique f Physik f
p. **atomique** Atomphysik f
p. **du continu** Kontinuumphysik f
p. **de l'état solide** Festkörperphysik f
p. **expérimentale** Experimentalphysik f
p. **moléculaire** Molekularphysik f
p. **des neutrons** Neutronenphysik f
p. **nucléaire** Kernphysik f
p. **des réacteurs** Reaktorphysik f
p. **solaire** Sonnenphysik f
pic m 1. Maximum n ⟨z. B. einer Spektrallinie⟩; 2. ⟨Brg⟩ Keilhaue f
p. **de diffraction** Beugungsmaximum n
p. **de fuite** Restspitze f
p. **de haveuse** ⟨Brg⟩ Schrämmeißel m
p. **de surstructure** Überstrukturmaximum n, Überstrukturlinie f
picéin m Pizein n ⟨Abdichtungsmasse der Vakuumtechnik⟩
pick-up m Tonabnehmer m ⟨s. a. phonocapteur⟩
p. **à cristal** Kristalltonabnehmer m
p. **électrodynamique** elektrodynamischer Tonabnehmer m
p. **électrostatique** elektrostatischer Tonabnehmer m
p. **piézo-électrique** piezoelektrischer Tonabnehmer m
p. **vibrant** Vibrationsabtastgerät n
picocurie m Picocurie n
picofarad m Picofarad n
picoline f Pikolin n
picotage m Getriebezimmerung f
pièce f 1. Stück n, Werkstück n, Einzelteil n; Teil n, Bauteil n; 2. Raum m, Zimmer m
p. **affûtée** Schliffstück n
p. **d'attente** Vorraum m, Warteraum m
p. **en béton armé** Stahlbetonbauteil n
p. **brute** Rohling m
p. **brute de coulée** gegossener Rohling m
p. **brute de fonderie** Rohling m
p. **de construction** Bauteil n
p. **coulée** Gußstück n
p. **coulée sous pression** Spritzgußstück n
p. **détachée** Einzelteil n

p. **détachée électrique** elektrischer Baustein m
p. **d'écartement** Distanzstück n
p. **élémentaire** Einzelteil n
p. **emboutie** Ziehteil n
p. **à essayer** Prüfstück n
p. **estampée** Stanzteil n
p. **façonnée** Formdrehteil n, Fassonteil n
p. **femelle** Außenteil n
p. **de fonderie** Gußstück n
p. **de fonte** Eisengußstück n
p. **de fonte de four** Ofengußstück n
p. **en fonte grise** Graugußstück n
p. **de forge, p. forgée** Schmiedeteil n, Schmiedestück n
p. **forgée au marteau** Freiformschmiedestück n
p. **de forme** Formstück n
p. **galbée** in der Mitte verstärktes Werkstück n
p. **d'habitation** Wohnraum m
p. **de jonction** Verbindungsstück n
p. **de machine** Maschinenteil n
p. **matricée** Gesenkschmiedestück n
p. **miniature** Kleinteil n
p. **moulée** Gußstück n
p. **moulée en béton** Formsteinziegel m aus Beton
p. **moulée de grande surface** großflächiges Preßteil n
p. **normalisée** Normteil n
p. **d'ouvrage** Werkstück n
p. **plane** Flachteil n
p. **polaire** Polschuh m
p. **de précision** Präzisionsteil n
p. **préfabriquée** Fertigteil n
p. **pressée** Preßling m
p. **de raccordement** Anschlußteil n
p. **de rechange** Ersatzteil n
p. **série** Normteil n
p. **terminée** Fertigteil n
p. **de titre** ⟨Typ⟩ Titelfeld n
p. **tournée** Drehteil n
p. **à usiner** Werkstück n
petite p. Kleinteil n
pièces fpl:
p. **constructives** Bausteine mpl, Bauelemente npl
p. **de service** Nebenräume mpl
pied m 1. Fuß m; 2. Ansatz m; 3. Sumpf m; 4. Stativ n; 5. ⟨Math⟩ Fußpunkt m; à p. d'œuvre am Bauplatz
p. **du bas** ⟨Text⟩ Füßling m
p. **en bois** Holzstativ n
p. **en caoutchouc** Gummifuß m
p. **à coulisse** Schiebelehre f, Meßschieber m

p. **à coulisse à vernier** Noniusschiebelehre f
p. **de cuve** Ansatz m
p. **du derrick** Turmfuß m
p. **isolant** Isolierfuß m
p. **du lingot** unteres Blockende n
p. **pliant** Klappstativ n
p. **de tableau** Tabellenfuß m
pied-de-chèvre m Hebeeisen n
pied-droit m, **piédroit** m Pfeiler m, Kämpfer m; Scheibenmauer f, Wangenmauer f; Widerlager[mauerwerk] n
p. **de voûte** Gewölbepfeiler m
piège m 1. Falle f; Haftstelle f, Haftterm m, Trap m; 3. Primärstrahlfänger m ⟨Röntgenkammer⟩
p. **adiabatique** Spiegelmaschine f, adiabatische Falle f
p. **à azote liquide** Stickstoffkühlfalle f
p. **à froid** Kältefalle f
p. **à huile** Ölfalle f
p. **magnétique** magnetische Falle f
p. **à neutrons** Neutronenfalle f
p. **à refroidissement** Kühlfalle f
p. **stratigraphique** ⟨Geol⟩ stratigrafische Falle f
p. **structural** ⟨Geol⟩ strukturelle Falle f
pier m Kai m, Pier f ⟨s. a. appontement, quai⟩
pierraille f grober Kies m, Steinschotter m
pierre f Stein m
p. **d'ancrage** ⟨Bw⟩ Ankerstein m
p. **d'appareil** Quader[stein] m
p. **artificielle** Kunststein m, künstlicher Stein m
p. **artificielle en ciment** Zementkunststein m
p. **à bâtir** Baustein m
p. **à broyer** ⟨Typ⟩ Farbstein m
p. **calcaire** Kalkstein m
p. **en carbone** Kohlenstoffstein m
p. **cassée** Schotter m, Makadam m
p. **à chaux** Kalkstein m
p. **dure** Hartgestein n
p. **filtrante (à filtre)** Filtrierstein m
p. **fine** Edelstein m, Halbedelstein m, Schmuckstein m
p. **fine artificielle** künstlicher Edelstein m
p. **lithographique** lithografischer Kalkstein m
p. **de parement (parure)** Blendstein m
p. **de pavage** Pflasterstein m
p. **perforée** Lochstein m
p. **pleine** Vollstein m
p. **à polir** Schleifstein m
p. **ponce** Bimsstein m
p. **précieuse** Edelstein m, Juwel n

pierre

p. **précieuse artificielle** künstlicher Edelstein m
p. **réfractaire** feuerfester Stein m
p. **semi-précieuse** s. p. fine
p. **synthétique** künstlicher Edelstein m
p. **de taille** Haustein m
p. **en verre** Glasbaustein m
pierres fpl:
p. **concassées** Schotter m
p. **filtrantes** Filtersteine mpl
p. **de mine** ⟨Brg⟩ Berge pl
pieu m Pfahl m; Pfosten m
p. **en béton** Betonpfahl m
p. **en béton armé** Stahlbetonpfahl m
p. **fabriqué sur place** Ortpfahl m
p. **plein** Vollpfahl m
pièze m ⟨im Deutschen nicht gebräuchliche Druckeinheit; entspricht zehn Millibar⟩
piézocristal m Piezokristall m
piézocristallisation f Piezokristallisation f
piézo-électricité f Piezoelektrizität f
piézo-électrique piezoelektrisch
piézoïde m **résonnant** Schwingkristall m
piézomètre m Piezometer n
piézométrie f Piezometrie f, Piezomessung f, Druckmessung f
piézoxyde m Piezoxid n
pige f Peilstab m ⟨z. B. für Tanks⟩
pigeage m Peilen n ⟨z. B. in Tanks⟩
piger peilen ⟨z. B. Tanks⟩
pigment m Pigment n, Farbstoff m, Farbkörper m ⟨s. a. colorant⟩
p. **coloré** Farbpigment n
p. **métallique** Metallpigment n
p. **minéral** anorganisches Pigment n, Mineralfarbe f, Erdfarbe f
p. **organique** organisches Pigment n
p. **en pâte** Farbpaste f
p. **végétal** pflanzlicher Naturfarbstoff m, Pflanzenfarbstoff m
p. **vitrifiable** Schmelzfarbe f
pigmentation f Pigmentierung f
pigmenter pigmentieren, einfärben
pignon m 1. Giebel m; Giebelseite f, Giebelwand f; 2. Spitzgiebel m; 3. Ritzel n
p. **ajouré** ⟨Bw⟩ Wimperg m
p. **d'attaque** Antriebsritzel n
p. **baladeur** Schieberad n
p. **de Bendix** Bendix-Trieb m
p. **brisé** gebrochener Giebel m
p. **à chaîne** Kettennuß f, Kettenritzel n
p. **de commande du compteur de vitesse** Tachometerantriebsritzel n
p. **de commande de distribution** Stirnrad n
p. **conique** Kegelritzel n

p. **conique d'attaque** Antriebskegelrad n
p. **du démarreur** Anlasserritzel n
p. **droit** Geradezahnritzel n
p. **à gradins** Staffelgiebel m
p. **hélicoïdal** Schrägzahnritzel n
p. **de laminoir** ⟨Met⟩ Kammwalze f
p. **mitoyen** Brandgiebel m
p. **satellite** Planetenrad n, Planetenritzel n
p. **du tambour de justification** Settrommelantrieb m
p. **à trois vitesses** Dreifachzahnkranz m
pilastre m Pilaster m, viereckiger Pfeiler m; Mauerpfeiler m, Wandpfeiler m; Pfosten m
pile f Batterie f, Monozelle f; 2. ⟨Kern⟩ Reaktor m, Meiler m ⟨s. a. réacteur 1.⟩; 3. Stapel m ⟨Fördertechnik⟩; 4. Pfeiler m; Säule f; 5. Holländer m ⟨Papierherstellung⟩
p. **atomique** Atomreaktor m, Atommeiler m
p. **à auge** Trogbatterie f
p. **de blanchiment** Bleichholländer m
p. **de Bunsen** Bunsensches Element n
p. **de concentration** Konzentrationselement n
p. **au cuivre-zinc** Kupfer-Zink-Element n
p. **à cylindre** Holländer m
p. **de Daniell** Daniell-Element n
p. **défibreuse** Auflöseholländer m
p. **défileuse** Halbzeugholländer m; Lumpenholländer m
p. **électrique** Batterie f
p. **étalon** Norm[al]element n
p. **étalon Weston** Weston-Normalelement n
p. **fer-zinc** Zink-Eisen-Element n, Hawkins-Element n
p. **galvanique** galvanisches Element n
p. **à gaz** [elektrisches] Gaselement n, [elektrische] Gaszelle f
p. **hollandaise** Holländer m
p. **hydro-électrique** Naßelement n
p. **de lampe de poche** Taschenlampenbatterie f
p. **à liquide** Naßelement n
p. **de microphone, p. microphonique** Mikrofonbatterie f, Mikrofonelement n
p. **normale** Norm[al]element n
p. **de papier** Papierstapel m
p. **photo-électrique** fotoelektrische (lichtelektrische) Zelle f, Fotozelle f
p. **de poche** Taschenlampenbatterie f
p. **primaire** Primärelement n, Batterie f
p. **raffineuse** m Holländer m

p. de redresseur sec Gleichrichterblock m, Gleichrichtersatz m
p. sèche Trockenelement n
p. secondaire Sekundärelement n
p. solaire Sonnenbatterie f
p. thermo-électrique Thermosäule f
p. voltaïque galvanisches Element n
p. Weston Westonelement n
piler zermahlen, pulverisieren
pilier m Pfeiler m; Pfosten m; Ständer m; Stütze f; Säule f
   p. abandonné ⟨Brg⟩ Restpfeiler m
   p. d'angle Eckpfeiler m
   p. butant Strebepfeiler m
   p. en faisceau Bündelpfeiler m
   p. en fourche Gabelstütze f
   p. de protection Sicherheitspfeiler m
   p. de remblais ⟨Brg⟩ Bergepfeiler m
   p. tubulaire Rohrpfeiler m
pilon m Ramme f, Stampfer m, Stößel m
   p. à estamper Gesenkhammer m
pilonnage m, pilonnement m 1. Einstampfen n, Feststampfen n, Stampfen n; Einrammen n; Lehmstampfen n; 2. Tauchen n, Tauchschwingung f
pilonner [ein]stampfen; [ein]rammen
pilonneur m automatique, pilonneuse f Stampfmaschine f
pilot m Aufnahmestift m, Suchstift m ⟨Umformwerkzeug⟩
pilotage m Führen n [eines Fahrzeugs]; Lotsen n
pilote m 1. Pilot m, Flugzeugführer m; 2. Lotse m; 3. Führungszapfen m ⟨Werkzeug⟩
   p. automatique Autopilot m, Selbststeuergerät n
   p. de mer Seelotse m
   p. de port Hafenlotse m
pilote-essayeur m Testpilot m; Einflieger m
piloter [ein Fahrzeug] führen
pilotis m Pfahlunterbau m, Pfahlgründung f; Pfahlrost m
pilot-plant m Versuchsanlage f, Versuchsbetrieb m, Modellanlage f, Prüfanlage f
pilulier m Tablettenglas n
pinacol m ⟨Ch⟩ Pinakol n
pinacolone f ⟨Ch⟩ Pinakolin n
pince f 1. Zange f; 2. Klammer f ⟨Gabelstapler⟩; Greifer m, Greifzeug n, Hebezange f ⟨Kran⟩; 3. Brecheisen n, Brechstange f
   p. pour accumulateurs Akku[mulatoren]klemme f, Batterieklemme f
   p. à aligner les axes de verres Achsenrichtzange f, Glaseinstellzange f

p. à aligner les branches Bügelrichtzange f
p. à amorcer les vis Ankörnzange f
p. à arracher Abreißzange f
p. articulée Hebelschneider m
p. à balles Ballenklammer f ⟨Gabelstapler⟩
p. à becs plats Flachzange f
p. à becs ronds Rundzange f
p. à bobines Rollenklammer f ⟨Gabelstapler⟩
p. à boite Klammerbiegezange f
p. à brocher Heftzange f
p. de bureau Büroklammer f
p. à cartonnage Kartonagenklammer f
p. à charbon Kohlenzange f
p. à cintrer les tubes isolants Biegezange f für Isolierrohre
p. à circlips Sicherungsringzange f
p. coupante Schneidzange f, Vorschneider m; Kneifzange f; Beißzange f; Drahtschneider m
p. coupante sur le côté Seitenschneider m
p. coupante devant Beißzange f
p. coupante latérale Seitenschneider m
p. à courber Biegezange f
p. à courber les branches Bügelbiegezange f
p. de court-circuit Batterieüberbrückungsklemme f
p. crocodile Krokodilklemme f
p. à dénuder Abisolierzange f
p. à dresser Richtzange f
p. à égruger Bröckelzange f
p. emporte-pièces Knopflochzange f
p. enlève-rivets Nietziehzange f
p. à fûts Faßklammer f ⟨Gabelstapler⟩
p. à gaz Rohrzange f
p. à griffes Freileitungsklemme f
p. hydraulique hydraulische Klammer f ⟨Gabelstapler⟩
p. isolante Isolierzange f
p. de Mohr Quetschhahn m
p. d'opticien Optikerzange f
p. parallèle à dresser pour montures glaces Parallelzange f ⟨Richtzange für randlose Brillen⟩
p. à perforer Lochzange f
p. plate Flachzange f
p. plate avec mâchoires longues Flachzange f mit Langmaul
p. plate mi-ronde Flachhalbrundzange f
p. de la platine ⟨Typ⟩ Tiegelgreifer m
p. à plomber Plombenzange f
p. à poinçonner Lochzange f

pince

p. **polygrip** Wasserpumpenzange f, verstellbare Zange f
p. **porte-électrodes** Elektrodenhalter m, Elektrodenzange f
p. **à rails** Schienenzange f
p. **à ressort** Federklemme f
p. **à riveter** Nietzange f
p. **ronde** Rundzange f
p. **ronde pointue** Rundspitzzange f
p. **rotative** Drehklammer f ⟨Gabelstapler⟩
p. **de serrage** Klammer f, Klemmgreifer m ⟨Gabelstapler⟩; ⟨Typ⟩ Spannzange f
p. **de serrage horizontale** Horizontalklammer f, Horizontalklemmgreifer m, Ballenklammer f ⟨Gabelstapler⟩
p. **de soudage coulissante** Hubschweißzange f, Schiebeschweißzange f
p. **à souder** Schweißzange f ⟨Widerstandsschweißen⟩
p. **à souder articulée** Scherenschweißzange f, Gelenkschweißzange f
p. **à souder électrique** s. p. à souder
p. **à souder à molettes** Roll(en)nahtschweißzange f, Rollenzange f
p. **à tenir les charnières** Scharnierhaltezange f
p. **à tenons** Backenzange f
p. **à tourmaline** Turmalinvorhalter m
p. **à tubes (tuyaux)** Rohrzange f
p. **universelle** Kombi(nations)zange f
p. **de vitrier** Glaserzange f
pinceau m 1. Pinsel m; 2. Büschel n; Strahl m; Bündel n
p. **astigmatique** astigmatischer Lichtstrahl m
p. **fin** Haarpinsel m
p. **de lumière** Lichtkegel m
p. **plat** Flachpinsel m
p. **des rayons** Strahlenbündel n
pincement m **des roues** ⟨Kfz⟩ Vorspur f
pincer [ab]kneifen; klemmen
pinces fpl Zange f; Greifer m ⟨s. a. pince⟩
pincette f Pinzette f
pinène m ⟨Ch⟩ Pinen n ⟨bizyklisches Terpen⟩
pioche f 1. ⟨Brg⟩ Kreuzhacke f; 2. ⟨Schiff⟩ Hacker m ⟨Festhaken des Netzes am Grund⟩
piolet m Pickel m, Eispickel m
pion m 1. Stift m; 2. Pi-Meson n, π-Meson n
p. **de précentrage** Suchstift m, Aufnahmestift m, Zentrierstift m ⟨z. B. Umformwerkzeug⟩
pipe f Rohr n; Leitung f

p. **d'eau** Wasserrohr n
p. **d'échappement** Auspuffrohr n
p. **de refoulement du compresseur** Verdichteraustrittskanal m
pipe-line f Pipeline f, Erdölleitung f
pipérazine f ⟨Ch⟩ Piperazin n
pipéridine f ⟨Ch⟩ Piperidin n
pipérine f ⟨Ch⟩ Piperin n
pipéronal m Piperonal n, Heliotropin n
pipette f Pipette f
p. **jaugée** Meßpipette f
pipette-filtre m Filterpipette f
pipetter [ab]pipettieren
piquage m Maschinennähen n; Maschinensteppen n; Steppnaht f, Maschinennaht f
p. **au peigne** Rieteinzug m ⟨Weberei⟩
piquant stechend
piqué m Sturzflug m
piquer 1. pikieren, durchnähen, [ab]steppen; [durch]stechen; 2. ⟨Typ⟩ heften; 3. kehlen ⟨Fischverarbeitung⟩
p. **de nez** andrücken (der Flugzeugnase)
p. **travers** querheften (mit Faden von Hand)
piquet m Markierstab m
p. **de terre** Rohrerder m
piqueur m Häuer m
piqueuse f 1. Steppstichnähautomat m; 2. Drahtheftmaschine f
piqûre f **due au laminage** Walznarbe f
piqûres fpl **des bagues** Zerfressen n der Schleifringe
piriforme birnenförmig
pisé m Piseebau m
p. **de magnésie damé** Magnesitstampfmasse f
p. **réfractaire** feuerfeste Auskleidung f
p. **réfractaire damé** feuerfeste Stampfmasse f
p. **réfractaire pour réparation des fours** feuerfeste Flickmasse f
pisolite f ⟨Min⟩ Pisolith m, Erbsenstein m
pisolitique pisolithisch, erbsenförmig
pissette f Spritzflasche f
piste f 1. Spur f ⟨Magnetband⟩; 2. Bahn f, Strecke f; Piste f, Rollbahn f; à p. **unique** einspurig, Einkanal-; à **double** p. doppelspurig; à une p. einspurig; à **quatre pistes** vierspurig
p. **d'atterrissage** Landepfad m
p. **bétonnée (cimentée)** Betonpiste f
p. **de digits** ⟨Dat⟩ Ziffernspur f
p. **double** Doppelspur f
p. **en dur** Start- und Landebahn f
p. **des effets sonores** Geräuschtonspur f

p. d'envol Startbahn f
p. d'index ⟨Dat⟩ Indexspur f
p. d'information Informationsspur f
p. magnétique Magnetspur f
p. de position ⟨Dat⟩ Positionsspur f
p. de rythme ⟨Dat⟩ Taktspur f
p. de sélection d'adresses ⟨Dat⟩ Adressenwahlspur f
p. sonore Tonspur f
p. sonore de contrôle Steuerspur f
p. sonore double Doppeltonspur f
p. sonore gravée sur le film Gravurtonspur f
p. sonore marginale Randkanal m
p. sonore à traces multiples Mehrkanaltonspur f
pistoler spritzen
pistolet m 1. Spritzpistole f; 2. Schweißbrenner m; 3. Lötbrenner m, Lötlampe f; 4. Kurvenlineal n; 5. leichter Preßlufthammer m; 6. Pistole f
p. agrafeur Heftpistole f
p. à air comprimé Druckluftspritzpistole f
p. sans air comprimé Airless-Spritzpistole f, hydrostatische Spritzpistole f
p. à dessiner Kurvenlineal n
p. à godet Becherpistole f
p. à graissage Fettpresse f, Handabschmierpresse f
p. de métallisation Metallspritzpistole f
p. à peinture Spritzpistole f, Farbzerstäubungsbürste f
p. pneumatique Druckluftspritzpistole f
p. pneumatique de rivetage Druckluftnietpistole f mit automatischer Zuführung
p. à projeter Spritzpistole f
p. propulsif ⟨Flg⟩ Rückstoßpistole f
p. pulvérisateur Spritzpistole f
p. à souder 1. Schweißbrenner m; 2. Lötbrenner m, Lötlampe f
p. spatial ⟨Flg⟩ Rückstoßpistole f
p. à vernis Lackspritzpistole f
pistolet-brocheur m Heftpistole f
piston m Kolben m
p. en alliages légers Leichtmetallkolben m
p. à déflecteur Nasenkolben m
p. à disque Scheibenkolben m
p. distributeur Kolbenschieber m
p. doseur Dosierkolben m
p. fendu Schlitzkolben m, geschlitzter Kolben m
p. à fenêtre Fensterkolben m
p. à fente en T T-Schlitzkolben m
p. en fonte grise Graugußkolben m

p. forgé geschmiedeter Kolben m
p. en graphite Graphitkolben m
p. à jupe pleine Vollschaftkolben m
p. plat Flachkolben m
p. plongeur Tauchkolben m, Plungerkolben m
p. de presse Preßstempel m; Stampfer m
p. rotatif Drehkolben m, Kreiskolben m
piston-poussoir m Schubkolben m ⟨Aufgabevorrichtung⟩
piston-tiroir m Kolbenschieber m
piton m 1. Ringschraube f, Ösenschraube f; Haken m, Mauerhaken m; 2. ⟨Schiff⟩ Augplatte f, Pütting m
pivot m 1. Bolzen m; Dorn m; Zapfen m, Drehzapfen m, Stützzapfen m; 2. Schwenkachse f, Drehachse f; 3. Türangel f; 4. Achsschenkelbolzen m
p. de fusée Achsschenkelbolzen m
p. de guidage Führungszapfen m
p. de porte-balais Bürstenhalterarm m, Bürsten(halter)bolzen m, Bürstenstift m
pivotant, pivoté drehbar (gelagert), schwenkbar
pivotement m Schwenken n; Zapfenlagerung f, drehbare Lagerung f
pivoter 1. sich drehen ⟨um einen Drehpunkt⟩; drehbar gelagert sein; 2. ⟨Schiff⟩ aufdrehen ⟨Stapellauf⟩
placage m 1. mechanische Herstellung f einer dünnen Metallschicht; Plattieren n, Aufwalzen n; 2. Furnier n
p. d'aluminium Aluminiumplattieren n
p. déroulé Schälfurnier n
p. électrique Elektroplattierung f
p. par explosion Explosionsauftragschweißen n
p. d'or Goldplattieren n; Goldplattierung f
p. par tranchage Messerfurnier n
placé en saillie erhöht angeordnet
placer:
p. après nachschalten
p. en série hintereinanderschalten
p. un sondage eine Bohrung ansetzen
p. des verres Gläser einsetzen
placer m aurifère Goldseifenlagerstätte f
plafond m 1. Decke f, Zimmerdecke f; 2. ⟨Brg⟩ Dach n; 3. ⟨Flg⟩ Gipfelhöhe f; 4. Höchstgeschwindigkeit f; 5. maximale Drehzahl f ⟨eines Motors⟩
p. absolu absolute Gipfelhöhe f
p. de ballast Tankdecke f
p. à caissons Kassettendecke f
p. cintré gewölbte Decke f
p. des citernes Tankdecke f
p. coulé Einschubdecke f

plafond

   p. de croisière Reisefluggipfelhöhe f
   p. du double-fond 〈Schiff〉 Doppelbodendecke f, Innenboden m
   p. d'écluse Schleusenbett n
   p. à nervures Rippendecke f
   p. pratique Dienstgipfelhöhe f
   p. à solives apparentes Decke f mit sichtbarer Balkenlage
   p. en stuc Stuckdecke f
   p. théorique absolute Gipfelhöhe f

plafonnage m Deckenschalung f; Einziehen n einer Decke

plafonner 1. eine Decke einziehen; eine Decke verputzen; eine Decke verschalen; 2. die Höchstgeschwindigkeit erreichen; die Gipfelhöhe erreichen

plafonnier m Deckenlampe f

plage f 1. Strand m; 2. Deck n; 3. Bereich m
   p. d'admission Aussteuerbereich m
   p. arrière Achterdeck n
   p. avant Vordeck n
   p. du chalut Arbeitsdeck n, Fangdeck n, Fischdeck n
   p. d'entrainement Mitnahmebereich m 〈z. B. Synchronisierung〉
   p. de mesure Meßbereich m
   p. de pêche Arbeitsdeck n, Fangdeck n, Fischdeck n
   p. de réglage Regelbereich m
   p. de synchronisation Synchronisierbereich m
   p. de travail du poisson Verarbeitungsdeck n 〈Fischverarbeitung〉

plages fpl d'oxyde Zunderflecken mpl

plaine f:
   p. d'abrasion Abrasionsebene f
   p. alluviale Flußebene f
   p. de lavage Sanderebene f

plan eben, flach, plan

plan m 1. Plan m; 2. Ebene f; 3. Fläche f; 4. Flosse f; 5. [technische] Zeichnung f, Plan m, Grundriß m, Aufriß m, Seitenriß m 〈s. a. dessin〉
   p. d'aérage 〈Brg〉 Wetterriß m
   p. d'alignement Baufluchtenplan m, Fluchtenplan m; Trassieren n
   p. d'aménagement Bebauungsplan m; Siedlungsplanung f
   p. d'arrimage Stauplan m
   p. d'atelier Werkstattzeichnung f
   p. auxiliaire Hilfsebene f
   p. de l'axe, p. axial Achsenebene f
   p. d'un bâtiment Bauriß m
   p. bissecteur Halbierungsebene f
   p. de bobinage Wicklungsebene f
   p. de câblage 〈El〉 Kabelplan m
   p. cadastral Katasterplan m

   p. de calcul Flußdiagramm n, Rechenplan m
   p. des cales à liquide Tankplan m
   p. central Mittelstück n 〈einer Tragfläche〉
   p. de chargement Ladeplan m
   p. cinématographique Einstellung f
   p. de clivage Spaltebene f 〈von Kristallen〉
   p. de connexions 〈Dat〉 Kopplungsplan m
   p. de coupe Schnittfläche f; Arbeitsfläche f; Scherebene f
   p. de coupe au maitre Hauptspantzeichnung f
   p. de couples Spantriß m
   p. de crête Scheitelfläche f
   p. de demi-ensemble Halbtotale f
   p. de dérive Unterwasserlateralplan m
   p. de détail Einzelteilzeichnung f
   p. de développement du bordé Außenhautabwicklung f
   p. de diaclase 〈Geol〉 Kluftfläche f
   p. diamétral Mittschiffsebene f
   p. de disjonction Trennungsfläche f
   p. d'eau Wasserspiegel m; Wasserfläche f
   p. d'écoulement Abflußplan m
   p. d'emménagements Einrichtungsplan m
   p. d'ensemble Gesamtplan m, Übersichtsplan m
   p. d'ensemble de(s) compartiment(s) des machines Maschinenraumplan m
   p. d'exécution Werkstattzeichnung f
   p. de faille 〈Geol〉 Verwerfungsebene f
   p. fixe horizontal 〈Flg〉 Höhenflosse f
   p. fixe vertical 〈Flg〉 Seitenflosse f
   p. focal Brennebene f
   p. des formes Linienriß m
   p. général Total[aufnahm]e f
   p. général d'aménagement Generalbebauungsplan m
   p. de glissement Gleitebene f
   p. horizontal Grundriß m
   p. d'image Bildebene f
   p. d'implantation Bebauungsplan m, Lageplan m
   p. d'incidence Einfallsebene f
   p. incliné schiefe Ebene f
   p. incliné à trainage 〈Eb〉 Ablaufberg m
   p. de l'installation de(s) compartiment(s) des machines Maschinenraumplan m
   p. d'intersection Durchschnittsfläche f, Schnittebene f
   p. isogéotherme Geoisothermfläche f

p. de joint Verbindungsfläche f, Dichtfläche f, Trennebene f
p. longitudinal Mittschiffsebene f
p. de macle Zwillingsebene f ⟨von Kristallen⟩
p. de masse(s) Massenlinienplan m; Übersichtsplan m
p. de mâture et de gréement Takelplan m
p. de mine Grubenriß m, Markscheideriß m
p. du miroir Spiegelebene f
p. de mise au point Einstellebene f ⟨Fotografie⟩
p. d'occupation des voies ⟨Eb⟩ Gleisbesetzungsplan m
p. optique optische Planfläche f
p. d'oscillation Schwingungsebene f
p. osculateur ⟨Math⟩ Schmiegungsebene f
p. parcellaire Katasterplan m
p. perspectif Bildebene f
p. de polarisation Polarisationsebene f
p. des ponts Decksplan m
p. de port Hafenplan m
p. portant ⟨Flg⟩ Tragfläche f
p. principal Hauptebene f
p. privilégié Vorzugsebene f ⟨Textur⟩
p. de projection Projektionsebene f
p. quadrillé Gitternetzkarte f
p. réflecteur (de réflection) Reflexionsebene f
p. de réflexion avec glissement Gleitspiegelebene f
p. en relief Reliefkarte f
p. de réseau, p. réticulaire Netzebene f, Gitterebene f
p. schématique de montage Montageablaufplan m
p. de situation Lageplan m
p. de stratification Schichtungsfläche f
p. de structure générale Stahlplan m
p. de symétrie Symmetrieebene f, Spiegelebene f
p. de symétrie avec glissement Gleitspiegelebene f
p. de symétrie du navire Mittschiffsebene f
p. tangent Tangentialebene f
p. topographique topografische Karte f; Höhenplan m; Schichtlinienplan m
p. de transmission Transmissionsebene f
p. vertical Aufriß m
p. de vibration Schwingungsebene f
p. d'une ville Stadtplan m
p. de zoning Flächenaufteilungsplan m
deuxième p. Hintergrund m

premier p. Vordergrund m
troisième p. Mittelgrund m
planage m Planieren n, Einebnen n; Planierung f; Richten n; Glätten n, Schlichten n
planche f 1. Brett n; 2. Außenhautplanke f ⟨Holzschiffbau, Bootsbau⟩; 3. Scherbrett n
p. à andains Schwadbrett n ⟨Grasmäher⟩
p. du chalut Scherbrett n
p. de descente Landsteg m, Laufplanke f
p. à dessin Zeichenbrett n, Reißbrett n
p. à fumier semi-automatique Schleppschaufelentmistungsanlage f
p. d'impression Druckplatte f
p. d'impression en caoutchouc Gummidruckplatte f
p. d'impression en matière plastique Kunststoffdruckplatte f
p. à imprimer Druckplatte f
p. à roulis Schlingerleiste f
planchéiage m 1. Dielen n, Dielenlegung f; 2. Verschalung f, Bretterverschalung f, Bretterverkleidung f
planchéier 1. dielen; 2. mit Brettern verschalen (verkleiden)
plancher m 1. Fußboden m; Boden m, Diele f; 2. Decke f, Zwischenboden m; 3. Bretterbühne f ⟨s. a. plate-forme 1.⟩; 4. Sohle f
p. d'acier compartimenté Stahlzellendecke f ⟨Straßenbau⟩
p. en béton Betondecke f, Betonfußboden m
p. en béton armé Stahlbetondecke f
p. bouveté gespundeter Fußboden m
p. à briques creuses Hohlsteindecke f
p. champignon Pilzdecke f
p. à claire-voie Spaltenboden m ⟨Rinderstall⟩
p. intermédiaire Zwischendecke f
p. de manœuvre Bedienungsbühne f
p. massif Massivdecke f
p. en matériau dur Hartbelag m; Hartbelagdecke f
p. mobile Palette f ⟨Fördertechnik⟩
p. préfabriqué vorgefertigte Decke f, Fertigdecke f
p. de raclage Kratzerkettenboden m ⟨Anhänger⟩
p. de tablier Fahrbahndecke f
p. de travail Arbeitsbühne f
p. volant Schwebebühne f
planchette f Brettchen n; Knüttholz n ⟨Netzherstellung⟩
p. de mesure Meßplatte f

plan-concave plankonkav
plan-convexe plankonvex
plane f Ziehmesser n
planéité f Ebenheit f
planer planieren; richten; glätten, schlichten
planétaire Planeten-
planétaire m 1. Kegelrad n; Planetenrad n; 2. Planetarium n ⟨Projektor⟩
planétarium m Planetarium n ⟨Gebäude⟩
planète f Planet m
planétoïde m Planetoid m
planeur m Gleitflugzeug n, Gleiter m, Segelflugzeug n, Segler m
   p. remorqué Schleppgleitflugzeug n
   p. de transport Lastensegler m
planeuse f Blechrichtmaschine f
planeuse-rectifieuse f Planfräsmaschine f
planification f Planen n; Planung f
planifier planen
planimètre m Planimeter n
   p. polaire Polarplanimeter n
planimétrer (aus)planimetrieren
planimétrie f ebene Geometrie f, Planimetrie f
planitude f Ebenheit f ⟨in der Holzindustrie⟩
plan-masse m Bebauungsplan m; Übersichtsplan m
planning m 1. Planlenkung f; Arbeitsablaufplan m
   p. de construction Bauzeitplan m
   p. de la production Produktionssteuerung f
planographie f Flachdruck m
planoir m Ausstreicheisen n
plan-parallèle planparallel
plansichter m Plansichter m
planteuse f (de pommes de terre) Kartoffellegemaschine f
plantoir m Pflanzgerät n, Pflanzholz n
plaquage m Furnieren n
plaque f 1. Platte f, Scheibe f; Tafel f; Axialscheibe f ⟨Axiallager⟩; 2. Anode f
   p. d'accumulateur Akkumulator[en]platte f
   p. d'acier Stahlplatte f
   p. d'ajustage Abgleichplatte f
   p. d'aluminium Aluminiumplatte f
   p. d'amiante Asbestplatte f
   p. d'ancrage ⟨Bw⟩ Ankerplatte f
   p. antérieure Schürplatte f ⟨Feuerung⟩
   p. antirémanente ⟨El⟩ Klebeblech n
   p. d'appui Druckplatte f ⟨Umformwerkzeug⟩
   p. d'assise Fußplatte f
   p. de base Grundplatte f
   p. de béton Betonplatte f
   p. bimétallique Bimetallplatte f
   p. de blindage Panzerplatte f
   p. à bornes ⟨El⟩ Klemmenplatte f, Klemmenbrett n
   p. de bridage Aufspannplatte f
   p. de buse Düsenplatte f
   p. de butée Spurplatte f; Axialscheibe f; Druckplatte f ⟨Spurlager, Axiallager⟩
   p. chauffante (de chauffe) Heizplatte f
   p. de clivage Werkstückandrückplatte f
   p. au collodiobromure d'argent Bromsilberkollodiumplatte f
   p. au collodion Kollodiumplatte f
   p. au collodion humide Naßplatte f
   p. de commutation Schaltplatte f
   p. composite Verbundplatte f
   p. de condensateur Kondensatorplatte f
   p. de connexion Anschlußplatte f
   p. de contact Kontaktplatte f
   p. à couches multiples ⟨Bw⟩ Mehrschichtplatte f
   p. de coulée Gießplatte f
   p. en couleurs Farbplatte f
   p. demi-onde Halbwellenplättchen n
   p. de dessiccateur Exsikkatoreinsatz m
   p. dévêtisseuse Abstreifer m, Abstreiferplatte f ⟨Umformwerkzeug⟩
   p. de déviation Ablenkplatte f
   p. de déviation horizontale Horizontalablenkplatte f
   p. de déviation verticale Vertikalablenkplatte f
   p. d'écartement Abstandsplatte f
   p. à échopper Ätzplatte f
   p. électrophotographique elektrofotografische Platte f
   p. d'enclenchement ⟨Dat⟩ Rastplatte f
   p. de fer Eisenplatte f
   p. à fibres dures Hartfaserplatte f
   p. à fiches ⟨El⟩ Steckerplatte f
   p. filtrante Filterplatte f
   p. de fondation ⟨Masch⟩ Auflagerplatte f, Lagerplatte f, Tragplatte f
   p. au gélatinobromure Bromgelatineplatte f
   p. de graphite Graphitplatte f
   p. de guidage Führungsplatte f
   p. indicatrice Orientierungstafel f, Schild n
   p. inférieure Grundplatte f
   p. infrarouge Infrarotplatte f
   p. isolante Isolierplatte f; Dämmplatte f

p. **isolante contre le bruit** schalldämmende Platte f
p. **isolante de la chaleur** Wärmeschutzplatte f
p. **en laiton** Messingplatte f
p. **laminée** Walzblech n
p. **en liège** Korkplatte f
p. **de Lummer** Lummer-Platte f
p. **de marbre** Marmorplatte f
p. **de métal** Metallplatte f
p. **Mikral** ⟨Typ⟩ Mikralplatte f
p. **mince** Dünnschliff m
p. **d'une mire** Nivellierscheibe f
p. **de mise à la terre** s. p. de terre
p. **négative** Minusplatte f ⟨Batterie⟩
p. **offset** Offsetdruckplatte f
p. **perforée** Siebplatte f, Lochplatte f
p. **de peroxyde de plomb** Bleisuperoxidplatte f
p. **photographique** fotografische Platte f
p. **à pointes** ⟨Text⟩ Hechelstab m, Stahlkamm m
p. **polaroïde** Polarisationsfilter n
p. **positive** 1. ⟨El⟩ Plusplatte f ⟨Batterie⟩; 2. Positivplatte f ⟨Fotografie⟩
p. **de réchauffage** Anwärmplatte f
p. **de refroidissement** Kühlplatte f
p. **de relais** Relaisplatte f
p. **de répartition** Verteilerplatte f
p. **de rupture** Bruchplatte f
p. **sensible** Fotoplatte f
p. **signalétique** ⟨El⟩ Leistungsschild n
p. **de signalisation** Verkehrsschild n
p. **de sol** Bodenplatte f
p. **de Soleil** Doppelquarz m; Soleil-Platte f
p. **stratifiée pressée** Preßschichtplatte f
p. **supérieure** Kopfplatte f
p. **de support** Tragplatte f
p. **de terre** Plattenerder m, Erderplatte f, Erdungsplatte f
p. **thermo-isolante** wärmeisolierende Platte f
p. **de tôle** Tafelblech n
p. **tournante** 1. Drehtisch m; 2. Drehscheibe f
p. **à tracer** Anreißplatte f
p. **trimétallique** Trimetallplatte f
p. **tubulaire** Rohrwand f
p. **de verre** Glasplatte f
p. **en zinc** ⟨Typ⟩ Zinkplatte f
p. **à zones concentriques** ⟨Opt⟩ Zonenplatte f
plaque-matrice f Schnittplatte f
plaque-modèle f Modellplatte f
p. **double** doppelseitige Platte f

p. **réversible (tournante)** Wendeplatte f, Reversierplatte f
plaquer dünne Metallschicht auf mechanischem Wege herstellen; plattieren, aufwalzen
plaquette f Plättchen n, Platte f ⟨Drehmeißel⟩; Schneide f, Messer n, Zahn m ⟨Messerkopf⟩
p. **d'alliage dur** Hartmetallplättchen n
p. **en carbone** Kohlenstoffplättchen n
p. **en carbure** Hartmetallplättchen n; Hartmetallschneide f, Hartmetallmesser n
p. **à circuit imprimé** Leiterplatte f
p. **échantillon** Brennprobe f
p. **de film** Filmplakette f
p. **imprimée** gedruckte Leiterplatte f
p. **à jeter** [auswechselbares] Plättchen n, Wendeplatte f; auswechselbare Schneide f
p. **de mica** Glimmerplättchen n
p. **de recouvrement** Deckplättchen n
plasma m ⟨Ph, Min⟩ Plasma n
p. **sans collisions** stoßfreies Plasma n
p. **primitif** Urplasma n
plasmatron m ⟨El⟩ Plasmatron n
plasmoïde m Plasmoid n
plastication f Erzeugung f eines Plastüberzugs durch Eintauchen in Plastpulver, Wirbelsintern n
plasticimètre m Plastometer n, Plastizitätsmesser m
p. **à torsion** Torsionsplastometer n
plasticité f Plastizität f, Bildsamkeit f, Formänderungsvermögen n
p. **à chaud** Warmbildsamkeit f
plastifiant weichmachend
plastifiant m Weichmacher m ⟨Plastverarbeitung⟩
p. **organique** organischer Weichmacher m
plastificateur m Verflüssigungseinheit f, Verflüssiger m, Plastiziereinheit f ⟨Plastverarbeitung⟩
p. **centripète** Scheibenplastiziereinheit f
plastification f 1. Plastifizieren n, Weichmachen n; 2. Kunststoffbeschichtung f, Plastbeschichtung f, Plastummantelung f; 3. Plastizierung f ⟨Spritzguß⟩
p. **horaire** stündliche Plastizierleistung f
p. **à vis** Schnecken[vor]plastizierung f
plastique plastisch, bildsam, [ver]formbar
plastique m Plast m, Kunststoff m
p. **alkyde** Alkydharzkunststoff m

plastique

p. armé verstärkter Plast (Kunststoff) m; glasfaserverstärkter Kunststoff m
p. à base de caséine Kaseinkunststoff m
p. composite Verbund(preß)stoff m
p. moulé Preßstoff m
p. renforcé verstärkter Plast (Kunststoff) m; glasfaserverstärkter Kunststoff m
p. rigide starrer Kunststoff m
p. thermodurcissable Duroplast m
p. thermoplastique Thermoplast m
plastisol m Plastlösung f, Plastdispersion f (in einem Weichmacher)
plastochimie f Plastchemie f
plastographe m Plastograf m
plastomère m Plastomer(es) n
plastotypie f Plaststereotypie f, Gummistereotypie f
plat 1. eben, flach, platt; 2. glatt, gleichförmig, einförmig, spiegelglatt ⟨See⟩
plat m 1. Fläche f; 2. Platte f; 3. Flachstahl m; 4. Buchdeckel m
large p. Breitflachstahl m
plat-bord m 1. Dollbord m; 2. Schandeck n; 3. Stoßkante f zwischen Deckstringer und Schergang
plate f Arbeitsboot n ⟨mit Flachboden⟩
plateau m 1. Plateau n; 2. Scheibe f, Teller m; 3. Plattenteller m; 4. ⟨Text⟩ Rippscheibe f; 5. Aufspannplatte f ⟨Spritzgußmaschine⟩; 6. Waagschale f

p. d'appui ⟨Kfz⟩ Andruckplatte f
p. de barbotage ⟨Ch⟩ Glockenboden m
p. de bobinage Bandwickelteller m
p. à butées Knaggenscheibe f
p. de chargement Ladepritsche f
p. chauffant Heizplatte f
p. à cloches ⟨Ch⟩ Glockenboden m
p. continental Festlandsockel m, Kontinentalschelf m
p. à disques Plattenteller m
p. diviseur Teilscheibe f
p. d'embrayage ⟨Kfz⟩ Nabenscheibe f, Kupplungsplatte f, Kupplungsscheibe f
p. de frein ⟨Kfz⟩ Bremsträgerplatte f, Ankerplatte f
p. à fruits Flachsteige f für Obst
p. inférieur Grundplatte f, Bodenplatte f
p. de pédalier Zahnkranz m
p. perforé Siebboden m
p. porte-moule Aufspannplatte f ⟨Spritzgußmaschine⟩
p. de pression ⟨Kfz⟩ Anpreßplatte f, Andruckplatte f

p. de rectification ⟨Ch⟩ Rektifizierboden m
p. tournant Drehteller m; Drehtisch m
p. tournant pneumatique Preßluftschalttisch m
p. à trous Lochscheibe f
p. du tube compteur Zählrohrplateau n
p. à tunnel ⟨Ch⟩ Tunnelboden m
p. de verre Glasscheibe f
plate-forme f 1. Arbeitsbühne f; Plattform f; Planum n; Rampe f; 2. Platte f, Deckplatte f; 3. Flachdach n; Terrassendach n; 4. offener Güterwagen m; 5. Unterbau m; 6. Ladepritsche f, Ladegestell n

p. d'accès Bedienungsbühne f, Wartebühne f
p. d'accrochage Gestängebühne f
p. à cadre Plattenrahmen f
p. champignon Pilzplatte f
p. de chargement Ladeplattform f, Ladebühne f, Laderampe f; Ladepritsche f, Ladegestell n; ⟨Met⟩ Einsetzbühne f
p. de communication Verbindungsbühne f
p. continentale Festlandsockel m, Kontinentalschelf m
p. de coulée Gießbühne f
p. à dossier Ladepritsche f mit aufsteckbaren Stirnwänden
p. d'effusions ⟨Geol⟩ Ergußtafelland n
p. élévatrice Hubplattform f, Hebebühne f
p. de filet Netzplattform f
p. de forage ⟨Schiff⟩ Bohrinsel f
p. de forage pétrolier Erdölinsel f
p. de forage sous-marin Bohrinsel f
p. du gueulard Gichtbühne f, Begichtungsbühne f
p. de lancement Abschußrampe f; Startgestell n
p. de levage Hubinsel f, Hubplattform f
p. de manœuvre Bedienungsbühne f
p. de montage Montageplattform f, Montageplatz m
p. de prémontage Vormontage(platz m) f ⟨als Produktionsstätte⟩
p. du pied Stativplatte f
p. à rancher Rungenplatte f
p. à ridelle Ladepritsche f mit Seitenwänden
p. à roues Pritschenwagen m, Plattenwagen m, Pritschenroller m
p. de service Bedienungsbühne f
p. table Flachladepritsche f

plateure *f* ⟨Brg⟩ flach einfallende Schicht *f*, flacher Flügel *m*
platinage *m* Platinieren *n*, Platinplattierung *f*
platine *m* Platin *n*
platine *f* 1. Objekttisch *m*, Apparatetisch *m*; ⟨Ch⟩ Objektträger *m*; 2. ⟨Text⟩ Platine *f*; 3. Laufwerk *n* ⟨Tonbandgerät, Plattenspieler⟩
  p. d'abattage Abschlagplatine *f*
  p. à chariot Kreuztisch *m*
  p. chauffante Heiztisch *m*
  p. à dessin Musterplatine *f*
  p. de distribution Verteilerplatine *f*
  p. goniométrique Goniometertisch *m*
  p. à imprimer Tiegeldruckmaschine *f*
  p. magnétophone Magnettonbandplatine *f*
  p. mobile Unterbrecherplatte *f*
  p. porte-objet Objektträgertisch *m*
  p. rotative Drehtisch *m*
platiner platinieren
platinifère platinhaltig
platiniridium *m* Platiniridium *n*
platiniser *s.* platiner
platinoïdes *mpl* Platinmetalle *npl*
platinure *f s.* platinage
plâtrage *m* Gipsen *n*, Vergipsen *n*
plâtre *m* gebrannter Gips *m*, Stuckgips *m*
  p. aluné Alaungips *m*
  p. de construction Baugips *m*, Putzgips *m*
  p. gâché Gipsbrei *m*
  p. à modeler Modellgips *m*
  p. mouliné gemahlener Gips *m*
  p. de Paris gebrannter Gips *m*, Stuckgips *m*
  p. à plancher Estrichgips *m*
  p. en poudre Gipsmehl *n*
plâtrer 1. [ver]gipsen; 2. übertünchen; mit Gipsüberzug versehen
  se p. mit Gipsüberzug versehen werden
plâtrerie *f* 1. Gipsarbeit *f*; 2. *s.* plâtrière
plâtrière *f* 1. Gipsbrennerei *f*; 2. Gipsbruch *m*
playback *m* Playback *n*
plein 1. voll; 2. ⟨Typ⟩ kompreß, undurchschossen ⟨Zeilen⟩; 3. völlig ⟨Schiffsform⟩
pléochroïque pleochroitisch ⟨Kristalle⟩
pléochroïsme *m* Pleochroismus *m* ⟨von Kristallen⟩
plésiomorphisme *m* Homöomorphie *f*
pleurage *m* Jaulen *n*
  p. intérieur innere Gleichlaufschwankung *f*
pli *m* Falz *m*, Bruch *m*; ⟨Geol⟩ Falte *f*

  p. anticlinal Antiklinalfalte *f*, Sattelfalte *f*
  p. de cisaillement Scherfalte *f*
  p. couché liegende Falte *f*
  p. en coulisses Kulissenfalte *f*
  p. en éventail Fächerfalte *f*
  p. de fluage Fließfalte *f*
  p. isolé Einzelfalte *f*
  p. permanent ⟨Text⟩ Dauerplissee *n*, Dauerfalte *f*, Permanentplissee *n*
  p. pincé Spitzfalte *f*
  premier p. erste Kordlage *f*
pliable biegsam, biegbar, faltbar
pliage *m* Abkanten *n*; ⟨Typ⟩ Falzen *n*, Falzung *f*; Biegen *n*; Krümmen *n*
  p. en accordéon ⟨Typ⟩ Zickzackfalzung *f*, Harmonikafalzung *f*
  p. en cahiers Kreuzbruchfalzung *f*
  p. à la machine Maschinenfalzung *f*
  p. à la main Handfalzung *f*
  p. mixte Gemischtfalzung *f*
  p. parallèle Parallelfalzung *f*
  p. en porte-feuilles Lagenfalzung *f*
  p. roulé Wickelfalzung *f*
  p. en zigzag *s.* p. en accordéon
plier abkanten; ⟨Typ⟩ falzen; biegen, krümmen, knicken, [zusammen]falten
plieur *m* **de voile** Vliestäfler *m*
plieuse *f* 1. Falzmaschine *f*, Falzapparat *m*; 2. Faltmaschine *f*; 3. Legemaschine *f* ⟨Stoff⟩; 4. Biegemaschine *f*; Abkantpresse *f*, Abkantmaschine *f* ⟨*s. a.* machine à plier⟩
  p. automatique Falzautomat *m*
  p. automatique pour boites pliantes Faltschachtelautomat *m*
  p. à couteaux Messerfalzmaschine *f*
  p. à poches Stauchfalzmaschine *f*
  p. rotative Rotationsfalzapparat *m*
  p. de tôles Abkantmaschine *f*
pli-faille *m* ⟨Geol⟩ Faltenüberschiebung *f*
pliocène *m* Pliozän *n*
pliodynatron *m* Pliodynatron *n* ⟨Rundfunkröhre⟩
ploir *m* ⟨Typ⟩ Falzbein *n*
plissabilité *f* Plissierfähigkeit *f*
plissage *m* Plissieren *n*
plissement *m* ⟨Geol⟩ Faltung *f*
  p. cisaillant Scherfaltung *f*
  p. composé zusammengesetzte Faltung *f*
  p. disharmonique disharmonische Faltung *f*
  p. parallèle parallele Faltung *f*
  p. en retour Rückfaltung *f*
plissements *mpl* **successifs** aufeinanderfolgende Faltungen *fpl*

plisser plissieren
plisseuse f Plissiermaschine f
plissure f **de laminage** überwalzte Naht f
plomb m 1. Blei n; 2. s. p. de sonde
  p. cru Rohblei n
  p. dur Hartblei n
  p. d'écumage Abstrichblei n
  p. fusible Sicherung f
  p. laminé Walzblei n
  p. de liquation Werkblei n
  p. optique optisches Lot n
  p. de ressuage Seigerblei n
  p. en saumons Blockblei n
  p. de sonde Lotkörper m
  p. spongieux schwammiges Blei n
  p. de thorium Thoriumblei n
  p. à vitres Fensterblei n
plombage m 1. Verbleien n; Verbleiung f; 2. Loten n, Einloten n
plombaginage m Graphitieren n
plomber 1. verbleien; 2. [ein]loten
plombeux bleihaltig
plombier m Klempner m; Rohrleger m
plombite m Plumbit n
plongeant eintauchend, Tauch-
plongée f Eintauchen n; **en p.** Tauch-
plongement m 1. s. immersion; 2. s. pendage
plonger 1. eintauchen ⟨Werkzeug⟩; einstechen ⟨Drehmaschine⟩; 2. tauchen; 3. ⟨Math⟩ einbetten; 4. ⟨Geol⟩ einfallen
plongeur eintauchend, Tauch-
plongeur m 1. Plungerkolben m, Tauchkolben m; 2. Tauchkörper m; 3. Schwimmtaucher m
plot m 1. ⟨El⟩ Kontakt m; ⟨Fmt⟩ Klemme f; 2. Plotter m
  p. de charbon Kohle[n]kontakt m
  p. de commutation Schaltstufe f
  p. de démarrage Anlaßstufe f
  p. relatif Relativplotter m
plotting m Plotten n
pluie f:
  p. de cendres Aschenregen m
  p. orographique Stauregen m
  p. de poussière Staubfall m
  p. radio-active radioaktiver Regen m
plume f **à dessiner** Zeichenfeder f, Ziehfeder f
plural mehr[fach]
plurivalent ⟨Ch⟩ mehrwertig
plutonigène plutoniumerzeugend
plutonique plutonisch
plutonisme m Plutonismus m
plutonium m Plutonium n
pluviomètre m Pluviometer n, Regenmesser m

pneu m Reifen m
  p. antidérapant rutschfester Reifen m
  p. d'avion Flugzeugreifen m
  p. ballon (à basse pression) Niederdruckreifen m
  p. boue et neige M- und S-Reifen m
  p. sans chambre schlauchloser Reifen m
  p. à corde Kordreifen m
  p. à flancs blancs Weißwandreifen m
  p. géant Riesenluftreifen m
  p. à haute pression Hochdruckreifen m
  p. de secours Ersatzreifen m
  p. superballon Superballonreifen m
  p. à talons Wulstreifen m
  p. tout caoutchouc Vollgummireifen m
  p. à tringles Drahtreifen m
pneumatique pneumatisch, Druckluft-, Luft-
pneumatique m s. pneu
pneumatique f Pneumatik f, Mechanik f der Gase
pneumatolyse f Pneumatolyse f
pneumatolytique pneumatolytisch
pneus mpl **jumelés** Zwillingsbereifung f
poche f 1. Tasche f; 2. Pfanne f; Schöpfkelle f
  p. du chalut ⟨Schiff⟩ Netzsteert m
  p. de coulée Gießpfanne f
  p. à gaz Gastasche f
  p. mélangeuse Mischpfanne f
  p. à poisson Netzbeutel m, Netzsack m
  p. de résine Harztasche f, Harzgalle f
  p. de transfert Übergabebeutel m, Übergabesteert m ⟨Fischfang⟩
poche-tonneau f Gießtrommel f
pochoir m Schablone f ⟨zum Einfärben von Stoff oder Papier⟩
  p. pour l'impression Druckschablone f
podzol m Podsol m, Bleicherde f
poêle m Ofen m; Brennofen m
  p. à accumulation Nachtspeicherofen m
  p. à charbon Kohleofen m
  p. à coke Koksofen m
  p. à feu continu Dauerbrandofen m
  p. à mazout Petroleumofen m, ölgeheizter Ofen m
poêle f Pfanne f; Schmelzpfanne f; Siedpfanne f
  p. à vidange automatique Siedpfanne f mit automatischer Austragung
  p. à vidange manuel Siedpfanne f mit Handaustragung
poids m Gewicht n, Masse f
  p. adhérent ⟨Eb⟩ Reibungsmasse f
  p. apparent scheinbares Gewicht n
  p. atomique Atomgewicht n
  p. d'atterrissage Landemasse f

p. brut Bruttogewicht n, Bruttomasse f; Rohgewicht n
p. au cheval Leistungsgewicht n
p. commercial Handelsgewicht n, Handelsmasse f
p. au décollage Abflugmasse f, Startmasse f
p. équivalent Äquivalentgewicht n
p. par kilo de poussée Schubgewicht n
p. au lancement 1. ⟨Schiff⟩ Stapellaufmasse f; 2. Startmasse f ⟨Rakete⟩
p. lège du navire Leerschiffsmasse f, Masse f des leeren betriebsklaren Schiffes
p. du lit du fusion Möllergewicht n
p. lourd s. véhicule industriel
p. marqué Gewichtsstück n
p. maximum autorisé zulässiges Höchstgewicht n
p. maximum (de calcul) höchstzulässiges Fluggewicht n
p. des minima ⟨Typ⟩ Schriftminimum n
p. moléculaire Molekulargewicht n
p. mort Eigengewicht n
p. moyen utile mittlere Nutzlast f
p. net Nettogewicht n, Nettomasse f
p. de particule Teilchengewicht n
p. propre Eigengewicht n
p. de rupture Bruchlast f
p. sec Trockengewicht n
p. spécifique spezifisches Gewicht n, Dichte f, Wichte f
p. statistique statistisches Gewicht n
p. total Gesamtgewicht n
p. utile Nutzlast f
p. de la vapeur Dampfgewicht n
p. à vide Leergewicht n, Leermasse f
p. à vide de construction Rüstmasse f
p. à vide opérationnel Leermasse f
p. vif Lebendgewicht n
p. volumique s. p. spécifique
p. en vrac Schüttgewicht n
poids-frein m Bremsgewicht n
poignée f Handgriff m, Griff m; Handstativ n
p. de commande Betätigungsgriff m
p. étoile Kreuzgriff m
p. de manœuvre Bedienungsgriff m
p. tournante de changement de vitesse Schaltdrehgriff m
p. tournante de gaz Gasdrehgriff m
poignée-déclencheur f Revolvergriff m
poil m 1. Haar n ⟨allgemein⟩; Tierhaar n; 2. Pol m ⟨Gewebe⟩
p. coupé aufgeschnittener Pol (Flor) m
p. non coupé nicht aufgeschnittener Pol m, Schlingenware f

poinçon m 1. Ahle f, Pfriem m; Durchschlag m, Dorn m; Stichel m; 2. Stempel m ⟨Umformtechnik⟩; Schnittstempel m; Lochstempel m; Prägestempel m; Preßdorn m ⟨Strangpressen⟩; 3. Treibhammer m, Punze f; 4. ⟨Text⟩ Decknadel f; 5. ⟨Bw⟩ Binderstiel m, Bundpfosten m, Ständer m; Stuhlsäule f; 6. Giebelspitze f
p. à cambrer Biegestempel m
p. coulissant Schiebestempel m
p. de découpe Schnittstempel m
p. à emboutir Treibhammer m, Punze f
p. d'enfoncement Einsenkstempel m
p. d'extrusion Spritzdorn m
p. de poinçonnage Lochstempel m
p. supérieur Oberstempel m
poinçonnage m Lochen n, Ausstanzen n; Stanzen n
poinçonner lochen, ausstanzen; stanzen
poinçonneuse f 1. Lochwerkzeug n, Locher m; 2. Stanze f, Stanzmaschine f
p. automatique Stanzautomat m
p. de bandes Bandlocher m
p. de bandes perforées Lochbandstanzer m
p. de cartes Kartenstanzer m, Kartenlocher m
p. à outils multiples Vielstempelstanze f
point m 1. Punkt m; Knotenpunkt m ⟨eines Graphen⟩; 2. (typografischer) Punkt m (= 0,351 mm); 3. Stich m, Nadelstich m; Masche f; 4. Besteck n; Position f, Schiffs(stand)ort m
p. absolu d'ébullition absoluter Siedepunkt m
p. d'accumulation ⟨Math⟩ Häufungspunkt m
p. achromatique achromatischer Punkt m
p. d'alimentation Einspeisungspunkt m
p. d'allumage Zündpunkt m
p. d'annulation Senke f ⟨Vektorfeld⟩
p. d'application Angriffspunkt m
p. d'application de la résistance d'un fluide Staupunkt m
p. d'appui Auflagepunkt m, Stützpunkt m, Festpunkt m; Lagerstelle f, Drehpunkt m
p. d'argent Silberpunkt m
p. d'arrêt ⟨Dat⟩ Stoppstelle f, Haltepunkt m; ⟨Eb⟩ Haltepunkt m
p. d'arrêt de contrôle Zwischenstoppstelle f, Kontrollstoppstelle f
p. d'arrivée Bestimmungsort m
p. d'attache Anschlußpunkt m
p. d'attente Wartepunkt m

point

p. de branchement ⟨El⟩ Abzweigpunkt m
p. cardinal Kardinalpunkt m
p. de compte rendu Meldepunkt m
p. de condensation Kondensationspunkt m
p. de conduite ⟨Typ⟩ Führungspunkt m
p. de congélation Gefrierpunkt m
p. de contact Berührungspunkt m
p. coupant Schnittstelle f
p. du couple maximum Kippmoment n
p. critique kritischer Punkt m
p. de Curie Curie-Punkt m
p. de départ Abgangsort m; Ausgangslage f
p. de dérivation ⟨El⟩ Verzweigungspunkt m, Abzweigpunkt m
p. double ⟨Math⟩ Doppelpunkt m
p. d'ébullition Siedepunkt m
p. d'éclair Flammpunkt m
p. éloigné Fernpunkt m
p. d'entrée Einflugpunkt m
p. équinoxial ⟨Astr⟩ Äquinoktialpunkt m
p. à l'estime Koppelort m, Loggeort m, gegißter Ort m ⟨Standortbestimmung⟩
p. expérimental Meßpunkt m, Meßwert m
p. d'exploration Abtastpunkt m
p. fixe Fixpunkt m
p. de flexion Knickpunkt m
p. focal Brennpunkt m
p. de fonctionnement Arbeitspunkt m
p. de fonctionnement glissant gleitender Arbeitspunkt m
p. de fuite ⟨Math⟩ Fluchtpunkt m
p. de fusion Schmelzpunkt m
p. gamma ⟨Astr⟩ Widderpunkt m, Frühlingspunkt m
p. de la glace fondante Eispunkt m
p. de goutte Tropfpunkt m
p. d'image Bildpunkt m
p. image de Gauss Gaußscher Bildpunkt m
p. à l'infini ⟨Math⟩ unendlich ferner Punkt m
p. d'inflammabilité (inflammation) Flammpunkt m
p. d'inflexion Wendepunkt m
p. initial Anfangspunkt m; Ausgangspunkt m
p. d'insufflation Aufblasestelle f
p. d'interconnexion Übergabestelle f, Kuppelstelle f
p. d'interrogation Fragezeichen n
p. d'interruption Umwandlungspunkt m

p. d'intersection Schnittpunkt m
p. isoélectrique isoelektrischer Punkt m
p. de jonction Anschlußpunkt m, Verbindungsstelle f
p. de liaison ⟨Text⟩ Verknüpfungsstelle f, Verbindungsstelle f, Bindepunkt m
p. de liaison à sorties variables Verzweigungspunkt m
p. limite Grenzpunkt m, Häufungspunkt m
p. de liquéfaction Verflüssigungspunkt m
p. de manœuvre Abfangneutralpunkt m
p. de marche à vide Leer[lauf]punkt m
p. matériel Massenpunkt m
p. de mesure Meßstelle f, Meßpunkt m; Aufpunkt m
p. de mixage Mischungspunkt m
p. mort Totpunkt m
p. mort bas unterer Totpunkt m
p. mort extérieur äußerer Totpunkt m
p. mort haut oberer Totpunkt m
p. mort inférieur unterer Totpunkt m
p. mort intérieur innerer Totpunkt m
p. de multiplication Multiplizierstelle f
p. neutre 1. Nullpunkt m, Erdpunkt m, Sternpunkt m; 2. Neutralpunkt m ⟨Schwerpunktlage⟩
p. neutre artificiel künstlicher Nullpunkt (Sternpunkt) m
p. neutre sorti herausgeführter Sternpunkt m
p. nodal Knotenpunkt m
p. de non-retour ⟨Flg⟩ Umkehrgrenzpunkt m
p. de noyau Kernpunkt m
p. (d')objet Dingpunkt m
p. observé astronomischer Schiffsort m
p. physique Massenpunkt m
p. primitif Wälzpunkt m ⟨Zahnrad⟩
p. principal Hauptpunkt m
p. proche Nahpunkt m
p. de raccordement Anschlußstelle f, Anschlußpunkt m
p. de ramification simple einfacher Verzweigungspunkt m
p. de ramollissement Erweichungspunkt m
p. de rebroussement Umkehrpunkt m, Rückkehrpunkt m, Wendepunkt m
p. de référence Bezugspunkt m
p. remarquable ⟨Math⟩ merkwürdiger Punkt m
p. de répétition ⟨Dat⟩ Wiederholungsstelle f

p. de repos statischer Arbeitspunkt m
p. de résonance Resonanzpunkt m, Resonanzstelle f
p. réversible de chaleur thermischer Umkehrpunkt m
p. de rosée Taupunkt m
p. de rupture Bruchpunkt m, Bruchstelle f
p. de saturation Sättigungspunkt m
p. singulier essentiel ⟨Math⟩ wesentlich singulärer Punkt m, wesentliche Singularität f
p. de solidification Erstarrungspunkt m
p. de sommation Summierungspunkt m
p. de soudure 1. Schweißpunkt m, Schweißstelle f; 2. Lötstelle f
p. de sublimation Sublimationspunkt m
p. de suspension Aufhängepunkt m
p. de trame ⟨Typ⟩ Rasterpunkt m
p. de transformation Umwandlungspunkt m, Transformationspunkt m
p. de transition 1. Übergangspunkt m; 2. Übergangstemperatur f
p. de transmutation Umwandlungspunkt m
p. de travail Arbeitspunkt m
p. de turbidité Kristallisationsbeginn m; Trübepunkt m
p. unitaire ⟨Math⟩ Einheitspunkt m
p. vernal s. p. gamma
p. à vingt-cinq pourcent de la corde Viertelpunkt m
p. vrai wahrer Schiffsort m
p. zéro absolu absoluter Nullpunkt m
triple p. Tripelpunkt m
pointage m Tallierung f ⟨Ladungszählung⟩
pointe f 1. Stift m; Nagel m; Zwecke f; 2. Nadel f; 3. Meißel m; 4. Ahle f; 5. Spitze f (einer Drehmaschine); 6. Scheitel m, Spitze f; 7. Kap n; p. à p. Spitze zu Spitze
p. de balai Bürstenspitze f
p. à centrer Zentrierspitze f
p. de charge Lastspitze f, Belastungsspitze f
p. de contact Kontaktstift m
p. à correction Ahle f, Korrekturahle f, Setzerahle f, Korrekturnadel f
p. de cristal Kristallspitze f
p. de pression Druckspitze f
p. de puissance Leistungsspitze f
p. de résonance Resonanzspitze f
p. tournante Drehmaschinenspitze f

pointeau m 1. Körner m; 2. Nadelventil n; Schwimmernadelventil n
p. de carburateur Schwimmernadel f
p. de décompression Dekompressionsschraube f
pointer 1. [ein]richten, einstellen; 2. taillieren ⟨Ladung zählen⟩
pointerolle f ⟨Brg⟩ Spitzmeißel m
pointeur m Tallymann m ⟨Ladungszähler⟩
pointillage m Punktieren n; Punktierung f
pointiller punktieren
pointu mit sehr steiler Kennlinie und ausgeprägter Leistungsspitze
point-virgule m Semikolon n, Strichpunkt m
poise m Poise n ⟨Einheit der dynamischen Viskosität⟩
poiseuille m Poiseuille f ⟨französische Einheit der dynamischen Viskosität; 1 Poiseuille = 10 Poise⟩
poison m:
p. de catalyseur Katalysatorgift n
p. de fission Spaltgift n, Reaktorgift n
poisson m:
p. benthique Grundfisch m
p. brut Rohfisch m
p. comestible Speisefisch m
p. commercial Nutzfisch m
p. congelé Frostfisch m, Gefrierfisch m, Tiefkühlfisch m
p. consommable Nutzfisch m
p. d'entre deux eaux pelagischer Fisch m
p. fin Edelfisch m
p. de fond Grundfisch m
p. gras Fettfisch m
p. grégaire Schwarmfisch m
p. huileux Fettfisch m
p. industriel industriell verwerteter Fisch m, Futterfisch m
p. maigre Magerfisch m
p. de mer Seefisch m
p. non huileux Magerfisch m
p. plat Plattfisch m
p. de rebut Futterfisch m
p. rond Rundfisch m
p. salé Salzfisch m
p. séché Trockenfisch m
p. de surface pelagischer Fisch m, Oberflächenfisch m
p. surgelé s. p. congelé
p. à usage domestique Speisefisch m
p. à usage industriel s. p. industriel
poissons mpl faux Beifang m
poitrinière f ⟨Text⟩ Brustbaum m
poix f Pech n

polaire

polaire polar
polaire f Polare f
polarimètre m ⟨Opt⟩ Polarimeter n
  p. à cercle gradué Kreispolarimeter n
  p. à pénombre Halbschattenpolarimeter n
  p. de poche Taschenpolarimeter n
polarimétrie f Polarimetrie f
polarisabilité f Polarisierbarkeit f
  p. ionique elektrochemische Polarisierbarkeit f
polarisateur Polarisations-
polarisation f Polarisation f; Polarisierung f; **à p. circulaire** zirkularpolarisiert
  p. automatique de grille automatische Gittervorspannung f
  p. circulaire Zirkularpolarisation f
  p. par concentration Konzentrationspolarisation f
  p. croisée Kreuzpolarisation f
  p. diélectrique dielektrische Polarisation f
  p. électrolytique elektrolytische Polarisation f
  p. elliptique elliptische Polarisation f
  p. horizontale Horizontalpolarisation f
  p. linéaire lineare Polarisation f
  p. de la lumière Lichtpolarisation f, Polarisation f des Lichtes
  p. magnétique magnetische Polarisation f
  p. magnéto-optique magneto-optische Polarisation f
  p. nucléaire Kernpolarisation f
  p. des ondes Wellenpolarisation f
  p. verticale Vertikalpolarisation f, vertikale Polarisation f
polariscope m Polarisationsgerät n, Polarisator m; Spannungsprüfer m ⟨Glas⟩
  p. détecteur de tensions optischer Spannungsprüfer m
polarisé polarisiert
  horizontalement p. horizontal polarisiert
  verticalement p. vertikal polarisiert
polariser polarisieren
polariseur m Polarisator m
polarité f Polarität f, Polung f; **de p. contraire** ungleichnamig, entgegengesetzt gepolt; **de même p.** gleichnamig
polarogramme m Polarogramm n
polarographe m Polarograf m
polarographie f Polarografie f
pôle m Pol m; **sur tous les pôles** allpolig
  p. d'(un) aimant Magnetpol m, magnetischer Pol m

  p. auxiliaire Hilfspol m; Wendepol m
  p. de champ Feldpol m
  p. de commutation (compensation), p. compenseur Kommutierungspol m, Kompensationspol m; Ausgleich(s)pol
  p. conséquent Folgepol m
  p. extérieur Außenpol m
  p. feuilleté Blechpol m
  p. du froid Kältepol m
  p. d'inaccessibilité Unzulänglichkeitspol m
  p. d'induit Ankerpol m
  p. intérieur Innenpol m
  p. lamellé Blechpol m
  p. magnétique Magnetpol m, magnetischer Pol m
  p. magnétique nord magnetischer Nordpol m
  p. magnétique sud magnetischer Südpol m
  p. négatif Minuspol m, negativer Pol m
  p. nord Nordpol m
  p. positif Pluspol m, positiver Pol m
  p. principal Hauptpol m
  p. saillant ausgeprägter Pol m
  p. sud Südpol m
pôles mpl:
  p. de même nom gleichnamige Pole mpl
  p. de nom contraire ungleichnamige Pole mpl
poli blank (poliert)
poli m **au feu** Feuerpolitur f
police f **à fondre** ⟨Typ⟩ Gießzettel m
polir polieren, glätten; glanzschleifen; blankreiben; schwabbeln
  p. à billes kugelpolieren
  p. à l'émeri (ab)schmirgeln
  p. au feu feuerpolieren
  p. à laminage polierwalzen
  p. à meule glanzschleifen
  p. à meule flexible schwabbeln
  p. à pâte de diamant mit Diamantpaste polieren
polissage m Polieren n, Glätten n; Glanzschleifen n; Schwabbeln n
  p. à l'acide Säurepolieren n
  p. à la bande Bandschleifen n
  p. électrolytique elektrolytisches Polieren n
  p. au feu Feuerpolieren n
  p. mécanique mechanisches Polieren (Glätten) n
  p. à meule flexible Schwabbeln n
  p. au tonneau Trommeln n, Scheuern n
  p. du (de) verre Glaspolieren n, Glasschleifen n; Glasschliff m
polisseur m Polierwalze f

polisseuse *f* Polierscheibe *f*, Poliermaschine *f*
  p. automatique Poliermaschine *f*
  p. à bande abrasive Bandschleifmaschine *f*
polisseuse-lustreuse *f* **à cylindre** Walzenschwabbelmaschine *f*
polluer verunreinigen, verschmutzen
pollution *f* Verunreinigung *f*, Verschmutzung *f* ⟨Wasser, Luft⟩
polonium *m* Polonium *n*
polyacide mehrsäurig
polyacrylate *m* Polyakrylat *n*, Polyakrylsäureester *m*
polyacrylique Polyakryl-
polyacrylonitrile *m* Polyakrylnitril *n*
polyaddition *f* Polyaddition *f*
polyamide *m* Polyamid *n*
polyatomique mehratomig, vielatomig
polybasique mehrbasisch, mehrbasig
polybutadiène *m* Polybutadien *n*, Buna *n* (*m*)
polybutylène *m* Polybutylen *n*
polycaprolactame *m* Polykaprolaktam *n*
polycarbonate *m* Polykarbonat *n*
polychloroprène *m* Polychloropren *n*
polychlorure *m* **de vinyle** Polyvinylchlorid *n*
polychroïque vielfarbig, polychrom
polychroïsme *m* Vielfarbigkeit *f*, Polychromie *f*
polycondensat *m* Polykondensat *n*
polycondensation *f* Polykondensation *f*
polycopie *f* Hektografie *f*
polycopier hektografieren
polycopiste *m* Hektograf *m*
polycristallin polykristallin
polycyclique polyzyklisch
polyèdre *m* Polyeder *n*
  p. régulier reguläres Polyeder *n*
polyédrique polyedrisch, vielflächig
polyester *m* Polyester *m*
polyéthylène *m* Polyäthylen *n*
  p. basse pression Niederdruckpolyäthylen *n*
  p. haute pression Hochdruckpolyäthylen *n*
polygénique polygen
polygonal vieleckig
polygone *m* Polygon *n*, Vieleck *n*
  p. d'arcs circulaires Kreisbogenpolygon *n*
  p. étoilé Sternpolygon *n*
polyisobutylène *m* Polyisobutylen *n*
polymère polymer
polymère *m* Polymer[es] *n*, Polymerisat *n*, Polymerisationsprodukt *n*
  haut p. Hochpolymer[es] *n*

polymérisation *f* Polymerisation *f*
  p. en émulsion Emulsionspolymerisation *f*
  p. à froid Kaltpolymerisation *f*
  p. par greffage Pfropfpolymerisation *f*
  p. interfaciale Grenzflächenpolymerisation *f*
  p. par irradiation Strahlungspolymerisation *f*
  p. en masse Blockpolymerisation *f*
polymériser polymerisieren
polymétamorphisme *m* Polymetamorphose *f*
polyméthylméthacrylate *m* Polymethakrylsäuremethylester *m*, Polymethylmethakrylat *n*, Akrylglas *n*
polymètre *m* Universalprüfer *m*, Vielfachmeßgerät *n*
polymorphe, polymorphique polymorph
polymorphisme *m* Polymorphie *f*, Polymorphismus *m*; Polymorphismie *f*
polynôme *m* ⟨Math⟩ Polynom *n*
  p. homogène homogenes Polynom *n*
polynucléaire vielkernig
polyoléfine *f* Polyalken *n*, Polyolefin *n*
polyphasé mehrphasig
polyphosphate *m* Polyphosphat *n*
polyprène *m* Polypren *n*
polypropylène *m* Polypropylen *n*
polysoc *m* Mehrscharpflug *m*
polystyr[ol]ène *m* Polystyrol *n*
  p. expansé Schaumpolystyrol *n*
polysulfure *m* Polysulfid *n*
polysynthétique polysynthetisch
polytechnique polytechnisch
polytétrafluoréthylène *m* Polytetrafluoräthylen *n*
polythène *m* Polyäthylen *n*
polyuréthane *m* Polyurethan *n*
polyvalent 1. ⟨Ch⟩ polyvalent, mehrwertig; 2. Mehrzweck-; Allzweck-
polyvinylchlorure *m* Polyvinylchlorid *n*, PVC ⟨s. a. PVC⟩
polyvinyle *m* Polyvinyl *n*
polyvinylique Polyvinyl-
pomme *f* **d'arrosoir** Tülle *f*
pompage *m* Pumpen *n*
  p. magnétique magnetisches Pumpen *n*
  p. optique optisches Pumpen *n*
pompe *f* Pumpe *f*
  p. d'accélération Beschleunigungspumpe *f*
  p. à acides Säurepumpe *f*
  p. à air Luftpumpe *f*
  p. à air humide Naßluftpumpe *f*
  p. à air à jet d'eau Wasserstrahl[luft]pumpe *f*

pompe

p. à air à jet de vapeur Dampfstrahl-luftpumpe *f*
p. d'alimentation Speise(wasser)-pumpe *f*; Förderpumpe *f*
p. alternative Kolbenpumpe *f*
p. à anneau d'eau, p. à anneau liquide Wasserringluftpumpe *f*
p. d'arrosage Kühlmittelpumpe *f* ⟨z. B. einer Bohrmaschine⟩
p. aspirante Saugpumpe *f*
p. aspirante et foulante Drucksaugpumpe *f*
p. aspiratrice Absaugpumpe *f*
p. d'assèchement Lenzpumpe *f*; Nachlenzpumpe *f*
p. de balayage Spüllüftgebläse *n*
p. de ballastage Ballastpumpe *f*
p. à basse pression Niederdruckpumpe *f*
p. à béton Betonpumpe *f*
p. à boue(s) Schlammpumpe *f*, Spülpumpe *f*
p. à bras Handpumpe *f*
p. de cale Lenzpumpe *f*
p. de cargaison Ladeölpumpe *f*
p. centrifuge Kreiselpumpe *f*
p. à chaleur Wärmepumpe *f*
p. de circulation Umwälzpumpe *f*
p. de circulation d'eau Wasserpumpe *f*
p. de circulation d'eau de mer Seewasserumwälzpumpe *f*
p. de compression Druckpumpe *f*
p. à dépression Unterdruckpumpe *f*
p. à diaphragme Membranpumpe *f*
p. différentielle Differentialpumpe *f*
p. à diffusion Diffusionspumpe *f* ⟨Hochvakuumpumpe⟩
p. à diffusion d'huile Öldiffusionspumpe *f*
p. à diffusion de mercure Quecksilberdiffusionspumpe *f*
p. doseuse Dosierpumpe *f*
p. à eau Wasserpumpe *f*
p. d'eau douce Frischwasserpumpe *f*
p. d'eau d'égout Abwasserpumpe *f*, Schmutzwasserpumpe *f*
p. d'eau de mer Seewasserpumpe *f*
p. à eau usée Abwasserpumpe *f*, Schmutzwasserpumpe *f*
p. électromagnétique elektromagnetische Pumpe *f*
p. à engrenages Zahnradpumpe *f*
p. d'épuisement Lenzpumpe *f*
p. à essence 1. Kraftstoffpumpe *f*, Benzinpumpe *f*; 2. Tanksäule *f*
p. à étages multiples Mehrstufenpumpe *f*

p. d'exhaure ⟨Brg⟩ Wasserhaltungspumpe *f*
p. d'extraction Kondensationspumpe *f* ⟨Hochvakuumpumpe⟩
p. de fonçage ⟨Brg⟩ Abteufpumpe *f*
p. de fond Tiefbohrpumpe *f*
p. foulante Druckpumpe *f*
p. Fuller ⟨Ch⟩ Fuller-Pumpe *f*
p. de graissage Schmierpumpe *f*, Ölpumpe *f*
p. à graisse Fettpresse *f*
p. à hélice Propellerpumpe *f*, Kreiselpumpe *f* axialer Bauart
p. hélicoïdale Schraubenpumpe *f*, Spindelpumpe *f*
p. à huile Ölpumpe *f*, Schmierpumpe *f*
p. immergée Tauchpumpe *f*
p. à incendie Feuerspritze *f*
p. d'injection Einspritzpumpe *f*
p. d'injection de combustible Brennstoffeinspritzpumpe *f*, Kraftstoffeinspritzpumpe *f*
p. d'injection directe Zylindereinspritzpumpe *f*
p. d'injection d'essence Benzineinspritzpumpe *f*
p. ionique Ionenpumpe *f*
p. à jet Strahlpumpe *f*
p. à jet d'eau Wasserstrahlpumpe *f*
p. à jet de vapeur Dampfstrahlpumpe *f*
p. à main Handpumpe *f*
p. mammouth Mammutpumpe *f*
p. marine Schiffspumpe *f*
p. à membrane Membranpumpe *f*
p. de mise en drapeau ⟨Flg⟩ Segelstellungspumpe *f*
p. moléculaire Molekularpumpe *f*
p. Nash ⟨Ch⟩ Nash-Pumpe *f*
p. à obturateur tournant Drehschieberpumpe *f*
p. à palettes Flügel(kolben)pumpe *f*
p. pétrisseuse Knetpumpe *f*
p. à piston Kolbenpumpe *f*
p. à piston plongeur Tauchkolbenpumpe *f*, Plungerkolbenpumpe *f*
p. à piston rotatif Drehkolbenpumpe *f*, Umlaufkolbenpumpe *f*, Drehschieberpumpe *f*
p. à piston à vapeur Dampfkolbenpumpe *f*
p. à pistons à excentrique Axialkolbenpumpe *f* mit Taumelscheibe
p. à pneumatique Reifenpumpe *f*
p. à poissons Fischpumpe *f*
p. à poussier de charbon Kohlenstaubpumpe *f*
p. de prégraissage Vorschmierpumpe *f*
p. à pression de gaz Gasdruckpumpe *f*

p. à pression de vapeur Dampfdruckpumpe f
p. primaire Vorvakuumpumpe f
p. de recyclage Umwälzpumpe f
p. de réfrigération (refroidissement) Kühlpumpe f
p. de reprise Beschleunigungspumpe f
p. en réserve Reservepumpe f
p. Roots Wälzkolbenpumpe f, Rootspumpe f
p. rotative 1. Umlaufkolbenpumpe f; 2. Kreiselpumpe f
p. rotative à palettes Drehschieberpumpe f
p. rotative à pistons Kolbenzellenpumpe f
p. de secours Notpumpe f; Reservepumpe f
p. en service Aktivpumpe f
p. submersible Unterwasserpumpe f
p. thermique Wärmepumpe f
p. de transfert Trimmpumpe f
p. à tube souple Schlauchpumpe f
p. à vapeur Dampfpumpe f
p. à vapeur de mercure Quecksilberdampfpumpe f
p. à vide Vakuumpumpe f; Luftpumpe f
p. à vide centrifuge Vakuumkreiselpumpe f
p. à vide élevé Hochvakuumpumpe f
p. à vide moléculaire Molekularvakuumpumpe f
p. à vis (d'Archimède) Schneckenpumpe f, Schraubenpumpe f, Spindelpumpe f
pomper (aus)pumpen, heraufpumpen
pomperie f Pumpstation f, Erdölpumpstation f
pompe-taupe f Maulwurfpumpe f
pompier m 1. Pumpenhersteller m; 2. Feuerwehrmann m
pompiste m Tankwart m, Tankstellenwart m
ponçage m Schleifen n mit Bimsstein, Abbimsen n, Bimsen n
ponce f Bimsstein m
p. de laitier Schaumschlacke f
ponceau m 1. Abzugskanal m, Durchlaß m; 2. Bogenbrücke f
p. à dalle Plattendurchlaß m
p. turbulaire Rohrdurchlaß m
poncer mit Bimsstein schleifen, (ab)bimsen
ponceuse f Schleifmaschine f
p. à disques Scheibenschleifmaschine f
p. à outil cylindrique Schleifmaschine f mit zylindrischem Werkzeug

ponceux bimssteinartig
poncif m ⟨Met⟩ Formpuder m
ponctuel punktförmig ⟨z. B. Katode⟩
pondérabilité f Wägbarkeit f
pondérable wägbar
pondérateur ausgleichend, das Gleichgewicht erhaltend
pondération f Gleichgewicht n
pondérer ins Gleichgewicht bringen
pondéreux m Schwergut n
pont m 1. Brücke f; 2. Deck n; 3. Brückenkran m, Laufkran m, Kran m ⟨s. a. grue⟩; 4. ⟨El⟩ Meßbrücke f; le long du p. längs Deck
p. abri Schutzdeck n, Shelterdeck n
p. acoustique akustische Brücke f
p. aérien Luftbrücke f
p. alternatif Wechselstrom(meß)brücke f
p. d'annulation ⟨Dat⟩ Löschbrücke f
p. en arc, p. à arches Bogenbrücke f
p. arrière 1. Achterdeck n; 2. Hinterachse f
p. des autos Autodeck n, Wagendeck n
p. avant Vordeck n
p. du balancier Unruhbrücke f
p. basculant Klappbrücke f
p. de bateaux Schiffsbrücke f; Pontonbrücke f
p. bifilaire Bifilarbrücke f
p. de (en) bois 1. Holzdeck n; 2. Holzbrücke f
p. cantilever Auslegerbrücke f
p. de capacités Kapazitätsmeßbrücke f
p. à chaines Kettenbrücke f
p. de chargement Ladebrücke f; Verladebrücke f
p. de chargement de minerais Erzverladebrücke f
p. chargeur Beschickungskran m
p. du château Brückendeck n
p. de chemin de fer Eisenbahnbrücke f
p. de cloisonnement Schottendeck n
p. de commande Steuerbrücke f
p. de compartimentage Schottendeck n
p. de contact Kontaktbrücke f
p. à containers Containerdeck n
p. continu durchlaufendes Deck n
p. continu (supérieur) (oberstes) durchlaufendes Deck n
p. coupe-feu Branddeck n
p. en courant alternatif s. p. alternatif
p. en courbe Kurvenbrücke f
p. à curseur Meßbrücke f mit Schleifkontakt
p. en cuvette ⟨Bw⟩ Trogbrücke f
p. à décades Dekaden(meß)brücke f

pont

p. **découvert** freies Deck n, Freideck n, Wetterdeck n
p. **démouleur de lingots** ⟨Met⟩ Blockabstreifkran m
p. **de dépannage** Fehlerortmeßbrücke f
p. **différentiel** Differentialmeßbrücke f
p. **de distorsion** Klirrfaktormeßbrücke f, Oberwellenmeßgerät m
p. **dormant** Bogenbrücke f
p. **double** Doppelmeßbrücke f
p. **double de Thomson** Thomsonbrücke f, Doppel(meß)brücke f
p. **dunette** Poopdeck n
p. **à électro-aimant** Magnetkran m
p. **élévateur** 1. Hubbrücke f; 2. Hebebühne f
p. **d'embarcations** Bootsdeck n
p. **d'encoche** ⟨El⟩ Nutensteg m
p. **d'envol** Flugdeck n
p. **en éventail** Fächerbrücke f
p. **exposé** s. p. découvert
p. **ferroviaire** Gleisdeck n
p. **à fil** Schleifdrahtmeßbrücke f
p. **flottant** schwimmende Brücke f
p. **en forme de caisson** Kastenträgerbrücke f
p. **de franc-bord** Freiborddeck n
p. **garage** Garagendeck n
p. **graphitique** Graphitbrücke f
p. **pour hautes fréquences** Hochfrequenzbrücke f
p. **d'impédances** Scheinwiderstandsmeßbrücke f, Impedanzmeßbrücke f
p. **d'incendie** Branddeck n
p. **d'inductances** Induktivitätsmeßbrücke f
p. **inférieur (intermédiaire)** Zwischendeck n
p. **intermédiaire coulissant** rollendes Zwischendeck n
p. **levant** Hubbrücke f
p. **de localisation de défauts** Meßbrücke f zur Bestimmung der Fehlerstelle, Fehlerortsmeßbrücke f
p. **en maçonnerie** Massivbrücke f
p. **de manutention** Verladebrücke f
p. **de mesure** Meßbrücke f
p. **pour la mesure de la capacité** Kapazitäts(meß)brücke f
p. **de mesure de conductibilité** Leitfähigkeitsmeßbrücke f
p. **de mesure à courant alternatif** s. p. alternatif
p. **de mesure à haute fréquence** Hochfrequenz(meß)brücke f
p. **à mesurer la fréquence** Frequenz(meß)brücke f

p. **métallique** Stahlbrücke f
p. **mobile** bewegliche Brücke f; Hubbrücke f
p. **de modulation** Modulationsbrücke f
p. **passerelle** Kommandobrücke f ⟨als Deck⟩
p. **de pêche** Arbeitsdeck n, Fangdeck n, Fischdeck n
p. **plate-forme** Plattformdeck n
p. **portique (roulant)** Portalkran m, Bockkran m, Verladebühne f
p. **principal** Hauptdeck n
p. **principal de cloisonnement (compartimentage)** Schottendeck n
p. **promenade** Promenadendeck n
p. **de reprise pour déblaiement** Abraumförderbrücke f
p. **de résistance** 1. Festigkeitsdeck n, Gurtungsdeck n; 2. Widerstands(meß)brücke f
p. **à résonance** Resonanzbrücke f
p. **roulant** Brückenkran m, Laufkran m
p. **roulant de coulée** ⟨Met⟩ Gießkran m
p. **roulant enfourneur de lingots** ⟨Met⟩ Blockeinsetzkran m
p. **roulant de four pit** ⟨Met⟩ Tiefofenkran m
p. **roulant gerbeur** Stapelkran m
p. **roulant à lingots** ⟨Met⟩ Blockkran m
p. **roulant mural** Wandlaufkran m, Konsollaufkran m
p. **roulant suspendu** Hängelaufkran m
p. **route-rail** Straßen- und Eisenbahnbrücke f
p. **salon** Salondeck n
p. **de Schering** Schering-Brücke f
p. **de secours** Behelfsbrücke f
p. **shelter** Schutzdeck n, Shelterdeck n
p. **simple** Einfach(meß)brücke f
p. **stripeur** ⟨Met⟩ Blockabstreifkran m
p. **supérieur** Oberdeck n
p. **de superstructures** Aufbaudeck n
p. **suspendu** 1. Hängebrücke f; 2. Hängedeck n
p. **de suspension de ressort** Federaufhängebrücke f ⟨Schreibmaschine⟩
p. **teugue** Backdeck n
p. **de la timonerie** Kommandobrücke f ⟨als Deck⟩
p. **tire-lingots** ⟨Met⟩ Blockausziehkran m
p. **en tôle** Stahldeck n
p. **de tonnage** Vermessungsdeck n
p. **tournant** 1. Drehbrücke f; 2. Drehscheibe f
p. **transbordeur** 1. Verladebrücke f, Portalkran m; 2. Förderbrücke f;

Schiebebühne f; 3. Brückenfähre f; Schwebefähre f
 p. de **travail** Verarbeitungsdeck n (Fischverarbeitung)
 p. à **trois membrures** Dreigurtbrücke f
 p. **universel** Allzweckmeßbrücke f, Universalmeßbrücke f
 p. de **voiture** Autodeck n, Wagendeck n
 p. de **Wheatstone** Wheatstonebrücke f, Wheatstonesche Brücke f
 faux p. Zwischendeck n; Zwischendecksraum m
pont-bascule m 1. Brückenwaage f, Quintenz-Waage f; 2. Gleiswaage f
pont-canal m Kanalbrücke f
pontée f Decksladung f
 p. de **bois** Holzdecksladung f
pont-grue m Brückenkran m; Portalkran m
pont-levis m Klappbrücke f; Zugbrücke f
ponton m Ponton m
 p. de **levage** Hebeponton m
ponton-grue m Schwimmkran m
pont-poutre m Balkenbrücke f
pont-rail m Eisenbahnbrücke f
pont-route m Straßenbrücke f
ponts mpl **et chaussées** fpl Brücken- und Straßenbauwesen n
pont-usine m Fabrikdeck n, Verarbeitungsdeck n
population f 1. ⟨Math⟩ Grundgesamtheit f; 2. ⟨Astr⟩ Population f
 p. de **poissons** Fischvorkommen n
poqueteuse f Verhorstmaschine f ⟨Rübenbau⟩
 p. **pour betteraves** Rübendibbelmaschine f
porcelaine f Porzellan n
 p. **cuite en dégourdi** mattweißes Porzellan n
 p. **dure** Hartporzellan n, Steinporzellan n, Feldspatporzellan n
 p. **électrotechnique** elektrotechnisches Porzellan n ⟨s. a. p. dure⟩
 p. à **fritte, p. frittée** Frittenporzellan n
 p. de **Saxe** Meißner Porzellan n
 p. **tendre** Weichporzellan n
 p. **tendre anglaise** englisches Porzellan n
porcelanique porzellanartig
pore m Pore f
poreux porös, schwammig
 non p. porenfrei
porion m Steiger m
 p. de **poste** Schichtsteiger m
 p. de **tir** Schießsteiger m

porosimètre m ⟨Text⟩ Beregnungsmesser m
porosité f 1. Porosität f, Porigkeit f; 2. ⟨Met⟩ Lunker m; **sans porosités** porenfrei
 p. de **fracture** Spaltenporosität f
porphyre m Porphyr m
porphyrique porphyrisch
porphyritique porphyrartig
porphyroblastique porphyroblastisch
porphyroclastique porphyroklastisch
porque f Rahmenspant m (n)
port m 1. Hafen m; 2. Tragfähigkeit f; 3. Ladefähigkeit f ⟨eines Schiffes⟩; **de p.** Hafen-
 p. **aérien** Flugplatz m, Flughafen m
 p. d'**arrivée** Endhafen m
 p. d'**attache** Heimathafen m
 p. **autonome** autonomer Hafen m ⟨besondere Verwaltungsform einiger französischer Häfen⟩
 p. de **base** Basishafen m, Einsatzhafen m
 p. de **chargement** Ladehafen m
 p. de **commerce** Handelshafen m
 p. de **débarquement** Ausschiffungshafen m; Löschhafen m
 p. de **délivrance** Ablieferungshafen m; Bestimmungshafen m
 p. de **destination** Bestimmungshafen m
 p. d'**embarquement** Einschiffungshafen m; Ladehafen m
 p. d'**escale** Zwischenhafen m
 p. d'**exploitation** s. p. de base
 p. **fluvial** Binnenhafen m; Flußhafen m
 p. **franc** Freihafen m
 p. à **grains** Getreidehafen m
 p. d'**immatriculation** Heimathafen m
 p. **en lourd [total]** Deadweight n [all told], Tragfähigkeit f
 p. **en lourd utile** 1. s. p. utile; 2. Tragfähigkeit f an Ladung und Treibstoffvorräten
 p. **marchand** Handelshafen m
 p. à **marée** offener Hafen m, Tidehafen m
 p. **maritime (de mer)** Seehafen m
 p. de **pêche** Fischereihafen m
 p. **pétrolier** Öl[umschlag]hafen m
 p. de **refuge** Nothafen m ⟨bei schwerer Havarie⟩
 p. de **relâche** Nothafen m ⟨bei geringfügigem Anlaß⟩
 p. de **reste** s. p. de refuge
 p. de **stationnement** Einsatzhafen m
 p. de **touchée** Zwischenhafen m
 p. **utile** Ladefähigkeit f, Nutzladung f, Zuladung f

p. des yachts Yachthafen m
portable tragbar
portail m d'approche Einflugschneise f
portainer m Containerverladebrücke f ⟨hafenseitig⟩
portance f Querkraft f, Auftrieb m; Tragfähigkeit f; Lastaufnahme f; à p. immédiate ⟨Brg⟩ soforttragend ⟨Stempel⟩
  p. aérodynamique aerodynamischer Auftrieb m
portant tragend
portatif tragbar
porte f 1. Tür f; Tor n; Pforte f; 2. ⟨Schiff⟩ Scherbrett n
  p. d'accès Einsteigtür f
  p. d'aérage ⟨Brg⟩ Wettertür f
  p. arrière Heckklappe f, Heckpforte f
  p. avant Bugklappe f, Bugpforte f
  p. de barrage Sperrtor n
  p. de (sur) bordé Außenhautpforte f, Seitenpforte f
  p. busquée Stemmtor n ⟨Schleuse⟩
  p. cendrier Aschentür f
  p. de chargement Beschickungstür f; Fülltür f; Feuertür f; ⟨Schiff⟩ Ladepforte f
  p. de chauffe Feuertür f
  p. à clapet Drehtür n, Klapptor n
  p. coulissante Schiebetor n; Schiebetür f
  p. coupe-feu ⟨Schiff⟩ Feuerklassetür f
  p. d'écluse Schleusentor n
  p. d'emménagement Innentür f; Kabinentür f
  p. d'étambot Heckklappe f, Heckpforte f
  p. étanche Schottür f
  p. d'étrave s. p. avant
  p. de four Ofentür f
  p. du foyer Feuertür f
  p. à glissière s. p. coulissante
  p. d'incendie ⟨Schiff⟩ Feuerklassetür f
  p. intérieure Innentür f
  p. latérale Außenhautpforte f, Seitenpforte f
  p. levante Hubtor n
  p. de pavois Schanzkleidpforte f
  p. plongeante Versenktor n
  p. à segment Segmenttor n
  p. à vantaux Flügeltür f
  p. vitrée Glastür f
  grande p. à bouchon ⟨Flg⟩ Einstecktür f
porte-à-faux m Überhängen n; Überkragung f; Auskragung f; en p. freitragend; überhängend; vorspringend; auskragend

porte-aiguille m Nadelhalter m ⟨Tonabnehmer⟩
porte-balais m Bürstenhalter m
porte-buse(s) m Düsenblock m
porte-câble(s) m Kabelhalter m
porte-charbon(s) m ⟨El⟩ Kohlenhalter m
porte-container m Containerschiff n
porte-copie m Tenakel n, Manuskripthalter m
porte-cristal m Kristallhalter m
porte-diaphragme m Blendenhalter m
portée f freitragende Fläche f; 2. Spannweite f, Tragweite f, Stützweite f; 3. Arbeitsbereich m; Wirkungsbereich m; Reichweite f ⟨s. a. parcours⟩; Wurfweite f; Zielweite f; Aktionsradius m; 4. Ausladung f ⟨z. B. Kran, Werkzeugmaschine⟩; 5. Wellenzapfen m, Lauffläche f, Zapfen m, Lagerzapfen m; à p. libre freitragend; à double p. doppeltgelagert
  p. d'arbre Wellenzapfen m
  p. diurne Tagesreichweite f
  p. efficace effektive Reichweite f
  p. extrapolée extrapolierte Reichweite f
  p. des forces moléculaires Reichweite f der molekularen Kräfte
  p. en lourd (totale) s. port en lourd (total)
  p. de lunette Objektivknopf m ⟨am Fernrohr⟩
  p. moyenne mittlere Reichweite f
  p. nocturne (de nuit) Nachtreichweite f
  p. résiduelle Restreichweite f
  p. entre segments Ringsteg m, Kolbensteg m, Nutensteg m
  p. utile s. port utile
porte-échantillon m Probenhalter(ung f) m, Probenträger m
porte-électrode m Elektrodenzange f
porte-entonnoir m Filtrierständer m
porte-fenêtre f Fenstertür f
porte-filière m Schneideisenhalter m
porte-film m Filmhalter m
porte-fils m ⟨Text⟩ Streichbaum m
porte-filtre m Filterhalter m, Filterstativ n
porte-fusée m Achsschenkel m
porte-fusible m Sicherungshalter m; Schraubkappe f ⟨einer Sicherung⟩
porte-gerbes m Eckengarbenträger m
porte-informations f Datenträger m
porte-injecteur m Einspritzdüsenhalter m
porte-isolateur m Isolatorträger m
porte-lames m 1. Gattersäge f; 2. Messerkopf m

porte-manteau m Drehdavit n
porte-molettes m à filtrer Gewinderollkopf m
porte-objectif m Objektivgehäuse n
porte-objet m Objekthalter m, Objektträger m, Präparathalter m
porte-outil m Werkzeughalter m, Meißelhalter m; Bohrstange f
 p. à **aléser** Bohrstange f
 p. **multiple** Vielfachmeißelhalter m
porte-page m Portepage f
porte-poinçons m Stempelhalteplatte f ⟨Schnittwerkzeug⟩
porter tragen
porter m ⟨Text⟩ Tragebeanspruchung f
porte-rouleau m **de papier** Papierrollenhalter m
porte-scie m Sägebügel m; Sägebock m
porte-signal m Signalstütze f
porteur tragend, Träger-
porteur m 1. Transportkarren m ⟨s. a. chariot porteur⟩; 2. Lastaufnahmemittel n ⟨Kran⟩; 3. Baggerschute f; 4. ⟨Kern⟩ Träger m, Trägersubstanz f; **sans p.** trägerfrei
 p. **d'acide carbonique** Kohlensäureträger m
 p. **à aimant** Lasthebemagnet m ⟨Kran⟩
 p. **à aimant permanent** Permanentlasthebekran m
 p. **de charge** Ladungsträger m
 p. **de déblais** Baggerschute f
 p. **de feuilles** Folienhalter[ung f] m
 p. **d'information** Informationsträger m
 p. **magnétique** Lasthebemagnet m
 p. **d'oxygène** Sauerstoffträger m
porteuse f Trägerfrequenz f; Trägerwelle f
 p. **couleur** Farbträger m
 p. **image** Bildträger m
 p. **image du canal voisin** Nachbarbildträger m
 p. **intermédiaire** Zwischenträger m
 p. **réduite** unterdrückter Träger m
 p. **résiduelle** Restträger m
 p. **son** Tonträger m
 p. **son du canal voisin** Nachbartonträger m
 p. **son moyenne fréquence** Tonträgerzwischenfrequenz f
 p. **supprimée** unterdrückter Träger m
porte-vent m 1. Düsenstock m; 2. ⟨Brg⟩ Wetterlutte f
porte-voix m **électrique** elektrisches Megafon n
portière f Wagentür f; Abteiltür f
 p. **coulissante** Schiebetür f

portique m 1. Säulengang m; Säulenhalle f; 2. Gerüst n; 3. Portal n; Rahmen m; 4. Portalkran m, Verladebrücke f, Bockkran m; 5. ⟨Schiff⟩ Portalmast m
 p. **articulé** Klappgalgen m, Schwenkgalgen m
 p. **articulé Unigan** s. p. Unigan
 p. **de chargement Munck** Munck-Lader m
 p. **à containers** Containerverladebrücke f
 p. **de pêche** Fangportal n, Heckportal n ⟨Portalmast⟩
 p. **roulant** Portal[lauf]kran m, Verladebrücke f
 p. **à signaux** Signalbrücke f
 p. **de soudage** Koordinatenaufhängevorrichtung f für eine Schweißzange; Schweißportal n
 p. **special portainer** Containerverladebrücke f ⟨hafenseitig⟩
 p. **support de caténaire** ⟨Eb⟩ Fahrleitungsjoch n
 p. **Unigan** Unigan-Klappgalgen m, Unigan-Schwenkgalgen m
portuaire Hafen-
pose f 1. Verlegen n; Verlegung f; Einbau m; 2. Belichtung f; 3. Aufnahme f
 p. **de câble[s]** Kabelverlegung f
 p. **sous crépi** Verlegung f unter Putz, Unterputzverlegung f
 p. **sur crépi** Verlegung f auf Putz, Aufputzverlegung f, Überputzverlegung f
 p. **à demeure** feste Verlegung f
 p. **du soutènement** ⟨Brg⟩ Einbringen n des Ausbaus
 p. **sous tubes** Verlegung f in Rohren
 p. **des tuyaux** Rohrverlegung f, Rohrlegen n
 p. **de la voie** Gleisverlegung f
seconde p. Zweitbelichtung f
posemètre m Belichtungsmesser m
poser 1. setzen, stellen, legen; 2. verlegen; anbringen; 3. einsetzen ⟨eine Zahl⟩; festsetzen ⟨einen Wert⟩; 4. aufsetzen ⟨ein Flugzeug⟩; 5. einsetzen ⟨Gläser⟩; 6. belichten
 p. **sur champ** hochkant stellen
 p. **à cru** gründungslos bauen
 p. **à demeure** fest verlegen
poseur de la voie Rottenarbeiter m
positif positiv
positif m Positiv n, Abzug m
position f 1. Stelle f, Platz m; 2. Stellung f; Lage f; 3. ⟨Math⟩ Ansatz m; **en p. droite** in aufrechter Schwimmlage ⟨z. B. Schiff⟩

position

p. de l'aiguille Weichenstellung f
p. air ⟨Flg⟩ Standort m ohne Windberücksichtigung
p. d'arrêt Haltstellung f
p. atomique Atomlage f
p. de l'axe Achsenlage f
p. binaire Binärstelle f, Binärplatz m
p. cis ⟨Ch⟩ cis-Stellung f
p. de contact Kontaktstellung f
p. de la corne ⟨Schiff⟩ Baumstellung f
p. de coupure Abschaltstellung f, Ausschaltstellung f
p. de départ Ausgangsstellung f
p. de digit Ziffernstelle f, Ziffernplatz m
p. d'enclenchement Einschaltstellung f
p. d'équilibre Gleichgewichtslage f
p. d'extinction Auslöschungslage f
p. extrême Endstellung f
p. fermée Einschaltstellung f
p. finale Endstellung f
p. identifiée Franz-Standort m ⟨durch unmittelbare Beobachtung des Bodens bestimmter Standort eines Luftfahrzeugs⟩
p. d'impulsion Impulslage f
p. initiale Ausgangsstellung f, Anfangsstellung f
p. de l'interrupteur Schalterstellung f
p. d'interruption Ausschaltstellung f
p. interstitielle Zwischengitterplatz m
p. inverse ⟨Geol⟩ inverse Lagerung f
p. du mât de charge ⟨Schiff⟩ Baumstellung f
p. de mémorisation des données Datenspeicherplatz m
p. méta ⟨Ch⟩ m-Stellung f
p. du navire Position f, Schiffsort m, Schiffsstandort m
p. ortho ⟨Ch⟩ o-Stellung f
p. para ⟨Ch⟩ p-Stellung f
p. de phase Phasenlage f
p. la plus probable wahrscheinlichster Standort m
p. de réflexion Reflexionsstellung f
p. de réflexion caractéristique Reflexposition f, Reflexlage f
p. repos Ruhestellung f
p. de réserve ⟨Dat⟩ Reserveplatz m, Reservestelle f
p. de service Betriebsstellung f
p. sol ⟨Flg⟩ Standort m über Grund
p. de soupape Ventilstellung f
p. trans ⟨Ch⟩ trans-Stellung f
p. de transmission Durchstrahlstellung f
p. de travail Arbeitsstellung f
p. de voie libre Fahrtstellung f
p. (de) zéro Nullstellung f, Nullage f

positionnement m Auflegen n, Auslegen n ⟨z. B. von Platten⟩; Aufsetzen n ⟨z. B. von Profilen⟩
p. d'une virgule Kommaeinstellung f
positionner positionieren
positionneur m 1. Positioniervorrichtung f, Schwenk- und Drehvorrichtung f, Manipulator m; 2. ⟨El⟩ Stellrelais n; 3. Auflegevorrichtung f ⟨z. B. für Platten⟩; Aufsetzvorrichtung f ⟨z. B. für Profile⟩
positivité f elektrisch positiver Zustand m
positon m Positron n
positonium m Positronium n
possibilité f :
p. d'analyse Analysiermöglichkeit f
p. de commande Steuerbarkeit f
p. de réglage Regelbarkeit f
p. de stockage Lagerfähigkeit f
p. d'usinage Verarbeitungsmöglichkeit f, Bearbeitungsmöglichkeit f
postaccélération f Nachbeschleunigung f
postcalculation f Nachkalkulation f
postcombustion f Nachbrennen n
postcontraction f Nachschwindung f
postcristallin postkristallin
poste m 1. Stand m, Stelle f; 2. Stellung f, Funktion f; Posten m; 3. ⟨El⟩ Station f ⟨s. a. centrale⟩; 4. Radioapparat m; Sender m; Empfänger m; 5. Fernsprecher m; 6. Liegeplatz m; 7. Umschlaganlage f; 8. Mehrbettkabine f, Mehrbettkammer f; 9. Schicht f
p. d'abandon Bootsstellplatz m
p. d'abonné Teilnehmeranschluß m, Teilnehmerapparat m
p. d'accostage Anlegestelle f
p. d'achèvement Ausrüstungsliegeplatz m
p. d'achèvement à flot Liegeplatz m am Ausrüstungskai
p. d'aiguillage Stellwerk n; Blockstelle f
p. d'alerte Alarmzentrale f
p. d'annonce des trains Zugmeldestelle f
p. d'armement Ausrüstungsliegeplatz m
p. d'assemblage Montagestelle f
p. d'attente Pufferplatz m; Zwischenlager n
p. d'automobile Autoempfänger m
p. de bloc Blockstelle f
p. central de contrôle d'incendie Feuermeldezentrale f
p. central de contrôle de la machine Maschinenkontrollstand m, Maschi-

nenüberwachungsstand m; Maschinenüberwachungszentrale f
p. de la centrale Kraftwerksschaltanlage f
p. de chargement Ladestation f
p. de chauffeur Heizerstand m
p. de commande Bedienungsplatz m; Fahrstand m; Leitstand m
p. de commande machine Maschinenfahrstand m, Maschinenleitstand m
p. de commande du moteur principal Hauptmotorenfahrstand m, Hauptmaschinenfahrstand m
p. de commande de la timonerie Brückenfahrstand m
p. de commandement ⟨Eb⟩ Oberzugleitung f
p. du conducteur Bedienungsstand m
p. de contrôle Kontrolleinheit f
p. de contrôle centrale Leitstand m
p. de contrôle d'un four Ofenwarte f
p. de déchargement Entladestation f
p. effectué verfahrene Schicht f
p. élévateur Aufspannstation f
p. émetteur-récepteur Sende-Empfangs-Gerät n
p. d'équipage Besatzungsraum m; Mannschaftsraum m
p. d'essai Prüfstand m
p. d'essence Tankstelle f
p. exceptionnel Sonderschicht f
p. expérimental Versuchsgerät n
p. extérieur Freiluftstation f
p. extérieur de la centrale Kraftwerksschaltanlage f
p. à galène Detektorempfänger m
p. d'interconnexion Übergabestation f
p. de laminage Walzmannschaft f
p. local Ortsfernsprecher m; Ortssender m, Bezirkssender m
p. à machine Maschinensender m
p. de manœuvre 1. Bedienungsstand m; Fahrstand m, Manöverstand m; 2. ⟨Eb⟩ Stellwerk n
p. de manœuvre de secours Notfahrstand m
p. de manœuvre de la timonerie Brückenfahrstand m
p. du mécanicien Führerstand m
p. d'observation Krähennest n, Mastkorb m
p. parallèle Parallelfernsprecher m
p. de personnel Besatzungsraum m (Mehrbettraum)
p. de pilotage Lotsenstation f
p. à pinces Schweißzangenanlage f, Schweißzangengenerator m, Schweißzangentransformator m
p. pocket Taschenempfänger m
p. principal d'abonné Fernsprechhauptanschluß m
p. privé privater Fernsprechanschluß m
p. à quai Kailiegeplatz m
p. de radio Funkraum m
p. de radionavigation Funknavigationsstelle f
p. récepteur Empfänger m
p. à redresseur Schweißgleichrichter m
p. de remblayage Versatzschicht f
p. de reportage Reportageanlage f
p. de retournement Wendestation f, Drehstelle f, Drehstation f
p. secondaire Fernsprechnebenanschluß m
p. secteur Netzanschlußempfänger m
p. de sectionnement Trennstelle f
p. de service Dienstanschluß m ⟨Telefon⟩
p. de signalisation Signalstelle f; ⟨Eb⟩ Signalstellwerk n
p. de soudage Schweißapparat m; Schweißgenerator m, Schweißtransformator m
p. stéréophonique Stereogerät n ⟨Radio⟩
p. de table Tischgerät n
p. de télécommande Fernbedienungsstand m, Fernsteuerstand m
p. téléphonique Fernsprechstelle f
p. téléphonique mural Wandfernsprecher m
p. téléphonique à prépaiement Münzfernsprecher m
p. téléphonique public öffentlicher Fernsprecher m
p. de téléscription Fernschreibstelle f
p. toutes-ondes Allwellenempfänger m
p. de transformation Umspannstation f
p. de transformation extérieur Freilufttransformatorstation f
p. à transistors Transistorempfänger m
p. transmetteur d'amateur Amateursender m
p. de travail Arbeitsplatz m, Arbeitsstelle f; Bearbeitungsstation f
p. du treuil Windenfahrstand m, Windenkontroller m
p. de T.S.F. Rundfunkempfänger m
poste-secteur m Netz[anschluß]empfänger m
postévaporateur m Nachverdampfer m
poste-voiture m Autoempfänger m

postfixation

postfixation f Nachfixierung f
postluminescence f Nachleuchten n
postulat m (Math) Axiom n, Forderung f, Postulat n
  p. quantique Quantenpostulat n
postvulcanisation f Nachvulkanisation f
pot m Kanne f, Topf m; (Text) Spinntopf m
  p. d'affinage Läuterungswanne f
  p. à colle Leimtopf m
  p. collecteur Melkkanne f
  p. couvert gedeckter Hafen m
  p. de cuisson de colle Leimkochtopf m
  p. d'échappement Auspufftopf m
  p. fermé gedeckter Hafen m
  p. de filature (Text) Spinntopf m
  p. de fusion Schmelzwanne f
  p. ouvert offener Hafen m
  p. de plastification Plastizierraum m
  p. de recuit (Met) Glühtopf m
  p. de transfert Spritztopf m
  p. de travail Arbeitswanne f
  p. de verrier Hafen m
potasse f Pottasche f, Kaliumkarbonat n
  p. caustique Ätzkali n, Kaliumhydroxid n
potassique Kalium-
potassium m Kalium n
poteau m Pfahl m, Pfosten m; Stange f; Mast m, Leitungsmast m
  p. en A A-Mast m
  p. d'arrêt Endmast m
  p. avertisseur Ankündigungsbake f
  p. à console Auslegermast m
  p. de départ (distribution) Verteilungsmast m
  p. en double T Doppel-T-Mast m
  p. en H H-Mast m
  p. d'huisserie Türpfosten m; Fensterpfosten m
  p. de mine Grubenstempel m
  p. à poutrelles à larges ailes Breitflanschträgermast m
  p. de répartition Verteilungsmast m
  p. en treillis Gittermast m
  p. tubulaire Hohlmast m
poteaux mpl jumelés Doppelmast m
potée f Formerde f
potelle f (Brg) Bühnenloch n
potence f 1. Ausleger m; Säulendrehkran m; 2. Kranvorsatz m (Gabelstapler); 3. Fischgalgen m, Galgen m; 4. Lenkervorbau m
  p. à bras satellite Säulendrehkran m. mit Satellitenausleger
  p. éclairage Lichtgalgen m
  p. à rotation totale Auslegerkran m
potentiel potentiell; Potential-

potentiel m Potential n; Spannung f; Potentialunterschied m; Potentialgefälle n
  p. d'accélération Beschleunigungspotential n
  p. d'adhésion Haftpotential n
  p. d'amorçage Zündpotential n
  p. d'arrêt Bremspotential n
  p. sur l'axe Achsenpotential n
  p. des balais Bürstenpotential n
  p. de blocage par grille Gittersperrspannung f
  p. du champ retardateur Bremsspannung f
  p. de charge Ladepotential n, Ladungspotential n
  p. chimique chemisches Potential n
  p. de contact Kontaktpotential n
  p. d'une couche double (Math) Potential n einer Doppelschicht
  p. coulombien Coulomb-Potential n
  p. de décharge Entladungspotential n
  p. de déformation Deformationspotential n
  p. de demi-cellule Halbzellenpotential n
  p. de dépôt Abscheidungspotential n
  p. de différence (El) Spannung f (s. a. tension)
  p. disruptif 1. Durchschlagsspannung f; 2. Durchbruchsspannung f
  p. d'échange Austauschpotential n
  p. électrique elektrisches Potential n
  p. des électrodes Elektrodenpotential n
  p. de la gravité Schwerepotential n, Gravitationspotential n
  p. de (à la) grille Gitterpotential n
  p. d'interaction Wechselwirkungspotential n
  p. d'ionisation Ionisationspotential n
  p. magnétique magnetisches Potential n
  p. nucléaire Kernpotential n
  p. d'oxydation Oxydationspotential n
  p. d'oxyoréduction Redox-Potential n
  p. de la pesanteur s. p. de la gravité
  p. de rayonnement Strahlungspotential n
  p. redox Redox-Potential n
  p. de référence Bezugspotential n
  p. retardé retardiertes Potential n
  p. scalaire skalares Potential n
  p. simple Einzelpotential n
  p. du sol Erdpotential n
  p. statique statisches Potential n
  p. de (la) terre, p. terrestre Erdpotential n

p. thermodynamique thermodynamisches Potential n
p. de vitesse Geschwindigkeitspotential n
p. zéro Nullpotential n
potentiel-vecteur m Vektorpotential n
potentiomètre m Potentiometer n
  p. d'affichage Einstellpotentiometer n
  p. ajustable einstellbares Potentiometer n
  p. antironfleur Entbrummer m
  p. à auto-équilibrage selbsttätig abgleichendes Potentiometer n
  p. bobiné Drahtpotentiometer n, Drahtregler m
  p. de compensation Ausgleichspotentiometer n
  p. d'équilibrage Trimmerpotentiometer n
  p. fonctionnel Funktionspotentiometer n
  p. sans forces électrothermiques Poggendorff-Kompensator m, thermokraftfreies Potentiometer n
  p. graphite Schichtpotentiometer n
  p. à interrupteur Schalterpotentiometer n
  p. à lecture directe direkt anzeigendes Potentiometer n
  p. de puissance Lautstärkeregler m
  p. de réglage du gain Verstärkungsregler m
  p. tandem Doppelpotentiometer n, Tandempotentiometer n
poterie f 1. Steingut n, Töpfereiwaren fpl, Keramikwaren fpl; 2. Töpferwerkstatt f, Töpferei f
  p. apyre Brauntöpferei f
  p. commune Töpfergut n
  p. de grès Steinzeug n
  p. imperméable dichte Tonwaren fpl
  p. poreuse Tongut n
poteries fpl Irdenwaren fpl
poudre f Pulver n, Preßpulver n, Puder m
  p. abrasive Schleifpulver n
  p. d'antimaculage Druckbestäubungspuder m
  p. antiretassure Lunkerpulver n
  p. atomisée Schleuderpulver n, Verdüsungspulver n
  p. à braser Lötpulver n
  p. de bronze Bronzepulver n, Bronzepuder m; Bronzedruckfarbe f
  p. de cémentation, p. à cémenter Einsatzpulver n
  p. cristalline (de cristaux) Kristallpulver n
  p. électrolytique Elektrolytpulver n
  p. de fer Eisenpulver n
  p. frittée Sinterpulver n
  p. sans fumée rauchloses Pulver n
  p. de magnésium Magnesiumpulver n
  p. métallique Metallpulver n
  p. de mine Grubenpulver n, Schießpulver n
  p. à mouler Gießpulver n
  p. noire Schwarzpulver n
  p. à souder, p. de soudure Schweißpulver n
poudreuse f Stäuber m
  p. à semences Beizapparat m, Trockenbeizer m
poudreux staubfein
pouliage m ⟨Schiff⟩ Blockwerk n
poulie f 1. Rolle f, Riemenscheibe f, Seilscheibe f; 2. ⟨Schiff⟩ Block m
  p. d'apiquage Hangerblock m
  p. à câble Seilscheibe f
  p. de chalut Kurrleinenblock m
  p. de charge Ladeblock m
  p. de commande Antriebsrolle f
  p. différentielle Differentialflaschenzug m
  p. d'entraînement Antriebsscheibe f
  p. fixe feste Rolle f
  p. folle leerlaufende Scheibe f
  p. de freinage Bremsscheibe f
  p. de fune Kurrleinenblock m
  p. à gradins Stufenscheibe f
  p. de hissage Ladeblock m
  p. isolante à gorge Rillenisolator m
  p. magnétique Magnetbandrolle f
  p. menante treibende Scheibe f, Antriebsscheibe f
  p. menée getriebene Scheibe f
  p. mobile lose Rolle f
  p. motrice Treibscheibe f
  p. à réduction interne Reduzierscheibe f
  p. de renvoi Umlenkrolle f ⟨z. B. Tonbandgerät⟩
poulie-guide f Lenkrolle f
poumon m **d'acier, p. artificiel** eiserne Lunge f
poupe f s. arrière 2.
poupée f Spillkopf m ⟨einer Winde⟩, Windenkopf m
  p. d'alésage Bohrkörper m
  p. diviseur Teilkopf m
  p. fixe Spindelstock m, Spindelkasten m
  p. de halage Spillkopf m ⟨einer Winde⟩, Windenkopf m
  p. mobile ⟨Masch⟩ Reitstock m
  p. de perçage Bohrschlitten m
  p. porte-meule Schleifspindelstock m

poupée

p. **porte-pièce** Werkstückspindelstock *m*
p. **de touage** Spillkopf *m* ⟨einer Winde⟩, Windenkopf *m*
pourcentage *m* Prozentsatz *m*
p. **de dose en profondeur** prozentuale Tiefendosis *f*
p. **des pertes** prozentualer Verlust *m*
p. **en poids** Gewichtsprozent *n*, Masseprozent *n* ⟨einer Lösung⟩
pourrir faulen, verrotten
pourrissage *m* Mauken *n* ⟨Keramik⟩
pourrissement *m* Verrotten *n*
pourriture *f* Verrotten *n*; Verrottung *f*, Fäulnis *f*, Fäule *f*
p. **de l'aubier** Splintfäule *f*
p. **molle** Weichfäule *f*, Moderfäule *f*
poursuite *f* **automatique** 1. ⟨Flg⟩ automatische Zielverfolgung *f*; 2. ⟨BMSR⟩ automatische Folgesteuerung *f*
poussage *m* Schubschiffahrt *f*
poussard *m* ⟨Brg⟩ Spreize *f*, Strebe *f*, Stütze *f*
poussardage *m* ⟨Brg⟩ Verbolzung *f*
poussarder ⟨Brg⟩ verbolzen
pousse *f* Schiebelokomotive *f*
poussée *f* Auftrieb *m*, Querkraft *f*; Schub[kraft *f*] *m*
p. **d'Archimède** Auftrieb *m* ⟨im fluiden Medium⟩
p. **axiale** Axialdruck *m*, Axialschub *m*
p. **du gouvernail** Ruderdruck *m*
p. **horizontale** Horizontalschub *m*
p. **hydrostatique** hydrostatischer Auftrieb *m*
p. **latérale** Seitendruck *m*
p. **longitudinale de la voûte** Gewölbelängsschub *m*
p. **de mine** Gebirgsschlag *m*
p. **des terres** Erddruck *m*, Schub *m*
p. **transversale** Querschub *m*
p. **du vent** Winddruck *m*
p. **de la voûte** Gewölbeschub *m*; Kämpferdruck *m*
pousse-lingots *m* Blockdrücker *m*
pousse-pointe[s] *m* Durchschlag *m*
pousser stoßen, treiben, drücken, schieben
p. **des palplanches** ⟨Brg⟩ vorpfänden ⟨eine Strecke⟩
pousseur *m* Schubboot *n*
p. **de canal** Kanalschubboot *n*
p. **d'étrave** Bugstrahlruder *n*
p. **de fleuve** Stromschubboot *n*
p. **transversal** Querschubanlage *f*
poussier *m* Feinkohle *f* ⟨unter 1 mm⟩
p. **de coke** Koksgrus *m*
poussière *f* Staub *m*

p. **atmosphérique** atmosphärischer Staub *m*
p. **de charbon** Kohlenstaub *m*
p. **de forage** Bohrstaub *m*
p. **de haut fourneau** Gichtstaub *m*
p. **radio-active** radioaktiver Staub *m*
p. **stérile** Gesteinsstaub *m*
poussières *fpl* **industrielles** Industriestaub *m*
poussoir *m* Druckknopf *m*; Druckstück *n*
p. **d'éjection** Ausstoßbolzen *m*
p. **de soupape** Ventilstößel *m*
poutrage *m* Gebälk *n*; Balkentragwerk *n*
p. **entrelacé** Flechtwerkträger *m*
p. **équarri** Vierkantholz *n*
p. **à un versant** einhüftiger Balken *m*
poutre *f* Balken *m*; Binder *m*; Träger *m*; Unterzug *m*; Stütze *f*; Querbalken *m*; Riegel *m*; Kranträger *m*
p. **en acier laminé** Stahlprofilträger *m*
p. **à âme pleine** Vollwandträger *m*
p. **annulaire** Ringträger *m*
p. **armée** bewehrter Träger (Balken) *m*
p. **assemblée par clouage** Nagelbinder *m*
p. **en béton armé** Stahlbetonträger *m*, Stahlbetonbalken *m*
p. **en béton à cordes d'acier** Stahlsaitenbetonträger *m*
p. **en bois** Holzbalken *m*, Holzträger *m*
p. **en cadre** Rahmenträger *m*
p. **chevillée** Dübelbalken *m*
p. **continue** durchlaufender Balken *m*, Durchlaufbalken *m*; Durchlaufträger *m*
p. **encastrée** eingespannter Träger (Balken) *m*
p. **en encorbellement** Kragträger *m*
p. **d'essai** Versuchsbalken *m*
p. **à grilles** Gitterträger *m*
p. **de grue** Kranträger *m*
p. **lamellée-collée** Schichtholzträger *m*
p. **maîtresse** Hauptträger *m*, Hauptunterzug *m*, Binderbalken *m*, Abfangeträger *m*
p. **navire** Schiff *n* als Träger, Träger *m* „Schiff" ⟨Festigkeit⟩
p. **de noue** Hahnenbalken *m*
p. **parabolique** Parabelträger *m*
p. **de plafond** Deckenträger *m*
p. **plate-forme** Plattenbalken *m*
p. **de pont** Brückenträger *m*
p. **en porte-à-faux** Freiträger *m*, Konsolträger *m*, Kragträger *m*
p. **principale** Hauptunterzug *m*, Hauptträger *m*
p. **de raidissement** Versteifungsträger *m*, Versteifungsbalken *m*

p. rapide Rapidbalken m
p. de rive Randträger m, Randbalken m
p. roulante Einträgerlaufkran m, Einträgerbrückenkran m
p. transversale Querträger m
p. en (à) treillis Fachwerkträger m
poutre-fuselage f ⟨Flg⟩ Leitwerksträger m
poutrelle f kleiner Balken m; ⟨Brg⟩ Spreize f
p. d'acier Stahlträger m
poutres fpl Tragwerk n
p. en cadre Rahmentragwerk n
pouvoir m Leistungsvermögen n, Fähigkeit f, Vermögen n ⟨s. a. capacité⟩
p. absorbant Absorptionsvermögen n
p. d'absorption Saugfähigkeit f
p. d'absorption acoustique Schallabsorptionsvermögen n
p. d'absorption calorifique Wärmeaufnahmevermögen n
p. adhésif Haftvermögen n
p. d'adsorption Adsorptionsvermögen
p. agglutinant Backvermögen n
p. antidétonant Klopffestigkeit f
p. d'arrêt Bremsvermögen n, Bremskraft f
p. ascensionnel aerostatischer Auftrieb m
p. attractif Anziehungskraft f
p. blanchissant Bleichwirkung f
p. calorifique Heizwert m
p. calorifique inférieur unterer Heizwert m
p. calorifique supérieur oberer Heizwert m
p. calorifique utile unterer Heizwert m
p. collant Bindekraft f
p. colorant Färbekraft f
p. de coupure Ausschaltleistung f
p. de coupure nominal Nennabschaltvermögen n
p. couvrant Deckvermögen n, Deckkraft f
p. de décharge ⟨El⟩ Ableitvermögen n
p. défroissant Knittererholungsvermögen n
p. détergent Waschvermögen n, Reinigungsvermögen n
p. diffractant Streuvermögen n
p. de diffraction Beugungsvermögen n
p. diffusant Streuvermögen n
p. diffusant atomique atomares Streuvermögen n
p. dispersif (de dispersion) Dispersionsvermögen n, Zerstreuungsvermögen n

p. de dissipation Streuvermögen n
p. dissolvant Lösungsvermögen n
p. d'échange calorifique Wärmeabgabevermögen n
p. éclairant Lichtstärke f, Beleuchtungsstärke f
p. d'écoulement Ableitvermögen n
p. émissif Emissionsvermögen n, Ausstrahlungsvermögen n
p. d'emmagasinage Speicherfähigkeit f
p. feutrant ⟨Text⟩ Filzvermögen n
p. gonflant ⟨Text⟩ Bauschvermögen n
p. de gonflement ⟨Text⟩ Quellvermögen n
p. hygroscopique Saugfähigkeit f
p. inducteur spécifique Dielektrizitätskonstante f
p. ionisant Ionisationsvermögen n
p. isolant Isolationsvermögen n, Isolierfähigkeit f
p. lavant Waschvermögen n
p. lubrifiant Schmierfähigkeit f
p. mouillant Netzkraft f, Netzvermögen n
p. multiplicateur Erweiterungsfaktor m
p. oxydant Oxydationskraft f
p. de pénétration Durchdringungsvermögen n, Durchdringungskraft f
p. de ralentissement Bremsvermögen n
p. réducteur Reduktionskraft f
p. réfléchissant (réflecteur) Reflexionsvermögen n
p. réflecteur spectral spektrales Reflexionsvermögen n
p. réfractif Refraktionsvermögen n
p. réfrigérant Kühlvermögen n
p. réfringent Refraktionsvermögen n
p. de résolution ⟨Opt⟩ Auflösungsvermögen n
p. de rétention de l'eau ⟨Text⟩ Wasserrückhaltevermögen n
p. de rotation, p. rotatoire Drehvermögen n ⟨z. B. einer Polarisationsebene⟩
p. rotatoire optique optisches Drehvermögen n
p. sélectif Selektorwirkung f
p. séparateur ⟨Opt⟩ Auflösungsvermögen n; ⟨Kern⟩ Trennfähigkeit f, Trennvermögen n
p. séparateur angulaire ⟨Opt⟩ Winkelauflösungsvermögen n
p. de séparation s. p. séparateur
p. suspensif Suspendiervermögen n
p. tampon Pufferkraft f
p. tranchant Schneidfähigkeit f
pouzzolane f Puzzolan n

pouzzolanique

pouzzolanique puzzolanhaltig
power-block m Kraftblock m, Powerblock m ⟨Netzhandhabung⟩
praséodyme m Praseodym n
praticable 1. ausführbar; 2. anwendbar, gangbar; 3. befahrbar ⟨Kanal⟩
pratique praktisch; angewandt; verwendbar; nützlich
pratique f Praxis f, Anwendung f, Arbeitsweise f
préaccélération f Vorbeschleunigung f
préaccélérer vorbeschleunigen
préaccentuation f Voranhebung f, Preemphasis f ⟨UKW⟩
préaffichage m Vorwahl f
préaimantation f Vormagnetisierung f
    p. à courant continu Gleichstromvormagnetisierung f
préaimanter vormagnetisieren
préamplificateur m Vorverstärker m
    p. d'antenne Antennenvorverstärker m
    p. de courant continu Gleichstromvorverstärker m
    p. d'impulsions Impulsvorverstärker m
    p. microphonique Mikrofonvorverstärker m
préamplification f Vorverstärkung f
préassemblage m Vormontage f; Teilvormontage f
préassembler vormontieren
préavertissement m Vorsignal n
préblanchiment m Vorbleiche f
précambrien m Präkambrium n
précarbonisation f Vorkarbonisierung f
précaution f Schutzmaßnahme f, Sicherheitsmaßnahme f
précesser präzessieren
précession f Präzession f
    p. pseudorégulière pseudoreguläre Präzession f
préchambre f Vorkammer f
préchauffage m Vorwärmen n, Vorheizung f
préchauffer vorwärmen
préchauffeur m Vorwärmer m, Ekonomiser m ⟨Dampfkessel⟩
    p. tubulaire Röhrenvorwärmer m
précipitable ⟨Ch⟩ [aus]fällbar, abscheidbar
précipitant m ⟨Ch⟩ Fäll[ungs]mittel n, Ausfällungsmittel n
précipitateur m Abscheider m; ⟨Ch⟩ Fällapparat m
précipitation f 1. ⟨Ch⟩ Fällen n, Niederschlagen n; Sedimentation f; 2. Niederschlag m ⟨Meteorologie⟩
    p. structurale Gefügeausscheidung f
précipité ausgefallen

précipité m ⟨Ch⟩ Niederschlag m, Präzipitat n, Fällung f, Abscheidung f
précipiter [aus]fällen, niederschlagen
précis genau, präzis, Fein-
préciser präzisieren
précision f Genauigkeit f ⟨s. a. exactitude⟩
    p. d'accord Abstimmgenauigkeit f
    p. d'affichage Anzeigegenauigkeit f
    p. d'avance Vorschubgenauigkeit f
    p. double doppelte Genauigkeit f
    p. d'exécution Arbeitsgenauigkeit f
    p. de la lecture Ablesegenauigkeit f
    p. de la mesure Meßgenauigkeit f
    p. de mise au point Einstellgenauigkeit f
    p. de production Fertigungsgenauigkeit f
    p. de réglage Regelgenauigkeit f
    p. d'usinage Arbeitsgenauigkeit f
préclarificateur m Vorklärer m
précoagulat m Vorkoagulat n
précoagulation f Vorkoagulation f
précoat m Grundanstrich m, Grundierung f, Grundlack m
précombustion f Vorverbrennung f
précomposition f **de la division** Divisionsvoreinstellung f
précompte m Impulsvorwahl f
préconcentrateur m Vorverdampfer m
précontraindre vorspannen
précontraint vorgespannt
précontrainte f Vorspannen n; Vorspannung f
    p. axiale mittige Vorspannung f
    p. excentrée außermittige Vorspannung f
précurseur m 1. Vorstufe f; Vorläufer m; 2. ⟨Kern⟩ Mutterkern m; Vorgänger m ⟨Zerfallsreihe⟩
prédémarieuse f Ausdünnmaschine f ⟨Rübenbau⟩
prédicat m Prädikat n
prédistillation f Vordestillation f
préégalisation f Vorabgleich m
préemphasis f Preemphasis f
préenregistrer vorspeichern
préfabrication f 1. Vorfertigung f; 2. Herstellung f von Fertigteilen
préfabriqué vorgefertigt
préfabriqué m Fertigbauteil n
préfabriquer vorfertigen
préformage m Vorformen n, Vorfixieren n
préforme f Vorformling m
préfractionnateur m Vorabscheider m
préfrittage m Vorsinterung f
préfritter vorsintern
préfusion f Rohschmelze f

prégraissage m Vorschmieren n
prégrillage m Vorrösten n
prégriller vorrösten
prégroupement m ⟨Dat⟩ Vorgruppierung f
prélart m Persenning f; Lukenpersenning f
prélavage m Vorwaschen n
prélaver vorwaschen
prélèvement m Entnahme f
   p. continu fortlaufende Entnahme f
   p. d'échantillon Probenahme f
   p. de puissance Arbeitsentnahme f
prélever entnehmen
   p. une tension eine Spannung abgreifen
prémagnétisation f Vormagnetisierung f
prémélange m Vormischung f
première f 1. ⟨Kfz⟩ erster Gang m; 2. ⟨Typ⟩ erste Korrektur f
prémisse f ⟨Math⟩ Voraussetzung f, Bedingung f
prémontage m Vormontage f
prendre 1. entnehmen; anzapfen; abgreifen; 2. abbinden ⟨Zement⟩
   p. assiette [ab]stützen, auflagern, aufliegen
   p. en charge 1. in Betrieb nehmen; übernehmen ⟨z. B. Schiff durch Reeder⟩; 2. in Schlepp nehmen
   p. feu sich entzünden
   p. le large nach See auslaufen
   p. à la ligne angeln, mit der Angel fangen
   p. la méridienne die Sonne nehmen (schießen) ⟨Standortbestimmung⟩
   p. la météorologie Wetterbericht aufnehmen
   p. le niveau nivellieren
   p. le point Besteck aufmachen (nehmen), Schiffsort bestimmen
   se p. en masse erstarren
preneur m ⟨Typ⟩ Heber m, Leckwalze f
   p. de cartes ⟨Dat⟩ Kartengreifer m
préparateur m Arbeitsvorbereiter m, Technologe m
préparation f 1. Vorbereitung f; Vorbehandlung f; Arbeitsvorbereitung f, Ausarbeitung f technologischer Arbeitspläne; 2. ⟨Ch⟩ Darstellung f; Aufbereitung f; 3. Präparat n; **en p.** in der Vorbereitung ⟨Projektstadium⟩
   p. des aires sélectionnées Zielpräparation f
   p. alpha ⟨Kern⟩ Alphapräparat n
   p. de bandes perforées Lochstreifenherstellung f
   p. bêta ⟨Kern⟩ Betapräparat n

   p. du charbon Kohleaufbereitung f
   p. de comprimés Tablettieren n
   p. de l'eau potable Trinkwasseraufbereitung f
   p. des eaux de chaudières Kesselspeisewasseraufbereitung f
   p. de l'échantillon Probenvorbereitung f
   p. d'étalonnage Eichpräparat n
   p. de filature Spinnereivorbereitung f
   p. par flottation Schwimmaufbereitung f, Schaumaufbereitung f
   p. des formes ⟨Typ⟩ Formvorbereitung f
   p. par gravité Schwerkraftaufbereitung f
   p. par liquide dense Schwerflüssigkeitsaufbereitung f, Sinkscheideverfahren n
   p. magnétique à sec trockenmagnetische Aufbereitung f
   p. magnétique par voie humide naßmagnetische Aufbereitung f
   p. des minerais Erzaufbereitung f
   p. des plaques ⟨Typ⟩ Plattenvorbereitung f
   p. d'un programme Programmvorbereitung f
   p. de radium Radiumpräparat n
   p. de rayons gamma Gammastrahlenpräparat n
   p. du révélateur Entwickleransatz m ⟨Fotografie⟩
   p. à sec Trockenaufbereitung f
   p. par séparation magnétique Aufbereitung f durch magnetische Trennung
   p. de surface Oberflächenvorbehandlung f
   p. de tissage Webereivorbereitung f
   p. par voie humide Naßaufbereitung f
   p. par voie sèche Trockenaufbereitung f
préparatoire vorbereitend
préparer 1. vorbereiten; vorbehandeln; 2. aufbereiten; 3. darstellen
préplastification f Vorplastifizierung f
   p. à vis Schneckenvorplastifizierung f
prépoinçonnage m Vorlochen n; Vorlochung f
prépoinçonner vorlochen
prépositionnement m Voreinstellung f ⟨z. B. eines Zählers⟩
préréaction f Vorreaktion f
préréfrigérer vorkühlen
prérefroidissement m Vorkühlung f
préréglage m Voreinstellung f ⟨z. B. von Werkzeugen⟩

prérégler vorregulieren, voreinstellen; vorjustieren
prérotation f **des roues** Drehen n der Räder vor dem Aufsetzen
présécher vortrocknen
préséchoir m Vortrockner m
présélecteur m Vorwähler m
   p. **automatique** Springblende f ⟨Fotografie⟩
présélection f Vorwahl f
   p. **du diaphragme** Blendenvorwahl f
   p. **des durées de pose** Verschlußzeitenvorwahl f
présence f Gegenwart f
présentation f Darstellung[sweise] f
   p. **des données** Datendarstellung f
   p. **d'écran fluorescent** Leuchtschirmanzeige f
   p. **en mouvement relatif** Relativdarstellung f ⟨z. B. Radar⟩
   p. **en mouvement vrai** Absolutdarstellung f, True-Motion-Darstellung f ⟨z. B. Radar⟩
préservatif m Schutzmittel n, Vorbeugungsmittel n
préservation f Schutz m
pressage m Pressen n; Verdichtung f ⟨Schichtstoffherstellung⟩
   p. **à chaud** Heißpressen n
   p. **d'huile** Ölpressung f
   p. **à plat** Flachpressen n
   p. **à la vapeur** Dämpfen n
   p. **du verre** Pressen n von Glas
presse f 1. Presse f; 2. Zwinge f; **sous p.** im Druck
   p. **d'agglomération par frittage** Sinterpresse f
   p. **à agglomérer les fibres** Faserplattenpresse f
   p. **à agglomérer les particules** Klebpresse f für Späne
   p. **à alimentation en continu** Durchlaufpresse f
   p. **à alimentation intermittente** Taktpresse f
   p. **à arcade** Doppelständerpresse f
   p. **à arrêt de cylindre** Stoppzylinderpresse f
   p. **à auge** Muldenpresse f
   p. **automatique** Druckautomat m
   p. **automatique à filer** Fließpreßautomat m
   p. **automatique à injection, p. automatique de moulage par injection** Spritzgußmaschine f, Spritzgußautomat m
   p. **à balancier de friction** Reibrollenpresse f

   p. **de balles de papier** Papierballenpresse f
   p. **à ballots** Ballenpackpresse f
   p. **à bandes** Bandpresse f
   p. **à bandes métalliques tressées** Langsiebpresse f
   p. **en blanc** Schnellpresse f
   p. **à bloc** Blockpresse f
   p. **à bois stratifiés** Schichtholzpresse f
   p. **à border** Bördelpresse f
   p. **à bras** Handpresse f
   p. **à briques** Ziegelpresse f
   p. **pour briques de laitier** Schlackensteinpresse f
   p. **à chaud** Warmpresse f
   p. **chauffante** Heizpresse f
   p. **à cintrer** Biegepresse f
   p. **à cintrer et dresser** Biege- und Richtpresse f
   p. **à col-de-cygne** Schwanenhalspresse f
   p. **à coller** Klebepresse f
   p. **à coller à sec** Trockenklebepresse f
   p. **à compression** Kunststoffpresse f, Presse f zum Preßformen von Plasten
   p. **à contreplaquer** Sperrholzpresse f
   p. **coucheuse** Gautschpresse f
   p. **en creux** Tiefdruckpresse f
   p. **à cuisson** Heizpresse f
   p. **à cuvette** Muldenpresse f
   p. **à cylindre** Zylinderflachformpresse f
   p. **deux couleurs** Zweifarbenpresse f
   p. **deux tours** Zweitourenpresse f
   p. **à dorer** Vergoldepresse f
   p. **double tour** Zweitourenpresse f
   p. **à dresser** Richtpresse f
   p. **à ébarber** Abgratpresse f
   p. **à ébavurer** Beschneidemaschine f
   p. **à emboutir** Tiefziehpresse f
   p. **à emboutir à vilebrequin** Kurbelziehpresse f
   p. **à empreinte** Matrizenprägepresse f
   p. **à épreuves** Abziehpresse f
   p. **à estamper** Gesenkschmiedepresse f; Stanzpresse f; Lochpresse f; Kalibrierpresse f
   p. **à étirer** Ziehpresse f
   p. **à étirer-emboutir** Reckziehpresse f
   p. **à excentrique** Exzenterpresse f
   p. **à excentrique à col-de-cygne** Einständerexzenterpresse f
   p. **à extruder (extrusion)** Strangpresse f
   p. **à feuilles** Stockpresse f
   p. **à filer** Strangpresse f
   p. **à filer à froid** Kaltfließpresse f
   p. **à forcer** Prägepresse f

p. à forger Prägewerk n, Schmiedepresse f
p. à forger électrique Elektroschmiedepresse f
p. à former Formpresse f
p. à former les profilés Profilbiegemaschine f
p. à former sous vide Vakuumformmaschine f, Vakuumtiefziehmaschine f
p. à frapper Prägepresse f
p. à froid Kaltpresse f
p. à gaufrer Prägepresse f
p. à genouillère Kniehebelpresse f
p. à grignoter Aushaupresse f
p. à haute densité Hochdruckpresse f; Ballenpresse f
p. hydraulique hydraulische Presse f
p. hydraulique de retenue hydraulischer Stopper m ⟨Stapellauf⟩
p. à injecter (injection) Spritzgußmaschine f, Spritzgußautomat m
p. à injection à piston Kolbenspritzgußmaschine f
p. à injection pneumatique pneumatische Spritzgußmaschine f
p. à injection à vis Schneckenspritzgußmaschine f
p. à laitier Schlackenpresse f
p. à levier Hebelpresse f
p. lithographique Lithografiepresse f
p. pour livres Bücherpresse f
p. à main Handpresse f
p. à mandriner Aufweitepresse f
p. à manivelle Kurbelpresse f
p. à matricer Gesenkpresse f
p. de mise en couches ⟨Typ⟩ Lagenpresse f
p. montante Wendepresse f
p. à mouler Preßformmaschine f, Formpresse f
p. à mouler par injection Spritzgußmaschine f, Spritzgußautomat m
p. à mouler les verres Glaspreßform f
p. offset Offsetpresse f
p. à paille Strohpresse f
p. à paqueter Paketierpresse f
p. à pâte Breipresse f
p. à percussion Stockpresse f
p. à plaquer Furnierpresse f; Deckschichtpresse f
p. à plateaux Etagenpresse f
p. à platine Tiegel[presse f] m, Tiegeldruckmaschine f
p. à platine automatique Tiegel[druck]automat m
p. à plier, p. plieuse Abkantpresse f, Biegepresse f
p. plieuse à bielles Kurbelabkantpresse f
p. à plusieurs étages Mehretagenpresse f
p. à pneus Reifenpresse f
p. à poinçonner Lochpresse f
p. à quatre colonnes Viersäulenpresse f
p. de rechapage Runderneuerungspresse f
p. à refouler Stauchpresse f
p. à repasser Bügelpresse f
p. à retiration Stoppzylinderkomplettmaschine f
p. revolver Revolverpresse f, Karussellpresse f, Folgepresse f
p. à rogner, p. rogneuse Beschneidemaschine f
p. rotative à plat Flachformrotationspresse f
p. à rouleaux Walzenpresse f
p. souffleuse Hohlkörperblasmaschine f, Blasmaschine f, Blasanlage f
p. souffleuse bicolore Zweifarbenblasmaschine f
p. souffleuse monocolore Einfarbenblasmaschine f
p. pour taille-douce Kupferdruckpresse f
p. à tirer les épreuves ⟨Typ⟩ Abziehpresse f
p. à tourelle revolver Revolverpresse f
p. typographique Druckerpresse f
p. à un étage Einetagenpresse f
p. à un tour Eintourenpresse f
p. à vibrateur Rüttelpreßformmaschine f
p. à volant Schwungradpresse f
p. de vulcanisation Vulkanisierpresse f
presse-étoupe m Stopfbuchse f
p. de câble Kabelstopfbuchse f
p. à matière fibreuse Faserstopfbuchse f
presse-flan m Ziehkissen n ⟨Tiefziehen⟩
presse-garniture m Stopfbuchse f
presse-papier m Briefbeschwerer m; Papierhalteschiene f
presse-plieuse f Abkantpresse f, Biegepresse f; Falzpresse f
presser pressen; einpressen, eindrücken
presse-revolver f Revolverpresse f, Karussellpresse f, Folgepresse f
presses fpl humides Pressenpartie f
presseur m:
p. démontable abnehmbare Andruckplatte f
p. du film Filmandruckplatte f, Andruckplatte f

pressier *m* ⟨Typ⟩ Abzieher *m*
pressing *m* Dampfbügeln *n*
pression *f* 1. Pressen *n*; Einpressen *n*, Eindrücken *n*; 2. Druck *m*, Preßdruck *m*
  p. absolue Absolutdruck *m*
  p. acoustique Schalldruck *m*
  p. additionnelle ⟨Brg⟩ Auflagedruck *m*
  p. d'admission Ladedruck *m*, Absolutladedruck *m*
  p. artésienne artesischer Druck *m*
  p. atmosphérique Atmosphärendruck *m*
  p. atmosphérique normale Normaldruck *m*
  p. de l'avance Vorschubdruck *m*
  p. barométrique Barometerdruck *m*
  p. sur la cale Hellingdruck *m* ⟨Stapellauf⟩
  p. capillaire Kapillardruck *m*
  p. de chaudière Kesseldruck *m*
  p. de cohésion Binnendruck *m*, Kohäsionsdruck *m*
  p. de compression Verdichtungsdruck *m*
  p. constante konstanter Druck *m*
  p. aux contacts Kontaktdruck *m*
  p. sur la coulisse Bahndruck *m* ⟨Stapellauf⟩
  p. de coupe Schnittdruck *m*
  p. critique kritischer Druck *m*
  p. de culée ⟨Brg⟩ Kämpferdruck *m*
  p. de démarrage Anlaufdruck *m*
  p. différentielle Differenzdruck *m*
  p. de dissociation Dissoziationsdruck *m*, Zersetzungsdruck *m*
  p. de douille Lochleibung(sdruck *m*) *f*
  p. due à l'action du toit supérieur ⟨Brg⟩ Hauptdruck *m*
  p. due à la courbure Krümmungsdruck *m*
  p. dynamique Staudruck *m*
  p. d'eau Wasserdruck *m*
  p. électrostatique elektrostatischer Druck *m*
  p. élevée Hochdruck *m*
  p. d'épreuve (essai) Prüfdruck *m*
  p. s'exerçant en toutes directions allseitiger Druck *m*
  p. faîtière Firstdruck *m*
  p. de filtration Filterdruck *m*
  p. finale Enddruck *m*; Schließdruck *m* ⟨Nieten⟩; Auspuffdruck *m*
  p. de fonctionnement Betriebsdruck *m*
  p. de fond Sohlendruck *m*
  p. de gaz Gasdruck *m*
  p. de gonflement Quelldruck *m*
  p. hauteur Drucksäule *f*
  p. d'huile Öldruck *m*, Schmieröldruck *m*
  p. hydrostatique hydrostatischer Druck *m*, Wasserdruck *m*
  p. initiale Anfangsdruck *m*, Ausgangsdruck *m*
  p. d'injection Einspritzdruck *m*
  p. intérieure (interne) *s.* p. de cohésion
  p. latérale seitlicher Druck *m*, Seitendruck *m*
  p. latérale de piston seitlicher Kolbendruck *m*
  p. limite Enddruck *m*, Endvakuum *n*
  p. magmatique magmatischer Druck *m*
  p. de marche Betriebsdruck *m*
  p. sur matière Spritzdruck *m*
  p. maximale Sättigungsdruck *m*; Maximaldruck *m*
  p. de mesure Meßkraft *f*
  p. modérée mäßiger Druck *m*
  p. motrice Steuerdruck *m*
  p. de moulage Preßdruck *m*
  p. moyenne effective mittlerer Arbeitsdruck *m*
  p. moyenne effective au piston mittlerer effektiver Kolbendruck *m*
  p. moyenne indiquée indizierter Mitteldruck *m*
  p. moyenne organique Reibmitteldruck *m*
  p. normale Normaldruck *m*
  p. orogénique Gebirgsdruck *m*
  p. osmotique osmotischer Druck *m*
  p. partielle Partialdruck *m*
  p. aux points d'appui ⟨Bw⟩ Kämpferdruck *m*
  p. de radiation Strahlungsdruck *m*
  p. de refoulement Förderdruck *m*
  p. de remplissage Fülldruck *m*
  p. de roulement Walzenpressung *f*
  p. de saturation Sättigungsdruck *m*
  p. de serrage Spanndruck *m*
  p. de service Betriebsdruck *m*
  p. de solution Lösungsdruck *m*
  p. sonore Schalldruck *m*
  p. de soufflage Gebläsedruck *m*
  p. spécifique Flächenpressung *f* ⟨Festigkeitslehre⟩
  p. statique statischer (ruhender) Druck *m*
  p. des strates sus-jacentes Überlagerungsdruck *m*
  p. sur surfaces *s.* p. spécifique
  p. en avant de la taille voreilender Druck *m*

p. tangentielle tangentialer Druck *m*
p. de terrain Gebirgsdruck *m*
p. des terres Erddruck *m*
p. du toit Firstendruck *m*
p. totale Gesamtdruck *m*
p. de vapeur Dampfdruck *m*
p. de vapeur partielle Partialdampfdruck *m*
p. de vapeur saturante Sättigungsdampfdruck *m*
p. du vent Winddruck *m*
p. de vitesse Staudruck *m*
basse p. Unterdruck *m*
haute p. Hochdruck *m*
moyenne p. mittlerer Druck *m*
première p. Scheitern *n* ⟨Weinbereitung⟩
pressoir *m* Weinpresse *f*, Kelter *f*
pressostat *m* Druckregler *m*
pressurage *m* Keltern *n*
pressurer pressen; keltern
pressurisation *f* ⟨Flg⟩ Erzeugung *f* des atmosphärischen Drucks; Erzeugung eines künstlichen Zugs ⟨Feuerung⟩
pressurisé druckdicht, mit Druckausgleich
pressuriser atmosphärischen Druck erzeugen
présupposition *f* ⟨Math⟩ Vermutung *f*
présure *f* Lab *n*
prêt-à-porter *m* tragfertiges Kleidungsstück *n*, Fertigkleidungsstück *n*; Fertigbekleidung *f*, Konfektionsbekleidung *f*
préteinture *f* Vorfärben *n*
prétendre vorspannen, Vorspannung aufbringen ⟨Spannbeton⟩
prétendu vorgespannt ⟨Spannbeton⟩
prétension *f* Vorspannung ⟨Spannbeton⟩
prétraitement *m* Vorbehandlung *f*
p. de surface Vorbehandlung *f* der Oberfläche
prétrempage *m* Vorquellung *f*
preuve *f* Probe *f*, Test *m*
p. par onze ⟨Math⟩ Elferprobe *f*
prévision f générale allgemeine Wetterübersicht *f*
prévulcanisation *f* Vorvulkanisation *f*
primage *m* Mitreißen *n* von Wassertröpfchen aus dem Dampfraum ⟨Dampfkessel⟩
primaire primär, Primär-; primärseitig
primaire *m* Primär[strom]kreis *m*, primärer (induzierter) Stromkreis *m*
primitif primitiv; ursprünglich; jungfräulich ⟨Magnetisierung⟩
primitive f stricte ⟨Math⟩ Stammfunktion *f*
principal Haupt-

principe *m* Prinzip *n*, Grundsatz *m*; Theorem *n*; Grundlage *f*
p. d'action Aktionsprinzip *n*, Gegenwirkungsprinzip *n*
p. de Carnot zweiter Hauptsatz *m* der Thermodynamik
p. de chemin optique minimum Prinzip *n* des kürzesten optischen Weges, Fermatsches Prinzip
p. de combinaison Kombinationsprinzip *n*
p. de complémentarité Komplementaritätsprinzip *n*
p. de la conservation de l'énergie Prinzip *n* von der Erhaltung der Energie
p. de contre-courant Gegenstromprinzip *n*
p. de correspondance Korrespondenzprinzip *n*
p. de dualité Dualitätsprinzip *n*
p. d'égalité de l'action et de la réaction s. p. d'action
p. d'entropie Entropiesatz *m*
p. d'équivalence Äquivalenzprinzip *n*
p. d'équivalence masse-énergie Prinzip *n* der Äquivalenz von Masse und Energie
p. d'exclusion (de Pauli) Ausschließungsprinzip *n*, Pauli-Prinzip *n*
p. de Fermat Fermatsches Prinzip *n*
p. de fonctionnement Arbeitsprinzip *n*
p. fondamental Grundlage *f*
p. de Franck-Condon Franck-Condon-Prinzip *n*
p. d'Hamilton Hamilton-Prinzip *n*
p. de Huygens Huygenssches Prinzip *n*
p. d'incertitude (indétermination) Heisenbergsche Unschärferelation *f*
p. d'inertie Trägheitsprinzip *n*
p. de (la) moindre action Prinzip *n* der kleinsten Wirkung
p. de Nernst dritter Hauptsatz *m* der Thermodynamik, Nernstscher Wärmesatz *m*
p. de relativité Relativitätsprinzip *n*
p. de réversibilité Prinzip *n* der Umkehrbarkeit ⟨z. B. des Strahlenganges⟩
p. de superposition Überlagerungsprinzip *n*
p. des travaux virtuels Prinzip *n* der virtuellen Arbeit
premier p. erster Hauptsatz *m* der Thermodynamik
second p. zweiter Hauptsatz *m* der Thermodynamik

principe

troisième p. dritter Hauptsatz m der Thermodynamik, Nernstscher Wärmesatz m
priorité f 1. Priorität f; 2. Vorfahrt f
prise f 1. Entnehmen n, Entnahme f; Probenahme f; Anzapfung f, Abgriff m; Anschluß m; 2. Fangausbeute f, Fang(ertrag) m; 3. Abbinden n ⟨von Zement⟩; 4. Eingriff m; 5. Aufnahme f ⟨Fotografie⟩; **toujours en p.** ständig im Eingriff
p. **d'air** Lufteintritt m; ⟨Brg⟩ Wetterprobe f
p. **d'air comprimé** Preßluftanschluß m
p. **d'air dynamique** Staudrucklufteinlaß m
p. **d'air sans effet dynamique** staufreier Lufteinlaß m
p. **d'antenne** Antennenabgriff m; Antennenanschluß m
p. **de l'arc** Übernahme f des Lichtbogens
p. **arrière** rückseitiger Anschluß m
p. **aspirante** Saugkopf m, Deflektor m
p. **avant** vorderseitiger Anschluß m
p. **de bobine** Spulenanzapfung f, Spulenabgriff m
p. **de charge** Lastübernahme f
p. **en charge** 1. Inbetriebnahme f; Übernahme f; 2. Inschleppnehmen n
p. **de colle** Abbinden n ⟨von Klebstoffen⟩
p. **de courant** Steckdose f
p. **de courant à contact de mise à la terre** Schukosteckdose f
p. **de courant sur crépi** Überputzsteckdose f, Aufputzsteckdose f
p. **de courant encastrée** Unterputzsteckdose f
p. **de dérivation** Abgreifpunkt m
p. **directe** ⟨Kfz⟩ direkter Gang m
p. **d'eau** 1. Wasserentnahme f; 2. Wasserbau m
p. **d'eau à la mer** See[wasser]anschluß m
p. **d'échantillons** Probenahme f
p. **en écharpe** Flankenfahrt f
p. **d'écouteur** Kopfhöreranschluß m
p. **de flash** Blitzlampenanschluß m
p. **de flash synchronisée** Synchronanschluß m
p. **de force** Zapfwelle f ⟨Traktor⟩
p. **de force proportionnelle à l'avancement** Wegzapfwelle f ⟨Traktor⟩
p. **de gaz d'un haut fourneau** Gichtgasabzugsrohr n
p. **de haut-parleur** Lautsprecheranschluß m

p. **médiane** Mittelanzapfung f
p. **de microphone** Mikrofonanschluß m
p. **de mise à la terre** s. p. de terre 1.
p. **de phonocapteur** Plattenspieleranschluß m, Tonabnehmeranschluß m
p. **de pression statique** statisches Druckmeßrohr n
p. **de puissance** Leistungsaufnahme f
p. **rapide** schnelles Abbinden n
p. **de résistance** Widerstandsabgriff m, Widerstandsanzapfung f
p. **(de) secteur** Netzsteckdose f
p. **de son** Tonaufnahme f
p. **de synchronisation** Synchronanschluß m
p. **de télévision** Fernsehaufnahme f
p. **de terre** 1. Erdanschluß m, Erder m; 2. Erdelektrode f; 3. Landanschluß m ⟨für E-Netz⟩
p. **de terre en étoile** Strahlenerder m
p. **de terre à liquide** Tränkerder m
p. **de terre de ruban** Banderder m
p. **de transformateur** Transformatoranzapfung f
p. **truquée** Trickaufnahme f
p. **de vapeur** 1. Dampfentnahme f; 2. Dampfablaßhahn m
p. **de vue** Fotoaufnahme f
p. **de vue cinématographique** Filmaufnahme f
p. **de vue en contre-jour** Gegenlichtaufnahme f
p. **de vue de contrôle** Kontrollaufnahme f, Testaufnahme f
p. **de vue à l'extérieur** Freilichtaufnahme f
p. **de vue au grand angle** Weitwinkelaufnahme f
p. **de vue de face** Frontalaufnahme f
p. **de vue en infrarouge** Infrarotaufnahme f
p. **de vue en lumière artificielle** Kunstlichtaufnahme f
p. **de vue sous-marine** Unterwasseraufnahme f
p. **de vues** Filmaufnahme f
p. **de vues aérienne** Luftaufnahme f
p. **de vues en extérieur** Außenaufnahme f
p. **de vues image par image** Einzelaufnahme f
p. **de vues successives** Reihenaufnahme f
p. **X** X-Kontakt m
prismatique prismatisch
prismatoïde m Prismatoid n
prisme m Prisma n; Prismenglas n
p. **d'abduction** Abduktionsprisma n

p. d'Amici Amici-Prisma n
p. biréfringent doppelbrechendes Prisma n
p. de déviation Ablenkungsprisma n
p. à déviation constante Prisma n mit konstanter Ablenkung
p. dispersant Dispersionsprisma n
p. divergent Divergenzprisma n
p. double de Cornu Cornu-Doppelprisma n, Cornusches Prisma n
p. droit Geradsichtprisma n, geradsichtiges Prisma n
p. de Försterling Försterlingscher Dreiprismensatz m
p. de Foucault Foucault-Prisma n
p. de Glan-Thompson Glan-Thompson-Prisma n
p. de Goulier Pentagonprisma n
p. interférentiel Interferenzprisma n
p. d'inversion Umkehrprisma n
p. à miroir Spiegelprisma n
p. de Nicol Nicolsches Prisma n, Nicol n
p. oblique schiefwinkliges Prisma n
p. pentagonal Pentagonprisma n
p. polarisateur Polarisationsprisma n
p. rectangle Dachkantprisma n
p. redresseur Umkehrprisma n
p. réflecteur Spiegelprisma n
p. à réflexion Umkehrprisma n
p. à réflexion totale totalreflektierendes Prisma n
p. régulier reguläres (gleichseitiges) Prisma n
p. renversé Dachprisma n
p. de renvoi Umlenkprisma n
p. de Rochon Rochon-Prisma n
p. en toit Dachkantprisma n
p. à vision directe s. p. droit
p. de Wollaston Wollaston-Prisma n
p. zénithal Zenitprisma n
double p. Maddox Maddox-Doppelprisma n
prismoide m s. prismatoïde
prisonnier m 1. eingegossenes (eingedrücktes, eingespritztes) Teil n; Einlegeteil n; 2. Stiftschraube f, Madenschraube f
prix m:
  p. au consommateur Verbraucherpreis m
  p. de fabrication Herstellungskosten pl
  p. de revient Herstellungskosten pl, Produktionskosten pl, Selbstkostenpreis m, Gestehungskosten pl
  p. de revient main-d'œuvre Lohnkosten pl

p. de revient prévisionnel geplante Selbstkosten pl, geplanter Selbstkostenpreis m
p. de vente Verkaufspreis m
probabilité f Wahrscheinlichkeit f
  p. d'absorption Absorptionswahrscheinlichkeit f
  p. de choc ⟨Kern⟩ Stoßwahrscheinlichkeit f
  p. de désintégration ⟨Kern⟩ Zerfallswahrscheinlichkeit f
  p. d'échapper à la capture par résonance ⟨Kern⟩ Resonanzentkommwahrscheinlichkeit f
  p. d'erreur Fehlerwahrscheinlichkeit f
  p. d'excitation ⟨Kern⟩ Anregungswahrscheinlichkeit f
  p. de fission ⟨Kern⟩ Spaltwahrscheinlichkeit f
  p. de fuite ⟨Kern⟩ Entkommwahrscheinlichkeit f
  p. de passage ⟨Math⟩ Übergangswahrscheinlichkeit f
  p. de pénétration ⟨Kern⟩ Durchdringungswahrscheinlichkeit f
  p. a posteriori ⟨Math⟩ statistische Wahrscheinlichkeit f, Wahrscheinlichkeit a posteriori
  p. de réaction ⟨Kern⟩ Reaktionswahrscheinlichkeit f
  p. de rupture Bruchwahrscheinlichkeit f
  p. de survie Überlebenswahrscheinlichkeit f
  p. thermodynamique thermodynamische Wahrscheinlichkeit f
  p. de transition ⟨Kern⟩ Übergangswahrscheinlichkeit f
probable wahrscheinlich
problème m Aufgabe f, Problem n
  p. de Cauchy Anfangswertproblem n, Cauchy-Problem n
  p. de contrôle Prüfaufgabe f
  p. des deux corps Zweikörperproblem n
  p. de diffraction Beugungsproblem n
  p. aux limites Randwertproblem n, Randwertaufgabe f
  p. de plusieurs corps Mehrkörperproblem n
  p. des quatre couleurs Vierfarbenproblem n
  p. des queues Warteschlangenproblem n
  p. de transport Transportproblem n
  p. des trois corps Dreikörperproblem n
  p. de valeur aux limites Randwertproblem n

problème

p. des valeurs frontières Randwertaufgabe *f*
procédé *m* Verfahren *n*; Prozeß *m*; Methode *f*; Fertigungsverfahren *n*, Herstellungsverfahren *n*
p. **acide** saures Verfahren *n*
p. **d'affinage** Frischverfahren *n*
p. **d'affinage Bessemer** Bessemerfrischverfahren *n*
p. **d'affinage au charbon de bois** Holzkohlenfrischverfahren *n*
p. **d'affinage au minerai** Erzfrischverfahren *n*
p. **d'affinage sur sole** Herdfrischverfahren *n*
p. **alterné** ⟨Math⟩ alternierendes Verfahren *n*
p. **anodique** anodisches Verfahren *n*
p. **d'apprêt** ⟨Text⟩ Appreturverfahren *n*
p. **à l'arc voltaïque** Lichtbogenschweißverfahren *n*
p. **d'argenture par pulvérisation** ⟨Typ⟩ Silberspritzverfahren *n*
p. **d'atterrissage sans visibilité** Blindlandeverfahren *n*
p. **à bande latérale unique** Einseitenbandverfahren *n*
p. **basique** basisches Verfahren *n*
p. **Bessemer** Bessemerverfahren *n*
p. **de blanchiment** Bleichverfahren *n*
p. **à boîte frisante** ⟨Text⟩ Stauchkammertexturierverfahren *n*
p. **de brillantage** Glänzverfahren *n*
p. **de chauffage et passage sur arête** ⟨Text⟩ Klingenverfahren *n*, Kantenziehverfahren *n* ⟨Texturieren⟩
p. **de cimentation** Verfestigung *f* durch Zementinjektion
p. **de claircage** Ausdeckverfahren *n* (bei der Salzgewinnung)
p. **de Clausius-Rankine** Clausius-Rankine-Prozeß *m*
p. **de congélation** Gefrierverfahren *n*
p. **de contact** ⟨Ch⟩ Kontaktverfahren *n*
p. **continu** kontinuierlicher Prozeß *m*
p. **à contre-courant** Gegenstromverfahren *n*
p. **de copiage (copie)** ⟨Typ⟩ Kopierverfahren *n*
p. **par couche fluidisée, p. à couche turbulente** Wirbelschichtverfahren *n*
p. **cyclique** Kreislaufverfahren *n*
p. **de déroulement** Abrollverfahren *n*
p. **direct de réduction** Rennverfahren *n* ⟨Eisenerz⟩
p. **discontinu** diskontinuierlicher Prozeß *m*

p. **par dissolution à chaud** Heißlöseprozeß *m*
p. **de division** Teilverfahren *n* ⟨Zahnradherstellung⟩
p. **duplex** Duplexverfahren *n*
p. **éloxal** Eloxalverfahren *n*
p. **d'extraction** Gewinnungsverfahren *n*
p. **d'extrusion** Strangpreßverfahren *n*, Beschichtung *f* auf der Strangpreßbahn
p. **de fabrication** Fertigungsverfahren *n*, Herstellungsverfahren *n*
p. **de fausse torsion** ⟨Text⟩ Falschdrahtverfahren *n*
p. **fonte-minerai** Roheisen-Erz-Verfahren *n*
p. **fonte-riblons** Roheisen-Schrott-Verfahren *n*
p. **foulardage-vaporisage** ⟨Text⟩ Klotz-Dämpf-Verfahren *n*, Pad-Steam-Verfahren *n*
p. **de fraisage** Fräsverfahren *n*
p. **à fréquence acoustique variable** Suchtonverfahren *n*
p. **de génération** Abwälz[fräs]verfahren *n* ⟨Zahnradherstellung⟩
p. **de grande industrie** großtechnisches Verfahren *n*
p. **humide** Naßverfahren *n* ⟨Plattenherstellung⟩
p. **d'imprégnation sous pression** Drucktränk[ungs]verfahren *n*
p. **industriel** technisches Verfahren *n*
p. **d'inversion** Umkehrverfahren *n*
p. **irréversible** nichtumkehrbarer (irreversibler) Prozeß *m*
p. **à la lame** ⟨Text⟩ Klingenverfahren *n*, Kantentexturierverfahren *n*
p. **de lavage à l'huile** Waschölverfahren *n*
p. **Leblanc** Leblanc-Verfahren *n*
p. **Linde-Fränkl** Linde-Fränkl-Verfahren *n*
p. **à lit fluidisé** Fließbettverfahren *n*
p. **de manutention** Umschlagmethode *f*, Umschlagverfahren *n*
p. **Martin** Siemens-Martin-Verfahren *n*, SM-Verfahren *n*
p. **de mesure** Meßverfahren *n*
p. **métallurgique** Verhüttung *f*, Verhüttungsprozeß *m*
p. **mi-sec** Halbtrockenverfahren *n*
p. **multiplex** Multiplexverfahren *n*
p. **de navigation** Navigationsverfahren *n*
p. **Pad-Jig** ⟨Text⟩ Pad-Jig-Färbeverfahren *n*

p. Pad-Roll ⟨Text⟩ Pad-Roll-Verfahren
p. Pad-Steam ⟨Text⟩ Pad-Steam-Färbeverfahren n, Klotz-Dämpf-Verfahren n
p. des pains ⟨Ch⟩ Blockverfahren n
p. à pistolet Spritzverfahren n
p. en plusieurs bains ⟨Text⟩ Mehrbadverfahren n
p. en plusieurs étapes Mehrstufenverfahren n
p. à porteuse intermédiaire Zwischenträgerverfahren n
p. de recyclage Kreisprozeß m
p. de réenregistrement Playback-Verfahren n
p. de reforming Reforming-Verfahren n
p. Renn Rennverfahren n
p. aux riblons Schrottkohlungsverfahren n
p. aux scories Sintervorgang m
p. sec Trockenverfahren n ⟨Plattenherstellung⟩
p. de séchage Trocknungsprozeß m, Trocknungsvorgang m
p. de séparation Separationsverfahren n, Trennverfahren n, Trennprozeß m
p. Solvay Solvay-Verfahren n
p. de soudage Schweißverfahren n
p. de soufflage ⟨Text⟩ Lufttexturierverfahren n
p. de soufflage de gaines Blasfolienverfahren n
p. soufflétourné Drehformverfahren n ⟨Glas⟩
p. spécial Sonderverfahren n
p. de stabilisation Stabilisierverfahren n, Fixierverfahren n ⟨Fasern, Fäden, Waren⟩
p. de tapis roulant Fließ[band]verfahren n
p. Technicolor Technicolorverfahren n
p. de teinture par foulardage-stockage ⟨Text⟩ Klotz-Dock-Färbeverfahren n
p. Thomas Thomasverfahren n
p. de tirage Kopierverfahren n
p. de traçage optique optisches Anreißverfahren n
p. de traitement en bain unique Einbadverfahren n
p. de travail Arbeitsverfahren n
p. triplex Triplexverfahren n
p. par la trousse coupante Senkschachtverfahren n
p. en un seul bain ⟨Text⟩ Einbadverfahren n
p. d'usinage Bearbeitungsverfahren n; Zerspanungsvorgang m

p. par voie humide Naßprozeß m, Naßverfahren n
p. par voie sèche Trockenverfahren n
p. Weibel Weibel-Verfahren n ⟨Schweißen⟩
procédure f Prozedur f
p. d'approche finale Landeverfahren n
p. d'approche manquée Fehlanflugverfahren n
procès m **de combustion** Verbrennungsvorgang m
processus m Prozeß m, Verfahren n ⟨s.a. procédé⟩
p. d'accumulation ⟨Kern⟩ Anreicherungsprozeß m
p. de coupure Ausschaltvorgang m, Abschaltvorgang m
p. de cyclisation Kreisprozeß m
p. de démarrage Einschaltvorgang m
p. de dépôt Ablagerungsvorgang m
p. de dissolution Lösungsprozeß m
p. d'écriture ⟨Dat⟩ Schreibvorgang m
p. d'enrichissement ⟨Kern⟩ Anreicherungsprozeß m
p. de fission ⟨Kern⟩ Spaltprozeß m
p. de fusion ⟨Kern⟩ Fusionsprozeß m, Kernverschmelzungsprozeß m
p. de fustigation Umklappprozeß m
p. d'ionisation Ionisationsprozeß m
p. de lecture ⟨Dat⟩ Lesevorgang m
p. de modération ⟨Kern⟩ Bremsprozeß m
p. nucléaire Kernprozeß m
p. d'Oppenheimer et Phillips Oppenheimer-Phillips-Prozeß m
p. de production Produktionsablauf m, Fertigungsablauf m; Produktionszyklus m, Arbeitszyklus m, Fertigungsmethode f
p. de ralentissement ⟨Kern⟩ Bremsprozeß m
p. de recherche ⟨Dat⟩ Suchvorgang m
p. régénératif ⟨Math⟩ Erneuerungsprozeß m
p. de réglage Regelvorgang m
p. de renouvellement ⟨Math⟩ Erneuerungsprozeß m
p. de résonance ⟨Kern⟩ Resonanzprozeß m
p. stochastique en cascade ⟨Math⟩ Schauerprozeß m
p. de traitement Verarbeitungsprozeß m, Verarbeitungsvorgang m
p. d'usinage Bearbeitungsverfahren n; Bearbeitungsvorgang m
procès-verbal m:
p. d'essai Prüfprotokoll n
p. de réception Abnahmeprotokoll n

prodétonant

prodétonant m ⟨Mittel zur Herabsetzung der Klopffestigkeit eines Kraftstoffs⟩
production f 1. Produktion f, Herstellung f, Gewinnung f, Fertigung f, Erzeugung f; 2. Produktivität f, Leistung f; Ausstoß m; 3. Ertrag m, Förderung f
  p. **de chaleur** Wärmeerzeugung f
  p. **des cristaux** Kristallzüchtung f
  p. **de l'électricité** Elektrizitätserzeugung f, Energieerzeugung f
  p. **d'énergie nucléaire** Kernenergiegewinnung f
  p. **de froid** Kälteerzeugung f
  p. **en grand** Großproduktion f
  p. **en grandes séries** Mengenfertigung f, Großserienfertigung f, Großserienbau m; Massenfertigung f
  p. **imposée** Produktionssoll n; ⟨Brg⟩ Fördersoll n
  p. **industrielle** technische Erzeugung f
  p. **journalière** Tagesproduktion f, Tagesleistung f; Tagesförderung f
  p. **mondiale** Weltproduktion f
  p. **de mousse** Schaumbildung f
  p. **de neutrons** Neutronenerzeugung f
  p. **de paires** Paarerzeugung f, Paarbildung f
  p. **du potentiel de grille** Gitterspannungserzeugung f
  p. **en série** Serienfertigung f, Reihenfertigung f
  p. **standard** Standardproduktion f
productivité f Produktivität f
produire produzieren, herstellen, gewinnen, fertigen, erzeugen
  p. **des distorsions** verzerren
  p. **en série** in Serie fertigen
  p. **au vent froid** kalt erblasen
produit m Produkt n, Erzeugnis n; Mittel n (s. a. agent 1.)
  p. **d'addition** Anlagerungsprodukt n
  p. **d'affinage des métaux** Metalläuterungsmittel n
  p. **antirouille** Rostschutzmittel n
  p. **antitaches** Fleckenschutzmittel n
  p. **artificiel** Kunststoff m
  p. **auxiliaire** Hilfsmittel n
  p. **auxiliaire pour émaux** Emailhilfsmittel n
  p. **auxiliaire textile** Textilhilfsmittel n
  p. **brut** Rohprodukt n
  p. **cartésien** kartesisches Produkt n
  p. **chimique** Chemikalie f
  p. **de combustion** Verbrennungsprodukt n
  p. **de composition** ⟨Math⟩ Faltung f
  p. **de copiage** Kopierpräparat n
  p. **de décomposition** Abbauprodukt n

  p. **demi-fini** Halbzeug n
  p. **de dénaturation** Vergällungsmittel n
  p. **de désintégration** Zerfallsprodukt n
  p. **direct** ⟨Math⟩ direktes Produkt n
  p. **extérieur** s. p. vectoriel
  p. **d'extraction, p. à extraire, p. extrait** Fördergut n
  p. **de filiation** ⟨Kern⟩ Folgeprodukt n, Zerfallsprodukt n
  p. **final** Endprodukt n, Enderzeugnis n
  p. **fini** Fertigprodukt n, Fertigerzeugnis n
  p. **de fission** ⟨Kern⟩ Spaltprodukt n
  p. **graineur** ⟨Typ⟩ Körnmittel n
  p. **à griller** Röstgut n
  p. **d'hydrolyse** Hydrolyseprodukt n
  p. **infini** ⟨Math⟩ unendliches Produkt n
  p. **intérieur** s. p. scalaire
  p. **intermédiaire** Zwischenprodukt n
  p. **ionique** Ionenprodukt n
  p. **laminé** Walzerzeugnis n, Walzgut n
  p. **de lavage** Waschmittel n
  p. **métabolique** Stoffwechselprodukt n, Abbauprodukt n
  p. **mi-fini** Halbfabrikat n
  p. **mixte** ⟨Math⟩ gemischtes Produkt n, Spatprodukt n
  p. **non volatil** nichtflüchtiger Bestandteil m
  p. **pétrolier** Erdölprodukt n
  p. **précipitant** Fällungsmittel n
  p. **de préservation** Schutzmittel n
  p. **principal** Hauptprodukt n
  p. **de protection** Schutzmittel n
  p. **de réaction** Reaktionsprodukt n
  p. **de réduction** Abbauprodukt n
  p. **réfractaire** feuerfestes Erzeugnis n
  p. **régénérateur** Regenerierungsmittel n
  p. **de remplacement** Ersatzstoff m
  p. **scalaire** ⟨Math⟩ inneres (skalares) Produkt n, Skalarprodukt n
  p. **sec** Trockengut n
  p. **semi-fini (semi-ouvré)** Halbfabrikat n; Halbzeug n
  p. **de séparation** Zerlegungsprodukt n
  p. **sidérurgique** Hüttenerzeugnis n
  p. **de solubilité** Löslichkeitsprodukt n
  p. **à sublimer** Sublimationsgut n
  p. **de substitution** Substitutionsprodukt n
  p. **d'unisson** ⟨Text⟩ Egalisiermittel n
  p. **de valeur** Wertstoff m
  p. **vectoriel** ⟨Math⟩ äußeres (vektorielles) Produkt n, Vektorprodukt n
  p. **vitrocristallin** Porzellanglas n

programmation

p. **volatil** flüchtiger Bestandteil m
grand p. Großprodukt n
produits mpl:
  p. **alimentaires** Genußmittel npl
  p. **de dragage** Baggergut n
  p. **pharmaceutiques** pharmazeutische Erzeugnisse npl, Pharmazeutika npl
  p. **secondaires** Beimengungen fpl
  p. **en vrac** Schüttgut n
profil m Profil n; Querschnitt m; Flankenform f
  p. **aérodynamique (d'aile)** Tragflügelprofil n
  p. **d'arbre à clavettes** Keilwellenprofil n
  p. **à arête de poisson** Fischgrätenprofil n
  p. **de ballast** Bettungsprofil n
  p. **de came** Kammprofil n
  p. **creux** Hohlprofil n
  p. **de la dent** Zahnprofil n
  p. **à dents de scie** Sägezahnprofil n
  p. **d'encombrement** Lademaß n
  p. **de forage** Bohrprofil n
  p. **de gorge** Rillenprofil n
  p. **d'impulsion** Impulsform f
  p. **à lamelles diagonales** Schräglamellenprofil n
  p. **littoral** Küstenprofil n
  p. **en long**, p. **longitudinal** Längsschnitt m
  p. **à losange** Rautenprofil n
  p. **de pneu** Reifenprofil n
  p. **du rail** Schienenquerschnitt m
  p. **de référence** Bezugsprofil n ⟨Zahnrad⟩
  p. **à sillons longitudinaux** Längsrillenprofil n
  p. **spécial** Spezialprofil n
  p. **de strates** Schichtenprofil n
  p. **stratigraphique** stratigrafisches Normalprofil n
  p. **à tétons** Noppenprofil n
  p. **tous-terrains** Geländeprofil n
  p. **transversal (en travers)** Querschnitt m
  p. **de la tuyère** Düsenprofil n
  p. **en U** U-Profil n
profilage m 1. Profilieren n; 2. Stromlinienform f
  p. **à froid** Kaltprofilieren n
profilé m Profileisen n
  p. **primaire** durchlaufendes Profil n ⟨z. B. als Steife auf einer Platte⟩
  p. **synthétique** gebautes Profil n
profilement m Nivellieren n
profiler 1. profilieren; 2. formstanzen; 3. nivellieren

p. **en traits de scie** sommern
profilés mpl Formstahl m
  p. **légers** leichter Formstahl m
  p. **lourds** schwerer Formstahl m
profileuse f Profilkalander m
profilomètre m Profilmesser m
profondeur f Tiefe f; ⟨Brg⟩ Teufe f
  p. **d'aile** Flügeltiefe f
  p. **Brinell** Eindringtiefe f bei Brinellprüfung
  p. **de carène** Raumtiefe f des Unterwasserschiffes ⟨Entfernung Tiefladelinie–Schiffsboden bzw. Oberkante Kiel⟩; Konstruktionstiefgang m
  p. **de cémentation** Einsatztiefe f
  p. **de champ** s. p. de foyer
  p. **de coupe** s. p. de passe
  p. **de cratère** Kolktiefe f ⟨Schneidwerkzeug⟩
  p. **du creux** Zahnfußhöhe f
  p. **d'eau** Wassertiefe f
  p. **d'emboutissage** Ziehtiefe f, Tiefung f
  p. **du filet** Gewindetiefe f
  p. **de fissure** Rißtiefe f
  p. **de forage** Bohrtiefe f
  p. **de foyer** ⟨Opt⟩ Schärfentiefe f, Tiefenschärfe f
  p. **hypocentrale** ⟨Geol⟩ Herdtiefe f
  p. **d'immersion** Eintauchtiefe f
  p. **de modulation** Modulationstiefe f
  p. **moyenne** mittlere Flügeltiefe f
  p. **optique** optische Tiefe (Dichte) f
  p. **de passe** Schnitthöhe f, Schnittiefe f, Spantiefe f
  p. **de pêche** Fangtiefe f
  p. **de pénétration** ⟨Kern⟩ Eindringtiefe f
  p. **de perçage** Bohrtiefe f
  p. **de portée** Tragtiefe f ⟨Gewinde⟩
  p. **de pose** Bettungstiefe f
  p. **de résolution** s. p. de foyer
  p. **de sculpture** Profiltiefe f
  p. **de sondage** Bohrlochtiefe f
  p. **de ton** Farbtiefe f
  p. **de trempe** Härtetiefe f
programmateur m Programmgerät n
programmation f Programmierung f;
  avec p. **par cartons perforés** pappkartengesteuert ⟨z. B. Strickautomat⟩
  p. **absolue** absolute Programmierung f
  p. **automatique** automatische Programmierung f, Selbstprogrammierung f
  p. **à bandes** Streifenprogrammierung f
  p. **directe** Geradeausprogrammierung f

programmation

p. **linéaire** ⟨Math⟩ lineare Programmierung (Optimierung) f
p. **de la machine** Maschinenprogrammierung f
p. **optimale** optimale Programmierung f
p. **séquentielle** Reihenfolgeprogrammierung f
p. **symbolique** symbolische (adressenfreie) Programmierung f
p. **de système** Systemprogrammierung f
p. **par tableau de connexions** Schalttafelprogrammierung f
p. **sans temps d'attente** wartezeitfreie Programmierung f
p. **en temps réel** Echtzeitprogrammierung f
programme m Programm n; Optimierungsproblem n
p. **d'analyse** Überwachungsprogramm n
p. **d'attente** Warteprogramm n
p. **de bibliothèque** Bibliotheksprogramm n
p. **code (codifié)** kodiertes Programm n
p. **compilateur** programmierendes (kompilierendes, erzeugendes) Programm n
p. **de construction** Bauordnung f
p. **de contrôle** Testprogramm n, Prüfprogramm n
p. **de contrôle de séquence** Folgeprüfprogramm n
p. **de correction des erreurs** Fehlerkorrekturprogramm n
p. **en couleurs** Farbfernsehprogramm n
p. **diagnostique** Diagnoseprogramm n, Fehlersuchprogramm n
p. **direct** Geradeausprogramm n
p. **directeur** Steuerprogramm n
p. **disponible** betriebsfertiges Programm n
p. **d'échelonnement** Baustufenplan m
p. **enregistré** gespeichertes Programm n
p. **d'entrée** Eingabeprogramm n
p. **d'essai** Testprogramm n, Prüfprogramm n
p. **d'exécution** Steuerprogramm n
p. **extérieur** externes Programm n
p. **de fabrication** Fertigungsprogramm n
p. **fréquent** häufig vorkommendes Programm n
p. **général** allgemeines Programm n

p. **interne** internes Programm n, Speicherprogramm n
p. **d'interprétation (interprète)** interpretierendes Programm n, Interpretationsprogramm n
p. **de laminage** Walzplan m
p. **de machine** Maschinenprogramm n
p. **manuel** manuelles Programm n
p. **optimum** Optimalprogramm n
p. **original** Originalprogramm n
p. **post-mortem** Post-mortem-Programm n
p. **principal** Hauptprogramm n
p. **de priorité** Prioritätsprogramm n
p. **de radio** Rundfunkprogramm n
p. **de radio stéréophonique** Stereorundfunkprogramm n
p. **de répétition** Wiederholprogramm n
p. **simulé** Nachahmungsprogramm n
p. **de sortie** Ausgabeprogramm n
p. **traduit par la machine** maschinenübersetztes Programm n
p. **de T.S.F.** Rundfunkprogramm n
p. **à virgule fixe** Festkommaprogramm n
p. **à virgule flottante** Gleitkommaprogramm n
programmer programmieren
programmeur m Programmierer m
progrès m **technique** technischer Fortschritt m
progressif fortschreitend; stufenlos
progression f ⟨Math⟩ Reihe f, Zahlenreihe f, Zahlenfolge f
p. **arithmétique (par différences)** arithmetische Folge f
projecteur m 1. Projektor m, Bildwerfer m, Diapositivprojektor m, Stehbildwerfer m; Vorführgerät n; Kinomaschine f; 2. Scheinwerfer m
p. **antibrouillard** Nebelscheinwerfer m
p. **à arc** Bogenlichtscheinwerfer m
p. **d'atterrissage** Landescheinwerfer m
p. **cinématographique** Filmprojektor m
p. **à deux entrefers** Zweispaltprojektiv n
p. **d'écriture** Schreibprojektor m
p. **de films cinématographiques réduits** Schmalfilmprojektor m
p. **à flèche** Pfeilprojektor m
p. **lumineux à occultation**, p. **en morse** Morsescheinwerfer m, Signalscheinwerfer m
p. **néphoscopique** Wolkenscheinwerfer m
p. **petit format** Kleinbildwerfer m
p. **portatif en coffret** Kofferprojektor m

p. à quatre bobines Viertrommelmaschine *f*
p. à revolver Projektiv *n* mit Revolver
p. de signalisation FS-Signalscheinwerfer *m*
p. sonore Bildtonmaschine *f*
p. sonore de films réduits Schmaltonfilmprojektor *m*
p. de Suez Suezkanalscheinwerfer *m*
p. de table Tischprojektor *m*
p. de tests Sehzeichenprojektor *m*
projectif projektiv ⟨Geometrie⟩
projectile *m* Geschoß *n*, Projektil *n*
projection *f* 1. Projektion *f*; 2. Bildwurf *m*; 3. Spritzen *n*; 4. ⟨Geol⟩ Auswürfling *m*
p. à air comprimé Druckluftspritzen *n*
p. sans air comprimé Airless-Spritzen *n*, hydrostatisches Spritzen *n*
p. azimutale Azimutalprojektion *f*
p. cartographique Kartenprojektion *f*, kartografische Projektion *f*
p. centrale Zentralprojektion *f*
p. cinématographique Filmprojektion *f*
p. électrostatique elektrostatisches Spritzen *n*
p. à la flamme Flammspritzen *n*
p. gazeuse gasförmiger Auswurf *m*, Exhalation *f* ⟨eines Vulkans⟩
p. horizontale Grundriß *m*
p. image par image Einzelbildprojektion *f*
p. incandescente glühender Auswürfling *m*
p. Mercator Mercatorprojektion *f*
p. métallique Metallspritzen *n*
p. du mortier Spritzen *n* des Mörtels
p. murale Wandprojektion *f*
p. parallèle Parallelprojektion *f*
p. au pistolet Spritzen *n* mit Spritzpistole
p. pneumatique Druckluftspritzen *n*
p. en relief Raumbildprojektion *f*
p. sans scintillations flimmerfreies Bild *n*
p. stéréographique stereografische Projektion *f*
p. par transparence Rückprojektion *f*
p. verticale Vertikalprojektion *f*; Aufriß *m*
projections *fpl*:
p. d'eau Spritzwasser *n*, Schwallwasser *n*
p. intermittentes intermittierende Eruptionen *fpl*
projecture *f* Vorsprung *m*, Auskragung *f*, Ausladung *f*

projet *m* Projekt *n*, Entwurf *m*; Plan *m*; ⟨Typ⟩ Makette *f*
projeter 1. entwerfen, entwickeln, planen, projektieren; 2. projizieren; 3. spritzen, sprühen
projeteur *m* Entwicklungsingenieur *m*, Projektierungsingenieur *m*
proline *f* ⟨Ch⟩ Prolin *n*
prolongateur *m* Kupplung *f* ⟨zwischen Kabeln⟩
prolongement *m* Fortsetzung *f*, Erweiterung *f*
p. analytique analytische Fortsetzung *f*
prolonger verlängern
prométhéum *m* Promethium *n*
promoteur *m* ⟨Ch⟩ Beschleuniger *m*, Katalysebeschleuniger *m*
propagation *f* Ausbreitung *f*; Fortpflanzung *f*
p. anormale Überreichweite *f*
p. de la lumière Ausbreitung *f* des Lichtes
p. d'ondes Wellenausbreitung *f*
p. des ondes sonores Schallwellenausbreitung *f*
p. des ondes ultrasonores Ultraschallwellenausbreitung *f*
propane *m* Propan *n*
propanol *m* Propanol *n*
propanone *f s.* acétone
propergol *m* Treibmittel *n*, Treibstoff *m*
p. liquide flüssiger Treibstoff *m*
p. solide fester Treibstoff *m*
propionate *m* Propionat *n*, Propionsäureester *m*
proportion *f* Proportion *f*; Verhältnis *n*; Mengenverhältnis *n*
p. du mélange Mischungsverhältnis *n*
p. de polarisation Polarisationsgrad *m*
proportionnel proportional, verhältnisgleich
proportionnelle *f* ⟨Math⟩ Proportionale *f*
p. moyenne mittlere Proportionale *f*
proposition *f* Behauptung *f*, Aussage *f*, Satz *m*
propre Eigen-
propreté *f* Reinheit *f*
propriété *f* Eigenschaft *f*
p. de blocage Sperreigenschaft *f*, Sperrwirkung *f* ⟨beim Gleichrichter⟩
p. corrosive Korrosionseigenschaft *f*
p. d'entretien facile Pflegeleichteigenschaft *f*
p. lubrifiante Schmiereigenschaft *f*
p. mouillante Netzeigenschaft *f*
p. particulière Einzelanwesen *n*
p. rectificatrice Gleichrichterwirkung *f*
p. de stockage Lagerfähigkeit *f*

propriété 530

p. d'usage Gebrauchswert m, Trageeigenschaft f
p. d'usinage Bearbeitungseigenschaft f
propulser antreiben, vortreiben
propulseur Treib-, Antriebs-
propulseur m Vortriebsorgan n, Antriebsorgan n; Vortriebsmittel n, Triebwerk n
  p. d'étrave Bugstrahlruder n
  p. de guidage Lenktriebwerk n
  p. à hélice Propellerantrieb m
  p. hybride Hybridtriebwerk n
  p. à ions Ionentriebwerk n
  p. à photons Photonentriebwerk n
  p. de plasma Plasmatriebwerk n
  p. à réaction Strahltriebwerk n
  p. transversal Querschubanlage f
  p. transversal d'étrave Bugstrahlruder n
  p. Voith-Schneider Voith-Schneider-Propeller m
propulsif Antriebs-, Propulsions-, Vortriebs-; Triebwerks-
propulsion f Antrieb m, Propulsion f, Vortrieb m ⟨s. a. traction⟩
  p. par accumulateurs Akkumulatorenantrieb m
  p. arrière Hinterradantrieb m
  p. atomique Atomantrieb m, Kernenergieantrieb m
  p. auxiliaire Hilfsantrieb m
  p. à chaîne Kettentrieb m
  p. diesel-électrique dieselelektrischer Antrieb m
  p. électrique elektrischer Antrieb m
  p. mécanique à bras Handpropellerantrieb m
  p. nucléaire s. p. atomique
  p. par réaction Strahlantrieb m, Rückstoßantrieb m
  p. à turbine Turbinenantrieb m
propylène m ⟨Ch⟩ Propylen n
prospecter ⟨Brg⟩ schürfen
prospection f ⟨Brg⟩ Schürfen n; Schürfung f
  p. des gisements Aufsuchen n der Lagerstätten
  p. du pétrole Erdölprospektion f
  p. séismique seismische Bodenforschung f
prospectus m Prospekt m
protactinium m Protaktinium n
protecteur schützend, Schutz-
protecteur m 1. Schutz[einrichtung f] m, Schutzkappe f; 2. Protektor m, Lauffläche f
  p. en tôle Schutzblech n

p. de glissières Führungsbahnenschutz m
p. usé abgefahrene Lauffläche f
protection f Schutz m
  p. anticorrosive Korrosionsschutz m
  p. antidéflagrante Explosionsschutz m
  p. antigivre par réchauffement du nez Heißluftturbinenenteisung f
  p. antigrisouteuse Schlagwetterschutz m
  p. antirouille Rostschutz m
  p. anti-X Röntgenstrahlenschutz m
  p. Buchholz ⟨El⟩ Buchholzschutz m
  p. cathodique katodischer Korrosionsschutz m
  p. de contacts Kontaktschutz m, Berührungsschutz m
  p. contre les contacts accidentels Berührungsschutz m, Schutz m gegen zufällige Berührung
  p. contre la corrosion Korrosionsschutz m
  p. de la côte Küstenschutz m
  p. par courant extérieur Fremdstromschutz m ⟨Korrosion⟩
  p. contre le décrochage Außertrittfallschutz m
  p. contre le déséquilibre Unsymmetrieschutz m
  p. contre la désexcitation Entregungsschutz m
  p. différentielle Differentialschutz m
  p. différentielle à pourcentage Prozentvergleichsschutz m
  p. de fibre Faserschutz m, Faserschonung f
  p. contre la foudre Blitzschutz m
  p. d'impédance Impedanzschutz m
  p. contre l'incendie Brandschutz m
  p. contre la marche en monophasé Schutz m gegen Phasenausfall
  p. de masse Masseschlußschutz m
  p. à maximum de courant Maximalstromschutz m, Überstromschutz m
  p. métallique Metallüberzug m, metallischer Überzug m
  p. à minimum d'excitation Erregerausfallschutz m
  p. à minimum de tension Unterspannungsschutz m
  p. par mise à la terre Schutzerdung f
  p. du moteur Motorschutz m
  p. non métallique nichtmetallischer Überzug m
  p. en plomb Bleischutz m, Bleiabschirmung f
  p. contre la pluie Regenschutz m

p. contre les radiations Strahlenschutz m
p. contre les rayons X Röntgenstrahlenschutz m
p. du réseau Netzschutz m
p. contre les retours (d'arc) Schutz m gegen Rückzündungen
p. des rives Uferbefestigung f
p. contre la rouille Rostschutz m
p. sélective Selektivschutz m
p. superficielle Oberflächenschutz m
p. contre les surcharges Überlastungsschutz m
p. des surfaces Oberflächenschutz m
p. contre les surtensions Überspannungsschutz m
p. thermique Wärmeschutz m
p. du train Zugdeckung f
protégé geschützt
p. contre les contacts accidentels (électriques) berührungssicher, geschützt gegen zufällige Berührung
p. contre l'humidité feuchtigkeitsgeschützt
p. contre les jets d'eau strahlwassergeschützt
p. par des matières plastiques kunststoffgeschützt
p. contre les poussières staubgeschützt
p. contre les projections d'eau spritzwassergeschützt
p. contre les radiations strahlengeschützt, strahlensicher
protège-arête m Kantenschutz m (Bandförderer)
protège-cabine m Fahrerschutzgitter n (Gabelstapler)
protège-doigts m Fingerschutz m
protéger schonen, schützen; abschirmen
protège-tête m Fahrerschutzgitter n (Gabelstapler)
protéine f Protein n
prothèse f auditive transistorisée Transistorhörgerät n
protide m Protid n
protoclastique protoklastisch
proton m Proton n
p. de recul Rückstoßproton n
proton-synchrotron m Protonensynchrotron n
prototype m Prototyp m, erstes Muster n, Versuchsmuster n
protubérance f (Astr) Protuberanz f
proue f Bug m; Vorschiff n
provenance f Herkunft f
province f:
p. métallogénique Erzprovinz f

p. minérale Mineralprovinz f
p. pétrographique petrografische Provinz f
provisions fpl Proviant m
provoqué par les rayonnements strahleninduziert
provoquer le foudroyage par coups de mine (Brg) anschießen (das Hangende)
psammite m Psammit m
psammitique psammitisch
pséphitique psephitisch
pseudo-adresse f Pseudoadresse f
pseudochromatique pseudochromatisch
pseudo-code m Pseudokode m
pseudocristallin pseudokristallin
pseudo-euclidien pseudoeuklidisch
pseudofront m Pseudofront f (Meteorologie)
pseudo-instruction f Pseudobefehl m, symbolischer Befehl m
pseudo-labour m Krumenbearbeitung f
pseudomérie f Pseudomerie f
pseudomorphe pseudomorph
pseudomorphisme m Pseudomorphie f
pseudomorphose f Pseudomorphose f
pseudo-programme m Pseudoprogramm n
pseudoscalaire m Pseudoskalar m
pseudovecteur m Pseudovektor m
pseudo-volcan m Pseudovulkan m
psophomètre m (Fmt) Geräuschspannungsmesser m
psychromètre m Psychrometer n, Luftfeuchtemesser m
psychrométrie f Psychrometrie f
psychrométrique psychrometrisch
puddlage m Puddeln n, Rührfrischen n
puddler puddeln
puddleur m mécanique Puddelmaschine f
puisard m 1. Gully m (n), Senkloch n; Senkgrube f; 2. Sammelbrunnen m; 3. Sumpf m (Brunnenbau); Schachtsumpf m; (Brg) Pumpensumpf m; 4. (Schiff) Lenzbrunnen m
p. de pompage Pumpensumpf m
p. de reprise Sammelschacht m
puisoir m Gießkelle f
puissance f 1. Leistung f, Stärke f (s. a. capacité); 2. Potenz f; 3. Mächtigkeit f; de même p. gleichmächtig
p. absorbée Energiebedarf m; aufgenommene Leistung f; Leistungsverlust m
p. absorbée par la traînée de profil Profilwiderstandsleistungsverlust m

puissance

p. active Wirkleistung f, Nutzleistung f
p. d'antenne Antennenleistung f
p. apparente Scheinleistung f
p. appelée (tatsächlich) verbrauchte Leistung f
p. sur l'arbre Wellenleistung f
p. à la barre Zughakenleistung f
p. de base Verrechnungsleistung f
p. basse fréquence Niederfrequenzleistung f
p. aux bornes Klemmenleistung f
p. de bruit Rauschleistung f
p. calorifique Wärmeleistung f, Heizwert m
p. d'une centrale électrique Kraftwerksleistung f
p. de commande Steuerleistung f
p. connectée Anschlußleistung f, Anschlußwert m
p. consommée verbrauchte Leistung f
p. continue Dauerleistung f
p. de coupe Schnittkraft f
p. de coupure Abschaltleistung f
p. de coupure sur court-circuit Kurzschlußausschaltleistung f
p. du courant alternatif Wechselstromleistung f
p. du courant continu Gleichstromleistung f
p. du courant triphasé Drehstromleistung f
p. de court-circuit Kurzschlußleistung f
p. de crête Spitzenleistung f, Höchstleistung f
p. débitée abgegebene Leistung f
p. de démarrage Anlaufleistung f
p. de dimensionnement Auslegungsleistung f
p. dissipée Verlustleistung f
p. effective (efficace) Wirkleistung f ⟨Nutzleistung⟩
p. électrique elektrische Leistung f
p. d'émission Sendeleistung f
p. d'enclenchement Einschaltleistung f
p. d'enlèvement Abtragleistung f
p. d'un ensemble ⟨Math⟩ Mächtigkeit f einer Menge
p. d'entrée Eingangsleistung f
p. d'excitation Erregerleistung f
p. de fermeture Schließdruck m ⟨Spritzguß⟩
p. fluctuante ⟨El⟩ Schwingleistung f ⟨Mehrphasensystem⟩
p. du foyer Feuerungsleistung f
p. au frein, p. de freinage Bremsleistung f, Bremskraft f, Bremsvermögen n
p. frontale Scheitelbrechwert m

p. indiquée indizierte Leistung f
p. initiale Anfangsleistung f
p. installée installierte Leistung f
p. instantanée Kurzzeitleistung f, Momentanleistung f, Augenblicksleistung f
p. d'interconnexion Übergabeleistung f
p. de la lentille Brechkraft f; Stärke f einer Linse
p. de levage Hebekapazität f, Tragkraft f ⟨Dock⟩
p. limite Grenzleistung f
p. lumineuse Leuchtkraft f
p. magnétisante Magnetisierungsleistung f
p. massique spezifische Leistung f ⟨Reaktor⟩
p. maximale Höchstleistung f
p. maximale continue Dauerleistung f
p. maximale de régime Nennleistung f
p. minimale Mindestleistung f
p. momentanée s. p. instantanée
p. du moteur Motorleistung f
p. motrice Antriebsleistung f
p. moyenne Durchschnittsleistung f, mittlere Leistung f
p. nécessaire Leistungsbedarf m
p. nominale Nennleistung f
p. nucléaire Kernkraft f
p. optique Brechungsvermögen n ⟨von Glas⟩
p. de pleine charge Vollastleistung f
p. de pointe Spitzenleistung f
p. de poussée Schubleistung f
p. de propulsion Antriebsleistung f, Vortriebsleistung f
p. de radiation (rayonnement) Strahlungsleistung f
p. du réacteur Reaktorleistung f
p. réactive Blindleistung f
p. réactive directe Blindleistung f des Mitsystems
p. réactive homopolaire Blindleistung f des Nullsystems
p. réactive inverse Blindleistung f des Gegensystems
p. réelle Effektivleistung f
p. de remorquage Schleppleistung f
p. sonore Schalleistung f
p. de sortie Ausgangsleistung f
p. souscrite bezogene Leistung f
p. spécifique spezifische Leistung f
p. thermique thermische Leistung f
p. totale Gesamtleistung f
p. totale équivalente gesamte äquivalente Bremsleistung f
p. du transmetteur Senderleistung f

p. utile Nutzleistung f, abgegebene Leistung f
p. de vaporisation Dampfleistung f, Verdampfungsleistung f ⟨vom Kessel pro Zeiteinheit erzeugte Dampfmenge⟩
p. à vide Leerlaufleistung f
p. volumique Leistungsdichte f
p. wattée Wirkleistung f
pleine p. volle Leistung f
puissant ⟨Brg⟩ mächtig
puits m 1. Brunnen m; Grube f; Schacht m; Flachbrunnen m; 2. Bohrung f ⟨Erdöl⟩; 3. Primärstrahlfänger m ⟨Röntgenkammer⟩; 4. ⟨Schiff⟩ Well f ⟨Decksform⟩
p. en activité Förderbohrung f
p. d'aérage Luftschacht m; ⟨Brg⟩ Wetterschacht m
p. anhydre wasserfreie Bohrung f
p. artésien artesischer Brunnen m
p. auxiliaire Hilfsschacht m
p. aveugle Blindschacht m
p. à balance Bremsschacht m
p. à câbles Kabelschacht m
p. aux chaines Kettenkasten m
p. de chute Einfallschacht m
p. de descente Anfahrschacht m
p. droit Seigerschacht m
p. éloigné Außenschacht m
p. d'entrée Einziehschacht m
p. épuisé erschöpfte Bohrung f
p. d'épuisement Wasserhaltungsschacht m
p. éruptif Eruptionsbohrung f
p. d'exhaure Pumpenschacht m
p. d'exploration Schürfschacht m
p. d'extraction Förderschacht m
p. filtrant Kesselbrunnen m
p. foncé par congélation Gefrierschacht m
p. improductif Fehlbohrung f
p. incliné tonnlägiger Schacht m
p. d'infiltration Versickerungsbrunnen m
p. intérieur Blindschacht m
p. de mine Schacht m
p. noyé verwässerte Bohrung f
p. ordinaire Schachtbrunnen m
p. partant du jour Tagesschacht m
p. de pétrole Erdölbohrung f
p. de pétrole productif fördernde Ölbohrung f
p. des pompes Pumpenraum m, Pumpenkammer f
p. de potentiel Potentialtopf m
p. principal Hauptschacht m
p. profond Tiefbrunnen m

p. de recherche Schürfschacht m
p. de remonte du personnel Ausfahrtschacht m
p. sec trockene Bohrung f
p. de secours Sicherheitsschacht m, Notschacht m
p. à skip Skipschacht m
p. de tonnage ⟨Schiff⟩ Vermessungsraum m
p. à trousse coupante Senkschacht m
p. vertical Seigerschacht m
faux p. Blindschacht m
puits mpl **jumeaux** Doppelschacht m
pulpe f Pulpe f; Papiermasse f, Papierstoff m, Ganzzeug n, Ganzstoff m
p. de bois Holzschliff m
pulper m Holländer m; Stofflöser m
pulsation f 1. Kreisfrequenz f; Schwingung f; Pulsation f; 2. Schlagen n; Schwingen n; Vibrieren n ⟨des Werkzeugs⟩
pulsatoire pulsierend
pulsomètre m Pulsometer n, kolbenlose Dampfpumpe f
pulsoréacteur m intermittierendes Strahltriebwerk n; Schmidt-Argus-Rohr n; IL-Triebwerk n; Pulsostrahltriebwerk n
pulvérisable pulverisierbar
pulvérisateur m Sprühpistole f; Spritzpistole f; Zerstäuber m, Sprühapparat m; Pflanzenschutzspritze f, Sprüher m; Spritzkanone f
p. d'antimaculage Spritzapparat m, Druckbestäuber m
p. à brouillard de mousse Schaumnebelspritze f
p. de charbon Kohlenstaubmühle f
p. à dos Rückentragspritze f
pulvérisation f Pulverisierung f; Versprühung f; Verdüsen n, Zerstäuben n
p. sans air Zerstäubung f ohne Druckluft
p. anodique Anodenzerstäubung f
p. cathodique Katodenzerstäubung f
p. centrifuge Fliehkraftzerstäubung f
p. électrostatique elektrostatische Zerstäubung f
p. haute pression Hochdruckzerstäubung f
p. à l'humide Naßmahlung f
p. au pistolet Zerstäubung f mittels Spritzpistole
p. pneumatique Druckluftzerstäubung f
p. à sec Trockenmahlung f
p. par la vapeur Dampfzerstäubung f
pulvérisé pulverisiert, pulverförmig
finement p. feinzerstäubt

pulvériser

pulvériser pulverisieren; zerreiben; zerstäuben; spritzen; versprühen
pulvériseur m Scheibenegge f
   p. tandem Doppelscheibenegge f
pulvérulent pulverförmig, pulverig
pumping m s. pompage
punctum m:
   p. proximum Nahpunkt m
   p. remotum Fernpunkt m
pupille f:
   p. d'entrée Eintrittspupille f
   p. de sortie Austrittspupille f
pupillomètre m Augenabstandsmesser m
pupinisation f Pupinisierung f
pupiniser pupinisieren
pupitre m:
   p. de commande Schaltpult n, Bedienungspult n, Steuerpult n
   p. de commande du treuil de pêche Netzwindenfahrpult n, Netzwindensteuerpult n
   p. de conduite (du navire) Schiffsführungspult n
   p. de contrôle Kontrollpult n
   p. de contrôle du compartiment machine Maschinenüberwachungspult n
   p. d'étalonnage Prüfeinrichtung f, Prüftisch m
   p. de manœuvre Fahrpult n, Manöverpult n
   p. de mélange Mischpult n
   p. de mélange du son Tonmischpult n
   p. de mixage Mischpult n
   p. de navigation Navigationspult n
   p. de la timonerie Brückenpult n
pur ⟨Ch⟩ rein; ⟨Met⟩ gediegen; echt
   p. pour analyses analysenrein
   chimiquement p. chemisch rein
   non p. unrein
   spectroscopiquement p. spektralrein
pureté f Reinheit f; Feingehalt m
   p. de configuration Konfigurationsreinheit f
purge f Abschlammung f, Entschlammung f, Entleerung f
   p. d'air Entlüftung f
   p. d'air de freins Entlüftung f der Bremsen
purger leeren; ausräumen; entschlammen; ablassen
purgeur m Ablaßhahn m, Entleerungshahn m
   p. d'air Entlüftungshahn m
   p. de fil Fadenreiniger m
purificateur Purifikator m
purification f Reinigung f; Läuterung f; Reindarstellung f

p. des eaux résiduaires Abwasserreinigung f
p. électrolytique elektrolytische Reinigung f
p. du gaz Gasreinigung f
p. par précipitation Fällungsreinigung f
purifier reinigen; läutern
purine f ⟨Ch⟩ Purin n
purpurine f ⟨Ch⟩ Purpurin n
purse-seine f Beutelwade f, Ringwade f ⟨Fischereitechnik⟩
push-pull m ⟨El⟩ Gegentakt m
pustule f **fumerollienne** Fumarolenhügel m
putréfaction f Fäulnis f
putride faul(ig)
puy m **de projection** Eruptionskegel m
PVC m Polyvinylchlorid n, PVC n
   p. plastifié Weich-PVC n
   p. rigide Hart-PVC n
   p. souple Weich-PVC n
pycnomètre m Pyknometer n, Dichtemesser m
pylône m Mast m; Hochspannungsmast m, Gittermast m; Stütze f; Seilbahnstütze f
   p. de charpente Gerüstpfeiler m
   p. de rotation Kreuzungsmast m
   p. en treillis Gittermast m
pyramidal pyramidenförmig, pyramidal
pyramide f Pyramide f
pyran(n)e m ⟨Ch⟩ Pyran n
pyrazine f ⟨Ch⟩ Pyrazin n
pyrazol(e) m ⟨Ch⟩ Pyrazol n
pyrazolone f ⟨Ch⟩ Pyrazolon n
pyrène m ⟨Ch⟩ Pyren n
pyrhéliomètre m Pyrheliometer n
pyridine f Pyridin n
pyridique Pyridin-
pyrimidine f Pyrimidin n
pyrite f Pyrit m, Schwefelkies m
   p. blanche Markasit m
   p. cuivreuse Kupferkies m
pyrocatéchine f, **pyrocatéchol** m ⟨Ch⟩ Brenzkatechin n
pyroclastique pyroklastisch
pyrocristallin pyrokristallin
pyro-électricité f Pyroelektrizität f
pyro-électrique pyroelektrisch
pyrogallol m ⟨Ch⟩ Pyrogallol n
pyrogène ⟨Min⟩ pyrogen
pyrolusite f Pyrolusit m, Braunstein m
pyrolyse f Pyrolyse f, Zersetzung f unter Hitzeeinwirkung
pyromètre m Pyrometer n
   p. à disparition Glühfadenpyrometer n
   p. électrique elektrisches Pyrometer n

p. à filament disparaissant Glühfadenpyrometer n
p. à gaz Gaspyrometer n
p. optique (à radiation) Strahlungspyrometer n, optisches Pyrometer n, Strahlungshitzemesser m
p. à radiation totale Gesamtstrahlungspyrometer n
p. à résistance Widerstandspyrometer n
p. à spectre partiel Teilstrahlungspyrometer n
p. de surface Oberflächenpyrometer n
pyrométrie f Pyrometrie f
pyrophosphate m Pyrophosphat n, Diphosphat n
pyroscope m 1. s. pyromètre; 2. Probiergeschirr n ⟨zum Feststellen der Temperatur im Schmelzofen⟩
pyrotechnie f Pyrotechnik f
pyrotechnique Feuerwerks-
pyrrol(e) m ⟨Ch⟩ Pyrrol n
pyrrolidine f ⟨Ch⟩ Pyrrolidin n
pythagoréen pythagoreisch

Q

Q-mètre m Gütefaktormesser m
quadrangle m Viereck n
   q. complet vollständiges Viereck n
quadrangulaire viereckig
quadrant m Quadrant m
quadrat m ⟨Typ⟩ Quadrat n
quadratin m ⟨Typ⟩ Geviert n
quadratique quadratisch
quadrature f Quadratur f
   q. du cercle Quadratur f des Kreises
quadrilatéral vierseitig
quadrilatère m Vierseit n
   q. articulé Gelenkviereck n, viergliedrige kinematische Kette f ⟨Getriebelehre⟩
quadrillage m 1. quadratisches Liniennetz n; 2. Zeichnen n eines quadratischen Liniennetzes
quadriller ein quadratisches Liniennetz zeichnen
quadrilobe m ⟨Bw⟩ Vierpaß m, Kleeblattbogen m, Vierblatt n
quadrilobé ⟨Bw⟩ Vierpaß-, Vierblatt-
quadrimoteur m viermotoriges Flugzeug n
quadripale vierblättrig ⟨z. B. Luftschraube⟩
quadriplace viersitzig
quadriplace m Viersitzer m
quadripolaire vierpolig

quadripôle m Quadrupol m, Vierpol m
   q. actif aktiver Vierpol m
   q. antimétrique antimetrischer Vierpol m
   q. linéaire linearer Vierpol m
   q. passif passiver Vierpol m
   q. quasi-linéaire quasilinearer Vierpol m
   q. symétrique symmetrischer Vierpol m
quadrique f ⟨Math⟩ Quadratfläche f, Fläche f zweiter Ordnung, Quadrik f
quadriréacteur m Flugzeug n mit vier Strahltriebwerken
quadriturbopropulseur m Flugzeug n mit vier Propellerturbinen-Luftstrahltriebwerken
quadrivalence f Vierwertigkeit f
quadrivalent vierwertig
quadrivecteur m Vierervektor m
quadruple vierfach
quadruplement m viergleisiger Ausbau m ⟨einer Strecke⟩
quadrupler vervierfachen
quadruplex ⟨Fmt⟩ viererverseilt
quadrupôle m s. quadripôle
quai m 1. Kai m, Pier f ⟨s. a. appontement, pier⟩; 2. Bahnsteig m
   q. d'achèvement s. q. d'armement
   q. d'approvisionnement Ausrüstungskai m, Bunkerkai m ⟨Schiffsversorgung⟩
   q. d'armement Ausrüstungskai m, Ausrüstungspier f
   q. à bestiaux Viehrampe f
   q. de chargement Laderampe f
   q. à containers Containerkai m, Containerpier f
   q. en cul-de-sac Kopframpe f
   q. découvert offener Bahnsteig m
   q. à marchandises générales Stückgutkai m, Stückgutpier f
   q. à paquebots Fahrgastkai m, Fahrgastpier f, Passagierkai m
   q. de réparations Reparaturkai m, Reparaturpier f
qualitatif qualitativ
qualité f Qualität f, Güte f, Gütegrad m; Sorte f; Eigenschaft f
   q. de l'acier Stahlgüte f; Stahlsorte f
   q. d'ajustement Passungsqualität f, Qualität f der Passung
   q. de fibre Fasereigenschaft f
   q. de fonctionnement Laufverhalten n ⟨einer Maschine⟩
   q. de la forme rectangulaire Rechteckformgüte f
   q. de frottement Gleiteigenschaft f

qualité

q. de l'image Abbildungsgüte f; Abbildungseigenschaft f; Bildgüte f
q. de réception Empfangsgüte f
q. de reproduction Wiedergabequalität f
q. de la reproduction sonore Tonwiedergabequalität f
q. sonore Tonqualität f
q. de studio Studioqualität f
q. de surface Oberflächengüte f, Oberflächenqualität f
q. de transmission Übertragungsgüte f
q. de tube Röhrengüte f
qualités fpl:
q. évolutives ⟨Schiff⟩ Drehfähigkeit f
q. de manœuvre, q. manœuvrières Manövriereigenschaften fpl, Manövrierfähigkeit f
q. nautiques Seetüchtigkeit f, Seefähigkeit f
quantificateur m Quantifikator m; Umwandler m in Digitalschreibweise
q. existentiel Existenzquantifikator m, Partikularisator m
q. universel All-Quantifikator m, Generalisator m
quantification f Quantelung f
seconde q. Zweitquantelung f
quantique Quanten-
quantitatif quantitativ
quantité f Größe f; Menge f; Masse f; Betrag m; Quantität f
q. de chaleur Wärmemenge f, Wärmequantum n
q. débitée Liefermenge f
q. de départ Ausgangsmenge f
q. d'électricité Elektrizitätsmenge f
q. élémentaire d'électricité elektrisches Elementarquantum n
q. d'énergie Energiequant[um] n
q. d'énergie rayonnante Strahlungsenergie f, Strahlungsmenge f
q. d'informations Informationsmenge f
q. à intégrer Integrand m
q. de lumière Lichtmenge f
q. de mouvement Bewegungsgröße f, Impuls m
q. passée Durchsatzmenge f
q. pêchée Fangmenge f
q. pondérable wägbare Menge f
q. restante Restmenge f
quantomètre m Quantometer n ⟨Spektralanalyse⟩
q. à rayons X Röntgenmehrkanalgerät n, Röntgenvielkanalgerät n, Röntgenquantometer n

quantum m Quant n
q. de champ Feldquant n
q. d'énergie s. q. de Planck
q. gamma Gammaquant n
q. de Planck Plancksches Wirkungsquantum n, Plancksche Konstante f
q. de rayonnement Strahlungsquant n
quart m 1. Viertel n; 2. Wache f ⟨Tätigkeit⟩; 3. Strich m ⟨Einteilung der Kompaßrose⟩
q. de brique Viertelstein m
q. machine Maschinenwache f
q. d'onde Viertelwellenlänge f
q. de période Viertelperiode f
q. de rond Viertelstab m
quarte f ⟨El⟩ Viererseil n
q. étoile Sternviererseil n
quartier m:
q. d'exploitation Abbauabteilung f
q. tournant Krümmling m, Kopfstück n ⟨Treppenwange⟩
quartz m Quarz m
q. bas Tiefquarz m, β-Quarz m
q. fondu Quarzglas n
q. haut Hochquarz m, α-Quarz m
q. lumineux Leuchtquarz m
q. pour oscillateurs Schwingquarz m
q. piézo-électrique Piezoquarz m
q. pilote Steuerquarz m
quartzeux
quartzifère quarzhaltig
quaser m Quaser m
quasi-coordonnée f Quasikoordinate f
quasi-élastique quasielastisch
quasi-harmonique quasiharmonisch
quasi-linéaire quasilinear
quaternaire quaternär; Quartär-
quaternaire m Quartär n
quaternion m Quaternion f
quatre-feuilles m ⟨Bw⟩ Vierpaß m, Kleeblattbogen m, Vierblatt n
quatrelot m Model n
quatrième f vierter Gang m
quenouille f Spindelpfeiler m
question f Frage f, Aufgabe f
queue f 1. Schwanz m; Einsteckende n, Einsteckkegel m ⟨Werkzeug⟩; Endstück n, Ende n, Schaft m; 2. Pflastersteinhöhe f; 3. Schlange f; 4. ⟨Flg⟩ Heck n
q. d'attente Warteschlange f
q. de l'avion Flugzeugheck n; Rumpfende n
q. de cochon Sauschwänzchen n, Einfädler m
q. cométaire Kometenschweif m
q. droite gerader Zinken m
q. Morse Morsekegel m

q. **mouvable** vollverstellbares Leitwerk n
q. **du train** Zugende n
queue-d'aronde f Schwalbenschwanz m
queue-de-castor f Biberschwanz m
queue-de-morue f Lackierpinsel m, Flachpinsel m
queue-de-rat f Lochfeile f, Nadelfeile f
queuteuse f Zinkenfräsmaschine f
quille f Kiel m; **la q. en l'air** kieloben
   q. **massive** Balkenkiel m
   q. **plate** Flachkiel m
   q. **de roulis** Schlingerkiel m
   q. **de soutien** ⟨Brg⟩ Pfeiler m
quinaldine f ⟨Ch⟩ Chinaldin n
quincaillerie f Metallwaren fpl
quinhydrone f ⟨Ch⟩ Chinhydron n
quinidine f ⟨Ch⟩ Chinidin n
quinine f Chinin n
quinoléine f ⟨Ch⟩ Chinolin n
quinone f ⟨Ch⟩ Chinon n
quinonique chinoid
quinquangulaire fünfeckig
quintefeuille m ⟨Bw⟩ Fünfpaß m, Fünfblatt n
quotient m Quotient m
   q. **des différences** Differenzenquotient m
   q. **différentiel** Differentialquotient m
quotientmètre m Quotientenmesser m

R

raban m **de cul** ⟨Schiff⟩ Codleine f
rabattage m ⟨Brg⟩ Hereingewinnung f
rabattement m 1. Senken n, Absenken n; 2. ⟨Math⟩ Umlegen n (einer Figur in ihrer Ebene)
   r. **de nappe aquifère** Grundwasserabsenkung f
rabatteur m ⟨Lw⟩ Haspel f
rabattre 1. herablassen; senken; 2. glätten; polieren; 3. umbördeln; 4. ⟨Brg⟩ hereingewinnen; 5. ⟨Math⟩ umlegen (eine Figur in ihrer Ebene)
râble m Schaber m, Schabeisen n, Kratzer m; Feuerhaken m
rabot m Hobel m
   r. **à biseau** Facettenhobel m
   r. **à charbon** Kohlenhobel m
   r. **à diamant** Glaserdiamant m
   r. **à double fer** Doppelhobel m
   r. **à laitier** Schlackenfang m
rabotage m Hobeln n
raboter hobeln
raboteuse f Hobelmaschine f
   r. **à deux montants** Doppelständerhobelmaschine f, Zweiständerhobelmaschine f
   r. **à fosse** Grubenhobelmaschine f
   r. **pour routes et chemins** Straßenhobel m
raboteuse-fraiseuse f Hobel-Fräs-Maschine f
rabotures fpl Hobelspäne mpl ⟨metallisch⟩
rabouter stumpfschweißen
raccord m Verbindung f, Kupplung f, Kopplung f; Leitungsanschluß m, Leitungsverbinder m; Stutzen m, Ausschlußstück n, Verbindungsstück n, Paßstück n
   r. **angulaire** Winkelstück n, Knie n
   r. **d'aspiration** Sauganschluß m
   r. **à brides** Flanschverbindung f ⟨von Rohren⟩
   r. **de câble** Kabelanschluß m
   r. **coudé (courbé)** Kurvenstück n, Krümmer m, Knie n
   r. **fileté** Gewindemuffe f, Nippel m ⟨Rohrverbindung⟩
   r. **de réduction** Reduktionsstück n, Reduzierstück n; Übergangsstück n
   r. **à soufflet** Faltenbalg m
   r. **souple** Schlauchkupplung f
   r. **spiral** Spiralbindung f
   r. **de tourne-disque** Plattenspieleranschluß m
   r. **à vis, r. vissé** Schraubverbindung f, Nippel m
raccordement m 1. Verbinden n; Verbindung f; Kupplung f, Kopplung f; Anschluß m; 2. Fernsprechanschluß m
   r. **articulé** Gelenkausbildung f
   r. **pour circuits d'éclairage** Beleuchtungskupplung f
   r. **de colonnes** Säulenanschluß m
   r. **par fiche** Steckeranschluß m
   r. **fileté** Anschlußgewinde n
   r. **de mine** Grubenanschlußbahn f
   r. **privé** Privatanschluß m ⟨Telefon⟩
   r. **téléphonique** Fernsprechanschluß m
raccorder verbinden, anschließen, kuppeln, koppeln
raccourcir verkürzen
raccourcissement m Verkürzung f
raccrocher einhängen ⟨Telefon⟩
racémique razemisch
racémique m Razemat n
racémisation f Razemisierung f
racémiser razemisieren
racine f Wurzel f
   r. **de l'arc** Fußpunkt m des Lichtbogens, Lichtbogenfußpunkt m, Bogenfußpunkt m

racine

r. **caractéristique** ⟨Math⟩ charakteristische Wurzel f, Eigenwert m
r. **carrée** Quadratwurzel f
r. **cubique** Kubikwurzel f
r. **multiple** mehrfache Wurzel f ⟨einer Gleichung⟩
r. **de la pale** Luftschraubenwurzel f
r. **primitive de l'unité** ⟨Math⟩ primitive Einheitswurzel f
r. **de l'unité** ⟨Math⟩ Einheitswurzel f
raclage m Abkratzen n, Abschaben n; Auslichten n
racle f Rakel f, Streichmesser n, Abstreifmesser n, Streichlineal n
r. **en l'air** Luftrakel f
racler (ab)rakeln, abstreichen, schaben, kratzen; schrappen
raclette f Abstreifer m, Kratzer m, Schrapper m ⟨Fördertechnik⟩; Kratzeisen n; Spachtel m
racleur m Abstreifer m, Abstreifvorrichtung f
racloir m s. raclette
radar m 1. Radar n, Funkmeßtechnik f; 2. Radargerät n
r. **anticollision** Kollisionsschutzradar n
r. **d'approche** Anflugradar n
r. **d'approche de précision** Präzisionsanflugradar n
r. **d'avertissement** Warnradar n
r. **d'avion** Flugzeugradar n
r. **de bateau** Schiffsradar n
r. **de bord** Bordradar n
r. **de contrôle d'approche** Anflugkontrollradar n
r. **pour le contrôle de la circulation** Verkehrsradar n
r. **côtier** Küstenradar n
r. **Doppler** Doppler-Radar n
r. **fluvial** Flußradar n
r. **de manœuvre** Kollisionsschutzradar n
r. **à mouvement relatif** Radargerät n mit Relativdarstellung f
r. **à mouvement vrai** Radargerät n mit Absolutdarstellung, True-Motion-Radar n
r. **de navigation** Navigationsradar n
r. **de port** Hafenradar n
r. **de précision** Feinortung f
r. **de rendez-vous** Rendezvous-Radar n
r. **de surveillance** Überwachungsradar n
r. **de surveillance aérienne (d'aéroport)** Flughafenkontrollradar n, Flughafenrundsichtradar n
rade f Reede f; **en (sur) r.** auf Reede
r. **fermée** Binnenreede f, geschützte Reede f

r. **foraine (ouverte)** Außenreede f, offene Reede f
radeau m Floß n ⟨s. a. canot⟩
r. **de sauvetage** Rettungsfloß n
r. **de sauvetage pneumatique à gonflage automatique** automatisch aufblasbares Rettungsfloß n, Rettungsinsel f
r. **de sauvetage rigide** starres Rettungsfloß n
radial radial, strahlenförmig
radiamètre m Strahlungsmeßgerät n
radian m Radiant m ⟨Einheit des ebenen Winkels⟩
radiance f Strahldichte f
radiant strahlend, Strahlung abgebend
radiateur m 1. Radiator m, Strahler m; 2. ⟨Kfz⟩ Kühler m; 3. Heizkörper m
r. **d'aile** Tragflächenkühler m
r. **de bord d'attaque** Flächennasenkühler m
r. **caréné** Düsenkühler m
r. **à convection** Konvektor m
r. **électrique** elektrischer Heizkörper m, Heizofen m
r. **frontal** Bugkühler m
r. **à gaz** Gasheizer m
r. **d'huile caréné** Düsenölkühler m
r. **d'huile complexe** vielzelliger Ölkühler m
r. **d'huile de manche à air** Ölkühler m im Lufteintritt
r. **d'huile de revêtement** Oberflächenölkühler m
r. **infrarouge** Infrarotstrahler m
r. **intégral** s. r. de Planck
r. **d'intrados** hängender Tragflächenkühler m
r. **de Planck** schwarzer Körper ⟨Strahler⟩ m; Planckscher Strahler m
r. **Pyro** Pyrostrahler m
r. **à rayonnement** Strahlungsheizapparat m; Heizsonne f
r. **à rayons infrarouges** Infrarotstrahler m
r. **à récupération** Wärmetauscher m unter Verwendung von Abgas; Abgaslufterhitzer m ⟨Dampfkessel⟩
radiatif strahlend
radiation f Strahlung f ⟨s. a. rayonnement⟩
r. **calorifique** Wärmeausstrahlung f, Temperaturstrahlung f
r. **de (la) chaleur** s. r. calorifique
r. **corpusculaire** Korpuskularstrahlung f
r. **de dipôle** Dipolstrahlung f
r. **électromagnétique** elektromagnetische Strahlung f

r. **lumineuse** Licht[aus]strahlung f
r. **polarisée** polarisierte Strahlung f
r. **quadripolaire** Quadrupolstrahlung f
r. **secondaire** Sekundärstrahlung f
r. **solaire** Sonnenstrahlung f
r. **de température** Wärmeausstrahlung f, Temperaturstrahlung f
r. **ultraviolette** ultraviolette Strahlung f
radical m 1. ⟨Math⟩ Wurzel f; 2. ⟨Ch⟩ Radikal n, Gruppe f
r. **acyle** Azylradikal n
r. **en chaîne** Kettenradikal n
r. **libre (non saturé)** freies Radikal n
radier n Dockboden m; Kammerboden n ⟨Dock, Schleuse⟩; Schleusenbett n, Schleusenboden m
radio f 1. Radio n; 2. s. radiodiffusion; 3. s. radiographie; 4. s. radiotélégraphie; 5. s. radiotéléphonie
r. **d'embarcation** Bootssender m, Rettungsbootssender m, Rettungsbootsstation f
r. **portative** Kofferradio n
radio-actif radioaktiv
non r. inaktiv, nicht radioaktiv
radio-actinium m Radioaktinium n
radio-activimètre m Aktivitätsmesser m
radio-activité f Radioaktivität f
r. **dans l'air** Luft[radio]aktivität f
r. **alpha** Alpha[radio]aktivität f
r. **artificielle** künstliche Radioaktivität f
r. **bêta** Beta[radio]aktivität f
r. **gamma** Gamma[radio]aktivität f
r. **induite** künstliche Radioaktivität f
r. **naturelle** natürliche Radioaktivität f
r. **rémanente** Restaktivität f
r. **spécifique** spezifische Radioaktivität f
radio-altimètre m Funkhöhenmesser m
radio-amateur m Radioamateur m, Funkamateur m
radio-astronomie f Radioastronomie f
radiobalisage m Markierungsfunkbefeuerung f
radiobalise f Markierungsfunkfeuer n
r. **d'atterrissage** Landefunkfeuer n
r. **de bordure** Platzeinflugzeichen n
r **directive** Richtfunkbake f
r. **en éventail** Fächerfunkfeuer n, Fächermarkierungsbake f
r. **extérieure** Voreinflugzeichen n
r. **intérieure** Platzeinflugzeichen n
r. **intermédiaire (moyenne)** Haupteinflugzeichen n
r. **Z** Z-Markierungsfeuer n
radiobaliser mit Markierungsfunkfeuern versehen

radiobiologie f Radiobiologie f; Strahlenbiologie f
radioborne f s. radiobalise
radiocarbone m radioaktiver Kohlenstoff m ⟨14C⟩
radiocarottage m Bohrlochuntersuchung f mittels Kernstrahlung
radiochimie f Radiochemie f, Strahlenchemie f
radiochromatographie f Radiochromatografie f
radiocobalt m radioaktives Kobalt n (meist: ^{60}CO)
radiocommande f Funksteuerung f
radiocommunication f Funkverbindung f, Funkverkehr m
r. **de chemin de fer** Zugfunk m
radiocommunications fpl Funkwesen n
radiocompas m Funkkompaß m, automatisches Peilgerät (Funkpeilgerät) n
r. **à rayons cathodiques** Sichtpeilgerät n
radiocristallographie f Röntgenfeinstrukturuntersuchung f
radiodétection f Funkpeilung f
radiodiffractomètre m Röntgendiffraktometer n
radiodiffuser übertragen ⟨Rundfunk⟩
radiodiffusion f Rundfunkübertragung f; Rundfunk m
r. **aérienne** Flugfunk m
r. **par fil** Drahtfunk m
r. **sur fréquence commune** Gleichwellenrundfunk m
r. **en OTC** UKW-Rundfunk m
r. **stéréophonique** Stereorundfunk m
r. **de télévision** Fernsehrundfunk m
radio-électricité f Hochfrequenztechnik f; Rundfunktechnik f, Funktechnik f
radio-électrique hochfrequenztechnisch; (rund)funktechnisch
radio-élément m Radioelement n, radioaktives Element n
radio-étoile f s. radiosource
radiofréquence f Hochfrequenz f
radiogoniomètre m Funkpeiler m, Funkpeilgerät n
r. **Adcock** Adcock-Peiler m
r. **automatique** automatisches Peilgerät n
r. **de bord** Bordpeilstation f
r. **Doppler** Doppler-Peiler m
r. **à écran indicateur, r. du type visuel** Sichtfunkpeiler m
r. **unidirectionnel** Einstrahlpeilgerät n
radiogoniométrie f Funkpeilung f, Richtfunkpeilung f ⟨als Verfahren⟩
radiogoniométrique Peil-, Funkpeil-

radiogramme *m* Radiogramm *n*; Röntgenaufnahme *f*
  r. de la structure Röntgenstrukturaufnahme *f*
radiographie *f* Röntgenaufnahme *f*, Radiografie *f*
  r. électronique Elektronenradiografie *f*
  r. gamma Gamma(radio)grafie *f*
radiographier mit Röntgen- oder Gammastrahlen durchleuchten; röntgen
radioguidage *m* Funksteuerung *f*
radioguider durch Funk steuern
radio-immunisation *f* s. radiorésistance
radio-indicateur *m* radioaktiver Indikator *m*, radioaktives Leitisotop *n*
radio-interféromètre *m* Interferenz(antennen)system *n*, Interferometer *n*
radio-isomère *m* Radioisomer[es] *n*
radio-isotope *m* Radioisotop *n*, radioaktives Isotop *n*
radiolésion *f* Strahlenschaden *m*
  r. aiguë akuter Strahlenschaden *m*
radiolocalisation *f* Funkortung *f*
  r. hyperbolique Hyperbelfunkortung *f*
radiolocation *f* s. radiolocalisation
radiologie *f* Radiologie *f*, Strahlenkunde *f*; Röntgenologie *f*
  r. industrielle industrielle Radiologie *f*
radiologique radiologisch, röntgenologisch, Röntgen-
radioluminescence *f* Radiolumineszenz *f*
radiolyse *f* Radiolyse *f*, Strahlenzersetzung *f*
radiométallographie *f* Röntgenmetallografie *f*
radiomètre *m* Radiometer *n*, Lichtmühle *f*
  r. à moulinet Flügelradradiometer *n*
  r. portatif tragbares Strahlungsmeßgerät *n*
radiométrie *f* Radiometrie *f*, Strahlungsmessung *f*
radiométrique radiometrisch
radionavigation *f* Funknavigation *f*, Funkortung *f*
radionuclide *m* Radionuklid *n*, radioaktives Nuklid *n*
radiopasteurisation *f* Strahlungspasteurisierung *f*
radiophare *m* Funkfeuer *n*, Drehfunkfeuer *n*
  r. d'alignement Kursfunkfeuer *n*
  r. d'alignement audiovisuel Kursfeuer (Vierkursfeuer) *n* mit Sicht- und Höranzeige
  r. d'alignement de descente Gleitwegfunkfeuer *n*
  r. d'alignement de piste Landekurssender *m*
  r. d'alignement de quatre axes Vierkursfunkfeuer *n*
  r. de balisage Markierungsfeuer *n*
  r. Consol Konsol-Funkfeuer *n*
  r. directionnel Richtfunkfeuer *n*
  r. de jalonnement Platzfunkfeuer *n*
  r. marqueur Markierungsfunkfeuer *n*
  r. non directionnel ungerichtetes Funkfeuer *n*
  r. omnidirectionnel Allrichtungsfunkfeuer *n*, Rundstrahlfunkfeuer *n*
  r. parlant Drehfunkfeuer *n* für Sprechverkehr
  r. à rayonnement circulaire Peilfunksender *m*; Funkbake *f*
  r. répondeur Ansprechfunkfeuer *n*
  r. tournant Drehfunkfeuer *n*
  r. VHF omnidirectionnel VHF-Drehfunkfeuer *n*
radiophonie *f* s. 1. radiotéléphonie; 2. radiodiffusion
radiophonographe *m* Rundfunkempfänger *m* mit Plattenspieler
radiophotographie *f* Schirmbildaufnahme *f*; Funkbildübertragung *f*
radiophototélégraphie *f* Bildfunk *m*
radioprotection *f* Strahlenschutzphysik *f*, Gesundheitsphysik *f*
radioralliement *m* Zielflug *m*
radiorécepteur *m* Empfangsgerät *n* für Funkverkehr; Rundfunkempfänger *m*
radiorésistance *f* Strahlenbeständigkeit *f*, Strahlenfestigkeit *f*, Strahlenresistenz *f*
radioscopie *f* Radioskopie *f*, Röntgenoskopie *f*, Durchleuchtung *f*, Durchstrahlung *f*
  r. industrielle Materialdurchleuchtung *f*
radiosensibilité *f* Strahlungsempfindlichkeit *f*
radiosensible strahlungsempfindlich
radiosonde *f* Radiosonde *f*, Funksonde *f*
radiosource *f* ⟨Astr⟩ Radioquelle *f* ⟨irreführend: Radiostern⟩
radiospectrographe *m* Radiospektrograf *m*
radiospectromètre *m* Radiospektrometer *n*
radiostation *f* **d'aéroport** Flughafenfunkstation *f*
radiotechni(qu)e *f* Rundfunktechnik *f*
radiotélégramme *m* Funktelegramm *n*; Funkspruch *m*
radiotélégraphie *f* Funktelegrafie *f*
radiotélégraphique funktelegrafisch

radiotéléphone m Radiotelefon n, Sprechfunkgerät n, Funktelefon n
  r. sur grandes routes Landstraßenfunk m
  r. VHF VHF-Sprechfunkgerät n
radiotéléphonie f Radiotelefonie f, Sprechfunk m, Funktelefonie f, Funksprechen n
  r. pour voitures Fahrzeugfunk m
radiotélescope m Radioteleskop n
radiothérapie f Strahlentherapie f; Röntgentherapie f
  r. gamma Gammastrahlentherapie f
radiothorium m Radiothorium n
radiotoxémie f Strahlenkrankheit f
radiotoxicité f Radiotoxizität f
radiotransformateur m ⟨El⟩ eisenloser Übertrager m
radiovision f Fernsehen n
radium m Radium n
radiumthérapie f Radiumtherapie f
radôme m Antennenkuppel f
radon m Radon n
radoub m Reparatur f am Schiffsrumpf
radoucir weichglühen, enthärten
radoucissement m Weichglühen n, Enthärten n
raffermissement m Ansteifung f ⟨einer keramischen Masse⟩
raffinage m 1. Raffinieren n; Raffination f; 2. Veredlung f ⟨Zellstoff⟩; 3. Reinigen n, Feinen n, Frischen n
  r. des graisses Fettraffination f
  r. du pétrole Erdölraffinierung f
raffinat m Raffinat n
raffiner 1. raffinieren; 2. veredeln ⟨Zellstoff⟩; 3. reinigen, feinen, frischen; 4. abläutern ⟨Glas⟩
  r. le cuivre au procédé Bessemer kupferbessemern
raffinerie f Raffinerie f
  r. d'huile minérale, r. de pétrole Erdölraffinerie f
raffineur m Raffineur m, Feinzeugholländer m
  r. conique Kegelstoffmühle f
raffinose m Raffinose f
rafle f Trester pl
rafraîchir versäubern ⟨Konfektion⟩
ragage m ⟨Schiff⟩ Schamfilen n ⟨z. B. Abnutzung einer Leine durch Reibung⟩
ragréage m Ausbesserung f ⟨eines Bauwerks⟩
ragréer ausbessern ⟨ein Bauwerk⟩
raguage m s. ragage
raguer ⟨Schiff⟩ schamfilen ⟨z. B. eine Leine durch Reibung abnutzen⟩

raide 1. steif, starr; gespannt; 2. steil
raideur f 1. Steifigkeit f, Steifheit f, Steife f; 2. Steilheit f
  r. acoustique Schallhärte f
  r. de flanc Flankensteilheit f ⟨Impuls⟩
  r. de flanc d'une impulsion Impulsflankensteilheit f
  r. de front s. r. de flanc
raidir spannen, steif machen; straffen; versteifen; durchsetzen, steifsetzen ⟨z. B. Leine⟩; dichtholen ⟨Schot⟩
raidissement m Absteifen n; Absteifung f, Aussteifung f; Steifwerden n; Versteifung f
raidisseur m Drahtspanner m; Aussteifung f, Versteifung[sglied n] f, Steife f
raie f Linie f, Spektrallinie f
  r. d'absorption Absorptionslinie f
  r. à basse température Kältebande f
  r. D.S. Debye-Scherrer-Linie f, Debye-Scherrer-Ring f
  r. D de sodium Natrium-D-Linie f, D-Linie f des Natriums
  r. de diffraction Beugungslinie f
  r. d'émission Emissionslinie f
  r. de labour Pflugfurche f
  r. de réflexion Reflex[ionslinie f] m
  r. de résonance Resonanzlinie f
  r. spectrale Spektrallinie f
  r. de surstructure Überstrukturlinie f
  r. ultime letzte Linie f
rail m Schiene f
  r. à champignon plat Flachschiene f
  r. cintré Bogenschiene f
  r. de compensation Ausgleichsschiene f
  r. conducteur Stromschiene f
  r. coudé Flügelschiene f
  r. denté Zahnradschiene f
  r. à double champignon Doppelkopfschiene f
  r. fixe Weichenhauptschiene f
  r. de grue Kranschiene f
  r. du milieu Mittelschiene f
  r. à ornière Rillenschiene f
  r. de parachutage Führungsschiene f ⟨eines Fallschirms⟩
  r. de pont-roulant Kranschiene f
  r. de raccord Anschlußschiene f
  r. de rechange Ersatzschiene f
  r. de roulement Fahrschiene f
railbond m ⟨Eb⟩ Schienen[strom]verbinder m
railbondage m ⟨Eb⟩ Schienen[strom]verbindung f
rail-guide m Führungsschiene f
raillage m Gleisanlage f
rainer nuten; auskehlen; riffeln; rillen

rainurage

rainurage m Nuten n
rainure f Nut f; Falz m; Kehle f; Rinne f; Rille f ⟨einer Schallplatte⟩; ⟨Geol⟩ Brandungskehle f
  r. de clavetage Keilnut(profil n) f, Keilnutverzahnung f
  r. collectrice d'huile Ölsammelrille f
  r. de fixation Aufspannut f
  r. goutte-d'eau Wassernase f
  r. d'induit Ankernut f
  r. et languette f Nut f und Feder f
  r. en queue-d'aronde Schwalbenschwanznut f
  r. de sortie Ausschaltrille f
rainurer nuten, Nut fräsen ⟨oder auf andere Weise einarbeiten⟩
raison f Verhältnis n
raisonnement m Beweisführung f
rajeunissement m Verjüngung f
ralentissement m Verlangsamung f, Abbremsung f, Verzögerung f
  r. des neutrons Neutronenbremsung f
ralentisseur m 1. ⟨Kfz⟩ Bremsvorrichtung f; 2. ⟨Kern⟩ Bremssubstanz f, Moderator m
ralingue f Randleine f ⟨z. B. Fischnetz⟩
  r. de lièges Flottleine f, Korkleine f
  r. des plombs Bleileine f
rallonge f Verlängerung(sstück n) f, Ansatz[stück n] m; Paßstück n; ⟨Brg⟩ Kappe f ⟨Ausbau⟩
  r. métallique Stahlkappe f ⟨Ausbau⟩
  r. de table Hochhalter m ⟨Schere⟩
rallongement m Verlängerung f
rallonger verlängern, ansetzen
rallumage m Wiederanblasen n
rallumer ⟨Kfz⟩ glühzünden
ramassage m **des copeaux** Spananhäufung f; Spänehäufung f; Späneabführung f, Spanabführung f
ramassage-copeaux m Späneförderanlage f, Spänefördereinrichtung f, Späneförderer m
ramasser abnehmen; aufnehmen; aufheben ⟨z. B. eine Masche⟩
ramasseuse f Saugkehrmaschine f, Kehrmaschine f
ramasseuse-presse f Aufsammelpresse f, Pick-up-Presse f
rambarde f Geländer n; Reling f
rame f 1. ⟨Text⟩ Spannrahmen m; 2. ⟨Eb⟩ Zuggarnitur f
  r. indéformable Wageneinheit f
  r. à picots Nadelspannrahmen m
  r. à pinces Kluppenspannrahmen m
  r. sécheuse Trockenspannrahmen m
ramendage m Netzausbesserung f, Netzreparatur f

ramender ausbessern, reparieren ⟨z. B. Fischnetz⟩
rameux ästig
ramie f Ramie f
ramification f Verzweigung f
ramifier verzweigen
ramollir weich machen, erweichen
ramollissement m Erweichung f
rampage m Auswandern n ⟨der Frequenz⟩
rampant m Fuchs m ⟨Abgaskanal zum Schornstein⟩
rampe f 1. Geländer n; Auffahrt f; Rampe f; 2. Aufschleppe f, Slip m ⟨für Fischnetz⟩
  r. d'accès Zufahrtsrampe f
  r. d'accès arrière Heck[auf]schleppe f, Heckslip m
  r. d'alimentation de combustible Kraftstoffsammelleitung f
  r. d'appui Brüstungsgeländer n
  r. de chalut Netzaufschleppe f
  r. de culbuteurs Kipphebelbrücke f
  r. de débranchement ⟨Eb⟩ Ablaufberg m
  r. d'embarquement Verladerampe f
  r. d'enraillement Auffahrschiene f
  r. d'escalier Treppengeländer n, Treppenlauf m
  r. de graissage Hauptöllleitung f
  r. de hissage Aufschleppe f, Slip m ⟨für Fischnetze⟩
  r. de hissage du chalut Netzaufschleppe f
  r. de lancement Startrampe f
ramper auswandern ⟨Frequenz⟩
rance ranzig
rancher m Runge f
rancidité f Ranzigkeit f
rancissement m Ranzigwerden n
rang m 1. Rang m; Stelle f; 2. Setzregal n
  r. de digit Ziffernstelle f
  r. de perforation Lochstelle f
  r. de la virgule Kommastelle f
rangée f Reihe f; Aufreihung f; Linie f; Gittergerade f
  r. d'aiguilles Nadelreihe f
  r. de briques Backsteinschicht f
  r. de colonnes Säulenreihe f
  r. de mailles Maschenreihe f
  r. de maisons Häuserzeile f
  r. de touches Tastenreihe f
rangement m 1. Zuweisung f, Einordnung f; 2. Klarlegen n ⟨z. B. Leine⟩
  r. d'adresse en mémoire Speicheradressenzuweisung f, Adressenzuweisung f

râpe f Raspel f
  r. à pommes Kartoffelquetsche f
rapide schnell; schnellaufend ⟨z. B. Motor⟩
rapide m 1. Schnellzug m, D-Zug m; 2. Stromschnelle f
rapidité f 1. Schnelligkeit f, Geschwindigkeit f; 2. Empfindlichkeit f ⟨eines Films⟩
  r. d'addition Addiergeschwindigkeit f
  r. de calcul Rechengeschwindigkeit f
  r. de fonctionnement Ansprechgeschwindigkeit f
  r. d'impression Druckgeschwindigkeit f
  r. de l'obturateur Verschlußgeschwindigkeit f ⟨Fotografie⟩
  r. d'opération Operationsgeschwindigkeit f
  r. de réponse Ansprechgeschwindigkeit f
  r. de transmission Übertragungsgeschwindigkeit f
  r. de tri Sortiergeschwindigkeit f
rappel m Rückstellung f; Rücklauf m
  r. automatique automatische Rückstellung f
  r. de la bande Bandrücklauf m
rappeler à zéro zurückstellen; löschen
rapport m 1. Beziehung f, Bezug m; Verhältnis n ⟨s. a. taux f.⟩; 2. Übersetzung[sverhältnis n] f; 3. Bericht m;
  par r. à la terre gegen Erde
  r. d'amortissement Dämpfungsverhältnis n
  r. d'amplitude Amplitudenverhältnis n
  r. anharmonique Doppelverhältnis n
  r. atomique Atomverhältnis n
  r. avant-arrière Vor-Rück-Verhältnis n ⟨Richtantenne⟩
  r. de bain Flottenverhältnis n
  r. de blindage Abschirmkonstante f
  r. de branchement Verzweigungsverhältnis n
  r. cadmique Kadmiumverhältnis n
  r. des chaleurs spécifiques Verhältnis n der spezifischen Wärmekapazitäten
  r. du changement des vitesses Übersetzungsverhältnis n
  r. de conduite Überdeckung[sgrad m] f ⟨Zahnrad⟩
  r. de conversion Konversionsverhältnis n
  r. de court-circuit Kurzschlußverhältnis n
  r. cristallographique axial kristallografisches Achsenverhältnis n
  r. cyclique Tastverhältnis n

  r. de démultiplication Untersetzungsverhältnis n
  r. de distorsion Klirrabstand m
  r. double Doppelverhältnis n
  r. de l'équivalence Äquivalenzverhältnis n
  r. d'expansion Expansionsverhältnis n
  r. des fréquences signal/image Spiegelfrequenzsicherheit f
  r. gyromagnétique gyromagnetisches Verhältnis n
  r. d'impulsions Tastverhältnis n
  r. d'inclinaison Neigungsverhältnis n, Steigung f
  r. isotopique Isotopenverhältnis n
  r. de lésion Schädigungsrate f
  r. des masses Massenverhältnis n
  r. de mélange Mischungsverhältnis n
  r. de mer Havariebericht m, Schadensbericht m; Protest m, Verklarung f ⟨offizielle Aussage über Havarie⟩
  r. de modération Bremsverhältnis n
  r. moléculaire Molverhältnis n
  r. multiplicateur (de multiplication) Übersetzungsverhältnis n
  r. d'ouverture Öffnungsverhältnis n
  r. des phases Phasenverhältnis n; Phasenbeziehung f
  r. de Poisson Poisson-Zahl f
  r. de pont Brückenverhältnis n
  r. port en lourd/déplacement dw/D-Verhältnis n, Tragfähigkeitsverhältnis n
  r. de la poussée au poids total reziproke Schubbelastung f
  r. réducteur (de réduction) Untersetzungsverhältnis n
  r. signal sur bruit Rauschabstand m
  r. de sondage Bohrbericht m
  r. de transformation Übersetzungsverhältnis n
  r. de transformation nominal Nennübersetzung f
  r. de transformation à vide Leerlaufübersetzungsverhältnis n
  r. de transmission Übersetzungsverhältnis n
rapporté angesetzt
rapporter:
  r. un étage aufstocken
  r. par soudure anschweißen, aufschweißen
rapporteur m Prüflehre f
  r. d'angles Winkelmesser m
  r. en forme de bague taraudée Normalgewindelehrring m
rapprochement m fin Feinzustellung f; Feinsteinstellung f

raquette f **de réglage** ⟨Eb⟩ Regulierzeiger m
rare selten
raréfaction f Verdünnung f
raréfier verdünnen
ras de/au bündig mit
rasage m **des engrenages** Zahnradschaben n
rasant streifend ⟨Lichteinfall⟩
rasette f Vorschäler m
raseuse f Kahlschermaschine f
rasoir m **électrique** Trockenrasierapparat m
rassemblement m **des données** Datenerfassung f
raté m:
    r. de blocage Durchzündung f
    r. de commutation Kippen n
râteau m Rechen m, Harke f
    r. à chaîne Kettenrechwender m
    r. à disques Sternradrechwender m
râteau-faneur m Schwadenrechen m, Schrägtrommelrechwender m
râtelier m 1. ⟨Text⟩ Geleseblatt n; Einlaufgestell n, Gestell n, Rahmen m, Rechen m; 2. ⟨Lw⟩ Futterraufe f; 3. ⟨El⟩ Kabelrost m
    r. à barres Stangenmagazin n
raticide m Rattenbekämpfungsmittel n
ratière f 1. ⟨Text⟩ Schaftmaschine f; 2. Rattenfalle f
ratinage m ⟨Text⟩ Ratinieren n
ratineuse f ⟨Text⟩ Ratiniermaschine f
rationalisation f Rationalisierung f
rationaliser 1. ⟨Math⟩ rational machen; 2. rationalisieren
rationnel rational
ratio-test m Quotientenkriterium n
ratissette f Herdhaken m
rattacheur m ⟨Text⟩ Anknüpfer m, Anknoter m ⟨Vorrichtung oder Maschine⟩
rattrapage m Nachstellen n
rauchage m ⟨Brg⟩ Nachreißen n des Hangenden
ravalement m ⟨Brg⟩ Weiterabteufen n
ravaler ⟨Brg⟩ weiterabteufen
ravitaillement m Versorgung f ⟨z. B. eines Schiffes⟩
    r. en eau potable Trinkwasserversorgung f
    r. en vol Betankung f in der Luft
ravitailler versorgen
ravitailleur m Versorger m; Versorgungsschiff n
rayeur m **quatre couleurs** Vierfarbenringelapparat m ⟨an der Interlockmaschine⟩

rayon m 1. Radius m; 2. Strahl m ⟨s. a. rayons⟩; 3. Speiche f
    r. d'action Reichweite f; Aktionsradius m, Aktionsweite f
    r. d'action des forces nucléaires Reichweite f der Kernkräfte
    r. atomique Atomradius m
    r. de Bohr Bohr-Radius m, Bohrscher Wasserstoffradius m
    r. de braquage ⟨Kfz⟩ Einschlagradius m
    r. central Achsenstrahl m
    r. de convergence Konvergenzradius m
    r. de courbure Krümmungsradius m
    r. critique kritischer Radius m
    r. de l'électron Elektronenradius m
    r. électronique Elektronenstrahl m
    r. extraordinaire außerordentlicher Strahl m
    r. filiforme Fadenstrahl m
    r. focal Brennstrahl m
    r. de giration Trägheitsradius m
    r. de gravitation Gravitationsradius m
    r. ionique Ionenradius m
    r. de lumière polarisée polarisierter Lichtstrahl m
    r. lumineux Lichtstrahl m
    r. médullaire Markstrahl m
    r. métacentrique metazentrischer Radius m
    r. moléculaire Molekülradius m
    r. neutronique Neutronenradius m
    r. du (de) noyau Kernradius m
    r. ordinaire ordentlicher Strahl m
    r. d'ordre nul Strahl m nullter Ordnung
    r. paraxial Paraxialstrahl m
    r. du pli Biegeradius m
    r. de pointe Spitzen(abrundungs)radius m
    r. principal Hauptstrahl m
    r. protonique Protonenradius m
    r. de référence Bezugsradius m
    r. réfléchi reflektierter Strahl m
    r. réfracté gebrochener Strahl m
    r. vecteur 1. Radiusvektor m, Ortsvektor m; 2. Leitstrahl m
    r. de virage Kurvenradius m
rayonnage m Regal n, Lagerregal n
rayonnant strahlend
rayonne f Viskoseseide f, Kupferseide f, Zelluloseregeneratseide f, Rayon m (n)
    r. d'acétate Azetatseide f
    r. au cuivre Kupferseide f
    r. viscose Viskoseseide f

rayonnement *m* Strahlung *f* ⟨*s. a.* radiation, rayons⟩
r. **alpha** Alphastrahlung *f*
r. **ambiant** Untergrundstrahlung *f*
r. **bêta** Betastrahlung *f*
r. **blanc** Strahlung *f* mit kontinuierlichem Spektrum
r. **caractéristique** charakteristische Strahlung *f*, Eigenstrahlung *f*
r. **de corps gris** graue Strahlung *f*
r. **de corps noir** Hohlraumstrahlung *f*, schwarze Strahlung *f*, Strahlung eines schwarzen Körpers
r. **corpusculaire** Korpuskularstrahlung *f*, Teilchenstrahlung *f*
r. **cosmique** kosmische Strahlung *f*
r. **à courte période** kurzlebige Strahlung *f*
r. **cyclotron** Synchrotronstrahlung *f*
r. **diffusé** Streustrahlung *f*
r. **directement ionisant** direkt ionisierende Strahlung *f*
r. **dur** harte (energiereiche) Strahlung
r. **électromagnétique** elektromagnetische Strahlung *f*
r. **d'espace** Raumstrahlung *f*
r. **excitateur** anregende Strahlung *f*
r. **de fluorescence** Fluoreszenzstrahlung *f*
r. **du fond** Untergrundstrahlung *f*
r. **de freinage** Bremsstrahlung *f*
r. **gamma** Gammastrahlung *f*
r. **indirectement ionisant** indirekt ionisierende Strahlung *f*
r. **infrarouge** Infrarotstrahlung *f*
r. **ionisant** ionisierende Strahlung *f*
r. **K** K-Strahlung *f*
r. **monochromatique** monochromatische Strahlung *f*
r. **monoénergétique** monoenergetische Strahlung *f*
r. **mou** weiche (energiearme) Strahlung *f*
r. **multipolaire** Multipolstrahlung *f*
r. **neutrinique (neutrino)** Neutrinostrahlung *f*
r. **neutronique** Neutronenstrahlung *f*
r. **nucléaire** Kernstrahlung *f*
r. **parasite** Streustrahlung *f*; Störstrahlung *f*
r. **perturbateur** Störstrahlung *f*
r. **primaire** Primärstrahlung *f*
r. **radio-actif** radioaktive Strahlung *f*
r. **résiduel** Reststrahlung *f*
r. **de résonance** Resonanzstrahlung *f*
r. **Röntgen de fluorescence** Röntgenfluoreszenzstrahlung *f*
r. **de Tchérencov** Čerenkov-Strahlung *f*
r. **vagabond** Streustrahlung *f*; Störstrahlung *f*
r. **visible** sichtbare Strahlung *f*
r. **X** Röntgenstrahlung *f*
rayonner [ab]strahlen
rayons *mpl* Strahlen *mpl* ⟨*s. a.* rayon 2.⟩; Strahlung *f* ⟨*s. a.* rayonnement⟩
r. **alpha** Alphastrahlen *mpl*
r. **bêta** Betastrahlen *mpl*
r. **canaux** Kanalstrahlen *mpl*
r. **cathodiques** Katodenstrahlen *mpl*
r. **convergents** konvergierende Strahlen *mpl*
r. **corpusculaires** Korpuskularstrahlen *mpl*
r. **cosmiques** kosmische Strahlen *mpl*, Höhenstrahlen *mpl*, Raumstrahlen *mpl*
r. **delta** Deltastrahlen *mpl*
r. **divergents** divergierende Strahlen *mpl*
r. **gamma** Gammastrahlen *mpl*
r. **infrarouges** Infrarotstrahlen *mpl*
r. **moléculaires** Molekularstrahlen *mpl*
r. **obliques** Schrägstrahlen *mpl*
r. **parallèles** Parallelstrahlen *mpl*
r. **positifs** Kanalstrahlen *mpl*
r. **résiduels** Reststrahlen *mpl*
r. **ultra-violets** ultraviolette Strahlen *mpl*
r. **X** Röntgenstrahlen *mpl*; Röntgenstrahlung *f*
r. **X caractéristiques** charakteristische Röntgenstrahlen *mpl*
r. **X continus** kontinuierliche Röntgenstrahlung *f*
r. **X durs** harte Röntgenstrahlen *mpl*; harte Röntgenstrahlung *f*
r. **X mous** weiche Röntgenstrahlen *mpl*; weiche Röntgenstrahlung *f*
rayure *f* 1. Ritze *f*; 2. Drall *m*; 3. ⟨Text⟩ Streifigkeit *f*, Streifen *m*
rayures *fpl* **en chaine** Kettstreifigkeit *f*
raz *m*:
r. **de marée** Flutwelle *f*
r. **de marée de tempête** Sturmflut *f*
réa *m* Seilrolle *f*
réactance *f* Blindwiderstand *m*, Reaktanz *f*
r. **asynchrone** Asynchronreaktanz *f*
r. **capacitive** kapazitiver Blindwiderstand *m*
r. **de commutation** Kommutierungsreaktanz *f*
r. **cyclique** Drehfeldreaktanz *f*
r. **de démarrage** Anlaßdrossel *f*
r. **de dispersion** Streureaktanz *f*
r. **effective** Blindwiderstand *m*; Reaktanz *f*

réactance

r. **de fuite** Streureaktanz f
r. **homopolaire** Gleichpolreaktanz f
r. **inductive** induktiver Blindwiderstand m
r. **d'induit** Ankerreaktanz f
r. **saturée** Sättigungsdrossel f
r. **subtransitoire** Anfangsreaktanz f
r. **subtransitoire longitudinale** Anfangslängsreaktanz f
r. **subtransitoire transversale** Anfangsquerreaktanz f
réacteur m 1. ⟨Kern⟩ Reaktor m; 2. ⟨Flg⟩ Strahltriebwerk n
r. **atomique** Kernreaktor m, Atomreaktor m
r. **basculant** schwenkbares Strahltriebwerk n
r. **à combustible enrichi** Reaktor m mit angereichertem Brennstoff
r. **à combustible fluidisé** Reaktor m mit flüssigem Brennstoff
r. **convertisseur** Konverter(reaktor) m ⟨erzeugt so viel Spaltstoff anderer Art wie der Ausgangsbrutstoff, den er verbraucht⟩
r. **critique** kritischer Reaktor m
r. **à eau bouillante** Siedewasserreaktor m
r. **à eau légère** Leichtwasserreaktor m
r. **à eau lourde** Schwerwasserreaktor m
r. **à eau sous pression** Druckwasserreaktor m
r. **d'essai** Prüfreaktor m
r. **d'essai de matériaux** Materialprüfreaktor m
r. **expérimental** Versuchsreaktor m
r. **à fission** Spaltreaktor m
r. **de grande puissance** Hochleistungsreaktor m
r. **à haute température** Hochtemperaturreaktor m
r. **hétérogène** heterogener Reaktor m
r. **homogène** homogener Reaktor m
r. **d'irradiation** Bestrahlungsreaktor m
r. **marin** Schiffsreaktor m
r. **à modérateur en eau** wassermoderierter Reaktor m
r. **à modérateur en graphite** graphitmoderierter Reaktor m
r. **à modérateur organique** Reaktor m mit organischem Moderator, organischmoderierter Reaktor
r. **modéré** moderierter Reaktor m
r. **multiplicateur** Reaktorgitter n
r. **multizone** Mehrzonenreaktor m
r. **à neutrons intermédiaires** mittelschneller Reaktor m

r. **à neutrons rapides** schneller Reaktor m
r. **à neutrons thermiques** thermischer (langsamer) Reaktor m
r. **nucléaire** 1. Kernreaktor m; 2. Kernenergietriebwerk n
r. **nucléaire à cycle indirect** Atomtriebwerk n mit indirektem Kreislauf
r. **orientable** schwenkbares Strahltriebwerk n
r. **piscine** Swimming-Pool-Reaktor m
r. **à plutonium** Plutoniumreaktor m
r. **producteur de plutonium** Plutoniumerzeugungsreaktor m
r. **de propulsion** 1. Antriebsreaktor m; 2. Vortriebsstrahltriebwerk n
r. **de puissance** Leistungsreaktor m
r. **de puissance nulle** Null(eistungs)reaktor m
r. **pulsé** Impulsreaktor m
r. **de recherches** Forschungsreaktor m
r. **refroidi par le gaz** gasgekühlter Reaktor m
r. **refroidi et modéré (ralenti) par l'eau** Wasser-Wasser-Reaktor m
r. **refroidi par le sodium** natriumgekühlter Reaktor m
r. **régénérateur** Brutreaktor m, Brüter m ⟨erzeugt so viel Spaltstoff der gleichen Art wie der Ausgangsbrutstoff, den er verbraucht⟩
r. **régénérateur à neutrons rapides** schneller Brutreaktor (Brüter) m
r. **régénérateur de puissance** Leistungsbrutreaktor m
r. **surconvertisseur** Brutreaktor m, Brüter m ⟨erzeugt mehr Spaltstoff anderer Art als der Ausgangsbrutstoff, den er verbraucht⟩
r. **surrégénérateur** Brutreaktor m, Brüter m ⟨erzeugt mehr Spaltstoff der gleichen Art als der Ausgangsbrutstoff, den er verbraucht⟩
r. **de sustentation** Hubstrahltriebwerk n
r. **thermique** thermischer Reaktor m
r. **à thorium** Thoriumreaktor m
r. **transportable** transportabler Reaktor m
r. **à uranium** Uranreaktor m
réactif reaktionsfähig, reagierend, Reaktions-
réactif m Reagens n
r. **de flottation** Flotationsreagens n
r. **spécial** Spezialreagens n
réactimètre m Reaktivitätsmesser m
réaction f 1. Reaktion f, Umsetzung f; 2. Gegenwirkung f, Rückwirkung f; 3.

Rückführung f; 4. Rückkopplung f;
sans r. rückkopplungsfrei
r. **acide** saure Reaktion f
r. **acoustique** akustische Rückkopplung f
r. **alcaline** alkalische Reaktion f
r. **d'anode** Anodenrückkopplung f
r. **par l'anode** Anodenrückwirkung f
r. **d'antipompage** stabilisierende Rückführung f
r. **d'appui** Auflagerkraft f; Stützkraft f
r. **capacitive** kapazitive Rückkopplung f
r. **de capture** Einfangreaktion f
r. **catalytique** katalytische Wirkung f
r. **en chaîne** Kettenreaktion f
r. **chimique** chemische Reaktion f
r. **de combustion** Verbrennungsreaktion f
r. **de condensation** Kondensationsreaktion f
r. **de contrôle** Kontrollrückführung f
r. **du courant** Stromrückkopplung f
r. **de demi-cellules** Halbzellenreaktion f
r. **d'échange** Austauschreaktion f
r. **de fission** Spaltreaktion f
r. **de fusion** Fusionsreaktion f
r. **incomplète** unvollständige Reaktion f
r. **inductive** induktive Rückkopplung f
r. **d'induit** Ankerrückwirkung f
r. **irréversible** irreversible Reaktion f
r. **négative** negative Rückkopplung f, Gegenkopplung f
r. **négative d'intensité** Stromgegenkopplung f
r. **nucléaire** Kernreaktion f
r. **parallèle** Parallelreaktion f, Nebenreaktion f
r. **photochimique** fotochemische Reaktion f
r. **photonucléaire** Kernfotoprozeß m
r. **à plusieurs particules** Mehrteilchenreaktion f
r. **polaire** Polrückwirkung f
r. **de polymérisation** Polymerisationsreaktion f
r. **positive** Mitkopplung f
r. **principale** Hauptrückführung f
r. **propre** innere Rückführung f, Selbstregelung f
r. **sur le réseau** Netzrückwirkung f
r. **par résistance** Widerstandsrückkopplung f
r. **secondaire** Nebenreaktion f
r. **à seuil** Schwellenreaktion f
r. **stabilisatrice** stabilisierende Rückführung f

r. **thermonucléaire** thermonukleare Reaktion f
r. **de transposition** Umlagerungsreaktion f
r. **ultérieure** Folgereaktion f
réactivation f Reaktivierung f; Regeneration f
réactiver reaktivieren; regenerieren
réactivité f Reaktionsfähigkeit f; Reaktionsfreudigkeit f; Reaktivität f; Reaktionsvermögen n
r. **excédentaire** Reaktivitätsreserve f
réaffûtage m Nachschleifen n
réaffûter (wieder)aufschärfen
réagir 1. reagieren; 2. rückkoppeln
réaimantation f Neumagnetisierung f
réaimanter neu magnetisieren
réalésage m Nachbohren n
réaléser nachbohren
réalisation f Durchführung f; Produktion f, Fertigung f
réaliser durchführen, erfüllen; produzieren, herstellen, fertigen
réamorçage m Wiederzündung f
réarmement m 1. Umrüstung f; 2. Wiedereinschaltung f, Rückstellung f ⟨Relais⟩
réarmer 1. umrüsten; 2. wiedereinstellen, rückstellen ⟨Relais⟩
réarrangement m Umlagerung f, Umordnung f
r. **nucléaire** Kernumordnung f
réarranger umlagern, umordnen
rebaguage m Auswechseln n der Dichtringe
rebaguer Dichtringe auswechseln
rebanchage m ⟨Brg⟩ Nachnehmen n der Strosse
rebancher ⟨Brg⟩ die Strosse nachnehmen
rebattage m Ausschmieden n ⟨Pflugschar⟩; Dengeln n
rebobinage m Rücklauf m, Rückspulen n, Umspulen n ⟨Tonband⟩; Neuwicklung f
r. **rapide** schneller Rücklauf m, Schnellrücklauf m
rebobiner rückspulen, umspulen
rebond m Rückfederung f, Auffederung f, Zurückspringen n
rebondir zurückfedern, auffedern, zurückprallen
rebondissement m 1. ⟨El⟩ Prellen n ⟨Kontakt⟩; 2. ⟨Flg⟩ Springen n ⟨bei schlechter Landung⟩
r. **de contacts** Kontaktprellung f
rebord m Flansch m, Dichtrand m, Rand m
r. **de terrasse** Terrassenkante f

rebroussement

rebroussement m Spitzkehre f
rebrousser gegen den Strich bürsten, aufstreichen, krispeln
rebut m Ausschuß m, Abfall m
r. de fonderie Wrackguß m
rebuter verwerfen, zurückweisen
r. au laminoir wrackwalzen
recalescence f ⟨Met⟩ Haltepunkt m
récarburation f Rückkohlen n; Wiederaufkohlung f
récarburer rückkohlen, wiederaufkohlen
receiver m Sammelbehälter m für verflüssigtes Kältemittel
receptacle m Sammelbecken n
récepteur m Empfänger m; Detektor m ⟨für Strahlungen⟩; Stromverbraucher m
r. ADF automatischer Peilfunkempfänger m
r. alimenté par le réseau (secteur) Netz[anschluß]empfänger m
r. à amplification directe Geradeausempfänger m
r. d'approche Anflugempfänger m
r. auto-alarme automatischer Alarmzeichenempfänger m, Autoalarmgerät n
r. autodyne Autodynempfänger m, Schwingaudionempfänger m
r. de balise Sichtzeichenempfänger m
r. à bande latérale unique Einseitenbandempfänger m
r. à batterie(s) Batterieempfänger m
r. de carte météorologique Wetterkartenempfänger m
r. de contrôle Kontrollempfänger m
r. de contrôle d'image Bildkontrollempfänger m
r. à courant alternatif Wechselstromempfänger m
r. à deux circuits (d'accord) Zweikreisempfänger m
r. directif (directionnel) Richtempfänger m
r. goniométrique Peilempfänger m
r. hétérodyne Heterodynempfänger m
r. de homing Zielflugempfänger m
r. à lampes Röhrenempfänger m
r. pour micro-ondes Mikrowellenempfänger m
r. miniature Kleinempfänger m, Zwergsuper m
r. moniteur Monitorempfänger m
r. monotube Einröhrenempfänger m
r. multicanal Mehrkanalempfänger m
r. multistandard Mehrnormenempfänger m ⟨z. B. Fernsehen⟩

r. neutrodyne Neutrodynempfänger m
r. à ondes courtes Kurzwellenempfänger m
r. à ondes longues Langwellenempfänger m
r. à ondes moyennes Mittelwellenempfänger m
r. à ondes ultracourtes, r. OTC Ultrakurzwellenempfänger m, UKW-Empfänger m
r. de panorama, r. panoramique Panoramaempfänger m
r. pneumatique de Golay Golay-Zelle f
r. de poche Taschenempfänger m
r. portatif Kofferempfänger m
r. principal Hauptempfänger m
r. radar Radarempfänger m
r. de radiodiffusion sonore Tonrundfunkempfänger m
r. de radioralliement Zielflugempfänger m
r. de rayonnement Strahlungsempfänger m
r. à réaction Rückkopplungsempfänger m
r. réflexe Reflexempfänger m
r. de secours Notempfänger m, Hilfsempfänger m
r. sur secteur Netz[anschluß]empfänger m
r. sur secteur alternatif Wechselstromempfänger m
r. sur secteur continu Gleichstromempfänger m
r. sélectif trennscharfer (selektiver) Empfänger m
r. serre-tête Kopfhörer m
r. sonore Tonempfänger m
r. stéréophonique Stereoempfänger m
r. superhétérodyne Superhet[erodynempfänger] m
r. à superréaction Pendelrückkopplungsempfänger m
r. de table Tischempfänger m
r. télégraphique Telegrafieempfänger m
r. téléphonique Telefonhörer m
r. de télévision Fernsehempfänger m, Fernsehgerät n
r. thermionique Röhrenempfänger m
r. tous-courants Allstromempfänger m
r. à transistors Transistorempfänger m
r. du transmetteur d'ordres Maschinentelegrafempfänger m
r. à trois circuits (d'accord) Dreikreisempfänger m
r. de T.S.F. Rundfunkempfänger m

r. à **tubes** Röhrenempfänger m
r. **UHF** UHF-Empfänger m
r. **à un circuit (d'accord)** Einkreisempfänger m
r. **de veille** Wachempfänger m
récepteur-moniteur m Kontrollempfänger m
réception f 1. Abnahme f; 2. Empfang m
r. **à antennes écartées, r. sur antennes espacées** Mehrfachempfang m
r. **autodyne** Autodynempfang m, Selbstüberlagerungsempfang m
r. **à bande latérale unique** Einseitenbandempfang m
r. **sans brouillage** störungsfreier Empfang m
r. **au casque** Kopfhörerempfang m
r. **à changement de fréquence** s. r. superhétérodyne
r. **d'une construction** Bauabnahme f
r. **définitive** endgültige Abnahme f
r. **dirigée** Richtempfang m
r. **à distance** Fernempfang m
r. **en diversité** Mehrfachempfang m
r. **à l'écoute** Hörempfang m
r. **à fréquence moyenne** s. r. superhétérodyne
r. **à grande distance** Fernempfang m
r. **homodyne** Homodynempfang m, Synchronempfang m
r. **locale** Ortsempfang m
r. **lointaine** Fernempfang m
r. **multiplex** Mehrfachempfang m
r. **neutrodyne** Neutrodynempfang m
r. **des ondes courtes** Kurzwellenempfang m
r. **à l'oreille** Hörempfang m
r. **provisoire** vorläufige Abnahme f
r. **de radiodiffusion** Rundfunkempfang m
r. **par réaction** Rückkopplungsempfang m
r. **régionale** Nahempfang m
r. **simultanée** Simultanempfang m
r. **au son** Hörempfang m
r. **stéréophonique** Stereoempfang m
r. **superhétérodyne** Überlagerungsempfang m, Superheterodynempfang m, Zwischenfrequenzempfang m
r. **par superrégénération** Superregenerativempfang m, Pendelrückkopplungsempfang m
r. **synchrone** s. r. homodyne
r. **télégraphique** Telegrafieempfang m
r. **téléphonique** Telefonieempfang m
r. **de télévision** Fernsehempfang m
r. **à un circuit (d'accord)** Einkreisempfang m

r. **VHF** VHF-Empfang m
réceptivité f **à la teinture** Aufziehvermögen n
recette f:
r. **d'encollage** Schlichteansatz m
r. **du fond** ⟨Brg⟩ Füllort n
recevoir empfangen
rechapage m Runderneuerung f ⟨von Reifen⟩
rechaper runderneuern ⟨Reifen⟩
recharge f Wiederaufladen n ⟨eines Akkumulators⟩
rechargement m Auftragen n von Metallschichten auf verschlissene Teile; Auftragschweißen n
r. **par chromage** Verchromen n zur Wiederherstellung verschlissener Teile, Aufchromen n
r. **métallique** Auftragschweißen n
r. **par métallisation** Metallisieren n für Reparaturzwecke
r. **par soudage** Auftragschweißen n
recharger auftragen von Metall; auftragschweißen
réchaud m Kocher m
r. **à alcool** Spirituskocher m
r. **électrique** Elektrokocher m
r. **à gaz** Gaskocher m
réchauffage m Wiedererwärmung f; Vorwärmung f
r. **préliminaire** Vorwärmung f
réchauffer erwärmen, wiedererwärmen; anwärmen, vorwärmen
se r. warmlaufen
réchauffeur m Vorwärmer m, Erhitzer m; Speisewasservorwärmer m, Ekonomiser m
r. **à ailettes** Rippenrohrvorwärmer m
r. **d'air** Luftvorwärmer m ⟨Dampfkessel⟩; Winderhitzer m ⟨Hochofen⟩
r. **d'air d'admission** Ansaugluftvorwärmer m
r. **de combustible** Treibölvorwärmer m
r. **d'eau** Speisewasservorwärmer m
r. **de fuel(-oil)** Schwerölvorwärmer m
r. **à fumées** Rauchgasvorwärmer m
r. **d'huile** Ölvorwärmer m
r. **intermédiaire** Zwischenerhitzer m
r. **des lessives** Laugenvorwärmer m
r. **à plaques** Plattenlufterhitzer m
r. **à poches** Taschenlufterhitzer m
r. **préliminaire d'air** Luftvorwärmer m
r. **à récupération** rekuperativer Vorwärmer m
r. **à ruissellement** Rieselvorwärmer m
r. **à tubes** Röhrenvorwärmer m
r. **à tubes à ailettes** Rippenrohrvorwärmer m

réchauffeur

r. **à tubes lisses** Glattrohrvorwärmer m
r. **tubulaire** Röhrenvorwärmer m, Röhrenerhitzer m
recherche f Forschung f, Erschließung f, Ermittlung f, Suche f
r. **d'adresse** Adressensuche f
r. **d'erreurs** Fehlersuche f
r. **minière** Lagerstättenforschung f
r. **nucléaire** Kernforschung f
r. **opérationnelle** Operationsforschung f, Unternehmensforschung f
r. **de pannes** Störungssuche f
r. **volcanologique** vulkanologische Untersuchung f
récif m Riff n
r. **algaire** Kalkalgenriff n
r. **corallien** Korallenriff n
récif-barrière m Wallriff n
récipient m Rezipient m, Gefäß n, Behälter m; Glaskolben m
r. **pour acides** Säurebehälter m
r. **d'air comprimé** Druckluftbehälter m, Druckkessel m
r. **caoutchouté** gummierter Behälter m
r. **de congélation** Ausfriergefäß n
r. **de détente intermédiaire** Zwischenentspannungsgefäß n
r. **à peinture** Farbtopf m ⟨Spritzpistole⟩
r. **à pression** Spritzdruckgefäß n
r. **à surpression** Überdruckspritzgerät n
r. **en verre** Glasbehälter m
récipient-tampon m Pufferbehälter m, Puffergefäß n
réciproque reziprok, Wechsel-
réciproque f **d'un théorème** Umkehrung f eines Satzes
recirculation f s. recyclage
reclassement m Ausrangieren n ⟨einer Lokomotive⟩, Ausmusterung f
reclasser ausrangieren, ausmustern
reclassification f Klasseerneuerung f
reclassifier Klasse erneuern, neu klassifizieren
récolte f **en vrac** sacklose Ernte f
récolteuse f Erntemaschine f
r. **à fléaux** Schlegelernter m, Schlegelhäcksler m
recombinaison f Rekombination f, Wiedervereinigung f
r. **de caractères** Zeichenerkennung f, Schriftzeichenerkennung f
r. **radiative** Strahlungsrekombination f
reconnu ⟨Brg⟩ aufgeschlossen
reculer nachgießen
recoupage m ⟨Brg⟩ Querschlag m
recoupement m 1. ⟨Math⟩ Rückwärtsschneiden n; 2. ⟨Bw⟩ Rücksprung m, Mauerrücksprung m
r. **d'un méandre** Mäanderdurchbruch m
recouvrement m Überlappung f, Überdeckung f; Abdeckung f; Bezug m; Verkleidung f; Überzug m; Plattierung f; ⟨Geol⟩ Überfaltung f
r. **des corniches** Gesimsabdeckung f
r. **d'une couche d'aluminium** Aluminiumplattierung f
r. **métallique** Metallüberzug m
r. **du profil** Profilüberdeckung f ⟨Zahnrad⟩
r. **de sol** Bodenbelagstoff m
r. **de la surface du toit** Dachflächendeckung f
recouvreuse f Overlockmaschine f
recouvrir überlappen, überdecken; abdecken; beziehen; verkleiden; überziehen; plattieren; bekleiden ⟨Tauwerk⟩
recristallisation f Umkristallisation f, Rekristallisation f, Umkristallisierung f, Rekristallisierung f; Auskristallisierung f
r. **antétectonique** prätektonische Umkristallisation f
r. **post-tectonique** posttektonische Umkristallisation f
r. **syntectonique** paratektonische Umkristallisation f
recristalliser umkristallisieren, rekristallisieren; auskristallisieren
rectangle rechtwinklig
rectangle m Rechteck n
rectangulaire rechtwinklig; rechteckig
rectification f 1. ⟨Mech⟩ Schleifen n; Schliff m; 2. ⟨Math⟩ Rektifizierung f; 3. ⟨Ch⟩ Rektifikation f, Reinigung f; 4. Richten n, Ausrichten n; 5. ⟨Fmt⟩ Demodulation f; Gleichrichtung f
r. **du cadrage** Bildverstellung f
r. **en chariotage** Längsschleifen n
r. **cylindrique** Rundschleifen n
r. **cylindrique sans centres** s. r. sans pointes
r. **cylindrique extérieure** Außenrundschleifen n
r. **cylindrique intérieure** Innenrundschleifen n
r. **ébauche** Vorschleifen n
r. **électrochimique** Elysieren n, Elysierschleifen n
r. **par grille** Gitter[strom]gleichrichtung f, Audiongleichrichtung f
r. **non continue** unstetige Rektifikation f

r. **plane** Flachschleifen n, Planschleifen n, Flächenschleifen n
r. **en plongée** Einstechschleifen n
r. **sans pointes** spitzenloses Schleifen n, Spitzenlosschleifen n
r. **de profils** Profilschleifen n
r. **vibratoire** Vibrations[gleit]schleifen n
rectifier 1. schleifen; 2. ⟨Math⟩ die Länge einer Kurve messen, rektifizieren; 3. ⟨Ch⟩ rektifizieren, reinigen; 4. [aus]richten
r. **les approches** ⟨Typ⟩ ausgleichen
rectifieuse f Schleifmaschine f ⟨s. a. machine à rectifier⟩
r. **centerless (sans centres)** spitzenlose Schleifmaschine f
r. **de copiage** Kopierschleifmaschine f
r. **cylindrique** Rundschleifmaschine f
r. **cylindrique d'extérieur** Außenrundschleifmaschine f
r. **d'intérieur** Innenschleifmaschine f
r. **intérieure** Hohlschleifvorrichtung f
r. **plane** Planschleifmaschine f, Flächenschleifmaschine f, Flachschleifmaschine f
r. **en plongée** Einstechschleifmaschine f
r. **sans pointes** spitzenlose Schleifmaschine f
r. **verticale** Schleifkarussell n
r. **à vilebrequin** Kurbelwellenschleifmaschine f
rectifieuse-finisseuse f Abrichtschleifmaschine f
rectiligne geradlinig; scheitrecht
rectilinéaire geradlinig, zeilenförmig
recto m ungerade (rechte) Seite f
recueillir des tensions Spannungen abnehmen
recuire [aus]glühen; anlassen, tempern; im Kühlofen abkühlen ⟨Glas⟩
recuit m Glühen n; Anlassen n, Tempern n; Kühlung f ⟨Glas⟩
r. **d'adoucissement** Anlassen n ⟨Wärmebehandlung⟩
r. **en atmosphère contrôlée (gazeuse protectrice)** Schutzgasglühen n
r. **blanc** Weißglühen n
r. **bleu** Blauglühen n
r. **en caisse** Kastenglühen n
r. **de coalescence** Anlassen n ⟨Wärmebehandlung⟩
r. **de détente** Spannungsfreiglühen n
r. **final** Fertigglühen n
r. **d'homogénéisation** Homogenisierungsglühen n
r. **intermédiaire** Zwischenglühen n
r. **de normalisation** Normalglühen n
r. **préalable** Vorglühen n
r. **de recristallisation** Rekristallisationsglühen n
r. **de stabilisation** Spannungsfreiglühen n
r. **superficiel** Oberflächenglühen n
recul m 1. Rückstoß m; Rücklauf m; 2. ⟨Schiff⟩ Slip m
r. **automatique** automatischer Rücklauf m ⟨Werkzeugmaschine⟩
r. **Compton** Compton-Rückstoß m
r. **de la côte** Zurückweichen n der Küste
r. **nucléaire** Kernrückstoß m
r. **rapide** Schnellrücklauf m ⟨Werkzeugmaschine⟩
récupérable zurückgewinnbar
récupérateur m Rekuperator m, Wärme[aus]tauscher m, Vorwärmer m
r. **de chaleur(s perdues)** Abwärmeverwerter m
récupération f 1. Rückgewinnung f; 2. Abhitzeverwertung f, Abwärmeverwertung f; 3. ⟨Brg⟩ Rauben n
r. **de (la) chaleur (perdue)** Abwärmeverwertung f
r. **des condensats** Kondensatgewinnung f
r. **des copeaux** Späneverwertung f
r. **de courant** Stromrückgewinnung f
r. **des déchets** Abfallaufarbeitung f
r. **élastique** ⟨Text⟩ elastisches Erholungsvermögen n
r. **des gaz perdus** Abgasverwertung f
r. **du platine** Platinrückgewinnung f
r. **de solvants** Lösungsmittelrückgewinnung f
récupérer 1. wiedergewinnen, rückgewinnen; 2. Abwärme (Abhitze) verwerten; 3. ⟨Flg⟩ bergen
récurrent rekurrent, rekurrierend, zurücklaufend
récursif rücklaufend, rekursiv
recyclage m 1. Kreislauf m; Wiedereinspeisung f; 2. Rückkühlung f
r. **d'air** Luftrückführung f; Luftumwälzung f
r. **des eaux de refroidissement** Rückkühlung f des Kühlwassers
r. **thermique** Abwärmeverwertung f
recycler zurückführen; wiederholt umlaufen; wiederholt in Umlauf bringen
redépôt m Wiederabsatz m
redevance f **de location** ⟨El⟩ Zählergrundgebühr f
redéveloppement m Umentwickeln n

redévelopper umentwickeln
redissolution f Wiederauflösen n
redissoudre wiederauflösen
redistillation f Redestillation f, Umdestillation f
redistiller umdestillieren
redondance f Redundanz f, Weitschweifigkeit f
redondant redundant, weitschweifig
redressage m, **redressement** m 1. Richten n; Aufrichten n; 2. Gleichrichten n, Gleichrichtung f; 3. Entzerrung f; 4. Herausnehmen ⟨z. B. eines Flugzeugs in Normallage⟩; Abfangen n ⟨z. B. eines Flugzeugs⟩
 r. biplaque Zweiweggleichrichtung f
 r. à deux alternances Vollweggleichrichtung f
 r. de flanc Flankengleichrichtung f
 r. par la grille Gittergleichrichtung f
 r. linéaire lineare Gleichrichtung f
 r. parabolique quadratische Gleichrichtung f
 r. à une seule alternance Einweggleichrichtung f
redresser 1. richten; aufrichten; 2. gleichrichten; 3. entzerren; 4. herausnehmen ⟨z. B. ein Flugzeug in Normallage⟩; abfangen ⟨z. B. ein Flugzeug⟩
redresseur m 1. Richtapparat m; 2. Gleichrichter m
 r. à ampoule de verre Glas[kolben]gleichrichter m, Gleichrichter m mit Glasgefäß
 r. à arc Lichtbogengleichrichter m
 r. biphasé (biplaque) Zweiweggleichrichter m, Doppelweggleichrichter m, Vollweggleichrichter m
 r. à cathode chaude Glühkatodengleichrichter m
 r. à cathode froide Kaltkatodengleichrichter m
 r. à cathode incandescente Glühkatodengleichrichter m
 r. de charge Ladegleichrichter m
 r. pour la charge d'accumulateurs Batterieladegleichrichter m
 r. à commande par grille gittergesteuerter Stromrichter m
 r. à commutation retardée anschnittgesteuerter Gleichrichter m
 r. à contact par surface Flächengleichrichter m
 r. à contacts Kontaktgleichrichter m, mechanischer Gleichrichter m
 r. contrôlé gesteuerter Gleichrichter m
 r. contrôlé au silicium steuerbarer Siliziumgleichrichter m
 r. à couche de barrage Sperrschichtgleichrichter m
 r. à couplage de Graetz Graetz-Gleichrichter m, Brückengleichrichter m
 r. de courant Gleichrichter m
 r. de courant alternatif Wechselstromgleichrichter m
 r. à cuve en fer, r. à cuve métallique Gleichrichter m mit Eisengefäß, Eisenstromgleichrichter m, Eisengleichrichter m
 r. à cuve scellée pumpenloser Gleichrichter m
 r. demi-onde Einweggleichrichter m, Halbwellengleichrichter m
 r. deux alternances s. r. biphasé
 r. duodécaphasé Zwölfphasengleichrichter m
 r. électrolytique elektrolytischer Gleichrichter m, Elektrolytgleichrichter m
 r. électronique elektronischer Gleichrichter m
 r. d'excitation Erregergleichrichter m
 r. excitron Exzitrongleichrichter m
 r. de flux Leitwert n (einer Turbine)
 r. à gaz rare Edelgasgleichrichter m
 r. grille gittergesteuerter Gleichrichter m
 r. hexaphasé Sechsphasengleichrichter m
 r. ignitron Ignitrongleichrichter m
 r. d'induit Ankerspannungsgleichrichter m
 r. à lampes Röhrengleichrichter m
 r. linéaire linearer Gleichrichter m
 r. mécanique (à contacts) mechanischer Gleichrichter m, Kontaktgleichrichter m
 r. de mercure Quecksilbergleichrichter m
 r. à mercure en verre Glasgleichrichter m
 r. de mesure Meßgleichrichter m
 r. monoanodique einanodiger Gleichrichter m, Einanodengleichrichter m
 r. monophasé Einphasengleichrichter m
 r. en montage push-pull Gegentaktgleichrichter m
 r. non linéaire nichtlinearer Gleichrichter m
 r. à oxyde de cuivre Kupferoxydulgleichrichter m
 r. à plaques Plattengleichrichter m

r. **polyanodique** mehranodiger Gleichrichter *m*
r. **polyanodique pompé** mehranodiger Gleichrichter *m* mit Vakuumpumpe
r. **polyphasé** Mehrphasengleichrichter *m*
r. **en pont** Brückengleichrichter *m*
r. **en pont de Graetz** *s.* r. à couplage de Graetz
r. **sec** Trockengleichrichter *m*
r. **au sélénium** Selengleichrichter *m*
r. **semi-conducteur** Halbleitergleichrichter *m*
r. **au silicium** Siliziumgleichrichter *m*
r. **à simple effet** *s.* r. demi-onde
r. **synchrone** Synchrongleichrichter *m*
r. **au tantale** Tantalgleichrichter *m*
r. **thermionique** Glühkatodengleichrichter *m*
r. **triphasé** Dreiphasengleichrichter *m*
r. **à une alternance** *s.* r. demi-onde
r. **à vapeur de mercure** Quecksilberdampfgleichrichter *m*
r. **de ventilateur** Gebläsegleichrichter *m*
r. **à vide poussé** Hochvakuumgleichrichter *m*
réducteur reduzierend, Reduktions-
réducteur *m* 1. Reduktionsgetriebe *n*, Untersetzungsgetriebe *n*; 2. ⟨Ch⟩ Reduktionsmittel *n*; 3. Verkleinerungsgerät *n* ⟨Fotografie⟩; 4. Getter *n* ⟨Elektronenröhre⟩
r. **à engrenages planétaires** *s.* r. planétaire
r. **marin** Schiffs[untersetzungs]getriebe *n*
r. **planétaire** Umlaufgetriebe *n*, Planetengetriebe *n*, Planetenzahnradgetriebe *n*
r. **sélectif** selektives Reduktionsmittel *n*
r. **de tension** Spannungsteiler *m*
r. **à vis sans fin** Schneckengetriebe *n*, Schneckentrieb *m*, Schraubgetriebe *n*
r. **de vitesse** Reduktionsgetriebe *n*, Untersetzungsgetriebe *n*
réductible kürzbar; reduzibel; reduzierbar
réduction *f* 1. Reduzieren *n*; Reduktion *f*; 2. Abfall *m*; Abfallen *n*; Vermindern *n*; Verminderung *f*; Abnahme *f*; Verkleinerung *f*; 3. ⟨Math⟩ Reduktion *f*; Vereinfachung *f*; 4. Untersetzung *f*; 5. Herunterschmelzen *n*
r. **catalytique** katalytische Reduktion *f*
r. **cathodique** katodische Reduktion *f*
r. **aux différentes passes** ⟨Met⟩ Stichabnahme *f*

r. **directe du minerai** ⟨Met⟩ Rennverfahren *n*
r. **des données** Datenverdichtung *f*, Datenreduktion *f*
r. **à l'échelle** maßstäbliche Verkleinerung *f*
r. **d'énergie** Energieverlust *m*
r. **enzymatique** enzymatischer Abbau *m*
r. **de l'équation aux axes principaux** Hauptachsentransformation *f*
r. **d'information** Informationsverdichtung *f*, Informationsreduktion *f*
r. **en lit fluidisé** Wirbelreduktion *f*
r. **de luminosité** Lichtschwächung *f*
r. **de section** Querschnittsverminderung *f*
r. **de la surface** Oberflächenabnahme *f*
r. **du temps de pressage** Preßzeitverkürzung *f*
r. **totale de section** Gesamtquerschnittsabnahme *f*
réduire 1. reduzieren; abnehmen; abfallen; vermindern; verkleinern; 2. kürzen; 3. verjüngen; 4. herunterschmelzen
réduite *f* 1. reduzierte Form *f* ⟨einer Gleichung⟩; 2. Näherungsbruch *m*
réel real, reell
réel *m* Großausführung *f* ⟨Versuchswesen⟩
réémetteur *m* [actif] Umsetzer *m* ⟨Fernsehen⟩
réenclenchement *m* Wiedereinschalten *n*
r. **automatique** ⟨Dat⟩ automatische Rückstellung *f*
r. **sur court-circuit passager** Kurzschlußfortschaltung *f*
r. **rapide** Kurzunterbrechung *f*, Fortschaltung *f*
réenclencher wiedereinschalten
réenregistrement *m* Überspielen *n*
réenregistrer überspielen
réenrichir wiederanreichern
réenrichissement *m* Wiederanreicherung *f*
rééquipement *m* Umrüsten *n* ⟨einer Maschine⟩
rééquiper umrüsten ⟨eine Maschine⟩
réétalonnage *m* Nacheichung *f*
refend[age] *m* Längstrennen *n*, Aufschneiden *n* in Längsrichtung
refendre längstrennen, der Länge nach aufschneiden
réfléchir zurückwerfen, zurückstrahlen, reflektieren

réfléchissant zurückstrahlend, zurückwerfend, reflektierend
réflectance f ⟨Opt⟩ Reflexionsvermögen n
réflecteur m 1. Reflektor m, Rückstrahler m; 2. Reflektor, Spiegelfernrohr m; 3. Reflektor, Aufhellblende f, Beleuchtungsschirm m
   r. de chaleur Wärmereflektor m
   r. à grand angle Weitwinkelreflektor m
   r. métallique Metallreflektor m
   r. à miroir Spiegelreflektor m
   r. de neutrons Neutronenreflektor m
   r. parabolique Parabolreflektor m
réflecteur-rampe m Rampenscheinwerfer m
réflectogramme m Reflektogramm n
reflet m Reflex m
   r. argenté Silberspiegel m ⟨Fischfilet⟩
   r. caractéristique Röntgenbeugungsreflex m
   r. irisé Irisglanz m
   r. métallique Rauchbeize f, Metallreflexfarbe f
refléter reflektieren, zurückstrahlen
réflexe zurückgeworfen
réflexe m Reflex m
réflexibilité f Reflektibilität f, Zurückstrahlbarkeit f
réflexible reflektierbar
réflexion f Reflexion f, Spiegelung f
   r. acoustique Schallreflexion f
   r. complète Totalreflexion f
   r. dirigée Spiegelreflexion f, Normalreflexion f, gerichtete (regelmäßige) Reflexion f, gerichtete (regelmäßige) Rückstrahlung f
   r. faisant tourner le plan de polarisation Drehspiegelung f
   r. glissante Gleitspiegelung f
   r. métallique metallische Reflexion f
   r. à miroir Spiegelung f
   r. multiple Mehrfachreflexion f
   r. oblique Schrägreflexion f
   r. d'ordre élevé Reflexion f höherer Ordnung
   r. régulière s. r. dirigée
   r. séismique Reflexionsschießen n
   r. par le sol Bodenreflexion f
   r. spéculaire s. r. dirigée
   r. totale Totalreflexion f
   fausse r. Scheinreflexion f
réflexivité f ⟨Math⟩ Reflexivität f
reflux m 1. Ebbe f; 2. Rücklauf m
refoncement m ⟨Typ⟩ Einzug m
refondre umgießen, umschmelzen
refonte f 1. Umgießen n, Umschmelzen n; Umschmelzung f; 2. Umbau m, Umrüstung f ⟨eines Schiffes⟩
reforage m Nachbohren n
réformat m Reforming-Benzin n
réforme f **de matériel roulant** Außerdienststellung f, Ausmusterung f
reforming m Reforming-Verfahren n
refoulement m 1. Stauen n; Stauung f; 2. Stauchen n, Anstauchen n; Stauchung f
   r. à froid Kaltstauchung f
refouler 1. stauen; zurückdrängen; 2. fördern, pumpen, heben; 3. gegen den Strom fahren; 4. anstauchen; 5. rillen
refouleur m (à déblais) Spüler m
refouleuse f Biegemaschine f
réfractaire feuerfest, feuerbeständig
réfractaire m Feuerfeststoff m
   r. alumineux Schamottestein m
   r. plastique knetbare feuerfeste Masse f
réfractarité f Feuerfestigkeit f
réfracté gebrochen
réfracter brechen ⟨z. B. Licht⟩
réfracteur m Refraktor m, Linsenfernrohr n
réfraction f Refraktion f, Brechung f, Strahlenbrechung f
   r. acoustique Schallbrechung f
   r. atmosphérique atmosphärische Strahlenbrechung f
   r. de dôme Strahlenbrechung f durch Astrokuppel
   r. séismique ⟨Geol⟩ Refraktionsschießen n
   r. simple Einfachbrechung f
   r. du son Brechung f des Schalls
   double r. Doppelbrechung f
réfractomètre m Refraktometer n, Brechzahlmesser m
   r. d'Abbe Abbe-Refraktometer n
   r. à cristaux Kristallrefraktometer n
   r. pour denrées alimentaires Lebensmittelrefraktometer n
   r. à immersion Eintauchrefraktometer n
   r. interférentiel Interferometer n
   r. à parallaxe Parallaxenrefraktometer n
   r. de Pulfrich Pulfrich-Refraktometer n
réfractométrie f Refraktometrie f
réfrangibilité f Brechungsvermögen n, Brechkraft f
réfrangible brechfähig
réfrigérant Kühl-, Kälte-
réfrigérant m 1. Kühler m, Kühlapparat m; Kühlturm m; 2. Kältemittel m; Kühl-

mittel n, Kühlflüssigkeit f; Schneidöl n
r. **pour acide** Säurekühler m
r. **atmosphérique** Kühlturm m
r. **atmosphérique à contre-courant** Kühlturm m mit Luftführung im Gegenstrom
r. **atmosphérique à courant croisé** Kühlturm m mit Luftführung im Querstrom
r. **atmosphérique à tirage artificiel** Kühlturm m mit künstlichem Zug
r. **atmosphérique à tirage naturel** s. r. à cheminée
r. **à boules** Kugelkühler m
r. **à cheminée** Kaminkühler m, Kühlturm m mit natürlichem Zug
r. **à distillat** Destillatkühler m
r. **d'eau douce** Frischwasserkühler m
r. **à fascines** Gradierwerk n
r. **fluide** Kühlflüssigkeit f
r. **en graphite** Graphitkühler m
r. **d'huile** Ölkühler m
r. **intermédiaire** Zwischenkühler m
r. **Liebig** Liebigkühler m
r. **en plomb** Bleikühler m
r. **à raclage** Kratzkühler m
r. **à reflux** Rückflußkühler m
r. **à ruissellement** Rieselkühler m
r. **à tube double** Doppelrohrkühler m
r. **tubulaire** Röhrenkühler m
r. **Wittjen** Wittjen-Kühler m
réfrigérateur m 1. Kälteanlage f, Kühlanlage f; Kältemaschine f ⟨s. a. réfrigérant 1.⟩; 2. Kühlschrank m
r. **à absorption** Absorberkühlschrank m
r. **à compresseur** Kompressorkühlschrank m
r. **ménager** Haushaltkühlschrank m
réfrigération f Kühlung f ⟨s. a. refroidissement⟩
réfrigérer [ab]kühlen
réfringence f Brechungsvermögen n
réfringent lichtbrechend
refroidi:
  r. **à l'air** luftgekühlt
  r. **à l'eau** wassergekühlt
  r. **à l'hydrogène** wasserstoffgekühlt
refroidir erkalten; [ab]kühlen
refroidissement m Abkühlung f, Kühlung f; à r. **naturel** mit Selbstkühlung; à r. **séparé** mit Fremdkühlung
  r. **à ailettes** Rippenkühlung f
  r. **à l'air** Luftabkühlung f; Luftkühlung f
  r. **artificiel** Fremdkühlung f
  r. **à basse température** Tiefkühlung f
  r. **brusque** Abschrecken n

r. **canalisé** Düsenkühlerkühlung f
r. **par circulation** Umlaufkühlung f
r. **par circulation d'eau** Wasserumlaufkühlung f
r. **par circulation forcée d'huile** Kühlung f durch erzwungenen Ölumlauf, Ölumlaufkühlung f
r. **direct** direkte Kühlung f
r. **par l'eau** Wasserkühlung f
r. **par évaporation** Verdampfungskühlung f
r. **à expansion** Expansionskühlung f
r. **à l'hydrogène** Wasserstoffkühlung f
r. **indirect** indirekte Kühlung f
r. **par liquide** Flüssigkeitskühlung f
r. **naturel dans l'huile** Ölselbstkühlung f
r. **nocturne** Nachtabkühlung f
r. **par radiateurs ventilés** Kühlung f durch belüftete Radiatoren
r. **par thermosiphon** Thermosiphonkühlung f
r. **par tirage naturel** Kühlung f durch natürlichen Luftzug
r. **par ventilateur** Ventilatorkühlung f, Gebläsekühlung f
refroidisseur m 1. Kühler m, Kühlaggregat n ⟨s. a. réfrigérant 1.⟩; 2. Ladeluftzwischenkühler m
refroidissoir m Kühlbecken n
refus m Abfall m, Rückstand m
  r. **du tamis** Siebrückstand m
regard m Sichtöffnung f, Schauglas n, Schauloch n
  r. **dans la culasse** Spiegelschauloch n ⟨SM-Ofen⟩
regazéifaction f Nachvergasung f
régel m ⟨Ph⟩ Regelation f
régénérateur regenerierend, wiedererzeugend
régénérateur m Regenerator m, Wärmespeicher m
  r. **de Fränkl** Fränkl-Regenerator m
régénération f 1. Regenerierung f, Auffrischung f, Aufarbeitung f; 2. ⟨Kern⟩ Brüten n
  r. **des impulsions** Impulsregenerierung f
  r. **des réfrigérants** Kühlmittelaufbereitung f
régénéré m Regenerat n
régénérer regenerieren, auffrischen, aufarbeiten
régime m 1. Betriebsbereich m, Bereich m, Betrieb m ⟨s. a. fonctionnement, opération, service⟩; 2. Betriebsweise f; 3. Betriebsdaten pl; 4. Drehzahl f ⟨wenn einer bestimmten Leistung zu-

régime

geordnet); **en r. capacitif** übererregt, voreilend
r. asynchrone Asynchronbetrieb *m*
r. de charge partielle Teillastbetrieb *m* ⟨z. B. Motor⟩
r. continu Dauerbetrieb *m*
r. critique aperiodischer Grenzfall *m* (einer gedämpften Schwingung)
r. de croisière Reisegeschwindigkeit *f*
r. déséquilibré unsymmetrischer Betrieb *m*, Schieflastbetrieb *m*
r. d'enclenchement Einschaltbetrieb *m*
r. en génératrice Generatorbetrieb *m*
r. grisouteux Schlagwetterführung *f*
r. intermittent aussetzender (intermittierender) Betrieb *m*
r. de manœuvre Manöverbetrieb *m* ⟨z. B. Motor⟩
r. maximal Höchstgeschwindigkeit *f*; Höchstdrehzahl *f*
r. du pavillon Flaggenordnung *f*
r. permanent Dauerzustand *m*, Beharrungszustand *m*; Dauerbetrieb *m*
r. des phares Befeuerung *f*
r. de secours Notbetrieb *m*
r. stable gleichbleibender Betrieb *m*
r. tourbillonnaire de l'écoulement Wirbelströmung *f*
r. transitoire nichtstationärer Zustand *m*
r. de vitesse Drehzahlbereich *m*
région *f* Bereich *m*, Gebiet *n*
r. d'accumulation Ablagerungsgebiet *n*
r. de contrôle ⟨Flg⟩ kontrollierter Bereich *m*
r. désintégrée en blocs ⟨Geol⟩ Schollengebiet *n*
r. d'émetteur Emitterzone *f*
r. de Geiger-Müller Geiger-Bereich *m*, Auslösebereich *m*
r. d'information de vol Flugsicherungsinformationsgebiet *n*, FS-Informationsgebiet *n*
r. minière Bergbaugebiet *n*
r. morte du courant Flautengebiet *n*
r. de navigation *s.* **r. d'information de vol**
r. d'origine Ursprungsgebiet *n*
r. pétrolifère Erdölgebiet *n*
r. de phase Phasenbereich *m*
r. proportionnelle Proportionalbereich *m*
r. de résonance Resonanzbereich *m*
r. séismique seismische Region *f*
r. semi-désertique Halbwüste *f*
r. sensible empfindlicher Bereich *m*
r. stable stabiler Bereich *m*

556

r. tectonisée tektonisch beeinflußtes Gebiet *n*
r. de transmission Sendebereich *m*
r. à tremblement de terre Erdbebengebiet *n*
r. volcanique Vulkangebiet *n*
registre *m* 1. Klassifikationsgesellschaft *f*, Register *n*; 2. Register; Verzeichnis *n*; 3. Schieber *m*, Klappe *f*; **à r. défectueux** ⟨Typ⟩ nicht Register haltend
r. accumulateur Akkumulatorregister *n*
r. [d']adresses Adressenregister *n*
r. d'appel Abrufregister *n*
r. de base Hauptregister *n*
r. de bloc Blockregister *n*
r. central Zentralregister *n*
r. de classification ⟨Schiff⟩ Klassenregister *n*
r. de commande Befehlsregister *n*, Steuerregister *n*
r. à décalages Schieberegister *n*
r. distributeur Verteilerregister *n*
r. diviseur Divisorregister *n*
r. d'entrée Eingaberegister *n*
r. à gaz brûlés Abgasschieber *m*
r. index Indexregister *n*
r. d'instructions Befehlsregister *n*, Steuer[befehl]speicher *m*
r. d'interrogation Abfrageregister *n*
r. lecture-écriture Lese-Schreib-Register *n*
r. de ligne à retard Laufzeitregister *n*
r. maritime Seeschiffsregister *n*
r. mémoire Speicherregister *n*
r. multiplicande-diviseur Multiplikand-Divisor-Register *n*
r. [de] multiplicateur Multiplikatorregister *n*
r. de la navigation intérieure Binnenschiffsregister *n*
r. d'opérandes Operandenregister *n*
r. d'opérations Operationsregister *n*
r. plat Flachschieber *m*
r. des quotients Quotientenregister *n*
r. de signes Vorzeichenregister *n*
r. de sondage Bohrtabelle *f*
r. totalisateur Summenregister *n*
r. de ventilation Luftschieber *m*
registre-programme *m* Programmregister *n*
réglable regelbar, einstellbar, nachstellbar
progressivement r. stufenlos regelbar
réglage *m* 1. Regeln *n*; Regelung *f*, Einstellung *f*; Justierung *f*; Steuerung *f*; Verstellung *f*, Regulierung *f*, Nachstellen *n* ⟨*s. a.* régulation⟩; 2. ⟨Flg⟩ Aufrüsten *n*; 3. ⟨Schiff⟩ Ausstraken *n*

r. **d'allumage** Zündeinstellung f; Zündzeitpunktverstellung f; Zündpunktregulierung f
r. **d'amplification** Verstärkungsregelung f, Schwundausgleich m
r. **des amplitudes image** Bildamplitudenregelung f
r. **angulaire** Winkeleinstellung f, Winkeljustierung f
r. **antifading** Schwundregelung f, Schwundausgleich m
r. **approximatif** Grobeinstellung f
r. **automatique** automatische Einstellung f
r. **à autostabilisation** Regelung f mit selbsttätigem Ausgleich
r. **de l'avance à l'allumage** Zündverstellung f
r. **de balance** Balanceregelung f ⟨Stereo⟩
r. **de la bande passante** Bandbreitenregelung f
r. **vers le bas** Abwärtsregelung f
r. **à boucle fermée** Regelkreis m
r. **capacitif** kapazitive Abstimmung f
r. **du carburateur** Vergasereinstellung f
r. **en cascade** Kaskadenregelung f
r. **en charge** Regelung f unter Last
r. **combiné** Verbundsregelung f
r. **continu** kontinuierliche Regelung f
r. **de contraste** Kontrastregelung f ⟨z. B. Fernsehen⟩
r. **à deux paliers** Zweipunktregelung f
r. **discontinu** diskontinuierliche Regelung f
r. **dynamique** dynamische Regelung f
r. **par échelons** Stufenregelung f
r. **par échelons multiples** Mehrstellenregelung f
r. **exact** genaue Einstellung f
r. **fin** Fein[ein]stellung f
r. **à force centrifuge** Fliehkraftregelung f
r. **de fréquence** Frequenzregelung f
r. **de gain** Verstärkungsregelung f
r. **du glissement** Schlupfregelung f
r. **grossier** Grob[ein]stellung f
r. **vers le haut** Aufwärtsregelung f
r. **de hauteur d'image** Bildhöhenregelung f
r. **industriel** Betriebsregelung f
r. **du laitier** Schlackenführung f
r. **par laminage** Drosselregelung f
r. **de la largeur d'image** Bildbreitenregelung f
r. **de la largeur d'impulsion** Impulsbreitenregelung f

r. **de la latitude** Polhöhenverstellung f ⟨am Fernrohr⟩
r. **de luminosité** Helligkeitsregelung f
r. **manuel** Handeinstellung f, Einstellung f von Hand; Handjustierung f
r. **micrométrique** Mikrometereinstellung f; Feineinstellung f, Feinregulierung f
r. **de niveau** Lautstärkeregelung f
r. **de niveau de noir** Schwarzsteuerung f
r. **du nombre de tours** Drehzahleinstellung f, Drehzahlregelung f
r. **de l'orientation optique** Gitterregelung f
r. **des outils** Werkzeugeinstellung f
r. **parallèle** Paralleleinstellung f, Parallelverstellung f
r. **de pas** Steigungseinstellung f ⟨z. B. einer Luftschraube⟩
r. **à pendule** Pendelregelung f
r. **aux petits débits** Kleinlastabgleich m ⟨Zähler⟩
r. **de phase** Phasenregelung f
r. **physiologique de volume** gehörrichtige Lautstärkeregelung f
r. **du plan fixe** Hecktrimmung f
r. **précis (de précision)** Fein[ein]stellung f
r. **de précision à la main** Handeinstellung f
r. **de pression** Druckregulierung f
r. **de programme** Programmregelung f, Programmsteuerung f
r. **programmé** Zeitplanregelung f
r. **de puissance** Leistungsregelung f, Leistungssteuerung f
r. **du ralenti** Leerlaufeinstellung f
r. **rapide** Schnelleinstellung f
r. **de réactivité** Reaktivitätssteuerung f
r. **à relais** Relaisregelung f
r. **de réseau** Netzregelung f
r. **en rotation** Dreheinstellung f; Drehjustierung f
r. **par rotation du piston** Schrägkantenregelung f ⟨Einspritzpumpen⟩
r. **du ruban-encreur** Farbbandeinsteller m, Farbbandregler m
r. **de sélectivité** Trennschärferegelung f
r. **de sensibilité** Empfindlichkeitsregelung f
r. **en série-parallèle** Reihen-Parallel-Regelung f
r. **silencieux** Stummabstimmung f
r. **des soupapes** Ventileinstellung f
r. **de synchronisation** Gleichlaufregelung f

réglage

r. de température Temperaturregelung f
r. du temps de pose Einstellung f der Belichtungszeit
r. de tension Spannungsregelung f
r. de tension par grille Spannungsregelung f durch Gittersteuerung
r. de tonalité Klangfarbenregelung f
r. par tout ou peu Zweipunktregelung f
r. par tout ou rien Ein-Aus-Regelung f, Zweipunktregelung f
r. à trois échelons Dreistufenregelung f
r. de viscosité Viskositätsregelung f
r. de la vitesse Geschwindigkeitsregelung f, Drehzahlregelung f, Drehzahleinstellung f
r. de la vitesse par le champ Drehzahlregelung f im Feld
r. de la vitesse par la fréquence Drehzahlregelung f durch Frequenzänderung
r. de la vitesse par survolteur-dévolteur Geschwindigkeitsregelung f in Zu- und Gegenschaltung
r. de la vitesse par variation de tension Drehzahlregelung f durch Spannungsänderung
r. de volume Lautstärkeregelung f
r. X X-Synchronisation f
r. du zéro Nulleinstellung f; Justierung f der Nullstellung

règle f 1. Lineal n; 2. Regel f
r. d'Aston Astonsche Regel f
r. de Buys-Ballot Buys-Ballotsche Regel f, barisches Windgesetz n
r. à calcul Rechenschieber m, Rechenstab m
r. à cavaliers Reiterlineal n ⟨einer Waage⟩
r. courbe Kurvenlineal n
r. de déplacements Verschiebungsregel f
r. de dérivation d'une fonction composée Kettenregel f
r. à dessin Zeichenlineal n
r. d'escompte Zinsrechnung f
r. d'évacuation Ableitschiene f
r. de fausse position Regula falsi f, Sekantennäherungsverfahren n
r. graduée Meßschiene f
r. des isotopes Isotopenregel f
r. de la main droite Rechte-Hand-Regel f
r. de la main gauche Linke-Hand-Regel f
r. des phases Phasenregel f

r. de réseau à mailles Maschenregel f
r. de sélection Auswahlregel f
r. des surfaces Flächenregel f
r. des trois doigts Dreifingerregel f
r. de Trouton Troutonsche Regel f
règlement m:
r. pour la classification Klassifikationsvorschrift f
r. pour la construction Bauvorschrift f
r. de jaugeage Vermessungsvorschrift f
r. sur la qualité Gütevorschrift f
r. des signaux Signalordnung f
r. télégraphique Telegrafenordnung f
r. téléphonique Fernsprechordnung f
réglementation f de la construction Baugesetzgebung f
régler 1. regeln, einstellen; justieren; 2. abstimmen; 3. ausstraken ⟨z. B. Schiffslinien⟩
r. à distance fernregeln
réglette f 1. Reglette f; 2. Richtscheit n
r. d'attaches Lötösenstreifen m
r. à douilles Buchsenleiste f
r. de repérage Registrierleiste f
réglette-support f Werkstückauflageschiene f
régleuse f ⟨Typ⟩ Liniermaschine f
réglure f Querlinie f; avec r. intérieure mit eingesetzten Querlinien; avec r. séparée mit Quersatz für sich
regorgement m Überlaufen n, Überfließen n
regorger überlaufen, überfließen
regraissage m Wiederbefettung f ⟨Oberflächenbehandlung⟩
régression f 1. Regression f; 2. Abwärtsschalten n ⟨eines Schaltwerks⟩
régularimètre m Gleichmäßigkeitsprüfgerät n
régularité f Gleichmäßigkeit f
r. dimensionnelle Maßhaltigkeit f
régulateur regelnd, Regel-
régulateur m Regler m
r. des aiguës Hochtonregler m
r. de l'amplitude de ligne Zeilenbreitenregler m
r. à auto-activation selbsttätig wirkender Regler m
r. automatique automatischer Regler m, Selbstregler m
r. de balance Balanceregler m
r. de balance stéréophonique Stereobalanceregler m
r. barostatique barometrisches Druckausgleichventil n
r. à boule Fliehkraftregler m
r. de by-pass Beipaßregler m

r. **centrifuge** Fliehkraftregler m
r. **de circulation** Umlaufregler m
r. **conjoncteur-disjoncteur** Reglerschalter m, Rückstromschalter m
r. **continu** kontinuierlicher Regler m
r. **de contraste** Kontrastregler m ⟨Fernsehen⟩
r. **de correspondance** Nachlaufregler m, Folgeregler m
r. **de débit** 1. Mengenregelventil n; Ölstromregler m, Ölmengenregler m ⟨Hydraulik⟩; 2. Strömungsregler m
r. **par dérivation** Differentialregler m, D-Regler m
r. **à deux paliers** s. r. par tout ou rien
r. **direct** Regler m ohne Hilfsenergie, unmittelbarer (direkter) Regler
r. **discontinu** diskontinuierlicher Regler m
r. **de la durée de contact** Kontaktzeitregler m
r. **dynamique** dynamischer Regler m
r. **de l'eau de mouillage** Wischwasserregulator m
r. **par échelons multiples** Mehrstellenregler m
r. **d'entrée de microphone** Mikrofoneingangsregler m
r. **d'exposition** Belichtungssteuergerät n
r. **flottant** s. r. par intégration
r. **de freinage** Bremsdruckregler m
r. **de fréquence** Frequenzregler m
r. **sur fuites** Gegendruckventil n
r. **des graves** Tieftonregler m
r. **indirect** Regler m mit Hilfsenergie, mittelbarer (nichtselbständiger, indirekter) Regler
r. **à induction** Drehtransformator m
r. **par intégration** Integralregler m, I-Regler m
r. **de linéarité** Linearitätsregler m
r. **de luminosité** Helligkeitsregler m
r. **de main** Handregler m
r. **de mélange** ⟨Kfz⟩ Gemischregler m
r. **mélangeur** ⟨Fs⟩ Mischregler m
r. **mini-maxi** Zweistufenregler m
r. **de niveau** Pegelregler m
r. **du niveau d'eau** Wasserstandsregler m
r. **du nombre de tours** Drehzahlregler m
r. **de phase** Phasenregler m
r. **pneumatique** pneumatischer Regler m
r. **de pression** Druckregler m
r. **de pression de gaz** Gasdruckregler m

r. **proportionnel** Proportionalregler m, P-Regler m
r. **rapide** Schnellregler m
r. **de réseau** Netzregler m
r. **de sélectivité** Trennschärferegler m
r. **de sensibilité** Empfindlichkeitsregler m
r. **shunt** Nebenschlußregler m, Nebenschlußregulator m
r. **survolteur-dévolteur** Umkehrfeldsteller m
r. **tandem** Tandemregler m
r. **de tension** Spannungsregler m
r. **de tension à contacts vibrants** Tirrillregler m
r. **de tension à pile de carbone** Kohledruckregler m
r. **de tension du secteur** Netzspannungsregler m
r. **de tonalité** Klangregler m
r. **de touche** Anschlagregler m, Tastenregler m
r. **par tout ou rien** Zweipunktregler m, Ein-Aus-Regler m
r. **de vapeur** Dampfregler m
r. **de vitesse** Drehzahlregler m
r. **de volume** Lautstärkeregler m
régulation f Regulierung f ⟨s. a. réglage 1.⟩
r. **automatique à intensité constante** automatische Konstantstromregelung f
r. **à autostabilisation** Regelung f mit selbsttätigem Ausgleich
r. **par changement du nombre de pôles** Regelung f durch Polumschaltung
r. **composée** Verbundregelung f
r. **de correspondance** Nachlaufregelung f; Folgeregelung f
r. **de courant** Stromregelung f
r. **par dérivation** Differentialregelung f, D-Regelung f
r. **directe** Regelung f ohne Hilfsenergie, unmittelbare (direkte) Regelung
r. **flottante** Integralregelung f, I-Regelung f
r. **indirecte** Regelung f mit Hilfsenergie, indirekte (nichtselbständige, mittelbare) Regelung
r. **par intégration** Integralregelung f, I-Regelung f
r. **de maintien** Festwertregelung f
r. **proportionnelle** Proportionalregelung f, P-Regelung f
r. **proportionnelle et par dérivation** Proportional-Differential-Regelung f, Proportionalregelung f mit [differen-

régulation

zierend wirkendem) Vorhalt, PD-Regelung *f*
r. proportionnelle et par intégration Proportional-Integral-Regelung *f*, PI-Regelung *f*
r. proportionnelle et par intégration et par dérivation Proportional-Integral-Differential-Regelung *f*, PID-Regelung *f*, Proportional-Integral-Regelung *f* mit (differenzierend wirkendem) Vorhalt
r. à transformateur auxiliaire Regelung *f* mit Zusatztransformator
régule *m* Antifriktionsmetall *n*, Lagermetall *n*
régulier regelmäßig, regulär
rehausse *f* 1. Erhöhung *f*, Aufstockung *f*; 2. aufsteckbare Seitenwand *f* einer Palette, Aufsteckwand *f*
rehaussement *m* Höherziehen *n* ⟨einer Mauer⟩; Aufstocken *n*; Aufstockung *f*
réimpression *f* Nachdruck *m*
r. anastatique anastatischer Druck *m*, Umdruck *m*
réinoculation *f* Wiederimpfung *f*
rejet *m*:
   r. stratigraphique stratigrafische Sprunghöhe *f*
   r. vertical vertikale Sprunghöhe *f*
rejeter aussondern, verwerfen
relâchement *m* Abfall *m* ⟨eines Relais⟩;
   à r. retardé abfallverzögert
   r. de retard Abfallverzögerung *f*
relâcher 1. abfallen ⟨Relais⟩; 2. einen Hafen (Nothafen) anlaufen
relais *m* Relais *n*, Schaltschütz *n*
   r. d'accélération Beschleunigungsrelais *n*, Fortschaltrelais *n*
   r. à accrochage Relais *n* mit Wiedereinschaltsperre
   r. à action différée verzögertes Relais *n*
   r. d'alimentation Speiserelais *n*
   r. d'allumage Zündrelais *n*
   r. ampèremétrique Stromrelais *n*
   r. d'antipompage Pendelschutzrelais *n*
   r. apolaire nichtpolares Relais *n*
   r. à armature battante Klappankerrelais *n*
   r. à armature latérale Seitenankerrelais *n*
   r. à armature lourde Relais *n* mit schwerem Anker
   r. auxiliaire Hilfsrelais *n*
   r. avertisseur Warnrelais *n*, Alarmrelais *n*
   r. à axe Achsenankerrelais *n*
   r. balance Waagebalkenrelais *n*
   r. à barre Stabrelais *n*

r. batteur *s.* **r. d'impulsion**
r. à bilame *s.* **r. thermique**
r. Buchholz Buchholz-Relais *n*
r. Buchholz à deux flotteurs Buchholz-Zweischwimmerrelais *n*
r. à cadre mobile Drehspulrelais *n*
r. de cantonnement Blockrelais *n*
r. à circuit de maintien selbsthaltendes Relais *n*
r. clignotant Blinkrelais *n*
r. à collage Relais *n* mit Haltewicklung
r. de commande Steuerrelais *n*, Steuerschütz *n*
r. commutateur Wechselrelais *n*, Umschaltrelais *n*
r. compteur Zählrelais *n*
r. de connexion Anschaltrelais *n*
r. à contacts multiples Vielkontaktrelais *n*
r. de contrôle Überwachungsrelais *n*
r. de coupure Trennrelais *n*, Abschaltrelais *n*
r. de courant Stromrelais *n*
r. à courant alternatif Wechselstromrelais *n*
r. à courant continu Gleichstromrelais *n*
r. à courant d'induction Induktionsrelais *n*
r. à courants limites Grenzstromrelais *n*
r. à couteau Schneidenankerrelais *n*
r. de déclenchement Abschaltrelais *n*
r. de déclenchement retardé Verzögerungsrelais *n*
r. déclencheur Auslöserelais *n*
r. de déconnexion Trennrelais *n*, Abschaltrelais *n*
r. de démarrage Anlaßrelais *n*, Abfahrrelais *n*
r. à deux directions Kipprelais *n*
r. différé à la fermeture verzögert schließendes Relais *n*
r. différé à l'ouverture verzögert öffnendes Relais *n*
r. différentiel Differentialrelais *n*
r. directif Richtungsrelais *n*
r. directionnel richtungsabhängiges Relais *n*
r. directionnel wattmétrique Leistungsrichtungsrelais *n*
r. de distance Distanzrelais *n*
r. à double armature Doppelankerrelais *n*
r. électromagnétique elektromagnetisches Relais *n*
r. électronique elektronisches Relais *n*

relais

r. à forte impédance Drosselrelais n, Relais n mit hoher Impedanz
r. de freinage Bremswächter m
r. de fréquence Frequenzrelais n
r. d'impédance Impedanzrelais n
r. d'impulsion Impulsrelais n, Stromstoßrelais n
r. instantané unverzögertes Relais n, Momentrelais n
r. intermédiaire Zwischenrelais n
r. à jet Düsenrelais n
r. de ligne ⟨Fmt⟩ Linienrelais n
r. à longue temporisation Langzeitrelais n
r. magnéto-électrique Drehspulrelais n
r. magnétothermique Relais n mit thermischem Überstromsystem und magnetischem Kurzauslösesystem
r. de maintien Halterelais n
r. de manipulation Tastrelais n
r. à manque de tension Nullspannungsrelais n
r. à maximum de courant Maximalrelais n, Überstromrelais n
r. à maximum de tension Überspannungsrelais n
r. à mercure Quecksilberrelais n
r. de mesure Meßrelais n
r. miniature Kleinrelais n
r. à minimum de courant Minimalrelais n, Unterstromrelais n
r. à minimum de tension Unterspannungsrelais n
r. de mise en marche s. r. de démarrage
r. de mise à la terre Erdschlußrelais n
r. non polarisé unpolarisiertes Relais n
r. optique Lichtschleuse f
r. pas-à-pas Schrittrelais n
r. de phase Phasenrelais n
r. photo-électrique Lichtrelais n
r. pilote Steuerrelais n, Steuerschütz n
r. plat Flachrelais n
r. à plongeur Tauchrelais n
r. polarisé polarisiertes Relais n
r. de pontage Überbrückungsrelais n
r. positionneur pneumatique pneumatisches Einstellrelais n
r. précis de distance Distanzfeinrelais n
r. précis de temporisation Feinzeitrelais n
r. primaire Primärrelais n, Hauptstromrelais n
r. de produit Produktrelais n
r. de protection Schutzrelais n

r. de protection contre le décrochage Außertrittfallrelais n
r. de puissance Leistungsrelais n
r. de puissance active Wirkleistungsrelais n
r. de puissance réactive Blindleistungsrelais n
r. de quotient Quotientenrelais n
r. rapide schnell ansprechendes Relais n
r. de rappel Rückstellrelais n
r. de réenclenchement rapide Kurzunterbrechungsrelais n, KU-Relais n
r. de réglage Regelrelais n
r. régulateur Steuerrelais n
r. rémanent Haftrelais n
r. à résonance Resonanzrelais n
r. à retard verzögertes Relais n, Relais mit verzögerter Auslösung
r. à retard dépendant abhängiges Zeitrelais n
r. à retard indépendant unabhängiges Zeitrelais n
r. à retard limité begrenzt abhängiges Zeitrelais n
r. retardateur Zeitrelais n
r. retardé Verzögerungsrelais n
r. à retour de courant Rückstromrelais n
r. à retour de puissance Rückleistungsrelais n
r. rond Rundrelais n
r. scellé à étoupage gekapseltes Relais n
r. secondaire Sekundärrelais n, Relais n mit Wandlerstrombetätigung
r. de sécurité Sicherheitsrelais n
r. sélecteur Wählerrelais n
r. sélectif Selektivrelais n, Frequenzrelais n
r. à service continu Dauerbetriebsrelais n
r. de signal Signalrelais n
r. de signalisation Melderelais n
r. de signalisation de terre Erdschlußmelderelais n
r. de surintensité Überstromrelais n
r. tachymétrique Drehzahlwächter m
r. télégraphique Telegrafenrelais n
r. de téléphone Fernsprechrelais n, Telefonrelais n
r. de temporisation, r. temporisé Zeitwerk n
r. temporisé de surintensité Überstromzeitrelais n
r. de tension Spannungsrelais n
r. à tension maximale Überspannungsrelais n

relais

r. **de terre** Erdschlußrelais n
r. **de test** Prüfrelais n
r. **thermique** Thermorelais n, thermisches Relais n, Bimetallrelais n
r. **à transmission d'impulsions** Impulsübertragungsrelais n
r. **à verrou**, r. **de verrouillage** Verriegelungsrelais n, Blockierungsrelais n, Sperrklinkenrelais n
r. **vibrateur** Schwingrelais n, Vibrationsrelais n
r. **de vitesse de variation** Gradientenrelais n
r. **de voie** Gleisrelais n
r. **voltmétrique** Spannungsrelais n
r. **wattmétrique** Leistungsrelais n
relaminer umwalzen
relargage m Aussalzen n
relarguer aussalzen
relatif relativ
relation f Beziehung f, Relation f; Verbindung f; Vergleich m; Verhältnis n ⟨s. a. taux 1., rapport 1.⟩
r. **d'expansion** Expansionsverhältnis n ⟨Nebelkammer⟩
r. **d'incertitude** Unbestimmtheitsrelation f
r. **de liaison** Bedingungsgleichung f, Bindungsgleichung f
r. **masse-énergie** Masse-Energie-Beziehung f
r. **de Maxwell** Maxwellsche Gleichung f
r. **parcours-énergie** Reichweite-Energie-Beziehung f
grande r. Fernverbindung f
relativiste relativistisch
non r. nicht relativistisch
relativité f Relativität f
relaxation f Relaxation f
relevage m 1. Aufnehmen n; Einholen n, Einnehmen n ⟨z. B. des Ankers⟩; 2. Nachreißen n; 3. Abheben n; 4. Heben n ⟨eines gesunkenen Schiffes⟩; 5. Wiederaufgleisen n ⟨eines entgleisten Waggons⟩
r. **des balais** Abheben n der Bürsten
r. **hydraulique** hydraulischer Kraftheber m
r. **à main** Handaushebung f
r. **sur rails** Aufgleisung f
r. **du train** Einziehen n des Fahrwerks ⟨eines Flugzeugs⟩
relève f Aufholen n, Einholen n
relevé m 1. Aufnahme f; 2. Beschlagen n ⟨eines Pferdes⟩
r. **d'une caractéristique** Kennlinienaufnahme f

r. **des compteurs** Zählerablesung f
r. **de profil** Profilaufnahme f
r. **topographique** topografische Aufnahme f
relève-balais m Bürstenabhebevorrichtung f
relèvement m Peilen n; Peilung f
r. **gonio** s. r. radiogoniométrique
r. **par la propre station** Eigenpeilung f
r. **radiogoniométrique** Funkpeilung f, drahtlose Peilung f
r. **par une station radiogoniométrique** Fremdpeilung f
r. **visuel** optische Peilung f, Sichtpeilung f
relever 1. [ein]peilen; 2. aufrichten ⟨z. B. von Flor⟩; 3. ⟨Brg⟩ nachreißen; 4. aufholen, einholen ⟨z. B. Netz⟩
r. **un ancre** Anker hieven
r. **les balais** die Bürsten abheben
r. **en bosse** bosseln
r. **les cotes** die Aufmaße [des Schiffes] abnehmen, [das Schiff] aufmessen
r. **un fer à cheval** ein Pferd beschlagen
r. **un navire coulé** ein gesunkenes Schiff heben
relève-rails m s. relève-voie
releveur m Hebevorrichtung f; Kippmechanismus m
r. **d'épis** Ährenheber m
r. **de frein** Bremslüfter m
relève-voie m Gleiswinde f, Schienenwinde f
reliage m Binden n ⟨s. a. reliure⟩
relief m:
r. **polycyclique** Stockwerkbau m
r. **primitif** Urrelief n
r. **sénile** Altlandschaft f
relier einbinden; verbinden
r. **sans ornement et sans dorure** ohne Verzierung und Beschriftung einbinden
r. **à la terre** erden
relieur m Buchbinder m
reliure f 1. Einbinden n; Einband m; 2. Buchbinderei f
r. **cartonnée** Pappband m
r. **par collage, r. collée (sans couture)** Klebebindung f
r. **demi-parchemin** Halbpergamentband m
r. **demi-peau** Halblederband m, Halbfranzband m
r. **demi-toile** Halbleinenband m
r. **à dos brisé** Einband m mit gebrochenem Rücken
r. **par encollage** Klebebindung f

r. à feuilles mobiles, r. de feuilles volantes Loseblattbindung f
r. flexible flexibler Einband m
r. avec mors et ficelles passées Einband m mit tiefem Falz und durchgezogenen Bünden
r. plein parchemin Pergamentband m
r. pleine peau Lederband m
r. pleine toile Leinenband m
r. spirale Spiralheftung f
réluctance f Reluktanz f, magnetischer Widerstand m
réluctivité f Reluktivität f, spezifischer magnetischer Widerstand m
remailler s. remmailler
remailleuse f s. remmailleuse
rémanence f Remanenz f, remanenter Magnetismus m
rémanent remanent
remanier umsetzen
r. quelques lignes einige Zeilen umbrechen
remblai m 1. Aufschüttung f; Erddamm m; Schüttung f; 2. Dammerde f; 3. Aufspülung f; 4. ⟨Brg⟩ Versatz m
r. en bout Kopfschüttung f
r. du chemin de fer Eisenbahndamm m
r. par couches Lagenschüttung f
r. extérieur Fremdberge pl
r. par foudroyage Bruchbauversatz m
r. latéral Seitenschüttung f
r. de pierres Steinschüttung f
r. portant tragfähiger Versatz m
r. de voie de chemin de fer Bahndamm m
remblaiement m 1. Aufschütten n; Ausfüllen n, Auffüllen n; 2. Aufspülung f
remblais mpl Versatzgut n
remblayage m 1. Aufschüttung f; Schüttung f; Zuschüttung f; Zuschütten n; 2. ⟨Brg⟩ Versatzarbeit f
r. centrifuge Schleuderversatz m
r. complet Vollversatz m
r. extérieur Fremdversatz m
r. avec fausses voies Blindortversatz m
r. hydraulique Spülversatz m
r. à main Handversatz m
r. pneumatique Blasversatz m
remblayer 1. [auf]schütten; zuschütten; 2. ⟨Brg⟩ versetzen
r. pneumatiquement verblasen
remettage m s. rentrage
remettre:
r. en état instand setzen; richten ⟨z. B. Stahlplatten⟩
r. à flot wieder abbringen (flottmachen); wieder zu Wasser bringen

(lassen); wieder aufschwimmen lassen; ausdocken
r. à zéro zurückstellen, löschen
remeulage m 1. Nachzerfaserung f, Nachzerkleinerung f; 2. Nachschleifen n ⟨Glas⟩
remeuler nachschleifen ⟨Glas⟩
remise f 1. Wiederherstellung f; 2. Schuppen m
r. en état Instandsetzung f; Richten n ⟨z. B. von Stahlplatten⟩
r. au feu Wiederanblasen n ⟨eines Hochofens⟩
r. à flot Wiederabbringen n, Wiederflottmachen n; Wiederaufschwimmenlassen n; Wiederzuwasserbringen n, Wiederzuwasserlassen n ⟨Schiff⟩; Ausdocken n
r. à locomotives Lokomotivschuppen m
r. en marche Wiederingangsetzung f
r. à zéro Nullrückstellung f, Nullen n
remmailler ketteln
remmailleuse f Kettelmaschine f
r. circulaire Rundkettelmaschine f
remmoulage m Zusammensetzen n ⟨eines Formkastens⟩
remmouler zusammensetzen ⟨einen Formkasten⟩
remodulation f Ummodulation f
remoduler ummodulieren
remontage m 1. Wiederaufmontieren n, Wiedereinbauen n; 2. Aufziehen n, Aufzug m ⟨eines Laufwerks⟩
remontée f Aufholen n, Einholen n ⟨z. B. eines Fischnetzes⟩
remonter 1. wiederaufbauen; wiederaufmontieren, wiedereinbauen; 2. aufziehen ⟨eine Feder⟩; 3. aufholen, einholen ⟨z. B. ein Fischnetz⟩; 4. zu Berg fahren, flußaufwärts fahren
remontoir m Krone f; Uhrenschlüssel m
remorquage m Bugsieren n, Schleppen n
remorque f 1. Anhänger m, Hänger m; 2. Schleppleine f, Schlepptrosse f
r. d'alimentation Futterverteilwagen m
r. autochargeuse Selbstladewagen m
r. à benne basculante Kipphänger m
r. à braquage amplifié Anhänger m mit Vierradlenkung
r. à essieu moteur Triebachsanhänger m
r. porte-wagons Rollwagen m
r. semi-portée Einachsanhänger m
r. tribasculeuse Dreiseitenkipper m
remorqué m geschlepptes Schiff n
remorquer bugsieren; schleppen
r. à couple nebeneinander (im Zwillingsverband) schleppen

remorquer

    r. en flèche hintereinander (im Tandemverband) schleppen
remorqueur *m* Schlepper *m*
    r. d'assistance (et de sauvetage) Bergungsschlepper *m*
    r. de servitude Bugsierschlepper *m*
remorqueur-pousseur *m* Schubschlepper *m*
remoulage *m s.* remmoulage
remouler *s.* remmouler
remous *m* Kielwasser *n*; Sog *m*
    r. d'air Luftstrudel *m*
rempart *m*:
    r. morainique Moränenwall *m*
    r. de scories Schlackenwall *m*
remplacer ersetzen, erneuern; auswechseln
rempli völlig ⟨Schiffsform⟩
remplir [ein]füllen
    r. par soudage zuschweißen
remplissage *m* 1. Füllen *n*; Füllung *f*; 2. Einfüllstutzen *m*; 3. Flutung *f*, Vollaufen *n*; 4. Völligkeit *f* ⟨Unterwasserschiff⟩
    r. en briques Backsteinausriegelung *f*
    r. d'eau Wassereinfüllstutzen *m*
    r. de l'espace Raumerfüllung *f*
    r. d'essence Benzineinfüllstutzen *m*
    r. filonien Gangfüllung *f*
    r. du four Ofencharge *f*
    r. de gaz Gasfüllung *f*
    r. d'huile 1. Öleinfüllung *f*; 2. Öleinfüllstutzen *m*
    r. du tube compteur Zählrohrfüllung *f*
remuage *m* Umschaufeln *n*; ⟨Met⟩ Umrühren *n*
remuer umschaufeln; ⟨Met⟩ umrühren
rencontrer stützen ⟨mit dem Ruder⟩
rendement *m* Ausbeute *f*, innerer Wirkungsgrad *m*; Leistung *f*; Effektivität *f*; Flächenleistung *f* ⟨in ha/h⟩
    r. d'adaptation Gütegrad *m* der Anordnung
    r. d'antenne Antennenwirkungsgrad *m*
    r. de capture ⟨Kern⟩ Einfangausbeute *f*
    r. à charge partielle Teillastwirkungsgrad *m*
    r. (de) coque Gütegrad *m* des Schiffskörpers
    r. de courant Stromausbeute *f*
    r. de la distillation Destillationsausbeute *f*
    r. énergétique Energieausbeute *f*
    r. à l'équilibre ⟨Ch⟩ theoretische Ausbeute *f*
    r. de fission Spaltausbeute *f*
    r. de fluorescence Fluoreszenzausbeute *f*
    r. du four Ofenleistung *f*
    r. de haut-parleur Lautsprecherwirkungsgrad *m*
    r. d'hélice Propellerwirkungsgrad *m*; Luftschraubenwirkungsgrad *m*
    r. initial Anfangsleistung *f*
    r. ionique Ionenausbeute *f*
    r. du lit de fusion Möllerausbringen *n*
    r. de lumière, r. lumineux Lichtausbeute *f*
    r. maximum Höchstleistung *f*
    r. mécanique mechanischer Wirkungsgrad *m*
    r. minimum Mindestleistung *f*
    r. net Nutzleistungswirkungsgrad *m*
    r. en neutrons Neutronenausbeute *f*
    r. de pêche Fängigkeit *f*
    r. à pleine charge Vollastwirkungsgrad *m*
    r. prévu Solleistung *f*
    r. de production Produktionsleistung *f*; Wirtschaftlichkeit *f* der Fertigung
    r. en profondeur ⟨Kern⟩ prozentuale Tiefendosis *f*
    r. propulsif Vortriebswirkungsgrad *m*
    r. quantique Quantenausbeute *f*
    r. en radiation Strahlungsausbeute *f*
    r. en rayons gamma Gammastrahlenausbeute *f*
    r. de réaction Reaktionsausbeute *f*
    r. de scintillations Szintillationsausbeute *f*
    r. théorique ⟨Ch⟩ theoretische Ausbeute *f*
    r. thermique Wärmewirkungsgrad *m*, thermischer Wirkungsgrad *m*
    r. total Gesamtwirkungsgrad *m*
    r. de transmission Übertragungswirkungsgrad *m*
    r. des tuyères Düsenleistung *f*
    r. volumétrique volumetrischer Wirkungsgrad *m*, Liefergrad *m*
rendre résistant à la propagation de la flamme flammfest ausrüsten
renflé völlig ⟨Schiffsform⟩
renflement *m* Quellung *f*
renflouage *m*, **renflouement** *m* Abbringen *n*, Wiederflottmachen *n* ⟨gestrandetes Schiff⟩; Heben *n* ⟨gesunkenes Schiff⟩
renflouer abbringen, wiederflottmachen ⟨ein gestrandetes Schiff⟩; heben ⟨ein gesunkenes Schiff⟩
renforcateur *m* **d'image** Bildverstärker *m*
renforcement *m* Versteifung *f*, Verstärkung *f*

r. d'angle Eckverstärkung f
r. du bordé pour navigation dans les glaces Eisverstärkung f der Außenhaut
r. en deux bains Zweibadverstärkung f
r. glace Eisverstärkung f
r. optique optische Verstärkung f
renforcer verstärken
renfort m Verstärkung f; Verstärkungsstück n, Einsatzstück n; Steife f, Versteifung f
reniflard m 1. Auslaßventil n, Rückschlagventil n; Rohrunterbrecher m; 2. Belüftungsrohr n; 3. Schnarchventil n
rénine f ⟨Ch⟩ Labferment n
renouveler erneuern
renouvellement m Erneuerung f
r. d'air Luftwechsel m
r. du ballast Schottererneuerung f
r. du matériel ⟨Eb⟩ Neubeschaffung f
rénovation f Erneuerung f
r. du combustible Brennstofferneuerung f
rénover erneuern
renrailleur m Aufgleisvorrichtung f
rentabilité f **de mémorisation** Speicherplatzausnutzung f
rentrage m Einzug m, Einziehen n, Durchziehen n, Einreihen n, Reihen n, Einpassieren n, Passieren n ⟨der Kettfäden auf dem Web- oder Kettstuhl⟩; Rieteinstellung f
rentrée f 1. ⟨Typ⟩ Einzug m; 2. Aufholen n, Einholen n ⟨z. B. Fischnetz⟩
r. d'air Lufteintritt m, Lufteinbruch m ⟨Vakuum⟩; Falschluft f ⟨SM-Ofen⟩
rentrer einspringen, zurückspringen; niederholen ⟨z. B. Flagge⟩
r. de marée Stromkenterung f ⟨Gezeitenwechsel⟩
renversement m 1. Umkehr f; 2. Abschwung m ⟨Flugfigur⟩
r. d'aimantation Ummagnetisierung f
r. d'image Bildumkehr f
r. de marche Umsteuerung f
r. du spectre Umkehr f des Spektrums
renverser umkehren
r. la polarité umpolen
r. la quille en l'air umschlagen ⟨Schiff⟩
renverseur m Umschalter m
renvidage m Aufwinden n, Winden n ⟨von Fäden⟩
renvider [auf]winden ⟨von Fäden⟩
renvideur m Selfaktor m, Wagenspinnmaschine f

renvoi m Vorgelege n
r. d'angle Winkeltrieb m, Getriebe n mit sich kreuzenden Eingangs- und Ausgangswellen
r. à courroie Riemenvorgelege n
r. à engrenages Zahnradvorgelege n, Rädervorgelege n
réparation f Reparatur f, Instandsetzung f; Ausbessern n
r. d'avarie Havariereparatur f
r. navale Schiffsreparatur f
grande r. de la locomotive Lokomotivhauptuntersuchung f
réparer reparieren, ausbessern, instand setzen
r. les fils andrehen ⟨Spinnerei⟩
répartir verteilen
répartiteur m Verteiler m
r. principal Hauptverteiler m
répartition f Verteilung f
r. angulaire Winkelverteilung f
r. du champ Feldverteilung f
r. de la charge Lastverteilung f
r. des contraintes ⟨Mech⟩ Spannungsverteilung f
r. du courant Stromverteilung f
r. de l'énergie Energieverteilung f
r. granulométrique Korngrößenverteilung f
r. de l'humidité Feuchtigkeitsverteilung f
r. de la mémoire Speicherverteilung f
r. du potentiel Potentialverteilung f
r. des pressions Druckverteilung f
r. des tensions ⟨El⟩ Spannungsverteilung f
repassage m Bügeln n, Plätten n
repasser bügeln, plätten
repêcher auffischen, aus dem Wasser herausholen
repérage m 1. Ausmachen n; Orten n, Ortung f ⟨s. a. détection 2., exploration 5.⟩; 2. ⟨Typ⟩ Passer m
r. à vue Sichtortung f
repère m **de construction** Baunummer f
repérer ausmachen; orten
répertoire m Sachregister n, Register n, Verzeichnis n
r. alphabétique Alphabetregister n
répéteur m ⟨Fmt⟩ Verstärker m
r. à corde Schnurverstärker m
r. d'extrémité, r. final Fernleitungsendverstärker m, Endverstärker m
r. intermédiaire Zwischenverstärker m
r. de réserve Reserveverstärker m, Vorratsverstärker m
r. téléphonique Fernsprechverstärker m, Telefon[ie]verstärker m

répétiteur *m* Rückmelder *m*
  r. clignotant ⟨Kfz⟩ Blinkerkontrollampe *f*
  r. de compas Kompaßtochter *f*, Tochterkompaß *m*
  r. du gyrocompas Kreiseltochter *f*, Kreiseltochterkompaß *m*
  r. de pas d'hélice Steigungsanzeiger *m* ⟨Verstellpropeller; Tochtergerät⟩
  r. phares ⟨Kfz⟩ Fernlichtkontrollampe *f*
  r. de relèvement Peiltochter *f* ⟨Kompaß⟩
  r. de route Fahrttochter *f*, Kurstochter *f*, Steuertochter *f* ⟨Kompaß⟩
répétition *f* Wiederholung *f*, Wiedergabe *f*, Rückmeldung *f*; **à r.** mit automatischer Zuführung *f*
  r. de position Stellungsrückmeldung *f*
repiqueuse *f* Pikiermaschine *f*, Pflanzenversetzmaschine *f*
replanir abziehen ⟨z. B. einen Parkettfußboden⟩
replanissage *m* Abziehen *n* ⟨z. B. eines Parkettfußbodens⟩
  r. sous-marin Tiefseeterrasse *f*
repliable zusammenklappbar, abklappbar, faltbar, beiklappbar
réplique *f* Abdruck *m*, Lackabdruck *m*
  r. d'alumine Aluminiumoxidabdruck *m*
  r. de carbone Kohleabdruck *m*
  r. directe Direktabdruck *m*
  r. directe de carbone Kohledirektabdruck *m*
  r. d'extraction Extraktionsabdruck *m*
  r. mince Abdruckfilm *m*
  r. négative Negativabdruck *m*, Direktabdruck *m*
  r. d'oxyde Oxidabdruck *m*
  r. positive Positivabdruck *m*, Indirektabdruck *m*
  r. de surface Oberflächenabdruck *m*
replissement *m* wiederholte Faltung *f*
repliure *f* **de laminage** Überwalzungsfehler *m*
répondeur *m*:
  r. d'appel Anrufantwortgerät *n*
  r. téléphonique automatique automatisches Telefonantwortgerät *n*
répondre ansprechen
réponse *f* Antwort *f*; Ansprechen *n*; Wiedergabe *f* ⟨z. B. Frequenz⟩; Quittung *f* ⟨z. B. eines Maschinentelegrafen⟩
  r. en (à la) fréquence Frequenzwiedergabe *f*
  r. de fréquence Frequenzgang *m*
  r. harmonique 1. Frequenzgang *m*; 2. harmonische Resonanz *f*

  r. impulsionnelle 1. Stoßverhalten *n*; 2. Impulsantwort *f*, Impulsübergangsfunktion *f*
  r. indicielle Sprungübergangsfunktion *f*
  r. de pas Sprungantwort *f*
  r. de phase Phasengang *m*
  r. au signal unité Sprungkennlinie *f*
  r. dans le temps Zeitverhalten *n*
report *m* ⟨Dat⟩ Übertrag *m* ⟨s. a. retenue 2., transfert 1.⟩; Vortrag *m* ⟨Bankwesen⟩
  r. adressé adressierter (gesteuerter) Übertrag *m*
  r. autonome autonomer Übertrag *m*
  r. bloqué à neuf Neunerübertrag *m*
  r. en cascade Kaskadenübertrag *m*
  r. commandé gesteuerter Übertrag *m*
  r. complet vollständiger Übertrag *m*
  r. définitif (intégral) vollständiger Übertrag *m*
  r. partiel Teilübertrag *m*
repos *m* Ruhe *f*; **en r.** ruhend
repoussage *m* Fließdrücken *n* ⟨ohne Wanddickenabnahme⟩
repousser 1. abstoßen, zurückstoßen, zurückkehren; abweisen; abstoßen, abschrecken; 2. fließdrücken ⟨ohne Wanddickenabnahme⟩
repoussoir *m* Durchschlaghammer *m*, Durchschlagbolzen *m*, Durchschlag *m*
représentable darstellbar
représentant *m* Vertreter *m*, Repräsentant *m*
représentation *f* Darstellung *f*; Abbildung *f*
  r. alphanumérique alphanumerische Darstellung *f*
  r. binaire Binärdarstellung *f*
  r. bipolaire Zweipoldarstellung *f*
  r. du complément Komplementdarstellung *f*
  r. conforme konforme Abbildung *f*
  r. décimale Dezimaldarstellung *f*
  r. par gouttelette Tröpfchenmodell *n* ⟨Atomkernmodell⟩
  r. graphique grafische Darstellung *f*
  r. des nombres Zahlendarstellung *f*
  r. numérique digitale (numerische) Darstellung *f*
  r. paramétrique Parameterdarstellung *f*
  r. schématique schematische Darstellung *f*
  r. stéréographique stereografische Abbildung *f*
  r. vectorielle vektorielle Darstellung *f*

r. **en virgule fixe** Festkommadarstellung f
r. **en virgule flottante** Gleitkommadarstellung f
représenter darstellen; abbilden; aufführen
reprise f 1. Übernahme f; Aufnahme f; 2. Beschleunigen n; 3. Ausbesserung f, Instandsetzung f; 4. Rücklauf m; 5. ⟨Met⟩ Scheiden n
r. **des données** Datenübernahme f
r. **d'eau** Wasseraufnahme f
r. **d'humidité** zulässige Feuchtigkeit f; Feuchtigkeitsgehalt m
r. **rapide** Schnellrücklauf m, Schnellrückzug m ⟨eines Meißels⟩
reproducteur m Lautsprecher m ⟨s. a. haut-parleur⟩
reproductibilité f Reproduzierbarkeit f
reproductible reproduzierbar
reproduction f 1. Reproduktion f; 2. Wiedergabe f ⟨z. B. eines Tons⟩
r. **des couleurs** Farbwiedergabe f
r. **fidèle** naturgetreue Wiedergabe f
r. **d'images** Bildwiedergabe f
r. **monophonique** monofone Wiedergabe f
r. **phonographique** Schallplattenwiedergabe f
r. **du son**, r. **sonore** Tonwiedergabe f
r. **sonore intégrale** originalgetreue Klangwiedergabe f, HiFi-Wiedergabe f
r. **sonore stéréophonique** stereofone Tonwiedergabe f; Raumtonwiedergabe f
r. **des sons** Klangwiedergabe f
r. **stéréophonique** Stereowiedergabe f
reproductrice f Kartendoppler m
reproduire 1. vorführen, abspielen; 2. wiedergeben
reprographie f Reprografie f
reps m Rips m
reptation f ⟨Geol⟩ Kriechen n
répulsif abstoßend
répulsion f Abstoßung f
r. **magnétique** magnetische Abstoßung f
r. **mutuelle** gegenseitige Abstoßung f
resaturation f Nachsättigung f
réseau m Bündel n, Gitter n, Netz n; Netzwerk n; Graph m
r. **acoustique** akustisches Gitter n
r. **additionneur** Addiernetzwerk n
r. **aérien** Freileitungsnetz n
r. **d'alimentation** Anschlußnetz n, Stromversorgungsnetz n
r. **atomique** Atomgitter n

r. **de barres** ⟨Bw⟩ Stabnetz n; Strebenzug m
r. **à base centrée** basiszentriertes Gitter n
r. **à basse tension** Niederspannungsnetz n
r. **du bord** Bordnetz n ⟨Stromversorgung⟩
r. **bouclé** ⟨El⟩ Ringnetz n
r. **de Bravais** Bravais-Gitter n
r. **de câbles** Kabelnetz n
r. **centré** raumzentriertes Gitter n
r. **du chemin de fer** Eisenbahnnetz n
r. **à couches** Schichtgitter n
r. **de courant** Stomnetz n
r. **à courant alternatif** Wechselstromnetz n
r. **à courant continu** Gleichstromnetz n
r. **à courant triphasé** s. r. triphasé
r. **cristallin** Kristallgitter n
r. **croisé** Kreuzgitter n
r. **cubique** kubisches Gitter n
r. **cubique centré** kubisch raumzentriertes Gitter n
r. **cubique à faces centrées** kubisch flächenzentriertes Gitter n
r. **cubique simple** einfach kubisches Gitter n
r. **de détection de fumées** Rauchmeldeanlage f
r. **de diaclases** Kluftnetz n
r. **de diffraction** Beugungsgitter n
r. **diphasé** Zweiphasennetz n
r. **de distribution** s. r. d'alimentation
r. **de distribution souterraine** Kabelnetz n für Energieversorgung
r. **de drainage** Entwässerungsnetz n
r. **échelette** Echelettegitter n
r. **échelon** Stufengitter n [nach Michelson]; Echelon n
r. **d'écoulement** 1. Abflußnetz n, Dränagenetz n; 2. Strömungsmodell n, Strömungsnetz n
r. **d'égouts** Entwässerungsnetz n
r. **électrique** Netzwerk n
r. **équivalent** ⟨El⟩ Ersatzschaltung f
r. **d'espace** Raumgitter n
r. **à faces centrées** flächenzentriertes Gitter n
r. **de failles** Verwerfungsnetz n
r. **ferroviaire** Eisenbahnnetz n
r. **fluvial** Stromnetz n, Flußnetz n
r. **de force motrice** Kraftstromnetz n
r. **fournisseur de puissance** Energienetz n
r. **gauche de barres** ⟨Bw⟩ räumliches Stabnetz n

réseau

r. **de gaz à grande distance** Ferngasnetz n
r. **à grand transport d'énergie** Überlandnetz n
r. **à haute tension** Hochspannungsnetz n
r. **d'interconnexion** Verbundnetz n
r. **interurbain** Fernleitungsnetz n
r. **ionique** Ionengitter n
r. **de klaxons d'alarme générale** Mannschaftsalarmsystem n
r. **de lignes interurbaines** Fernleitungsnetz n
r. **linéaire** lineares Netzwerk n
r. **maillé** Maschennetz n, vermaschtes Netz n
r. **moléculaire** Molekülgitter n
r. **monophasé** Einphasennetz n
r. **navigable** Wasserstraßennetz n
r. **d'ordres et d'appels (avis)** Kommandorufanlage f ⟨an Bord⟩
r. **parfait** ideales Gitter n
r. **passif** passives Netzwerk n
r. **plan de barres** ⟨Bw⟩ ebenes Stabnetz n
r. **polyphasé** s. r. triphasé
r. **en pont** ⟨El⟩ Brückenschaltung f
r. **de protection** Sicherheitsnetz n
r. **public** öffentliches Netz n, Landesnetz n
r. **public de canalisation** städtisches Rohrleitungsnetz n; städtisches Kanalisationsnetz n
r. **de quadrillage** Gitternetz n; Kartengitter n
r. **radar** Radarnetz n
r. **radial** ⟨El⟩ radiales (offenes) Netz n
r. **du réacteur** Reaktorgitter n
r. **réciproque** reziprokes Gitter n
r. **de réflexion** Reflexionsgitter n
r. **de résistances** Widerstandsnetzwerk n
r. **routier (de rues)** Straßennetz n
r. **de sauvegarde** Notstromnetz n
r. **spatial** Raumgitter n
r. **télégraphique** Telegrafienetz n
r. **de téléphones automatiques d'intercommunication** Verkehrstelefonnetz n ⟨an Bord⟩
r. **de téléphones de sécurité** batterieloses Betriebstelefonnetz n ⟨an Bord⟩
r. **téléphonique** Fernsprechnetz n, Telefonnetz n
r. **de téléscription** Fernschreibnetz n
r. **de télévision** Fernsehnetz n
r. **télex** Fernschreibnetz n
r. **à traits** Strichgitter n
r. **de translation** Translationsgitter n

r. **de transport** Transportnetz n
r. **de transport d'énergie** Fernleitungsnetz n ⟨Hochspannung⟩
r. **triphasé** Drehstromnetz n, Dreiphasennetz n
r. **à trois fils** Dreileiternetz n
r. **de tuyauteries** Rohrleitungsnetz n
r. **uranium-modérateur** Uran-Moderator-Gitter n
r. **urbain** Stadtnetz n
r. **de vapeur coque** Betriebs-, Heizungs- und Wirtschaftsdampfsystem n, Hilfsdampfsystem n ⟨nicht für Schiffsantrieb⟩
r. **de voies ferrées** Eisenbahnnetz n
réserve f Reserve f, Vorrat m
r. **de flottabilité** Auftriebsreserve f
r. **d'huile** Schmierölvorrat m, Ölvorrat m
r. **de minerai** Erzvorrat m
réservoir m 1. Behälter m, Vorratsbehälter m, Kessel m, Tank m; Sammelbecken n, Speicherbecken n; Bunker m, Vorratstank m ⟨s. a. citerne, soute, tank⟩; 2. Trommel f, Obertrommel f ⟨Dampfkessel⟩
r. **d'air** Windkessel m
r. **à air comprimé** Druckluftbehälter m
r. **d'air de lancement** Anlaßluftbehälter m
r. **d'air de service** Betriebsluftbehälter m, Hilfsluftbehälter m
r. **annuel** Jahresspeicher m
r. **de la chasse d'eau** Spülkasten m
r. **à combustible** Kraftstoffbehälter m
r. **de décontamination** ⟨Kern⟩ Abklingbecken n
r. **d'eau** Wasserkasten m; Wassertank m; Wasserturm m, Wasserbehälter m, Wasserspeicher m
r. **d'eau chaude** Boiler m, Warmwasserspeicher m
r. **à eau comprimée** Druckwasserbehälter m
r. **d'essence** Kraftstoffbehälter m
r. **de fluide** Bremsflüssigkeitsbehälter m
r. **de gaz** Gasbehälter m
r. **hebdomadaire** Wochenspeicher m
r. **d'hiver** Winterspeicher m
r. **d'huile** Schmierölbehälter m
r. **hydrophore** Drucktank m, Hydrophor m
r. **interannuel** Speicher m für mehrere Jahre
r. **journalier** Tagesspeicher m
r. **largable** Abwurfbehälter m

r. de méiange(age) Mischtank m, Mischgefäß n
r. de peinture Farbbehälter m
r. du pistolet Farbtopf m ⟨Spritzpistole⟩
r. à poissons Sammelbunker m ⟨für Fische⟩
r. à pression Druckbehälter m
r. à pulvérisation Einspritztank m
r. saisonnier Saisonspeicher m
r. de saumure Solebehälter m
r. de stockage Lagertank m, Lagerkessel m, Vorratswanne f
r. surélevé Hochbehälter m
r. tampon Puffertank m
r. à vapeur Trommel f, Obertrommel f ⟨Dampfkessel⟩
réservoir-radiateur m Behälterölkühler m
résidu m ⟨Math⟩ Residuum n; Rest m, Rückstand m
r. de carbone Verkokungsrückstand m
r. de combustion Verbrennungsrückstand m
r. de construction Bauwich m, seitlicher Grenzabstand m
r. craqué Krackrückstand m, Spaltrückstand m
r. de la distillation Destillationsrückstand m
r. d'évaporation Abdampfrückstand m
r. de filtration Filterrückstand m
r. de grillage Röstrückstand m, Abbrand m
r. insoluble unlöslicher Rückstand m
r. de puissance ⟨Math⟩ Potenzrest m
r. de recuit ⟨Met⟩ Glührückstand m
résiduaire Rückstand-, Rest-
résiduel übrigbleibend, zurückbleibend, Rest-
résilience f Rückfederung f, Elastizität f; Kerbschlagzähigkeit f, Zähigkeit f ⟨Werkstoff⟩
résilier zurückfedern; elastisch sein
résille f 1. Bewehrungsnetz n, Bewehrungsmatte f; 2. Bleiverglasung f, Bleifassung f
résinage m Harzgewinnung f
r. à vie Lebendharzung f
résinate m Resinat n
résine f Harz n
r. acrylique Akrylharz n
r. alkyde Alkydharz n
r. artificielle Kunstharz n
r. cellulosique Zelluloseharz n, polymere Zelluloseverbindung f
r. de condensation Kondensationsharz n
r. coulée Vergußharz n
r. de coumarone Kumaronharz n
r. durcissable härtbares Harz n
r. époxyde Epoxi[d]harz n
r. épuisée erschöpftes Harz n
r. glycéronaphtalique Glyptalharz n, Glyptal n
r. d'imprégnation Tränkharz n
r. liquide Tallöl n
r. de mélamine Melaminharz n
r. naturelle Raumharz n, Naturharz n
r. phénolique Phenolharz n
r. polyacrylique Polyakrylharz n
r. polyester Polyesterharz n
r. de polyuréthane Polyurethan[harz] n
r. silicone Silikonharz n
r. pour stratifiés Laminierharz n
r. synthétique Kunstharz n
r. synthétique comprimée Kunstharzpreßstoff m
r. synthétique moulée Gießharz n
r. thermodurcissable hitzehärtbares Harz n
r. thermoplastique thermoplastisches Harz n
r. d'urée Harnstoffharz n
r. d'urée-formaldéhyde Harnstoff-Formaldehydharz n
r. végétale Naturharz n
r. vinylique Vinylharz n
résiner harzen ⟨Harzgewinnung⟩
résinerie f harzverarbeitende Industrie f
résineux harzig
résinification f Verharzen n; Verharzung f
résinifier verharzen
résistance f 1. ⟨Mech⟩ Widerstand m; Festigkeit f; Beständigkeit f; Haltbarkeit f; Widerstandskraft f; 2. ⟨El⟩ [ohmscher] Widerstand; à faible r. niederohmig; à grande r. hochohmig
r. à l'abrasion Abriebfestigkeit f; Scheuerfestigkeit f ⟨Lack⟩
r. aux acides Säurebeständigkeit f
r. acoustique (d'onde) akustischer Wellenwiderstand m
r. sous l'action prolongée de la chaleur Dauerwärmefestigkeit f
r. additionnelle Vorschaltwiderstand m
r. aérodynamique Luftwiderstand m
r. d'affaiblissement Dämpfungswiderstand m
r. à l'affaissement sous charge à chaud Druckfeuerbeständigkeit f
r. de l'air Luftwiderstand m
r. d'ajustage Justierwiderstand m
r. aux alcalins Laugenbeständigkeit f
r. à l'allongement ⟨Mech⟩ Kriech-

résistance 570

widerstand m, Kriechfestigkeit f; Streckfestigkeit f
r. d'anode, r. anodique Anodenwiderstand m
r. d'antiparasitage Entstörwiderstand m
r. apparente Scheinwiderstand m, scheinbarer Widerstand m, Impedanz f
r. auxiliaire Hilfswiderstand m
r. ballast Ballastwiderstand m, Vorwiderstand m, Belastungswiderstand m
r. de la base Basiswiderstand m
r. bobinée Drahtwiderstand m
r. de boucle Schleifenwiderstand m
r. de bruit Rauschwiderstand m
r. capacitive kapazitiver Widerstand m
r. carbone Kohlewiderstand m
r. de carènes Schiffswiderstand m
r. de cathode, r. cathodique Katodenwiderstand m
r. du chalut ⟨Schiff⟩ Netzwiderstand m
r. de charge Belastungswiderstand m, Ladewiderstand m
r. de charge de base Grundlastwiderstand m
r. à chaud Temperaturbeständigkeit f; Warmfestigkeit f; Wärmebeständigkeit f
r. chauffante Heizwiderstand m
r. chimique chemische Beständigkeit (Widerstandsfähigkeit) f
r. au choc Schlagfestigkeit f; Stoßfestigkeit f
r. au cisaillement Schubfestigkeit f; Scherfestigkeit f
r. CNT (à coefficient négatif de température) NTC-Widerstand m (mit negativem Temperaturkoeffizienten)
r. de collecteur Kollektorwiderstand m
r. de compensation Kompensationswiderstand m
r. complémentaire Ergänzungswiderstand m
r. composée zusammengesetzte Festigkeit f
r. à la compression Druckfestigkeit f; Kompressionsfestigkeit f
r. aux conditions atmosphériques ⟨Text⟩ Wetterfestigkeit f
r. de contact Kontaktwiderstand m, Übergangswiderstand m
r. de contact des balais Bürstenübergangswiderstand m
r. aux contraintes diélectriques Isolationsfestigkeit f

r. à la corrosion Korrosionswiderstand m
r. à couche Schichtwiderstand m
r. à couche de carbone Kohleschichtwiderstand m
r. à couche métallique Metallschichtwiderstand m
r. de couplage Kopplungswiderstand m
r. de courant alternatif Wechselstromwiderstand m
r. en courant continu s. r. ohmique
r. aux courts-circuits Kurzschlußfestigkeit f
r. critique Grenzwiderstand m, kritischer Widerstand m
r. à curseur Schiebewiderstand m
r. à décades Dekadenwiderstand m
r. de décharge Entladungswiderstand m
r. à la déchirure Zerreißfestigkeit f; Weiterreißfestigkeit f
r. de découplage Entkopplungswiderstand m
r. à la déformation Formänderungsfestigkeit f
r. au délaminage Schichtfestigkeit f
r. de (au) démarrage Anlaufwiderstand m, Anlaßwiderstand m, Anfahrwiderstand m
r. en dérivation Nebenschlußwiderstand m
r. aux détergents Waschmittelbeständigkeit f
r. diélectrique dielektrischer Widerstand m
r. à dioxyde d'uranium Urdox-Widerstand m
r. directe 1. ⟨Schiff⟩ Formwiderstand m, Restwiderstand m; 2. ⟨El⟩ Flußwiderstand m ⟨Gleichrichter⟩
r. disruptive Durchschlagfestigkeit f
r. de durée Dauerfestigkeit f
r. dynamique dynamische Festigkeit f
r. à l'eau Wasserfestigkeit f
r. à l'ébullition Kochbeständigkeit f
r. à l'éclatement Knickfestigkeit f; Berstfestigkeit f
r. à l'écoulement Fließwiderstand m ⟨Pulvermetallurgie⟩
r. d'écoulement ⟨El⟩ Ableitwiderstand m
r. à l'écrasement ⟨Text⟩ Knickbeständigkeit f
r. effective Wirkwiderstand m
r. aux efforts alternés Biegewechselfestigkeit f
r. aux efforts pulsatoires Schwellfestigkeit f

résistance

r. **électrique** elektrischer Widerstand m
r. **électrique d'onde** elektrischer Wellenwiderstand m
r. **d'émetteur** Emitterwiderstand m
r. **d'entrée** Eingangswiderstand m
r. **équivalente** Ersatzwiderstand m, Äquivalentwiderstand m
r. **équivalente de bruit** äquivalenter Rauschwiderstand m
r. **à l'éraillage** ⟨Text⟩ Schiebefestigkeit f
r. **à l'érosion** ⟨Geol⟩ Erosionsfestigkeit f
r. **étalon** Eichwiderstand m, Normalwiderstand m
r. **à l'état mouillé** Naßfestigkeit f
r. **à l'état sec** Trockenfestigkeit f
r. **extérieure (externe)** äußerer Widerstand m
r. **d'extinction de l'arc** Funkenlöschwiderstand m
r. **à la fatigue** Festigkeit f gegen Dauerbeanspruchung, Dauerfestigkeit f, Ermüdungsfestigkeit f; Dauerstandfestigkeit f ⟨z. B. von Vollholz⟩
r. **au fendage** Spaltfestigkeit f, Spaltwiderstand m
r. **fer-hydrogène** Eisen-Wasserstoff-Widerstand m
r. **au feu** Feuerfestigkeit f
r. **de filtrage** Siebwiderstand m
r. **fixe** Festwiderstand m
r. **au flambage** Knickfestigkeit f
r. **à la flexion** Biegefestigkeit f
r. **à la flexion alternée** Biegewechselfestigkeit f
r. **de fluage** Fließwiderstand m, Kriechwiderstand m
r. **de forme** ⟨Schiff⟩ Formwiderstand m, Restwiderstand m
r. **forte** hochohmiger Widerstand m
r. **de freinage** Bremswiderstand m
r. **de friction** ⟨El⟩ Reibungswiderstand m
r. **à froid** ⟨El⟩ Kaltwiderstand m
r. **au froid** Kältebeständigkeit f
r. **au frottement** ⟨Text⟩ Reibfestigkeit f
r. **de (du) frottement** ⟨Mech⟩ Reibungswiderstand m
r. **de fuite** Ableitwiderstand m
r. **de fuite de grille** Gitterableitwiderstand m
r. **de fuite de grille-écran** Schirmgitterableitwiderstand m
r. **au gel** Frostbeständigkeit f
r. **de glissement** 1. ⟨El⟩ Schlupfwiderstand m; 2. ⟨Mech⟩ Gleitwiderstand m

r. **au gonflement** Quellbeständigkeit f
r. **à gradins** Stufenwiderstand m
r. **au (de) graphite** Graphitwiderstand m
r. **(en) haute fréquence** Hochfrequenzwiderstand m
r. **à haute température** Temperaturbeständigkeit f
r. **hydraulique** Wasserwiderstand m
r. **sans induction** s. r. non inductive
r. **inductive** induktiver Widerstand m
r. **d'induit** Ankerwiderstand m
r. **initiale** Anfangswiderstand m
r. **aux intempéries** Wetterfestigkeit f, Witterungsbeständigkeit f
r. **intérieure (interne)** Innenwiderstand m, innerer Widerstand m
r. **d'isolement** Isolationswiderstand m
r. **kilométrique** ⟨Text⟩ Reißlänge f, Reißkilometer npl
r. **de ligne** Leitungswiderstand m
r. **de limitation du courant** Strombegrenzungswiderstand m
r. **liquide** Flüssigkeitswiderstand m
r. **de lissage** Glättungswiderstand m
r. **longitudinale** Längsfestigkeit f
r. **à la lumière** Lichtbeständigkeit f
r. **des mailles** Maschenkonstanz f
r. **en marche** Bewegungswiderstand m
r. **des matériaux** 1. Festigkeitslehre f; 2. Festigkeit f; Werkstoffestigkeit f
r. **mécanique** mechanischer Widerstand m
r. **en métal, r. métallique** Metallwiderstand m
r. **de mise à la terre** Erdungswiderstand m
r. **au mouillé** Naßfestigkeit f
r. **du navire** Schiffsfestigkeit f
r. **négative** negativer Widerstand m
r. **des nœuds** Knotenfestigkeit f
r. **non inductive** induktionsfreier (induktionsloser, reiner) Widerstand m
r. **non linéaire** nichtlinearer Widerstand m
r. **non réactive (selfique)** s. r. non inductive
r. **au nouage** Knotenfestigkeit f
r. **en obscurité** Dunkelwiderstand m
r. **ohmique** ohmscher Widerstand m, Gleichstromwiderstand m
r. **aux ondes de choc** Stoßspannungsfestigkeit f
r. **de passage** s. r. de contact
r. **au percement, r. à la perforation** Durchschlagfestigkeit f
r. **de perte** Verlustwiderstand m
r. **de phase** Phasenwiderstand m

résistance

r. **au pliage** Falzfestigkeit f
r. **à pont** Brückenwiderstand m
r. **au porter** ⟨Text⟩ Verschleißwiderstandsvermögen n, Verschleißbeständigkeit f
r. **potentiométrique** ohmscher Spannungsteiler m
r. **à la pourriture** Fäulnisbeständigkeit f
r. **de précision** Präzisionswiderstand m
r. **à la pression** Druckfestigkeit f
r. **principale** Hauptwiderstand m
r. **aux produits chimiques** Widerstandsfähigkeit f gegen Chemikalien
r. **de protection** Schutzwiderstand m
r. **pure** s. r. non inductive
r. **de rayonnement** Strahlungswiderstand m
r. **aux rayonnements** ⟨Kern⟩ Strahlenbeständigkeit f
r. **aux rayures** Kratzfestigkeit f
r. **de rechange** s. r. équivalente
r. **de référence** Bezugswiderstand m
r. **de réglage** Regelwiderstand m
r. **de remorquage** Schleppwiderstand m
r. **de rencontre** ⟨Schiff⟩ Formwiderstand m, Restwiderstand m
r. **résiduelle** Restwiderstand m
r. **à la résonance** Resonanzwiderstand m
r. **de rotor** Läuferwiderstand m
r. **au roulement** Rollwiderstand m
r. **à la rupture** Reißfestigkeit f, Reißkraft f
r. **à la rupture par flexion** Biegefestigkeit f
r. **à la rupture par traction** Zugfestigkeit f, Bruchgrenze f
r. **à la salissure** ⟨Text⟩ Beständigkeit f gegen Verschmutzen (Anschmutzen, Schmutzaufnahme)
r. **de saturation** Sättigungswiderstand m
r. **à sec** Trockenfestigkeit f
r. **semi-conductrice** Halbleiterwiderstand m
r. **en sens de conduction** Durchlaßwiderstand m
r. **en série** Serienwiderstand m, Reihenwiderstand m
r. **série de base** Basisbahnwiderstand m ⟨Transistor⟩
r. **série d'écran** Schirmgittervorwiderstand m
r. **shuntée** Parallelwiderstand m
r. **du sol** Tragfähigkeit f des Untergrundes

r. **de sortie** Ausgangswiderstand m
r. **spécifique** spezifischer Widerstand m
r. **de stabilisation** Stabilisierungswiderstand m, Beruhigungswiderstand m
r. **superficielle (de surface)** Oberflächenwiderstand m
r. **de tarage** Abgleichwiderstand m ⟨für ein Thermoelement⟩
r. **terminale** Abschlußwiderstand m, Endwiderstand m
r. **de terre** Erdungswiderstand m
r. **thermique** thermische Beständigkeit f, Wärmebeständigkeit f
r. **à la torsion** Torsionsfestigkeit f
r. **totale** Gesamtwiderstand m
r. **à la traction** Zugfestigkeit f
r. **transversale** Querfestigkeit f
r. **à l'usure** ⟨Mech⟩ Verschleißfestigkeit f, Abnutzungsfestigkeit f, Abriebfestigkeit f
r. **utile** Nutzwiderstand m
r. **de vagues** Wellenwiderstand m
r. **de valeur élevée** hochohmiger Widerstand m
r. **de valeur faible** niederohmiger Widerstand m
r. **variable** veränderlicher Widerstand m
r. **variant avec la tension** spannungsabhängiger Widerstand m, Varistor m
r. **à variation linéaire** linearveränderlicher Widerstand m
r. **aux variations de température** Temperaturwechselbeständigkeit f
r. **au vieillissement** Alterungsbeständigkeit f

résistant beständig; resistent, fest; haltbar, widerstandsfähig
r. **à l'abrasion** abriebfest
r. **aux acides** säurefest
r. **à l'action des bactéries** bakterienfest
r. **aux alcalis** alkalibeständig
r. **au boulochage** ⟨Text⟩ pillbildungsbeständig, pillresistent
r. **à la chaleur** hitzebeständig
r. **à la charge** tragfähig, belastbar
r. **à chaud** hochwarmfest
r. **au choc** schlagfest, stoßfest
r. **au climat tropical** tropenfest
r. **à la corrosion** korrosionsfest
r. **aux courts-circuits** kurzschlußfest, kurzschlußsicher
r. **aux détergents** waschmittelbeständig
r. **à l'eau** wasserecht

r. à l'ébullition kochbeständig
r. au feu feuerfest
r. au froid kältebeständig
r. à l'huile ölfest
r. à l'humidité feuchtigkeitsbeständig
r. aux intempéries witterungsbeständig
r. au lavage waschecht
r. aux lessives laugenbeständig
r. à la lumière lichtecht
r. aux mites mottenecht
r. aux solvants lösungsmittelfest
r. au stockage lagerbeständig
r. à la température temperaturbeständig
r. aux températures élevées hitzebeständig
r. à la traction zugfest
r. à l'usure verschleißfest, abnutzungsfest, abriebfest
r. à la vapeur dampfbeständig
r. au vieillissement alterungsbeständig, alterungsfest
fortement r. hochohmig
faiblement r. niederohmig
résister widerstehen; überstehen; überdauern; beständig sein; widerstandsfähig sein
résistivité f spezifischer Widerstand m, Eigenwiderstand m, Widerstandsbeiwert m
r. de surface spezifischer Widerstand m an der Oberfläche
r. de volume spezifischer Widerstand m im Innern
résolubilité f Auflösbarkeit f, Lösbarkeit f
résoluble [auf]lösbar
résolution f Auflösung f, Zerlegung f; Auflösungsvermögen n; Trennschärfe f
r. angulaire Winkelauflösung f
r. en diffraction Beugungsauflösungsvermögen n
r. énergétique (en énergie) Energieauflösung f
r. en temps zeitliches Auflösungsvermögen n, Zeitauflösung f
résolvante f Resolvente f
résonance f Resonanz f; à r. abgestimmt
r. acoustique akustische Resonanz f
r. de courant Stromresonanz f, Parallelresonanz f
r. électrique elektrische Resonanz f
r. géante ⟨Kern⟩ Riesenresonanz f
r. magnétique magnetische Resonanz f
r. magnétique électronique Elektronenspinresonanz f

r. magnétique nucléaire kernmagnetische Resonanz f
r. mécanique mechanische Resonanz f
r. nucléaire Kernresonanz f
r. optique optische Resonanz f
r. parallèle s. r. de courant
r. paramagnétique électronique Elektronenspinresonanz f
r. paramagnétique nucléaire (para-)magnetische Kernresonanz f
r. propre Eigenresonanz f
r. quadripolaire nucléaire Quadrupolkernresonanz f
r. en série, r. de tension Reihenresonanz f, Serienresonanz f, Spannungsresonanz f
résonateur m Resonator m
r. à cavité Hohlraumresonator m
r. de Helmholtz Helmholtz-Resonator m
r. micro-ondes Mikrowellenresonator m
r. à quartz Quarzresonator m
résonnant mitschwingend, resonant
résonner widerhallen; erschallen
résorbable resorbierbar
résorber resorbieren, aufsaugen, einsaugen
résorcine f, **résorcinol** m ⟨Ch⟩ Resorzin n
résoudre auflösen, zerlegen
resouffler nachblasen
respiration f des réservoirs Behälteratmung f
respiratoire Atmungs-, Atemschutz-, Gasschutz-
ressac m Brandung f
resserrement m Einschnürung f
r. de vallée Talenge f
resserrer / **se** ⟨Met⟩ schwinden
ressort m Feder f
r. d'actionnement Betätigungsfeder f
r. d'amenée du courant Stromzuführungsfeder f
r. antivibrateur schwingungsarme Feder f
r. d'arrêt Arretierfeder f, Festhaltefeder f
r. à boudin Schraubenfeder f
r. de commande Antriebsfeder f
r. compensateur Dämpfungsfeder f
r. conique Kegelfeder f
r. de contact, r. contacteur Kontaktfeder f
r. de coupure Ausschaltfeder f
r. d'encliquetage Einklinkfeder f
r. hélicoïdal Schraubenfeder f
r. d'interruption Unterbrechungsfeder f

ressort

r. à lames Blattfeder f
r. de pression Druckfeder f, Andruckfeder f
r. à pression du rouleau Rollenandruckfeder f
r. de rappel Abreißfeder f, Rückholfeder f, Rückstellfeder f
r. de retenue Haltefeder f
r. semi-cantilever Auslegerfeder f, Viertelfeder f
r. semi-elliptique Halbfeder f
r. de sommier Sprungfeder f
r. spiral Spiralfeder f
r. de torsion Torsionsfeder f
r. de traction Zugfeder f
ressort-bague m Federring m
ressource f 1. Quelle f; Lagerstätte f, Vorrat m; 2. Abfangen n ⟨aus dem Sturzflug⟩
ressuage m 1. Schwitzen n; 2. Trocknen n; 3. Seigern n; Seigerung f
ressuer seigern
reste m 1. ⟨Math⟩ Fehler m, Rest m, Restglied n; 2. ⟨Ch⟩ s. radical
r. fossile d'animaux fossiler Rest m
restitution f du niveau du noir Schwarzwertwiedergewinnung f ⟨Fernsehen⟩
restreint eingeschränkt; begrenzt, beschränkt
restricteur m charakteristische Funktion f ⟨für ein Intervall der reellen Achse⟩
restriction f Einschränkung f
résultant resultierend
résultante f Resultante f; Resultierende f
résultat m Resultat n, Ergebnis n; Ausgabe f, Ausgang m; Ausgangsinformation f
r. d'essai Prüfergebnis n, Versuchsergebnis n
r. partiel Zwischenergebnis n
r. total Endergebnis n
resurchauffe f Zwischenüberhitzung f
resurchauffer zwischenüberhitzen
resurchauffeur m Zwischenüberhitzer m
rétablissement m Rückkehr f in die Normalfluglage
retard m 1. Verzögerung f; 2. Verzögerungszünder m; 3. Nachgehen n ⟨einer Uhr⟩; 4. Nacheilung f; sans r. verzögerungsfrei
r. à l'allumage Spätzündung f
r. d'altimètre Höhenmesserträgheit f
r. à l'amortissement des oscillations Ausschwingverzug m
r. d'armature Ankerhemmung f
r. à l'engagement Nacheilung f ⟨beim Walzen⟩
r. d'impulsion Impulsverzögerung f
r. à l'inflammation Zündverzug m
r. mixte gemischte Verzögerung f
r. de phase Phasennacheilung f
r. quadratique Verzögerung f 2. Ordnung
r. de transit Übergangsverzögerung f
plein r. volle Verzögerung f
retardateur verzögernd, gebremst
retardateur m Verzögerer m, Verzögerungsmittel n; Abbindeverzögerer m ⟨Beton⟩
r. de combustion feuerhemmendes Mittel n
retardé retardiert, verzögert, Spät-
retardement m Verzögerung f
r. d'impulsion Impulsverzögerung f
retarder verzögern
retassure f Lunker m, Lunkerstelle f; Lunkerbildung f; Schlackeneinschluß m ⟨Schweißen⟩; sans retassures lunkerfrei
rétention f Retention f
retenue f 1. Halterung f; Festhalten n; 2. ⟨Dat⟩ Übertrag m ⟨s. a. report, transfert 1.⟩
r. d'addition Additionsübertrag m
r. automatique automatischer (selbsttätiger) Übertrag m
r. de soustraction Subtraktionsübertrag m
réticulaire Gitter-, das Gitter betreffend; netzartig
réticulation f Netzbildung f; Vernetzung f ⟨von thermoplastischen Fäden durch Bestrahlung, Pfropfen, Vulkanisieren⟩
r. sous l'action des rayonnements Strahlenvernetzung f
réticule m Achsenkreuz n, Koordinatenkreuz n; Fadenkreuz n
rétigraphe m De-Jong-Bouman-Kammer f
rétinoscope m Retinoskop n
retirage m Schrumpfen n
retiration f ⟨Typ⟩ Widerdruck m
retirer 1. schrumpfen, schwinden ⟨Gießen⟩; 2. ⟨Typ⟩ abziehen
r. une carotte einen Kern ziehen
r. des tubes Rohre ziehen
retombées fpl radio-actives radioaktiver Niederschlag m, Fallout m
retordage m, **retordement** m Zwirnen n, Drehen n
retordeuse f Zwirnmaschine f
retordre zwirnen, drehen
retorsion f sous tension Streckzwirndrehung f
retouche f 1. Retusche f; 2. Nacharbeit f,

Nachbesserung f, Ausbessern n (speziell lackierte Flächen)
retoucher 1. retuschieren; 2. nacharbeiten, nachbessern, ausbessern (speziell lackierte Flächen)
retour m Rückführung f; Rücklauf m; de
  r. à la terre Erdungs-
  r. accéléré Schnellrücklauf m, Eilrücklauf m
  r. d'air ausziehender Wetterstrom m
  r. d'arc Rückzündung f
  r. automatique selbsttätige Rückstellung f
  r. de billes Kugel[umlauf]mutter f
  r. du chariot Wagenaufzug m, Wagenrücklauf m (Schreibmaschine)
  r. par la coque Schiffskörperrückleitung f (Stromverteilung)
  r. du courant Stromrückleitung f
  r. élastique elastische Verformung (Erholung) f
  r. du faisceau Strahlrücklauf m
  r. de flamme (Kfz) Flammenrückschlag m
  r. d' image Bildrücklauf m
  r. de ligne Zeilenrücklauf m
  r. de manivelle (Kfz) Rückschlag m; Zurückschlagen n
  r. au programme principal Rückkehr f zum Hauptprogramm
  r. rapide Schnellrücklauf m, Eilrücklauf m
  r. au repos Rückkehr f in Ruhestellung
  r. par le sol Rückleitung f durch die Erde
retournage m Nach[form]drehen n
retourner 1. zurückkehren; 2. wenden; umstülpen; 3. nach[form]drehen
  r. à la main von Hand wenden
retourneur m Wendevorrichtung f
  r. de lingots Kantvorrichtung f
retourneuse f **des cartes** Kartenwendevorrichtung f
rétractable einziehbar
rétractibilité f Schwindverhalten n
retrait m 1. Zusammenziehen n, Schwinden n, Schrumpfen n; Schrumpfung f; Schwund m; 2. Schwundmaß n; 3. (Text) Schrumpfen, Eingehen n, Einlaufen n, Einsprung m, Krumpfen n; **à faible r.** krumpffarm
  r. de cuisson Brennschwinden n
  r. par feutrage Schrumpfung f durch Verfilzen, Filzschrumpfung f
  r. de fil Fadenschrumpfung f
  r. linéaire Linearschrumpfung f
  r. longitudinal Längsschrumpfung f
  r. moyen mittlere Schwindung f

r. de la pellicule Filmschrumpfung f
r. résiduel Restkrumpf m, Restschrumpf m
r. de surface Oberflächenschrumpfung f
r. transversal Querschrumpfung f
retraitement m **du combustible** Brennstoff[wieder]aufarbeitung f
retransformation f Rückverwandlung f
retransmetteur m 1. (Fmt) Weitergeber m; 2. (Fs) s. réémetteur
retransmettre rückübertragen; umtelegrafieren
retransmission f Rückübertragung f
rétrécir schwinden, schrumpfen; (Text) krumpfen, eingehen, einlaufen, einspringen, [ein]schrumpfen
rétrécissement m (Text) Krumpfen n, Krumpfung f, Eingehen n, Einlaufen n, Einsprung m, Einspringen n, Schrumpfen n, Schrumpfung f
  r. de la voie Spurverengung f
rétreindre rundkneten; reduzieren (Umformtechnik)
rétreint m Rundkneten n; Reduzieren n (Umformtechnik)
rétroactif rückwirkend; rückgekoppelt
rétroaction f Rückwirkung f; Rückkopplung f
rétroagir [zu]rückwirken
rétrochargeur m Überkopflader m
rétrodiffuser [zu]rückstreuen
rétrodiffusion f Rückstreuung f; Rückdiffusion f
  r. des électrons Elektronenrückdiffusion f
rétrofusée f Bremsrakete f
rétrograde rückläufig
rétrograder zurücklaufen, sich rückwärts bewegen; rückläufig sein
rétrogression f s. recul
rétropropulsion f Brems[raketen]wirkung f
retroussement m (Geol) Schleppung f
rétroviseur m Rückspiegel m
retuber Rohre eines Dampfkessels auswechseln
réunion f Vereinigung f
réunissage m (Text) Dublierung f, Dopplung f
réunisseuse f (Text) Dubliermaschine f, Fachmaschine f
réutilisation f Wiederverwendung f
revalorisation f **de la vapeur** Dampfaufwertung f
révélateur entwickelnd, Entwickler-
révélateur m Entwickler m
  r. chromogène Farbentwickler m

révélateur

r. compensateur Ausgleichsentwickler *m*
r. des couleurs de base Grundfarbenentwickler *m*
r. pour développement en bain unique Einbadentwickler *m*
r. pour développement par inversion Umkehrentwickler *m*
r. pour développement en noir Schwarzweißentwickler *m*
r. pour développement en pleine lumière Hellichtentwickler *m*
r. donnant un grain fin Feinkornausgleichsentwickler *m*
r. pour les épreuves sur papier Papierentwickler *m*
r. à grain très fin Feinstkornentwickler *m*
r. pour grain ultrafin Ultrafeinkornentwickler *m*
r. à grand contraste Kontrastentwickler *m*
r. à l'hydroquinone Hydrochinonentwickler *m*
r. négatif Negativentwickler *m*; Filmentwickler *m*
r. pâteux Entwicklerpaste *f*
r. positif Positiventwickler *m*; Papierentwickler *m*
r. rapide Schnellentwickler *m*, Rapidentwickler *m*
r. à très faible granulation Feinstkornentwickler *m*
r. ultrarapide Ultrarapidentwickler *m*
r. universel Universalentwickler *m*
revenir 1. anlassen, nachglühen; 2. wiederaufrichten ⟨z. B. von Flor⟩
revenu *m* Anlassen *n*, Nachglühen *n*
r. à cœur Durchvergütung *f*
second r. Wiederanlassen *n*
revenus *mpl* **du navire** Schiffseinnahmen *fpl*
réverbérant nachhallend, Hall-
réverbération *f* Nachhall *m*
réverbère *m* Reflektor *m*, Hohlspiegel *m*; Straßenlaterne *f*
réverbérer nachhallen
revers *m* **double (de bas)** Strumpfdoppelrand *m*
réversibilité *f* Umkehrbarkeit *f*; Umsteuerbarkeit *f*
réversible reversibel, umkehrbar; umsteuerbar
revêtement *m* 1. Überzug *m*, Schicht *f*; Haut *f*; Beschichtung *f*; 2. Verkleidung *f*, Ummantelung *f*; Umhüllung *f*; Plattierung *f*; Belag *m*; Bezug *m*; 3. Futter *n*, Ausmauerung *f*; Wand(ver)täfelung *f*; 4. Verschalung *f*; 5. Belegen *n* ⟨z. B. Glas⟩
r. acide du four saures Ofenfutter *n*
r. antiréfléchissant T-Belag *m* ⟨Antireflexbelag auf Linsen⟩
r. basique du four basisches Ofenfutter *n*
r. en béton Betonausbau *m*
r. de bois Holzbelag *m*
r. en briques Backsteinverblendung *f*
r. du broyeur Mühlenfutter *n*
r. du chariot Wagenverkleidung *f* ⟨Schreibmaschine⟩
r. de chrome Chromauflage *f*, Verchromung *f*, Chromüberzug *m*
r. du convertisseur Konverterfutter *n*
r. damé Stampfauskleidung *f*
r. électrolytique galvanischer Überzug *m*
r. par électrophorèse elektrophoretisches Auftragen (Beschichten) *n*
r. empierré Steinschlagdecke *f*
r. d'étain Verzinnen *n*; Verzinnung *f*, Zinnauflage *f*
r. en fer Eisenverkleidung *f*, Eisenmantel *m*
r. d'un four Ofenfutter *n*, Ofenauskleidung *f*
r. des galeries Streckenausbau *m*
r. galvanique galvanischer Überzug *m*
r. en gunite Torkretüberzug *m*, Spritzbeton *m*
r. en maçonnerie Mauerauskleidung *f*
r. avec métal vaporisé Aufdampfen *n* von Metallen, Metallisieren *n*; aufgedampfte Metallschicht *f*
r. métallique metallischer Überzug *m*
r. de peinture Farbauftrag *m*
r. photo-élastique photoelastische (spannungsoptische) Schicht *f*
r. de plancher Fußbodenbelag *m*
r. plastique Kunststoffüberzug *m*, Plastüberzug *m*
r. de poche Pfannenausmauerung *f*
r. de (du) pont Decksbelag *m*
r. de poudre Pulverbeschichtung *f*
r. protecteur Schutzüberzug *m*, Schutzschicht *f*, Oberflächenschutz *m*
r. de puits Schachtausbau *m*
r. réfractaire feuerfeste Auskleidung *f*
r. résistant aux acides säurefeste Auskleidung *f*
r. de roulement Fahrbelag *m*; Schutzbelag *m*, Verschleißbelag *m*
r. de séparation Abscheidungsüberzug *m*
r. de sol Fußbodenbelag *m*

r. en tôle Blechmantel *m*, Blechverkleidung *f*
r. de la tringle Wulstkernbelag *m*
revêtir 1. überziehen, auftragen, lackieren; 2. verkleiden, ummanteln; 3. auskleiden, füttern, ausmauern; 4. verschalen, täfeln; 5. belegen ⟨z. B. Glas⟩
r. d'émail emaillieren, mit Schmelz überziehen
réviser, reviser revidieren ⟨eine Auflage⟩; überprüfen; überholen
révision *f*, **revision** *f* Revision *f* ⟨einer Auflage⟩; Durchsicht *f*, Überprüfung *f*; Überholung *f*
r. intermédiaire Zwischenausbesserung *f*
r. du moteur Motorüberholung *f*
révolutif drehend, rotierend, Dreh-, Rotations-
révolution *f* Umdrehung *f*, Drehung *f*
révolver *m* **porte-objectif** Objektivrevolver *m*
révolver-oculaire *m* Okularrevolver *m*
rez-de-chaussée *m* Erdgeschoß *n*
r. surélevé Hochparterre *n*
rhénium *m* Rhenium *n*
rhéographe *m* Rheograf *m*
rhéologie *f* Rheologie *f*
rhéologique rheologisch
rhéomètre *m* Rheometer *n*
rhéostat *m* Rheostat *m*, regelbarer Widerstand *m*, Regelwiderstand *m*, Vorschaltwiderstand *m*
r. d'absorption Belastungswiderstand *m*
r. à charbon Kohlewiderstand *m*
r. de charge Lastwiderstand *m*
r. à chevilles Stöpselwiderstand *m*
r. à curseur Schiebewiderstand *m*
r. de démarrage Anfahrwiderstand *m*, Anlaßwiderstand *m*, Anlaufwiderstand *m*
r. d'excitation Feldregler *m*
r. de glissement Schlupfregler *m*
r. inverseur de démarrage Umkehranlaßwiderstand *m*
r. à liquide Flüssigkeitswiderstand *m*
r. à manivelles Kurbelwiderstand *m*
r. de mesure Meßwiderstand *m*
r. potentiométrique Potentiometerwiderstand *m*
r. de réglage Regelwiderstand *m*
r. rotorique Läuferanlasser *m*
rhéostatique rheostatisch, Widerstands-
rhéostriction *f* Rheostriktion *f*, Pincheffekt *m*
rhéotron *m* ⟨Kern⟩ Rheotron *n*
rhodium *m* Rhodium *n*

rhombe *m* Rhombus *m*
rhombique rhombisch
rhomboèdre *m* Rhomboeder *n*
rhomboédrique rhomboedrisch
rhomboïde *m* Rhomboid *n*
rhumb *m* Kompaßstrichabstand *m* ⟨11° 15'⟩
rhumbatron *m* Hohlraumresonator *m*, Rhumbatron *n* ⟨Mikrowellentechnik⟩
riblons *mpl* Stahlabfälle *mpl*
r. d'acier Stahlschrott *m*
r. de fer Eisenschrott *m*
r. de recyclage Rücklaufschrott *m*
richesse *f* **relative en isotopes** Isotopenverhältnis *n*
ricin *m* Rizinus *m*
ride *f* ⟨Geol⟩ Rippelmarke *f*
rideau *m* 1. Stauwand *f*; Vorhang *m*; 2. Schieber *m* ⟨Kamin⟩
r. de palplanches Spundwand *f*
r. de palplanches métalliques Stahlspundwand *f*
r. de radiateur ⟨Kfz⟩ Kühlerjalousie *f*
ridelle *f* Leiter *f*; Pritschenwand *f*, Seitenwand *f* ⟨Wagen, Ladepritsche usw.⟩; Runge *f*
rides *fpl* ⟨Geol⟩ Rippeln *fpl*
r. éoliennes Windrippeln *fpl*
r. de sable Sandrippeln *fpl*
ridoir *m* Spannschraube *f*, Wantenspanner *m*
riflard *m* Schrupphobel *m*
rigide starr, steif; nicht deformierbar
rigidité *f* Starrheit *f*, Steifigkeit *f*; Steifheit *f*
r. diélectrique dielektrische Festigkeit *f*, Durchschlagsfestigkeit *f*, Spannungsfestigkeit *f*
r. à la flexion Biegesteifigkeit *f*
r. d'isolement Isolationsfestigkeit *f*
rigole *f* Abzugsgraben *m*, Rinne *f*; Rinnstein *m*
r. d'assise Sohlkanal *m*
r. de bordure Bordrinne *f*
r. de coulée Gießrinne *f*
r. de plage Rieselmarke *f*
r. de répartition Verteilungsrinne *f*
rinçage *m* Spülen *n*; Spülung *f*; Spülprozeß *m*
r. à l'acide Säurespülung *f*
r. à l'eau Spülen *n* mit Wasser
r. à l'eau chaude Warmwasserspülung *f*
rincer spülen
ripage *m* 1. Übergehen *n* ⟨z. B. der Ladung⟩, Verrutschen *n*; 2. ⟨Eb⟩ Gleisverrücken *n*
ripe *f* Kratzeisen *n*, Schabeisen *n*

riper übergehen, verrutschen ⟨z. B. Ladung⟩
  r. **la voie** das Gleis verrücken
rivage m **(de la mer)** Meeresküste f, Seeküste f
rive f 1. Ufer n; 2. Kante f
  r. **basse** Flachufer n
  r. **haute** Steilufer n
rivé vernietet
rivelaine f Schrämeisen n
rivet m Niet m
  r. **creux** Hohlniet m
  r. **explosif** Sprengniet m
  r. **à tête bombée** Linsenniet m, Flachrundniet m
  r. **à tête noyée** Senkniet m
  r. **à tête plate** Flachniet m
  r. **à tête ronde (sphérique)** Halbrundniet m
  r. **tubulaire** Rohrniet m
rivetage m Nieten n; Nietung f, Vernietung f
  r. **à couvre-joint** Laschennietung f
  r. **à la main** Nietung f von Hand
  r. **mécanique** maschinelles Nieten n
  r. **à la pince** Nieten n mit Nietzange
  r. **à recouvrement** Überlappungsnietung f
riveter nieten
riveteuse f, **riveuse** f Nietmaschine f, Nietpresse f
  r. **à levier** Hebelnietmaschine f
rivoir m Niethammer m
rivure f Nietung f, Nietverbindung f
  r. **à couvre-joint** Laschennietung f
  r. **à deux rangs** zweireihige Nietung f
  r. **à double couvre-joint** Doppellaschennietung f
  r. **à plusieurs rangs** mehrreihige Nietung f
  r. **à un rang** einreihige Nietung f
  r. **à recouvrement** Überlappungsnietung f
  r. **à recouvrement en zigzag** Zickzacküberlappungsnietung f
  r. **rectiligne** geradlinige Nietung f
robinet m Wasserhahn m, Hahn m
  r. **à aiguille** Nadelventil n
  r. **d'arrêt** Abstellhahn m
  r. **de chasse** Spülhahn m
  r. **de décompression** Zischhahn m
  r. **à deux voies** Zweiwegehahn m
  r. **droit** Durchgangshahn m
  r. **d'écoulement** Ablaufhahn m
  r. **d'essai** Probierhahn m
  r. **d'essence** Kraftstoffhahn m, Benzinhahn m
  r. **à gaz** Gashahn m
  r. **mélangeur** Mischhahn m
  r. **à pointeau** Kegelventil n
  r. **principal** Haupthahn m
  r. **de purge** Ablaßhahn m
  r. **de réglage** Regulierventil n
  r. **de retenue** Absperrhahn m
  r. **secondaire** Nebenhahn m
  r. **à trois voies** Dreiwegehahn m
  r. **à vanne** Absperrschieber m, Schieber m
  r. **de vidange** Ablaßhahn m, Entleerungshahn m
  r. **de vide élevé** Hochvakuumhahn m
robinetterie f Armaturen fpl, Kesselarmaturen fpl
robinet-vanne m Absperrschieber m, Schieber m
  r. **à coin** Keilschieber m
  r. **parallèle** Parallelschieber m, Flachschieber m
robot m Automat m, automatisches Gerät n, Roboter m
robotisation f Automatisierung f
robuste solide, robust ⟨Ausführung⟩
roche f Gestein n
  r. **abyssale (abyssique)** abyssisches Gestein n, Tiefengestein n
  r. **calcaire** Kalkstein m
  r. **de contact** Kontaktgestein n
  r. **détritique** Trümmergestein n
  r. **effusive** Effusivgestein n, Ergußgestein n
  r. **encaissante** Altgestein n, Nebengestein n
  r. **extrusive** Extrusivgestein n
  r. **favorable** Wirtgestein n
  r. **de filon** Ganggestein n
  r. **ignée** Erstarrungsgestein n
  r. **intrusive** Intrusivgestein n
  r. **d'origine** Ursprungsgestein n
  r. **peu résistante** leichtverwitterndes Gestein n
  r. **en place** anstehendes Gestein n
  r. **résistante** wetterfestes Gestein n
  r. **sédimentaire** Sedimentgestein n, Ablagerungsgestein n
  r. **stérile** taubes Gestein n
  r. **superficielle** Oberflächengestein n
  r. **voisine** Nebengestein n
roche-magasin f Speichergestein n
roche-mère f Muttergestein n
  r. **de pétrole** Erdölmuttergestein n
rocher m **branlant** Wackelstein m
roche-réservoir f Speichergestein n
rodage m Läppen n, Reibschleifen n, Einschleifen n; Ausschleifen n, Innenrundläppen n
  r. **du balai** Einschleifen n der Bürste

roder läppen, reibschleifen, einschleifen; ausschleifen, innenrundläppen
   r. les balais die Bürsten einschleifen
rodoir m Läppwerkzeug n, Läppdorn m
rœntgen... s. röntgen...
rognage m ⟨Typ⟩ Beschnitt m
rogner ⟨Typ⟩ beschneiden
rognure f:
   r. de papier Papierabfall m
   r. de verre Glasbruch m
rogue f Angelköder m, Köder m
rôle m:
   r. d'abandon Bootsrolle f
   r. d'équipage Musterrolle f
   r. d'évacuation Bootsrolle f
   r. de sécurité Sicherheitsrolle f
romain m Antiqua f
   r. gras fette Antiqua f
   r. semi-cursive römische Halbkursive f
rompre brechen, reißen
ronce f **artificielle** Stacheldraht m
rond rund; kreisrund
rond m Rundstahl m
   r. à béton Betonstahl m
rondelle f Unterlegscheibe f
   r. de calage Beilagescheibe f
   r. crantée Zahnscheibe f
   r. en cuir Lederscheibe f
   r. en cuivre Kupferscheibe f
   r. élastique Federring m
   r. éventail Zahnscheibe f
   r. en feutre Filzring m
   r. frein Sicherungsblech n, Sicherungsscheibe f
   r. Grower Federring m
   r. de joint Dichtungsring m
   r. en plomb Bleischeibe f
ronflement m Brumm m ⟨z. B. Netz⟩; Rumpeln n; **sans r.** brummfrei
   r. dû au courant alternatif Netzbrumm m
   r. de grille Gitterbrumm m
   r. d'isolement Isolationsbrumm m
   r. de modulation Modulationsbrumm m
ronfler brummen, rumpeln
ronfleur m ⟨Fmt⟩ Summer m
rongeant m ⟨Ch⟩ Ätzmittel n
rongement m Fressen n, Zerfressen n, Ätzen n
ronger (zer)fressen, ätzen
röntgen m Röntgen n ⟨Einheit der Ionendosis einer ionisierenden Strahlung⟩
röntgenographique röntgenografisch
röntgenologie f Röntgenologie f
röntgenoscope m Röntgenapparat m, Durchleuchtungsgerät n
röntgenthérapie f Röntgentherapie f
roof m Deckshaus n
ros m ⟨Text⟩ Riet n, Webblatt n, Kamm m
rosace f ⟨Math⟩ Rosenkurve f
rose f **des vents** Windrose f, Kompaßrose f
rosette f 1. Rosette f; 2. reines, rotes Kupfer n
rossignol m Dietrich m, Sperrhaken m
rot m s. ros
rotacteur m Kanalwähler m
rotamètre m Rotamesser m
rotary m 1. Rotationsbohrverfahren n; 2. ⟨Fmt⟩ Drehwählermaschinensystem n
rotateur m **pour antennes** Antennenrotor m
rotatif drehend, rotierend
rotation f 1. Rotation f, Drehung f, Umdrehung f; 2. Rundreise f; Umlauf m ⟨z. B. eines Schiffes⟩
   r. à droite Rechtsdrehung f
   r. à gauche Linksdrehung f
   r. des images Bilddrehung f
   r. magnétique du plan de polarisation Faraday-Effekt m
   r. de phase Phasendrehung f
   r. du plan de polarisation Drehung f der Polarisationsebene
   r. de la terre Erdrotation f
   r. du vent vers la droite Rechtsdrehen n des Windes
   r. du vent vers la gauche Rückdrehen n des Windes
   r. des wagons Wagenumlauf m
rotation-inversion f Drehinversion f
rotationnel Umlauf-, Dreh-, Rotations-
rotationnel m ⟨Math⟩ Rotation f
rotative f Rotationsmaschine f
   r. en creux à bobines Rollentiefdruckmaschine f, Rollenrotationstiefdruckmaschine f
   r. en creux à feuilles Tiefdruckbogenrotationsmaschine f
   r. en hélio Rollen(rotations)tiefdruckmaschine f
   r. pour impression en une et plusieurs couleurs Ein- und Mehrfarbenrotationsdruckmaschine f
   r. offset à bobines Offsetrollenrotationsmaschine f
   r. offset à feuilles Offsetbogenrotationsmaschine f
   r. typo à bobines Buchdruckrollenrotationsmaschine f
rotativiste m Rotationsdrucker m
rotatoire drehend, rotierend
rotonde f Lokomotivschuppen m

rotor

rotor m 1. Rotor m, Laufrad n, Läufer m ⟨z. B. einer Turbine⟩; 2. ⟨El⟩ Rotor, Läufer; 3. Verteilerfinger m
r. **anticouple** Ausgleichsrotor m; Hilfsrotor m
r. **auxiliaire** Hilfsläufer m
r. **à bagues** Schleifringläufer[motor] m
r. **à bagues de démarrage** Anlaßschleifringläufer m
r. **à barres** Stabanker m
r. **à barres trapézoïdales** Keilstabläufer m
r. **bobiné** gewickelter Läufer m
r. **à cage (d'écureuil)** Käfigläufer m
r. **calé** festgebremster Läufer m
r. **de compresseur** ⟨Flg⟩ Trommelläufer m
r. **à couronne feuilletée** Blechkettenläufer m
r. **en court-circuit** Kurzschlußläufer m
r. **à déplacement de courant** Stromverdrängungsläufer m
r. **à double cage** Doppelkäfigläufer m
r. **à doubles encoches** Doppelnutläufer m
r. **à enroulement enfilé** Durchziehanker m
r. **femelle** zweite Spindel f ⟨einer Schraubenpumpe⟩
r. **d'hélicoplane** ⟨Flg⟩ Schaufelrotor m
r. **mâle** erste Spindel f ⟨einer Schraubenpumpe⟩
r. **principal** 1. ⟨Flg⟩ Hauptrotor m; 2. ⟨El⟩ Hauptläufer m
r. **de queue** Schwanzrotor m
r. **à self-induction élevée** Hochstabläufer m
r. **en tambour** Trommelanker m
r. **de va-et-vient** starrer Rotor m
rotorique Läufer-, Rotor-
rotors mpl **contrarotatifs** Gegenlaufrotoren mpl
rototrol m ⟨El⟩ Rototrol n ⟨Verstärkermaschine⟩
rotule f Kugelgelenk n, Kugelschale f; Kugelbolzen m; in drei Ebenen schwenkbares Wälzlager n
rouage m Räderwerk n
roue f Rad n; Zahnrad n; Kettenrad n; Wasserrad n
r. **abrasive** Schleifrad n
r. **à ailettes** Schaufelrad n ⟨Verdichter⟩; Windflügel m
r. **d'angle** Winkelrad n
r. **d'arrêt** Arretierrad n, Festhalterad n
r. **arrière** Hinterrad n
r. **d'atterrissage avant** Bugrad n
r. **à aubes** Laufrad n, Radkranz m

⟨Turbine⟩; Schaufelrad n; Flügelrad n
r. **à aubes articulées** Schaufelrad n mit beweglichen Schaufeln
r. **à augets** Schöpfrad n
r. **automotrice** Lenkrad n ⟨drehbar gelagertes, nachlaufendes Rad an Flurförderern⟩; Auftriebsrad n
r. **avant** Vorderrad n
r. **axiale** Axialrad n ⟨Kreiselpumpe⟩
r. **de Barlow** ⟨El⟩ Barlow-Rad n
r. **cellulaire** Zellenrad n
r. **à chaîne** Kettenrad n
r. **de champ** geradeverzahntes Rad n
r. **de changement de vitesses** Wechselrad n
r. **à chevrons** Pfeilrad n ⟨Zahnrad⟩
r. **à cliquet** Sperrklinkenrad n, Sperrad n
r. **de commande** Schaltrad n
r. **de compresseur** Laderlaufrad n
r. **de compteur** Zählrad n
r. **conique** Kegelrad n
r. **correctrice** Korrektionsrad n
r. **à cuillers** Schaufelrad n ⟨Aufgabevorrichtung⟩
r. **cylindrique droite** Stirnrad n
r. **dentée** Zahnrad n
r. **dentée balladeuse** Schiebe[zahn]rad n
r. **dentée conique** Kegelrad n
r. **dentée de Fizeau** Fizeausches Zahnrad n
r. **à dessin** ⟨Text⟩ Musterrad n
r. **en dessous** unterschlächtiges (rückenschlächtiges) Wasserrad n
r. **en dessus** oberschlächtiges Wasserrad n
r. **directrice** 1. gelenktes Rad n; 2. Leitrad n ⟨Turbine⟩
r. **droite** Stirnrad n
r. **à eau** Wasserrad n
r. **entraînée** Antriebsrad n
r. **éolienne** Windrad n, Windmotor m
r. **fixe** Festrad n; Leitrad n ⟨Turbine⟩
r. **folle** Losrad n
r. **de friction (frottement)** Reib[e]rad n
r. **de gouvernail** ⟨Schiff⟩ Ruder n, Steuerrad n
r. **hélicoïdale** Schraubenrad n; schrägverzahntes Stirnrad n
r. **hydraulique** Wasserrad n
r. **hydraulique par-dessous** s. r. en dessous
r. **hydraulique par-dessus** s. r. en dessus
r. **indépendante** Einzelradaufhängung f

r. intermédiaire Zwischenrad n
r. **Kaplan** Kaplanturbine f
r. **à lamelles abrasives** Lamellenscheibe f
r. **libre** Freilauf m; Freilaufkupplung f
r. **libre à rouleaux** Klemmrollenüberholkupplung f
r. **des minutes** Minutenrad n
r. **mobile** Laufrad n, Läufer m
r. **motrice** Antriebsrad n, Treibrad n; Hauptrad n ⟨Mähbinder⟩
r. **de navigation** Steuerrad n
r. **à palettes** Schaufelrad n; Zellenrad n ⟨Aufgabevorrichtung⟩
r. **à palettes mobiles** Schaufelrad n mit beweglichen Schaufeln
r. **pelleteuse** Schaufelrad n
r. **Pelton** Peltonrad n
r. **planétaire** Planetenrad n
r. **pleine** Scheibenrad n
r. **plombeuse** Druckrolle f ⟨Drillmaschine⟩
r. **polaire** Polrad n
r. **de pompe à ailettes** Pumpenflügelrad n
r. **porte-chiffres** Ziffernrad n
r. **porte-types** Typenrad n
r. **radiale** Radialrad n ⟨Kreiselpumpe⟩
r. **à rais** Speichenrad n
r. **à rochet** Sperrad n, Klinkenrad n, Ratschenrad n; Gesperre n
r. **de secours** Ersatzrad n
r. **tangente** Schneckenrad n
r. **de turbine** Turbinenlaufrad n
r. **d'unités** Einheitenrad n
r. **à vent** Windrad n
r. **de ventilateur** Gebläserad n
r. **de verrouillage** Sperrad n
r. **à vis sans fin** Schneckenrad n
r. **zero** Nullrad n ⟨Zahnrad ohne Profilverschiebung⟩
roue-cage f Gitterrad n
roue-moule f Gießrad n
roues fpl **de wagon** Radsatz m
rouet m Brunnenmauerkranz m, Schachtmauerkranz m; Senkkranz m
rouf m s. roof
rouge (au feu) rotglühend
rouge m Rot n; Rotglut f
r. **blanc** Weißglut f
r. **de cadmium** Kadmiumrot n
r. **cerise** Kirschrot n ⟨Temperfarbe⟩
r. **de chrome** Chromrot n
r. **Congo** Kongorot n
r. **à polir, r. de Prusse** Polierrot n
r. **rubis** Rubinrot n
r. **sombre** Dunkelrot[glut f] n

rougir:
r. **au blanc** auf Weißglut bringen
r. **au feu** auf Rotglut bringen
rouille f Rost m
rouillé rostig, verrostet
rouiller 1. (ver)rosten; 2. ⟨Brg⟩ schrämen
rouillure f 1. Verrostung f; 2. ⟨Brg⟩ Schram m, Einbruch m, Schrameinbruch m
roulage m 1. Walzen n, Glattwalzen n, Ebnen n; 2. ⟨Brg⟩ Wagenförderung f; 3. Rollen n ⟨z. B. ein Blech⟩
r. **en galeries** Streckenförderung f
r. **horizontal** söhlige Wagenförderung f
r. **incliné** tonnlägige Wagenförderung f
r. **principal** Hauptstreckenförderung f
grand r. Wagenförderung f in Hauptstrecken
petit r. Wagenförderung f in Abbaustrecken
roulant rollend
rouleau m 1. Walze f, Rolle f, Trommel f, Zylinder m; Federauge n
r. **d'acier** Stahlwalze f
r. **alimentaire (d'alimentation)** Speisewalze f
r. **d'amenage** Zubringerrolle f, Zuführungsrolle f; Speisewalze f
r. **applicateur** Auftragswalze f ⟨Lakkiermaschine⟩
r. **d'appui** Tragrolle f
r. **calandreur** Kalanderwalze f, Preßwalze f, Glättwalze f
r. **cannelé** Riffelwalze f
r. **en caoutchouc** Gummiwalze f; Gummizylinder m
r. **à cintrage** Biegerolle f
r. **de colonnes** Ständerrolle f ⟨Walzwerk⟩
r. **compacteur** ⟨Lw⟩ Untergrundpacker m
r. **compresseur** Straßenwalze f
r. **comprimeur** s. r. calandreur
r. **débrayeur** Stechwalze f
r. **à dessins** Dessinwalze f
r. **à dresser, r. dresseur** Richtrolle f
r. **émotteur** Krümelwalze f, Walzenkrümelegge f
r. **d'entraînement** Antriebsrolle f, Vorschubrolle f
r. **étireur** Verzugswalze f
r. **d'exprimage** Quetschwalze f
r. **de film** Filmrolle f
r. **de gaufrage** Prägewalze f, Gaufrierwalze f
r. **de guidage** Führungsrolle f

rouleau

r. **guide** ⟨Text⟩ Einzugswalze f, Einzugswerk n
r. **d'impression, r. imprimeur** Druckwalze f, Druckrolle f
r. **inférieur** Unterwalze f
r. **livreur** Wickelwalze f
r. **magnétique** Magnetwalze f
r. **moteur** Antriebsrolle f
r. **mouilleur** Feuchtwalze f
r. **ondulé** ⟨Lw⟩ Ringelwalze f
r. **d'ourdissoir** ⟨Text⟩ Zettelwalze f
r. **de papier** Papierrolle f
r. **de pâte** ⟨Typ⟩ Massewalze f
r. **planeur** Richtrolle f
r. **plombeur** ⟨Lw⟩ Glattwalze f
r. **plongeur** Eintauchwalze f, Tauchwalze f, Fallwalze f
r. **presseur** Druckrolle f, Druckwalze f
r. **à quatre cylindres** Vierradwalze f
r. **réfrigéré** Kühlwalze f
r. **de serrage** Andrückrolle f
r. **squelette** ⟨Lw⟩ Cambridgewalze f
r. **supérieur** Oberwalze f
r. **tandem** Tandemwalze f
r. **de tôle métallique** Bandblechrolle f
r. **à trame(s)** ⟨Typ⟩ Rasterwalze f
rouleau-doseur m Dosierwalze f
rouleau-élargisseur m Breitstreckwalze f
rouleaux mpl **pinceurs** Klemmrollen fpl
roulement m 1. Rollen n; Laufen n; Fahren n; 2. Wälzlager n, Lager n
r. **à aiguilles** Nadellager n
r. **à billes** Kugellager n
r. **à contact oblique** Querkugellager n, Schrägkugellager n
r. **à galets coniques** Kegelrollenlager n
r. **linéaire** Linearlager n
r. **à rainures** Rillenlager n
r. **à rouleaux** Rollenlager n
r. **à rouleaux articulés** Pendelrollenlager n
r. **à rouleaux coniques** Kegelrollenlager n
r. **à rouleaux coniques, deux rangées** zweireihiges Kegelrollenlager n
r. **à rouleaux cylindriques** Zylinderrollenlager n
r. **à rouleaux sphériques** Pendelrollenlager n
r. **à tonnelets** Tonnenlager n
rouler 1. (glatt)walzen, ebnen; 2. rollen ⟨z. B. Blech⟩; 3. rollen, schlingern
roulette f 1. Rolle f; 2. ⟨Math⟩ Rollkurve f
r. **moletée** Rändelrolle f
r. **de queue** Spornrad n

roulettes fpl **de transport** Transportrollen fpl
rouleur m fahrbarer Wagenheber m, Läufer m
mauvais r. Schlechtläufer m
rouleuse f Biegemaschine f
roulis m Rollen n, Rollschwingung f, Schlingern n
r. **synchrone** synchrones Rollen n
roulure f:
r. **en carotte** Ringschäle f am Wurzelanlauf
r. **de cœur** Kernschäle f
route f 1. Straße f; Fahrweg m; Landstraße f; 2. Fahrtweg m; Reiseroute f, Schiffsroute f; 3. Kurs m ⟨s. a. cap 3.⟩
r. **d'abordage** Kollisionskurs m
r. **d'accès** Zufahrtsstraße f
r. **aérienne** Flugstrecke f; Flugweg m
r. **en bitume** Schwarzdeckenstraße f
r. **sur le fond** Weg m über Grund
r. **loxodromique** loxodromischer Kurs m; Weg m auf der Loxodromen
r. **macadamisée** Makadamstraße f
r. **orthodromique** Großkreiskurs m; Großkreisroute f, Weg m auf dem Großkreis
grande r. große Fahrt f
routier m Übersegler m, Übersichtskarte f
routine f ⟨Dat⟩ Programm n ⟨s. a. programme⟩
rouverain rotbrüchig; kaltbrüchig
ruban m Band n, Streifen m ⟨s. a. bande⟩
r. **articulé** Gliederband n
r. **à augets** Trogband n
r. **à brocher** Heftband n
r. **de cache** Abdeckband n
r. **capital** Kapitalband n
r. **de carde** Kardenband n; Kratzenband n
r. **converti** Konverterband n, Konverterkabel n
r. **à demi-piste** Halbspurband n
r. **à l'émeri** Schleifband n
r. **de fibres discontinues** Spinnband n, Spinnlunte f
r. **d'identification** Kennzeichnungsband n
r. **isolant (isolateur, à isoler)** Isolierband n
r. **de jante** Felgenband n
r. **de laine peignée** Kammzugband n
r. **à longue durée** Langspielband n
r. **magnétique** Magnetband n, Tonband n
r. **de mesure** Meßband n
r. **micacé** Glimmerband n
r. **peigné** Kammzugband n

r. **de la scie** Sägeband n
r. **de traction** Zugband n
r. **transporteur** Transportband n, Förderband n, Bandförderer m
r. **turbo** Turboband n, Turbokabel n
rubanage m ⟨El⟩ Bandbewicklung f, Bandumwicklung f ⟨Kabel⟩
rubané ⟨Min⟩ gebändert
rubanement m ⟨Min⟩ Bänderung f
r. **concrétionné** Wachstumsbänderung f
ruban-encreur m Farbband n
rubidium m Rubidium n
rubis m Rubin m
ruchage m Gitterwerk n
rudesse f Rauhigkeit f ⟨s. a rugosité⟩
rue f Straße f ⟨s. a. voie 1.⟩
r. **axiale** Achsenstraße f
r. **collectrice** Sammelstraße f
r. **de déchargement** Entlastungsstraße f
r. **détournée** Umgehungsstraße f
r. **à grand trafic** Hauptverkehrsstraße f
r. **réservée aux jeux** Spielstraße f
r. **surélevée** Hochstraße f
r. **transversale** Querstraße f, Durchquerungsstraße f
rugosimètre m Feintaster m, Glätteprüfer m
rugosité f Unebenheit f, Rauheit f, Rauhigkeit f, Rauhtiefe f
r. **de la coque** Oberflächenrauhigkeit f des Schiffskörpers
r. **superficielle** Oberflächenrauheit f, Oberflächenrauhigkeit f, Oberflächenunebenheit f
rugueux rauh
ruisseler 1. rieseln; 2. fluten
ruissellement m 1. Oberflächenabfluß m; 2. Rieseleinbau m, Verteilungseinrichtung f ⟨Kühlturm⟩; 3. Fluten n ⟨Lackierverfahren⟩
r. **en rideau** Fluten n mit Lackvorhang
rupteur m ⟨Kfz⟩ Unterbrecher m, Schalter m
rupture f 1. Bruch m; Riß m; 2. Durchbruch m, Durchbrechen n; Zerbrechen n; Brechen n; Zerreißen n; 3. ⟨El⟩ Abschaltung f
r. **de l'attelage** Reißen n der Kupplung
r. **de bande** Streifenriß m
r. **de la bande de papier** Papierbahnriß m, Papierbahnbruch m
r. **de câble** Kabelbruch m
r. **à chaud** Heißbruch m
r. **conditionnelle** ⟨Dat⟩ bedingter Halt (Stopp) m

r. **de conducteur** Aderbruch m
r. **en croix** Kreuzbruch m
r. **diélectrique** dielektrischer Durchschlag m
r. **d'une digue** Dammbruch m
r. **due à la fatigue** s. r. de fatigue
r. **d'endurance** Dauerbruch m
r. **de (par) fatigue** Ermüdungsbruch m, Dauerbruch m, Zeitbruch m
r. **de fil** 1. ⟨El⟩ Drahtbruch m; 2. ⟨Text⟩ Fadenbruch m
r. **du film** Filmbruch m; Filmriß m
r. **par flexion** ⟨Kfz⟩ Walkbruch m
r. **de fluage** Kriechbruch m
r. **fragile** Sprödbruch m
r. **franche** sichtbarer (klaffender) Riß m
r. **du rail** Schienenbruch m
r. **du toit** ⟨Brg⟩ Ausbrechen n des Hangenden
ruthénate m ⟨Ch⟩ Ruthenat n
ruthénium m Ruthenium n
rutherford m Rutherford n
rythme m Rhythmus m, Arbeitsrhythmus m
r. **de production** Produktionsrhythmus m; Produktionstempo n
r. **de travail** Arbeitstakt m; Arbeitstempo n; Arbeitsrhythmus m
rythmeur m Taktgeber m, Zeitgeber m

S

sablage m Sandstrahlen n, Abstrahlen n, Strahlen n
sable m Sand m; Schleifsand m
s. **aquifère** Schwimmsand m
s. **argileux** Lehmsand m
s. **boulant** Schwimmsand m
s. **d'étuve**, s. **étuvé** ausgeglühter Formsand m
s. **fin** Feinsand m
s. **de fonderie (forme)** Formsand m
s. **de fusion** Schmelzsand m
s. **gras** fetter Formsand m
s. **à huile** s. s. pétrolifère
s. **kaolinique** Kaolinsand m
s. **de laitier** Schlackensand m
s. **lessivé** Bleichsand m
s. **maigre** magerer Sand m
s. **à modèle** Modellsand m
s. **de moulage, s. à mouler (moules)** Formsand m
s. **mouvant** Flugsand m, Schwimmsand m
s. **à noyau** Kernsand m
s. **pétrolifère** ölhaltiger Sand m, Ölsand m

sable

s. **quartzeux** Quarzsand m
s. **recuit** ausgeglühter Formsand m
s. **réfractaire** feuerfester Sand m
s. **de silice** Quarzsand m
s. **stannifère** Zinnpulver n
sabler sandstrahlen, [ab]strahlen
sablerie f Sandformerei f
sableuse f Sandstrahlgebläse n
s. **à table tournante** Drehtischsandstrahlgebläse n
s. **à tambour rotatif** Trommelsandstrahlgebläse n
sableux sandig
sablière f 1. Schwelle f, Sohle f; Rähm m; 2. Sandgrube f, Kiesgrube f; 3. ⟨Eb⟩ Sandstreuer m
sabord m 1. Außenhautöffnung f; 2. Schiffsfenster n ⟨eckig⟩
s. **de coupée** 1. Außenhautpforte f; 2. Schanzkleidpforte f
s. **de décharge** Wasserpforte f
sabot m 1. Gleitschuh m, Stein m; 2. Bremsbacke f, Bremsklotz m; 3. Schuh m; Pfahlschuh m
s. **d'arrêt** Hemmschuh m
s. **d'enterrage** Drillschar n
s. **extérieur** Außenschuh m ⟨Mähmaschine⟩
s. **de frein** Bremsbacke f, Bremsklotz m
s. **de pieu** Pfahlschuh m
s. **pivotant** Drehbacke f
s. **de tubage** Rohrschuh m, Futterrohrschuh m
sabot-cale m Hemmschuh m
sac m 1. Sack m; Tasche f; Hülle f; Behälter m; 2. Bunt m, Entnahmeteil m ⟨z. B. Ringwade⟩
s. **d'accessoires** Inventarbehälter m ⟨z. B. in Rettungsbooten⟩
s. **en caoutchouc** Gummisack m
s. **de copiage** Kopiersack m
s. **extérieur** Aufziehleinenpacktasche f
s. **fourre-tout** Zubehörtasche f
s. **intérieur** Fallschirmpackhülle f
s. **de jute** Jutesack m
s. **de moulage** Preßkissen n
s. **à parachute** Fallschirmpackhülle f
s. **au pression** Drucksack m
saccharifère zuckerhaltig
saccharification f Verzuckerung f
s. **du bois** Holzverzuckerung f
saccharifier verzuckern
saccharimètre m Sa(c)charimeter n
saccharimétrie f Sa(c)charimetrie f
saccharine f Sa(c)charin n
saccharose m Sa(c)charose f, Rohrzucker m

sacrificiel selbstverzehrend, Opfer-
safran m (du gouvernail) Ruderblatt n
sagging m Durchbiegung f (des Schiffes) ⟨nach unten⟩, Sagging n
saignée f 1. Zapfen n ⟨Harzgewinnung⟩; 2. Entwässerungsgraben m; 3. ⟨Brg⟩ Schram m
s. **à mort** Totzapfen n
saigner 1. zapfen ⟨Harzgewinnung⟩; 2. entwässern
saillant vorspringend
saillie f 1. Vorbau m, Vorsprung m, Überkragung f; Erker m; 2. Erhebung f; 3. Zahnhöhe f ⟨Zahnrad⟩
saisine f Zurrung f
saisir laschen; zurren
salage m Einsalzen n
salaison f Pökeln n
salbande f Salband n
s. **argileuse** Gangletten m
salicine f, **salicoside** m Salizin n
salicylate m Ester m (Salz n) der Salizylsäure, Salizylat n
salifère salzhaltig
salification f Salzbildung f
salifier in ein Salz verwandeln
saliforme salzartig
salin salzig
saline f Salzbergwerk n; Saline f
salinité f Salzgehalt m, Salzhaltigkeit f
salinomètre m Salzgehaltmesser m
salir verunreinigen, verschmutzen, anschmutzen
salissement m Verschmutzung f, Anschmutzen n
salissure f 1. Schmutz m, Verschmutzung f, Verunreinigung f; 2. Bewuchs m ⟨z. B. des Unterwasserschiffes⟩
salle f Saal m; großes Zimmer n; Raum m ⟨s. a. chambre 1., compartiment, local, poste⟩
s. **des accumulateurs** Akkumulatorenraum m
s. **de chauffe** Kesselhaus n; Kesselraum m
s. **de commande** Schaltwarte f, Schaltraum m
s. **de commandes** Fahrraum m
s. **d'émission** Sendesaal m, Senderaum m
s. **de machines** Maschinenraum m; Maschinensaal m
s. **de montage** Schneideraum m; Montageraum m
s. **nautique** Kommandobrücke f
s. **nautique panoramique** Panoramabrücke f

s. d'ourdissage ⟨Text⟩ Schärerei f, Zettelei f
s. des pompes Pumpwerk n; Pumpenraum m
s. du réacteur Reaktorraum m
s. de rebobinage Umspulraum m
s. sourde schalltoter Raum m
s. au tracé, s. à tracer Schnürboden m
salpêtre m Salpeter m, Kaliumnitrat n
s. de Chili Chilesalpeter m
s. par conversion Konversionssalpeter m
salpêtrer 1. in Salpeter umsetzen; 2. mit Salpeter versetzen
salpêtreux salpeterhaltig
saluer dumpen ⟨Stapellauf⟩
samarium m Samarium n
sanforisation f ⟨Text⟩ Sanforisieren n
sanforiser ⟨Text⟩ sanforisieren
sangle f Gurt m, breiter Riemen m
s. d'ouverture Aufziehleine f
s. d'ouverture automatique selbsttätige Aufziehleine f
s. de suspension Traggurt m ⟨z. B. Fallschirm⟩
sangler mit einem Gurt befestigen
sapine f Standbaum m
saponifiable verseifbar
saponification f Verseifung f
saponifier verseifen
saponine f Saponin n
sapropèle f Faulschlamm m
sapropélique sapropelitisch
sas m 1. Schleusenkammer f; Schleuse f; Luftschleuse f; 2. Sieb n; 3. Luftheizungskanal m; 4. Dockkammer f
s. à (d')air Luftschleuse f; ⟨Brg⟩ Wetterschleuse f
s. à air comprimé Druckluftschleuse f
s. d'écluse Schleusentrog m
s. à tambour Trommelschleuse f
sas-objet m Objektschleuse f
sassement m Schleusen n, Schleusung f
satelliser einen (künstlichen) Satelliten auf eine Erdumlaufbahn bringen
satellite m 1. Satellit m, Trabant m; 2. Ausgleichkegelrad n
s. artificiel künstlicher Satellit m
s. de communications Nachrichtensatellit m
s. habité Raumschiff n
s. lunaire Mondsatellit m
s. météorologique Wettersatellit m
s. de navigation Navigationssatellit m
s. d'observation Beobachtungssatellit m
s. radio Funksatellit m

s. de télécommunications Fernmeldesatellit m
s. télévision Fernsehsatellit m
satellite-espion m Spionagesatellit m
satellite-relais m Relaissatellit m
satinage m Seidenmattieren n, Satinieren n
satiner kalandern, satinieren
s. des deux côtés beidseitig satinieren
s. d'un côté einseitig satinieren
saturabilité f Sättigungsfähigkeit f
saturable sättigungsfähig
saturant sättigend, Sättigungs-
saturateur m Saturator m, Sättigungsapparat m
saturation f 1. Sättigung f; 2. ⟨Kern⟩ Absättigung f, Abschluß m
s. en eau Wassersättigung f
s. des forces nucléaires Absättigung f der Kernkräfte
s. en huile Ölsättigung f
s. magnétique magnetische Sättigung f
s. nucléaire Kernabsättigung f
s. en sel gemme Steinsalzsättigung f
s. de spins Spinabsättigung f
saturé 1. gesättigt, satt, Satt-; 2. ⟨Kern⟩ abgesättigt, abgeschlossen
s. à froid kaltgesättigt
non s. ungesättigt
saturer sättigen
saturnisme m Bleivergiftung f
saumâtre brackig
saumure f Salzmaische f, Lake f, Sole f
s. ammoniacale ammoniakalische Sole f
s. artificielle künstliche Sole f
s. brute Rohsole f
s. concentrée Dicklauge f
s. fraiche Frischsole f
s. frigorigène Kältemittel n
s. de hartsalz Hartsalzlauge f
s. de lavage Waschsole f
s. naturelle natürliche Sole f
s. pauvre Dünnsole f
s. de refroidissement Kühlmittel n
s. saturée gesättigte Sole f
s. de sel gemme Steinsalzlauge f
saut m Sprung m
s. d'absorption Absorptionssprung m
s. de chariot Wagensprung m ⟨Schreibmaschine⟩
s. sous condition, s. conditionnel bedingter Sprung m
s. d'électron Elektronensprung m
s. d'énergie Energiesprung m
s. d'une fonction ⟨Math⟩ Sprung m einer Funktion

saut

s. **d'image** Bildsprung m
s. **inconditionnel (obligatoire)** unbedingter Sprung m
s. **de phase** Phasensprung m
s. **de programme** Programmsprung m
s. **quantique** Quantensprung m
s. **de réactivité** Reaktivitätssprung m
sauter springen
sauterelle f 1. fahrbares Förderband n; 2. Spannzwinge f
   s. **gerbeuse** fahrbares Schrägförderband n
   s. **télescopique** verlängerungsfähiges fahrbares Förderband n
sauvage unberuhigt ⟨Stahl⟩
sauvetage m 1. Bergen n, Bergung f; Hilfeleistung f (für in Not geratene Schiffe); 2. Rettung f
savart m ⟨akustische Einheit der Höhendifferenz⟩
savate f Kielklotz m ⟨Stapellauf auf Mittelablaufbahn⟩
savoir-faire m Betriebserfahrung f, Fachkenntnis f, technisches Wissen n, Know-how n
savon m Seife f
   s. **blanc ordinaire** Kernseife f
   s. **calcaire** Kalkseife f
   s. **flottant** Schwimmseife f
   s. **de Marseille** Kernseife f
   s. **mou (noir, de potasse)** Schmierseife f
   s. **en poudre** Seifenpulver n
   s. **à la soude** Natronseife f
savonner (ein)seifen
savonneux Seifen-; seifenartig
scalaire skalar
scalène ungleichseitig ⟨Dreieck⟩
scandium m Skandium n
scaphandre m Tauchapparat m; Taucherausrüstung f; Taucheranzug m
   s. **d'altitude** Raumanzug m
   s. **autonome** Schwimmtaucherausrüstung f; Schwimmtaucheranzug m
   s. **spatial** Raumanzug m
scaphandrier m Taucher m
scarfeuse f Schäftmaschine f
scarificateur m Netzegge f
scellage m, **scellement** m Abdichtung f; Verschließen n, Zuschmelzen n
   s. **en béton** Einbetonieren n
   s. **à membrane** Membrandichtung f
sceller 1. einmauern; 2. einspannen; 3. verkitten; hermetisch verschließen; zuschmelzen
scheidage m ⟨Brg⟩ Klauben n
scheider ⟨Brg⟩ klauben
schéma m Schema n; Schaltschema n, Schaltbild n, Schaltplan m

s. **d'affichage** Prinzipschaltbild n
s. **d'allumage** Zündschaltung f
s. **de l'axe** Achsenschema n
s. **bloc** Blockschaltbild n
s. **de branchement** Anschlußplan m, Anschlußschaltung f
s. **de calcul logique** logisches Rechenschema n, Logikschaltbild n
s. **de circuit** Schaltplan m, Stromlaufplan m
s. **de connexion** Schaltbild n, Schaltplan m, Schaltschema n
s. **de désintégration** Zerfallsschema n
s. **développé** abgerolltes Schema n
s. **de disposition d'ensemble** Übersichtsschaltplan m
s. **électrique** Schaltbild n
s. **d'enroulement** Wicklungsschema n
s. **équivalent** Ersatzschaltbild n
s. **éteint** Dunkelschaltung f ⟨Symbolsteuerwarte⟩
s. **de fluence** Flußdiagramm n
s. **de fonctionnement** Fließbild n
s. **lumineux** Leuchtschaltbild n
s. **de principe** Prinzipschaltbild n
s. **de raccordement** Anschlußplan m, Anschlußschaltung f
s. **synoptique** Blindschaltbild n
s. **de termes** ⟨Kern⟩ Termschema n
s. **des voies** Gleisbild n
schillérisation f Schillern n
schiste m Schiefer m
   s. **argileux** Tonschiefer m
   s. **bitumineux** Ölschiefer m
   s. **charbonneux** Brandschiefer m
   s. **cristallin** kristalliner Schiefer m
   s. **en poudre** Schiefermehl n
   s. **tacheté** Fleckschiefer m
   s. **tégulaire** Dachschiefer m
schisteux schief[e]rig; schieferartig; schieferhaltig
schistosité f Schieferung f
   s. **de fracture** Bruchschieferung f
schlamm m Schlamm m, Mineralschlamm m; Kohlenschlamm m
schnorchel m Schnorchel m
sciage m Sägen n
   s. **thermique** Warmsägen n
sciagraphe m Skiagraf m
scie f Säge f
   s. **alternative** Bügelsäge f, Maschinensäge f
   s. **alternative à cadre** Rahmengattersäge f
   s. **alternative horizontale** Horizontalgatter n
   s. **alternative verticale** Vertikalgatter n
   s. **à archet** Bügelsäge f

s. à cadre à lames multiples Gattersägemaschine f, Vollgatter n
s. à chaîne Kettensäge f
s. à chaud Warmsäge f
s. circulaire Kreissäge f; Kreissägeblatt n
s. diamantée Diamantsäge f
s. à égoïne Fuchsschwanz[säge f] m
s. à fer Eisensäge f, Metallsäge f
s. à froid Kaltsäge f
s. à frottement Reibsäge f, Trennsäge f, Trennscheibe f
s. à grume Blockbandsäge f
s. à guichet Stichsäge f
s. de jardinier Baumsäge f
s. à lame inclinable Tischkreissäge f mit schrägstellbarer Welle
s. lignes-blocs ⟨Typ⟩ Zeilensäge f
s. à main Handsäge f ⟨mit einseitigem Griff⟩
s. mécanique Maschinensäge f, Sägemaschine f
s. à métaux Eisensäge f, Metallsäge f
s. ordinaire Spannsäge f, Tischlersäge f
s. passe-partout Schrotsäge f
s. à pierres Steinsäge f
s. à ruban Bandsäge f
s. à ruban pour découpage par fusion Schmelzbandsäge f
s. de tête Blockbandsäge f
s. à trancher Glassäge f, Trennscheibe f
s. à tronçonner Ablängsäge f
science f:
　s. des couleurs Farbenlehre f
　s. de la résistance des matériaux Festigkeitslehre f
scier 1. [ab]sägen, durchsägen; 2. streichen ⟨Gegenteil von pullen⟩
scierie f Sägewerk n, Sägemühle f
scintigramme m Szintigramm n
scintigraphie f Szintigrafie f
scintillant szintillierend
scintillateur m Szintillator m
scintillation f Funkeln n; Szintillation f
scintillement m Flackern n; Flimmern n
　s. d'interlacement Zwischenzeilenflimmern n
　s. des lignes Zeilenflimmern n
　s. de luminosité Helligkeitsflimmern n
scintiller flimmern
scintillogramme m Szintigramm n
scintillomètre m Szintillometer m
scission f Spaltung f
　s. oxydative oxydative Spaltung f
sciure f **de bois** Holzmehl n, Sägespäne mpl

scléromètre m Sklerometer n, Härtemesser m
scléronome skleronom
scléroscope m Skleroskop n, Fallhärteprüfer m
scooter m Motorroller m
　s. de ville Kleinroller m
scoriacé schlackig
scorie f 1. Schlacke f; 2. ⟨Typ⟩ Krätze f; **sans s.** schlackenfrei
　s. d'affinage Frischschlacke f
　s. de coulée Abstichschlacke f
　s. de déphosphoration Thomasschlacke f
　s. de désoxydation Feinungsschlacke f
　s. oxydante Frischschlacke f
　s. de plomb Bleischlacke f
　s. Thomas moulue Thomasmehl n
　s. vitreuse Schlackenglas n
scorieux schlackenreich
scorifiant schlackenbildend
scorification f Schlackenbildung f, Verschlackung f
scorifier verschlacken
scotopique dunkelempfindlich
scototron m Scototron n ⟨Speicherröhre; Ladungen werden in einem Festkörper gespeichert⟩
scraper m Kratzer m, Schrapper m
sculpture f Profil n ⟨eines Reifens⟩
sébaçate m Ester m (Salz n) der Sebazinsäure
sébacé talgig, talgähnlich, talgartig
sec trocken
sécable teilbar
sécant schneidend, Schnitt-
sécante f Sekante f
sécateur m Baumschere f
séchage m Trocknen n, Trocknung f; Einbrennen n ⟨Lack⟩; Ausdampfen n
　s. à l'air Lufttrocknung f
　s. à l'air chaud Heißlufttrocknung f
　s. artificiel du bois technische (künstliche) Holztrocknung f
　s. par atomisation Zerstäubungstrocknung f
　s. sur bande Bandtrocknung f
　s. à centrifuge Zentrifugaltrocknung f
　s. chimique chemische Trocknung f
　s. continu kontinuierliche Trocknung f
　s. des cossettes Schnitzeltrocknung f
　s. en deux phases zweiphasige Trocknung f
　s. à l'étuve Ofentrocknung f
　s. du film Filmtrocknung f
　s. au four Trocknung f im Ofen
　s. intermédiaire Zwischentrocknung f

séchage

s. **mécanique** mechanische Trocknung f
s. **par la méthode des pressions alternées** Trocknung f im Wechseldruckverfahren
s. **naturel du bois** natürliche Holztrocknung f
s. **à percussion** ⟨Text⟩ Luftwirbeltrockenverfahren n, Turbulenztrockenverfahren n
s. **par pulvérisation** Zerstäubungstrocknung f
s. **rapide** Schnelltrocknung f
s. **au séchoir du bois** Kammertrocknung f des Holzes
s. **du sel** Salztrocknung f
s. **à vapeur** Dampftrocknung f
s. **sous vide** Vakuumtrocknung f; Vakuumausdampfung f
séchant:
s. **à l'air** lufttrocknend
s. **au four** ofentrocknend
s. **rapidement** schnelltrocknend
sèche-cheveux m Fön m
sécher trocknen; einbrennen ⟨Lack⟩; ausdampfen
s. **au four** darren, dörren
s. **préalablement** vortrocknen
sécheur m Trockner m, Trocknungsanlage f, Trockenofen m, Trockenkammer f ⟨s. a. séchoir⟩
s. **à air chaud** Heißlufttrockner m
s. **à froid** Kältetrockner m
s. **à gel** Geltrockner m
s. **rotatif** Trommeltrockner m
s. **à un rouleau** Einwalzentrockner m
sécheuse f **à cylindres** ⟨Text⟩ Zylindertrockenmaschine f
séchoir m Trockner m, Trockenapparat m; Trockenofen m, Trockenkammer f; Trockenregal n; Fön m
s. **à air chaud** Heißlufttrockner m
s. **atomiseur** Zerstäubungstrockner m
s. **à auge** Muldentrockner m
s. **à bande transporteuse** Bandtrockner m
s. **broyeur** Mahltrockner m
s. **Bühler** Bühler-Trockner m
s. **à buse de pulvérisation** Zerstäubungstrockner m
s. **à céréales** Getreidetrockner m
s. **chancelant** Taumeltrockner m
s. **à chauffage direct** Trockner m mit direkter Beheizung
s. **à chauffage indirect** Trockner m mit indirekter Beheizung
s. **à chauffage par pertes diélectriques** Hochfrequenztrockner m
s. **à chauffage à rayonnement** Trockner m mit Strahlungsheizung
s. **circulaire** Rundtrockner m
s. **circulaire à étages** Ringetagentrockner m
s. **à circulation d'air** Umlufttrockner m
s. **à claies** Hordentrockner m
s. **à claies multiples** Mehrhordentrockner m
s. **à contact** Kontakttrockner m
s. **à convection** Umlufttrockner m
s. **à cuve** Schachttrockner m
s. **à double tambour** Doppelwalzentrockner m
s. **de flans** ⟨Typ⟩ Materntrockner m
s. **à grains** Getreidetrockner m, Körnertrockner m
s. **à haute fréquence** Hochfrequenztrockner m
s. **à infrarouge** Infrarottrockner m
s. **mobile** Wandertrockner m
s. **de pelletage** Schaufeltrockner m
s. **à plateaux** Tellertrockner m
s. **pneumatique** Drucklufttrockner m
s. **à pulvérisation** Zerstäubungstrockner m
s. **à ruissellement** Rieseltrockner m
s. **de sable de polissage** Schleifsandtrockner m
s. **à spirale** Spiralbandtrockner m
s. **à tablier** Bandtrockner m
s. **à tambour** Trommeltrockner m, Einwalzentrockner m
s. **à tambours perforés** Siebtrommeltrockner m
s. **tourbillonnaire** Wirbelschichttrockner m, Fließbetttrockner m
s. **tubulaire** Röhrentrockner m
s. **tunnel** s. séchoir-tunnel
s. **à tuyères** Düsentrockner m
s. **à vapeur** Dampftrockner m
s. **à vide** Vakuumtrockner m
séchoir-tunnel m Trockentunnel m, Kanaltrockner m
s. **à bande plate** Bandtrockner m
secondaire sekundär
seconde f Sekunde f
s. **d'angle** Winkelsekunde f
s. **d'arc** Bogensekunde f
secouage m Rütteln n, Schütteln n
secouer rütteln, schütteln
secoueur m Strohschüttler m
secoueuse f Rüttelmaschine f
secousse f Rüttelbewegung f, Stoß m, Erschütterung f
s. **électrique** elektrischer Schlag m
s. **séismique** Erdstoß m
s. **volcanique** vulkanisches Beben n

secret m:
s. du service téléphonique Fernsprechgeheimnis n
s. en télécommunications Fernmeldegeheimnis n
s. de transmission Funkgeheimnis n
sécrétion f Absondern n; Absonderung f, Sekret n
secteur m 1. ⟨Math⟩ Ausschnitt m, Sektor m; 2. Segment n; 3. Teilstrecke f; 4. ⟨El⟩ Leitungsnetz n
s. de l'appareil à gouverner Ruderquadrant m
s. chaud Warmsektor m
s. à courant alternatif Wechselstromnetz n
s. à courant continu Gleichstromnetz n
s. denté Zahnsegment n
s. de direction Lenksegment n
s. monophasé Einphasennetz n
s. d'obturateur Blendenausschnitt m
s. sphérique Kugelausschnitt m
s. triphasé Drehstromnetz n, Dreiphasennetz n
section f 1. Schnitt m; Querschnitt m; 2. Abteilung f, Abschnitt m; 3. Teilstrecke f
s. aplatie flacher Querschnitt m
s. audio Tonteil m
s. axiale Achsenschnitt m
s. basse fréquence Niederfrequenzteil m, Tonfrequenzteil m
s. circulaire runder Querschnitt m
s. du conducteur Leiterquerschnitt m; Aderquerschnitt m
s. de construction Bauabschnitt m
s. du copeau Spanquerschnitt m
s. de cuivre ⟨El⟩ Kupferquerschnitt m
s. efficace ⟨Kern⟩ Wirkungsquerschnitt m
s. efficace d'absorption Absorptionsquerschnitt m
s. efficace d'activation Aktivierungsquerschnitt m
s. efficace d'arrêt Bremsquerschnitt m
s. efficace de capture Einfangquerschnitt m
s. efficace de choc Stoßquerschnitt m
s. efficace de création de paires Paarbildungsquerschnitt m; Wirkungsquerschnitt m für Paarbildung
s. efficace différentielle differentieller Wirkungsquerschnitt m
s. efficace de diffusion Streuungsquerschnitt m
s. efficace effective effektiver Wirkungsquerschnitt m

s. efficace de fission Spaltquerschnitt m, Wirkungsquerschnitt m für Spaltung
s. efficace de photodésintégration Wirkungsquerschnitt m für den Kernfotoeffekt
s. efficace pour rayons gamma Wirkungsquerschnitt m für Gammastrahlen
s. efficace de réaction Reaktionsquerschnitt m
s. efficace totale Gesamtquerschnitt m, totaler Wirkungsquerschnitt m
s. elliptique länglichrunder Querschnitt m ⟨z. B. einer Faser⟩
s. d'enroulement Wicklungselement n, Wicklungsglied n
s. entaillée gekerbter Querschnitt m ⟨z. B. einer Faser⟩
s. de la fibre Faserquerschnitt m
s. finale Endquerschnitt m
s. du four Ofenquerschnitt m
s. fréquence intermédiaire Zwischenfrequenzteil m, ZF-Teil m
s. de guide d'ondes Hohlleiterglied n
s. image Bildteil m ⟨Fernsehempfänger⟩
s. irrégulière unregelmäßiger Querschnitt m ⟨z. B. einer Faser⟩
s. de lame Mähmesserklinge f
s. de ligne 1. Leitungsabschnitt m; 2. Leitungsquerschnitt m
s. lobée gelappter Querschnitt m
s. longitudinale Längsschnitt m
s. du mât Mastquerschnitt m
s. de la membrure Spantquerschnitt m
s. morte blinde Spule f
s. multilobée viellappiger Querschnitt m
s. du noyau Kernquerschnitt m ⟨Gewinde⟩
s. d'or Goldener Schnitt m
s. ovale ovaler Querschnitt m
s. de la passe initiale Anstichquerschnitt m
s. de poussée Druckzone f
s. des presses Preßpartie f
s. principale Hauptschnitt m
s. de ramification Verzweigungsschnitt m
s. en réfection Umbaustrecke f
s. réniforme nierenförmiger Querschnitt m ⟨z. B. einer Faser⟩
s. de rupture Bruchfläche f
s. sagittale Sagittalschnitt m
s. de la sole Herdquerschnitt m
s. transversale Querschnitt m

section 590

   s. transversale de la culasse Jochquerschnitt *m*
   s. transversale de la fibre Faserquerschnitt *m*
   s. transversale du noyau ⟨El⟩ Eisenquerschnitt *m*
   s. trilobée dreilappiger Querschnitt *m*, Kleeblattquerschnitt *m*
sectionné Sektional-, Teilkammer-
sectionnement *m* Trennung *f*; Unterteilung *f*
   s. des barres Sammelschienenlängstrennung *f*
   s. de jeux de barres Sammelschienentrennung *f*
   s. du noyau Kernunterteilung *f*
   s. de la veine liquide Tropfenbildung *f*
sectionner trennen; unterteilen
sectionneur *m* Trennschalter *m*
   s. d'aiguillage Sammelschienentrennschalter *m*
   s. de câble Kabeltrennschalter *m*
   s. coulissant Schubtrennschalter *m*
   s. à coupure en charge Leistungstrenner *m*, Leistungstrennschalter *m*
   s. demi-pantographe Halbscherentrenner *m*
   s. à isolateur support unique Einsäulentrennschalter *m*
   s. de ligne Streckentrenner *m*, Streckentrennschalter *m*
   s. de mise à la terre Erdungstrenner *m*
   s. à pantographe Scherentrenner *m*
   s. rotatif Klapptrenner *m*, Klapptrennschalter *m*, Drehtrennschalter *m*
   s. tripolaire dreipoliger Trennschalter *m*
   s. unipolaire einpoliger Trennschalter *m*
sécurité *f* Sicherheit *f*; Sicherungswesen *n*
   s. arrière Rücklaufsicherung *f*
   s. de fonctionnement Betriebssicherheit *f*
   s. au grisou Schlagwettersicherheit *f*
   s. intrinsèque Eigensicherheit *f*
   s. de manœuvre Bedienungssicherheit *f*
   s. maritime Schiffssicherheit *f*, Sicherheit *f* der Schiffahrt
   s. minière Grubensicherheit *f*
   s. de la navigation s. **s. maritime**
   s. du navire Schiffssicherheit *f*
   s. du trafic Verkehrssicherheit *f*
   s. de transmission ⟨Dat⟩ Übertragungssicherheit *f*
   s. de travail Arbeitsschutz *m*
sédiment *m* Sediment *n*

sédimentaire Sediment-
sédimentation *f* Sedimentation *f*, Absetzen *n*; Fällung *f*
sédimenter sedimentieren, sich absetzen
sédimentologie *f* Sedimentologie *f*
segment *m* 1. Segment *n*, Abschnitt *m*; 2. ⟨Geol⟩ Scholle *f*; 3. Ausschliff *m*
   s. de cercle Kreisabschnitt *m*
   s. de collecteur Kollektorlamelle *f*
   s. compresseur cylindrique zylindrischer Kompressionsring *m*
   s. compresseur à face conique Minutenring *m*
   s. denté Zahnsegment *n*
   s. double trapézoïdal Doppeltrapezring *m*
   s. de frein Bremsbacke *f*
   s. de piston Kolbenring *m*
   s. sphérique Kugelsegment *n*
   s. à talon Nasenring *m*
   s. de trace ⟨Kern⟩ Spurabschnitt *m*
   s. trapézoïdal Trapezring *m*
   s. de vision de loin Fernteil *n*
   s. de vision de près Nahteil *n*
segmentation *f* Unterteilung *f*
segmenter in Segmente zerlegen
ségrégation *f* Segregation *f*; Absonderung *f*; Entmischung *f*; Seigerung *f*
   s. majeure Blockseigerung *f*
seine *f* stehendes Fischnetz *n*, Wade *f*; Zugnetz *n*
   s. coulissante (à coulisses) Beutelwade *f*, Ringwade *f*
   s. danoise Snurre-Wade *f*
   s. halée à bord Bootswade *f*
   s. halée à terre, **s. de plage** Strandwade *f*
   s. tournante Beutelwade *f*, Ringwade *f*
seiner Wadenfischerei betreiben, mit Waden fischen
seineur *m* Seiner *m*
séisme *m* Erdbeben *n*
   s. mondial Weltbeben *n*
   s. sous-marin Seebeben *n*
   s. terrestre kontinentales Beben *n*
séismicité *f* Seismizität *f*
séismique seismisch
séismogramme *m* Seismogramm *n*
séismographe *m* Seismograf *m*
séismologie *f* Seismologie *f*
séismomètre *m* Seismometer *m*
sel *m* Salz *n*
   s. acide saures Salz *n*
   s. alcalin Alkalisalz *n*
   s. d'aluminium Aluminiumsalz *n*
   s. ammoniaque Salmiak *m*, Ammoniumchlorid *n*

s. **anhydre** kristallwasserfreies Salz n
s. **d'argent** Silbersalz n
s. **basique** basisches Salz n
s. **de brome** Bromsalz n
s. **brut** Rohsalz n
s. **de chrome** Chromsalz n
s. **complexe** komplexes Salz n
s. **cuit** Siedesalz n
s. **double** Doppelsalz n
s. **d'Epsom** Bittersalz n, Magnesiumsulfat n
s. **fixateur rapide** Schnellfixiersalz n
s. **gemme** Steinsalz n
s. **de Glauber** Glaubersalz n
s. **hydraté** kristallwasserhaltiges Salz n
s. **de mercure** Quecksilbersalz n
s. **métallique** Metallsalz n
s. **de métaux lourds** Schwermetallsalz n
s. **minéral** Mineralsalz n
s. **de potasse** Kalisalz n
s. **de Schlippe** Schlippesches Salz n
s. **de Seignette** Seignettesalz n
sélecter [aus]wählen
sélecteur m 1. Wahlschalter m; Wähler m; 2. ⟨Dat⟩ Auswähler m; 3. Sperrkreis m; 4. Sichter m
s. **d'adresse** Adressenauswähler m
s. **à air** Windsichter m
s. **d'amplitude** Impulshöhenanalysator m, Amplitudenanalysator m
s. **d'amplitude multicanal** Vielkanal(amplituden)analysator m
s. **d'amplitude à un canal** Einkanal(amplituden)analysator m
s. **d'arrivée** Eingangswähler m
s. **automatique** Wählautomat m
s. **des avances** Vorschubwähler m
s. **à barres croisées** Kreuzschienenverteiler m
s. **de canaux** Kanalwähler m
s. **chercheur** Suchwähler m
s. **de coïncidences** Koinzidenzeinheit f
s. **de départ** Ausgangswähler m
s. **entrant** Eingangswähler m
s. **de gammes** Wellenschalter m
s. **de groupe** Gruppenwähler m
s. **de groupe interurbain** Ferngruppenwähler m
s. **de groupes de lignes** Leitungsgruppenwähler m
s. **de ligne** Leitungswähler m
s. **de ligne interurbaine** Fernleitungswähler m
s. **de lignes** Linienwähler m
s. **à moteur** Motorwähler m
s. **multicanal** Vielkanalanalysator m
s. **numérique** Nummernwähler m

s. **pas-à-pas** Schrittwähler m
s. **de points de mesurage** Meßstellenwähler m
s. **de préfixe** Amtswähler m
s. **à relais** Relaiswähler m
s. **rotatif** Drehwähler m; Drehschalter m
s. **rotatif ascendant** Drehhebwähler m
s. **de semences** Saatgutbereiter m
s. **sortant** Ausgangswähler m
s. **de temps de vol (transit)** Laufzeitanalysator m, Flugzeitanalysator m
s. **de vitesse** 1. Geschwindigkeitsumschalter m ⟨Tonband⟩; 2. ⟨Kfz⟩ Schalthebel m
s. **de vitesses neutroniques** Neutronenmonochromator m, Chopper m
sélectif selektiv
sélection f Selektion f, Auswahl f
s. **d'adresse** ⟨Dat⟩ Adressenauswahl f
s. **d'amplitudes** Amplitudenselektion f
s. **de bloc** ⟨Dat⟩ Blockauswahl f
s. **à distance de l'abonné demandé** Teilnehmerfernwahl f
s. **d'impulsions** Impulsauswahl f
s. **d'une mémoire** Speicherauswahl f
s. **de piste** ⟨Dat⟩ Spurauswahl f
s. **par spin isotopique** Isospinauswahl f
sélectionner wählen
s. **directement** durchwählen
sélectivité f Selektivität f, Trennschärfe f, Trennvermögen n
séléniate m Selenat n
sélénite m Selenit n
sélénium m Selen n
self f s. self-inductance
self-inductance f Selbstinduktivität f, Selbstinduktionskoeffizient m
s. **d'amortissement** Löschdrossel f
s. **à basse fréquence** Niederfrequenzdrossel f, NF-Drossel f
s. **à fer** Eisen[kern]drossel f
s. **de filtrage** Siebdrossel f, Glättungsdrossel f
s. **à haute fréquence** Hochfrequenzdrossel f, HF-Drossel f
s. **de modulation** Modulationsdrossel f
self-induction f Selbstinduktion f, Selbstinduktivität f
s. **de fuite** Streuinduktivität f
s. **d'une ligne** Leitungsinduktivität f
s. **transversale** Querinduktivität f
selfique induktiv
self-trimmer m Selbsttrimmer m ⟨Schiff⟩
self-trimming selbsttrimmend ⟨z. B. Laderaum⟩

selle *f* Sattel *m*
selsyn *m* Gleichlaufanlage *f*, Gleichlaufgerät *n*; Synchronisieranlage *f*; Drehmelder *m*, Selsyn *n*
sémaphore *m* 1. ⟨Eb⟩ Formsignal *n*, Flügelsignal *n*; 2. ⟨Schiff⟩ Signalmast *m*
sémaphoriste *m* Blockwärter *m*
semblable ähnlich; ⟨Math⟩ gleichnamig
semelle *f* 1. Sohle *f* ⟨z. B. Strumpf, Schuh⟩; 2. Auflageplatte *f*, Unterlegplatte *f*; 3. Stevensohle *f*; 4. Kielklotz *m* ⟨Stapellauf auf Mittelablaufbahn⟩; 5. Gurt *m*
  s. complète Langsohle *f*
  s. étirée Zuggurt *m*
  s. extérieure Laufsohle *f*
  s. de fondation Gründungssohle *f*; Fundamentsohle *f*
  s. inférieure Untergurt *m*
  s. intérieure Brandsohle *f*
  s. intermédiaire Zwischensohle *f*
  s. moulée Formsohle *f*
  s. du rail Schienenfuß *m*
  s. à secousses Rüttelschuh *m* ⟨Aufgabevorrichtung⟩
  s. supérieure Obergurt *m*
semence *f* Polsternagel *m*, kurzer Nagel *m* mit breiter Kuppe
semi- *s. a.* demi-
semi-add[itionn]eur *m* Halbadder *m*, Halbaddierer *m*
semi-amorphe halbamorph
semi-argenté halbdurchlässig verspiegelt
semi-arrière halb hinten ⟨z. B. Lage des Maschinenraumes⟩
semi-automatique halbautomatisch
semi-brillant *m* Mattglanz *m*
semi-calmé halbberuhigt ⟨Stahl⟩
semicarbazide *f* ⟨Ch⟩ Semikarbazid *n*
semi-chenille *f* Ansteckraupe *f*
semi-circulaire halbrund
semi-clos halbgeschlossen
semi-coke *m* Schwelkoks *m*
  s. de lignite Braunkohlenschwelkoks *m*
semi-conducteur *m* Halbleiter *m*
  s. électronique Elektronenhalbleiter *m*
  s. au germanium Germaniumhalbleiter *m*
  s. ionique Ionenhalbleiter *m*
  s. au silicium Siliziumhalbleiter *m*
  s. du type N n-Halbleiter *m*
  s. du type NPN npn-Halbleiter *m*
  s. du type P p-Halbleiter *m*
  s. du type PNP pnp-Halbleiter *m*
  s. du type PNPN pnpn-Halbleiter *m*

semi-conserve *f* Halbkonserve *f*
semi-continu 1. ⟨Math⟩ halbstetig; 2. halbautomatisch
semi-cristal *m* Halbkristall *m*
semi-cristallin halbkristallin
semi-distillation *f* Schwelen *n*
semi-fini halbfertig
semi-fluide halbflüssig, viskos
semi-grillé halbgeröstet
semi-industriel halbtechnisch
semi-onciale *f* Halbunziale *f*
semi-ouvré *m* Halbfabrikat *n*, Halbzeug *n*
semi-perméable halbdurchlässig
semi-polaire ⟨Ch⟩ halbpolar ⟨Bindung⟩
semi-porte-containers *m* Semicontainerschiff *n*; Teilcontainerschiff *n*
semi-portique *m* Halbportalkran *m*
semi-produit *m* Halbfertigfabrikat *n*
semi-rapide mittelschnellaufend ⟨z. B. Motor⟩
semi-réfléchissant halbdurchlässig
semi-rigide halbstarr, halbsteif
semis *m* **en poquets** Dibbelsaat *f*, Häufchensaat *f*
semi-solide halbfest
semi-symétrique halbsymmetrisch
semi-tubulaire Halbröhren- ⟨Kessel⟩
semi-volcanique semi-vulkanisch
semoir *m* Sämaschine *f*, Drillmaschine *f*
  s. à cannelures Schubraddrillmaschine *f*
  s. monograine (de précision) Einzelkornsämaschine *f*
senestrogyre, sénestrogyre *s.* levogyre
sénevol *m* Senföl *n*
senne *f* *s.* seine
senner *s.* seiner
senneur *m* *s.* seineur
sens *m* 1. Bedeutung *f*, Sinn *m*; 2. ⟨Math⟩ Richtungssinn *m*; 3. Richtung *f*; **dans le s. des aiguilles de la montre, dans le s. horaire** im Sinne des Uhrzeigers, im mathematisch negativen Sinn; **dans le s. anti-horaire** im mathematisch positiven Sinn
  s. des aiguilles de la montre Uhrzeigersinn *m*
  s. anti-horaire Drehsinn *m* entgegen dem Uhrzeiger
  s. de bobinage Wickelsinn *m*
  s. de conduction Durchlaßrichtung *f*
  s. de coupe Schnittrichtung *f*
  s. de courant Stromrichtung *f*
  s. du déplacement Bewegungsrichtung *f*, Zustellrichtung *f*
  s. direct mathematisch positive Richtung *f*

s. de la direction ⟨Geol⟩ Streichrichtung *f*
s. de l'écoulement Strömungsrichtung *f*
s. de l'enroulement Wicklungssinn *m*
s. de l'exploration Abtastrichtung *f*
s. de fabrication s. s. du papier
s. giratoire Ringverkehr *m*
s. horaire Uhrzeigersinn *m*
s. du laminage Walzrichtung *f*
s. de la marche 1. Fahrtrichtung *f*; 2. Bewegungsrichtung *f*, Zustellrichtung *f*
s. du mouvement Bewegungsrichtung *f*
s. de non-conduction Sperrichtung *f*
s. du papier Faserlaufrichtung *f* des Papiers, Papierlaufrichtung *f*
s. rétrograde mathematisch negative Richtung *f*
s. de rotation Drehrichtung *f*, Drehsinn *m*, Umlaufrichtung *f*, Umlaufsinn *m*
s. de rotation du rotor Ankerdrehrichtung *f*
s. de torsion ⟨Text⟩ Drehungsrichtung *f*
s. unique Einbahnstraße *f*
sensation *f*:
s. de couleur Farbempfindung *f*
s. de la lumière Lichtempfindung *f*
sensibilisable sensibilisierbar
sensibilisateur *m* Sensibilisator *m*
sensibilisation *f* Sensibilisierung *f*
sensibiliser sensibilisieren
sensibilité *f* Empfindlichkeit *f*; Ansprechempfindlichkeit *f*
s. aux arêtes Kantenempfindlichkeit *f*
s. à la chaleur Hitzeempfindlichkeit *f*
s. aux chocs Stoßempfindlichkeit *f*
s. chromatique Farbempfindlichkeit *f*
s. de contraste Kontrastempfindlichkeit *f*
s. au courant Stromempfindlichkeit *f*
s. aux criques à chaud Warmrißanfälligkeit *f*
s. de détection Nachweisempfindlichkeit *f*
s. de déviation Ablenkungsempfindlichkeit *f*
s. aux différences d'éclairement Kontrastempfindlichkeit *f*
s. à l'énergie Energieempfindlichkeit *f*
s. à l'entaille Kerbempfindlichkeit *f*, Kerbschlagfestigkeit *f*, Kerbzähigkeit *f*, Kerbschlagzähigkeit *f*
s. d'entrée Eingangsempfindlichkeit *f*
s. à la friction Reibungsempfindlichkeit *f*

s. générale Allgemeinempfindlichkeit *f*
s. à l'intensité du courant Stromempfindlichkeit *f*
s. limite Grenzempfindlichkeit *f*
s. à la lumière Lichtempfindlichkeit *f*
s. de mesure Meßempfindlichkeit *f*
s. photo-électrique lichtelektrische Empfindlichkeit *f*
s. aux rayons infrarouges Infrarotempfindlichkeit *f*
s. spectrale Spektralempfindlichkeit *f*
s. à la tension Spannungsempfindlichkeit *f*
s. à la trempe Härteempfindlichkeit *f*
sensible fühlbar; empfindlich
s. aux acides säureempfindlich
s. aux arêtes kantenempfindlich
s. au bleu blauempfindlich
s. à la chaleur hitzeempfindlich
s. aux chocs stoßempfindlich
s. aux criques à chaud warmrißanfällig
s. à l'effet d'entaille kerbempfindlich
s. à l'infrarouge infrarotempfindlich
s. au jaune gelbempfindlich
s. au jaune et au vert gelbgrünempfindlich
s. à la lumière lichtempfindlich
s. à l'orange orangeempfindlich
s. au rouge rotempfindlich
s. à la trempe härteempfindlich
s. au vert grünempfindlich
sensitomètre *m* Sensitometer *n*
sensitométrie *f* Sensitometrie *f*
sep *m* Pflugkörper *m*
séparabilité *f* Trennbarkeit *f*
séparable abscheidbar, trennbar
séparateur *m* 1. Abscheider *m*, Scheider *m*; Wäscher *m*; Sieb *n*; Scheideflasche *f*; Sichter *m*; 2. ⟨El⟩ Separator *m*, Trennelement *n* ⟨einer Batterie⟩; 3. ⟨Dat⟩ Trennsymbol *n*
s. d'acétylène Azetylenabscheider *m*
s. à air Windsichter *m*
s. d'ammoniaque Ammoniakwäscher *m*
s. d'amplitudes Amplitudensieb *n*
s. d'arc Funkenfänger *m*
s. de benzène Benzolwäscher *m*
s. de bord Schiffsseparator *m*
s. de boues Schlammscheider *m*
s. de combustible, s. à diesel-oil Treibölseparator *m*
s. d'eau Wasserabscheider *m*, Dampftrockner *m* ⟨Dampfkessel⟩
s. d'eau mazouteuse, s. des eaux de cales polluées de pétrole Bilgewasserentöler *m*

séparateur

s. **électrique** elektrischer Scheider m
s. **électromagnétique** elektromagnetischer Scheider m
s. **de fuel(-oil)** Schwerölseparator m
s. **de gaz** Gasabscheider m
s. **de goudron** Teerscheider m
s. **d'huile** Wasserentöler m
s. **d'huile de graissage** Schmierölseparator m
s. **humide** Naßscheider m
s. **d'impulsions** Impulssieb n
s. **d'isotopes** Isotopentrenner m
s. **de laitier** Schlackenabscheider m
s. **de liquide** Flüssigkeitsabscheider m
s. **magnétique** Magnetscheider m
s. **marin** Schiffsseparator m
s. **de masses** Massentrenner m
s. **à plaque** Plattenabscheider m
s. **de poussières** Staubabscheider m
s. **à spirale** ⟨Brg⟩ Wendescheider m
s. **de vide élevé** Hochvakuumhahn m
séparation f 1. Lösen n, Trennen n; Trennung f, Abtrennung f; 2. Zerlegung f; Entmischung f, Scheidung f; Sichten n; Seigerung f; 3. Abstand m; 4. ⟨Fs⟩ Auflösung f
s. **de l'air** Luftzerlegung f
s. **chimique** chemische Trennung f
s. **chromatographique** chromatografische Trennung f
s. **par congélation** Ausfrieren n
s. **électrolytique** elektrolytische Scheidung f
s. **de fréquences** Frequenztrennung f
s. **granulométrique** granulometrische Separation f
s. **des impulsions** Impuls(ab)trennung f
s. **par inertie** Ablenkungsfilterung f
s. **des isomères, s. isomérique** Isomerentrennung f
s. **des isotopes, s. isotopique** Isotopentrennung f
s. **des liquides** Flüssigkeitsabtrennung f
s. **par liquides lourds** Schwimmsinkverfahren n
s. **de liquides non miscibles** liquide Entmischung f
s. **magnétique** Magnetscheidung f
s. **des masses** Massentrennung f
s. **du méthane** Methanspaltung f
s. **des pertes** Aufteilung f der Verluste
s. **des phases** Phasentrennung f
s. **pneumatique** Windsichtung f
s. **quantitative** quantitative Trennung f
s. **des solides** Feststoffabtrennung f
s. **des variables** Trennung f der Veränderlichen

s. **par voie mécanique** mechanische Trennung f
s. **entre voies** ⟨Fs⟩ Kanalabstand m
première s. Vorzerlegung f
séparer 1. lösen, (ab)trennen; 2. zerlegen; entmischen; (ab)scheiden; sichten; seigern; 3. ⟨Fs⟩ auflösen
sépiolite f ⟨Min⟩ Sepiolith m, Meerschaum m
septuple siebenfach
séquence f Folge f
s. **d'appel** Ruffolge f
s. **des bits** binäre Ziffernfolge f, Bitfolge f
s. **de commandes** Befehlsfolge f
s. **d'instructions** Befehlsfolge f
s. **d'instructions linéaires** lineare Befehlsfolge f
s. **de manœuvre** Betätigungsfolge f
s. **des opérations** Schaltfolge f
s. **opératoire** Arbeitsfolge f
s. **pétrographique** ⟨Geol⟩ petrografische Abfolge f
s. **de programme** Programmfolge f
sériation f Anordnung f in Reihe
séricite f Serizit m ⟨Kaliglimmer⟩
série f Serie f; **en s.** in Reihe (Serie)
s. **absolument convergente** ⟨Math⟩ absolut konvergente Reihe f
s. **des alcools** ⟨Ch⟩ Alkoholreihe f
s. **aliphatique** ⟨Ch⟩ aliphatische Reihe f, Fettreihe f
s. **alternée** ⟨Math⟩ alternierende Reihe f
s. **arithmétique** ⟨Math⟩ arithmetische Reihe f
s. **asymptotique** ⟨Math⟩ asymptotische Reihe f
s. **de Balmer** ⟨Ph⟩ Balmer-Serie f
s. **de Brackett** ⟨Ph⟩ Brackett-Serie f
s. **de conducteurs** ⟨El⟩ Leiterzug m
s. **de construction** Baureihe f
s. **de coupes** Schnittserie f
s. **cristalloblastique** idioblastische Reihe f
s. **de dépressions** Tiefdruckserie f
s. **de désintégration** (radioaktive) Zerfallsreihe f
s. **de développement** Entwicklungsreihe f
s. **double** ⟨Math⟩ Doppelreihe f
s. **électro-chimique** elektrochemische Spannungsreihe f
s. **d'essais** Versuchsreihe f
s. **de fabrication** Baureihe f
s. **factorielle (de faculté)** ⟨Math⟩ Fakultätenreihe f
s. **fondamentale** Fundamentalserie f

s. des forces thermoélectriques thermoelektrische Spannungsreihe f
s. géométrique ⟨Math⟩ geometrische Reihe f
s. harmonique ⟨Math⟩ harmonische Reihe f
s. homologue ⟨Ch⟩ homologe Reihe f
s. d'impulsions Impulsfolge f
s. K K-Serie f
s. de lits successifs ⟨Geol⟩ Schichtenreihe f
s. de Lyman ⟨Ph⟩ Lyman-Serie f
s. normalisée Norm(ungs)reihe f
s. de Paschen ⟨Ph⟩ Paschen-Serie f
s. principale Hauptserie f
s. radio-active s. s. de désintégration
s. secondaire Nebenserie f
s. de secousses Erdbebenschwarm m
s. de sinus Sinusreihe f
s. sommable summierbare Reihe f
s. spectrale Spektralserie f
s. de tension Spannungsreihe f
s. du thorium Thoriumreihe f
s. de types Typenreihe f
s. uniformément convergente ⟨Math⟩ gleichmäßig konvergente Reihe f
s. de l'uranium-radium Uran-Radium-Zerfallsreihe f, Uranreihe f
petite s. Kleinserie f
sérier in Reihe anordnen
sérigraphie f Siebdruck m
seringue f Spritze f; Injektionsspritze f
s. à graisse Fettpresse f
serpentin m Schlange f, Spirale f; Rohrschlange f
s. cathodique Katodenschlange f
s. de chauffage Heizschlange f
s. d'évaporation Verdampfschlange f
s. frigorifique Kühlschlange f
s. plat Flachschlange f
s. réfrigérant (réfrigérateur, de refroidissement) Kühlschlange f
s. de tubes Rohrschlange f, Heizschlange f
s. à vapeur Dampfschlange f
serpentine f ⟨Min⟩ Serpentin m
serpentinisation f ⟨Min⟩ Serpentinisierung f
serrage m 1. Eindrücken n, Einpressen n, Aufpressen n, Einschrumpfen n, Aufschrumpfen n; 2. Spannen n, Aufspannen n ⟨Werkstück, Werkzeug⟩; 3. Anstellung f, Schnittiefe f, Zustellung f; 4. Anziehen n, Festschrauben n, Festziehen n ⟨Schraubverbindung⟩; 5. ⟨Typ⟩ Schließzeug n
s. à chaud Warmaufschrumpfen n

s. hydraulique hydraulische Spannung f
s. des nœuds ⟨Text⟩ Knotenrutschfestigkeit f
s. de l'oculaire Okularklemmung f
s. pneumatique Druckluftspannung f
s. rapide Schnellspannung f
serre f 1. ⟨Schiff⟩ Stringer m; 2. Gewächshaus n
serre-billettes m Knüppelhalter m
serre-câble m Kabelklemme f
serre-écrou m Knochen m ⟨Fahrradschlüssel⟩
serre-fils m Klemme f, Anschlußklemme f
s. isolant Isolierklemme f, Isolationsklemme f
serre-flan m Niederhalter m, Rondenhalter m
serre-joint(s) m Schraubknecht m
serrement m ⟨Brg⟩ Grubenwehr n
serre-pièce m Gegenhalter m
serrer 1. eindrücken, einpressen, aufpressen, einschrumpfen, aufschrumpfen; 2. spannen, aufspannen ⟨Werkzeug, Werkstück⟩; 3. zustellen, anstellen ⟨Werkzeug an Werkstück⟩; 4. anziehen, festschrauben, festziehen ⟨Schraubverbindung⟩
s. la forme ⟨Typ⟩ [die Form] schließen
serre-tôle m Blechhalter m, Blechhaltering m; Nietenzieher m, Plattendrücker m
serrure f Schloß n
s. d'aiguille ⟨Eb⟩ Weichenschloß n
s. demi-tour halbtouriges Schnappschloß n
s. encastrée Einbauschloß n
s. de levier de signal ⟨Eb⟩ Signalhebelschloß n
s. à palastre Kastenschloß n
s. pendante Vorhängeschloß n
s. de sûreté Sicherheitsschloß n
sertir 1. falzen, bördeln; 2. einwalzen ⟨Kesselbau⟩
sertissage m 1. Falzen n, Bördeln n; Falzung f, Bördelung f; 2. Einwalzen n ⟨Kesselbau⟩; 3. Kerbverbindung f ⟨von Drähten⟩
sertisseuse f 1. Wickelmaschine f; 2. Dosenverschließmaschine f
service m 1. Betrieb m; 2. Service m; Werkstatt f, Vertragswerkstatt f; 3. Abteilung f; 4. Verkehr m; 5. Behörde f; Amt n, Büro n; **en s.** in Betrieb; **hors s.** außer Betrieb
s. d'accompagnement Zugbegleitdienst m

service

s. **achats** Abteilung f Einkauf
s. **aérien** Fluglinienverkehr m
s. **d'amateur** Amateurfunkdienst m
s. **d'architecture** Baubehörde f
s. **d'arpentage** Vermessungswesen n
s. **asynchrone** Asynchronbetrieb m
s. **des bâtiments** Bauabteilung f
s. **du bord** Bordbetrieb m, Schiffsbetrieb m; Borddienst m, Schiffsdienst m
s. **de cargaison** Ladungsdienst m
s. **classe A** A-Betrieb m
s. **classe AB** AB-Betrieb m
s. **commun** Gemeinschafts[linien]-dienst m
s. **conduite-exploitation** Brückenbetrieb m, Brückendienst m; Fahrbetrieb m, Fahrdienst m
s. **continu** Dauerbetrieb m
s. **du contrôle** Abteilung f Gütekontrolle
s. **du contrôle de la circulation aérienne** Flugsicherungskontrolldienst m
s. **du contrôle de radio** Funküberwachung f
s. **côtier** Küstendienst m, Küstenfahrt f (als Einsatzgebiet)
s. **de courte durée** kurzzeitiger Betrieb m, Kurzzeitbetrieb m
s. **de croisières** Kreuzfahrtendienst m
s. **de détresse maritime** Seenotdienst m
s. **de diffusion de renseignements aéronautiques** Luftfahrtrundsendedienst m
s. **discontinu** aussetzender (intermittierender) Betrieb m
s. **dur** schwerer Betrieb m
s. **des essais** Versuchsabteilung f
s. **d'extraction** Förderbetrieb m
s. **de fabrication** Abteilung f Produktion
s. **fixe aéronautique** fester Flugfernmeldedienst m
s. **de gardes** Betriebsschutz m
s. **des grandes lignes** Fernverkehr m
s. **du haut fourneau** Hochofenbetrieb m
s. **hydrographique de la marine** seehydrografischer Dienst m
s. **implantation** Abteilung f Anlagenerhaltung (Hauptmechanik)
s. **d'information de vol** Flugsicherungsinformationsdienst m, FS-Informationsdienst m
s. **d'informations** Nachrichtendienst m
s. **ininterrompu** Dauerbetrieb m mit veränderlicher Belastung

s. **ininterrompu à charge intermittente** Durchlaufbetrieb m mit Aussetzbelastung, DAB
s. **intermittent** Aussetzbetrieb m, AB
s. **intermittent périodique** Aussetzschaltbetrieb m, periodisch aussetzender Betrieb m mit gleichbleibender Belastung, ABE
s. **intermittent variable** Aussetzbetrieb m mit veränderlicher Belastung während eines Spiels
s. **interurbain automatique** automatischer Fernwähldienst m
s. **machine** Maschinenbetrieb m (an Bord)
s. **manuel** Handbetrieb m
s. **de marchandises** Frachtdienst m
s. **à la mer** Seebetrieb m
s. **méthodes** Abteilung f Fertigungsvorbereitung (Technologie, Arbeitsvorbereitung)
s. **municipal d'architecture** Stadtbauamt n
s. **de navette** Pendelverkehr m
s. **« off line »** Off-line-Betrieb m
s. **« on line »** On-line-Betrieb m
s. **de passagers** Fahrgastdienst m, Fahrgastfahrt f, Passagierdienst m (als Betriebsform)
s. **périodique** Dauerbetrieb m mit periodisch veränderlicher Belastung, Durchlaufschaltbetrieb m, DSB
s. **pont** seemännisch-nautischer Betrieb m; seemännisch-nautischer Dienst m; Decksbetrieb m; Decksdienst m
s. **de port** Hafendienst m
s. **préparation** s. s. méthodes
s. **de quart** Wachdienst m
s. **radio de météorologie** Funkwetterdienst m
s. **de radiodiffusion** Rundfunkdienst m
s. **radio-électrique** Funkdienst m
s. **radio-électrique aérien** Flugfunkdienst m
s. **radio-électrique d'espace** Weltraumfunkdienst m
s. **radio-électrique de la police** Polizeifunk m
s. **radiogoniométrique** Funkpeildienst m
s. **radiologique** radiologischer Dienst m
s. **radiomaritime** Seefunkdienst m
s. **de radionavigation** Navigationsfunkdienst m
s. **de radionavigation aéronautique** Flugnavigationsfunkdienst m

s. de radionavigation maritime Seenavigationsfunkdienst m
s. radiotéléphonique Funksprechdienst m
s. rail-route Schienen-Straßen-Verkehr m
s. recherches et études Abteilung f Forschung und Entwicklung
s. restaurant Wirtschaftsbetrieb m ⟨an Bord⟩
s. roll-on / roll-off Roll-on / Roll-off-Dienst m
s. de sauvetage Rettungswesen n
s. de sauvetage des mines Grubenrettungswesen n
s. semi-automatique halbautomatischer Betrieb m
s. technique Abteilung f Technik; technischer Dienst m
s. technique-entretien Wartungsbetrieb m ⟨an Bord⟩; Wartungsdienst m
s. de télécommunication Fernmeldedienst m
s. de télécommunication aéronautique Flugfernmeldedienst m
s. télégraphique Telegrafiedienst m
s. téléphonique Fernsprechdienst m
s. de télévision Fernsehdienst m
s. télex Fernschreibdienst m
s. temporaire Kurzzeitbetrieb m mit gleichbleibender Belastung
s. temporaire variable Kurzzeitbetrieb m mit veränderlicher Belastung
s. après vente Abteilung f Kundendienst, Kundendienst m
s. ventes Abteilung f Absatz, Verkaufsabteilung f
services mpl urbains Stadtbetriebe mpl, städtische Betriebe mpl
servitudes fpl Bordanlagen fpl
servo-actionneur m de trim Steuerbetätigung f für Trimmruder
servo-amortisseur m Selbststabilisierungsgerät n
servocommande f Servosteuerung f
servodirection f Servolenkung f
servo-étançon m Servostempel m
servofrein m Servobremse f
s. hydraulique hydraulische Servobremse f
servogouverne f Servoruder n
servomécanisme m Hilfsmechanismus m, Servomechanismus m
servomoteur m Servomotor m, Stellmotor m
s. de mise en action Antriebsverstärker m; Kraftschalter m

servosoupape f Stellventil n
servosystème m Servosystem n
servotab m Servoruder n, Flettnerruder n
servovalve f Stellventil n
sesquiplan m Anderthalbdecker m
sesquiterpène m Sesquiterpen n
seuil m 1. Schwelle f; 2. Angußöffnung f, Anguß m, Anspritzöffnung f ⟨Spritzguß⟩; 3. Süll n
s. d'amorçage Ansprechschwelle f
s. d'audibilité Hörschwelle f
s. de déclenchement Auslöseschwelle f
s. de détection Nachweisschwelle f
s. de discrimination Diskriminationsschwelle f
s. d'énergie pour la fission Energieschwelle f für Spaltung
s. de fluage Fließgrenze f
s. de fond Grundschwelle f, Sohlschwelle f
s. de Geiger Geiger-Schwelle f
s. de luminance Helligkeitsschwelle f
s. de luminescence Lumineszenzschwelle f
s. nucléaire d'énergie ⟨Kern⟩ Energieschwelle f, Schwellenenergie f
s. de la perception acoustique Hörschwelle f
s. de piste Start- und Landebahnschwelle f
s. de potentiel Potentialschwelle f
s. de réaction Reaktionsschwelle f
s. de réponse Ansprechschwelle f
s. de sensibilité Ansprechschwelle f, Empfindlichkeitsschwelle f; Grenzempfindlichkeit f, Nachweisgrenze f
sextant m Sextant m
s. aéronautique Flugzeugsextant m
s. en boîte Dosensextant m
s. à bulle Luftblasensextant m
s. gyroscopique Kreiselsextant m
sexvalent sechswertig
shaving m Schaben n
shellac m Schellack m
shelterdeck m Schutzdeck n, Shelterdeck n
s. fermé geschlossenes Schutzdeck n
s. ouvert offenes Schutzdeck n
shérardisation f Sherardisieren n
shérardiser sherardisieren
shimme m Shim n, Einlegestück n
shimmy m Flattern n ⟨z. B. der Vorderräder eines Automobils⟩
shiptainer m Containerverladebrücke f ⟨bordseitig⟩
short ton m ⟨Masseeinheit in den USA; 1 sh. tn. = 2000 lb = 907,185 kg⟩

shortwall *m* ⟨Brg⟩ kurzer Abbaustoß *m*
shunt *m* 1. ⟨El⟩ Shunt *m*, Nebenschlußwiderstand *m*, Nebenschluß *m*; 2. ⟨Eb⟩ Nebenschluß; Abzweigung *f*
  s. inductif induktiver Shunt *m*, Wendefelddrossel *f*
  s. magnétique magnetischer Shunt *m*
  s. non inductif induktionsfreier Shunt *m*
  s. ohmique ohmscher Shunt *m*, Wendefeldwiderstand *m*
  s. résonnant Resonanznebenschluß *m*; Überbrückungsschwingkreis *m*
  s. souple Anschlußlitze *f*
shuntage *m* Parallelschalten *n*; Parallelschaltung *f*
shunter parallelschalten
siccateur *m* **tripode** Dreibockreuter *m*
siccatif trocknend
siccatif *m* Sikkativ *n*, Trockenstoff *m*
siccativation *f* Sikkativierung *f*
siccité *f* Trockenheit *f*
sidéral siderisch, sideral-, Stern-
sidérose *f* ⟨Min⟩ Siderit *m*, Eisenspat *m*, Spateisen(stein *m*) *n*
sidérurgie *f* Eisenhüttenwesen *n*, Eisenhüttenkunde *f*, Eisenhüttenindustrie *f*
siège *m* Sitz *m*
  s. arrière Soziussitz *m*
  s. catapultable s. **s. éjectable**
  s. de chasse Jagdsitz *m* ⟨auf Fischereifahrzeugen⟩
  s. duo Sitzbank *f*
  s. éjectable (d'éjection) Katapultsitz *m*, Schleudersitz *m*
  s. d'extraction Schachtanlage *f*, Grubenanlage *f*
  s. de pointeau Schwimmernadelventilsitz *m*
  s. rapporté Ventilsitzring *m*
  s. de soupape Ventilsitz *m*
siemens *m* Siemens *n* ⟨Einheit des elektrischen Leitwertes⟩
sienne *f* s. **terre de sienne**
sifflement *m* Pfeifen *n*
  s. d'interférence Überlagerungspfeifen *n*
siffler pfeifen
sifflet *m* Pfeife *f*
  s. d'alarme Signalpfeife *f* ⟨Lokomotive⟩
  s. de Galton Galtonpfeife *f*
  s. Typhon Tyfon *n*
  s. à vapeur Dampfpfeife *f*, Signalpfeife *f*
signal *m* Signal *n*
  s. accouplé ⟨Eb⟩ gekuppeltes Signal *n*

  s. acoustique akustisches Signal *n*, Tonsignal *n*, Hörsignal *n*
  s. d'action Regelsignal *n*, Regelbefehl *m*
  s. d'activation Betätigungssignal *n*
  s. d'aiguille ⟨Eb⟩ Weichensignal *n*
  s. d'alarme Alarmsignal *n*, Alarmzeichen *n*
  s. analogique (analogue) ⟨Dat⟩ analoges Signal *n*
  s. d'annonce ⟨Eb⟩ Anmeldesignal *n*
  s. d'appel Anrufsignal *n*
  s. d'arrêt Haltesignal *n*
  s. d'arrêt absolu absolutes Haltesignal *n*
  s. d'arrêt franchissable bedingtes Haltesignal *n*
  s. d'avertissement Warn(ungs)signal *n*
  s. basse fréquence Niederfrequenzsignal *n*
  s. de bloc automatique ⟨El⟩ selbsttätiges Blocksignal *n*
  s. de bord nautisches Signal *n*
  s. de brouillage Störungszeichen *n* ⟨Radar⟩
  s. de brume Nebelsignal *n*
  s. carré ⟨Eb⟩ Einfahrsignal *n*; Haltesignal *n*
  s. de chrominance Farbsignal *n* ⟨Fernsehen⟩
  s. clignotant Blinksignal *n*, Blinkzeichen *n*
  s. de commande Steuersignal *n*
  s. complet Signalgemisch *n* ⟨Fernsehen⟩
  s. de consultation Anfragesignal *n*
  s. de contre-réaction Rückführungssignal *n*
  s. de contrôle Kontrollsignal *n*
  s. de correction Korrektursignal *n*, Korrekturbefehl *m*
  s. de couverture de trains ⟨Eb⟩ Zugdeckungssignal *n*
  s. de déclenchement Auslösesignal *n*
  s. de départ ⟨Eb⟩ Ausfahrsignal *n*
  s. de dépassement de seuil élaboré Grenzwertsignal *n*
  s. de détresse Notruf *m*; Notsignal *n*
  s. de différence de couleur Farbdifferenzsignal *n*
  s. à disque ⟨Eb⟩ Scheibensignal *n*
  s. à distance Vorsignal *n*
  s. distinctif Unterscheidungssignal *n*
  s. échelon unité Einheitssprungsignal *n*
  s. enclenché abhängiges Signal *n*
  s. (d')entrée 1. ⟨Dat⟩ Eingangssignal *n*; 2. ⟨Eb⟩ Einfahrsignal *n*

s. d'erreur Fehlersignal n
s. étranger Fremdsignal n
s. faible Kleinsignal n
s. de fin Schlußsignal n, Schlußzeichen n
s. fixe ortsfestes Signal n
s. flottant Flaggensignal n
s. à fréquence acoustique Tonfrequenzsignal n
s. d'image Bildsignal n
s. d'une image composé vollständiges Bildsignal n
s. d'une image en couleurs Farbbildsignal n
s. d'information Informationssignal n
s. de lecture Lesesignal n
s. de ligne libre ⟨Fmt⟩ Freizeichen n
s. de limite manœuvre ⟨Eb⟩ Rangiergrenztafel f
s. de localisation Peilsignal n
s. de locomotive Lokomotivsignal n
s. de luminance Helligkeitssignal n
s. lumineux Lichtsignal n
s. modulé moduliertes Signal n
s. morse Morsezeichen n
s. par morse lumineux Blinksignal n
s. de numérotation Wählzeichen n, Amtszeichen n
s. d'occupation ⟨Fmt⟩ Besetztzeichen n
s. par pavillon Flaggensignal n
s. perturbateur Störsignal n
s. pilote 1. ⟨Dat⟩ Steuersignal n; 2. ⟨Schiff⟩ Lotsensignal n
s. de pleine voie Streckensignal n
s. de position d'aiguille ⟨Eb⟩ Weichensignal n
s. de queue Zugschlußsignal n
s. de ralentissement Langsamfahrsignal n
s. rapporteur Anzeiger m
s. de réaction Rückführsignal n
s. reçu Empfangssignal n
s. de référence Bezugssignal n, Referenzsignal n
s. de repos Pausenzeichen n
s. de rythme Taktsignal n
s. de sécurité ⟨Fmt⟩ Sicherheitszeichen n
s. sémaphorique Formsignal n, Flügelsignal n
s. « sifflez » ⟨Eb⟩ Pfeiftafel f
s. de sortie Ausgangssignal n
s. de suppression Austastsignal n
s. synchronisant Synchronisierzeichen n
s. de synchronisation Synchron[isier]-signal n
s. de synchronisation de couleur Farbsynchronsignal n
s. télégraphique Telegrafierzeichen n
s. de téléscription Fernschreibsignal n
s. de télévision Fernsehsignal n
s. de test Prüfsignal n
s. d'urgence Dringlichkeitszeichen n
s. utile Nutzsignal n
s. vidéo Videosignal n
s. vidéo composite zusammengesetztes Videosignal n
s. zéro Nullsignal n
signalement m äußere Kennzeichnung f
signaler signalisieren
signalisation f 1. Signalwesen n; Meldedienst m; 2. Signalsystem n
s. automatique selbsttätiges Signalsystem n
s. d'un défaut à la terre Erdschlußmeldung f
s. de défauts Störungsmeldung f, Störungswarnung f
signature f Unterschrift f; Impressum n
s. de feuille Bogensignatur f
signe m 1. Vorzeichen n; 2. Zeichen n; Marke f; Markierung f
s. admissible zulässiges Zeichen n
s. alinéa ⟨Typ⟩ Alineazeichen n
s. avertisseur Warnmarke f
s. de commande Steuerzeichen n
s. de correction Korrekturzeichen n
s. d'égalité Gleichheitszeichen n
s. flottant Flaggenzeichen n
s. fractionnaire Bruchstrich m
s. intégral Integralzeichen n
s. négatif Minuszeichen n, negatives Zeichen n
s. de ponctuation Satzzeichen n, Interpunktionszeichen n
s. positif Pluszeichen n, positives Zeichen n
s. de radar Radarzeichen n
s. de référence Anmerkzeichen n
s. de synchronisation Synchronisationszeichen n
signet m Zeichenband n
signification f Bedeutung f, Sinn m
silane m Silan n
silencieux geräuscharm
silencieux m Schalldämpfer m, Auspufftopf m
silentbloc m Gummilager n
silex m Feuerstein m, Flintstein m
silicagel m Silikagel n
silicate m Silikat n
s. alcalin ⟨Ch⟩ Wasserglas n
s. d'alumine Tonerdesilikat n
s. d'aluminium Aluminiumsilikat n

silicate

s. de calcium Kalziumsilikat n
s. d'éthyle Äthylsilikat n
s. de potasse ⟨Ch⟩ Wasserglas n
silicates mpl:
  s. en groupements associés en chaines Kettensilikate npl
  s. en groupements associés en charpentes continues Gerüstsilikate npl
  s. en groupements associés en feuillets Blattsilikate npl
  s. en groupements complexes séparés Inselsilikate npl
silice f Kieselerde f, Siliziumdioxid n
siliceux kieselig
silicification f Verkieselung f
silicifier verkieseln
silicium m Silizium n
siliciure m Silizid n
silicocalcaire kiesel-kalkhaltig
silicochloroforme m ⟨Ch⟩ Trichlorsilan n
silicoéthane m Disilan n
silicofluorure m Fluorosilikat n
silicomanganèse m siliziumhaltiger Manganstahl m
silicométhane m Monosilan n, Silan n
silicone f Silikon n
silicopropane m Trisilan n
silionne f Glasseide f
sillage m Nachstrom m
sillimanite f ⟨Min⟩ Sillimanit m ⟨Tonerdesilikat⟩
sillon m Rille f ⟨Schallplatte⟩
  s. d'arrachage Rodefurche f
  s. de disque Tonrille f ⟨Schallplatte⟩
silo m Silo m, Bunker m
  s. à charbon Kohlenbunker m
  s. à chaux brut Rohkalksilo m
  s. couloir Durchfahrsilo m
  s. à fourrage vert Grünfuttersilo m
  s. à fourrages Futtersilo m, Gärfutterbehälter m
  s. à grains Getreidesilo m
  s. de poussier de charbon Kohlenstaubsilo m
  s. à sel brut Rohsalzsilo m
  s. temporaire Miete f
silotage m Silierung f
silo-tranchée m Grubensilo m
siloxane m ⟨Ch⟩ Siloxan n
silurien m Silur n
similicuir m Kunstleder n
similigravure f Autotypie f, Rasterätzung f
similisage m ⟨Text⟩ Similisieren n
similiseuse f ⟨Text⟩ Similisierkalander m
similitude f Ähnlichkeit f
simple einfach, Einzel-
simplexe m ⟨Math⟩ Simplex n

simplification f Vereinfachung f
simplifier vereinfachen
simulateur m Simulator m
  s. de mer Seegangssimulator m, Wellenmaschine f
  s. de réacteur Reaktorsimulator m
  s. de vol Flugsimulator m
simulation f Simulation f, Nachbildung f
simuler nachbilden
simultané simultan, gleichzeitig
simultanéité f Gleichzeitigkeit f
singularité f **essentielle** wesentliche Singularität f
singulaxe einachsig ⟨Kristallografie⟩
singulet m Singulett n
singulier ⟨Math⟩ singulär
sinus m Sinus m
  s. hyperbolique hyperbolischer Sinus m
sinusoidal sinusförmig
sinusoide f Sinuslinie f, Sinusoide f
siphon m 1. Siphon m, Heber m, Saugheber m; Saugrohr n; 2. Düker m; 3. Siphon, Geruchverschluß m
  s. d'occlusion Wasserverschluß m
  s. recorder ⟨Fmt⟩ Farbröhrchenschreiber m, Heberschreiber m
  s. de vidange Abscheidesiphon m
siphonnement m Abhebern n, Aushebern n
siphonner abhebern, aushebern
sirène f Sirene f
  s. de brume Nebelhorn n
sisal m Sisal[hanf] m
sism... s. séism...
sister-ship m Schwesterschiff n
site m Lage f; Standort m ⟨eines Industriebaus⟩; Bauplatz m, Baustelle f
  s. interstitiel interstitieller Gitterplatz m
  s. octaédrique Oktaederlage f, Oktaederplatz m
  s. tétraédrique Tetraederlage f, Tetraederplatz m
  s. vacant freier Gitterplatz m
situation f Lage f
  s. gauche windschiefe Lage f
  s. involutive involutorische Lage f
skiagramme m Radiogramm n
skiatron m Skiatron n, Schwärzungsröhre f
skin-effect m s. effet pelliculaire
skip m Fördergefäß n; Gefäßförderanlage f, Skipförderanlage f
slamming m Aufschlagen n des Vorschiffes im Seegang, Slamming n
slip m Aufschleppe f, Slip m ⟨für Fischnetze⟩; Slip, Slipanlage f ⟨für Schiffe⟩

slipway *m* Slip[anlage f] *m*
smalt *m* Smalte f, Kobaltblau *n*
smaltine f Glanzkobalt *m*, Speiskobalt *m*
smectique smektisch
soc *m* Schar *n* ⟨eines Pfluges⟩
  s. **d'arracheuse** Rodeschar *n*
  s. **à pointe mobile** Meißelschar *n*, Durchsteckschar *n*
  s. **sarcleur** Hackmesser *n*
  s. **de semoir** Drillschar *n*
société f :
  s. **de classification** Klassifikationsgesellschaft f, Register *n*
  s. **navale** Reederei f, Schiffahrtsgesellschaft f
socle *m* Sockel *m*, Fuß *m*, Boden *m*, Fundament *n*, Bett *n*, Grundplatte f, Ständer *m*
  s. **connecteur** Gerätestecker *m*
  s. **de prise de couplage** Kupplungssteckdose f
soda *m* s. natron
sodium *m* Natrium *n*
  s. **métallique** Natriummetall *n*
soie f Naturseide f, Raupenseide f, echte Seide f
  s. **artificielle** Kunstseide f
  s. **écrue (grège)** Rohseide f, Bastseide f
  s. **pour patrons** ⟨Typ⟩ Schablonenseide f
  s. **de verre** Glasseide f
soierie f 1. Seidengewebe *n*, Seidenstoff *m*; Seidenware f; 2. Seidenfabrik f
sol *m* 1. Erdboden *m*; Fußboden *m*; Boden *m*; Sohle f; 2. Baugrund *m*; 3. ⟨Ch⟩ kolloidale Lösung f, Sol *n*
  s. **figuré** Frostgefügeboden *m*
  s. **flottant** schwimmender Fußboden *m*
  s. **gelé** Frostboden *m*
  s. **gelé en permanence** Dauerfrostboden *m*
  s. **à poches** Taschenboden *m*
  s. **structuré** Strukturboden *m*
sol-air Boden-Luft-
solaire solar, Sonne[n]-
solarisation f Solarisation f, Bildumkehrung f
sole f Herd[sohle f] *m*
  s. **déplaçable** ausfahrbarer Herd *m*
  s. **du four** Ofensohle f
  s. **mobile** beweglicher Herd *m*, Herdwagen *m*
  s. **tournante** drehbarer Herd *m*
  s. **de la voie** Streckensohle f
solénoïdal Solenoid-, quellenfrei
solénoïde *m* Solenoid *n*, Zylinderspule f

solfatare f ⟨Geol⟩ Solfatare f
solidaire fest verbunden
solide fest; massiv, stabil; aus einem Stück gefertigt; voll; echt, beständig
  s. **au blanchiment** bleichecht
  s. **au débouillissage** beuchecht
  s. **à l'eau** wasserecht
  s. **à l'eau de mer** meerwasserecht
  s. **à l'ébullition** kochecht
  s. **au frottement** reibecht
  s. **au lessivage** laugenecht
  s. **au lessivage sous pression** beuchecht
  s. **à la lumière** lichtbeständig, lichtecht
  s. **au mouillé** naßecht
  s. **au porter** tragecht
  s. **au repassage** bügelecht
  s. **à la sueur** schweißecht
solide *m* Festkörper *m*, fester Körper *m*
  s. **rigide** starrer Körper *m*
solidification f Verfestigung f, Erstarrung f
solidifier verfestigen
  se s. erstarren
solidité f Echtheit f, Beständigkeit f ⟨s. a. stabilité⟩
  s. **à l'abrasion** Scheuerechtheit f
  s. **au blanchiment** Bleichechtheit f
  s. **de la couleur** Farbechtheit f
  s. **au débouillissage** Beuchechtheit f
  s. **à l'eau** Wasserechtheit f
  s. **à l'eau de mer** Meerwasserechtheit f, Seewasserechtheit f
  s. **à l'ébullition** Kochechtheit f
  s. **au frottement** Reibechtheit f
  s. **au lavage** Waschechtheit f, Waschbeständigkeit f
  s. **au lessivage** Laugenechtheit f
  s. **au lessivage sous pression** Beuchechtheit f
  s. **à la lumière** Lichtbeständigkeit f
  s. **au mouillé** Naßechtheit f
  s. **des navires** Schiffsfestigkeit f
  s. **au porter** Tragechtheit f
  s. **au repassage** Bügelechtheit f
  s. **à la sueur** Schweißechtheit f
  s. **des teintures** Farbechtheit f
  s. **à la transpiration** Schweißechtheit f
  s. **à l'usage** Gebrauchstüchtigkeit f
solidus *m* Soliduslinie f ⟨Zustandsdiagramm⟩
solifluction f, **solifluxion** f Bodenfließen *n*
solivage *m* Balkenlage f, Gebälk *n*
solive f Balken *m*; Deckenbalken *m*; Dielenbalken *m*, Tragbalken *m*; Zwischenbalken *m*; Unterzug *m*
soliveau *m* kleiner Balken *m*

sollicitation f Beanspruchung f; Kraftaufwand m
s. **électrique** elektrische Beanspruchung f
s. **magnétique** magnetische Beanspruchung f
s. **mécanique** mechanische Beanspruchung f
s. **statique** statische Beanspruchung f
s. **thermique** thermische Beanspruchung f
s. **à la torsion** Verdrehungsbeanspruchung f
s. **de traction** Zugbeanspruchung f
sol-sol Boden-Boden-
solubiliser löslich machen
solubilité f Löslichkeit f, Lösbarkeit f
s. **d'un sel** Salzlöslichkeit f
soluble ⟨Ch⟩ löslich; ⟨Math⟩ lösbar
difficilement s. schwer löslich
facilement s. leicht löslich
très s. gut löslich
soluté m Gelöstes n; Lösung f
solution f Lösung f; **en s.** gelöst
s. **acide** saure Lösung f
s. **alcaline** alkalische Lösung f
s. **alcoolique** alkoholische Lösung f
s. **ammoniacale** Ammoniaklösung f
s. **aqueuse** wäßrige Lösung f
s. **de blanchiment** Bleichlauge f
s. **en circulation** Umlauflauge f
s. **colloïdale** Kolloidallösung f, kolloidale Lösung f
s. **concentrée** konzentrierte Lösung f
s. **diluée** verdünnte Lösung f
s. **d'eau de Javel** Natriumhypochloritlösung f
s. **électrolytique** Elektrolytlösung f
s. **étendue** s. s. diluée
s. **faible** schwache Lösung f
s. **de filage** Spinnlösung f
s. **finale** Endlauge f
s. **idéale** ideale Lösung f
s. **initiale** Ausgangslösung f
s. **molaire** molare Lösung f
s. **neutre** neutrale Lösung f
s. **normale** Normallösung f
s. **particulière** ⟨Math⟩ partikuläre (spezielle) Lösung f
s. **restante** Restlösung f
s. **de révélateur** Entwicklerlösung f
s. **saturée** gesättigte Lösung f
s. **de savon** Seifenlösung f
s. **de sel** Salzlösung f
s. **singulière** ⟨Math⟩ singuläre Lösung f
s. **solide** feste Lösung f
s. **de soude** Sodalauge f

s. **standard** Normallösung f
s. **sursaturée** übersättigte Lösung f
s. **tampon(née)** Pufferlösung f, gepufferte Lösung f
s. **de trempage** Tauchlösung f
solutionner lösen ⟨ein Problem⟩
solutions fpl **possibles** zulässige Lösungen fpl
solvant m Lösungsmittel n, Lösemittel n
s. **d'encres** ⟨Typ⟩ Farblöser m
s. **organique** organisches Lösungsmittel n
s. **sélectif** differenzierendes Lösungsmittel n
solvatation f Solvatation f, Solvatisierung f
solvate m Solvat n
solvatisation f s. solvatation
sombre dunkel
sombrer kentern, umschlagen
somme f Summe f
s. **des angles** Winkelsumme f
s. **des chiffres** Quersumme f
s. **de contrôle** Kontrollsumme f
s. **des états** Zustandssumme f
s. **final** Endsumme f
s. **partielle** Teilsumme f
sommer summieren
sommet m 1. Ecke f; Scheitel m, Scheitelpunkt m; Spitze f; Knotenpunkt m; 2. Maximum n ⟨z. B. einer Spektrallinie⟩; 3. Wellenberg m
sommier m 1. ⟨Bw⟩ Kämpferstein m; Oberschwelle f, Sattelschwelle f; Widerlagerstein m; 2. Kopfträger m ⟨Brückenkran⟩; 3. ⟨Met⟩ Walzbalken m
s. **des poutres** Balkenauflager n
s. **de voûte** Kämpferstein m
son m Klang m; Schall m; Ton m
s. **de battement** Schwebungston m, Überlagerungston m
s. **différentiel** Differenzton m
s. **fondamental** Grundton m
s. **harmonique** Oberton m
s. **magnétique** Magnetton m
s. **permanent** Dauerton m
s. **pur** reiner Ton m
s. **stéréophonique** Stereoton m
sonar m 1. Sonargerät n; 2. Sonarortungssystem n
sondage m 1. Loten n, Peilen n ⟨Wassertiefe⟩; 2. Sondierung f; 3. Aufschluß m; Bohren n; Bohrung f; Probebohrung f ⟨s. a. forage⟩
s. **à battage rapide** Schnellschlagbohren n
s. **au câble** Seilbohren n

s. à carotte Kernbohren n
s. de cimentation Zementierungsbohrung f
s. à circulation de boue Spülbohren n
s. de congélation Gefrierbohren n
s. de contrôle Kontrollbohren n
s. à la corde Seilbohren n
s. à curage Spülbohren n
s. au diamant Diamantbohren n
s. à (par) écho Echolotung f
s. d'essai Versuchsbohren n; Versuchsbohrung f
s. d'exploration Erkundungsbohrung f
s. à gaz Gasbohrung f
s. à grande profondeur Tiefbohren n
s. par induction Induktionsdickenmessung f
s. à injection d'eau Naßbohren n
s. percutant à grande profondeur stoßendes Tiefbohren n
s. au pétrole Erdölbohrung f, Ölbohrung f
s. peu profond Flachbohren n
s. profond Tiefbohren n
s. de recherche Aufschlußbohrung f, Schürfbohrung f; Versuchsbohrloch n
s. de reconnaissance Untersuchungsbohrung f, Erkundungsbohrung f, Aufschlußbohrung f
s. par rodage, s. rotary (rotatif) drehendes Bohren n, Rotarybohren n
s. rotatif à carotte drehendes Kernbohren n
s. à la tige Gestängebohren n
s. au trépan Meißelbohren n
s. ultra-sonore Ultraschallotung f
sonde f 1. Sonde f; 2. Lot n; 3. Bohrloch n
　s. aérienne Registrierballon m
　s. bismuthique Wismutspirale f
　s. carottière Kernbohrer m
　s. de chalut Netzsonde f
　s. de contrôle Prüfsonde f, Prüfkopf m
　s. différentielle Differenzsonde f
　s. à écho Echolot n
　s. électronique Elektronensonde f
　s. de filet Netzsonde f
　s. à haute tension Hochspannungsmeßkopf m
　s. lunaire Mondsonde f
　s. magnétométrique Erdinduktionsmesser m; Magnetfeldmesser m
　s. martienne Marssonde f
　s. de mesure Meßsonde f, Meßkopf m
　s. à pétrole Erdölsonde f
　s. de Pitot Staudruckmesser m; Pitotkopf m

s. pyrométrique Temperaturmeßsonde f, Temperaturfühler m
s. standard Standardmeßsonde f
s. vénusienne Venussonde f
sonder 1. sondieren; prüfen; 2. loten, peilen ⟨Wassertiefe⟩; 3. bohren
sondeur m Lot n, Lotmaschine f
　s. acoustique Echolot n
　s. de corde de dos Netzsonde f
　s. à écho Echolot n
　s. à enregistrement Echograf m
　s. horizontal Horizontallot n
　s. ultrasonor (à ultrasons) Ultraschallot n
　s. vertical Vertikallot n
sondeur-enregistreur m Echograf m
sondeuse f Bohrkran m
　s. carottière Kernbohrmaschine f
sonique die Schallgeschwindigkeit betreffend; mit Schallgeschwindigkeit
sonner anrufen
sonnerie f Läutewerk n; Wecker m; Klingel f
　s. d'appel Anrufwecker m
　s. à courant alternatif Wechselstromwecker m
　s. à courant continu Gleichstromwecker m
　s. électrique elektrische Klingel f
　s. à un coup Einschlagglocke f
sonnette f 1. Klingel f; 2. ⟨Bw⟩ Ramme f; Pfahlramme f
　s. pivotante Drehramme f
　s. à vapeur Dampframme f
sonomètre m Schallmesser m, Sonometer m
sonore sonor, akustisch
sonorisation f Vertonung f, Tonuntermalung f ⟨Film⟩
sonoriser vertonen, mit Ton versehen ⟨Film⟩
sonorité f Klangfarbe f; Klangfülle f
sorbite f 1. ⟨Ch⟩ Sorbit n; 2. ⟨Met⟩ Anlaßgefüge nach Zerlegung des Martensits
sorbitol m s. sorbite 1.
sorbose m Sorbose f
sorption f Sorption f, Aufnahme f
sortie f 1. Ausgabe f; Ausgang m; 2. Austrag m; Gicht f
　s. de l'amplificateur Verstärkerausgang m
　s. des bandes perforées Lochbandausgabe f
　s. des données Datenausgabe f; Datenausgang m
　s. d'eau Wasseraustritt m
　s. de la filière Düsenaustritt m

sortie

s. **frontale** ⟨Typ⟩ Frontbogenauslage f
s. **à grande (haute) pile** ⟨Typ⟩ Großstapelanlage f, Hochstapelauslage f
s. **du haut-parleur** Lautsprecherausgang m
s. **de signal** Signalausgang m
s. **symétrique** Gegentaktausgang m
s. **du texte** Textausgabe f
s. **de la vapeur** Blasrohr n

sortir:
s. **du bassin** ⟨Schiff⟩ aus dem Dock gehen
s. **des rails** entgleisen

soubassement m 1. ⟨Bw⟩ Unterbau m; Unterlage f; Grundmauer f; Sockel m; 2. ⟨Kfz⟩ Fahrzeugboden m; 3. ⟨Geol⟩ Grundgebirge n
s. **cristallin** kristalliner Untergrund m
s. **de la digue** Deichsockel m

soudabilité f Schweißbarkeit f
soudable schweißbar
soudage m 1. Schweißen n ⟨s. a. soudure 1.⟩; 2. Löten n; Weichlöten n ⟨s. a. soudure 2.⟩
s. **à l'acétylène** Azetylenschweißen n
s. **aluminothermique** Thermitschweißen n
s. **à l'arc (électrique)** Lichtbogenschweißen n, Elektroschweißen n, E-Schweißen n
s. **à l'arc sous flux** Unterpulverschweißen n, UP-Schweißen n
s. **à l'arc protégé** Schutzgasschweißen n
s. **à l'arc submergé** s. s. à l'arc sous flux
s. **arcogène** Arcogenschweißen n
s. **sous argon** Schutzgasschweißen n mit Argon, Argon-arc-Schweißen n
s. **sous atmosphère inerte** Inertgasschweißen n
s. **autogène** Autogenschweißen n, Gasschmelzschweißen n
s. **automatique** Maschinenschweißen n, maschinelles Schweißen n
s. **par bombardement électronique** Elektronenstrahlschweißen n
s. **en bout** Stumpfschweißen n
s. **en bout par étincelage** Abbrennstumpfschweißen n
s. **à boutons** Buckelschweißen n, Warzenschweißen n
s. **au canon électronique** Elektronenstrahlschweißen n
s. **des caractères** Typenauflöten n
s. **à chaud** Warmschweißen n

s. **sous CO_2** CO_2-Schutzgasschweißen n
s. **à compression** Kaltpreßschweißen n
s. **par contact** Kontaktschweißen n
s. **par courant haute fréquence** Hochfrequenzschweißen n ⟨Plaste⟩
s. **à droite** Nachrechtsschweißen n, Rechtsschweißen n
s. **électrique** Elektroschweißen n
s. **électrique sous laitier** Elektroschlackeschweißen n, ES-Schweißen n
s. **électrique par rapprochement** Abschmelzschweißen n
s. **à l'étain** Weichlöten n, Löten n
s. **par faisceau d'électrons** Elektronenstrahlschweißen n
s. **à la flamme** Feuerschweißen n
s. **sous flux** Unterpulverschweißen n, UP-Schweißen n
s. **sous flux gazeux** Schutzgasschweißen n
s. **sous flux solide** Unterpulverschweißen n, UP-Schweißen n
s. **de fonte** Gußeisenschweißen n
s. **de fonte chaud** Gußeisenwarmschweißen n
s. **de fonte froid** Gußeisenkaltschweißen n
s. **de fonte avec réchauffage** Gußeisenwarmschweißen n
s. **à la forge** 1. Hammerschweißen n, Feuerschweißen n; 2. Abbrennstumpfschweißen n, Preßstumpfschweißen n
s. **à froid** Kaltschweißen n
s. **par frottement** Reibungsschweißen n, Drehschweißen n
s. **par fusion** Schmelzschweißen n
s. **à gauche** Nachlinksschweißen n, Linksschweißen n
s. **aux gaz** Gasschweißen n, Autogenschweißen n
s. **sous gaz** Schutzgasschweißen n
s. **au gaz à l'eau** Wassergasschweißen n
s. **à l'hydrogène atomique** Arcatomschweißen n
s. **par immersion** Tauchlötung f
s. **par induction à haute fréquence** Schweißen n mit Hochfrequenzerhitzung, Hochfrequenzschweißen n
s. **par laser** Laserschweißen n
s. **MIG** Metall-Intergas-Schweißen n, MIG-Schweißen n
s. **à la molette** Rollennahtschweißen n
s. **par outil chauffant** Schweißen n mittels Heizplatte ⟨Plaste⟩
s. **oxhydrique** Wassergasschweißen n

s. au plasma Plasmastrahlschweißen n
s. de plastiques Kunststoffschweißen n, Schweißen n von Plasten
s. par points Punktschweißen n
s. par points rectilignes Reihenpunktschweißen n
s. par points à zigzag Zickzackpunktschweißen n
s. par pression Kaltpreßschweißen n
s. sous protection gazeuse Schutzgasschweißen n
s. rapporté Auftragschweißen n
s. par résistance Widerstandsschweißen n
s. par résistance par bossage Buckelschweißen n, Warzenschweißen n
s. par résistance aux galets Rollennahtschweißen n
s. tendre Weichlöten n, Löten n
s. par thermobande Heizbandschweißen n ⟨Plaste⟩
s. TIG Wolfram-Inertgas-Schweißen n, WIG-Schweißen n
s. par ultrason Ultraschallschweißen n ⟨Plaste⟩
soude f Soda f
s. anhydre wasserfreie Soda f
s. calcinée kalzinierte Soda f
s. caustique Ätznatron n, Natriumhydroxid n
s. neutre neutrale Soda f
s. propre reine Soda f
souder 1. [ver]schweißen, anschweißen; 2. löten, weichlöten; 3. verschmelzen
s. à l'étain weichlöten
s. à froid kaltpreßschweißen
s. par immersion tauchlöten
s. par points punktschweißen
s. par rapprochement stumpfschweißen
se s. ⟨El⟩ verschmoren ⟨Kontakt⟩
soudeuse f Schweißmaschine f
s. par points Punktschweißmaschine f
soudo-brasage m Hartlöten n
soudoir m Lötkolben m
soudure f 1. Schweißen n ⟨s. a. soudage 1.⟩; Schweißung f; Schweißnaht f, Schweißverbindung f; Schweißtechnik f; 2. Löten n, Weichlöten n ⟨s. a. soudage 2.⟩; Lötung f; Lötstelle f, Lötverbindung f; 3. Lot n, geschmolzenes Metall n; sans s. nahtlos
s. à âme de colophane Kolophoniumlötzinn n
s. d'angle Kehlnaht f
s. à l'arc Lichtbogenschweißung f
s. d'assemblage Heftschweißung f
s. à l'autogène Autogenschweißung f

s. en biseau Kehlnaht f
s. à bords relevés Bördelnaht f
s. à chaud Heißsiegeln n
s. en coin Ecknaht f, Kehlnaht f
s. en continu Nahtschweißung f
s. à couvre-joint Laschenschweißverbindung f
s. d'étanchéité Dichtungsschweißung f
s. au feu Feuerschweißung f
s. au feu de la forge Schmiedeschweißung f
s. à gaz de protection Schutzgasschweißung f
s. haute fréquence Hochfrequenzschweißen n
s. oxyacétylénique Autogenschweißung f, Gasschmelzschweißung f
s. de raccordement Anschlußschweißung f
s. recouverte Überlappungsnaht f, Kehlnaht f
s. de reprise Kappnaht f
s. sous-marine Unterwasserschweißung f
soufflage m Blasen n, Einblasen n, Verblasen n; Gasblasen n; Lufttexturieren n
s. à la bouche Mundblasen n
s. à chaud Heißblasen n
s. de corps creux Hohlkörperblasen n, Blasen n ⟨Plastverarbeitung⟩
s. en cylindres Walzenglasverfahren n
s. de feuilles Folienblasen n
s. final Fertigblasen n
s. magnétique ⟨El⟩ magnetische Blasung f
s. sans moule Stuhlarbeit f, Herstellung f von Hand ⟨Glas⟩
s. du mur ⟨Brg⟩ Quellen n des Liegenden
s. en plateaux Schleuderglasverfahren n
s. du verre Glasblasen n
s. du verre à air comprimé Glasblasen n mit Druckluft
s. du verre sans air comprimé Glasblasen n ohne Druckluft
soufflante f Gebläse n
s. d'aciérie Stahlwerksgebläse n
s. à gaz Gasgebläsemaschine f
s. de haut fourneau Hochofengebläse n
s. à jet Strahlgebläse n
s. à jet d'air Luftstrahlgebläse n
s. à jet d'eau Wasserstrahlgebläse n
s. à jet de sable Sandstrahlgebläse n
soufflard m de gaz ⟨Geol⟩ Gasstrahl m

souffle *m* Rauschen *n*; **à faible s.** rauscharm
- **s. du ruban** Bandrauschen *n*

soufflé bouche mundgeblasen

soufflement *m* s. soufflage

souffler 1. (ver)blasen; hohlkörperblasen; 2. rauschen
- **s. à la bouche** mit dem Mund blasen ⟨Glas⟩
- **s. au sable** mit Sand abblasen
- **s. le verre** Glas blasen

soufflerie *f* Gebläse *n*; Windkanal *m*
- **s. à grande vitesse** Hochgeschwindigkeitskanal *m*
- **s. supersonique** Überschallkanal *m*
- **s. à veine guidée** geschlossener Windkanal *m*
- **s. à veine libre** offener Windkanal *m*
- **s. verticale** Trudelkanal *m*
- **s. de vol libre** Freiflugkanal *m*

soufflet *m* 1. Faltenbalg *m*, Manschette *f*; 2. Balgen *m* ⟨einer Kamera⟩
- **s. à double tirage** Doppelauszugsbalgen *m*
- **s. de protection** Faltenbalg *m*

souffleur *m* **au chalumeau (verre)** Glasbläser *m*

souffleuse *f* Gebläse *n*; Ventilator *m*
- **s. de suie** Rußbläser *m*

soufflure *f* Gaseinschluß *m* ⟨Schweißen⟩; Gasblase *f*; **exempt de soufflures, sans soufflures** blasenfrei
- **s. de décapage** Beizblase *f*
- **s. de gaz** Gasblase *f*
- **s. superficielle** Randblase *f*
- **petite s.** Bläschen *n*

soufre *m* Schwefel *m*
- **s. en canons** Stangenschwefel *m*
- **s. élémentaire** Elementarschwefel *m*

soufré schwefelfarben

soufreuse *f* Schwefler *m* ⟨Schädlingsbekämpfung⟩

soufrière *f* Schwefelgrube *f*

souiller verunreinigen, anschmutzen

souillure *f* Verunreinigung *f*, Anschmutzung *f*

soulager leichtern ⟨Ladung⟩

soulèvement *m* Hebung *f*
- **s. de la côte** Küstenhebung *f*
- **s. du mur** Sohlenhebung *f*

souleveuse *f* **de betteraves** Rübenheber *m*

soumettre:
- **s. à une plastification** mastizieren, mechanisch abbauen ⟨Kautschuk⟩
- **s. au recuit intermédiaire** zwischenglühen

soupape *f* Ventil *n*
- **s. d'admission** Einlaßventil *n*
- **s. à aiguille** Nadelventil *n*
- **s. à air** Luftventil *n*
- **s. à ampoule de verre** Glaskolbenventil *n*
- **s. annulaire** Ringventil *n*
- **s. à arc** Lichtbogenventil *n*
- **s. d'arrêt** Absperrventil *n*
- **s. d'aspiration** Saugventil *n*
- **s. automatique** selbsttätiges Ventil *n*
- **s. à boulet** Kugelventil *n*
- **s. à cathode froide** Kaltkatodenventil *n*
- **s. à cathode liquide** Ventil *n* mit flüssiger Katode
- **s. en chapelle** stehendes Ventil *n*
- **s. à clapet** Klappenventil *n*
- **s. à commande de l'écoulement** Strömungssteuerventil *n*
- **s. commandée par le haut** obengesteuertes Ventil *n*
- **s. conique** Kegelventil *n*
- **s. de coque** Seeventil *n*
- **s. à cuve métallique** Ventil *n* mit Eisengefäß
- **s. à cuvette** Tellerventil *n*
- **s. de décharge** Überdruckventil *n*
- **s. à décharge luminescente** Glimmentladungsventil *n*
- **s. de démarrage** Anlaßventil *n*
- **s. de dérivation** Umgehungsventil *n*
- **s. en dessus** stehendes Ventil *n*
- **s. de détente** Drosselventil *n*
- **s. à dilatation** Wellrohrventil *n*
- **s. à disque** Scheibenventil *n*
- **s. de distribution** Steuerventil *n*
- **s. d'échappement** Auslaßventil *n*
- **s. égalisatrice** Ausgleichsventil *n*
- **s. électrique** elektrisches Ventil *n*
- **s. électrolytique** elektrolytisches Ventil *n*
- **s. électronique** elektronisches Ventil *n*
- **s. d'émission** Auslaßventil *n*
- **s. d'équerre** Eckventil *n*
- **s. à étranglement** Drosselventil *n*
- **s. à étranglement unidirectionnel** Einrichtungsdrosselventil *n*
- **s. d'expiration** Auslaßventil *n*
- **s. à fermeture automatique** Selbstschlußventil *n*, Rohrbruchventil *n*
- **s. de freinage** Bremsventil *n*
- **s. à gaz** Gasentladungsventil *n*
- **s. à graisse** Fettmengenregler *m*
- **s. ionique** Gasentladungsventil *n*
- **s. Kingston** Kingstonventil *n*, Seeventil *n*
- **s. de lancement** Startventil *n*

s. **latérale** stehendes Ventil n
s. **à levée desmodromique** (mechanisch) gesteuertes Ventil n
s. **limitrice de pression** Druckbegrenzungsventil n
s. **à membrane** Membranventil n
s. **monoanodique** Einanodenventil n
s. **à papillon** Drosselklappe f
s. **à passage direct** Durchgangsventil n
s. **pilote** Steuerventil n
s. **à plateau** Tellerventil n
s. **à pointeau** Nadelventil n
s. **réductrice** Reduzierventil n, Druckminderer m
s. **réductrice de pression d'huile** Öldruckminderventil n
s. **de refoulement** Druckventil n
s. **de réglage d'air** Luftregulierventil n
s. **de réglage à commande directe** direkt gesteuertes Regelventil n
s. **régulatrice de pression** Druckregelungsventil n
s. **renversée** hängendes Ventil n
s. **de retenue** Rückschlagventil n
s. **scellée** pumpenloses Ventil n
s. **de sécurité** Sicherheitsventil n
s. **à semi-conducteur** Halbleiterventil n
s. **à siège conique** Kegelventil n
s. **à siège plan** Tellerventil n
s. **de sortie** Auslaßventil n
s. **de sûreté** Sicherheitsventil n
s. **en tête** hängendes Ventil n
s. **thermionique** Glühkatodenventil n
s. **à trois canaux** Dreiwegventil n
s. **à vapeur** Dampfventil n
s. **à vapeur de mercure** Quecksilberdampfventil n
s. **verticale** stehendes Ventil n
s. **de vidange** Abflußventil n
s. **à vide élevé** Hochvakuumventil n
s. **à vide entretenu** Ventil n mit Vakuumhaltung
soupape-ressort f Federventil n
souple biegsam, geschmeidig; weich; flexibel
souplesse f Biegsamkeit f; Weichheit f; Elastizität f ⟨Lack⟩
  s. **de fonctionnement** elastischer (weicher) Betrieb m
soupliso m Isolierschlauch m
source f Quelle f; Stromquelle f, Spannungsquelle f; Strahlungsquelle f
s. **à acide carbonique** Kohlensäurequelle f
s. **d'affleurement** Schichtquelle f
s. **artésienne** artesische Quelle f

s. **de chaleur** Wärmequelle f
s. **chaude** warme Quelle f
s. **de courant** Stromquelle f
s. **de courant alternatif** Wechselstromquelle f
s. **de courant continu** Gleichstromquelle f
s. **de débordement** Überfallquelle f
s. **de déversement** Überlaufquelle f
s. **d'électrons** Elektronenquelle f
s. **énergétique (d'énergie)** Energiequelle f, Kraftquelle f
s. **équivalente de tension** Ersatzspannungsquelle f
s. **d'erreur** Fehlerquelle f
s. **d'étalonnage** Eichquelle f
s. **d'évaporation** Verdampfungsquelle f
s. **ferrugineuse** Eisenquelle f
s. **de fissure** Spaltenquelle f
s. **de gaz naturel** Erdgasquelle f
s. **d'huile minérale** Erdölquelle f
s. **d'informations** Informationsquelle f
s. **intermittente** intermittierende Quelle f
s. **d'ions** Ionenquelle f
s. **karstique** Karstquelle f
s. **de lumière, s. lumineuse** Lichtquelle f
s. **minérale** Mineralquelle f, Solquelle f
s. **de neutrons** Neutronenquelle f
s. **de neutrons étalon** Standardneutronenquelle f
s. **non scellée** offene Strahlungsquelle f
s. **pérenne** permanente Quelle f
s. **de perturbation** Störquelle f
s. **ponctuelle** Punktquelle f
s. **ponctuelle négative** Senke f ⟨z. B. im elektromagnetischen Feld⟩
s. **de protons** Protonenquelle f
s. **radio-active** radioaktive Strahlungsquelle f
s. **de radium** Radiumquelle f
s. **de rayonnement** Strahlungsquelle f
s. **de rayons gamma** Gammastrahlungsquelle f
s. **saline** Solquelle f
s. **de signaux** Signalquelle f
s. **sonore** Schallquelle f
s. **sulfureuse** Schwefelquelle f
s. **de tension** Spannungsquelle f
s. **de tension anodique** Anodenspannungsquelle f
s. **de tension continue** Gleichspannungsquelle f
s. **thermale** Thermalquelle f

sourd taub; schalltot
sous-alimentation f Unterdosierung f
sous-bloc m ⟨Dat⟩ Teilblock m, Unterblock m
sous-cavage m ⟨Brg⟩ Unterschrämen n
sous-cave f ⟨Brg⟩ Schram m
sous-caver ⟨Brg⟩ unterschrämen
sous-central m ⟨Fmt⟩ Unterzentrale f, Unteramt n
sous-charriage m ⟨Geol⟩ Unterschiebung f
sous-compensation f Unterkompensation f
sous-couche f Unterlage f; Zwischenschicht f
  s. de la bande de roulement Unterprotektor m ⟨Reifenindustrie⟩
  s. laminaire laminare Grenzschicht f
sous-creuset m Untergestell n ⟨Hochofen⟩
souscription f Subskription f
sous-critique unterkritisch
sous-déterminant m **principal** Hauptunterdeterminante f
sous-développement m Unterentwicklung f ⟨eines Films⟩
sous-développer unterentwickeln ⟨einen Film⟩
sous-direction f ⟨Kfz⟩ Untersteuern n
sous-dirigé ⟨Kfz⟩ untersteuert
sous-diviser s. subdiviser
sous-division f s. subdivision
sous-ensemble m Untergruppe f
  s. interchangeable Steckeinheit f
sous-espèce f Subspezies f
sous-excitation f Untererregung f
sous-excité untererregt
sous-exposer unterbelichten
sous-exposition f Unterbelichtung f
sous-faite m Mittelrähm m
sous-focalisation f Unterfokussierung f
sous-groupe m Untergruppe f, Nebengruppe f
sous-intensité f Unterstrom m
sous-marin Untersee-, unterseeisch; Unterwasser-; untermeerisch
sous-marin m Unterseeschiff n, Unterwasserfahrzeug n ⟨nicht Unterwasserschiff⟩
sous-normale f ⟨Math⟩ Subnormale f
sous-œuvre m Unterbau m; Fundament n; **en s.** unterhalb der Fundamente
sous-oxyde m Suboxid n
sous-perpendiculaire ⟨Math⟩ Subnormale f
sous-porteuse f Hilfsträger m ⟨Radiotechnik⟩

s. de chrominance, s. couleur Farbhilfsträger m ⟨Fernsehen⟩
sous-poutre f Unterzug m
sous-pression f Unterdruck m
sous-produit m Nebenprodukt n, Nebenerzeugnis n
  s. radio-actif radioaktives Nebenprodukt n
sous-programme m Teilprogramm n, Unterprogramm n
  s. fermé geschlossenes Unterprogramm n
  s. interprète interpretierendes Unterprogramm n, Interpretationsprogramm n
  s. ouvert offenes Unterprogramm n
sous-refroidi unterkühlt
sous-refroidissement m Unterkühlung f
sous-réseau m Untergitter n
sous-routine f Teilprogramm n, Unterprogramm n ⟨s. a. sous-programme⟩
sous-sol m 1. Untergrund m; 2. Kellergeschoß n, Untergeschoß n; Kellerwohnung f
  s. du volcan Unterbau m des Vulkans
sous-soleuse f Untergrundpflug m, Tiefkulturpflug m
sous-station f:
  s. de distribution Verteilerwerk n
  s. à (de) redresseurs Gleichrichterstation f
  s. de transformation Transformatorenstation f
sous-suite f ⟨Math⟩ Teilfolge f
sous-synchrone untersynchron
sous-tendu unterspannt
sous-tension f Unterspannung f
soustraction f Subtraktion f
  s. en virgule fixe Festkommasubtraktion f
  s. en virgule flottante Gleitkommasubtraktion f
soustraire abziehen, subtrahieren
sous-traitant m Unterauftragnehmer m, Nachauftragnehmer m, Zulieferer m
sous-virer untersteuern
sous-voltage m Unterspannung f
sous-volté an Unterspannung liegend
soute f 1. Bunker m, Vorratstank m; Tank m ⟨s. a. cale, citerne, réservoir, tank⟩; 2. Last f ⟨Lager- und Vorratsraum⟩
  s. à charbon Kohlenbunker m
  s. à coke Koksbunker m
  s. à eau douce Frischwasservorratstank m
  s. à eau potable Trinkwassertank m
  s. à eau salée Seewassertank m

s. à (d')eau usée Schmutzwasser- und Fäkalientank *m*
s. à farine (de poisson) Fischmehlbunker *m*, Fischmehlladeraum *m*
s. à filins Kabelgatt *n*
s. à huile Schmieröltank *m*
s. à l'huile de poisson Fischöltank *m*
s. à huile végétale Süßöltank *m*
s. sous plancher Unterflurgepäckraum *m*
soutènement *m* Grubenausbau *m*
s. en bois Holzausbau *m*
s. par cadres rectangulaires Rahmenausbau *m*
s. en cintres d'acier Stahlbogenausbau *m*
s. par étançons métalliques Strebausbau *m* in Stahl
s. marchant wandernder Ausbau *m*, Schreitausbau *m*
s. provisoire vorläufiger Ausbau *m*
s. en taille Strebausbau *m*
s. des voies Streckenausbau *m*
soutenir 1. ⟨Brg⟩ ausbauen; 2. ⟨Schiff⟩ abstagen, verstagen
souter s. mazouter
souterrain unterirdisch; untertägig
soutien *m* Stützpfeiler *m*; Stütze *f*; ⟨Math⟩ Träger *m*
s. de roche solide ⟨Brg⟩ Bergfeste *f*
soutirage *m* 1. Anzapfen *n* ⟨einer Dampfmaschine⟩; 2. Abfüllen *n*, Abziehen *n*
s. en bouteilles Flaschenabfüllung *f*
s. en fûts Faßabfüllung *f*
soutirer 1. anzapfen ⟨eine Dampfmaschine⟩; 2. abfüllen
spallation *f* Spallation *f*, Kernzertrümmerung *f*
spasmodique spasmodisch, unregelmäßig
spath *m* Spat *m*
s. calcaire Kalkspat *m*
s. double Doppelspat *m*
s. d'Islande Kalkspat *m*, Doppelspat *m*
s. pesant Schwerspat *m*, Baryt *m*
spath-fluor *m* Flußspat *m*
spathique spatartig
spatial räumlich, örtlich, Raum-
spatio-temporel raum-zeitlich
spatule *f* Spachtel *m*; Farbspachtel *m*
speaker *m* Ansager *m*
speakerine *f* Ansagerin *f*
spécial Spezial-, Sonder-, extra, speziell
spécialisation *f* Spezialisierung *f*
spécialiser spezialisieren
spécificateur *m* Spezifikationssymbol *n*

spécification *f* Vorschrift *f*; genaue Angabe *f*, Detaillierung *f*; Richtlinie *f*
spécifications *fpl* Liste *f* technischer Daten, Liste detaillierter Angaben, technische Daten *pl*
s. d'essai Prüfvorschriften *fpl*
s. normalisées Normvorschriften *fpl*; übliche Lieferbedingungen *fpl*
spécifique spezifisch
spécimen *m* Objekt *n*; Muster *n*, Belegexemplar *n*
s. de caractère Schriftmuster *n*
spectral spektral
spectre *m* Spektrum *n*
s. d'absorption Absorptionsspektrum *n*
s. acoustique Schallspektrum *n*, Tonspektrum *n*
s. alpha Alphaspektrum *n*
s. d'amplitudes Impulshöhenspektrum *n*
s. d'arc Bogenspektrum *n*
s. atomique Atomspektrum *n*
s. de bandes Bandenspektrum *n*
s. de bandes électroniques Elektronenbandenspektrum *n*
s. bêta Betaspektrum *n*
s. cannelé kanneliertes Spektrum *n*
s. de comparaison Vergleichsspektrum *n*
s. continu kontinuierliches Spektrum *n*; Bremsspektrum *n*
s. continu de dissociation Dissoziationskontinuum *n*
s. de diffraction Beugungsspektrum *n*
s. de diffraction des rayons X Röntgenbeugungsspektrum *n*
s. de diffusion Diffusionsspektrum *n*
s. discontinu diskontinuierliches Spektrum *n*, Linienspektrum *n*
s. discret diskretes Spektrum *n*
s. d'émission Emissionsspektrum *n*
s. énergétique Energiespektrum *n*
s. équiénergétique energiegleiches Spektrum *n*
s. à étincelles Funkenspektrum *n*
s. d'explosion Explosionsspektrum *n*
s. de flamme Flammenspektrum *n*
s. de fluorescence Fluoreszenzspektrum *n*
s. de fréquence Frequenzspektrum *n*
s. gamma Gammaspektrum *n*
s. de haute fréquence Hochfrequenzspektrum *n*
s. d'impulsions Impulsspektrum *n*, Impulsverteilung *f*
s. d'inversion Inversionsspektrum *n*
s. de lignes, s. linéaire *s.* s. de raies

spectre

s. **magnétique** magnetisches Feldlinienbild n, Kraftlinienbild n
s. **de masse** Massenspektrum n
s. **moléculaire** Molekülspektrum n
s. **des neutrons** Neutronenspektrum n
s. **nucléaire** Kernspektrum n
s. **de parcours** Reichweitenspektrum n
s. **de particules alpha** Alpha(strahlen)spektrum n
s. **pollinique** Pollenspektrum n
s. **primaire** Spektrum n erster Ordnung
s. **de raies** Linienspektrum n
s. **à raies obscures** Spektrum n mit dunklen Linien
s. **de Raman** Raman-Spektrum n
s. **de rayonnement** Strahlungsspektrum n
s. **de rayons bêta** Beta(strahlen)spektrum n
s. **des rayons X** Röntgen(strahlen)spektrum n
s. **de réseau** Gitterspektrum n
s. **de résonance** Resonanzspektrum n
s. **de rotation-vibration** Rotationsschwingungsspektrum n
s. **rotatoire** Rotationsspektrum n
s. **secondaire** Spektrum n zweiter Ordnung
s. **solaire** Sonnenspektrum n
s. **à structure fine** Feinstrukturspektrum n
s. **ultraviolet** Ultraviolettspektrum n
s. **de vibration** Schwingungsspektrum n
s. **visible** sichtbares Spektrum n
s. **X** Röntgenspektrum n
spectrochimique spektrochemisch
spectrocomparateur m Spektrokomparator m
spectrogramme m Spektrogramm n
spectrographe m Spektrograf m
s. **à autocollimation** Autokollimationsspektrograf m
s. **magnétique** Magnetspektrograf m, Geschwindigkeitsspektrograf m
s. **de masse** Massenspektograf m
s. **de masse à focalisation de vitesse** Massenspektrograf m mit Geschwindigkeitsfokussierung
s. **de masse à temps de transit** Laufzeitmassenspektrograf m
s. **à prisme(s)** Prismenspektrograf m
s. **à quartz** Quarzspektrograf m
s. **à rayons X** Röntgenspektrograf m
s. **à réseau** Gitterspektrograf m
s. **à réseau concave** Konkavgitterspektrograf m

s. **à réseau plan** Plangitterspektrograf m
s. **à trois prismes** Dreiprismenspektrograf m
s. **pour l'ultraviolet** Ultraviolettspektrograf m
s. **à vide** Vakuumspektrograf m
spectrographie f Spektrografie f
spectromètre m Spektrometer n
s. **alpha** Alphaspektrometer n
s. **des basses fréquences** Tonfrequenzspektrometer n
s. **bêta** Betaspektrometer n
s. **à un canal** Einkanalspektrometer n
s. **à canaux jumelés** Zweikanalspektrometer n
s. **à cristal** Kristallspektrometer n
s. **à cristal tournant** Drehkristallspektrometer n
s. **à diffraction** Kristallspektrometer n
s. **à double faisceau** Zweistrahlspektrometer n
s. **de flamme** Flammenspektrometer n
s. **à fluorescence de rayons X** Röntgenfluoreszenzspektrometer n
s. **à focalisation** fokussierendes Spektrometer n
s. **gamma** Gammaspektrometer n
s. **à haute résolution** hochauflösendes Spektrometer n
s. **pour l'infrarouge** Infrarotspektrometer n
s. **magnétique** Magnetspektrometer n
s. **magnétique à deux foyers** doppelfokussierendes magnetisches Spektrometer n
s. **de masse** Massenspektrometer n
s. **de neutrons** Neutronenspektrometer n
s. **de raie** Strahlspektrometer n
s. **à scintillations** Szintillationsspektrometer n
s. **à temps de vol** Flugzeitspektrometer n
s. **à vide** Vakuumspektrometer n
s. **X** Röntgenspektrometer n
spectrométrie f Spektrometrie f
s. **par émission** Röntgenemissionsspektrometrie f
s. **de flamme** Flammenspektrometrie f
s. **de neutrons** Neutronenspektrometrie f
s. **X** Röntgenspektrometrie f
s. **X par absorption** Röntgenabsorptionsspektrometrie f
spectrométrique spektrometrisch
spectrophotomètre m Spektralfotometer n

spectrophotométrie f Spektralfotometrie f
  s. **d'absorption** Absorptionsspektralfotometrie f
  s. **d'émission** Emissionsspektralfotometrie f
  s. **de flamme** Flammenspektralfotometrie f
spectrophotométrique spektralfotometrisch
spectroprojecteur m Spektrenprojektor m
spectroscope m Spektroskop n
  s. **de comparaison** Vergleichsspektroskop n
  s. **d'interférence** Interferenzspektroskop n
  s. **à prisme** Prismenspektroskop n
  s. **à réseau** Gitterspektroskop n
  s. **à vision directe** Geradsichtspektroskop n
spectroscopie f Spektroskopie f
  s. **d'absorption** Absorptionsspektroskopie f
  s. **acoustique** Schallspektroskopie f
  s. **d'émission** Emissionsspektroskopie f
  s. **gamma** Gammaspektroskopie f
  s. **haute fréquence** Hochfrequenzspektroskopie f
  s. **infrarouge** Infrarotspektroskopie f
  s. **de masse** Massenspektroskopie f
  s. **nucléaire** Kernspektroskopie f
  s. **à rayons X** Röntgenspektroskopie f
  s. **ultraviolet** Ultraviolettspektroskopie f
spectroscopique spektralanalytisch, spektroskopisch
speiss m ⟨Met⟩ Speise f
spéléologie f Höhlenkunde f
sphère f 1. Kugel f; Kugeloberfläche f; 2. Bereich m; Sphäre f
  s. **d'accomodation** Akkomodationsbereich m
  s. **d'action** Wirkungsbereich m
  s. **circonscrite** Umkugel f
  s. **inscrite** Inkugel f
  s. **osculatrice** Schmiegungskugel f
  s. **photométrique** Ulbrichtsche Kugel f
  s. **de verre** Glaskugel f
sphéricité f Kugelförmigkeit f; Genauigkeit f der Kugelform
sphérique sphärisch (gekrümmt), kugelförmig, Kugel-
sphéroïdal kugelig, globular
sphéroïde m Sphäroid n, Rotationsellipsoid n
sphéroïdisation f Glühen n auf kugeligem Zementit, Sphärolithisierung f
sphérolite f Sphärolith m

sphérolitique sphärolithisch
sphéromètre m Sphärometer n
spiegel m Spiegeleisen n
spin m Spin m
  s. **de charge** Ladungsspin m
  s. **de l'électron, s. électronique** Elektronenspin m
  s. **entier** ganzzahliger Spin m
  s. **isobarique (isotopique)** Isospin m
  s. **nucléaire** Kernspin m
  s. **semi-entier** halbzahliger Spin m
spinelle m Spinell m
spineur m Spinor m
spinthariscope m Spinthariskop n
spiral spiralförmig, spiralig, Spiral-
spirale f Spirale f; Wendel f; **en s.** spiralförmig
  s. **d'Airy** ⟨Opt⟩ Airysche Spirale f
  s. **d'Archimède** archimedische Spirale f
  s. **chauffante** Heizwendel f
  s. **de croissance** Wachstumsspirale f
  s. **élévatrice** Wendelförderer m
  s. **hyperbolique** hyperbolische Spirale f
  s. **logarithmique** logarithmische Spirale f
  s. **en tôle** Blechspirale f
spire f Windung f ⟨z. B. einer Schraubenfeder⟩
  s. **de bobine** Spulenwindung f
  s. **en court-circuit** Kurzschlußwindung f
  s. **d'induction** Blitzschutzspirale f
spires fpl
  s. **d'entrée** Anfangswindungen fpl
  s. **inductrices** Feldwindungen fpl
spiromètre m Spirometer n, Atmungsmesser m
splitter teilen, spalten
spoiler m ⟨Flg⟩ Störklappe f
spongieux schwammig
spontané spontan
sporadique sporadisch, vereinzelt
spot m Lichtmarke f
  s. **ionique** eingebrannter Fleck m ⟨Bildröhre⟩
  s. **lumineux** Lichtpunkt m; Brennfleck m
spoutnik m Sputnik m
spumeux schaumig
squelette m Skelett n, Gerippe n; Skelettlinie f
  s. **de cristal** Kristallgerippe n
stabilisant m Stabilisierungsmittel n; Stabilisator m ⟨Plastverarbeitung⟩
stabilisateur m 1. Stabilisator m, Konstanthalter m; 2. ⟨Flg⟩ Flosse f

stabilisateur

s. à aileron Flossenstabilisator *m*
s. antiroulis Schlingerdämpfungsanlage *f*
s. automatique Selbststabilisierungsgerät *n*
s. à citerne Schlingerdämpfungstank *m*
s. Denny-Brown Denny-Brown-Stabilisator *m*
s. de roulis du type Flume Flume-Stabilisierungsanlage *f*
s. de tension Spannungskonstanthalter *m*
stabilisation *f* Stabilisierung *f*
s. par ailerons Flossenstabilisierung *f*
s. de l'axe de visée Ziellinienstabilisierung *f*
s. de déviation Nullpunktstabilisierung *f*
s. dimensionnelle Formbeständigkeit *f*, Dimensionsstabilität *f*
s. de fréquence Frequenzstabilisierung *f*
s. gyroscopique Kreiselstabilisierung *f*
s. du navire Schiffsstabilisierung *f*
stabiliser stabilisieren; fixieren, beruhigen, formfest machen
stabilité *f* Stabilität *f*, Standsicherheit *f*; Beständigkeit *f* ⟨s. a. solidité⟩; Haltbarkeit *f*
s. après avarie Leckstabilität *f*, Stabilität *f* im Leckfall
s. conditionnelle bedingte Stabilität *f*
s. en courant Stromstabilität *f*
s. à court terme Kurzzeitstabilität *f*
s. à la cuisson Brennbeständigkeit *f*
s. à la désintégration bêta Betastabilität *f*
s. dimensionnelle Formbeständigkeit *f*
s. en eau calme Glattwasserstabilität *f*
s. de l'équilibre de route s. s. de route
s. à l'état intact Intaktstabilität *f*, Stabilität *f* des heilen Schiffes
s. de formes Formstabilität *f*
s. de (la) fréquence Frequenzstabilität *f*
s. au froid Kältebeständigkeit *f*
s. en girouette Windfahnenstabilität *f*
s. sur houle Seegangsstabilität *f*, Stabilität *f* im Seegang
s. initiale (transversale) Anfangsstabilität *f*, metazentrische Höhe *f*
s. latérale Seitenstabilität *f*, Querstabilität *f*
s. au lavage Waschechtheit *f*, Waschbeständigkeit *f*
s. à long terme Langzeitstabilität *f*
s. longitudinale Längsstabilität *f*

s. de marche Laufruhe *f*
s. de noyau atomique, s. nucléaire Kernstabilität *f*
s. de phase Phasenstabilität *f*
s. de poids Gewichtsstabilität *f*
s. au pressage Bügelbeständigkeit *f*
s. propre Eigenstabilität *f*
s. de route Kursstabilität *f*; Richtungsstabilität *f*
s. statique statische Stabilität *f*
s. au stockage Lagerfähigkeit *f*
s. de la teinte Farbstabilität *f*, Farbechtheit *f*
s. à la température Temperaturbeständigkeit *f*
s. en tension Spannungsstabilität *f*
s. de tenue de route s. s. de route
s. du zéro Nullpunktstabilität *f*
stable stabil, beständig ⟨s. a. solide⟩; beruhigt ⟨Stahl⟩
s. à la cuisson brennbeständig
non s. labil
stabulation *f* sur grille Gitterrostaufstellung *f*
stade *m* Stadium *n*; Stufe *f*
s. de fabrication Fertigungsstadium *n*
s. final Endstufe *f*
s. de maturité Reifestadium *n*
stadimètre *m* Entfernungsmesser *m*
stagnant stillstehend, unbewegt ⟨Flüssigkeit⟩
stagnation *f* Stagnation *f*, Stillstand *m*; Stockung *f*; Aufstau *m* ⟨Strömung⟩
stalactite *f* Stalaktit *m*, Abtropfstein *m*
stalagmite *f* Stalagmit *m*, Auftropfstein *m*
stalagmomètre *m* ⟨Ch⟩ Stalagmometer *n*, Tropfenzähler *m*
stalagmométrie *f* ⟨Ch⟩ Stalagmometrie *f*
stalle *f* de traite herringbone Fischgrätenmelkstand *m*
stampe *f* ⟨Geol⟩ Schmitze *f*, Flözschmitze *f*, Zwischenschicht *f*
standard normal; standardisiert, genormt; geeicht
standard *m* 1. Standard *m*, Norm *f* ⟨s. a. norme⟩; 2. ⟨Fmt⟩ Vermittlung(sstelle) *f*
s. CCIR CCIR-Standard *m*, CCIR-Norm *f*
s. de fréquence Frequenznormal *n*
s. interne innerer Standard *m*
s. de référence Bezugsstandard *m*
standardisation *f* Standardisierung *f*; Normung *f*
standardiser standardisieren; normen
stannate *m* Salz *n* der Zinn(IV)-säure, Stannat *n*

stannifère zinnhaltig
starter m ⟨Kfz⟩ Starter m, Startvergaser m
stas m ⟨im System D=16 vorgeschlagene Einheit für die Atommasse⟩
statif m Stativ n
station f 1. Station f, Ort m, Stelle f; Anlage f; 2. Haltestelle f, Bahnstation f; 3. Sender m; 4. Amt n
  s. **aéronautique** Bodenfunkstelle f
  s. **d'amateur** Amateurfunkstation f
  s. **d'amplificateurs téléphoniques** Fernsprechverstärkeramt n
  s. **de brouillage** Störsender m
  s. **de calcul** Rechenstation f
  s. **à cartes perforées** Lochkartenanlage f, Lochkartenstation f
  s. **centrale** Zentrale f
  s. **de charge(ment)** ⟨Brg⟩ Ladestelle f; ⟨El⟩ Ladestation f
  s. **de déchargement** Entladestation f
  s. **directrice** Voramt n
  s. **émettrice** Sendestation f
  s. **éolienne** Windkraftwerk n
  s. **d'épuisement** ⟨Brg⟩ Wasserhaltung f
  s. **d'essai** Versuchsstrecke f
  s. **d'exhaure** Pumpstation f
  s. **de fréquence commune** Gleichwellensender m
  s. **génératrice de secours** Notstromzentrale f
  s. **de lancement** Startplatz m ⟨für Raketen⟩
  s. **lunaire** Mondstation f
  s. **mobile de surface** bewegliche Bodenstelle f
  s. **de pilotage** Lotsenstation f
  s. **de pompage** Pumpstation f; Pumpwerk n
  s. **radar** Radarstation f
  s. **de radio** Funkstation f
  s. **radio de bord** Bordfunkstation f
  s. **radio-électrique côtière** Küstenfunkstelle f
  s. **radiogoniométrique** Funkpeilstation f
  s. **radiogoniométrique côtière** Küstenpeilstation f
  s. **réceptrice** Empfangsstation f
  s. **de réchauffage** Anwärmstation f
  s. **relais** Relaisstation f
  s. **de sauvetage** Rettungsstelle f
  s. **sémaphorique** Signalstation f
  s. **terrestre** Bodenstation f
  s. **de tête** Kopfbahnhof m
  s. **de traitement d'eau** Wasseraufbereitungsanlage f
  s. **« va-et-vient »** Mitlaufstation f ⟨Galvanotechnik⟩
stationnaire ortsfest, raumfest, stationär
station-service f Wagenpflegedienst m
statique statisch, ruhend
statique f Statik f, Mechanik f ruhender Körper
  s. **graphique** Grafostatik f
statistique statistisch
statistique f Statistik f
  s. **des avaries** Havariestatistik f
  s. **de Bose-Einstein** Bose-Einstein-Statistik f
  s. **de Fermi-Dirac** Fermi-Dirac-Statistik f
  s. **quantique** Quantenstatistik f
stator m Ständer m, Stator m
statoréacteur m Staustrahltriebwerk n
statorique Ständer-, Stator-
statoscope m Feinhöhenmesser m; Statoskop n ⟨in Luftfahrzeugen⟩
stauffer m Staufferbüchse f
steamer m s. navire à vapeur
stéarate m Ester m (Salz n) der Stearinsäure, Stearat n
stéarine f Stearin n
stéaschiste m, **stéatite** f ⟨Min⟩ Steatit m, Speckstein m, Talk m
stellaire stellar
stellitage m Stellit-Auftragschweißen n
stellite m Stellit n ⟨Hartmetallgußlegierung⟩
stencil m Wachsmatrize f; Vervielfältigungsmatrize f
sténopaïque stenopäisch
stéradian m Steradiant m ⟨Einheit des Raumwinkels⟩
stère m Schichtfestmeter n, Raummeter n ⟨Holzwirtschaft⟩
stéréo m s. 1. stéréotype; 2. stéréophonique
stéréoacoustique stereoakustisch
stéréobate m ⟨Bw⟩ Stereobat m
stéréochimie f Stereochemie f
stéréochimique stereochemisch
stéréocomparateur m Stereokomparator m ⟨Vermessungswesen⟩
stéréodynamique stereodynamisch
stéréodynamique f Dynamik f fester Körper
stéréogramme m Bildpaar n, Raumbild n, Stereobilder npl
stéréo-isomère stereoisomer
stéréo-isomérie f Stereoisomerie f
stéréomètre m Stereometer n
  s. **traceur** Zeichenstereometer n
stéréométrie f Stereometrie f
stéréométrographe m Stereometrograf m

stéréomicroscope *m* Stereomikroskop *n*
stéréophonie *f* Stereofonie *f*
stéréophonique stereofon
stéréophotogrammétrie *f* Raumbildmessung *f*
stéréophotographie *f* Stereofotografie *f*
stéréoplanigraphe *m* Stereoplanigraf *m*
stéréoprojecteur *m* Stereoprojektor *m*
stéréoradioscopie *f* Stereodurchleuchtung *f*
stéréoscope *m* Stereoskop *n*, Stereobetrachter *m*
  s. à miroirs Spiegelstereoskop *n*
stéréoscopie *f* Stereoskopie *f*
  s. électronique Stereoelektronenmikroskopie *f*
stéréoscopique stereoskopisch, Stereo-
stéréostatique *f* Statik *f* fester Körper
stéréotype *m* ⟨Typ⟩ Stereo[platte *f*] *n*, Klischee *n*
  s. cintré Rundstereo *n*
  s. galvanisé verkupfertes Stereo *n*
  s. nickelé verniketes Stereo *n*
stéréotyper ⟨Typ⟩ klischieren
stéréotypie *f* Stereotypie *f*
stérile *m* taubes Gestein *n*
  s. intercalaire Bergemittel *n*
stériles *mpl* **de lavage** Waschberge *pl*
stérilisateur *m* Sterilisator *m*, Sterilisierapparat *m*
stérilisation *f* Entkeimung *f*, Sterilisierung *f*
  s. par irradiation Strahlensterilisierung *f*, Strahlungssterilisierung *f*
stériliser entkeimen, sterilisieren
stérique ⟨Ch⟩ sterisch
stéroïde *m* ⟨Ch⟩ Steroid *n*
stérol *m* ⟨Ch⟩ Sterin *n*
stevedore *m* Stauer *m* ⟨als Unternehmer⟩; Stauerei *f*, Stauereibetrieb *m*
stevedoring *m* Stauen *n*
sthène *m* ⟨im Deutschen nicht gebräuchliche Krafteinheit; entspricht 10^3 Newton⟩
stibine *f* ⟨Ch⟩ Antimonwasserstoff *m*, Stibin *n*
stigmateur *m* Stigmator *m*
  s. électrostatique elektrostatischer Stigmator *m*
  s. magnétique magnetischer Stigmator *m*
stigmatique stigmatisch
stilb *m* Stilb *n* ⟨Einheit der Leuchtdichte⟩
stilbène *m* ⟨Ch⟩ Stilben *n*
stil-de-grain *m* Schüttgelb *n*
stimulant *m* **de turbulence** Stolperdraht *m*, Turbulenzerzeuger *m*
stochastique stochastisch

stock *m* Lagervorrat *m*; Bestand *m*; Lager *n*
  s. de charbon Kohlenhalde *f*
  s. intermédiaire Zwischenlager *n*
  s. de résidus Abbrandlager *n*
stockable lagerfähig
stockage *m* Lagerung *f*, Lagern *n*; Speicherung *f* ⟨*s. a.* emmagasinage⟩
  s. des cylindres d'impression Druckzylinderlagerung *f*
  s. dynamique dynamische Speicherung *f*
  s. de l'eau Wasserspeicherung *f*
stocker [auf]speichern, stapeln; [ein]lagern
  s. dans la glace in Eis lagern ⟨z. B. Fisch⟩
stœchiométrie *f* Stöchiometrie *f*
stœchiométrique stöchiometrisch
stokes *m* Stokes *n* ⟨Einheit der kinematischen Viskosität⟩
stoppage *m* Stopfen *n* ⟨von Gewebe⟩
stopper ausnähen, stopfen ⟨Gewebe⟩
stoppeur *m* Kettenkneifer *m*, Kettenstopper *m*; Stopper *m*
  s. à étrangloirs Spindelkettenstopper *m*
  s. à linguet Sperrhebelkettenstopper *m*
  s. à mâchoires Spindelkettenstopper *m*
stot *m* ⟨Brg⟩ Bergfeste *f*
  s. de protection du puits Schachtsicherheitspfeiler *m*
straggling *m* Streuung *f* ⟨*s. a.* dispersion⟩
stras[s] *m* Straß *m* ⟨Edelsteinimitation⟩
stratamètre *m* ⟨Brg⟩ Stratameter *n*
strate *f* 1. ⟨Geol⟩ Lage *f*; 2. Schichtlinie *f* ⟨Drehkristalldiagramm⟩
stratification *f* Schichtung *f*
  s. en alternance répétée Repetitionsschichtung *f*
  s. concordante konkordante Lagerung *f*
  s. deltaïque Deltaschichtung *f*
  s. diagonale Diagonalschichtung *f*
  s. entrecroisée Kreuzschichtung *f*
  s. inclinée geneigte Schichtung *f*
  s. de marée Gezeitenschichtung *f*
stratifié:
  s. en gros bancs ⟨Brg⟩ bankig
  s. dans le même sens parallel geschichtet
  s. perpendiculairement aux strates senkrecht zur Schichtebene geschichtet
stratifié *m* Schicht[preß]stoff *m*, gewebe- oder faserverstärkter Kunststoff *m*;

Hartgewebe n, Hartfaserplatte f; Hartpapier n
s. **en plaque** Preßstofftafel f, Hartgewebetafel f
stratifié-bois m Schichtholz n
stratifier schichten
stratigraphie f Stratigrafie f
stratigraphique stratigrafisch
stratoscope m Stratoskop n
stratosphère f Stratosphäre f
stratosphérique stratosphärisch
stratostate m Stratostat m
stratovision f ⟨Fs⟩ Stratovision f
striage m Kannelierung f
striation f Schichtung f, Streifenbildung f
strict genau, streng; strikt
striction f Einschnürung f
s. **de l'entaille** Kerbeinschnürung f
s. **à la rupture** Brucheinschnürung f
strie f 1. Schliere f, Streifen m; ⟨Geol⟩ Rutschstreifen m; 2. Rille f
s. **glaciaire** Gletscherschramme f
strié en chaine kettstreifig, längsgestreift
strier 1. streifen; 2. rillen, mit Rillen versehen
strieux schlierig, streifig
stripping m ⟨Ch⟩ Stripping n
striure f Schlierigkeit f
stroboscope m Stroboskop n
s. **à décharge** Lichtblitzstroboskop n
s. **supersonique** Ultraschallstroboskop n
stroboscopique stroboskopisch
strobotron m Strobotron n
strontique Strontium-
strontium m Strontium n
strophoïde f ⟨Math⟩ Strophoïde f ⟨Kurve 3. Grades⟩
structural baulich, konstruktiv; Gefüge-, Struktur-
structure f 1. Struktur f, Bau m, Aufbau m; Gefüge n; ⟨Min⟩ Textur f; 2. Verband m, Festigkeitsverband m
s. **à amygdales** amygdaloidische Textur f
s. **atomique** Atombau m, Atomstruktur f
s. **en bandes** Zeilengefüge n
s. **de la cassure** Bruchgefüge n
s. **centrée** raumzentrierte Struktur f
s. **en chaine** Kettenstruktur f
s. **de clivage** Spaltungstextur f
s. **d'un code** Kodestruktur f
s. **compacte** dichteste Packung f
s. **en couches** Schichtstruktur f; Schalenstruktur f

s. **de coulée** Gußgefüge n
s. **en coussins** ⟨Geol⟩ Kissengefüge n, Wollsackbildung f
s. **cristalline** Kristallbau m, Kristallstruktur f
s. **cristalline aux rayons X** Röntgenstruktur f des Kristalls
s. **dendritique** dendritische Struktur f
s. **d'étirement** Streckungstextur f
s. **à faces centrées** flächenzentrierte Struktur f
s. **faillée** Verwerfungsstruktur f, Bruchstruktur f
s. **en feuillets** Blattstruktur f
s. **fibreuse** Faserstruktur f
s. **de fil** Garnstruktur f, Fadenstruktur f, Garnaufbau m, Fadenaufbau m
s. **fine** Feinstruktur f
s. **fluidale** Fluidaltextur f, Fließgefüge n
s. **globulaire** kugeliger Bau m
s. **de grain** Korngefüge n
s. **à grain fin** feinkörniges Gefüge n
s. **granulaire** Korngefüge n
s. **grenue compacte** dichtes Gefüge n
s. **à gros grain** Grobgefüge n
s. **grossière** Grobstruktur f
s. **hexagonale compacte** hexagonal dichteste Packung f
s. **hyperfine** Hyperfeinstruktur f
s. **d'informations** Informationsstruktur f, Nachrichtenstruktur f
s. **lamellaire** Blattstruktur f
s. **des lignes** Zeilenstruktur f
s. **logique** logischer Aufbau m, logische Struktur f
s. **longitudinale** Längsspantenbauweise f
s. **maclée polysynthétique** polysynthetische Zwillingstextur f
s. **maclée lamelleuse** Zwillingslamellierung f
s. **massive** massive Textur f
s. **microfine** Mikrofeinstruktur f
s. **moléculaire** Feinstruktur f
s. **en mosaïque** Mosaikstruktur f
s. **de mot** Wortaufbau m, Wortstruktur f
s. **du noyau en couches** Schalenstruktur f des Atomkerns
s. **nucléaire** Kernstruktur f
s. **de la particule** Teilchenstruktur f
s. **perlite** Perlitstruktur f, Perlitgefüge n
s. **plaquetée** Plattentextur f
s. **plissée** Fältelungsstruktur f
s. **en profondeur** Tiefenstruktur f
s. **réticulaire** Netzstruktur f

structure

s. à revêtement travaillant Schalenbauweise f
s. en ruban, s. rubanée Bandstruktur f; ⟨Geol⟩ Bändertextur f
s. schisteuse schiefrige Textur f
s. de solidification Erstarrungsgefüge n
s. squelettique Skelettextur f
s. superficielle Oberflächenstruktur f
s. superposée überlagerte Struktur f
s. de surface Oberflächenstruktur f
s. tachetée Flecktextur f
s. transversale Querspantenbauweise f
s. de trempe Härtungsgefüge n
s. ultra Ultrastruktur f
s. vitreuse Glasstruktur f
s. zonale Zonengefüge n
structuré strukturiert
structurel s. structural
stuc m Stuck m
studio m Studio n, Atelier n; Rundfunkstudio n
s. d'enregistrement sonore Tonaufnahmestudio n
s. de télévision Fernsehstudio n
s. de T.S.F. Rundfunkstudio n
stuquer Stuckarbeiten ausführen, mit Stuck versehen
style m enregistreur Schreibstift m ⟨am Instrument⟩
stylo[graphe] m Füllfederhalter m
s. à bille Kugelschreiber m
s. à dessin Zeichenfüllfederhalter m, Tuschefüller m
s. dosimètre Füllhalterdosimeter n, Taschendosimeter f
styrène m, styrol[ène] m Styrol m
subaérien subaerisch
subaquatique Unterwasser-
subatomique subatomar
subdiviser zerlegen, [unter]teilen, aufspalten
subdivision f Zerlegung f, Unterteilung f, Aufspaltung f, Teilung f
s. des niveaux d'énergie Energieniveauaufspaltung f
s. des raies spectrales Aufspaltung f von Spektrallinien
subérification f Verkorkung f
subglacial subglazial
subharmonique subharmonisch
subjectil m Anstrichträger m, Untergrund m
sublimable sublimierbar
sublimateur m Sublimator m
sublimation f Sublimieren n; Sublimation f

s. industrielle technische Sublimation f
s. sous vide Vakuumsublimation f
sublimé m Sublimat n
sublimer sublimieren
s. sous vide aufdampfen
subliminal unterschwellig
submerger untertauchen
submersible eintauchbar, tauchfähig; Überfall- ⟨Wehr⟩
submersion f Untertauchen n
subminiature Kleinst- ⟨von elektronischen Bauelementen⟩
subnormale f Subnormale f
subsidence f 1. Senkung f; 2. abklingende aperiodische Bewegung f
s. du fond Bodensenkung f
subsonique Unterschall-
substance f Substanz f, Stoff m ⟨s. a. matière, matières, matériaux⟩
s. de base Ausgangsstoff m
s. de contraste Kontrastmittel n
s. diffusante Streukörper m, Streusubstanz f
s. dissoute gelöster Stoff m
s. équivalente au tissu gewebeäquivalentes Material n
s. étalon Eichsubstanz f
s. fille Tochtersubstanz f
s. filonienne Gangmasse f
s. en petite quantité Spurenwirkstoff m
s. phosphorescente Leuchtstoff m
s. porteuse Träger[substanz f] m
s. radio-active radioaktives Material n
s. tampon Puffersubstanz f
s. très pure Reinststoff m
substandard m Substandard m ⟨Film unter 35 mm⟩
substantif direktziehend, substantiv ⟨von Farbstoffen⟩
substituabilité f Substituierbarkeit f
substituable substituierbar
substituant m Substituent m, Austauschstoff m
substituer substituieren
substitut m 1. Austauschmaterial n; 2. Substituent m; 3. Hilfsstander m ⟨Signalflagge⟩
substitution f Substituierung f, Substitution f
s. d'adresse Adressensubstitution f
substrat[um] m Substrat n, Schichtträger m, Trägersubstanz f
substructure f ⟨Geol⟩ Sockel m
subtangente f Subtangente f
subvolcan m Subvulkan m
successif schrittweise, sukzessiv

succession f 1. Reihenfolge f; Folge f; 2. ⟨Geol⟩ Abfolge f, Ausscheidungsfolge f
  s. d'étincelles Funkenfolge f
  s. d'impulsions Impulsfolge f
  s. d'instructions Befehlsfolge f
  s. d'opérations Operationsfolge f
  s. des passes ⟨Met⟩ Stichfolge f
  s. des trains Zugfolge f
succin m Bernstein m
succinate m Ester m (Salz n) der Bernsteinsäure, Sukzinat n
succion f Sog m, Saugwirkung f; ⟨Geol⟩ Verschluckung f
suceuse f Saugbagger m; Absaugmaschine f
sucre m:
  s. d'amidon Stärkezucker m
  s. de betteraves Rübenzucker m
  s. de bois Holzzucker m
  s. brut Rohzucker m
  s. de canne Rohrzucker m
  s. converti (inverti) Invertzucker m.
  s. de lait Milchzucker m
  s. de raisin Traubenzucker m
suffisant hinreichend
suie f Ruß m
suif m Talg m
suint m Wollschweiß m
suintement m Durchsickern n
  s. de pétrole Erdölaustritt m, Ölsickerung f, Ölausbiß m
suinter [durch]sickern
suite f Folge f
  s. d'arcs Bogenreihe f
  s. de couches Schichtenfolge f
  s. fondamentale Fundamentalfolge f, Cauchy-Folge f
  s. d'instructions Befehlsfolge f
  s. d'opérations Operationsfolge f
  s. partielle Teilfolge f
  s. des signaux Signalfolge f
sulfamide m Sulfonamid n
sulfatation f Sulfatisieren n
sulfate m Sulfat n
  s. de baryum Bariumsulfat n, Schwerspat m; Permanentweiß n, Barytweiß n, Blanc fixe n
  s. chromique Chrom(III)-sulfat n
  s. de cuivre Kupfersulfat n
  s. double d'aluminium et de sodium Aluminiumnatriumsulfat n
  s. ferrique Eisen(III)-sulfat n
  s. de magnésium Magnesiumsulfat n, Bittersalz n
  s. de sodium Natriumsulfat n
sulfater sulfati(si)eren
sulfitage m Schwefelung f

sulfite m Sulfit n
  s. de sodium Natriumsulfit n
sulfiter sulfitieren
sulfocyanate m Thiozyanat n
  s. d'ammonium Ammoniumthiozyanat n
sulfonation f Sulfonierung f, Sulfurierung f
sulfone f Sulfon n
sulfoner sulfonieren, sulfurieren
sulfuration f Schwefelung f, Schwefeln n
sulfure m Sulfid n
  s. d'ammonium Ammoniumsulfid n
  s. d'argent Silbersulfid n
  s. de carbone Schwefelkohlenstoff m
  s. de sodium Natriumsulfid n
sulfurer 1. ⟨Ch⟩ sulfurieren; 2. schwefeln, ausräuchern
sulfureux Schwefel-, schwefelig; schwefelhaltig
sulfurifère schwefelhaltig
sulfurique Schwefel-
sulfurisation f Behandlung f mit Schwefelsäure
sulfuriser mit Schwefelsäure behandeln
sun-deck m Sonnendeck n
super ansaugen, pumpen
super m s. 1. supercarburant; 2. superhétérodyne
superaérodynamique f ⟨Rak⟩ Superaerodynamik f
superallié hoch legiert
supercarburant m klopffester Kraftstoff m
supercavitation f Überkavitation f, Superkavitation f
superciment m schnell erhärtender Portlandzement m
supercritique überkritisch
superémitron m ⟨Fs⟩ Bildwandlerikonoskop n, Bildwandlerspeicherröhre f
superfantôme m ⟨Fmt⟩ Achterleitung f
superficie f 1. Fläche f, Flächeninhalt m, Flächenraum m; 2. Oberfläche f; 3. Ausdehnung f; 4. Mantel m
superficiel oberflächlich, äußerlich
superfinir feinstbearbeiten; teinziehschleifen, feinhonen, im Superfinish-Verfahren bearbeiten, schwingschleifen
superfinition f Feinstbearbeiten n; Feinziehschleifen n, Feinhonen n, Superfinish-Verfahren n, Schwingschleifen n
supergéant m Superschiff n
superharmonique superharmonisch
superhét(érodyne) m Überlagerungsempfänger m, Superhet m
supericonoscope m Superikonoskop n

supérieur 618

supérieur höher (gelegen); ⟨Typ⟩ hochstehend
supernova f Supernova f
superorthicon m Superorthikon n
superphosphate m Superphosphat n
superposable aufeinanderlegbar, kongruent
superposer überlagern
superposition f Superposition f
  s. d'impulsions Impulsüberlagerung f
  s. de lignes Zeilenüberlappung f
superprogramme m Steuerprogramm n, Superprogramm n
superréaction f Pendelrückkopplung f
superréception f Überreichweitenempfang m
superrégénération f Pendelrückkopplung f
superréseau m Überstruktur f
supersonique Überschall-
superstructure f 1. Überbau m; Hochbau m; 2. ⟨Eb⟩ Oberbau m; 3. Fahrbahndecke f, Fahrbahnbefestigung f; 4. ⟨Schiff⟩ Aufbau m
  s. du volcan Oberbau m des Vulkans
superstructures fpl Aufbauten mpl
supplément m 1. Ergänzung f, Supplement n; 2. ⟨Typ⟩ Beilage f; 3. Zuschlag(karte f) m
support m 1. Support m, Träger m; Gestell n; Halter m, Haltevorrichtung f; Auflager n; Stütze f; Bock m; Ständer m; Zug m; Halterung f; 2. Stativ n; 3. Schichtträger m, Trägersubstanz f; 4. ⟨Typ⟩ Untersatz m, Plattenschuh m
  s. d'arbre Wellenbock m
  s. d'arrêt ⟨El⟩ Endmast m
  s. articulé Gelenkstütze f
  s. à brides Flanschträger m
  s. de broche pivote Drehspindelsupport m
  s. des câbles Seilbahnstütze f
  s. de caténaire Fahrleitungsmast m
  s. central ⟨Schiff⟩ Mittel(längs)träger m ⟨Doppelboden⟩
  s. à cliquet ⟨Dat⟩ Klinkenträger m
  s. compact ⟨Math⟩ kompakter Träger m
  s. à couteau ⟨El⟩ Schneidenlager n
  s. du cylindre ⟨Typ⟩ Schmitzleiste f
  s. du dé ⟨Kern⟩ Dee-Halterung f
  s. des données Datenträger m
  s. double de croisement doppelter Kreuzungsträger m ⟨für Isolatoren⟩
  s. d'échantillon Probenträger m, Probenhalter m
  s. d'électrode Elektrodenhalter m
  s. d'enroulement Wicklungsträger m

  s. à entonnoir Trichtergestell n; Filterstativ n
  s. à éprouvettes Reagenzglasständer m, Reagenzglasgestell n, Reagenzglasstativ n
  s. de feu Laternenhalterung f
  s. de fil Garnkörper m
  s. du film Filmträger m, Filmhalter m, Filmunterlage f
  s. de gicleur ⟨Kfz⟩ Düsenträger m
  s. de gouttière Rinnenträger m
  s. de grille Rostträger m, Rostbalken m
  s. de guides Walzbalken m, Hundebalken m
  s. indépendant ⟨Bw⟩ Einzelstütze f
  s. d'information ⟨Dat⟩ Informationsträger m
  s. d'isolateur Isolatorstütze f
  s. latéral ⟨Schiff⟩ Seiten(längs)träger m ⟨Doppelboden⟩
  s. de marchepied Trittbretthalter m
  s. de matrice Matrizenmantel m ⟨Pulvermetallurgie⟩
  s. d'outil Meißelhalter m
  s. de palier Lagerbock m
  s. de papier Papierstütze f
  s. à pointe unique Einspitzenlagerung f
  s. provisoire Behelfsstativ n
  s. de réaction Reaktionsträger m
  s. à rouleaux Rollenbock m, Rollenstand m
  s. de signal Signalträger m
  s. de sommier Widerlagerbalken m
  s. suspendu Hängebock m
  s. de table Tischstütze f
  s. à timbre Stempelträger m
  s. de tube Röhrenfassung f; Röhrensockel m
  s. de tubes à essais s. s. à éprouvettes
  s. de tuyaux Rohrschelle f
supposition f Annahme f, Voraussetzung f; Vermutung f
suppresseur m Begrenzerschaltung f, Drosselschaltung f, Sperre f; Funkenlöschwiderstand m
  s. de bruits parasites Nebengeräuschunterdrücker m
  s. d'écho Echounterdrücker m, Echosperre f
  s. de réaction Rückkopplungssperre f
suppression f Unterdrückung f; Verdrängung f; Beseitigung f; Austastung f
  s. de l'adsorption Sorptionsverdrängung f
  s. d'une bande latérale Seitenbandunterdrückung f

s. du bruit Rauschunterdrückung f
s. des cendres Entaschung f
s. d'un dérangement Fehlerbeseitigung f
s. d'écho Echounterdrückung f
s. d'erreurs Fehlerbeseitigung f
s. de la fréquence porteuse Trägerfrequenzunterdrückung f
s. de la fréquence-image Spiegelfrequenzunterdrückung f
s. de l'interlignage Zeilentransportunterdrückung f
s. de lignes ⟨Fs⟩ Zeilenaustastung f
s. du niveau de zéro Nullpegelunterdrückung f, Nullpunktunterdrückung f
s. des ondes-image Spiegelwellenselektion f
s. de parasites Entstörung f
s. de la pleine charge völlige Entlastung f
s. du point zéro s. s. de niveau de zéro
s. de la rémanence Remanenzvernichtung f
s. du spot lumineux Leuchtfleckunterdrückung f
s. de trame Teilbildunterdrückung f
s. des zéros Nullunterdrückung f
supprimer unterdrücken; verdrängen; entfernen, beseitigen; austasten
supraconducteur m Supraleiter m
supraconductibilité f, **supraconduction** f Supraleitung f, Supraleitfähigkeit f
s. thermique Suprawärmeleitung f, Suprawärmeleitfähigkeit f
supraconvergent nach innen schlagend ⟨Propeller⟩
supradivergent nach außen schlagend ⟨Propeller⟩
suprafluidité f Suprafluidität f
supramarin übermeerisch
suradaptation f Überanpassung f
suralimentation f Aufladung f ⟨eines Verbrennungsmotors⟩
suralimenter aufladen ⟨einen Verbrennungsmotor⟩
suramortissement m Überdämpfung f
surbaissé flachgewölbt, gedrückt
surbau m Süll n
surcarburé hochgekohlt ⟨Schnellarbeitsstahl⟩
surcharge f 1. Überladen n; Überladung f; Überlastung f, Mehrbelastung f, Mehrlast f; Übergewicht n
s. momentanée kurzzeitige Überlast f
s. permanente Dauerüberbelastung f
s. du vent Windlast f
surcharger überladen; überlasten, überbeanspruchen

surchauffage m 1. Überhitzen n; Überhitzung f; 2. Überheizung f
s. intermédiaire Zwischenüberhitzung f
surchauffe f Überhitzung f
s. nucléaire nukleare Überhitzung f
surchauffer 1. überhitzen; 2. überheizen
surchauffeur m Überhitzer m
s. d'air Lufterhitzer m
s. à contact Berührungsüberhitzer m
s. intermédiaire Zwischenüberhitzer m
s. radiant, s. à rayonnement Strahlungsüberhitzer m
surchloration f Überchlorierung f
surcompensation f Überkompensation f
surcompensé überkompensiert
surcompression f Überdruck m
surcongélation f Tiefkühlung f, Schnellkühlung f
surcorrection f Überkorrektion f
surcritique überkritisch
surcroit m **de puissance** Zugkraftverstärkung f
surcuire überbrennen, härten; überhärten; totbrennen ⟨Kalk⟩
s. la chaux Kalk totbrennen
surcuisson f Überbrennen n, Härten n; Überhärten n
surcuit m Überbrand m ⟨Kalk⟩
surdéveloppement m Überentwicklung f
surdévelopper überentwickeln
surdimensionner überdimensionieren
surdirection f ⟨Kfz⟩ Übersteuern n
surdiriger ⟨Kfz⟩ übersteuern
surdosage m Überdosierung f
surdoser überdosieren
surélévation f Aufbau m, Aufstockung f; Überhöhung f
surélever aufstocken, erhöhen, überhöhen
surépaisseur f 1. Bearbeitungszugabe f, Aufmaß n; 2. Überdicke f
s. de rectification Schleifaufmaß n, Bearbeitungszugabe f zum Schleifen
sûreté f Sicherheit f; Sicherung f ⟨eines Bolzens⟩
s. aux arêtes Kantensicherheit f
s. d'axe Kolbenbolzensicherung f
s. de fonctionnement Betriebssicherheit f; Funktionssicherheit f
s. de marche Betriebssicherheit f
s. radiologique Strahlensicherheit f
s. de repérage ⟨Typ⟩ Passerhaltigkeit f
s. Seeger Seeger[sicherungs]ring m, Sg-Ring m, Sprengring m
surexcitation f Übererregung f
surexciter übererregen

surexploitation

surexploitation f par pêche Überfischung f
surexposer überbelichten
surexposition f Überbelichtung f
surfaçage m 1. Planbearbeitung f, spanende Bearbeitung f einer ebenen Fläche; Flächenschleifen n, Planfräsen n, Plandrehen n; Glätten n; 2. Fahrbahnoberflächenbearbeitung f
surface f Fläche f; Flächeninhalt m; Oberfläche f; **en s.** oberflächlich; **à surfaces planes** ebenflächig
s. **d'abrasion** Abrasionsfläche f
s. **d'absorption** Absorptionsfläche f
s. **d'ajustage** Paßfläche f, Sitzfläche f
s. **alaire** 1. Flügelfläche f; 2. Tragflächeninhalt m
s. **d'apaisement** Beruhigungsfläche f
s. **d'approche** Anflugfläche f
s. **d'appui** Aufnahmefläche f; Auflagefläche f
s. **d'arrêt** Anschlagfläche f
s. **auxiliaire d'hydroplanage** Unterwassertragflügel m
s. **de base** Grundfläche f
s. **de cassure** Bruchfläche f
s. **cathodique** Katodenfläche f
s. **à centre** ⟨Math⟩ Mittelpunktsfläche f
s. **de charriage** Schubfläche f, Überschiebungsfläche f
s. **de chauff(ag)e** Heizfläche f
s. **de chocs** Prallfläche f
s. **de contact** Berührungsfläche f, Kontaktfläche f
s. **de la coupe** Schnittfläche f
s. **dénudative** ⟨Geol⟩ Abtragungsfläche f
s. **de déposition** ⟨Geol⟩ Ablagerungsfläche f
s. **de dépôt à l'air libre** Freilagerfläche f
s. **développable** abwickelbare Fläche f
s. **du disque balayé** 1. Luftschraubenkreisfläche f; 2. Rotorkreisfläche f
s. **d'eau** Wasseroberfläche f, Wasserspiegel m
s. **d'échange** Austauschfläche f
s. **efficace de cible** ⟨Kern⟩ effektive Targetfläche f
s. **d'électrode(s)** Elektrodenfläche f
s. **équipotentielle** Äquipotentialfläche f
s. **d'évaporation** Eindampffläche f
s. **exposée au vent** Windangriffsfläche f

s. **de faille** ⟨Geol⟩ Verwerfungsfläche f
s. **de Fermi** ⟨Kern⟩ Fermi-Fläche f
s. **filtrante** Filterfläche f
s. **de frottement** Reibungsfläche f
s. **de glissement** 1. ⟨Masch⟩ Lauffläche f; 2. ⟨Geol⟩ Gleitfläche f
s. **du globe** Erdoberfläche f
s. **des gouttes** Tropfenoberfläche f
s. **de gouvernail** Ruderfläche f
s. **de grille** Rostfläche f
s. **isobarique** Isobarenfläche f
s. **isodosique** Isodosenfläche f
s. **de joint** Dichtungsfläche f; Stoßfläche f
s. **latérale** Mantel[fläche f] m
s. **latérale émergée** Überwasserlateralplan m
s. **de limite** Grenzfläche f
s. **lisse** glatte Oberfläche f
s. **de montage** Aufnahmefläche f
s. **mouillée** benetzte Oberfläche f
s. **murale** Mauerfläche f; Wandfläche f
s. **de niveau** Äquipotentialfläche f
s. **du noyau** Kernoberfläche f
s. **d'onde** Wellenfläche f
s. **ondulée** wellige Oberfläche f
s. **de la page** ⟨Typ⟩ Satzspiegel m
s. **peluchée** aufgerauhte Oberfläche f
s. **plane** ebene Fläche f
s. **polaire active** wirksame Poloberfläche f
s. **polie** polierte Fläche f; Schliff m
s. **portante** 1. Tragfläche f; 2. Tragflügel m
s. **portante à fente** Spaltflügel m
s. **de potentiel constant** Äquipotentialfläche f
s. **de queue** Leitwerksfläche f
s. **réfléchissante** Abstrahlfläche f
s. **de réfraction** brechende Fläche f
s. **de réfrigération (refroidissement)** Kühlfläche f
s. **réglée** Regelfläche f, geradlinige Fläche f
s. **résistant à l'usure** verschleißfeste Oberfläche f
s. **de roulement** Gleitfläche f, Lauffläche f
s. **rugueuse** rauhe Oberfläche f
s. **de rupture** Bruchfläche f
s. **de rupture fragile** Sprödbruchfläche f
s. **du safran** Ruderfläche f
s. **de séparation** 1. Trennfläche f; 2. Grenzfläche f
s. **de siège** Sitz[fläche f] m

s. tamisante Siebfläche f
s. terminale Endfläche f ⟨Kristalle⟩
s. totale Gesamtoberfläche f
s. d'usinage Arbeitsfläche f
s. des vagues Wellenoberfläche f
s. verticale de l'empennage Seitenleitwerk n
surface-miroir f Spiegelfläche f
surfacer planbearbeiten, eine ebene Fläche spanend bearbeiten; flächenschleifen, planfräsen, plandrehen
surfaces fpl:
  s. cristallines irrégulières unregelmäßige Kristallflächen fpl
  s. sustentatrices Tragflächen fpl
surfaceuse f Flächenschleifmaschine f
surfacique Oberflächen-
surfactant m Oberflächenbehandlungsmittel n
surfactif m oberflächenaktives Mittel n
surfin hyperfein
surfocalisation f Überfokussierung f
surfusible unterhalb des Schmelzpunktes schmelzbar
surfusion f Unterkühlung f
surgélation f Frostung f
surgelé en mer auf See gefrostet
surglacé dünn ⟨von Papier⟩
surhaussement m Überhöhung f; Zuspitzung f
surhausser erhöhen, überhöhen; zuspitzen
surimpression f 1. Doppelbelichtung f; 2. Überspielen n
surimprimer 1. doppelt belichten; 2. überspielen; 3. ⟨Typ⟩ eindrucken
surinscription f Überschreiben n
surintensité f Überstrom m
  s. de démarrage Anlaßstromstoß m
  s. dynamique dynamische Kurzschlußfestigkeit f
  s. thermique thermische Kurzschlußfestigkeit f
surjection f Abbildung f, Surjektion f
surjeter überwendlich nähen
surliure f Takling m
surmodulation f Übermodulation f, Übersteuerung f
surmoduler übermodulieren, übersteuern
surmoule m Abguß m ⟨einer Gußform⟩
surmouler von einem Abguß abformen
suroscillation f Überschwingung f
suroxygéner aufoxydieren
surpassage m Überschreitung f
surplatine f **hémisphérique** Kugeltisch m ⟨Optik⟩
surplomb m Ausladung f, Überhang m; Überhängen n

surplomber ausladen, überhängen; überlagern; überragen, vorkragen
surplus m **de pêche** Beifang m
surpresseur m Kompressor m, Lader m
surpression f Überdruck m
surrégénération f Brüten n ⟨Reaktor⟩
sursaturation f Übersättigung f
  s. locale örtliche Übersättigung f
sursaturer übersättigen
sursensibilisation f Übersensibilisierung f
sursensibiliser übersensibilisieren
sursoufflage m Nachblasen n
surstabilisation f ⟨Bw⟩ Überstabilisierung f
surstructure f Überstruktur f
surteindre überfärben
surtension f Überspannung f
  s. de réseau Netzüberspannung f
  s. de résonance Resonanzüberhöhung f
surveillance f Wartung f; Überwachung f
  s. des erreurs Fehlerüberwachung f
  s. de l'exploitation Betriebsüberwachung f
  s. de la marche de trains Zugüberwachung f
  s. des processus Prozeßüberwachung f
  s. radar Radarleitdienst m
surveillant m **de cargaison** Supercargo m
survieillissement m Überaltern n; Überalterung f
survirage m ⟨Kfz⟩ Übersteuern n
survirer ⟨Kfz⟩ übersteuern
survitesse f Übergeschwindigkeit f; Überdrehzahl f
survoltage m Überspannung f
survolter hochspannen
survolteur m Zusatztransformator m
survolteur-dévolteur m Zusatzmaschine f in Zu- und Gegenschaltung
susceptance f Blindleitwert m, Suszeptanz f
susceptibilité f Suszeptibilität f
  s. magnétique magnetische Suszeptibilität f
  s. au plomb Bleiempfindlichkeit f
  s. au vieillissement Alterungsempfindlichkeit f
susceptible suszeptibel
suspendre 1. aufhängen; lagern; 2. aussetzen, einstellen, unterbrechen
suspendu schwebend, Schwebe-, hängend, Hänge-
  s. en oscillant schwingend aufgehängt
  s. sur ressorts abgefedert

suspension

suspension f 1. Aufhängung f; Lagerung f; 2. Suspension f, Aufschlämmung f; 3. Sperre f ⟨Verkehr⟩; **en s.** schwebend
s. d'antenne Antennenaufhängung f
s. antichoc stoßsichere Aufhängung f
s. antivibratoire schwingungssichere Aufhängung f
s. aqueuse wäßrige Aufschlämmung f
s. bifilaire bifilare Aufhängung f, Bifilaraufhängung f, Zweifadenaufhängung f
s. à la cardan kardanische Aufhängung f; Kardangelenk n, Kreuzgelenk n
s. à couteau Schneidenaufhängung f
s. dissymétrique unsymmetrische Aufhängung f ⟨Fahrleitung⟩
s. élastique federnde Aufhängung f
s. de l'essieu Achsaufhängung f
s. hydropneumatique hydropneumatische Aufhängung f
s. indépendante Einzelradaufhängung f
s. au plafond Deckenmontage f
s. polygonale Polygonaufhängung f
s. à ressort Federaufhängung f
s. par ressort à lames transversal Querfederung f
s. par ressort à lames transversal et deux triangles articulés Schwingachse f mit zwei Querlenkern und Querfeder
s. par ressort à lames transversal et triangle articulé Schwingachse f mit Querlenker und Querfeder
s. semi-rigide halbstarre Aufhängung f
s. de soufflet Faltenbalgaufhängung f
s. du trafic Verkehrssperre f
s. par triangles articulés et barres de torsion Schwingachse f mit Querlenkern und Drehstäben
s. par triangles articulés et ressort hélicoïdal Schwingachse f mit Querlenkern und Schraubenfeder
s. unifilaire Einfadenaufhängung f
suspensoïde m Suspensionskolloid n, Suspensoid n
suspente f Fangleine f ⟨eines Fallschirms⟩
sustentation f Gleichgewichtserhaltung f; Stützkraft f
sylvine f ⟨Min⟩ Sylvin m
sylvinite f ⟨Min⟩ Sylvinit m
symbole m Symbol n; Schaltsymbol n, Schaltzeichen n
s. de base Grundsymbol n
s. de classification Klassezeichen n
s. de commande Steuerungssymbol n
s. de couplage Schaltungsbezeichnung f; Schaltgruppenbezeichnung f

s. d'entretien ⟨Text⟩ Pflegesymbol n, Pflegekennzeichen n
s. d'erreur de colonne ⟨Dat⟩ Blockierungsmarke f
s. de fin du mot Wort[ende]marke f
s. logique logisches Symbol n
s. de manœuvre Funktionssymbol n
s. du saut Übersprungsymbol n
s. de signe Vorzeichenmarke f
symétrie f Symmetrie f
s. d'axes, s. axiale Achsensymmetrie f
s. de cristal, s. cristallographique Kristallsymmetrie f
s. de rotation Rotationssymmetrie f
s. sphérique Kugelsymmetrie f
symétrique symmetrisch
s. à l'axe achsensymmetrisch
symétrisation f Symmetrisierung f
symétriser symmetrisieren
synchro m Gleichlaufeinrichtung f
synchrocyclotron m Synchrozyklotron n
synchrodétecteur m Synchrodetektor m
synchromachine f Synchronmotor m
synchrone synchron
non s. asynchron
synchronisation f Synchronisieren n; Synchronisierung f, Synchronisation f
s. de la bascule Schwungradsynchronisierung f
s. des couleurs Farbsynchronisierung f
s. à distance Fernsynchronisierung f
s. par entrainement Mitnahmesynchronisierung f
s. sur front arrière Rückfrontsynchronisierung f
s. des images Bildsynchronisation f
s. intégrale Vollsynchronisation f
s. de ligne Zeilensynchronisation f
s. de phase Phasensynchronisation f
s. par le secteur Netzsynchronisierung f; Netzsynchronisation f
s. verticale Vertikalsynchronisation f
synchronisé synchronisiert
entièrement s. vollsynchronisiert
synchroniseur m Synchronisator m; Synchronauslöser m; Tonkoppler m
synchronisme m Synchronismus m; Synchronlauf m
s. des phases Phasengleichheit f
synchronomètre m Synchronmesser m
synchronoscope m Synchronoskop n
synchrophasotron m Synchrophasotron n
synchrotron m Synchrotron n
s. à électrons Elektronensynchrotron n
s. à focalisation forte, s. à gradient alterné AG-Synchrotron n, Synchrotron n mit starker Fokussierung
s. à protons Protonensynchrotron n

synclinal synklinal, muldenförmig gelagert
synclinal *m* Synklinale *f*, Mulde *f*
s. accessoire Nebensynklinale *f*
faux s. Pseudosynklinale *f*
synclinorium *m* Synklinorium *n*
syncristallisable mischkristallbildend
syncristallisation *f* Mischkristallbildung *f*
syncristalliser Mischkristalle bilden
syndrome *m* **aigu d'irradiation** akutes Strahlensyndrom *n*
synérèse *f* Synärese *f*
syngénétique syngenetisch
synoptique Blindschalt-, Mnemo-, Übersichts-
synorogène synorogen
synthèse *f* Synthese *f*, Aufbau *m*, Darstellung *f*
  s. additive additives Dreifarbenverfahren *n* ⟨Farbfotografie⟩
  s. de l'ammoniaque Ammoniaksynthese *f*
  s. des colorants Farbstoffsynthese *f*
  s. directe Direktsynthese *f*
  s. de l'essence Benzinsynthese *f*
  s. de Fischer-Tropsch Fischer-Tropsch-Synthese *f*
  s. d'image Bildwiedergabe *f*
  s. partielle ⟨Ch⟩ partielle Synthese *f*
  s. en phase liquide Flüssigphasensynthese *f*
  s. soustractive subtraktives Dreifarbenverfahren *n* ⟨Farbfotografie⟩
  s. totale ⟨Ch⟩ Totalsynthese *f*
synthétique synthetisch
synthétiser synthetisieren, aufbauen, darstellen
syntonisateur *m* Tuner *m*, Kanalwähler *m*
syntonisation *f* Abstimmung *f*, Abgleich *m* ⟨Filter⟩; **à s. aiguë** scharf abgestimmt; **à s. plate** unscharf abgestimmt
  s. aiguë Scharfabstimmung *f*
  s. d'antenne Antennenabstimmung *f*
  s. par bouton-poussoir Druckknopfabstimmung *f*
  s. par commande manuelle Handabstimmung *f*
  s. à distance Fernabstimmung *f*
  s. lâche unscharfe Abstimmung *f*
  s. magnétique magnetische Abstimmung *f*
  s. optique optische Abstimmung *f*
  s. par résistance Abstimmung *f* durch veränderlichen Widerstand
syntoniser abstimmen
systématique systematisch
systématisation *f* Systematisierung *f*

systématiser systematisieren
système *m* 1. System *n*; Ordnung *f*; 2. Aufbau *m*, Gliederung *f*, Plan *m*; 3. Verfahren *n*; Bauart *f*
  s. agrandisseur de lecture Ablesevergrößerungsgerät *n*
  s. d'ajustements Passungssystem *n*
  s. d'alarme Alarmanlage *f*
  s. d'allumage blindé abgeschirmte Zündanlage *f*
  s. à apprentissage ⟨Dat⟩ lernendes System *n*
  s. d'approche contrôlé du sol GCA-Anflugsystem *n* ⟨Radaranlage für vom Boden geleiteten Anflug⟩
  s. d'approche standard à faisceau SBA-Landefunkfeuersystem *n*
  s. articulé Gelenkmechanismus *m*
  s. d'assèchement ⟨Schiff⟩ Lenzsystem *n*
  s. asservi Regelkreis *m*
  s. d'asservissement Servosystem *n*
  s. avec attente ⟨Math⟩ Wartesystem *n*
  s. sans attente ⟨Math⟩ Verlustsystem *n*
  s. d'atterrissage automatique automatisches Landesystem *n*
  s. d'atterrissage aux instruments Instrumentenlandesystem *n*
  s. d'atterrissage aux instruments par radar VHF Leitstrahl-Anflugfunkfeuersystem *n*
  s. d'auto-adaptation selbsteinstellendes System *n*
  s. à auto-alignement System *n* mit selbsttätigem Abgleich
  s. à auto-inflammation selbstzündendes System *n*
  s. automatique de navigation ⟨Flg⟩ Kurskoppler *m*
  s. automatique de réglage complexe komplexes automatisches Regelsystem *n*
  s. de barres ⟨Bw⟩ Stabsystem *n*; Stabzug *m*
  s. bifilaire Zweileitersystem *n*, Zweidrahtsystem *n*
  s. binaire 1. ⟨Dat⟩ binäres Zahlensystem *n*, Dualsystem *n*; 2. ⟨Ch⟩ Zweistoffsystem *n*
  s. de blanchiment au large ⟨Ch⟩ Breitbleichsystem *n*
  s. à canaux multiples Mehrkanalsystem *n*
  s. cardinal de balisage Betonnungssystem *n* der Richtungsbezeichnung, Kardinalsystem *n*
  s. de cargaison Lade[öl]leitungssystem *n*

système

s. **Cargocaire** Cargocaire-System *n* ⟨Laderaumklimatisierung⟩
s. **du centre de masse** Schwerpunktsystem *n*
s. **C.G.S.** CGS-System *n* ⟨Zentimeter, Gramm, Sekunde⟩
s. **de chauffage** Heizungssystem *n*
s. **de choses** ⟨Math⟩ Verband *m*
s. **de circulation** 1. Verkehrssystem *n*; 2. Umlaufverfahren *n*, Umlaufsystem *n*
s. **de commande** Steuer(ungs)system *n*
s. **de commande adaptatif** anpassungsfähiges Steuer(ungs)system *n*
s. **de commande automatique** automatisches Steuer(ungs)system *n*
s. **de commande à boucle ouvert** rückführungslose Steuerung *f*
s. **de commande à distance** Fernwirkanlage *f*
s. **de commande numérique** numerisches Steuer(ungs)system *n*
s. **de connexions de protection** Schutzleitersystem *n*
s. **de construction** Bauausführung *f*, Baumethode *f*
s. **de contacts** Kontaktsystem *n*
s. **de couplage** Steckverbindung *f*
s. **à courant porteur** Trägerstromsystem *n*
s. **cristallin** Kristallsystem *n*
s. **de cristallisation** Kristallisationssystem *n*
s. **cubique** kubisches System *n*
s. **Decca** s. s. de navigation Decca
s. **de déchargement** Abladeanlage *f*
s. **décimal** Dezimalsystem *n*
s. **décimal de code binaire** binärverschlüsseltes Dezimalsystem *n*
s. **détecteur d'erreurs** Fehlererkennungssystem *n*
s. **de détection des fumées** Rauchmeldesystem *n*
s. **de détection d'incendie** Feuererkennungssystem *n*; Feuermeldesystem *n*
s. **à deux fils** s. s. bifilaire
s. **de déviation** Ablenksystem *n*
s. **de diaclases** ⟨Geol⟩ Kluftsystem *n*
s. **de diaclases conjuguées** System *n* von sich kreuzenden Kluftscharen
s. **diphasé à cinq fils** Zweiphasenfünfleitersystem *n*
s. **diphasé à quatre fils** unverkettete Zweiphasenschaltung *f*
s. **diphasé à trois fils** verkettete Zweiphasenschaltung *f*, Zweiphasendreileitersystem *n*
s. **de distribution d'auxiliaires** Eigenbedarfsnetz *n*

s. **de distribution avec retour par la coque** Verteilungssystem *n* mit Schiffskörperrückleitung
s. **à données échantillonnées** Abtastsystem *n*
s. **à double changement de fréquence** Doppelüberlagerungsprinzip *n*
s. **à double piste** Doppelspursystem *n*
s. **d'eau contre l'incendie** Löschwassersystem *n*
s. **d'échappement** Abgasanlage *f*
s. **d'éclairage** Beleuchtungssystem *n*
s. **d'égouts** Kanalisationsnetz *n*, Kanalisationssystem *n*
s. **électronique de révolution** rotationssymmetrisches elektronenoptisches System *n*
s. **d'enseignement automatique** automatisches Lehrsystem *n*
s. **d'entraînement** Antriebssystem *n*
s. **d'équations** Gleichungssystem *n*
s. **d'espacement multiple** Sperrschrifteinrichtung *f* ⟨Schreibmaschine⟩
s. **d'évacuation** Entnahmevorrichtung *f*
s. **d'exploitation** Betriebsverfahren *n*
s. **d'extinction** Feuerlöschsystem *n*
s. **d'extinction par CO_2** CO_2-Feuerlöschsystem *n*
s. **d'extinction par eau** Wasserfeuerlöschsystem *n*
s. **d'extinction par mousse** Schaumfeuerlöschsystem *n*
s. **d'extinction par vapeur** Dampffeuerlöschsystem *n*
s. **de failles** ⟨Geol⟩ Verwerfungssystem *n*
s. **fermé** geschlossenes System *n*
s. **de fermeture automatique** Selbstschlußvorrichtung *f*
s. **de filature abrégée** Kurzspinnverfahren *n*
s. **filonien** ⟨Geol⟩ Gangsystem *n*
s. **Flume** Flume-Stabilisierungssystem *n*
s. **galiléen** Inertialsystem *n*
s. **gauche** räumliches System *n*
s. **de gaz carbonique** CO_2-Feuerlöschsystem *n*
s. **à génératrice unique** Einmaschinensystem *n*
s. **Giorgi** s. s. M.K.S.A.
s. **de graissage** Schmier(öl)system *n*
s. **hétérogène** heterogenes System *n*
s. **Hi-Press** HI-Press-System *n* ⟨Raumlüftung⟩
s. **homogène** homogenes System *n*
s. **hydrocopiant** hydraulische Nachformsteuerung *f*

système

s. **Ilgner** Ilgner-Antrieb m
s. **inertial (d'inertie)** Inertialsystem n
s. **intercarrier** Intercarrier-Verfahren n, Differenzträgerverfahren n
s. **d'intercommunication** Gegensprechanlage f
s. **international SI** internationales Maßsystem n
s. **des kits** Baukastenprinzip n
s. **du laboratoire** Laborsystem n
s. **latéral de balisage** Betonnungssystem n der Seitenbezeichnung, Lateralsystem n
s. **de lentilles** Linsensystem n
s. **lift-on/lift-off** Lift-on/Lift-off-System n
s. **longitudinal** Längsspantensystem n
s. **de manutention** Umschlagsystem n
s. **métrique** metrisches System n
s. **de mise en tension** ⟨Bw⟩ Spannverfahren n
s. **mixte** kombiniertes Längs- und Querspantensystem n
s. **M.K.S.** MKS-System n ⟨Meter-Kilogramm-Sekunde⟩
s. **M.K.S.A.** MKSA-System n ⟨Meter-Kilogramm-Sekunde-Ampere-⟩, Giorgisches Maßsystem n
s. **monophasé** Einphasensystem n
s. **monophasé à trois fils** Einphasendreileitersystem n
s. **de navigation** Navigationssystem n
s. **de navigation Decca** Decca-Navigationssystem n
s. **de navigation Dectra** Dectra-Navigationssystem n
s. **de nombreux corps** Vielkörpersystem n
s. **non linéaire** nichtlineares System n
s. **de numération, s. numérique** Zahlensystem n
s. **orthorhombique** rhombisches System n
s. **d'oscillation** Schwingungssystem n
s. **ouvert** offenes System n
s. **d'oxydoréduction** Redox-System n
s. **à oxygène** Sauerstoffanlage f
s. **palette-tuyère** Düse-Prallplatte-System n
s. **de peintures** Anstrichaufbau m
s. **périodique** periodisches System n
s. **périodique des éléments** periodisches System n der Elemente
s. **plan** ebenes System n
s. **de plis** ⟨Geol⟩ Faltensystem n
s. **à plusieurs canaux** Mehrkanalsystem n, Vielkanalsystem n

s. **à plusieurs corps** ⟨Ch⟩ Mehrstoffsystem n
s. **de plusieurs particules** Mehrteilchensystem n
s. **en points** ⟨Typ⟩ Punktsystem n
s. **des points matériels** Massenpunktsystem n
s. **polyphasé** Mehrphasensystem n
s. **polyphasé équilibré** gleich belastetes Mehrphasensystem n
s. **polyphasé non équilibré** ungleich belastetes Mehrphasensystem n
s. **de pompage** Pumpsystem n
s. **porteur** Tragwerk n
s. **de propulsion** 1. Antriebssystem n; 2. Vortriebssystem n
s. **quadripolaire** Quadrupolsystem n
s. **de quart** Wachsystem n
s. **quinaire** quinäres System n
s. **radiotéléphonique** Funkfernsprechanlage f
s. **Rébecca-Euréka** Rebecca-Eureka-Verfahren n
s. **de réception** Empfangsanlage f
s. **rectilinéaire** Orthoskop n; geradliniges System n
s. **recueillant les électrons** Elektronenauffängersystem n
s. **redox** Redox-System n
s. **de référence** Bezugssystem n
s. **de référence au laboratoire** Laborsystem n
s. **de réfrigération** Kühlsystem n
s. **de réglage** Regel(ungs)system n
s. **de réglage à action proportionnelle et par dérivation** Proportional-Differential-Regel(ungs)-System n, PD-Regel(ungs)system n, Proportionalregel(ungs)system n mit (differenzierend wirkendem) Vorhalt
s. **de réglage à action proportionnelle et par intégration** Proportional-Integral-Regel(ungs)-System n, PI-Regel(ungs)system n
s. **de réglage à action proportionnelle et par intégration et par dérivation** Proportional-Integral-Differential-Regel(ungs)-System n, PID-Regel(ungs)system n, Proportional-Integral-Regelung f mit (differenzierend wirkendem) Vorhalt
s. **de réglage adaptif** anpassungsfähiges Regel(ungs)system n
s. **de réglage automatique** Selbstregel(ungs)system n
s. **de réglage à boucle fermée** Regel(ungs)system n mit geschlossener Schleife

système

s. **de réglage en chaîne ouverte** rückführungsloses Regel(ungs)system n
s. **de réglage à circuit fermé** geschlossenes Regel(ungs)system n
s. **à régulations en cascade** Kaskadenregelkreis m
s. **résiduel** Restsystem n
s. **rho-thêta** Rho-Theta-Verfahren n ⟨Navigation⟩
s. **roll-on / roll-off** Roll-on / Roll-off-System n
s. **rotatif** Drehwählersystem n
s. **de ruban carbone** Kohlebandeinrichtung f, Kohlebandsystem n
s. **de sélecteur** Wählersystem n
s. **sélecteur d'adresse** Adressenauswahlsystem n
s. **semi-automatique** Halbwählsystem n, halbautomatisches Telefonsystem n
s. **séparatif** Trennsystem n
s. **de signalisation d'itinéraire** Fahrweganzeige f
s. **de sprinklers** Sprinklersystem n ⟨Feuerlöschsystem⟩
s. **de stabilisation** Stabilisierungssystem n
s. **de stabilisation de roulis** Schlingerdämpfungssystem n
s. **stable** stabiles System n
s. **stéréophonique** Stereoübertragungsanlage f
s. **surveillé** überwachtes System n
s. **Tacan** Tacan-Verfahren n ⟨Navigation⟩
s. **de tarif(ication)** Tarifsystem n
s. **de télécommande** Fernsteueranlage f, Fernschaltanlage f
s. **de télécommunication** Fernübertragungssystem n
s. **de télécommunications** Fernmeldenetz n
s. **de téléphonie semi-automatique** s. semi-automatique
s. **téléphonique** Fernsprechsystem n, Telefonsystem n
s. **de télémesure** Fernmeßsystem n
s. **de télévision en couleurs CBS** CBS-Farbfernsehsystem n
s. **à termes singuliers** ⟨Opt⟩ Singulettsystem n
s. **ternaire** ternäres System n
s. **de terrasse** Terrassensystem n
s. **tonal** Tonsystem n
s. **de traction** Ziehvorrichtung f
s. **de traitement des données, s. de traitement de l'information** Datenverarbeitungssystem n, Informationsverarbeitungssystem n

s. **de transmission** Übertragungssystem n
s. **transversal** Querspantensystem n
s. **triphasé** Dreiphasensystem n, Drehstromsystem n
s. **triphasé à quatre fils** Drehstromvierleiteranlage f
s. **triphasé à trois fils** Drehstromdreileiteranlage f
s. **à trois fils** Dreileitersystem n, Dreidrahtsystem n
s. **de tuyau** Rohrstrang m, Rohrleitungsnetz n
s. **d'unités** Einheitensystem n
s. **d'unités absolu** absolutes Einheitensystem n
s. **d'unités électromagnétique** elektromagnetisches Maßsystem n
s. **d'unités électrostatique** elektrostatisches Maßsystem n
s. **d'unités international** internationales Maßsystem n
s. **d'unités pratique** praktisches Maßsystem n
s. **d'unités technique** technisches Maßsystem n
s. **de ventilation** Belüftungseinrichtung f
s. **à vide** Vakuumsystem n, Vakuumanlage f

T

T m T-Stück n
T d'atterrissage ⟨Flg⟩ Lande-T n
T de dérivation Abzweigklemme f
T magique ⟨Fmt⟩ Wellenleiterkopplungseinrichtung f ⟨T-förmige Kopplung⟩
double T Doppel-T-Träger m
tab m ⟨Flg⟩ Hilfsruder n
t. **automatique** Ausgleichsruder n
t. **automatique contrôlable** Trimmruder n
t. **lame** Ausgleichsruder n
table f 1. Tabelle f; Tafel f; 2. Tisch m; 3. Verkleidungsplatte f; Verkleidungsfüllung f
t. **des abréviations** Abkürzungsverzeichnis n
t. **à adapter** Anpaßtisch m
t. **alimentaire (d'alimentation)** Aufgabetisch m; ⟨Text⟩ Zuführlattentuch n, Speiselattentuch n
t. **d'ardoise** Schieferplatte f
t. **à calcul** statisches Netzmodell n
t. **à cartes** Kartentisch m

t. de chargement Aufgabetisch m
t. circulaire Rundtisch m
t. de conversion Umrechnungstafel f
t. culbutante Kipptisch m
t. de cylindre Walzenballen m
t. de dactylographe Schreibmaschinentisch m
t. à dessiner Zeichenmaschine f, Zeichenbrett n, Reißbrett n
t. de déviation Deviationstafel f
t. élévatrice Hubtisch m
t. d'emballage Packtisch m
t. d'encrage ⟨Typ⟩ Farbtisch m
t. d'étalonnage Prüfeinrichtung f, Prüftisch m
t. d'expérimentation Experimentiertisch m
t. de franc-bord Freibordtafel f
t. des illustrations Verzeichnis n der Illustrationen
t. inférieure de la traverse ⟨Eb⟩ Schwellenboden m
t. d'isotopes Isotopentabelle f, Isotopentafel f
t. de lancement ⟨Flg⟩ Starttisch m
t. de levage à ciseaux Scherenhubtisch m
t. sur les lignes de charge Freibordtafel f
t. logarithmique Logarithmentafel f
t. lumineuse de montage et de réglure ⟨Typ⟩ Montage- und Linierdurchleuchtungstisch m
t. de marge Einlegetisch m
t. de masses Massenskale f, Massentabelle f
t. des matières Inhaltsverzeichnis n
t. de mesure Meßtisch m
t. de montage 1. Montagetisch m; 2. Schneidetisch m, Klebetisch m; Filmschneidetisch m; 3. Grundplatte f, Aufspannplatte f; Kopfplatte f ⟨Umformwerkzeug⟩
t. de navigation Navigationstisch m
t. oscillante Schwingtisch m
t. à papier Stapeltisch m
t. de poids atomiques Atomgewichtsskala f
t. de (à) pile Stapeltisch m
t. pivotante Drehtisch m; Schwenkschiene f ⟨Abkantbank⟩
t. de plotting Plotter m
t. porte-pièce Werkstücktisch m
t. de positionnement par coordonnées Koordinatentisch m
t. de rabattement Klapptisch m
t. radiale Radialtisch m
t. de résonance Resonanzboden m

t. à rouleaux Rollgang m
t. de roulement du rail Schienenoberkante f
t. à secousses Rütteltisch m; Förderrutsche f, Laderutsche f
t. spectrale Spektraltafel f
t. tournante Drehtisch m
t. de transfert Übergabetisch m, Umlenktisch m ⟨eines Bandförderers⟩
t. de transfert à billes Kugelumlenktisch m ⟨eines Rollenförderers⟩
t. de travail Verarbeitungstisch m ⟨z. B. Fischverarbeitung⟩
t. de la traverse ⟨Eb⟩ Schwellenkopfplatte f
t. de triage Sortiertisch m ⟨z. B. Fischsortierung⟩; ⟨Brg⟩ Klaubetisch m
t. de verre Glastafel f
t. vibrante Rütteltisch m, Rüttler m, Vibriertisch m, Vibrationstisch m
tableau m 1. Bild n; Tafel f; Brett n; 2. Steuer[schalt]tafel f; Feld n; Plan m; Warte f; 3. äußere Leibung f, Leibungstiefe f
t. d'adresses Adressentafel f
t. d'alarmes Alarmtableau n, Warntableau n
t. d'arrêt de manœuvre ⟨Eb⟩ Rangiertafel f
t. avertisseur de dispositions Dispositionstafel f
t. à basse tension Niederspannungsschalttafel f
t. blindé à coffrets en fonte gußgekapselte Schalt- und Verteilungsanlage f
t. de bord Armaturenbrett n
t. de codage Kodierungstafel f
t. de commande Schalttafel f
t. de commande des feux de navigation Positionslaternenschalttafel f
t. de commande machine Maschinenfahrtafel f, Maschinensteuertafel f
t. de commande principal Hauptschalttafel f
t. de connexions Schalttafel f
t. de contrôle Steuerschalttafel f; Warte f; Überwachungstableau n
t. à diagrammes Diagrammtafel f
t. de distribution Verteilungsschalttafel f
t. de distribution pour basse tension s. t. à basse tension
t. de distribution de secours Notschalttafel f
t. d'enroulement Wicklungstabelle f
t. fermé geschlossene Schaltanlage f

tableau 628

t. des feux de navigation Positionslaternentafel f
t. de formation des trains Zugbildungsplan m, Zugbildungstafel f
t. indicateur Hinweistafel f
t. d'instruments Instrumentenbrett n, Armaturenbrett n
t. des niveaux d'excitation Termschema n
t. de nombres Zahlentafel f
t. d'occupation des voies ⟨Eb⟩ Gleisbesetzungsplan m
t. ouvert offene Schaltanlage f
t. de pièces Stückliste f
t. principal de distribution Hauptschalttafel f
t. de programme Programmtafel f
t. de reports d'alarmes du compartiment machines Maschinenwarntableau n
t. de secours Notschalttafel f
t. de surveillance s. t. de contrôle
t. synoptique Blindschaltbild n ⟨für Überwachungszwecke⟩, Mnemoschema n, Übersichtstableau n
t. synoptique à schéma éteint Blindschaltbild n mit Dunkelschaltung
t. des tensions électrochimiques elektrochemische Spannungsreihe f
t. des termes Termschema n
t. de voyants (lumineux) Leuchtfeldtableau n
tablette f 1. Brett n; Platte f; 2. Gesims n
t. de fenêtre Fensterbank f, Fensterbrett n, Latteibrett n
t. de gommage Radierauflage f ⟨Schreibmaschine⟩
tablier m 1. Brückenbelag m, Brückendecke f; 2. Fahrbahntafel f; 3. Lattentuch n, Schürze f ⟨an einer Maschine⟩; 4. ⟨Eb⟩ Umlaufblech n
t. d'alimentation Speisetuch n, Einführtuch n, Zuführtuch n
t. en caoutchouc plombeux Bleigummischürze f
t. du chariot Schloßplatte f, Schloßkasten m
t. clos geschlossene Fahrbahn f ⟨Decke⟩
t. délivreur Abführlattentuch n
t. fermé geschlossene Fahrbahn f ⟨Decke⟩
t. opaque Schutzschürze f
t. ouvert offene Fahrbahn f ⟨Decke⟩
t. plan ebene Schreibfläche f ⟨eines Instruments⟩
t. de pont Brückendecke f, Brückentafel f, Brückenbelag m; Brückenfahrbahn f
t. de tender Tenderbrüstung f
tabulaire tafelförmig
tabulateur m Tabulator m
t. décimal Dezimaltabulator m
t. décimal fixe Dezimalhafttabulator m
t. de fixation Hafttabulator m
t. de passage Durchlauftabulator m
t. saut-de-colonnes Übersprungtabulator m
t. à taquets Setztabulator m
t. à touche Tastentabulator m
tabulateur-frein m Tabulatorbremse f ⟨Schreibmaschine⟩
tabulatrice f Tabelliermaschine f
tabuler in die Tabelliermaschine eingeben
tache f Fleck m
t. aveugle blinder Fleck m
t. calcaire Kalkfleck m
t. cathodique Katodenfleck m
t. centrale Primärfleck m ⟨Auftreffstelle des Primärstrahls auf dem Film⟩
t. de diffraction Beugungsreflex m, Beugungspunkt m ⟨auf dem Film⟩
t. focale Brennfleck m
t. ionique Ionen[brenn]fleck m
t. de Laue Laue-Reflex m, Laue-Punkt m ⟨auf dem Film⟩
t. d'oxyde Zunderfleck m
t. de réflexion Reflex[ionspunkt] m ⟨auf dem Film⟩
t. de rouille Rostfleck m
t. de sel Salzfleck m
tachéomètre m Tachymeter n
tachéométrie f Tachymetrie f
tachygraphe m Tachygraf m, Geschwindigkeitsschreiber m
tachymètre m Tachometer n, Geschwindigkeitsmesser m; Drehzahlmesser m
t. à courants de Foucault Wirbelstromtachometer n
t. à force centrifuge Fliehkrafttachometer n
t. hydraulique Staudrucktachometer n
t. à lames vibrantes Resonanztachometer n
t. à radiodétection Radargeschwindigkeitsmesser m
t. stroboscopique stroboskopisches Tachometer n
taillage m 1. spanende Bearbeitung f, Schneiden n; Fräsen n; 2. Verzahnen n; Verzahnung f; 3. Hauen n ⟨Feile⟩
t. corrigé Profilverschiebung f ⟨Zahnrad⟩

t. d'engrenages droits Stirnradverzahnung f
t. d'engrenages hélicoïdaux Kegelradverzahnung f
t. par génération Abwälzfräsen n
t. du verre Glasschleifen n
taille f 1. Größe f, Abmessung f; Form f (eines zu bearbeitenden Teiles); 2. Verzahnen n (eines Zahnrades); 3. Hauen n (einer Feile); 4. Schleifen n; 5. ⟨Brg⟩ Stoß m; Streb m
t. de cristaux Kristallschleifen n
t. critique kritische Größe f
t. de grain Korngröße f
t. à havage Schrämstoß m
t. mate Mattschliff m ⟨Glas⟩
t. de navire Schiffsgröße f
t. non polie Mattschliff m ⟨Glas⟩
t. de verre Glasschleifen n
tailler 1. spanend bearbeiten, schneiden; 2. verzahnen; 3. hauen ⟨Feile⟩; 4. schleifen ⟨Glas⟩
tailleuse f 1. Abschneidemaschine f; 2. s. machine à tailler
talc m ⟨Min⟩ Talk[um n] m, Speckstein m
talcaire talkumartig, Talkum-
talon m Wulst f
t. d'aiguille Weichenzungenwurzel f
t. du collecteur Kommutatorfahne f, Kollektorfahne f
t. à simple tringle Einfachwulst f
talus m Böschung f; Schräge f
t. continental Kontinentalabfall m
t. d'éboulis Schutthang m
t. remblayé aufgefüllte Böschung f
t. de rive Uferböschung f
tambour m 1. Trommel f; Walze f, Zylinder m; 2. Bremstrommel f; 3. ⟨Bw⟩ Trommel, Tambour m; Kuppelunterbau m; 4. Windfang m
t. d'alimentation Zuführtrommel f
t. de bigue Schwerguttrommel f
t. brosseur Bürstenwalze f
t. de broyage Mahltrommel f
t. du câble Seiltrommel f; Kabeltrommel f, Kabelhaspel f
t. à calciner Kalziniertrommel f
t. de la câle Laderaumschacht m
t. à chaîne Kettentrommel f
t. classeur Klassiertrommel f
t. codé Kodetrommel f
t. du combinateur Schaltwalze f
t. cribleur Siebtrommel f
t. de cristallisation Kristallisierungstrommel f
t. denté Zahnscheibe f; Zahnrolle f
t. de dessablage Putztrommel f

t. de développement Entwicklungstrommel f
t. divisé s. t. doseur
t. doseur Meßtrommel f
t. d'ébarbage de la fonte Gußputztrommel f
t. d'écoutille Lukenschacht m
t. d'enregistreur Schreibtrommel f, Diagrammtrommel f
t. d'enroulement Seiltrommel f; Aufgabewalze f
t. d'entrainement Antriebstrommel f
t. d'extinction (de chaux) Kalklöschtrommel f, Löschtrommel f
t. d'extraction Seiltrommel f
t. de forage Bohrtrommel f
t. de frein Bremstrommel f
t. de fune Kurrleinentrommel f
t. de galvanoplastie Galvanisiertrommel f
t. de grillage Rösttrommel f
t. de justification Setttrommel f
t. de lavage Waschtrommel f
t. de levage Fördertrommel f, Hubtrommel f
t. machines Maschinenschacht m
t. magnétique Magnettrommel f
t. de manœuvre Bohrtrommel f, Haupttrommel f
t. mélangeur Mischtrommel f
t. à miroirs Spiegeltrommel f, Spiegelrad n
t. Mozer Mozer-Trommel f
t. de nettoyage Scheuertrommel f ⟨Galvanotechnik⟩
t. d'ourdissoir ⟨Text⟩ Schärtrommel f
t. de panneau Lukenschacht m
t. à pellicule Filmtrommel f
t. plongeur Tauchtrommel f
t. de polissage Poliertrommel f ⟨Galvanotechnik⟩
t. porte-broche Spindeltrommel f
t. porte-butées Anschlagtrommel f
t. de programme Programmwalze f
t. de purification Läutertrommel f
t. rainé Trommel f mit Rillenprofil
t. ramasseur ⟨Lw⟩ Aufnahmetrommel f, Pick-up-Trommel f
t. réfrigérant (de refroidissement) Kühltrommel f
t. de remplissage Fülltrommel f
t. rotatif Drehtrommel f
t. sécheur Trommeltrockner m, Trockentrommel f, Trockenzylinder m
t. de tamisage Siebtrommel f
t. du treuil Windentrommel f, Seiltrommel f
t. à vide Vakuumtrommel f

tambour 630

grand t. ⟨Text⟩ Haupttrommel *f* ⟨z. B. der Karde⟩
tamis *m* 1. Rost *m*; 2. Sieb *n*; Siebanlage *f*
 t. à bande Siebband *n*
 t. en cascade Kaskadensieb *n*
 t. de classage Klassiersieb *n*
 t. d'écurage Spülsieb *n*
 t. filtrant Filtersieb *n*
 t. de lavage Setzsieb *n*
 t. à mailles Maschensieb *n*
 t. à mouvement circulaire Kreisschwingsieb *n*
 t. oscillant *s.* **t. à secousses**
 t. rotatif Siebtrommel *f*
 t. à sable Sandsieb *n*
 t. à secousses Rüttelsieb *n*, Schüttelsieb *n*; Vibrationssieb *n*
 t. à trier Sortiersieb *n*
 t. vibrant *s.* **t. à secousses**
tamisage *m* Sieben *n*, Durchsieben *n*; Siebung *f*
 t. en état liquide Naßsieben *n*
 t. en état sec Trockensieben *n*
 t. de la terre Erdabsiebung *f*
tamiser sieben
tamiseur *m* Siebmaschine *f*
tampon *m* 1. Dübel *m*, Pfropfen *m*, Stopfen *m*, Spund *m*; 2. Grenzlehrdorn *m*; 3. Deckel *m*, Verschlußplatte *f*; 4. ⟨Eb⟩ Puffer *m*; 5. ⟨Ch⟩ Puffer *m*, Puffersubstanz *f*
 t. en bois Holzdübel *m*
 t. au caoutchouc Gummipuffer *m*
 t. de choc ⟨Eb⟩ Puffer *m*
 t. de coulée Gießstopfen *m*
 t. encreur Farbkissen *n*, Stempelkissen *n*
 t. fileté Gewindelehrdorn *m*
 t. de fosse Grubendeckel *m*, Schachtdeckel *m*
 t. à limites Meßdorn *m*
 t. ventilé Polierring *m*
 t. de visite Kontrolldeckel *m*, Kontrollverschluß *m* ⟨Kanalisation⟩
tampon-calibre *m* **fileté** Gewindelehrdorn *m*
tamponnement *m* 1. Puffern *n*; Pufferung *f*; 2. Zusammenstoß *m*
 t. des pointes de puissance Aufnehmen *n* der Belastungsspitzen
tamponner 1. bohren, dübeln ⟨Wand, Mauer⟩; 2. verschließen, verstopfen; 3. zusammenstoßen; 4. puffern
tan *m* Lohe *f*, Beize *f*
tangage *m* 1. Stampfen *n*, Stampfschwingung *f*; 2. Kippen *n* ⟨um die Querachse⟩

 t. à flot Porpoising *n*; Tauchstampfen *n* ⟨Wasserflugzeug⟩
tangence *f* ⟨Math⟩ Berührung *f*
tangent tangential, tangierend
tangente *f* Tangente *f*; Tangens *m*
 t. de l'angle de pertes Verlustfaktor *m*
 t. d'inflexion Wendetangente *f*
tangentiel tangential
tangon *m* Backspiere *f*
tanguer stampfen
tanin *m* Tannin *n*
tanisage *m* Gerbstoffzusatz *m*
tank *m* Bunker *m*, Vorratstank *m* ⟨s. a. cale, citerne, réservoir, soute⟩; Tank *m*; Zelle *f*
 t. d'assiette Trimmtank *m*
 t. de gite Krängungstank *m*
 deep t. Hochtank *m*, Tieftank *m*
tankage *m* *s.* **stockage**
tanker *m* Tanker *m*, Tankschiff *n* ⟨s. a. pétrolier⟩
tannage *m* 1. ⟨Ch⟩ Lohgerbung *f*, Lohen *n*; 2. Härtung *f* ⟨Fotografie⟩
 t. au chrome Chromgerbung *f*
 t. de la gélatine Gelatinehärtung *f*
 t. à l'huile Sämischgerbung *f*
tanner gerben
tannin *m* *s.* **tanin**
tannissage *m* *s.* **tanisage**
tantalate *m* Tantalat *n*
tantale *m* Tantal *n*
tantalique Tantal-
tape *f* Seeschlagblende *f* ⟨am Bullauge⟩
tapée *f* Schlagleiste *f*
taper rissig werden
tapis *m* Decke *f*; Teppich *m*; Überzug *m*; Matte *f*
 t. aiguilleté Nadel[flor]teppich *m*
 t. d'amiante Asbestmatte *f*
 t. asphaltique Asphaltdecke *f*
 t. de caoutchouc Gummibelag *m*
 t. à chaînes Kratzerkettenboden *m* ⟨Dungstreuer⟩
 t. double pièce Doppelteppich *m*
 t. élévateur Gurtbandförderer *m*
 t. en poils Haargarnteppich *m*
 t. roulant Förderband *n*; Laufband *n*; Fließband *n*; Rollenbahn *f*, Rollgang *m*
 t. routier Straßenbelag *m*
 t. tissé Webteppich *m*, gewebter Teppich *m*
tapisser bedecken, überziehen; tapezieren
tapure *f* Riß *m* ⟨s. a. crique, fissure⟩
taque *f* **de bridage** Aufspannplatte *f*
taquer la forme die Form klopfen

taquet *m* 1. Anschlag *m*; Marke *f*; Reiter *m*; Knagge *f*; Pflock *m*, Zapfen *m*; 2. Belegklampe *f*, Klampe *f*; 3. ⟨Text⟩ Schützentreiber *m*, Treiber *m*, Schneller *m*, Webervogel *m*, Picker *m*
t. **antérieur** Vordermarke *f*
t. **de côté** Seitenmarke *f*, Schiebemarke *f*
t. **du cylindre** Zylindermarke *f*
t. **d'entrainement** Mitnahmeknagge *f*, Mitnehmer *m* ⟨z. B. Schreibmaschine⟩
t. **latéral** s. t. de côté
t. **mobile** Reiter *m* ⟨Schaltuhr⟩
t. **du tabulateur** Tabulatorreiter *m*
taquoir *m* Klopfholz *n*
tarage *m* Tarieren *n*, Bestimmen *n* der Tara
t. **sur zéro** Nullabgleich *m*
tarare *m* ⟨Lw⟩ Windfege *f*, Putzmühle *f*
taraud *m* Gewindeschneidbohrer *m*, Gewindebohrer *m*
t. **ébaucheur** Vorschneider *m*
t. **finisseur** Fertigschneider *m*
t. **intermédiaire** Mittelschneider *m*
t. **à main** Handgewindebohrer *m*
t. **mécanique** Maschinengewindebohrer *m*
taraudage *m* Gewindebohren *n*, Gewindeschneiden *n*
tarauder gewindebohren, gewindeschneiden
taraudeuse *f* Gewindebohrmaschine *f*
taret *m* Schiffsbohrwurm *m*
targette *f* Drehriegel *m*, Schubriegel *m*
tarière *f* 1. Bohrer *m*, Handbohrer *m*, Zimmermannsbohrer *m*; 2. Erdlochbohrer *m*, Pflanzlochbohrer *m*
t. **à cuiller** Löffelbohrer *m*
t. **hélicoïdale** Schneckenbohrer *m*
tarif *m* Tarif *m*, Gebühr *f*
t. **binôme** Grundgebührentarif *m*
t. **marchandises** Gütertarif *m*
t. **à quantité fixe** Festmengentarif *m*
t. **téléphonique** Fernsprechtarif *m*
t. **pour usages domestiques** Haushaltstarif *m*
tartrage *m* Bildung *f* von Kesselstein
tartrate *m* Tartrat *n*
tartrazine *f* Tartrazin *n*
tartre *m* Kesselstein *m*
tartrifuge *m* Kesselstein verhindernde Substanz *f*
tasseau *m* 1. Knagge *f*; Konsole *f*; Tragstein *m*; 2. Dachleiste *f*; Querleiste *f*; Latte *f*; 3. Unterlage *f*
t. **du marbre** Schmitzleiste *f*
tassement *m* 1. Setzen *n*, Nachsacken *n*; Senkung *f*; 2. Verdichten *n*; Zusammendrücken *n*; Einpressen *n*; 3. ⟨Kern⟩ Packung *f*
t. **de la voie** Gleissenkung *f*
tasseur *m* Garbenpacker *m*
tâteur *m* Taster *m*, Fühler *m*
t. **rotatif** Tastrad *n* ⟨Rübenköpfer⟩
t. **de trame** ⟨Text⟩ Schußfühler *m*
tautochrone gleichzeitig, isochron
tautochronisme *m* Gleichzeitigkeit *f*, Isochronie *f*
tautomère ⟨Ch⟩ tautomer
tautomérie *f* ⟨Ch⟩ Tautomerie *f*
taux *m* 1. Grad *m*; Spiegel *m*; Verhältnis *n*; Gehalt *m*; Satz *m*; 2. Wertzahl *f* ⟨s. a. rapport 1.⟩
t. **d'adaptation** Anpassungsverhältnis *n*
t. **d'avance** Vorschubgröße *f*, Vorschubgeschwindigkeit *f*, Vorschubstufe *f*
t. **de captation** Auffangmenge *f* ⟨Meteorologie⟩
t. **de coïncidences** Koinzidenzrate *f*
t. **de combustion** ⟨Kern⟩ spezifischer Abbrand *m*
t. **commercial** handelsüblicher Feuchtigkeitszuschlag *m*
t. **de compression** Verdichtungsverhältnis *n*
t. **de comptage** Zählrate *f*; Impulsrate *f*
t. **de conversion** Konversionsgrad *m*
t. **de corroyage** Formänderung(sverhältnis *n*) *f*
t. **de défaillance** Ausfallrate *f*
t. **de déformation** Formänderung(sverhältnis *n*) *f*
t. **de dépassement** Überschwingweite *f*
t. **de distorsion** Klirrfaktor *m*
t. **de dose** Dosisleistung *f*
t. **de dose gamma** Gammadosisleistung *f*
t. **d'enlèvement** Abtragleistung *f*
t. **d'enrichissement** Anreicherungsgrad *m*
t. **d'épuisement** ⟨Kern⟩ Abbrand *m* ⟨in %⟩
t. **d'erreurs** Fehlerrate *f*
t. **d'étirage** Reckgrad *m*
t. **d'évaporation** Verdunstungshöhe *f*
t. **d'extinction** Abklingfaktor *m*
t. **de fret** Frachtrate *f*
t. **de gonflement** Quellwert *m*
t. **de grisou** Schlagwettergehalt *m*
t. **d'harmoniques** Oberwellengehalt *m*
t. **d'humidité** Feuchtigkeitsgehalt *m*

taux

t. d'impulsions Impulsrate f, Impulsdichte f
t. d'ionisation Ionisationsgeschwindigkeit f
t. de liquéfaction Verflüssigungsgrad m
t. de modulation Modulationsgrad m
t. d'ondes stationnaires Stehwellenverhältnis n
t. de réaction Umsetzungsgrad m
t. de redondance Redundanzverhältnis n
t. de renouvellement Luftwechselzahl f
t. de reprise Feuchtigkeitsaufnahme f
t. de statisme Abweichungsverhältnis n
t. de transformation Umsatz m
t. volumétrique d'enlèvement volumetrische Abtragleistung f

taxe f:
t. de pilotage Lotsengebühr f
t. portuaire Hafengebühr f
t. de stationnement Wagenstandgeld n; Parkgebühr f
t. téléphonique Fernsprechgebühr f

taxi m aérien Lufttaxi n
taximètre m Taxameter n (m)
taxiphone m Münzfernsprecher m
té m T-Stück n ⟨s. a. T⟩
technétium m Technetium n
technique technisch
technique f Technik f, Fertigkeit f; Verfahren n, Ausführungsweise f
t. d'acoustique Tontechnik f
t. antiroulis Schlingerdämpfungstechnik f
t. d'automation Automatisierungstechnik f
t. des bandes perforées Lochbandtechnik f
t. de câblage Schaltungstechnik f, Verdrahtungstechnik f
t. des cartes perforées Lochkartentechnik f
t. chimique chemische Technik f
t. de la commande et de la régulation Steuer- und Regelungstechnik f
t. des communications Nachrichtentechnik f
t. des communications sur fils Drahtnachrichtentechnik f
t. de comptage Zähltechnik f
t. de la copie d'enregistrements Überspieltechnik f
t. à couches minces Dünnschichttechnik f
t. des coupes sériées Serienschnittechnik f
t. des coupes ultraminces Ultradünnschnittechnik f
t. des courants alternatifs Wechselstromtechnik f
t. des courants faibles Schwachstromtechnik f
t. des courants forts Starkstromtechnik f
t. des courants à très hautes fréquences Höchstfrequenztechnik f
t. de couture-tricotage Nähwirktechnik f
t. de double empreinte zweistufiges Abdruckverfahren n, Zwischenschichtverfahren n
t. d'éclairage Beleuchtungstechnik f
t. de l'électrolyse Galvanotechnik f
t. d'émaillage Emailliertechnik f
t. d'empreinte Abdrucktechnik f
t. d'enregistrement sur film Filmaufnahmetechnik f
t. d'enrobage Umhüllungstechnik f
t. d'essais Probierkunde f
t. de fabrication Fertigungsverfahren n, Fertigungstechnik f
t. de la haute fréquence Hochfrequenztechnik f
t. de la haute tension Hochspannungstechnik f
t. des hautes températures Hochtemperaturtechnik f, Hochtemperaturverfahren n
t. des (d')impulsions Impulstechnik f
t. de l'information Informationstechnik f
t. des isotopes Isotopentechnik f
t. des lignes aériennes Freileitungstechnik f
t. des lits fluidisés Fließbettverfahren n
t. des kits Bausteintechnik f
t. Mali ⟨Text⟩ Mali-Technik f ⟨Malimo, Malipol, Maliwatt, Malifil⟩
t. maritime Schiffstechnik f
t. de masquage Maskentechnik f ⟨Galvanotechnik⟩
t. mesa Mesatechnik f
t. de mesurage des rayonnements Strahlungsmeßtechnik f
t. de mesure Meßtechnik f
t. de mesure et contrôle industriel Betriebsmeß-, Steuerungs- und Regelungstechnik f, BMSR-Technik f
t. métallurgique Hüttentechnik f
t. micromodule Mikromodultechnik f
t. minière Bergbautechnik f
t. nucléaire Kerntechnik f
t. de pêche Fangtechnik f, Fischfang-

632

technik *f*; Fischereitechnik *f* ⟨allgemein⟩
t. PERT PERT-Verfahren *n* ⟨Netzwerkplanung⟩
t. planaire Planartechnik *f*
t. de polissage Schleiftechnik *f*
t. de préparation Präpariertechnik *f*
t. de la préperforation Vorlochtechnik *f*
t. des procédés Verfahrenstechnik *f*
t. [de] radar Radartechnik *f*
t. des radiocommunications Funktechnik *f*
t. des réacteurs Reaktortechnik *f*
t. de réglage (régulation) Regelungstechnik *f*
t. de reproduction Wiedergabetechnik *f*
t. de retouche Retuschiertechnik *f*
t. de révision des estimations de programmes s. t. PERT
t. de séchage Trocknungstechnik *f*
t. de sondage Bohrtechnik *f*
t. de studio Studiotechnik *f*
t. subminiature Subminiaturtechnik *f*
t. de taillage des engrenages Verzahntechnik *f*
t. de tamisage Siebtechnik *f*
t. des télécommunications Fernmeldetechnik *f*
t. télégraphique Telegrafentechnik *f*
t. téléphonique Fernsprechtechnik *f*
t. de télévision Fernsehtechnik *f*
t. textile Textiltechnik *f*
t. du transfert Übergabetechnik *f*
t. des transistors Transistortechnik *f*
t. de transmission Übertragungstechnik *f*
t. de transmission par fréquences porteuses Trägerfrequenztechnik *f*
t. tricotage-couture Nähwirktechnik *f*
t. d'usinage Bearbeitungsverfahren *n*
t. du vide Vakuumtechnik *f*
t. du vide poussé Hochvakuumtechnik *f*
t. des vidéofréquences Videofrequenztechnik *f*
technologie *f* Technik *f*, Technologie *f*
t. des pêches Fangtechnologie *f*
technologique technologisch
tectogenèse *f* Tektogenese *f*
tectonique tektonisch
tectonique *f* Tektonik *f*
t. de failles Verwerfungstektonik *f*
t. de glissement Gleittektonik *f*
t. de plissement Faltungstektonik *f*
t. salifère Salztektonik *f*
tectonosphère *f* Tektonosphäre *f*
teillage *m* Hecheln *n*

teiller hecheln
teilleuse *f* Hechelmaschine *f*
teindre färben
t. sur barque ouverte auf offener Kufe färben
t. sur barque à tourniquet auf der Haspelkufe färben
t. sur bobines auf Spulen färben
t. en bourre in der Flocke färben
t. en câble im Spinnkabel färben
t. conforme à la nuance nach Muster färben
t. en continu kontinuierlich färben
t. en écheveaux im Strang färben
t. sur ensouples am (auf dem) Kettbaum färben
t. en fil, t. sur filés im Garn färben
t. par foulardage im Färbeklotzverfahren färben
t. en gâteau im Spinnkuchen färben
t. à haute température im Hochtemperaturfärber färben
t. par lots in der Partie färben
t. dans la masse in der Spinnmasse färben
t. en mèche im Vorgarn färben
t. en pièce im Stück färben
t. sous pression unter Druck färben
t. en ruban de peigné im Kammzug färben
t. ton-sur-ton Ton-in-Ton färben
t. en un seul bain im Einbadverfahren färben
teint gefärbt
teinte *f* Farbnuance *f*, Schattierung *f*, Farbton *m*, Farbe *f*
t. nuageuse wolkiger Anlauf *m* ⟨Glas⟩
teintes *fpl* **d'échauffement** Anlauffarben *fpl*
teinture *f* Färben *n*; Färbung *f*; Farbe *f*
t. sur bobines Spulenfärben *n*
t. de la bourre Flockenfärben *n*; Flokkenfärbung *f*
t. en câble Färben *n* im Spinnkabel
t. conforme à la nuance Färben *n* nach Muster
t. en continue Kontinuefärben *n*, Kontinuefärbung *f*; Kontinuefärbeverfahren *n*
t. en cuve Tauchfärben *n*
t. différentielle Differentialfärben *n*
t. d'écheveaux Strangfärben *n*; Strangfärbung *f*
t. sur ensouples Kettbaumfärben *n*
t. en fil Fadenfärben *n*
t. par foulardage Färbeklotzverfahren *n*
t. en gâteau Färben *n* im Spinnkuchen

teinture

t. à haute température Hochtemperaturfärben n, HT-Färben n; Hochtemperaturfärbung f, HT-Färbung f
t. par lots partieweises Färben n
t. dans la masse Färben n in der Spinnmasse
t. en mèche Färben n im Vorgarn
t. en pièce Stückfärben n
t. en ruban de peigné Kammzugfärben n
t. en segments de différentes couleurs abschnittweises Färben n
t. ton-sur-ton Ton-in-Ton-Färbung f
t. en un seul bain Einbadfärberei f
téléaffichage m Fernanzeige f
téléautographe m Bildfunkgerät n
téléautographie f Teleautografie f; Bildfunk m
télébande f Fünfspurlochstreifen m (Fernschreiber)
télébenne f s. télécabine
télébonnette f Televorsatz m, Teleansatz m
télécabine f Seilbahn f
télécaméra f Fernsehkamera f
télécentre m Fernsehzentrum n
télécentrique telezentrisch
télécinéma m Fernsehgroßbildprojektor m
téléclinomètre Bohrlochklinometer n
télécommande f Fernbetätigung f, Fernsteuerung f, Fernbedienung f; Fernlenkung f
t. de centrales électriques Kraftwerksfernsteuerung f
t. à deux leviers Zweihebelfernsteuerung f
t. sans fil drahtlose Fernsteuerung f
t. manuelle Handfernsteuerung f
t. du moteur principal Hauptmaschinenfernsteuerung f
t. suivant un programme programmierte Fernsteuerung f, Programmfernsteuerung f
t. par un levier (unique) Einhebelfernsteuerung f
télécommander fernbetätigen, fernsteuern; fernlenken
télécommunications fpl Fernmeldewesen n
t. par laser Lasernachrichtenübertragung f
télécomposition f ⟨Typ⟩ Fernsatz m
télécontrôle m Fernüberwachung f
télécontrôler fernüberwachen
télécouplage m Fernschaltung f
télédiaphonie f ⟨Fmt⟩ Gegennebensprechen n

télédiffusion f Rundfunk[sendung f] m
t. par fil Drahtfunk m
téléférage m s. téléphérage
téléférer s. téléphérer
téléférique m s. téléphérique
télégramme m Telegramm n
t. de service Diensttelegramm n
télégramme-lettre m Brieftelegramm n
télégramme-mandat m telegrafische Geldsendung f
télégraphe m Telegraf m
t. automatique Maschinentelegraf m
t. de bateau Schiffstelegraf m
t. facsimilé Kopiertelegraf m
t. à grande vitesse Schnelltelegraf m
t. machine Maschinentelegraf m
t. Morse Morsetelegraf m
t. rapide Schnelltelegraf m
t. répondeur Maschinentelegrafquittungsgeber m
télégraphie f Telegrafie f
t. à courant porteur Trägerfrequenztelegrafie f
t. par fil Drahttelegrafie f
t. sans fil drahtlose Telegrafie f
t. sur fil Drahttelegrafie f
t. à fréquence acoustique Tonfrequenztelegrafie f
t. à grande vitesse Schnelltelegratie f
t. harmonique Wechselstromtelegrafie f
t. à haute fréquence Hochfrequenztelegrafie f
t. par impulsions Impulstelegrafie f
t. infra-acoustique Unterlagerungstelegrafie f, UT
t. multiplex Multiplextelegrafie f, Mehrfachtelegrafie f
t. quadruplex Quadruplextelegrafie f, Vierfachtelegrafie f, Doppelgegenschreiben n
t. rapide Schnelltelegrafie f
t. simplex Simplextelegrafie f, Einfachtelegrafie f
t. supra-acoustique Überlagerungstelegrafie f
t. par télévision Fernsehtelegrafie f
t. par la terre Erdtelegrafie f
t. ultrasonore Überlagerungstelegrafie f
télégraphier telegrafieren
télégraphique telegrafisch
téléguidage m Fernlenkung f, Fernsteuerung f
t. de fusées Raketenfernsteuerung f
téléguider fernlenken, fernsteuern
téléimprimerie f Drucktelegrafie f

téléimprimeur m Fernschreiber m; **par t.** fernschriftlich
t. radio Funkfernschreiber m
téléindication f Fernanzeige f
téléjaugeage m Fernmessung f
téléloupe f Fernrohrlupe f
télélunettes fpl Fernglasbrille f
télémaintenance f Fernwartung f
télémanipulateur m (manuel) Manipulator m, Fernbedienungsgerät n
télémécanique f Fernwirktechnik f
télémesure f Fernmessung f
télémètre m 1. Entfernungsmesser m; 2. Fernmesser m
  t. à coïncidence Koinzidenzentfernungsmesser m
  t. à deux images Mischbildentfernungsmesser m
  t. à images sectionnées en parties Teilbildentfernungsmesser m
  t. incorporé eingebauter Entfernungsmesser m
  t. radar Radarentfernungsmesser m
  t. stéréoscopique stereoskopischer Entfernungsmesser m, Raumbildentfernungsmesser m
télémétrie f Telemetrie f, Fernmeßtechnik f
  t. laser Laserentfernungsmessung f
téléobjectif m Teleobjektiv n
téléphérage m Seilbahnbetrieb m
téléphérer mit der Seilbahn befördern
téléphérique m Seilbahn f, Drahtseilbahn f
  t. à matériaux Lastenseilbahn f, Fördergutseilbahn f
  t. navette Pendelbahn f (Seilbahn mit nur einem Wagen)
  t. va-et-vient Seilbahn f mit Gegenpendelverkehr (Seilbahn mit zwei Wagen)
  t. à voyageurs Personenseilbahn f
téléphone m Telefon n; **par t.** telefonisch, fernmündlich
  t. automatique d'intercommunication Verkehrstelefon n (an Bord)
  t. de bord Eigenverständigungsanlage f
  t. de campagne Feldfernsprecher m
  t. de commandement Betriebstelefon n (an Bord)
  t. de sécurité batterieloses Betriebstelefon n (an Bord)
  t. pour voiture Autotelefon n
téléphoner telefonieren, anrufen
téléphonie f Telefonie f
  t. sur bande latérale unique Einseitenbandtelefonie f

t. à basse fréquence Niederfrequenztelefonie f
t. bidirectionnelle Gegensprechen n
t. à deux bandes Zweibandfernsprechen n
t. par fil Drahttelefonie f
t. sans fil drahtlose Telefonie f
t. à fréquence porteuse Trägerfrequenztelefonie f, Trägerfrequenzfernsprechen n
t. à haute fréquence Hochfrequenztelefonie f
t. multiplex Mehrfachtelefonie f
t. VHF VHF-Sprechfunk m
téléphonique telefonisch, fernmündlich
téléphonomètre m Gesprächszähler m
téléphotographie f Telefotografie f; Fernbildübertragung f
téléradar m Peilradar n, Entfernungsmeßradar n
téléréglage m Fernregelung f
télérupteur m Fernausschalter m, fernbedienter Schalter m
télescope m Fernrohr n, Teleskop n
  t. autocollimateur Autokollimationsfernrohr n
  t. binoculaire binokulares Fernrohr n
  t. catoptrique Spiegelteleskop n
  t. de Gregory Gregorysches Fernrohr n
  t. à lire Ablesefernrohr n
  t. de mesure Meßteleskop n
  t. à miroir Spiegelteleskop n
  t. newtonien Newtonsches Teleskop n
  t. pour l'observation au zénith Zenitteleskop n
  t. de réflexion Spiegelteleskop n
  t. terrestre terrestrisches Fernrohr n
  t. à tubes compteurs Zählrohrteleskop n
  t. de visée Zielfernrohr n, Visierfernrohr n
  t. zénithal Zenitteleskop n
télescopique Teleskop-, teleskopisch; ausziehbar
téléscripteur m Fernschreiber m
télésiège m Sessellift m; Skilift m
  t. à attaches fixes Sessellift m mit ständig angekuppelten Sesseln
  t. à attaches mobiles Sessellift m mit abkuppelbaren Sesseln
téléski m sesselloser Skilift m
télétype m Fernschreiber m
télétypesetter m Teletypesetter m, Setzmaschine f mit Fernsteuerung durch Lochband
téléviser übertragen (Fernsehen)
téléviseur m Fernsehempfänger m
  t. multistandard Mehrnormenfernsehempfänger m

téléviseur

  t. **polychrome** Farbfernseher m
  t. **portatif** Kofferfernsehempfänger m, tragbarer Fernsehempfänger m
  t. **à projection** Projektionsfernsehempfänger m
télévision f Fernsehen n
  t. **cathodique** Fernsehen n mit Elektronenstrahlbildzerlegung
  t. **en circuit fermé** Fernsehen n mit Kurzschlußverfahren
  t. **en couleurs** Farbfernsehen n
  t. **en couleurs à transmission consécutive** Sequenzfarbfernsehen n
  t. **en couleurs à transmission simultanée** Simultanfarbfernsehen n
  t. **industrielle** industrielles Fernsehen n
  t. **mécanique** Fernsehen n mit mechanischer Bildzerlegung
  t. **monochrome (en noir et blanc)** Schwarzweißfernsehen n
  t. **en relief (stéréoscopique)** dreidimensionales (plastisches, stereoskopisches) Fernsehen n
télex m Fernschreiber m
telférage m s. téléphérage
tellure m Tellur n
telluré tellurhaltig
tellurique tellurisch, Erd-
tellurohmmètre m Erdungsmesser m
température f Temperatur f
  t. **absolue** absolute Temperatur f
  t. **d'allumage** Entzündungstemperatur f
  t. **ambiante** Raumtemperatur f, Umgebungstemperatur f
  t. **de l'arc** Lichtbogentemperatur f
  t. **d'auto-inflammation** Selbstentzündungstemperatur f
  t. **de calcination** Brenntemperatur f
  t. **caractéristique** charakteristische Temperatur f
  t. **de combustion** Verbrennungstemperatur f
  t. **de concentration** Eindampftemperatur f
  t. **de conservation** Aufbewahrungstemperatur f
  t. **de cuisson** Brenntemperatur f
  t. **de couleur** Farbtemperatur f
  t. **de coupe** Schnittemperatur f
  t. **critique** kritische Temperatur f
  t. **de Curie** Curie-Temperatur f
  t. **de Debye** Debye-Temperatur f
  t. **de déclenchement** Auslösetemperatur f
  t. **de décomposition** Zersetzungstemperatur f

  t. **de déformation** Verformungstemperatur f
  t. **de développement** Entwicklungstemperatur f
  t. **de dissociation** Dissoziationstemperatur f
  t. **d'ébullition** Siedetemperatur f
  t. **d'échappement** Abgastemperatur f
  t. **électronique** Elektronentemperatur f
  t. **d'enroulement** Wicklungstemperatur f
  t. **d'entrée** Eingangstemperatur f
  t. **d'étirage** Strecktemperatur f ⟨Werkstoffprüfung⟩
  t. **de fermentation** Fermentationstemperatur f
  t. **de Fermi** Fermi-Temperatur f
  t. **du filament** Wendeltemperatur f
  t. **de fin, t. finale** Endtemperatur f
  t. **de fonctionnement** Betriebstemperatur f
  t. **de frittage** Sintertemperatur f
  t. **de fusion** Schmelztemperatur f
  t. **humide** Feuchttemperatur f
  t. **initiale** Anfangstemperatur f
  t. **intérieure** Innentemperatur f
  t. **d'inversion** ⟨Kern⟩ Inversionstemperatur f
  t. **ionique** Ionentemperatur f
  t. **de liquéfaction** Liquidustemperatur f
  t. **de luminance monochromatique** schwarze Temperatur f
  t. **maximale** Maximaltemperatur f, Höchsttemperatur f
  t. **neutronique** Neutronentemperatur f
  t. **normale** Normaltemperatur f
  t. **nucléaire** Kerntemperatur f
  t. **de ramollissement** Erweichungstemperatur f, Erweichungspunkt m
  t. **de rayonnement** Strahlungstemperatur f
  t. **de recristallisation** Rekristallisationstemperatur f
  t. **de référence** Bezugstemperatur f
  t. **de régime** Betriebstemperatur f
  t. **de repassage** Bügeltemperatur f
  t. **du révélateur** Entwicklertemperatur f
  t. **de revenu** Anlaßtemperatur f
  t. **du rouleau** ⟨Ch⟩ Walzentemperatur f
  t. **de saturation** Sättigungstemperatur f
  t. **de séchage** Trocknungstemperatur f
  t. **sèche** Trockentemperatur f
  t. **de solidification** Erstarrungstemperatur f
  t. **du stockage** Lagertemperatur f

t. **thermodynamique** thermodynamische Temperatur f
t. **de thermo-émission** Glühemissionstemperatur f
t. **de transformation** Umwandlungstemperatur f, Umwandlungspunkt m
t. **de transition** Übergangstemperatur f, Übergangspunkt m
t. **de travail** Arbeitstemperatur f, Arbeitspunkt m
t. **de trempe** Abschrecktemperatur f
t. **d'utilisation** Arbeitstemperatur f
t. **au dessous de zéro** Temperatur f unter Null
t. **au dessus de zéro** Temperatur f über Null
tempérer temperieren
tempête f:
  t. **magnétique** magnetischer Sturm m, magnetisches Gewitter n
  t. **de poussière** Staubsturm m
  t. **de sable** Sandsturm m
tempêtes fpl **d'équinoxe** Äquinoktialstürme mpl
templet m ⟨Text⟩ Breithalter m
temporel zeitlich
temporisateur m **électronique** elektronisches Zeitwerk n
temporisation f Verzögerung f, Zeitverzögerung f
  t. **échelonnée** gestaffelte Zeitverzögerung f
  t. **de la mise au repos** Abfallverzögerung f ⟨Relais⟩
temps m Zeit f ⟨s. a. durée, période⟩; **à deux t.** Zweitakt-; **à quatre t.** Viertakt-
t. **absolu** absolute Zeit f
t. **d'accès** Zugriffszeit f
t. **d'action intégrale** Nachstellzeit f
t. **d'actionnement** Anzugszeit f ⟨eines Relais⟩
t. **d'addition** Additionszeit f
t. **alloué** Vorgabezeit f, Zeitvorgabe f, Normzeit f
t. **d'armement** Anzugszeit f ⟨eines Relais⟩
t. **d'arrêt** Stillstandszeit f; Stoppzeit f ⟨z. B. Magnetband⟩
t. **d'attente minimal** minimale Suchzeit f
t. **de basculement** Kippzeit f
t. **de calcul** ⟨Dat⟩ Rechenzeit f
t. **de charge(ment)** Ladezeit f, Ladedauer f
t. **de chargement et de déchargement** Lade- und Löschzeit f
t. **de chauffage** Anheizzeit f ⟨z. B. Röhre⟩
t. **de chauffage de la cathode** Katodenheizzeit f
t. **civil local** mittlere Ortszeit f
t. **de collision** Stoßzeit f
t. **de commutation** Schaltzeit f; Umschlagzeit f ⟨Relais⟩
t. **de comptage** Zählzeit f
t. **de contact** Kontaktzeit f ⟨Kontaktstromrichter⟩
t. **de conduction** Durchlaßzeit f ⟨Gleichrichter⟩
t. **de correction** Korrekturzeit f
t. **de coupe** Schnittzeit f
t. **de cuisson** Brennzeit f
t. **d'un cycle** Zykluszeit f
t. **de débarquement** Ausschiffungszeit f; Löschzeit f
t. **de débit** Stromführungsdauer f, Brennzeit f ⟨Gleichrichter⟩
t. **de déclenchement** ⟨El⟩ Auslösezeit f
t. **de décollage** Standdauer f
t. **de démarrage** Anlaßzeit f, Anlaufzeit f
t. **de descente d'impulsion** Impulsabfallzeit f
t. **de désionisation** Entionisierungszeit f ⟨Glimmröhre⟩
t. **de durcissement** Härtezeit f
t. **d'échauffement** Anheizzeit f
t. **d'embarquement** Einschiffungszeit f; Ladezeit f
t. **d'établissement** Anstiegszeit f, Einschwingzeit f
t. **d'exécution** Ausführungszeit f, Bearbeitungszeit f
t. **d'exploration** Abtastzeit f
t. **de fabrication** Fertigungszeit f
t. **de fonctionnement** Ansprechzeit f
t. **de fonctionnement au sol** Bodenlaufzeit f
t. **de formation** Einbrennzeit f ⟨Katode⟩
t. **d'immobilisation** Liegezeit f
t. **inactif interne** interne Leerlaufzeit f
t. **d'inactivité** Stillstandszeit f, Standzeit f; Leerlaufzeit f
t. **d'intégration** Stromflußwinkel m
t. **d'inversion** Umkehrzeit f
t. **légal** Normalzeit f
t. **local** Ortszeit f
t. **de maniage** Hilfszeit f
t. **de mise en marche** Startzeit f ⟨Magnetband⟩
t. **de montage** Rüstzeit f
t. **de montage sur cale** Hellingliegezeit f
t. **de montée** Anstiegszeit f ⟨z. B. eines Impulses⟩

temps

t. mort Totzeit f
t. mort du compteur Zählertotzeit f
t. d'un mot Wort[lauf]zeit f
t. de moulage Druckzeit f
t. de multiplication Multiplikationszeit f
t. de non-opération Ausfallzeit f
t. d'obturation Verschlußzeit f
t. d'opération Anzugszeit f ⟨eines Relais⟩
t. opératoire Operationszeit f
t. de paralysie Totzeit f
t. de passe Dauer f eines Arbeitsganges
t. passé au soutènement Ausbauzeit f
t. de pêche Fangzeit f
t. perdu Verlustzeit f
t. de pose Belichtungszeit f
t. préaffiché vorgewählte Zeit (Meßzeit) f; Zeitvorwahl f
t. de propagation 1. Fortpflanzungszeit f; Ausbreitungsgeschwindigkeit f; 2. Laufzeit f
t. propre Eigenzeit f
t. de rebobinage Umspulzeit f
t. de recherche Suchzeit f
t. de récupération Erholungszeit f
t. réel Echtzeit f, Realzeit f
t. de réenclenchement Abfallzeit f; Fortschaltzeit f
t. de relaxation Relaxationszeit f; Abklingzeit f; Zeitkonstante f
t. de réponse Ansprechzeit f, Einstellzeit f, Anlaufzeit f, Reaktionszeit f; Arbeitszeit f; Einschwingzeit f
t. de résolution Auflösungszeit f
t. de restitution Erholungszeit f
t. de retour Rücklaufzeit f, Rückspieldauer f ⟨Tonband⟩
t. de retour image Bildrücklaufzeit f
t. de séjour Standzeit f; Liegezeit f
t. de sensibilité Empfindlichkeitszeit f
t. sidéral Sternzeit f
t. sidéral local siderische Ortszeit f
t. solaire moyen mittlere Sonnenzeit f
t. de stabilisation de réglage Anregelzeit f
t. de transfert Übertragungszeit f
t. de transit Laufzeit f, Flugzeit f
t. de transit des électrons Elektronenlaufzeit f
t. de transition Übergangszeit f
t. de transmission Übertragungszeit f
t. universel mittlere Greenwichzeit f
t. d'usinage Grundzeit f, Arbeitszeit f, Bearbeitungszeit f
t. de vérification de code Kodeprüfzeit f

t. de vol Flugzeit f, Laufzeit f
t. de vol de cale à cale ⟨Flg⟩ Blockzeit f
t. vrai s. t. réel
temps-machine m Maschinenzeit f
t. disponible verfügbare Maschinenzeit f
temps-mot m Wort[lauf]zeit f
tenace zäh, fest; reißfest
ténacité f Zähigkeit f, Festigkeit f; Reißfestigkeit f
t. à chaud Warmfestigkeit f
t. au mouillé Naßreißkraft f
t. au nœud Knotenfestigkeit f
t. du papier Papierfestigkeit f
t. à sec Trockenreißkraft f
tenaille f Beißzange f, Kneifzange f
t. de forgeron Schmiedefeuerzange f
t. à lingots Blockzange f
tenailles fpl [große] Optikerzange f
tendance f:
t. barométrique Barometertendenz f
t. à cabrer ⟨Flg⟩ Schwanzlastigkeit f
t. du développement Entwicklungstendenz f
t. à l'évaporation Verdampfungsbestreben n
t. à l'oscillation Schwingneigung f
t. au pilling ⟨Text⟩ Pillingneigung f
t. à piquer ⟨Flg⟩ Kopflastigkeit f
t. au rebullage Blähungsvermögen n
tender m Tender m
t. attelé Schlepptender m
tendeur m Spanner m, Spannschraube f, Spannrolle f
t. de chaîne Kettenspanner m
t. de courroie Spannrolle f ⟨Riementrieb⟩
t. de fil Drahtspanner m; ⟨Text⟩ Fadenspanner m
t. à lanterne Spannschloß n
t. régulateur Spannungsregler m ⟨für Fäden⟩
tendre spannen
t. vers ⟨Math⟩ streben gegen, konvergieren gegen
teneur f Gehalt m; Anteil m; à haute t. hochlegiert, mit hohem Gehalt; à haute t. en carbone kohlenstoffreich, hochgekohlt ⟨Stahl⟩
t. brute de minerai Metallgehalt m des rohen Erzes
t. en carbone Kohlenstoffgehalt m
t. en cendres Aschegehalt m
t. en chaleur Wärmeinhalt m
t. en eau Wassergehalt m; Feuchtigkeitsgrad m
t. en gaz Gasgehalt m

t. **en humidité** Feuchtigkeitsgehalt *m*
t. **en hydrogène** Wasserstoffgehalt *m*
t. **isotopique** relative Häufigkeit *f*
t. **résiduaire** Restgehalt *m*
t. **de saturation** Sättigungskonzentration *f*
t. **en sel** Salzgehalt *m*
t. **en solides** Festkörperanteil *m*, Feststoffgehalt *m*
t. **en substances sèches** Trockenstoffgehalt *m*
teneur-limite *f* abbauwürdiger Metallgehalt *m*, Bauwürdigkeitsgrenze *f*
teneurmètre *m* Gehaltsmesser *m*
tenir:
　t. **l'eau** wasserdicht sein
　t. **la mer** seetüchtig sein
tenon *m* Stift *m*, Zapfen *m*
　t. **à encoche** Kerbstift *m*
　t. **de fixation** Aufspannzapfen *m*
　t. **moteur** Treibzapfen *m*
　t. **passant** durchgehender Zapfen *m*
tenonner mit Zapfen versehen
tenonneuse *f* Zapfenschneidmaschine *f*
tenseur *m* Tensor *m*
　t. **de courbure** Krümmungstensor *m*
　t. **de dilatation** Dilatationstensor *m*
　t. **des efforts** Spannungstensor *m*
　t. **d'impulsion-énergie** Energie-Impuls-Tensor *m*
tensimètre *m* s. tensiomètre
tensio-actif oberflächenaktiv, grenzflächenaktiv, kapillaraktiv
tensio-activité *f* Oberflächenaktivität *f*, Kapillaraktivität *f*
tensiomètre *m* Oberflächenspannungsprüfer *m*, Tensometer *n*; ⟨Text⟩ Fadenspannungsmesser *m*
　t. **de funes** Kurrleinenzugmesser *m*
tension *f* ⟨Mech, El⟩ Spannung *f*; Druck *m*; ⟨Text⟩ Zugspannung *f*; **hors (sans)** t. spannungslos, spannungsfrei; **sous** t. unter Spannung stehend, spannungsführend
　t. **d'accélération,** t. **accélératrice** Beschleunigungsspannung *f*, Saugspannung *f*
　t. **d'accumulateur** Akkumulatorspannung *f*
　t. **active** Wirkspannung *f*
　t. **d'adhérence** Haftspannung *f*
　t. **admise (admissible)** zulässige Spannung *f*
　t. **d'alimentation** Versorgungsspannung *f*, Speisespannung *f*
　t. **d'allumage** Zündspannung *f*
　t. **d'allumage en retour** Rückzündungsspannung *f*

t. **d'alternateur** Generatorspannung *f* ⟨Wechselstrom⟩
t. **alternative** Wechselspannung *f*
t. **alternative de grille** Gitterwechselspannung *f*
t. **alternative de plaque** Anodenwechselspannung *f*
t. **d'amorçage** Durchbruchspannung *f*, Ansprechspannung *f*; Einsatzspannung *f* ⟨Zählrohr⟩
t. **d'amorçage au choc** Stoßansprechspannung *f*
t. **d'anode** Anodenspannung *f*
t. **d'antenne** Antennenspannung *f*
t. **appliquée** angelegte Spannung *f*
t. **d'arc** Bremsspannung *f* ⟨Thyratron⟩
t. **de l'arc** Lichtbogenspannung *f*
t. **asymétrique** unsymmetrische Spannung *f*
t. **auxiliaire** Hilfsspannung *f*
t. **aux bagues** Schleifringspannung *f*
t. **aux balais** Bürstenspannung *f*
t. **de balayage** Kippspannung *f*
t. **de barrage** Sperrspannung *f*
t. **de batterie** Batteriespannung *f*
t. **de blocage** Sperrspannung *f*
t. **aux bornes** Klemmenspannung *f*
t. **de bourdonnement** Brummspannung *f*
t. **de bruit** Rauschspannung *f*
t. **cathodique** Katodenspannung *f*
t. **de la cellule** Zellspannung *f*
t. **de la chaine** ⟨Text⟩ Kettfadenspannung *f*
t. **de charge** Ladespannung *f*
t. **de chauffage** Heizspannung *f*
t. **de choc** Stoßspannung *f*
t. **circonférentielle** Ringspannung *f*
t. **à circuit fermé** Kurzschlußspannung *f*
t. **à circuit ouvert** Leerlaufspannung *f*
t. **de cisaillement** Schubspannung *f*, Scherspannung *f*
t. **de claquage** Durchschlagspannung *f*
t. **au collecteur** Kommutatorspannung *f*, Kollektorspannung *f*
t. **de commande** Steuerspannung *f*, Steuerpotential *n*
t. **de compensation** Kompensationsspannung *f*, Ausgleichsspannung *f*
t. **composée** verkettete Spannung *f*, Leiterspannung *f*
t. **de contact** Kontaktspannung *f*, Berührungsspannung *f*
t. **de contact des balais** Bürstenübergangsspannung *f*
t. **continue** Gleich[strom]spannung *f*

tension

t. continue de plaque Anodengleichspannung f
t. de contournement Überschlagsspannung f
t. de contournement au choc Überschlagsstoßspannung f
t. de contournement sous pluie Überschlagsspannung f im Regen, Regenüberschlagsspannung f, Naßüberschlagsspannung f
t. de contournement à sec Überschlagsspannung f in trockenem Zustand, Trockenüberschlagsspannung f
t. de courant continu s. t. continue
t. de courant triphasé s. t. triphasée
t. de court-circuit Kurzschlußspannung f
t. de contrôle Steuerspannung f
t. de crête Scheitelspannung f
t. critique kritische Spannung f
t. de décharge Entladungsspannung f
t. de décomposition Zersetzungsspannung f
t. de démarrage Anlaßspannung f
t. en dents de scie Sägezahnspannung f
t. de déviation Ablenkspannung f
t. différentielle Differenzspannung f
t. directe Durchlaßspannung f
t. de dispersion Streuspannung f
t. disruptive Durchschlagsspannung f
t. de dissociation Zersetzungsspannung f
t. de dissolution Lösungsdruck m
t. de l'eau (Geol) Bodenwasserspannung f
t. échelonnée Treppenspannung f
t. effective Effektivspannung f, effektive Spannung f
t. efficace Wirkspannung f
t. électrique elektrische Spannung f
t. d'électrode Elektrodenspannung f
t. d'élément Zellenspannung f (eines Akkumulators)
t. émetteur Emitterspannung f
t. d'entrée Eingangsspannung f
t. d'épreuve diélectrique, t. d'essai Prüfspannung f
t. d'essai au choc Stoßprüfspannung f
t. d'essai en onde pleine Vollwellenprüfspannung f
t. d'essai sous pluie Naßprüfspannung f
t. étalon Vergleichsspannung f
t. étoilée Leiter-Sternpunkt-Spannung f, Sternspannung f
t. d'excitation Erregerspannung f; Anregungsspannung f

t. d'extinction Löschspannung f
t. (de) filament Heiz(faden)spannung f
t. de flambage Knickspannung f
t. de flexion Biegespannung f
t. de fonctionnement Betriebsspannung f, Arbeitsspannung f, Ansprechspannung f
t. de fréquence intermédiaire Zwischenfrequenzspannung f, ZF-Spannung f
t. de fréquence vocale Tonfrequenzspannung f
t. de génératrice Generatorspannung f (Gleichstrom)
t. de grille Gitter(vor)spannung f
t. de la grille d'arrêt Bremsgitterspannung f
t. de la grille de commande Steuergitterspannung f
t. de grille-écran Schirmgitterspannung f
t. à haute fréquence hochfrequente Spannung f, Hochfrequenzspannung f
t. homopolaire Nullspannung f (eines Mehrphasensystems)
t. d'inducteur Feldspannung f
t. d'induit s. t. rotorique
t. induite induzierte Spannung f
t. initiale Anfangsspannung f
t. initiale inverse Sprungspannung f
t. instantanée Kurzzeitspannung f, Augenblicksspannung f
t. interne innere Spannung f
t. interfaciale Grenzflächenspannung
t. inverse Sperrspannung f (Gleichrichter)
t. inverse de crête Spitzensperrspannung f
t. entre lames Lamellenspannung f
t. de lecture Lesespannung f
t. de maintien Haltespannung f
t. de marche à vide s. t. à vide
t. maximale Maximalspannung f
t. maximale de fonctionnement Stehspannung f
t. maximale de service höchste Betriebsspannung f
t. de mesure Meßspannung f
t. minimale Mindestspannung f
t. de modulation Modulationsspannung f
t. de neutre Nullpunktspannung f
t. nominale Nennspannung f
t. nominale d'isolement Reihenspannung f
t. nominale primaire Primärnennspannung f, Nennoberspannung f

t. **nominale secondaire** Sekundärnennspannung f, Nennunterspannung f
t. **normale** Normalspannung f
t. **opposée** Gegenspannung f
t. **partielle** 1. ⟨El⟩ Teilspannung f; 2. ⟨Mech⟩ Partialdruck m
t. **de percement** Durchschlagsspannung f
t. **de phase** Phasenspannung f
t. **en pleine charge** Vollastspannung f
t. **de pointe** Spitzenspannung f
t. **de polarisation** Polarisationsspannung f
t. **de pont** Brückenspannung f
t. **de postaccélération** Nachbeschleunigungsspannung f
t. **de poussée** Schubspannung f
t. **préalable** Vorspannung f
t. **primaire** Primärspannung f, Erstspannung f
t. **principale** Hauptspannung f
t. **pulsatoire** pulsierende Spannung f
t. **de rallumage** Wiederzündspannung f
t. **par rapport à la terre** Spannung f gegen Erde
t. **de réactance** Drosselspannung f
t. **réactive** Blindspannung f
t. **rectangulaire** Rechteckspannung f
t. **redressée** gleichgerichtete Spannung f
t. **de référence** Bezugsspannung f
t. **de refroidissement** Abkühlungsspannung f
t. **de régime** Betriebsspannung f
t. **de réglage** Regelspannung f
t. **de relaxation** Kippspannung f
t. **de repos** Ruhespannung f
t. **du réseau** Netzspannung f
t. **résiduelle** ⟨Mech⟩ innere (bleibende) Spannung f
t. **de résonance** Resonanzspannung f
t. **résultante** resultierende Spannung f
t. **de rétablissement** wiederkehrende Spannung f
t. **de retrait** Schrumpfspannung f
t. **de ronflement** Brummspannung f
t. **rotorique** Läuferspannung f, Rotorspannung f, Ankerspannung f
t. **de ruban** Bandzug m ⟨Magnetband⟩
t. **de rupture** 1. ⟨El⟩ Durchschlagsspannung f; 2. ⟨Mech⟩ Bruchspannung f
t. **de saturation** Sättigungsspannung f
t. **secondaire** Sekundärspannung f, Zweitspannung f

t. **de secteur** Netzspannung f
t. **de service** Arbeitsspannung f, Betriebsspannung f
t. **simple** Phasenspannung f
t. **sinusoïdale** Sinusspannung f
t. **de sortie** Ausgangsspannung f
t. **statorique** Ständerspannung f, Statorspannung f
t. **superficielle** Oberflächenspannung f
t. **symétrique** symmetrische Spannung f
t. **tenue au choc** Stehstoßspannung f
t. **thermo-électrique** Thermospannung f
t. **totale** Gesamtspannung f
t. **totale de la cellule** Gesamtzellspannung f
t. **de traction** Zugspannung f
t. **de transformateur** Transformatorspannung f
t. **de transmission** Übertragungsspannung f
t. **transversale** Querspannung f
t. **en triangle** Dreieckspannung f
t. **triphasée** Drehstromspannung f, Dreiphasenspannung f
t. **utile** Nutzspannung f
t. **de vapeur** Dampfspannung f, Dampfdruck m
t. **à vide** Leerlaufspannung f, Urspannung f
t. **de Zener** Zenerspannung f
basse t. Niederspannung f
haute t. Hochspannung f; Oberspannung f
moyenne t. Mittelspannung f
très haute t. Höchstspannung f
tensionnage m Zugbeanspruchung f, Beanspruchung f auf Zug
tensionner auf Zug beanspruchen; strecken
tensionneuse f Spannvorrichtung f
tensoriel Tensor-
tente f **de quai** Kaischuppen m, Lagerschuppen m
tente-abri f Sonnensegel n
tenture f 1. Tapetenstoff m; Stofftapete f; Ledertapete f; Papiertapete f; 2. Tapezieren n
tenue f 1. Verhalten n; 2. Widerstand m, Festigkeit f; Haltbarkeit f
t. **de l'ancre** Haltekraft f ⟨des Ankers⟩
t. **à la corrosion** Korrosionsverhalten n
t. **de coupe** Standzeit f ⟨Schneidwerkzeug⟩
t. **en court-circuit** Kurzschlußverhalten n
t. **au gel** Frostbeständigkeit f

41 Schlegelmilch I

tenue

t. à la mer Seeverhalten n
t. des nœuds Knotensitz m
t. aux ondes de choc Stoßspannungsverhalten n
t. de route Bodenhaftung f, Straßenlage f
t. en service Betriebsverhalten n
t. à l'usure Abreibwiderstand m, Abriebfestigkeit f
t. au vieillissement Alterungsbeständigkeit f ⟨z. B. von Schmieröl⟩
ten-wheel m Lokomotive f mit der Achsanordnung 2 C
terbique Terbium-, terbiumhaltig
terbium m Terbium n
térébenthène m ⟨Ch⟩ Pinen n ⟨bizyklisches Terpen⟩
térébenthine f Terpentin n
térébenthiné terpentinhaltig
terme m Term m; t. à t. gliedweise; à trois termes dreigliedrig
  t. anormal anomaler Term m
  t. déplacé verschobener Term m
  t. double Dubletterm m
  t. électronique Elektronenterm m
  t. final Endglied n
  t. fondamental Grundterm m
  t. général allgemeines Glied n
  t. impair ungerader Term m
  t. de multiplicité Multipletterm m
  t. pair gerader Term m
  t. singulet Singuletterm m
  t. de sinus Sinusglied n
  t. spectral Spektralterm m
  t. technique Fachausdruck m
  t. triple Tripletterm m
  t. variable Laufterm m
terminaison f 1. Abschluß m; 2. ⟨Typ⟩ Haarlinie f
  t. de câble Kabelabschluß m
  t. de filtre Filterabschluß m
terminal m Terminal m, Umschlaganlage f
  t. pétrolier Ölumschlaganlage f
termineur m ⟨Fmt⟩ Differentialschaltung f
ternaire ternär; dreigliedrig; Dreistoff-
terne trübe, matt
ternir trüben; mattieren
ternissement m Trüben n; Trübung f
  t. de la teinte Vergrauung f
ternissure f de verre Glastrübung f
terpène m Terpen n
terra-cotta f Terrakotta f, Terrakotte f
terrain m 1. Gelände n; Grundstück n; 2. Boden m; Erde f, Erdart f; Grund m; 3. Gestein n; Gebirgsart f; 4. Flugplatz m

t. à bâtir Bauplatz m, Baugelände n; Bauland n
t. à construire Baugrund m
t. encaissant Nebengestein n
t. faillé Schollengebirge n
t. ferme festes (anstehendes) Gebirge n
t. houiller Steinkohlengebirge n
t. pétrolifère Erdölfeld n; Ölvorkommen n
t. de recouvrement Abraum[gebirge n] m
t. de roche, t. rocheux Felsboden m
t. de stockage Lagerfläche f
t. vague Baulücke f
terrains mpl:
  t. géologiques geologische Formationen fpl
  t. de pêche Fischgründe mpl
terrassage m s. terrassement 1.
terrasse f 1. Aufschüttung f; Erdwall m; 2. Terrasse f; 3. flaches Dach n; en terrasses terrassenförmig
  t. continentale Kontinentalterrasse f
  t. fluviale Flußterrasse f
  t. littorale Küstenterrasse f, Abrasionsterrasse f
  t. tectonique tektonische Terrasse f
terrassement m 1. Erdarbeit f; Erdbewegung f; Planierung f; Aufschüttung f; 2. Damm m
terrasser 1. Erde aufschütten (anschütten); 2. terrassenförmig anlegen
  t. un chemin einen Weg aufschütten
  t. un mur eine Mauer mit Erde abstützen
terre f 1. Erde f, Erdboden m; Grund m; 2. Grundstück n; 3. Ton m; de t. ablandig
  t. arable Ackerkrume f
  t. argileuse Lehm m
  t. artificielle künstliche Erde f
  t. à briques Ziegelerde f, Ziegelton m
  t. cuite Terrakotta f, gebrannter Ton m
  t. cuite engobée Angußmasse f, Begußmasse f
  t. cuite de grand feu hochfeuerfester Ton m
  t. cuite réfractaire feuerfester Ton m
  t. à diatomées Diatomeenerde f
  t. filtrante Klärerde f, Filtererde f
  t. fine d'Angleterre feines Steingut n
  t. à foulon Walkerde f
  t. glaise Ziegelton m
  t. gypseuse Gipserde f
  t. gypseuse très fine Gipsmehl n
  t. d'infusoires Infusorienerde f, Kieselgur f

t. **limoneuse** magerer Ton *m*
t. **meuble** lockerer Boden *m*, weiches Erdreich *n*
t. **à mouler** Formerlehm *m*
t. **d'ombre** brauner Ocker *m*
t. **à porcelaine** Porzellanerde *f*
t. **à potier** Töpferton *m*
t. **de protection** ⟨El⟩ Schutzerde *f*
t. **rare** seltene Erde *f*
t. **réfractaire** feuerfester Ton *m*; Schamotte *f*
t. **de remblai** Füllerde *f*
t. **de Sienne** Sienaerde *f*
t. **de Sienne brûlée** gebrannte Sienaerde *f*
t. **de Sienne naturelle** Sienaerde *f*
t. **siliceuse** Kieselerde *f*
t. **à tuiles** Ziegelton *m*
t. **verte** Steingrün *n*
terre-plein *m* 1. Hintermauerung *f*, Hinterfüllung *f*; 2. Erdaufwurf *m*, Erddamm *m*; 3. Bahnkörper *m*, Bahndamm *m*
terrestre Erd-, terrestrisch
terreux erdig
terri(l) *m* Halde *f*
territoire *m*:
  t. **aérien** Luftraum *m*
  t. **d'agglomération** Bebauungsgebiet *n*, Siedlungsgebiet *n*
tertiaire ⟨Ch⟩ tertiär
tertiaire *m* Tertiär *n*
tesla *m* Tesla *n* ⟨Einheit der magnetischen Induktion⟩
tesselle *f* Marmorbodenplatte *f* ⟨Schachbrettmuster⟩
tessons *mpl* **de verre** Glasbruch *m*
test *m* Test *m*, Probe *f*, Prüfung *f* ⟨s. a. épreuve 1., essai, examen⟩
  t. **d'adhérence** Haftfestigkeitsprüfung *f*
  t. **automatique** automatische Prüfung *f*
  t. **de chute de bille** Kugelfalltest *m*
  t. **logique** logische Prüfung *f*
  t. **programmé** programmierte Prüfung *f*
  t. **le plus puissant** trennschärfster Test *m*
  t. **de résolution** Auflösungstest *m*
  t. **de signification** Signifikanztest *m*
tester testen
tête *f* Kopf(stück *n*) *m*, Haupt *n*; Spitze *f*
  t. **d'alésage** Bohrwerkzeug *n*, Bohrstange *f*; Bohrkopf *m*
  t. **amont** Oberhaupt *n* ⟨Wasserbau⟩
  t. **d'articulation** Gelenkkopf *m*

t. **d'attelage** Kupplungskopf *m*
t. **aval** Unterhaupt *n* ⟨Wasserbau⟩
t. **de bande** Bandenkopf *m*
t. **de bielle** Kolbenstangenkopf *m*; Schubstangenkopf *m*, Treibstangenkopf *m*; Pleuelstangenkopf *m*
t. **de bobine** Wickelkopf *m*, Spulenkopf *m*
t. **de boulon** Schraubenkopf *m*
t. **de boulon d'ancrage** Ankerkopf *m*
t. **du brûleur** Brennerkopf *m*
t. **de câble isolée à l'huile** Ölendverschluß *m*
t. **de carottier** Kernbohrkopf *m*
t. **de chevron** Sparrenkopf *m*
t. **de cimentation** Zementierkopf *m*
t. **de colonne** Säulenkopf *m*
t. **combinée** Universalkopf *m*
t. **de corne** Baumnock *f*
t. **de cylindre** Zylinderkopf *m*
t. **à dessiner** Zeichenkopf *m*
t. **de détection** Meßkopf *m* ⟨für Strahlung⟩
t. **pour deux pistes** Doppelspurkopf *m*
t. **de distributeur** Verteilerkopf *m*
t. **de distribution** Streufeldkopf *m*
t. **d'écoulement** Produktionskopf *m*
t. **d'écriture** Schreibkopf *m*
t. **d'écriture-lecture** Schreib-Lese-Kopf *m*
t. **d'effacement** Löschkopf *m*
t. **de l'élévateur** Elevatorkopf *m*
t. **d'enregistrement** Aufnahmekopf *m*
t. **d'enregistrement et de reproduction** Aufnahme-Wiedergabe-Kopf *m*, Kombikopf *m*
t. **d'équerre** Querspritzkopf *m*
t. **d'extrusion** Extrusionskopf *m*; Blaskopf *m* ⟨Plastverarbeitung⟩
t. **à filer** Spinnkopf *m*
t. **du four** Ofenkopf *m*
t. **de fraisage** Messerkopf *m*, Fräskopf *m*
t. **goniométrique** Goniometerkopf *m*
t. **d'injection** Spülkopf *m*
t. **de lecture** 1. Lesekopf *m*; 2. Tonkopf *m*, Wiedergabekopf *m*
t. **de lecture d'enregistrement magnétique** Wiedergabekopf *m*
t. **de lecture piézo-électrique** piezoelektrischer Tonabnehmer *m*
t. **de lingot** Blockkopf *m*, „Schopf" *m*
t. **magnétique** Magnetkopf *m*
t. **magnétique de lecture** Hörkopf *m*
t. **magnétique universelle** Universalmagnetkopf *m*
t. **de mailles** ⟨Text⟩ Maschenkopf *m*
t. **de manche à air** Lüfterkopf *m*

t. du mât Masttopp m
t. de mesure Meßkopf m
t. motrice Antriebsvorrichtung f
t. multiple Mehrzweckkopf m
t. de mur Haupt n; Kopffläche f, Kopfseite f, Stirnfläche f
t. palpeuse Tastkopf m
t. de perçage Bohrkopf m
t. perdue versenkter Kopf m
t. de phonocapteur Tonabnehmerkopf m
t. de photomètre de Lummer-Brodhun Lummer-Brodhun-Würfel m
t. du pied Stativkopf m
t. de piston Kolbenboden m
t. à plusieurs pistes Mehrspurkopf m
t. de polissage Polierwalze f
t. porte-meule Schleif(spindel)kopf m
t. de poutre Balkenkopf m
t. réceptrice Aufnahmekopf m
t. de repêchage Fangkopf m
t. de repérage Peilkopf m
t. de reproduction Wiedergabekopf m
t. de rivet Nietkopf m
t. à scintillations Szintillations(meß)-kopf m
t. sonore Tonkopf m
t. de soudage Schweißkopf m
t. de soudage manuelle Stoßpunktwerkzeug n, Stoßpunkter m 〈Punktschweißen〉
t. à soufflage Blaskopf m
t. de soufflage pour tubes Schlauchspritzkopf m
t. de soupape Ventilteller m
t. de touage Spillkopf m, Windenkopf m 〈Winde〉
t. tournante Drehgabel f 〈Gabelstapler〉
t. de tubing Verrohrkopf m
t. d'usinage Bohrkopf m 〈Ultraschallbearbeitung〉
t. de vis Schraubenkopf m
téton m Zentrierbohrung f
tétrabasique vierbasisch
tétraborate m Tetraborat n
t. de sodium Natriumtetraborat n
tétrachloréthane m Tetrachloräthan n
tétrachloréthylène m Tetrachloräthylen n
tétrachlorméthane m Tetrachlormethan n
tétrachlorure m de carbone Tetrachlorkohlenstoff m
tétrade f 〈Dat〉 Tetrade f
tétraédral tetraedrisch
tétraèdre m Tetraeder n
tétraéthyle m de plomb Bleitetraäthyl n
tétrafluorométhane m Tetrafluormethan n

tétrafluorure m de silicium Siliziumtetrafluorid n
tétragone tetragonal
tétrahydrate m Tetrahydrat n
tétralcool m s. tétrol
tétraline f Tetra(hydronaphtha)lin n
tétramère m Tetramer(es) n
tétrapolaire vierpolig
tétravalent s. quadrivalent
tétrode f Tetrode f
t. à faisceau électronique Bündeltetrode f, Strahltetrode f
tétrol m vierwertiger Alkohol m
tétryl m Tetryl n
teugue f Back f
textile Textil-
textiles mpl Textilien fpl
t. d'ameublement Heimtextilien fpl
t. artificiels Chemiefaserstoffe mpl 〈auf der Grundlage natürlicher organischer Hochmolekulare, z. B. Azetat-, Kupfer- und Viskosefaserstoffe〉
t. d'intérieur Raumtextilien fpl
t. pour la maison Heimtextilien fpl
t. synthétiques Chemiefaserstoffe mpl 〈auf der Grundlage synthetischer organischer Hochmolekulare durch Polymerisation, Polykondensation, Polyaddition oder Mischpolymerisation〉
texturation f Texturierung f
t. par air comprimé Lufttexturierung f, Texturieren n nach dem Düsenverfahren
t. à boite frisante Texturieren n nach dem Stauchverfahren
t. chimique Spinntexturierung f
t. au procédé à roue dentelée Texturieren n nach dem Zahnradverfahren
t. au procédé de torsion Texturieren n nach dem Drallverfahren
t. à refoulement Stauchtexturierverfahren n
texture f Textur f, Gefüge n
t. bréchoïde Brecciensstruktur f
t. cariée Zersetzungsstruktur f
t. d'une cassure Bruchgefüge n
t. caverneuse Wabenstruktur f
t. cellulaire Zellenstruktur f
t. en cocarde Kokardenstruktur f
t. concrétionnée konkretionäre Struktur f
t. cristalline Kristalltextur f
t. cristallographique orientierte Verwachsung f
t. dendritique dendritische Struktur f
t. d'exsolution Entmischungsstruktur f
t. en fibres, t. fibreuse Fasertextur f
t. foliacée schuppige Struktur f

t. **granulaire** Kornstruktur f
t. **intersertale** Intersertalgefüge n
t. **de laminage** Walztextur f
t. **à macles de translation** Gleitzwillingsstruktur f
t. **en peigne** Kammstruktur f
t. **ponceuse** Bimssteinstruktur f
t. **propre** Eigentextur f
t. **relique** Reliktstruktur f
t. **réticulée** Netzstruktur f
t. **rubanée** gebänderte Struktur f
t. **à septaria** Septarienstruktur f
t. **treillissée** Gitterstruktur f
t. **veinée** Adernstruktur f
texturer texturieren
thallium m Thallium n
théodolite m Theodolit m, Höhenmesser m
t. **à boussole** Richtfernrohr n; Suchfernrohr n
t. **à microscopes** Mikroskoptheodolit m ⟨Theodolit mit Ablesemikroskopen⟩
t. **répétiteur avec limbe vertical** Repetitionstheodolit m mit Höhenkreis
théorème m Theorem n, Satz m, Lehrsatz m
t. **des accroissements finis** Mittelwertsatz m
t. **d'addition** Additionstheorem n
t. **de l'addition des vitesses** Additionstheorem n der Geschwindigkeiten
t. **des aires** Flächensatz m
t. **auxiliaire** Hilfssatz m
t. **de Babinet** Babinetsches Theorem n
t. **de Bloch** Blochsches Theorem n
t. **du centre de gravité** Schwerpunktsatz m
t. **de la conservation** Erhaltungssatz m
t. **de la conservation de l'impulsion** Impuls[erhaltungs]satz m
t. **de la conservation du moment cinétique** Drehimpulssatz m
t. **de l'énergie** Energie[erhaltungs]satz m
t. **d'existence** Existenzsatz m
t. **de Fermat** ⟨Math⟩ kleiner Fermatscher Satz m
t. **de Nernst** Nernstscher Wärmesatz m, dritter Hauptsatz m der Thermodynamik
t. **de Wigner** Wignersches Theorem n
dernier t. **de Fermat** ⟨Math⟩ großer Fermatscher Satz m
théorie f Theorie f, Lehre f
t. **de l'action à distance** Fernwirkungstheorie f
t. **per ascensum** Aszensionstheorie f
t. **de champ** Feldtheorie f

t. **des champs quantisés** Quantenfeldtheorie f
t. **cinétique des gaz** kinetische Gastheorie f
t. **de la contraction** Schrumpfungstheorie f
t. **corpusculaire** Korpuskulartheorie f
t. **de la descendance** Deszendenztheorie f, Abstammungslehre f
t. **per descensum** Deszensionstheorie f
t. **de la diffusion** Diffusionsgruppentheorie f
t. **de l'effet de proximité** Nahewirkungstheorie f
t. **de l'élasticité** Elastizitätstheorie f
t. **électronique** Elektronentheorie f
t. **de l'évolution** Evolutionstheorie f
t. **de files d'attente** Bedienungstheorie f, Theorie f der Warteschlangen
t. **des groupes** Gruppentheorie f
t. **de l'information** Informationstheorie f
t. **du magnétisme de Weiss** Weißsche Theorie f des Ferromagnetismus
t. **multigroupe** Mehrgruppentheorie f
t. **du navire** Schiffstheorie f
t. **nucléaire** Kerntheorie f
t. **des ondes,** t. **ondulatoire** Wellentheorie f
t. **de l'oscillation** Oszillationstheorie f
t. **des perturbations** Störungstheorie f
t. **à plusieurs groupes** Mehrgruppentheorie f
t. **du pouvoir séparateur du microscope d'Abbe** Abbesche Theorie f ⟨für das Auflösungsvermögen eines Mikroskops⟩
t. **des quadripôles** Vierpoltheorie f
t. **des quanta** Quantentheorie f
t. **quantique des champs** Quantenfeldtheorie f
t. **du rayonnement** Strahlungstheorie f
t. **des réacteurs nucléaires** Reaktortheorie f
t. **de la relativité** Relativitätstheorie f
t. **de la relativité généralisée** allgemeine Relativitätstheorie f
t. **de la relativité restreinte** spezielle Relativitätstheorie f
t. **du transport** Transporttheorie f
t. **des trous** Löchertheorie f ⟨Halbleitertechnik⟩
t. **à un groupe** Eingruppentheorie f
t. **uniforme des champs** einheitliche Feldtheorie f
théorique theoretisch
thermal Thermal-
thermalisation f Thermalisierung f

thermie *f* ⟨französische Einheit für Wärmemenge und Energie; 1 th = 1 Mcal⟩
thermique thermisch
thermique *f* Wärmelehre *f*; Thermik *f*
thermistance *f*, **thermistor** *m* Thermistor *m*, Heißleiter *m*
thermite *f* Thermit *n*
thermobalance *f* Thermowaage *f*
thermochimie *f* Thermochemie *f*
thermochimique thermochemisch
thermoconductivité *f* Wärmeleitfähigkeit *f*
thermoconvection *f* Wärmekonvektion *f*
thermocopie *f* Thermokopie *f*
thermocouple *m* Thermoelement *n*
thermodiffusif thermodiffundierend
thermodiffusion *f* Thermodiffusion *f*
thermodurcissable hitzehärtbar, wärmehärtend
thermodurcissable *m* Duroplast *m*
thermodynamique *f* Thermodynamik *f*
thermo-électricité *f* Thermoelektrizität *f*, Wärmeelektrizität *f*
thermo-électrique thermoelektrisch, wärmeelektrisch
thermo-électron *m* Glühelektron *n*, Thermion *n*
thermo-électronique *s.* thermoïonique
thermofixation *f* Thermofixierung *f*
thermofixer thermofixieren
thermofixeuse *f* Thermofixierrahmen *m*
thermoformage *m* Thermoverformung *f*
thermogène wärmeerzeugend
thermogramme *m* Thermogramm *n*
thermographe *m* Temperaturschreiber *m*, Thermograf *m*
thermogravimétrique thermogravimetrisch
thermoïonique, thermo-ionique thermionisch
thermo-isolant wärmeisolierend
thermolabile wärmeunbeständig
thermoluminescence *f* Thermolumineszenz *f*
thermoluminescent thermolumineszent
thermolyse *f* Thermolyse *f*
thermomagnétique thermomagnetisch
thermomagnétisme *m* Thermomagnetismus *m*
thermomanomètre *m* Thermomanometer *n*
thermomécanique thermomechanisch
thermomètre *m* Thermometer *n*
  t. à aiguille Zeigerthermometer *n*
  t. en bilamé Bimetallthermometer *n*
  t. différentiel Differentialthermometer *n*
  t. enregistreur Temperaturaufzeichner *m*, Temperaturregistriergerät *n*, Registrierthermometer *n*
  t. fronde Schleuderthermometer *n*
  t. à gaz Gasthermometer *n*
  t. d'huile Ölthermometer *n*
  t. à liquide Flüssigkeitsthermometer *n*
  t. à maximum et à minimum Maximum-Minimum-Thermometer *n*
  t. à mercure Quecksilberthermometer *n*
  t. métallique Metallthermometer *n*
  t. à résistance Widerstandsthermometer *n*
  t. à résistance de platine Platinthermometer *n*
  t. à tension de vapeur Dampfspannungsthermometer *n*
thermométrie *f* Thermometrie *f*, Temperaturmessung *f*
thermométrique thermometrisch
thermométrographe *m* Temperaturschreiber *m*
thermonucléaire thermonuklear
thermopile *f* Thermosäule *f*
thermoplaste *m* Thermoplast *m*
thermoplastique Thermoplast-, thermoplastisch, unter Wärmeeinwirkung erweichend
thermopompe *f* Wärmepumpe *f*
thermorayonnance *f* Temperaturstrahlung *f*
thermorégulateur *m* Temperaturregler *m*
thermorégulation *f* Temperaturregelung *f*
thermoscope *m* Thermoskop *n*
thermosensible hitzeempfindlich
thermosiphon *m* Wärmesaugheber *m*
thermostable wärmebeständig
thermostarter *m* Thermostarter *m*
thermostat *m* Thermostat *m*, Temperaturregler *m*
  t. différentiel Differenztemperaturregler *m*
thèse *f* Behauptung *f*, These *f*
thiazine *f* Thiazin *n*
thioacide *m* Thiosäure *f*
thiocarbamide *m* Thioharnstoff *m*
thiofène *m* Tiophen *n*
thio-indigo *m* Thioindigo *n*
thionaphtène *m* Thionaphthen *n*
thiosulfate *m* Thiosulfat *n*
  t. de sodium *n* Natriumthiosulfat *n*
thio-urée *f* Thioharnstoff *m*
thonier *m* Thunfischfahrzeug *n*, Thun[fisch]fänger *m*
thonier-seineur *m* Thunfischseiner *m*
thorite *f* ⟨Min⟩ Thorit *m*

thorium *m* Thorium *n*
thoron *m* Thoron *n*, Thoriumemanation *f*
thulium *m* Thulium *n*
thymol *m* Thymol *n*
thyratron *m* Thyratron *n*, gasgefülltes Stromtor *n*
  t. à atmosphère de gaz rare Edelgasthyratron *n*
  t. à cathode froide Kaltkatodenthyratron *n*
tiède [lau]warm, lau
tierce *f* ⟨Typ⟩ Revision *f*; Revisionsbogen *m*
  t. des blancs Standbogen *m*
tiers-point *m* Dreikantfeile
tige *f* Stange *f*, Stab *m*, Bolzen *m*, Schaft *m* ⟨s. a. barre⟩; Achse *f*
  t. d'ancrage Ankerbolzen *m*
  t. articulée Gelenkbolzen *m*, Gelenkstange *f*
  t. de butée Anschlagbolzen *m*
  t. à caractère Typenhebel *m*
  t. de commande 1. Schaltgestänge *n*; 2. Stößel *m*
  t. de contact Kontaktstift *m*
  t. creuse de forage Hohlbohrstange *f*
  t. filetée Spindel *f*, Gewindebolzen *m*
  t. de forage Bohrstange *f*
  t. de levage Hubspindel *f*
  t. de manœuvre ⟨Eb⟩ Weichenzugstange *f*
  t. de mesurage Meßstift *m*
  t. de paratonnerre Blitzableiterstange *f*
  t. de piston Kolbenstange *f*
  t. de prise de terre Staberder *m*
  t. ronde Rundstab *m*
  t. à rotule Klöppel *m*, Isolatorklöppel *m*
  t. de sondage Sondierstange *f*
  t. de soupape Ventilschaft *m*
  t. de tampon Pufferstange *f*
  t. de traction Zugstange *f*
  t. tubulaire Gestängerohr *n*
  t. en verre Glasstab *m*
tiges *fpl* Gestänge *n*
tiller *s.* teiller
tilleuse *f s.* teilleuse
timbre *m* 1. Klangfarbe *f*; 2. Stempel *m*; 3. Läutewerk *n*
  t. acoustique Tonfarbe *f*, Klangfarbe *f*
  t. avertisseur Signalglocke *f*
  t. en caoutchouc Gummistempel *m*
  t. de la chaudière Schild *n* an Dampfkesseln [zur Anzeige des zulässigen Dampfdrucks]; Arbeitsdruck *m*, zulässiger Kesseldruck *m*, Genehmigungsdruck *m* ⟨Dampfkessel⟩

  t. dateur Datumstempel *m*
  t. à folioter Paginierstempel *m*
  t. humide Handstempel *m*
  t. à marquer Signierstempel *m*
  t. métallique Metallstempel *m*
  t. du son Klangfarbe *f*
timonerie *f* 1. Lenkgestänge *n*; 2. Bremsgestänge *n*; 3. Kommandobrücke *f* ⟨als Raum⟩; 4. Ruderhaus *n*, Ruderraum *m*, Steuerhaus *n*, Steuerraum *m*
  t. panoramique Panoramabrücke *f*
  t. télescopique Teleskopbrücke *f*, Teleskopsteuerhaus *n* ⟨Binnenschiff⟩
tin *m* Stapel *m*, Pallung *f*
tincal *m* Tinkal *m*
tinctorial Färber-, Farb-
tir *m* ⟨Brg⟩ Schießarbeit *f*
tirage *m* 1. Druck *m*; Auflagenhöhe *f*; 2. Abzug *m*, Kopie *f*; 3. ⟨Mech⟩ Zug *m*; 4. ..ug *m* ⟨Feuerung⟩; 5. *s. t. des métaux*; 6. ⟨Text⟩ Warenabzug *m*
  t. artificiel künstlicher Zug *m* ⟨Feuerung⟩
  t. par aspiration Saugzug *m* ⟨Feuerung⟩
  t. de la chambre Kameraauszug *m*
  t. d'une cheminée Kaminzug *m*
  t. d'épreuves dégradées Vignettieren *n*
  t. explosif Zündung *f*; Sprengarbeit *f*
  t. de feuilles Plattenziehen *n*
  t. de fil Drahtziehen *n*
  t. mécanique künstlicher Zug *m* ⟨Feuerung⟩
  t. des métaux Umformen *n* durch Zug, Ziehen *n*; Drahtziehen *n*, Profilziehen *n*, Strangziehen *n*, Rohrziehen *n*
  t. naturel natürlicher Zug *m*
  t. à part Separatdruck *m*, Sonderdruck *m*
  t. de profilé Profilziehen *n*
  t. du soufflet Balgenauszug *m*
tirant *m* 1. Zugbolzen *m*, Zugstange *f*, Stehbolzen *m*; Zuganker *m*, Zugband *n*; Klammer *f*; Spannriegel *m*; 2. ⟨Bw⟩ Dachträger *m*, Binder *m*; 3. ⟨Bw⟩ Untergurt *m*; 4. ⟨Flg⟩ Abstandsstrebe *f*; **à faible t. d'eau** flachgehend (z. B. Schiff)
  t. d'air 1. Brückenhöhe *f*, lichte Höhe *f*; 2. Fixpunkthöhe *f* ⟨z. B. bei Binnenschiffen⟩
  t. d'eau Tiefgang *m*
  t. d'eau de compartimentage Schottentiefgang *m*
  t. d'eau d'échantillonnage Berechnungstiefgang *m*, Konstruktionstiefgang *m*

tirant

t. d'eau au franc-bord Freibordtiefgang m
t. d'eau lège Leertiefgang m
tire-cendre m s. tourmaline
tire-clou m Nagelzieher m
tirefond m, tire-fond m Schienenschraube f, Schienennagel m
tirefonner mit einem Schienennagel befestigen
tirefonneuse f ⟨Maschine zum Festziehen und Lösen der Schienenschrauben⟩
tire-ligne m Ziehfeder f, Reißfeder f
tire-point m Ahle f
tirer 1. drucken; 2. kopieren, abziehen; 3. durch Zug umformen, ziehen ⟨z. B. Drahtziehen, Profilziehen usw.⟩
t. l'arbre porte-hélice Propellerwelle ziehen
t. des copies kopieren, abziehen, Kopie herstellen
t. des copies sur papier à image apparente auskopieren
t. une épreuve s. t. des copies
t. la pierre Steine brechen
t. au sec aufs Trockene ziehen ⟨allgemein Schiff⟩; auf Land ziehen; aufslippen
t. en surimpression einkopieren
tiret m Gedankenstrich m
t. sur demi-cadratin Halbgeviertgedankenstrich m
tireur m d'épreuves Abziehpresse f
tireuse f Kopiermaschine f, Kopierapparat m
t. continue Durchlaufkopiermaschine f
t. pour films sonores Bildtonkopiermaschine f, Tonkopiermaschine f
tiroir m 1. Schieber m; Absperrschieber m; 2. Rechenschieberzunge f
t. à cames Nockenschieber m
t. à coin Keilschieber m
t. de commande Steuerschieber m
t. à coquille Muschelschieber m ⟨Dampfmaschine⟩
t. cylindrique Kolbenschieber m
t. de détente Expansionsschieber m
t. de distribution Steuerschieber m
t. oscillant Schwingschieber m ⟨Behälterverschluß⟩
t. pilote Steuerschieber m
t. à pistons Kolbenschieber m
t. plat Flachschieber m, Plattenschieber m, Parallelschieber m
t. principal Grundschieber m ⟨Dampfmaschine⟩
t. rond Kolbenschieber m
t. rotatif (de rotation) Drehschieber m
tisonnier m Schüreisen n, Feuerhaken m

tissage m Weben n; Weberei f
t. Jacquard Jacquardweberei f
t. à la main Handweberei f
t. de passementerie Posamentenweberei f; Bortenweberei f
t. de ruban Gurtweberei f; Bandweberei f
tissé-main handgewebt
tisser weben
t. à maille wirken
tissé-teint buntgewebt
tissu m Stoff m, Gewebe n
t. armuré Schaftgewebe n, schaftgemustertes Gewebe n
t. de corde Kordgewebe n
t. coton phénoplaste Hartgewebe n
t. croisé Köper m
t. en dentelles Spitzengewebe n
t. double face Doppelgewebe n
t. de filtration, t. filtre Filtertuch n
t. gommé gummiertes Gewebe n
t. gratté gerauhter Stoff m, Rauhware f
t. imprimé Druckstoff m, bedruckter Stoff m, Druckgewebe n, bedrucktes Gewebe n
t. Jacquard Jacquardgewebe n
t. à maille Maschenware f ⟨Wirk- oder Strickware⟩; Gewirke n und Gestricke n
t. mélangé Mischgewebe n
t. métallique Baustahlgewebe n, Drahtgewebe n, Drahtgeflecht n
t. moquette Plüschgewebe n
t. non tissé Vliesstoff m, Faserverbundstoff m
t. en nylon Nylongewebe n
t. patron Schablonengewebe n
t. en perlon Perlongewebe n
t. piqué Pikeegewebe n
t. à poil Polgewebe n
t. de reliure Bucheinbandgewebe n, Bucheinbandstoff m
t. spongieux Frottiergewebe n
t. squelettique Versteifungsgewebe n
t. tubulaire Schlauchware f, Schlauchgewebe n
t. de verre Glasfasergewebe n
t. verre époxyde glasfaserverstärktes Epoxi[d]harzgewebe n
tissu-éponge m Frotteeware f
tissu-mixte m Mischgewebe n
tissus mpl industriels technische Textilien fpl
titanate m Titanat n
titane m Titan n
titané Titan-, titanhaltig

titanite m 1. ⟨Ch⟩ Titanit n; 2. ⟨Min⟩ Titanerz n
titanium m Titan n
titrable titrierbar
titrage m Maßanalyse f, Titration f
  t. **potentiométrique** potentiometrische Titration f
  t. **turbidimétrique** turbidimetrische Titration f, Trübungstitration f
titre m 1. Überschrift f; Titel m; 2. ⟨Ch⟩ Titer m; 3. Titer, Garnnummer f, Fadenfeinheit f; à t. d'essai versuchsweise
  t. **de collection** Sammeltitel m
  t. **courant** lebender Kolumnentitel m
  t. **divisionnaire** Abteilungstitel m
  t. **nominal** ⟨Text⟩ Nenntiter m
  t. **principal** Haupttitel m
  t. **unitaire** ⟨Text⟩ Einzeltiter m
  faux t. Schmutztitel m
  grand t. Haupttitel m, Titelseite f
titrer titrieren
titrimétrie f Titrimetrie f
toboggan m Wendelrutsche f, Schurre f
toc m Drehherz n
toile f Leinwand f, Leinengewebe n; Siebgewebe n
  t. **abrasive** Schleifleinen n
  t. **d'amiante** Asbestgewebe n
  t. **de bâche** Segeltuch n; Plane f
  t. **cirée** Wachstuch n
  t. **de filet** Netzblatt n
  t. **filtrante** Filtertuch n
  t. **du filtre** Filterbespannung f
  t. **de lin** Leinen[gewebe] n
  t. **à matelas** Matratzendrell m
  t. **métallique** Drahtgewebe n
  t. **normalisée** normgerechtes Siebgewebe n ⟨Granulometrie⟩
  t. **de reliure** Bucheinbandgewebe n, Bucheinbandstoff m
  t. **résistante** ⟨El⟩ Widerstandsgewebe n
toile-verre f Glasleinwand f
toison f Vollvlies n
toit m 1. Dach n ⟨s. a. toiture⟩; 2. ⟨Brg⟩ Hangendes n, Firste f
  t. **en ardoises** Schieferdach n
  t. **en bâtière** Satteldach n
  t. **en carton graveleux** Kiespappdach n
  t. **à chapiteau** Kronendach n
  t. **en dents de scie** Sägedach n, Sheddach n
  t. **flamand** Pfannendach n
  t. **multicouche** Lamellendach n
  t. **ouvrant** Schiebedach n; Faltdach n
  t. **à panne faîtière** Kehlbalkendach n

  t. **queue de castor** Biberschwanzdach n
  t. **en sheds** Sheddach n
  t. **en tuiles** Ziegeldach n
  t. **en tuiles creuses** Hohlziegeldach n; Mönch- und Nonnendach n
  t. **en verre, t. vitré** Glasdach n
  haut t. Haupthangendes n
toiture f Dach n; Dachwerk n; Bedachung f
  t. **en carton bitumé** Pappdach n
  t. **à deux versants** Giebeldach n, Satteldach n
  t. **en métal, t. métallique** Metalldach n; Metalldeckung f
  t. **de verre** Glasbedachung f
tôle f Blech n; Eisenblech n
  t. **d'acier** Stahlblech n
  t. **d'aluminium** Aluminiumblech n
  t. **angulaire** Eckblech n
  t. **de bordé** ⟨Schiff⟩ Außenhautplatte f
  t. **de chaudière** Kesselblech n
  t. **cornière** Eckblech n
  t. **de côté** Randplatte f
  t. **à cristaux orientés** kornorientiertes Blech n
  t. **de cuivre** Kupferblech n
  t. **de culasse** ⟨El⟩ Jochblech n
  t. **de dynamo** s. t. magnétique
  t. **à emboutir** Tiefziehblech n
  t. **d'entrée** Einlaufblech n ⟨Wasserrad⟩
  t. **à estamper** Stanzblech n
  t. **à faibles pertes** ⟨El⟩ verlustarmes Blech n
  t. **de fer** Eisenblech n
  t. **fine** Feinblech n
  t. **de flanc de ballast** Randplatte f
  t. **de fond** Bodenplatte f
  t. **forte** Grobblech n
  t. **galvanisée** verzinktes Blech n; Weißblech n
  t. **gaufrée** Waffelblech n
  t. **à grains orientés** kornorientiertes Blech n
  t. **grosse** Grobblech n
  t. **d'induit** Ankerblech n
  t. **magnétique** Magnetblech n, Elektroblech n, Dynamoblech n
  t. **mince** Feinblech n
  t. **moyenne** Mittelblech n
  t. **noire** Schwarzblech n
  t. **de noyau** ⟨El⟩ Kernblech n
  t. **ondulée** Wellblech n
  t. **plaquée** plattiertes Blech n
  t. **de platine** Platinblech n
  t. **de pont** Decksplatte f
  t. **quille** Kielplatte f

tôle

t. **de recouvrement** Abdeckblech n
t. **de relais** Relaisblech n
t. **de renforcement** Verstärkungsblech n
t. **de roulis** Schlagschott n, Schlagplatte f
t. **statorique** Ständerblech n
t. **de support** Transportblech n ⟨Presse⟩
t. **pour transformateurs** Transformatorenblech n
t. **de zinc** Zinkblech n
tolérance f Toleranz f, zulässige Abweichung f
t. **dimensionnelle** Maßtoleranz f
t. **exacte** enge Toleranz f
tolérances fpl **générales** Freimaßtoleranzen fpl, Toleranzen fpl ohne zusätzliche Toleranzangabe
tôlerie f 1. Blechherstellung f; 2. Blechbearbeitung f; 3. Blechkörper m; Blechwaren fpl; 4. Blechwalzwerk n
tôlet m 1. Belegnagel m; Koffeynagel m; 2. Dolle f
t. **à fourche** Dolle f
tolidine f Tolidin n
toluène m Toluol n
tomber fallen, abnehmen
tombereau m 1. Kippkarren m; 2. Müllwagen m; 3. offener Güterwagen m
ton m Ton m ⟨s. a. tonalité 1.⟩
ton f ⟨englische Einheit der Masse; entspricht 1,016 Tonne⟩
tonalité f 1. Ton m, Farbschattierung f, Farbton m, Nuance f; 2. Tonart f
t. **chromatique** Farbton m
t. **d'occupation** Besetztton m
t. **stéréophonique** Raumklang m
tondage m Scheren n
tondeuse f 1. Schermaschine f; 2. Haarschneidemaschine f; 3. Rasenmäher m
tondre scheren
ton-étalon m Normalton m
tonnage m 1. Deplacement n ⟨Masse⟩; 2. Tonnage f, Vermessung f ⟨s. a. jauge 2.⟩; 3. Tonnage f ⟨Sammelbegriff für Schiffsraum⟩
t. **de cargaison** Ladefähigkeit f
t. **extrait** Fördermenge f
t. **péché** Fangmenge f
t. **pétrolier** Tankschiffstonnage f
t. **du train** Zuggewicht m
faible t. Kleinschiffstonnage f
fort (gros) t. Großschiffstonnage f
tonne f Tonne f ⟨metrische Einheit der Masse; entspricht 1000 kg⟩
t. **extraite** Fördertonne f

t. **à lisier** Jauchefaß n, Jauchetankwagen m
t. **métrique** Tonne f
tonneau m 1. Tonne f, Faß n; 2. Trommel f; 3. Rolle f ⟨Kunstflug⟩
t. **basculant** Pendeltrommel f
t. **déclenché** gerissene Rolle f ⟨Kunstflug⟩
t. **d'encombrement, t. de jauge** Registriertonne f, Vermessungstonne f ⟨Raummaß⟩
t. **de jauge brute** Bruttoregistertonne f ⟨Raummaß⟩
t. **de jauge nette** Nettoregistertonne f ⟨Raummaß⟩
t. **de nettoyage** Putztrommel f
t. **à purin** Jauchefaß n
t. **rapide** s. t. déclenché
t. **tournant** Drehscheuertrommel f
t. **vibrant** Schwingscheuertrommel f
tonnelage m Trommeln n ⟨Entgraten bzw. Schleifen von Kleinteilen in drehender Trommel⟩
tonneler trommeln ⟨entgraten bzw. schleifen in drehender Trommel⟩
tonture f ⟨Schiff⟩ Deckssprung m, Sprung m
top m Ton m des Zeitzeichens
t. **de repérage** Winkelmarke f ⟨auf dem Registrierpapier⟩
topographie f Topografie f
t. **karstique** Karstrelief n
topographique topografisch
topologie f ⟨Math⟩ Topologie f
t. **forte** starke Topologie f
top-wing-tank m Wingtank m
torche f:
t. **à gaz** Gasfackel f
t. **de soudage** Schweißbrenner m
torchis m Lehmwand f
tordeuse f Zwirnmaschine f
tordre 1. drehen; zwirnen; verdrehen; flechten; 2. (aus)wringen
tordu gedreht
t. **à droite** rechtsgedreht
t. **à gauche** linksgedreht
tore m ⟨Math⟩ Torus m, Ringfläche f, Ringkörper m; ⟨Dat⟩ Ringkern m ⟨eines Speichers⟩
t. **bobiné** Ring[kern]drossel f
t. **de ferrite** Ferritkern m
t. **magnétique** Magnetkern m
toroïdal Ring-
toron m Litze f, Seillitze f; Kardeel n ⟨Tauelement⟩; **de quatre torons** vierkardeelig ⟨Tauwerk⟩; **de trois torons** dreikardeelig ⟨Tauwerk⟩
t. **[de fil] métallique** Drahtlitze f

toronner verseilen
toronneuse f Litzenschlagmaschine f, Litzenzwirnmaschine f, Kordelmaschine f, Verlitzmaschine f, Seillitzenspannmaschine f; Verseilmaschine f
torpille f Verdrängerkörper m, Torpedo m ⟨Spritzgußmaschine, Extruder⟩
tors m Drall m
torsader verdrillen
torsadeur m Drahtbindevorrichtung f ⟨Ballenpresse⟩
torsiomètre m Torsiometer n
torsion f ⟨Ph⟩ Torsion f, Drehbeanspruchung f, Verdrehung f; Drillung f, Verwindung f; ⟨Text⟩ Drehung f, Drall m, Draht m, Eindrehung f
 t. **du champ** Verdrehung f des Feldes
 t. **droite** Rechtsdraht m
 t. **floche** weicher Draht (Drall) m
 t. **forte** harter Draht (Drall) m, festes Zusammendrehen n
 t. **gauche** Linksdraht m
 t. **«S»** S-Drehung f
 t. **de saturation, t. saturée** kritischer Drehungsgrad m
 t. **«Z»** S-Drehung f
 double t. Doppeldraht m
 fausse t. Falschdraht m
total gänzlich, völlig; ⟨Schiff⟩ über alles ⟨z. B. Länge⟩
total m Gesamtsumme f, Summe f
 t. **de contrôle** Kontrollsumme f
totalisateur m Summenzählwerk n
 t. **d'estime** Koppelstandortanzeiger m ⟨Navigation⟩
totalisation f Summierung f
totaliser zusammenzählen, summieren
touchante f s. tangente
touche f 1. Taste f; 2. Backe f, Anschlagfläche f
 t. **d'addition** Additionstaste f
 t. **d'annulation des symboles** Symbollöschtaste f
 t. **d'appel** Ruftaste f
 t. **d'arrêt** Feststelltaste f
 t. **de blocage des symboles** Symbolfeststelltaste f
 t. **de chiffre** Zifferntaste f
 t. **de collecteur** Kommutatorlamelle f, Kollektorsegment n, Kollektorstab m, Kollektorstreifen m
 t. **de commande** Betätigungstaste f
 t. **de correction** Korrekturtaste f
 t. **de déblocage (des barres à caractères)** Typenhebelentwirrer m
 t. **de déclenchement** Auslösetaste f
 t. **de dégagement (des barres à caractères)** Typenhebelentwirrer m
 t. **de division** Divisionstaste f
 t. **d'écriture** Schreibtaste f
 t. **d'effacement** Löschtaste f
 t. **de fonction** Funktionstaste f
 t. **d'interrogation** Rückfragetaste f
 t. **d'interruption** Unterbrechungstaste f
 t. **d'inversion générale** Generalumkehrtaste f
 t. **de manœuvre** Funktionstaste f
 t. **moins** Minustaste f
 t. **moteur** Motortaste f
 t. **non-calcul** Nichtrechentaste f
 t. **de passage du tabulateur** Tabulatordurchlauftaste f
 t. **plus** Plustaste f
 t. **de rebobinage** Rückholtaste f
 t. **de recul** Rücktaste f
 t. **de remise à zéro** Rückstelltaste f
 t. **de répétition** Repetiertaste f
 t. **de réponse** Abfragetaste f
 t. **de repos** Löschtaste f
 t. **de retour total du chariot** Wagenrücklauftaste f
 t. **saut-de-colonnes** Übersprungtaste f
 t. **sous-total** Zwischensummentaste f
 t. **de soustraction** Subtraktionstaste f
 t. **start** Starttaste f
 t. **de tabulateur** Tabulatortaste f
 t. **total** Summentaste f
touches fpl Tastatur f ⟨s. a. clavier⟩
toucher 1. berühren; aufsetzen, Grundberührung bekommen; 2. ⟨Typ⟩ (die Form) einfärben
toucher m Griff m ⟨eines Stoffes⟩
 t. **craquant** Knirschgriff m, Krachgriff m
 t. **doux** weicher Griff m
 t. **ferme** fester Griff m
 t. **nerveux** kerniger Griff m
 t. **plein** voller Griff m
 t. **rêche** rauher Griff m
 t. **soyeux** seidiger Griff m
 t. **vif** lebendiger Griff m
toucheur m Auftragwalze f
touffe f Flor m
touilloir m Spachtel m (f)
touline f Wurfleine f
toupie f 1. Zentrifuge f, Schleuder f, Kreisel m; 2. ⟨Masch⟩ Unterfräse f
 t. **de couleurs** Farbkreisel m
 t. **de labourage** Kreiselpflug m
toupiller ausfräsen
tour m 1. Umdrehung f; 2. Drehmaschine f
 t. **en l'air** Plandrehmaschine f, Kopfdrehmaschine f
 t. **aléseur** Ausbohrbank f
 t. **automatique** Drehautomat m

tour

t. **automatique à décolleter** Stangendrehautomat *m*
t. **automatique à décolleter monobroche** Einspindeldrehautomat *m*
t. **automatique à décolleter multibroche** Mehrspindeldrehautomat *m*
t. **automatique à mandrin** Futterdrehautomat *m*
t. **à charioter** Zugspindeldrehmaschine *f*
t. **à charioter et à fileter** Zug- und Leitspindeldrehmaschine *f*
t. **à charioter et à surfacer** Zugspindel- und Plandrehmaschine *f*
t. **à copier** Kopierdrehmaschine *f*
t. **à cylindres (de laminoir)** Walzendrehmaschine *f*
t. **à détalonner** Hinterdrehmaschine *f*
t. **à ébaucher** Schruppdrehmaschine *f*
t. **à écroûter** Schäldrehmaschine *f*
t. **à fileter** Gewindedrehmaschine *f*
t. **de finissage** Fertigdrehmaschine *f*
t. **de finition** Schlichtdrehmaschine *f*
t. **à grande vitesse** Schnelldrehmaschine *f*
t. **mort** ⟨Schiff⟩ Rundtörn *m*
t. **à noyauter** Kerndrehmaschine *f*
t. **parallèle** Spitzendrehmaschine *f*
t. **à polir** Polierdrehmaschine *f*
t. **de potier** Töpferscheibe *f*
t. **à profiler** Profildrehmaschine *f*
t. **rapide** Schnell[schnitt]drehmaschine
t. **à repousser** Fließdrehmaschine *f*
t. **de reprise** Schlichtdrehmaschine *f*
t. **à reproduire** Nachformdrehmaschine *f*, Kopierdrehmaschine *f*
t. **(à) revolver** Revolverdrehmaschine *f*
t. **revolver à barillet** Trommelrevolverdrehmaschine *f*
t. **revolver type capstan** Sattelrevolverdrehmaschine *f*
t. **à tourner ovale** Ovaldrehmaschine *f*
t. **à tronçonner** Abstech[dreh]maschine *f*
t. **vertical** Karusselldrehmaschine *f*
t. **vertical à déplacement de plateau** Drehwerk *n*
t. **à vilebrequins** Kurbelwellendrehmaschine *f*
premier t. de manivelle Drehbeginn *m*
tour *f* Turm *m*
t. **d'absorption** Absorptionsturm *m*
t. **d'acide sulfurique** Schwefelsäureturm *m*
t. **d'aérage** Belüftungsturm *m*
t. **d'arrosage** Rieselturm *m*
t. **de carbonatation** Karbonisierturm *m*
t. **de chargement** Beschickungsturm *m*
t. **de composition** Gemengeturm *m*
t. **de contrôle** ⟨Flg⟩ Kontrollturm *m*
t. **de dégazolinage** Benzinabscheider *m*
t. **d'entraînement de parachutistes** Sprungturm *m* ⟨für Fallschirmspringer⟩
t. **d'extinction** Löschturm *m*
t. **d'extraction** Förderturm *m*
t. **à foin** Heuturm *m*, Zentralrohrsilo *m*
t. **de fonçage** Abteufgerüst *n*
t. **de forage** Bohrturm *m*
t. **de fractionnement** Fraktionierturm *m*
t. **de Gay-Lussac** Gay-Lussac-Turm *m*
t. **de Glover** Glover-Turm *m*
t. **de lavage** Waschturm *m*, Skrubber *m*, Gasreiniger *m*
t. **de lavage alcalin** Laugeturm *m*
t. **à plateaux** Fraktionierturm *m*
t. **de précipitation** Fällturm *m*
t. **à réaction** Reaktionsturm *m*
t. **réfrigérante** Kühlturm *m*
t. **réfrigérante hyperbolique** Hyperboloidkühlturm *m*
t. **de refroidissement des lessives** Laugekühlturm *m*
t. **de retenue** Reinigungsturm *m*, Turmwäscher *m*
t. **de ruissellement** Berieselungsturm *m*
t. **de séchage** Trockenturm *m*
t. **de Solvay** Solvay-Turm *m*
t. **de sondage** Bohrturm *m*
t. **de sondage au pétrole** Erdölbohrturm *m*
t. **de stabilisation** Stabilisationskolonne *f*
t. **de télévision** Fernsehturm *m*
touraille *f* Darre *f*
tourbage *m* Torfstechen *n*
tourbe *f* Torf *m*
tourbière *f* Torfmoor *n*
tourbillon *m* Wirbel *m*; Wirbelwind *m*
t. **alterné** Wirbelpaar *n*
t. **mobile** Strudel *m*
t. **de poussière** Staubteufel *m* ⟨Meteorologie⟩
t. **de sable** Sandhose *f*
tourbillonnaire Wirbel-, wirb[e]lig
tourelle *f* 1. Türmchen *n*; Erker *m*; 2. Revolverkopf *m* ⟨einer Filmkamera⟩
t. **à deux objectifs** Zweifachrevolver *m*
t. **d'objectifs** Objektivrevolver *m*
t. **porte-outil** Werkzeugspannkopf *m*
t. **de raffinage** Raffiniertürmchen *n*
t. **revolver** Revolverkopf *m*
t. **à trois objectifs** Dreifachrevolver *m*

touret *m* 1. Rolle *f*; Haspel *f*; 2. Mechanikerdrehbank *f*, Kleindrehmaschine *f*
  t. **à (de) câble** Kabeltrommel *f*, Kabelhaspel *f*
  t. **enrouleur d'aussières** Trossenwinde *f*
  t. **à moyettes** ⟨Lw⟩ Schwadlegeapparat *m*
tourillon *m* Drehzapfen *m*, Zapfen *m*, Bolzen *m*, Wellenzapfen *m*, Lagerzapfen *m*
  t. **d'appui** Tragzapfen *m*
  t. **d'articulation** Gelenkzapfen *m*
  t. **de chaîne** Kettenbolzen *m*
  t. **de cylindre** Walzenzapfen *m*
  t. **de porte-balais** Bürstenhalterbolzen *m*
  t. **tréflé** Kleeblattzapfen *m*
tourillonner drehen, rotieren; drehbar lagern
tourmaline *f* Turmalin *m*
tourmalinisation *f* Turmalinisierung *f*
tournage *m* 1. Drehen *n*, Drehbearbeitung *f*; 2. Drehen *n*, Umdrehen *n* ⟨einer Lokomotive auf der Drehscheibe⟩; 3. Dreharbeiten *fpl* ⟨an einem Film⟩
  t. **conique** Kegeldrehen *n*
  t. **ébauche** Vordrehen *n*, Schruppen *n*
  t. **extérieur** Außendrehen *n*
  t. **fin** Feindrehen *n*
  t. **intérieur** Innendrehen *n*
  t. **longitudinal** Langdrehen *n*
  t. **transversal** Plandrehen *n*, Planen *n*
tournant drehbar
tourne-disque(s) *m* Plattenspieler *m*, Schallplattenlaufwerk *n*
  t. **stéréophonique** Stereoplattenspieler *m*
tournée *f* ⟨Brg⟩ Befahrung *f*
tourner 1. rotieren, sich drehen, laufen ⟨Maschine⟩; 2. umlegen ⟨einen Hebel⟩; 3. verdrehen; 4. drehen ⟨spanende Bearbeitungsart⟩
  t. **à vide** leerlaufen
tournette *f* Zirkelschneider *m*
  t. **pour plaques** Schleuder(apparat *m*) *f*
tournevis *m* Schraubenzieher *m*, Schrauber *m*
tourniquet *m* 1. ⟨Text⟩ Haspel *f*; 2. ⟨Schiff⟩ Vorreiber *m*
tournure *f* Drehspäne *mpl*
  t. **de fer** Eisenspäne *mpl*
tours *mpl*:
  t. **au mètre** Drehungen *fpl* je Meter
  t. **par minute** Umdrehungen *fpl* je Minute
  t. **au pouce** Drehungen *fpl* je Zoll

tourteau *m* Ölkuchen *m*
tous-courants Allstrom-
tout:
  t. **à l'arrière** (mit) Aufbauten und Maschine hinten ⟨Bauart des Schiffes⟩
  hors t. über alles ⟨z. B. Länge⟩
tout-à-l'égout *m* Abwässeranlage *f*; Wasserspülanlage *f*; Schwemmkanalisation *f*
tout-venant *m* Rohgut *n*
toxicité *f* Giftigkeit *f*
toxigène giftbildend
toxine *f* Toxin *n*
toxique toxisch, giftig
traçage *m* 1. Zeichnen *n*; Anreißen *n*; 2. ⟨Brg⟩ Vorrichtung *f*; Vorrichtungsstrecke *f*
  t. **de mine** Grubenaufschluß *m*
  t. **optique** optisches Anreißen *n*
trace *f* 1. Spur *f*; 2. ⟨Math⟩ Spurpunkt *n*, ⟨einer Geraden⟩; 3. Trasse *f*
  t. **air** Aufzeichnung *f* von Kurs und Entfernung
  t. **de la carotte** Angußstelle *f*
  t. **d'image** Bildspur *f*
  t. **d'ionisation** Ionisierungsspur *f*
  t. **d'une matrice** ⟨Math⟩ Spur *f* einer Matrix
  t. **de pétrole** Ölspur *f*
  t. **de radar** Radarmarke *f*
  t. **de retour** Rücklauf *m* ⟨Zeilenrücklauf⟩
tracé *m* 1. Zeichnen *n*; Entwerfen *n*; Gestalten *n*; Gestaltung *f*; 2. Anriß *m*; Umriß *m*; Verlauf *m*; 3. Absteckung *f*; Linienführung *f*; Plan *m*; 4. Trasse *f*, Trassierung *f*; 5. Leitungsführung *f*
  t. **de la cannelure** Kaliberbauart *f*
  t. **des cannelures des cylindres** Walzenkalibrieren *n*
  t. **de la ligne** Streckenführung *f*
  t. **polygonal** Polygonzug *m*
  t. **à la salle** Schnürbodenriß *m*
tracement *m* 1. Anreißen *n*, Aufreißen *n*; Aufriß *m*; Vorzeichnung *f*; 2. Linienführung *f*
tracer 1. zeichnen; entwerfen; gestalten; 2. anreißen; aufreißen; aufzeichnen, vorzeichnen; vorschreiben; 3. abstecken; eine Linie ziehen; 4. ⟨Brg⟩ vorrichten
  t. **au cordeau** aufschnüren
  t. **un diagramme** ein Diagramm aufzeichnen
  t. **un plan de mine** markscheiden
traces *fpl* 1. Spuren *fpl*; 2. s. formes
  t. **d'humidité** Feuchtigkeitsspuren *fpl*
  t. **d'impuretés** Spurenverunreinigung *f*

traceur

traceur m 1. Schreiber m; Zeichner m; 2. ⟨Kern⟩ Tracer m, Indikator m; 3. ⟨Lw⟩ Markeur m, Spuranzeiger m
- **t. automatique Decca** Decca-Trackplotter m
- **t. automatique d'équipotentielles** Äquipotentiallinienschreiber m
- **t. automatique des trajectoires d'électrons** automatischer Elektronenschreiber m
- **t. de courbes** Kurvenzeichner m
- **t. isotopique** isotoper Tracer m, Indikatorisotop m
- **t. non radio-actif** stabiler Tracer m ⟨Indikator⟩
- **t. radio-actif** radioaktiver Tracer m
- **t. de route** Fahrtwegschreiber m; Trackplotter m; ⟨Flg⟩ Koppelstandortanzeiger m ⟨Navigation⟩

trachytique trachytisch

tracteur m 1. Traktor m, Zugmaschine f, Schlepper m, Trecker m; 2. Schleppkarren m, Schlepper, Zugschlepper m, Kleintransporter m ⟨Flurförderer⟩
- **t. agricole** Ackerschlepper m
- **t. à bras** Deichsel(geh)schlepper m, Schlepper m mit Deichsellenkung
- **t. sur chenille** Raupenschlepper m
- **t. à conducteur à pied** Gehschlepper m, Schlepper m mit Gehlenkung
- **t. à conducteur porté** Schlepper m mit Fahrersitzlenkung
- **t. débardeur** Forsttraktor m, Rückeschlepper m
- **t. diesel** Dieselschlepper m, Dieselschleppkarren m
- **t. électrique** Elektroschlepper m, Elektro(schlepp)karren m, E-Karren m
- **t. enjambeur** Pflegetraktor m, Pflegeschlepper m, Stelzenschlepper m
- **t. sans pilote** Geh(zug)schlepper m
- **t. sans pilote à piste optique** Geh(zug)schlepper m mit lichtoptischer Steuerung
- **t. à roues** Radtraktor m, Radschlepper m
- **t. tous-usages** Universalschlepper m, Pflegetraktor m

tracteur-remorque m Sattelschlepper m

tractiomètre m Zugkraftmesser m

traction f 1. Zug m, Ziehen n; Zugkraft f; 2. Antrieb m, Antriebsart f; Betrieb m ⟨s. a. propulsion⟩; 3. Schub m ⟨Luftschraube⟩
- **t. par l'air comprimé** Druckluftantrieb m
- **t. arrière** Hinterradantrieb m
- **t. avant** Vorderradantrieb m
- **t. dans le bras de garde** ⟨Schiff⟩ Geienkraft f
- **t. par câble** Seilbetrieb m
- **t. sur le câble d'apiquage** Hangerzugkraft f
- **t. centrée** mittiger Zug m
- **t. électrique** elektrischer Antrieb (Betrieb) m
- **t. électrique à courant alternatif** Wechselstromfahrbetrieb m
- **t. électrique à courant continu** Gleichstromfahrbetrieb m
- **t. excentrée** außermittiger Zug m
- **t. par locomotive** Lokomotivfahrbetrieb m
- **t. nette** Nutzschub m ⟨Luftschraube⟩
- **t. au point fixe** Standschub m ⟨Luftschraube⟩
- **t. au point fixé** Pfahlzug m
- **t. propulsive** Vortriebskraft f
- **t. système Büchli** Büchli-Antrieb m
- **t. système Westinghouse** Westinghouse-Antrieb m
- **t. à vapeur** Dampfantrieb m, Dampfbetrieb m
- **double t.** Vorspann m

tractoire f, **tractrice** f ⟨Math⟩ Traktrix f, Schleppkurve f

traducteur m Übersetzer m; Zuordner m; Umwandler m, Konverter m ⟨s. a. convertisseur 3.⟩
- **t. d'adresse codifiée** Adressenkodierer m
- **t. analogique-numérique** Analog-Digital-Umwandler m
- **t. de code** Kodeübersetzer m
- **t. de l'écriture perforée** Lochschriftübersetzer m
- **t. de fonction** Funktionsübersetzer m
- **t. de formules** Formelübersetzer m
- **t. de mesure** Geberelement n; Meßumformer m
- **t. numérique-analogique** Digital-Analog-Umwandler m
- **t. de signal** Signalwandler m

traduction f Übersetzung f; Wiedergabe f
- **t. automatique** automatische (maschinelle) Übersetzung f
- **t. automatique du programme** automatische Programmübersetzung f
- **t. de code** Kodeübersetzung f, Kodeumsetzung f
- **t. d'une formule** Formelübersetzung f

traduire übersetzen; umsetzen

trafic m:
- **t. aérien** Flugverkehr m
- **t. de chargement** Ladeverkehr m

train

t. **des colis de détail** Stückgutverkehr *m*
t. **côtier** Küstenverkehr *m*
t. **par eau** Wasserverkehr *m*
t. **exprès** Schnellverkehr *m*
t. **ferroviaire** Eisenbahnverkehr *m*
t. **fluvial** Binnenschiffahrtsverkehr *m*, Flußverkehr *m*
t. **à grande distance** Fernverkehr *m*
t. **local** Ortsverkehr *m*
t. **long-courrier** Langstreckenverkehr *m*
t. **des marchandises** Güterverkehr *m*
t. **maritime** Seeverkehr *m*
t. **mouvant** fließender Verkehr *m*
t. **de passage** Durchgangsverkehr *m*
t. **à petite distance** Nahverkehr *m*
t. **postal** Postverkehr *m*
t. **radio-électrique** Funkverkehr *m*
t. **radiotéléphonique** Funksprechverkehr *m*
t. **routier** Straßenverkehr *m*
t. **statique** ruhender Verkehr *m*
t. **téléphonique** Fernsprechverkehr *m*
t. **téléphonique automatique** Selbstwählverkehr *m*
t. **de transit** Transitverkehr *m*, Durchgangsverkehr *m*
t. **par voie d'eau** Verkehr *m* auf dem Wasserweg, Wasserstraßenverkehr *m*
t. **par voie ferrée** Schienenverkehr *m*
trafic-voyageurs *m* Personenverkehr *m*
train *m* 1. Gangart *f*; Lauf *m*; Tempo *n*; 2. Getriebe *n*, Mechanismus *m*; Achse *f*; 3. ⟨Flg⟩ Fahrwerk *n*; 4. Zug *m*, Eisenbahnzug *m*; 5. ⟨Met⟩ Straße *f*
t. **à amortisseurs oléopneumatiques** Fahrwerk *n* mit Öl-Luft-Stoßdämpfern
t. **articulé** Gliederzug *m*
t. **d'atterrissage** Fahrwerk *n*, Fahrgestell *n*
t. **d'atterrissage à boggie** Bogiefahrwerk *n*
t. **d'atterrissage fixe** Festfahrwerk *n*
t. **d'atterrissage monotrace** einspuriges Fahrwerk *n*
t. **d'atterrissage à plusieurs roues** Mehrradfahrwerk *n*
t. **d'atterrissage rétractable** einziehbares Fahrwerk *n*
t. **d'atterrissage rétracté** eingezogenes Fahrwerk *n*
t. **d'atterrissage à roulette de queue** Spornradfahrwerk *n*
t. **d'atterrissage à skis** Schneekufenfahrwerk *n*
t. **d'atterrissage sorti** ausgefahrenes Fahrwerk *n*

t. **d'atterrissage à système amortisseur télescopique** Teleskopfederbeinfahrwerk *n*
t. **automatique de presses** Pressenstraße *f*
t. **automoteur** Triebwagenzug *m*
t. **automoteur diesel-électrique** dieselelektrischer Triebwagen *m*
t. **automoteur rapide diesel-électrique** dieselelektrischer Schnelltriebwagen
t. **avant** 1. ⟨Flg⟩ Bugfahrwerk *n*; 2. Vorderachse *f*
t. **de ballast** Schotterzug *m*
t. **à bandes étroites** Schmalbandstraße *f*
t. **à bandes moyennes** Mittelbandstraße *f*
t. **basculeur** Wendeherz *n*
t. **de bateaux** Schleppzug *m*
t. **blindé** Panzerzug *m*
t. **blooming** Blockstraße *f*
t. **charbon** Kohlenzug *m*
t. **de charge** Radlastzug *m*, Belastungszug *m*
t. **dégrossisseur** Vorwalzstraße *f*
t. **à demi-produits** Halbzeugstraße *f*
t. **double duo** Doppelduowalzwerk *n*
t. **duo** Duostraße *f*
t. **duo à blooms** Duoblockstraße *f*
t. **duo intermédiaire** Duomittelstraße *f*
t. **duo pour laminage à froid** Duokaltwalzwerk *n*
t. **d'engrenages** Zahnradgetriebe *n*, Zahnradsatz *m*
t. **d'engrenages à chevrons** Pfeilrädergetriebe *n*
t. **à fers fins** Feineisenstraße *f*
t. **à feuillards** Bandstraße *f*
t. **à fils** Drahtwalzwerk *n*
t. **finisseur** Fertigstraße *f*; Fertigwalzwerk *n*
t. **à flotteurs** Schwimmwerk *n*
t. **de fraises** Satzfräser *m*
t. **à grosses tôles** Grobblechstraße *f*
t. **d'impulsions** Impulsfolge *f*
t. **de laminage** Walzstraße *f*
t. **de laminage à chaud** Warmstraße *f*
t. **de laminoirs** Walzenstraße *f*
t. **de laminoirs trio universel** Triouniversalstraße *f*
t. **à larges bandes** Breitbandstraße *f*
t. **moyen** Mittelstraße *f*
t. **d'ondes** Wellenzug *m*
t. **avant orientable** schwenkbares Bugrad *n*
t. **de pêche** Fanggeschirr *n*, Fischereigeschirr *n*
t. **à petits fers** Feinstahlwalzwerk *n*

t. de polissage Polierstraße f
t. préparateur Vorwalzstraße f
t. principal Hauptfahrwerk n
t. rétractable einziehbares Fahrwerk n
t. réversible Umkehrstraße f
t. de roues pivotant Drehschemel m, Drehgestell n
t. de rouleaux Rollgang m
t. tandem ⟨Met⟩ 1. Tandemstraße f; 2. ⟨Flg⟩ Einspurfahrwerk n
t. tandem à trois cages dreigerüstige Tandemstraße f
t. tricycle Bugradfahrwerk n
t. trio Triostraße f
t. trio dégrossisseur Triovorstraße f
t. trio à tôles Trioblechstraße f
t. à trois cages dreigerüstige Walzstraße f
t. de wagons vides Leerzug m
trainage m 1. Schleppen n ⟨z. B. Leinenangel⟩; 2. ⟨Ph⟩ Nachwirkung f
t. par câble Seilförderung f
t. diélectrique dielektrische Nachwirkung f
t. de diffusion Diffusionsnachwirkung f
t. magnétique magnetische Nachwirkung f
trainard m Bettschlitten m
train-atelier m Werkstattzug m
trainée f 1. Schleppen n; 2. ⟨Ph⟩ Rücktrieb m; Widerstand m ⟨s. a. résistance 1.⟩; 3. ⟨Min⟩ Schliere f
t. de condensation Kondensstreifen m
t. de forme Formwiderstand m
t. de frottement Reibungswiderstand m
t. de pression Druckwiderstand m
t. de profil Profilwiderstand m
t. de refroidissement Kühlwiderstand m
trainer schleppen ⟨z. B. Leinenangel⟩
train-kilomètre m Zugkilometer m
train-parc m Gleisbauzug m
train-poste m Postzug m
train-type m Lastenzug m
trait m 1. Linie f, Strich m; 2. Schnitt m; Schnittbreite f ⟨z. B. Säge⟩; 3. Hol m ⟨Fangprozeß⟩
t. de fraction Bruchstrich m
t. de graduation Teilstrich m
t. interrompu gestrichelte Linie f
t. de lecture Ableselinie f
t. plein volle Linie f, Vollinie f
t. de plume Federzug m, Verzierung f am Buchstaben
t. de repère Einstellmarke f
t. de scie Sägeschnitt m
t. d'union Divis n, Bindestrich m
traite f **mécanique** Maschinenmelken n

traitement m 1. Behandlung f, Verarbeitung f; 2. Aufbereitung f
t. à l'acide Säurebehandlung f
t. d'affinement du grain Kornverfeinerung f
t. alcalin alkalischer Aufschluß m
t. améliorant la surface Oberflächenveredlung f
t. anodique Eloxierung f
t. au bain chaud Warmbadvergüten n
t. des boues Schlammaufbereitung f
t. par chaleur, t. à chaud Warmvergütung f, Warmbehandlung f
t. chimique chemische Behandlung f; chemische Verarbeitung f; chemische Veredlung f
t. du combustible irradié Brennstoff[wieder]aufbereitung f
t. complètement automatique vollautomatische Verarbeitung f
t. des données Datenverarbeitung f
t. de l'eau Wasserbehandlung f
t. électrolytique galvanische Oberflächenbehandlung f
t. à froid Kaltbehandlung f
t. de l'information Informationsverarbeitung f
t. d'infroissabilisation ⟨Text⟩ Knitterarmausrüstung f
t. intermédiaire Zwischenbehandlung f
t. irrétrécissable ⟨Text⟩ Schrumpffreiausrüstung f
t. au large ⟨Text⟩ Breitbehandlung f
t. mécanochimique mechanisch-chemische Oberflächenbehandlung f, Trommeln n unter Zusatz eines aktiven Schleifmittels
t. métallurgique Verhütten n, Verhüttung f
t. au mouillé Naßbehandlung f
t. postérieur Nachbehandlung f
t. préalable (préliminaire, préparatoire) Vorbehandlung f
t. par rayons X Röntgenstrahlenbehandlung f
t. par soufflage au convertisseur Konverterverblasen n
t. de surface Oberflächenbehandlung f
t. thermique thermische Behandlung f, Wärmebehandlung f; Vergütung f ⟨Stahl⟩
t. par trempe suivie de revenu Vergütung f
t. ultérieur Nachbehandlung f
t. par vibrations Schwingbehandlung f
t. sous vide Vakuumbehandlung f
t. par voie humide Naßbehandlung f

second t. Nachbehandlung *f*
traiter 1. behandeln, bearbeiten; verarbeiten; 2. aufbereiten; 3. vergüten
trajectoire *f* Trajektorie *f*; Weg *m*, Bahn *f*; Flugbahn *f*
  t. de Bohr Bohrsche Bahn *f*
  t. électronique Elektronenbahn *f*
  t. de la particule Teilchenbahn *f*
  t. de rayons Strahlengang *m*, Strahlenbahn *f*; Strahlenverlauf *m*
  t. de vol Flugbahn *f*, Flugweg *m*
trajet *m* Fahrt *f*, Weg *m*; Strecke *f*
  t. dans l'air Luftweg *m*
  t. aléatoire ⟨Math⟩ Irrfahrt *f*, Zufallsweg *m*
  t. de l'arc Lichtbogenstrecke *f*
  t. du courant Strompfad *m*
  t. du faisceau Strahlengang *m*
  t. optique optische Weglänge *f*
trame *f* 1. ⟨Fs⟩ Raster *m*, Bildraster *m*, Teilbild *n*; 2. ⟨Text⟩ Schuß *m*; 3. Verkehrsliniennetz *n*; **sans t.** schußlos
  t. couleur Farbteilbild *n*
  t. de lignes Zeilenraster *m*
  t. de télévision Fernsehraster *m*
tramway *m* Straßenbahn *f*
tranchant schneidhaltig, scharf
tranchant *m* Schneide *f*; Meißel *m* (einer Dreh- oder Bohrstange); Schneidplättchen *n*
  t. principal Hauptschneide *f*
  t. secondaire Nebenschneide *f*
  t. transversal Querschneide *f* ⟨Spiralbohrer⟩
tranche *f* 1. Abschnitt *m*; Bereich *m*; 2. Bauscheibe *f*, Abbauscheibe *f*; 3. Rand *m*; 4. Platte *f*; 5. Schicht *f*; Streifen *m*; Schnitt *m*
  t. dorée Goldschnitt *m*
  t. d'incendie Brandschutzzone *f*, Feuerschutzzone *f*
  t. (de) machines Maschinenraumbereich *m*
  t. de marchandises Laderaumbereich *m*
tranchée *f* Einschnitt *m*, Graben *m*; Fundamentgraben *m*
  t. drainante Drainagegraben *m*
  t. de recherche ⟨Brg⟩ Schürfgraben *m*
tranchefile *f* Kapitalband *n*
tranchet *m* Schuhmachermesser *n*
tranquillisation *f* Beruhigung *f*
tranquilliser beruhigen
trans-addition *f* ⟨Ch⟩ trans-Addition *f*
transbordement *m* 1. Bord-Bord-Umschlag *m*; 2. Übergabe *f*
transborder übergeben
transbordeur Verlade-

transbordeur *m* Verladekran *m*, Kabelkran *m*
  t. aérien Schwebefähre *f*
transcendant transzendent
transconductance *f* Steilheit *f* ⟨einer Elektronenröhre⟩
transcripteur *m* Umschreiber *m*
transcription *f* Umkopieren *n*
transcrire umschreiben
transducteur *m* Transduktor *m*, vormagnetisierte Drossel *f*, Magnetverstärker *m*, Wandler *m*
  t. de couplage Schalttransduktor *m*
  t. électro-acoustique elektroakustischer Wandler *m*
  t. électromécanique elektromechanischer Wandler *m*
  t. électropneumatique elektropneumatischer Wandler *m*
  t. de mesure Gleichstromwandler *m*
  t. piézo-électrique piezoelektrischer Wandler *m*
transducteurs *mpl* **polarisés en opposition** entgegengesetzt vormagnetisierte Drosseln *fpl*
transestérification *f* ⟨Ch⟩ Umesterung *f*, Alkoholyse *f*
transférer übertragen
transfert *m* 1. Übertragung *f*, Transport *m*; Übertrag *m* (s. a. report, retenue 2.); 2. Beschickung *f*, Zuführung *f*, Weitergabe *f*; 3. Spritzpressen *n*, Transferpressen *n*
  t. automatique 1. automatische Beschickung *f*; 2. automatische Taktstraße *f*
  t. autonome autonome Übertragung *f*
  t. en bloc Blockübertragung *f*
  t. bloqué à neuf ⟨Dat⟩ Neunerübertrag *m*
  t. de capture Fangübergabe *f* ⟨Fisch⟩
  t. de chaleur Wärmeübergang *m*
  t. circulant ⟨Dat⟩ Umlaufübertrag *m*
  t. commandé gesteuerter Übertrag *m*
  t. conditionnel ⟨Dat⟩ bedingter Sprung *m*
  t. de contrôle Kontrollübergabe *f*
  t. définitif vollständiger Übertrag *m*
  t. des données Datenübertragung *f*, Datenübernahme *f*
  t. d'énergie Energietransport *m*, Energieübertragung *f*
  t. du gaz Gasförderung *f*
  t. d'impulsions Impulsübertragung *f*
  t. inconditionnel ⟨Dat⟩ unbedingter Sprung *m*
  t. manuel Beschickung *f* von Hand
  t. du métal Metallübertragung *f*, Bil-

transfert

dung f der Aufbauschneide ⟨Werkzeugschneide⟩
t. parallèle Parallelübertragung f
t. des pièces Transport m der Werkstücke
t. de poids Gewichtsverlagerung f ⟨Traktorzug⟩
t. en série Serienübertragung f
t. des totaux Summenübertragung f
transfluxor m Transfluxor m
transfo m s. transformateur
transformable transformierbar, wandelbar
transformateur m Transformator m, Trafo m, Umspanner m, Wandler m
t. abaisseur (de tension) Abwärtstransformator m, Abspanntransformator m
t. accordé Resonanztransformator m, abgestimmter Transformator m
t. d'adaptation Anpassungstransformator m, Anpassungsübertrager m
t. à (dans l')air luftgekühlter Transformator m, Lufttransformator m
t. d'alimentation Netz(anschluß)transformator m, Speisetransformator m
t. d'allumage Zündtransformator m
t. d'amortissement Löschtransformator
t. à anneau, t. annulaire Ringübertrager m; s. a. t. toroïdal
t. auxiliaire Hilfstransformator m, Eigenbedarfstransformator m, Haustransformator m
t. à bain d'huile Öltransformator m, ölgekühlter Transformator m
t. de balayage Kipptransformator m
t. à barre(s) Stabstromwandler m
t. à basse fréquence Niederfrequenztransformator m
t. à basse tension Niederspannungstransformator m
t. blindé Topfstromwandler m
t. de câble Kabelstromwandler m
t. à cascade Kaskadentransformator m, Kaskadenwandler m, Stufentransformator m
t. à champ tournant Drehfeldtransformator m
t. de chauffage Heiztransformator m
t. à circuit magnétique fermé Transformator m mit geschlossenem Eisenkern
t. à circuit magnétique ouvert Transformator m mit offenem Eisenkern
t. compensé Ausgleich(s)transformator m
t. compound Kompoundtransformator m, Verbundtransformator m

t. de couplage Koppeltransformator m
t. de courant Stromwandler m, Stromtransformator m, Stromumformer m
t. à courant alternatif Wechselstromtransformator m
t. à courant constant Konstantstromtransformator m
t. à courant continu Gleichstromtransformator m
t. à courant monophasé Einphasentransformator m
t. de courant sans primaire Durchsteckwandler m ohne Primärleiter
t. de courant toroïdal Ring(kern)transformator m
t. de courant totalisateur Summenstromwandler m
t. à courant triphasé Drehstromtransformator m
t. à cuirasse, t. cuirassé Manteltransformator m
t. de démarrage Anlaßtransformator m
t. déphaseur Phasenschiebertransformator m
t. en dérivation Nebenschlußtransformator m
t. différentiel Differentialtransformator m, Differentialübertrager m
t. diphasé Zweiphasentransformator m
t. de distribution Verteilertransformator m
t. driver Treibertransformator m
t. d'éclairage Beleuchtungstransformator m
t. électro-acoustique elektroakustischer Wandler m
t. élévateur (de tension) Aufwärtstransformator m, Aufspanntransformator m, Aufspanner m
t. d'énergie Energiewandler m
t. d'entrée Eingangstransformator m, Eingangsübertrager m
t. à enveloppe s. t. cuirassé
t. d'essai Prüftransformator m
t. d'excitation Erregertransformator m
t. de faible puissance Kleintransformator m
t. de filament Heiztransformator m
t. de four (électrique) Ofentransformator m
t. à fuites magnétiques Streufeldtransformator m
t. à haute fréquence Hochfrequenzübertrager m, Hochfrequenztransformator m
t. à haute tension Hochspannungstransformator m
t. hérisson Igeltransformator m

transformateur

t. **hexaphasé** Sechsphasentransformator *m*
t. **dans l'huile** Öltransformator *m*, ölgekühlter Transformator *m*
t. **pour impulsions** Impulstransformator *m*, Impulsübertrager *m*
t. **d'intensité** s. t. de courant
t. **intermédiaire** Zwischentransformator *m*
t. **interphase** Saugtransformator *m*
t. **à large bande** Breitbandübertrager *m*
t. **de lignes** Zeilentransformator *m*
t. **de mesure** Meßwandler *m*, Meßtransformator *m*
t. **de mesure compensé** kompensierter Meßwandler *m*
t. **de mesure à deux noyaux** Doppelkernwandler *m*
t. **microphonique** Mikrofonübertrager *m*, Mikrofontransformator *m*
t. **mobile** Wandertransformator *m*
t. **modulateur** Modulatortransformator *m*
t. **monophasé** Einphasentransformator *m*
t. **pour montage à l'intérieur** Innenraumtransformator *m*
t. **à moyenne fréquence** Zwischenfrequenzübertrager *m*
t. **du nombre de phases** Transformator *m* in Scott-Schaltung
t. **à noyau** Kerntransformator *m*
t. **à noyau de fer** Eisenkerntransformator *m*
t. **de phase** Phasentransformator *m*
t. **à pince** Zangenstromwandler *m*
t. **à plots** s. t. à cascade
t. **polyphasé** Mehrphasentransformator *m*
t. **de potentiel** s. t. de tension
t. **potentiométrique** Potentiometergeber *m*
t. **principal** Haupttransformator *m*
t. **à prises** Anzapftransformator *m*
t. **de protection** Schutztransformator *m*
t. **de puissance** Leistungstransformator *m*
t. **de puissance pour l'extérieur** Freiluftleistungstransformator *m*
t. **push-pull** Gegentakttransformator *m*, Gegentaktübertrager *m*
t. **sur pylône** Masttransformator *m*
t. **de redresseur** Gleichrichtertransformator *m*
t. **réducteur (de tension)** s. t. abaisseur
t. **refroidi par l'huile** Öltransformator *m*, ölgekühlter Transformator *m*

t. **à refroidissement naturel** Transformator *m* mit Selbstkühlung
t. **de réglage** Regeltransformator *m*
t. **régulateur** Stelltransformator *m*
t. **de régulation** s. t. de réglage
t. **à résonance, t. résonnant** s. t. accordé
t. **de retour** Zeilenkipptransformator *m*
t. **saturé** Sättigungstransformator *m*
t. **à sec** Trockentransformator *m*
t. **du secteur** Netztransformator *m*, Netzwandler *m*
t. **de sécurité** Schutztransformator *m*
t. **de séparation** Trenntransformator *m*
t. **shunt** Nebenschlußtransformator *m*
t. **au sol** Bodentransformator *m*
t. **de sonnerie** Klingeltransformator *m*
t. **de sortie** Ausgangstransformator *m*, Ausgangsübertrager *m*
t. **de soudage, t. à souder** Schweißtransformator *m*, Schweißumspanner *m*
t. **suceur** Saugtransformator *m*
t. **support** Stützerstromwandler *m*
t. **survolteur** Zusatztransformator *m* ⟨für Zuschaltung⟩
t. **symétrique** s. t. push-pull
t. **de tension** Spannungswandler *m*, Spannungstransformator *m*
t. **de tension capacitif** kapazitiver Spannungswandler *m*
t. **de tension à deux pôles isolés** zweipolig isolierter Spannungswandler *m*
t. **de tension à faible volume d'huile** ölarmer Spannungswandler *m*
t. **de Tesla** Tesla-Transformator *m*
t. **à tôles radiales** Radialkerntransformator *m*
t. **toroïdal** Ring(kern)transformator *m*
t. **de traversée** Durchführungsstromwandler *m*
t. **à très haute tension** Höchstspannungstransformator *m*
t. **tri-hexaphasé à circuit hexaphasé étoilé** Transformator *m* mit Stern-Doppelstern-Schaltung
t. **tri-hexaphasé à circuit hexaphasé polygonal** Transformator *m* mit Stern-Polygon-Schaltung
t. **tri-hexaphasé avec couplage fourchu** Transformator *m* mit Stern-Gabel-Schaltung
t. **triphasé** Drehstromtransformator *m*
t. **triphasé-diphasé** Drei-Zweiphasen-Transformator *m*
t. **à trois colonnes** Dreischenkeltransformator *m*, dreisäuliger Transformator *m*

transformateur

t. à trois enroulements Dreiwicklungstransformator *m*
petit t. Kleintransformator *m*
transformateur-abaisseur *m* s. transformateur abaisseur
transformateur-compensateur *m* Ausgleichstransformator *m*
transformateur-élévateur *m* s. transformateur élévateur
transformateur-réducteur *m* s. transformateur abaisseur
transformation *f* 1. Transformation *f*, Umwandlung *f*; Veränderung *f*; 2. Umformung *f*; 3. Umbau *m*, Umrüstung *f*; Umrüsten *n* ⟨einer Maschine⟩
t. **additive** additive Transformation *f*
t. **adiabatique** adiabatische Zustandsänderung *f*
t. **d'adresse** Adressenänderung *f*
t. **du bois** Holzveredlung *f*
t. **canonique** kanonische Transformation *f*
t. **de la carnallite** Karnallitverarbeitung *f*
t. **à chaud** Warmumformung *f*
t. **cis-trans** ⟨Ch⟩ cis-trans-Umwandlung *f*
t. **congrue** Kongruenztransformation *f*
t. **de contact** Berührungstransformation *f*
t. **des corps** Stoffumwandlung *f*
t. **de Fourier** Fourier-Transformation *f*
t. **de fréquence** Frequenztransformation *f*
t. **à froid** Kaltumformung *f*
t. **homographique** lineare Transformation *f*
t. **de la houille** Kohleveredlung *f*
t. **inverse** inverse Transformation *f*
t. **de Laplace** Laplace-Transformation *f*
t. **du lignite** Braunkohlenveredlung *f*
t. **des matières plastiques** Kunststoffverarbeitung *f*
t. **des métaux précieux** Edelmetallverarbeitung *f*
t. **nucléaire** Kernumwandlung *f*
t. **ortho-para** ⟨Ch⟩ ortho-para-Umwandlung *f*
t. **de phase** Phasentransformation *f*
t. **radio-active** radioaktive Umwandlung *f*
t. **par rayons réciproques** Transformation *f* durch reziproke Radien
t. **du réseau** Gitterumwandlung *f*
t. **par similitude** Ähnlichkeitstransformation *f*
t. **spontanée** spontane Umwandlung *f*
t. **structurelle** Gefügeumwandlung *f*

transformer 1. transformieren; [ver]ändern; überführen, weiter verarbeiten; umwandeln; 2. umformen; 3. umbauen, umrüsten
transfuser transfundieren
transfusion *f* Transfusion *f*
transfût *m* Faßroller *m*
transgression *f* ⟨Geol⟩ Überschiebung *f*
transistor *m* Transistor *m*; **à transistors** transistorisiert
t. **à alliage, t. allié** Legierungstransistor *m*
t. **audiofréquences** s. t. basse fréquence
t. **à base inhomogène** Driftfeldtransistor *m*
t. **basse fréquence** Niederfrequenztransistor *m*, NF-Transistor *m*
t. **coaxial** Koaxialtransistor *m*
t. **de commande** Steuertransistor *m*
t. **de commutation** Schalttransistor *m*
t. **à diffusion** Diffusionstransistor *m*
t. **drift** Drifttransistor *m*
t. **à effet de champ** Feldeffekttransistor *m*
t. **épitaxial** Epitaxialtransistor *m*
t. **à faible bruit** rauscharmer Transistor *m*
t. **filiforme** Fadentransistor *m*
t. **au germanium** Germaniumtransistor *m*
t. **haute fréquence** Hochfrequenztransistor *m*, HF-Transistor *m*
t. **pour impulsions** Impulstransistor *m*
t. **interrupteur** Schalttransistor *m*
t. **à jonctions** Flächentransistor *m*
t. **laminaire** Laminartransistor *m*
t. **mélangeur** Mischtransistor *m*
t. **mesa** Mesatransistor *m*
t. **microminiature** Mikrominiaturtransistor *m*
t. **M.O.S.** Metalloxidtransistor *m*
t. **planaire** Planartransistor *m*
t. **à pointes** Spitzentransistor *m*
t. **de puissance** Leistungstransistor *m*
t. **radiofréquences** s. t. haute fréquence
t. **au silicium** Siliziumtransistor *m*
t. **tétrode** Tetrodentransistor *m*
t. **du type N-P-N** npn-Transistor *m*
t. **du type P-N-P** pnp-Transistor *m*
t. **unipolaire** Unipolartransistor *m*
transistorisé transistorisiert
entièrement t. volltransistorisiert
transistoriser transistorisieren
transistormètre *m* Transistormesser *m*
transit *m* Übergang *m* ⟨s. a. transition⟩
transition *f* Übergang *m*

t. **Auger** s. t. non radiative
t. **bêta** Betaübergang m
t. **par conversion** Konversionsübergang m
t. **dipolaire** Dipolübergang m
t. **électronique** Elektronenübergang m, Elektronensprung m
t. **gamma** Gammaübergang m
t. **interdite** verbotener Übergang m
t. **isomérique** isomerer Übergang m
t. **noir-blanc** Schwarz-Weiß-Sprung m
t. **non radiative** strahlungsloser Übergang m, Auger-Übergang m
t. **permise** erlaubter Übergang m
t. **radiative** Strahlungsübergang m
t. **radio-active** radioaktiver Übergang m
t. **à une seule particule** Einteilchenübergang m
transitoire Übergangs-
transitron m Transitron n, Bremsfeldröhre f
translateur m Übertrager m
t. **d'impulsions** Stromstoßübertrager m
t. **téléphonique** Fernsprechübertrager m
t. **de télévision** Fernsehumsetzer m
translation f 1. ⟨Math⟩ Parallelverschiebung f, Schiebung f; Verschiebung f; 2. ⟨Ph⟩ Translation f; 3. ⟨El⟩ Umsetzung f; 4. Fahrbewegung f, Fahren n ⟨z. B. eines Krans⟩
t. **de la bande de fréquences** Frequenzbandumsetzung f
t. **continentale** ⟨Geol⟩ Kontinentalverschiebung f
t. **primitive** primitive Translation f
translucide durchscheinend, transluzend, transluzid
translucidité f Durchsichtigkeit f, Durchscheinen n
transméthylation f Transmethylierung f
transmetteur m Übertrager m, Geber m
t. **auto-alarme** automatischer Alarmzeichengeber m, Notrufgeber m
t. **automatique** Maschinengeber m, Maschinensender m
t. **automatique des signaux d'alarme** s. t. auto-alarme
t. **indirect** Geberelement n, Meßumformer m
t. **inerte de pression** inerter Druckübertrager m
t. **d'ordres (passerelle-machine)** Maschinentelegraf m; Maschinentelegrafgeber m
t. **de parcours air** Meilenzählwerk n
t. **de position** Stellungsgeber m

t. **de pression** Druckübertrager m
t. **récepteur d'ordres** Maschinentelegrafempfänger m
t. **à résistance** Widerstandsferngeber m
t. **de valeur de référence** Bezugswertübertrager m, Sollwertübertrager m
t. **de vitesse** Drehzahlgeber m
transmetteur-récepteur m Sende-Empfänger m
transmettre senden; übertragen
transmission f 1. ⟨Masch⟩ Transmission f, Kraftübertragung f, Getriebe n, Trieb m, Antrieb m; 2. ⟨Fmt⟩ Übertragung f; 3. ⟨Opt⟩ Durchlässigkeit f
t. **à bande latérale unique** Einseitenbandübertragung f
t. **de la bande résiduelle** Restseitenbandübertragung f
t. **par Bowden** Bowdenzug m
t. **par câble** Seiltrieb m
t. **par chaine** Kettenübertragung f
t. **classique** Hinterradantrieb m, Hinterachsantrieb m
t. **en couleurs** Farbfernsehübertragung f
t. **du couple** Kraftübertragung f
t. **par courroie** Riementrieb m
t. **par demi-arbres articulés** De-Dion-Achse f, Doppelgelenkachse f
t. **par demi-arbres oscillants** Schwingachse f, Pendelachse f
t. **directe** direkte Übertragung f
t. **à distance** Fernübertragung f
t. **des données** Datenübertragung f
t. **électrique** elektrische Kraftübertragung f
t. **par (à) engrenages** Zahnradübertragung f, Zahnradgetriebe n
t. **à engrenages droits** Stirnradgetriebe n
t. **par enroulement** Hülltrieb m
t. **sans fil** drahtlose Übertragung f
t. **flexible** Gelenkantrieb m
t. **hydraulique** hydraulische Kraftübertragung f
t. **d'images** Bildübertragung f
t. **des informations** Informationsübertragung f
t. **par ligne** Leitungsübertragung f
t. **multiple** Mehrfachübertragung f
t. **multiple d'images** Mehrfachbildübertragung f
t. **multiplex** Multiplexübertragung f
t. **à ondes courtes** Kurzwellenübertragung f
t. **de la parole** Sprachübertragung f
t. **des pressions** Druckfortpflanzung f

transmission

t. **radiophonique** Tonrundfunkübertragung f
t. **par roue de friction** Reib[e]rad[kraft]übertragung f
t. **par simple courant** Einfachstrombetrieb m
t. **du son** ⟨Ph⟩ Schallübertragung f; Tonübertragung f ⟨Rundfunk⟩
t. **stéréophonique** Stereoübertragung f
t. **de télévision** Fernsehübertragung f
transmittance f Umwandlungsfunktion f, Übertragungsfunktion f
t. **d'erreur** Fehlerverhältnis n, Abweichungsverhältnis n
t. **isochrone** Übertragungsfunktion f
transmodulation f Kreuzmodulation f, Quermodulation f
transmuer s. transmuter
transmutation f Umwandlung f, Kernumwandlung f
t. **artificielle** künstliche Kernumwandlung f
t. **nucléaire** Kernumwandlung f
t. **radio-active** radioaktive Umwandlung f
t. **spontanée** spontane Kernumwandlung f
transmuter transmutieren, die Kernumwandlung bewirken
transpalette m Gabelhubwagen m, Hubroller m
t. **à bras** Deichselhubwagen m, Handhubroller m, Handhubwagen m
t. **électrique** Elektrogabelhubwagen m
t. **hydraulique** Hydraulikgabelhubwagen m, hydraulisch betätigter Gabelhubwagen m
t. **à main** s. t. à bras
t. **à moteur** Motorhubwagen m, Gabelhubwagen m mit Kraftantrieb
t. **thermique** Hubwagen m mit Antrieb durch Verbrennungsmotor
transparence f Transparenz f, Durchsichtigkeit f, Lichtdurchlässigkeit f
t. **de grille** Gitterdurchgriff m
t. **aux neutrons** Neutronendurchlässigkeit f
transparent transparent, lichtdurchlässig, durchsichtig
non t. undurchsichtig
transplate-forme m Hochhubwagen m; Hubwagen m
transport m 1. Fördern n; Förderung f; Transport m; 2. s. transporteur 2.
t. **à bande** Bandförderung f
t. **de la bande** Bandtransport m, Bandvorschub m
t. **à chaine** Kettenförderung f
t. **de chaleur** Wärmetransport m
t. **continu** Stetigförderung f
t. **des cylindres d'impression** Druckzylindertransport m
t. **à la demande** Charterflug m
t. **discontinu** aussetzende Förderung f
t. **de l'électricité** Energieübertragung f
t. **éolien** ⟨Geol⟩ Windverfrachtung f
t. **du formulaire** Formulartransport m, Formularvorschub m
t. **maritime** Seetransport m
t. **de neutrons** Neutronentransport m
t. **du papier** Papiertransport m, Papiervorschub m
t. **pneumatique** pneumatische Förderung f, Saugluftförderung f
t. **sur rails** Gleisförderung f
t. **du ruban** s. t. de la bande
t. **du ruban-encreur** Farbbandvorschub m, Farbbandtransport m
t. **de substances diverses** Mehrstoffförderung f
transporter transportieren; fördern
transporteur Transport-; Förder-
transporteur m 1. Förderer m, Fördermittel n; Transporteinrichtung f; 2. Transportschiff n ⟨s. a. cargo⟩; 3. Transportflugzeug n
t. **aérien** Seilbahn f; Hängebahn f, Hängeförderer m, Überflurförderer m
t. **aérien sur câble** Seilbahn f
t. **aérien à chaine** Hängekettenförderer m, Kettenhängebahn f, Überflurkettenförderer m
t. **aérien double voie** Zweischienenhängebahn f
t. **aérien simple voie** Einschienenhängebahn f
t. **d'alimentation** Zubringerförderanlage f, Zubringerband n
t. **à bande** Bandförderer m, Förderband n
t. **à bande en acier** Stahlbandförderer m
t. **à bande en auge** Muldenbandförderer m, Trogbandförderer m
t. **à bande caoutchouc** Gummibandförderer m
t. **à bande métallique** Metallbandförderer m, Drahtbandförderer m
t. **à bande plate** Flachbandförderer m
t. **à basculeur** Schaukelförderer m
t. **bicâble** Zweiseilbahn f
t. **de bois** Holzfrachter m, Holzladungsschiff n, Holztransportschiff n
t. **à bords de contenance** Kantenförderband n, Randförderband n

t. à bords de contenance ondulés Wellrandförderband n
t. par brin inférieur Unterbandförderer m
t. à câble(s) Seilförderanlage f
t. à chaîne Kettenförderer m
t. à chaîne enterrée (traînante) s. t. au sol
t. de chalands Leichterschiff n, Schutenträgerschiff n
t. circulaire Kreisförderer m
t. continu Stetigförderer m
t. à courroie Gurtbandförderer m
t. discontinu Unstetigförderer m
t. à écailles Plattenbandförderer m, Gliederbandförderer m
t. élévateur Schrägförderband n, Elevator m
t. extensible à rouleaux verlängerungsfähiger Rollenförderer m, verlängerungsfähige Rollenbahn f
t. frigorifique de poisson Fischereikühl- und -transportschiff n
t. de gaz Gastanker m
t. à godets Becherwerk n
t. à godets basculants Pendelbecherwerk n
t. hélicoïdal s. t. à vis
t. à inertie s. t. à secousses
t. de journaux et paquets Zeitungs- und Pakettransporteur m
t. à lattes Lattenbandförderer m
t. de marchandises Frachter m, Frachtschiff n
t. en masse Schüttgutförderer m
t. mécanique mechanischer Förderer m
t. de minerai Erzfrachter m, Erzschiff n
t. mixte Mehrzweckfrachtschiff n
t. mobile fahrbares Förderband n
t. monocâble Einseilbahn f
t. oscillant s. t. à secousses
t. à palettes Plattenbandförderer m
t. à palettes métalliques Metallplattenbandförderer m
t. de planches Plattentransporteur m
t. à plateaux Plattenbandförderer m
t. pneumatique pneumatischer Förderer m
t. de poisson Fischereitransportschiff n
t. polyvalent Mehrzweckschiff n
t. de produits ligneux s. t. de bois
t. à raclettes Kratzbandförderer m, Kratzerförderer m
t. de remorques Trailerschiff n
t. à rouleaux Rollenförderer m, Rollenbahn f, Rollgang m

t. à roulettes Röllchenbahn f, Scheibenrollenbahn f
t. à ruban Bandförderer m, Förderband n
t. à ruban d'acier Stahlbandförderer m
t. à secousses Schwingförderer m, Schüttelrinne f, Schwingrinne f, Schüttelrutsche f, Schüttelförderer m
t. au sol Schleppkettenförderer m, Unterflurförderer m
t. suspendu Hängeförderer m
t. à tabliers Plattenbandförderer m
t. à tapis caoutchouc Gummigurtförderer m
t. à tapis métallique Drahtbandförderer m
t. télescopique à bande Teleskopbandförderer m, verlängerungsfähiger Bandförderer m
t. tubulaire Rohrpostanlage f
t. de véhicules Autotransportschiff n
t. de viande Fleischtransportschiff n
t. vibrant (par vibrations) s. t. à secousses
t. de vin Weintanker m
t. à vis Förderschnecke f, Schneckenförderer m
t. de voitures Autotransportschiff n
t. de (en) vrac Bulkfrachter m, Massengutschiff n, Schüttgutfrachter m
t. de vracs solides Frachtschiff n für festes Schüttgut
transposable transponierbar
transposée f (Math) transponierte Matrix f, Transponierte f
transposer umschließen
transposition f Umsetzung f; Umsetzen n; Verlagerung f; Verlagern n; (Math) Transposition f; (Ch) Umlagerung f
t. en fréquence Frequenzumsetzung f; Frequenzverlagerung f
t. intramoléculaire Umlagerung f
transuranien Transuran-
transuranien m Transuran n
transvasement m Umfüllen n
transvaser umfüllen
transvection f (Math) Überschiebung f
transversal transversal
transversale f (Math) Transversale f
trapèze m Trapez n
trapéziforme trapezförmig
trapézoèdre m Trapezoeder n
trappe f Einstieg m; Falltür f; Klappe f; Luke f; Abkippvorrichtung f
t. obturatrice Verschlußklappe f
trass m Traß m

travail

travail m 1. ⟨Ph⟩ Arbeit f; 2. Bearbeitung f, Verarbeitung f; Operation f, Arbeitsvorgang m
  t. **d'abattage** ⟨Brg⟩ Gewinnungsarbeit f
  t. **d'adhésion** Adhäsionsarbeit f, Haftspannung f
  t. **aérien** Arbeitsflug m
  t. **d'aimantation** Magnetisierungsarbeit f
  t. **d'aménagement** ⟨Brg⟩ Ausrichtungsarbeit f, Ausrichtungsbau m
  t. **d'arpentage de mines** markscheiderische Arbeit f
  t. **à l'atelier** Atelierarbeit f
  t. **du bois** Arbeiten n des Holzes
  t. **au chalumeau** Lampenbläserei f
  t. **à chaud** Warmbearbeitung f, Warm[um]formung f
  t. **continu** automatischer Arbeitsablauf m; Fließbandarbeit f
  t. **de découverte** Schürfarbeit f
  t. **de déformation** Verformungsarbeit f
  t. **d'ébarbage** Putzarbeit f
  t. **d'extraction** Austrittsarbeit f, Ablösearbeit f
  t. **d'extraction photo-électrique** lichtelektrische Austrittsarbeit f
  t. **de fonçage** ⟨Brg⟩ Abteufarbeit f
  t. **au fond** Untertagearbeit f
  t. **à froid** Kaltbearbeitung f, Kaltformung f, Kaltverformen n; Kaltverformung f
  t. **d'hystérésis** Ummagnetisierungsarbeit f
  t. **au large** ⟨Text⟩ Breitbehandlung f
  t. **de manœuvre** Bedienungsarbeit f, Schaltarbeit f
  t. **manuel** Handarbeit f
  t. **de métal** Metallbearbeitung f; Metallverarbeitung f
  t. **minier** Grubenarbeit f
  t. **moteur** ⟨Ph⟩ positive Arbeit f
  t. **à la pièce** Arbeit f im Leistungslohn; Akkordarbeit f ⟨kapitalistischer Betrieb⟩
  t. **à la presse** Pressen n
  t. **résistant** ⟨Ph⟩ negative Arbeit f
  t. **de rupture** Abschaltarbeit f
  t. **de sortie** Austrittsarbeit f
  t. **souterrain** Grubenbau m
  t. **superficiel** Oberflächenbearbeitung f
  t. **de traçage** ⟨Brg⟩ Vorrichtungsbau m
  t. **urgent** ⟨Typ⟩ Schnellschuß m; Eilarbeit f
  t. **vieux** alter Grubenbau m
  t. **virtuel** ⟨Ph⟩ virtuelle Arbeit f

travailler arbeiten; bearbeiten, verarbeiten; fahren
  t. **en bosse** bosselieren
  t. **à une cale** einen Laderaum bearbeiten ⟨Umschlag⟩
travailleur m Arbeitswalze f
travaux mpl:
  t. **accessoires** Nebenarbeiten fpl
  t. **d'armement coque** schiffbauliche Ausrüstungsarbeiten fpl
  t. **d'armement machine** maschinenbauliche Ausrüstungsarbeiten fpl
  t. **d'assainissement** Sanierungsarbeiten fpl
  t. **sur cale** Hellingmontagearbeiten fpl
  t. **d'ébauche** Vorbearbeitung f
  t. **de gros œuvre** Tiefbauarbeiten fpl, Tiefbauten mpl
  t. **publics** 1. öffentliche Bauten mpl; 2. Tiefbau m; 3. Bauingenieurwesen n
  t. **de reconnaissance** ⟨Brg⟩ Aufschlußarbeiten fpl
  t. **de vitrerie** Verglasungsarbeiten fpl
  t. **vieux** Alter Mann m
travée f Gewölbejoch n; Bogen m; Feld n, Fach n ⟨Balken⟩, Stützfeld n
  t. **d'arrivée** Einspeisungsfeld n ⟨Freiluftanlage⟩
  t. **de pont** Brückengewölbe n, Brückenbogen m
travelling m Fahraufnahme f
  t. **d'accompagnement** Verfolgungsaufnahme f
travers m Breite f; Schräge f; Querschnitt m; Querverbindung f
  t. **d'équilibrage** Ausgleichsquerverbindung f ⟨z. B. bei unsymmetrischer Flutung⟩
travers-banc m Querschlag m
  t. **principal** Hauptquerschlag m
  t. **de quartier** Abteilungsquerschlag m
traverse f 1. Traverse f, Querbalken m, Querträger m; Riegel m; Rahmholz n; Strebe f; 2. Schwelle f; 3. Steg m; 4. ⟨Masch⟩ Portal n; 5. ⟨Brg⟩ Querstrecke f
  t. **en acier** Stahlschwelle f
  t. **en béton** Betonschwelle f
  t. **en béton précontraint** Spannbetonschwelle f
  t. **en bois** Holzschwelle f
  t. **à bouts emboutis** gekappte Schwelle f
  t. **de cadre** ⟨Kfz⟩ Querträger m
  t. **de chemin de fer** Eisenbahnschwelle f
  t. **de joint** Stoßschwelle f
  t. **porte-tampons** Pufferbohle f

t. de traction Zugtraverse f
t. en treillis Fachwerkträger m
traversée f 1. Kreuzung f; Durchführung f; 2. Reise f, Überfahrt f
t. isolée isolierte Durchführung f
t. sur lest Ballastfahrt f, Ballastreise f
t. ordinaire Gleiskreuzung f
t. en porcelaine Porzellandurchführung f
t. de voie Schienenkreuzung f
traverser überqueren; durchführen; ⟨Brg⟩ durchörtern
traversier m Dwarsleine f
travertin m Travertin m
trayeur m Melkbecher m
treedozer m schwere Planierraupe f
tréfilage m Drahtziehen n
tréfiler drahtziehen
tréfileuse f Drahtziehmaschine f
trèfle m 1. ⟨Bw⟩ Kleeblattverzierung f; 2. ⟨Masch⟩ Kuppelzapfen m, Treffer m, Kleeblatt n ⟨Arbeitswalze⟩; 3. ⟨Flg⟩ Drillingsfallschirm m
treillis m 1. Gitter n; Geflecht n; 2. Fachwerk n; Flechtwerk n, Gitterwerk n, Netzwerk n; 3. ⟨Math⟩ Verband m
t. à barres auxiliaires Hilfsstrebenwerk n
t. à barres verticales Ständerfachwerk n
t. de béton armé Stahlbetonfachwerk n
t. en bois Holzfachwerk n
t. cantilever Kragfachwerk n
t. céramique Drahtziegelgewebe n
t. à diagonales croisées Kreuzstrebenfachwerk n
t. entrelacé Flechtwerk n
t. de fil de fer Drahtgeflecht n
t. en grille Gitterfachwerk n
t. intermédiaire Zwischenfachwerk n
t. en K K-Fachwerk n
t. en losange Rautenfachwerk n
t. métallique 1. Drahtgeflecht n, Drahtgewebe n; Drahtgitter n, Metallgitter n; 2. Metallfachwerk n
t. plan ebenes Fachwerk n
t. de protection Schutzgitter n
t. suspendu Hängefachwerk n
t. en triangle, t. triangulaire Dreieckfachwerk n
tréma m Trema n
tremblement m:
t. de terre Erdbeben n
t. de terre d'effondrement Einsturzbeben n
t. de terre principal Hauptbeben n
t. de terre tectonique tektonisches Erdbeben n
t. de terre volcanique vulkanisches Erdbeben n
trembleur m ⟨El⟩ Hammerunterbrecher m, Kontakthammer m, Wagnerscher Hammer m, Zungenunterbrecher m
tremblotement m Flackern n
trémie f 1. Fülltrichter m; Füllrumpf m; 2. Bunker m, Vorratsbehälter m, Silo m; Bütte f; 3. Einfülltrichter m, Saatkasten m, Getreidebehälter m, Korntank m
t. à béton Betonrutsche f, Betonschurre f; Betontrichter m
t. à charbon Kohlenbunker m
t. de chargement Fülltrichter m, Aufgabetrichter m; Beschickungstrichter m
t. d'évacuation des cendres Aschenbunker m
t. du gueulard Gichttrichter m
t. de réception Auffangbunker m
t. à sel brut Rohsalzschurre f
t. à serpentin Spiralenmagazin m
trempabilité f Härtbarkeit f
trempage m Tauchen n; Tauchverfahren n
trempant härtbar, härtend
trempe f Härten n; Härtung f; Abschrecken n ⟨Stahl⟩; Härte f
t. à l'air Lufthärten n
t. à l'air calme Abschrecken n in ruhender Luft
t. à l'air pulsé Abschrecken n in bewegter Luft
t. arrêtée Stufenhärtung f
t. en bain chaud Warmbadhärten n
t. en bain de cyanure Zyanbadhärten n
t. bainitique Zwischenstufenhärten n
t. par cémentation Einsatzhärten n
t. au chalumeau s. t. à la flamme
t. à chaud Thermalhärtung f
t. avec chauffage par induction Induktionshärtung f
t. à cœur Durchhärten n
t. en coquille Einsatzhärten n
t. dure Vollaushärtung f
t. à l'eau Abschreckhärten n
t. étagée Stufenhärtung f
t. explosion Explosionshärten n
t. finale Schlußhärtung f
t. à la flamme Flammhärten n, Brenn(strahl)härten n
t. à huile Ölhärten n
t. par immersion Tauchhärten n
t. par induction Induktionshärten n

trempe

t. **interrompue** Stufenhärtung f
t. **isotherme** isothermische Härtung f, Warmbadhärtung f
t. **par nitruration** Nitrierhärten n
t. **en paquet** Einsatzhärtung f
t. **par pulvérisation** Sprühhärten n
t. **et revenu** m Härten n und Anlassen n, Vergüten n
t. **superficielle** Oberflächenhärten n, Oberflächenhärtung f, Einsatzhärtung f

trempé gehärtet ⟨Stahl⟩
tremper 1. eintauchen; abschrecken; härten ⟨Stahl⟩; 2. ⟨Text⟩ einweichen, tauchen
t. **après cémentation** s. t. de surface
t. **à cœur** durchhärten
t. **et revenir** härten und anlassen, vergüten
t. **de surface** im Einsatz härten, einsatzhärten

trempeuse f Tauchanlage f
trépan m Tiefbohrgerät n, Bohrmeißel m; Schachtbohrer m; Bohrkopf m
t. **bêche** Backenmeißel m
t. **de forage** Bohrmeißel m
t. **à molettes** Rollenmeißel m
t. **à pointes de diamant** diamantbesetzter Bohrmeißel m

trépanage m Tieflochbohren n
trépaner tieflochbohren
trépideur m Rüttelvorrichtung f
trépied m Dreifuß m; Stativ n, Dreibeinstativ n
t. **à branches coulissantes** zusammenklappbares Stativ n

tressage m Flechterei f, Flechten n; Umklöppelung f, Umflechtung f ⟨Seil⟩
tresse f Geflecht n; Schnur f; Seil n
t. **d'amiante** Asbestschnur f
t. **carrée** Vierkantseil n
t. **en coton** Baumwollumflechtung f
t. **en cuivre** ⟨El⟩ Kontaktverbinder m
t. **enduite** imprägnierte Beflechtung f
t. **métallique** Drahtbeflechtung f

tresser flechten; beflechten, umflechten
tresseuse f Flechtmaschine f, Flechter m
t. **rapide** Schnellflechter m

tréteau m **de séchage** ⟨Typ⟩ Wegsetzgestell n
treuil m Winde f, Seilwinde f; Haspel f
t. **d'accouplement** Koppelwinde f ⟨z. B. Schubverband⟩
t. **d'amarrage** Verholwinde f, Vertäuwinde f ⟨mit waagerechter Welle⟩
t. **d'amarrage automatique** Mooringwinde f, automatische Verholwinde (Vertäuwinde) f ⟨Konstantzugwinde⟩

t. **d'apiquage** Hangerwinde f
t. **d'apiquage-brassage** Schwenkhangerwinde f
t. **d'ascenseur** Aufzugwinde f
t. **d'aussière** Trossenwinde f
t. **automatique à tension constante (contrôlée)** s. t. d'amarrage automatique
t. **auxiliaire** Hilfswinde f
t. **à bras** Handwinde f
t. **de brassage** Geerenwinde f, Geienwinde f
t. **de brêlage** Koppelwinde f ⟨z. B. Schubverband⟩
t. **à câble** Kabelwinde f
t. **de cargaison** Ladewinde f
t. **à chaîne** Kettenwinde f
t. **de chalut(age)** Schleppnetzwinde f, Trawlwinde f
t. **de charge** Ladewinde f
t. **combiné de charge et d'amarrage automatiques** kombinierte Lade-Mooring-Winde f
t. **à cône de friction** Kegelreibwinde f
t. **coulissant** Schlittenwinde f
t. **à crémaillère** Zahnstangenwinde f
t. **double** Doppelwinde f
t. **pour eau profonde** Tiefseewinde f
t. **électrique** Elektrowinde f
t. **d'embarcation** Bootswinde f
t. **enrouleur** Wickelhaspel f
t. **d'extraction** Förderhaspel f
t. **de filet** Netzwinde f
t. **de force** Schleppwinde f
t. **de fune** Kurrleinenwinde f
t. **de hissage** Ladewinde f
t. **de levage** Kranwinde f, Hubwerk n, Hebewinde f
t. **de magasin** Speicherwinde f, Magazinwinde f
t. **à main** Handwinde f
t. **à moteur** Motorwinde f
t. **d'orientation** s. t. de brassage
t. **de pêche** Netzwinde f
t. **à plusieurs tambours** Mehrtrommelwinde f ⟨z. B. Netzwinde⟩
t. **à quatre tambours** Viertrommelwinde f ⟨z. B. Netzwinde⟩
t. **de relevage** s. t. de levage
t. **de remorque** Schleppwinde f
t. **de seine** Seinerspill n, Seinerwinde f
t. **à tambour** Trommelwinde f
t. **à tension constante (contrôlée)** s. t. d'amarrage automatique
t. **de touage** Verholwinde f
t. **à vapeur** Dampfwinde f
t. **vertical** Spill n

t. à virer les palangres Langleinenwinde f
t. à vis Schraubenwinde f
tri m Sortierung f, Sortieren n, Scheidung f ⟨s. a. triage⟩
  t. par blocs Blocksortierung f
  t. de l'information Datentrennung f
  t. de solde Saldensortierung f
triacétate m Triazetat n
  t. de cellulose Zellulosetriazetat n
triage m Sortieren n, Separation f ⟨s. a. tri⟩; Aussortieren n, Auslesen n, Aussondern n, Klassieren n; Sieben n, Sichten n
  t. magnétique magnetische Klaubung f, Magnetscheidung f, magnetische Tennung f
  t. à la main Handscheidung f
  t. des minerais Klassieren n der Erze
trialcool m dreiwertiger Alkohol m
triangle m 1. Dreieck n; 2. ⟨Kfz⟩ Querlenker m
  t. acutangle spitzwinkliges Dreieck n
  t. d'arcs de cercle de même rayon Gleichdick n
  t. d'arcs circulaire Kreisbogendreieck n
  t. arithmétique de Pascal Pascalsches Dreieck n
  t. de coordonnées Koordinatendreieck n, Fundamentaldreieck n
  t. des couleurs Farbdreieck n
  t. d'erreur Standliniendreieck n
  t. inférieur unterer Querlenker m
  t. supérieur oberer Querlenker m
  t. de visibilité Sichtbarkeitsdreieck n
  t. de voie Gleisdreieck n
triangulaire dreieckig
triangulation Triangulierung f; Triangulation f, trigonometrische Vermessung f, Dreiecksvermessung f
trianguler triangulieren; in Dreiecke unterteilen; dreieckig machen
trias m ⟨Geol⟩ Trias f
triatomique dreiatomig
tribasique dreibasisch
tribo-électricité f Reibungselektrizität f
triboluminescence f ⟨Ph⟩ Triboluminescenz f
tribomètre m ⟨Ph⟩ Reibungsmesser m
tribord m Steuerbord n
trichloréthylène m Trichloräthylen n
trichroïsme m Trichroismus m
trichrome Dreifarben-
trichromie f Dreifarbendruck m
triclinique triklin
tricol m Dreihalskolben m
tricône m Rollenmeißel m

tricot m Gewirke n, Wirkware f, Trikot m (n); Strickware f; Maschenware f
  t. en côte 1+1 Rechts-Rechts-Ware f
  t. en côte anglaise Fangware f
  t. en côte perlée Perlfangware f
  t. côtes Rechts-Rechts-Ware f
  t. cousu Nähwirkstoff m, Nähgewirke n
  t. interlock Interlockware f
  t. à longs poils Wirkflor m
  t. à mailles retournées Links-Links-Ware f
  t. point noué Knüpftrikot m
  t. Rachel Raschelware f
tricotage m Strickerei f; Stricken n; Wirken n; Strickware f; Wirkware f
tricot-chaine m Kettengewirke n
tricoter stricken; wirken
tricoteuse f Strickmaschine f, Strickautomat m
  t. automatique Strickautomat m
  t. rectiligne Flachstrickmaschine f
tricycle m Dreirad n
tricyclique trizyklisch, dreigliedrig
tridimensionnel dreidimensional, räumlich
tridymite f Tridymit m, Siliziumdioxid n
  t. basse α Tieftridymit m; α-Tridymit m
  t. haute β Hochtridymit m; β-Tridymit m
trièdre m Dreiflächner m
trier auslesen, sortieren
  t. à la main klauben
triéthylamine f Triäthylamin n
trieur m Siebmaschine f, Sortiermaschine f; ⟨Lw⟩ Ausleser m
  t. alvéolaire Zellenausleser m ⟨Saatgutbereitung⟩
  t. magnétique Magnetscheider m
  t. magnétique de graines magnetische Saatgutreinigungsanlage f
  t. à toile sans fin Schrägbandausleser m ⟨Rübensamen⟩
trieur-calibreur m **de tubercules** Kartoffelsortierer m
trieuse f Sortiermaschine f ⟨Lochkartentechnik⟩
trigatron m Trigatron n, gesteuerte Funkenschaltröhre f ⟨Impulsmodulation⟩
trigger m Trigger m, Auslöser m
triglyphe abwechselnd gestreift
trigonal trigonal
trigonométrie f Trigonometrie f
trigonométrique trigonometrisch
trihydrate m Trihydrat n
trilatéral dreiseitig
trilatère m Dreieck n
trilobé kleeblattförmig
trimère m Trimer(es) n

trimmer

trimmer m Trimmer m, Abgleichkondensator m
   t. tubulaire Röhrchentrimmer m
trimoléculaire trimolekular
trimorphe trimorph
trimoteur m dreimotoriges Flugzeug n
trim-tab m Trimmruder n
tringlage m Gestänge n
tringle f 1. Stange f, Gestänge n; 2. Durchzug m ⟨z. B. am Geländer⟩; 3. Schalklatte f ⟨Lukenabdeckung⟩; 4. Drahtkern m
   t. de commande Steuerstange f
   t. de pneumatique ⟨Kfz⟩ Reifendrahtkern m
   t. de verrouillage Verriegelungsstange f
   double t. Doppelwulstkern m
tringlerie f Gestänge n
trinitrorésorcine f, **trinitrorésorcinol** m Trinitroresorzin n
trinitrotoluène m Trinitrotoluol n
trinôme dreigliedrig
trio m Triowalzwerk n ⟨s. a. laminoir trio⟩
triode f Triode f
   t. de compensation Kompensationstriode f
   t. à gaz Gastriode f
   t. oscillatrice selbstschwingende Triode f
   t. planaire Planartriode f
trioxyde m Trioxid n
tripale dreiblättrig ⟨z. B. Luftschraube⟩
tripartition f ternäre Spaltung f, Dreifachspaltung f
triphasé dreiphasig, Dreiphasen-, Drehstrom-
triplace dreisitzig
triplace m dreisitziges Flugzeug n
triple dreifach
tripler verdreifachen
triplet m Triplett n
tripleur m **de fréquence** Frequenzverdreifacher m
triplure f Einlagestoff m
tripode m Dreibock m, Dreibaum m, Dreibein n
triréacteur m Flugzeug n mit drei Strahltriebwerken
trirectangle mit drei rechten Winkeln
trisection f Dreiteilung f
trit(ér)ium m Tritium n
triton m Triton n ⟨Kern des Tritiums⟩
trituration f Anreiben n; Zerreiben n
triturer zerreiben, zermalen
trivalent dreiwertig
troisième f dritter Gang m
trois-pieds m s. trépied

trolley m 1. Laufkatze f; 2. Stromabnehmerstange f; Stromabnehmerschiene f
   t. à archet Bügelstromabnehmer m
   t. de suspension Rollenbock m für Hängebahn
trombone m 1. Schleifendipol m; 2. Büroklammer f
trommel m Trommel f, Siebtrommel f
   t. concasseur Schleudermühle f
   t. débourbeur Waschtrommel f
   t. à lavage Schlämmtrommel f
   t. à tamisage Siebtrommel f
trompe f Einguß m
   t. de coulée Eingußtrichter m
   t. à eau, t. soufflante Wasserstrahlpumpe f
   t. à vapeur Dampfpumpe f
   t. à vide Vakuumpumpe f
trompette f ⟨Kfz⟩ Hinterachstrichter m
tronc m Rumpf m
   t. de l'atome Atomrumpf m
   t. de cône Kegelstumpf m
   t. de l'ion Ionenrumpf m
   t. du noyau Kernrumpf m
   t. de pyramide Pyramidenstumpf m
tronçon m Abschnitt m
   t. actif ⟨Rak⟩ Antriebsbahn f; aktiver Bahnabschnitt m; Antriebszeit f
   t. de ligne Leitungsabschnitt m
   t. passif ⟨Rak⟩ Freiflugbahn f; passiver Bahnabschnitt m
   t. de tuyauterie Rohrstrecke f; Rohrabschnitt m
tronçonnage m Abschneiden n, Abtrennen n, Ablängen n, Zerstückeln n; Trennschleifen n
   t. à la meule Trennschleifen n
tronçonner abschneiden, abtrennen, ablängen, zerstückeln; trennschleifen
tronçonneuse f 1. Abstechmaschine f ⟨s. a. machine à tronçonner⟩; 2. Trennmaschine f; 3. Ablängsäge f; Kettenbaumsäge f
   t. pour barres Stangenabstechmaschine f
tronquer kappen, abstumpfen; kürzen; abbrechen ⟨z. B. einen Rechenvorgang⟩
tropicalisation f Tropenschutz m
tropicalisé tropenfest
tropopause f Tropopause f
troposphère f Troposphäre f
trop-plein m Überlauf m
   t. à laitier Schlackenüberlauf m
trotteuse f Sekundenzeiger m
trou m 1. Loch n, Öffnung f; 2. Loch, Bohrung f; 3. Leerstelle f ⟨Halbleitertechnik, s. a. lacune⟩

t. d'axe du piston Kolbenbolzenauge n
t. borgne Sackloch n
t. du collimateur Kollimatorkanal m
t. de coulée Abstichloch n, Zapfloch n
t. découvert offene Bohrung f
t. d'électrons Elektronenloch n
t. de faisceau Strahlöffnung f
t. en fente Langloch n
t. de filage Spinnöffnung f
t. de fixation Arretieröffnung f
t. de forage Bohrloch n
t. de forage tubé verrohrtes Bohrloch n
t. d'homme Mannloch n, Einstiegöffnung f
t. de laitier Schlacken[abstich]loch n
t. des masses polaires Polschuhbohrung f
t. de mine Bohrloch n
t. d'observation Beobachtungsfenster n, Beobachtungsöffnung f
t. de perforation ⟨Dat⟩ Lochfeld n
t. de piétage Indexbohrung f
t. dans le réacteur Reaktorkanal m
t. de recherche Schürfloch n; Versuchsbohrung f
t. de regard s. t. d'observation
t. de sonde à grande profondeur Tiefbohrloch n
t. de visite Besichtigungsöffnung f
troubles mpl Trübung f
trousse f:
t. de cuvelage Keilkranz m
t. à outils Werkzeugtasche f
t. de pêche Angelgerät n
trucage m Trickaufnahme f
truck m Drehgestell n, Laufgestell n
truelle f Maurerkelle f
truité meliert
truquage m s. trucage
trusquin m Parallelreißer m; Parallellineal n
tryptophane f Tryptophan n
tubage m 1. Rohrlegung f; Verrohren n; 2. Rohrstrang m
t. de sonde Bohrlochverrohrung f
t. télescopique Teleskopverrohrung f
tube m 1. ⟨Masch⟩ Rohr n, Röhre f ⟨s. a. tuyau⟩; 2. ⟨Opt⟩ Tubus m; 3. Hülse f; 4. ⟨El⟩ Röhre f
t. abducteur Ablaßrohr n; Abzweigrohr n; Abzugsrohr n, Abzugsschacht m
t. accélérateur ⟨Kern⟩ Beschleunigungsrohr n
t. d'accord automatique Nachstimmröhre f

t. d'accouplement Verbindungsrohr n; Verbindungsstutzen m
t. accumulateur Speicherröhre f
t. en acier Stahlrohr n
t. d'acier de précision Präzisionsstahlrohr n
t. d'admission Einlaßstutzen m; Einlaßrohr n
t. afficheur Ziffernanzeigeröhre f
t. d'alimentation Speiseleitung f, Zuleitungsrohr n
t. amplificateur Verstärkerröhre f
t. d'amplificateur image Bildverstärkerröhre f
t. amplificateur de puissance Endverstärkerröhre f
t. avec anode courte Kurzanodenröhre f
t. avec anode longue Hohlanodenröhre f; Stabanodenröhre f
t. à anticathode de cuivre Röhre f mit Kupferanode, Kupferröhre f ⟨Röntgenologie⟩
t. à anticathode tournante Drehanodenröhre f
t. antimicrophonique klingarme Röhre f
t. armé d'acier Stahlpanzerrohr n
t. aspirateur (d'aspiration) Ansaugstutzen m; Saugrohr n
t. d'assemblage Verbundrohr n
t. audion Audionröhre f
t. autoprotégé Röntgenröhre f in Schutzgehäuse; ⟨Fs⟩ Sicherheitsbildröhre f
t. pour basses fréquences Niederfrequenzröhre f, NF-Röhre f
t. blindé Panzerrohr n
t. à boue Abflußrohr n
t. bouilleur Siederohr n
t. (de) Braun Katoden[strahlr]öhre f, Braunsche Röhre f
t. broyeur Rohrmühle f, Kugelmühle f, Trommelmühle f
t. de buée Schwitzwasserablauf m
t. capillaire Kapillarrohr n, Kapillare f
t. capillaire d'ébullition Siedekapillare f
t. carottier Kernrohr n
t. à cathode froide Kaltkatodenröhre f
t. cathodique Katoden[strahl]röhre f
t. cathodique pour télévision Fernsehbildröhre f
t. cathodique de 110° 110°-Bildröhre f
t. à champ de freinage, t. à champ inversé (retardateur) Bremsfeldröhre f
t. chauffant Heizrohr n
t. de choc Stoßwellenrohr n

tube 670

t. **de chute** Fallrohr n
t. **à commande de grille** gittergesteuerte Röhre f
t. **commutateur** Schaltröhre f
t. **compteur** Zählrohr n
t. **compteur alpha** Alphazählrohr n
t. **compteur autocoupeur** selbstlöschendes Zählrohr n
t. **compteur bêta** Betazählrohr n
t. **compteur à cloche** Glockenzählrohr n
t. **compteur à fenêtre** Fensterzählrohr n
t. **compteur à fenêtre en bout** Endfensterzählrohr n
t. **compteur de Geiger-Müller** Geiger-Müller-Zählrohr n
t. **compteur à halogène** Halogenzählrohr n
t. **compteur proportionnel** Proportionalzählrohr n
t. **compteur au trifluorure de bore** Bortrifluoridzählrohr n
t. **de contact** Kontaktrohr n
t. **à coordonnées polaires** Polarkoordinatenröhre f ⟨Oszillograf⟩
t. **coudé** Rohrkrümmer m, Knie[rohr] n
t. **de courant** Stromröhre f
t. **à décharge** Gasentladungsrohr n
t. **de dégazage** Entlüftungsrohr n
t. **démontable** offene (zerlegbare) Röntgenröhre f
t. **de descente** Abflußrohr n, Überlaufrohr n
t. **détecteur à réaction** Rückkopplungsaudion n
t. **de diffraction** Feinstruktur[röntgen]-röhre f
t. **de direction** ⟨Kfz⟩ Lenksäulenrohr n
t. **à double faisceau** Zweistrahlröhre f
t. **driver** Treiberröhre f
t. **d'eau** Wasser[leitungs]rohr n
t. **éclair** Elektronenblitzröhre f
t. **à écoulement continu** Strömungsrohr n
t. **électromètre** Elektrometerröhre f
t. **électronique** Elektronenröhre f
t. **émetteur** Senderöhre f
t. **d'entrée** s. t. d'admission
t. **d'épuisement** s. t. de descente
t. **à essais** Probierröhrchen n, Reagenzglas n
t. **d'étambot** Stevenrohr n
t. **étiré à chaud** warmgezogenes Rohr n
t. **explorateur** Abtaströhre f
t. **de filature** Spinnhülse f
t. **filtrant** Filterröhre f
t. **final** Endröhre f

t. **à flamme** Flammrohr n
t. **flash** Elektronenblitzröhre f
t. **flexible** Schlauch m
t. **de forage** Bohrrohr n
t. **foyer** Heizrohr n, Flammrohr n
t. **avec foyer double** Doppelfokusröhre f
t. **frein** Bremsfeldröhre f
t. **à frequence intermédiaire** Zwischenfrequenzröhre f, ZF-Röhre f
t. **de fumée** s. t. foyer
t. **fusé** durchgebrannte Röhre f
t. **à gaz** gasgefüllte Röhre f
t. **gland** Eichelröhre f, Knopfröhre f
t. **G.M.** Geiger-Müller-Zählrohr n
t. **à grande puissance** Hochleistungsröhre f
t. **à haute fréquence** Hochfrequenzröhre f, HF-Röhre f
t. **à haute pression** Hochdruckrohr n
t. **à huile** Ölröhre f, Röhre f in Ölschutzgehäuse
t. **hyperfréquence** Höchstfrequenzröhre f
t. **image** Bildröhre f
t. **image à mémoire** Bildspeicherröhre
t. **image noir-blanc** Schwarzweißbildröhre f
t. **d'impédance** Impedanzröhre f
t. **indicateur à décharge lumineuse** Glimmanzeigeröhre f
t. **indicateur numérique** Ziffernanzeigeröhre f
t. **inverseur de phase** Phasenumkehrröhre f
t. **ionique** Ionenrohr n, Ionenröhre f
t. **isolant** Isolierrohr n
t. **isolateur** Röhrenisolator m
t. **de Kundt** Kundtsche Röhre f
t. **laminé** gewalztes Rohr n
t. **lance** Strahlrohr n
t. **de longue durée** Röhre f mit langer Lebensdauer
t. **luminescent** Leuchtröhre f
t. **manchonné** Muffenrohr n
t. **mélangeur** Mischröhre f
t. **du mélangeur** Mischrohr n ⟨z. B. Schweißbrenner⟩
t. **à mémoire** Speicherröhre f
t. **à mémoire de signal** Signalspeicherröhre f
t. **à mesurer la pression statique** Drucksonde f
t. **métallique** 1. Stahlrohr n; 2. Metallröhre f
t. **métallique flexible** Metallschlauch m
t. **micro-ondes** Mikrowellenröhre f

t. **miniature** Miniaturröhre f
t. **à modulation de vitesse** Röhre f mit Geschwindigkeitssteuerung, geschwindigkeitsmodulierte Röhre
t. **multigrille** Mehrgitterröhre f
t. **multiple** Mehrfachröhre f
t. **multiplicateur d'électrons** Elektronenvervielfacherröhre f
t. **au néon** Neonröhre f
t. **en nickel** Nickelrohr n
t. **de niveau** Peilrohr n
t. **à niveau d'eau** Wasserstandsrohr n
t. **octal** Oktalröhre f
t. **à onde progressive** Laufzeitröhre f, Wanderfeldröhre f
t. **ondulé** Wellrohr n
t. **oscillateur pour micro-ondes** Mikrowellenoszillatorröhre f
t. **à pente variable** Regelröhre f
t. **photo-électrique** Fotozelle f
t. **pilote** 1. Bohrrohr n ⟨Wasserbau⟩; 2. Treiberröhre f
t. **de Pitot** Pitotrohr n
t. **en plomb** Bleiröhre f, Bleirohr n
t. **plongeur** Tauchrohr n
t. **plumbicon** Plumbikonröhre f
t. **à plusieurs électrodes** Mehrelektrodenröhre f
t. **préamplificateur** Vorverstärkerröhre f
t. **de prise de vues** Bildaufnahmeröhre f
t. **profilé** Profilrohr n
t. **à (de) projection** Projektionsröhre f
t. **protecteur** Schutzrohr n
t. **push-pull** Gegentaktröhre f
t. **de quartz** Quarzrohr n, Quarzröhre f
t. **radiant** Heizrohr n
t. **radiogène** Röntgenröhre f
t. **au radium** Radiumkapsel f
t. **à rayons cathodiques** Katodenstrahlröhre f
t. **à rayons X** Röntgenröhre f
t. **à réactance** Reaktanzröhre f
t. **à réaction** Abgasschubrohr n
t. **récepteur** Empfängerröhre f
t. **rectangulaire de télévision** Rechteckbildröhre f
t. **redresseur** Gleichrichterröhre f
t. **redresseur à gaz** Gasgleichrichterröhre f
t. **redresseur monoplaque** Einweggleichrichterröhre f
t. **régulateur** Eisen-Wasserstoff-Widerstand m
t. **de reproduction en couleurs** Farbfernsehbildröhre f

t. **scellé** 1. abgeschmolzene Röntgenröhre f; 2. abgeschmolzenes Zählrohr n
t. **sécheur** Trockenrohr n
t. **de sonde** Bohrrohr n
t. **de sortie** Endröhre f
t. **soudé** geschweißtes Rohr n
t. **sans soudure** nahtloses Rohr n
t. **à souffle réduit** rauscharme Röhre f
t. **stabilisateur** Stabilisatorröhre f
t. **stroboscopique** Stroboskopröhre f
t. **subminiature** Subminiaturröhre f
t. **de torsion** Drehröhrchen n
t. **tous-courants** Allstromröhre f
t. **tout-métal** Ganzmetallröhre f
t. **tout-verre** Allglasröhre f
t. **transformateur d'images** Bildwandlerröhre f
t. **de transport** Förderrohr n
t. **trichrome** Dreifarbenfernsehbildröhre f
t. **de vapeur** Dampfrohr n
t. **à vapeur de mercure** Quecksilberdampfröhre f
t. **de Venturi** Venturirohr n
t. **de verre** Glasröhre f
t. **viscosimétrique** Viskosimeterrohr n
tubemètre m Röhrenprüfgerät n
tuber verrohren
tube-rallonge m Verlängerungstubus m
tubes mpl **fonctionnants en parallèle** Gleichtaktverstärker m
tube-tirage m **oculaire** Okularauszug m
tubing m Tübbing m, Ringteil m ⟨zum Schachtausbau⟩
tubulaire röhrenförmig, schlauchförmig
tubuleux röhrenartig, röhrenförmig
tubulure f Rohransatz m, Stutzen m; Rohrleitung(snetz n) f; **à deux tubulures** zweihalsig
t. **d'admission** Einlaßstutzen m
t. **d'aspiration** Saugstutzen m
t. **d'échappement** Auslaßstutzen m
t. **d'égalisation** Ausgleichrohrleitung f
t. **d'évacuation** Abgasrohr n
t. **de pression** Druckstutzen m
t. **de sortie** 1. Anschlußrohrleitung f; 2. Abflußrohrleitung f
tuf m Tuff m
t. **calcaire** Kalktuff m
t. **siliceux** Kieselsinter m
tuf(f)eau m Sinter m
tuile f Ziegel m, Dachziegel m
t. **d'argile** Tonziegel m
t. **de bordure** Ortgangziegel m
t. **canal** s. t. romaine
t. **de chenille** Laufstollen m ⟨Kettentraktor⟩

tuile

t. à crochet, t. en écailles Biberschwanz *m*
t. à emboitement Falzziegel *f*
t. encaustique glasierter Dachziegel *m*
t. engobée engobierter Dachziegel *m*
t. faitière Firstziegel *m*
t. femelle unterer Hohlziegel *m*, Nonne *f*
t. flamande Dachpfanne *f*, Hohlpfanne *f*, Pfanne *f*
t. gironnée Biberschwanz *m*
t. mâle obenliegender Hohlziegel *m*, Mönch *m*
t. de noue Kehlziegel *m*
t. plate (écaille) Biberschwanz *m*, Flachziegel *m*
t. de rive Ortgangziegel *m*
t. romaine (römischer) Hohlziegel *m* 〈Mönch und Nonne〉
t. en S Dachpfanne *f*
t. vernissée glasierter Dachziegel *m*
t. en verre Glasdachstein *m*
t. verte ungebrannter Ziegel *m*
tulipe *f* **de contact** 〈El〉 Ringkontakt *m*
tuner *m* Tuner *m*
tungstène *m* Wolfram *n*
tunnel *m* Tunnel *m*; Durchbruch *m*, Durchstich *m*
t. aérodynamique Windkanal *m*
t. d'arbre(s) Wellentunnel *m*
t. d'aspiration Saugkanal *m*
t. d'autoroute Autostraßentunnel *m*
t. de cavitation Kavitationstunnel *m*
t. de congélation Gefriertunnel *m*
t. de dégraissage Entfettungstunnel *m*, Tunnelentfettungsanlage *f*
t. sous l'eau Unterwassertunnel *m*
t. à jets Farbspritztunnel *m*
t. de lave Lavatunnel *m*
t. de la ligne d'arbre(s) Wellentunnel *m*
t. de montagne Gebirgstunnel *m*
t. de nettoyage Reinigungstunnel *m*
t. sous pavage Unterpflastertunnel *m*
t. de phosphatation Phosphatiertunnel *m*, Tunnelphosphatieranlage *f*
t. pour piétons Fußgängertunnel *m*
t. de rebroussement Kehrtunnel *m*
t. de recuisson Kühlbahn *f*
t. de retour Kehrtunnel *m*
t. routier Straßentunnel *m*
t. de séchage Kanaltrockner *m*
t. sous-fluvial Flußuntertunnelung *f*
t. de tuyautages Rohrtunnel *m*
t. pour véhicules Fahr(zeug)tunnel *m*
turbidimètre *m* Turbidimeter *n*
turbidimétrie *f* Trübungsmessung *f*
turbidité *f* Trübung *f*

turbine *f* Turbine *f*
t. à action Gleichdruckturbine *f*, Aktionsturbine *f*
t. axiale Axialturbine *f*
t. centrifuge Radialturbine *f*
t. centripète Zentripetalturbine *f*
t. à combustion Verbrennungsturbine *f*
t. à combustion continue Turbine *f* mit Dauerverbrennung
t. à condensation (condenser) Kondensationsturbine *f*
t. à contre-pression Gegendruckturbine *f*
t. à deux lignes d'arbre(s) Zweiwellenturbinenanlage *f*
t. éolienne Windturbine *f*, Windrad *n*
t. à expansion Expansionsturbine *f*
t. à explosion Explosionsturbine *f*, Gleichraumverbrennungsturbine *f*, Gleichraummaschine *f*
t. Francis Francisturbine *f*
t. à gaz Gasturbine *f*
t. à gaz à cycle fermé Gasturbine *f* mit geschlossenem Kreislauf, Heißluftturbine *f*
t. à gaz à cycle ouvert Gasturbine *f* mit offenem Kreislauf, Verbrennungsturbine *f*
t. à gaz d'échappement Abgasturbine *f*
t. à gaz froid Kaltgasturbine *f*
t. à gaz marine Schiffsggsturbine *f*
t. à gaz vif Frischgasturbine *f*
t. hydraulique Wasserturbine *f*
t. à injection partielle s. t. partielle
t. à injection totale s. t. totale
t. à jet libre Freistrahlturbine *f*
t. Kaplan Kaplanturbine *f*
t. libre Freistrahlturbine *f*
t. de marche arrière Rückwärtsturbine *f*
t. Parsons Parsons-Turbine *f*; Gleichdruckdampfturbine *f* mit Geschwindigkeitsstufung
t. partielle Partialturbine *f*, partiell beaufschlagte Turbine *f*
t. Pelton Peltonturbine *f*
t. à prélèvement de vapeur Anzapfturbine *f*, Entnahmeturbine *f*
t. à pression constante Gleichdruckturbine *f*
t. à pressions multiples Mehrdruckturbine *f*
t. de puissance Arbeitsturbine *f*
t. radiale Radialturbine *f*
t. à réaction Überdruckturbine *f*, Reaktionsturbine *f*, Preßstrahlturbine *f*

tuyau

t. à soutirage Anzapfturbine f, Entnahmeturbine f
t. totale Vollturbine f, voll beaufschlagte Turbine f
t. à un étage d'expansion Einstufenturbine f
t. à vapeur Dampfturbine f
t. à vapeur d'accumulateur Speicherdampfturbine f
t. à vapeur d'échappement Abdampfturbine f
t. à vapeur marine Schiffsdampfturbine f
t. à vent Windturbine f, Windrad n
t. à volume constant Gleichraumturbine f
turbine-hélice f Flügelradturbine f
turbo m Turbostapler m
turbo-agitateur m Turborührwerk n
turbo-alternateur m Turboalternator m
turbocompresseur m Turboverdichter m, Turbogebläse n
t. à gaz d'échappement Abgasturbolader m
turbodynamo f Turbodynamo m, Turbinendynamo m
turbofaneur m ⟨Lw⟩ Kreiselzettwender m
turboforage m Turbobohren n
turbofusée f s. turboréacteur
turbogénérateur m Turbogenerator m
t. pour courant triphasé Drehstromturbogenerator m
turbohélice m s. turbopropulseur
turbomachine f Gasturbinentriebwerk n
t. compound Verbundtriebwerk n
t. à contre-courant Gegenstromgasturbinentriebwerk n
t. à double flux Bypasstriebwerk n
turbo-onduleur m à jet de mercure Quecksilberstrahlwechselrichter m
turbopompe f Turbopompe f
turbopropulseur m Propellerturbinenluftstrahltriebwerk n, PTL-Triebwerk n
turboréacteur m Turbinenluftstrahltriebwerk n, TL-Triebwerk n
t. double flux Zweikreisluftstrahltriebwerk n
turboséparateur m Zyklon(abscheider) m
turbosoufflante f Turbogebläse n, Turbo(auf)lader m
t. à gaz d'échappement Abgasturbo(auf)lader m
turbostatoréacteur m Staustrahltriebwerk n
turboventilateur m Turboventilator m
turbulence f Turbulenz f
turbulent turbulent

tuyau m Rohr n, Röhre f ⟨s. a. tube 1.⟩; Leitung f; Schlauch m
t. d'admission Zuleitungsrohr n, Zuflußrohr n, Einlaßrohr n
t. d'aération Lüftungsrohr n
t. à ailettes Rippenrohr n
t. à air comprimé Druckluftschlauch m
t. d'alimentation Speiseleitung f
t. d'amenée Zuleitungsrohr n
t. en argile Tonröhre f
t. d'arrivée Einlaufrohr n, Zuleitung(srohr n) f
t. aspirateur (d'aspiration) Saugschlauch m; Ansaugleitung f, Ansaugrohr n, Saugleitung f
t. en béton armé Stahlbetonrohr n
t. de branchement Abzweigrohr n, Abzweigung f, Zweigrohr n
t. à bride(s) Flanschrohr n
t. by-pass Umleitungsrohr n
t. en caoutchouc Gummischlauch m
t. de chauffage Heizrohr n
t. de cheminée Rauchabzugsrohr n
t. de chute Fallrohr n, WC-Abflußleitung f
t. collecteur Sammelrohr n
t. de conduite d'eau Wasserleitungsrohr n
t. coudé Rohrkrümmer m, Knie(rohr) n
t. courant Normalrohr n
t. en cuivre Kupferrohr n
t. de dalotage Speigattrohr n
t. de décharge Abflußrohr n
t. de dégagement d'air Luftrohr n
t. de descente Überlaufrohr n, Abflußrohr n
t. de descente pluviale Regenrohr n
t. distributeur Verteilerrohr n
t. de drainage Dränrohr n, Sickerrohr n; Entwässerungsrohr n
t. d'échappement Auspuffleitung f, Auspuffrohr n; Abzugrohr n
t. d'écoulement Abflußrohr n
t. d'égout Kanalisationsrohr n
t. d'électrolyte Elektrolytrohr n, Elektrolytleitung f
t. d'entrée Einlaufrohr n
t. d'évacuation Abzugsrohr n
t. d'évent Abzugsrohr n, Belüftungsrohr n
t. de fer Eisenrohr n
t. filtrant Filterrohr n
t. flexible Schlauch m
t. en fonte Gußeisenrohr n
t. de fonte centrifugée Schleudergußrohr n
t. pour forage Bohrschlauch m
t. à gaz Gasleitung f; Gasrohr n

tuyau 674

t. **pour lessives** Laugenschlauch m
t. **à manchon** Muffenrohr n
t. **de poêle** Ofenrohr n
t. **à pompe** Pumpenschlauch m
t. **en poterie** Tonröhre f
t. **à pression** Druckschlauch m
t. **de raccordement** Anschlußrohr n
t. **de refoulement** Steigrohr n
t. **renforcé** verstärkter Schlauch m
t. **de sonde** Peilrohr n
t. **souple** Bremsschlauch m
t. **de soutirage** Abfüllschlauch m
t. **en terre cuite** Tonröhre f
t. **du thermomètre** Thermometerrohr n
t. **de trop-plein** Überlaufrohr n
t. **à vapeur** Dampfschlauch m
tuyautage m 1. Rohrleitung f; Rohr(leitungs)netz n; 2. Rohrlegen n
t. **d'assèchement** Lenzsystem n; Nachlenzsystem n
t. **d'assèchement et de ballast** Lenz- und Ballastsystem n
t. **de ballastage, t. des ballasts** Ballastsystem n
t. **des cales** Lenzsystem n
t. **des cales et des ballasts** Lenz- und Ballastsystem n
t. **d'eau salée** Seewassersystem n
t. **d'épuisement** Lenzsystem n
t. **d'épuisement et de ballastage** Lenz- und Ballastsystem n
t. **de vapeur coque** Betriebs-, Heizungs- und Wirtschaftsdampfsystem n, Hilfsdampfsystem n (nicht für Schiffsantrieb)
tuyautages mpl **de coque** schiffbauliche Rohrleitungen fpl; Rohrleitungssysteme npl für den allgemeinen Schiffsbetrieb
t. **de la machine** maschinenbauliche Rohrleitungen fpl; Rohrleitungssysteme npl für den Maschinenbetrieb
tuyauterie f Rohrleitung(ssystem n) f, Verrohrung f
t. **d'admission** Einlaßstutzen m
t. **de by-pass** Umleitungsrohr n
t. **de décharge** Entlastungsleitung f
t. **double** doppelte Verrohrung f
t. **d'échappement** Auslaßstutzen m
t. **de refoulement** Druckleitung f
t. **de refroidissement** Kühlrohr n, Kühlleitung f
t. **de réglage de la pression** Druckregelleitung f
t. **de saumures** Soleleitung f
t. **à vent chaud** Heißwind(rohr)leitung f

tuyère f 1. Düse f; 2. Form f, Blasform f (Hochofen)
t. **annulaire** Ringdüse f
t. **centrale** Zentraldüse f
t. **d'échappement** Strahlrohr n
t. **d'écoulement** Ausflußdüse f
t. **d'entrainement** Treibdüse f (Strahlpumpe)
t. **fixe** feste Düse f
t. **à gaz** Gasdüse f
t. **à hélice** Propellerdüse f
t. **d'inversion de l'échappement** Umkehrschubdüse f
t. **Kort** Kortdüse f
t. **à laitier** Schlackenform f
t. **de Laval** Lavaldüse f
t. **orientable** Drehdüse f
t. **à pulvériser** Spritzdüse f
t. **réceptrice** Fangdüse f (Strahlpumpe)
t. **thermopropulsive** Staustrahltriebwerk n
t. **à turbulence** Wirbeldüse f
t. **à vent** Winddüse f, Windform f
tweeter m Hochtonlautsprecher m
twill m Köper m; köperbindiges Gewebe n
twistor m Twistor m
tympan m 1. Giebelfeld n, Tympanon n; 2. Schöpfrad n, Tretrad n, Trommelrad n (Wasser); 3. Preßdeckel m
type m 1. Typ m, Ausführungsform f, Bauart f; 2. Buchstabe m, Letter f
t. **de courant** Stromart f
t. **de détérioration** Abbaumuster n (Holz)
t. **encastré** Einbautyp m
t. **à encastrer avec plaque frontale** Einbautyp m mit Frontplatte
t. **étanche** gekapselte Bauart f
t. **extérieur** Freiluftausführung f
t. **d'immeuble** Gebäudetyp m
t. **de modulation** Modulationsart f
t. **de navire** Schiffstyp m
t. **de papier** Papiersorte f
t. **protégé** geschützte Bauart f
t. **standardisé** Einheitsbauart f
typhon m Taifun m
typisation f Typisierung f, Vereinheitlichung f
typographie f Hochdruck m, Buchdruck m
typographique typografisch
typomètre m Typometer n, Zeilenmaß n
typomorphique typomorph

U

ultracentrifugation f Ultrazentrifugierung f
ultracentrifugeuse f Ultrazentrifuge f
ultradoux extraweich
ultradur extrahart
ultrafiltration f Ultrafiltration f
ultrafiltre m Ultrafilter n
ultramarine f Ultramarin n
ultramicroscope m Ultramikroskop n
ultramicroscopie f Ultramikroskopie f
ultramicrotome m Ultramikrotom n
   u. à avance mécanique Ultramikrotom n mit mechanischem Vorschub
   u. à avance thermique Ultramikrotom n mit thermischem Vorschub
ultramicrotomie f Ultramikrotomie f
ultrapression f Höchstdruck m
ultrarapide ultrarapid
ultrason m, **ultra-son** m Ultraschall m
ultrasonomètre m Ultraschallmeßgerät n
ultrasonométrie f Ultraschallmessung f
ultrasonore Ultraschall-
ultrastructure f Ultrastruktur f
ultravide m Höchstvakuum n, Ultrahochvakuum n
ultraviolet, ultra-violet ultraviolett
ultraviolet m Ultraviolett n
   u. de quartz Quarzultraviolett n
uniaxe einachsig ⟨Kristall⟩
unicité f ⟨Math⟩ Eindeutigkeit f, Einzigkeit f, Unität f
unicolore einfarbig
unidimensionnel eindimensional
unidirectionnel einseitig gerichtet, mit Richtfunkwirkung
unifilaire Einfaden-
uniforme gleichartig; gleichmäßig; gleichförmig; homogen; ⟨Math⟩ eindeutig
uniformiser uniformisieren, vereinheitlichen
uniformité f Gleichartigkeit f; Gleichmäßigkeit f; Gleichförmigkeit f; Homogenität f
unilatéral einseitig
unimodulaire unimodular
unipolaire unipolar, einpolig
unipolarité f Unipolarität f
unir 1. zusammenfügen, verbinden; 2. abhobeln; glätten
uniréfringent ⟨Opt⟩ einfachbrechend
unitaire ⟨Math⟩ unitär
unité f 1. Einheit f; 2. Aggregat n; Werk n ⟨z. B. Rechenwerk⟩; 3. Anlage f
   u. absolue absolute Einheit f

   u. arithmétique Rechenwerk n
   u. de base Haupteinheit f
   u. de calcul ⟨Dat⟩ Rechenwerk n
   u. de chaleur Wärmeeinheit f
   u. de charge ⟨El⟩ Ladungseinheit f
   u. de chargement Beschickungseinrichtung f
   u. de commande ⟨Dat⟩ Leitwerk n, Steuerwerk n
   u. de contrôle de séquence ⟨Dat⟩ Folgekontrolleinheit f
   u. de courant Stromeinheit f
   u. de cracking Krackanlage f
   u. de débit Leistungseinheit f
   u. de décalage Verschiebungseinheit f
   u. dérivée abgeleitete Einheit f
   u. de déviation Ablenkeinheit f
   u. d'écart Abweichungseinheit f, Abweichungsgröße f; Genauigkeitsgrad m
   u. d'échelle Skaleneinheit f
   u. électrodynamique elektrodynamische Einheit f
   u. électromagnétique elektromagnetische Einheit f
   u. électrostatique elektrostatische Einheit f
   u. d'énergie Energieeinheit f, Einheit f der Arbeit
   u. d'entrée ⟨Dat⟩ Eingabeeinheit f
   u. fondamentale Grundeinheit f
   u. de force Krafteinheit f
   u. de fréquence Frequenzeinheit f
   u. d'une grandeur Maßeinheit f einer Größe
   u. d'impression ⟨Dat⟩ Druckwerk n
   u. d'inductance Einheit f der Induktivität
   u. d'injection Spritzeinheit f ⟨Spritzgußmaschine⟩
   u. internationale internationale Einheit f
   u. de lecture ⟨Dat⟩ Leseeinheit f
   u. de longueur Längeneinheit f
   u. de lumière Lichteinheit f, fotometrische Einheit f
   u. magnétique magnetische Einheit f
   u. de masse Masseneinheit f
   u. de masse atomique atomare Masseneinheit f
   u. mécanique mechanische Einheit f
   u. de mesure Maßeinheit f
   u. naturelle natürliche Einheit f
   u. navale Schiffseinheit f
   u. de pêche Fangeinheit f, Fischfangeinheit f ⟨Fahrzeug⟩
   u. de perforation ⟨Dat⟩ Lochereinheit f

unité

u. photométrique s. u. de lumière
u. physique physikalische Einheit f
u. pilote Versuchsanlage f, Versuchsbetrieb m, Modellanlage f, Prüfanlage f
u. de poids Masseeinheit f
u. de potentiel Potentialeinheit f
u. de poussage ⟨Schiff⟩ Schubeinheit f
u. pratique praktische Einheit f
u. de pression Druckeinheit f
u. de programmation ⟨Dat⟩ Programmierungseinheit f
u. de puissance Leistungseinheit f
u. rad rad-Einheit f ⟨entspricht 100 erg/g absorbierte Energie⟩
u. radiologique radiologische Einheit f
u. rem rem-Einheit f
u. de réserve Reserveaggregat n
u. de résistance Widerstandseinheit f
u. semi-industrielle Modellanlage f
u. de sortie ⟨Dat⟩ Ausgabeeinheit f
u. structurale strukturelle Einheit f
u. de température Temperatureinheit f
u. de temps Zeiteinheit f
u. de tension Spannungseinheit f
u. thermique Wärmeeinheit f
u. de traitement des données ⟨Dat⟩ Datenverarbeitungseinheit f
u. de transmission Übertragungseinheit f
u. de travail s. u. d'énergie
u. d'usinage 1. Verarbeitungseinheit f, Bearbeitungseinheit f, Arbeitseinheit f; 2. Werkzeugkopf m, Arbeitskopf m, Kraftkopf m ⟨einer Gruppenwerkzeugmaschine⟩
u. d'usinage à transformation rapide Schnellumrüsteinheit f
u. de vitesse Geschwindigkeitseinheit f
u. de volume Volum(en)einheit f, Raumeinheit f
u. X X-Einheit f
unité-véhicule f Fahrzeugeinheit f
univalence f ⟨Math⟩ Eindeutigkeit f; ⟨Ch⟩ Einwertigkeit f
univalent ⟨Math⟩ eindeutig, einwertig; ⟨Ch⟩ einwertig
universel Allzweck-, Mehrzweck-
univoque eindeutig
uracile m Urazil n
uranate m Uranat n
uranium m Uran n
u. enrichi angereichertes Uran n
u. radio-actif radioaktives Uran n
urate m Urat n
urbain städtisch, Stadt-
urbaniser städtebaulich (um)gestalten

urbanisme m Städtebau m
urbaniste städtebaulich
urée f Harnstoff m
uréide m Ureid n
uréthane m Urethan n
usage m Gebrauch m, Anwendung f
usager m Abnehmer m, Benutzer m
u. de la route Verkehrsteilnehmer m, Straßenbenutzer m
user abnutzen
s'u. verschleißen
usinabilité f Bearbeitbarkeit f; Zerspanbarkeit f
usinable fabrikmäßig herstellbar; verarbeitbar
usinage m 1. span(geb)ende Bearbeitung f; 2. Bearbeitung f, Verarbeitung f
u. par abrasif Trennschleifen n
u. anodique anodenmechanische Bearbeitung f
u. à chaud Warmbehandlung f, Warmbearbeitung f, Warmzerspanung f
u. par décharge d'étincelles Elektrofunkenbearbeitung f
u. électrochimique elektrochemische Bearbeitung f, elektrochemisches (elektrolytisches) Abtragen n, Elysieren n
u. électrochimique érosif, u. par électro-érosion elektroerosive Bearbeitung f, erosive Materialabtragung f
u. électrolytique s. u. électrochimique
u. par enlèvement de copeaux spanabhebende Verformung f
u. par étincelage funkenerosive Bearbeitung f
u. par faisceau électronique Abtragen n durch Elektronenstrahl, Elektronenstrahlbearbeitung f
u. à froid Kaltverarbeitung f
u. de haute précision Hochpräzisionsbearbeitung f
u. par laser Laserbearbeitung f
u. de la matière plastique Plastverarbeitung f
u. des métaux Metallbearbeitung f
u. au plasma Plasmastrahlabtragung f, Plasmastrahlbearbeitung f
u. en série Serienbearbeitung f
u. thermique thermisches Abtragen n
u. par ultrasons Ultraschallbearbeitung f
usine f Werk n, Fabrik f; Hütte f; Anlage f
u. d'accumulation Pumpspeicherkraftwerk n

u. de base ⟨El⟩ Grundlastkraftwerk n
u. à béton Betonwerk n, Betonfabrik f
u. de broyage Brechanlage f
u. de cailloutis Schotterwerk n
u. de caoutchouc Gummifabrik f
u. de carbonisation Schwelanlage f
u. à chaux Kalkwerk n
u. à ciment Zementfabrik f, Zementwerk n
u. de cuivre Kupferhütte f
u. à distillation de lignite Braunkohlenschwelkraftwerk n
u. des eaux Wasserwerk n
u. électrique Kraftwerk n
u. électrique de base ⟨El⟩ Grundlastkraftwerk n
u. électrique solaire Sonnenkraftwerk n
u. élévatoire Pumpwerk n
u. à farine de poisson Fischmehlanlage f; Fischmehlfabrik f
u. à fer Eisenhütte f
u. à gaz Gasanstalt f, Gaswerk n
u. de graduation Gradierwerk n
u. hydro-électrique Wasserkraftanlage f, Wasserkraftwerk n
u. hydro-électrique au fil d'eau Laufwasserkraftwerk n
u. au lignite Braunkohlenkraftwerk n
u. marémotrice Gezeitenkraftwerk n
u. métallurgique Hüttenwerk n, Metallhüttenwerk n
u. pilote Versuchsanlage f
u. de plutonium Plutoniumfabrik f, Plutoniumerzeugungsanlage f
u. à poissons Fischfabrik f
u. de pompage Pumpspeicherkraftwerk n
u. à production d'eau lourde Schwerwassererzeugungsanlage f
u. de séparation des isotopes Isotopentrennanlage f
u. sidérurgique Eisenhüttenwerk n
u. solaire Sonnenkraftwerk n
u. thermique à base de houille Steinkohlenkraftwerk n
u. de tirage cinématographique Kopierwerk n
u. de traitement (transformation) Verarbeitungsanlage f; Verarbeitungsbetrieb m
u. à tubes Röhrenwerk n
u. à zinc Zinkhütte f
usiner bearbeiten, fertigen
ustensiles mpl Utensilien pl, Geräte npl, Gerät n
u. de laboratoire Laborgeräte npl
u. de ménage Haushaltsgerät n

usure f Verschleiß m; Abnutzung f; Abrieb m; Abbrand m
u. du balai, u. des balais Bürstenabnutzung f
u. du collecteur Kollektorabnutzung f, Kommutatorabnutzung f
u. des contacts Kontaktabbrand m
u. du liant Bindemittelverschleiß m ⟨Schleifen⟩
u. du revêtement Verschleiß m der Ausmauerung
u. de route Straßendeckenverschleiß m, Abnutzung f der Straßendecke
utilisation f Ausnutzung f; Benutzung f, Gebrauch m, Nutzbarmachung f; Verwendung f, Verwertung f
u. de la chaleur Wärmeausnutzung f
u. de la chaleur d'échappement, u. de la chaleur perdue Abwärmeverwertung f
u. des déchets Müllverwertung f
u. économique wirtschaftliche Ausnutzung f
u. de l'emplacement (espace) Raumausnutzung f
u. industrielle industrielle Verwertung f
u. des volumes Raumnutzung f
pleine u. ⟨El⟩ volle Aussteuerung f
utiliser benutzen, gebrauchen, verwenden; anwenden; verwerten

V

vacant unbesetzt, leer, frei
vacillation f Flackern n, Flimmern n
vaciller flackern, flimmern
vacuomètre m Vakuummeter n
vacuum m Vakuum n
va-et-vient m 1. hin- und hergehende Bewegung f; 2. ⟨Masch⟩ Gestänge n; 3. ⟨El⟩ Doppelschalter m
vagabond vagabundierend
vague f Welle f, Woge f ⟨s. a. lame 4.⟩
v. arrière Heckwelle f
v. de l'avant Bugwelle f
v. déferlante Brandungswelle f
v. d'étrave Bugwelle f
vaigrage m 1. Beplankung f ⟨Holzschiffbau, Bootsbau⟩; 2. Wegerung f
v. des cales Laderaumwegerung f
v. à claire-voie Lattenwegerung f
v. des fonds Bodenwegerung f
vaigre f s. vaigrage
vaigrer wegern
vaisseau m Schiff n ⟨s. a. navire⟩

valence　　　　　　　　　　　　　　　　　　　　678

valence f ⟨Ch⟩ Valenz f, Wertigkeit f
　v. secondaire (supplémentaire) Nebenvalenz f
valentiel ⟨Ch⟩ valent
valeur f Wert m; **sans v.** wertlos
　v. absolue Absolutwert m, absoluter Wert m
　v. admissible zulässiger Wert m
　v. d'ajustage Einstellwert m
　v. analogique (analogue) Analogwert m
　v. anormale Störwert m
　v. approchée (approximative) Näherungswert m
　v. calorifique s. v. thermique
　v. caractéristique Eigenwert m, charakteristischer Wert m, Kennwert m
　v. de commutation Schaltwert m
　v. de consigne Sollwert m
　v. de coordonnées données Zustandswert m
　v. de crête Höchstwert m, Scheitelwert m, Spitzenwert m
　v. de crête à crête Spitze-zu-Spitze-Wert m
　v. critique kritischer Wert m
　v. de décroissement de consigne Abfallsollwert m
　v. de l'échelle de gris Grauwert m
　v. effective (efficace) Effektivwert m, quadratischer Mittelwert m
　v. d'entrée Eingangsgröße f
　v. d'équilibre Gleichgewichtswert m
　v. d'espérance Erwartungswert m
　v. estimée Schätzwert m
　v. finale Endwert m
　v. de fonctionnement Ansprechwert m
　v. frontière Randwert m
　v. de gonflement ⟨Text⟩ Quellwert m
　v. d'une graduation Skalenwert m
　v. de gris Grauwert m
　v. idéale Idealwert m
　v. infinie Skalenendwert m
　v. initiale Anfangswert m
　v. instantanée Augenblickswert m, Momentanwert m
　v. instantanée de la puissance Augenblicksleistung f, Momentanleistung f
　v. limite Grenzwert m; Extremwert m
　v. aux limites Randwert m
　v. logique Wahrheitswert m
　v. de maintien Haltewert m
　v. maximale de l'échelle Maximalskalenwert m
　v. de mesure, v. mesurée Meßwert m
　v. de mise au repos Abfallwert m
　v. de mise au travail de consigne Ansprechsollwert m

　v. du moment magnétique Magnetisierung f
　v. momentanée Augenblickswert m, Momentanwert m
　v. moyenne Mittelwert m
　v. moyenne d'une fonction Integralmittelwert m
　v. moyenne quadratique s. v. effective
　v. nominale Nennwert m, Nominalwert m
　v. optimale Bestwert m, Optimalwert m
　v. du pH pH-Wert m
　v. prescrite Aufgabenwert m, Sollwert m
　v. de la pression de gonflement Quelldruckwert m
　v. principale Hauptwert m
　v. propre Eigenwert m
　v. propre dégénérée entarteter Eigenwert m
　v. Q Q-Wert m
　v. quadratique moyenne s. v. effective
　v. réduite en eau Wasserwert m
　v. réelle Istwert m
　v. de référence Bezugswert m
　v. réglée asymptotique Aufgabesollwert m
　v. de réponse Ansprechwert m
　v. de retour Rückgangswert m ⟨Relais⟩
　v. de saturation Sättigungswert m
　v. de seuil Schwell[en]wert m
　v. de sortie Ausgangsgröße f
　v. théorique Sollwert m
　v. thermique Wärmewert m, Heizwert m
　v. d'usage Gebrauchswert m
validité f Gültigkeit[sdauer] f
valine f ⟨Ch⟩ Valin n
valise f **électrophone** Kofferplattenspieler m
vallée f:
　v. glaciaire glaziales Tal n, Gletschertal n
　v. marginale proglaciaire Urstromtal n
　v. morte Trockental n
　v. sous-marine unterseeisches Tal n
valorisation f **des données** Datenverarbeitung f
valve f 1. ⟨Mech⟩ Klappe f, Ventil n ⟨s. a. soupape⟩; 2. ⟨El⟩ Röhre f ⟨s. a. tube⟩
　v. d'asservissement Vorspannventil n
　v. de décharge Maximaldruckventil n, Überströmventil n
　v. d'inversion de marche Umsteuerventil n

v. d'inversion de marche à boisseau Umsteuerventil n mit Drehschieber
v. d'inversion à tiroir Umsteuerventil n mit Längsschieber
v. marche-arrêt Abschaltventil n
v. pilotée gesteuertes Ventil n
vanadié vanadiumhaltig
vanadium m Vanadium n, Vanadin n
vanillal m, **vanilline** f Vanillin n
vanisage m ⟨Text⟩ Plattieren n
vaniser ⟨Text⟩ plattieren
vanne f 1. Schieber m; Staubrett n; Schütz n; Schütze f ⟨an Wehren⟩; 2. ⟨El⟩ Schütz ⟨s. a. relais⟩
v. d'amont Oberwasserschütze f, OW-Schütze f
v. d'arrêt Absperrschieber m, Abschlußschütze f
v. automatique s. v. régulatrice
v. de barrage s. v. d'arrêt
v. batardeau Dammbalkenverschluß m; Notverschluß m
v. à brides Flanschenschieber m
v. de chasse Spülschütz f
v. de commande Steuerventil n
v. de contrôle s. v. régulatrice
v. cylindrique ⟨El⟩ Zylinderschütz n
v. détendeur Expansionsventil n
v. d'écluse Schleusentor n
v. de fond Bodenklappe f
v. à fumée Abgasschieber m
v. d'inversion Umsteuerventil n
v. d'inversion à gaz Gasumstellschieber m
v. levante double Doppelschütze f
v. manuelle Ventil n mit Handrad
v. de mise en marche Anlaßventil n
v. à moteur, v. motorisée Ventil n mit Stellmotor
v. à passage indirect Absperrschieber m, Schieber m
v. à registre Registerschieber m
v. régulatrice 1. Regulierschütze f; 2. Regulierventil n
v. rotative Drehschieber m
v. à rouleau Walzenwehr n
v. de sécurité de presse Pressensicherheitsventil n
v. de tête d'éruption Eruptionskopfschieber m
v. à toit Dachwehr n
v. à ultravide Ultrahochvakuumverschluß m
v. à vent Windschieber m
v. à vide Vakuumverschluß m
vantail m Flügel m; Fensterflügel m; Türflügel m
vapeur m Dampfer m, Dampfschiff n

vapeur f Dampf m; **à toute v.** mit Volldampf
v. à basse pression Niederdruckdampf m
v. de buées Brüdendampf m
v. coque Betriebs-, Heizungs- und Wirtschaftsdampf m, Hilfsdampf m ⟨nicht für Schiffsantrieb⟩
v. d'eau Wasserdampf m
v. d'échappement Abdampf m
v. fraiche Frischdampf m
v. à haute pression Hochdruckdampf m
v. humide s. v. saturante
v. de mercure Quecksilberdampf m
v. métallique Metalldampf m
v. non saturante s. v. sèche
v. non saturée ungesättigter Dampf m
v. de pétrole Petroleumdampf m
v. radio-active radioaktiver Dampf m
v. restante Restdampf m
v. saturante Naßdampf m
v. saturée gesättigter Dampf m, Sattdampf m
v. sèche trockener (getrockneter) Dampf m
v. de stripping Strippingdampf m
v. surchauffée überhitzter Dampf m
v. sursaturée unterkühlter Dampf m
v. vive Frischdampf m
vapeur-bag m Dampfheizschlauch m
vaporimètre m Dampfspannungsmesser m
vaporisage m Dämpfen n
v. sous vide Vakuumdämpfen n
vaporisateur m 1. Verdampfer m; 2. Dämpfmaschine f, Dämpfschrank m, Dämpfer m
vaporisation f 1. Verdampfung f, Verdunstung f; 2. Aufdampfen n; 3. ⟨Met⟩ Abtreiben n ⟨Edelmetallgewinnung⟩
v. de l'ammoniaque Ammoniakabtreibung f
v. du getter Getterung f
v. sous vide Aufdampfen n im Hochvakuum
vaporiser 1. verdampfen, verdunsten; 2. aufdampfen; 3. ⟨Met⟩ abtreiben ⟨Edelmetallgewinnung⟩; 4. ⟨Text⟩ dämpfen
vaporiseur m s. vaporisateur
var m Var n ⟨Einheit zur Angabe von elektrischen Blindleistungen⟩
varangue f Bodenwrange f
v. pleine volle Bodenwrange f
varheure m ⟨Einheit zur Angabe der elektrischen Blindleistung je Stunde⟩

varheuremètre *m* Blindverbrauchszähler *m*
variabilité *f* Veränderlichkeit *f*
variable variabel
variable *f* Veränderliche *f*, Variable *f*
  v. d'action Wirkungsvariable *f*
  v. aléatoire Zufallsgröße *f*, Zufallsvariable *f*, stochastische Größe *f*
  v. angulaire Winkelvariable *f*
  v. artificielle künstliche Variable *f*
  v. booléenne Aussagenvariable *f*, Boolesche Variable *f*
  v. dépendante abhängige Veränderliche *f*
  v. d'écart Schlupfvariable *f*
  v. d'état Zustandsvariable *f*
  v. indépendante unabhängige Veränderliche *f*
  v. stochastique *s.* **v. aléatoire**
variance *f* Varianz *f*, Dispersion *f*
variateur *m* 1. ⟨Mech⟩ Verstelleinrichtung *f*; Versteller *m*; Regler *m*; Wandler *m*; Drehmomentenwandler *m*; 2. ⟨Opt⟩ Variator *m*, objektives Optometer *n*
  v. à chaines Kettengetriebe *n*
  v. à cône de friction Reibkegelgetriebe *n*
  v. de couleurs Farbwandler *m*
  v. hydraulique Flüssigkeitsgetriebe *n*
  v. PIV PIV-Getriebe *n*
  v. à plateau de friction Reibradgetriebe *n*
  v. de tension Spannungsregler *m*
  v. de vitesse Drehzahlregler *m*
variation *f* 1. Schwankung *f*, Variation *f*; 2. Deklination *f*, Kompaßmißweisung *f*, Fehlweisung *f*; à **v. linéaire de capacité** kapazitätslinear; à **v. linéaire de fréquence** frequenzlinear
  v. de charge Belastungsänderung *f*
  v. de climat Klimaänderung *f*
  v. du compas Kompaßfehler *m*
  v. des constantes Variation *f* der Konstanten
  v. du courant de plaque Anodenstromänderung *f*
  v. de faciès Fazieswechsel *m*
  v. en fonction de la température Temperaturabhängigkeit *f*
  v. de fréquence Frequenzänderung *f*, Frequenzschwankung *f*
  v. de la hauteur du son Tonhöhenschwankung *f*
  v. d'humidité Feuchteschwankung *f*, Feuchteänderung *f*
  v. d'intensité de champ Feldstärkeschwankung *f*
  v. de phase Phasenänderung *f*
  v. du secteur Netzspannungsschwankung *f*
  v. du synchronisme Gleichlaufschwankung *f*
  v. de teinte Farbtonschwankung *f*
  v. de température Temperaturänderung *f*
  v. de tension Spannungsschwankung *f*
  v. de la tension de réseau Netzspannungsschwankung *f*
  v. de vitesse Geschwindigkeitsänderung *f*; Drehzahländerung *f*
  v. de volume Lautstärkeschwankung *f*
variété *f* ⟨Math⟩ Mannigfaltigkeit *f*; ⟨Geol⟩ Abart *f*
variomètre *m* Variometer *n*, Drehdrossel *f*, Schiebedrossel *f*
  v. à bobine mobile Drehspulvariometer *n*
varistance *f* spannungsabhängiger Widerstand *m*, Varistor *m* ⟨Halbleiterwiderstand⟩
varlope *f* Rauhbank *f*, großer Hobel *m*
varmètre *m* Blindleistungsmesser *m*
  v. enregistreur Blindleistungsschreiber *m*
vase *m* Gefäß *n*; Topf *m*
  v. clos Glühtopf *m*
  v. de Dewar Dewargefäß *n*
  v. d'expansion Ausdehnungsgefäß *n*
  v. de Mariotte Mariottesche Flasche *f*
vaseline *f* Vaseline *f*
  v. de contact neutre säurefreie Kontaktvaseline *f*
vaseliner mit Vaseline einfetten
vases *mpl* **communicants** kommunizierende Röhren *fpl*
vasistas *m* Klappfenster *n*, Lüftungsflügel *m*, Schiebefenster *n*
vasque *f* Brunnenbecken *n*, Wasserbecken *n*
vé *m* V-Nut *f*
  v. à bascule Schwenkprisma *n*
veau *m* Kettenboot *n* ⟨Gespannfischerei⟩
vecteur *m* Vektor *m*
  v. axial axialer Vektor *m*
  v. de centre de gravité Schwerpunktsvektor *m*
  v. de déplacement Verschiebungsvektor *m*
  v. de force Kraftvektor *m*
  v. glissant linienflüchtiger Vektor *m*, Gleitvektor *m*
  v. de Hertz Hertzscher Vektor *m*
  v. d'impulsion Impulsvektor *m*
  v. d'onde Wellenvektor *m*

v. **d'onde circulaire** Ausbreitungsvektor *m*
v. **de poids** Schwerevektor *m*, Gewichtsvektor *m*
v. **polaire** polarer Vektor *m*
v. **de position** Ortsvektor *m*
v. **de Poynting** Poynting-Vektor *m*
v. **de référence** Bezugsvektor *m*, Richtungsvektor *m*
v. **de vitesse** Geschwindigkeitsvektor *m*
vecteur-but *m* Zielvektor *m*
vecteurs *mpl* **équipollents** gleiche, parallele und gleichgerichtete Vektoren *mpl*
vectoriel vektoriell, Vektor-
vedette *f* Barkasse *f*
v. **garde-pêche** Fischereihilfsschiff *n*, Fischereischutzschiff *n*
véhicule *m* 1. Fahrzeug *n*; 2. Bindemittel *n* ⟨z. B. der Leim in der Leimfarbe⟩ 3. Trägersubstanz *f*; Färbebeschleuniger *m*, Carrier *m*
v. **à accumulateurs** Batteriefahrzeug *n*
v. **aérien** Luftfahrzeug *n*
v. **à coussin d'air** Bodeneffektfahrzeug *n*, Luftkissenfahrzeug *n*
v. **industriel** 1. Flurförderer *m*; 2. Schwerlastzug *m*, Fernlaster *m*
v. **spatial** Raumfahrzeug *n*
v. **tous terrains** geländegängiges Fahrzeug *n*
veine *f* 1. ⟨Geol⟩ Ader *f*; Flöz *n*; Gang *m*; 2. Strom *m*; Strahl *m*; 3. Ader *f* ⟨Maserung⟩
v. **d'air** Luftstrom *m*
v. **brune** brauner Einlauf *m* ⟨Holz⟩
v. **fluide** Stromfaden *m*
v. **intrusive** Eruptivgang *m*
v. **liquide** Flüssigkeitsstrahl *m*
v. **maitresse** Hauptgang *m*
v. **rouge** roter Einlauf *m* ⟨Holz⟩
veiné ad(e)rig
veiner ädern, masern
veines *fpl* **interconnectées** ⟨Geol⟩ Gangzug *m*
veinure *f* Maserung *f*
vélocité *f* Geschwindigkeit *f* ⟨s. a. vitesse⟩
vélomoteur *m* Moped *n*
velours *m* **côtelé** Ripssamt *m*, Kord(samt) *m*, Manchester *m*
velouté samtartig
vent *m* Wind *m*; **au v.** im Luv, luvwärts; **contre le v.** gegen den Wind; **sous le v.** im Lee, leewärts
v. **anabatique** Hangaufwind *m*
v. **apparent** scheinbarer Wind *m*

v. **arrière** achterlicher (raumer) Wind *m*, Rückenwind *m*
v. **ascendant thermique** Aufwind *m*
v. **de bout** Gegenwind *m*
v. **catabatique** Fallwind *m*; Hangabwind *m*
v. **chaud** ⟨Met⟩ Heißwind *m*
v. **froid** ⟨Met⟩ Kaltwind *m*
v. **de haut fourneau** Hochofenwind *m*
v. **isobarique** Gradientwind *m*
v. **du large** Seewind *m*, auflandiger Wind *m*
v. **de soufflage** ⟨Met⟩ Gebläseluft *f*, Gebläsewind *m*
v. **de terre** ablandiger Wind *m*
v. **transversal (par le travers)** Dwarswind *m*, Seitenwind *m*
v. **vrai** wahrer Wind *m*
ventilateur *m* Ventilator *m*, Lüfter *m*; Gebläse *n*
v. **à action oblique** Kreiselventilator *m*, Schleuderlüfter *m*
v. **à ailes** Flügelventilator *m*
v. **aspirant** Sauglüfter *m*, Saugventilator *m*, Ablüfter *m*
v. **axial** Axialgebläse *n*
v. **de cale** Laderaumlüfter *m*
v. **à capacité variable** Umlaufkolbenverdichter *m*, Rotationskompressor *m*
v. **centrifuge** Zentrifugalgebläse *n*, Kreiselgebläse *n*, Kreisellüfter *m*
v. **de compartiment machine** Maschinenraumlüfter *m*
v. **extérieur** Außenlüfter *m*
v. **de forge** Schmiedegebläse *n*
v. **de fumée** Rauchgasventilator *m*
v. **hélicoïdal** Schraubenventilator *m*, Schraubengebläse *n*, Schraubenlüfter *m*
v. **refoulant** Zulüfter *m*
v. **soufflant** Druckgebläse *n*
ventilateur-aérateur *m* Raumlüfter *m*
ventilation *f* Lüftung *f*, Belüftung *f*; ⟨Brg⟩ Bewetterung *f*
v. **sous abri** Unterdachtrocknung *f*
v. **à air du type haute pression** Hochdrucklüftung *f*
v. **artificielle** Fremdbelüftung *f*
v. **auxiliaire** Sonderbewetterung *f*
v. **des cales** Laderaumlüftung *f*
v. **en circuit fermé** Umlaufkühlung *f*
v. **conditionnée des cales (à marchandises)** Laderaumklimatisierung *f*
v. **forcée** Fremdbelüftung *f*; künstliche Bewetterung *f*
v. **horizontale** horizontale Luftführung *f*
v. **naturelle** natürliche Belüftung *f*

ventilation

v. par (de) refoulement Druckventilation f; Belüftung f, Luftzufuhr f
v. secondaire Sonderbewetterung f
v. verticale vertikale Luftführung f
ventiler belüften; ⟨Brg⟩ bewettern
ventouse f 1. Luftloch n, Zug m; 2. Entlüftungsventil n; 3. Saugnapf m, Sauger m
v. magnétique Magnetgreifer m
ventre m 1. Ausbauchung f, Bauch m; 2. Wellenbauch m; 3. Kohlensack m ⟨Hochofen⟩; 4. ⟨Schiff⟩ Bauchstück n
v. de courant Strombauch m
v. d'oscillation Schwingungsbauch m
ventrière f Sattelholz n ⟨Stapellauf⟩
venturi m 1. Venturirohr n; 2. ⟨Kfz⟩ Zerstäuber m
venue f:
v. d'eau Wasserzufluß m
v. minéralisatrice erzbringende Lösung f, Erzbringer m
verdet m Grünspan m
verdunisation f Wasserreinigung f durch Chloren
verge f 1. Stange f; 2. Meßlatte f, Meßstab m, Visierstange f; 3. Messerrücken m ⟨Mähwerk⟩
v. d'ancre Ankerschaft m
verglas m Klareis n
vergue f Rah f
vérifiabilité f Überprüfbarkeit f
vérifiable überprüfbar
vérificateur m Prüfer m, Prüfgerät n
v. de code Kodeprüfer m
v. des joints de rails Schienenstoßprüfer m
v. de rouleaux Walzenstandprüfer m
v. de la surface Oberflächenprüfgerät n
v. du travail d'impression Druckabwicklungsprüfgerät n
vérification f Verifikation f, Kontrolle f, Prüfung f, Überprüfung f ⟨s. a. contrôle 1.⟩
v. automatique automatische Kontrolle f, Selbstkontrolle f
v. mathématique mathematische Prüfung f
v. du programme Programmprüfung f
v. de transfert Übertragungskontrolle f
vérifier verifizieren, kontrollieren, (über-) prüfen
vérin m 1. Winde f, Schraubenwinde f, Hebebock m, Hubvorrichtung f; 2. Hubspindel f, Hubzylinder m ⟨Kippanhänger⟩; 3. Justierschraube f
v. d'accouplement Koppelwinde f ⟨z. B. Schubverband⟩

v. de bridage Spannzylinder m
v. hydraulique hydraulischer Hebebock m, hydraulische Hubvorrichtung f, hydraulisches Hubelement n, Hydraulikheber m; hydraulischer Kraftheber m ⟨Traktor⟩
v. de nivelage Nivellierungsschraubenwinde f
v. pneumatique Druckluftzylinder m
v. à riper les voies Gleisrückwinde f
v. à vis Schraubenhebebock m
vermiculite f Vermiculit m ⟨Glimmermineral⟩
vermillon m Zinnoberrot n
vernier m Nonius m
v. de fréquence de balayage Stabilitätsregler m ⟨Fernseher⟩
vernir 1. firnissen; lackieren; 2. glasieren
vernis m 1. Firnis m; (farbloser) Lack m; 2. Glasur f
v. à l'acétate Azetatlack m
v. adhésif Klebelack m
v. antiflash Schutzlack m gegen Gleitfunkenbildung
v. à base de résines synthétiques Kunstharzlack m
v. à bois Holzlack m
v. clair Transparentlack m, Überzugslack m, Klarlack m
v. coloré Farbglasur f
v. de copiage Kopierlack m
v. du désert ⟨Geol⟩ Wüstenlack m
v. gras Öllack m
v. d'imprégnation Tränklack m
v. d'inversion Umkehrlack m
v. isolant Isolierlack m
v. nitrocellulosique Nitro[zellulose]lack m, Zelluloselack m
v. opaque Abdecklack m
v. de plomb Bleiglasur f
v. protecteur Schutzlack m
v. de remplissage Fülllack m
v. à la résine acrylique Akrylharzlack m
v. à la résine alkyde Alkydharzlack m
v. à la résine époxyde Epoxi[d]harzlack m
v. à la résine vinylique Vinylharzlack m
v. pour la retouche Retuschierlack m
v. à tremper Tauchlack m
v. de triage Abziehlack m
v. pour yachts Bootslack m
vernis-émail m Emaillack m
v. au four Einbrennemail[le f] n
vernissage m 1. Firnissen n; Lackieren n; Lackierung f; 2. Glasieren n
v. des bandes Bandlackierung f
v. au cylindre Walzlackieren n

v. par électrophorèse elektrophoretische Lackierung *f*
v. à froid Kaltlackieren *n*
v. au pinçeau Lackieren *n* mit dem Pinsel
v. au pistolet, v. par projection Spritzlackieren *n*
v. au trempé Tauchlackieren *n*
vernisser 1. firnissen; lackieren; 2. glasieren
vernisseuse *f* Lackiermaschine *f*, Lackauftragmaschine *f* ⟨s. a. machine à vernir⟩
verre *m* Glas *n*; **de (en) v.** gläsern
  v. absorbant Absorptionsglas *n*
  v. acrylique Akrylglas *n*, Plexiglas *n*
  v. d'albâtre Alabasterglas *n*
  v. antibrouillard (antibué) Nebelschutzglas *n*
  v. anti-éblouissant Blendschutzglas *n*
  v. armé armiertes Glas *n*, Drahtglas *n*
  v. armé à mailles carrées Drahtglas *n* mit viereckigem Gewebe
  v. athermane Wärmeschutzglas *n*
  v. bifocal Zweistärkenglas *n*, Bifokalglas *n*
  v. biseauté Glas *n* mit geschliffenem Rand
  v. blanc Rohglas *n*
  v. blindé Panzerglas *n*
  v. bombé Muschelglas *n*; gewölbtes Glas *n*
  v. à bouteilles Flaschenglas *n*
  v. brut Rohglas *n*
  v. cannelé Riffelglas *n*
  v. cathédrale Kathedralglas *n*
  v. coloré Farbglas *n*; Buntglas *n*
  v. de composition Gemengeglas *n*
  v. comprimé Preßglas *n*
  v. concave Hohlglas *n*
  v. de contact ⟨Opt⟩ Kontaktschale *f*, Haftschale *f*, Cornealschale *f*
  v. de contact à trois miroirs Dreispiegelhaftglas *n*
  v. coquille Muschelglas *n*
  v. correcteur Korrektionsglas *n*
  v. coulé Gußglas *n*
  v. coulé ondulé Wellglas *n*
  v. de couleur s. **v. coloré**
  v. creux Hohlglas *n*
  v. cru Rohglas *n*
  v. en cylindres Walzenglas *n*
  v. de décoration Ornamentglas *n*
  v. demi-coquille Halbmuschelglas *n*
  v. dépoli Mattglas *n*, mattiertes Glas *n*, mattgeschliffenes Glas *n*, Milchglas *n*; Mattscheibe *f*
  v. à deux couches s. **v. doublé**
  v. diathermane wärmedurchlässiges Glas *n*
  v. dosimètre Glasdosimeter *n*
  v. doublé überfangenes Glas *n*, Überfangglas *n*
  v. à double foyer s. **v. bifocal**
  v. duplex s. **v. doublé**
  v. dur Hartglas *n*
  v. sans éclats splittersicheres Glas *n*
  v. à emboitement Aufsteckglas *n*
  v. enfumé Rauchglas *n*
  v. épais Dickglas *n*
  v. équicourbe s. **v. bifocal**
  v. d'essai Probierglas *n*
  v. étiré Drahtglas *n*
  v. façonné Ornamentglas *n*
  v. à feu feuerfestes Glas *n*
  v. en feuilles Glas *n* in Scheiben, Flachglas *n*
  v. feuilleté Verbundglas *n*
  v. filé Glasfaden *m*, Glasgespinst *n*
  v. flint Flintglas *n*
  v. foncé Blendglas *n*
  v. de fonte Gußglas *n*
  v. fritté Sinterglas *n*
  v. fumé Rauchglas *n*
  v. à glace(s) Spiegelglas *n*
  v. gradué Meßglas *n*; Meßbecher *m*
  v. grossier Grobglas *n*
  v. grossissant Vergrößerungsglas *n*
  v. à image ponctuelle Punktalglas *n*
  v. incassable splittersicheres Glas *n*
  v. incoloré farbloses Glas *n*
  v. pour les laboratoires Laborglas *n*
  v. laiteux Milchglas *n*
  v. laminé gewalztes Glas *n*, Walzglas *n*
  v. lenticulaire Lentikularglas *n*, Tragrandglas *n*
  v. louchette Schielglas *n*
  v. en manchons Zylinderglas *n*
  v. martelé gehämmertes Glas *n*
  v. mat Mattglas *n*
  v. mince Dünnglas *n*
  v. miroité verspiegeltes Glas *n*
  v. moulé Preßglas *n*
  v. moussé geblähtes Glas *n*, Schaumglas *n*
  v. multicellulaire poriges Glas *n*
  v. multifocal Mehrstärkenglas *n*
  v. muni d'une couche vergütetes Glas *n*
  v. neutre ungeschliffenes Glas *n*
  v. ondulé Wellglas *n*
  v. opale (opalin) Opalglas *n*
  v. opaque Opakglas *n*, Trübglas *n*
  v. d'optique optisches Glas *n*
  v. organique Plastikglas *n*

verre

v. **ornemental** Ornamentglas n
v. **pare-balles** Panzerglas n
v. **photosensible** lichtempfindliches Glas n
v. **plan** Planglas n
v. **en plaques** Glas n in Platten, Tafelglas n
v. **plastique** Plastikglas n
v. **plat** Flachglas n
v. **de plomb**, v. **plombé (plombeux)** Bleiglas n
v. **à plusieurs foyers** Vielstärkenglas n
v. **polyfocal** Mehrstärkenglas n
v. **ponctuel** punktuell abbildendes Glas n
v. **pressé** Preßglas n
v. **prismatique** Prismenglas n
v. **protecteur** Schutzglas n
v. **de protection contre les rayons X** Röntgenschutzglas n
v. **pulvérisé** Glaspulver n, Glasmehl n
v. **pyrex** Pyrexglas n
v. **de quartz**, v. **quartzeux** s. v. **de silice**
v. **rainé** Nutenglas n
v. **de réduction** Verkleinerungsglas n
v. **réfractaire** feuerbeständiges Glas n
v. **rendu conducteur** leitfähiges Glas n
v. **résistant à la chaleur**, v. **résistant au choc thermique** hitzebeständiges Glas n
v. **rubis** Rubinglas n
v. **scléral** s. v. **de contact**
v. **sécurit** Sekuritglas n
v. **de sécurité** splitterfreies Glas n, Sicherheitsglas n
v. **de silice** Quarzglas n; Kieselglas n
v. **simple** Einstärkenglas n
v. **soluble** Wasserglas n
v. **strié** geriffeltes Glas n
v. **de sûreté** s. v. **de sécurité**
v. **taillé** geschliffenes Glas n
v. **technique** technisches Glas n
v. **tendre** weiches Glas n
v. **terne** blindes Glas n
v. **textile (tissé)** Glasfasergewebe n
v. **torique** torisches Glas n
v. **traité thermiquement** vergütetes Glas n
v. **traité à la vapeur** bedampftes Glas n
v. **translucide** lichtdurchlässiges Glas n, Transparentglas n
v. **trempé** vorgespanntes Glas n, Hartglas n, Preßhartglas n
v. **trifocal** Trifokalglas n
v. **triplex** Dreischichtenglas n
v. **umbral** Umbralglas n
v. **unifocal** Einstärkenglas n
v. **d'urane** Uranglas n
v. **uviol** Uviolglas n
v. **à vitres** Bauglas n, Fensterglas n; Tafelglas n
v. **à vitres collé** Mehrschichtenglas n, Verbundglas n
verre-cloche m Schutzglasglocke f
verre-mousse m Schaumglas n
verre-regard m Schauglas n
verrerie f 1. Glasarbeit f; 2. Glasfabrik f, Glashütte f; 3. Glashüttenwesen n, Glasindustrie f; Glasmacherkunst f; 4. Glasglocke f ⟨für Pflanzen⟩; 5. Glaskanzel f ⟨Flugzeug⟩; 6. [großes] Kirchenfenster n; 7. Schutzscheibe f ⟨vor Gemälden⟩
verrou m Riegel m; Schubriegel m; Sperrklinke f; Schloß n
v. **d'aiguille** Weichenschloß n
v. **d'indexage** Indexbolzen m
v. **de maintien** Halteklinke f, Schaltschloß n
v. **transversal** Querriegel m
verrouillage m Verriegelung f, Sperrung f, Blockierung f; Verschluß m; Verkeilung f ⟨z. B. Lukenabdeckung⟩
v. **automatique** Selbstsperrung f, automatische Verriegelung f
v. **double** Doppelarretierung f
v. **de la marge** Randfeststeller m ⟨Schreibmaschine⟩
v. **de sécurité** Sicherheitsverriegelung f, Sicherheitssperre f
v. **de séquence des manœuvres** ⟨El⟩ Schaltfolgeverriegelung f
v. **de la source** ⟨Kern⟩ Quellenverschluß m
verrouiller verriegeln; sperren; blokkieren; verschließen; verkeilen ⟨z. B. Lukenabdeckung⟩
versant m 1. Abdachung f; Abhang m; 2. Schräge f
verser gießen
version f:
v. **micro-miniature** Mikrominiaturausführung f
v. **originale** Originalfassung f
verso m ⟨Typ⟩ gerade (linke) Seite f
versoir m Streichblech n ⟨Pflug⟩
vert m:
v. **de chrome** Chromgrün n
v. **émeraude** Smaragdgrün n, Brillantgrün n
v. **de gris** Grünspan m
v. **malachite** Malachitgrün n
vertical senkrecht, vertikal; stehend; ⟨Brg⟩ seiger
vertical m Vertikalkreis m

verticale f Senkrechte f, Vertikale f
vésiculaire blasig
vêtement m:
  v. ciré Ölzeug n
  v. de mineur Grubenanzug m
  v. protecteur (de sûreté) Schutzkleidung f, Schutzanzug m
  v. de travail Arbeitskleidung f
viabilité f 1. Befahrbarkeit f, guter Straßenzustand m; 2. Einfahrt f, Zufahrtsweg m
viable befahrbar
viaduc m Viadukt m
vibrage m 1. Vibrieren n; 2. Rütteln n
vibrateur m 1. ⟨Masch⟩ Vibrator m, Rüttelvorrichtung f, Rüttler m; 2. ⟨El⟩ Zerhacker m
  v. à béton Betonrüttler m
vibration f 1. Erschütterung f; Vibrieren n; Rütteln n; 2. Vibration f, Schwingung f ⟨s. a. oscillation 1.⟩
  v. acoustique Schallschwingung f, Tonschwingung f, akustische Schwingung f
  v. amortie gedämpfte Schwingung f
  v. contrainte erzwungene (fremderregte, aufgedrückte) Schwingung f, Zwangsschwingung f
  v. élastique elastische Schwingung f
  v. fondamentale Grundschwingung f, Fundamentalschwingung f
  v. forcée s. **v. contrainte**
  v. longitudinale Längsschwingung f, Longitudinalschwingung f, longitudinale Schwingung f
  v. mécanique mechanische Schwingung f
  v. non amortie ungedämpfte (kontinuierliche) Schwingung f
  v. propre Eigenschwingung f
  v. du réseau Gitterschwingung f
  v. sonore s. **v. acoustique**
  v. transversale Transversalschwingung f, transversale Schwingung f, Querschwingung f
vibrations fpl **de copie** elastische Schiffsschwingungen fpl, Vibrationen fpl des Schiffskörpers
vibrer 1. rütteln, erschüttern; 2. vibrieren, schwingen
vibreur m ⟨El⟩ Zerhacker m
  v. de départ Abschnappkupplung f ⟨z. B. im Flugmotor⟩
vibrobroyeur m Schwingmühle f
vibroculteur m Federzinkengrubber m
vibroforage m Vibrationsbohren n
vibroforeuse f Vibrationsbohrmaschine f

vibrographe m Vibrograf m, Schwingungsschreiber m
vibromètre m, **vibroscope** m Schwingungsmesser m
vice m s. **défaut**
vidage m 1. Ausleeren n, Entleerung f; Räumung f; 2. Löschen n; Löschung f; 3. Ausnehmen n, Ausweiden ⟨von Fisch⟩
  v. automatique automatische Löschung f
  v. sélectif wahlweise Löschung f
vidange f 1. Ausleeren n, Austrag m, Ablassen n; 2. Entwässerung f; 3. Fäkalienabfuhr f ⟨Trockenabort⟩
  v. d'huile Ölablaß m
  v. manuelle Handaustragung f
  v. du silo Bunkerentleerung f
vidanger ablassen, ausleeren, austragen, räumen; Müll abfahren; Abort reinigen
vide leer
  v. d'air luftleer
vide m 1. Hohlraum m; Lücke f, leerer Raum m; 2. Öffnung f; lichte Öffnung eines Bogens; 3. Vakuum n; **à (sous) v.** im Leerlauf, leer; in (unter) Vakuum
  v. de dissolution Lösungshohlraum m
  v. élevé Hochvakuum n
  v. d'exploitation Abbauraum m
  v. limite Endvakuum n, Enddruck m
  v. de maille Maschenöffnung f
  v. poussé Hochvakuum n
  v. préliminaire Vorvakuum n
  v. dans les vieux travaux Weitung f im Alten Mann
vidéo m Fernsehbild n
vidéofréquence f Videofrequenz f
vidéophone m Fernsehtelefon n
vide-ordures m Müllschlucker m, Müllschacht m
vidéotéléphonie f Fernsehtelefonie f
vider 1. ausleeren, entleeren; 2. entwässern; 3. ausnehmen, ausschlachten, ausweiden ⟨z. B. Fisch⟩
vide-vite m Schnellablaß m
vidicon m Vidikon n
vie f Lebensdauer f
  v. moyenne Halbwert[s]zeit f
  v. du tube compteur Zählrohrlebensdauer f
  v. utile Lebensdauer f, Nutzungsdauer f
vieillir verwittern; altern ⟨Metalle⟩; bewittern ⟨Plaste⟩
vieillissement m Verwittern n; Altern n, Alterung f ⟨von Metallen⟩; Bewitterung f ⟨von Plasten⟩

vieillissement

v. à l'air chaud Heißluftalterung f
v. artificiel künstliche Alterung f
v. naturel natürliche Alterung f
v. par trempe Abschreckalterung f
vierge ⟨Brg⟩ unverritzt
vif scharf ⟨Kante⟩
vif-argent m Quecksilber n
vigie f **de frein** Bremserhaus n
vignette f Vignette f; Leiste f ⟨Einfassung⟩
v. typographique Typenornament n
vignette-bordure f Zierleiste f
vilebrequin m 1. Kurbelwelle f; 2. Brustleier f, Bohrkurbel f
v. avec manetons à 180° Kurbelwelle f mit um 180° versetzten Kurbelzapfen
ville f **satellite** Satellitenstadt f, Trabantenstadt f, Entlastungsstadt f
vinaigre m Essig m
v. de bois Holzessig m, Rohholzessig m
vinification f Weinbereitung f
vinylacétylène m Vinylazetylen n
violet m **de méthyle** Methylviolett n
violon m ⟨Typ⟩ Spaltenschiff n
virage m 1. Kurve f; Biegung f; Wende f; Kehre f; 2. Farbumschlag m, Tonen n; 3. Aufholen n, Einholen n ⟨z. B. Fischnetz⟩; Durchholen n, Steifholen n ⟨z. B. Leine⟩; Hieven n
v. conventionnel final Endanflugkurve f
v. de nuance Farbtonverschiebung f, Farbtonumschlag m, Farbtonveränderung f
virage-fixage m Tonfixierbad n
vire-andains m ⟨Lw⟩ Kreiselzettwender m, Schwadenwender m
virement m Drehen n; Schwenkung f ⟨eines Schiffes⟩
virer 1. sich wenden, drehen; 2. fixieren, tonen; 3. aufholen, einholen ⟨z. B. Fischnetz⟩; durchholen, steifholen ⟨z. B. Leine⟩; hieven
v. au treuil aufspillen; aufspulen
vireur m Drehvorrichtung f; ⟨Schiff⟩ Törnmaschine f, Törnvorrichtung f
virgule f Komma n
v. ajustable einstellbares Komma n
v. binaire Binärkomma n
v. décimale Dezimalkomma n
v. fixe Festkomma n
v. flottante Gleitkomma n, bewegliches Komma n
v. mobile s. **v. flottante**
v. réglable einstellbares Komma n
virole f Ring m
virtuel virtuell

virure f Plattengang m
v. de bouchain Kimmgang m
vis f 1. Schraube f, Spindel f, Schnecke f; 2. Schneckenkolben m ⟨Spritzgußautomat⟩
v. d'affouragement Futterverteilschnecke f
v. d'ajustage Justierschraube f, Stellschraube f, Regulierschraube f
v. d'Archimède Schnecke f, Förderschnecke f
v. arrêtoir Stellschraube f
v. d'avance Vorschubspindel f
v. à billes Spindel f mit Kugelumlaufmutter
v. à bois Holzschraube f
v. à boucle Ringschraube f
v. de bride Stellschraube f
v. de broyage Brechschnecke f
v. calante Stellschraube f
v. de conduite Leitspindel f
v. de contact Kontaktschraube f
v. à crochet Hakenschraube f
v. cruciforme Kreuzschraube f
v. cylindrique Zylinderschraube f
v. de décharge Ablaßschraube f
v. de déplacement Verstellschraube f
v. à deux filets zweigängige Schnecke f
v. de direction Lenkschnecke f
v. du dispositif d'horizon Horizontierschraube f
v. de dissolution Löseschnecke f
v. de distribution Verteilungsschnecke f
v. d'élévation Hubspindel f
v. d'entrainement Antriebsspindel f
v. fendue Schlitzschraube f
v. de fermeture Verschlußschraube f
v. à filet carré flachgängige Schraube f
v. sans fin Schnecke f
v. sans fin à deux filets zweigängige Schnecke f
v. sans fin à un filet eingängige Schnecke f
v. de fixation Befestigungsschraube f
v. en fonte Gußschnecke f
v. à friction Gefühlsschraube f
v. en goutte de suif Rundkopfschlitzschraube f
v. graduée Skalenschraube f
v. à grain ⟨Lw⟩ Körnerschnecke f
v. hexagonale Sechskantschraube f
v. de manutention Transportschnecke f, Förderschnecke f
v. mécanique Maschinenschraube f
v. mère Leitspindel f

v. micrométrique Mikrometerschraube f
v. micrométrique à cliquet Mikrometergefühlsschraube f, Mikrometerratsche f
v. de mise à la terre Erdklemme f
v. moletée Rändelschraube f
v. de mouvement Bewegungsschraube f, Spindel f
v. de nivellement Justierschraube f
v. noyée versenkte Schraube f
v. à palette Paddelschnecke f
v. à palettes mélangeuses Schnecke f mit Mischschaufeln
v. à papillons Flügelschraube f
v. pointeau Schraube f mit spitzem Ende, Klemmschraube f, Stiftschraube f
v. de préplastification Vorplastizierschneckenkolben m
v. de purge Ablaßschraube f
v. à quatre pans Vierkantschraube f
v. de rappel Rückstellschraube f
v. de réglage Einstellschraube f, Stellschraube f; Sticheinstellung f ⟨Nähmaschine⟩
v. de réglage d'encrier Zonenschraube f
v. de retenue Sicherungsschraube f
v. de richesse de ralenti Leerlaufgemischregulierschraube f
v. à ruban Bandschnecke f
v. de séchage Trockenschnecke f
v. de série Normschraube f
v. de serrage Spannschraube f
v. à six pans Sechskantschraube f
v. à six pans creux Innensechskantschraube f, Inbusschraube f
v. télescopique Teleskopspindel f
v. de terre Erdklemme f
v. à tête Kopfschraube f
v. à tête bombée Linsenschraube f
v. à tête carrée Vierkantschraube f
v. à tête cylindrique Zylinderschraube f
v. à tête fendue Schlitzschraube f
v. à tête fraisée Senkschraube f, versenkbare Schraube f
v. à tête hexagonale Sechskantschraube f
v. à tête à marteau Hammerschraube f
v. à tête noyée Senkschraube f
v. à tête plate Zylinderschraube f
v. à tête ronde Halbrundschraube f
v. à tête six pans s. v. à six pans
v. à tête six pans creux s. v. à six pans creux

v. de transport, v. tranporteuse Förderschnecke f
v. à un filet eingängige Schraube f
v. de vidange d'huile Ölablaßschraube f
vis-butée f Anschlagschraube f
viscoélastique viskoelastisch
viscoplastique viskoplastisch
viscose f Viskose f
viscosimètre m Viskosimeter n, Viskositätsmesser m
v. à bille Kugelviskosimeter n
v. à capillaire Kapillarviskosimeter n
v. à chute de bille Kugelfallviskosimeter n
v. d'Engler Englersches Viskosimeter n
v. à liquides Flüssigkeitsviskosimeter n
v. de Redwood Redwood-Viskosimeter n
v. rotatif Rotationsviskosimeter n
v. de terrain Feldviskosimeter n
viscosité f Viskosität f, Zähigkeit f
v. absolue absolute Viskosität f
v. cinématique kinematische Zähigkeit f
v. diélectrique dielektrische Nachwirkung f
v. Engler Englergrad m
v. magnétique magnetische Nachwirkung f
v. plastique plastische Viskosität f
v. relative relative Viskosität f
v. spécifique spezifische Viskosität f
v. structurelle strukturelle Viskosität f
visée f Blickrichtung f; Visieren n
viseur m Bildsucher m
v. à angle droit Winkelsucher m
v. bifocal Zweifachsucher m
v. brillant Brillantsucher m
v. à cadre Rahmensucher m
v. collimateur Kollimatorsucher m
v. couplé à l'objectif objektivgekoppelter Sucher m
v. à grand angle Weitwinkelsucher m
v. à image redressée Aufrechtbildsucher m
v. multifocal Vielfachsucher m
v. optique optischer Sucher m
v. pliant Klappsucher m
v. à prisme Prismensucher m
v. radar Radarsucher m
v. sportif Sportsucher m
v. stéréoscopique Stereosucher m
v. universel Universalsucher m
v. à vision directe Durchsichtsucher m
viseur-télémètre m Einblickentfernungsmesser m
visibilité f Sicht f
visible sichtbar

visière f 1. Blende f; Blendschirm m; 2. Visier n
vision f:
  v. circulaire Rundsicht f
  v. crépusculaire (en pénombre) Dämmerungssehen n
  v. stéréoscopique räumliches Sehen n
visionneuse f **pour diapositives** Dia[positiv]betrachter m
visiteur m **du matériel roulant** Wagenmeister m
visiteuse f ⟨Text⟩ Schaumaschine f
visorium m Tenakel n, Manuskripthalter m
visqueux zäh; viskos, dickflüssig
vissage m Verschrauben n
visser [hinein]schrauben, anschrauben, festschrauben
visseuse f Schrauber m, mechanisches Schraubgerät n
  v. électrique Elektroschrauber m
  v. à percussion Schlagschrauber m
vitesse f Geschwindigkeit f; Drehzahl f; Winkelgeschwindigkeit f; ⟨Kfz⟩ Gang m
  v. absolue Absolutgeschwindigkeit f
  v. accélérée Beschleunigung f
  v. d'accrochage Einfanggeschwindigkeit f ⟨bei der Landung eines Bordflugzeugs auf einem Flugzeugträger⟩
  v. d'addition Addiergeschwindigkeit f
  v. admissible zulässige Geschwindigkeit f, Geschwindigkeitsgrenze f
  v. d'affinage Frischgeschwindigkeit f
  v. d'ajustage Stellgeschwindigkeit f
  v. d'allongement Dehn[ungs]geschwindigkeit f
  v. anémométrique s. v. badin
  v. angulaire Winkelgeschwindigkeit f
  v. d'approche Anfluggeschwindigkeit f
  v. de l'arbre de sortie Abtriebsdrehzahl f
  v. ascensionnelle Steiggeschwindigkeit f
  v. ascensionnelle oblique Schrägsteiggeschwindigkeit f
  v. ascensionnelle verticale Senkrechtsteiggeschwindigkeit f
  v. asynchrone Asynchrondrehzahl f
  v. d'atterrissage Landegeschwindigkeit f
  v. d'avance Vorschubgeschwindigkeit f
  v. d'avancement Fortschrittsgeschwindigkeit f ⟨Traktoraggregat⟩; Arbeitsgeschwindigkeit f ⟨Feldmaschine⟩; ⟨Brg⟩ Vortriebsgeschwindigkeit f
  v. badin angezeigte Eigengeschwindigkeit f
  v. de balayage Abtastgeschwindigkeit f, Strahlgeschwindigkeit f
  v. sur bases aux essais Geschwindigkeit f in der Meßmeile, Probefahrtgeschwindigkeit f
  v. de calcul Rechengeschwindigkeit f
  v. de chalutage Schleppgeschwindigkeit f ⟨Fischnetz⟩
  v. en charge Belastungsdrehzahl f, Lastdrehzahl f
  v. de choc Stoßgeschwindigkeit f
  v. circonférentielle Umfangsgeschwindigkeit f
  v. de combustion Verbrennungsgeschwindigkeit f; Brenngeschwindigkeit f
  v. constante gleichbleibende Drehzahl f
  v. corrigée berichtigte Eigengeschwindigkeit f
  v. de coulée Gießgeschwindigkeit f
  v. de coupe Schnittgeschwindigkeit f
  v. de coupure Abschaltdrehzahl f
  v. du courant Strömungsgeschwindigkeit f
  v. de crique Rißgeschwindigkeit f
  v. de cristallisation Kristallisationsgeschwindigkeit f
  v. critique kritische Drehzahl f
  v. critique de manutention de pression Ausschwebegeschwindigkeit f ⟨Vorverdichter⟩
  v. critique d'ouverture kritische Entfaltungsgeschwindigkeit f ⟨Fallschirm⟩
  v. critique de passage sur le redan kritische Geschwindigkeit f beim Start eines Wasserflugzeugs
  v. de croisière Reisegeschwindigkeit f
  v. de croissance des cristaux Kristallwachstumsgeschwindigkeit f, Kristallisationsgeschwindigkeit f
  v. de débranchement Ablaufgeschwindigkeit f
  v. de décollage indiquée Abhebegeschwindigkeit f, Startgeschwindigkeit f
  v. de décollage de sécurité Mindeststartgeschwindigkeit f
  v. de décrochage ⟨Flg⟩ Abkippgeschwindigkeit f; Überziehgeschwindigkeit f
  v. de défilement Ablaufgeschwindigkeit f
  v. de déformation Verformungsgeschwindigkeit f, Formänderungsgeschwindigkeit f ⟨Werkstoffkunde⟩
  v. démultipliée Abtriebsdrehzahl f

v. de déplacement Bahngeschwindigkeit f
v. de déroulement Ablaufgeschwindigkeit f
v. de déroulement de la bande magnétique Bandgeschwindigkeit f
v. de désintégration Zerfallsgeschwindigkeit f
v. de détonation Detonationsgeschwindigkeit f
v. du développement Entwicklungsgeschwindigkeit f
v. de déviation Ablenkgeschwindigkeit f
v. de diffusion Diffusionsgeschwindigkeit f
v. de dissolution Lösungsgeschwindigkeit f
v. de divergence ⟨Flg⟩ kritische Auskippgeschwindigkeit f
v. d'échange isotopique Isotopenaustauschgeschwindigkeit f
v. d'écoulement Durchflußgeschwindigkeit f, Ausflußgeschwindigkeit f
v. d'enlèvement Abtragungsgeschwindigkeit f; Zerspanungsgeschwindigkeit f
v. d'entrainement Antriebsgeschwindigkeit f; Antriebsdrehzahl f
v. d'entrée Eintrittsgeschwindigkeit f; ⟨Dat⟩ Eingabegeschwindigkeit f
v. d'équilibre Grenzgeschwindigkeit f; Beharrungsdrehzahl f
v. d'érosion Abtragsleistung f
v. aux essais Probefahrtgeschwindigkeit f
v. d'évaporation Verdampfungsgeschwindigkeit f
v. d'exploration Abtastgeschwindigkeit f
v. d'extraction Fördergeschwindigkeit f
v. d'extrusion Fließpreßgeschwindigkeit f
v. de fermeture Schließgeschwindigkeit f
v. finale Endgeschwindigkeit f; Enddrehzahl f
v. de fluage Kriechgeschwindigkeit f
v. de flutter kritische Flattergeschwindigkeit f
v. de formation Bildungsgeschwindigkeit f
v. de fusion Schmelzgeschwindigkeit f
v. de gaz Gasgeschwindigkeit f
v. de glissement Gleitgeschwindigkeit f
v. de groupe Gruppengeschwindigkeit f

v. de halage (hissage) Einholgeschwindigkeit f; Hievgeschwindigkeit f
v. hypersonique Überschallgeschwindigkeit f
v. hypersynchrone übersynchrone Drehzahl f
v. d'impression ⟨Dat⟩ Druckgeschwindigkeit f
v. indiquée angezeigte Eigengeschwindigkeit f
v. initiale Anfangsgeschwindigkeit f
v. d'inversion de commande kritische Steuerungsumkehrgeschwindigkeit f
v. latérale Schiebegeschwindigkeit f; Quergeschwindigkeit f
v. de lecture Lesegeschwindigkeit f
v. limite Endgeschwindigkeit f; Grenzgeschwindigkeit f; Grenzdrehzahl f
v. linéaire Translationsgeschwindigkeit f
v. de (la) lumière Lichtgeschwindigkeit f
v. de la lumière dans le vide Vakuumlichtgeschwindigkeit f
v. de manipulation Tastgeschwindigkeit f
v. de marche Marschgeschwindigkeit f
v. maximale Maximalgeschwindigkeit f
v. maximale de vol Höchstfluggeschwindigkeit f
v. méridienne Meridiangeschwindigkeit f
v. de migration Wanderungsgeschwindigkeit f
v. minimale Mindestgeschwindigkeit f; Mindestdrehzahl f
v. minimale de vol Mindestfluggeschwindigkeit f
v. du moteur Motordrehzahl f
v. de mouture Mahlgeschwindigkeit f
v. moyenne Durchschnittsgeschwindigkeit f; Durchschnittsdrehzahl f
v. de multiplication Multipliziergeschwindigkeit f
v. nominale Nenndrehzahl f
v. opératoire Arbeitsgeschwindigkeit f
v. optimale de croisière sichere Reisegeschwindigkeit f
v. orbitale Kreisbahngeschwindigkeit f
v. de passage Durchflußgeschwindigkeit f
v. de pêche Schleppgeschwindigkeit f ⟨Fischnetz⟩
v. de perforation Lochungsgeschwindigkeit f

vitesse

v. **périphérique** Umfangsgeschwindigkeit f
v. **permise** s. v. admissible
v. **de phase** Phasengeschwindigkeit f
v. **du piston** Kolbengeschwindigkeit f
v. **à pleine charge** Vollastdrehzahl f
v. **la plus probable** wahrscheinlichste Geschwindigkeit f
v. **de pointe** Spitzengeschwindigkeit f
v. **de pompage** Sauggeschwindigkeit f
v. **de pressage** Preßgeschwindigkeit f
v. **de propagation** Fortpflanzungsgeschwindigkeit f, Ausbreitungsgeschwindigkeit f
v. **de prononciation** Sprechgeschwindigkeit f
v. **propre** Eigengeschwindigkeit f
v. **de la réaction** Reaktionsgeschwindigkeit f
v. **de recombinaison** ⟨Kern⟩ Rekombinationsgeschwindigkeit f
v. **réelle** Absolutgeschwindigkeit f
v. **de réfrigération (refroidissement)** Abkühlgeschwindigkeit f
v. **de régime** Betriebsgeschwindigkeit f; Betriebsdrehzahl f
v. **de réglage** Regelgeschwindigkeit f; Stellgeschwindigkeit f
v. **relative** Relativgeschwindigkeit f
v. **relativiste** ⟨Kern⟩ relativistische Geschwindigkeit f
v. **de relevage** Einholgeschwindigkeit f
v. **de remise à zéro** Rückstellgeschwindigkeit f
v. **de réponse** Ansprechgeschwindigkeit f
v. **de rotation** Drehzahl f, Umdrehungsgeschwindigkeit f
v. **en route libre** Freifahrtgeschwindigkeit f, Marschgeschwindigkeit f
v. **de ruban** Bandgeschwindigkeit f
v. **de sécurité** sichere Geschwindigkeit f
v. **de sédimentation** Sinkgeschwindigkeit f
v. **de (en) service** Dienstgeschwindigkeit f
v. **du signal** Signalgeschwindigkeit f
v. **sol** ⟨Flg⟩ Grundgeschwindigkeit f, Geschwindigkeit f über Grund
v. **du son, v. sonique** Schallgeschwindigkeit f
v. **de sortie** Ausgabegeschwindigkeit f
v. **sous-synchrone** untersynchrone Drehzahl f
v. **spécifique de désionisation** Entionisierungsgeschwindigkeit f

v. **subsonique** Unterschallgeschwindigkeit f
v. **supersonique** Überschallgeschwindigkeit f
v. **surmultipliée** ⟨Kfz⟩ Schnellgang m
v. **synchrone** synchrone Drehzahl f, Synchrondrehzahl f
v. **de synchronisation** Synchronisiergeschwindigkeit f
v. **de synchronisme** s. v. synchrone
v. **tangentielle** Tangentialgeschwindigkeit f
v. **télégraphique** Telegrafiergeschwindigkeit f
v. **de transmission** Übertragungsgeschwindigkeit f
v. **de transmission télégraphique** Telegrafiergeschwindigkeit f
v. **transsonique** Überschallgeschwindigkeit f
v. **de travail** Arbeitsgeschwindigkeit f
v. **de tri(age)** Sortiergeschwindigkeit f
v. **uniforme** gleichförmige Geschwindigkeit f
v. **de (la) vapeur** Dampfgeschwindigkeit f
v. **variable** ungleichförmige Geschwindigkeit f
v. **verticale de descente** Sinkgeschwindigkeit f
v. **verticale de monté** Steiggeschwindigkeit f
v. **à vide** Leerlaufdrehzahl f
v. **de virage** Einholgeschwindigkeit f
v. **de vol** Reisegeschwindigkeit f
v. **vraie (wahre)** Eigengeschwindigkeit f

troisième v. dritter Gang m
vitrage m 1. Verglasen n; Glaserarbeit f; 2. Fenster n; Glastür f; Glaswand f; Glasverschlag m; 3. Oberlicht n
v. **par bandes en chenille** Raupenoberlicht n
v. **double** doppelte Verglasung f
v. **au mastic** Kittverglasung f
vitre f Fensterscheibe f
v. **protectrice** Schutzscheibe f ⟨z. B. Bildröhre⟩
v. **à vue claire** Klarsichtscheibe f
vitrer verglasen, Scheiben einsetzen
vitrerie f 1. Glasherstellung f; Glaserhandwerk n; 2. Glashütte f; Glaserei f
vitreux glasähnlich, glasartig; glasig
vitrifiant m Glasbildner m
vitrification f Glasbildung f
vitrifier glasieren, überglasen, verglasen
vivier m Bünn f, Fischbehälter m
vivres mpl **réfrigérés** Kühlproviant m

vobulateur m Wobbler m, Wobbelgenerator m
vobulation f Wobbeln n
 v. des lignes Zeilenwobbelung f
vobuler wobbeln
voie f 1. Fahrbahn f, Straße f ⟨s. a. rue⟩; 2. Strecke f; Weg m; 3. Gleis n; Spurweite f; 4. Bahn f; 5. ⟨Brg⟩ Strecke f; 6. Kanal m ⟨s. a. canal⟩; 7. Schränkung f ⟨Säge⟩; **à v.** geschränkt; **à v. unique** einspurig; **à deux voies** zweispurig
 v. aérienne Luftstraße f
 v. aérienne à câble Drahtseilbahn f, Schwebebahn f
 v. en alignement gerader Strang m
 v. arrière ⟨Kfz⟩ Spurweite f hinten
 v. d'arrivée Einfahrgleis n
 v. audio Tonkanal m
 v. avant ⟨Kfz⟩ Spurweite f vorn
 v. de base ⟨Brg⟩ Grundstrecke f
 v. de ceinture Ringstraße f, Umgehungsstraße f
 v. de chargement Ladegleis n
 v. circulaire Ringgleis n
 v. de circulation ⟨Eb⟩ Fahrgleis n; ⟨Flg⟩ Rollbahn f
 v. de circulation périphérique Rollfeldringstraße f
 v. de communication Verbindungsweg m; Verkehrsstraße f
 v. de contact ⟨El⟩ Kontaktbahn f
 v. à courant porteur Trägerfrequenzkanal m
 v. en cul-de-sac Stumpfgleis n
 v. de départ Ausfahrgleis n
 v. de desserte Förderstrecke f
 v. de déviation Umleitungsstraße f
 v. déviée krummer Strang m
 v. directe durchgehendes Gleis n
 v. d'eau 1. Leck n; 2. Wasserstraße f, Wasserweg m
 v. à écartement étroit Schmalspurgleis n
 v. d'embranchement Anschlußgleis n
 v. étroite Schmalspur f
 v. d'évitement Überholgleis n
 v. d'exploitation Abbaustrecke f
 v. en ferme Vortriebsstrecke f ⟨im Flöz⟩
 v. ferrée 1. Eisenbahn f; 2. Schienenweg m, Schienenstrang m; Gleis n
 v. de formation Ziehgleis n, Ausziehgleis n
 v. de garage Abstellgleis n
 v. à grande circulation Hauptverkehrsstraße f
 v. industrielle Industriebahn f

 v. d'intensité ⟨El⟩ Strompfad m
 v. intermédiaire Teilsohlenstrecke f
 v. de lancement Abstoßgleis n
 v. libre freier Durchgang (Durchlaß)
 v. de mer Seewasserstraße f; Seeweg m
 v. navigable Schiffahrtsweg m, schiffbare Wasserstraße f
 v. de niveau ⟨Brg⟩ Sohlenstrecke f
 v. normale Normalspur f
 v. obstruée gesperrtes Gleis n
 v. occupée belegtes Gleis n
 v. de passage Durchgangsgleis n, Überholgleis n
 v. de pont roulant Kranbahn f
 v. portative Feldbahn(gleis n) f
 v. principale 1. Hauptstraße f; 2. Hauptgleis n; Hauptstrecke f
 v. publique 1. öffentlicher Weg m; 2. Verkehrslinie f
 v. de la réaction nucléaire ⟨Kern⟩ Reaktionskanal m
 v. en remblai 1. Eisenbahndamm m; 2. hochliegende Straße f
 v. de remenage Abbauförderstrecke f
 v. à sens unique Einbahnstraße f
 v. de service Nebengleis n
 v. suspendue Hängebahn f
 v. de télécommunication Übertragungskanal m
 v. télégraphique Telegrafiekanal m
 v. téléphérique Drahtseilbahn f
 v. de transport Ladestrecke f
 v. de triage Rangiergleis n
 v. unique eingleisige Strecke f
fausse v. ⟨Brg⟩ Blindort n
voies fpl Bahnkörper m
 v. variables Spurweitenverstellung f ⟨Traktor⟩
voile m 1. Schleier m ⟨Fotografie⟩; 2. ⟨Text⟩ Vlies n
 v. bleu Blauschleier m, Blaustich m
 v. calcaire Kalkschleier m
 v. de carde Krempelvlies n, Kardenvlies n, Krempelflor m
 v. croisé Kreuzlagenvlies n
 v. de développement Entwicklungsschleier m
 v. dichroïque Farbschleier m, Farbstich m
 v. de fibres agglomérées pour entoilage Einlagevlies n, Einlagestoff m
 v. de fibres croisées Kreuzlagenvlies n
 v. de fibres emmêlées Wirrlagenvlies n
 v. de fibres parallèles Parallellagenvlies n, parallelorientiertes Vlies n
 v. de fond Grundschwärzung f
 v. gaze Voile m in Dreherbindung

voile

v. gris Grauschleier *m*, Graustich *m*
v. rouge Rotschleier *m*, Rotstich *m*
v. de sulfate Hüttenrauch *m* ⟨Glas⟩
v. vert Grünschleier *m*, Grünstich *m*
v. de vieillissement Alterungsschleier *m*
voirie *f* 1. Wegebauverwaltung *f*; Straßennetz *n*; 2. Müllabfuhr *f*; Schuttabladeplatz *m*
voisinage *m* ⟨Math⟩ Umgebung *f*
v. bicirculaire Dizylinder *m*
voiture *f* Fahrzeug *n*; Personenkraftwagen *m*; Wagen *m* ⟨s. a. wagon⟩
v. d'arrosage Sprengwagen *m*
v. à attelage automatique Wagen *m* mit automatischer Kupplung
v. commerciale Kombiwagen *m*
v. à couloir central Mittelgangwagen *m*
v. à couloir latéral Seitengangwagen *m*
v. à deux essieux zweiachsiger Wagen *m*
v. à étage Doppelstockwagen *m*
v. métallique Ganzmetallwagen *m*
v. de prise de vue Aufnahmewagen *m*
v. de publidiffusion Lautsprecherwagen *m*
v. de renfort Verstärkungswagen *m*
v. semi-métallique Halbmetallwagen *m*
v. de tête Spitzenwagen *m*
v. tout-terrain Geländewagen *m*
v. tous-usages Mehrzweckfahrzeug *n*
v. à trois essieux dreiachsiger Wagen *m*
vol *m* Flug *m*
v. aveugle Blindflug *m*
v. par contact Flug *m* mit Bodensicht; Kontaktflug *m*
v. de contrôle Kontrollflug *m*
v. cosmique s. v. spatial
v. sur le dos Rückenflug *m*
v. sans escale Nonstopflug *m*
v. gravifique Trägheitsflug *m*
v. à haute altitude Höhenflug *m*
v. horizontal Horizontalflug *m*, Waagerechtflug *m*
v. IFR (aux instruments) IFR-Flug *m*, Instrumentenflug *m* ⟨Flug nach Instrumentenflugregeln⟩
v. interplanétaire interplanetarer Flug
v. interstellaire interstellarer Flug *m*
v. libre Freiflug *m*
v. long-courrier Langstreckenflug *m*
v. à moteur Motorflug *m*
v. sans moteur Gleitflug *m*
v. normal Normalflug *m*

v. sur les nuages Fliegen *n* über den Wolken
v. piqué Sturzflug *m*
v. plané Gleitflug *m*
v. plané frontal Frontensegelflug *m*
v. de réception Abnahmeflug *m*
v. renversé Rückenflug *m*
v. spatial Raumflug *m*; Weltraumfahrt *f*, Raumfahrt *f*
v. stationnaire Schwebeflug *m*
v. télécommandé ferngesteuerter Flug *m*
v. vertical Vertikalflug *m*
v. VFR VFR-Flug *m* ⟨Flug nach Sichtflugregeln⟩
v. sans visibilité Blindflug *m*
v. à voile Segelflug *m*
v. à vue Sichtflug *m*
volant *m* 1. Handrad *n*; 2. Schwungrad *n*; 3. Lenkrad *n*; Steuerrad *n*; 4. ⟨Text⟩ Volant *m*, Schnellwalze *f*, Trommelputzwalze *f*, Aushebewalze *f*; 5. Windmühlenflügel *m*
v. d'aileron Querrudersteuerrad *n*
v. de commande Steuerrad *n*
v. avec couronne dentée Schwungrad *n* mit Anlasserzahnkranz
v. de direction Lenkrad *n*, Steuerrad *n*
v. Ilgner Ilgner-Schwungrad *n*
v. d'inertie Schwungrad *n*
v. de manœuvre Handrad *n*
volatil flüchtig
non v. nichtflüchtig; schwerflüchtig
très v. hochflüchtig
volatilisation *f* Verflüchtigung *f*
volatiliser / se sich verflüchtigen
volatilité *f* Flüchtigkeit *f*
volcan *m* Vulkan *m*
v. en bouclier Schildvulkan *m*
v. de boue Schlammvulkan *m*
v. principal Hauptvulkan *m*
v. sous-marin unterseeischer Vulkan *m*
v. subaérien Landvulkan *m*
volcanicité *f* Vulkanizität *f*
volcanique vulkanisch
volcanisme *m* Vulkanismus *m*
v. externe Oberflächenvulkanismus *m*
volcanologie *f* Vulkanologie *f*
volée *f* 1. Treppenlauf *m*, Treppenflucht *f*; 2. Flug *m*; Flugdauer *f*
voler fliegen
v. en lacet gieren
volet *m* 1. Fensterladen *m*, Klappladen *m*; Klappe *f*; 2. ⟨Flg⟩ Landeklappe *f*; 3. Sprosse *f* ⟨z. B. eines Wasserrades⟩; 4. Verdrängungsblende *f*; Wischblende *f* ⟨Fotografie⟩
v. brisé Faltladen *m*

v. de compensation de gouverne Höhenrudertrimmklappe f
v. à coulisse Schiebeladen m
v. à double fente Doppelspaltklappe f
v. en éventail Fächerblende f
v. à fente Spaltklappe f
v. Fowler Fowlerklappe f
v. d'hypersustentation Landeklappe f; den Auftrieb erhöhende Klappe f
v. d'incendie Feuerschutzklappe f
v. d'intrados Spreizklappe f
v. pliant Faltladen m
v. de ressource Abfangklappe f
v. roulant Rolladen m
v. simple Wölbungsklappe f
v. de sortie Austragklappe f
volet-frein m de piqué Sturzflugbremse f, Sturzflugklappe f
volet-presseur m du couloir de projection Andruckplatte f
volige f Schindelbrett n, Spließ m
voligeage m Schalung f, Dachschalung f; Verschalen n, Dachdeckung f ⟨Spließdach⟩
voliger mit Spließen eindecken, spließen
volt m Volt n
voltage m Spannung f ⟨s. a. tension⟩
voltaique galvanisch
voltamètre m Voltameter n
  v. à poids Gewichtsvoltameter n, Massenvoltameter n
  v. à titrage Titrationsvoltameter n
  v. à volume Volumenvoltameter n
voltampère m Voltampere n
voltampèremètre m Scheinleistungsmesser m
voltige f Kunstflug m
voltmètre m Voltmeter n, Spannungsmesser m, Voltmesser m
  v. à cadre mobile Drehspulspannungsmesser m
  v. calorique Hitzdrahtvoltmeter n
  v. à contacts Kontaktvoltmeter n
  v. de crête Scheitelspannungsmesser m
  v. de crête à crête Spitze-zu-Spitze-Voltmeter n
  v. différentiel Differenzspannungsmesser m
  v. digital Digitalvoltmeter n
  v. électromagnétique elektromagnetischer Spannungsmesser m
  v. électronique Röhrenvoltmeter n
  v. électrostatique elektrostatisches Voltmeter n
  v. à fer mobile Dreheisenspannungsmesser m

  v. à fil chaud (thermique) Hitzdrahtspannungsmesser m
  v. à lampes Röhrenvoltmeter n
  v. numérique Digitalvoltmeter n
  v. rotative Rotationsvoltmeter n
  v. thermionique Röhrenvoltmeter n
  v. thermique Hitzdrahtvoltmeter n
  v. à transistor Transistorvoltmeter n
  v. à tubes Röhrenvoltmeter n
volucompteur m Tanksäulenmeßwerk n
volume m 1. Inhalt m; Volumen n; Raum m; Verdrängung f ⟨s. a. capacité⟩; 2. Band m; à faible v. d'huile ölarm
  v. de (la) carène Verdrängung f
  v. de compression Verdichtungsraum m
  v. constant konstantes Volumen n
  v. construit umbauter Raum m
  v. de la coque Verdrängung f
  v. à couverture rigide quergeheftete Steifbroschur f
  v. avec dos moderne (plat) Einband m mit geradem Rücken
  v. gros bois Derbholzmasse f, Derbgehalt m
  v. injectable (d'injection) Spritzvolumen n, Schußvolumen n ⟨Spritzguß⟩
  v. maximum Vollaussteuerung f
  v. moléculaire Molvolumen n
  v. du noyau Kernvolumen n
  v. de passage Durchflußvolumen n
  v. sous pont Unterdeckraumgehalt m
  v. réactionnel Reaktionsvolumen n
  v. sensible empfindliches Volumen n
  v. spécifique spezifisches Volumen n
  v. transporté Fördervolumen n
voluménomètre m Volumenmesser m
volumètre m Volumenzähler m
volumétrie f Volumetrie f
volumétrique volumetrisch
voluminosimètre m ⟨Text⟩ Bauschigkeitsmesser m
voluminosité f Bauschigkeit f
  v. des fils Garnbauschigkeit f
volute f Spiralornament n, Volute f
vortex m Wirbelring m
vousseau m, voussoir m Bogenstein m, Gewölbestein m
  v. de départ Gewölbeanfänger m, Anfängerstein m
voussure f 1. Rundung f, Wölbung f; Bogen m, Bogenrundung f; 2. Kappe f
voûtain m kleiner Bogen m; Rundung f, Wölbung f
voûte f Gewölbe n; Rundung f; Wölbung f; à double v. doppeltgewölbt
  v. d'arête Kreuzgewölbe n
  v. autoportante Stützgewölbe n

voûte

v. **en berceau** Tonnengewölbe n
v. **biaise** Querwölbung f
v. **de cave** Kellergewölbe n
v. **circulaire** Kreisgewölbe n
v. **en coupole** Kugelgewölbe n, Kuppelgewölbe n
v. **de décharge** Entlastungsgewölbe n
v. **en étoile** Sterngewölbe n
v. **en éventail** Fächergewölbe n
v. **du foyer** Feuerungsgewölbe n
v. **lisse** rippenloses Gewölbe n
v. **de mur** Sohlengewölbe n
v. **nervurée (à nervures)** Rippengewölbe n
v. **sans nervures** s. v. lisse
v. **en plein cintre** Rundbogengewölbe n
v. **de pression** Druckgewölbe n
v. **à réseau de nervures** Netzgewölbe n
v. **semelle** Sohlengewölbe n
v. **sphérique** Kugelgewölbe n
v. **surbaissée** Stützgewölbe n
v. **surhaussée** überhöhtes Gewölbe n
fausse v. Scheingewölbe n
voûter wölben
voyant m 1. Visiertafel f, Visierkreuz n; Nivellierscheibe f; 2. Kontrollampe f; 3. Schauzeichen n; Schauglas n; 4. Toppzeichen n ⟨eines Seezeichens⟩
v. **indicateur de fusion** Schmelzmarke f ⟨einer Sicherung⟩
v. **lumineux** Leuchtschauzeichen n; Leuchtfeld n
v. **à texte** Leuchtschriftfeld n ⟨z. B. als Anzeige⟩
vrac m Schüttgut n; **en v.** unverpackt
vrai rechtweisend, wahr
vrillage m Verwindung f
v. **aérodynamique** aerodynamische Verwindung f
v. **géométrique** geometrische Verwindung f
vrille f 1. Drillbohrer m, Nagelbohrer m, Vorbohrer m ⟨Zimmermann⟩; 2. ⟨Flg⟩ Trudeln n
vue f 1. Ansicht f, Aussicht f; Bild n; 2. Durchsicht m; Blickfeld n; Übersicht f
v. **aérienne** Luftbild n, Luftaufnahme f
v. **d'arrière** Rückansicht f
v. **d'avant** Vorderansicht f
v. **axonométrique** axonometrische Ansicht f
v. **de bas en haut** Aufriß m
v. **de chantier** Baustellenansicht f, Baustellenaufnahme f
v. **de côté** Seitenansicht f

v. **en coupe** Darstellung f im Schnitt, Schnitt(ansicht f) m
v. **de derrière** Rückansicht f
v. **par dessous** Unteransicht f
v. **par dessus** Draufsicht f
v. **écorchée** durchsichtige Darstellung f
v. **en élévation** Aufriß m, Vorderansicht f
v. **d'ensemble** Gesamtansicht f; Überblick m
v. **de face** Vorderansicht f
v. **latérale** Seitenansicht f
v. **panoramique** Rundbild n
v. **partielle** Teilansicht f
v. **en plan** Grundriß m, Draufsicht f
v. **de projection** s. diapositive
v. **suivant 1.1** Schnitt m ⟨längs der Linie⟩ 1-1
vulcanicité f s. volcanicité
vulcanique s. volcanique
vulcanisable vulkanisierbar
vulcanisation f Vulkanisieren n; Vulkanisation f
v. **à l'air chaud** Heißluftvulkanisation f
v. **à chaud** Heißvulkanisation f
v. **échelonnée** Stufenheizung f
v. **à froid** Kaltvulkanisation f
v. **au gaz** Gasvulkanisation f
v. **à haute fréquence** Hochfrequenzvulkanisation f
v. **à la vapeur** Dampfvulkanisation f
vulcaniser vulkanisieren
vulcaniseur m Vulkanisierapparat m
vumètre m Aussteuerungsanzeiger m

W

wagon m Waggon m, Eisenbahnwagen m, Wagen m ⟨s. a. voiture⟩
w. **pour acides** Säurewagen m
w. **d'auscultation** Gleismeßwagen m
w. **basculant** Kippwagen m
w. **à bascule** ⟨Brg⟩ Seitenkipper m
w. **à boggies** Drehgestellwagen m
w. **de chargement** Beschickungswagen m
w. **chasse-neige** Schneepflugwagen m
w. **de choc** Schutzwagen m
w. **à couvercles** Deckelwagen m
w. **couvert** gedeckter Güterwagen m
w. **à déchargement automatique** Selbstentladewagen m
w. **découvert** offener Güterwagen m
w. **fermé** gedeckter Wagen m
w. **frigorifique** Kühlwagen m

w. de grande capacité Großraumgüterwagen m
w. à intercirculation Durchgangswagen m
w. à jarres Topfwagen m
w. à longs bois Langholzwagen m
w. à marchandises Güterwagen m
w. à minerai Erzwagen m
w. plat Plattformwagen m
w. de queue Schlußwagen m, Schlußläufer m
w. à ranchers Rungenwagen m
w. réfrigérant Kühlwagen m
w. de secours Hilfswagen m
w. Talbot Talbot-Wagen m
w. unifié Einheitsgüterwagen m
w. à vidange automatique Selbstentlader m
wagon-atelier m Werkstattwagen m
wagon-citerne m Kesselwagen m
wagon-foudre m Faßwagen m
wagon-frein m Bremswagen m
wagon-grue m Kranwagen m
wagonnage m Beförderung f mit Waggons; Verladen n in Waggons
wagonnée f Waggonladung f
wagonnet m kleiner Waggon m; Lore f; Förderwagen m, Hunt m; Rollwagen m; Seilbahnwagen m, Kabine f
w. basculant Kippwagen m, Kipplore f
w. basculant des deux côtés zweiseitiger Kippwagen m
w. basculant de travers Seitenkipper m
w. à basculement automatique Selbstkipper m
w. à basculement en bout Hinterkipper m
w. à benne Kübelwagen m
w. bétonneur Betoneinbringerlore f; beweglicher (fahrbarer) Betoneinbringer m
w. à caisse Kastenwagen m
w. à caisse basculante Kipplore f, Kipper m, Kippwagen m; Kastenkipper m
w. chargeur Begichtungswagen m
w. culbutant (culbuteur) s. w. basculant
w. distributeur Beschickungslore f; fahrbarer Beschicker m
w. d'inspection Bahnmeisterwagen m; Kontrollwagen m
w. à scories Schlackenwagen m
w. de transport Förderwagen m
w. à trémie Trichterwagen m
wagon-réservoir m Behälterwagen m
wagon-silo m Silowagen m, Silowaggon m ⟨Beton⟩

wagon-tombereau m Brückenwagen m; Kippwagen m; offener Güterwagen m
wagon-trémie m Trichterwagen m
waterbag m Wasserheizschlauch m
water-ballast m Ballasttank m, Ballastzelle f
water-jacket m Wassermantel m, Kühlwassermantel m
watt m Watt n
watt-heure m Wattstunde f
watt-heuremètre m Wattstundenzähler m
wattmètre m Wattmeter n, Leistungsmesser m
w. double Doppelwattmeter n
w. enregistreur Wirk- und Blindleistungsschreiber m
w. de sortie Outputmeter n
w. thermique Hitzdrahtleistungsmesser m
weber m Weber n ⟨Einheit des magnetischen Flusses⟩
wehnelt m Wehneltzylinder m
wet on wet m, wet process m Naß-in-Naß-Druck m
wobbulateur m s. vobulateur
wobbulation f s. vobulation
wobbuler s. vobuler
wolfram m 1. s. tungstène; 2. s. wolframite
wolframite f ⟨Min⟩ Wolframit m

X

xanthate m Xanthat n
xanthogénation f Xanthogenierung f
xénomorphe ⟨Min⟩ xenomorph
xénon m Xenon n
xérographie f Xerografie f
xéroradiografie f Xeroradiografie f
xylose m Holzzucker m
xylène m Xylol n
xylidine f Xylidin n

Y

youyou m Dingi n
ypérite f Senfgas n
ytterbium m Ytterbium n
yttrium m Yttrium n
yukon m Yukawa-Teilchen n

Z

zéro m Null f; Nullstelle f; Nullpunkt m; Null n
  z. **absolu** absoluter Nullpunkt m
  z. **des cartes** Kartennull n
  z. **central** Nullpunkt m in der Mitte
  z. **hydrographique** Normalnull n
  z. **supprimé** unterdrückter Nullpunkt m
zérotage m Einstellung f auf Null
zinc m Zink n
  z. **brut** Rohzink n
  z. **électrolytique** Elektrolytzink n
  z. **laminé** Zinkblech n
  z. **thermique** Hüttenzink n
zincifère zinkhaltig
zincite f Zinkit m, rotes Zinkerz n
zingage m Verzinken n
  z. **électrolytique** galvanisches Verzinken n
  z. **au feu** Feuerverzinken n
  z. **par métallisation au pistolet** Spritzverzinken n
  z. **en phase humide** Naß-in-Naß-Verzinkung f
zinguer verzinken
zinguerie f 1. Zinkblecharbeiten fpl; 2. Klempnerarbeiten fpl; 3. Klempnerwerkstatt f; 4. Zinkhütte f
zirconium m Zirkonium n
zonal zonal, Zonen-
zonation f Bänderung f
zone f Bereich m, Gebiet n, Zone f, Region f
  z. **abyssale** Tiefenregion f
  z. **d'accélération** Beschleunigungsbereich m
  z. **d'accord** Abstimmbereich m
  z. **d'accrochage** Verbindungszone f
  z. **d'action** Wirkungsbereich m ⟨der Kräfte⟩
  z. **active** aktive Zone f ⟨eines Reaktors⟩
  z. **d'activité** 1. Betätigungsgebiet n; Wirkungsbereich m; 2. Reichweite f
  z. **d'aération** Belüftungsbereich m; Belüftungszone f
  z. **d'affaissement** Absenkungszone f
  z. **d'amorçage de l'anode** Anodenzündspannung f
  z. **d'approche** Anflugraum m
  z. **aride** Trockenzone f
  z. **äe l'arrière** Hinterland n
  z. **atteinte** Befallstelle f
  z. **d'atterrissage** Landezone f
  z. **d'audibilité** Hörbereich m
  z. **brouillée** Störungszone f
  z. **de broyage** Quetschzone f
  z. **capillaire** Kapillarzone f
  z. **de carte perforée** Lochkartenfeld n
  z. **de charge d'espace** Randschicht f; Raumladungszone f
  z. **chaude** ⟨Kern⟩ heiße Zone f
  z. **de cisaillement** Scherzone f
  z. **de codage** Kodierungsfeld n
  z. **de combustion** Verbrennungszone f
  z. **de compression, z. comprimée** Druckzone f
  z. **de conditionnement** Klimazone f
  z. **de contact** ⟨Geol⟩ Kontakthof m
  z. **de contrôle** 1. ⟨Dat⟩ Kontrollfeld n; 2. ⟨Flg⟩ Flugsicherungskontrollzone f, FS-Kontrollzone f
  z. **côtière** Uferzone f, Uferbereich m; Randzone f
  z. **(de) danger** Gefahrenzone f, Gefahrenbereich m
  z. **de dégazage** Entgasungsabschnitt m ⟨Extruder⟩
  z. **désertique** Wüstengürtel m
  z. **desservie** Versorgungsgebiet n
  z. **d'élasticité** Elastizitätszone f; Bereich m der Elastizität
  z. **d'emprunt** Entnahmebereich m; Entnahmestelle f ⟨Wasser⟩
  z. **d'envol** Startzone f
  z. **équisignal** Dauerzone f
  z. **d'explosibilité** Explosionsgebiet n
  z. **extérieure** Randzone f
  z. **de faille** ⟨Geol⟩ Störungszone f, Verwerfungsgebiet n
  z. **ferraillée du béton** Bewehrungszone f ⟨Stahlbeton⟩
  z. **de feu** Feuerzone f; Feuersteg m
  z. **filtrante** Filterzone f
  z. **de flou** Unschärfezone f
  z. **de fluage** Fließzone f, Kriechzone f
  z. **de foudroyage** ⟨Brg⟩ Bruchfeld n
  z. **de fraction** ⟨Geol⟩ Bruchzone f
  z. **de Fresnel** Fresnelsche Zone f
  z. **de fusion** Schmelzzone f
  z. **de Geiger** Geiger-Bereich m
  z. **huile-eau** Öl-Wasser-Zone f
  z. **d'incendie** Brandschutzzone f, Feuerschutzzone f
  z. **d'inefficacité** s. z. morte
  z. **d'influence** Einflußfläche f ⟨z. B. der Momente⟩
  z. **d'inondation** Überflutungszone f, Überflutungsbereich m
  z. **interdite à la circulation** Verbotzone f, für den Verkehr gesperrte Zone f
  z. **d'interférence** Interferenzzone f
  z. **interurbaine** Fernzone f ⟨Fernsprechen⟩
  z. **d'inversion** Inversionszone f

z. **littorale** litorale Zone f, Litoral n
z. **magnétique** ⟨Dat⟩ magnetischer Bereich m
z. **marginale** Randzone f
z. **de marquage** ⟨Dat⟩ Markierungszone f
z. **de mémorisation** ⟨Dat⟩ Speicherzone f
z. **morte** Totbereich m, tote (unempfindliche) Zone f; 2. Funkschatten m
z. **de navigation** Fahrtbereich m
z. **neutre** neutrale Zone f
z. **de nuit** Fernzone f ⟨Rundfunk⟩
z. **d'oxydation** Oxydationszone f
z. **de passage** Durchlaßbreite f ⟨z. B. Bandfilter⟩
z. **de passage du courant** Stromdurchlaßbereich m
z. **de pêche** Fanggebiet n; Fischereigebiet n
z. **de perforation** ⟨Dat⟩ Lochfeld n
z. **pétrolifère** Ölzone f
z. **de pilotage** Lotsenrevier n, Lotsenstrecke f
z. **de plans réticulaires** Netzebenenzone f
z. **de plissement** Faltungszone f
z. **de pression de culée** ⟨Brg⟩ Kämpferdruckzone f
z. **de proportionnalité, z. proportionnelle** Proportionalbereich m ⟨z. B. Zählrohr⟩

z. **de réaction** Reaktionszone f
z. **de réception** ⟨Fmt⟩ Empfangszone f
z. **de réduction** Reduktionszone f
z. **régionale** ⟨Fmt⟩ Nahzone f
z. **de résonance** Resonanzgebiet n
z. **de rupture** Bruchzone f
z. **de saturation** Sättigungszone f
z. **(de) sécurité** 1. für den Verkehr gesperrte Zone f; 2. Verkehrsinsel f
z. **de segmentation** Kolbenringpartie f
z. **d'un semi-conducteur** Halbleiterzone f
z. **de silence** empfanglose Zone f
z. **de solidification** Erstarrungszone f
z. **de subsidence** ⟨Geol⟩ Senkungszone f
z. **de surcharge** Überdruckzone f
z. **de taxation** Gebührenzone f
z. **téléphonique** Fernsprechzone f
z. **tendue** Zugzone f
z. **de tolérance** Toleranzbereich m
z. **de la traction** Zugbereich m
z. **de transformation** Transformationszone f, Transformationsbereich m
z. **de transit** Transitzone f
z. **de transition** Übergangszone f
z. **de Trompeter** ⟨Brg⟩ Trompetersche Zone f
z. **de turbulence, z. turbulente** Wirbelzone f
z. **volcanique** Vulkangürtel m

ABKÜRZUNGEN

A

A 1. argon; 2. absorption; 3. allongement; 4. angle; 5. anomalie; 6. azimut; 7. ampère; ampèremètre; 8. amplitude; 9. arc; 10. nombre de masse d'atome; 11. arrêt; 12. armement; 13. atomique
A angström
A. angle d'incidence
°A température absolue
a 1. angle; 2. anomalie; 3. axial; 4. accélération
a are
AA antiaérien
A.A. 1. amplificateur alternatif; 2. aimant artificiel; 3. avance à l'allumage; 4. antenne de l'air; 5. air-air; 6. arme atomique; 7. avion atomique
A.a. anode auxiliaire
a.a. air-air
AAM engin air-air ⟨engl. air-to-air missile⟩
abs. absorption
AC 1. accessoires et auxiliaires; 2. arrêt au chauffage
A.C. 1. air comprimé; 2. analyse chimique; 3. aviation civile; 4. avion commercial; avion convertible; avion-cargo; avion-citerne
Ac 1. actinium; 2. alto-cumulus
ac. acide
A.C.A. appareil de correction auditive
Ac A actinium A
Ac B actinium B
ACC amplificateur à courant continu
A.C.C. aviation civile et commerciale
Ac C actinium C
acc. accélération
acces. accessoires
A.C.D. amplificateur à couplage direct
Ac D actinium D
Ac K actinium K
Acm arrêt à la température de précipitation de la cémentite secondaire
A/cm² ampère par centimètre carré
A.C.M.I. appareil de contrôle magnéto-inductif
A.C.S. appareil contre la surdité
Ac U actino-uranium
Ac X actinium X
A.D. 1. angle droit; 2. amplificateur différentiel; 3. action dérivée; 4. aile droite; 5. anneau-dégivreur ; 6. axe de descente
Ad. aérodrome
A.D.A. analyseur différentiel arithmétique

A.D.D. analyseur différentiel digital
add. addition
A.E. accumulateur électrique
Aé aéronautique
a.é. appareil électronique; appareillage électrique
a.é.m. appareil électronique de mesure; appareillage électromécanique
A.E.N. affaiblissement équivalent pour netteté
aér., aéro. aérodrome
aéron. aéronavigation
aéro. tec. aérodrome technique
AF. audiofréquence
aff. affaiblissement
A.F.I. amplificateur à fréquence intermédiaire
AFNOR Association française de normalisation
A.G. aile gauche
Ag argent
AGI année géophysique internationale
a.g.p. amplificateur de grande puissance
A.H. 1. axe hélicoïdal; 2. avion hypersonique; avion-hôpital
Ah ampèreheure
AHO angle horaire origine
A. I. 1. angle d'incidence; 2. action intégrale; 3. avertisseur d'incendie
A.I.S.C. années internationales du soleil calme
A.L. 1. amplificateur à lampes; 2. air liquide; 3. attraction lunaire; 4. aviation légère; 5. axe du longeron
Al aluminium
al. alimentation
a.l. année de lumière
alc. alcool
A.L.T. axes liés à la terre; axes liés à la trajectoire
alt 1. altitude; 2. alternatif
altaz altitude-azimut
A.L.V. axes liés au vent
AM modulation en amplitude ⟨engl. amplitude modulation⟩
A.M. 1. appareil de mesure; 2. attraction moléculaire; 3. alphabet Morse; 4. alcool méthylique; 5. avarie de mer; 6. aéronautique maritime; aviation marchande; aviation militaire; 7. avion météorologique; 8. amplificateur magnétique
Am américium
A/m ampère par mètre
A/m² ampère par mètre carré
AMCVND appareils de mesure et de contrôle par voie non destructive

A.M.F.

A.M.F. amplificateur à moyenne fréquence
A.M.N. axe de moment nul
amp. 1. ampère; 2. amplitude
A.M.V. atterrissage par mauvaise visibilité
A.N. aéronautique navale
An 1. actinon; 2. pression atmosphérique normale
ann annulaire
A.O.A. avance à l'ouverture d'admission
A.O.E. avance à l'ouverture d'échappement
A.P. 1. aimant permanent; 2. action proportionnelle; 3. aéroporté; 4. axe de portance; 5. avion postal
a.p. aimant permanent
a.p.e. appareil photo-électrique
A.P.I. axe principal d'inertie
A.P.N. axe de portance nulle
app. appareil
APV acétate de polyvinyle
aq. eau
AR 1. arrière; 2. acier rapide; 3. ascension droite; 4. arrêt au refroidissement; 5. autoradio
AR. arrière
A.R. 1. arrière; 2. angle de réflexion; 3. axe de référence; 4. axe de roulis; 5. axe du réacteur; 6. avion à réaction
Ar 1. radical aryle; 2. allongement rémanent
arr. arrivée
ARS acier rapide surcarburé
artif artificiel
A.S. 1. amplificateur de son; amplificateur synchrone; 2. air-sol; 3. avion stratosphérique; avion supersonique
As 1. alto-stratus; 2. arsenic
as. asymétrique
a.s. air-sol
A.S.B. axe de secteur balisé
ASM engin air-sol ⟨engl. air-to-surface missile⟩
A.S.V. atterrissage sans visibilité
AT autotransformateur
A.T. 1. attraction terrestre; 2. axe de tangage; 3. accumulateur thermique; 4. accident de travail; 5. arrêt de travail
At 1. ampèretour; 2. astate; astatine; 3. atomique
At. atome
A.t. agent de transmission
at atmosphère technique (métrique)
at. atomique
A.T.A. avion transatlantique
At/cm ampèretour par centimètre

Atm atmosphère
At/m ampèretour par mètre
atm atmosphère normale
atm. atmosphère
ATT. atterrissage
A.U. attraction universelle
Au aurum
AUM engin air-sous-marin ⟨engl. air-to-underwater missile⟩
aut. automatique
AV avant
A.V. 1. avant; 2. amplificateur vidéo
Av aviation
Av. 1. avant; 2. aviation
av aviation
av. aval
Av.C. aviation civile
Av.M. avarie de mer
AVURNAV avis urgent aux navigateurs
AX. auxiliaire
Az 1. azote; 2. azimut
Az.M. azimut magnétique

B

B 1. bore; 2. Baumé; 3. bel; 4. brillance; 5. bougie nouvelle; 6. largeur du navire; 7. bâbord
B. 1. base; 2. batterie; 3. bâbord; 4. biplan
b 1. bar; 2. barn; 3. barye
BA brevet allemand
B.A. 1. béton armé; 2. batterie d'accumulateurs; 3. balise d'atterrissage; 4. bobine d'arrêt; 5. bombe atomique; 6. base aérienne
Ba baryum
ba barye
B.A.C. ballon à air chaud
bal. balise
barom. baromètre
bat. 1. batterie; 2. bateau
B.B. 1. banc-balance; 2. ballon de barrage
B.B.E. bâti du banc d'essai
B.C. 1. base commune; 2. batterie centrale; 3. bombe calorimétrique; 4. bobine de concentration
B^c banc
Bd 1. bande; 2. bâbord
b.d. bobine déflectrice
b.d.c. bas de casse
B.d.T. base de temps
BE 1. bande étalée; 2. banc d'essai
B.E. 1. bande étalée; 2. bureau d'études
Be béryllium

°**Bé** degré Baumé
B.E.N. base d'expérimentations nucléaires
B.E.R.C. banc d'essai de réacteurs complets
B.E.V. banc d'essai volant
BeV, bev billion d'électron-volts
BF brevet français
B.F. 1. basse fréquence; 2. brevet français; 3. balistique des fusées
b.f. basse fréquence
B.G. 1. banc gyroscopique; 2. battement de gouvernail
Bge, B-ge barrage
B.H. 1. balayage horizontal; 2. bec hypersustentateur; 3. bombe à hydrogène
B/H rapport largeur à creux
B.I. 1. bobine d'induction; 2. brevet d'invention; 3. balistique intercontinentale
Bi bismuth
bie batterie
Bin bassin
B. Int. bougie internationale
Bk berkélium
B.L. 1. base lunaire; 2. ballon libre
bl bel
B.L.I. bandes latérales indépendantes
B.L.U. bande latérale unique
B.M. bâti-moteur
b.m. banc de mesures
B/N brut/net
bn s. B 5.
B.N.M. bâti de nacelle du moteur
B. nouv. s. B 5.
B.O. 1. base orbitale; 2. ballon d'observation
BP basse pression
B.P. 1. basse pression; 2. bande perforée; 3. biplace; 4. balise de piste; 5. brevet professionnel
B.-P. bouton-poussoir
bp basse pression
B.Q. battement de queue
B.R. 1. bassin de radoub; 2. balise radar; balise de repère; balise répondeuse
Br brome
Br., brev. brevet
Br.T. brevet technique
brt brut
B.S. ballon-sonde
B.T. 1. basse tension; 2. base de temps
B/T rapport largeur à tirant d'eau
bt. bouillant
B.T.I. base de temps d'image
B.T.L. base de temps des lignes

B.T.M. basse teneur en métalloïdes
B.V. 1. Bureau Veritas; 2. bassin versant; 3. balayage vertical; 4. bonne visibilité

C

C 1. carbone; 2. capacité; 3. coulomb; 4. grande calorie; 5. couple; 6. coefficient de torsion; 7. chaleur spécifique; 8. centigrade; 9. centrifuge; 10. creux du navire; 11. centre de carène; 12. code; 13. ensemble des nombres complexes; 14. cap
C. 1. [câble] clos; 2. centre de carène; 3. course; 4. cap; 5. contrôleur
°**C** degré Celsius
c 1. centi-; 2. capacité; 3. caractéristique; 4. célérité; vitesse de la lumière dans le vide; 5. collecteur; 6. couple; 7. cathode; 8. chaleur spécifique
c. 1. concentration; 2. centrifuge; 3. consommation; 4. chaudière; 5. corde; 6. contrôleur
C.A. 1. courant alternatif; 2. corrélation angulaire; 3. cadran d'accord; 4. combustible d'avion; 5. compresseur axial; 6. casque antichoc; 7. cargo aérien; 8. charge alaire; 9. conditions atmosphériques; 10. construction aéronautique; 11. camion-automobile
Ca calcium
c.a. 1. courant alternatif; 2. coefficient d'absorption; 3. contre avions
C.A.A. contrôle automatique adaptative; contrôle automatique d'amplification; contrôle automatique d'amplitude
C.A.B. 1. calculatrice arithmétique binaire; 2. contrôle automatique de brillance
CA.C. cap du compas
c.à.c. de crête à crête
c.a.-c.c. convertisseur alternatif-continu
C.A.F. 1. contrôle automatique de fréquence; 2. coût, assurance, fret
C.A.F.P. contrôle automatique de fréquence et de phase
C.A.G. contrôle automatique de gain
C.A.H. cap au homing
C.A.I.G. commande automatique instantanée du gain
C.A.L. contrôle automatique de luminosité; contrôle automatique de luminescence
Cal canal
Cal. grande calorie

cal. petite calorie
cal/cm² calorie par centimètre cube
cal/deg calorie par degré
cal/g calorie par gramme
cal/g.° calorie par gramme par degré
Cal./h calorie par heure
cal/mole calorie par mole
cal/s calorie par seconde
C.alt. 1. compresseur d'altitude; 2. caisson d'altitude
C.A.M. centre d'approvisionnement en matériel
CAN calculateur analogique
C.A.N. convertisseur analogique-numérique
capt. capture
CAR calculatrice arithmétique
car. 1. caractéristique; 2. carat
C.A.S. commande automatique de sensibilité
C.A.T. coefficient aérodynamique total
CAU calculatrice arithmétique universelle
C.A.V. contrôle automatique de volume
C.B. 1. colonne barométrique; 2. capacité du ballon
Cb 1. colombium, niobium; 2. cumulo-nimbus
CC système concentré et confiné
C.C. 1. courant continu; 2. court-circuit; 3. conductivité calorifique; 4. cubique centré; 5. chambre de combustion; 6. canalisation de combustible; 7. centre cyclonique; 8. centre de contrôle; 9. camion-citerne; 10. calotte de la carlingue
Cc cirro-cumulus
cc centimètre cube
c.c. 1. courant continu; 2. court-circuit; 3. charge cathodique; 4. collecteur commun; 5. condensateur céramique; 6. caractéristique climatique
C.C.A. contrôle de circulation aérienne
c.c.c. commande centralisée de la circulation
c.c.-c.c. convertisseur continu-continu
C.C.D. 1. calculateur de cap et de distance; 2. centre de contrôle et de détection
CCF câble à courants faibles
C.C.F. centre de contrôle de fréquences
CCL circuit de connexion locale
C/cm³ coulomb par centimètre cube
C.C.R. compresseur à circulation radiale
C.C.S. compresseur centrifuge supersonique
C.D. 1. cadran de distance; 2. chambre à dépression

Cd cadmium
cd candela
c.d. contrôle à distance
CDA, C.D.A. couche de demi-absorption
Cde commande
c.d.g. centre de gravité
C.D.I. centre de détection et d'interception
CDL, C.D.L. centre de détection lointaine
cd/m² candela par mètre carré
c.d.p. centre de poussée
cd.s. candela par seconde
C.D.U. 1. classification décimale universelle; 2. calculatrice digitale universelle
C.E. 1. champ électrique; 2. charge électrique; 3. courant électrique; 4. condensateur électrique; 5. compteur électrique; 6. calculateur électronique; 7. centimètre d'eau; 8. colonne d'eau; 9. coefficient d'efficacité; 10. centrale électrique; 11. centre d'essais; 12. centre d'entraînement; 13. cabine étanche
Ce cérium
c.é. 1. câble électrique; 2. caractéristique électrique; 3. commutateur électronique
c.el. condensateur électrolytique
CENTY calculatrice électronique numérique type
C.E.P. centre d'exploitation photographique
C.E.P.F. calages extrêmes du plan fixe
C.E.R.V. calculateur électronique à reports visibles
C. et B. corps et biens
C. et F. coût et fret
CF ciment de fer
C.F. 1. changeur de fréquence; 2. conduite forcée; 3. chemin de fer; 4. coût et fret
C. & F. coût et fret
Cf californium
cf chanfrein
c.f. contact flottant
c.f.c. cubique à faces centrées
c. f. e. céramique ferro-électrique
C.F.P. caractéristiques de fonctionnement du propulseur
C.F.R. règle de vol au contact (engl. contact flight rule)
C.G. 1. centre de gravité; 2. centre de groupement; 3. canalisation de graissage; 4. charbon gras
Cg centigramme
cgr centigrade

C.G.S., cgs centimètre, gramme, seconde (système de centimètre, gramme, seconde)
C.H. 1. câble hertzien; 2. calcul d'hélice; 3. consommation horaire
Ch. 1. chimie; 2. charbon
ch 1. cheval-vapeur; 2. cosinus hyperbolique; 3. chanfrein
ch. à chaud
c.h. canal hydrodynamique
ch a chevaux-vapeur sur l'arbre; chevaux-vapeur sur l'arbre d'hélice
Ch^{al} chenal
charb. charbonnage
ch. de f. chemin de fer
ch e chevaux-vapeur effectifs
ch^{ée} 1. chaussée; 2. cheminée
CHF ciment de haut fourneau
ch/h cheval-vapeur par heure
ch^{in} chemin
ch. spéc. chaleur spécifique
ch sur l'arbre chevaux-vapeur sur l'arbre
C.I. courts intervalles
c.i. circuit imprimé
c int bougie internationale
circ. circuit
C.I.S. capacité inductive spécifique
CL coïncidence lente
C.L. 1. chaleur latente; 2. combustible liquide; 3. câble léger; 4. canal latéral
Cl 1. chlore; 2. classe
C.L.A. contrôle local d'aérodrome
C.L.C. cargo long-courrier
CLK ciment de laitier au clinker
C.L.T. code language télégramme
CLX ciment de laitier à la chaux
CM 1. ciment à maçonner; 2. cône morse; 3. coque métallique
C.M. 1. charge maximum; 2. champ magnétique; 3. charbon maigre; 4. capacité de montée; 5. chambre de mélange; 6. centrale mécanographique; 7. chantier maritime; 8. canal maritime
Cm 1. curium; 2. coefficient de torsion métrique
C/m^2 coulomb par mètre carré
cm centimètre
cm^2 centimètre carré
cm^3 centimètre cube
c.m. 1. charge maximum; 2. capacimètre; 3. caractéristique mécanique
c/m^2 bougie par mètre carré
C.M.A. concentration maximale admissible
C.M.F. contrôle manuel de fréquence
cm^3/g centimètre cube par gramme

c/min coup par minute
CMM ciment métallurgique mixte
c/mn coup par minute
C.M.P., c.m.p. concentration maximum permise
cm/s centimètre par seconde
cm^2/s centimètre carré par seconde
cm^3/s centimètre cube par seconde
cm^2/s^2 centimètre carré par seconde carré
C.M.T. champ magnétique terrestre
CN ciment naturel
C.N.A. 1. convertisseur numérique-analogique; 2. calcul de navigation aérienne
CNT coefficient négatif de température
C.N.U. calculatrice numérique universelle
C.O. 1. circuit oscillant; 2. collecteur d'ondes; 3. couloir oscillant
Co cobalt
coeff. coefficient
com. communication
comb. combustible
conc. concentration; concentré
cons. consommation
const constante
cont. contingent
coord. coordonnée
C.O.R. centre opérationnel radar
corr. correction
corr. pr. correction proportionnelle
cour. courant
C.O.Z. centre d'opérations de zone
C.P. 1. coefficient de partage; 2. coefficient de portance; 3. courants polyphasés; 4. calcul des probabilités; 5. carte perforée; 6. charte-partie; 7. cabine pressurisée; 8. compresseur de pressurisation; 9. caisson pneumatique; 10. calotte de parachute; 11. combustible de propulsion; 12. coton-poudre
cP centipoise
c.p. centre de poussée
CPA ciment portland artificiel
CPA-C ciment portland artificiel aux cendres volantes
CPA-L ciment portland artificiel au laitier
C.P. alt. coefficient de puissance en altitude
CPA-P ciment portland artificiel à la pouzzolane
CPC calculatrice à programme par cartes
C.P.E. cellule photo-électrique
cpm coup par minute

C.P.R. carburant principal du réacteur
cps 1. cycle par seconde; 2. coup par seconde
CPT coefficient positif de température
CPV chlorure de polyvinyle
cpz centipièze
C.Q. calotte de queue
C.Q.T. cycle à quatre temps
CR coïncidence rapide
C.R. 1. cadran du radiogoniomètre; 2. compteur de radiation; 3. contre-réaction; 4. calcul de résistance; 5. capacité de réservoir; 6. convoyeur à raclettes; 7. centre de radar
Cr chrome
cr. crique
C^{re} circulaire
crist. cristallin
Crt, crt courant
CS ciment sursulfaté
Cs césium
C.S. 1. chlorure de sodium; 2. cubique simple; 3. compteur à scintillation(s); 4. condensateur statique; 5. chaleur spécifique; 6. combustible solide; combustible synthétique; 7. consommation spécifique; 8. calculateur synchrone; 9. cabine surcomprimée; 10. canot de sauvetage
C/s cycle par seconde
c/s 1. cycle par seconde; 2. coup par seconde
c.s.e. coefficient de self-excitation
C.S.M., C.S.-M. câble sous-marin
csn centisthène
C.S.P. cabine sous pression
CSS ciment sursulfaté
C.S.T. commande de sensibilité en fonction du temps
cST centistoke(s)
C.T. 1. coefficient de température; 2. coefficient de traînée; 3. capacité thermique; 4. central téléphonique; 5. centre de transit; 6. centre de transmissions; 7. charbon de terre; 8. connaissance; 9. cible téléguidée
ct carat
c.t. camion-treuil
CTC circuit de test et de contrôle
Cte constante
C.T.N. coefficient de température négatif
c.u. charge utile
Cu cuivre
C.U. charge utile
Cub. cubique
C.U.P. coefficient d'utilisation pratique
CV cheval-vapeur

C.V. 1. cheval-vapeur; 2. condensateur variable
cv cheval-vapeur
C.V. à V.L.C. condensateur variable à variation linéaire de capacité
C.V. à V.L.F. condensateur variable à variation linéaire de fréquence
C.V. à V.L.λ condensateur variable à variation linéaire de longueur d'onde
C.V.C. 1. coefficient de viscosité cinématique; 2. combinaison de vol chauffante
C.V.D. coefficient de viscosité dynamique
CVP concentration volumétrique en pigment
Cx coefficient de traînée
Cy cyanogène
Cz coefficient de portance

D

D 1. deutérium; 2. angle droit; 3. diamètre; 4. diagonale; 5. densité; densité de courant; 6. déplacement; 7. francbord en eau douce; 8. détection
D. 1. direction; 2. division; 3. distance; 4. darcy; 5. dose; 6. détection; 7. décontamination; 8. détonation; 9. dépôt; 10. défense
d 1. déci-; 2. degré; degré d'angle; 3. deutéron; 4. densité; 5. diamètre; 6. distance; 7. dextrogyre
d. 1. décontamination; 2. détecteur; 3. débranchement; 4. données
D.A. 1. décharge autonome; 2. démarrage automatique; 3. détente adiabatique; 4. diagramme asymptotique; 5. distance d'atterrissage
da déca-
d.a. 1. déplacement angulaire; 2. discriminateur d'amplitude
dag. décagramme
D. alt décalage en altitude
dam. décamètre
dasn décasthène
datex décatex
D.A.V. décollage et atterrissage verticaux
dB, db décibel
d.b. 1. déviation de la boussole; 2. dépression basse
dBkW puissance en décibel par rapport à 1 kW
dbl décibel
dBmW décibel par rapport à 1 mW
dBW, dbW décibel par rapport à 1 W

DC double commande
D.C. degré centésimal
d.c. déviation du compas
D.C.A. défense contre avions
D.C.L. décollement à la couche limite
dcs détecteur par comptage à scintillation
D.D. distance de décollage
DDD système dilué, dispersé et décontaminé
D.D.P., d.d.p. différence de potentiel
DE dose efficace
D.E. décharge électrique
De diamètre d'évolution
d.e. 1. décharge électrique; 2. décade électronique; 3. dépression élevée
D.E.A. décollage en aveugle
DEC. système Decca
décim décimètre
décl. déclinaison
décomp. décomposable
déf. défaut
deg degré
D.E.M., d.é.m. détection électromagnétique
den., dens. densité
dép départ
désint. desintégration
dét. 1. détroit; 2. détecteur
dév. déviation
D.F. 1. double-flux; 2. distance focale
d.f. distance focale
D.F.A. démarrage à fonctionnement automatique
D.F.P. distance foyer-peau
D.G. degré géothermique
D.H. 1. débit horaire; 2. distance horizontale
D.I. dégagement instantané
diagr. diagramme
diam. 1. diamètre; 2. diamant
diff. différence
dig. digue
dil. dilué
dim. dimension
dir. direction
diss. 1. dissolution; 2. dissous
dist. distance
d.j. déviation du jet
D.K. degré Kelvin
DL dose létale
D.L. différence de latitude
DM dose mortelle
D.M. 1. déclinaison magnétique; 2. dépôt du matériel
dm décimètre
D.M.A. dose maximale admissible
DN diamètre nominal

dN décinéper
D.N.A. décharge non autonome
dNp décinéper
DNT dinitrotoluol
DO. dépôt
D.O. diesel-oil
D.O.S. détecteur d'ondes stationnaires
D.P. 1. différence de potentiel; 2. déflecteur de poussée; 3. descente du piston
Dp. degré de polymérisation
d.p. différence de potentiel
D.P.C. 1. différence de potentiel de contact; 2. décollage à pleine charge
dpm désintégration par minute
d.r. déviation de radiogoniomètre
D.S. 1. dose surface; 2. Debye-Scherrer
dst décistère
D.S.V. décollage sans visibilité
D.T. 1. degré thermométrique; 2. détachement du terrain
dtex décitex
D.V. 1. débit volumétrique; 2. décollage vertical; 3. descente verticale; 4. durée de vol; 5. déflecteur de veine
dv densité de vapeur
D.V.C. débit volumétrique constant
D.V.P. descente en vol plané
D.W., dw port en lourd (engl. deadweight)
Dy dysprosium
dyn. 1. dynamo; 2. dyne

E

E 1. force électromotrice; 2. éclairement; 3. franc-bord d'été
E. 1. électricité; électrique; 2. émetteur; 3. erg; 4. effectif; 5. limite élastique; 6. module d'élasticité
e excitation
è évaluation
e électron
E.A. 1. électro-aimant; 2. écart angulaire; 3. énergie atomique; 4. émetteur d'avion
é. alt. min. max écart d'altitude minimum et maximum
E.B. émetteur de brouillage
Eb température d'ébullition
éb. ébonite
Eb$_n$ température d'ébullition sous une pression de n millimètres de mercure
E.B.P. étage à basse pression
EBR efficacité biologique relative
E.C. 1. électrode de commande; 2. échelle centésimale

E.C.F.M. éclairage, chauffage, force motrice
éch. 1. échelle; 2. en échantillon
écl. éclairage
E.D. 1. eau douce; 2. électricité dynamique; 3. émetteur à distance
E.E. 1. énergie électrique; 2. effluve électrique; 3. équivalent électrochimique
E.E.F. éliminateur d'échos fixes
E.E.S. élimination des échos de sol
é. ex. écart extrême
E.F. 1. échelle Fahrenheit; 2. écran fluorescent
é.f. étalon de fréquence
eff efficace
E.F.N. élément fonctionnel normalisé
E.G.E. eau, gaz, électricité
é.h. écart probable en hauteur
E.H.P. étage à haute pression
E.I. équilibre indifférent
E.K. échelle kilométrique
E.L. eau lourde
él électricité
él. élément
électr. électricité
électrom. électromagnétisme
éln. électronique
ELTS éléments
EM 1. électromagnétique; 2. emménagements
E.M. électromagnétique
ém émanation
emb-re embarcadère
E.M.C. 1. équivalent mécanique de la chaleur; 2. erreur du moyen carré
EMG équipement de modulation de groupe
E.M.Q. écart moyen quadratique
EMV équipement de modulation de voie
E.N. 1. électricité négative; 2. électrode négative; 3. énergie nucléaire
enreg, enreg. enregistrement; enregistreur
enreg. aut. enregistreur automatique
enreg. V.A. enregistreur de vitesse et d'accélération
entre p.p. entre perpendiculaires
entr. vap. entraînable à la vapeur
env. environ
E.P. 1. eau potable; 2. échelle de proportion; 3. électrode positive; 4. électricité positive; 5. extrême pression; 6. établissement de programme
ép écartement pratique
e.p. entre perpendiculaires
E.P.M. explosion par minute
e.pp. entre perpendiculaires

eq. équivalent
E.R. 1. échelle Réaumur; échelle de réduction; 2. eau régale
E.-R. émetteur-récepteur
Er erbium
ERB efficacité biologique relative
erg/s erg par seconde
ES électrostatique
E.S. essence synthétique
Es einsteinium
E.T. 1. émission télécommandable; 2. émetteur télécommandé
é.t. écartement théorique
ETSA engin téléguidé solaire
Eu europium
eut. eutectique
eV électron-volt
é.v. écart de vitesse
exp exponentielle
exp. exploitation
expl. explose
explos. explosif
extract. extraction

F

F 1. froid; 2. fermé; 3. fluor; 4. farad; 5. distance focale; 6. ouverture relative d'un objectif; 7. poussée de l'hélice; 8. point de fusion
F. 1. feu; 2. filament; 3. forage; 4. fusée; 5. fret
°F degré Fahrenheit
f 1. formule; 2. force; 3. fréquence; 4. coefficient de frottement; 5. franc-bord
f fonction
f. 1. filtre; 2. flèche de la trajectoire
F.A. 1. force accélératrice; 2. force ascensionnelle; 3. fermeture de l'admission; fin d'admission
fac. sol. facilement soluble
Fal fanal
f. alt. fusée d'altitude
f. arr. feu arrière
F.A.T. force ascensionnelle totale
F.B.O. feu de balisage d'obstacles
FC faux-carré
f.c. 1. force centrifuge; force de cohésion; 2. facteur de charge
f.c.e.m. force contre-électromotrice
F.C.I. fréquences communes internationales
F.C.S. fusée à combustible solide
f.d. 1. force de démarrage; 2. fusée de décollage; 3. facteur de décontamination

F.D.A. fusée de décollage assisté
F.E. 1. four électrique; 2. fermeture d'échappement
Fe fer
f.é.m. force électromotrice
F.F. 1. fréquence fondamentale; 2. finesse du fuselage
fg frigorie
F.H. faisceau hertzien
F.H. alt. fusée à haute altitude
f.h.t. faisceau hertzien troposphérique
F.I. 1. fréquence intermédiaire; 2. force d'inertie; 3. froid industriel; 4. fusée instantanée
fi fréquence instantanée
f.i. fréquence intermédiaire
fil. filament
F.J. force du jet
F.L. fusée liquide
FM modulation de fréquence
F.M. 1. flux magnétique; 2. force motrice; 3. facteur météorologique
Fm fermium
f.m. fréquencemètre
f.m.m. force magnétomotrice
F.M.U. fréquence maximum utilisable
fn. fil nu
F/O fermé-ouvert
FORTRAN traducteur de formules ⟨engl. formulae translator⟩
F.O.T. fréquence optimum de trafic
FP 1. force portante; 2. foyer-peau
F.P. 1. fonction potentielle; 2. facteur de puissance; 3. feu de position; 4. force portante; 5. fuselage pressurisé
F.R. 1. force résultante; force de réaction; 2. feu rouge
Fr francium
fr. à froid
FRD facteur de réduction de dose
f^{re} facture
fréq. fréquence
frt fret
F.S. 1. facteur de sécurité; 2. feu de signalisation; 3. fusée-signal
FSR fusée sans retard
F.T. fonction de transfert
F.V. 1. fréquence vocale; 2. feu vert

G

G 1. giga-; 2. gauss; 3. gaz; 4. grade; 5. grossissement; 6. centre de gravité; 7. compteur Geiger; 8. gisement
G. 1. gaz; 2. grade; 3. grossissement; 4. génératrice; 5. grille

g 1. gramme; 2. intensité (accélération) de la pesanteur; 3. gain; 4. gravité; 5. gisement
G.A. 1. gaz aérostatique; 2. goniomètre d'atterrissage
Ga gallium
G.B. 1. générateur de balayage; 2. goniomètre de bord
Gb gilbert
G.B.M. gammabêtamètre
G.C. 1. gaz combustible; 2. gouvernail compensé
Gc gain de conversion
g/cc gramme par centimètre cube
g/cm^2 gramme par centimètre carré
g/cm^3 gramme par centimètre cube
gcm/s, g/cm.sec. gramme par centimètre par seconde
G.D. 1. gouvernail de direction; 2. gryoscope de direction
Gd gadolinium
GE grille écran
G.E. 1. groupe électrogène; 2. gouvernail équilibré
Ge germanium
géné. générateur
Gén. Mar. génie maritime
géol. géologie
géoph. géophysique
GéV giga-électron-volt
G.F. gamme de fréquences
gf gramme-force
G.F.O. générateur de fusée orientable
G.H. 1. goudron de houille; 2. groupe d'hélicoptères
G.H.F. goniomètre haute fréquence
GHz gigahertz
G.L. 1. glissade latérale; 2. gyroscope libre
g/l gramme par litre
gl.a. gallon anglais
G.M. 1. compteur Geiger-Müller; 2. groupement moteur; 3. groupe mixte; 4. gare maritime
g/m gramme par mètres
G.M.G. groupe moteur-générateur
G.M.H. groupe moteur-hélice
g/mm^2 gramme par millimètre carré
G.M.T. temps moyen de Greenwich ⟨engl. Greenwich mean time⟩
GN. grisounaphtalite
GN.R. grisounaphtalite.roche
G.O. grande onde
G.P. 1. gain en puissance; 2. gradient de pression; 3. groupe propulseur; 4. gaz pauvre; 5. gamme de puissance; 6. gouvernail de profondeur
gp gramme-poids

G.P.P. graissage par pression
G.R. 1. gamme de réglage; 2. grande route
Gr. grain
gr 1. grade; 2. gramme; 3. grain
grad gradient
gr/l nombre de grammes par litre
G.R.T. gradient radial de température
GS gigasiemens
G.S. génératrice de secours
g.s. groupe secondaire
G.S.A. glissade sur l'aile
G.S.D. glissade sur le dos
G.S.Q. glissade sur la queue
G.T. 1. gamme de températures; 2. gravité terrestre
G^t gisement
g/t gramme par tonne
G.T.H.F. goniomètre très haute fréquence
GTR groupe turboréacteur
G.U. gravitation universelle
G.V. 1. grande vitesse; 2. gradient de vitesse
G.V.U. gamme des vitesses d'utilisation
GZ bras de levier de redressement
GZ hypocentre (engl. ground zero)
G.Z. gravité zéro

H

H 1. hydrogène; 2. henry; 3. heure; 4. ligne d'eau; 5. hauteur métacentrique longitudinale; 6. creux théorique du navire; 7. haveuse
H. 1. champ magnétique; 2. haveuse
h 1. hecto-; 2. heure; 3. hauteur; 4. hauteur métacentrique latitudinale; 5. profondeur
h constante de Planck
H.A. 1. haute atmosphère; 2. horizon artificiel; 3. hélicoptère-amphibie
ha hectare
H. arr. hélice arrière
H. av. hélice avant
H$_B$ dureté Brinell
H.B. 1. hauteur barométrique; 2. houille blanche
h.c. hexagonal compact
H.D. haute définition
He hélium
HEL hélicoptère
h.é.p.t. hauteur équivalente entre plateaux théoriques
hex. hexagonal
H.F. 1. haute fréquence; 2. haute fidélité

Hf hafnium
H.G. hélicoptère-grue
Hg hydrargyre
H.G.V. hydravion de grande vitesse
H.I. hélices inverses
HiFi haute fidélité
H.L. huile lourde
hl hectolitre
H$_M$ dureté Meyer
H.M. 1. huile minérale; 2. haute mer
hm hectomètre
h.m. hors membres
H.M.D. hélice de mise en drapeau
Ho holmium
HP 1. haute pression; 2. cheval-vapeur (engl. horse-power)
H.P. 1. haute pression; 2. haut-parleur; 3. héliport
hp haute pression
H.P.A. hypersustentation par aspiration
H.P.C. hélice à pas commandé
H.P.F. hélice à pas fixe
H.P.R. hélice à pas réversible
H.P.S. 1. haut-parleur supplémentaire; 2. hypersustentation par soufflage
H.P.V. hélice à pas variable
hpz hectopièze
H.Q.S. hauteur queue au sol
H.R. 1. humidité relative; 2. (acier à) haute résistance
h^r hauteur
h^{rc}. 1. hauteur critique; 2. hauteur de croisière
h^{re}. hauteur de l'essence
HRI, H.R.I. haute résistance initiale
HRI-C haute résistance aux cendres volantes
HRI-L haute résistance initiale au laitier
h.s. 1. hors série; 2. hors service
hsn hectosthène
H.T. 1. haute tension; 2. hélicoptère de transport
H/T rapport creux à tirant d'eau
h.t. hors tout
htex hectotex
H^{t}F^d haut-fond
hum. humidité
h.u.t. hauteur d'une unité de transfert
H.V. hauteur de vol
hv. vide très poussé
HVL couche de demi-absorption (engl. half-value layer)
hW hectowatt
hWh hectowattheure
hydr. hydraulique
HyF hyperfréquence
Hz hertz

I

I 1. iode; 2. inertie; moment d'inertie; 3. intensité; intensité de courant; intensité lumineuse; intensité sonore
I. 1. interception; intercepteur; 2. indicateur
i 1. intensité; 2. inclinaison
I.A. incidence d'aile
I. alt. indicateur altimétrique
I. alt. d indicateur d'altitude et de distance
Icc intensité crête à crête
I.D. incidence de décrochage
I.D.A. indicateur de direction d'atterrissage
I.D.G. indicateur de direction gyroscopique
I.D.V. indicateur de direction du vent
I^e intensité d'énergie rayonnante
i.f. intensité de filament
I.G. indicateur de givrage
I.G.P.V. indicateur gyroscopique de pente et de virage
I.I. 1. indicateur d'incendie; 2. indicateur d'incidence
I.J. inclinaison du jet
I.M. industrie métallurgique; industrie minérale
i.m. 1. inclinaison magnétique; 2. induction magnétique; 3. impédancemètre; 4. installation motrice
I.M.D. indicateur de montée et de descente
imp. 1. impulsion; 2. imprimante
I.N. instrument de navigation
In indium
inc. incolore
ind. 1. index; indice; 2. indicateur; 3. indigo
ind$_{ac.}$ indice d'acide
ind$_{éth.}$ indice d'éthérification
ind$_{sap.}$ indice de saponification
I.N.E. indicateur de niveau d'essence
infl. inflammable
inox. inoxydable
ins. insoluble
inst. instable
Io ionium
I.O.C. inclinaison de l'onde de choc
I.P. indicateur panoramique
I.P.H. indicateur de pression d'huile
IR infrarouge
I.R. 1. infrarouge; 2. indice de réfraction; 3. indicateur radar
Ir iridium
iso isolateur
I.T. isolation thermique

I.T.E. indicateur de température extérieure
I.V. indicateur de vitesse
I.V.M. indicateur de vitesse de montée
I.V.P.T. indicateur de virage et de pente transversale
I.V.S.V. instruments de vol sans visibilité
I.V.V. indicateur de vitesse vraie

J

J 1. joule; 2. jeu maximum
J. 1. jauge; 2. jeu; 3. jet
J.B. jauge brute
J.E. jaugeur d'essence
J.G. jet de gaz
J.H. joint à huile
J.M. juxtaposition des moteurs
J.N. jauge nette
J.S. jeu de soupapes
J.T. jet thermique
J.V. jauge de vide

K

K 1. potassium (veraltet kalium); 2. Kelvin; 3. moment d'inertie
°K degré Kelvin
k 1. kilo-; 2. kilogramme; 3. coefficient de frottement; 4. capacité inductive spécifique
kA kiloampère
kC kilocoulomb
kc kilocurie
kcal kilocalorie
kc/s kilocycle par seconde
keV kiloélectron-volt
kg kilogramme
kg/ch kilogramme par cheval-vapeur
kg/ch a kilogramme par cheval-vapeur sur l'arbre
kg/ch a h kilogramme par cheval-vapeur sur l'arbre par heure
kg/ch h kilogramme par cheval-vapeur par heure
kg/cm kilogramme par centimètre
kgf kilogramme-force
kgm kilogrammètre
kg/m kilogramme par mètre
kg/m^2/m kilogramme par mètre carré par mètre
kgm-s kilogrammètre-seconde
kg net kilogramme net
kgp 1. kilogramme-poids; 2. kilogramme de poussée
kHz kilohertz

kJ kilojoule
km kilomètre
kMc/s kilo-mégacycle par seconde
km/h kilomètre par heure
kn nœud ⟨engl. knot⟩
K$_Q$ constante de couple
Kr krypton
ksn kilosthène
K$_T$ constante de poussée
kt kilotonne
ktex kilotex
kV kilovolt
kVA kilovolt-ampère
kVAh kilovoltampèreheure
kvar kilovar
kW kilowatt
kWh kilowatt-heure
kwh/t kilowatt-heure par tonne
kΩ kilohm

L

L 1. lambert; 2. logarithme népérien; 3. liquide; 4. longitude; 5. longueur (théorique) du navire; 6. inductance; 7. quantité de lumière
L. 1. laboratoire; 2. liaison; 3. lampe
l 1. longueur; 2. lévogyre; 3. laboratoire; 4. litre
La lanthane
la lambert
labo. laboratoire
LAR ligne à retard
larg. largeur
larg.p. largeur de la pale
Lash ⟨engl. lighters aboard ship⟩
lat. latitude
L.B. livre de bord
L/B rapport longueur à largeur ⟨engl. length to breadth⟩
L.B.O. largeur de bande occupée
L.C.R. limite critique de rupture
L.D. 1. lumière diffuse; 2. ligne de descente
L.E. 1. limite élastique; 2. ligne d'envol
l.e.pp. longueur entre perpendiculaires
l.éq. ligne équatoriale
L.E.T.B. lampe d'éclairage du tableau de bord
L.F. 1. limite de fatigue; 2. ligne de flottaison; 3. ligne de faîte
L.g.D. ligne à grande distance
L.H. ligne d'horizon
l/h litre par heure
l.h.m. largeur hors membrures
l.h.t. longueur hors tout
Li lithium

liq. liquide
l.isob. ligne isobare
l.isoth. ligne isothermique
L.L. ligne loxodromique
LM 1. liant à maçonner; 2. langage de machine; 3. livret de moteur
lm lumen
l/m litre par minute
l/m^2 litre par mètre carré
L.M.A. limite maximum admissible
lm h lumen-heure
lm/m^2 lumen par mètre carré
lm s lumen-seconde
LNG gaz liquéfié naturel ⟨engl. liquefied natural gas⟩
L.O. 1. longueur d'onde; 2. ligne orthodromique
log logarithme
long longitude
L.P.E. 1. ligne de partage des eaux; 2. limite pratique d'erreurs
LPG ⟨engl. liquefied petroleum gas⟩
L.P.M. libre parcours moyen
Lpp, l.pp. longueur entre perpendiculaires
L.R. 1. société de classification anglaise ⟨Lloyd's Register⟩; 2. ligne à retard; 3. largage des réservoirs; 4. à long retard
l/s litre par seconde
L.S.I. limite supérieure d'incidence
L.S.P. lubrification sous pression
L.T. 1. ligne télégraphique; ligne téléphonique; 2. lampe triode
L.T.S.F. lampe de T.S.F.
Lu lutécium
L.V. 1. ligne de vol; 2. livre de vol
Lw lawrencium
lx lux
lx-s lux-seconde

M

M 1. mille; 2. méga-; 3. maxwell; 4. métacentre; 5. moment d'un couple; 6. mole; 7. inductance mutuelle; 8. potentiel magnétique; 9. quantité de mouvement; 10. rapport des logarithmes décimaux aux logarithmes népériens
M nombre de Mach
M. 1. masse; 2. métacentre; 3. matériel; 4. métal monovalent
m 1. mètre; 2. minute; 3. milli-; 4. masse; 5. mercerisé
m. 1. méta-; 2. masse
m^2 mètre carré

m³ mètre cube
M.A. modulation d'amplitude; modulateur d'amplitude
Ma masurium
Ma nombre de Mach
mA milliampère
ma myria
m.a.e. matériel annexe de l'équipement
ma.fi. marqueur-filtreur
mag. magnétisme
m/an mètre par an
manut. manutention
MAP mise au point
m. app. moteur d'appoint
mar 1. marine; 2. marée
m³ asp mètre cube aspiré
mat matériel
max. maximum
M.B. manche à balai
mb millibar
Mba mégabarye
mbar millibar
Mbarye mégabarye
M.B.P.C. manomètre de basse pression de combustible
MC mégacurie
M.C. 1. mètre courant; 2. moteur à combustion interne; 3. maître-couple; 4. mur de chaleur
Mc mégacycle par seconde
mC, mc millicurie
M.C.C. mélange comburant-combustible
M.C.E. machine calculatrice électronique
M.C.I. moteur à combustion interne
M.C.L. moteur à combustible liquide
M.C.S. moteur à combustible solide
Mc/s mégacycle par seconde
m. csn. mètre-centisthène
MCurie mégacurie
mCurie millicurie
M.D. 1. moteur diesel; 2. machine à dilution; 3. métaux divers; 4. moyenne définition; 5. marée descendante
Md mendélévium
m.d. marque déposé
M.D.F. manipulation par déplacement de fréquence
M.D.O. ⟨engl. marine Diesel oil⟩
Mdyn mégadyne
M.E.C. machine à écoulement continu
méc mécanicien
M.E.E. machine d'essais et d'expérimentation
M.E.H. machine à équilibrer les hélices
mél. mélangeur
MES. message
mes. mesure
mét. métaux

MeV mégaélectron-volt
M.F. 1. moyenne fréquence; 2. modulation de fréquence; 3. moteur à fusée; 4. Marine Française
M.G. mouvement giratoire
Mg magnésium
mg milligramme
mgal milligal
mgp milligramme-poids
mgr milligrade
mH millihenry
m/h mètre par heure
m³/h mètre cube par heure
M.H.D. magnétohydrodynamique
mho inverse d'un ohm
M.H.P. moteur à hélice propulsive
M.H.S. mis hors de service
MHz mégahertz
mHz millihertz
MI., M.I. modulation intermédiaire
mi micron
mi. minéralogique
M.I.A. modulation d'impulsions en amplitude
M.I.C. modulation d'impulsions codées
M.I.D. modulation d'impulsions en delta; modulation d'impulsions en durée
Mien mécanicien
M.I.F. modulation d'impulsions en fréquence
MIG soudage sous gaz inerte et avec électrode consommable ⟨engl. metal inert gas welding⟩
millib millibarn
min. 1. minimum; 2. minute
M.I.P. modulation d'impulsions en position
MJ mégajoule
mkg, m·kgf mètre-kilogramme
m/km mètre par kilomètre
MKS, M.K.S. mètre, kilogramme, seconde
MKSA, M.K.S.A. mètre, kilogramme, seconde, ampère
mKWh milliers de kilowatt-heures
ml millilitre
ml. mètre linéaire
mlm millilumen
M.M. 1. marine marchande; 2. marée montante; 3. matériel de mines
Mm mégamètre
mm millimètre
m.m. magnétomètre
mm de C.E. millimètre de colonne d'eau
mm de Hg millimètre de mercure
M.M.I. machine à manipuler l'information
m/mn mètre par minute
m³/mn mètre cube par minute

mm/trou millimètre par trou
M.N. mille nautique
Mn manganèse
mn minute
M.O. mouvement oscillatoire
Mo molybdène
m.o. 1. maître-oscillateur; 2. mouvement oscillatoire
mol molécule-gramme
mol. molécule
mom. magn. moment magnétique
M.O.S. métal-oxyde-semi-conducteur
M.O.S.T. métal-oxyde-semi-conducteur-transistor
mot. moteur
mot. aux. moteur auxiliaire
moy. moyenne
M.P. 1. moyenne pression; 2. matières plastiques; 3. métaux précieux; 4. machine principale; moteur principal; machine de propulsion; machine poussée
mP millipoise
M.P.A. manomètre de pression d'admission
M.P.H. manomètre de pression d'huile
MPI modèle de noyau à particules indépendantes
M.R. 1. moment résistant; 2. mélange réfrigérant; 3. moteur à réaction
mR milliröntgen
mrad millirad
mrd millirutherford
mrem millirem
mR/hr milliröntgen par heure
MR.H.T matériaux à haute température
M.S. 1. manomètre de suralimentation; 2. moteur de série; 3. mur de son
M/S navire à moteur (engl. motor ship)
ms 1. milliseconde; 2. manuscrit
m/s mètre par seconde
m³/s mètre cube par seconde
msec. milliseconde
msn millisthène
m.sn mètre-sthène
M.sp. masse spécifique
mss manuscrits
mSt 1. millistokes; 2. millistat
MsTh mésothorium
M.T. 1. moyenne tension; 2. machine thermopropulsive; 3. matériel à terre; 4. mur thermique
M/T pétrolier à moteur (engl. motor tanker)
Mt mégatonne
mt mètre-tonne
m/t mètre par tonne
m³/t mètre cube par tonne

M.T.C.C. moteur à turbine à contre-courant
mth millithermie
M.TI. matériel de télécommunications
MTS, M.T.S. mètre, tonne, seconde
M.U. mouvement uniforme
MUM millième d'unité de masse
MV mégavolt
M.V. 1. moteur à vapeur; machine à vapeur; 2. moteur de vol; 3. multivibrateur; 4. matières volatiles
M/V navire à moteur (engl. motor vessel)
mV millivolt
Mvar mégavar
MVT mouvement
MW mégawatt
mW milliwatt
MWJ, MWj mégawatt-jour
Mx maxwell
MXF multiplex à répartition en fréquence
MXT multiplex à répartition dans le temps
mzt mazout
mμ 1. millimicron; 2. micromètre
mμs millimicroseconde
MΩ mégohm

N

N 1. azote (nitrogène); 2. newton
N. 1. nord; 2. nombre, numéro
N. latitude nord
n 1. nano-; 2. neutron; 3. nœud; 4. nombre de tours par unité de temps
NA nombre d'armement
N.A. 1. navigation aérienne; 2. nuages artificiels
Na 1. natrium; 2. numéro anglais
N.Aé. navigation aérienne
navig. navigable; navigation
Nb niobium
NC nitrocellulose
N.C. 1. nombre complexe; 2. navigation cosmique
nC nanocoulomb
Nd néodyme
nds nœuds
N.E. niveau d'eau
Ne 1. néon; 2. numéro anglais
NeC numéro anglais cotton
NeL numéro anglais lin
N.F. 1. norme française; 2. navigation fluviale; 3. nez de fuselage
nF nanofarad
Nfr numéro français

NG., N.G. nitroglycérine
NglcI nitroglycol
N.H. nez d'hélice
N.I. navigation par inertie
Ni nickel
NIB niveau d'isolement de base
NL nombre longitudinal
N.L. navire de ligne
NM nord magnétique
N.M. 1. niveau de la mer; 2. navigation maritime
Nm 1. nord magnétique; 2. numéro métrique
Nn neutron
NO nombre d'octane
No nobélium
N.P. nez de propulseur
Np 1. neptunium; 2. néper
N.R. navigation à la radio
N.S. 1. non standardisé; 2. navigation spatiale
ns nanoseconde
N.S.M. navigation sous-marine
Nt niton
NTC coefficient négatif de température (engl. negative temperature coefficient)
nt/min nombre tours par minute
Nu Nusselt
N.V. nez vitré
nvt neutron vitesse temps

O

O 1. oxygène; 2. ohm; 3. ordre
O. 1. onde; 2. objectif
o ortho[-]
O.A. 1. onde amortie; 2. ouverture d'admission; 3. orientation de l'avion
OBO engl. ore-bulk-oil
OBS observation
O.C. 1. onde courte; 2. organe de commande; 3. ouverture commandée
o.c. oscillographe cathodique
O.C.D. onde de choc droite
O.C.E. oscillateur à couplage électronique
océanog. océanographie
O.C.F. oscillateur contrôlable en fréquence
O.C.O onde de choc oblique
od. odeur
O.D. EM. opérateur de détection électromagnétique
O.E. 1. onde entretenue; 2. ouverture d'échappement
Oe œrsted
O.E.M. onde électromagnétique
O.G. ordre général
O.H. onde hertzienne; onde hypersonique
O.I. onde intermédiaire
O.I.S onde infra-sonore
O.L. 1. onde longue; 2. oxygène liquide
O.M. 1. onde moyenne; 2. observation météorologique; office météorologique
O.M.E. opérateur mathématique électronique
O/O ouvert/ouvert
O.P. onde progressive
op sauv. opérations de sauvetage
O.Q. onde de queue
O.R. ouverture retardée
orth. orthorhombique
O.S. 1. onde sonore; onde stationnaire; onde supersonique; 2. oscillations synchrones
Os osmium
osc. oscillateur
O.T. onde de tête
O.T.C. onde très courte
O.U.C. onde ultra-courte
O.V. oscillateur variable

P

P 1. phosphore; 2. poids; 3. puissance (active); 4. pression (totale); 5. profondeur; 6. pied; 7. périmètre; 8. flux d'énergie rayonnante
P. 1. pression (totale); 2. puits; 3. piste; 4. protection
p 1. pico-; 2. para[-]; 3. pression (partielle); 4. puissance; 5. poids; 6. pied; 7. pouce; 8. proton
p. 1. pression (partielle); 2. puissance; 3. poids; 4. proton; 5. pôle
p% pour-cent
P.A. 1. pression atmosphérique; 2. poids atomique; 3. préamplificateur; 4. pôle auxiliaire; 5. postaccélération; 6. pile atomique; 7. pilote automatique
Pa protactinium
Pabs pression absolue
P. Aé performances aérodynamiques
P. At. poids atomique
pat. patente
PAtm pression atmosphérique
P.B. 1. pression barométrique; pente barométrique; 2. poids brut; 3. pétrole brut; 4. phares et balises; 5. piste bétonnée
Pb plomb

P.B.F.U. la plus basse fréquence utilisable
P.C. 1. petite calorie; 2. pouvoir calorifique; 3. pression critique; 4. poids du combustible; poids en charge; 5. postcombustion; 6. poutre de choc; 7. polaire de choc; 8. piste de circulation; 9. pupitre de commande; 10. opste central; 11. poste de commandement
p. c. s. P.C.
P.C.C. parois de la chambre de combustion
p.c.m. pour cent mille
P.C.V. partie centrale de la voilure
PD poste de distribution
P.D. 1. point de départ; 2. parcours de décollage; pas de décollage
P/D rapport du pas au diamètre
Pd palladium
p.d.f. prise de force
P.D.H. pompe de dégivrage d'hélice
pds. spéc. poids spécifique
P$_E$ puissance effective
P.E. 1. point d'ébullition; 2. puissance effective; 3. pile électrique; 4. parc d'essence; 5. piste d'envol
Peb. point d'ébullition
P$_E$/P$_p$ rendement propulsif
PF parafoudre
P.F. 1. point de fusion; 2. pale en flèche
Pf point de fusion
p^F picofarad
P.G. 1. piste en grille; 2. poste de guidage
P.Gr. piste en gravier
P.H. pilote d'hélicoptère
ph 1. par heure; 2. phot
ph. att. phare d'atterrissage
P.H.E. plus hautes eaux
phon phone
phot.s. phot-seconde
P.H.R. parachute à hélices repliables
P.I. 1. point initial; 2. polarisation induite
Pi poiseuille
p.i.s. pouvoir inducteur spécifique
pj. projecteur
P.L. 1. point de liquéfaction; 2. pétrole lampant; 3. parallèles de latitude
Pl poiseuille
pl plafond
PM point mort
P.M. 1. point mort; 2. poids moléculaire; poids mort; poids maximum; 3. pôle magnétique; 4. photomultiplicateur; 5. poste météorologique
Pm prométhium

P.M.A. poids maximum autorisé
P.M.B. point mort bas
P.M.C. puissance maximum continue
P.M.E. point mort extérieur
p.m.e. pression moyenne effective
P.M.F. point milieu de filament
P.M.H. point mort haut
P.M.I. point mort inférieur (intérieur)
Pmol, P.mol. poids moléculaire
P.mot performances du moteur
P.M.S. 1. point mort supérieur; 2. performances maxima statiques
P.M.U. poids moyen utile
PN pression nominale
P.N. 1. poids net; 2. pôle négatif; 3. permis de navigation
P.O. petite onde
Po 1. polonium; 2. poise
P.O.A. parachute à ouverture automatique
P.O.C. parachute à ouverture commandée
polyg. polygone
polym. polymérisable
pot. potentiomètre
P.P. 1. pôle principal; pôle positif; 2. plan de polarisation; polarisation provoquée; 3. pale en palette; 4. pilotage programmé; 5. pilote de planeur; pilote professionnel
Pp puissance sur l'arbre d'hélice(s)
PPAR, P.P.A.R. perpendiculaire arrière
PPAV, P.P.A.V. perpendiculaire avant
P.P.C. pompe pour postcombustion
p.p.c.m. le plus petit commun multiple
P.P.F.S. poussée au point fixe au sol
P.P.M. perpendiculaire milieu
ppm parts pour million
pps, p.p.S. période par seconde
ppté précipité
P.P.V. préparation pour le vol
P.Q. 1. parachute de queue; 2. période quaternaire
P.R. 1. poste de radio; 2. pont roulant; 3. polyester renforcé; 4. parc de réparations
Pr praséodyme
préamp. préamplificateur
préc. précision
P.R.Mot.F. période de revision du moteur-fusée
prof. profondeur
P.S. 1. point de saturation; 2. poids spécifique; 3. puissance spécifique; 4. polarisation spontanée; 5. pale en sabre
p/s période par seconde
p.s. à ch. peu soluble à chaud

p.s. à fr. peu soluble à froid
P.S.D. pression statique et dynamique
psg. passager
Psol point de solidification
p. spéc. poids spécifique
P.S.V. pilotage sans vue
P.T. 1. poids total; 2. poste de transformateur; 3. pente de la trajectoire; 4. plafond théorique
Pt 1. platine; 2. pont; 3. point
P.T.B.E. performances du turboréacteur au banc d'essais
P-te poste
PTN pression et température normales
P.T.V. performances du turboréacteur en vol
P.U. 1. poids utile; 2. phonocapteur ⟨engl. pick-up⟩
Pu plutonium
P.V. 1. perte de vitesse; petite vitesse; 2. poids à vide
PVC, P.V.C. s. CPV
pW picowatt
pz pièze

Q

Q 1. chaleur de réaction; 2. charge électrique; 3. quantité (électrique); 4. quotient; 5. quantum; 6. ensemble des nombres rationnels; 7. coefficient de surtension d'un bobinage ⟨Q = wL/R⟩
q 1. quintal métrique; 2. quantum
qc quantité constante
Q.E. quantité d'électricité
QM. quadrimoteur
Q.M.P. quantité maximale permise
QP. quadriplace
QR. quadriréacteur
qr quartier
Q.S. quantité suffisante
Q.T. à quatre temps
Q.T.P. quadriturbopropulseur
Quad., quad. quadratique
Q.V. queue de vilebrequin

R

R 1. röntgen; 2. résistance; résistance électrique; résistance à la rupture; 3. réluctance; 4. rugosité; 5. rayon; rayon métacentrique longitudinal; 6. rotor; 7. réacteur; 8. radio; 9. récepteur; 10. ensemble des nombres réels; 11. radical carboné univalent indéterminé; 12. constante moléculaire des gaz parfaits

R degré Réaumur
r 1. radian; 2. rayon; rayon métacentrique latitudinal
RA. radio-activité
R.A. 1. radio-activité; 2. réglage automatique
Ra 1. radium; 2. rugosité maximale admise
R.A.A. réglage automatique d'amplitude
Ra A radium A
Ra B radium B
RAc radio-actinium
Ra C radium C
Ra D radium D
rad 1. rad; 2. radian; 3. radar
rad. radar
rad/h rad par heure
radio. radiographie
rad/s 1. rad par seconde; 2. radian par seconde
R.Aé rendement aérodynamique
Ra E radium E
R.A.F. réglage automatique de fréquence
Ra F radium F
Ra G radium G
rana. radionavigateur
R.Ap. réglage approximatif
R.A.S. 1. réglage automatique de sélectivité; 2. régulateur automatique de sensibilité
Raz remise à zéro
R.B. réception bonne
Rb rubidium
rb résistance de la base
rbc résistance base-collecteur
RBE efficacité biologique relative ⟨engl. relative biologic effectivness⟩
rbe résistance base-émetteur
RC route au compas
R.C. 1. réaction chimique; 2. rapport de conversion; 3. redresseur de courant; 4. rayon cathodique; 5. rayon cosmique
rc résistance de collecteur
R.C.att. radar de contrôle d'atterrissage
R.C.C. réacteur à compresseur centrifuge
R.C.R. radar de contrôle régional
RD. radiodiffusion
R.D. 1. radiodiffusion; 2. régime de décollage
Rd résistance directe; résistance de rencontre
rd radian
R.D.F. réacteur à double flux
rdfn radiodiffusion
RDO. radio
RDT, rdt, rdt. rendement

R.E. 1. réseau équivalent; 2. résistance électrique
Re rhénium
ré résistance de l'émetteur
r.é. relais électronique
rec. reconnaissance
rech. recherches
recon. reconnaissance
réf. référence
relt relèvement
rés. 1. résistance; 2. réseau; 3. réserves
R.F. 1. Radiodiffusion Française; 2. radiofréquence; 3. réception faible
R-F radiofréquence
R.F.A. retard à la fermeture d'admission
R.F.E. retard à la fermeture d'échappement
RG. 1. radiogoniomètre; radiogoniométrie; 2. redresseur à gaz
R.G. 1. radiogoniomètre; 2. radiogoniométrie
R.G.E. revêtement graphité extérieur
R.H. relais hertzien
Rh rhodium
R/h röntgen par heure
Rhm röntgen par heure à un mètre
rhomb. rhomboédrique
R.I. régulateur d'intensité
Ri résistance interne
R.IR., R.I.R. rayon infrarouge
R km résistance kilométrique
rkt engin (engl. rocket)
R.L. 1. rayon lumineux; 2. réglage de luminosité; 3. rampe de lancement
R.L.A.F. réseau des lignes aériennes françaises
R.M. rapport de masse
Rm, Rm. rendement mécanique
R.M.C. régime maximum continu
R.M.D. régime de moteur de décollage
R.M.N. résonance magnétique nucléaire
R.M.R. régime maximum du réacteur
R.M.V. régime de moindre vibration
Rn radon
R.N.B. réglage du niveau de bruit
R.N.I. réaction négative d'intensité
R.N.L. résistance non linéaire
R.N.T. réaction négative de tension
R.O.S. rapport d'ondes stationnaires
rot rotationnel
RP radiophono-
R.P. 1. rapport de pression; 2. réglage précis; 3. réseau principal; 4. réseau en pont
R.P.A. ravitaillement par air
R.P.E. 1. rapport de pression d'étage; 2. résonance paramagnétique électronique

R.P.I. réaction positive d'intensité
R.P.J. rapport de pression du jet
R.P.M., r.p.m. (nombre de) révolution par minute
R.P.N. régime de puissance nulle
R. P/P rapport poids/poussée
R.P.T. réaction positive de tension
R.P./T. rapport portance/traînée
R.Q.N. résonance quadripolaire nucléaire
R.R. 1. réseau radio; 2. règlement des radiocommunications
Rr, Rr (station) radar
R.RG. relèvement radiogoniométrique
RS radio-activité spécifique
R/s röntgen par seconde
RT radiotéléphonie
RT résistance totale
R.T. 1. radiotéléphonie; 2. règlement téléphonique; règlement télégraphique; 3. réseau téléphonique; réseau en T; 4. récepteur de téléaffichage; 5. régulateur de tension
R.T.B. réception très bonne
Rtc relèvement au compas
R.T.F. 1. Radiodifussion-Télévision Française; 2. réception très faible
RTG, RTG. radiotélégraphie
RTh radiothorium
Rtm relèvement magnétique
Rtv relèvement vrai
Ru ruthénium
R.U.V. rayon ultraviolet
RV route vrai
R.V. 1. redresseur à vide; 2. résistance variable; 3. rose des vents
R.V.H. régime de vol horizontal
RVT ravitaillement
RX, R.X. rayons X

S

S 1. soufre; 2. siemens; 3. secteur; 4. section; 5. service; 6. surface; 7. sortie; 8. solide; 9. stator; 10. torsion gauche
S. 1. secteur; 2. service; 3. station; 4. surface; 5. surface alaire
s seconde
SA sélecteur d'amplitude
S.A. 1. système asservi; 2. signal d'alarme; 3. soudure à l'autogène; 4. sol-air; 5. sol alluvionnaire
Sa samarium
s.a. sol-air

S.A.B. système d'allumage blindé
S.A.C.S. système d'approche contrôlé du sol
S.A.I. système d'atterrissage aux instruments
Sal signal
S.A.L.A.S. sécurité de la vie humaine en mer
Sal**H**e signal horaire
S.alt. scaphandre d'altitude
S.A.M. système asservi multiple
sat. saturé
sauv. sauvetage
Sb stibite
sb stilb
SBF superboutefeu
S.C. 1. semi-conducteur; 2. siège catapultable
S.-C. (câble) semi-clos
Sc scandium
S.-c. semi-conducteur
sc. 1. scientifique; 2. semi-conducteur
SCGS système centimètre-gramme-seconde
S/cm siemens par centimètre
S.D. synchrodétecteur
sd stéradian
S.D.A. secteur de défense aérienne
S.E. siège éjectable
Se sélénium
SE.C.A.M. système séquentiel couleurs à mémoire
sect. 1. section; 2. secteur
SEI Système Électrique International
S.E.M. sondeur électromagnétique
sér. série
Set sommet
S et Z torsion gauche et droite
S.F. servofrein
s.f. standard de fréquence
S.F.E.R.T. Système Fondamental Européen de Référence pour la Transmission Téléphonique
S.F.F. système de freinage par fusée
S.F.S.R. surface frontale spécifique du réacteur
S.G. 1. sel gemme; 2. servogouverne
S.G.P. sécurité au grisou et aux poussières
S/GPT sous-groupement
S.G.V. soufflerie à grande vitesse
S.I. 1. self-inductance; 2. Système International
Si silicium
S.I.C. station d'identification et de contrôle
sidér. sidérurgie
sir. sirène de brume

SIU système d'interconnexion unifié
S.L. signal lumineux
S.M. 1. système métrique; 2. servomoteur; 3. susceptibilité magnétique; 4. sous-marin; 5. station météorologique; 6. sable mouvant; 7. sel marin
S/M rapport surface/masse
Sm samarium
s.m. servomécanisme
s.m.e. servomécanisme électronique
S.M.F. 1. sondeur à modulation de fréquence; 2. section maximum du foyer
S.M.H. servomoteur hydraulique
Sn étain (lat. stannum)
sn sthène
s.-niv. sous-niveau
SOA sangle d'ouverture automatique
s.o.e. système optique électronique
sol. soluble; solution
S.O.L.A.S. sauvegarde de la vie humaine en mer
sol. eau soluble dans l'eau
somt sommet
S.P. synchrotron à protons
sp., spéc. spécial
S.P.V. soufflerie à pression variable
SR sans retard
S.R. 1. station radar; 2. statoréacteur
Sr strontium
sr stéradian
S.R.E. sondeur radio-électrique
S.S. sol-sol
Ss sous-station
s.s. sol-sol
s/s navire à vapeur (engl. steamship)
S.S.A.D. soufflerie supersonique à action directe
S.Sp. scaphandre spatial
ST surtension
S.T. 1. surtension; 2. surface totale; 3. service technique; 4. service télégraphique; 5. service des transmissions; 6. servotab
St stokes
st 1. stère; 2. stratus; 3. station
st. station
stalo oscillateur stabilisé (engl. stabilized oscillator)
stand. standardisation
stat. station
STOL décollage et atterrissage courts (engl. Short Take Off and Landing)
S. TR. secteur de triangulation
Str. secteur
str stéradian
Strans, S. trans service des transmissions
strat. stratégique

S.TR.I.D.A.

S.TR.I.D.A. système de transmission des informations de défense aérienne
S.T.S. système de télécommunications par satellites
S.T.T. service technique des télécommunications
s.u. sens unique
subl. se sublime
super 1. superciment; 2. supercarburant
S.V. 1. spectre visible; 2. simulateur de vol; 3. soufflerie verticale
S.V.O. soufflerie à veine ouverte
S^x, sx. signaux
syst. système

T

T 1. tritium; 2. tesla; 3. téra-; 4. travail; 5. tour; 6. temps; 7. tension; 8. terre; 9. teneur en matières volatiles; 10. température absolue; 11. transformateur; 12. tube électronique; 13 téléphone; téléphonie; 14. T d'atterrissage; 15. T magique; 16. tirant d'eau du navire; profondeur de carène; 17. franc-bord tropique; 18. tribord; 19. poussée de l'hélice
T. 1. temps; 2. tension; 3. terre; 4. tronçon initial
t 1. tonne; 2. temps; 3. température; température en °C, température centésimale; 4. triton; 5. coefficient de succion
TA transmetteur automatique
T.A. 1. température absolue; 2. transformateur d'alimentation; 3. turbine aérienne; 4. transport aérien; 5. travaux aéronautiques; 6. train d'atterrissage; 7. trou d'air; 8. tronçon actif; 9. textiles artificiels
Ta 1. tantale; 2. température ambiante
T.A.E. train d'atterrissage escamotable
T.Aé tunnel aérodynamique
T.A.F. train d'atterrissage fixe
T.A.M. terre, air, mer
t/an tonne par an
T.A.S. 1. textiles artificiels et synthétiques; 2. table de l'atmosphère standard
T Att. T d'atterrissage
T.B. 1. tableau de bord; 2. travers-banc; 3. tir de barrage
T/B terre/brut
Tb 1. terbium; 2. tribord
tb, tb. tonnes brutes
T.B.F. très basse fréquence
TC thermocouple
T.C. 1. tableau de commande; 2. thermomètre centigrade; 3. tube capillaire; 4. tube cathodique; 5. tube de choc; 6. transformateur de courant; 7. taux de charge; 8. tous-courants
Tc technétium
T/c transfert du contrôle
tc température critique centésimale
t.c. 1. télécommande; 2. télévision en couleurs
t.c.f. télévision en circuit fermé
T.C.G. temps civil de Greenwich
TD franc-bord tropique en eau douce
TD. 1. télédiffusion; 2. tourne-disque(s)
T.D. tourne-disque(s)
Td, Td. tribord
T.d.p. turbine de puissance
tdw (engl. tonnes deadweight)
TE tête d'enregistrement
T.E. 1. tension d'essai; 2. tension électrique; 3. traction électrique; 4. transformateur électrique; 5. terrain d'envol
Te tellure
T.E.C. transistor à effet de champ
TEL transporteur-érecteur lance fusées
télco télécommunications
télég^e télégraphe
télégr. télégraphie
téléph. téléphonie; téléphonique
Temp., temp. température
temp. E.E.T. température élevée à l'entrée de la turbine
temp. F.C. température de fin de combustion
temp. M.C. température maximale de cycle
temp. N.U. température normale d'utilisation
text. textile
TF thermomètre Fahrenheit
TF. transformateur
T.F. 1. transformée de Fourier; 2. thermomètre Fahrenheit; 3. turbofusée; 4. traînée de forme
t.f tripleur de fréquence
T.G. 1. turbine à gaz; 2. turbogénérateur
T.G.A. turbogénérateur d'air
T.G.G. turbogénérateur de gaz
T.G.R.D. turbine à gaz à réaction directe
Tg.S.F. télégraphie sans fil
TH télégraphie harmonique
T.H. 1. turbine à hélice; 2. turbine hydraulique; 3. turbohélice
Th 1. thorium; 2. température humide; 3. thermie
th thermie
t/h tonne par heure

Th A thorium A
Th B thorium B
Th C thorium C
Th D thorium D
T.H.F. très haute fréquence
t/H.P. tonne par homme et par poste
THT, T.H.T. très haute tension
Th X thorium X
thy thyratron
THz térahertz
Tl téléimprimeur
Ti titane
TIG soudage sous gaz inerte et avec électrode réfractaire (engl. tungsten inert gas welding)
TIR transport international routier
tj tonneau de jauge
t/j tonne par jour
tjb tonneau de jauge brute
tjn tonneau de jauge nette
tkm tonne kilométrique
tkm/j tonne kilométrique par jour
TL tête de lecture
T.L. 1. temps local; 2. turbine libre; 3. tuyère de Laval
Tl thallium
TLE, T.L.E. transfert linéaire d'énergie
TM tour par minute
T.M. 1. télémétrie; 2. tête motrice; 3. travaux miniers
Tm thulium
t.m. transistormètre
t/m 1. tour par minute; 2. tonne par mètre
t./m. tour par minute
T.M.G. temps moyen de Greenwich
t/min tour par minute
T.M.V. tube à modulation de vitesse
Tn thoron
tn ton
tn. tonne nette
T^{ne} turbine
TNT., T.N.T. trinitrotoluène
T.O.R. tube à onde régressive
T.O.S. taux d'ondes stationnaires
T.O.S.P. taux d'ondes stationnaires en puissance
T.O.S.T. taux d'ondes stationnaires en tension
T.P. 1. tension de polarisation; 2. turbopropulseur; 3. tube de Pitot; 4. tronçon passif; 5. thermoplastique
T.P.A. turbopompe alimentaire
T.P.L. tonne de port en lourd
Tp.M., T.p.m., t.p.m. tour par minute
TPN température et pression normales
T.P.O. tube à propagation d'onde

T.P.O.M. tube à propagation d'onde magnétique
t/poste tonne par poste
T.P.S. télégraphie par le sol
tps très peu soluble
T.P.S.F. téléphonie sans fil
t.p.v. tube de prise de vues
TQC théorie quantique des champs
T.R. 1. thermomètre Réaumur; 2. transmission-réception; 3. turbine à réaction; 4. turboréacteur; 5. terre rare
T.-R. transmetteur-récepteur
Tr 1. tritium; 2. transistor
tr tour
t.r. téléréglage
t/r tonne par roue
transf, transf. transformateur
T.R.C. tube à rayons cathodiques
T.R.F. tube à refroidissement forcé
tri triclinique
tr/mn, tr/min tour par minute
T.R.P.C. turboréacteur à postcombustion
T.R.P.N. turboréacteur à propulsion nucléaire
tr/s tour par seconde
TS travail de sortie
T.S. 1. tension de service; 2. travail de sortie; 3. taquet de sécurité; 4. textiles synthétiques
T/S navire citerne (engl. tanker ship)
ts température sèche
t.s. très soluble
t/s tour par seconde
t.s. à ch. très soluble à chaud
t.s. à fr. très soluble à froid
T.S.F. 1. télégraphie sans fil; 2. transmission sans fil
TSG temps sidéral Greenwich
T.Sid temps sidéral
T.S.R. turbostatoréacteur
T.T.P. tuyère thermopropulsive
T.T.T. diagramme transformation-temps-température
TTY télétype
TU temps universel
T.U. (câble à) toron unique
Tu tungstène
t.u. température d'utilisation
T.V. 1. tube de Venturi; 2. turbine à vapeur; 3. télévision
T.V.C. télévision en couleurs
T.V.I. télévision industrielle
T.Vr. temps vrai

U

U 1. uranium; 2. différence de potentiel
u unité
UA unité angström
UCC unité de chaleur centésimale
U.E. unité d'essence
UEM, U.E.M. unité électromagnétique
U.E.S. unité électrostatique
U.F. 1. unité de force; 2. unité de feu; 3. usine frigorifique
U.H.F. ultra-haute fréquence
U.I. unité internationale
U.M.A. unité de masse atomique
U.P. unité pratique
U.R. usage restreint
U.R.A. unité de ravitaillement par air
urg. urgent
u.s. ultrason
U.T.M. Universal Transverse Mercator
U.T.R. unité de turboréacteur
UV, U.V. ultraviolet
UX, U.X. unité de longueur des rayons X
UY uranium Y
UZ uranium Z

V

V 1. vanadium; 2. volt; 3. vitesse; 4. voie; 5. volume total; 6. potentiel électrostatique; 7. valve; 8. vol; 9. section longitudinale du navire
V. 1. voie; 2. vol; 3. voyez
V$_0$ vitesse initiale d'un projectile
v. 1. vitesse; vitesse linéaire; 2. volume; volume partiel
VA voltampère
V.A. 1. valeur absolue; 2. vitesse angulaire; 3. variable aléatoire
val. valeur
VAr, var var
V.C. 1. vitesse de coupe; vitesse de croisière; 2. vol de contrôle; 3. voie de chantier
V.D. 1. vitesse de détonation; 2. voilure en delta
V.D.R. résistance variant avec la tension (engl. voltage dependent resistor)
V.E. voltmètre électronique
Vée vallée
V.F. 1. vidéofréquence; 2. voie ferrée; 3. voilure en flèche
V.F.C. vitesse à fin de combustion
V.F.R. règle de vol à vue (engl. visuel flight rule)
V.H. vitesse horaire; vitesse horizontale
V.H. alt. vol à haute altitude
V.H.S. vitesse hypersonique
V.I. vitesse initiale
Vi vitesse indiquée
vis. visibilité
VL. véhicule
V.L. 1. vitesse linéaire; 2. voltmètre à lampes; 3. vol libre
vl. vitesse linéaire
V.L.F. variation linéaire de fréquence
V.L.L. variation linéaire de longueur d'onde
V.M. vitesse moyenne; vitesse du moteur
V/m volt par mètre
V.M.V. vitesse maximale de vol
V.N. 1. valeur nominale; 2. voie navigable
V.N.M. vitesse au niveau de la mer
V.O. vitesse orbitale
vol. 1. volume; 2. volatil
V.O.M. volt-ohm-milliampèremètre
V.P. 1. vitesse parabolique; 2. vol plané; 3. volume partiel
V.q.m. valeur quadratique moyenne
V$_R$ vitesse relative
V.S. 1. vitesse du son; vitesse par rapport au sol; 2. valeur stationnaire; 3. véhicule de sauvetage; véhicule spatial
V.S.E. vol sans escale
V.S.M. vol sans moteur
V.S.S. vitesse supersonique
V.S.V. vol sans visibilité
VT volume total
V.T. 1. volume total; 2. vol télécommandé; 3. voie de transmission
V.T.S. vitesse transsonique
V.U., vu. vitesse uniforme
VV, VV. vitesse vraie
V.V. 1. vitesse vraie; 2. vitesse de vol; 3. vol à voile
vv. vitesse vraie
V.V.S. vol à la vitesse du son

W

W 1. wolfram; 2. watt; 3. volume de la carène
w coefficient de sillage
Wb, wb. weber
Wb.m webermètre
Wb/m^2 weber par mètre carré
Wh wattheure
W.K.B. méthode de Wentzel, Kramers, Brillouin
W.P. wagon-planeur

Ws wattseconde
Wx composante longitudinale du vent
Wy composante transversale du vent

X

X unité X
Xe xénon
XEH chaux éminemment hydraulique
XH chaux hydraulique

Y

Y yttrium
Yb ytterbium
yd yard

Z

Z 1. zone; 2. azimut; 3. torsion droite
Z.A. 1. zéro absolu; 2. zone d'action; 3. zone d'atterrissage
Z. att. zone d'atterrissage
Z.C. zone de combustion
Z.E. zone d'écoulement; zone d'envol
Z.E.T.S. zone d'écoulement transsonique
Z.I. zone interdite
Z.L. zone de largage
Zn zinc
Z.N.P. zone non perturbée
ZOE puissance zéro, oxyde d'uranium, eau lourde
Zr zirconium

α coefficient des lignes d'eau
β coefficient du maître couple
δ block-coefficient
η rendement
μ micron
μ**A** microampère
μ**b** microbar
μ**C** microcoulomb
μ**Curie** microcurie
μ**m** micromètre
μ**th** microthermie
$\mu\Omega$ microohm
ϱ-**a** stabilité initiale transversale
Ω ohm
Ω**cm** ohm-centimètre
ω vitesse angulaire